# उत्तर तैमूरकालीन भारत

भाग-2

सेंटर ऑफ एडवांस्ड स्टडी इन हिस्ट्री, अलीगढ़ मुस्लिम यूनिवर्सिटी, अलीगढ़

# उत्तर तैमूरकालीन भारत

## भाग-2

उत्तरी भारत के स्वतंत्र प्रांतीय राज्य

[1399-1526 ई.]

[HISTORY OF THE INDEPENDENT PROVINCIAL DYNASTIES OF NORTHERN INDIA, PART-II]

(1399-1526)

**समकालीन तथा निकट समकालीन इतिहासकारों द्वारा**

[निज़ामुद्दीन अहमद, फ़िरिश्ता, मुहम्मद बिहामद ख़ानी, शेख़ रिज़्क़ुल्लाह मुश्ताक़ी, अल हाजुद्दबीर, सिकन्दर बिन मंझू, मीर मुहम्मद मासूम तथा ग़ुलाम हुसेन सलीम]

अनुवादक

सैयद अतहर अब्बास रिज़वी

एम.ए., पी-एच.डी.

राजकमल प्रकाशन

*Source Book of Medieval Indian History in Hindi*
*Vol. VII*

ISBN : 978-81-267-1841-2

**मूल्य** : ₹1250



**पहला संस्करण** : 1959
**राजकमल से पहली बार** : 2010
**तीसरा संस्करण** : 2020

**प्रकाशक** : राजकमल प्रकाशन प्रा. लि.
1-बी, नेताजी सुभाष मार्ग, दरियागंज
नई दिल्ली-110 002

**शाखाएँ** : अशोक राजपथ, साइंस कॉलेज के सामने, पटना-800 006
पहली मंजिल, दरबारी बिल्डिंग, महात्मा गांधी मार्ग, इलाहाबाद-211 001
36 ए, शेक्सपियर सरणी, कोलकाता-700 017

वेबसाइट : www.rajkamalprakashan.com
ई-मेल : info@rajkamalprakashan.com

**मुद्रक** : बी.के. ऑफसेट
नवीन शाहदरा, दिल्ली-110 032

UTTAR TAIMOORKALEEN BHARAT (Part-II)
*Translated* by Saiyad Athar Abbas Rizvi

**डॉक्टर ज़ाकिर हुसैन ख़ाँ**

*राज्यपाल बिहार*

के

कर कमलों में

सादर समर्पित

# नवीन संस्करण की भूमिका

डॉ. अतहर अब्बास रिजवी ने फारसी एवं अरबी के समकालीन स्रोतों (1206 ई. से मुगल सम्राट हूमायूँ तक) का हिन्दी में अनुवाद करके उन इतिहासकारों एवं भाषाविदों को अपने ऋण से आबद्ध कर लिया जो इस नवागन्तुक भाषा से अनभिज्ञ रहे हैं। उनके इस शैक्षणिक ऋण से हिन्दी भाषा-साहित्य कभी भी उऋण नहीं हो सकेगा।

इस हिन्दी अनुवाद से पूर्व सर हेनरी इलियट ने इन फारसी ग्रन्थों के अनुवाद किए जो 'History of India as told its own Historians' शीर्षक से उन्नीसवीं सदी के उत्तरार्द्ध में प्रकाशित हुए। बाद में इन ग्रन्थों को प्रो. डाउसन ने सम्पादित किया। इलियट द्वारा अनुदित इन ग्रन्थों में काफी त्रुटियाँ रह गई थीं जिसके फलस्वरूप मध्यकालीन भारत में काफी भ्रमपूर्ण धारणाओं का जन्म हुआ। फारसी भाषा के भिज्ञ इतिहासकारों ने इस अनुवाद की त्रुटियों की ओर संकेत भी किया लेकिन इसका कोई विशेष प्रभाव नहीं हुआ। फारसी से अनभिज्ञ इतिहासकार मध्यकालीन इतिहास लेखन के लिए डॉ. रिजवी द्वारा अनूदित ग्रन्थों से पूर्व इलियट एवं डाउसन द्वारा अनुदित ग्रन्थों का ही उपयोग करते रहे थे।

1953 ई. में भारत सरकार की एक योजना के अन्तर्गत डॉ. अतहर अब्बास रिजवी ने मध्यकालीन फारसी स्रोतों के ग्रन्थों के हिन्दी रूपान्तरण का कार्य अपने हाथ में लिया बाद में इन ग्रन्थों को एक शृंखला के रूप में अलीगढ़ मुस्लिम विश्वविद्यालय के इतिहास विभाग ने प्रकाशित करवाया था। इन प्रकाशित ग्रन्थों का संग्रह बहुत वर्षों पूर्व ही समाप्त हो चुका था। इतिहास में शोध करनेवाले शोधार्थियों की लगातार बढ़ती माँग के कारण विभाग ने इन ग्रन्थों के पुनर्मुद्रण की योजना बनाई जिसके अन्तर्गत चार ग्रन्थ अब तक प्रकाशित हो चुके हैं। ये ग्रन्थ हैं :

1. 'आदि तुर्ककालीन भारत' (1206-1290)
2. 'खलजी कालीन भारत' (1290-1320 ई.)
3. 'तुगलक कालीन भारत', भाग-1 (1320-1351 ई.)
4. 'तुगलक कालीन भारत', भाग-2 (1351-1398 ई.)

प्रस्तुत ग्रन्थ में 1399 से 1526 ई. के मध्य के दिल्ली सुल्तानों के इतिहास से सम्बन्धित समस्त समकालीन एवं पश्चातवर्ती फारसी के ग्रन्थों का अनुवाद संकलित है।

अनुवादक ने स्रोतों की संख्या को ध्यान में रखते हुए इस लम्बे काल को निम्नलिखित दो भागों में विभाजित किया है :

1. 1399 से 1451 ई. तक का इतिहास
2. 1451 से 1526 ई. तक का इतिहास

उपर्युक्त दो भागों को क्रमशः उत्तर तैमूर कालीन भारत-1 एवं उत्तर तैमूर कालीन भारत-2 शीर्षक से प्रकाशित करवाया, जिसका पुनर्मुद्रण हिन्दी जगत के सम्मुख प्रस्तुत करते हुए हमें प्रसन्नता अनुभव हो रही है।

डॉ. रिजवी ने अनुवाद करते समय प्रचलित नियमों का न केवल पूर्ण पालन किया बल्कि भावार्थ के साथ शब्दार्थ को भी विशेष महत्त्व दिया। उनके अनुवाद की एक अन्य विशेषता यह भी है कि उन्होंने अंग्रेजी भाषा के अनुवाद में रह गईं उन त्रुटियों को भी सुधार किया है जिनके कारण मध्यकालीन भारतीय इतिहास में अनेक भ्रमपूर्ण धारणाओं को आश्रय मिल गया था। यही विशिष्टताएँ डॉ. रिजवी के अनुवाद को उत्कृष्ट एवं प्रामाणिक सिद्ध करती हैं।

इन ग्रन्थों को पुनर्मुद्रित करके इतिहास विभाग ने मध्यकालीन इतिहास में समकालीन स्रोतों पर आधारित शोध की निरन्तरता को बनाए रखने की प्रतिबद्धता दर्शायी है। इस दायित्व को पूरा करने में राजकमल प्रकाशन, नई दिल्ली के प्रबन्ध निदेशक श्री अशोक महेश्वरी का उत्साहपूर्ण सहयोग रहा जिसके लिए मैं स्वयं अपनी एवं विभाग की ओर से उनका आभार व्यक्त करता हूँ।

नवम्बर, 2009

**–बी.एल. भादानी**
चेयरमैन एवं कॉर्डिनेटर
सेंटर ऑफ एडवांस्ड स्टडी, डिपार्टमेंट ऑफ हिस्ट्री
अलीगढ़ मुस्लिम यूनिवर्सिटी

# भूमिका

तुग़लुक़ वंश के अन्त तथा बाबर के सिंहासनारोहण के मध्य की महत्वपूर्ण घटना तैमूर का आक्रमण थी जिसने भारतवर्ष के केन्द्रीय शासन को छिन्न-भिन्न कर दिया और देहली के सुल्तानों से कहीं अधिक महत्व प्रान्तीय राज्यों को प्राप्त हो गया, अतः १३९९ से १५२६ ई० तक के इतिहास को दो भागों में विभाजित करके प्रकाशित किया गया है। पहला भाग तो देहली के सुल्तानों के राज्य से सम्बन्धित था और प्रस्तुत दूसरा भाग उन प्रान्तीय राज्यों से सम्बन्धित है जिनका अभ्युदय फ़ीरोज तुग़लुक़ के समय में ही धीरे-धीरे होने लगा था और जो तैमूर के आक्रमण के उपरान्त पूर्णतः स्वतंत्र हो गये। इनमें कालपी, शर्क़ी सुल्तानों तथा जौनपुर, लोदी सुल्तानों द्वारा विजय कर लिये गये किन्तु मालवा, गुजरात, सिन्ध, मुल्तान, कश्मीर तथा बंगाल अकबर के शासन-काल तक स्वतंत्र रहे।

प्रस्तुत पुस्तक में जौनपुर के सुल्तानों से सम्बन्धित 'तबक़ाते अकबरी' तथा 'गुलशने इबराहीमी' अथवा 'तारीख़े फ़िरिश्ता', कालपी से सम्बन्धित 'तारीख़े मुहम्मदी', मालवा से सम्बन्धित 'तबक़ाते अकबरी', 'वाक़ेआते मुश्ताक़ी' एवं 'ज़फ़रुल वालेह', गुजरात से सम्बन्धित 'तबक़ाते अकबरी', 'मिरआते सिकन्दरी' तथा ज़फ़रुल वालेह', सिन्ध से सम्बन्धित 'तबक़ाते अकबरी' तथा 'तारीख़े सिन्ध', मुल्तान तथा कश्मीर से सम्बन्धित 'तबक़ाते अकबरी', और बंगाल से सम्बन्धित 'तबक़ाते अकबरी', 'तारीख़े फ़िरिश्ता' एवं 'रियाज़ुस् सलातीन' के सम्पूर्ण अंशों का अनुवाद किया गया है। इतिहासकारों तथा उनकी कृतियों का परिचय अनुवाद के प्रारम्भ में प्रस्तुत किया गया है। मूल ग्रंथों की पृष्ठ संख्या पंक्ति के आरम्भ में ही कोष्ठ में लिख दी गई है।

अनुवाद करते समय फ़ारसी से अंग्रेज़ी अनुवाद के सभी प्रचलित नियमों को, जिनका पालन इतिहासकार करते रहे हैं, ध्यान में रखा गया है। भावार्थ के साथ-साथ शब्दार्थ को विशेष महत्व दिया गया है। फ़ारसी भाषा का हिन्दी भाषा में वास्तविक अनुवाद देने के प्रयास के कारण कहीं-कहीं पर शब्दों की पुनरावृत्ति हो गई है। इसका कारण यह है कि इन शब्दों में से किसी को भी छोड़ देने से मूल-जैसा वातावरण न रह पाता!

अंग्रेज़ी अनुवाद के ग्रन्थों में पारिभाषिक शब्दों के अंग्रेज़ी अनुवादों में दोष रह गये हैं। इस कारण मध्यकालीन भारतीय इतिहास में अनेक भ्रमपूर्ण रूढ़ियों को आश्रय मिल गया है। इस प्रकार की त्रुटियों से बचने के उद्देश्य से पारिभाषिक और मध्यकालीन वातावरण के परिचायक शब्दों को मूल रूप में ही ग्रहण किया गया है। ऐसे शब्दों की व्याख्या पाद-टिप्पणियों में कर दी गई है। मिथ्या प्रवादों का विवेचन भी, समकालीन तथा उत्तरवर्ती इतिहासों के आधार पर पाद-टिप्पणियों में ही किया गया है। नगरों के नाम प्रायः मध्यकालीन फ़ारसी रूप में ही रहने दिये गये हैं। मुझे खेद है कि कुछ आकर ग्रन्थों के न मिलने के कारण कहीं-कहीं आवश्यक व्याख्यायें इस पुस्तक में प्रस्तुत न की जा सकीं। यदि संभव हुआ तो बाद के संस्करण में इस न्यूनता को दूर करने का प्रयत्न किया जायेगा।

'ख़लजीकालीन भारत', 'आदि-तुर्ककालीन भारत', 'तुग़लुक़कालीन भारत भाग १, २' तथा 'उत्तर तैमूरकालीन भारत भाग १' के पश्चात् मध्यकालीन भारतीय इतिहास के आधारभूत, फ़ारसी एवं

अरबी के इतिहासों के हिन्दी अनुवाद की यह छठीं पुस्तक प्रकाशित हो रही है। पिछले पांच ग्रन्थों का प्रकाशन डा० ज़ाकिर हुसैन खां, भूतपूर्व उपकुलपति, अलीगढ़ मुस्लिम यूनिवर्सिटी के सतत प्रयत्नों के फलस्वरूप हुआ और इस ग्रन्थ का भी प्रकाशन डाक्टर साहब ही की महती कृपा से सम्भव हुआ। उनकी इस सुलभ कृपा के लिये मैं जितनी कृतज्ञता प्रकट करूं, कम है। डाक्टर साहब को राष्ट्र तथा राष्ट्र-भाषा से विशेष प्रेम है। उनकी यह हार्दिक इच्छा रही है कि इस ग्रन्थमाला की समस्त पुस्तकें अलीगढ़ विश्वविद्यालय के इतिहास-विभाग द्वारा ही प्रकाशित हों और वे इसके लिये बराबर प्रयत्नशील हैं।

इस ग्रन्थमाला की तैयारी में अलीगढ़ विश्वविद्यालय के इतिहास विभाग के अध्यक्ष प्रोफ़ेसर नूरुलहसन, एम० ए०, डी० फ़िल० (ऑक्सन) द्वारा मुझे विशेष प्रेरणा तथा सहायता मिली है। उन्होंने मेरी कठिनाइयों को दूर किया और अपने सत्परामर्श एवं अपनी मृदु आलोचनाओं द्वारा मेरे कार्य को सुचारु बनाने की कृपा की। बहुमूल्य सुझावों तथा सामयिक प्रोत्साहन के लिए मैं उनका विशेष आभारी हूं। पुस्तकों के मिलने की समस्त कठिनाइयां विश्वविद्यालय के पुस्तकालयाध्यक्ष श्री सैयिद बशीरुद्दीन की उदार कृपा से दूर होती रहीं, या यह कहिये कि उनकी कृपा से मुझे पुस्तकों के मिलने में कठिनाई का अनुभव ही नहीं हुआ। उनको धन्यवाद देना मेरा परम कर्तव्य है। राजनीति-विभाग के अध्यक्ष प्रोफ़ेसर मुहम्मद हबीब द्वारा मुझे बराबर प्रोत्साहन मिलता रहा है। इसके लिए मैं उनका आभारी हूं। सम्मेलन मुद्रणालय प्रयाग के मैनेजर श्री सीताराम गुण्ठे ने अपने प्रेस कर्मचारियों के सहयोग से इस पुस्तक की छपाई में जिस परिश्रम और उत्साह को प्रदर्शित किया है उसके लिये मैं उनका आभारी हूं। प्रूफ़ की देख-भाल का कार्य श्री श्रवणकुमार श्रीवास्तव द्वारा बड़ी ही संलग्नता से होता रहा। इसके लिये मैं उन्हें विशेष धन्यवाद देता हूं।

अपने इस कार्य में मुझे अपने सभी मित्रों से हर प्रकार की सहायता मिलती रही है। स्थानाभाव के कारण मैं उनके नाम नहीं लिख सका हूं, किन्तु मुझे विश्वास है कि वे अपने प्रति मेरे भावों से परिचित हैं।

सचिव

स्वतंत्रता-संग्राम इतिहास
परामर्श समिति, नज़रबाग़
लखनऊ
मार्च १९५९

**सैयिद अतहर अब्बास रिज़वी**
एम० ए०, पी-एच० डी०
यू० पी० एजूकेशनल सर्विस

# अनूदित ग्रन्थों की समीक्षा

## मुहम्मद बिहामद ख़ानी

### तारीख़े मुहम्मदी

मुहम्मद बिहामद खानी, मलिकुश्शर्क़ मलिक बिहामद ख़ां, का जिसे कालपी के सुल्तानों द्वारा झांसी के उत्तर-पूर्व ४२ मील पर स्थित एरिच नामक स्थान की अक़्ता प्राप्त थी, पुत्र था। मलिकुश्शर्क़ बिहामद खां का पालन-पोषण मलिकज़ादा फ़ीरोज़ खां बिन ताजुद्दीन तुर्क द्वारा हुआ था। मलिकज़ादा फ़ीरोज़ ख़ां की मृत्यु के उपरान्त बिहामद खां जुनैद खां की सेवा में सम्मिलित हो गया। वह कालपी के महमूद शाह बिन फ़ीरोज़ खां के साथ आस-पास के हिन्दू राजाओं के विरुद्ध युद्धों में जाया करता था जिसके फलस्वरूप उसे एरिच की अक़्ता प्राप्त हो गई। मुहम्मद बिहामद ख़ानी तथा उसके पिता दोनों ही जौनपुर के सुल्तान इबराहीम शाह शर्क़ी के विरुद्ध युद्ध में आहत हुए। तत्कालीन कालपी के सुल्तान क़ादिर शाह एवं उसके वज़ीर दौलत खां बिन जुनैद ख़ां ने इबराहीम शाह की अधीनता स्वीकार कर ली। मुहम्मद बिहामद ख़ानी ने अपने पिता के साथ कई युद्धों में भाग लिया जिसका उल्लेख उसने 'तारीख़े मुहम्मदी' में किया है। बाद में वह एक सूफ़ी शेख़ यूसुफ़ बिन मुहम्मद बुद्ध का शिष्य हो गया और धार्मिक कार्यों में तल्लीन रहने लगा।

'तारीख़े मुहम्मदी' में मुहम्मद बिहामद ख़ानी ने मुहम्मद साहब के काल से लेकर ८४२ हि० (१४३८-३९ ई०) तक का इतिहास लिखा है। उसे इस इतिहास की रचना में कई वर्ष लगे होंगे कारण कि बीच बीच में उसने विभिन्न तिथियों का उल्लेख किया है। ८३९ हि० का उल्लेख करते हुए उसने कई स्थानों पर लिखा है कि वह इस वर्ष में अपने इतिहास की रचना कर रहा था। उसने अपने इतिहास को चार भागों में विभाजित किया है। प्रथम भाग में मुहम्मद साहब के जीवन-काल का इतिहास दिया है। दूसरे भाग में मुहम्मद साहब के उत्तराधिकारी चारों ख़लीफ़ाओं, बनी उमैय्या तथा बनी अब्बास का इतिहास दिया है। इसके अतिरिक्त उसने तत्कालीन अनेक सूफ़ी सन्तों का भी उल्लेख किया है जिनमें कुछ हिन्दुस्तान के भी सूफ़ी थे। तीसरे भाग में उसने अन्य मुसलमान राज्यों उदाहरणार्थ ताहरी वंश, सामानी, देलमी, ग़ज़नवी, सलजूक़, अताबेग, ख़्वारज़्मशाह, ग़ोरियों तथा चंगेज़ खां के वंशों से लेकर तैमूर तथा उसके उत्तराधिकारियों का इतिहास लिखा है। चौथे भाग में उसने हिन्दुस्तान के मुसलमान सुल्तानों, विशेष रूप से देहली के सुल्तानों का इतिहास लिखा है।

फ़ीरोज़ शाह तुग़लुक़ के उत्तराधिकारियों एवं कालपी के सुल्तानों तथा वज़ीरों का इतिहास बड़े विस्तार से लिखा है। इस प्रकार इस इतिहास का अन्तिम भाग ऐसे युग से सम्बन्धित है जिसके विषय में हमारी जानकारी के साधन बहुत ही कम हैं और इस ग्रंथ के अभाव में हम एक प्रांतीय राज्य के इतिहास के ज्ञान से, जो यद्यपि बहुत ही थोड़े समय तक जीवित रहा, वंचित रह जाते।

# शेख़ रिज़्क़ुल्लाह मुश्ताक़ी

## वाक़ेआते मुश्ताक़ी

शेख़ रिज़्क़ुल्लाह मुश्ताक़ी बिन सादुल्लाह देहलवी का जन्म ८९७ हि० (१४९१-९२ ई०) में हुआ। उसका पिता सादुल्लाह खाने जहां के पुत्र अहमद ख़ां का आश्रित था[1]। शेख़ रिज़्क़ुल्लाह भी बहुत से अफ़ग़ान अमीरों का विश्वासपात्र था और उनकी गोष्ठियों में उपस्थित रहा करता था। वह दरवेशों के समान जीवन व्यतीत करता था और अपने समकालीन दरवेशों की गोष्ठियों में हाज़िर रहा करता था। उसकी मृत्यु २० रबी-उल-अव्वल ९८९ हि० (२४ अप्रैल, १५८१ ई०) को हुई। वह हिन्दी तथा फ़ारसी दोनों भाषाओं में कविताएं लिखता था। हिन्दी कविताओं में उसने अपना उपनाम "राजन" रक्खा था।

उसने अपने इतिहास की भूमिका में लिखा है कि वह अपने समकालीन योग्य व्यक्तियों की सेवा में उपस्थित रहा करता और उनकी बातों से लाभान्वित हुआ करता था। उसने उनसे कुछ विचित्र कहानियां तथा आश्चर्यजनक घटनाएं सुनीं और उनमें से कुछ स्वयं अपनी आंखों से देखीं। उन विद्वानों एवं महानुभावों के निधन के उपरान्त वह उन कहानियों का उल्लेख अन्य लोगों से किया करता था। बाद में अपने किसी मित्र के आग्रह पर उसने इन कहानियों को एक पुस्तक के रूप में संकलित किया और उसका नाम 'वाक़ेआते मुश्ताक़ी' रखा। इसमें सुल्तान बहलोल के राज्यकाल से लेकर सुल्तान जलालुद्दीन मुहम्मद अकबर बादशाह के राज्यकाल तक की विभिन्न घटनाओं का उल्लेख है और लोदी वंश के सुल्तानों, बाबर, हुमायूं, अकबर तथा सूर वंश के सुल्तानों से सम्बन्धित विभिन्न कहानियों की चर्चा की गई है। इसके अतिरिक्त मालवा के ग़यासुद्दीन ख़लजी तथा नासिरुद्दीन ख़लजी एवं गुजरात के मुज़फ़्फ़र शाह से सम्बन्धित भी कुछ कहानियों का उल्लेख किया गया है। रिज़्क़ुल्लाह मुश्ताक़ी ने किसी स्थान पर भी इस बात का दावा नहीं किया है कि उसने किसी इतिहास की रचना की है।

'वाक़ेआते मुश्ताक़ी' की किसी भी प्रतिलिपि का भारतवर्ष में अभी तक पता नहीं चल सका। इसकी केवल दो प्रतियां ब्रिटिश म्युज़ियम में प्राप्य हैं। ब्रिटिश म्युज़ियम के रियू के कैटालाग के दूसरे भाग के पृष्ठ ८०२ ब पर जो हस्तलिखित ग्रन्थ है उसके रोटोग्राफ़ के आधार पर अनुवाद किया गया है किन्तु ब्रिटिश म्युजियम में एक अन्य प्रतिलिपि भी 'वाक़ेआते मुश्ताक़ी' की है जिसके कुछ अंश उपर्युक्त प्रतिलिपि से भिन्न हैं और कहीं कहीं वे उपर्युक्त प्रतिलिपि से अधिक स्पष्ट भी हैं अतः उन अंशों का अनुवाद भी पाद-टिप्पणियों में कर दिया गया है और उस प्रतिलिपि का नाम 'ब' रखा गया है।

यद्यपि 'वाक़ेआते मुश्ताक़ी' मुख्य रूप से देहली के सुल्तानों के इतिहास से सम्बन्धित है किन्तु इसमें मालवा के सुल्तानों के सम्बन्ध में भी कुछ कहानियों का उल्लेख किया गया है। प्रस्तुत पुस्तक में केवल उन्हीं कहानियों का अनुवाद किया गया है।

# ख़्वाजा निज़ामुद्दीन अहमद

## तबक़ाते अकबरी

ख़्वाजा निज़ामुद्दीन अहमद के पिता का नाम ख़्वाजा मुहम्मद मुक़ीम हरवी था। वह बाबर का

१ वाकेआते मुश्ताक़ी पृ० ५८।

बड़ा विश्वासपात्र तथा दीवाने बयूतात था। बाबर की मृत्यु के समय हुमायूं को सिंहासन से वंचित रखने के लिये अमीर निज़ामुद्दीन अली ख़लीफ़ा ने जो षड्यन्त्र रचा था उसका ख़्वाजा मुक़ीम हरवी ने कड़ा विरोध किया और हुमायूं के सिंहासनारोहण में उसका बड़ा हाथ ज्ञात होता है।[1] बाबर की मृत्यु के उपरान्त जब हुमायूं ने गुजरात विजय कर लिया और १५३५ ई० में मिर्ज़ा अस्करी को अहमदाबाद प्रदान कर दिया तो ख़्वाजा मुक़ीम को उसका वज़ीर नियुक्त किया। १५३९ ई० में जब हुमायूं, शेरशाह से चौसा के युद्ध में पराजित होकर आगरा पहुंचा तो ख़्वाजा मुहम्मद मुक़ीम उसके साथ था। ख़्वाजा निज़ामुद्दीन अहमद के अनुसार ख़्वाजा मुक़ीम अकबर के राज्यकाल के १२वें वर्ष में आगरा में राज्य-सेवा कर रहा था।[2]

ख़्वाजा निज़ामुद्दीन अहमद ने अपने जन्म के विषय में किसी स्थान पर कोई प्रकाश नहीं डाला है किन्तु बदायूनी के अनुसार निज़ामुद्दीन अहमद की मृत्यु ४५ वर्ष की अवस्था में अकबर के शासनकाल के ३८वें वर्ष में अर्थात् २३ सफ़र १००३ हि० (७ नवम्बर १५९४ ई०) को हुई।[3] इस प्रकार उसकी जन्म-तिथि ९५८ हि० अथवा १५५१ ई० होती है। हमें ख़्वाजा निज़ामुद्दीन अहमद की बाल्यावस्था तथा बाद की शिक्षा के विषय में भी कोई प्रामाणिक ज्ञान नहीं किन्तु 'तबक़ाते अकबरी' के अध्ययन से पता चलता है कि ख़्वाजा निज़ामुद्दीन अहमद को अवश्य ही अपने समय के बड़े-बड़े विद्वानों द्वारा शिक्षा प्राप्त हुई होगी। जिस समय वह गुजरात में था तो बदायूनी के अनुसार अमानी[4], बक़ाई[5], हयाती[6] तथा सरफ़ी[7] सरीखे कवि उसके द्वारा आश्रय प्राप्त करते रहते थे। अकबर ने उसे 'तारीख़े अलफ़ी' के संकलनकर्ताओं के बोर्ड में भी सम्मिलित किया था।[8]

वह एक उच्च कोटि का सैनिक था और उसने अकबर के विभिन्न अभियानों में भाग लिया। अकबर के राज्यकाल के २९वें वर्ष में वह गुजरात का बख़्शी नियुक्त किया गया। ९९६ हि० (१५८७-८८ ई०) में अकबर ने उसे दरबार में बुलवा लिया और वह उसकी सेवा में लाहौर में, जहां वह उस समय था, उपस्थित हुआ। उसे नित्यप्रति उन्नति प्राप्त होती रही और सम्भवतः अजमेर, गुजरात तथा मालवा की ख़ालसा की भूमि की देखरेख भी उसके सिपुर्द कर दी गई। ९९९ हि० (१५९०-९१ ई०) में उसे शम्साबाद परगना जागीर के रूप में प्रदान हुआ। १५९१-९२ में जब राज्य के बख़्शी आसफ़ ख़ां को काबुल के अभियान हेतु नियुक्त किया गया तो निज़ामुद्दीन अहमद को उसके स्थान पर बख़्शी नियुक्त कर दिया गया। निज़ामुद्दीन अहमद अकबर के साथ कश्मीर तथा लाहौर में कुछ समय तक रहा किन्तु ४५ वर्ष की अवस्था में १४ सफ़र १००३ हि० (२९ अक्तूबर १५९४ ई०) को लाहौर के समीप ज्वर से पीड़ित होकर वह २३ सफ़र (७ नवम्बर १५९४ ई०) को रावी नदी के तट पर मृत्यु को प्राप्त हो गया।

निज़ामुद्दीन अहमद ने 'तबक़ाते अकबरी' के प्राक्कथन में लिखा है कि उसने इस ग्रन्थ में उन

१ 'तबक़ाते अकबरी भाग २' (कलकत्ता) पृ० २८; 'अकबर नामा भाग १' (कलकत्ता) पृ० ११७।
२ 'तबक़ाते अकबरी भाग २' पृ० २११।
३ 'मुन्तख़बुत्तवारीख़ भाग २' (कलकत्ता) पृ० ३९५-९६।
४ 'मुन्तख़बुत्तवारीख़ भाग ३' (कलकत्ता) पृ० १८८।
५ वही पृ० १९६-१९७।
६ वही पृ० २११।
७ वही पृ० २६०।
८ 'मुन्तख़बुत्तवारीख़ भाग २' पृ० ३१८।

घटनाओं का विवरण दिया है जो हिन्दुस्तान में इस्लाम के अभ्युदय अर्थात् ३६७ हि० (९७७-७८ ई०) से १००१ हि० (१५९२-९३ ई०) तक घटीं; किन्तु वास्तव में इसमें ३७७ हि० (९८७-८८ ई०) से लेकर १००२ हि० (१५९३-९४ ई०) तक का भारतवर्ष का इतिहास उपलब्ध है। सम्भवतः लेखक ने १००१ हि० में इसकी रचना समाप्त कर ली थी और १००२ हि० की घटनाएं बाद में जोड़ दीं। इस इतिहास को उसने ९ खंडों में विभाजित किया :—

प्रस्तावना—ग़ज़नवियों का इतिहास

१. देहली का इतिहास १००२ हि० (१५९३ ई०) तक।
२. दक्षिण का इतिहास ७४८ हि० (१३४७ ई०) से १००२ हि० (१५९३ ई०) तक।
३. गुजरात के सुल्तानों का इतिहास ७९३ हि० (१३९० ई०) से ९८० हि० (१५७३ ई०) तक
४. मालवा के सुल्तानों का इतिहास ८०९ हि० (१४०६ ई०) से ९७७ हि० (१५६९ ई०) तक
५. बंगाल के सुल्तानों का इतिहास ७४१ हि० (१३४० ई०) से ९८४ हि० (१५७६ ई०) तक
६. जौनपुर के सुल्तानों का इतिहास ७८४ हि० (१३८२ ई०) से ८८१ हि० (१४७६ ई०) तक
७. कश्मीर के सुल्तानों का इतिहास ७४७ हि० (१३४६ ई०) से ९९५ हि० (१५८६ ई०) तक
८. सिन्ध के सुल्तानों का इतिहास ८६ हि० (७०५ ई०) से १००१ हि० (१५९२ ई०) तक
९. मुल्तान के सुल्तानों का इतिहास ८४७ हि० (१४४३ ई०) से ९२३ हि० (१५१७ ई०) तक

अन्त में वह भौगोलिक विवरण भी लिखना चाहता था किन्तु सम्भवतः उस भाग की वह रचना न कर सका कारण कि किसी प्राप्य हस्तलिखित पोथी में यह विवरण नहीं मिलता।

'अकबरनामा' के अतिरिक्त उसने निम्नांकित २८ इतिहासों पर 'तबक़ाते अकबरी' को आधारित किया है:—

१. तारीख़े यमीनी
२. तारीख़े ज़ैनुल अख़बार
३. रौज़तुस्सफ़ा
४. ताजुल-मआसिर
५. तबक़ाते नासिरी
६. ख़ज़ाएनुल फ़ुतूह
७. तुग़लुक़नामा
८. तारीख़े फ़ीरोज़शाही (ज़िया बरनी)
९. फ़ुतूहाते फ़ीरोज़शाही
१०. तारीख़े मुबारकशाही
११. फ़ुतूहुस्सलातीन
१२. तारीख़े महमूदशाही हिन्दवी (मन्डवी, रियु के अनुसार)
१३. तारीख़े महमूदशाही ख़ुर्द हिन्दवी (मन्डवी, रियु के अनुसार)
१४. तारीख़े महमूदशाही गुजराती
१५. मआसिरे महमूदशाही गुजराती
१६. तारीख़े मुहम्मदी
१७. तारीख़े बहादुरशाही

१८. तारीख़े बहमनी

१९. तारीख़े नासिरी

२०. तारीख़े मुज़फ़्फ़रशाही

२१. तारीख़े मिर्ज़ा हैदर

२२. तारीख़े कश्मीर

२३. तारीख़े सिन्ध

२४. तारीख़े बाबरी

२५. वाक़ेआते बाबरी

२६. तारीख़े इबराहीमशाही

२७. वाक़ेआते मुश्ताक़ी

२८. वाक़ेआते हज़रत जन्नत आशियानी हुमायूं बादशाह।

इन ग्रन्थों में से 'तारीख़े महमूदशाही मन्डवी', 'तारीख़े महमूदशाही ख़ुर्द मन्डवी', 'तबक़ाते महमूदशाही गुजराती', 'मआसिरे महमूदशाही गुजराती' 'तारीख़े बहादुरशाही', तथा 'तारीख़े बहमनी' का अभी तक कोई पता नहीं चल सका है और कुछ ग्रन्थ ऐसे हैं जिनका नाम अभी कुछ वर्षों से ही लिया जाने लगा है और केवल १ या २ प्रतियां कहीं कहीं उपलब्ध हो रही हैं। इस प्रकार 'तबक़ाते अकबरी' में जो सामग्री संकलित है वह उन इतिहासों के अभाव के कारण जो अब उपलब्ध नहीं हैं, अत्यन्त महत्वपूर्ण है।

इसके अतिरिक्त निज़ामुद्दीन अहमद में कट्टरपन तथा पक्षपात एवं इसी प्रकार के अन्य दोष जो उसके बहुत से समकालीन एवं पूर्व के इतिहासकारों में पाये जाते थे, बहुत कम पाये जाते हैं। मालवा के सुल्तान महमूद को पराजित करने के उपरान्त राणा सांगा ने उसे केवल मुक्त ही नहीं कर दिया अपितु उसका राज्य भी उसे वापस कर दिया। इससे पूर्व गुजरात के सुल्तान मुज़फ़्फ़र ने भी सुल्तान महमूद को सहायता प्रदान की थी। सुल्तान मुज़फ़्फ़र तथा राणा सांगा दोनों के पौरुष एवं उदारता की तुलना करते हुए निज़ामुद्दीन अहमद ने राणा सांगा की उदारता एवं पौरुष को सुल्तान मुज़फ़्फ़र की उदारता से कहीं अधिक महत्वपूर्ण बताया है और राणा सांगा की भूरि भूरि प्रशंसा की है। यद्यपि उसके एक अन्य समकालीन 'मिरआते सिकन्दरी' के लेखक सिकन्दर बिन मंझू ने इसी घटना का उल्लेख करते हुए यह लिखा है कि राणा सांगा ने सुल्तान महमूद को इस कारण मुक्त कर दिया कि उसे गुजरात एवं देहली के सुल्तानों का भय था। निज़ामुद्दीन अहमद ने समस्त घटनाएं ऐतिहासिक क्रम को दृष्टि में रखते हुए अत्यधिक छान-बीन के उपरान्त लिपिबद्ध की हैं। गुजरात में बहुत समय तक निवास करने के कारण उसे गुजरात एवं मालवा के विषय में विशेष जानकारी थी। कश्मीर तथा पंजाब में भी वह कुछ समय तक रहा। इस प्रकार उसने विभिन्न प्रान्तों का जो इतिहास लिखा है उसमें से बहुत कुछ अपनी विशेष जानकारी के आधार पर लिखा है। उसकी भाषा सरल है और उसने यथासम्भव पक्षपात से बचने का प्रयत्न किया है। 'तारीख़े फ़िरिश्ता' तथा अन्य बाद के बहुत से इतिहासकारों ने उसी के इतिहास के आधार पर अपने इतिहासों की रचना की।

## मुहम्मद क़ासिम हिन्दू शाह

### गुलशने इबराहीमी अथवा तारीख़े फ़िरिश्ता

मुहम्मद क़ासिम हिन्दू शाह अस्तराबादी जो फ़िरिश्ता के नाम से प्रसिद्ध है, ग़ुलाम अली हिन्दू शाह का पुत्र था। वह अपनी युवावस्था में अहमदनगर के सुल्तान मुरतज़ा निज़ाम शाह की सेवा में,

जिसने १५६५ से १५८८ ई० तक राज्य किया, प्रविष्ट हो गया। अहमदनगर ही में उसने हिन्दुस्तान के मुसलमान बादशाहों तथा सूफ़ी सन्तों का इतिहास लिखना निश्चय कर लिया था किन्तु अहमदनगर में उसे आवश्यक ग्रन्थ न मिल सके। २८ दिसम्बर १५८९ ई० को वह बीजापुर के सुल्तान के दरबार में पहुंच गया। जुलाई १६०४ ई० में फ़िरिश्ता, इबराहीम आदिल शाह की पुत्री बेगम सुल्तान की पालकी के साथ साथ बीजापुर से गोदावरी पर स्थित पैठान नामक स्थान पर, जहां बेगम सुल्तान का विवाह अकबर के पुत्र दानियाल से कर दिया गया, पहुंचा। तदुपरान्त वह बुरहानपुर लौट आया। जहांगीर के राज्यकाल के प्रारम्भ में इबराहीम आदिल शाह ने फ़िरिश्ता को किसी कार्य से लाहौर भेजा। १६१४ ई० में वह असीरगढ़ के क़िले में पहुंचा और सम्भवतः वह १६२३-२४ ई० तक जीवित रहा। फ़िरिश्ता को इबराहीम आदिल शाह द्वारा भी इतिहास की रचना की प्रेरणा प्राप्त हुई।

फ़िरिश्ता ने 'गुलशने इबराहीमी' जिसे 'तारीखे फ़िरिश्ता' भी कहते हैं, इबराहीम आदिल शाह को १०१५ हि० (१६०६-७ ई०) में समर्पित की। १०१८ हि० (१६०९-१० ई०) में इसी इतिहास को उसने 'तारीख़े नौरस' के नाम से इबराहीम आदिल शाह को समर्पित किया। यह इतिहास एक प्रस्तावना तथा १२ खंडों में विभाजित है:—

प्रस्तावना—मुसलमानों के राज्य के पूर्व के हिन्दू राजाओं का इतिहास।

खण्ड १. लाहौर के ग़ज़नवियों का इतिहास

२. देहली के सुल्तानों का इतिहास

३. दक्षिण के सुल्तानों का इतिहास छः भागों में
(१) बहमनी, (२) आदिलशाही, (३) निज़ामशाही, (४) क़ुतुबशाही, (५) एमादशाही, (६) बरीदशाही।

४. गुजरात

५. मालवा

६. बुरहानपुर

७. बंगाल तथा जौनपुर के शर्क़ी सुल्तान

८. सिन्ध, थट्टा तथा मुल्तान

९. सिन्ध के ज़मींदार

१०. कश्मीर

११. मलाबार

१२. हिन्दुस्तान के सूफ़ी सन्त तथा हिन्दुस्तान का संक्षिप्त विवरण।

'तबक़ाते अकबरी' की भांति फ़िरिश्ता ने भी अपनी इस महत्वपूर्ण रचना के लिये बहुत से ग्रंथ एकत्र किये। उसने लगभग ३५ एतिहासिक ग्रंथों का अध्ययन किया और कुछ ऐसे ग्रन्थों का भी उपयोग किया जो सम्भवतः निज़ामुद्दीन को उपलब्ध न थे। उनमें से ११ मुख्य ग्रन्थ निम्नांकित हैं:—

१. मुलहिक़ते शेख़ ऐनुद्दीन बीजापुरी

२. बहमन नामा लेखक शेख़ आज़री

३. तारीख़े बिनाकिती

४. तुहफ़तुस्सलातीन बहमनी लेखक मुल्ला दाऊद बीदरी

५. तारीख़े अलफ़ी

६. हबीबुस्सियर

७. तारीख़े बंगाला

८. फ़वाएदुल फ़वाद

९. ख़ैरुल मजालिस

१०. नसख़े क़ुतुबी

११. सियरुल आरेफ़ीन।

मध्यकालीन भारतीय इतिहास में जो प्रसिद्धि 'तारीख़े फ़िरिश्ता' को प्राप्त हुई है वह किसी अन्य इतिहास को नहीं और बहुत समय तक शोध सम्बन्धी कार्यों में केवल इसी ग्रंथ का प्रयोग होता रहा। इसमें सन्देह नहीं कि फ़िरिश्ता ने अपने इतिहास की रचना के लिये जितनी सामग्री एकत्र की उतनी किसी अन्य इतिहासकार ने नहीं की। दक्षिण के सुल्तानों के इतिहास के सम्बन्ध में उसकी रचना को विशेष महत्व प्राप्त है।

## मीर मुहम्मद मासूम नामी

### तारीख़े सिन्ध

मीर मुहम्मद मासूम नामी बिन सैयिद सफ़ाई अल हुसैनी अल तिरमिज़ी अल भक्करी, भक्कर के एक शेख़ुल इस्लाम का पुत्र था। ९९१ हि० (१५८३ ई०) में वह अपने पिता की मृत्यु के उपरान्त गुजरात पहुंचा और 'तबक़ाते अकबरी' के लेखक निज़ामुद्दीन अहमद का मित्र हो गया। वह १५९५-९६ ई० में अकबर की सेवा में सम्मिलित हो गया और २५० का मंसब प्राप्त किया। १०12 हि० (१६०३-४ ई०) में उसे शाह अब्बास सफ़वी के पास राजदूत बनाकर ईरान भेजा गया। जब वह वहां से वापस आया तो जहांगीर ने उसे अमीरुलमुल्क की उपाधि प्रदान की। वह १०१५ हि० (१६०६-७ ई०) में भक्कर लौट गया और सम्भवतः उसी के कुछ बाद उसकी मृत्यु हो गयी।

'तारीख़े सिन्ध' में, जिसे 'तारीख़े मासूमी' भी कहा जाता है, उसने सिन्ध के सुल्तानों का इतिहास, जो मुसलमानों की विजय से लेकर अकबर के शासनकाल तक राज्य करते रहे, दिया है और इसे चार खंडों में विभाजित किया है:—

१. सिन्ध की विजय

२. हिन्दुस्तान के बादशाहों द्वारा नियुक्त गवर्नरों का इतिहास ८०१ हि० (१३९९ ई०) तक तथा सूमरा एवं सुम्मा वंशों का इतिहास ९१६ हि० (१५१० ई०) तक।

३. अरग़ून वंश का इतिहास, सुल्तान महमूद ख़ां ९८२ हि० (१५७४ ई०) तक तथा थट्टा के कुछ सुल्तानों का इतिहास ९९३ हि० (१५८५ ई०) तक।

४. सिन्ध का इतिहास, ९८२ हि० (१५७४ ई०) से अकबर की विजय १००८ हि० (१५९९-१६०० ई०) तक।

मीर मुहम्मद मासूम को सिन्ध के इतिहास का विशेष ज्ञान था और उसने अपनी जानकारी के आधार पर सिन्ध की प्राचीन ऐतिहासिक छोटी छोटी घटनाओं को संकलित करके अपना इतिहास तैयार किया है। सम्भवतः ख़्वाजा निज़ामुद्दीन अहमद की मित्रता से भी उसे बड़ा लाभ हुआ होगा और उसने अपने इतिहास को यथासम्भव बिना किसी पक्षपात के प्रस्तुत करने का प्रयत्न किया है।

## सिकन्दर बिन मुहम्मद मंझू

### मिरआते सिकन्दरी

सिकन्दर बिन मुहम्मद मंझू बिन अकबर, गुजरात के सूबेदार खाने आज़म अज़ीज़ कोका की सेवा में कुछ समय तक रहा और उसने गुजरात के सुल्तान मुज़फ़्फ़र शाह तृतीय के विरुद्ध मिर्ज़ा अज़ीज़ कोका के साथ युद्ध किया। मुज़फ़्फ़र शाह तृतीय १००० हि० (१५९१ ई०) में राजसिंहासन से पृथक् कर दिया गया। १०२६ हि० (१६१७ ई०) में वह जहांगीर की सेवा में अहमदाबाद में उपस्थित हुआ। जहांगीर ने उसके विषय में 'तुज़ुक' में लिखा है कि, "उसे गुजरात के इतिहास का बड़ा अच्छा ज्ञान है।" सिकन्दर बिन मुहम्मद मंझू ने 'मिरआते सिकन्दरी' १०२० हि० (१६११ ई०) अथवा १०२२ हि० (१६१३ ई०) में समाप्त की।

इसमें ज़फ़र खां (मुज़फ़्फ़र शाह प्रथम) से लेकर सुल्तान मुज़फ़्फ़र शाह तृतीय की मृत्यु १००० हि० (१५९१ ई०) तक के गुजरात के सुल्तानों का इतिहास दिया गया है। राजनैतिक घटनाओं के साथ साथ सिकन्दर ने विभिन्न नगरों के निर्माण तथा अन्य सामाजिक एवं सांस्कृतिक विषयों पर भी कहीं कहीं प्रकाश डाला है। उसने बहुत सी घटनाएं अपनी व्यक्तिगत जानकारी के आधार पर भी लिखी हैं। 'ज़फ़रुल वालेह' का लेखक हाजी उद्दबीर भी 'मिरआते सिकन्दरी' से लाभान्वित हुआ है। गुजरात के कुछ अन्य इतिहास, जो इस समय अप्राप्य हैं, सिकन्दर को प्राप्त थे अतः उसका इतिहास बड़ा ही महत्वपूर्ण है।

## अब्दुल्लाह मुहम्मद बिन उमर अल मक्की

### ज़फ़रुल वालेह बे मुज़फ़्फ़र व आलेह

अब्दुल्लाह मुहम्मद बिन उमर अल मक्की, अल आसफ़ी उलुग़ खानी का जन्म सम्भवतः १५४० ई० में हुआ था। वह १५५५ ई० में भारतवर्ष पहुंचा और अपने पिता के साथ अहमदाबाद में निवास करने लगा। १५५९ ई० में वह गुजरात के एक प्रमुख अमीर मुहम्मद उलुग़ खां की सेवा में प्रविष्ट हो गया। १५६० ई० में उसने बरौदा के निकट एक युद्ध में बड़ा महत्वपूर्ण भाग लिया जिसके फलस्वरूप उसे दो गांव प्रदान किये गये। १५७३ ई० में जब अकबर ने गुजरात के बहुत बड़े भाग को अपने अधिकार में कर लिया तो उसके पिता को बहुत से वक़्फ़ों का प्रबन्ध सौंप दिया। इन वक़्फ़ों की आय मक्का मदीना भेजी जाती थी और यह कार्य लेखक के सिपुर्द था। इस प्रकार उसके इतिहास से पता चलता है कि वह १५७४ ई० में मक्का में था। १५७६ ई० में उसके पिता की मृत्यु हो गई और सम्भवतः वक़्फ़ का प्रबन्ध उसके हाथ से निकल गया। तदुपरान्त वह गुजरात के एक अन्य अमीर सैफ़ुलमुल्क की सेवा में प्रविष्ट हो गया। १५९५ ई० में उसकी माता की मृत्यु हो गयी। तत्पश्चात् वह खानदेश के एक प्रमुख अमीर फ़ौलाद खां की सेवा में पहुंच गया। १६०५ ई० में फ़ौलाद खां की मृत्यु हो गई।

सम्भवतः हाजी उद्दबीर ने अपना इतिहास १६०५ ई० में समाप्त कर लिया था किन्तु वह उसमें बाद में भी संशोधन करता रहा और कई 'स्थानों पर उसने मिरआते सिकन्दरी' का उल्लेख किया है जिसकी रचना १६११ अथवा १६१३ ई० में समाप्त हुई। इससे पता चलता है कि लेखक उस

समय भी अपनी पांडुलिपि को संकलित करने में व्यस्त था। उसने मुख्य रूप से अपने ग्रन्थ में निम्नलिखित इतिहासों के हवाले दिये हैं:—

१. तबक़ाते हुसाम खानी अथवा तारीखे बहादुरशाही,

२. तुहफ़तुस्सादात, लेखक आराम कश्मीरी,

३. तारीखे आज़मी।

'तारीखे बहादुरशाही' की चर्चा 'मिरआते सिकन्दरी' में भी कई स्थानों पर हुई है किन्तु 'तुहफ़तुस्सादात' का उल्लेख केवल एक ही बार 'मिरआते सिकन्दरी' में किया गया है। दुर्भाग्यवश इसमें से तीनों ग्रन्थों का इस समय तक कोई पता नहीं चल सका है।

'ज़फ़रुल वालेह' में हाजी उद्दबीर ने गुजरात के सुल्तानों के इतिहास के साथ साथ बीच बीच में अन्य ऐतिहासिक घटनाओं, जीवनियों तथा वंशों का विवरण दिया है। मुख्य रूप से जौनपुर, मालवा, खानदेश तथा देहली के सुल्तानों का इतिहास भी आ गया है।

प्रस्तुत पुस्तक में मालवा तथा गुजरात दोनों ही स्थानों के सुल्तानों के इतिहास से सम्बन्धित भागों का अनुवाद किया गया है। गुजरात में बहुत समय तक सेवा करने तथा उन इतिहासों को अपनी रचना में उद्धृत करने के कारण जो अब अप्राप्य हैं, 'ज़फ़रुल वालेह' को अत्यधिक महत्व प्राप्त है। मालवा तथा गुजरात के सुल्तानों के विषय में उसने जिन घटनाओं का उल्लेख किया है उनमें से बहुत सी घटनाएं किसी अन्य ग्रन्थ में नहीं मिलतीं। इस प्रकार बहुत से ऐतिहासिक विवरणों का एकमात्र साधन केवल हाजी उद्दबीर ही है और उसकी उपेक्षा करना असम्भव है।

## गुलाम हुसेन सलीम ज़ैदपुरी

### रियाजुस्सलातीन

गुलाम हुसेन सलीम अवध में स्थित बाराबंकी ज़िले के ज़ैदपुर नामक स्थान का निवासी था और वहां से बंगाल में मालदा जाकर डाक मुंशी नियुक्त हो गया। उसने 'रियाजुस्सलातीन' की रचना जार्ज उडनी की प्रार्थना पर की। उसकी मृत्यु १२३३ हि० (१८१७-१८ ई०) में हो गई।

'रियाजुस्सलातीन' की रचना उसने १२०२ हि० (१७८७-८८ ई०) में की। बंगाल का यह इतिहास एक प्रस्तावना तथा चार खंडों में विभाजित है। प्रस्तावना में उसने भौगोलिक विवरण के साथ साथ बंगाल के प्राचीन राजाओं का हाल लिखा है। पहले खंड में उसने उन लोगों का इतिहास लिखा है जो देहली के सुल्तानों द्वारा बंगाल के शासन हेतु नियुक्त हुए थे। दूसरे खंड में बंगाल के स्वतंत्र बादशाहों का इतिहास, तीसरे खंड में तैमूर के अधीनस्थ नाज़िमों का इतिहास और चौथे खंड में बर्तानिया सरकार के समय के बंगाल के इतिहास का विवरण दिया है। देहली के सुल्तानों के इतिहास के सम्बन्ध में उसने 'तबक़ाते अकबरी' एवं 'तारीखे फ़िरिश्ता' का अधिक प्रयोग किया है और कहीं कहीं पूरे के पूरे वाक्य बिना किसी परिवर्तन के ग्रहण कर लिये हैं। कुछ अन्य इतिहास एवं स्थानीय जानकारी को भी उसने अपने इतिहास में संकलित किया है।

# विषय-सूची

# जौनपुर

ख्वाजा निज़ामुद्दीन अहमद

(क) तबक़ाते अकबरी

मुहम्मद क़ासिम हिन्दू शाह अस्तराबादी "फ़िरिश्ता"

(ख) गुलशने इबराहीमी अथवा

तारीखे फ़िरिश्ता

# तबक़ाते अकबरी

(लेखक—ख्वाजा निज़ामुद्दीन अहमद)

(प्रकाशन—कलकत्ता १९३५ ई०)

## सुल्तानुश्शर्क़

(२७३) कहा जाता है कि जब सुल्तान महमूद बिन सुल्तान मुहम्मद बिन फ़ीरोज़ शाह का राज्यकाल प्रारम्भ हुआ तो उसने मलिक सरवर ख्वाजासरा को, जिसे सुल्तान महमूद शाह ने ख्वाजये जहां की उपाधि प्रदान की थी, सुल्तानुश्शर्क़ की उपाधि प्रदान करके जौनपुर की विलायत[1] को भेजा और वहां का राज्य उसे प्रदान कर दिया। सुल्तान महमूद के गौरवहीन हो जाने के कारण सुल्तानुश्शर्क़ को प्रभुत्व प्राप्त हो गया। उसने कोल, इटावा, कम्पिला तथा बहराइच के विद्रोहियों को दंड देकर, देहली की ओर से कोल एवं रापरी[2] के परगने तक तथा उस ओर[3] से बिहार एवं तिरहुट को अधिकार में कर लिया और प्रदेशों में पुनः रौनक़ पैदा हो गई। हाथी तथा उपहार, जो प्रत्येक वर्ष लखनौती और जाजनगर के प्रान्तों से देहली में प्राप्त हुआ करते थे और कई वर्षों से पदाधिकारियों की दुर्दशा के कारण न प्राप्त हो सके थे, पुनः प्राप्त होने लगे। ज़मींदारों के हृदय में इतना आतंक आरूढ़ हो गया कि प्रत्येक वर्ष वे निश्चित ख़राज जौनपुर भेजने लगे।

(२७४) सुल्तानुश्शर्क़ की ८०२ हि० (१३९९-१४०० ई०) में मृत्यु हो गई। उसने १६ वर्ष तक राज्य किया।

## सुल्तान मुबारक शाह शर्क़ी

जब सुल्तानुश्शर्क़ की मृत्यु हो गई और देहली के शासन प्रबन्ध में नित्यप्रति विघ्न पड़ने लगा तथा राज्य के कार्य अव्यवस्थित हो गये तो मलिक मुबारक क़रनफ़ुल, जिसे सुल्तानुश्शर्क़ पुत्र कहा करता था, अमीरों तथा सरदारों की सहमति से मुबारक शाह की उपाधि से सुशोभित होकर सिंहासनारूढ़ हुआ। जौनपुर तथा अन्य प्रदेशों में, जो सुल्तानुश्शर्क़ के अधीन थे, उसके नाम का ख़ुत्वा[4] पढ़ा जाने लगा।

जब मल्लू इक़बाल ख़ां को सूचना प्राप्त हुई कि सुल्तानुश्शर्क़ की मृत्यु हो गई और मलिक मुबारक क़रनफ़ुल ने मुबारक शाह की उपाधि धारण कर ली है तो उसने ८०३ हि० (१४००-१४०१ ई०) में

१ प्रान्त, राज्य।

२ उत्तर प्रदेश के मैनपुरी जिले में, यमुना नदी के बायें तट पर, मैनपुरी से दक्षिण-पश्चिम में ४४ मील पर।

३ पूर्व की ओर से।

४ स्वतन्त्र रूप से सुल्तान हो गया।

एक भारी सेना एकत्र करके जौनपुर पर आक्रमण किया। मार्ग में इटावा के विद्रोहियों को दंड देकर क़न्नौज पहुंचा। मुबारक शाह भी सेना एकत्र करके युद्ध करने के लिए पहुंचा। क्योंकि गंगा नदी दोनों सेनाओं के मध्य में स्थित थी अतः दो मास तक दोनों सेनायें एक दूसरे के आमने-सामने डटी रहीं। कोई भी वीरता प्रदर्शित करके गंगा नदी पार करने का साहस न कर सका और वे युद्ध किये विना ही अपने अपने राज्य को लौट गये।

जौनपुर पहुंच जाने के उपरान्त मुबारक शाह को समाचार प्राप्त हुए कि "सुल्तान महमूद गुजरात से देहली पहुंच गया है और मल्लू इक़बाल ख़ां उसे लेकर पुनः क़न्नौज की ओर आ रहा है।" यह समाचार पाते ही उसने सेना की तैयारी प्रारम्भ कर दी किन्तु मौत के कारण उसे अवसर न मिल सका और ८०४ हि० (१४०१-२ ई०) में उसकी मृत्यु हो गई।

उसने एक वर्ष तथा कुछ मास तक राज्य किया।

## सुल्तान इबराहीम शर्क़ी

(२७५) मुबारक शाह की मृत्यु के उपरान्त शर्क़ी राज्य के अमीरों ने उसके अनुज को सुल्तान इबराहीम शर्क़ी की उपाधि देकर सिंहासनारूढ़ किया और सर्वसाधारण को उसके राज्य में शान्ति प्राप्त हो गई। आलिम[1] तथा सम्मानित व्यक्ति, जो संसार की अव्यवस्था के कारण कष्ट में थे, जौनपुर जोकि दारुल अमान[2] था, पहुंच गये और वह राजधानी आलिमों के चरणों के आशीर्वाद से दारुल उलूम[3] बन गई। अनेक पुस्तकों तथा पत्रिकाओं की उसके नाम पर रचना की गई ; उदाहरणार्थ 'हाशियये हिन्दी', 'बहरुल मव्वाज', 'फ़तावाये इबराहीम शाही', 'इरशाद' इत्यादि। क्योंकि इस संसार को आश्रय प्रदान करने वाले बादशाह को ईश्वर की सहायता प्राप्त थी, अतः निःसन्देह वह युवावस्था में अनुभव तथा कार्यकुशलता में हिन्दुस्तान के समस्त सुल्तानों से बढ़कर था।

### सुल्तान महमूद के विरुद्ध प्रस्थान

अपने राज्यकाल के प्रारम्भ में उसने सेना एकत्र करके सुल्तान महमूद तथा इक़बाल ख़ां, जो जौनपुर को विजय करने के आकांक्षी थे, को पराजित करने के लिये प्रस्थान किया। जब वह गंगा-तट पर पहुंचा तो दोनों सेनायें एक दूसरे के समक्ष उतर पड़ीं। सुल्तान महमूद, इस कारण कि मल्लू इक़बाल ख़ां उसे राज्य में कोई अधिकार प्राप्त करने न देता था, और राज्य व्यवस्था के संचालन में नाम मात्र को भी उससे परामर्श न करता था, शिकार के बहाने से अपने शिविर से निकला और सुल्तान इबराहीम से (२७६) मिल गया। सुल्तान इबराहीम ने अभिमानवश नमक का हक़ अदा न किया और उसका आदर-सत्कार करने तथा प्रोत्साहन प्रदान करने की ओर से उपेक्षा की। सुल्तान महमूद खिन्न होकर क़न्नौज पहुंचा और क़न्नौज के थानेदार को, जो मुबारक शाह के पहले ही से वहां रहता था और जो अमीरज़ादा हरेवी कहलाता था, निकाल कर क़न्नौज पर अधिकार जमा लिया। इस समाचार को पाकर क़न्नौज को उसी के पास छोड़ कर, सुल्तान इबराहीम जौनपुर और मल्लू इक़बाल ख़ां देहली

१ मुसलमान विद्वान्।
२ शान्ति का घर।
३ विद्या का घर अथवा केन्द्र।

पहुंच गये। कुछ इतिहासों में लिखा है[1] कि सुल्तान महमूद, मुबारक शाह शर्क़ी के पास पहुंचा था और सुल्तान इबराहीम को उसी समय राज्य प्राप्त हुआ था तथा मुबारक शाह की मृत्यु हुई थी।

## सुल्तान इबराहीम का क़न्नौज पर आक्रमण

८०७ हि० (१४०४-५ ई०) में मल्लू इक़बाल खां ने पुनः क़न्नौज पहुंच कर उसे घेर लिया। सुल्तान महमूद अपने थोड़े से विश्वासपात्रों सहित क़िले में बन्द होकर वीरता तथा पौरुष प्रदर्शित करता रहा। मल्लू इक़बाल खां असफल तथा निराश होकर देहली वापस चला गया। ८०८ हि० (१४०५-६ ई०) में मल्लू खां की खिज्र खां ने अजोधन के समीप हत्या कर दी। इसका उल्लेख हो चुका है। सुल्तान महमूद, मलिक महमूद को क़न्नौज में छोड़ कर देहली पहुंचा और अपने पूर्वजों के राजसिंहासन पर आरूढ़ हो गया। सुल्तान इबराहीम ने अवसर पाकर ८०९ हि० (१४०६-७ ई०) में क़न्नौज की विजय हेतु प्रस्थान किया। सुल्तान महमूद देहली की सेना लेकर (२७७) सुल्तान इबराहीम से युद्ध करने के लिये रवाना हुआ। दोनों सेनायें गंगा-तट पर एक दूसरे के समक्ष उतरीं। कुछ दिन उपरान्त युद्ध किये बिना दोनों अपनी अपनी विलायत को लौट गईं।

## क़न्नौज की विजय

सुल्तान इबराहीम ने देहली पहुंच कर अमीरों को अपनी अपनी जागीरों को जाने की अनुमति दे दी। सुल्तान इबराहीम ने पुनः क़न्नौज पहुंच कर उसे घेर लिया। घेरे की अवधि चार मास से अधिक हो जाने तथा सहायता एवं कुमक देहली से न प्राप्त होने के कारण, मलिक महमूद ने क्षमा-याचना करके क़न्नौज उसे सौंप दिया।

## देहली की ओर प्रस्थान

सुल्तान ने क़न्नौज इख्तियार खां को प्रदान कर दिया और देहली की विजय हेतु प्रस्थान किया। मार्ग में तातार खां बिन (सुपुत्र) सारंग खां, मलिक मरजान[2] मल्लू इक़बाल खां का दास, देहली से आकर उससे मिल गये। सुल्तान इबराहीम की शक्ति बढ़ गई और उसने सम्बल[3] की ओर प्रस्थान किया। जब वह सम्बल पहुंचा तो असद खां लोदी सम्बल को छोड़ कर भाग गया। सुल्तान इबराहीम सम्बल को तातार खां को सौंप कर देहली की ओर रवाना हुआ। मार्ग में बरन क़स्बे को विजय करके मलिक मरजान को प्रदान कर दिया।

१ एक पोथी में इस प्रकार है 'कुछ इतिहासों में लिखा है कि सुल्तान महमूद मुबारक शाह के पास गया था। ८०३ हि० (१४००--१४०१ ई०) में इक़बाल खां ने पुनः क़न्नौज को घेरा। दोनों सेनायें एक दूसरे के आमने सामने डट गईं। कुछ दिन उपरान्त युद्ध किये बिना लौट गईं। सुल्तान महमूद जब देहली पहुँचा तो उसने अमीरों को विदा कर दिया। सुल्तान इबराहीम ने क़न्नौज को पुनः घेर लिया। अवरोध चार मास से अधिक हो जाने तथा सहायता एवं कुमक न पहुँचने के कारण मलिक महमूद ने क्षमा-याचना करके क़न्नौज समर्पित कर दिया'।

२ एक पोथी में 'महमूद मरजान'।

३ सम्भल।

## सुल्तान इबराहीम की देहली से वापसी

जब वह यमुना तट पर पहुंचा तो गुप्तचरों ने यह समाचार पहुंचाये कि सुल्तान मुज़फ़्फ़र गुजराती मालवा पहुंच गया है और सुल्तान महमूद की सहायता तथा कुमक को आ रहा है। सुल्तान इबराहीम वीरता की लगाम छोड़ कर जौनपुर की ओर रवाना हो गया। सुल्तान महमूद ने सम्बल का राज्य पूर्व की भांति असद खां लोदी को प्रदान कर दिया और देहली लौट गया।

## सुल्तान इबराहीम का ब्याना पर आक्रमण

८३१ हि० (१४२७-२८ ई०) में सुल्तान इबराहीम ब्याना के क़िले पर पहुंचा। ख़िज्र ख़ां को उस समय देहली में पूर्ण प्रभुत्व प्राप्त था। उसने उसे पराजित करने के लिये देहली से प्रस्थान किया। जब दोनों सेनाओं की मुठभेड़ हुई तो प्रातःकाल से सायंकाल तक युद्ध होता रहा। दूसरे दिन एक ऐसी (२७८) संधि करके जिसमें लेशमात्र को भी निष्ठा न थी, सुल्तान इबराहीम जौनपुर तथा ख़िज्र ख़ां देहली चले गये।

## कालपी पर आक्रमण

८३७ हि०[1] (१४३३-३४ ई०) में सुल्तान इबराहीम ने अपनी हानि की पूर्ति के उपरान्त एवं आसपास के विद्रोहियों से निश्चिन्त होकर कालपी की विजय का संकल्प करके पूर्ण तैयारी सहित उस ओर प्रस्थान किया। इसी बीच में समाचार प्राप्त हुए कि सुल्तान होशंग ग़ोरी ने भी कालपी को विजय करने का संकल्प कर लिया है। जब दोनों बादशाह एक दूसरे के निकट पहुंचे और आजकल में युद्ध छिड़ने वाला ही था कि गुप्तचरों ने यह समाचार पहुंचाये कि मुबारक शाह बिन (पुत्र) ख़िज्र ख़ां ने देहली से बहुत बड़ी सेना एकत्र करके जौनपुर की विजय हेतु प्रस्थान कर दिया है। सुल्तान इबराहीम विवश होकर जौनपुर की ओर चल दिया। सुल्तान होशंग ने बिना किसी कठिनाई के कालपी को अपने अधिकार में कर लिया और अपने नाम का ख़ुत्बा पढ़वा कर[2] मन्दू[3] लौट गया।

८४० हि० (१४३६-३७ ई०) में सुल्तान इबराहीम रुग्ण हो गया। चिकित्सकों ने यद्यपि अत्यधिक उपचार किया किन्तु उससे कुछ लाभ न हुआ। अन्त में उसकी मृत्यु हो गई।

उसने ४० वर्ष तथा कुछ दिन तक राज्य किया।

# सुल्तान महमूद बिन इबराहीम शर्क़ी

सुल्तान इबराहीम की मृत्यु के उपरान्त उसका ज्येष्ठ पुत्र सुल्तान महमूद जौनपुर के सिंहासन (२७९) पर आरूढ़ हुआ, तथा अपने पिता का स्थान ग्रहण किया। उसके उपकार द्वारा लोग सुखी हो गये और राज्य में पुनः रौनक़ आ गई। लोग प्रसन्न हो गये।

## मालवा के सुल्तान के पास राजदूत भेजना

सेना तथा राज्य के प्रबन्ध, विद्रोहियों तथा उपद्रवियों को दंड देने, के उपरान्त उसने ८४७ हि०

१ एक पोथी के अनुसार ८३८ हि० (१४३५-३६ ई०)।
२ सुल्तान घोषित करके।
३ 'मांडू' तथा 'मांदू' भी प्रयुक्त हुआ है।

(१४४३-४४ ई०) में एक वाकपटु राजदूत को उपहार देकर सुल्तान महमूद ख़लजी के पास भेजा और यह कहलाया कि "नसीर ख़ां पुत्र क़ादिर ख़ां[1], कालपी का अधिकारी, मुहम्मद साहब की शरीअत[2] के बाहर हो गया है और मुरतद[3] बन गया है। शाहपुर नामक क़स्बे को, जो कालपी से अधिक आबाद था, नष्ट-भ्रष्ट करके मुसलमानों को निर्वासित कर दिया है। मुसलमानों की स्त्रियों को काफ़िरों को सौंप दिया है। क्योंकि होशंग शाह के राज्यकाल से हम लोग प्रेम तथा निष्ठा के बंधन में बंधे हुए हैं अतः बुद्धिमत्ता के अनुसार हमारे लिये यह आवश्यक है कि आपको इसकी सूचना दे दें और यदि आपकी अनुमति हो तो उसे दंड देकर इस्लामी प्रथायें वहां लागू कर दी जायं।"

## सुल्तान महमूद का उत्तर

सुल्तान महमूद ख़लजी ने उत्तर में कहलवाया कि, "इससे पूर्व हमें भी इस प्रकार की सूचना मिली थी किन्तु आपके सूचना देने से अब विश्वास हो गया। उस दुष्ट का विनाश समस्त बादशाहों के लिये आवश्यक है। यदि मेरी सेनायें मेवात के विद्रोहियों को दंड देने के लिये प्रस्थान न कर रही होतीं तो मैं स्वयं उनके विनाश हेतु प्रस्थान करता। इस समय जब आपने यह संकल्प कर लिया है तो आपके लिए वह शुभ हो।"

## शर्क़ी द्वारा कालपी पर आक्रमण

जौनपुर में राजदूत ने पहुंच कर इस बात की सूचना दी।[4] सुल्तान महमूद शर्क़ी प्रसन्न (२८०) हो गया। उसने २९ हाथी पेशकश के रूप में महमूद ख़लजी के पास भेजे और सेना की तैयारी करके कालपी की ओर प्रस्थान किया। नसीर ख़ां ने यह समाचार पाकर सुल्तान महमूद ख़लजी को लिखा कि, "यह प्रदेश सुल्तान होशंग शाह ने हमें प्रदान कर दिया था। अब सुल्तान महमूद शाह शर्क़ी उसका अपहरण करना चाहता है। फ़क़ीर की सहायता आपके लिये आवश्यक है।"

## सुल्तान महमूद का कालपी के विषय में सुल्तान महमूद शर्क़ी को पत्र

सुल्तान महमूद ख़लजी ने इस प्रार्थना-पत्र की सूचना पाकर प्रेम तथा निष्ठा से परिपूर्ण एक पत्र लिखा और उचित पेशकश सहित अली ख़ां के हाथ सुल्तान महमूद शर्क़ी के पास भेजा और लिखा कि "कालपी का हाकिम नसीर ख़ां ईश्वर के भय तथा आपके डर से तोबा[5] करता है और जो अपराध उसने किये हैं तथा जो हानि उसके द्वारा हुई है उसे पूरा करने पर उद्यत है और अब वह शरीअत के मार्ग से विचलित न होगा। क्योंकि स्वर्गीय सुल्तान होशंग शाह ने यह प्रदेश क़ादिर ख़ां को प्रदान कर दिया था और ये लोग हमारे आज्ञाकारी हैं अतः उसके अपराध को आप क्षमा कर दें और उसके राज्य को कोई हानि न पहुंचायें।"

१ एक पोथी के अनुसार 'नसीर ख़ाने जहाँ वल्द क़ादिर ख़ां'।
२ इस्लाम के नियम।
३ वह मुसलमान जो इस्लाम त्याग कर किसी अन्य धर्म को स्वीकार कर ले।
४ एक पोथी के अनुसार 'राजदूत ने जौनपुर में इस विषय से सम्बन्धित पत्र लिखा'।
५ घृणित अथवा निंद्य कर्म पुनः न करने का पश्चात्ताप अथवा शपथपूर्वक की गई दृढ़ प्रतिज्ञा।

## सुल्तान महमूद शर्क़ी का कालपी पर आक्रमण तथा मालवा के सुल्तान का कालपी की सहायतार्थ प्रस्थान

अभी अली ख़ां ने पत्र न पहुंचाया था कि नसीर ख़ां का प्रार्थना-पत्र पुनः प्राप्त हुआ कि, "यह फ़क़ीर होशंग शाह के राज्यकाल से निष्ठावान् है और इस समय सुल्तान महमूद शर्क़ी ने प्राचीन ईर्ष्या तथा शत्रुता के कारण कालपी पहुंच कर इस प्रदेश का गौरव नष्ट कर दिया है और फ़क़ीर को निर्वासित कर दिया है। मुसलमान स्त्रियों को बन्दी बना रहा है।" यद्यपि सुल्तान महमूद शर्क़ी ने नसीर ख़ां को (२८१) दंड देने की अनुमति प्राप्त कर ली थी, किन्तु नसीर ख़ां के अत्यधिक आग्रह के कारण २ शाबान ८४८ हि० (१४ नवम्बर १४४४ ई०) को सुल्तान महमूद ने उज्जैन से चन्देरी तथा कालपी की ओर प्रस्थान किया। चन्देरी में नसीर ख़ां भेंट करने पहुंचा। चन्देरी से उसने एरचा[1] की ओर प्रस्थान किया। सुल्तान महमूद शर्क़ी यह समाचार सुनकर विलम्ब किये बिना कालपी से अग्रसर हुआ।

## जौनपुर तथा मालवा के सुल्तान में युद्ध

सुल्तान महमूद ख़लजी ने एक सेना जौनपुर की सेना से युद्ध करने के लिये भेजी। दूसरी सेना इस आशय से भेजी कि जौनपुर की सेना का पिछला भाग नष्ट कर दे। इस सेना ने पहुंच कर शिविर के बचे-खुचे लोगों की हत्या कर दी और जो कुछ उन्हें मिला उसे नष्ट कर दिया। जो सेना सामने से युद्ध करने के लिये नियुक्त हुई थी, उसने युद्ध तथा रक्तपात प्रारम्भ कर दिया। दोनों ओर से योग्य आदमी मारे गये। अन्त में दोनों दलों ने अपने अपने क्षेत्र में पड़ाव किया। दूसरे दिन प्रातःकाल सुल्तान महमूद ख़लजी ने एमादुलमुल्क को शत्रु का मार्ग रोक देने के उद्देश्य से भेजा। शत्रु को जब इसका पता चला तो वे उसी स्थान पर जो दृढ़ था ठहर गये।

## मालवा के सुल्तान से युद्ध

सुल्तान महमूद ख़लजी ने उस पड़ाव की दृढ़ता से अवगत होकर एक सेना कालपी के आस-पास के स्थानों तक आक्रमण करने के लिये भेजी और अत्यधिक लूट की धन-सम्पत्ति प्राप्त की। जब वर्षा ऋतु आ गई तो वह एक प्रकार से संधि करके वहां से लौट आया। सुल्तान महमूद ख़लजी चन्देरी पहुंचा। सुल्तान महमूद शर्क़ी ने अवसर पाकर सेना बरहार[2] की विलायत[3] को, जहां के निवासी सुल्तान महमूद ख़लजी के आज्ञाकारी थे, विजय करने के लिये भेजी। सुल्तान महमूद ख़लजी ने बरहार की विलायत के मुक़द्दम[4] की सहायता तथा कुमक के लिये एक सेना भेजी। सुल्तान महमूद शर्क़ी अपनी सेना में युद्ध की शक्ति न देख कर स्वयं पहुंच कर सेना से मिल गया।

## सुल्तान महमूद शर्क़ी द्वारा शेख़ जायल्दा को मध्यस्थ बनाना

(२८२) कुछ दिन उपरान्त सुल्तान महमूद शर्क़ी ने एक पत्र शेख़ुल इस्लाम शेख़ जायल्दा की सेवा में, जो अपने समय के एक पूज्य व्यक्ति थे और सुल्तान महमूद ख़लजी जिनका मुरीद[5] तथा

१ एक पोथी के अनुसार 'ईरज'।
२ एक पोथी के अनुसार 'बरहारा'।
३ राज्य।
४ अधिकारी।
५ भक्त, चेला।

भक्त था और जो इस समय मन्दू के सुल्तानों के गुम्बद[1] में दफ़न है, भेजा और उसमें यह लिखा कि, "दोनों ओर से मुसलमानों की हत्या हो रही है। यदि आप संधि का प्रयत्न करें तो उचित होगा।" सुल्तान महमूद शर्क़ी के दूत ने शेख़ जायल्दा से निवेदन किया कि, "इस समय राठ का क़स्बा नसीर ख़ां को सौंप दिया जायगा और सुल्तान महमूद ख़लजी के लौट जाने के पश्चात् चार मास में एरचा क़स्बे तथा समस्त कालपी, जो शर्क़ियों के अधीन हो गया है, को नसीर ख़ां के लिए छोड़ दिया जायगा।"

## संधि

जब सुल्तान महमूद शर्क़ी के दूत ने शेख़ जायल्दा की सेवा में यह निवेदन किया, तो शेख़ ने शर्क़ी के वकील को अपने सेवक के साथ सुल्तान की सेवा में भेजा और एक उपदेश भरा पत्र लिख कर उसकी सेवा में प्रेषित किया। सुल्तान महमूद ख़लजी ने कहा कि, "जब तक वह कालपी न देगा संधि की कोई आशा नहीं" किन्तु नसीर ख़ां ने जो निर्वासित था राठ को पर्याप्त समझ कर निवेदन किया कि, "जब वह (सुल्तान महमूद शर्क़ी) शेख़ जायल्दा की सेवा में प्रतिज्ञा करता है तो अवश्य ही वह उसके विरुद्ध कार्य न करेगा।" सुल्तान महमूद ख़लजी ने जब यह देखा कि सम्बन्धित व्यक्ति संधि से सन्तुष्ट है तो उसने सुल्तान महमूद शर्क़ी के दूत को अपनी सेवा में बुलवा कर इस शर्त पर संधि कर ली कि, "अब वह (सुल्तान महमूद शर्क़ी) क़ादिर ख़ां की सन्तान विशेष रूप से नसीर ख़ाने जहां के प्रति किसी प्रकार की शत्रुता प्रदर्शित न करे और फिर कभी इस प्रदेश पर आक्रमण न करे। चार मास उपरान्त कालपी तथा अन्य क़स्बे नसीर ख़ां को सौंप दे।" शेख़ जायल्दा के प्रयत्न के फलस्वरूप संधि हो जाने के उपरान्त, सुल्तान महमूद ख़लजी ने सुल्तान महमूद शर्क़ी के दूत को इनाम प्रदान करके विदा कर दिया और स्वयं (२८३) अपनी राजधानी मन्दू की ओर लौट गया।

## सुल्तान महमूद शर्क़ी की जौनपुर को वापसी

सुल्तान महमूद शर्क़ी ने भी जौनपुर की ओर प्रस्थान किया। जौनपुर पहुंच कर उसने दान पुण्य (के कार्य) प्रारम्भ कर दिये और सभी को उनकी श्रेणी के अनुसार इनाम देने लगा।

## चम्पारन पर आक्रमण

कुछ समय तक जौनपुर में ठहरने और सेना को जो कुछ हानि हो चुकी थी, उसकी पूर्ति करने के उपरान्त उसने चम्पारन[2] की ओर प्रस्थान किया। उस प्रदेश को विध्वंस करके उस ओर के विद्रोहियों को तलवार का भोजन बना डाला। कुछ परगनों तथा क़स्बों पर अधिकार करके अपने थानेदार वहां नियुक्त कर दिये। वहां की व्यवस्था ठीक करके जौनपुर की ओर लौट आया।

## उड़ीसा पर आक्रमण

कुछ दिन उपरान्त उसने उड़ीसा पर जिहाद के विचार से प्रस्थान किया और उस प्रदेश के आस-पास के स्थानों पर आक्रमण करके उन्हें विध्वंस कर डाला और मन्दिरों का खंडन करके उन्हें नष्ट-भ्रष्ट कर दिया। विजय तथा सफलता प्राप्त करके लौट आया।

१ मक़बरे।

२ एक पोथी में 'उड़ीसा की ओर प्रस्थान किया और उस विलायत को विजय किया'।

### मृत्यु

८६२ हि० (१४५७-५८ ई०) में उसकी मृत्यु हो गई।

उसने २१ वर्ष तथा कुछ मास तक राज्य किया।

## सुल्तान महमूद शाह बिन महमूद शाह

सुल्तान महमूद शर्क़ी की मृत्यु हो जाने के उपरान्त, अमीरों तथा राज्य के स्तम्भों ने शाहज़ादा भीकन खां, जो उसका ज्येष्ठ पुत्र था, को सिंहासनारूढ़ किया और उसकी उपाधि महमूद शाह निश्चित (२८४) की। क्योंकि वह राज्य का कार्य करने के योग्य न था और अनुचित कार्य करने लगा था अतः अमीरों एवं राज्य के स्तम्भों ने उसे राज्य से क्षमा करके[1] उसके अनुज हुसेन को राज्य प्रदान किया। उसने लगभग ५ मास तक राज्य किया।

## सुल्तान हुसेन बिन महमूद शाह

जब उसके भाई महमूद शाह को राज्य के कार्य से क्षमा कर दिया गया तो उसे (हुसेन को) राज्य प्रदान करके न्याय तथा इन्साफ़ की घोषणा की गई। समस्त अमीर तथा प्रतिष्ठित व्यक्ति उसके आज्ञाकारी हो गये। क्योंकि वह प्रदेशों की विजय का अत्यधिक आकांक्षी था, अतः उसने ३,००,००० अश्वारोही तथा १४०० हाथी एकत्र करके उड़ीसा पर चढ़ाई की। इस चढ़ाई के समय उसने तिरहुट प्रदेश को पददलित करके वहां के विद्रोहियों से ख़राज प्राप्त किया। जब वह उड़ीसा की विलायत में पहुंचा तो उसने उस प्रदेश के चारों ओर के क्षेत्रों के ध्वंस हेतु सेनायें भेजीं। उड़ीसा के राय ने दीनता प्रदर्शित करके सुल्तान की सेवा में एक दूत भेज कर अपने अपराधों की क्षमा-याचना की। ३० हाथी, १०० घोड़े, अत्यधिक वस्त्र तथा सम्पत्ति भेंट की। सुल्तान हुसेन वहां से विजय तथा सफलता प्राप्त करके जौनपुर पहुंचा।

### बनारस के क़िले की मरम्मत

८७० हि० (१४६५-६६ ई०) में उसने बनारस के क़िले की, जो कालचक्र के कारण नष्ट हो गया था, मरम्मत कराई। ८७१ हि० (१४६६-६७ ई०) में उसने अपने अमीरों को ग्वालियर के क़िले को विजय करने के लिये भेजा। जब क़िले को घेरे हुए बहुत समय व्यतीत हो गया तो ग्वालियर के राय ने पेशकश प्रस्तुत करके आज्ञाकारिता स्वीकार कर ली।

### देहली पर आक्रमण

८७८ हि० (१४७३-७४ ई०) में सुल्तान हुसेन ने मलकये जहां के आग्रह पर, जो उसकी पत्नी तथा सुल्तान अलाउद्दीन बिन मुहम्मद शाह बिन फ़रीद शाह बिन मुबारक शाह बिन ख़िज़्र ख़ां की पुत्री (२८५) थी, एक लाख चालीस हज़ार अश्वारोही तथा १४०० हाथियों को लेकर देहली को विजय करने की अभिलाषा से सुल्तान बहलोल लोदी से युद्ध करने का संकल्प किया। सुल्तान बहलोल ने सुल्तान

१ पदच्युत करके।

२ 'भीकन ख़ां' तथा 'भीखन ख़ां' दोनों ही प्रयुक्त हुये हैं।

महमूद खलजी के पास दूत भेज कर यह सन्देश कहलवाया कि यदि वह सहायतार्थ पधारेंगे तो ब्याना के क़िले तक (के स्थान) उनके अधिकार में दे दिये जायेंगे।

## सुल्तान बहलोल द्वारा संधि का प्रयत्न

अभी मन्दू से उत्तर भी न प्राप्त हुआ था कि सुल्तान हुसेन ने देहली की अधिकांश विलायत[1] अपने अधिकार में कर ली। सुल्तान बहलोल ने दीनता को अपनी मुक्ति का साधन समझ कर सन्देश भेजा कि, "देहली प्रदेश भी सुल्तान (हुसेन) के दासों के अधीन है। यदि देहली को १८ कोस तक के स्थानों सहित मुझे प्रदान कर दिया जाय तो मैं आपके सेवकों के समूह में सम्मिलित रहूंगा और सुल्तान की ओर से देहली के दारोग़ा का कार्य करता रहूंगा।" सुल्तान हुसेन ने अभिमानवश उसके निवेदन को स्वीकार न किया। अन्त में सुल्तान बहलोल ईश्वर पर आश्रित होकर १८,००० अश्वारोहियों सहित देहली से निकला और सुल्तान हुसेन के समक्ष पड़ाव डाल दिये। यमुना नदी के दोनों के मध्य में होने के कारण कोई भी युद्ध प्रारम्भ न करता था।

## सुल्तान हुसेन की पराजय

संयोगवश एक दिन सुल्तान हुसेन के सैनिक इधर उधर आक्रमण करने गये हुए थे। सुल्तान बहलोल लोदी के सैनिकों ने अवसर पाकर मध्याह्न के समय घोड़े यमुना नदी में डाल दिये। सुल्तान को अनेकों बार यह सूचना दी गई किन्तु अभिमानवश उसने विश्वास न किया। सुल्तान बहलोल के सैनिकों ने सुल्तान हुसेन के शिविर को नष्ट करना प्रारम्भ कर दिया और युद्ध के बिना ही सुल्तान हुसेन पराजित हो गया। मलकये जहां तथा समस्त अन्तःपुर की स्त्रियां बन्दी बना ली गईं। सुल्तान बहलोल ने नमक (२८६) पर ध्यान देते हुए मलकये जहां का बड़ा आदर सम्मान किया और उसे सुल्तान हुसेन की सेवा में भिजवा दिया।

## सुल्तान हुसेन द्वारा पुनः आक्रमण

मलकये जहां सुल्तान के पास पहुंच कर उसे पुनः भड़काने लगी और सुल्तान हुसेन ने सेना तैयार करके दूसरे वर्ष सुल्तान बहलोल लोदी पर आक्रमण किया। जब बहुत थोड़ी सी दूरी रह गई तो सुल्तान बहलोल लोदी ने दूत भेज कर यह सन्देश भिजवाया कि, "सुल्तान मेरे अपराध को क्षमा कर दें और मुझे अपना कार्य करने के लिये छोड़ दें कारण कि कभी मैं सुल्तान के काम आ जाऊंगा।" क्योंकि भाग्य में शर्क़ी सुल्तानों के हाथ से राज्य निकलना निश्चित हो चुका था अतः उसने इस ओर ध्यान न दिया। सेना की पंक्तियों के ठीक हो जाने के उपरान्त जौनपुर की सेना पुनः पराजित हुई। इसी प्रकार एक अन्य बार[2] वह तैयारी करके पहुंचा किन्तु उसे पलायन करना पड़ा। चौथी बार सुल्तान हुसेन इतना विवश हो गया कि वह घोड़े पर से कूद कर भागा। इस घटना का सविस्तार उल्लेख देहली के सुल्तानों के राज्यकाल में किया जा चुका है।

१ राज्य के भाग।
२ तीसरी बार।

## बारबक शाह का जौनपुर प्राप्त करना

चौथी बार सुल्तान बहलोल ने जौनपुर अपने अधिकार में करके अपने पुत्र बारबक शाह को वहां नियुक्त कर दिया। सुल्तान हुसेन अपनी विलायत के एक भाग पर, जिसका कर ५ करोड़ था, संतुष्ट होकर समय व्यतीत करने लगा। सुल्तान बहलोल मुरव्वत के कारण उससे कुछ न कहता था।

## बहलोल बारबक शाह का सुल्तान सिकन्दर से युद्ध

सुल्तान बहलोल की मृत्यु के उपरान्त जब राज्य सुल्तान सिकन्दर बिन बहलोल को प्राप्त हुआ तो सुल्तान हुसेन ने बारबक शाह को इस बात पर तैयार किया कि वह देहली पर आक्रमण करके अपने पिता के राज्य पर अधिकार जमा ले। इस विचार से बारबक शाह ने जौनपुर से देहली पर चढ़ाई की। (२८७) युद्ध में बारबक शाह पराजित होकर जौनपुर लौट गया। दूसरी बार तैयारी करके उसने देहली पर पुनः आक्रमण किया। जब दूसरी बार भी उसने पलायन किया तो सुल्तान सिकन्दर ने उसका पीछा करके जौनपुर उससे छीन लिया। क्योंकि विद्रोह तथा उपद्रव की जड़ सुल्तान हुसेन था, अतः सुल्तान सिकन्दर ने उस पर चढ़ाई की। युद्ध के उपरान्त वे स्थान, जो सुल्तान हुसेन के अधिकार में थे, भी उसने अपने अधिकार में कर लिये। सुल्तान हुसेन भाग कर बंगाले के सुल्तान की सेवा में उपस्थित हुआ। उसने १९ वर्ष तक राज्य किया। पराजय के उपरान्त भी वह जीवित रहा। तत्पश्चात् शर्क़ी सल्तनत का अन्त हो गया।

छः व्यक्तियों ने ९७ वर्ष तथा कुछ मास तक राज्य किया।

# गुलशने इबराहीमी
या
# तारीख़े फ़िरिश्ता (सातवां मक़ाला)

(लेखक---मुहम्मद क़ासिम हिन्दू शाह अस्तराबादी फ़िरिश्ता)

(प्रकाशन---नवल किशोर प्रेस, लखनऊ)

## सुल्तानुश्शर्क़ ख़्वाजये जहां

(३०४) तारीख़े मुबारक शाही से ज्ञात होता है कि मुहम्मद शाह, शाह फ़ीरोज़ शाह के लघु पुत्र, ने मलिक सरवर ख़्वाजासरा को विज़ारत[1] का पद प्रदान किया और ख़्वाजये जहां की उपाधि से सुशोभित किया। जब फ़ीरोज़ शाह का पौत्र नासिरुद्दीन महमूद शाह बादशाह हुआ तो उसने मलिक सरवर ख़्वाजये जहां को जमादि-उल-अव्वल ७७६ हि० (अक्तूबर-नवम्बर १३७४ ई०) में मलिकुश्शर्क़ की उपाधि देकर जौनपुर, बिहार तथा तिरहुट प्रदान किये। उसने उन प्रान्तों को उचित रूप से सुव्यवस्थित किया और उस क्षेत्र के रायों को अपना आज्ञाकारी बनाया। जिन क़िलों को काफ़िरों ने मुसलमानों के अधिकार से छीन कर नष्ट-भ्रष्ट कर डाला था और उजाड़ दिया था, उन्हें उसने मुक्त कराकर पुनः निर्मित कराया और योग्य लोगों को सौंप कर अपने राज्य को आबाद कर लिया। जब बादशाह नासिरुद्दीन महमूद के पास किसी प्रकार की शक्ति न रही तो उसने सुल्तानुश्शर्क़ की उपाधि धारण कर ली और परगना कोली[2], इटावा, बहराइच तथा कम्पिला के विद्रोहियों को दंड देकर देहली की ओर से कोल तथा दाबरी[3] तक और दूसरी ओर से बिहार तथा तिरहुट तक के विद्रोहियों को दंड दिया। पूर्व के बादशाह अर्थात् लखनौती एवं बंगाले के हाकिम जिस प्रकार देहली के बादशाहों के पास उपहार भेजा करते थे, उसके पास भी भेजने लगे। ८०२ हि० (१३९९-१४०० ई०) में उसकी मृत्यु हो गई। उसने छः वर्ष तथा कुछ मास तक राज्य किया।

## सुल्तान मुबारक शाह शर्क़ी

सुल्तानुश्शर्क़ ख़्वाजये जहां ने कुछ वर्ष तक राज्य किया। उसका विचार था कि अपने नाम का ख़ुत्बा तथा सिक्का चला कर पूर्व के बादशाहों के समान चत्र धारण कर ले किन्तु मृत्यु ने उसे अवसर न मिलने दिया। मलिक क़रनफ़ुल, जिसे वह अपना पुत्र कहा करता था, उसके स्थान पर सिंहासनारूढ़ हुआ

१ प्रधान मंत्री।
२ कोल अर्थात् अलीगढ़।
३ रापरी।

और जौनपुर प्रदेश तथा अन्य प्रदेश अपने अधिकार में कर लिये। इसी बीच में (देहली के राज्य) में नित्य प्रति विघ्न पड़ता गया। वह अपने राज्य के प्रतिष्ठित व्यक्तियों तथा सरदारों की सहमति से मुबारक शाह की उपाधि धारण करके सिंहासनारूढ़ हो गया। देहली के हाकिम सुल्तान महमूद का शक्तिशाली वकील[1] इक़बाल खां, शाह मुबारक शाह शर्क़ी के प्रभुत्व का समाचार पाकर बड़ा क्रोधित हुआ। ८०३ हि० (१४००-१४०१ ई०) में उसने मुबारक शाह के विनाश हेतु उस पर चढ़ाई की। जब वह क़न्नौज पहुंचा तो शाह मुबारक शाह शर्क़ी, अफ़ग़ानों, मुग़ुलों, ताजीकों तथा राजपूतों की एक बहुत बड़ी सेना लेकर उसका मुक़ाबला करने के लिए बढ़ा और गंगा नदी के दोनों ओर एक दूसरे के समक्ष दोनों सेनाओं ने अपने अपने पड़ाव डाल दिये। दो मास तक दोनों सेनायें एक दूसरे के समक्ष पड़ाव डाले रहीं और (३०५) किसी ने कोई भी वीरता प्रदर्शित न की। अन्त में दोनों पक्ष व्याकुल होकर अपने अपने स्थान को लौट गये।

शाह मुबारक शाह शर्क़ी के जौनपुर पहुंचने पर उसे ज्ञात हुआ कि, "सुल्तान महमूद मालवा से देहली पहुंचा और इक़बाल खां उसे लेकर पुनः जौनपुर पर आक्रमण करने आ रहा है।" शाह मुबारक शाह शर्क़ी सेना तथा शिविर की तैयारी कर रहा था कि उसकी मृत्यु ८०४ हि० (१४०१-२ ई०) में हो गई। उसने एक वर्ष तथा कुछ मास तक राज्य किया।

## शाह इबराहीम शर्क़ी

शाह मुबारक शाह की मृत्यु के उपरान्त उसका अनुज शाह इबराहीम शाह शर्क़ी की उपाधि धारण करके सिंहासनारूढ़ हुआ। उसकी बुद्धिमत्ता तथा योग्यता के कारण हिन्दुस्तान के प्रदेशों के विद्वान् तथा ईरान और तूरान के बुद्धिमान् जो संसार की अव्यवस्था के कारण बड़े कष्ट में थे जौनपुर के दारुल अमान[2] में पहुंचे और उन्हें सुख-शान्ति प्राप्त हो गई। उसके उपकार से लाभ उठा कर उन्होंने उसके नाम पर बहुत से ग्रन्थों एवं पुस्तकों की रचना की। बुद्धिमान्, योग्य तथा वीर अमीर एवं वज़ीर उसके दौलतख़ाने[3] में एकत्र हुए और उसके दरबार को ईरानी सुल्तानों के दरबार के समान शोभा प्राप्त हो गई।

### इक़बाल खां का आक्रमण

उसके राज्यकाल के प्रारम्भ में इक़बाल खां देहली के बादशाह महमूद को लेकर जौनपुर की विजय के उद्देश्य से क़न्नौज पहुंचा। सुल्तान इबराहीम शर्क़ी सेना तैयार करके युद्ध करने के लिये गंगा नदी पर पहुंचा। कुछ समय तक वह उसके मुक़ाबले में डटा रहा।

### सुल्तान महमूद का सुल्तान इबराहीम के पास पहुंचना

क्योंकि इक़बाल खां राज्य तथा धन की व्यवस्था में सुल्तान महमूद से परामर्श न करता था, अतः सुल्तान महमूद शिकार के बहाने से अपने शिविर से निकल कर, बादशाह इबराहीम शर्क़ी से पहले से कुछ निश्चय किये बिना उसके पास इस आशय से पहुंच गया कि वह अपने स्वामी के नमक के हक़ पर ध्यान

१ प्रधान मंत्री।
२ शान्ति का घर, शान्ति का केन्द्र।
३ राज-प्रासाद।

दे कर उसे बादशाही प्रदान कर देगा अथवा उसे सहायता देकर इक़बाल खां को हटा देगा। सुल्तान इबराहीम शर्क़ी को राज्य का स्वाद मिल गया था, और उसकी बादशाही अभी तक दृढ़ न हुई थी, अतः उसके उपर्युक्त दोनों विचारों में से कोई भी पूरा न हो सका। उसने सुल्तान महमूद के आदर-सत्कार की ओर इतनी उपेक्षा प्रदर्शित की, कि वह वहां जाने पर लज्जित होकर सूचना दिये बिना ही क़न्नौज की ओर चला गया और क़न्नौज के हाकिम को, जो सुल्तान इबराहीम शर्क़ी की ओर से नियुक्त था, और जिसे अमीरज़ादा हरेवी कहते थे, ज़बरदस्ती निकाल कर उसने उस प्रदेश पर अपना राज्य स्थापित कर लिया। सुल्तान इबराहीम शर्क़ी तथा इक़बाल खां ने जब यह देखा कि बादशाह महमूद शाह उस राज्य से संतुष्ट हो गया है तो वे लोग भी क़न्नौज उसे सौंप कर अपने अपने केन्द्रीय स्थान को चले गये।

कुछ इतिहासों में लिखा है कि सुल्तान महमूद, शाह मुबारक शाह शर्क़ी की सेवा में उपस्थित हुआ था। उसी बीच में शाह मुबारक शाह शर्क़ी की मृत्यु हो गई और शाह इबराहीम शर्क़ी बादशाह हो गया।

## इबराहीम शर्क़ी की क़न्नौज पर चढ़ाई

८०८ हि० (१४०५-६ ई०) में, जैसा कि देहली के बादशाहों के राज्यकाल के सम्बन्ध में उल्लेख हो चुका है, जब इक़बाल खां की हत्या हो गई और बादशाह महमूद देहली पहुंचा, शाह इबराहीम शाह शर्क़ी ने अवसर पाकर ८०९ हि० (१४०६-७ ई०) में क़न्नौज पर चढ़ाई की। बादशाह महमूद शाह देहली की सेना लेकर शाह इबराहीम शाह शर्क़ी से युद्ध करने के लिये रवाना हुआ और दोनों सेनाओं ने पूर्व की भांति गंगा-तट पर एक दूसरे के समक्ष पड़ाव किया। कुछ दिन उपरान्त युद्ध किये विना एक देहली और एक जौनपुर चला गया। जब सुल्तान महमूद शाह देहली पहुंच गया तो उसने अमीरों को अपनी अपनी जागीरों पर चले जाने की अनुमति दे दी। शाह इबराहीम शर्क़ी ने क़न्नौज पहुंच कर उसे घेर लिया। चार मास उपरान्त जब देहली से सहायता न पहुंची तो क़न्नौज के हाकिम मलिक महमूद तुरमती ने क्षमा-याचना करके क़िला शाह इबराहीम को समर्पित कर दिया।

## इबराहीम शाह शर्क़ी का देहली पर आक्रमण

उसने वर्षा ऋतु वहां व्यतीत करके जमादि-उल-अव्वल ८१० हि० (अक्तूबर-नवम्बर १४०७ ई०) में देहली को विजय करने के विचार से प्रस्थान किया। शाह (इबराहीम शर्क़ी) के बुद्धिमान्, साहसी तथा दानी होने के कारण देहली के बहुत से बड़े बड़े अमीरों, उदाहरणार्थ तातार खां वल्द सारंग खां तथा इक़बाल खां, के दास मलिक खां इत्यादि उनसे मिल गये। सुल्तान इबराहीम शर्क़ी अत्यधिक शक्ति प्राप्त करके सम्बल[1] की ओर रवाना हुआ। असद खां लोदी सम्बल नगर को छोड़ कर भाग गया। शाह इबराहीम शर्क़ी जब सम्बल को तातार खां को सौंप कर नदी के किनारे पहुंचा तो वह नदी पार करना चाहता ही था कि गुप्तचरों ने यह समाचार पहुंचाये कि, "मुज़फ़्फ़र शाह गुजराती सुल्तान होशंग को बन्दी बनाकर मालवा को विजय करके महमूद शाह की सहायतार्थ आ रहा है और कहा जाता है कि वह जौनपुर पर अधिकार जमाना चाहता है।" सुल्तान इबराहीम शर्क़ी यह समाचार सुनकर अपने विचार

१ सम्भल (मुरादाबाद ज़िले में)।

त्याग कर जौनपुर चला गया। महमूद शाह ने देहली से निकल कर सम्बल को मुक्त करा लिया। तातार खां भाग कर शाह इबराहीम शर्क़ी के पास पहुंचा।

शाह (इबराहीम) ने सेना तथा परिजन तैयार करके ८१६ हि० (१४१३-१४ ई०) में पुनः (३०६) देहली को विजय करने के उद्देश्य से अपनी राजधानी से प्रस्थान किया किन्तु थोड़ी दूर जाने के पश्चात् पुनः जौनपुर के दारुल इल्म[1] में पहुंच गया और आलिमों तथा मशायख़ की गोष्ठी, विलायत के निर्माण तथा कृषि को उन्नति देने में समय व्यतीत करने लगा। कई वर्षों तक उसने किसी स्थान पर चढ़ाई न की और हिन्दुस्तान के चारों ओर से लोग अव्यवस्था के कारण जौनपुर पहुंचने लगे और उनकी श्रेणी के अनुसार उन्हें सम्मानित किया जाने लगा। मशायख़, आलिम, सैयिद[2] तथा प्रत्येक श्रेणी के नवीसिन्दे इतनी अधिक संख्या में यहां एकत्र हो गये कि जौनपुर को द्वितीय देहली कहा जाने लगा। वहां के छोटे बड़े, इबराहीम शाह शर्क़ी के अस्तित्व को बहुमूल्य समझ कर अपना जीवन सुख शान्ति से व्यतीत करने लगे। बादशाह से लेकर भिखारी तक सुखी थे और उस प्रदेश में किसी प्रकार का दुःख तथा संकट न था।

## मेवात पर आक्रमण

८३१ हि० (१४२७-२८ ई०) में मेवात का हाकिम मुहम्मद खां, सुल्तान इबराहीम के पास पहुंचा और उसे तैयार करके ब्याना को विजय करने के उद्देश्य से उस ओर ले गया। देहली के बादशाह मुबारक शाह ने उसे रोकने के लिये प्रस्थान किया। दोनों ब्याना के समीप पहुंच गये और दो चार कोस पर दोनों ने खाइयां खोद कर अपने अपने स्थान दृढ़ कर लिये। २२ दिन तक दोनों सेनाओं के तलीये[3] के भाग, निकल निकल कर युद्ध करते थे। बादशाहों में से किसी को भी साहस न होता था। अन्त में सुल्तान इबराहीम शर्क़ी ने खाईं से निकल कर युद्ध की पंक्ति ठीक की। मुबारक शाह भी विवश होकर रणक्षेत्र की ओर बढ़ा। प्रातःकाल से सायंकाल तक युद्ध होता रहा और सायंकाल पृथक् होकर दूसरे दिन "मजबूरी की सन्धि"[4] करके सुल्तान इबराहीम जौनपुर तथा मुबारक शाह देहली लौट गये।

## कालपी पर आक्रमण

८३७ हि० (१४३३-३४ ई०) में सुल्तान इबराहीम शर्क़ी ने युद्ध की पूर्ण तैयारी करके कालपी को विजय करने के विचार से प्रस्थान किया। मार्ग में उसे ज्ञात हुआ कि सुल्तान होशंग ग़ोरी ने भी कालपी को विजय करने का संकल्प कर लिया है। जब दोनों बादशाह एक दूसरे के निकट पहुंचे और आजकल में युद्ध होने ही वाला था कि गुप्तचरों ने यह समाचार पहुंचाये कि, "बादशाह मुबारक शाह बिन खिज्र खां देहली से सेना एकत्र करके जौनपुर की विजय हेतु प्रस्थान कर रहा है।" सुल्तान इबराहीम शर्क़ी ने विवश होकर जौनपुर की ओर कूच किया। सुल्तान होशंग ने बिना किसी विरोध के कालपी को, जो अब्दुल क़ादिर के पुत्र क़ादिर शाह, बादशाह मुबारक शाह के अधीन थी, अपने अधिकार में कर लिया।

१ विद्या का केन्द्र।

२ मुन्शी।

३ सेना का अग्रिम भाग जो रात्रि को शिविर का पहरा देता तथा शत्रुओं के विषय में विभिन्न सूचनायें एकत्र करता था।

४ गुर्ग आश्तीः—विवश हो जाने पर कोई उपाय न देखकर संधि कर लेना।

८४४ हि० (१४४०-४१ ई०) में इबराहीम शाह शर्क़ी रुग्ण हो गया और उसकी मृत्यु हो गई। जौनपुर वालों को अत्यधिक शोक हुआ और नगर के स्त्री-पुरुष सभी उसके जनाज़े में सम्मिलित हुए।

उसने ४० वर्ष तथा कुछ मास तक राज्य किया। हाजी मुहम्मद क़न्धारी के अनुसार ८४० हि० (१४३६-३७ ई०) में उसकी मृत्यु हो गई। इस प्रकार उसने ३८ वर्ष तक राज्य किया होगा। उसके राज्यकाल के विद्वानों में एक क़ाज़ी शिहाबुद्दीन जौनपुरी थे। उनके पूर्वज ग़ज़नी के निवासी थे। उनका पालन-पोषण दौलताबाद (दक्षिण) में हुआ। सुल्तान इबराहीम उनका अत्यधिक आदर सम्मान करता था। वे पवित्र दिनों में सुल्तान की सभाओं में चाँदी की कुर्सी पर बैठा करते थे। कहा जाता है कि एक बार मौलाना रुग्ण हो गये। सुल्तान इबराहीम उन्हें देखने तथा उनके रोग के विषय में पूछ-ताछ करने के लिये पहुंचा और जल का एक प्याला मौलाना के सिर के चारों ओर घुमा कर स्वयं पी लिया और कहा, "हे ईश्वर इनके मार्ग में जो कष्ट हों, वह मुझे प्रदान कर दे और इन्हें स्वस्थ कर दे।" इससे इस बात का अनुमान कर लेना चाहिये कि वह बादशाह आलिमों का कितना भक्त था। क़ाज़ी शिहाबुद्दीन की बहुत सी रचनायें बड़ी प्रसिद्ध हैं; उदाहरणार्थ 'हाशियये क़ाफ़िया' जो 'हाशियये हिन्दी' के नाम से प्रसिद्ध है, नहव[1] के ज्ञान की 'इरशाद' नामक ग्रन्थ की मूल पुस्तक तथा टीका, जो 'सुल्हुल मिसाल' के नाम से प्रसिद्ध है, 'बदी-उल-ब्यान', 'फ़तावाये इबराहीमशाही', फ़ारसी तफ़सीर 'बहरुल मव्वाज', 'रिसालये मनाक़िबे सादात', 'रिसालये अक़ीदये शिहाबिया'। क़ाज़ी शिहाबुद्दीन भी अपने समकालीन सुल्तान इबराहीम शाह शर्क़ी की मृत्यु के उपरान्त इतना दुखी हुए कि उसी वर्ष अर्थात् ८४० हि० (१४३६-३७ ई०) में उनकी मृत्यु हो गई। कुछ लोगों का कथन है कि सुल्तान की मृत्यु के दो वर्ष उपरान्त ८४२ हि० (१४३८-३९ ई०) में उनकी मत्यु हुई।

## सुल्तान महमूद इब्ने सुल्तान इबराहीम शर्क़ी

सुल्तान इबराहीम की मृत्यु के उपरान्त उसका योग्य ज्येष्ठ पुत्र सिंहासनारूढ़ हुआ। अपनी (३०७) बुद्धि तथा प्रभुत्व द्वारा वह राज्य तथा धन से सम्बन्धित शासन प्रबन्ध सम्पादित करने लगा और उचित रूप से बादशाही के कार्य करने लगा। प्रजा को उसके उपकार द्वारा विशेष लाभ पहुंचा। राज्य की व्यवस्था तथा रौनक़ के लिये उसने अपने पिता के समान इस प्रकार प्रबन्ध किया कि प्रजा तथा सेना को प्रसन्नता एवं सुख प्राप्त हो गया।

### सुल्तान महमूद ख़लजी के पास दूत भेजना

८४७ हि० में उसने एक वाक्पटु दूत अत्यधिक उपहार सहित सुल्तान महमूद ख़लजी की सेवा में भेजकर यह संदेश कहलाया कि, "कालपी का अधिकारी नसीर खां वल्द क़ादिर ख़ां ने मुहम्मद साहब की शरीअत के मार्ग से अपने पग बाहर निकाल कर इरतेदाद[2] का मार्ग ग्रहण कर लिया है। शाहपुर के क़स्बे को जो कालपी से भी अधिक आबाद था, नष्ट करके मुसलमानों को निर्वासित कर दिया है। मुसलमान स्त्रियों को काफ़िरों को प्रदान कर दिया है और ईश्वर तथा रसूल[3] से उसे कोई भय नहीं। क्योंकि सुल्तान होशंग शाह के राज्यकाल से इस समय तक हममें परस्पर निष्ठा तथा प्रेम है, अतः बुद्धिमत्ता के अनुसार

१ अरबी व्याकरण की एक शाखा।
२ इस्लाम त्याग कर अन्य धर्म स्वीकार कर लेना।
३ मुहम्मद साहब।

यह आवश्यक है कि उसे इस बात की सूचना दे दी जाय और यदि उसकी अनुमति हो तो उसे दंड देकर मुहम्मद साहब के धर्म की प्रथायें उस प्रदेश में प्रचलित की जायं।" सुल्तान महमूद ख़लजी ने उत्तर भेजा कि, "मुझे इसके पूर्व इस बात की सूचना मिलती रहती थी, अब आपने इसके विषय में सूचना भेजी तो विश्वास हो गया। उस दुष्ट का विनाश समस्त सुल्तानों के लिये आवश्यक है। यदि मेरी सेनायें मेवात के उपद्रवियों को दंड देने के लिए प्रस्थान न कर रही होतीं तो मैं उनको दंड देने के लिये प्रस्थान करता। अब आपने ऐसा संकल्प कर लिया है तो यह आपके लिये शुभ हो।" दूत ने जौनपुर पहुंच कर यह सूचना सुल्तान को पहुंचा दी।

## नसीर खां का महमूद ख़लजी को पत्र

सुल्तान महमूद शाह शर्क़ी ने प्रसन्न होकर २९ हाथी पेशकश के रूप में सुल्तान महमूद ख़लजी के पास प्रेषित किये और सेना तैयार करके कालपी पर चढ़ाई की। नसीर खां ने यह सूचना पाकर सुल्तान महमूद ख़लजी की सेवा में इस आशय का एक प्रार्थना-पत्र भेजा कि, "यह प्रदेश सुल्तान होशंग शाह ने हमें प्रदान कर दिया है। सुल्तान महमूद शर्क़ी की यह इच्छा है कि वह इसका अपहरण कर ले। मेरी सहायता करना सुल्तान के लिये आवश्यक है।" सुल्तान महमूद ख़लजी ने यह पत्र पाकर उचित पेशकश सहित अपने एक विश्वासपात्र अली खां द्वारा सुल्तान महमूद शर्क़ी के पास यह पत्र भेजा कि, "कालपी के हाकिम ने ईश्वर के तथा आपके भय के कारण तोबा[1] कर ली है और अब पश्चात्ताप करते हुए उसने संकल्प कर लिया है कि उसके द्वारा जो हानि हुई है उसकी वह पूर्ति करेगा और शरीअत के मार्ग से विचलित न होगा, दैवी आदेशों को लागू करने में किसी प्रकार की उपेक्षा न करेगा। क्योंकि सुल्तान होशंग शाह ने यह प्रदेश अब्दुल क़ादिर "क़ादिर शाह" को प्रदान कर दिया था और ये लोग हमारे आज्ञाकारी हैं अतः हमने इनके अपराध को क्षमा कर दिया है और उसे कोई हानि न पहुंचायी जाय।"

## महमूद ख़लजी तथा सुल्तान महमूद शर्क़ी का युद्ध

अभी पत्र का उत्तर तथा अली ख़ां का पत्र पहुंचा भी न था कि नसीर खां का पत्र पुनः प्राप्त हुआ कि, "मैं सुल्तान होशंग शाह के राज्यकाल से आज्ञाकारी तथा दास हूं। सुल्तान महमूद शर्क़ी ने प्राचीन ईर्ष्या तथा पुरानी शत्रुता के कारण कालपी पर आक्रमण कर दिया है और इस विलायत[2] को विजय कर के मुसलमान स्त्रियों को बन्दी बना कर तथा निर्वासित करके चन्देरी पहुंच गया है।" सुल्तान महमूद ख़लजी ने यद्यपि सुल्तान महमूद शर्क़ी को नसीर शाह को दंड देने की अनुमति प्रदान कर दी थी, किन्तु उसके अत्यधिक दीनता तथा विवशता प्रकट करने के कारण, उसने २ शाबान ८४८ हि० (१४ नवम्बर १४४५ ई०) को उज्जैन से चन्देरी तथा कालपी की ओर प्रस्थान किया। चन्देरी में नसीर खां ने उससे भेंट की और उसने वहां से एरचा की ओर प्रस्थान किया। शाह महमूद शाह शर्क़ी इस समाचार को सुनने के उपरान्त अविलम्ब युद्ध के लिये अग्रसर हुआ। सुल्तान महमूद ख़लजी ने जौनपुर की सेना के विरुद्ध एक सेना नियुक्त करके दूसरी सेना को आदेश दिया कि, "जौनपुर की सेना का पीछे का भाग नष्ट कर दो।" उस सेना ने जौनपुर की सेना के बचे-खुचे लोगों की हत्या कर दी और शिविर को नष्ट-भ्रष्ट कर डाला। जो सेनायें सामने से युद्ध करने के लिये नियुक्त हुई थीं, उन्होंने युद्ध प्रारम्भ कर दिया।

१ घृणित अथवा निंद्य कर्म पुनः न करने का पश्चात्ताप अथवा शपथपूर्वक की गई दृढ़ प्रतिज्ञा।
२ राज्य।

दोनों पक्षों की ओर से योग्य व्यक्ति मारे गये। अन्त में दोनों पक्ष वाले अपने अपने क्षेत्र में चले गये। दूसरे दिन प्रातःकाल सुल्तान महमूद ख़लजी ने एमादुलमुल्क को शत्रु का मार्ग रोक देने के लिये नियुक्त किया। शाह महमूद शाह शर्क़ी यह सूचना पाकर जिस पड़ाव पर वह था, उसी पड़ाव पर उसके दृढ़ होने के कारण ठहर गया। सुल्तान महमूद ख़लजी ने उस स्थान की दृढ़ता के विषय में सूचना पाकर एक सेना आसपास के स्थानों पर आक्रमण करने के लिये भेजी। इस सेना ने आक्रमण करके अत्यधिक लूट की धन-सम्पत्ति एकत्र की। वर्षा ऋतु के आ जाने के उपरान्त एक प्रकार से संधि करके वे लौट गये।

## शेख़ जायल्दा के प्रयत्न के फलस्वरूप संधि

सुल्तान महमूद ख़लजी चन्देरी पहुंचा। शाह महमूद शाह शर्क़ी ने अवसर पाकर बरहार पर आक्रमण करने के लिये सेना भेजी। वहां के लोग सुल्तान महमूद ख़लजी के अधीन थे। सुल्तान महमूद ख़लजी ने सूचना पाकर एक सेना उस विलायत[1] के मुक़द्दम[2] की सहायतार्थ भेजी। शर्क़ी सेना युद्ध न कर सकी। शाह महमूद शाह शर्क़ी शीघ्रातिशीघ्र अपनी सेना से मिल गया। कुछ दिन उपरान्त उसने शेख़ुल इस्लाम जायल्दा को, जो अपने समय के बहुत बड़े बुज़ुर्ग थे और सुल्तान महमूद ख़लजी जिनका
(३०८) भक्त था, और जो शादियाबाद मन्दू में दफ़न हैं, एक पत्र इस आशय का भेजा कि, "दोनों ओर से लोगों की हत्या हो रही है। यदि आप संधि कराने का प्रयत्न करें तो अच्छा होगा।" सुल्तान महमूद शाह शर्क़ी के दूत ने शेख़ की सेवा में उपस्थित होकर निवेदन किया कि, "एरचा तथा कालपी, जो सुल्तान शर्क़ी के अधिकार में आ गये हैं, को नसीर खां को प्रदान कर दिया जायगा।" जब सुल्तान शर्क़ी के दूत ने शेख़ की सेवा में यह प्रार्थना की तो शेख़ ने सुल्तान महमूद शाह शर्क़ी के दूत के साथ अपना एक सेवक सुल्तान महमूद ख़लजी की सेवा में भेजा और परामर्शयुक्त पत्र लिखा। सुल्तान महमूद ने कहा, "जब तक (सुल्तान महमूद शर्क़ी) कालपी न छोड़ेगा, संधि होना सम्भव नहीं।" किन्तु नसीर खां पूर्णतः अपने स्थान से उखड़ चुका था, अतः राठ परगने को पर्याप्त समझ कर उसने निवेदन किया कि, "क्योंकि शाह महमूद शाह शर्क़ी ने शेख़ जायल्दा की सेवा में वचन दिया है कि मैं इसके उपरान्त अब्दुल क़ादिर की सन्तान का जो क़ादिर शाह के नाम से प्रसिद्ध हैं विशेष रूप से नसीर खां का विरोध न करूंगा और तदुपरान्त उसकी सेना इस दिशा में आक्रमण न करेगी और चार मास उपरान्त कालपी तथा एरचा प्रदान कर दूंगा अतः इसे स्वीकार कर लेना चाहिये।" शेख़ की आध्यात्मिक दया के फलस्वरूप संधि के सम्पन्न हो जाने के पश्चात् शर्क़ी सुल्तान का दूत शाही कृपा द्वारा सम्मानित होकर लौट गया। सुल्तान महमूद ख़लजी शादियाबाद मन्डू[3] चला गया और सुल्तान महमूद शर्क़ी जौनपुर पहुंचा और अपने पिता की प्रथानुसार दान-पुण्य द्वारा आलिमों, विद्वानों तथा पवित्र लोगों को अपितु सभी श्रेणियों के लोगों को उनकी श्रेणी के अनुसार प्रसन्न तथा लाभान्वित करने लगा।

## चम्पारन तथा उड़ीसा पर आक्रमण

कुछ समय उपरान्त जब सेना विश्राम कर चुकी और यात्रा के कष्टों से मुक्त हो चुकी तो उसने जसारन[4] पर आक्रमण किया और उस प्रदेश पर आक्रमण करके वहां के निवासियों को तलवार के घाट

१ राज्य।
२ अधिकारी।
३ यह शब्द विभिन्न स्थानों पर विभिन्न प्रकार से लिखा गया है : मन्दू, मन्डू, माँडू, माँदू।
४ चम्पारन।

उतार दिया और कुछ क़स्बों तथा परगनों में थाने स्थापित करके जौनपुर लौट गया। कुछ दिन उपरान्त उसने उड़ीसा पर आक्रमण किया और उस क्षेत्र को विध्वंस कर दिया। मन्दिरों को नष्ट-भ्रष्ट कर दिया और अत्यधिक लूट की धन सम्पत्ति लेकर प्रसन्नता-पूर्वक लौट आया।

## देहली पर आक्रमण

८५६ हि० (१४५२-५३ ई०) में उसने देहली पर चढ़ाई की और कुछ समय तक उसे घेर कर युद्ध प्रारम्भ कर दिया। सुल्तान बहलोल अत्यधिक सेना लेकर दीबालपुर[1] से पहुंचा। जब सुल्तान महमूद ने देखा कि दरिया खां अफ़ग़ान, जो देहली के बादशाह का विरोधी हो जाने के कारण उसका सेवक हो गया था, युद्ध के मध्य में रणक्षेत्र से पृथक् हो गया तो उस स्थान पर ठहरने में कोई लाभ न देखकर वह लौट गया। देहली वालों ने सुल्तान का पीछा करके फ़तह खां हरेवी की, जो उसका एक प्रतिष्ठित अमीर था, हत्या कर दी और सात युद्ध के हाथी बन्दी बना लिये।

## सुल्तान बहलोल द्वारा इटावा पर आक्रमण

८६१ हि० (१४५६-५७ ई०) में बादशाह बहलोल लोदी ने इटावा के मुक़द्दम पर आक्रमण किया और शाह महमूद शाह शर्क़ी पुनः उसके विरुद्ध रवाना हुआ। शम्साबाद के निकट दोनों सेनायें एक दूसरे के समक्ष पहुंच गईं। कुछ समय तक वे एक दूसरे के समक्ष रहे। क़ुतुब खां लोदी, सुल्तान बहलोल लोदी के चाचा के पुत्र ने उसके शिविर पर रात्रि में छापा मारा किन्तु बन्दी बना लिया गया। अभी बादशाहों के मध्य में युद्ध प्रारम्भ भी न हुआ था, कि शाह महमूद शाह शर्क़ी रुग्ण हो गया और ८६२ हि० (१४५७-५८ ई०) में उसकी मृत्यु हो गई।

उसने बीस वर्ष तथा कुछ मास तक राज्य किया।

# सुल्तान मुहम्मद शाह बिन महमूद शाह शर्क़ी

महमूद शाह शर्क़ी की मृत्यु के उपरान्त जौनपुर के अमीरों तथा उच्च पदाधिकारियों ने उसकी माता बीबी राजी के परामर्श से शाहज़ादा भीकन को सुल्तान मुहम्मद शाह की उपाधि देकर सिंहासनारूढ़ किया और बादशाह बहलोल लोदी से संधि करके प्रतिज्ञा करा ली कि, "शाह महमूद शाह शर्क़ी की विलायत[2] मुहम्मद शाह के अधिकार में रहे और जो भाग बादशाह बहलोल लोदी के अधिकार में हैं, वे उसी के अधिकार में रहें।" इस प्रकार मुहम्मद शाह शर्क़ी जौनपुर पहुंचा किन्तु बादशाह में योग्यता की कमी के कारण अमीर लोग दुखी रहने लगे। मलकये जहां बीबी राजी भी अपने पुत्र के अत्याचार तथा निष्ठुरता के कारण दुखी रहने लगी।

## सुल्तान बहलोल द्वारा आक्रमण

इसी बीच में सुल्तान बहलोल क़ुतुब खां को मुक्त कराने के लिये देहली के हवाली[3] से वापिस हुआ और सुल्तान महमूद शाह भी जौनपुर से चला। उस क्षेत्र का ज़मींदार प्रताप, जो इससे पूर्व सुल्तान

१ 'दीबालपुर' तथा 'दीपालपुर' दोनों ही प्रयुक्त हुये हैं।
२ राज्य।
३ समीप के स्थानों।

बहलोल का सहायक था, मुहम्मद शाह के प्रभुत्व को देख कर उससे मिल गया और मुहम्मद शाह सरसुती पहुंचा। बहलोल शाह लोदी ने राबरी[1] में, जो सरसुती के निकट था, पड़ाव किया और कुछ दिन तक युद्ध करता रहा। शाह मुहम्मद शाह शर्क़ी ने सरसुती से जौनपुर के कोतवाल को आदेश भेजा कि, "मेरे भाई हसन ख़ां तथा इस्लाम ख़ां लोदी के पुत्र क़ुतुब ख़ां की हत्या कर दी जाय।" कोतवाल ने लिखा कि, (३०९) "बीबी राजी दोनों की इस प्रकार रक्षा कर रही है कि मेरा उनकी हत्या करना सम्भव नहीं।" जब मुहम्मद शाह का यह पत्र पहुंचा तो उसने अपनी माता को जौनपुर से इस बहाने से बुलवा लिया कि वह उसके भाई हसन ख़ां से संधि करा दे और थोड़ी सी विलायत हसन ख़ां को दिलवा दे। बीबी राजी ने धोखा खाकर जौनपुर से प्रस्थान किया। कोतवाल ने मुहम्मद शाह शर्क़ी के आदेशानुसार हसन ख़ां की हत्या कर दी। बीबी राजी ने हसन ख़ां की शोक सम्बन्धी प्रथाओं को क़न्नौज में पूर्ण किया और वहीं ठहर गई और मुहम्मद शाह शर्क़ी के पास न गई। मुहम्मद शाह ने अपनी माता को लिखा कि, "अन्य शाहज़ादों का भी यही परिणाम होगा अतः उचित होगा कि आप सभी की शोक सम्बन्धी प्रथाओं को सम्पन्न कर लें।" क्योंकि मुहम्मद शाह निरंकुश बादशाह था अतः अमीर उसके रक्तपात से आतंकित तथा भयभीत हो गये।

एक दिन शाहज़ादा जलाल ख़ां तथा हुसेन ख़ां ने, जो मुहम्मद शाह के भाई थे, सुल्तान शाह तथा जलाल ख़ां अजोधी[2] से मिल कर मुहम्मद शाह की सेवा में निवेदन किया कि, "बादशाह बहलोल लोदी की सेना का विचार रात्रि में छापा मारने का है।" अतः शाही आदेशानुसार शाहज़ादा हुसेन ख़ां तथा सुल्तान शाह अजोधी ३०,००० अश्वारोही तथा १००० हाथी लेकर शत्रुओं का मार्ग रोकने के बहाने से शाह मुहम्मद शाह शर्क़ी से पृथक् हो गये और झरने के किनारे पर खड़े हो गये। बादशाह बहलोल लोदी ने यह समाचार पाकर उनके विरुद्ध एक सेना नियुक्त की। शाहज़ादा हुसेन ख़ां ने चाहा कि शाहज़ादा जलाल ख़ां को जो शिविर में रह गया था, अपने साथ ले लें। उसने किसी को उसे बुलाने भेजा। इसी बीच में सुल्तान शाह ने कहा कि, "ठहरना उचित नहीं। शाहज़ादा जलाल ख़ां पीछे से आ जायगा" और वे बाग मोड़ कर क़न्नौज की ओर चल खड़े हुए। सुल्तान बहलोल की सेना, जो उनसे युद्ध करने के लिये नियुक्त हुई थी, पहुंच कर उनके स्थान पर खड़ी हो गई। शाहज़ादा जलाल ख़ां शाहज़ादा हुसेन ख़ां के बुलवाने पर मुहम्मद शाह की सेना से निकल कर झरने की ओर रवाना हुआ। वह सुल्तान बहलोल की सेना को हुसेन ख़ां की सेना समझ कर उसके निकट पहुंचा। बहलोल ख़ां की सेना जलाल ख़ां को बन्दी बना कर सुल्तान (बहलोल) की सेवा में ले गई। उसने क़ुतुब ख़ां के बदले में उसे बन्दी बना दिया। मुहम्मद शाह युद्ध करने की शक्ति न देखकर क़न्नौज की ओर रवाना हुआ। सुल्तान बहलोल ने गंगा तट तक उसका पीछा किया और उसकी थोड़ी सी सम्पत्ति एवं असबाब को अपने अधिकार में कर लिया और वहां से लौट गया।

## सुल्तान हुसेन का सिंहासनारोहण

जब हुसेन ख़ां, बीबी राजी के पास पहुंचा तो अपनी माता एवं शर्क़ी राज्य के उच्च पदाधिकारियों के प्रयत्न के फलस्वरूप सिंहासनारूढ़ हो गया। उसकी उपाधि सुल्तान हुसेन हुई। उसने मलिक मुबारक

१ 'रापरी' एवं 'राबरी', दोनों ही शब्दों का प्रयोग हुआ है।
२ सम्भवत: अजोधनी।

गुंग, मलिक अली गुजराती तथा समस्त अमीरों को शाह मुहम्मद शाह शर्क़ी के विरुद्ध, जो गंगा तट पर अजगर नामक घाट पर ठहरा हुआ था, भेजा। जब सुल्तान हुसेन शाह की सेना निकट पहुंची तो कुछ अमीर, जो शाह मुहम्मद शाह शर्क़ी के साथ थे, उससे पृथक् होकर उनसे मिल गये। वह (सुल्तान मुहम्मद शाह) कुछ अश्वारोहियों सहित उस उद्यान में, जो वहां से निकट था, चला गया। उसे वहां भी घेर लिया गया। मुहम्मद शाह शर्क़ी ने, जो बड़ा ही कुशल धनुर्धर था, धनुष-बाण हाथ में ले लिया। मलकये जहां बीबी राज़ी ने इससे पूर्व उसके सिलाहदार[1] से मिल कर उसके निषंग के बाणों की नोकें निकलवा ली थीं अतः मुहम्मद शाह निषंग से जो बाण निकालता उसमें नोक न मिलती। विवश होकर उसने तलवार हाथ में ले ली और कुछ लोगों को घायल कर दिया। अचानक मुबारक गुंग का एक वाण शाह मुहम्मद की ग्रीवा पर लगा और उसी घाव से उसकी मृत्यु हो गई।

### सुल्तान बहलोल से संधि

तत्पश्चात् सुल्तान हुसेन ने बादशाह बहलोल से सन्धि कर ली और यह प्रतिज्ञा की कि चार वर्ष तक प्रत्येक अपनी विलायत से सन्तुष्ट होकर उसी स्थान पर रहे। राय प्रताप, जो इससे पूर्व शाह मुहम्मद शाह शर्क़ी से मिल गया था, क़ुतुब खां अफ़ग़ान के प्रोत्साहन पर सुल्तान बहलोल से मिल गया। सुल्तान हुसेन क़न्नौज से प्रस्थान करके एक हौज़ के तट पर जिसे हरहा कहते हैं उतरा। क़ुतुब खां लोदी को जौनपुर से बुलवा कर घोड़े, खिलअत तथा अन्य कृपाओं द्वारा सम्मानित किया और उसे पूर्ण आदर-सम्मान सहित बादशाह बहलोल लोदी के पास भेज दिया। बादशाह बहलोल लोदी ने भी शाहज़ादा जलाल ख़ां को आदर तथा सम्मान एवं इनाम द्वारा प्रसन्न करके शाह हुसेन शाह शर्क़ी के पास भेज दिया। उस समय सभी अपनी अपनी राजधानी में पहुंच कर राज्य करने लगे।

शाह मुहम्मद शाह शर्क़ी ने ५ मास तक राज्य किया।

## हुसेन शाह बिन महमूद शाह शर्क़ी

### उड़ीसा पर आक्रमण

शाह हुसेन शाह शर्क़ी जैसा कि उल्लेख हो चुका है ईश्वर के हुक्म से सिंहासनारूढ़ हुआ। (३१०) बादशाह बहलोल लोदी से संधि करके जब वह जौनपुर पहुंचा तो उस घटना से जो उसके भाई पर घटी थी सचेत होकर, अल्प समय ही में बड़े बड़े सरदारों को अपनी कुशल नीति के कारण उसने अपनी ओर आकर्षित कर लिया। अन्य प्रदेशों को विजय करना निश्चय करके उसने सर्वप्रथम तीन लाख अश्वारोही और १४०० हाथी एकत्र किये तथा उड़ीसा पर चढ़ाई की। इस अभियान में उसने तिरहुट प्रदेश उजाड़ डाला और वहां आबादी का कोई चिह्न न छोड़ा। जब वह उड़ीसा की विलायत में पहुंचा तो उसने चारों ओर सेनायें नियुक्त करके उस प्रदेश के नष्ट-भ्रष्ट करने तथा वहां के लोगों की हत्या कराने और उन्हें बन्दी बनाने का आदेश दे दिया। उड़ीसा का राय आश्चर्यचकित हो गया। जब दीनता तथा विवशता प्रकट करने से उसे कोई लाभ न हुआ तो उसने सुल्तान की सेवा में अपना वकील[2] भेज कर

१ सुल्तान के अंग-रक्षक; जो अधिकारी शाही अस्त्र-शस्त्र का प्रबन्ध करते थे वे भी सिलाहदार कहलाते थे।

२ प्रतिनिधि।

अधीनता एवं कर अदा करना स्वीकार कर लिया। जब सुल्तान ने उस प्रदेश को विजय करने का विचार त्याग दिया तो उसने कृतज्ञता प्रकट करने के लिए ३० हाथी, १०० घोड़े, अत्यधिक कपड़े तथा धन-सम्पत्ति भेजी। सुल्तान लूट की धन-सम्पत्ति लेकर सुरक्षित जौनपुर पहुंचा।

## बनारस के क़िले की मरम्मत तथा ग्वालियर पर आक्रमण

८७१ हि० (१४६६-६७ ई०) में उसने बनारस के क़िले की, जो समय के व्यतीत हो जाने के कारण नष्ट हो गया था, मरम्मत कराई और उसी वर्ष में बड़े बड़े सरदारों को ग्वालियर को विजय करने के लिये भेजा। उन्होंने वहां पहुंच कर उसे घेर लिया। ग्वालियर के राय ने बहुत समय तक घिरे रहने के कारण विवश होकर शाह हुसेन शाह शर्क़ी की अधीनता स्वीकार कर ली।

## देहली पर आक्रमण

जब उसकी शक्ति तथा वैभव में अत्यधिक वृद्धि हो गई तो अपनी पत्नी—सुल्तान अलाउद्दीन बिन मुहम्मद शाह बिन फ़रीद शाह बिन मुबारक शाह की पुत्री—के बहकाने से ८७८ हि० (१४७३-७४ ई०) में देहली को विजय करने का संकल्प किया। एक लाख चालीस हज़ार अश्वारोही तथा १,४०० हाथी लेकर उस ओर प्रस्थान किया। बादशाह बहलोल लोदी ने सुल्तान महमूद खलजी के पास एक दूत भेज कर यह निवेदन कराया कि, "यदि आप इस समय हमारी सहायतार्थ पधारेंगे तो ब्याना का क़िला आपको सौंप दिया जायगा।" अभी शादियाबाद मन्दू से उत्तर प्राप्त भी न हुआ था कि शाह हुसेन शाह शर्क़ी ने देहली के आसपास के स्थानों पर अधिकार जमा लिया। बादशाह बहलोल लोदी ने दीनता एवं विवशता प्रदर्शित करते हुए सन्देश भेजा कि, "देहली प्रदेश आपके ही अधीन है। यदि देहली से १८ कोस तक के क्षेत्र के स्थान मुझे प्रदान कर दिये जायं तो मैं आपके सेवकों में सम्मिलित होकर इस प्रदेश के दारोग़ा का कार्य करता रहूंगा।" जब बादशाह ने अभिमानवश उसका निवेदन स्वीकार न किया तो बादशाह बहलोल लोदी ने विवश होकर ईश्वर पर आश्रित होकर १८००० अफ़ग़ान अश्वारोहियों सहित देहली से निकल कर (यमुना) नदी के समक्ष सुल्तान हुसेन शाह शर्क़ी की सेना के मुक़ाबले में पड़ाव किया। नदी के मध्य में होने के कारण कुछ समय तक युद्ध न हुआ। इसी बीच में शाह हुसेनशाह शर्क़ी के प्रतिष्ठित सरदार विलायतों पर आक्रमण करने के उद्देश्य से गये हुए थे। देहली के बादशाह ने अवसर पाकर ग्रीष्म ऋतु में, जिस स्थान से नदी छिछली थी, घोड़ों को नदी में डाल दिया। गुप्तचरों ने शाह हुसेन के पास अनेकों बार यह समाचार पहुंचाये किन्तु उसने अभिमानवश इसे स्वीकार न किया। यहां तक कि देहली वाले नदी पार करके उसके शिविर में लूट-मार करने लगे। बादशाह की अयोग्यता के कारण अमीर तथा सैनिक, जो असावधान थे, व्याकुल होकर भागने के विषय में सोचने लगे। सुल्तान हुसेन विवश होकर भाग खड़ा हुआ। मलकये जहां तथा समस्त अन्तःपुर की स्त्रियां बन्दी बना ली गईं। देहली के सुल्तान ने नमक का ध्यान रखते हुए उन्हें पूर्ण आदर-सम्मान सहित शाह हुसेन शाह शर्क़ी के पास भेज दिया किन्तु जब मलकये जहां शाहहुसेन के पास पहुंची तो उसने उसे पुनः इस प्रकार उकसाया कि सुल्तान हुसेन शाह शर्क़ी ने तैयारी करके दूसरे वर्ष पुनः देहली पर आक्रमण किया।

जब वे निकट पहुंच गये तो बादशाह बहलोल लोदी ने सन्देश भेजा कि, "यदि बादशाह मेरे अपराध क्षमा करके मैं जिस दशा में हूं उसी में रहने दें तो मैं एक दिन उनके काम आऊंगा।" क्योंकि भाग्य में शर्क़ी राज्य का अन्त लिखा हुआ था अतः उसने देहली के बादशाह के दीनता-प्रदर्शन को कोई महत्व न दिया और उस देन को घृणा की दृष्टि से देखते हुए उसे अनुचित उत्तर भेजा और आगे बढ़ता

ही गया। जब सुल्तान बहलोल मुक़ाबले के लिये बढ़ा तो युद्ध के उपरान्त जौनपुर की सेना की पुनः पराजय हुई।

इसी प्रकार वह तीसरी बार तैयारी करके आया और पराजित हुआ। चौथी बार यह दशा हो गई कि सुल्तान घोड़े से कूद कर भागा। जौनपुर सुल्तान बहलोल के अधीन हो गया। सुल्तान हुसेन अपने राज्य के क्षेत्र से भाग कर थोड़ी सी विलायत पर, जिसका कर पांच करोड़ था, सन्तुष्ट हो गया। सुल्तान बहलोल ने मुरव्वत के कारण उसका विरोध न किया और जौनपुर का राज्य अपने पुत्र बारबक शाह को प्रदान करके उस राज्य को अपने अधिकार में कर लिया। बादशाह बहलोल लोदी की मृत्यु के उपरान्त शाह हुसेन शाह शर्क़ी ने पुनः षड्यन्त्र प्रारम्भ कर दिया। बारबक शाह को इस बात पर तैयार किया कि वह देहली पर आक्रमण करके देहली अपने भाई सुल्तान सिकन्दर से छीन ले किन्तु जब युद्ध प्रारम्भ हुआ तो बारबक शाह भाग कर जौनपुर चला गया। इस बार सुल्तान बादशाह सिकन्दर लोदी ने जौनपुर अपने भाई से ले लिया। सुल्तान हुसेन शाह शर्क़ी का, जो षड्यंत्र की जड़ था, पीछा किया और युद्ध के उपरान्त उसे उस कोने से, जहां उसने शरण ले रक्खी थी, निकाल दिया। उसने व्याकुल तथा दुर्दशा को प्राप्त होकर बंगाल के शासक शाह अलाउद्दीन के पास शरण ली। शाह अलाउद्दीन ने उसके आराम की सामग्री एकत्र करके उसको प्रोत्साहन देने में कोई कमी न की। शाह हुसेन शाह शर्क़ी ने पुनः किसी प्रकार का प्रयत्न न किया।

इस वंश का राज्य ८८१ हि० (१४७६-७७ ई०) में समाप्त हो गया। सुल्तान हुसेन शाह शर्क़ी ने १९ वर्ष तक राज्य किया। पराजय के उपरान्त कुछ वर्ष तक वह बंगाले में निवास करता रहा। तत्पश्चात् उसकी मृत्यु हो गई।

# कालपी

## मुहम्मद बिहामद ख़ानी

### तारीख़े मुहम्मदी

# तारीखे मुहम्मदी

(लेखक—मुहम्मद बिहामद खानी)

(ब्रिटिश म्युजियम मैनुस्क्रप्ट, रियू, भाग १, पृ० ८४ अ)

## सुल्तान नसीरुद्दुनियां वद्दीन महमूद शाह बिन फ़ीरोज़ खां बिन मलिक ताजुद्दीन तुर्क

### मुहमदाबाद नगर का बसाया जाना

(४३७ अ) इतिहासकारों ने लिखा है कि सुल्तान नसीरुद्दीन ने कालपी नामक स्थान पर जोकि दुष्टों तथा काफ़िरों का निवास-स्थान था शुभ मुहूर्त में ७९२ हि० (१३८९-९० ई०) में मुहमदाबाद नामक नगर मुहम्मद साहब के शुभ नाम पर बसवाया और वहां मंदिरों के स्थान पर खुदा की इबादत के लिए मस्जिदों का निर्माण कराया। उसने महलों, मक़बरों तथा भवनों का निर्माण कराया और काफ़िरों की कुत्सित प्रथाओं का अंत करा दिया तथा मुहम्मद साहब की शरा[1] को उन्नति प्रदान की। कुछ समय उपरान्त वह प्रतिष्ठित अमीरों तथा धर्मनिष्ठ आलिमों की सहमति से शुभ मुहूर्त में सिंहासनारूढ़ हुआ। लेखक ने इस अवसर पर एक बड़े ही उत्तम क़सीदे[2] की रचना की जिसके कुछ छन्द इस इतिहास के पाठकों की जानकारी के लिये लिखे जा रहे हैं।[3]........

### नये अधिकारियों की नियुक्ति

(४३७ ब) उसने सिंहासनारूढ़ होने के उपरान्त राज्य के मुख्य वज़ीर का पद अपने छोटे भाई आज़म हुमायूं जुनैद खां बिन (पुत्र) फ़ीरोज़ खां को जो उसके राज्य का बहुत बड़ा सहायक था प्रदान किया और राज्य के (कार्यों में) परामर्श (देना) तथा समस्त समस्याओं का समाधान करना उसी को सौंप दिया। उसने अन्य पद बड़े बड़े मलिकों तथा अमीरों को प्रदान किये और अपने सिंहासनारोहण के प्रारम्भ ही में न्याय तथा परोपकार के द्वार युवकों एवं वृद्धों पर खोल दिये और विद्रोहियों से युद्ध करने (४३८ अ) के लिए कटिबद्ध तथा काफ़िरों के विनाश हेतु व्यस्त हो गया। अल्प समय में उसने बहुत से कार्य कर लिये और अत्यधिक विद्रोहियों को नष्ट किया।

### महमूदाबाद का बसाया जाना

खंदौत को जोकि दुष्ट काफ़िरों का अड्डा था नष्ट-भ्रष्ट कर डाला और उसे इस्लाम का क़स्बा

१ इस्लाम के धार्मिक नियम।

२ वह कविता जो किसी विशेष अवसर की स्मृति अथवा किसी की प्रशंसा में लिखी जाती है।

३ इन छन्दों में अतिशयोक्ति सहित प्रशंसा की गई है अतः इनका अनुवाद नहीं किया गया।

बनाकर अपने शुभ नाम पर महमूदाबाद बसाया। वहां उसने एक भव्य क़िले तथा महल का निर्माण कराया और इस्लाम की समस्त प्रथायें उस नगर तथा स्थान पर प्रचलित करा दीं।

## हमीरपुर का विध्वंस किया जाना

हमीरपुर को, जोकि हिन्दुओं के क़स्बों में सर्वश्रेष्ठ है, विध्वंस करा दिया। हमीरपुर के मुक़द्दम[1] बहराज ने दीनता प्रकट करते हुए क्षमा-याचना की और आज्ञाकारिता स्वीकार करते हुए सुल्तान के परिजनों में सम्मिलित हो गया।

## खोरा पर आक्रमण

तदुपरान्त संसार के सुल्तान ने एक भारी सेना लेकर खोरा की ओर जो वीर बघेला के अधिकार में था चढ़ाई की। मार्ग में उसने समूनी तथा मथुरा को जो पिशाच हिन्दुओं के भव्य क़स्बे हैं विध्वंस कर दिया। विजयी सेनाओं को लेकर निरन्तर यात्रा करता हुआ खोरा के क्षेत्र में पड़ाव किया। बीरम ने अज्ञानियों तथा दुष्टों का एक बहुत बड़ा समूह एकत्र किया और युद्ध तथा रक्तपात के लिए अग्रसर हुआ। क्योंकि वह आदिकाल ही से रद्द हो चुका था अतः प्रथम आक्रमण ही में भाग खड़ा हुआ और शीघ्रातिशीघ्र भाग कर[2] उसने सुदृढ़ स्थानों में शरण ग्रहण कर ली। कुछ बड़े बड़े राय तथा प्रतिष्ठित मुक़द्दम जो दुष्ट (४३८ ब) बीरम की सहायतार्थ आये थे इस्लामी सेना द्वारा बन्दी बना लिये गये और उन्हें सुल्तान के समक्ष प्रस्तुत किया गया। इस्लाम के पक्षपात[3] की दृष्टि से उनकी हत्या करा दी गई।

## राजधानी में वापसी

सुल्तान वहां से अत्यधिक धन संपत्ति लूट कर विजय तथा सफलता प्राप्त किये हुए प्रसन्नतापूर्वक राजधानी मुहमदाबाद में लौट आया। सुल्तान के पहुंचने के कारण नगर तथा उसके आसपास प्रसन्नता तथा खुशियां मनाई गईं। आलिमों, सैयिदों, पवित्र तथा धर्मनिष्ठ व्यक्तियों एवं क़ाज़ियों को इनाम तथा खिलअतों द्वारा लाभान्वित कराया गया। इस विजय के उपरान्त दुष्टों तथा काफ़िरों के हृदय में आतंक आरूढ़ हो गया।

## भीलम का विद्रोह

कुछ समय उपरान्त सिहिन्दाल के मुक़द्दम भीलम ने धन की अधिकता के कारण उपद्रव की अग्नि प्रज्वलित की और खोरा के मुक़द्दम बीरम को मिला लिया। काफ़िरों के इन दोनों नेताओं ने अत्यधिक सेना लेकर महोबा के क़िले के समीप पड़ाव किया और नगर के समीप के स्थान नष्ट भ्रष्ट कर दिये। जब गुप्तचरों ने सुल्तान को यह समाचार पहुंचाया तो उसने इस्लाम की रक्षा हेतु शत्रुओं से जिहाद के लिये (४३९ अ) प्रस्थान किया और निरन्तर यात्रा करता हुआ महोबा के क्षेत्र में पहुंच गया। काफ़िरों का दुष्ट समूह यह समाचार पाते ही सिहिन्दाल की ओर भाग गया और उस सुदृढ़ स्थान में शरण ग्रहण कर ली। सुल्तान ने महोबा से सिहिन्दाल की ओर प्रस्थान किया और काफ़िरों तथा दुष्टों से युद्ध किया। घमासान

१ यहां राजा से तात्पर्य है।

२ मूल ग्रन्थ में 'दो अस्पा ताख़्ता'।

३ मूल ग्रंथ में 'तअस्सुब'।

युद्ध हुआ। अन्त में समस्त काफ़िर पराजित तथा छिन्न-भिन्न हो गये, और उनके लगभग १ हज़ार पदाती तथा अश्वारोही मार डाले गये। सुल्तान विजय तथा सफलता प्राप्त करके लूट की धन सम्पत्ति लिये हुए महोबा के क्षेत्र में पहुंचा और उस स्थान के निवासियों की रक्षा हेतु एक बहुत भव्य तथा दृढ़ क़िले का उसने निर्माण कराया। अल्प समय में उसे सुव्यवस्थित एवं दृढ़ कर लिया और मुज़फ़्फ़र खां बिन मुकर्रम खां को अत्यधिक सेना सहित उस क़िले में नियुक्त किया और स्वयं राजधानी मुहमदाबाद की ओर लौट आया।

## अन्य स्थानों की विजय

सिहिन्दाल के मुक़द्दम ने इस्लामी सेनाओं की शक्ति को देखकर विवश होकर आज्ञाकारिता स्वीकार कर ली और सुल्तान को ख़राज देना तथा उसकी सेवा करना स्वीकार कर लिया। समूनी के मुक़द्दम कल्याण साह के लिए ख़राज निश्चित कर दिया गया। कुंदली, मथुरा रजानस जो ख़िज्राबाद के नाम से प्रसिद्ध है, कालिंजर तथा जितौर[1] विजयी सेनाओं के आधीन हो गये।

## खोरा पर आक्रमण

(४३९ ब) कुछ समय उपरान्त बादशाह को यह ज्ञात हुआ कि खोरा के मुक़द्दम विद्रोही बीरम ने पदातियों तथा अश्वारोहियों की असंख्य सेना लेकर कड़ा के निवासियों पर आक्रमण कर दिया है। सुल्तान ने यह समाचार पाते ही शीघ्रातिशीघ्र खोरा की ओर चढ़ाई की और मुख्य वज़ीर आज़म हुमायूं जुनैद खां को सेना के अग्रिम दल का सेनापति बनाकर भेजा। शीघ्रातिशीघ्र प्रस्थान करते हुए खोरा के स्थान को उसने विध्वंस कर दिया और दुष्ट बीरम के उच्च भवनों का खंडन करा दिया। इस्लामी सेना को अत्यधिक लूट की धन-संपत्ति प्राप्त हुई। बीरम, जिसके युद्ध की शक्ति तथा पौरुष की प्रसिद्धि निकट तथा दूर के स्थानों तक पहुंच चुकी थी, अपने अश्वारोहियों तथा पदातियों को नष्ट करवाने के पश्चात् विजयी सेना के सामने से भाग खड़ा हुआ।

## प्रयाग तथा अरैल पर आक्रमण

बादशाह ने इस्लामी सेनाओं को लेकर पयाग[2] तथा अरैल के काफ़िरों को नष्ट करने के लिए (४४०अ) प्रस्थान किया और उन दोनों स्थानों को विध्वंस कर दिया। अत्यधिक जनसमूह जो विभिन्न झूठे ख़ुदाओं की उपासना हेतु पयाग में एकत्र हुआ था बन्दी बना लिया गया। कड़ा के निवासी इस बादशाह की सहायता के कारण विद्रोहियों के उत्पात से मुक्त हो गये और इस्लाम के इस बादशाह का नाम इसी कारण प्रसिद्ध हो गया।

## सुलेमान बिन दाऊद का विद्रोह

इसी बीच में सुल्तान को यह समाचार प्राप्त हुये कि, "सुलेमान बिन दाऊद जिब[3] वासनाओं तथा शैतान के मार्ग भ्रष्ट करने के कारण विद्रोही बन गया है और चत्र तथा चुडवल का जोकि बादशाही

१ सम्भवतः चित्तौड़।
२ प्रयाग।
३ हाजिब :—बारबक के अधीन हाजिब होते थे। वे दरबार में सुल्तान तथा दरबारियों के मध्य में खड़े होते थे, और उनकी आज्ञा बिना कोई सुल्तान तक न पहुँच सकता था। उनका सरदार अमीर हाजिब

के चिह्न हैं बादशाह की आज्ञा बिना प्रयोग करने लगा है। उसने बन्दिगी मजलिसे आली निज़ाम खां की सेना पर जो कुन्दाल नामक स्थान पर पड़ाव किये हुए थी रात्रि में छापा मारा और उसे हानि पहुँचाई।" यह समाचार पाते ही सुल्तान के क्रोध की अग्नि भड़क उठी और उसने उस स्थान से प्रस्थान किया और निरन्तर यात्रा करता हुआ एरिज के क़िले के क्षेत्र को घेर लिया। मलिक उम्मीद शाह उर्फ़ दिलावर खां, धार के क्षेत्र का अधिकारी, पिछली मित्रता के कारण अत्यधिक सेना लेकर इस बादशाह की सहायतार्थ पहुंचा।

## राय सबीर का सुलेमान की सहायतार्थ प्रस्थान

(४४० ब) सुलेमान बिन दाऊद जिब ने इस्लामी सेना की शक्ति को देखकर आसपास के दुष्ट काफ़िरों को पत्र भेजकर सहायता करने के लिए तैयार किया। सबलीर[1] जोकि काफ़िरों तथा दुष्टों का नेता था समस्त बड़े बड़े रायों एवं प्रसिद्ध मुक़द्दमों को लेकर सुलेमान बिन दाऊद जिब की सहायतार्थ एरिज के क्षेत्र में पहुंचा और बेतवा नदी के तट पर पड़ाव किया। अत्यधिक धन-संपत्ति तथा सामग्री के भरोसे पर उसने वहां से इस्लाम के बचे खुचे चिह्नों का भी विनाश करा देना चाहा किन्तु इस्लाम की रक्षा हेतु सुल्तान ने यह सोचा कि "यदि मैं सेना के वीरों तथा सिंहों को युद्ध की अनुमति दे दूंगा तो उस प्रदेश में काफ़िरों का चिह्न भी शेष न रह जायेगा किन्तु यदि मैं विलम्ब करते हुये अग्रसर हूंगा तो संभवतः वे लोग इस्लाम स्वीकार कर लेंगे।" किन्तु काफ़िर लोग अपनी सेना की अधिकता के कारण यह सोचते (४४१ अ) थे कि मुसलमानों में युद्ध की शक्ति नहीं। इस कुत्सित विचार से दुष्ट हिन्दू युद्ध के लिए अग्रसर हुए। अभी युद्ध प्रारम्भ न हुआ था कि उनके (हिन्दुओं के) पदाती पीठ दिखा गये। वीरों की सेना ने उनमें से कुछ लोगों को तलवार के घाट उतार दिया और कुछ को बाणों तथा बर्छों का निशाना बना दिया। सुल्तान ने दुष्टों के सिरों का ईर्छा के क्षेत्र में एक भव्य चबूतरा बनवाया ताकि साधारण काफ़िर एवं उस क्षेत्र के दुष्ट लोग इससे शिक्षा ग्रहण करें। इस्लामी सेना को अत्यधिक घोड़े एवं लूट की धन-संपत्ति प्राप्त हुई।

## सुलेमान का संधि कर लेना

(४४१ ब) सुलेमान बिन दाऊद ने जोकि इस उपद्रव की जड़ था अपना अपराध स्वीकार कर लिया और सूफ़ियों, आलिमों, सैयिदों तथा पवित्र लोगों को क्षमा-याचना हेतु भेजा। सुल्तान ने अपनी स्वाभाविक कृपा तथा दया के कारण उसे क्षमा कर दिया। सुलेमान बिन दाऊद की मृत्यु के उपरान्त सुलेमान का पुत्र चत्र सहित सुल्तान के समक्ष धरती चुम्बन करने के लिये उपस्थित हुआ और सुल्तान ने उसके प्रति अत्यधिक कृपादृष्टि प्रदर्शित की और सुलेमान की संतान को सम्मानित करते हुए इनाम तथा ख़िलअतें प्रदान कीं और ईर्छा का भूभाग उसे प्रदान कर दिया किन्तु उसका व्यक्तित्व सुल्तान की सेवा के योग्य न था अतः उसने आज्ञाकारिता त्याग दी और मुहमदाबाद से कुछ सवारों के साथ भाग खड़ा हुआ। (४४२ अ) इस कारण उसे ईर्छा के क़िले की अक़्तादारी से पृथक् कर दिया गया और उपर्युक्त अक़्ता शाही प्रयोग की अक़्ताओं में सम्मिलित हो गई। कुछ समय उपरान्त वह आज़म हुमायूं जुनैद खां बिन

कहलाता था। समस्त प्रार्थना-पत्र भी अमीर हाजिब तथा हाजिबों द्वारा ही सुल्तान के सम्मुख प्रस्तुत हो सकते थे। वे बड़े योग्य सैनिक होते थे और युद्ध-संचालन भी कभी कभी इनके द्वारा होता था।

१ सबीर।

फ़ीरोज़ ख़ां को प्रदान कर दी गई। इस प्रकार उस समय से अब तक, जोकि इस इतिहास के रचना की तिथि है, वह उसी के परिवार में है।

## सुल्तान द्वारा ईर्छा पर अधिकार तथा अक़्ताओं का वितरण

जब सुल्तान नसीरुद्दीन महमूद शाह बिन फ़ीरोज़ ख़ां बिन मलिक ताजुद्दीन तुर्क ने ईर्छा के क़िले को, जो हिन्दुस्तान के सुदृढ़ क़िलों में है, अपने अधिकार में कर लिया और अपने छोटे भाई, मुख्य वज़ीर को प्रदान कर दिया तो राज्य-व्यवस्था एवं शासन प्रबन्ध को दृढ़ता प्राप्त हो गई और अधिकांश विरोधी आज्ञाकारी बन गये। इस सुल्तान ने बड़ी बड़ी अक़्तायें तथा विलायतें अपने भाइयों, सहायकों एवं संबंधियों को प्रदान कीं। जथरा के भूभाग तथा अक़्ता को ख़ाने आज़म निज़ाम ख़ां बिन फ़ीरोज़ ख़ां को प्रदान किया। भान्दीर को मुकर्रम खां बिन मलिक दौलत नाग को प्रदान किया। उसके उपरान्त वह उसके पुत्र (४४२ ब) मुज़फ़्फ़र ख़ां बिन मुकर्रम ख़ां को प्रदान हुआ। महोबा की अक़्ता ज़ैन खां बिन मलिक निज़ामुद्दीन नहन को प्रदान हुई। शाहपुर की अक़्ता यद्यपि इसके पूर्व ही हसन ख़ां बिन मकन के अधीन थी किन्तु वह उसे नये सिरे से प्रदान की गई। राठ नामक क़स्बा मलिक इबराहीम रज़ी को प्रदान किया गया और महमूदाबाद उर्फ़ खंदवत मलिक फ़ख्र खुर्रम को प्रदान हुआ। इसी प्रकार समस्त भूभाग तथा क़स्बे समस्त प्रतिष्ठित अमीरों को प्रदान किये गये।

## मुहमदाबाद में आलिमों का पहुंचना

उस सम्मानित सुल्तान द्वारा राज्य के आस पास के स्थान अपने अधिकार में कर लेने तथा प्रसिद्ध अमीरों एवं मलिकों को प्रदान कर देने के कारण प्रजा तथा सर्वसाधारण को सुख एवं शांति प्राप्त हो गई। राजधानी मुहम्मदाबाद उर्फ़ कालपी देहली के प्रसिद्ध लोगों के पहुंचने के कारण बड़े बड़े आलिमों तथा प्रसिद्ध अमीरों का केन्द्र बन गयी। मौलाना हुसाम ताजुल मिल्लत वद्दीन अहमद थानेसुरी, जोकि बहुत बड़े विद्वान् तथा लेखक थे और जिन्होंने स्वर्गीय सुल्तान फ़ीरोज़ शाह की ओर से ईरान के शासक अमीर तिमुर[1] के नाम पत्र लिखे थे, मुग़ुलों के उत्पात के उपरान्त देहली से यहाँ पहुंच कर (४४३ अ) निवास करने लगे और बहुत समय तक प्रसन्नतापूर्वक यहां पर जीवन व्यतीत करते रहे। अन्त में उनकी यहीं मृत्यु हुई और यहीं दफ़न हुए। सुल्तान के छोटे भाई अहमद बिन फ़ीरोज़ ख़ां ने जो उनका बहुत बड़ा भक्त था उनकी क़ब्र पर एक बड़े दृढ़ गुम्बद का निर्माण कराया।

इसी प्रकार मौलाना शम्सुद्दीन ख्वाजगी नहवी[2] थे जोकि ज्ञान तथा सहनशीलता में अद्वितीय थे। उन्होंने इस नगर में पहुंच कर स्थान ग्रहण कर लिया और कुछ समय उपरान्त उनकी मृत्यु हो गई। उनकी क़ब्र कोट के बाहर है। इन दोनों बुज़ुर्गों के मज़ार के कारण इस नगर की शोभा हज़ारगुनी बढ़ गई है। शेख़ज़ादा अली तथा मौलाना आलिम मुहम्मद थानेसुरी जो अंतिम काल में देहली में मलिकुल उलमा की उपाधि से सुशोभित हुए और मौलाना अशरफ़ जो अपने काल के बहुत बड़े आलिम थे, सुल्तान के दरबार में उपस्थित हुए और उन्हें उचित इनाम द्वारा सम्मानित किया गया किन्तु इन तीनों बुज़ुर्गों ने इस प्रदेश में स्थान ग्रहण न किया।

१ तैमूर। तुर्की में इस शब्द का उच्चारण तिमुर है।
२ नहव के ज्ञाता। नहव अरबी व्याकरण की एक शाखा है।

## चौहानों के विनाश हेतु प्रस्थान

संक्षेप में, जब मुहमदाबाद आलिमों तथा दानी अमीरों द्वारा सुशोभित हो गया और सुल्तान के (४४३ ब) पास अत्यधिक लाव लश्कर एकत्र हो गया तो वह अपनी शुभ पताकाओं को चौहानों के विनाश हेतु इटावा के क़िले की ओर ले गया और सर्वप्रथम कनार नामक स्थान को जोकि दुष्ट काफ़िरों का केन्द्र था विध्वंस कर दिया। तदुपरान्त उसने फफूंद तथा अन्दावा को जोकि इटावा के क़िले के निकट ह पूर्णतः नष्ट कर दिया और चौहानों के समस्त निवास-स्थान उदाहरणार्थ करहल तथा जांघन इत्यादि इस प्रकार विध्वंस कर दिये कि समस्त दुष्ट काफ़िर भाग कर शरण हेतु इटावा के क़िले में प्रविष्ट हो गये। इस बादशाह ने सेना सहित खुदा पर भरोसा करके क़िले को घेर लिया और युद्ध प्रारम्भ कर दिया किन्तु उस स्थान के अत्यन्त दृढ़ होने के कारण इस्लामी सेनायें असफल होकर कामीत तथा हथीकान्त की ओर लौट गईं और उपर्युक्त स्थानों को जो शत्रुओं के बहुत बड़े बड़े नगर हैं, नष्ट भ्रष्ट कर दिया और उदयराज के भव्य भवन को नष्ट भ्रष्ट कर डाला।

## ग्वालियर पर आक्रमण

वहां से वह विजयी सेना को ग्वालियूर[१] के क़िले के द्वार पर ले गया और क़िले से कुछ कोस पीछे हट कर पड़ाव किया तथा आसपास की समस्त विलायतों को नष्ट-भ्रष्ट कर दिया। दुष्ट राय ने इस्लामी (४४४ अ) सेना की शक्ति को देखकर विवश होकर अधीनता स्वीकार कर ली और अत्यधिक पेशकश इस बादशाह की सेवा में भेजे और दीनता प्रदर्शित करते हुये शरण की याचना की। बादशाह ने कृपा दृष्टि प्रदर्शित करते हुए उस मार्ग-भ्रष्ट समूह को क्षमा कर दिया और विजय तथा सफलता प्राप्त करके अपनी राजधानी की ओर चला आया। समस्त आलिमों, सैयिदों, पवित्र लोगों तथा क़ाज़ियों को इनाम एवं खिलअतें प्रदान कीं।

## शाहपुर का अधिकार में आना

कुछ समय उपरान्त जब हसन खां बिन मकन की जो दरबार का एक निष्ठावान् व्यक्ति था मृत्यु हो गई तो उसकी संतान ने सन्मार्ग को छोड़कर, विद्रोह प्रारम्भ कर दिया और शाहपुर के क़िले को (४४४ ब) अपने अधिकार में कर लिया। किन्तु महमूद शाह के भाग्य के उन्नति के शिखर पर होने के कारण वह अज्ञानी समूह बिना युद्ध किये ही शाहपुर के प्रदेश को छोड़कर पराजित होकर दुष्ट काफ़िरों के पास चला गया और शाहपुर का क़िला मलिक दुर्राज को जोकि सुल्तान का एक प्रतिष्ठित दास था प्रदान कर दिया गया।

## इटावा पर आक्रमण

इस बादशाह ने अत्यधिक सेना लेकर एक शुभ नक्षत्र में अतानवा[२] के काफ़िरों के विनाश तथा हसन खां बिन मकन की संतान को नष्ट करने के लिए, जिसने उन लोगों के पास शरण ग्रहण कर ली थी, संकल्प किया और निरन्तर यात्रा करता हुआ यमुना नदी के तट पर उस स्थान पर जिसे पंजाब कहते हैं पड़ाव किया। सबीर जोकि काफ़िरों का नेता था असंख्य सेना लेकर युद्ध के लिए निकला। दोनों

१ ग्वालियर।
२ इटावा।

सेनाओं में घोर युद्ध हुआ। अंत में ईश्वर ने मुसलमानों को विजय प्रदान की और दुष्ट काफ़िरों को पराजित कर दिया। अत्यधिक रक्तपात हुआ। सबीर शेष दुष्ट काफ़िरों सहित पलायन करके इटावा (४४५ अ) के क़िले में प्रविष्ट हो गया और यह सुल्तान विजयी सेनाओं को उपर्युक्त क़िले के द्वार पर ले गया और उसे घेर लिया।

बहुत समय तक उसने क़िले वालों को बन्द रक्खा और विजय प्राप्त होने ही वाली थी कि दुर्भाग्य से वर्षा की अधिकता के कारण समस्त प्रदेश समुद्र के समान हो गया और यह धर्मनिष्ठ बादशाह क़िले से वापस हो गया और कनार नामक स्थान पर अपनी अत्यधिक सेना को लेकर उसने पड़ाव किया, वह इस बात की प्रतीक्षा करने लगा कि "वर्षा ऋतु की समाप्ति के पश्चात् दुष्ट सबीर के विनाश हेतु इटावा के क़िले के द्वार पर पहुंचे और पतित क़ाफ़िरों को नष्ट भ्रष्ट करके उस दृढ़ क़िले को धराशायी कर दे" किन्तु इसी बीच में ८१३ हि० (१४१०–११ ई०) में उसकी मृत्यु हो गई। समस्त मलिकों तथा अमीरों (४४५ ब) को बड़ा दुःख हुआ और सुल्तान के भाई वज़ीर जुनैद ख़ां बिन फ़ीरोज़ ख़ां तथा समस्त भाइयों एवं पुत्रों ने उसकी लाश को मुहमदाबाद उर्फ़ कालपी में भेज दिया और उसे उसकी माता की क़ब्र के पायँती दफ़न कर दिया गया। जुनैद ख़ां बिन फ़ीरोज़ ख़ां ने सुल्तान के ज्येष्ठ पुत्र को, जो इसके पूर्व आरिज़े ममालिक[1] था और जिसकी उपाधि क़ादिर ख़ां थी, इख़्तियारुद्दुनियां वद्दीन क़ादिर शाह की उपाधि देकर सिंहासनारूढ़ कर दिया।

(४४६ अ) सुल्तान नसीरुद्दीन महमूद शाह बिन फ़ीरोज़ ख़ां बिन मलिक ताजुद्दीन तुर्क की राजधानी : मुहमदाबाद उर्फ़ कालपी।

उसकी संतान : क़ादिर ख़ां अर्थात् क़ादिर शाह, आरिज़े ममालिक।

मुहम्मद ख़ां सर जामदार[2]

वज़ीर ख़ां, सर सिलाहदार[3]

हामिद ख़ां, आख़ुरबेग[4]

मुक़्तदिर ख़ां, बारबक[5]

फ़तह ख़ां जिसे क़ादिरशाह के राज्यकाल में नियाबत[6] प्राप्त थी।

नेमतुल्लाह ख़ां

१ दीवाने अर्ज़ का सबसे बड़ा अधिकारी; सेना की अरज़ी, निरीक्षण तथा सेना के समस्त प्रबन्ध उसी के विभाग द्वारा सम्पन्न होते थे।

२ इसे सरजानदार होना चाहिये। सुल्तान के अंगरक्षक जानदार कहलाते थे। उनका सरदार सरजानदार कहलाता था। कभी कभी दो सरजानदार नियुक्त होते थे। एक दाहिनी ओर और दूसरा बाईं ओर का।

३ सर सिलाहदार—मुख्य सिलाहदार।

४ आख़ुर बेग अथवा आख़ुरबक—शाही घोड़ों की देख-भाल करने वाला अधिकारी। सेना की दाहिनी और बाईं ओर के घोड़ों की देख-भाल के लिये अलग अलग अधिकारी होते थे। दाहिनी ओर वाला आख़ुरबके मैमना और बाईं ओर वाला आख़ुरबके मैसरा कहलाता था।

५ बारबक—दरबार के समस्त कार्यों का प्रबन्ध करने वाले अधिकारियों का अफ़सर। अमीरों तथा अधिकारियों के खड़े होने और दरबार की शान स्थापित रखने का कार्य उसी का कर्तव्य होता था। उसे अमीरे हाजिब भी कहते थे।

६ नियाबत :—नायब होना।

५

शादी खां
हबीबुल्लाह खां
अज़ीज़ुल्लाह खां
तुर्कुल्लाह खां
सादुल्लाह खां
मुबारक खां
जलाल खां
नुसरत खां, इत्यादि
उसका भाई तथा समस्त बड़े बड़े अमीर
वज़ीरे ममालिक[१], दस्तूरे[२] सुल्तान निशान : जुनैद खां बिन फ़ीरोज़ खां।
(अमीर) : मजलिसे आली निज़ाम खां बिन फ़ीरोज़ खां
अहमद खां बिन फ़ीरोज़ खां, नायबे ग़ैबत[३]
मुज़फ़्फ़र खां बिन फ़ीरोज़ खां, सुल्तान का छोटा भाई
खिताब खां, सुल्तान का ससुर
मुज़फ़्फ़र खां बिन मुकर्रम खां
ज़ैन खां बिन मलिक निज़ामुद्दीन तेहीन
हसन खां बिन मलिक मकन
नुसरतुलमुल्क मलिक लुत्फ़ुल्लाह मजदुलमुल्क
मलिक महमूद बिन मलिक उमर, शहनये दीवान[४]
वली खां बिन मलिक मुहम्मद शह अफ़ग़ान
मुनव्वर खां, फ़ीरोज़पुर की शिक़ का नायब
इस्माईल खां
(४४६ ब) ख़्वाजा मुजाहिद खां तदुपरान्त मुग़ीस खां मुतसर्रिफ़े ममालिक[५]
जलाल खां, नायबे अर्ज़े ममालिक।

## सुल्तान इख़्तियारुद्दुनियां वद्दीन अबुल मुजाहिद क़ादिर शाह बिन महमूद शाह बिन फ़ीरोज़ खां बिन मलिके ताजुद्दीन तुर्क

इतिहासकारों ने लिखा है कि सुल्तान नसीरुद्दीन महमूद शाह की मृत्यु के उपरान्त उसका ज्येष्ठ पुत्र क़ादिर खां, सुल्तान के मुख्य वज़ीर तथा समस्त अमीरों और मलिकों की सहमति से अपने पिता

१ वज़ीरे ममालिक—मुख्य वज़ीर।
२ दस्तूर :—मुख्य वज़ीर।
३ नायबे ग़ैबत—वह अधिकारी जो बादशाह की अनुपस्थिति में राजधानी के शासन-प्रबन्ध की देख-रेख करता था।
४ शहनये दीवान :—दीवान (वित्त विभाग) का प्रबन्धक।
५ मुतसर्रिफ़े ममालिक :—मुख्य मुतसर्रिफ़। मुतसर्रिफ़ ग्रामों में किसानों से भूमि कर वसूल करने वाला अधिकारी होता था। आमिल। शाही कारख़ानों का हिसाब-किताब रखने के लिये भी मुतसर्रिफ़ रखे जाते थे।

के स्थान पर मुहमदाबाद में सिंहासनारूढ़ हुआ और क़ाज़ियों ने बधाई देते हुए क़सीदों की रचनायें कीं।
इस इतिहास के लेखक ने भी सुल्तान को बधाई देते हुए क़सीदों की रचना की।......

(४४७ अ) उसके सिंहासनारूढ़ हो जाने के उपरान्त उसके मँझले भाई मुहम्मद ख़ां ने कुछ
अमीरों के बहकाने से विद्रोह तथा विरोध प्रारम्भ कर दिया किन्तु मुख्य वज़ीर आज़म हुमायूं जुनैद ख़ां
(४४७ ब) बिन फ़ीरोज़ ख़ां के आतंक के कारण बादशाह को कोई हानि न पहुंची और वज़ीर के संकेत
पर भान्दीर की अक़्ता मुहम्मद ख़ां को प्रदान कर दी गई और वह भी आज्ञाकारिता हेतु कटिबद्ध
हो गया।

तदुपरान्त उस सुल्तान ने दस्तूरे ममालिक जुनैद ख़ां बिन फ़ीरोज़ ख़ां के संकेत पर एक भारी
सेना लेकर काफ़िरों के विनाश का संकल्प करके यमुना नदी पार की और उसके दूसरे तट पर पड़ाव
किया। वहाँ से निरन्तर यात्रा करता हुआ वह विद्रोहियों के विरुद्ध रवाना हुआ। जब विजयी सेना
जगदह नामक स्थान पर पहुंची तो दुष्ट काफ़िरों की सेनाओं ने इस्लामी सेना से युद्ध किया और बहुत
समय तक घोर युद्ध होता रहा। अन्त में इस्लामी सेना काफ़िरों द्वारा पराजित हुई और कुछ बड़े-बड़े
अमीर मार डाले गये। बादशाह अपनी राजधानी की ओर लौट आया। पतित काफ़िरों की सेना ने
(४४८ अ) जिनका राजा दुष्ट सबीर था मुहमदाबाद की ओर प्रस्थान किया। दुष्ट काफ़िरों के नेता
सबीर ने समस्त बड़े-बड़े रायों तथा प्रसिद्ध मुक़द्दमों सहित इस बादशाह के निवास स्थान के निकट पड़ाव
किया और उसने मुसलमानों को नष्ट-भ्रष्ट कर देने का संकल्प कर लिया। उसे इस बात का विश्वास था
कि उसे विजय प्राप्त हो जायेगी किन्तु बादशाह ने जुनैद ख़ां के संकेत पर शीघ्रातिशीघ्र उन पर आक्र-
मण किया और प्रथम आक्रमण ही में उनके अभिमान का अंत हो गया। बहुत बड़ी संख्या में काफ़िर
मारे गये और अत्यधिक दास तथा घोड़े इस्लामी सेना को प्राप्त हुए।

(४४८ ब) सबीर जोकि युद्ध तथा पौरुष की डींग मारा करता था समस्त राजसी ठाठ-बाट को
छोड़कर तथा अत्यधिक अश्वारोहियों एवं पदातियों को नष्ट करा के भाग खड़ा हुआ। ईश्वर ने
इस्लामी सेना को विजय प्रदान की और दुष्ट काफ़िरों को पराजित कर दिया। बादशाह अत्यधिक
धन-संपत्ति लेकर अपनी राजधानी को लौट आया और आलिमों, सैयिदों तथा पवित्र लोगों को उस धन
संपत्ति द्वारा लाभान्वित कराया। इस विजय के कारण इस्लामी राज्य को अत्यधिक उन्नति प्राप्त हो
(४४९ अ) गई तथा आस-पास के अत्यधिक काफ़िर एवं विद्रोही आज्ञाकारी बन गये।

इसी बीच में दुर्भाग्यवश जुनैद ख़ां बिन फ़ीरोज ख़ां की, जो इस राज्य का स्तम्भ था, मृत्यु हो गई।
उसकी मृत्यु के उपरान्त विज़ारत का पद उसके ज्येष्ठ पुत्र दौलत ख़ां बिन जुनैद ख़ां को प्रदान हो गया।
बादशाह उसका अत्यधिक आदर-सम्मान करता था। इस कारण प्रजा तथा सर्वसाधारण को भी अत्यधिक
निश्चिंतता प्राप्त थी। सबीर ने, जो काफ़िरों के समूह में सर्वश्रेष्ठ था, और समस्त बड़े-बड़े रायों
तथा मुक़द्दमों ने उस बादशाह की आज्ञाकारिता स्वीकार कर ली और ख़राज अदा करना प्रारम्भ कर
(४४९ब) दिया। बादशाह ने सबीर को, जो उस काल में बड़ा प्रसिद्ध था, अत्यधिक इनाम तथा बहुमूल्य
ख़िलअत द्वारा सम्मानित किया।

कुछ समय उपरान्त बादशाह ने सबीर की प्रार्थना पर भिनुगांव नामक स्थान पर चढ़ाई की और आस-पास की समस्त विलायतों को विध्वंस कर दिया। वह भिनुगांव का विनाश कर देने वाला ही था कि फ़तह ख़ां बिन सुल्तान महमूद का, जो मुहमदाबाद का, नायब था, पत्र प्राप्त हुआ कि, "जौनापुर[1] के राज-

१ जौनपुर।

सिंहासन का अधिकारी शम्सुद्दीन इबराहीम शाह असंख्य सेना लेकर मुहमदाबाद पर चढ़ाई करने के लिए आ रहा है। यद्यपि शत्रु के आगमन से बादशाह के सौभाग्य के कारण कोई भय नहीं है किन्तु बादशाह की छाया द्वारा शहर वालों को अत्यधिक शांति तथा संतोष प्राप्त हो जायेगा।" इस पत्र के प्राप्त होते ही शाही आदेश हुआ कि विजयी सेना शीघ्रातिशीघ्र राजधानी की ओर लौट जाय। सबीर ने, जोकि (४५० अ) पौरुष तथा वीरता में अद्वितीय था, बादशाह के साथ अत्यधिक सेना लेकर प्रस्थान किया। जब विजयी सेना निरन्तर यात्रा करती हुई राजधानी के निकट पहुंची तो नगर की समस्त प्रजा बादशाह के स्वागतार्थ उपस्थित हुई और प्रत्येक की शक्ति तथा प्रसन्नता में हज़ारों गुना वृद्धि हो गई।

दूसरे दिन जौनापुर का बादशाह अत्यधिक सेना तथा हाथियों को लेकर उस नगर के क्षेत्र में पहुंच गया और युद्ध प्रारम्भ कर दिया किन्तु उस स्थान की दृढ़ता के कारण उसने युद्ध करना त्याग दिया और उस नगर के कोट के समीप पड़ाव किया। कुछ समय तक वह वहां पड़ाव किये रहा। इसी बीच में ईश्वर की कृपा से उसके कुछ अच्छे हाथी नष्ट हो गये और इस कारण वह दुखी होकर वापस लौट गया और भेसरूर में पहुंच कर पड़ाव किया।

वर्षा ऋतु के उपरान्त उसने पुनः अत्यधिक सेना तथा हाथियों सहित इस प्रदेश की ओर प्रस्थान किया और सर्वप्रथम महोबा के क्षेत्र को अपने अधिकार में कर लिया। उसने जलाल खां बिन दाऊद (४५० ब) तथा उसके भाई . . .बिन मलिक जहीरुद्दीन व दोहनी को उस नगर में नियुक्त करके वाली बना दिया और स्वयं बढ़ कर राठ क़स्बे पर भी अधिकार जमा लिया। उसने इस क़स्बे को भी जलाल खां को प्रदान कर दिया और स्वयं मुहमदाबाद से कुछ कोस पर पड़ाव किया। हसन खां बिन मकन के पुत्रों को समस्त सेना सहित शाहपुर के क़स्बे में नियुक्त कर दिया और मलिकुश्शर्क़ मक़बूल को, जो उसके राज्य का मुख्य वज़ीर था, अत्यधिक सेना सहित एरिज के क़िले की ओर भेजा। उस समय इस लेखक का पिता मलिकुश्शर्क़ मलिक बिहामद जो अपने समय का बहुत बड़ा वीर तथा योद्धा था एरिज का शासक तथा मुक़्ता था। वह मलिकुश्शर्क़ मक़बूल से युद्ध करने के लिए कटिबद्ध हो गया और घमा-(४५१ अ) सान युद्ध तथा घोर रक्तपात हुआ। संक्षेप में, जब मलिकुश्शर्क़ मक़बूल ने एरिज के क़िले को वहां के निवासियों के छल तथा धूर्तता के कारण अपने अधिकार में कर लिया तो उसने भान्दीर तथा जथरा के क़स्बों को भी, जो एरिज के क़िले के समीप हैं, अपने अधिकार में कर लिया और जाफ़र बिन दाऊद जिब को एरिज के क़िले का वाली बना दिया। खिज्र अयूब को भान्दीर के क़स्बे में नियुक्त करके वह स्वयं कनार नामक स्थान से होता हुआ यमुना नदी के तट से मुहमदाबाद की ओर रवाना हुआ और सुल्तान शम्सुद्दीन इबराहीम शाह की सेना में जो मुहम्मदाबाद के समीप ३-४ कोस पर पड़ाव किये हुए थी पहुंच गया।

मलिकुश्शर्क़ मक़बूल के पहुंच जाने के उपरान्त जौनापुर के शासक को अत्यधिक शक्ति प्राप्त हो गई। वह वहां से प्रस्थान करके शेखपुर नामक स्थान पर पहुंचा और युद्ध की तैयारी करने लगा तथा मन्जनीक़ एवं अरादे तैयार कराये। सुल्तान क़ादिर शाह बिन महमूद शाह भी जो युद्ध में अपने समय का रुस्तम[1] तथा इस्फ़न्दयार[2] था युद्ध के लिये तैयार हुआ। उसने सद्रों तथा प्रतिष्ठित मलिकों एवं अमीरों

१ ईरान का एक पौराणिक वीर जिसे कुछ ईरानी इतिहासकार 'रुस्तमें दास्तान' तथा 'रुस्तम ज़ाबुली' भी कहते हैं। वह ज़ाल का पुत्र तथा साम बिन नरीमान का पौत्र था।

२ इस्फ़न्दयारः—किश्तास्प अथवा गश्तास्प का पुत्र था जो ईरान के कयानी वंश का बादशाह था। वह भी अपनी वीरता के लिये बड़ा प्रसिद्ध था; कहा जाता है कि रुस्तम ने उसकी हत्या की थी।

से इस आशय से पुनः बैअत कराई कि वे पूर्ण निष्ठा से शपथ लेकर संगठित हो जायं। जब जौनापुर (४५१ ब) के बादशाह को इस वंश की शक्ति तथा संगठन के विषय में पूर्ण ज्ञान हो गया तो उसने ईश्वर के भय तथा इस्लाम की आवश्यकताओं पर दृष्टि रखते हुए युद्ध न करना निश्चय कर लिया और शत्रुता के स्थान पर मित्रता करने का संकल्प कर लिया। वज़ीरे मुमलेकत मलिकुश्शर्क़ मक़बूल, सुल्तान क़ादिर शाह तथा उसके वज़ीर दौलत खां बिन जुनैद खां एवं सुल्तान के समस्त प्रतष्ठित संबंधियों तथा अमीरों और निज़ाम खां के लिए खिलअत तथा इनाम लाया। जब दोनों पक्षों के मध्य में मित्रता पूर्णतः स्थापित हो गई तो निज़ाम खां को सुल्तान के समस्त प्रतिष्ठित संबंधियों के साथ सुल्तान शम्सुद्दीन इबराहीम शाह के पास भेजा गया और इस बादशाह के नाम का खुत्बा तथा सिक्का मुहमदाबाद एवं समस्त खित्तों तथा क़स्बों में प्रसारित हो गया। अपने उद्देश्य की पूर्ति के उपरान्त इस बादशाह ने अपनी राजधानी की ओर प्रस्थान किया और निज़ाम खां को अत्यधिक सम्मानित करके अपने साथ ले गया। उसके लौट जाने के उपरान्त मुहमदाबाद तथा उसके आसपास के स्थान के निवासियों को अत्यन्त सुख शांति प्राप्त हो गई।

(४५२ अ) सुल्तान क़ादिर शाह ने सेना एकत्र करने के उपरान्त शुभ मुहूर्त में महोवा तथा राठ क़स्बों को मुक्त कराने का संकल्प किया और सर्वप्रथम राठ क़स्बे को अपने अधिकार में कर लिया। वहां से उसने महोबा पर भी चढ़ाई की और उसे भी अपने अधिकार में कर लिया। जलाल खां जो सुल्तान इबराहीम की ओर से वाली था क्षमा-याचना करके क़िले से बाहर निकला और अपने प्रदेश को चला गया। उस स्थान से सुल्तान ने अपने मुख्य वज़ीर दौलत खां बिन जुनैद खां के परामर्श से एरिज के क़िले की ओर प्रस्थान किया और निरन्तर यात्रा करता हुआ विजयी सेनाओं सहित उस क़िले के क्षेत्र में पहुंच गया और उस क़िले को घेर लिया तथा युद्ध एवं रक्तपात प्रारम्भ कर दिया। जाफ़र दाऊद उस स्थान की दृढ़ता के कारण अत्यधिक वीरता तथा पौरुष प्रदर्शित करता रहा और दो वर्ष तथा कुछ मास तक उसने क़िले की उचित रक्षा की किन्तु अन्त में वह सुल्तान के दासों द्वारा मार डाला गया और एरिज का क़िला पुनः राज्य के वज़ीर दौलत खां बिन जुनैद खां को प्राप्त हो गया। बादशाह ने तदुपरान्त अपनी राजधानी की ओर प्रस्थान किया। इन विजयों के उपरान्त इस बादशाह के राज्य के कार्य उन्नति के शिखर पर पहुंच गये।

(४५२ ब) इसी बीच में सुल्तान मुहम्मद खां का मँझला भाई जिसका उल्लेख ऊपर हो चुका है मुहमदाबाद से विद्रोह करके भान्दीर क़स्बे के क़िले में पहुंचा और वहां विद्रोह की अग्नि प्रज्वलित कर दी तथा युद्ध एवं रक्तपात प्रारम्भ कर दिया। सर्वप्रथम राज्य के वज़ीर दौलत खां बिन जुनैद खां को राजधानी से अत्यधिक सेना देकर उचित परामर्श देने के लिए भान्दीर के क़िले की ओर नियुक्त किया गया। वह शुद्ध विचारों वाला वज़ीर निरन्तर यात्रा करता हुआ ईर्छा के भूभाग में पहुंचा। कुछ दिन तक उसने बीवी नदी के किनारे पड़ाव किया और मुहम्मद खां के पास दूत भेज कर उसे नाना प्रकार के परामर्श दिये किन्तु मुहम्मद खां के मस्तिष्क में नेतृत्व तथा प्रभुत्व प्राप्त करने का भूत सवार था अतः उसने इन परामर्शों तथा शिक्षाओं की ओर कोई ध्यान न दिया और राज्य के वज़ीर का दूत असफल लौट आया।

जब मुहम्मद खां के प्रभुत्व के समाचार सुल्तान को प्राप्त हुये तो विजयी पताकाओं ने भान्दीर के क़िले की ओर प्रस्थान किया और निरन्तर यात्रा करती हुई वे ईर्छा के "भू-भाग में पहुंच गईं। वहां से शाही आदेशानुसार राज्य के वज़ीर ने आगे बढ़ कर भान्दीर के क़िले के समीप पड़ाव करके युद्ध प्रारम्भ (४५३ अ) कर दिया। मुहम्मद खां समस्त पदातियों तथा अश्वारोहियों को लेकर क़िले के बाहर निकला और युद्ध प्रारम्भ हो गया। घमासान युद्ध हुआ। मुहम्मद खां विजयी सेनाओं की शक्ति को देखकर पुनः

क़िले के भीतर चला गया और क़िले को बन्द कर लिया। कई मास तक वह क़िले में बन्द रहा किन्तु अन्त में वचनों तथा प्रतिज्ञाओं के उपरान्त उसने आज्ञाकारिता स्वीकार कर ली और क्षमा-याचना करके सुल्तान की सेवा में पहुंचा। उसे कुछ समय तक विद्रोह की अग्नि शांत करने के लिए बन्दीगृह में रखा गया और बन्दीगृह में ही उसकी मृत्यु हो गई। भान्दीर का क़िला नुसरतुलमुल्क मलिक लुत्फ़ुल्लाह को प्रदान कर दिया गया और विजयी सेनायें सफलता प्राप्त करके अपने स्थान को लौट आईं।

मुहम्मद ख़ां बिन सुल्तान महमूद की दुर्घटना को एक वर्ष ही व्यतीत हो पाया था कि सुल्तान का मुख्य वज़ीर दौलत ख़ां बिन जुनैद ख़ां भी मृत्यु को प्राप्त हो गया। उसकी मृत्यु के उपरान्त मुख्य वज़ीर (४५३ ब) का पद मुबारक ख़ां बिन जुनैद ख़ां को प्राप्त हुआ। कुछ समय उपरान्त सुल्तान क़ादिर शाह ने इस हितैषी वज़ीर के परामर्श से समूनी तथा सहिन्दना के विध्वंस हेतु प्रस्थान किया और शीघ्राति-शीघ्र वहां पहुंच कर उस स्थान को नष्ट-भ्रष्ट कर दिया। विजयी सेनाओं के इन दोनों स्थानों पर आक्रमण के समाचार पाकर दुष्ट राय तास, कुफ़्र की सहायतार्थ समूनी तथा सहिन्दना के मुक़द्दम की मदद के लिए पहुंचा और इस्लामी सेना से युद्ध करने के लिये तैयार हो गया। जब यह कलंकित हिन्दू युद्ध करने के लिये अग्रसर हुआ तो यह बादशाह भी युद्ध के लिए तैयार हुआ और अपने मुख्य वज़ीर मुबारक ख़ां बिन जुनैद ख़ां को सेना के अग्रिम भाग में नियुक्त किया और विजयी सेना को काफ़िरों के विरुद्ध बढ़ाया। घोर युद्ध हुआ। कलंकित हिन्दुओं के प्रभुत्व के कारण समस्त विजयी सेना को पीठ दिखानी पड़ी, केवल आज़म हुमायूं मुबारक ख़ां बिन जुनैद ख़ां ने ख़ास सेनाओं सहित काफ़िरों से युद्ध किया और इस अज्ञानी तथा पिशाच समूह से पौरुष प्रदर्शित करते हुए युद्ध करता रहा। वज़ीर की दृढ़ता को देखकर बादशाह ने भी अत्यधिक अश्वारोहियों सहित पतित काफ़िरों पर आक्रमण किया।

(४५४ अ) इसी बीच में राय सबीर तथा बीरम जो सुल्तान के हितैषी तथा सहायक थे अपनी सेना सहित उसकी सेवा में पहुंच गये और युद्ध में सम्मिलित हो गये। पिशाच राय तास, जिसे अपनी असंख्य सेना का अभिमान था, इस्लाम की सेना के प्रभुत्व तथा शक्ति को देखकर भाग खड़ा हुआ। उसके अत्यधिक अश्वारोही तथा पदाती नष्ट हो गये और महामा तथा फ़लवात के मध्य में उसने शरण ग्रहण कर ली और अपने पुत्र सातन को अत्यधिक उपहार देकर सुल्तान की सेवा में भेजा और विनय तथा नम्रता प्रदर्शित करते हुये क्षमा-याचना की। सुल्तान ने अपनी अत्यधिक कृपा तथा दया के कारण राय तास को क्षमा कर दिया और उसके पुत्र सातन को खिलअत देकर सम्मानित किया तथा विजय और सफलता प्राप्त करके अपनी राजधानी मुहमंदाबाद को लौट आया। ईश्वर की इस कृपा के प्रति कृतज्ञता प्रदर्शित करने के लिए उसने आलिमों एवं सैयिदों के वेतन तथा इनाम और पवित्र लोगों तथा क़ाज़ियों के अदरार एवं वृत्ति में वृद्धि कर दी। कुछ समय उपरान्त उसने बितूर के क़िले पर चढ़ाई की और उस दृढ़ क़िले को घेर लिया। अन्त में क़िले के अत्यन्त दृढ़ होने के कारण इस्लामी सेना संधि करके लौट आई और अन्य कार्यों में व्यस्त हो गई।

(४५४ ब) इसके उपरान्त कई वर्ष तक लगातार यह गुणवान् बादशाह दुष्ट काफ़िरों को नष्ट-भ्रष्ट करने में व्यस्त रहा। अपने सहायकों को सम्मानित तथा शत्रुओं को तिरस्कृत करता रहा। इसी बीच में उसे एक ऐसा रोग हो गया कि वह घोड़े तक पर सवार न हो पाता था और पालकी पर सवार होता था। इसी अवस्था में उसने सहिन्दना नामक स्थान के विध्वंस हेतु प्रस्थान किया और उसे नष्ट-भ्रष्ट करके अत्यधिक लूट की धन-संपत्ति लेकर वापस हो गया। जब वह अपनी राजधानी को वापस हुआ तो उसका रोग और बढ़ गया और ८३५ हि० (१४३१-३२ ई०) में उसकी मृत्यु हो गई। यदि

इस बादशाह के गुणों का सविस्तार उल्लेख किया जाय तो वह इस पुस्तक में संभव न हो सकेगा अतः इस कविता में जो कुछ मैंने उसके विषय में उल्लेख किया है उसी को पर्याप्त समझता हूँ।....

(४५६ अ) इस बादशाह की मृत्यु के उपरान्त निज़ाम ख़ां बिन फ़ीरोज़ ख़ां तथा सुल्तान के वज़ीर मुबारक ख़ां बिन जुनैद ख़ां ने सुल्तान क़ादिर शाह के मँझले पुत्र को, जिसकी उपाधि जलाल ख़ां थी और जो सुल्तान होशंग की बहिन के गर्भ से था, सिंहासनारूढ़ किया। इसी कारण सुल्तान का ज्येष्ठ पुत्र अर्थात् ज़ग़ीर ख़ां[1] बिन क़ादिर शाह थोड़े से सहायकों को लेकर सुल्तान इबराहीम शाह की सेवा में पहुंच गया और वहां उसे अत्यधिक सम्मानित किया गया और ख़ाने जहां की उपाधि प्रदान की गई।

कुछ समय उपरान्त जलाल ख़ां बिन क़ादिर शाह कुकर्म के कारण सम्मान की गद्दी से अपमान के गर्त में गिर पड़ा। उसे चन्देरी के क्षेत्र में जिसे सुल्तान होशंग ने बसाया था भेज दिया गया और क़ादिर शाह के लघु पुत्र को जिसकी उपाधि फ़ीरोज़ ख़ां थी राज्य-व्यवस्था हेतु मुहमदाबाद में सिंहासनारूढ़ किया गया। राज्य-व्यवस्था तथा शासन-प्रबन्ध निज़ाम ख़ां बिन फ़ीरोज़ ख़ां तथा मुबारक ख़ां बिन जुनैद ख़ां द्वारा सम्पन्न होता था। इसी बीच में सुल्तान शम्सुद्दीन इबराहीम शाह ने सेना सहित (४५६ ब) ख़ाने जहां की सहायतार्थ इस प्रदेश की ओर प्रस्थान किया और निरन्तर यात्रा करता हुआ मुहमदाबाद के भव्य नगर के समीप पहुंच गया और इस बड़े नगर को घेर लिया तथा युद्ध प्रारम्भ कर दिया। निज़ाम ख़ां बिन फ़ीरोज़ ख़ां तथा मुख्य वज़ीर मुबारक ख़ां बिन जुनैद ख़ां ने क़िले की रक्षा का अत्यधिक प्रयत्न किया और उसकी दृढ़ता तथा शक्ति के कारण शत्रु की ओर कोई ध्यान न दिया। जब २-३ मास इसी प्रकार व्यतीत हो गये तो सुल्तान हुसामुद्दीन वहुनियां होशंग शाह के, इस वंश से मित्रता के संबंध के कारण, आगमन के समाचार प्रसारित हुये। जब उसकी पताकाओं ने एरिज के भूभाग पर छाया डाली तो सुल्तान इबराहीम शाह मुहमदाबाद के क़िले के समीप से यमुना नदी को पार करके शहर के समक्ष उतरा। होशंग शाह ने मुहमदाबाद से १० कोस पर पड़ाव किया। निज़ाम ख़ां तथा मुबारक ख़ां बिन जुनैद ख़ां एवं समस्त बड़े बड़े अमीर सुल्तान होशंग से मिल गये और उन्हें अत्यधिक सम्मानित किया गया। उन (४५७ अ) लोगों ने पुनः जलाल ख़ां बिन सुल्तान क़ादिर शाह को सुल्तान होशंग शाह के समक्ष अपना बादशाह मान लिया और उसे नगर में लाकर अमीरी की गद्दी पर आरूढ़ किया। सुल्तान होशंग शाह लौट कर सुल्तानपुर उर्फ़ खजुआ में पहुंचा और वहीं पड़ाव किया। सुल्तान इबराहीम शाह भी वापस हो गया और नईर ख़ां बिन क़ादिर शाह को शाहपुर क़स्बे में आरूढ़ कर दिया। वह स्वयं भेसरूर चला गया और वहीं पड़ाव किया। जब यह दोनों बड़े बड़े बादशाह इस प्रदेश के क्षेत्र से निकल कर अपने अपने राज्य की सीमा में पहुंच गये तो जलाल ख़ां बिन क़ादिर शाह ने पुनः शत्रुता प्रारम्भ कर दी। और बहादुरुलमुल्क के राजसिंहासन पर अधिकार जमा लिया और उसे बन्दी बना लिया। इस कुकर्म के कारण मुबारक ख़ां बिन जुनैद ख़ां समस्त कार्यों से पृथक् होकर अपने स्थान एरिज के भूभाग में पहुंच गया और वहीं निवास करने लगा। जलाल ख़ां बिन क़ादिर शाह ने मैदान को ख़ाली देखकर निज़ाम ख़ां तथा उसके दो पुत्रों याक़ूब ख़ां तथा उमर ख़ां को बन्दी बना लिया। मूर्खता तथा दुष्टों के बहकाने से उसने निज़ाम ख़ां तथा उसके एक पुत्र उमर ख़ां की हत्या करा दी।

(४५७ ब) निज़ाम ख़ां की मृत्यु के उपरान्त इस वंश के अधिकांश बड़े बड़े अमीर सुल्तान इबराहीम शाह की सेवा में पहुंच गये और सुल्तान ने उन्हें सम्मानित किया। वर्षा ऋतु के उपरान्त सुल्तान

१ पृ० ४५७ अ पर 'नईर ख़ां' है।

होशंग शाह ने पुनः सेना सहित सुल्तानपुर उर्फ़ खजुआ से मुहमदाबाद की ओर प्रस्थान किया और निरन्तर यात्रा करता हुआ शहर के निकट पहुंच गया। कुछ दिन तक वह यमुना नदी के तट पर ठहरा रहा और वहां से तैयारी करके अत्यधिक अश्वारोहियों तथा पदातियों सहित इबराहीम शाह के ऊपर चढ़ाई के उद्देश्य से निरन्तर यात्रा करता हुआ मरदानपुर पहुंचा। वहां यमुना नदी के तट पर दोनों ओर की सेनाओं ने एक दूसरे के समक्ष पड़ाव किया। जलाल खां बिन क़ादिर शाह इस शिक़ की सेना सहित सुल्तान होशंग के साथ था। नित्यप्रति सुल्तान होशंग शाह की सेना के अश्वारोही उस स्थान से जहां नदी को पार किया जा सकता था नदी पार करके चारा एकत्र करने वालों को कष्ट पहुंचाते थे। एक दिन मालवा की सेना ने अग्रसर होकर युद्ध प्रारम्भ कर दिया और सुल्तान इबराहीम शाह की सेना ने भी तैयार होकर हाथियों सहित रणक्षेत्र की ओर प्रस्थान किया। दोनों सेनाओं में घमासान युद्ध हुआ।

(४५८ अ) अत्यधिक रक्तपात के उपरान्त सुल्तान होशंग शाह सफलता प्राप्त किये बिना ही लौट आया और अपने राज्य की ओर चल दिया। वह जलाल खां बिन क़ादिर शाह को मुहमदाबाद में छोड़ गया। जब सुल्तान होशंग शाह ने पूर्णतः इस प्रदेश के कार्यों को त्याग दिया तो इस वंश के अधिकांश बड़े बड़े अमीर जो सुल्तान इबराहीम शाह की सेवा में थे राजधानी मुहमदाबाद को मुक्त कराने का दृढ़ संकल्प करके रवाना हुये और निरन्तर यात्रा करते हुए नगर के निकट पहुंच कर उन्होंने पड़ाव किया। क्योंकि मुबारक बिन जुनैद ख़ां तथा अधिकांश बड़े बड़े मलिक तथा अमीर सुल्तान इबराहीम शाह का साथ दे रहे थे अतः समस्त नगर के निवासी भी जलाल ख़ां बिन क़ादिर शाह का विरोध करके उनकी सेवा में उपस्थित हो गये। जलाल खां क़िले से निकल कर कुछ अश्वारोहियों सहित भान्दीर के क़स्बे की ओर चला गया और मुहमदाबाद का भव्य नगर सुल्तान इबराहीम शाह के अधिकार में आ गया। इस धर्मनिष्ठ बादशाह ने इस्लाम के सम्मान तथा ईश्वर के भय को ध्यान में रखते हुए उस अपराधी तथा अत्याचारी के अपराध को क्षमा कर दिया। इसी बीच में ख़ाने जहां बिन क़ादिर शाह अपने कुछ सहायकों सहित मुहमदाबाद के बाहर निकला और दृढ़ स्थानों की ओर शरण हेतु चल दिया।

(४५८ ब) जब सुल्तान शम्सुद्दीन इबराहीम शाह को ख़ाने जहां के विरोध के समाचार प्राप्त हुए तो वह बड़ा ही खिन्न हुआ और उसने मुबारक ख़ां बिन जुनैद ख़ां के प्रति अत्यधिक कृपादृष्टि प्रदर्शित करते हुये उसे आदेश दिया कि वह जलाल ख़ां बिन क़ादिर शाह को भान्दीर के क़स्बे से ले आये और राजसिंहासन के समक्ष उपस्थित करे ताकि उसे मुहमदाबाद का वाली नियुक्त किया जाय। जब जलाल ख़ां बिन क़ादिर शाह भान्दीर क़स्बे से सुल्तान की सेवा में उपस्थित हुआ और मुहमदाबाद की अमीरी उसे प्रदान हुई तो यह बात वज़ीर मुबारक ख़ां के स्वभाव के अनुकूल सिद्ध न हुई। इस कारण उसने सुल्तान इबराहीम शाह से ख़ानेजहां बिन क़ादिर शाह को लाने के बहाने से खंदवत क़स्बे की ओर प्रस्थान किया और वहां से ख़ाने जहां तथा वज़ीर मुबारक ख़ां बिन जुनैद ख़ां ने एरिज के भूभाग की ओर प्रस्थान किया और एक शुभ मुहूर्त में नगर में प्रविष्ट होकर उसे अपने अधिकार में कर लिया। तदुपरान्त ख़ाने जहां ने वज़ीर के संकेत पर राठ के क़स्बे तथा महोबा के भूभाग की ओर प्रस्थान किया (४५९ अ) और मुबारक ख़ां बिन जुनैद ख़ां ने ईर्छा में जोकि उसका अधिकार क्षेत्र था पड़ाव किया। इस अशांति के समय भी वज़ीर का यह स्थान भूमि पर के निवासियों की शरण का केन्द्र बन गया है और बहुत से बड़े बड़े अमीर तथा मलिक समय के प्रतिकूल होने के कारण उसकी कृपा की छाया में जीवन व्यतीत कर रहे ह।

## मुबारक ख़ां बिन जुनैद ख़ां बिन फ़ीरोज़ ख़ां बिन मलिक ताजुद्दीन तुर्क

(४५९ ब) मुबारक ख़ां बिन जुनैद ख़ां के ललाट पर युवावस्था ही से नेतृत्व, न्याय, दिग्विजय, दुर्ग विजय तथा सेना को सुव्यवस्थित करने के चिह्न दृष्टिगत थे और उसमें नाना प्रकार के गुण विद्यमान थे। इस प्रकार वह समस्त अमीरों तथा वज़ीरों की अपेक्षा अद्वितीय था। अमीरों, मलिकों, सद्रों, सैयिदों, आलिमों तथा क़ाज़ियों को प्रोत्साहन देने तथा दान-पुण्य में भी कोई उसके समान न था।

(४६० अ) क़ादिर शाह बिन सुल्तान महमूद की मृत्यु के उपरान्त इस उत्कृष्ट वंश की स्थिति में ऐसा परिवर्तन आ गया कि वह इस प्रकार अव्यवस्थित हो गया कि आज़म हुमायूँ मुबारक ख़ां अपनी समस्त संतान तथा संबंधियों, सहायकों एवं परिजनों को लेकर बड़े सम्मानपूर्वक ईर्छा के भूभाग में, जो बड़े-बड़े आलिमों तथा पवित्र व्यक्तियों का केन्द्र था, पहुंच गया और हर प्रकार के भय से मुक्त हो गया। वह (४६० ब) ८२९ हि० (१४३५-३६ ई०) को इस स्थान पर पहुंचा और सेना एकत्र करने तथा अपने परिजनों की संख्या बढ़ाने में व्यस्त हो गया। सर्वप्रथम उसने क़िले के कोट को कुछ दुष्टों के अस्तित्व से मुक्त कर दिया और समय के व्यतीत होने के कारण इस क़िले के कोट में जो कुछ टूट-फूट हो गयी थी उसकी मरम्मत कराई और उसे दृढ़ बनाया। क़िले के कोट को बड़े बड़े अमीरों तथा अपने हितैषियों द्वारा परिपूर्ण कराया। जो कुत्सित प्रथायें भूतकाल से इस स्थान पर प्रचलित हो गई थीं उनका समूल उच्छेदन कर दिया और समस्त राज्य में न्याय की प्रथायें प्रचलित करा दीं। उसने इस दृढ़ क़िले का (४६१ अ) नाम मुहम्मद साहब के शुभ नाम पर रखा। सैयिदों, आलिमों, क़ाज़ियों, तथा पवित्र व्यक्तियों के सम्मान का वह अत्यधिक ध्यान रखता था। उन बड़े बड़े अमीरों तथा मलिकों, जोकि दुर्घटनाओं के कारण मन्दू के क़िले तथा मुहमदाबाद नगर के आसपास से उसकी सेवा में उपस्थित होते थे, को वह उनकी श्रेणी के अनुसार इनाम तथा ख़िलअतें प्रदान करके सम्मानित करता था और अपना विश्वासपात्र बना लेता था। कुछ समय उपरान्त सैयिदुस्सादात सैयिद अब्दुल्लाह सुल्तान इबराहीम शाह के पास से बहुमूल्य ख़िलअतें लेकर उसके दरबार में आया और आज़म हुमायूं मुबारक ख़ां खास ख़िलअत द्वारा सम्मानित हुआ तथा उस बादशाह की आज्ञाकारिता हेतु कटिबद्ध हो गया। उसने उस बादशाह के नाम का ख़ुत्बा तथा सिक्का चालू करा दिया। सैयिदुस्सादात सैयिद अब्दुल्लाह को अत्यधिक पेशकश देकर सुल्तान इबराहीम शाह की सेवा में भेजा और स्वयं उस क्षेत्र के काफ़िरों के विनाश में तल्लीन हो गया। अल्प समय में उसने अत्यधिक सेना तथा परिजन एकत्र कर लिये।

(४६१ ब) सर्वप्रथम उसने अटौरा तथा कुन्दाल के विद्रोहियों के विनाश हेतु, जिन्होंने विद्रोही कबीर के पुत्रों की सहायता के कारण विद्रोह प्रारम्भ कर दिया था, प्रस्थान किया और शीघ्रातिशीघ्र अटौरा पहुंच कर वहां के काफ़िरों तथा दुष्टों को नष्ट कर दिया और उनके भवनों को धराशायी करा दिया। परहार के मुक़द्दम ख़ान के इस प्रयत्न के कारण कुन्दाल तथा अटौरा के विद्रोहियों से मुक्ति प्राप्त हो गई और वह अत्यधिक पेशकश लेकर उसकी सेवा में उपस्थित हुआ और उसके दासों के समूह में सम्मिलित हो गया। उस मुक़द्दम की प्रार्थनानुसार आज़म हुमायूं (मुबारक ख़ां) ने विजयी सेनाओं सहित कुन्दाल के स्थान तथा क़िले की ओर प्रस्थान किया। कुन्दाल के मुक़द्दम ने इस्लामी सेना की शक्ति तथा दृढ़ता को देखकर आज्ञाकारिता स्वीकार कर ली और धन संपत्ति तथा घोड़े भेजकर मुक्ति प्राप्त कर ली। आज़म हुमायूं (मुबारक ख़ां) ने उसके प्रति कृपा तथा दया प्रदर्शित करते हुए क्षमा कर दिया और कुन्दाल के क़िले से विजय तथा सफलता प्राप्त करके प्रसन्नतापूर्वक अपनी राजधानी ईर्छा को लौट गया और अपने सहायकों तथा संबन्धियों को अत्यधिक इनाम तथा ख़िलअत देकर सम्मानित किया।

इस इतिहास के लेखक ने इस विजय के विषय में एक उच्च कोटि के क़सीदे की रचना की और विशेष ख़िलअत द्वारा सम्मानित हुआ एवं उसका विश्वासपात्र बन गया।...[१]

(४६३ ब) जब आज़म हुमायूं (मुबारक खां) ने वृद्धों तथा युवकों के प्रति न्याय तथा उपकार प्रारम्भ कर दिया तथा शत्रुओं एवं दुष्टों के विरुद्ध युद्ध के लिए कटिबद्ध हो गया तो उस ओर के अधिकांश विरोधी तथा विद्रोही आज्ञाकारी बन गये और उन्होंने ख़राज अदा करना स्वीकार कर लिया। जब ग्वालियूर (ग्वालियर) के मुक़द्दम ने जोकि समस्त रायों तथा मुक़द्दमों में सर्वश्रेष्ठ था अत्यधिक सेना लेकर भान्दीर के क़िले पर चढ़ाई की और क़िले के आसपास के स्थानों को हानि पहुंचाना प्रारम्भ कर दिया तो गुप्तचरों ने यह समाचार सुल्तान को पहुंचाये। वह इस्लाम की रक्षा हेतु समस्त विशेष तथा सर्वसाधारण व्यक्तियों को लेकर युद्ध तथा जिहाद के उद्देश्य से नगर के बाहर निकला और शीघ्रातिशीघ्र उनकी ओर रवाना हुआ। उन लोगों ने शक्तिशाली सेना को देखकर विरोध तथा विद्रोह त्याग दिया (४६४ अ) और पेशकश सहित "बसीठ" तथा दूत आज़म हुमायूं की सेवा में भेजे। आज़म हुमायूं ने अत्यधिक सहनशीलता तथा कृपा के कारण ग्वालियूर (ग्वालियर) के क़िले के मुक़द्दम राय दुनगर के लिए इस इतिहास के लेखक मलिकुश्शर्क़ वलग़र्ब मलिक बिहामद के हाथ जड़ाऊ ख़िलअत तथा टोपी भेजी और भान्दीर के क़िले को हानि से सुरक्षित कर लिया। वह मुक़द्दम विशेष ख़िलअत द्वारा सम्मानित होकर शीघ्रातिशीघ्र अपनी विलायत को लौट गया और इस लेखक का पिता प्रसन्नतापूर्वक अपने स्थान को लौट आया तथा सम्मानित चौखट का चुम्बन किया। उसके पद में वृद्धि हो गई।

जब कुछ समय उपरान्त कुन्दाल के क़िले के मुक़द्दम ने पुनः विद्रोह की अग्नि प्रज्वलित की और आज्ञाकारिता के सन्मार्ग से मुख मोड़ कर दुष्टता के क्षेत्र में प्रविष्ट हो गया तो आज़म हुमायू (मुबारक ख़ां) ने इस लेखक को कुन्दाल के क़िले को नष्ट करने के लिए नियुक्त किया। जब लेखक वीर सवारों सहित क़िले के समीप पहुंचा तो कुन्दाल का मुक़द्दम जिसे अपनी धन सम्पत्ति का अभिमान था युद्ध के लिए (४६४ ब) अग्रसर हुआ किन्तु वह दुष्ट हिन्दू तथा काफ़िर इस्लामी वीरों तथा सिंहों के आक्रमण को सहन न कर सका और रणक्षेत्र से भाग खड़ा हुआ। अपने अत्यधिक अश्वारोहियों तथा पदातियों को नष्ट कराकर उसने क़िले में शरण ग्रहण कर ली। लेखक ने विजय-पत्र दुष्टों के सिरों के साथ आज़म हुमायूं (मुबारक खां) की सेवा में भेज दिये और विशेष ख़िलअत द्वारा सम्मानित हुआ। ईश्वर आज़म हुमायूं (मुबारक खां) को सर्वदा नेतृत्व तथा सरदारी की गद्दी पर आसीन रखे।

कुछ समय उपरान्त इस इतिहास के लेखक का पिता सेना सहित राजधानी से कुन्दाल के क़िले के विनाश हेतु नियुक्त हुआ। उस गुणवान् मलिक ने, जोकि युद्ध में अपने समय का रुस्तम तथा इस्फ़न्दयार था, ईश्वर की सहायता से कुन्दाल के क़िले पर पहुंच कर उसे विध्वंस तथा वहां के पतित काफ़िरों (४६५ अ) को नष्ट-भ्रष्ट कर दिया। उसने क़िले को भूमि में मिला दिया और वहां के भवनों की नीव तक खुदवा डाली। वहां से लौट कर वह आज़म हुमायूं (मुबारक खां) की सेवा में उपस्थित हो गया और ख़िलअत द्वारा सम्मानित हुआ। कुन्दाल के क़िले की विजय जो उस समय के मलिकों को बड़ी ही कठिन दृष्टिगत होती थी आज़म हुमायूं (मुबारक ख़ां) के सौभाग्य द्वारा शीघ्र ही प्राप्त हो गई और आज़म हुमायूं का आतंक सभी काफ़िरों तथा दुष्टों के हृदय पर आरूढ़ हो गया। लेखक ने इस विषय में इन छन्दों की रचना की है।........

१ क़सीदे का अनुवाद नहीं किया गया।

(४६५ ब) जब आज़म हुमायूं के कार्य ईश्वर की कृपा से सुव्यवस्थित हो गये तो उसने अपने पुत्र उस्मान खां का विवाह करना निश्चय किया और इस कार्य के लिए जथरा क़स्बे की ओर प्रस्थान किया। ईर्छा के क्षेत्र की नियाबते ग़ैबत इस लेखक के पिता मलिकुश्शर्क़ मलिक बिहामद को प्रदान कर दी। लेखक आज़म हुमायूं (मुबारक खां) की सवारी के साथ रवाना हुआ। जब वह जथरा क़स्बे के समीप पहुंचा तो इस्माइल खां बिन निज़ाम खां ने अत्यधिक सेना सहित उसका स्वागत किया और उसे नगर के समीप के उद्यानों में ठहराया। नित्यप्रति नाना प्रकार के जश्न तथा दान-पुण्य के कार्य होते थे। शुभ मुहूर्त में (४६६ अ) निकाह की प्रथा सम्पन्न हुई और आज़म हुमायूं (मुबारक खां) ने प्रसन्नतापूर्वक अपनी राजधानी ईर्छा की ओर प्रस्थान किया। जब वह उस क्षेत्र में पहुंचा तो लेखक के पिता ने फ़तह खां सहित उसका स्वागत किया और आज़म हुमायूं (मुबारक खां) शुभ मुहूर्त में उस भव्य नगर में प्रविष्ट हो गया। प्रत्येक मलिक, अमीर तथा सद्र को अत्यधिक खिलअत एवं इनाम द्वारा सम्मानित किया और आलिमों, सैयिदों, पवित्र व्यक्तियों तथा क़ाज़ियों के वज़ीफ़ों तथा अदरारों में वृद्धि कर दी और निश्चिन्त होकर राज्य को सुव्यवस्थित करने तथा उसको उन्नति प्रदान करने में व्यस्त हो गया। ईश्वर उसे तथा उसकी (४६६ ब) समस्त संतान को नेतृत्व तथा नेकनामी की गद्दी पर आरूढ़ रक्खे। लेखक ने आज़म हुमायूं (मुबारक खां) की विजयों को अपनी आंखों से देखा और उनके विषय में उसे सविस्तार ज्ञान प्राप्त है, अतः वह केवल निम्नांकित पद को ही लिख रहा है। . . . . . .

## मलिकुश्शर्क़ मलिक बिहामद, लेखक का पिता

(४६७ अ) लेखक के पिता मलिक बिहामद ने अपनी युवावस्था ही से सुल्तान के वज़ीर फ़ीरोज़ खां बिन मलिक ताजुद्दीन तुर्क द्वारा आश्रय प्राप्त किया। जब तुग़लुक़ शाह बिन फ़तह खां की दुर्घटना में उस वज़ीर की मृत्यु हो गई तो इस लेखक का पिता जुनैद खां बिन फ़ीरोज़ खां की सेवा में सम्मिलित हो गया और उसके दासों के समूह में आ गया। उसने जुनैद खां की बड़ी योग्यता से सेवा की और उसका (४६७ ब) विश्वासपात्र बन गया। जुनैद खां ने उसे चौरासी नामक परगना प्रदान कर दिया। उस परगने में उसने बड़ी योग्यता तथा वीरता के कार्य प्रदर्शित किये। उस परगने का ख़राज १ लाख तन्का निश्चित कराया। क़न्नौज के क़िले के समीप के कुछ गांव भी उसने अपने अधिकार में कर लिये। नसीरुद्दीन महमूद शाह बिन फ़ीरोज़ खां प्रत्येक वर्ष अपनी राजधानी से पतित काफ़िरों के दृढ़ क़िलों के विध्वंस हेतु प्रस्थान किया करता था। इस इतिहास के लेखक का पिता मलिकुश्शर्क़ उपर्युक्त परगनों से विजयी सेनाओं में सम्मिलित हुआ करता था और युद्ध के समय समस्त मलिकों तथा अमीरों की अपेक्षा अधिक वीरता प्रदर्शित करता था।

जब जाफ़र बिन दाऊद मुहमदाबाद की राजधानी से विद्रोह करके ईर्छा के भूभाग में पहुंचा (४६८ अ) और कुछ विद्रोहियों की सहायता से उपर्युक्त क्षेत्र के मुक्ता की जो जुनैद खां बिन फ़ीरोज़ खां का दास था हत्या कर दी और उस स्थान को अपने अधिकार में कर लिया तो कुछ अमीराने सदा तथा अन्य अमीरों के कारण वह वहां न ठहर सका और अपने अधिकांश परिवार को नष्ट कराकर दुष्ट काफ़िरों के पास पहुंच गया। वहां के समस्त प्रतिष्ठित लोग जुनैद खां से मिल गये और जब उन्होंने उस क्षेत्र के दुष्टों के विनाश की प्रार्थना की तो वज़ीर ने सुल्तान के संकेत पर ईर्छा के क्षेत्र की अक़्ता जो कि एक बहुत बड़ी अक़्ता है इस इतिहास के लेखक को प्रदान कर दी और बड़े सम्मान से उसे उस स्थान को भेज दिया।

इस इतिहास के लेखक का पिता शुभ नक्षत्र तथा मुहूर्त में ईर्छा के भूभाग में पहुंचा और उसने वहां के सैयिदों, आलिमों, क़ाज़ियों तथा पवित्र लोगों के सम्मान का अत्यधिक प्रयत्न किया। उस क्षेत्र के अधिकांश भाग की व्यवस्था तथा जन-साधारण के कार्य में जो विघ्न पड़ गया था उसे पूर्व की भांति पुनः सुव्यवस्थित कर दिया। उस स्थान के अधिकांश काफ़िर, जिन्होंने विद्रोह कर दिया था, पुनः आज्ञाकारी बन गये।

(४६८ ब) जब सुल्तान नसीरुद्दीन महमूद शाह बिन फ़ीरोज खां की मृत्यु हो गई तो जाफ़र बिन दाऊद ने जोकि बहुत बड़ा उपद्रवी था पुनः उपद्रव की अग्नि प्रज्वलित कर दी और कुछ विद्रोहियों की सहायता से वह ईर्छा के भूभाग में पहुंचा जिसे हानि पहुंचाने का उसने प्रयत्न किया किन्तु इस इतिहास के लेखक का पिता जोकि बड़ा ही शूरवीर था दैवी प्रेरणा से युद्ध के लिए अग्रसर हुआ और शीघ्रातिशीघ्र शत्रुओं के समीप पहुंच कर उन्हें प्रथम आक्रमण ही में उसने नष्ट-भ्रष्ट तथा छिन्न-भिन्न कर दिया। अत्यधिक पतित काफ़िर तथा दुष्ट मारे गये। जाफ़र बिन दाऊद, जिसके रण-कौशल की प्रसिद्धि निकट तथा दूर के स्थानों में प्रसारित हो चुकी थी, भाग खड़ा हुआ। लेखक के पिता ने विजय तथा सफलता (४६९ अ) प्राप्त करके ईर्छा लौट कर विजय के पत्र सुल्तान के वज़ीर की सेवा में प्रेषित कर दिये।

जब दुष्ट सबीर जो पतित काफ़िरों का नेता था अत्यधिक सेना लेकर मुहमदाबाद के भव्य नगर के निकट पहुंचा और ग्वालियूर (ग्वालियर) के क़िले का मुक़द्दम बीरम भी अत्यधिक सेना सहित सबीर की सहायतार्थ रवाना हुआ तो मार्ग में लेखक के पिता ने उनकी सेना पर आक्रमण किया और उनके अत्यधिक पदातियों तथा अश्वारोहियों को बन्दी बना लिया। बीरम पराजित होकर ग्वालियूर (ग्वालियर) के क़िले की ओर लौट गया।

(४६९ ब) जब चन्देरी के भूभाग के अधिकारी क़दर ख़ां का नायब तथा सेनापति क़ाज़ी जुनैद अत्यधिक सेना लेकर जथरा क़स्बे के क्षेत्र में पहुंचा तो उसने पनियारगढ़ के क़िले को जोकि जथरा क़स्बे के समीप है ज़बरदस्ती अपने अधिकार में कर लिया। सुल्तान क़ादिर शाह बिन महमूद शाह ने वज़ीर जुनैद ख़ां के संकेत पर राजधानी से जथरा क़स्बे की ओर प्रस्थान किया और निरन्तर यात्रा करता हुआ ईर्छा के भूभाग की विलायत में पहुंच गया। उसने लेखक के पिता को बुलवाया और लेखक का पिता शुभ मुहूर्त में समस्त अश्वारोहियों तथा पदातियों सहित ईर्छा के क्षेत्र से निकल कर शीघ्रातिशीघ्र विजयी सेना से मिल गया और उसे समस्त मलिकों तथा अमीरों की अपेक्षा अधिक सम्मानित किया गया। मुहम्मद ख़ां बिन सुल्तान मुहम्मद को भान्दीर क़स्बे की सेना तथा लेखक के पिता सहित ईर्छा के भूभाग की ओर क़ाज़ी जुनैद को जथरा क़स्बे की विलायत से निकालने तथा पनियारगढ़ के क़िले को मुक्त कराने के लिए नियुक्त किया गया।

(४७० अ) जब वे जथरा क़स्बे में पहुंचे तो लेखक का पिता उपर्युक्त क़स्बे से विजयी सेनाओं सहित अग्रसर हुआ और शीघ्रातिशीघ्र पनियारगढ़ के क़िले की ओर रवाना हुआ। जब क़ाज़ी जुनैद को विजयी सेनाओं के पहुंचने का समाचार प्राप्त हुआ तो वह बिना युद्ध किये हुए ही पनियारगढ़ के क़िले के बाड़े को छोड़ कर अपनी विलायत तथा प्रदेश की ओर चल दिया। लेखक के पिता तथा निज़ाम ख़ां को उस क़िले में नियुक्त कर दिया गया और वह विजय तथा सफलता प्राप्त करके लौट गया। जथरा क़स्बा मुहम्मद ख़ां को प्राप्त हो गया। मुहम्मद ख़ां तथा इस लेखक का पिता प्रसन्नतापूर्वक शाही सेना में उपस्थित हुए और उन्हें अत्यधिक इनाम तथा ख़िलअतों द्वारा सम्मानित किया गया। इस्लामी सेनायें सफलता प्राप्त करके राजधानी मुहमदाबाद की ओर लौट गईं। लेखक का पिता, जुनैद ख़ां बिन फ़ीरोज ख़ां की अनुमति से बड़े सम्मान के साथ एरिज के भूभाग में लौट आया और इस सफलता के प्रति कृतज्ञता

प्रकट करने के लिय आलिमों, सैयिदों; पवित्र व्यक्तियों तथा क़ाज़ियों को अत्यधिक इनाम एवं खिलअत द्वारा सम्मानित किया।

(४७० ब) जब जुनैद खां बिन फ़ीरोज़ खां की मृत्यु हो गई और उसका ज्येष्ठ पुत्र दौलत खां बिन जुनैद खां विज़ारत की गद्दी पर आरूढ़ हुआ तो उसने कुछ समय उपरान्त एरिज के भूभाग की ओर प्रस्थान किया। जब वह इस भूभाग में पहुंचा तो लेखक के पिता ने समस्त मलिकों, अमीरों, सद्रों तथा प्रतिष्ठित लोगों सहित उसका स्वागत किया और उसके प्रति अत्यधिक सम्मान प्रदर्शित किया। वह खाने आज़म उस स्थान पर पहुंचा और उसने लेखक के पिता, समस्त सद्रों एवं प्रतिष्ठित लोगों को उत्तम खिलअतों द्वारा सम्मानित किया और आलिमों, सैयिदों, पवित्र व्यक्तियों तथा क़ाज़ियों की वृत्ति एवं अदरार में वृद्धि कर दी। कुछ समय उपरान्त वह प्रसन्नतापूर्वक राजधानी मुहमदाबाद को लौट गया और ईर्छा के भूभाग की अक़्ता प्रथानुसार इस लेखक के पिता के पास रहने दी गई।

(४७१ अ) कुछ समय उपरान्त जब दौलत नाग बिन मुज़फ़्फ़र खां मुहमदाबाद से विद्रोह कर के भान्दीर क़स्बे की ओर पहुंचा और उस क़स्बे की समस्त प्रजा उसके साथ हो गई तो जाफ़र बिन दाऊद भी उससे मिल गया। मुहम्मद खां बिन सुल्तान मुहम्मद के पदाधिकारी भाग कर ईर्छा के भूभाग में लेखक के पिता की सेवा में उपस्थित हुए। उसने उन लोगों को अपने पास रख लिया और युद्ध की तैयारी करने लगा। अल्प समय में उसने अत्यधिक पदातियों तथा अश्वारोहियों सहित भान्दीर के क़िले पर चढ़ाई की और शीघ्रातिशीघ्र उस क़िले के समीप पहुंच गया। विजयी सेनाओं के पहुंचने के समाचार पाकर दौलत नाग बिन मुज़फ़्फ़र खां तथा जाफ़र बिन दाऊद युद्ध किये बिना ही क़िले से भाग गये और अज्ञानी काफ़िरों के पास पहुंच गये। समस्त प्रजा ने विवश होकर आज्ञाकारिता स्वीकार कर ली। लेखक का पिता क़िले के भीतर मुहम्मद खां के घर में उतरा और भान्दीर के समस्त मलिकों, अमीरों, सद्रों तथा प्रतिष्ठित व्यक्तियों को अत्यधिक खिलअत तथा अदरार प्रदान किये। मुहम्मद खां बिन सुल्तान मुहम्मद के (४७१ ब) पदाधिकारियों को पुनः क़िले में नियुक्त कर दिया, और स्वयं प्रसन्नतापूर्वक ईर्छा के भूभाग में लौट आया।

जब कुछ समय उपरान्त सुल्तान इबराहीम शाह अत्यधिक सेना लेकर मुहमदाबाद पहुंचा और उसने राज्य के वज़ीर मलिकुश्शर्क़ मक़बूल को जैसा कि इसके पूर्व उल्लेख हो चुका है अत्यधिक सेना देकर ईर्छा के क़िले की ओर नियुक्त किया। जब मलिकुश्शर्क़ मक़बूल उपर्युक्त भूभाग में पहुंचा तो लेखक का पिता जोकि अपने समय का रुस्तम था युद्ध के लिए कटिबद्ध हो गया। मलिकुश्शर्क़ मक़बूल ने यद्यपि संधि के लिये अत्यधिक प्रयत्न किया किन्तु लेखक का पिता संधि के लिये तैयार न हुआ। अन्त में उस (४७२ अ) भूभाग के समस्त छोटे-बड़े विरोध करने लगे और उन्होंने युद्ध तथा रक्तपात प्रारम्भ करने दिया तथा मूर्खता और शैतान के मार्ग-भ्रष्ट कर देने के कारण वर्षों तक साथ रहने तथा आश्रय प्राप्त करने के उपरान्त भी कृतघ्नता प्रदर्शित करते हुए शत्रु के मित्र हो गये। वे जाफ़र बिन दाऊद को मलिकुश्शर्क़ मक़बूल की ओर से अत्यधिक सेना सहित प्रथम हिसार[1] में ले आये। लेखक का पिता विशेष सेना सहित दूसरे हिसार में बन्द हो गया। लेखक के पिता ने शत्रु पर रात्रि में छापा मारना निश्चय किया किन्तु सेना ने उसका साथ न दिया और उसे विवश होकर रुक जाना पड़ा। दूसरे दिन प्रातःकाल मलिकुश्शर्क़ मक़बूल समस्त सेना सहित सवार हुआ और दूसरे हिसार के द्वार पर पहुंचा तथा युद्ध प्रारम्भ कर दिया।

१ क़िले की चहार दीवारी, शहर पनाह।

बाज़ार के सामने के द्वार की ओर मलिकुश्शर्क़ ने मलिक खालिस को, जो उस दरबार का एमादुलमुल्क था, अत्यधिक सेना सहित नियुक्त किया और तातार खां बिन सारंग खां तथा खोरा के मुक़द्दम बीरम को नदी के तट के द्वार की ओर नियुक्त किया; घोर युद्ध होने लगा। लेखक का पिता युद्ध में बड़ी वीरता से प्रयत्न (४७३ अ) करता रहा। ....शत्रु की सेना ने लेखक के पिता को घेर लिया किन्तु ईश्वर ने उसे कोई हानि न पहुंचने दी। लेखक की माता की इस दुर्घटना में हत्या हो गई और लेखक का बाज़ू युवावस्था के बावजूद भी घायल हो गया। लेखक के पिता ने इस युद्ध में ऐसी वीरता प्रदर्शित की कि वह इतिहास में स्मरणीय रहेगी।

जब इस दुर्घटना के कुछ समय उपरान्त दौलत खां बिन जुनैद खां की मृत्यु हो गई और मुबारक खां बिन जुनैद खां वजीर नियुक्त हुआ तो उस समय नये सिरे से ईर्छा के भूभाग की अक़्ता सुल्तान के (४७३ ब) वज़ीर की ओर से लेखक के पिता को प्रदान हुई।

जब सुल्तान क़ादिरशाह बिन महमूद शाह प्रत्येक वर्ष अपनी राजधानी से दुष्ट काफ़िरों के विनाश हेतु प्रस्थान करता था तो लेखक का पिता मलिक बिहामद सर्वदा आज़म हुमायूं मुबारक खां की सेवा में उपस्थित होता था और समस्त मलिकों की अपेक्षा युद्ध में अधिक वीरता प्रदर्शित करता था। उसके सम्मान तथा पद में वृद्धि होती रहती थी। उसने विद्रोही राय तास के युद्ध में, जोकि असंख्य सेना लेकर आया था, समस्त बड़े बड़े मलिकों तथा प्रतिष्ठित अमीरों की अपेक्षा अधिक वीरता प्रदर्शित की। जब अधिकांश इस्लामी सेना पतित काफ़िरों के प्रभुत्व के कारण रणक्षेत्र से पीछे हटने लगी तो लेखक का पिता अपने स्थान पर दृढ़ रहा। यहां तक कि ईश्वर ने इस्लामी सेना को विजय प्रदान की और काफ़िर पराजित हुए। लेखक के पिता की वीरता की प्रसिद्धि समस्त संसार में प्रसारित हो गई। आज़म हुमायूं (४७४ अ) (मुबारक खां) ने लेखक के पिता को खिलअत, तबल तथा पताका प्रदान करके बड़े सम्मान से ईर्छा के भूभाग की ओर वापस किया। जब वह उपर्युक्त भूभाग में पहुंचा तो लेखक ने उस भूभाग के समस्त बड़े बड़े सद्रों तथा प्रतिष्ठित व्यक्तियों सहित उसका स्वागत किया और उसके चरण का चुम्बन करके सम्मानित हुआ। लेखक के पिता ने इस विजय के प्रति कृतज्ञता प्रकट करने के लिए आलिमों तथा सैयिदों को इनाम द्वारा सम्मानित किया।

तदुपरान्त मलिकुश्शर्क़ (विहामद खां) अधिकांश लेखक को अत्यधिक सेना देकर युद्ध के लिए भेजा करता था और स्वयं अपने स्थान पर शरा द्वारा स्वीकृत बातों को चलाने तथा अस्वीकृत बातों को रोकने का[1] प्रयत्न किया करता था। जिस वर्ष सुल्तान क़ादिरशाह बिन महमूद शाह की मृत्यु हुई उस वर्ष लेखक के पिता ने मुबारक खां बिन जुनैद खां के संकेत पर कोवैथ नामक स्थान पर एक भव्य क़िले का निर्माण कराया और लेखक को थोड़ी सी सेना सहित वहां नियुक्त कर दिया। यद्यपि कुछ थानेदार उस (४७४ ब) क़िले की रक्षा से परेशान होकर भाग खड़े हुए किन्तु लेखक ईश्वर की कृपा से क़िले के बाड़े की दुष्ट काफ़िरों से रक्षा करता रहा और दुष्ट हिन्दुओं तथा काफ़िरों को, जिनका नेता नर सिंह भानू (ज्येष्ठ) था, पराजित कर दिया। ईश्वर लेखक के पिता को सरदारी की गद्दी पर सर्वदा आरूढ़ रक्खे। लेखक ने उस क़िले के निर्माण की तिथि के विषय में इस कविता की रचना की है जो इस स्थान पर लिखी जाती है—

८३४ हि० में (१४३१ ई०) में ऐसा क़िला शाबान मास (अप्रैल-मई) में तैयार हुआ।

१ 'तनफ़ीज़े अवामिर व नवाही'।

(४७५ अ) लेखक के पिता की प्रशंसा का उचित उल्लेख संभव नहीं। उसकी प्रशंसा इससे अधिक क्या हो सकती है कि वह अपने स्वामियों का हितैषी था और इस समय तक सुल्तान के वज़ीर मुबारक़ ख़ां बिन जुनैद ख़ां की सेवा में ईर्छा के भूभाग में उसे नित्य-प्रति सम्मान प्राप्त होता रहता है।......

(४७८ ब) इस 'तारीख़े मुहम्मदी' में लेखक ईश्वर का दास मुहम्मद बिहामद ख़ानी निवेदन करता है कि वह युवावस्था से ही विद्याध्ययन तथा आलिमों और विद्वानों के सत्संग की ओर प्रेरित था और सर्वदा इतिहास के ग्रन्थों का अध्ययन किया करता था। वह सौभाग्य से क़ुतुबुल अक़्ताब शेख़ यूसुफ़ बिन महमूद की सेवा में पहुंचा और उनका मुरीद हो गया। उन्होंने इस लेखक को बड़ा ही सम्मानित किया। (४७९ अ) लेखक को उनके सत्संग से कविता करने का बड़ा अच्छा ढंग प्राप्त हो गया।......

(४८१ अ) लेखक ने ८४२ हि० (१४३८–९ ई०) में मुहम्मद साहब के समय से इतिहास से संबंधित जो बातें देखी थीं उसे इस 'तारीख़े मुहम्मदी' में नक़ल कर दिया है और इसके संकलन में 'तबक़ाते नासिरी', 'ताजुल मआसिर', 'तज़्किरतुल औलिया', 'मतालेउल अनवार', 'ख़ज़ानतुल जलाली' तथा 'तारीख़े फ़ीरोज़शाही' से लाभान्वित हुआ है।

# मालवा

ख़्वाजा निज़ामुद्दीन अहमद

तबक़ाते अकबरी

शेख़ रिज़्क़ुल्लाह मुश्ताक़ी

वाक़ेआते मुश्ताक़ी

अब्दुल्लाह मुहम्मद बिन उमर अल मक्की अल आसफ़ी, उलुग़ ख़ानी अलहाजुद्दबीर

ज़फ़रुल वालेह बे मुज़फ़्फ़र व आलेह

# तबक़ाते अकबरी

(लेखक—ख्वाजा निज़ामुद्दीन अहमद)

(प्रकाशन—कलकत्ता १९३५ ई०)

## मालवा के सुल्तानों का इतिहास

मालवा के सुल्तानों में से ११ व्यक्तियों ने ८०९ हि० (१४०६–७ ई०) से ९१७ हि० (१५११–१२ ई०) तक राज्य किया। इनमें से कुछ ने स्वयं तथा कुछ ने अपने प्रतिनिधियों द्वारा राज्य किया।

दिलावर खां ग़ोरी २० साल।

सुल्तान होशंग बिन दिलावर खां ३० साल।

सुल्तान महमूद बिन होशंग १ साल और कुछ महीने।

सुल्तान महमूद ख़लजी ३४ साल।

सुल्तान ग़यासुद्दीन बिन सुल्तान महमूद २० साल।

सुल्तान नासिरुद्दीन बिन ग़यासुद्दीन ११ साल ४ महीने।

सुल्तान महमूद बिन नासिरुद्दीन २० साल ६ महीने ११ दिन।

सुल्तान बहादुर गुजराती १६ साल।

मल्लू क़ादिर शाह ६ साल।

(२८८) शुजा खां ने शेर खां अफ़ग़ान के प्रतिनिधि के रूप में १२ साल।

बाज़ बहादुर अफ़ग़ान १६ साल।

### मालवा के सुल्तान

यह बात समझ लेनी चाहिये कि मालवा प्रदेश बड़ा ही विस्तृत राज्य है और वहां बड़े गौरवशाली हाकिम होते चले आये हैं। बड़े-बड़े राजे तथा राय उदाहरणार्थ राजा विकरमाजीत (विक्रमादित्य) जिससे हिन्दुओं का इतिहास प्रारम्भ होता है, यहीं का था, राजा भोज इत्यादि हिन्दुस्तान के राजे, मालवा के शासक रहे हैं। सुल्तान महमूद ग़ज़नवी के राज्यकाल से उस प्रदेश में इस्लाम प्रारम्भ हुआ। देहली के सुल्तानों में सुल्तान ग़यासुद्दीन बल्बन ने इस राज्य पर अधिकार प्राप्त किया और सुल्तान मुहम्मद फ़ीरोज़ शाह के राज्यकाल तक यह देहली के सुल्तानों के अधिकार में रहा।

दिलावर खां ग़ोरी ने सुल्तान मुहम्मद बिन फ़ीरोज़ की ओर से उस राज्य में पहुंच कर स्वतन्त्र राज्य स्थापित किया। उस समय से मालवा के हाकिम देहली के सुल्तानों की अधीनता से निकल गये और अकबर के राज्यकाल तक निरन्तर ११ व्यक्ति राज्य करते रहे। मालवा के सुल्तानों का राज्य दिलावर खां के समय से प्रारम्भ हुआ। कहा जाता है कि सुल्तान मुहम्मद बिन फ़ीरोज़ शाह का उसके अभियानों में कुछ लोगों ने निष्ठापूर्वक साथ दिया था। जब वह बादशाह हुआ तो उसने प्रत्येक के प्रति रियायत करके ४ व्यक्तियों को ४ राज्य प्रदान कर दिये। ज़फ़र खां बिन वजीहुलमुल्क को गुजरात,

ख़िज़्र ख़ां को मुल्तान तथा दीपालपुर, ख़्वाजा सरवर ख़्वाजये जहां को सुल्तानुश्शर्क़ की उपाधि देकर जौनपुर तथा दिलावर ख़ां ग़ोरी को मालवा भेज दिया।

## दिलावर ख़ां ग़ोरी

(२८९) जब ८०९ हि० (१४०६–७ ई०) में दिलावर ख़ां ग़ोरी मालवा पहुंचा तो उसने अपनी योग्यता तथा वीरता से मालवा के राज्य को अपने अधिकार में कर लिया और अत्यधिक सेना एकत्र की। इधर उधर के अपहरणकर्ताओं की शक्ति समाप्त कर दी। हिन्दुस्तान में अव्यवस्था फैल चुकी थी। उसने भी देहली के सुल्तान की आज्ञाकारिता त्यागकर स्वतन्त्रता प्राप्त कर ली और बादशाहों के समान राज्य-व्यवस्था करने लगा। वर्षों तक अपनी इच्छानुसार राज्य करके ८२९ हि० (१४२५–२६ ई०) में उसकी मृत्यु हो गई। कुछ पुस्तकों में लिखा है कि उसके पुत्र अलप ख़ां के प्रयत्न से विष दे दिया गया। उसने २० वर्ष तक राज्य किया।

## सुल्तान होशंग बिन दिलावर ख़ां

अलप ख़ां, जो दिलावर ख़ां का पुत्र था, अपने पिता का उत्तराधिकारी बना और उसने अपने नाम का ख़ुत्बा तथा सिक्का चालू करा दिया। उसने चत्र ग्रहण करके अपनी उपाधि सुल्तान होशंग रक्खी। उस क्षेत्र के अमीरों तथा सम्मानित व्यक्तियों ने उसकी बैअत[1] कर ली।

### सुल्तान मुज़फ़्फ़र द्वारा आक्रमण

अभी उसके राज्य को दृढ़ता प्राप्त भी न हुई थी कि गुप्तचरों ने यह समाचार पहुंचाये कि, "सुल्तान मुज़फ़्फ़र गुजराती को ज्ञात हुआ है कि अलप ख़ां ने दिलावर ख़ां को थोड़े से लौकिक लाभ के
(२९०) लिए विष देकर होशंग शाह की उपाधि धारण कर ली है; क्योंकि दिलावर ख़ां तथा सुल्तान मुज़फ़्फ़र में भ्रातृभाव था अतः वह सेना एकत्र करके इस ओर आक्रमण कर रहा है।" ८१० हि० (१४०७-८ ई०) के प्रारम्भ में सुल्तान मुज़फ़्फ़र ने धार के निकट पड़ाव किया। सुल्तान होशंग युद्ध के विचार से धार के क़िले के बाहर निकला और दोनों में युद्ध हो गया। अंत में होशंग ने भागकर क़िले में शरण ली। अपने में युद्ध की शक्ति न देख कर वह क्षमा-याचना करके सुल्तान मुज़फ़्फ़र की सेवा में उपस्थित हो गया। सुल्तान ने उसी सभा में उसे बन्दी बनाकर अपने अधिकारियों को सौंप दिया। अपने भाई नसीर ख़ां को सेना सहित धार के क़िले में नियुक्त करके वह गुजरात चला गया।

### नसीर ख़ां को धार से भगाना

प्रथम वर्ष में नसीर ख़ां ने अनुचित कार्य किये और प्रजा की शक्ति से अधिक कर वसूल किया और उसके साथ दुर्व्यवहार किया। सुल्तान मुज़फ़्फ़र के गुजरात चले जाने के उपरान्त मालवा की सेना ने अवसर पाकर नसीर ख़ां को धार से निकाल दिया और उससे संबंधित जो लोग शेष रह गये थे उन्हें कष्ट पहुंचाया।

### मन्दू के क़िले का निर्माण तथा मूसा ख़ां का बादशाह बनाया जाना

सुल्तान मुज़फ़्फ़र के भय से उन लोगों ने धार को छोड़ कर मन्दू के क़िले का, जो एक बड़ा भव्य

१ अधीनता की शपथ ले ली।

क़िला है, निर्माण प्रारम्भ करवाया। उन लोगों ने सुल्तान होशंग के चाचा के पुत्र मूसा ख़ां को अपना सरदार बना लिया। जब यह समाचार गुजरात में पहुंचा तो होशंग शाह ने मुज़फ़्फ़र की सेवा में यह प्रार्थना-पत्र भेजा कि, "आप फ़क़ीर के पिता तथा चाचा के स्थान पर हैं। कुछ स्वार्थियों ने जो बातें आप तक पहुंचाई हैं उनके विषय में ईश्वर ही को ज्ञात है कि वे पूर्णतः असत्य हैं। आजकल सुना जाता है कि मालवा के अमीरों ने ख़ाने आज़म नसीर ख़ां के प्रति धृष्टता करके मूसा ख़ां को बादशाह बना दिया
(२९१) है और मालवा की विलायत पर अधिकार जमा लिया है। यदि आप फ़क़ीर को धूल से उठाकर उसका उपकार करें तो संभव है कि राज्य पर अधिकार प्राप्त हो जाय।"

## सुल्तान मुज़फ़्फ़र की सहायता से होशंग का बादशाह होना

सुल्तान मुज़फ़्फ़र ने यह राय पसन्द करके उसे एक वर्ष उपरान्त बन्दीगृह से निकाल कर सम्मानित किया और उससे प्रतिज्ञा करा ली कि वह उसके कार्यों को संपन्न कराने के प्रयत्न करेगा। ८११ हि० (१४०८-९ ई०) में शाहज़ादा अहमद शाह सुल्तान होशंग की सहायतार्थ इस आशय से भेजा गया कि धार तथा उसके आसपास के स्थान विद्रोही अमीरों से लेकर उसे (सुल्तान होशंग को) प्रदान कर दे। अहमद शाह ने धार तथा उसके आसपास के स्थान अमीरों के हाथ से लेकर उसे सौंप दिये और स्वयं राजधानी पटन की ओर वापस लौट गया।

## मन्दू पर अधिकार जमाने का प्रयत्न

सुल्तान होशंग कुछ दिनों तक धार में ठहरा रहा। उसके विश्वासपात्र उसके पास एकत्र हो गये। उसने एक व्यक्ति को मन्दू के क़िले में भेजा और अमीरों को प्रोत्साहित करके अपनी ओर मिला लिया। क्योंकि अमीर तथा सैनिक उसे पसन्द करते थे वे प्रसन्न हो गये, किन्तु इस कारण से कि वे लोग अपने परिवार को अपने साथ मन्दू के क़िले में ले जा चुके थे वे उसकी सेवा में न उपस्थित हो सके। होशंग कुछ लोगों के साथ धार से महेसुर के क़स्बे की ओर पहुंचा। वे नित्य युद्ध करते थे और घायल होकर लौट जाते थे। मन्दू के क़िले के अत्यधिक दृढ़ होने के कारण होशंग ने यह उचित समझा कि वह वहां से प्रस्थान करके विलायत[1] के मध्य में स्थान ग्रहण करे और अपने आदमियों को परगनों तथा क़स्बों में अधिकार जमाने के लिए भेज दे।

## मलिक मुग़ीस का सुल्तान होशंग से मिल जाना

इसी बीच में सुल्तान होशंग की फुफी के पुत्र मलिक मुग़ीस ने मलिक ख़िज्र से, जो मियां आख़ा के नाम से प्रसिद्ध था, परामर्श किया और कहा कि, "यद्यपि मूसा ख़ां बड़ा योग्य व्यक्ति है और मेरे चाचा
(२९२) का पुत्र होता है किन्तु होशंग शाह पौरुष, बुद्धिमत्ता तथा सहनशीलता में अपने समकालीनों में सभी से श्रेष्ठ है। यह राज्य तर्क में उसी को पहुंचता है। बाल्यावस्था में उसका मेरी माता की गोद में पालन-पोषण हुआ है। उचित यही है कि राज्य की बागडोर उसी के अधिकार में रहने दी जाय।" मियां आख़ा ने मलिक मुग़ीस के परामर्श की प्रशंसा की और वे लोग मिल कर रात्रि में मन्दू के क़िले से निकले और होशंग शाह की सेवा में उपस्थित हुए। होशंग ने मलिक मुग़ीस को अपना नायब बनाने का वचन देकर प्रसन्न कर दिया।

१ राज्य।

## मूसा खां द्वारा मन्दू को समर्पित करना

मूसा खां यह समाचार पाकर राज्य प्राप्त करने की ओर से निराश हो गया और अपने विषय में चिंता करने लगा। अंत में उसने मलिक मुग़ीस के पास आदमी भेजकर कहलाया कि, "मेरे निवास के लिए कोई स्थान निश्चित कर दिया जाय ताकि मैं मन्दू के क़िले को समर्पित कर दूं।" अत्यधिक वाद-विवाद के उपरान्त उसके लिए स्थान निश्चित कर दिया गया। मूसा खां क़िले को रिक्त करके बाहर चला गया। सुल्तान होशंग मन्दू के क़िले में पहुंच कर राजधानी में ठहरा। मलिक मुग़ीस को उसने मलिकुश्शर्क़ की उपाधि देकर विज़ारत के कार्य सौंप दिये और समस्त कार्यों में उसे अपना नायब तथा उत्तराधिकारी नियुक्त कर दिया।

## होशंग का गुजरात पर आक्रमण

८१३ हि० (१४१०–११ ई०) में जब सुल्तान मुज़फ़्फ़र गुजराती की मृत्यु हो गई और सुल्तान अहमद बिन मुहम्मद बिन मुज़फ़्फ़र सुल्तान हुआ तो सुल्तान मुज़फ़्फ़र के पुत्र फ़ीरोज़ खां तथा हैबत खां ने विद्रोह तथा शत्रुता की पताका भरौंच के क्षेत्र में बलन्द कर दी और होशंग से सहायता माँगी। होशंग मुज़फ़्फ़र शाह के आश्रयदाता तथा अहमद शाह की सहायता पर ध्यान न देते हुए गुजरात की ओर (२९३) रवाना हुआ। प्राचीन ईर्ष्या के कारण उसने यह निश्चय किया कि उस प्रदेश में पहुंच कर राज्य के अधिनियमों में विघ्न डाल दे। सुल्तान अहमद यह समाचार पाते ही भारी सेना लेकर भरौंच पहुंचा और उसे घेर लिया। फ़ीरोज़ खां तथा हैबत खां ने अहमद शाह के प्रभुत्व तथा उसकी सेना की अधिकता से भयभीत होकर क्षमा-याचना कर ली और उससे मिल गये। होशंग मार्ग से लौट कर धार पहुंचा। यह विवरण विस्तार से गुजरात के सुल्तानों के इतिहास में लिखा गया है।

## गुजरात पर पुनः आक्रमण

संक्षेप में अभी होशंग के माथे से लज्जा का पसीना सूखा भी न था कि उसने पुनः इस प्रकार का दुष्कर्म किया। जब ८१६ हि० (१४१३–१४ ई०) में होशंग को यह समाचार प्राप्त हुये कि सुल्तान अहमद गुजराती ने झालावार के राज्य पर आक्रमण करने के लिये प्रस्थान किया है और वहां बन्दी है तो सेना तैयार करके वह पुनः गुजरात की ओर रवाना हुआ। सुल्तान अहमद ने यह समाचार पाते ही उसके विरुद्ध प्रस्थान किया और जब दोनों एक दूसरे के निकट पहुंचे तो होशंग झालावार के राजा से सहायता न पाकर विवश होकर लौट गया।

## ज़मींदारों की प्रार्थना पर होशंग द्वारा गुजरात पर पुनः आक्रमण

उसके लौट जाने के उपरान्त गुजरात के ज़मींदारों के, विशेष रूप से चम्पानीर, नादौत तथा ईदर के राजा के, इस आशय के प्रार्थना-पत्र सुल्तान होशंग के पास निरन्तर पहुंचने लगे कि, "यद्यपि प्रथम बार सेवा की ओर से हमने उपेक्षा की किन्तु इस बार प्राण समर्पित करने में कोई कसर उठा न रक्खी जायेगी। यदि आप गुजरात की ओर प्रस्थान करें तो हम लोग कुछ मार्गदर्शक भेज दें जो सेना को ऐसे मार्ग से लायें कि गुजरात पहुंचने तक सुल्तान अहमद को सूचना भी न हो।" पिछली लज्जा तथा शत्रुता ने सुल्तान होशंग को गुजरात पर आक्रमण करने के लिए प्रेरित किया। इस विचार से ८२१ हि० (१४१८–१९ ई०) में वह अत्यधिक सेना लेकर महरासा के मार्ग से गुजरात की ओर बढ़ा। संयोगवश उन दिनों में राज्य के कुछ कार्य सम्पन्न करने के लिए सुल्तान अहमद सुल्तानपुर तथा नद्रबार के क्षेत्र

(२९४) में था। जब उसे यह समाचार प्राप्त हुये तो उसने होशंग के उपद्रव की अग्नि को शान्त करना समस्त कार्यों से श्रेष्ठ समझ कर शीघ्रातिशीघ्र महरासा की ओर प्रस्थान किया। वर्षा की अधिकता के बावजूद अल्प समय में ही वह महरासा पहुंच गया। होशंग के गुप्तचरों ने जब सुल्तान अहमद के पहुंचने के समाचार उसे पहुंचाये तो परीशान होकर उन ज़मींदारों को, जिन्होंने विद्रोह तथा उपद्रव के लिए उसे आमंत्रित किया था, अपने पास बुलवाया और उनको बुरा-भला कहा तथा अपशब्द जिह्वा पर लाया। अन्त में वह जिस मार्ग से आया था, गुद्दी खुजलाता हुआ, उसी मार्ग से लौट गया।

## सुल्तान अहमद द्वारा मालवा पर आक्रमण

सुल्तान अहमद ने कुछ दिन तक महरासा क़स्बे में इस आशय से पड़ाव किया कि सेना उसके पास पहुंच जाय। सेना एकत्र करने के उपरान्त उसने सफ़र मास में मालवा की विलायत पर आक्रमण किया और निरन्तर कूच करते हुये कालियादा के निकट पड़ाव किया। सुल्तान होशंग भी युद्ध का संकल्प करके अग्रसर हुआ किन्तु युद्ध के उपरान्त भाग कर मन्दू के क़िले में पहुंच गया। सुल्तान अहमद के आदमियों ने मन्दू के द्वार तक उसका पीछा करके उसके कुछ हाथियों तथा सैनिकों पर अधिकार जमा लिया। वह स्वयं नालचा तक गया और कुछ दिन वहां ठहर कर उसने अपनी सेनाओं को विलायत[1] के चारों ओर भेज दिया। मन्दू के क़िले के अत्यन्त दृढ़ होने के कारण उसनें धार की ओर प्रस्थान किया और वहां से उज्जैन पर चढ़ाई करने का संकल्प किया। वर्षा ऋतु के आ जाने के उपरान्त अमीरों तथा वज़ीरों ने निवेदन किया कि, "राज्य के लिए उचित यही है कि इस वर्ष गुजरात वापस होकर उन उपद्रवियों को जो उपद्रव तथा विद्रोह का कारण हैं दण्ड दिया जाय और दूसरे वर्ष निश्चिन्त होकर मालवा की विजय हेतु पहुंचा जाय।" सुल्तान अहमद यह निश्चय करके धार से लौट गया और गुजरात पहुंच गया।

## महमूद ख़ां को राज्य में अधिकार प्रदान करना

(२९५) ८२२ हि० (१४१९ ई०) में मलिक मुग़ीस के पुत्र मलिक महमूद की योग्यता का जब उसे पता चला तो सुल्तान होशंग ने उसे महमूद ख़ां की उपाधि देकर उसके पिता के साथ राज्य के कार्यों में सहयोगी बना दिया। जहाँ कहीं भी वह आक्रमण करने जाता वह मन्दू के क़िले में मलिक मुग़ीस को छोड़कर महमूद ख़ां को अपने साथ इस आशय से ले जाता कि राज्य के कार्य उसके द्वारा सम्पन्न हो सकें।

## सुल्तान होशंग का जाजनगर की ओर प्रस्थान

८२५ हि० (१४२१-२२ ई०) में सुल्तान होशंग ने अपने साथ चुने हुए एक हज़ार अश्वारोही लेकर व्यापारियों के वस्त्र में जाजनगर की विलायत[1] की ओर प्रस्थान किया। नुक़रा तथा सरखंग[2] घोड़े जो जाजनगर के राय को प्रिय थे तथा अन्य थोड़ी सी वस्तुयें जो वहां के लोगों को पसन्द थीं, अपने साथ ले लीं। सुल्तान का इस यात्रा से यह उद्देश्य था कि उन घोड़ों तथा उस धन संपत्ति के बदले में चुने हुए हाथी प्राप्त करे और उनके द्वारा सुल्तान अहमद शाह से बदला ले। जब वह जाजनगर के निकट पहुंचा तो उसने एक व्यक्ति को जाजनगर के राय के पास भेजकर उसे सूचना भिजवाई कि, "एक बहुत बड़ा

१ राज्य।
२ उत्तम प्रकार के घोड़ों की नसल।

व्यापारी हाथियों को क्रय करने आया है, तथा नुक़रा और सरख़ंग घोड़े एवं कपड़े तथा नरमीना बहुत बड़ी संख्या में अपने साथ लाया है।" जाजनगर के राय ने पुछवाया कि, "नगरसे दूर किस कारण पड़ाव किया है ?" उसने उत्तर भेजा कि, "मेरे साथ बहुत से व्यापारी हैं और जल तथा मैदान देखकर यहीं पड़ाव कर दिया।" जाजनगर के राय ने कहलाया कि, "मैं अमुक दिन अपने क़ाफ़िले के साथ आऊंगा, तुम उस दिन घोड़ों को तैयार रक्खो और कपड़ों को भूमि पर फैला दो ताकि उसे देखकर उसके बदले में यदि हाथी की इच्छा हो तो हाथी प्रदान करूं और यदि नक़द धन चाहते हो तो नक़द धन प्रदान करूं।" जब दूत लौट कर आया तो सुल्तान होशंग ने अपने विश्वासपात्रों को बुलवा कर उनसे वचन ले लिया कि, जो कुछ वह कहे उसके विरुद्ध वे कुछ कार्य न करें और उस दिन की प्रतीक्षा करते रहें।

(२९६) जब वह दिन आया तो जाजनगर के राय ने ४० हाथी अपने प्रस्थान करने के पूर्व इस आशय से भेज दिये कि व्यापारी प्रसन्न हो जायं और अपने आगमन की सूचना देते हुए यह संदेश भेजा कि वे अपना सामान खुला रक्खें तथा घोड़ों को तैयार रक्खें। सुल्तान होशंग ने हाथियों को वापस भेज दिया और कुछ सामान भूमि पर चुन दिया। जाजनगर का राय ५०० व्यक्तियों के साथ पहुंच कर कपड़े देखने लगा। वर्षा ऋतु के कारण काले काले मेघ उठने लगे और थोड़ी थोड़ी वर्षा होने लगी। काले मेघ तथा विद्युत के भय से हाथी भाग खड़े हुए और जो सामग्री भूमि पर चुनी हुई थी वह हाथियों के पैरों के नीचे नष्ट हो गई। उसी समय क़ाफ़िले वाले शोर-गुल करने लगे और सुल्तान होशंग व्यापारियों की भांति अपने सिर तथा दाढ़ी के बाल नोचने लगा और कहने लगा कि, "मेरी संपत्ति के नष्ट हो जाने के उपरान्त मुझे पुनः जीवन नहीं प्राप्त हो सकता।" वह अपने सैनिकों सहित घोड़ों पर जो पूर्व ही से तैयार थे सवार हुआ और उसने राजा की सेना पर आक्रमण किया। प्रथम आक्रमण ही में राजा की सेना के पांव उखड़ गये और वे लोग ठहर न सके। कुछ लोग तलवार के घाट उतार दिए गये और कुछ लोग नगर में प्रविष्ट हो गये। जाजनगर का राय जीवित बन्दी बना लिया गया।

## सुल्तान होशंग का जाजनगर से हाथी प्राप्त करना

उस समय होशंग शाह ग़ोरी ने अपना परिचय देते हुए कहा कि, "मैं हाथियों को प्राप्त करने के लिए इस प्रदेश में आया हूं।" जाजनगर के मंत्रियों तथा अमीरों ने सुल्तान की सेवा में राजदूत भेज कर कहलाया कि, "जो कुछ भी सुल्तान की इच्छा हो हमें स्वीकार है।" सुल्तान ने उत्तर भेजा कि, "मेरे आगमन का उद्देश्य छल तथा विश्वासघात न था। मैं हाथियों को क्रय करने के लिए आया था। मेरी धन संपत्ति नष्ट हो गई। राजा को मैंने गिरवी रख लिया है ताकि उसके बदले में हाथी प्राप्त करूं।" जाजनगर के वज़ीरों ने ७५ उत्तम हाथी सुल्तान होशंग की सेवा में भेजे और क्षमा-याचना की। होशंग, जाजनगर के राय को अपने साथ लेकर वापस चला गया। जब उसके राज्य की सीमा पार कर ली तो उसको तसल्ली तथा प्रोत्साहन देते हुए बिदा कर दिया। राय ने अपने नगर में पहुंच कर कुछ अन्य हाथी उसकी सेवा में भेजे।

## सुल्तान अहमद द्वारा मालवा पर आक्रमण

(२९७) मार्ग में सुल्तान होशंग को यह समाचार प्राप्त हुये कि सुल्तान अहमद ने पुनः मालवा की विलायत में प्रविष्ट होकर मन्दू के क़िले को घेर लिया है। होशंग जब खरला के क़िले के समीप पहुंचा तो उसने खरला के राय को बुलवाकर बन्दी बना लिया। खरला पर अधिकार जमा कर उसने मन्दू की ओर प्रस्थान किया। जब वह मन्दू के निकट पहुंचा तो सुल्तान अहमद ने अमीरों तथा सैनिकों

को मोर्चों से बुलवाया और उन्हें एकत्र करके युद्ध हेतु तैयार हुआ। सुल्तान होशंग तारापुर द्वार से क़िले में प्रविष्ट हुआ और उसने युद्ध न किया। सुल्तान अहमद ने जब देखा कि क़िले की विजय कठिन ही नहीं अपितु असम्भव है तो उसने क़िले को छोड़कर उस विलायत को विध्वंस करना प्रारम्भ कर दिया। उज्जैन होता हुआ सारंगपुर की ओर रवाना हुआ। सुल्तान होशंग इस संकल्प की सूचना पाकर अन्य मार्ग से सारंगपुर के क़िले में पहुंचा और सुल्तान अहमद के पास संदेश भेजा कि, "हम दोनों मुसलमान हैं और स्वयं अवगत है कि मुसलमानों का अकारण रक्तपात बड़ा ही पाप है। दोनों ओर से सेनाओं की हत्या हो रही है। अब यह उचित होगा कि आप अपनी राजधानी को चले जायं और आपके पीछे-पीछे ही पेशकश पहुंचेगी।"

सुल्तान अहमद ने संधि के विषय में निश्चिंत होकर रात्रि में सेना की रक्षा में शिथिलता तथा असावधानी करनी प्रारम्भ कर दी। सुल्तान होशंग ने अवसर पाकर १२ मुहर्रम ८२६ हि० (२६ दिसम्बर १४२२ ई०) को रात्रि में छापा मारा और बहुत से लोग उस रात्रि में मारे गये। उनमें दन्दाह, जो आजकल करी के नाम से प्रसिद्ध है, की विलायत का राय सामत ५०० राजपूतों सहित मारा गया। सुल्तान अहमद एक व्यक्ति सहित सेना के शिविर से निकला और मैदान में खड़ा हो गया। प्रातःकाल के निकट लोग उसके पास एकत्र हो गये। सुल्तान अहमद ने सुल्तान होशंग की सेना पर आक्रमण किया (२९८) और ऐसा युद्ध हुआ कि दोनों बादशाह आहत हो गये। अन्त में सुल्तान होशंग ने भाग कर सारंगपुर के क़िले में शरण ग्रहण की। जाजनगर के हाथियों में ७ हाथी सुल्तान अहमद को प्राप्त हो गये। ४ रबी-उल-अव्वल ८२६ हि० (१५ फरवरी १४२३ ई०) को सुल्तान अहमद विजय तथा सफलता प्राप्त करके गुजरात की ओर लौट गया।

## होशंग द्वारा सुल्तान अहमद पर आक्रमण

जब होशंग को यह सूचना मिली तो उसने अभिमान तथा धृष्टता के कारण सारंगपुर के क़िले से निकल कर उसका पीछा किया। सुल्तान अहमद भी लौट कर खड़ा हो गया। दोनों सेनाओं में युद्ध की अग्नि प्रज्वलित हो गई। पहले ही आक्रमण में सुल्तान होशंग ने शत्रु की सेना को पराजित कर दिया। सुल्तान अहमद यह देखकर स्वयं रणक्षेत्र में पहुंचा और उसने इस वीरता से युद्ध किया कि उसे विजय प्राप्त हो गई। होशंग भागकर पुनः सारंगपुर के क़िले में प्रविष्ट हो गया। सुल्तान अहमद गुजरात चला गया। यद्यपि सुल्तान होशंग वीरता तथा पौरुष में अद्वितीय था किन्तु युद्ध में उसे विजय न होती थी। अधिकांश युद्धों में अत्यधिक प्रयत्न के उपरान्त उसे भागना पड़ता था।

## काकरून पर सुल्तान होशंग की विजय

जब इस बात का प्रमाण मिल गया कि सुल्तान अहमद गुजरात की सीमा में पहुंच गया है तो होशंग सारंगपुर से मन्दू के क़िले में पहुंचा। उसी वर्ष उसने अपनी सेना की समस्त हानियों को ठीक किया और काकरून के क़िले की ओर प्रस्थान किया और अल्प समय में उसे अपने अधिकार में ले लिया।

## ग्वालियर पर आक्रमण

उसी वर्ष उसने ग्वालियर को विजय करने के उद्देश्य से प्रस्थान किया और निरन्तर कूच

करके क़िले को घेर लिया। एक मास तथा कुछ दिन उपरान्त ख़िज़्र ख़ां के पुत्र सुल्तान मुबारक शाह ने ब्याना के मार्ग से ग्वालियर के राय की सहायतार्थ उस (होशंग) पर चढ़ाई की। जब सुल्तान होशंग को यह समाचार प्राप्त हुये तो वह क़िले का आक्रमण त्याग कर उसके स्वागतार्थ धौलपुर की नदी के तट पर पहुंचा। कुछ दिन उपरान्त दोनो में संधि हो गई। उन्होंने निश्चय किया कि सुल्तान (२९९) होशंग ग्वालियर की विजय का विचार अपने मस्तिष्क से निकाल दे; और दोनों एक दूसरे के पास पेशकश भेज कर अपनी-अपनी राजधानी को लौट गये।

## सुल्तान अहमद शाह बहमनी द्वारा खरला पर आक्रमण

८३२ हि० (१४२८–२९ ई०) में समाचारवाहकों तथा गुप्तचरों ने यह समाचार पहुंचाये कि दकिन (दक्षिण) के वाली[1] सुल्तान अहमद शाह बहमनी ने अपनी सेना सहित पहुंच कर खरला के क़िले को घेर लिया है। जब यह समाचार होशंग शाह को प्राप्त हुये तो उसने एक बहुत बड़ी सेना एकत्र करके खरला के राय की सहायतार्थ प्रस्थान किया। सुल्तान अहमद यह समाचार पाकर खरला की विजय के विचार त्याग कर अपने राज्य की ओर रवाना हो गया। होशंग ने खरला के राय के बहकाने से तीन मंज़िलों तक उसका पीछा किया। सुल्तान अहमद ने अपने सम्मान तथा मर्यादा की रक्षा हेतु युद्ध किया। यद्यपि प्रथम आक्रमण में ही सुल्तान अहमद की सेना पराजित हो गई किन्तु सुल्तान अहमद ने एक स्थान से, जहां वह घात लगाये बैठा था, निकल कर होशंग की सेना के मध्य भाग पर आक्रमण किया और उसकी सेना छिन्न-भिन्न हो गई। सुल्तान होशंग मन्दू की ओर भाग खड़ा हुआ। सुल्तान होशंग के अंतःपुर की स्त्रियां सुल्तान अहमद को प्राप्त हो गईं। सुल्तान अहमद ने उनको सम्मानपूर्वक मन्दू भेज दिया और ५०० अश्वारोही उनके साथ कर दिये। यह विवरण दक्षिण के सुल्तानों के इतिहास में विस्तार से दिया गया है।

## कालपी की विजय

८३५ हि० (१४३१–३२ ई०) में सुल्तान होशंग ने मन्दू से कालपी को विजय करने के लिए प्रस्थान किया। जब वह कालपी के निकट पहुंचा तो उसे ज्ञात हुआ कि सुल्तान इबराहीम शर्क़ी बहुत बड़ी सेना लिये हुए जौनपुर से कालपी को विजय करने के उद्देश्य से आ रहा है। सुल्तान होशंग ने सुल्तान इबराहीम को हटाना कालपी की विजय से सर्वोपरि समझा और उससे युद्ध करने लगा। जब दोनों सेनायें एक दूसरे के निकट पहुंचीं और युद्ध का कार्य आज कल पर टलने लगा तो इसी बीच में सुल्तान इबराहीम को समाचार प्राप्त हुये कि, "सुल्तान मुबारक शाह, देहली का सुल्तान, अवसर पाकर जौनपुर की ओर प्रस्थान कर रहा है।" सुल्तान इबराहीम विवश होकर जौनपुर की ओर रवाना हुआ और होशंग ने बिना किसी युद्ध के कालपी पर अधिकार जमा लिया और अपने (३००) नाम का ख़ुत्बा[2] पढ़वा दिया। वहां कुछ दिन ठहर कर कालपी के पिछले शासक क़ादिर ख़ां को अपना अनुगृहीत बनाकर मालवा की ओर प्रस्थान किया।

१ शासक, प्रान्त का हाकिम।

२ एक राज्य में दो बादशाहों का ख़ुत्बा नहीं पढ़ा जा सकता। स्वतन्त्र राज्य की स्थापना की घोषणा ख़ुत्बे द्वारा होती थी।

## शाहज़ादा उस्मान ख़ां की उद्दंडता

मार्ग में उसे थानेदारों के प्रार्थना-पत्र इस आशय के प्राप्त हुये कि "विद्रोही, जालना[1] पर्वत की ओर से इस विलायत में प्रविष्ट हो गये हैं और कुछ स्थानों तथा ग्रामों को लूट कर भीम नामक हौज़ में शरण ले रखी है।" भीम हौज़ का विवरण इस प्रकार है: "प्राचीन काल में भीम ने पर्वतों के मध्य में जो मार्ग स्थित था उसके पत्थरों को कटवा कर एक बन्द बँधवाया। उसकी लम्बाई और चौड़ाई इतनी अधिक है कि दूसरी ओर दृष्टि नहीं जा सकती। उसकी गहराई का पता नहीं चलता।" कुछ दिन उपरान्त, मार्ग में, शाहज़ादा उस्मान ख़ां ने अपने बड़े भाई शाहज़ादा ग़ज़नी ख़ां के शिविर के निकट एक सवार भेजा। वह उसी प्रकार घोड़े पर सवार अपशब्द तथा कठोर बातें बकता जाता था। पर्दादारों तथा ख़्वाजासराओं ने उसे बहुत रोका किन्तु वह न रुका। अंत में ख़्वाजासराओं ने पत्थर मारकर उसे सरापर्दे के निकट से भगा दिया। शाहज़ादा उस्मान ख़ां ने अपने आदमियों की सहायतार्थ पहुंच कर ख़्वाजासराओं को मारा पीटा और शिविर से पृथक् हो गया। अल्पदर्शी अमीरों को झूठे वचन देकर अपनी ओर मिला लिया और षड्यन्त्र रचने लगा; जब सुल्तान होशंग को यह समाचार प्राप्त हुये तो वह बड़ा क्रोधित हुआ और उसने मलिक मुग़ीस ख़ाने जहां से परामर्श किया। मलिक मुग़ीस ने निवेदन किया कि, "शाहज़ादे ने यह हरकत पुनः की है और उसे इससे पूर्व क्षमा किया जा चुका है। इस बार भी उसे क्षमा कर दिया जाय ताकि शाहज़ादा उपस्थित होकर आपसे मिले।" सुल्तान होशंग इस आशय से उपेक्षा करने लगा कि शाहज़ादा उस्मान ख़ां आकर शिविर में प्रविष्ट हो जाय।

## शाहज़ादा उस्मान ख़ां तथा उसके भाइयों का बन्दी बनाया जाना

(३०१) जब सुल्तान होशंग ने उज्जैन क़स्बे के निवासियों के ऊपर अपनी कृपादृष्टि की छाया डाली[2] तो उसने एक दिन दरबारे आम किया और उस्मान ख़ां शाहज़ादे को उसके दोनों भाइयों फ़तह ख़ां तथा हैबत ख़ां सहित उपस्थित करके दण्ड देने के स्थान पर रखा और उन्हें मौखिक चेतावनी देकर तीनों को वकीलों को सौंप दिया। कुछ दिन उपरान्त उसने मलिक मुग़ीस को आदेश दिया कि तीनों को बन्दी बनाकर अपने साथ मन्दू के क़िले में ले जाय और उन्हें बन्दीगृह में डाल दे। उसने स्वयं जातिया पर्वत के विद्रोहियों को दण्ड देने के लिये प्रस्थान किया और निरन्तर यात्रा करके वहाँ पहुंचा तथा हौज़े भीम के बन्द को तोड़ डाला। वहां से वह शीघ्रातिशीघ्र यात्रा करके उस स्थान पर पहुंचा और विद्रोहियों से बदला ले लिया। जातिया के पर्वत का राजा पैदल भाग कर जंगल में छिप गया। उसके परिवार वाले बन्दी बना लिये गये तथा नगर को नष्ट कर दिया गया। उन्हें असंख्य ब्रन्दी प्राप्त हुए। वहां से विजय तथा सफलता प्राप्त करके वे होशंगाबाद के क़िले में पहुंचे और वर्षा ॠतु वहीं व्यतीत की।

## मुकुट के मणि की घटना

एक दिन वह शिकार के लिए निकला हुआ था। मार्ग में उसके मुकुट का बदख़शां का

१ प्रकाशित ग्रन्थ में 'जातिया' है।
२ जब वह उज्जैन पहुंचा।

एक मणि गिर पड़ा। तीसरे दिन एक प्यादे ने उसे प्रस्तुत किया और उसे सोने के ५०० तन्के इनाम में प्रदान किये गये। उसने इस अवसर पर एक कहानी बताई कि एक दिन सुल्तान फ़ीरोज़ के मुकुट का मणि पृथक् होकर गिर गया। एक प्यादे ने आकर उसे प्रस्तुत किया। सुल्तान फ़ीरोज़ शाह ने ५०० तन्के प्रदान किये और कहा कि, "यह मेरे भाग्य के सूर्य अस्त होने का चिह्न है।" कुछ दिन उपरान्त उसकी मृत्यु हो गई। मैं भी समझता हूं कि मेरा अंतिम काल आ गया है। उपस्थितगण ने उसके लिए शुभ कामना करते हुए कहा कि, "जिस दिन सुल्तान ने यह बात कही थी उसकी अवस्था ९० वर्ष की हो चुकी थी। अभी सुल्तान युवावस्था में हैं।" होशंग ने कहा कि, "मनुष्य की निश्चित अवस्था (३०२) में कोई वृद्धि अथवा कमी नहीं हो सकती।" कुछ दिन उपरान्त होशंग को मूत्र का एक रोग[1] हो गया।

## सुल्तान का ग़ज़नी खां को उत्तराधिकारी बनाना

सुल्तान होशंग ने अपना मृत्यु-काल निकट देखकर होशंगाबाद से मन्दू की ओर प्रस्थान किया। एक दिन उसने दरबारे आम करके अमीरों, विश्वासपात्रों तथा सेनानायकों की उपस्थिति में राज्य की अँगूठी अपने पुत्र ग़ज़नी खां को देकर उसे अपना उत्तराधिकारी बना दिया। उसका हाथ पकड़ कर महमूद खां के हाथ में दिया। महमूद खां ने अभिवादन करके कहा कि, "जब तक मैं जीवित हूं उस समय तक सेवा तथा प्राण न्योछावर करने में कोई कमी न करूंगा।" उसने अपने अमीरों को परामर्श दिया कि राज्य को पारस्परिक विरोध से हानि न पहुंचायें।

जब उसने यह समझ लिया कि महमूद खां का यह विचार है कि राज्य उसे प्राप्त हो तो उसने उसे अत्यधिक परामर्श तथा शिक्षा दी और उसे अपनी कृपाओं तथा आश्रय की स्मृति दिलाई और कहा कि, "सुल्तान अहमद गुजराती बड़ा ही शक्तिशाली बादशाह है। वह सर्वदा मालवा को विजय करने का संकल्प किया करता है और समय की प्रतीक्षा करता रहता है। यदि राज्यव्यवस्था तथा शासन-प्रबन्ध एवं सैनिकों की देखभाल में शाहज़ादे की ओर से किसी प्रकार की असावधानी प्रदर्शित की जायगी तो वह इस विलायत (राज्य) को विजय करने का संकल्प कर लेगा और तुम लोगों की सेना छिन्न-भिन्न हो जायेगी।"

## शाहज़ादे का महमूद खां से शपथ लेना

दूसरे पड़ाव पर शाहज़ादा ग़ज़नी खां ने मलिक महमूद को, जिसकी उपाधि उम्दतुलमुल्क थी, महमूद खां की सेवा में भेजा और यह संदेश प्रेषित किया कि, "यदि वज़ीर बैअत[2] के बन्धन शपथ द्वारा दृढ़ बना दे तो मैं निश्चिन्त हो जाऊंगा।" महमूद खां ने शाहज़ादे की प्रार्थना स्वीकर कर ली और शपथ द्वारा अपनी प्रतिज्ञा को दृढ़ बना दिया।

## अमीरों द्वारा शाहज़ादा उस्मान खां को जागीर दिलाने का प्रयत्न

(३०३) कुछ अमीरों ने जो शाहज़ादा उस्मान को पसन्द करते थे सुल्तान की सेवा में ख़्वाजा नसरुल्लाह दबीर[3] द्वारा प्रार्थना कराई कि, "शाहज़ादा उस्मान खां भी युवक तथा योग्य पुत्र

१ सलसल बोल।
२ अधीनता स्वीकार करने की शपथ।
३ दबीर, दीवाने इन्शा से सम्बन्धित होते थे। वे शाही पत्र, विजय-पत्र आदि लिखा करते थे।

है। यदि उसे बन्दीगृह से मुक्त करके मालवा प्रदेश का थोड़ा-सा भाग जागीर में प्रदान कर दिया जाय तो यह उचित होगा।" सुल्तान होशंग ने कहा कि, "यह बात मेरे हृदय में भी थी किन्तु यदि हम उस्मान ख़ां को मुक्त कर देंगे तो राज्य-व्यवस्था में विघ्न पड़ जायगा और राज्य में उपद्रव तथा अशांति उत्पन्न हो जायेगी।" ग़ज़नी ख़ां ने जब यह बात सुनी कि कुछ अमीर उस्मान ख़ां को मुक्त कराने का प्रयत्न कर रहे हैं तो उसने मलिक महमूद उम्दतुलमुल्क को पुनः महमूद ख़ां की सेवा में भेजकर यह संदेश प्रेषित किया कि, "दोनों एक दूसरे के समक्ष भव्य राज्य-भवन के सामने अपनी प्रतिज्ञा को शपथ द्वारा दृढ़ बनायें।" महमूद ख़ां मार्ग में शाहज़ादे से मिला और उसने पुनः शपथ ली कि "जब तक मेरे प्राण शेष हैं, मैं शाहज़ादे से पृथक् न होऊंगा।"

## उस्मान ख़ां द्वारा महमूद ख़ां को मिलाने का प्रयत्न

जब अमीरों को यह ज्ञात हुआ तो उन्होंने मलिक उस्मान जलाल को, जोकि बड़ा प्रतिष्ठित अमीर था, तथा दो विश्वस्त सरदार, मलिक मुबारक ग़ाज़ी सहित, महमूद ख़ां की सेवा में भेजे। संयोग से मलिक महमूद उम्दतुलमुल्क, महमूद ख़ां की सेवा में उपस्थित था कि मलिक मुबारक ग़ाज़ी तथा उन दो अमीरों की शुभ कामनायें प्राप्त हुई[1]। महमूद ख़ां, मलिक महमूद उम्दतुलमुल्क को शिविर में छोड़ कर स्वयं बाहर निकला और शिविर के द्वार पर बैठ गया ताकि जो वार्तालाप हो उसे मलिक महमूद उम्दतुलमुल्क सुन ले[2]। जब मलिक मुबारक ग़ाज़ी अपने दोनों मित्रों सहित उपस्थित हुआ और उसने मलिक उस्मान जलाल तथा शाहज़ादा उस्मान ख़ां की शुभकामनायें उस तक पहुंचा कर कहा कि, "मलिक उस्मान ने यह निवेदन कराया है कि जब से राज्य तथा विज़ारत का कार्य प्रारम्भ हुआ उस समय से अब तक आपके समान कोई वज़ीर नहीं हुआ है, किन्तु आश्चर्य है कि उसके होते हुए, जो दान-पुण्य, वीरता, न्याय तथा प्रजा को आश्रय प्रदान करने के गुणों से सुशोभित है, आपने किस प्रकार यह प्रस्ताव (३०४) रखा है कि ग़ज़नी ख़ां उत्तराधिकारी नियुक्त हो। इसके अतिरिक्त उस्मान ख़ां मलिकुश्शर्क़ का जामाता है। उसके पुत्र मलिकुश्शर्क़ के पुत्र होते हैं। यदि सुल्तान निर्बल न हो गया होता और उसकी शक्ति में विघ्न न पड़ गया होता तो वह कदापि ऐसे कार्य की अनुमति न देता। समस्त ख़ान तथा अमीर इस बात की प्रार्थना करते हैं कि उस्मान ख़ां के प्रति कृपा-दृष्टि प्रदर्शित करते हुए आप उसको आश्रय प्रदान करना न त्यागें। यदि राज्य के कार्य उस्मान ख़ां को प्रदान हो जायेंगे तो राज्य में पुनः रौनक़ उत्पन्न हो जायेगी।" महमूद ख़ां ने उत्तर दिया कि, "दास का कर्त्तव्य दासता प्रदर्शित करना है। स्वामित्व का कार्य सुल्तान का है। मैंने अपनी सेवा के समय कभी कोई व्यर्थ का कार्य नहीं किया है।"

मलिक मुबारक ग़ाज़ी जब बिदा हुआ तो उसने मलिक महमूद उम्दतुलमुल्क को बुलवा कर उससे कहा कि, "जाकर शाहज़ादे से जो बातें हुई हैं उससे कह दे।" मलिक महमूद ने ग़ज़नी ख़ां के पास पहुंच कर जो बात हुई थी सुना दी। शाहज़ादा महमूद ख़ां की ओर से निश्चिन्त तथा प्रसन्न हो गया।

१ 'आगमन के समाचार पहुँचे'।
२ मूल पोथी के अनुसार 'न सुन पाये' किन्तु एक पोथी में 'सुन ले' है।

## उस्मान ख़ां को बादशाह बनाने का प्रयत्न

जब अमीर लोग सुल्तान होशंग के जीवन से निराश हो गये तो ज़फ़र, जो मलिक उस्मान जलाल के आगे-आगे चलता था, इस उद्देश्य से सुल्तान होशंग के शिविर से भाग गया कि वह शाहज़ादा उस्मान ख़ां के रक्षकों को अपनी ओर मिला कर शाहज़ादे को भगा दे। जब महमूद ख़ां को यह समाचार प्राप्त हुये तो उसने तत्काल शाहज़ादा ग़ज़नी ख़ां को इसकी सूचना दे दी ताकि वह इसकी रोक-थाम कर सके। शाहज़ादे ने मलिक बरख़ुरदार, मलिक हसन तथा शेख़ मलिक को ज़फ़र को बन्दी बनाने के लिए नियुक्त किया। मलिक बरख़ुरदार तथा मलिक हसन ने उत्तम प्रकार के घोड़ों की प्रार्थना की। उसने शाही अश्वशाला से ५० घोड़े प्रदान करने का आदेश दे दिया। मीर आख़ुर[1] ने जो शाहज़ादा उस्मान ख़ां का हितैषी था कहा कि, "जब तक सुल्तान जीवित है उसके आदेश के बिना एक घोड़ा भी (३०५) न दूंगा" और उसने जाकर सुल्तान के एक विश्वासपात्र ख़्वाजासरा से, जो उस्मान ख़ां का हितैषी था, यह बात कह दी। अभागे ख़्वाज़ा ने इस बात के विषय में यह समझ कर कि इससे सुल्तान अत्यन्त रुष्ट तथा क्रोधित होगा, मीर आख़ुर को सिखा दिया कि, "सुल्तान जिस स्थान पर विश्राम कर रहा है वहां तू (जाकर) यह बात इस आशय से उच्च स्वर में सुना दे कि सुल्तान के कानों तक पहुंच जाय और उसकी समझ में आ जाय कि, मैं अभी जीवित हूं और ग़ज़नी ख़ां मेरी धन-संपत्ति में हस्तक्षेप कर रहा है।" जब मीर आख़ुर ने (सुल्तान के समीप) पहुंच कर यह बात उच्च स्वर में कही, तब सुल्तान ने असावधानी की अवस्था में कुछ सावधान होकर कहा कि, "मेरा निषंग कहां है", और अमीरों को बुलवाया।

## ग़ज़नी ख़ां की शंकायें तथा शाही शिविर से चला जाना

अमीर लोग, इस भय से कि संभव है कि सुल्तान की मृत्यु हो गई हो और ग़ज़नी ख़ां इस बहाने से हमें बन्दी बनाकर नष्ट करना चाहता हो, सुल्तान की सेवा में न गये, केवल महमूद ख़ां पहुंचा। जब यह समाचार ग़ज़नी ख़ां को प्राप्त हुये तो वह आतंकित होकर सेना से ३ पड़ाव की दूरी पर काकरून को भाग गया। मलिक महमूद उम्दतुलमुल्क को महमूद ख़ां की सेवा में भेज कर संदेश प्रेषित किया कि, "समस्त अमीर संगठित होकर उस्मान ख़ां को राज्य प्रदान करना चाहते हैं। मेरा आपके अतिरिक्त कोई हितैषी नहीं है। सुल्तान के निषंग मँगवाने से मुझे यह भय होता है कि संभव है कि मन्दू पहुंचने के उपरान्त मुझे भी वह बन्दी बनाकर मेरे भाइयों के साथ सम्मिलित कर दे।" महमूद ख़ां ने उत्तर भेजा कि, "सुल्तान की इच्छा के विरुद्ध आपने कदापि कोई कार्य नहीं किया है। घोड़े दिलवाने के विषय में मैं उचित अवसर पर निवेदन कर दूंगा।" ग़ज़नी ख़ां ने मलिक महमूद उम्दतुलमुल्क को पुनः भेजा और कहलाया कि, "यद्यपि वज़ीर मेरा हाथ पकड़ चुका है किन्तु मैं समझता हूं कि ख़्वाजासराओं ने मेरे विषय में कुछ अनुचित बातें सुल्तान तक पहुंचाई हैं। इस कारण मैं आतंकित हूं।" महमूद ख़ां ने उत्तर भेजा कि, "कोई बात नहीं है। आप शीघ्र शाही शिविर में पहुंच जायं, कारण कि समय बहुत कम है और सूर्य अस्त होने वाला है।" मलिक महमूद उम्दतुलमुल्क के समक्ष उसने एक पत्र लिख कर (३०६) मलिक मुग़ीस के पास भेजा, जिसमें यह लिखा कि, "सुल्तान ने ग़ज़नी ख़ां को अपना उत्तरा-

१ घोड़ों एवं अश्वशाला की देख-रेख करने वाला अधिकारी। वह आख़ुरबक अथवा आख़ुर बेग भी कहलाता था।

धिकारी बनाया है। सुल्तान की इस समय बड़ी शोचनीय दशा है और उनके निकटवर्तियों को उनके जीवन की कोई आशा नहीं है। ऐसी अवस्था में शाहज़ादा उस्मान ख़ां की रक्षा का प्रयत्न किया जाय।"

## ग़ज़नी ख़ां का शाही शिविर में पहुंचना

जब मलिक महमूद ने ग़ज़नी ख़ां की सेवा में पहुंच कर संदेश प्रस्तुत किया और जो कुछ पत्र में लिखा गया था उसकी उससे चर्चा की तो ग़ज़नी ख़ां प्रसन्न होकर शाही शिविर में पहुंचा। मलिक आंछा आरिज़े ममालिक तथा उस्मान ख़ां के हितैषी ख़्वाजासराओं ने जब यह देखा कि सुल्तान की कुछ ही साँसें शेष हैं तो उन्होंने यह निश्चय किया कि प्रातःकाल अमीरों तथा महमूद ख़ां को सूचना दिये बिना सुल्तान को पालकी में रखकर शीघ्रातिशीघ्र मन्दू पहुंच जायं और शाहज़ादा उस्मान ख़ां को बन्दीगृह से मुक्त करके सिंहासनारूढ़ कर दें। महमूद ख़ां ने उनकी योजना की सूचना पाने के उपरान्त होशंग की मृत्यु से अवगत होकर उसी स्थान पर पालकी को रोक देने का आदेश दिया। ग़ज़नी ख़ां, महमूद ख़ां के कहने से, शाही बारगाह[1] लगवा कर सुल्तान के कफ़न-दफ़न की व्यवस्था करने लगा। अमीर लोग छिन्न-भिन्न होकर छिप गये।

सुल्तान को पहना लेने के उपरान्त महमूद ख़ां ने बाहर निकल कर उच्च स्वर में कहा कि, "सुल्तान होशंग शाह की मृत्यु हो गई और उसने अपने योग्य पुत्र ग़ज़नी ख़ां को अपना उत्तराधिकारी नियुक्त किया है। जो कोई हमारा साथ देना चाहता हो वह बैअत[2] कर ले और जो कोई विरोधी हो वह सेना से पृथक् होकर अपना प्रबन्ध करे।" महमूद ख़ां ने ग़ज़नी ख़ां के हाथों का चुम्बन करके बैअत की और बहुत रोया। उस अवसर पर प्रत्येक अमीर ग़ज़नी ख़ां के चरणों का चुम्बन करता था और ज़ोर-ज़ोर से रोता जाता था। जब अमीरों तथा समकालीन सम्मानित व्यक्तियों की बैअत द्वारा ग़ज़नी ख़ां के राज्य को पुष्टि प्राप्त हो गई तो सुल्तान होशंग की लाश को लेकर वे लोग मदरसे की ओर रवाना हुए और ९ ज़िलहिज्जा को मिट्टी के सिपुर्द कर दिया।

(३०७) होशंग शाह के राजभवन में बहुत बड़ा दरबार हुआ और मलिक मुग़ीस ख़ाने जहां तथा समस्त अमीरों ने बैअत करके न्योछावर प्रस्तुत किये।

सुल्तान होशंग ने ३० वर्ष तक राज्य किया। "आह शाह होशंग नमांद" वाक्य से उसकी मृत्यु की तिथि का पता चलता है।

# मुहम्मद शाह बिन होशंग शाह ग़ोरी

होशंग शाह की मृत्यु के उपरान्त ११ ज़िलहिज्जा ८३८ हि० (८ जुलाई १४३५ ई०) को मलिक मुग़ीस तथा महमूद ख़ां के प्रयत्न से अमीरों ने विवश होकर ग़ज़नी ख़ां से, जो सुल्तान होशंग का उत्तराधिकारी घोषित हुआ था, पुनः बैअत की; प्रत्येक अमीर को उपाधि तथा ख़िलअत देकर सम्मानित किया गया और उन्हें प्रोत्साहन प्रदान किया गया। मालवा के प्रतिष्ठित तथा सम्मानित व्यक्तियों को इनाम तथा वृत्ति देकर सम्मानित किया गया।

१ बादशाही शिविर जिसमें दरबार तथा अन्य बड़े-बड़े समारोहों का आयोजन होता था।
२ अधीनता की शपथ ले ले।

## राज्य की सुव्यवस्था

मन्दू का नाम शादियाबाद रखा गया और ग़ज़नी खां के नाम का खुत्बा तथा सिक्का चलाया गया। उसकी उपाधि सुल्तान मुहम्मद शाह निश्चित हुई। जिस किसी को जिस स्थान पर जागीर तथा वृत्ति प्राप्त थी उसकी पुष्टि की गई। यद्यपि अमीर उसके राज्य से सहमत न थे किन्तु मलिक मुग़ीस तथा महमूद खां की योग्यता तथा सुव्यवस्था के कारण राज्य के कार्यों को शोभा प्राप्त हो गई और सर्वसाधारण उसको चाहने लगे। उसका प्रेम लोगों के हृदय पर आरूढ़ हो गया। मलिक मुग़ीस को मसनदे आली खाने जहां की उपाधि देकर पूर्व की भांति विज़ारत का कार्य उसी के अधिकार में रहने दिया गया।

## सुल्तान के अत्याचार तथा विद्रोह

जब कुछ दिन उपरान्त उसने अपने भाइयों की अकारण हत्या करा दी और अपने भतीजे तथा जामाता निज़ाम खां और उसके तीनों पुत्रों की आंखों में सलाई फिरवा दी[1] तो लोगों के हृदय में (३०८) उसके प्रति प्रेम के स्थान पर शत्रुता उत्पन्न हो गयी। भाइयों की हत्या उसके लिए शुभ न हुई। अल्प समय ही में राज्य उसके वंश से निकल गया और राज्य में अव्यवस्था उत्पन्न हो गई। लोगों ने उपद्रव तथा अशांति की पताका बलन्द कर दी।

## हाड़ूती में विद्रोह

हाड़ूती नामक राज्य के समस्त राजपूतों ने आज्ञाकारिता त्याग कर उसके राज्य के थोड़े से भाग को नष्ट कर डाला। जब यह सूचना सुल्तान मुहम्मद शाह को प्राप्त हुई तो उसने ख़ाने जहां को १५ रबी-उल-अव्वल ८३९ हि० (८ अक्तूबर १४३५ ई०) को उन लोगों को दण्ड देने के लिए नियुक्त किया और दो हाथी तथा विशेष ख़िलअत प्रदान करके उसे बिदा किया।

## सुल्तान की विलासिता तथा महमूद खां की हत्या का प्रयत्न

राज्य तथा सेना की व्यवस्था को त्याग कर वह सर्वदा मदिरापान में ग्रस्त रहने लगा। एक दिन प्राचीन अभागे लोगों के समूह ने उसकी स्त्रियों में से एक के द्वारा यह संदेश भेजा कि, "महमूद खां के हृदय में राज्य का लोभ उत्पन्न हो गया है और वह इस बात का प्रयत्न कर रहा है कि सुल्तान को बीच से हटा कर स्वयं सिंहासनारूढ़ हो जाये।" सुल्तान मुहम्मद ने उन लोगों से मिलकर यह निश्चय किया कि महमूद खां के इस कुविचार को कार्यान्वित होने के पूर्व उसे बीच से हटा देना चाहिये। जब महमूद खां को यह सूचना प्राप्त हुई तो उसने कहा कि, "ईश्वर को धन्य है कि हमारी ओर से वचन का खण्डन न हुआ", और वह अपने कार्य की व्यवस्था करने लगा और सर्वदा सेना की तैयारी करने लगा। सावधानी की दृष्टि से वह सुल्तान मुहम्मद की सेवा में आता-जाता रहता था। जब सुल्तान, महमूद ख़ां की सावधानी को देखता तो उससे वह और अधिक आतंकित होता।

## महमूद खां द्वारा अपनी सफ़ाई

(३०९) एक दिन वह महमूद खां का हाथ पकड़ कर अपने अन्तःपुर में ले गया और अपनी पत्नी

१ अंधा बनवा दिया।

को जो महमूद ख़ां की बहिन थी उपस्थित करके कहा कि, "मुझे आशा है कि तू मेरे प्राणों को कोई हानि न पहुंचायेगा। राज्य बिना किसी विरोध के तुझे प्रदान किया जाता है।" महमूद ख़ां ने कहा कि, "क्या आपके हृदय से प्रतिज्ञा तथा शपथ निकल गई है जो इस प्रकार की बातें कर रहे हैं? यदि किसी विरोधी ने कोई अनुचित बात कही होगी तो वह अन्त में लज्जित होगा। यदि सुल्तान के हृदय में मेरी ओर से कोई भय है तो मैं इस समय अकेला हूं और सुल्तान को कोई बात रोक नहीं सकती[1]।" सुल्तान मुहम्मद ने क्षमा-याचना की और दोनों नम्रतापूर्वक चाटुकारी की बातें करने लगे, किन्तु सुल्तान शंकित हो चुका था अतः वह प्रत्येक समय ऐसी बातें करता था जिससे अविश्वास दृष्टिगत होता था।

## सुल्तान मुहम्मद की हत्या

महमूद ख़ां ने अपने उद्देश्य की पूर्ति हेतु अत्यधिक प्रयत्न करना प्रारम्भ कर दिया और सुल्तान मुहम्मद के मदिरा पिलाने वाले को अपार धन-सम्पत्ति देकर उसकी मदिरा में विष मिलवा दिया और उसकी हत्या करा दी।

## अमीरों द्वारा शाहज़ादा मसऊद ख़ां को सिंहासनारूढ़ करना तथा महमूद ख़ां का विरोध

(३१०) जब अमीरों को यह पता चला तो ख़्वाजा नसरुल्लाह दैरम्बानी, मलिक मुशीरुलमुल्क, लतीफ़ ज़करिया तथा कुछ सरदारों ने मिलकर शाहज़ादा मसऊद ख़ां को जिसकी अवस्था १३ वर्ष की थी अन्तःपुर से बाहर निकाल कर सिंहासनारूढ़ कर दिया और निश्चय किया कि जिस प्रकार संभव हो महमूद ख़ां को पृथक् कर दिया जाय। उन्होंने मलिक बायज़ीद शेख़ा को महमूद ख़ां के पास भेजकर यह संदेश प्रेषित किया कि, "सुल्तान मुहम्मद शाह ने तुम्हें शीघ्रातिशीघ्र उपस्थित होने का आदेश दिया है। वह गुजरात दूत भेजना चाहता है।" महमूद ख़ां सुल्तान की मृत्यु से अवगत था। उसने उत्तर भेजा कि, "मैंने स्वयं विज़ारत का कार्य त्याग दिया और मेरी इच्छा है कि मैं अपना शेष जीवन-काल सुल्तान होशंग शाह के मज़ार पर झाड़ू लगाकर व्यतीत करूं, किन्तु इस कारण कि मेरा पालन-पोषण सुल्तान होशंग शाह द्वारा हुआ है अतः यदि अमीर लोग मेरे निवास स्थान पर पधार कर परामर्श गोष्ठी में समस्त बातें जिन पर मतभेद है प्रस्तुत करें तो जो कुछ भी निश्चय होगा उसी के अनुसार कार्य किया जायेगा।"

मलिक बायज़ीद शेख़ा ने अमीरों को सूचना दी कि, "महमूद ख़ां को अभी सुल्तान मुहम्मद की मृत्यु के विषय में पता नहीं। यदि सब लोग उसके निवास-स्थान पर चले चलेंगे तो वह सब के साथ राज-भवन में चला आयेगा। उस समय उसकी व्यवस्था कर ली जायेगी।" अमीर लोग बायज़ीद शेख़ा के कहने से महमूद ख़ां की सेवा में पहुंचे। वह अपने आदमियों को एक गुप्त स्थान पर छिपाये हुए था। जब अमीर लोग उपस्थित हुए तो उसने पूछा कि, "सुल्तान सावधान हो गया है अथवा अभी मस्त है?" अमीर लोग समझ गये कि उसका क्या उद्देश्य है। क्षण भर बाद उसके आदमी कोठरियों से निकल कर अमीरों पर टूट पड़े और सभी को बन्दी बना कर सेवकों के सिपुर्द कर दिया। जब यह समाचार राजभवन में पहुंचा तो शेष अमीरों ने, जो मसऊद ख़ां के पास थे, अपनी सेना एकत्र की और शाही सेना को तैयार करके सुल्तान होशंग की क़ब्र से चत्र लाकर मसऊद ख़ां के सिर पर लगा दिया।

१ 'सुल्तान मेरी हत्या कर सकता है'।

### महमूद ख़ां का दौलतख़ाने में पहुंचना तथा अमीरों का पलायन

(३११) महमूद ख़ां यह समाचार पाकर सवार हुआ और दौलतख़ाने[1] की ओर रवाना हुआ ताकि दोनों शाहज़ादों को बन्दी बनाकर अपना कार्य पूरा करे। जब वह दौलतख़ाने के निकट पहुंचा तो दोनों पक्षों ने बाण तथा भाले अपने हाथ में ले लिये। रात भर युद्ध होता रहा। प्रातःकाल उमर ख़ां शाहज़ादा क़िले के नीचे उतरा और भाग खड़ा हुआ। मसऊद ख़ां ने शेख़ जायल्दा के पास, जो अपने समय के वहुत बड़े सूफ़ी थे, शरण ली। शेष अमीर भाग कर अपनी रक्षा हेतु छिप गये। महमूद ख़ां प्रातःकाल तक सशस्त्र दौलतख़ाने के समक्ष खड़ा रहा। प्रातःकाल महमूद ख़ां को समाचार प्राप्त हुए कि दौलतख़ाना ख़ाली है और विरोधी इधर-उधर छिप गये हैं।

### ख़ाने जहाँ से महमूद ख़ां का राज्य के विषय में परामर्श करना

महमूद ख़ां दौलतख़ाने में प्रविष्ट हुआ और एक तेज़ दूत अपने पिता ख़ाने जहां को बुलवाने के लिए भेजा। ख़ाने जहां शीघ्रातिशीघ्र पहुंचा। महमूद ख़ां ने अमीरों तथा मलिकों को उपस्थित किया और ख़ाने जहां के पास संदेश भेजा कि, "राज्य में बादशाह का होना परमावश्यक है। यदि राजसिंहासन बादशाह के अस्तित्व से रिक्त हो तो ऐसे उपद्रव उठ खड़े होने का भय है जिनका उपचार न हो सकेगा। मालवा का राज्य विस्तृत हो चुका है। विद्रोही तथा विरोधी अभी असावधान हैं और आस-पास के सुल्तानों को यह समाचार प्राप्त नहीं हुए हैं अन्यथा वे इस राज्य पर आक्रमण कर देते।" ख़ाने जहां ने उत्तर भेजा कि, "बादशाही के लिए, जो नबियों[2] के पद के समान है, उच्च वंश से सम्बन्धित होना, अत्यधिक दान-पुण्य, वीरता, न्याय तथा बुद्धिमत्ता परमावश्यक है ताकि राज्य को उन्नति प्राप्त हो। ईश्वर को (३१२) धन्य है कि जो गुण सुल्तान में होने चाहिये वह हे पुत्र तुझमें विद्यमान हैं। तू शुभ मुहूर्त में सिंहासनारूढ़ हो जा।" जब दूत यह उत्तर लाया तो समस्त अमीरों तथा प्रतिष्ठित लोगों ने इस परामर्श की बड़ी प्रशंसा की। ज्योतिषियों को शुभ मुहूर्त के विषय में निर्णय करने का आदेश हुआ और समस्त अमीरों, राज्य के गण्यमान व्यक्तियों तथा नगर के प्रतिष्ठित लोगों ने उसके हाथों का चुम्वन करके उसे राज्य की बधाई दी।

सुल्तान मुहम्मद ने एक वर्ष तथा कुछ महीनों तक राज्य किया।

## सुल्तान महमूद ख़लजी

### नई नियुक्तियाँ

सोमवार २९ शव्वाल ८३९ हि० (१६ मई १४३६ ई०) को सुल्तान महमूद ख़लजी सिंहासनारूढ़ हुआ। उस समय उसकी अवस्था ३४ वर्ष की थी। समस्त मालवा प्रदेश में उसके नाम का ख़ुत्बा तथा सिक्का चालू हो गया। उसने समस्त अमीरों को नाना प्रकार की कृपाओं द्वारा प्रसन्न कर लिया और प्रत्येक की आय तथा श्रेणी में वृद्धि कर दी। कुछ लोगों को चुन कर उन्हें उपाधियां प्रदान कीं। मुशीरुलमुल्क को निज़ामुलमुल्क की उपाधि प्रदान की और उसे वज़ीर नियुक्त कर दिया। मलिक बरख़ुरदार को ताज ख़ां की उपाधि दी और आरिज़े ममालिक का पद उसे सौंप दिया। ख़ाने जहां को

१ राज-प्रासाद।
२ ईश्वर के दूत, पैग़म्बर।

आज़म हुमायूँ की उपाधि देकर चत्र[1] तथा सफ़ेद निषंग जो विशेष रूप से सुल्तानों को प्राप्त होता था प्रदान कर दिया और यह निश्चय किया कि आज़म हुमायूँ के नक़ीब[2] तथा यसावल[3] सोने और चांदी के डण्डे अपने हाथों में रक्खें। आज़म हुमायूँ के सवार होने तथा उतरने के समय उच्च स्वर में "बिस्मिल्लाहिर्रह्मानिर्रहीम"[4] कहें जो उस काल में विशेष रूप से सुल्तानों के लिए कहा जाता था।

## विद्या को आश्रय प्रदान होना

(३१३) जब राज्य उसे प्राप्त हो गया तो उसने विद्वानों तथा आलिमों को आश्रय देना प्रारम्भ कर दिया। जिस किसी स्थान पर भी वह किसी योग्य व्यक्ति के विषय में सुन पाता तो वह उसे धन देकर अपने पास बुला लेता था। उसने अपनी विलायत में कई स्थानों पर मदरसों का निर्माण करवाया और आलिमों तथा विद्यार्थियों के लिए वृत्ति निश्चित की और लोगों को विद्याध्ययन के योग्य बनाया। उसके राज्यकाल में शीराज़ तथा समरक़न्द को भी मालवा प्रदेश पर ईर्ष्या होती थी।

## सुल्तान के विरुद्ध षड्यंत्र

जब राज्य के कार्य तथा शासन-प्रबन्ध सुव्यवस्थित हो गये तो होशंग शाह के अमीरों में से मलिक क़ुतुबुद्दीन शैबानी, मलिक नसीरुद्दीन दबीर तथा कुछ अन्य लोगों ने ईर्ष्यावश मलिक यूसुफ़ क़िवाम से मिलकर षड्यंत्र रचना प्रारम्भ कर दिया। वे एक रात्रि में मस्जिद के कोठे पर जोकि महमूद शाह के राजप्रासाद से मिली हुई थी सीढ़ी लगा कर चढ़ गये और वहां से राजभवन के प्रांगण में उतर पड़े। वे असमंजस में थे कि अब क्या करना चाहिये। उसी समय महमूद शाह उपस्थित हो गया और वीरतापूर्वक निषंग लगा कर घर के बाहर निकला और उसने बाण द्वारा कुछ लोगों को आहत कर दिया। इसी बीच में निज़ामुलमुल्क, मलिक महमूद खिज़्र कुछ सिलाहदारों[5] को लेकर सशस्त्र हो कर सुल्तान के पास पहुंच गये। वे लोग जिस मार्ग से आये थे, उसी से भाग कर बाहर चले गये। उनमें से एक व्यक्ति बाण द्वारा आहत हो चुका था अतः वह सीढ़ी से न उतर सका और मस्जिद के कोठे से भूमि पर कूद पड़ा। उसका पांव टूट गया। उसे बन्दी बनाकर उपस्थित किया गया। उसने उन लोगों के नाम जो इस षड्यंत्र में सम्मिलित थे लिखवा दिये और प्रातःकाल सभी को उपस्थित करके उनकी हत्या कर दी गई।

## कुछ षड्यंत्रकारियों को उच्च पद

शाहज़ादा अहमद खां बिन होशंग शाह, मलिक यूसुफ़ क़िवाम, मलिक आंछा तथा मलिक नसीरुद्दीन दबीर का यद्यपि षड्यंत्र में पूरा हाथ था किन्तु आज़म हुमायूँ ने उन लोगों के अपराध क्षमा करा दिये और शाहज़ादे को इस्लामाबाद का क़िला प्रदान करा दिया। मलिक यूसुफ़ क़िवाम को क़िवाम ख़ां

१ छत्रः—यह एक राजचिह्न होता था। इसके भिन्न-भिन्न रंग होते थे। इसका प्रयोग सुल्तान के अतिरिक्त कोई अन्य न कर सकता था। कभी-कभी सुल्तान अपने पुत्रों तथा बड़े-बड़े ख़ानों एवं मलिकों को भी चत्र प्रदान कर देता था।

२ नक़ीब आज्ञाओं को उच्च स्वर में सुनाते थे।

३ यसावलः—बादशाहों के सामने सोने चांदी के डंडे लेकर चलते थे।

४ "अल्लाह के नाम से जोकि बड़ा दयालु तथा कृपालु है मैं प्रारम्भ करता हूँ"।

५ देखिये पृ० २२ नोट नं० १।

(३१४) की उपाधि तथा भिलसा की अक़्ता, मलिक आंछा को होशंगाबाद की अक़्ता, मलिक नसीरुद्दीन को नुसरत खां की उपाधि तथा चन्देरी की अक़्ता की नियाबत[1] प्रदान की गई और उन्हें अपनी-अपनी जागीरों पर जाने की अनुमति दे दी गई।

## शाहज़ादा अहमद ख़ां द्वारा विद्रोह

शाहज़ादा अहमद ख़ां जब इस्लामाबाद पहुंचा तो उसने उपद्रव तथा षड्यंत्र रचना प्रारम्भ कर दिया। नित्यप्रति उसकी सेना में वृद्धि होने लगी। ताज खां जो उसको पराजित करने के लिए नियुक्त हुआ था, यद्यपि इस्लामाबाद के क़िले के नीचे डटा रहा किन्तु उससे कोई लाभ प्राप्त न हुआ। अहमद खां क़िले के भीतर से प्रतिदिन एक सेना भेज कर युद्ध कराता रहता था। ताज खां ने सुल्तान महमूद के पास प्रार्थना-पत्र भेजकर सहायतार्थ सेना प्रेषित करने की याचना की।

## अन्य मुक़्तों द्वारा विद्रोह

उसी समय गुप्तचरों ने सुल्तान महमूद के पास यह समाचार पहुंचाये कि होशंगाबाद के मुक़्ता[2] मलिक आंछा तथा चन्देरी के मुक़्ता नुसरत खां ने विरोध तथा विद्रोह की पताका बलन्द कर रखी है। सुल्तान महमूद ने आज़म हुमायूँ ख़ाने जहां को विद्रोहियों के दमन तथा शासन-प्रबन्ध को सुव्यवस्थित करने के लिए भेजा। जब वह इस्लामाबाद से २ कोस पर उतरा तो ताज खां एवं अन्य सरदारों ने उससे भेंट की और वास्तविक स्थिति से अवगत कराया।

## आज़म हुमायूँ का इस्लामाबाद को घेरना तथा उसकी विजय

दूसरे दिन उसने प्रस्थान करके इस्लामाबाद के क़िले को घेर लिया और मोर्चे बांट दिये। दूसरे दिन उसने कुछ विद्वानों तथा सूफ़ियों को अहमद ख़ां के पास इस आशय से भेजा कि वह उसे परामर्श करें तथा विश्वासघात त्याग देने की ओर प्रेरित करें। आलिमों तथा सूफ़ियों ने यद्यपि उसे बहुत कुछ शिक्षा दी और आतंकित किया किन्तु उसका पाषाण हृदय नर्म न हुआ और नसीहत करने वालों को वह निरन्तर उत्तर देता रहा और शिक्षा देने वालों को विदा करके क़िले के बाहर कर दिया। क़िवाम ख़ां ने भी विरोध करते हुए अपने मोर्चे से कुछ सामग्री तथा अस्त्र-शस्त्र अहमद खां के पास भेजे और उसके प्रति अपनी (३१५) निष्ठा को प्रतिज्ञा द्वारा दृढ़ बनाया। जब क़िले को घेरे हुए बहुत समय हो गया तो एक दिन अहमद ख़ां को एक नर्तकी ने मदिरा में विष पिला दिया और स्वयं क़िले के बाहर भाग कर आज़म हुमायूँ के शिविर में पहुंच गई। क़िले पर विजय प्राप्त हो गई। आज़म हुमायूँ ने वहां की व्यवस्था ठीक करके अपने एक विश्वासपात्र को वहां नियुक्त कर दिया और होशंगाबाद की ओर प्रस्थान किया।

## होशंगाबाद के क़िले की विजय

मार्ग में क़िवाम खां, आज़म हुमायूँ के शिविर से भाग कर भिलसा की ओर चला गया। आज़म हुमायूँ ने मलिक आंछा को पराजित करने का कार्य सर्वोपरि समझ कर होशंगाबाद की ओर प्रस्थान किया। मलिक आंछा युद्ध न कर सका और अपनी समस्त धन-संपत्ति को फेंक कर गोंडवाना की पहाड़ियों

१ देखिये पृ० ३३ नोट नं० ६।
२ मुक़्ताः—अक़्ता का स्वामी।

की ओर चल दिया। गोंड लोगों को जब यह ज्ञात हुआ कि उसने अपने बादशाह के प्रति विद्रोह कर दिया है तो उन्होंने एकत्र होकर उसका मार्ग रोक लिया और सब लोगों की पत्थर तथा बाण द्वारा हत्या कर दी और उनकी धन-संपत्ति लूट ली। आज़म हुमायूँ यह समाचार पाकर बड़ा प्रसन्न हुआ और होशंगाबाद के क़िले में प्रविष्ट हो गया और उस प्रदेश की व्यवस्था भली-भांति करके अपना एक विश्वासपात्र वहां नियुक्त कर दिया और नुसरत ख़ां को दण्ड देने के लिए चंदेरी की ओर चल दिया।

## चन्देरी की ओर प्रस्थान

जब वह चंदेरी से दो मंज़िल पर पहुंचा तो नुसरत ख़ां अपने आप को विवश पाकर उसके स्वागतार्थ निकला और चाटुकारी करने लगा, ताकि उसके अपराध क्षमा कर दिये जायं। आज़म हुमायूँ ने सैयिदों, आलिमों तथा नगर के प्रसिद्ध व्यक्तियों को बुलवा कर उनकी एक सभा करवाई और प्रत्येक व्यक्ति से नुसरत ख़ां के विषय में पूंछ-तांछ की। प्रत्येक ने अपनी अपनी बात कही। उनमें से जो बात सभी लोगों के वर्णन में पाई जाती थी वह इस प्रकार थी कि नुसरत ख़ां ने अभिमानी होकर विद्रोह तथा विरोध प्रारम्भ कर दिया था। आज़म हुमायूँ ने चन्देरी के राज्य को उससे लेकर मलिकुल उमरा हाजी कमाल को प्रदान कर दिया और भिलसा की ओर चल खड़ा हुआ।

## भिलसा को सुव्यवस्थित करना

(३१६) उसने क़िवाम ख़ां के पास उसे सन्मार्ग पर लाने के लिए अपने विश्वासपात्र भेजे किन्तु उससे कोई लाभ न हुआ और वह भिलसा से निकल कर भाग गया। आज़म हुमायूँ ने कुछ दिन तक वहां ठहर कर वहां का शासन-प्रबन्ध ठीक किया और राजधानी शादियाबाद की ओर वापस हो गया।

## सुल्तान अहमद गुजराती द्वारा आक्रमण

मार्ग में यह समाचार प्राप्त हुये कि, "सुल्तान अहमद गुजराती ने मालवा को विजय करने के लिए प्रस्थान कर दिया है और शाहज़ादा मसऊद ख़ां को बहुत बड़ी सेना तथा २० हाथी देकर (सुल्तान महमूद ख़लजी) के विरुद्ध नियुक्त किया है।" आज़म हुमायूँ शीघ्रातिशीघ्र वहां से रवाना हुआ और सुल्तान अहमद के शिविर से ६ कोस आगे बढ़ कर तारापुर द्वार से मन्दू के क़िले में पहुंच गया। महमूद शाह अपने पिता के पहुंचने से बड़ा प्रसन्न हुआ और उसने ईश्वर के प्रति कृतज्ञता प्रकट की। वह नित्य-प्रति मन्दू के क़िले के बाहर सेना भेजा करता था और युद्ध होता रहता था। वह अपनी वीरता तथा पौरुष के कारण क़िले के बाहर निकल कर युद्ध करना चाहता था किन्तु होशंग शाह के अमीरों की पारस्परिक शत्रुता के कारण वह ऐसा न कर पाता था। वह इतना भयभीत था कि अपने सम्बन्धियों को भी जिन्हें उसने आश्रय प्रदान किया था अपना शत्रु समझने लगा था। शत्रुता तथा विरोध के बावजूद वह दान-पुण्य द्वारा उस समय जब कि वह क़िले में घिरा हुआ था लोगों को समृद्ध एवं धन-धान्य सम्पन्न रखता था। अपने भण्डार से फ़क़ीरों तथा दरिद्रियों को अनाज प्रदान करता था। उसकी उदारता के कारण क़िले में सुल्तान अहमद के शिविर की अपेक्षा अनाज सस्ता था।

उसने फ़क़ीरों तथा दरिद्रियों के लिए लंगर खोल रखे थे और उन्हें कच्चा तथा पक्का भोजन दिया जाता था। कुछ अमीरों को, उदाहरणार्थ सैयिद अहमद, सूफ़ी ख़ां पुत्र अलाउलमुल्क, मलिकुश्शर्क़, मलिक मुहम्मद बिन अहमद सलाह, मलिक क़ासिम, तथा हुसामुलमुल्क हान्देरी जो सुल्तान अहमद (३१७) के विरोधी थे, धन तथा जागीर प्रदान करने का वचन देकर अपनी ओर मिला लिया

इसी कारण सुल्तान अहमद के कार्य में विघ्न पड़ गया। सुल्तान अहमद के शिविर से जो लोग आकर उससे (सुल्तान महमूद से) मिल गये थे उनके परामर्श से उसने रात्रि में छापा मारना निश्चय किया। संयोग से सुल्तान होशंग के दवातदार[1], क़ैसर ख़ां ने सुल्तान अहमद को इस योजना की सूचना पहुंचा दी। जब सुल्तान महमूद की सेना क़िले से नीचे उतरी तो उसने शिविर के लोगों को उपस्थित पाया और मार्ग बन्द देखे। विवश होकर उन्होंने युद्ध प्रारम्भ कर दिया और प्रातःकाल तक युद्ध होता रहा। बहुत से लोग घायल हुए और प्रातःकाल के निकट महमूद शाह लौट कर मन्दू के क़िले में चला गया।

## षड्यंत्रकारियों की रोक थाम के लिये सुल्तान महमूद का क़िले से प्रस्थान

कुछ दिन उपरान्त गुप्तचरों ने यह समाचार पहुंचाये कि चंदेरी के निवासियों तथा उस क्षेत्र की सेना ने मलिकुल उमरा हाजी कमाल के प्रति विश्वासघात करके उमर खां पुत्र सुल्तान होशंग को सरदारी के लिए नियुक्त कर दिया है। शाहज़ादा मुहम्मद ख़ां वल्द सुल्तान अहमद ५ हज़ार सवारों तथा ३० हाथियों सहित सारंगपुर की ओर रवाना हो गया है। यह समाचार पाकर सुल्तान महमूद ने परामर्श करके निश्चय किया कि, "आज़म हुमायूँ क़िले की रक्षा करे और सुल्तान महमूद क़िले से निकल कर अपने राज्य के मध्य में पहुंच जाय और राज्य की हिफ़ाज़त करे।"

इस योजनानुसार उसने सारंगपुर की ओर प्रस्थान किया। ताज ख़ां तथा मंसूर ख़ां को अपने पूर्व ही आगे भेज दिया। क्योंकि सुल्तान अहमद ने मलिक हाजी अली को मार्ग की रक्षा हेतु कम्पिल (३१८) के घाट पर नियुक्त कर दिया था, अतः ताज ख़ां तथा मंसूर ख़ां ने सुल्तान महमूद के पूर्व वहां पहुंच कर युद्ध किया। मलिक हाजी ने भाग कर सुल्तान अहमद को सूचना दे दी कि, "सुल्तान महमूद क़िले से निकल कर सारंगपुर की ओर प्रस्थान कर रहा है।" सुल्तान अहमद ने एक दूत को सारंगपुर इस आशय से भेज दिया कि दूत के पहुंचने के उपरान्त शाहज़ादा मुहम्मद ख़ां पूर्ण सावधानी से सारंगपुर से प्रस्थान करके उज्जैन में सुल्तान अहमद की सेवा में उपस्थित हो।

## सारंगपुर की सुव्यवस्था

सारंगपुर का मुक्ता मलिक इसहाक़ बिन क़ुतुबुलमुल्क ने सुल्तान की सेवा में प्रार्थना-पत्र भेज कर अपने अपराध की क्षमा-याचना की और लिखा कि, "आपके पहुंचने के समाचार पाकर मुहम्मद ख़ां सारंगपुर को छोड़ कर उज्जैन की ओर चला गया है किन्तु शाहज़ादा उमर ख़ां ने सारंगपुर की विजय हेतु एक सेना अपने पूर्व भेज दी है तथा वह स्वयं पीछे आ रहा है।" यह पत्र पाकर सुल्तान महमूद प्रसन्न हो गया और उसने मलिक इसहाक़ को क्षमा कर दिया। ताज ख़ां को अपने पूर्व सारंगपुर भेज दिया और स्वयं उस ओर रवाना हुआ। जब ताज ख़ां सारंगपुर पहुंचा तो उसने मलिक इसहाक़ तथा सारंगपुर के समस्त निवासियों एवं ख़ेलदारों[2] को प्रोत्साहित करके शाही इनाम की आशा दिलाई। मलिक इसहाक़ तथा वहां के विश्वासपात्रों को अपने साथ लेकर सुल्तान के स्वागतार्थ पहुंच गया।

१ बादशाहों की लेखन सामग्री का प्रबन्ध करने वाला।
२ ख़ेलदारः—अश्वारोही

मलिक इसहाक़ को दौलत ख़ां की उपाधि प्रदान की गई और पताका, तास[1], ज़रदोज़ी का क़बा तथा १० हज़ार तन्के नक़द प्रदान किये गये। उन लोगों की जीविकावृत्ति को १० से २० कर दिया गया[2]। सरदारों तथा नगर के निवासियों को कुछ घोड़े और ५० हज़ार तन्के इनाम में दिये गये ताकि वे आपस में बांट लें।

## शाहज़ादा उमर ख़ां तथा सुल्तान अहमद द्वारा सारंगपुर की ओर प्रस्थान

जब सुल्तान सारंगपुर पहुंचा तो गुप्तचरों ने यह समाचार पहुंचाये कि "उमर ख़ां शाहज़ादा भिलसा के क़स्बे को जलाकर सारंगपुर की सीमा पर पहुंच गया है। सुल्तान अहमद गुजराती भी ३० (३१९) हज़ार अश्वारोही तथा ३०० हाथी लेकर उज्जैन से निकल कर सारंगपुर की ओर रवाना हो गया है।" सुल्तान महमूद ने उमर ख़ां को हटाने का कार्य सर्वोपरि समझ कर रात्रि के अन्त में वहां से प्रस्थान किया।

## सुल्तान महमूद ख़ां द्वारा शाहज़ादा उमर ख़ां पर आक्रमण

जब दोनों सेनाओं में ६ कोस का अन्तर रह गया तो एक सेना को उसने अग्रिम दल के रूप में शत्रु का पता लगाने तथा उमर ख़ां की सेना के विषय में पूछताछ कराने के लिए भेजा। निज़ामुल-मुल्क, मलिक अहमद सलाह तथा अन्य सैनिकों को जंगलों तथा मार्ग की रक्षा के लिए रवाना किया। प्रातःकाल उसने ४ सेनायें तैयार कीं और उमर ख़ां के विरुद्ध प्रस्थान किया। वह भी सुल्तान महमूद के प्रस्थान से अवगत होकर युद्ध करने के लिए बढ़ा और सेनाओं की पंक्तियों को ठीक करके उसने भेज दिया। वह स्वयं एक सेना के साथ पर्वत पर घात लगा कर बैठ गया और समय की प्रतीक्षा करता रहा। संयोगवश एक व्यक्ति ने सुल्तान महमूद को सूचना पहुंचा दी कि उमर ख़ां एक सेना सहित पर्वत पर घात लगाये हुए छिपा है। सुल्तान महमूद एक सेना तैयार करके उमर ख़ां के विरुद्ध रवाना हुआ। उमर ख़ां ने उन सैनिकों से जो उसके साथ थे कहा कि, "अपने सेवक के पुत्र के सामने से भागना मेरे लिए बड़ी लज्जा का विषय है और जीवित रहने से मर जाना अच्छा है।" जिन लोगों ने उसका साथ दिया, उन्हें लेकर उसने सुल्तान महमूद की सेना पर आक्रमण किया परन्तु बन्दी बना लिया गया।

## चन्देरी में शिहाबुद्दीन शाहज़ादा उमर ख़ां के नायब का सिंहासनारोहण

सुल्तान महमूद के आदेशानुसार उसकी हत्या करा दी गई और उसका सिर भाले की नोक पर चढ़ाकर चन्देरी की सेना में घुमाया गया। चन्देरी की सेना के सरदारों ने चकित तथा विस्मित होकर संदेश भेज दिया कि, "आज के दिन युद्ध स्थगित रखा जाय ताकि प्रातःकाल उपस्थित होकर पुनः बैअत करें।" यह निश्चय करके दोनों सेनायें उतर पड़ीं और रात्रि में चन्देरी की सेना अपनी विला-(३२०)यत की ओर चल दी। जब वे चंदेरी पहुंचे तो अमीरों ने परामर्श करके मलिक सुलेमान बिन मलिक शेर मलिक ग़ोरी को जो शाहज़ादा उमर ख़ां का नायब था सुल्तान शिहाबुद्दीन की उपाधि देकर सिंहासनारूढ़ कर दिया।

१ तासः—एक विशेष चिह्न जिसका प्रयोग केवल बादशाह कर सकते थे। सम्भवतः यहां तास घड़ियाला से तात्पर्य है। तास घड़ियाला के सविस्तार उल्लेख के लिये देखिये 'तुग़लुक़ कालीन भारत' भाग २।

२ 'उलूफ़ा देह बिस्त मुक़र्रर साख़्त'।

## सुल्तान अहमद की सेना में ताऊन तथा सुल्तान का वापस होना

सुल्तान महमूद ने उससे युद्ध करने के लिये एक सेना भेज कर स्वयं सुल्तान अहमद से युद्ध करने के लिए प्रस्थान किया। अभी दोनों ओर की सेनाओं में युद्ध प्रारम्भ भी न हुआ था कि सुल्तान अहमद की सेना के कुछ पवित्र लोगों ने स्वप्न में मुहम्मद साहब को देखा जो यह कह रहे थे कि, "आकाश से विपत्ति आने वाली है। सुल्तान अहमद से कह दो कि अपनी सुरक्षा के लिए इस प्रदेश के बाहर चला जाय।" जब यह स्वप्न सुल्तान अहमद को पहुंचाया गया तो उसने उस ओर अधिक ध्यान न दिया। उन दो दिनों में सुल्तान अहमद की सेना में ताऊन इतने भयंकर रूप से व्यापक हो गया कि सेना वालों को क़ब्र खोदने का भी अवकाश न मिलता था। सुल्तान अहमद विवश होकर गुजरात की ओर चला गया और शाहज़ादा मसऊद ख़ां को वचन दे गया कि, "दूसरे वर्ष इस प्रदेश पर अधिकार करके तुझे प्रदान कर दिया जायेगा।"

## सुल्तान महमूद द्वारा चन्देरी पर पुनः आक्रमण और मलिक सुलेमान की मृत्यु

सुल्तान महमूद मन्दू के क़िले में पहुंचा। सात-दस दिन में सेना को तैयार करके चंदेरी पर आक्रमण करने के लिए बढ़ा। जब वह चंदेरी पहुंचा तो मलिक सुलेमान अमीरों सहित क़िले से निकला और उसने घोर प्रयत्न किया। जब उसमें युद्ध की शक्ति न रही तो भाग कर उसने क़िले में शरण ली और क़िले में बन्द हो गया। उसकी अचानक मृत्यु भी हो गई।

## सुल्तान महमूद द्वारा चन्देरी की विजय

चंदेरी के अमीर अन्य व्यक्ति को अपना सरदार नियुक्त करके पुनः युद्ध की तैयारी करके क़िले के बाहर निकले। युद्ध करके वे क़िले में पुनः प्रविष्ट हो गये। जब क़िले के अवरोध को ८ मास व्यतीत हो गये, तो सुल्तान महमूद एक रात्रि में अवसर पाकर स्वयं क़िले की दीवार पर चढ़
(३२१) गया। उसके पीछे पीछे अन्य वीर भी पहुंचे और क़िले को विजय कर लिया। बहुत से लोगों की हत्या कर दी गई और एक समूह भाग कर उस क़िले में जो पर्वत के ऊपर है बन्द हो गया।

कुछ दिन उपरान्त कालपी का इस्माईल ख़ां उन लोगों को क्षमा दिलवा कर क़िले के नीचे उतरा। सुल्तान महमूद ने उस क्षेत्र को सुव्यवस्थित करके चंदेरी को मलिक मुज़फ़्फ़र इबराहीम की जागीर में दे दिया।

## सुल्तान महमूद द्वारा डूंगर सेन पर आक्रमण

वह वापस होने का विचार कर ही रहा था कि गुप्तचरों ने यह समाचार पहुंचाया कि "ग्वालियर के क़िले से डूंगर सेन ने निकल कर शहरे नव[1] को घेर लिया है।" यद्यपि सेना वर्षा ऋतु तथा बहुत समय तक अवरोध के कारण व्याकुल हो चुकी थी, तथापि उसने निरन्तर यात्रा करके ग्वालियर की ओर प्रस्थान किया। जब वह (सेना) उस विलायत[2] में पहुंची तो उसने विनाश तथा ध्वंस प्रारम्भ कर दिया। बहुत से राजपूतों ने क़िले से निकल कर युद्ध प्रारम्भ कर दिया। महमूद शाह की सेना से मुक़ाबला करने की शक्ति न होने के कारण वे भाग कर क़िले में

१ एक हस्तलिखित पोथी के अनुसार 'नरवर'।
२ प्रान्त, राज्य।

प्रविष्ट हो गये। डूंगर सेन यह समाचार पाकर भाग खड़ा हुआ और शहर से निकल कर ग्वालियर की ओर चल दिया। क्योंकि सुल्तान महमूद का उद्देश्य शहरे नव को मुक्त कराना था अतः उसने ग्वालियर के क़िले की विजय का प्रयत्न न किया और शादियाबाद की ओर लौट गया।

## होशंग शाह के रौज़े तथा मस्जिद का निर्माण

८४३ हि० (१४३९-४० ई०) में उसने सुल्तान होशंग के रौज़े तथा होशंगशाही जामा मस्जिद का, जो रामसराय द्वार[1] के निकट स्थित है और जिसमें २३० गुम्बद तथा ३८० स्तम्भ हैं, निर्माण प्रारम्भ कराया और अल्प समय में उसे पूरा करा दिया।

## देहली पर आक्रमण

(३२२) ८४५ हि० (१४४१-४२ ई०) में मेवात के अमीरों तथा देहली के प्रतिष्ठित एवं सम्मानित लोगों के प्रार्थना-पत्र निरन्तर प्राप्त होने लगे कि, "सुल्तान मुबारक शाह राज्य का कार्य भली भांति नहीं सम्पन्न कर सकता और अपहरणकर्ताओं तथा अत्याचारियों ने अत्याचार तथा शोषण प्रारम्भ कर रखा है। शांति का शब्द कहानी बन चुका है। क्योंकि आप बादशाही के योग्य हैं अतः इस प्रदेश के सर्वसाधारण यह इच्छा करते हैं कि आपकी बैअत करके आपके आज्ञाकारी बन जायं।" सुल्तान महमूद ने ८४५ हि० के अन्त में एक सेना तैयार करके देहली की ओर प्रस्थान किया। हिन्दौन क़स्बे के निकट यूसुफ़ ख़ां हिन्दौनी उसकी सेवा में उपस्थित हुआ। जब उसने तबता[2] ग्राम में पड़ाव किया तो सुल्तान मुहम्मद तुग़लुक़ाबाद को अपने पीछे करके युद्ध के लिए डट गया। दूसरे दिन सुल्तान महमूद ने अपनी समस्त सेना को ३ भागों में विभाजित किया। एक सेना सुल्तान ग़यासुद्दीन के अधीन तथा एक सेना ग़ज़नी ख़ां[3] के, जिसकी उपाधि सुल्तान अलाउद्दीन थी, अधीन नियुक्त की ओर उन्हें युद्ध के लिए भेजा। एक चुनी हुई सेना अपने साथ रख ली। सुल्तान मुहम्मद[4], मलिक बहलोल लोदी, सैयिद ख़ां[5], दरिया ख़ां, क़ुतुब ख़ां, तथा अन्य सरदारों को युद्ध के लिए भेजा। युद्ध प्रारम्भ हो गया। रात्रि तक दोनों ओर की सेनायें युद्ध करती रहीं तथा वीरता और पौरुष प्रदर्शित करती रहीं। अन्त में दोनों ओर की सेनायें लौट गईं और उन्होंने अपने-अपने स्थान पर पड़ाव किया।

संयोग से सुल्तान महमूद ने उस रात्रि में स्वप्न देखा कि एक धृष्ट तथा दुष्ट व्यक्ति ने मन्दू के क़िले पर आक्रमण करके होशंग शाह की क़ब्र से चत्र निकाल कर एक ऐसे व्यक्ति के सिर पर जिसके (३२३) वंश का कोई पता न था लगा दिया है। प्रातःकाल दुःख तथा चिन्ता के चिह्न उस पर दृष्टि-गत होने लगे। उस समय सुल्तान मुहम्मद ने संधि के लिए अपने दूत भेजे। सुल्तान महमूद ने संधि करना स्वीकार कर लिया और वह मालवा की ओर चल खड़ा हुआ। उसे मार्ग में यह सूचना मिली कि संयोगवश उसी रात्रि में कुछ गुण्डों ने शादियाबाद में उपद्रव तथा अशांति फैला दी थी किन्तु आज़म हुमायूं के प्रयत्न से उसका अन्त हो गया। कुछ इतिहासों में यह लिखा है कि सुल्तान महमूद

१ एक पोथी के अनुसार 'हारा सुई द्वार'।
२ एक पोथी में 'तबना' और एक में 'बेशा'।
३ एक पोथी के अनुसार 'फ़िदी ख़ां'।
४ एक पोथी के अनुसार 'महमूद'।
५ एक पोथी के अनुसार 'रशीद ख़ां'।

को सूचना मिली कि सुल्तान अहमद गुजराती मालवा पर चढ़ाई करने के लिए आ रहा है और इसी कारण वह वापस चला गया। यह बात ठीक ज्ञात होती है।

## नालचा में उद्यान तथा भवनों का निर्माण

संक्षेप में सुल्तान महमूद १ मुहर्रम ८४६ हि० (१२ मई १४४२ ई०) को शादियाबाद पहुंचा। जो लोग इनाम के पात्र थे उन्हें इनाम तथा उनके प्रति कृपादृष्टि प्रदर्शित की। उस वर्ष उसने नालचा क़स्बे के समीप एक उद्यान लगवाया और उस उद्यान में एक भव्य गुम्बद और कुछ स्थानों पर महलों का निर्माण करवाया। वह बहुत समय तक शादियाबाद में ठहरा रहा।

## चित्तौड़ पर आक्रमण करने का संकल्प

कुछ समय उपरान्त उसने अपनी सेना की हानियों तथा क्षतियों की पूर्ति करके राजपूतों को दण्ड देने के लिए प्रस्थान किया और चित्तौड़ की ओर रवाना हुआ।

## कालपी की ओर प्रस्थान

उसी समय सुल्तान महमूद को यह सूचना पहुंचाई गई कि कालपी के हाकिम नसीर अब्दुल क़ादिर ने नसीर शाह की उपाधि धारण करके स्वतन्त्र शासन प्रारम्भ कर दिया है। उस विलायत के प्रतिष्ठित व्यक्तियों के इस आशय के पत्र प्राप्त हुये कि, "नसीर शाह शरीअत के सन्मार्ग से विचलित होकर ज़िन्दिक़ा[1] तथा इल्हाद[1] के मार्ग पर अग्रसर है।" उन लोगों ने उसके अत्याचारों के प्रति न्याय की याचना की थीं। सुल्तान महमूद ने नसीर शाह को दण्ड देना निश्चय करके कालपी की ओर प्रस्थान (३२४) किया। नसीर अब्दुल क़ादिर ने सुल्तान महमूद के आक्रमण के समाचार पाकर अपने चाचा अली ख़ां को नाना प्रकार के पेशकश सहित सुल्तान महमूद की सेवा में भेजा और यह प्रार्थना की कि, "मेरे विषय में जो समाचार पहुंचाये गये हैं वे पूर्णतः असत्य हैं। इस बात की जांच के लिए सच्चे लोगों को भेजकर पता लगा लिया जाय और यदि उसमें लेश मात्र भी कुछ सच निकले तो मुझे जो कुछ भी दण्ड उचित समझा जाय दिया जाय।" कई दिन तक सुल्तान महमूद ने नसीर ख़ां के दूत को अपने दरबार में उपस्थित न होने दिया और निरन्तर यात्रा करता हुआ बढ़ता चला गया। जब वह सारंगपुर के निकट पहुंचा तो आज़म हुमायूँ तथा राज्य के उच्च पदाधिकारियों के निवेदन पर (सुल्तान ने) नसीर के अपराधों को क्षमा करके उसके दूत को अभिवादन की अनुमति दी और उसके पेशकश स्वीकार किये। शिक्षा तथा परामर्शयुक्त पत्र लिखकर अली ख़ां को बिदा किया और चित्तौड़ की विलायत की ओर प्रस्थान किया।

## चित्तौड़ की ओर प्रस्थान

जब उसने भीम नदी पार कर ली तो वह नित्यप्रति चित्तौड़ की ओर सेनायें भेज कर उसे नष्ट-भ्रष्ट करने लगा और वहां के लोगों को बन्दी बनाने लगा। मंदिरों का खण्डन करके मस्जिदों का निर्माण करने लगा। वह प्रत्येक पड़ाव पर ३–४ दिन ठहरता था।

१ इस्लाम की शरीअत के विरुद्ध आचरण 'ज़िन्दिक़ा' तथा 'इल्हाद' कहलाता है।

## कुम्भलमीर के मन्दिर पर आक्रमण

जब उसने कुम्भलमीर के निकट, जो उस प्रदेश का बहुत बड़ा क़िला है और हिन्दुस्तान में अपनी दृढ़ता के लिए प्रसिद्ध है, पड़ाव किया तो उस स्थान पर कुम्भा के राय के वकील देवा ने क़िले में बन्द होकर युद्ध प्रारम्भ कर दिया। संयोग से क़िले के समक्ष एक भव्य मंदिर का निर्माण कराया गया था और उसके चारों ओर चहारदीवारी बनवा दी गई थी। वह (मन्दिर) युद्ध के अस्त्र-शस्त्र तथा अन्य भण्डारों से परिपूर्ण किया गया था। सुल्तान महमूद ने मंदिर के कोट को विजय करने का निश्चय किया और १ सप्ताह में उसे विजय कर लिया। अत्यधिक राजपूतों की हत्या करके उन्हें बन्दी बना लिया और नष्ट-भ्रष्ट कर डाला। मंदिरों के भवन के विषय में उसने आदेश दिया कि उसमें लकड़ी भरकर आग लगा दी जाय और उनकी दीवारों पर जल तथा सिरका फेंक दिया गया। क्षण (३२५) भर में वह भव्य भवन जो कई वर्षों में तैयार हुआ होगा नष्ट हो गया। मूर्त्तियों को तुड़वा कर उसने क़साइयों को दे दिया ताकि वे उनसे मांस बेचने के तराज़ू के बांट तैयार करें। सबसे बड़ी मूर्ति को जो भेड़ की आकृति की थी चूर्ण करके पान के पत्ते के साथ राजपूतों को इस आशय से दे दिया गया कि वे अपने देवता को खाते रहें।

## चित्तौड़ पर्वत के आंचल के क़िले की विजय

इस कार्य के संपन्न हो जाने के उपरान्त उसने चित्तौड़ की ओर प्रस्थान किया। उस स्थान के निकट पहुंच कर उसने क़िले को जो चित्तौड़ पर्वत के आंचल में स्थित है युद्ध करके छीन लिया। बहुत बड़ी संख्या में राजपूत मारे गये। वह चित्तौड़ को घेरने की तैयारी कर ही रहा था कि गुप्तचरों ने यह समाचार पहुंचाया कि, "कुम्भा स्वयं क़िले में नहीं है और आज क़िले से निकल कर उस पर्वत की ओर जो उस क्षेत्र में है पहुंच गया है।" सुल्तान ने उसका पीछा किया। कुछ सेनाओं को विभिन्न दलों में विभाजित करके प्रत्येक दिशा में कुम्भा का पीछा करने के लिए भेजा। संयोग से एक सेना की कुम्भा से मुठभेड़ हो गई। घोर युद्ध हुआ। वह पराजित होकर चित्तौड़ के क़िले में पहुंच गया। सुल्तान महमूद ने क़िले को घेरने के लिए एक सेना नियुक्त कर दी और स्वयं विलायत[1] के मध्य में पड़ाव किया। (वहां से) नित्यप्रति विलायत के विध्वंस हेतु सेनायें भेजा करता था।

## आज़म हुमायूँ ख़ाने जहाँ की मृत्यु

उसने आज़म हुमायूँ ख़ाने जहां को इस आशय से बुलवाया कि वह राजपूतों की उस विलायत[2] पर जो शादियाबाद की ओर है अधिकार जमा ले। जब आज़म हुमायूँ मंदसौर पहुंचा, तो रुग्ण होकर मृत्यु को प्राप्त हो गया। सुल्तान महमूद यह समाचार पाकर बड़ा दुखी हुआ और उसने अत्यधिक विलाप किया और दुःख की अवस्था में अपने मुख को आहत कर डाला। मंदसौर के क़िले में पहुंच कर पिता का शव शादियाबाद भेज दिया। ताज ख़ां को, जो आरिज़े लश्कर[3] अर्थात् बख़्शी था, उस सेना का सेनापति नियुक्त करके अपने शिविर को लौट आया।

१ चित्तौड़ के राज्य के मध्य में।
२ राज्य।
३ वह व्यक्ति जो सेना की भरती एवं निरीक्षण इत्यादि करता था।

## रात्रि में छापे तथा सुल्तान महमूद की वापसी

वर्षा ऋतु के आ जाने पर सुल्तान ने यह निश्चय किया कि किसी टीले पर पहुंच कर वहां पड़ाव किया जाय और वर्षा ऋतु के उपरान्त चित्तौड़ के क़िले का घेरा डाला जाय। कुम्भा ने २५ (३२६) ज़िलहिज्जा ८४६ हि० (२६ जून १४४३ ई०) को शुक्रवार की रात्रि में १० हज़ार अश्वारोहियों तथा ६ हज़ार पदातियों को लेकर छापा मारा। सुल्तान महमूद ने सावधानी के कारण इस प्रकार सेना की रक्षा की व्यवस्था की थी कि कुम्भा से कुछ न हो सका और राजपूत बहुत बड़ी संख्या में मारे गये। दूसरी रात्रि में सुल्तान महमूद ने सेना तैयार करके कुम्भा के दायरे[1] पर छापा मारा। कुम्भा आहत होकर चित्तौड़ की ओर भाग गया और बहुत से राजपूत तलवार के घाट उतार दिये गये। सुल्तान महमूद के सहायकों को लूट में अत्यधिक संपत्ति प्राप्त हुई। सुल्तान महमूद ने ईश्वर के प्रति कृतज्ञता प्रकट की और चित्तौड़ के क़िले की विजय को दूसरे वर्ष के लिए स्थगित करके बिना किसी हानि के अपनी राजधानी शादियाबाद की ओर लौट गया।

## मदरसे तथा मीनारे का निर्माण

ज़िलहिज्जा ८४६ हि० (जून १४४३ ई०) के अन्त में उसने होशंगशाही जामा मस्जिद के समीप एक मदरसे तथा हफ़्त मन्ज़र मीनारे का निर्माण प्रारम्भ कराया।

## सुल्तान महमूद शर्क़ी के दूत सुल्तान महमूद की सेवा में

८४९ हि० (१४४५–४६ ई०) में जौनपुर के हाकिम सुल्तान इबराहीम शर्क़ी के पुत्र सुल्तान महमूद का दूत नाना प्रकार की पेशकश लेकर उपस्थित हुआ। पेशकश पहुंचाने के उपरान्त उसने यह मौखिक संदेश कालपी के शासक नसीर बिन अब्दुल क़ादिर के विषय में प्रस्तुत किया कि, "वह शरीअत के सन्मार्ग से विचलित हो गया है और इल्हाद तथा ज़िन्दिक़े के मार्ग पर अग्रसर है। उसने रोज़ा नमाज़ त्याग कर मुसलमान स्त्रियों को नृत्य की शिक्षा हेतु हिन्दू नायकों को दे दिया है। क्योंकि सुल्तान होशंग के राज्यकाल से कालपी के अधिकारी मालवा के सुल्तान के अधीन होते चले आये हैं अतः मैंने यह परमावश्यक समझा कि उसके विषय में सर्वप्रथम आपको सूचना भेजी जाय। यदि आपके पास उसको दण्ड देने का समय न हो तो मुझे आदेश दें तो मैं उसे ऐसा दण्ड दूँ जिससे अन्य लोग भी शिक्षा ग्रहण कर सकें।"

## राजदूत को सुल्तान का उत्तर

सुल्तान महमूद ने उत्तर भेजा कि, "मेरी अधिकांश सेना इधर-उधर[2] के विद्रोहियों को दण्ड देने के लिए गई हुई है। क्योंकि आपने धर्म की रक्षा करना निश्चय किया है अतः आपके लिए यह (३२७) बात शुभ हो।" उसी सभा में उसने राजदूत को ख़िलअत तथा वह निश्चित धन, जिसके देने की प्रथा उस काल में थी, प्रदान करके उसे विदा कर दिया।

## सुल्तान महमूद शर्क़ी द्वारा कालपी पर आक्रमण

जब राजदूत जौनपुर पहुंचा तो उसने प्रार्थना-पत्र का उत्तर प्रस्तुत किया। सुल्तान महमूद

१ क्षेत्र।
२ एक पोथी के अनुसार 'मेवात के विद्रोहियों'।

शर्क़ी ने अत्यधिक प्रसन्न होकर सुल्तान की सेवा में २० हाथी भेजे और एक सेना तैयार करके कालपी की ओर प्रस्थान किया। नसीर अब्दुल क़ादिर को वहां से निर्वासित कर दिया।

## सुल्तान महमूद का सुल्तान महमूद शर्क़ी को आक्रमण से रोकना

नसीर अब्दुल क़ादिर ने महमूद शाह को प्रार्थना-पत्र भेजा जिसमें यह लिखा कि, "सुल्तान होशंग के राज्यकाल से हम लोग इस समय तक आपके प्रति निष्ठावान् रहे। इस समय सुल्तान महमूद शर्क़ी ने फ़क़ीर के राज्य का अपहरण कर लिया है। क्योंकि मैं सर्वदा आप ही से सहायता की याचना किया करता था अतः आप ही से सहायता लेने के लिए चन्देरी की ओर रवाना हो रहा हूं।" सुल्तान महमूद ने अली ख़ां को सुल्तान महमूद शर्क़ी की सेवा में पेशकश इत्यादि सहित भेज कर प्रार्थना कराई कि, "क्योंकि नसीर ख़ां बिन अब्दुल क़ादिर आपके प्रयत्नों के फलस्वरूप अनाचरण को त्याग कर तोवा[1] कर रहा है और शरीअत के मार्ग पर अग्रसर होने के लिए तैयार है और इस कारण कि सुल्तान होशंग शाह के समय से वह हमसे सहायता लिया करता था, अतः आशा की जाती है कि उसकी तोबा पर ध्यान देते हुए आप उसे क्षमा कर देंगे और उसका राज्य उसे वापस कर देंगे।" अली ख़ां के पहुंचने के उपरान्त सुल्तान महमूद शर्क़ी ने संतोषजनक उत्तर न दिया और टालमटोल करने लगा।

## सुल्तान महमूद का महमूद शर्क़ी पर आक्रमण

महमूद शाह ख़लजी ने अपनी मर्यादा तथा पौरुष को ध्यान में रखते हुए नसीर अब्दुल क़ादिर की सहायता करना निश्चय कर लिया। २ शव्वाल ८४८ हि० (१२ जनवरी १४४५ ई०) को वह (३२८) चंदेरी की ओर रवाना हुआ। चंदेरी के क्षेत्र में नसीर शाह सेवा में उपस्थित हुआ और विलम्ब किये बिना सुल्तान एरिज[2] तथा भान्दीर की ओर रवाना हो गया। जब सुल्तान महमूद शर्क़ी को यह समाचार प्राप्त हुआ तो उसने शहर से निकल कर एरिज के उपान्त में पड़ाव किया। जुनैद ख़ां के पुत्र मुबारक ख़ां को जो अपने पूर्वजों के समय से उस स्थान का हाकिम था बन्दी बना लिया और उसे अपने साथ ले लिया। वहां से प्रस्थान करके यमुना नदी के खादर में, जहां मार्ग सकरा था और शत्रु को पार करने की शक्ति न थी, पड़ाव किया। अपनी सेना को चारों ओर से दृढ़ कर लिया। महमूद शाह ख़लजी ने उसे छोड़ कर कालपी की ओर प्रस्थान किया। वह (शर्क़ी) भी संतोष को त्याग कर कालपी की ओर रवाना हुआ। इसी बीच में ख़लजी सेना के वीरों ने उसके शिविर पर आक्रमण करके अत्यधिक धन-संपत्ति प्राप्त कर ली। वह भी अपने आदमियों की सहायतार्थ पलट कर युद्ध करने लगा। सायंकाल तक युद्ध होता रहा। तदुपरान्त दोनों सेनाओं ने अपने-अपने पड़ाव पर विश्राम किया। वर्षा ऋतु के निकट आ जाने के कारण सुल्तान ख़लजी कालपी से संबंधित कुछ स्थानों को नष्ट करके फ़तहाबाद लौट आया और वहां 'क़सरे हफ़्त तबक़ा' का निर्माण प्रारम्भ कराया।

एरिज क़स्बे की प्रजा तथा निवासियों ने मुबारक ख़ां बिन (पुत्र) जुनैद ख़ां के अत्याचार तथा शोषण के प्रति न्याय की याचना की। सुल्तान महमूद ख़लजी ने मलिकुश्शर्क़, मुज़फ़्फ़र इबराहीम, चंदेरी के हाकिम को अत्यधिक सेना सहित एरिज पर चढ़ाई करने के लिए भेजा। जब वह एरिज के उपान्त में पहुंचा तो समाचार प्राप्त हुये कि सुल्तान महमूद शर्क़ी ने मलिक कालू को उससे युद्ध करने

१ घृणित अथवा निंद्य कर्म पुनः न करने का पश्चात्ताप या शपथपूर्वक की गई दृढ़ प्रतिज्ञा।
२ एक पोथी के अनुसार 'एरजा'।

के लिए भेजा है। वह राठ क़स्बे में उतर पड़ा। मलिक मुज़फ़्फ़र इबराहीम ने भी राठ क़स्बे की ओर (३२९) प्रस्थान किया। जब दोनों सेनाओं की मुठभेड़ हुई तो मलिक कालू भाग गया और राठ निवासियों ने उपस्थित होकर मलिक मुज़फ़्फ़र इबराहीम से भेंट की। उसने सबको वन्दी वना कर चंदेरी भेज दिया और पुनः एरिज की ओर चल पड़ा। मार्ग में उसने सुना कि सुल्तान महमूद शर्क़ी ने अपनी अधिकांश सेना परहारा की विलायत पर आक्रमण करने के लिए, जहां का राय महमूद शाह ख़लजी के अधीन था, भेजी है। मलिक मुज़फ़्फ़र ने अपने राज्य की रक्षा एरिज की विजय से सर्वोपरि समझ कर उस क्षेत्र की ओर प्रस्थान किया। शर्क़ी की सेना यह समाचार पाकर राठ क़स्बे की ओर रवाना हुई। जब कई दिनों तक युद्ध होता रहा और दोनों ओर से मुसलमानों की हत्या होने लगी तो शेख़ जायल्दा ने जो अपने काल के बड़े ही सम्मानित व्यक्ति थे और जिनके अनेकों चमत्कार वड़े प्रसिद्ध थे, सुल्तान महमूद शर्क़ी के परामर्श से महमूद शाह ख़लजी को संधि के विषय में पत्र लिखा और शेख़ के प्रयत्नों के फलस्वरूप इस शर्त पर संधि हो गई कि, "इस समय सुल्तान शर्क़ी राठ तथा महोवा क़स्बे को नसीर शाह को प्रदान कर दे। महमूद शाह ख़लजी के वापस चले जाने के चार मास उपरान्त वह कालपी को भी छोड़ देगा।" ४ मास की अवधि इसलिये निश्चित की गई कि उसके धर्म के विषय में ज्ञान प्राप्त हो सके। इस संधि के अनुसार महमूद शाह ख़लजी शादियाबाद लौट गया।

## दारुश्शफ़ा का निर्माण

८४८ हि० (१४४४–४५ ई०) में उसने एक दारुश्शफ़ा[1] का निर्माण कराया और कुछ ग्राम औषधि पर व्यय तथा रोगियों की आवश्यकता के लिए वक़्फ़ कर दिये। मौलाना फ़ज़लुल्लाह हकीम को जिसकी उपाधि मलिकुल हुकमा थी रोगियों तथा पागलों के उपचार के लिये नियुक्त कर दिया।

## मन्दलगढ़ पर चढ़ाई

२० रजब ८५० हि० (११ अक्तूबर १४४६ ई०) को उसने एक सेना लेकर मंदलगढ़ के क़िले (३३०) की विजय हेतु प्रस्थान किया। जब वह रणथम्भोर के क़िले के क्षेत्र में पहुंचा तो उसने वहां का राज्य बिहार ख़ां[2] से लेकर मलिक सैफ़ुद्दीन को प्रदान कर दिया और निरन्तर यात्रा करता हुआ बनारस नदी के तट पर पड़ाव किया। राय कुम्भा युद्ध करने की शक्ति न देखकर मंदलगढ़ के क़िले में बन्द हो गया। दूसरे तथा तीसरे दिन राजपूतों ने क़िले से निकल कर वीरता तथा पौरुष का प्रदर्शन किया किन्तु अन्त में विवश होकर पेशकश प्रस्तुत करना स्वीकार कर लिया। सुल्तान ख़लजी ने कुछ कारणवश संधि करना स्वीकार कर लिया और लौट गया।

## ब्याना का सुल्तान महमूद के अधिकार में आना

अल्प समय ही में उसने सेना तैयार करके ब्याना के क़िले को विजय करने के लिये प्रस्थान किया। जब वह ब्याना से २ फ़रसंग पर पहुंचा तो उस स्थान के अधिकारी महमूद ख़ां ने अपने पुत्र औहद ख़ां को सुल्तान की सेवा में भेजा और १०० घोड़े तथा १ लाख तन्के नक़द पेशकश के रूप में भेंट किये। महमूद शाह ने उसे विशेष ख़िलअत द्वारा सम्मानित करके बिदा कर दिया। महमूद ख़ां के लिए

१ चिकित्सालय।
२ एक पोथी के अनुसार 'बहादुर ख़ां'।

ज़रदोज़ी[1] की क़बा, रत्न-जटित मुकुट, सुनहरी पेटी तथा सुनहरी ज़ीन एवं लगाम सहित अरबी घोड़े भेजे। महमूद ख़ां ने ख़िलअत पहन कर महमूद शाह के प्रति ईश्वर से शुभकामनायें कीं; और सुल्तान महमूद के नाम का ख़ुत्बा तथा सिक्का चला दिया। सुल्तान यह समाचार पाकर ब्याना से २ फ़रसंग से लौट आया।

## अन्य स्थानों की विजय

मार्ग में उसने अल्हनपुर के क़स्बे को, जो रणथम्भोर के निकट है, विजय किया और ८ हज़ार अश्वारोही तथा २५ हाथी चित्तौड़ की विजय हेतु भेजे। कोटा के राजा से १ लाख २५ हज़ार तन्के पेशकश के रूप में लेकर उसने शादियाबाद की ओर प्रस्थान किया।

## गंगदास की सहायतार्थ सेना भेजना

८५४ हि० (१४५०–५१ ई०) में चम्पानीर के क़िले के राजा गंगदास ने पेशकश भेज कर (३३१) निवेदन कराया कि, "सुल्तान मुहम्मद बिन (पुत्र) सुल्तान अहमद ने चम्पानीर के पर्वत को घेर लिया है। क्योंकि यह दास सर्वदा आपसे सहायता की याचना करता रहा है अतः उसे आपसे सहायता की आशा है।" सुल्तान महमूद ने गंगदास की सहायतार्थ प्रस्थान किया। मार्ग में उसे यह समाचार प्राप्त हुआ कि सुल्तान क़ुतुबुद्दीन बिन सुल्तान मुहम्मद गुजराती पेशकश प्राप्त करने के लिए ईदर की ओर आया हुआ है। सुल्तान महमूद ने इस समाचार पर विश्वास न करके बारासम्बूर[2] की ओर प्रस्थान किया। सुल्तान मुहम्मद ने यह समाचार पाकर लादने वाले पशुओं के नष्ट हो जाने के कारण अपने शिविरों तथा कारख़ानों को जलाकर अहमदाबाद की ओर प्रस्थान किया। सुल्तान क़ुतुबुद्दीन भी अहमदाबाद की ओर रवाना हुआ। जब सुल्तान महमूद को इसकी सूचना मिली तो उसने मार्ग से लौट कर महेन्द्री नदी के तट पर पड़ाव किया। गंगदास ने १३ लाख तन्के नक़द और कुछ घोड़े पेशकश के रूप में भेंट किये और उस मंज़िल पर सुल्तान की सेवा में पहुंचा। सुल्तान महमूद ने उसी दरबार में उसे ज़रदोज़ी की क़बा देकर बिदा कर दिया और स्वयं शादियाबाद की ओर रवाना हुआ।

मार्ग में उसने ईदर के राजा राय बीर[3] को ५ हाथी २१ घोड़े, ३ लाख तन्के नक़द इनाम देकर बिदा कर दिया और बहुत समय तक शादियाबाद में ठहर कर राज्य तथा सेना का प्रबन्ध करता रहा।

## गुजरात पर आक्रमण हेतु प्रस्थान

८५५ हि० (१४५१ ई०) में उसने १ लाख से अधिक अश्वारोहियों को लेकर गुजरात की विजय हेतु प्रस्थान किया और बवाली[4] की घाटी को पार करके सुल्तानपुर के क़स्बे को घेर लिया। मलिक अलाउद्दीन सुहराब जो सुल्तान क़ुतुबुद्दीन का गुमाश्ता[5] था कई दिन तक क़िले के बाहर निकल

१ सोने के तार के काम की।
२ एक पोथी के अनुसार 'बारा सुन्दर' और एक पोथी के अनुसार 'बारसीनूर'।
३ एक पोथी के अनुसार 'राय शेर'।
४ एक पोथी के अनुसार 'तवाली'।
५ एजेंट।

(३३२) कर युद्ध करता रहा। जब वह सहायता प्राप्त करने की ओर से निराश हो गया तो क्षमा याचना करके सुल्तान महमूद की सेवा में उपस्थित हो गया। सुल्तान महमूद ने उसके परिवार को मन्दू के क़िले में भेज दिया और उसे शपथ दी कि वह अपने स्वामी का कदापि साथ न छोड़ेगा। उसने उसे मुवारिज़ ख़ां की उपाधि प्रदान की और उसे अपनी सेना के अग्रिम दल में नियुक्त किया। तत्पश्चात् वह अहमदाबाद की ओर रवाना हुआ।

## गुजरात के सुल्तान मुहम्मद की मृत्यु

मार्ग में उसे समाचार प्राप्त हुये कि सुल्तान मुहम्मद बिन (पुत्र) सुल्तान अहमद की मृत्यु हो गई है और उसका पुत्र सुल्तान क़ुतुबुद्दीन उसका उत्तराधिकारी बना है। सुल्तान महमूद ने यद्यपि सुल्तान मुहम्मद के राज्य को नष्ट करना निश्चय कर लिया था किन्तु उदारतापूर्वक उसने संवेदना की प्रथाओं को सम्पन्न कराया और सेना के प्रतिष्ठित लोगों तथा अमीरों में उस समय की प्रथानुसार पान तथा शर्बत बटवाया। उसने सुल्तान क़ुतुबुद्दीन को एक पत्र भेज कर संवेदना प्रकट करते हुये उसे राज्य की बधाई दी।

## बरौदरा पर आक्रमण

इस पर भी उसने बरौदरा के क़स्बे को नष्ट-भ्रष्ट कर दिया और लोगों को बन्दी बनाने तथा नष्ट-भ्रष्ट करने में कोई कमी न की। कई हज़ार धर्मनिष्ठ मुसलमान तथा काफ़िर बन्दी बना लिये। वह कई दिन तक उस क़स्बे में ठहरा रहा। तदुपरान्त अहमदाबाद की ओर रवाना हुआ।

इसी समय मलिक अलाउद्दीन सुहराब, जो समय की प्रतीक्षा कर रहा था, भाग कर सुल्तान क़ुतुबुद्दीन के पास पहुंचा। उसने बाह्य रूप से शपथ के समय प्रतिज्ञा की थी कि वह अपने स्वामी की नमकहरामी न करेगा। किन्तु उसके हृदय में अपने प्राचीन स्वामी का ध्यान था। उसने उसके प्रति निष्ठा के कारण अपने परिवार को त्याग दिया। सुल्तान महमूद ने निरन्तर यात्रा करते हुये सरकिज[1] में जो अहमदाबाद से २५ कोस पर है पड़ाव किया। सुल्तान क़ुतुबुद्दीन ने ख़ानपुर नामक स्थान पर, जो उपर्युक्त क़स्बे से ३ कोस पर है, पड़ाव किया। कई दिन तक दोनों बादशाह एक दूसरे के समक्ष पड़ाव किये रहे। सफ़र मास की अंतिम रात्रि में सुल्तान महमूद छापा मारने के उद्देश्य से सवार हुआ और (३३३) अपने शिविर से निकला। मार्गदर्शक की भूल के कारण समस्त रात खुले मैदान में खड़ा रहा। प्रातःकाल उसने अपनी सेना के दायें भाग को सारंगपुर की सेना से सुसज्जित करके उस सेना का नेतृत्व अपने ज्येष्ठ पुत्र सुल्तान ग़यासुद्दीन को प्रदान कर दिया। चंदेरी के अमीरों को बायें भाग की सेना के साथ नियुक्त किया और उसे ग़ज़नी ख़ां[2] के नेतृत्व में जो उसका छोटा पुत्र था कर दिया। वह स्वयं सेना के मध्य भाग में ठहरा और युद्ध के लिए तैयार हुआ। सुल्तान क़ुतुबुद्दीन ने भी गुजरात की सेना सहित पंक्तियां ठीक कीं और रणक्षेत्र की ओर रवाना हुआ। सुल्तान क़ुतुबुद्दीन की सेना के अग्रिम दल के सामने से भाग कर सुल्तान क़ुतुबुद्दीन की सेवा में उपस्थित हुआ। मुज़फ़्फ़र ख़ां, जो चंदेरी का एक प्रतिष्ठित अमीर था, सुल्तान महमूद की सेना के बायें भाग से पृथक् हुआ और उसने सुल्तान क़ुतुबुद्दीन की सेना के दायें भाग पर आक्रमण किया। वह सेना युद्ध की शक्ति न देखकर भाग खड़ी

१ एक पोथी के अनुसार 'सरकंज', दूसरी में 'कारबंज'।
२ एक पोथी के अनुसार 'फ़िदी ख़ां'।

हुई। मुज़फ़्फ़र ख़ां ने सुल्तान क़ुतुबुद्दीन के शिविर तक पीछा करके लूट मार प्रारम्भ कर दी। सुल्तान क़ुतुबुद्दीन के ख़ज़ाने में प्रविष्ट होकर उसने अपने समस्त हाथियों को लदवा कर अपने शिविर में भेज दिया।

## सुल्तान महमूद की पराजय

जब उसके हाथी लौट कर आये और वह उन्हें दूसरी बार लदवाना चाहता था तो उसने सुना कि सुल्तान क़ुतुबुद्दीन की सेना के एक दल ने शाहज़ादा फ़िदी ख़ां[1] की सेना की दुर्दशा देखकर उस पर आक्रमण किया और वह मुक़ाबला न कर सका। जानी बेग बाहर निकल गया। मुज़फ़्फ़र ख़ां ने लूट से हाथ खींच लिया और स्वयं एक कोने में पहुंच गया। सुल्तान महमूद सेना के छिन्न-भिन्न होने तथा बायें भाग की सेना के विनाश से आश्चर्यचकित होकर २०० अश्वारोहियों को लेकर रणक्षेत्र में वीरता प्रदर्शित करता रहा। जब तक उसके निषंग में बाण रहे तब तक वह बाण चलाता रहा और वीरता प्रदर्शित करता रहा। उस समय सुल्तान क़ुतुबुद्दीन एक सेना लेकर एक कोने से जहां वह छिपा हुआ (३३४) था निकला और उसने सुल्तान महमूद पर आक्रमण किया। सुल्तान महमूद बड़ी वीरता से युद्ध करता हुआ १३ व्यक्तियों सहित अपने शिविर में पहुंच गया। सुल्तान क़ुतुबुद्दीन ने इस विजय को ईश्वर की बहुत बड़ी देन समझ कर उसका पीछा न किया। ८१ हाथी तथा अत्यधिक लूट की धन-सम्पत्ति उसे प्राप्त हो गई।

सुल्तान महमूद रात भर अपने दायरे[2] में सवार होकर खड़ा रहा। जब पांच-छः हज़ार सवार एकत्र हो गये तो आधी रात्रि में वह मन्दू[3] की ओर चल दिया। मार्ग में कोल तथा भील लोगों ने उसकी सेना को बड़ी हानि पहुंचाई। सुल्तान महमूद को अपने पूरे राज्यकाल में इस पराजय के समान अन्य कोई पराजय न प्राप्त हुई थी।

## सूरत पर आक्रमण

जब वह मन्दू पहुंचा तो उसने अपनी सेना की टूट-फूट को ठीक किया और अपने पुत्र सुल्तान ग़यासुद्दीन को सूरत क़स्बे पर आक्रमण करने के लिए, जो ताप्ती[4] नदी के तट पर बसा है और गुजरात का प्रसिद्ध बन्दरगाह है, नियुक्त किया। सुल्तान ग़यासुद्दीन सूरत के थोड़े से स्थानों को विध्वंस करके लौट आया। संयोग से निज़ामुलमुल्क तथा उसके पुत्रों की धूर्तता, उनके विश्वासघात तथा विरोध के समाचार सुल्तान महमूद को प्राप्त हुये। महमूद शाह के आदेशानुसार उनकी हत्या करा दी गई।

## मारवाड़ पर आक्रमण करने का संकल्प तथा गुजरात के सुल्तान से संधि

८५७ हि० (१४५३–५४ ई०) में सुल्तान महमूद ने मारवाड़ की विजय हेतु चढ़ाई की, किन्तु वह सुल्तान क़ुतुबुद्दीन की ओर से संतुष्ट न था अतः उसने यही उचित समझा कि सर्वप्रथम सुल्तान क़ुतुबुद्दीन से संधि कर ली जाय तत्पश्चात् कुम्भा के राज्य को विजय किया जाय। यह बात उसने अपने

१ एक पोथी के अनुसार 'फ़िदन अथवा फ़द्दन खां'।
२ क्षेत्र।
३ एक पोथी के अनुसार 'मैदान'।
४ एक पोथी के अनुसार 'नबती'।

(३३५) हृदय में गुप्त रखी और सैनिकों को तैयार होने का आदेश दिया। शादियाबाद से वह धार क़स्बे में पहुंचा। वहां से ताज ख़ां को एक सुसज्जित सेना देकर गुजरात की सीमा पर इस आशय से भेजा कि वह संधि की वार्ता प्रारम्भ करे। ताज ख़ां ने सुल्तान क़ुतुबुद्दीन के वज़ीरों को पत्र लिखे और वाक्पटु दूतों के हाथ उनको भेज कर यह संदेश प्रेषित किया कि, "दोनों ओर की शत्रुता प्रजा की परेशानी का कारण है और संधि तथा संगठन, दोनों की शांति तथा प्रफुल्लता का कारण होगा।" वाद-विवाद के उपरान्त सुल्तान क़ुतुबुद्दीन ने संधि करना स्वीकार कर लिया और दोनों ओर से सम्मानित तथा प्रतिष्ठित व्यक्तियों ने मध्यस्थ बनकर शपथ द्वारा संधि को दृढ़ बना लिया। यह निश्चय हुआ कि कुम्भा की विलायत[1] से जो स्थान गुजरात से मिले हुए हैं उन्हें क़ुतुब शाह की सेना विध्वंस करे और मेवाड़[2] तथा अजमेर एवं उस क्षेत्र के प्रदेशों पर महमूद शाह अधिकार जमाये और जहां तक आवश्यकता हो एक दूसरे को सहायता देने में कमी न करें।

## हादूती के राजपूतों को दंड

सुल्तान महमूद ८५८ हि० (१४५४ ई०) में विद्रोही राजपूतों, जिन्होंने हादूती[3] के उपान्त में विद्रोह कर रक्खा था, को दण्ड देने के लिए पहुंचा। महौली[4] क़स्बे में उसने अत्यधिक राजपूतों की हत्या करा दी और उन लोगों के परिवार को बन्दी बनाकर मन्दू भेज दिया।

## ब्याना की ओर प्रस्थान

वहां से उसने ब्याना की ओर प्रस्थान किया। जब वह ब्याना के निकट पहुंचा तो वहां के हाकिम दाऊद ख़ां ने अत्यधिक पेशकश प्रेषित किये और निष्ठापूर्वक व्यवहार किया। उस क्षेत्र को उसी के पास रहने दिया गया। यूसुफ़ ख़ां हिंदौनी तथा ब्याना के हाकिम के मध्य में जो शत्रुता थी उसे उसने अपने प्रयत्न तथा स्नेह से निष्ठा में परिवर्तित करा दिया। लौटते समय उसने रणथम्भोर तथा (३३६) हादूती[5] के क़िले का राज्य ग़ज़नी ख़ां[6] को, जिसकी उपाधि सुल्तान ग़यासुद्दीन थी, प्रदान कर दिया और शादियाबाद पहुंच गया।

## माहौर की विजय हेतु प्रस्थान

उसी वर्ष सुल्तान सिकन्दर ख़ां तथा जलाल ख़ां बुख़ारी ने, जो सुल्तान अलाउद्दीन बहमनी दक्खिनी के प्रतिष्ठित अमीर थे, सुल्तान महमूद की सेवा में प्रार्थना-पत्र प्रेषित किये और माहौर के क़िले की विजय की ओर जो बरार का बहुत बड़ा क़िला है प्रेरित किया। सुल्तान महमूद एक सेना तैयार करके होशंगाबाद के मार्ग से माहौर की ओर रवाना हुआ। महमूदाबाद के निकट सिकन्दर ख़ां बुख़ारी उसकी सेवा में उपस्थित हुआ। जब उसने माहौर के क़िले को घेर लिया तो सुल्तान अलाउद्दीन एक शक्तिशाली असंख्य सेना लेकर क़िले वालों की सहायतार्थ पहुंचा। सुल्तान महमूद

१ राज्य।
२ एक पोथी के अनुसार 'मेवात'।
३ एक पोथी के अनुसार 'हादोली'।
४ एक पोथी के अनुसार 'मरहौली'।
५ एक पोथी के अनुसार 'हादोली' और एक के अनुसार 'हारोती'।
६ एक पोथी के अनुसार 'फ़िदी ख़ां' और एक के अनुसार 'क़दी ख़ां'।

अपने आप में युद्ध की शक्ति न देख कर लौट गया। इस घटना का सविस्तार उल्लेख बहमनी सुल्तानों के इतिहास में किया गया है।

## बकलाना की सहायतार्थ प्रस्थान

लौटते समय यह समाचार प्राप्त हुये कि आसीर के अधिकारी मुबारक ख़ां ने गुजरात तथा दकिन के मध्य की बकलाना नामक विलायत[1] पर चढ़ाई कर दी है। वहां का हाकिम महमूद शाह के अधीन था। सुल्तान महमूद ने उसकी सहायता तथा प्रोत्साहन अपने लिए आवश्यक समझ कर बकलाना की विलायत की ओर प्रस्थान किया। उसने अपने पूर्व इक़बाल ख़ां तथा यूसुफ़ ख़ां को भेजा। मुबारक ख़ां एक भारी सेना लेकर मुक़ाबले के लिए पहुंचा किन्तु युद्ध के उपरान्त भाग खड़ा हुआ। सुल्तान महमूद आसीर प्रदेश के कुछ ग्रामों तथा स्थानों को नष्ट-भ्रष्ट करके शादियाबाद लौट आया।

## बकलाना के राज्य के पुत्र का सुल्तान की सेवा में उपस्थित होना

(३३७) ८५८ हि० (१४५४ ई०) में सुल्तान महमूद को समाचार प्राप्त हुये कि "बकलाना की विलायत के राजा राय बाबू का पुत्र मेरी सेवा में उपस्थित होने का इच्छुक है। आसीर की विलायत का हाकिम मुबारक ख़ां बीच में पड़ कर खराबी पैदा कर रहा है और आने से रोक रहा है।" सुल्तान महमूद ने सुल्तान ग़यासुद्दीन को शीघ्रातिशीघ्र उसे पराजित करने के लिए भेजा। जब मुबारक ख़ां को यह समाचार प्राप्त हुये तो वह अपने प्रदेश की ओर वापस चला गया और राय बाबू का पुत्र अत्यधिक पेशकश सहित उसकी सेवा में उपस्थित हुआ और उसे सम्मानित किया गया। विदा होकर वह अपनी विलायत को चला गया और सुल्तान ग़यासुद्दीन ने रणथम्भोर प्रान्त की ओर प्रस्थान किया।

## कुम्भा के राज्य पर आक्रमण

उन्हीं दिनों में सुल्तान महमूद ने चित्तौड़ के राज्य पर चढ़ाई की। कुम्भा ने उसका आदर-सम्मान किया और सोने और चांदी की थोड़ी सी मुद्रायें भेंट कीं। सुल्तान महमूद कुम्भा के नाम की मुद्राओं को देखकर बड़ा क्रोधित हुआ और उसने पेशकश लौटा दी। सेना वालों ने विनाश तथा विध्वंस प्रारम्भ कर दिया और आबादी का कोई चिह्न न रहने दिया।

सुलतान ने मन्सूरुलमुल्क को मन्दसौर के राज्य पर आक्रमण करने के लिए भेजा। उसने उस राज्य में थानेदारों को नियुक्त करने के लिए उस विलायत के मध्य में ख़लजपुर नामक क़स्बा बसाने का संकल्प किया। कुम्भा ने यह बात सुनकर दीनता प्रदर्शित की और सुल्तान महमूद की सेवा में संदेश प्रेषित किया कि "जितनी भी पेशकश निश्चित की जाय मुझे स्वीकार है। मैं इसके उपरान्त निष्ठा के मार्ग से विचलित न हूंगा किन्तु इसकी शर्त यह है कि सुल्तान ख़लजपुर को बसाने का विचार त्याग दे।" वर्षा ऋतु के निकट आ जाने के कारण सुल्तान महमूद इच्छानुसार पेशकश लेकर शादियाबाद लौट गया और कुछ समय तक वहां ठहरा रहा।

## मंदसौर की विजय हेतु प्रस्थान

८५९ हि० (१४५४–५५ ई०) में उसने पुनः मंदसौर के राज्य को विजय करने का संकल्प किया

1 राज्य

और उस प्रदेश के निकट पहुंच जाने के उपरान्त इधर-उधर सेनायें भेजीं और स्वयं विलायत[1] के मध्य में ठहरा। उसे प्रतिदिन एक नई विजय का समाचार प्राप्त होता था और वह ईश्वर के प्रति कृतज्ञता प्रकट करता था।

## अजमेर की विजय

(३३८) संयोग से एक दिन उस सेना के पास से, जो हाड़ूती की ओर नियुक्त थी, एक प्रार्थना-पत्र प्राप्त हुआ जिसमें लिखा था कि, "हिन्दुस्तान में इस्लाम के सूर्य का उदय अजमेर के आकाश से हुआ और यहां शेख़ मुईनुद्दीन हसन सिजज़ी का मज़ार है। क्योंकि यह स्थान काफ़िरों के अधीन हो गया है अतः यहां इस्लाम तथा मुसलमानों का कोई चिह्न शेष नहीं।" जब उसे यह समाचार प्राप्त हुए तो उसने उसी दिन अजमेर की ओर प्रस्थान किया और निरन्तर यात्रा करता हुआ शेख़ के मज़ार के निकट पहुंच गया। शेख़ की आत्मा से सहायता की याचना करके सेना के बख़्शी को आदेश दिया कि वह अमीरों की सहायता से क़िले का निरीक्षण करे और मोर्चे बांट दे। इसी बीच में क़िले का सरदार गजाधर प्रसिद्ध राजपूतों की सेना लेकर युद्ध के लिए निकला किन्तु सुल्तान महमूद की सेना का मुक़ाबला न कर सकने के कारण क़िले में प्रविष्ट हो गया। ४ दिन तक युद्ध होता रहा; ५वें दिन गजाधर अपनी सेना सहित युद्ध के लिए निकला और युद्ध में मारा गया। महमूद शाह के कुछ सिपाही भागने वालों के साथ मिलकर द्वार तक पहुंचे और क़िले पर विजय प्राप्त हो गई। प्रत्येक गली में राजपूतों की लाशों के ढेर लग गये। सुल्तान ने ईश्वर के प्रति कृतज्ञता प्रकट करके शेख़ के मज़ार के तवाफ़[2] का सौभाग्य प्राप्त किया और एक भव्य मस्जिद का वहां निर्माण कराया।

ख़्वाजा नेमतुल्लाह को सैफ़ ख़ां की उपाधि देकर (सुल्तान ने) वहां का राज्य उसे प्रदान कर दिया और उस मज़ार के मुजाविरों[3] को इनाम तथा वृत्ति द्वारा प्रसन्न किया और मन्दलगढ़ के क़िले की ओर चला गया।

## कुम्भा से युद्ध

वह निरन्तर यात्रा करता हुआ बनारस नदी के निकट उतरा और उसने अमीरों को क़िले के चारों ओर नियुक्त कर दिया। कुम्भा ने भी अपनी सेना को ३ भागों में विभाजित करके क़िले के बाहर भेज (३३९) दिया। जो सेना सुल्तान ने ताज ख़ां के साथ और जो सेना अली ख़ां के साथ भेजी थी उन्होंने भी प्रस्तुत होकर बाणों तथा भालों से युद्ध प्रारम्भ कर दिया। बड़ा भीषण युद्ध हुआ। महमूद शाह की सेना के बहुत से लोग मारे गये और असंख्य राजपूत तलवार के घाट उतार दिये गये। सायकाल दोनों ओर की सेनाओं ने अपने-अपने स्थान पर विश्राम किया। दूसरे दिन प्रातःकाल अमीरों तथा वज़ीरों ने राजप्रासाद में उपस्थित होकर निवेदन किया कि, "इस वर्ष दुबारा सेना को आक्रमण करना पड़ा है और वर्षा ऋतु निकट आ गई है, अतः यदि कुछ दिन राजधानी शादियाबाद में पहुंच कर सेना की टूट-फूट को ठीक करके विश्राम करें और वर्षा ऋतु के उपरान्त पूर्ण तैयारी करके क़िले को विजय करने का प्रयत्न करें तो उचित होगा।" सुल्तान महमूद वापस हुआ और उसने कुछ दिन तक विश्राम किया।

१ राज्य।
२ मज़ार के चारों ओर श्रद्धापूर्वक चक्कर लगाना।
३ मुजाविर :—रक्षक अथवा प्रबन्धक।

## मन्दलगढ़ की विजय

२६ मुहर्रम ८६१ हि० (२४ दिसम्बर १४५६ ई०) को उसने पूरी तैयारी करके मन्दलगढ़ के क़िले की विजय हेतु प्रस्थान किया। मेवाड़ के निकट नागौर, अजमेर तथा हाड़ूती की सेनायें भी सुल्तान की सेवा में उपस्थित हुईं। वहां से सब ने मिलकर मन्दलगढ़ की ओर प्रस्थान किया और क़िले को घेर लिया। मार्ग में जहां कहीं भी कोई मंदिर दृष्टिगत हुआ उसे धराशायी कर दिया। वहां पहुंचने के उपरान्त सुल्तान ने आदेश दिया कि, "वृक्षों को जड़ से काट डाला जाय, भवनों का खण्डन करा दिया जाय और आबादी का कोई चिह्न शेष न रहने दिया जाय।" क़िले को घेर कर मोर्चे को खाई के पार उतार कर क़िले की दीवार के निकट लगवा दिया। अल्प समय में ईश्वर की सहायता से क़िले पर विजय प्राप्त हो गई और अत्यधिक लोग मारे गये तथा बन्दी बना लिए गये। राजपूतों ने अन्य क़िले में जोकि पहाड़ की चोटी पर था शरण ली और उसकी दृढ़ता पर अभिमान करने लगे। क्योंकि क़िले के ऊपर के हौज़ का जल तोप[1] के कारण नष्ट हो गया था और प्रथम क़िले का जल महमूद शाह की सेना के हाथ लग गया था अतः क़िले वाले जल के अभाव के कारण विलाप करने लगे। प्यास प्यास कह कर उन्होंने क्षमा (३४०) याचना की और १० लाख तन्के पेशकश के रूप में भेंट करना निश्चय करके क़िले के नीचे उतर आये और क़िला सौंप दिया। यह महान् विजय १ ज़िलहिज्जा ८६१ हि० (२० अक्तूबर १४५७ ई०) को प्राप्त हुई। सुल्तान महमूद ने ईश्वर के प्रति दीनता प्रकट करते हुए आभार प्रदर्शित किया। दूसरे दिन वह क़िले में प्रविष्ट हुआ, उसने मंदिरों का खण्डन कराया और वहां का मसाला जामा मस्जिद के निर्माण में लगवा दिया। वहां क़ाज़ी, मुफ़्ती, मुहतसिब[2], ख़तीब[3] तथा मोअज़्ज़िन[4] नियुक्त किये और उस क्षेत्र की व्यवस्था भली भांति करा दी। १५ मुहर्रम ८६२ हि० (३ दिसम्बर १४५७ ई०) में उसने चित्तौड़ की ओर प्रस्थान किया।

## कीलवारा तथा बीलवारा की विजय

उस क्षेत्र के निकट पहुंच कर शाहज़ादा सुल्तान ग़यासुद्दीन को कीलवारा तथा दीलवारा[5] के राज्य को नष्ट-भ्रष्ट करने के लिए भेजा। शाहज़ादे ने उस राज्य को नष्ट-भ्रष्ट कर दिया और अत्यधिक बन्दी प्राप्त किये और कुशलतापूर्वक लौट आया।

## बूंदी की विजय

कुछ दिन उपरान्त सुल्तान ने शाहज़ादा फ़िदन ख़ां[6] तथा ताज ख़ां को बूंदी के क़िले को विजय करने के लिए नियुक्त किया। जब शाहज़ादा बूंदी के क़िले के निकट पहुंचा तो राजपूतों ने क़िले से निकल कर घोर युद्ध किया। अंत में वे पराजित हुए और बहुत से लोग तलवार के घाट उतार दिये गये। कुछ

१ एक पोथी के अनुसार 'ज़र्ब ज़न' जो एक प्रकार की तोप होती थी।
२ समस्त ग़ैर इस्लामी बातों को रोकने वाला अधिकारी। शरा के नियमों के पालन के विषय में देख-रेख उसी के द्वारा होती थी। वह स्वयं दंड देकर शरा के विरुद्ध बातें रोक सकता था।
३ ख़ुत्बा पढ़ने वाले।
४ अज़ान देने वाले।
५ एक पोथी के अनुसार 'भिलवारा'।
६ एक पोथी के अनुसार 'फ़िदी ख़ां'।

लोग खाईं में कूद पड़े और बन्दी बना लिये गये। पहले दिन वीरता तथा पौरुष से क़िले को विजय कर लिया। शाहज़ादे ने इस सफलता के लिए ईश्वर के प्रति कृतज्ञता प्रकट की। एक विश्वस्त सरदार को वहां नियुक्त करके विजय तथा सफलता प्राप्त करके अपने स्वामी की सेवा में राजधानी शादियाबाद में पहुंच गया।

## कीलवारा तथा बीलवारा पर आक्रमण

(३४१) सुल्तान महमूद ने ८६३ हि० (१४५८-५९ ई०) में पुनः राजपूतों को दण्ड देने के लिए प्रस्थान किया।[१] जब उसने आहार नामक स्थान पर पड़ाव किया, तो सुल्तान ग़यासुद्दीन तथा फ़िदन ख़ां को कीलवारा एवं दीलवारा नामक राज्यों को नष्ट करने के लिए भेजा। सुल्तान ग़यासुद्दीन तथा फ़िदन ख़ां ने उस राज्य को नष्ट करके कुम्भलमीर[२] के आसपास के स्थानों पर भी आक्रमण किया।

## सुल्तान का कुम्भलमीर पर आक्रमण तथा वहां से वापसी

जब वे सुल्तान की सेवा में उपस्थित हुए और सुल्तान ग़यासुद्दीन ने कुम्भलमीर के क़िले की प्रशंसा की तो सुल्तान ने दूसरे दिन कुम्भलमीर के क़िले की ओर प्रस्थान किया और मार्ग में मंदिरों को नष्ट करता हुआ बढ़ता चला गया। जब उसने क़िले के निकट पड़ाव किया तो एक दिन वह सवार होकर उस पर्वत पर जो क़िले के पूर्व की ओर था पहुंचा और शहर का निरीक्षण किया। उसने कहा कि, "इस क़िले को कई वर्षों तक घेरे रहने के बिना विजय करना संभव नहीं।"

## डूंगरपुर की विजय

दूसरे दिन वह वहां से प्रस्थान करके डूंगरपुर की ओर रवाना हुआ। जब उसने डूंगरपुर के हौज़ पर पड़ाव किया तो वहां का राजा सरसिआमदास[३] भाग कर शरण हेतु पर्वत में चला गया। वहां से उसने दीनता तथा विलाप करते हुए २ लाख तन्के और २१ घोड़े पेशकश के रूप में भेजे। सुल्तान महमूद शादियाबाद की राजधानी में लौट आया।

## आसीर पर चढ़ाई

मुहर्रम ८६६ हि० (अक्तूबर-नवम्बर १४६१ ई०) में मलिक निज़ामुलमुल्क ग़ोरी के मार्ग भ्रष्ट करने के कारण उसने दकिन[४] प्रदेश पर विजय हेतु चढ़ाई की। जब उसने नर्बदा (नर्मदा) नदी पार की तो गुप्तचरों ने यह समाचार पहुंचाये कि "आसीर के अधिकारी मुबारक ख़ां की मृत्यु हो गई है और उसका पुत्र ग़ाज़ी ख़ां, आदिल ख़ां की उपाधि धारण करके सिंहासनारूढ़ हुआ है। उसने अत्याचार प्रारम्भ कर
(३४२) रखा है और सैयिद कमालुद्दीन तथा सैयिद सुल्तान की अकारण हत्या कर दी है और पीड़ितों के घरों को नष्ट-भ्रष्ट कर रहा है।" कुछ दिन उपरान्त उनका (सैयिदों का) भाई सैयिद जलालुद्दीन

१ एक पोथी में इस प्रकार है :—'सुल्तान महमूद ने ८६३ हि० में पुनः कीलवारा तथा दीलवारा को दण्ड देने के लिये प्रस्थान किया। सुल्तान ग़यासुद्दीन तथा फ़िदी ख़ां ने उस विलायत को नष्ट-भ्रष्ट करके कुम्भलीज के आसपास के क्षेत्रों में भी लूट मार की। जब वे पिता की सेवा में पहुँचे'।

२ एक पोथी के अनुसार 'कुम्भलीज'।

३ एक पोथी के अनुसार 'सायदास' और एक पोथी के अनुसार 'सामीदास'।

४ दक्षिण।

न्याय की याचना करने के लिये पहुंचा। सुल्तान महमूद ने मर्यादा की रक्षा की दृष्टि से आदिल ख़ां को दण्ड देने का संकल्प किया और इस विचार से आसीर की ओर रवाना हुआ। आदिल ख़ां ने दीनता प्रदर्शित करते हुए शेख़ फ़रीदुद्दीन गंजशकर[1] के एक पौत्र को सुल्तान की सेवा में भेजा और थोड़ी सी पेशकश प्रस्तुत की और क्षमा याचना की।

## बरार तथा एलिचपुर की ओर प्रस्थान

सुल्तान महमूद जानता था कि "आसीर का क़िला कोई भी व्यक्ति विजय नहीं कर सका है और इस अभियान से मेरा वास्तविक उद्देश्य दक्षिण की विजय है", अतः उसके अपराधों को क्षमा करके उसे उसने परामर्श दिया और स्वयं बरार तथा एलिचपुर की ओर रवाना हुआ।

## सुल्तान महमूद तथा निज़ाम शाह का युद्ध एवं निज़ाम शाह की पराजय

बालापुर नामक क़स्बे में पहुंचने के उपरान्त गुप्तचरों ने यह समाचार पहुंचाये कि "निज़ाम शाह के वज़ीरों ने सीमान्तों से सेनायें मंगवा कर एकत्र कर ली हैं और ख़ज़ाने से दो करोड़ तन्के अमीरों तथा सैनिकों के व्यय हेतु प्रदान कर दिये हैं। वह बहुत भारी सेना लेकर १५० पर्वत रूपी हाथियों सहित नगर के बाहर निकला है और ईश्वर की लीला की प्रतीक्षा कर रहा है।" सुल्तान महमूद यह सुनकर सेना सुसज्जित करके निज़ाम शाह से ३ फ़रसंग के ऊपर पहुंच गया। उसके वज़ीरों ने ८ वर्षीय निज़ाम शाह को घोड़े पर सवार करके उसके सिर पर चत्र लगाया और उसके घोड़े की लगाम ख़्वाजये जहां मलिक शाह तुर्क को सौंप दी। बायें भाग की सेना की व्यवस्था मलिक निज़ामुलमुल्क तुर्क को, दायें भाग की ख़्वाजा महमूद गीलानी को, जिसकी उपाधि मलिकुत्तुज्जार थी, प्रदान की गई। जब दोनों बादशाह एक दूसरे के आमने-सामने पहुंच गये तो मलिकुतुज्जार ने आगे बढ़कर सुल्तान महमूद की सेना के बायें भाग पर आक्रमण कर दिया। चंदेरी का हाकिम महाबत ख़ां तथा ज़हीरुलमुल्क वज़ीर, जो बायें भाग (३४३) की सेना के सरदार थे, मार डाले गये और मन्दू की सेना बुरी तरह पराजित हो गई। उनका २ कोस तक पीछा किया गया और सुल्तान महमूद की सेना के शिविर नष्ट-भ्रष्ट कर दिये गये।

## निज़ाम शाह की पराजय

इसी बीच में जब सुल्तान महमूद ने, जो एक कोने में छिपा हुआ समय की प्रतीक्षा कर रहा था, देखा कि अधिकांश लोग लूट मार में व्यस्त हो गये हैं और निज़ाम शाह थोड़े से सहायकों सहित खड़ा रह गया है तो वह १२ हज़ार अश्वारोहियों सहित निज़ाम शाह की सेना के पीछे से प्रकट हुआ और ख़्वाजये जहां तुर्क, जो मध्य भाग की सेना का सर्वोत्कृष्ट व्यक्ति था, बड़ी युक्ति से निज़ाम शाह के घोड़े की लगाम पकड़ कर बिदर नगर की ओर रवाना हो गया और मामला उल्टा पड़ गया। जो लोग ध्वंस करने हेतु गये थे उन्होंने अपना जीवन नष्ट करा लिया।

१ फ़रीदुद्दीन गंजशकर अथवा बाबा फ़रीद एक बहुत बड़े सूफ़ी हुये हैं। इनका कार्य-क्षेत्र मुल्तान था। इनकी मृत्यु १२६५ ई० में मुल्तान में हुई।

## सुल्तान महमूद गुजराती का निज़ाम शाह की सहायतार्थ प्रस्थान तथा मालवा के सुल्तान महमूद की वापसी

निज़ाम शाह की माता मलकये जहां विश्वासघात तथा छल के भय से बिदर नगर की रक्षा हेतु मल्लू ख़ां को छोड़ कर स्वयं निज़ाम शाह को लेकर फ़ीरोज़ाबाद चली गई। वहां से उसने सुल्तान महमूद गुजराती के नाम एक पत्र लिखा और उससे सहायता की याचना की। सुल्तान महमूद ने बिदर नगर को घेर लिया। जब लोग भाग कर फ़ीरोज़ाबाद में एकत्र हुए और सूचना प्राप्त हुई कि सुल्तान महमूद गुजराती बहुत बड़ी सेना लेकर निज़ाम शाह की सहायतार्थ आ रहा है और शीघ्र ही पहुंच जायगा तो सुल्तान महमूद ने परामर्श करना प्रारम्भ किया और अन्त में उसने यह निश्चय किया कि "वायु के उष्ण हो जाने तथा रमज़ान मास के पहुंच जाने के कारण सब से अधिक उत्तम तो यह है कि इस राज्य की विजय दूसरे वर्ष पर स्थगित करके लौट जाया जाय।" इस बहाने से वह वहां से प्रस्थान करके अपनी विलायत की ओर रवाना हुआ।

## खरला पर निज़ाम शाह की सेना का आक्रमण तथा सुल्तान का सहायतार्थ प्रस्थान

८६७ हि० (१४६२-६३ ई०) में दकिन[1] प्रदेश की विजय के विचार से उसने पुनः सेना तैयार की और नुसरताबाद नालचा में पड़ाव किया। वह अभी नालचा ही में था कि खरला के क़िले के थानेदार (३४४) सिराजुलमुल्क का प्रार्थना-पत्र प्राप्त हुआ जिसमें लिखा था कि "निज़ाम शाह दकिनी ने निज़ामुलमुल्क को बहुत बड़ी सेना देकर खरला[2] के थाने के विरुद्ध नियुक्त कर दिया है और कुछ ही दिनों में पहुंच जायगा।" यह समाचार पाते ही वह शीघ्रातिशीघ्र खरला के थानेदार की सहायतार्थ रवाना हुआ। मार्ग में यह समाचार प्राप्त हुये कि निज़ामुलमुल्क तुर्क ने पहुंच कर खरला के क़िले पर आक्रमण कर दिया। जिस समय निज़ामुलमुल्क क़िले के समीप पहुंचा उस समय सिराजुलमुल्क मदिरापान में व्यस्त था और उसे अपनी सुधबुध न थी। सिराजुलमुल्क के पुत्र ने क़िले से निकल कर युद्ध किया और भाग खड़ा हुआ।

## सुल्तान महमूद का दौलताबाद की ओर प्रस्थान

निज़ामुलमुल्क ने अभिमान-वश उस स्थान को अपने अधिकार में करने का प्रयत्न न किया। सुल्तान महमूद ने यह समाचार पाकर मक़बूल ख़ां को ४ हज़ार अश्वारोहियों सहित खरला के क़िले की ओर भेजा और स्वयं प्रतिकार हेतु दौलताबाद की ओर रवाना हुआ। मार्ग में सरकिजा के राय के सम्बन्धियों तथा जाजनगर के राय के वकीलों ने ५३० हाथी पेशकश के रूप में भेजे और वकीलों को ख़िलअत तथा इनाम प्रदान करके बिदा कर दिया।

## अब्बासी ख़लीफ़ा द्वारा मन्शूर तथा ख़िलअत

जब उसने ख़लीफ़ाबाद नामक स्थान पर पड़ाव किया तो अमीरुल मोमिनीन मुस्तन्जिद बिल्लाह यूसुफ़ बिन मुहम्मद अब्बासी का एक सेवक राज्य का मन्शूर तथा उसके वली होने का ख़िलअत मिस्र से

१ दक्षिण।

२ एक पोथी के अनुसार 'खदला'।

उसके लिये लाया। उसने अत्यधिक प्रसन्न होकर उसका स्वागत किया और खलीफ़ा के सेवकों को सम्मानित किया, तथा उन्हें जड़ाऊ ज़ीन एवं लगाम सहित घोड़े और ज़रदोज़ी की खिलअतें इनाम में प्रदान कीं।

## सुल्तान महमूद की दौलताबाद से वापसी

जब वह दौलताबाद की विलायत की सीमा पर पहुंचा तो उसे समाचार प्राप्त हुआ कि "सुल्तान महमूद गुजराती अपनी राजधानी से निकल कर इस क्षेत्र की ओर आ रहा है।" सुल्तान महमूद मालकन्दा[1] के क़िले की ओर रवाना हुआ और कुछ स्थानों तथा ग्रामों को विध्वंस करके गोंदवारा के मार्ग राजधानी शादियाबाद को लौट गया।

## मक़बूल खां को एलिचपुर के विध्वंस हेतु भेजना

(३४५) उसने कुछ दिन ठहर कर रबी-उल-अव्वल ८७१ हि० (अक्तूबर-नवम्बर १४६६ ई०) में एक सेना मक़बूल खां के साथ एलिचपुर के क़स्बे को विध्वंस करने के लिए भेजी। उस सेना ने एलिचपुर के समीप के स्थानों को अधिकार में करके नगर को नष्ट-भ्रष्ट कर दिया। एक पहर रात व्यतीत हो जाने के उपरान्त उस स्थान के हाकिम ने अपने समीप के लोगों को उदाहरणार्थ क़ाज़ी खां तथा पीर खां को एकत्र किया और १५०० अश्वारोहियों तथा असंख्य पदातियों सहित युद्ध के विचार से तैयार हुआ। ज़ब यह समाचार मक़बूल खां को प्राप्त हुये तो उसने लूट की धन-संपत्ति तथा शिविर का भारी सामान एक सेना के साथ भेज दिया और योग्य व्यक्तियों को चुन कर अपने साथ रख लिया।

उसने एक सेना को चंदावल के राय के विरुद्ध नियुक्त किया और स्वयं एक स्थान पर घात लगा कर बैठ गया। जब दोनों सेनाओं में युद्ध होने लगा तो क़ाज़ी खां उस स्थान से जहां वह घात लगाये हुए बैठा था, निकल खड़ा हुआ। क़ाज़ी खां एलिचपुर की ओर भाग गया और मक़बूल खां ने एलिचपुर द्वार तक उसका पीछा किया। मार्ग में २० सरदारों की हत्या हो गई और ३० अन्य व्यक्ति बन्दी बना लिये गये। मक़बूल खां वहां से विजय तथा सफलता प्राप्त करके महमूदाबाद वापस चला गया।

## दक्षिण से संधि

जमादि-उल-अव्वल ८७१ हि० (दिसम्बर १४६६-जनवरी १४६७ ई०) में दकिन के वली ने क़ाज़ी शेख़न नामक एक व्यक्ति को संधि हेतु शादियाबाद की राजधानी में भेजा। अत्यधिक वाद-विवाद के उपरान्त यह निश्चय हुआ कि, "दकिन का वाली बरार की विलायत को एलिचपुर तक सुल्तान महमूद के लिए छोड़ दे, सुल्तान महमूद तदुपरान्त दकिन के राज्य को हानि न पहुंचायगा।" इस प्रस्ताव के अनुसार संधि-पत्र लिखा गया और दोनों राज्यों के प्रतिष्ठित अमीरों एवं सम्मानित व्यक्तियों ने अपनी-अपनी मुहरें लगाईं। जमादि-उल-आखिर (जनवरी-फ़रवरी १४६७ ई०) में क़ाज़ी शेख़न राजदूत को प्रथानुसार धन तथा खिलअत देकर शेरुलमुल्क को इस आशय से उसके साथ कर दिया गया कि वे एक दूसरे की उपस्थिति में प्रतिज्ञा की पुष्टि करें।

१ एक पोथी के अनुसार 'बालकन्दा'।

## चन्द्रमा की तिथि

(३४६) कुछ दिन उपरान्त उसने आदेश दिया कि दफ़तरों के हिसाब किताब में चन्द्रमा की तिथियों के अनुसार कार्य किया जाय और सूर्य की तिथि के स्थान पर चन्द्रमा की तिथि लिखी जाय। ८७१ हि० (१४६६-६७ ई०) से चन्द्रमा की तिथि कार्यालय में चालू हो गई।

## शेख़ नूरुद्दीन का मन्दू पहुँचना

उपर्युक्त वर्ष के रबी-उल-अव्वल मास (अक्तूबर-नवम्बर १४६६ ई०) में शेख़ नूरुद्दीन जो अपने सम . के बड़े ही प्रतिष्ठित आलिम थे मन्दू के समीप पहुंचे। सुल्तान महमूद ने हौज़े रानी पर उनका स्वागत किया और घोड़े पर बैठे-बैठे एक दूसरे से गले मिले और सुल्तान ने अत्यधिक आदर तथा सम्मान प्रदर्शित किया।

## सैयिद मुहम्मद नूर बख़्श का ख़िर्क़ा पहुँचना

उपर्युक्त वर्ष के ज़िलहिज्जा मास (जुलाई १४६७ ई०) में सैयिद मुहम्मद नूर बख़्श का दूत, मौलाना एमाद महमूद की सेवा में पहुंचा और शेख का ख़िर्क़ा आशीर्वाद के रूप में लाया। सुल्तान ने ख़िर्क़े की प्राप्ति को बहुत बड़ी देन समझ कर मौलाना एमादुद्दीन के चरणों को अपने लिए उन्नति तथा उपकार का विषय समझा और अत्यधिक प्रसन्न हो कर ख़िर्क़े को पहन लिया तथा अत्यधिक दान-पुण्य प्रारम्भ कर दिया। उस प्रदेश के समस्त आलिम, सूफ़ी तथा प्रतिष्ठित व्यक्ति, जो उसके दरबार में उपस्थित थे, प्रसन्न तथा लाभान्वित हुए।

## महमूदाबाद (खरला) के विद्रोह का दमन

मुहर्रम ८७२ हि० (अगस्त १४६७ ई०) में द्रुतगामी दूतों ने निवेदन किया कि "मक़बूल ख़ां ने विद्रोह कर दिया है और महमूदाबाद के क़स्बे को जो अब भी खरला के नाम से प्रसिद्ध है नष्ट-भ्रष्ट कर के दक्षिण के वाली से सहायता की याचना की है। कुछ हाथी जो राज्य के हित के लिये उसके साथ रहते थे, उन्हें उसने खरला के रायज़ादे को सौंप दिया और खरला के रायज़ादे ने महमूदाबाद के क़स्बे को अपने अधिकार में कर लिया। जो मुसलमान क़िले में निवास कर रहे थे उन सब की हत्या कर दी और गोंड लोगों को अपना सहायक बना कर मार्ग रोक दिया।" यह समाचार पाते ही उसने ताज ख़ां तथा अहमद ख़ां को इस विद्रोह को शांत करने के लिए नियुक्त किया और स्वयं २० रबी-उल-आख़िर[1] ८७२
(३४७) हि० (१९ अक्तूबर १४६७ ई०) को नालचा में पड़ाव किया। कुछ दिन उपरान्त वह महमूदाबाद की ओर रवाना हुआ। मार्ग में यह समाचार उसे प्राप्त हुआ कि "ताज ख़ां तथा अहमद ख़ां दशहरे के दिन, जो ब्राह्मणों का बहुत बड़ा दिन होता है, ७० कोस तक धावा करके स्वयं उस स्थान तक पहुंच गये हैं।" जब यह समाचार प्राप्त हुआ कि रायज़ादा भोजन कर रहा है तो ताज ख़ां ने कहा, "असावधान शत्रु पर आक्रमण करना पौरुष नहीं है।" वहीं पर उसने अपने घोड़े को रोक लिया और एक व्यक्ति को उसके पास भेज कर उसे सावधान किया। रायज़ादे ने भोजन से हाथ खींच कर अपने सैनिकों सहित अस्त्र-शस्त्र धारण किया और युद्ध हेतु अग्रसर हुआ। दोनों ओर की सेनाओं ने ऐसा परिश्रम किया कि

१ एक पोथी के अनुसार '८ रबी-उल-आख़िर'।

उससे अधिक की कल्पना नहीं हो सकती। अंत में उसके (रायज़ादे के) अधिकांश आदमी मारे गये और वह नंगे सिर तथा नंगे पांव भाग कर गोंड लोगों के पास (सहायता) की प्रार्थना करने पहुंचा। मक़बूल खां के हाथी तथा अन्य लूट की धन संपत्ति एवं महमूदाबाद क़स्बे पर अधिकार जमा लिया। जब ताज खां का प्रार्थना-पत्र सुल्तान महमूद को प्राप्त हुआ तो वह अत्यधिक प्रसन्न हुआ और मलिकुलउमरा मलिक दाऊद को उस समूह (के लोगों) को, जिन्होंने रायज़ादे को शरण दी थी, दंड देने के लिये नियुक्त किया। जब यह समाचार उन लोगों को प्राप्त हुये तो उन लोगों ने रायज़ादे को बन्दी बना कर ताज खां के पास भेज दिया।

## सुल्तान अबू सईद के दूत का पहुंचना

सुल्तान महमूद ने विजय के उपरान्त महमूदाबाद की ओर प्रस्थान किया। उसने ६ रजब (८७२ हि० ३१ जनवरी १४६८ ई०) को सारंगपुर क़स्बे में पड़ाव किया। उस स्थान पर कुछ दिन उपरान्त मीरज़ा सुल्तान अबू सईद के पास से ख़्वाजा जमालुद्दीन अस्तराबादी उपहार सहित राजदूत बन कर आया। सुल्तान महमूद, ख़्वाजा जमालुद्दीन के पहुंचने पर अत्यधिक प्रसन्न हुआ और उसने उसे शाही कृपाओं द्वारा प्रसन्न करके बिदा किया और हिन्दुस्तान के उपहारों में से कपड़े, अन्य सामान, कुछ (३४८) कनीज़ नर्तकियां[1], संगीतज्ञ, हाथी, ख़्वाजासरा, बोलने वाला तोता तथा मैना और अरबी घोड़े, शेखज़ादा अलाउद्दीन के हाथ ख़्वाजा जमालुद्दीन के साथ भेजे और स्वयं अपनी राजधानी शादियाबाद में पड़ाव किया।

## जलालपुर का बसाया जाना

८७३ हि० (१४६८-६९ ई०) में सुल्तान को ग़ाज़ी खां का इस आशय का प्रार्थना-पत्र प्राप्त हुआ कि कछवारा के ज़मींदारों ने विद्रोह कर दिया है। यह समाचार पाते ही सुल्तान महमूद ने आय तथा व्यय का निरीक्षण करके अपने राज्य के मध्य में एक क़िले का निर्माण कराया जो ६ दिन में पूरा हो गया। उसके पूरा हो जाने के उपरान्त उसने उसका नाम जलालपुर रखा और मुनीर खां[2] को उस स्थान पर नियुक्त किया।

## बहलोल लोदी के दूत का आगमन

८ शाबान ८७३ हि० (२१ फ़रवरी १४६९ ई०) को शेख मुहम्मद फ़र्मुली तथा ग्वालियर के राजा का पुत्र कपूरचन्द, हाजिब के रूप में देहली के बादशाह सुल्तान बहलोल लोदी की ओर से फ़तहाबाद के समीप पहुंचे और जो उपहार वे लाये थे उन्हें प्रस्तुत किया और निवेदन किया कि, "सुल्तान हुसेन शर्क़ी हमें परीशान करने से बाज़ नहीं आता। यदि आप देहली पधारें और उपद्रव तथा उत्पात का अन्त करा दें तो लौटते समय ब्याना का क़िला उसके अधीनस्थ स्थानों सहित पेशकश के रूप में भेंट कर दिया जायगा। जब भी सुल्तान प्रस्थान करें तो ६ हज़ार अश्वारोही सामान सहित सेवा में भेज दिये जायेंगे।" सुल्तान महमूद ने कहा, "जैसे ही सुल्तान हुसेन देहली पर आक्रमण करेगा मैं शीघ्रातिशीघ्र सहायतार्थ पहुंच जाऊंगा।"

१ एक पोथी के अनुसार 'कनीज़े ख़ास'।
२ एक पोथी के अनुसार 'मीर्ज़ा ख़ान'।

(३४९) यह निश्चय करके उसनें राजदूतों के प्रति कृपादृष्टि प्रदर्शित करते हुए बहुमूल्य खिलअतें देकर उन्हें बिदा कर दिया।

## सुल्तान महमूद की मृत्यु

दूसरे दिन वह प्रस्थान करके अपनी राजधानी शादियाबाद की ओर रवाना हुआ। वायु के अत्यधिक उष्ण होने के कारण मार्ग में उसे ज्वर चढ़ आया और नित्यप्रति उसके रोग में वृद्धि होती गई। १९ ज़ीक़ाद ८७३ हि० (३१ मई १४६९ ई०) को कछवारा की विलायत में उसकी मृत्यु हो गई। उसने ३४ वर्ष तक राज्य किया।

सुल्तान महमूद की अवस्था तथा राज्यकाल की अवधि में बड़ी विचित्र बातें पाई जाती हैं। साहेब क़िरान अमीर तैमूर भी ३६ वर्ष की अवस्था में सिंहासनारूढ़ हुआ और ३६ वर्ष तक राज्य किया। उसकी[1] मृत्यु के उपरान्त उसके पोतों तथा पौत्रों में ३६ व्यक्ति जीवित रहे।

# सुल्तान ग़यासुद्दीन वल्द सुल्तान महमूद खलजी

सुल्तान महमूद खलजी की मृत्यु के उपरान्त उसका ज्येष्ठ पुत्र सुल्तान ग़यासुद्दीन सिंहासनारूढ़ हुआ और उसने दानपुण्य प्रारम्भ कर दिया। सर्वसाधारण को उसने अपनी ओर से संतुष्ट कर लिया। जो धन छत्र पर से न्योछावर किया जाता था उसे विद्वानों तथा सहायता के पात्रों को प्रदान किया जाता था।

## फ़िदन खां (अलाउद्दीन) को रणथम्भोर तथा कुछ अन्य परगने प्रदान करना

उसने अपने छोटे भाई, जिसकी उपाधि सुल्तान अलाउद्दीन थी और जो फ़िदन खां[2] के नाम से (३५०) प्रसिद्ध था, के पास पूर्व की भांति रणथम्भोर की विलायत रहने दी। कुछ अन्य परगने जो सुल्तान महमूद के राज्यकाल में उसके अधिकार में न थे उसे संतुष्ट करने के लिए प्रदान कर दिये।

## शाहज़ादा अब्दुल क़ादिर को वलीअहद बनाना

उसने शाहज़ादा अब्दुल क़ादिर को नासिर शाह की उपाधि प्रदान की और उसे अपना उत्तराधिकारी नियुक्त किया तथा विज़ारत का पद प्रदान किया। चत्र, पालकी, कौकबा[3] तथा १२ हज़ार अश्वारोहियों की जागीर प्रदान की। खानों तथा अमीरों को आदेश दिया कि वे रोज़ाना शाहज़ादे के अभिवादन हेतु जाया करें और उसके साथ-साथ दौलतखाने में उपस्थित हों।

## राज्य विजय न करने का संकल्प

उसने अपने राज्य के प्रारम्भ में अपने अमीरों को बुलवा कर उनसे कहा कि, "मैं अपने पिता के साथ-साथ ३४ वर्ष तक परिश्रम करता रहा। अब मेरे हृदय में यह बात आती है कि जो कुछ मेरे पिता की ओर से मुझे प्राप्त हुआ है उसी की रक्षा का मैं प्रयत्न करूं और अधिक आकांक्षा न करूं। अपने लिए

१ अमीर तैमूर।
२ एक पोथी के अनुसार 'फ़िदी खां'।
३ राजसी ठाठ बाट, परिजन इत्यादि।

तथा अपने सहायकों के लिये शांति एवं भोग-विलास के द्वार खोल दूं। अपने राज्य में शांति रखना अन्य राज्यों की विजय से अच्छा है।"

## स्त्रियों को एकत्र करना

उसने संगीतज्ञों को एकत्र करना प्रारम्भ कर दिया और प्रत्येक दिशा से संगीतज्ञ उसके दरबार में उपस्थित होने लगे। उसने अपने अंतःपुर को सुन्दर कनीज़ों, राजाओं तथा ज़मींदारों की पुत्रियों से परिपूर्ण कर लिया और इस विषय में अत्यधिक प्रयत्न करने लगा। इन रूपवतियों में से प्रत्येक को किसी न किसी कला की शिक्षा दी जाती थी। किसी को नृत्य तथा पातुरबाज़ी[1], किसी को गाना और किसी को वादन सिखाया जाता था। कुछ को मल्लयुद्ध सिखाया जाता था। ५०० हब्शी कनीज़ों का पुरुषों के वस्त्र पहना कर तलवार तथा ढाल देकर उनका नाम "गरोहे जयूश" रखा। ५०० तुर्क कनीज़ों को तुर्कों का वस्त्र पहना कर "गरोहे मगूलां" नाम रखा। ५०० कनीज़ों को जो बड़ी ही समझदार तथा बुद्धिमान् (३५१) थीं नाना प्रकार की विद्यायें सिखाईं। वह नित्य एक को अपने साथ भोजन कराता था। एक समूह को चुन कर उसने राज्य के पद, उदाहरणार्थ इस्तीफ़ा[2], विलायत की जमा[3], तथा ख़र्च की रक्षा[4] और कारख़ानों की मुशरिफ़ी[5], प्रदान किये।

## अन्तःपुर में बाज़ार तथा अन्य प्रबन्ध

उसने अपने अन्तःपुर में एक बाज़ार का निर्माण कराया था। जो कुछ अन्य बाज़ारों में बिकता था वह यहां भी बेचा जाता था। १६ हज़ार कनीज़ें उसके अंतःपुर में एकत्र हो गई थीं। प्रत्येक को प्रतिदिन २ चांदी के तन्के तथा २ मन अनाज दिया जाता था। वह उनके प्रति समान व्यवहार करने का अत्यधिक प्रयत्न करता था। उसे रानी ख़ुर्शीद से, जो उसकी पत्नियों में सर्वश्रेष्ठ थी, अत्यधिक प्रेम था। उसके समस्त कार्यों में उसे पूर्ण अधिकार प्राप्त था। उसे भी २ मन अनाज तथा २ तन्के दिये जाते थे।[6] उसने अपने एक सेवक को आदेश दे रक्खा था कि प्रतिदिन पक्का भोजन चूहों के बिल में डाला जाया करे। उसने अपने पदाधिकारियों को आदेश दे दिया था कि "जब कभी मैं ईश्वर के प्रति कृतज्ञता प्रकट करूं या तुम यह देखो कि ईश्वर ने मुझे कोई देन प्रदान की है तो उस समय शुकराने के रूप में ५० तन्के सहायता के पात्रों को दे दिये जायं और उत्तर की प्रतीक्षा न की जाय। जिस छोटे या बड़े से मैं बाहर वार्तालाप करूं उसे इनाम में एक हज़ार तन्के दे दिये जाया करें।" वह अपना अधिकांश समय भोग-विलास में व्यतीत किया करता था। एक पहर रात्रि के व्यतीत हो जाने के उपरान्त ईश्वर की प्रार्थना के लिए कटिबद्ध हो जाता था और अपना माथा भूमि पर रगड़ता था तथा ईश्वर से अपने लिए प्रार्थना किया करता था।

१ नृत्य-कला, पतुरियों की कला।
२ राज्य के मुस्तौफ़िये ममालिक, (आडीटर जेनरल) का काय।
३ आय।
४ व्यय।
५ आय पर नियन्त्रण रखने वाले अधिकारी।
६ दो पोथियों में यह वाक्य भी है: 'कहा जाता है कि उसके अन्तःपुर में जो भी जानवर था, उसे दो मन अनाज तथा चांदी के दो तन्के प्रदान किये जाते थे। उसने अपने एक सेवक को आदेश दे दिया था'।

(३५२) उसने अपने एक विश्वासपात्र को आदेश दे दिया था कि "मेरे राज्य में जो घटना घटे, अथवा सीमान्त के प्रदेश से जो प्रार्थना-पत्र प्राप्त हों उन्हें उचित अवसर पर प्रस्तुत किया जाय। यदि राज्य-व्यवस्था के सम्बन्ध में वज़ीरों को कोई संदेह होता तो वे पत्र लिखकर अन्तःपुर में भिजवा देते थे और सुल्तान उचित उत्तर लिख कर भेज देता था।

## बहलोल द्वारा अल्हनपुर पर आक्रमण

कहा जाता है कि एक बार देहली के बादशाह सुल्तान बहलोल लोदी ने अल्हनपुर के क़स्बे पर, जिसका संबन्ध मालवा के सुल्तानों से था, चढ़ाई की और क़स्बे के निवासियों को अत्यधिक हानि पहुंचाई। जब यह समाचार मन्दू में प्राप्त हुये तो किसी को इस बात का साहस न होता था कि वह सुल्तान ग़यासुद्दीन के सामने इस विषय में निवेदन करे। अन्त में वज़ीरों के परामर्श से हसन खां ने एक दिन अवसर पाकर निवेदन किया कि, "सुल्तान बहलोल प्रति वर्ष सुल्तान महमूद शाह की सेवा में पेशकश तथा सलामी का धन भेजा करता था। आजकल सुना जाता है कि वह धृष्टता प्रदर्शित कर रहा है और उसकी सेना ने अल्हनपुर क़स्बे को नष्ट-भ्रष्ट कर दिया है।" सुल्तान ने यह सुनते ही तत्काल चंदेरी के हाकिम बशीर ख़ां बिन मुज़फ़्फ़र ख़ां को लिखा कि, "तुम भिलसा तथा सारंगपुर की सेना अपने साथ लेकर सुल्तान बहलोल पर आक्रमण करने के लिए प्रस्थान करो।" फ़रमान के पहुंचने पर शेर ख़ां ने अपनी सेना तैयार करके ब्याना की ओर प्रस्थान किया। सुल्तान बहलोल अपने आप में युद्ध की शक्ति न देखकर ब्याना को छोड़ कर देहली चला गया। शेर ख़ां उसका पीछा करता हुआ देहली की ओर रवाना हुआ। सुल्तान बहलोल ने शेर ख़ां को युक्ति से तथा उपहार देकर लौटा दिया। शेर ख़ां ने अल्हनपुर क़स्बे को पुनः बसा कर चंदेरी की ओर प्रस्थान किया।

## धर्मनिष्ठता एवं दान-पुण्य

कहा जाता है कि प्रत्येक रात्रि में उसकी तकिये के नीचे कुछ मुहरें रख दी जाती थीं। प्रातःकाल वह उन मुहरों को सहायता के पात्रों को प्रदान कर देता था। ७० कनीज़ों को, जिन्हें क़ुरान कण्ठस्थ था, आदेश दे दिया गया था, कि जब वह अपने वस्त्र बदलें तो क़ुरान ख़त्म करके उस पर फूंका करें।

## ईसा के गधे के खुर की कहानी

(३५३) उसकी श्रद्धा तथा सरलता के विषय में एक कहानी इस प्रकार बताई जाती है। एक दिन एक व्यक्ति एक गधे का खुर लाया और उसने कहा कि, "यह ईसा के गधे का खुर है।" सुल्तान ने आदेश दिया कि, "५० हज़ार तन्के देकर खुर को क्रय कर लिया जाय।" संक्षेप में, ३ अन्य व्यक्ति ३ गधों का खुर लाये और प्रत्येक खुर का वही मूल्य अदा किया गया। संयोग से एक अन्य व्यक्ति भी खुर लाया। सुल्तान ने उसे भी ५० हज़ार तन्के देने का आदेश दिया। सुल्तान के एक विश्वास-पात्र ने पूछा कि, "ईसा के गधे के ५ पांव थे जो ५वें खुर का भी वही मूल्य अदा किया जा रहा है?" सुल्तान ने कहा कि, "संभव है कि यह ठीक हो और उनमें से एक ग़लत हो।"

## शरा का पालन

उसने अपने एक विश्वासपात्र को आदेश दे दिया था कि "भोग-विलास तथा सांसारिक लोगों से वार्तालाप करते हुए मुझको देखकर तू कपड़े का एक टुकड़ा लाया कर।" उस कपड़े के टुकड़े का नाम कफ़न रखा गया था। सुल्तान उससे शिक्षा ग्रहण करके पुनः वज़ू करता और ईश्वर से क्षमा याचना

करके एबादत में व्यस्त हो जाता था। उसने अपने अन्तःपुर वालों को भी आदेश दे दिया था कि "जब तहज्जुद की नमाज़ के लिए मुझे जगाया जाय तो मेरे मुंह पर जल के छींटें मारे जायं। यदि मैं गहरी नींद में सो रहा हूँ तो मुझे ज़बरदस्ती खींच कर जगा दिया जाय।" यदि वह किसी समारोह में होता और एक दो संकेत पर न उठता तो उसके आदेशानुसार हाथ पकड़ कर उसे उठा दिया जाता था। उसके दरबार में शरा के विरुद्ध कोई बात न कही जाती थी और न कोई ऐसी बात कही जाती थी जिससे दुःख प्रकट हो। वह किसी नशे की वस्तु की ओर कदापि दृष्टिपात न करता था। एक दिन सुल्तान के लिए एक माजून तैयार की गई और उस पर १ लाख तन्के व्यय हुए। जब उसे सुल्तान के समक्ष प्रस्तुत किया गया तो उसने आदेश दिया कि "सर्वप्रथम जो चीज़ें इसमें पड़ी हों उनके नाम पढ़े जायं।" ३ सौ तथा इससे कुछ अधिक औषधियों में केवल एक दिरहम बराबर अफ़ीम थी। सुल्तान ने कहा कि "यह माजून मेरे काम की नहीं" और आदेश दिया कि, "इसे जला डाला जाय।" एक आदमी ने कहा कि, "इसे किसी अन्य व्यक्ति को दे दिया जाय।" उसने उत्तर दिया कि, "जो वस्तु मैं अपने लिए उचित नहीं समझता, उसके विषय में आदेश किसी अन्य व्यक्ति को कदापि नहीं दे सकता।"

## दान-पुण्य की एक कहानी

एक बार शेख़ मुहम्मद नोमान का, जो सुल्तान का मुसाहिब था, एक पड़ोसी देहली से उसकी (३५४) सेवा में उपस्थित हुआ और उसने कहा कि, "मैं सुल्तान के दानपुण्य की ख्याति सुनकर आया हूं ताकि आपके द्वारा अपनी पुत्री का विवाह कर सकूं।" शेख़ ने कहा कि, "उसमें जो कुछ व्यय होगा उसे मैं प्रदान कर दूंगा।" उसने कहा, "मैं आपसे न लूंगा। मेरी इच्छा है कि मैं सुल्तान के दान से लाभान्वित हूं ताकि मेरे सम्मान में वृद्धि हो।" शेख़ ने यद्यपि (उससे इस विषय में) बड़ा आग्रह किया किन्तु उसने स्वीकार न किया। शेख़ ने कहा कि, "अन्य आनेवालों की सिफ़ारिश उनके पूर्वजों की श्रेष्ठता अथवा उनके व्यक्तिगत गुणों के अनुसार करता हूं। तुझमें यह दोनों बातें नहीं। मैं तेरी किस बात की प्रशंसा करूं?" उसने कहा कि, "मैं आपके पास पहुंच गया हूं। आप अपनी बुद्धि से कार्य करें।" शेख़ उस व्यक्ति को अपने साथ लेकर सुल्तान के दरबार में पहुंचा। वहां फ़क़ीरों के लिए जो गेहूं तौला जा रहा था उसमें से एक मुट्ठी गेहूं उससे उठा लेने के लिए (शेख़ ने) कहा। जब शेख़ सुल्तान के पास पहुंचा तो वह व्यक्ति उसी प्रकार उसके पीछे था। सुल्तान ने पूछा, "यह कौन है?" उसने उत्तर दिया कि, "क़ुरान का हाफ़िज़[1] है और एक मुट्ठी गेहूं उपहार स्वरूप भेंट करने के लिए लाया है जिसके प्रत्येक दाने पर उसने पूरा क़ुरान पढ़ा है।" सुल्तान ने पूछा कि, 'इसे क्यों इस स्थान पर लाये? हमें इसके पास जाना चाहिये था।" शेख़ ने कहा कि, "इसमें इतनी योग्यता न थी कि सुल्तान इसके पास जायं।" सुल्तान ने कहा कि, "यदि यह योग्य न था तो इसका उपहार बड़ा ही उत्कृष्ट था।" सुल्तान के आग्रह करने पर शेख़ ने यह निश्चय किया कि जुमे के दिन जामा मस्जिद में वह अपना उपहार भेंट करे। जब लोग नमाज़ पढ़ चुके तो सुल्तान ने आदेश दिया कि "तू मिम्बर[2] पर पहुंच कर उस गेहूं को मेरे पल्ले में डाल दे।" सुल्तान ने उसे नाना प्रकार से सम्मानित किया।

१ जिसे क़ुरान कंठस्थ हो।
२ मस्जिद का मंच जहां से ख़तीब, ख़ुत्बा पढ़ते हैं।

## सर्वोत्कृष्ट रूपवती की खोज

कहा जाता है कि एक दिन सुल्तान ने अपने विश्वासपात्रों से कहा कि, "मैंने कई हज़ार सुन्दर स्त्रियां अपने अन्तःपुर में रख ली हैं किन्तु जैसी रूपवती मैं चाहता हूं वह मुझे नहीं मिलती।" उनमें से एक ने कहा कि, "जो लोग इस कार्य के लिए नियुक्त हैं, संभवतः वे रूपवतियों को पहचान नहीं सकते। यदि दास को इस कार्य हेतु नियुक्त कर दिया जाय तो बड़ा अच्छा है, ताकि सुल्तान की इच्छानुसार (दास) किसी रूपवती को ला सके।" सुल्तान ने कहा कि, "तू रूपवतियों के विषय में क्या जानता है ?" उसने उत्तर दिया कि, "उसके जिस अंग पर भी दृष्टि पड़ जाय तो फिर दर्शक को दूसरे अंग को देखने की (३५५) इच्छा न हो। उदाहरणार्थ यदि उसका डीलडौल देखा जाय तो उस पर इस प्रकार आसक्त हो जाया जाय कि उसके मुख को देखने की आवश्यकता न पड़े।" सुल्तान ने उसकी इस पहचान को पसन्द कर लिया और उसे विदा कर दिया। उसने समस्त प्रदेशों में घूम-घूम कर बड़ी खोज की किन्तु उसकी इच्छानुसार कोई रूपवती न मिली। संयोग से वह एक ऐसे स्थान पर पहुंच गया जहां उसने एक युवती देखी जो धीरे-धीरे चली जा रही थी। उसकी चाल-ढाल तथा उसके डीलडौल ने उसे अपनी ओर आकर्षित कर लिया। तत्पश्चात् उसने उसकी सुन्दरता की ओर दृष्टि डाली तो जैसी वह चाहता था उससे अधिक सुन्दर उसे पाया। तत्पश्चात् उसने कुछ दिन उस स्थान पर व्यतीत किये और जिस प्रकार संभव हो सका रूपवती को लेकर सुल्तान की सेवा में पहुंचा और सुल्तान को प्रसन्न कर दिया। उसने कहा कि, "मैंने इसे इतने हज़ार दिरहम में क्रय किया है।"

कुछ दिन उपरान्त उस युवती के माता-पिता को इस बात का पता चल गया कि जो व्यक्ति इस स्थान पर कई दिन तक ठहरा था वही उनकी पुत्री को ले गया है। उसके नाम तथा उसके निवास-स्थान का पता लगाते हुए वे न्याय हेतु सुल्तान की सेवा में पहुंचे। एक मार्ग पर उन्होंने सुल्तान को रोक कर उससे न्याय की याचना की। सुल्तान समझ गया कि वे उसी युवती के लिए न्याय की याचना कर रहे हैं। सुल्तान वहां से आगे न बढ़ा और वहीं बैठ गया। उसने आदेश दिया कि आलिमों को उपस्थित किया जाय और उनसे कहा जाय कि जो कुछ भी शरा का आदेश हो वह बताया जाय। न्याय की याचना करने वाले जब वास्तविक बात से अवगत हुए तो उन्होंने निवेदन किया कि, "हम लोग उस व्यक्ति के विषय में न्याय की याचना कर रहे थे जो हमारी पुत्री को लाया था। यदि वह सुल्तान के अन्तःपुर में प्रविष्ट हो गई है तो यह हमारे लिए बड़े ही सम्मान का विषय है। विशेषकर, उसके मुसलमान हो जाने के कारण वह हमारे धर्म से बाहर हो चुकी। अब हम इस बात से संतुष्ट हैं।"

तत्पश्चात् सुल्तान ने आलिमों से कहा कि, "इस समय यह स्त्री मेरे लिए मुबाह[1] है किन्तु पिछले दिनों के लिए शरा का जो आदेश हो वह दिया जाय ताकि मैं उसे पूरा करूं। यदि मैं मृत्यु दण्ड (३५६) के भी योग्य हूं तो मैं अपना खून करता हूं।" आलिमों ने कहा कि, "जो कुछ अज्ञानता के कारण संपन्न हो जाय वह शरा के अनुसार क्षम्य है और उसका समाधान कफ़्फ़ारे[2] द्वारा हो सकता है।" सुल्तान इसके बावजूद भी इस बात से लज्जित रहा और तदुपरान्त उसने अपने आदमियों को स्त्रियों को ढूंढ़ने के लिये मना कर दिया।

१ शरा के अनुसार हलाल (स्वीकृत)।
२ एक प्रकार का प्रायश्चित्त जो धन के दान द्वारा सम्भव है।

८८८ हि० (१४८३–४ ई०) में ज्योतिष के अनुसार "महा मिलन" हुआ अर्थात् शनिग्रह तथा वृहस्पति नक्षत्र वृश्चिक राशि में एक दूसरे के अत्यधिक निकट आकर मिल गये। इसके अतिरिक्त पांचों नक्षत्र, एक ही राशि में एकत्र हो गये। उसके अमंगल होने का प्रभाव अधिकांश राज्यों पर प्रकट हुआ। विशेष रूप से खलजियों के राज्य में बड़ी उथल पुथल हुई। इसका पता नासिर शाह के इतिहास से चल जायेगा।

## चाम्पानीर के राय की सहायतार्थ प्रस्थान तथा वापसी

८८९ हि० (१४८४ ई०) में चाम्पानीर के राय का एक दूत उपस्थित हुआ और उसने निवेदन किया कि, "क्योंकि इससे पूर्व सुल्तान महमूद बिन सुल्तान अहमद द्वारा चाम्पानीर की घेराबन्दी पर सुल्तान महमूद शाह ने उसकी सहायतार्थ पहुंच कर उसे मुक्ति दिला दी थी और अब सुल्तान महमूद गुजराती ने चाम्पानीर को पुनः घेर लिया है अतः यदि सुल्तान हमारी प्राचीन दासता पर दृष्टिपात करते हुए हमें मुक्ति दिला सकें तो इससे सुल्तान के सम्मान तथा पौरुष को प्रसिद्धि प्राप्त होगी। व्यय में सहायता हेतु १ लाख तन्का प्रतिदिन सुल्तान के पदाधिकारियों को पहुंचा दिया जाया करेगा।" जब यह बात सुल्तान के सम्मुख प्रस्तुत की गई तो उसने सेना तैयार करके नालचा के कूश्क में पड़ाव किया। दूसरे दिन उसने आलिमों तथा क़ाज़ियों को अपने दरबार में बुलवा कर उनसे प्रश्न किया कि, "एक मुसलमान बादशाह ने काफ़िरों के पर्वत को घेर लिया है। (क्या) शरा के अनुसार हमारे लिए यह स्वीकृत है कि हम काफ़िर की सहायतार्थ प्रस्थान करें?" आलिमों ने सर्व-सम्मति से कहा कि, "यह उचित नहीं।" सुल्तान ग़यासुद्दीन ने नालचा से चाम्पानीर के दूत को विदा कर दिया और अपनी राजधानी को लौट आया।

## राज्य के लिये गृह-युद्ध

(३५७) जब वह वृद्धावस्था को प्राप्त हुआ तो सुल्तान नासिरुद्दीन तथा शुजाअत खां, जिसकी उपाधि सुल्तान अलाउद्दीन थी, में राज्य के लिये संघर्ष होने लगा। यद्यपि दोनों सगे भाई थे किन्तु शत्रुता इस सीमा तक बढ़ गई कि वे एक दूसरे की हत्या का संकल्प करने लगे। बकलाना के राय की पुत्री रानी खुर्शीद, जो सुल्तान ग़यासुद्दीन की सर्वश्रेष्ठ पत्नी थी, शुजाअत खां का पक्ष लेने लगी, और इस बात का प्रयत्न करने लगी कि सुल्तान ग़यासुद्दीन को सुल्तान नासिरुद्दीन का विरोधी बना दे। इस घटना का सविस्तार उल्लेख सुल्तान नासिरुद्दीन के इतिहास में किया जायगा। संक्षेप में, सुल्तान नासिरुद्दीन विवश होकर मन्दू से भाग गया और राज्य के मध्य में पड़ाव करके अमीरों को उसने अपनी ओर मिला लिया। वहां से उसने मन्दू के क़िले पर चढ़ाई करके उसे घेर लिया। सुल्तान अलाउद्दीन शुजाअत खां ने ५००० गुजरातियों को प्रोत्साहन देकर अपनी ओर मिला लिया और प्रयत्न करने लगा। अंत में सुल्तान ग़यासुद्दीन के अमीरों ने द्वार को खुलवा कर उसे क़िले में बुलवाया। शुजाअत खां ने जब देखा कि नासिरुद्दीन द्वार से प्रविष्ट हो गया है तो उसने सुल्तान ग़यासुद्दीन की सेवा में पहुंच कर शरण ली। कुछ दिन उपरान्त जब सुल्तान नासिरुद्दीन शाह के राज्य के महल की नींव दृढ़ हो गई तो उसने शुजाअत खां को उसके पुत्रों सहित अपने पिता के पास से बुलवाया और उसकी हत्या करा दी।

९ रमज़ान ९०६ हि० (२९ मार्च १५०१ ई०) को सुल्तान ग़यासुद्दीन पेचिश के रोग में ग्रस्त होकर मृत्यु को प्राप्त हो गया। कुछ लोगों का कथन है कि, "सुल्तान नासिरुद्दीन ने अपने पिता को

विष देकर मार डाला"। सुल्तान नासिरुद्दीन ने रानी ख़ुर्शीद को संदेश भेजा कि "सुल्तान का जितना ख़ज़ाना तुम्हारे अधिकार में हो उसे तुम ख़ज़ांचियों को सौंप दो अन्यथा तुम्हें हानि उठानी पड़ेगी।" रानी ख़ुर्शीद ने उसके कठोर व्यवहार को देखते हुए समस्त ख़ज़ाना तथा धन-संपत्ति जो अन्तःपुर में छिपी हुई थी निकलवा कर सुल्तान नासिरुद्दीन के गुमाश्तों[1] को दे दी। सुल्तान ग़यासुद्दीन ने ३२ वर्ष तथा १७ दिन तक राज्य किया।

## सुल्तान नासिरुद्दीन

(३५८) इतिहासकार इस बात से सहमत हैं कि सुल्तान नासिरुद्दीन का जन्म सुल्तान महमूद खलजी के राज्यकाल में हुआ था। महमूद शाह तथा ग़यास शाह ने अत्यधिक प्रसन्नता प्रदर्शित करते हुए जशनों का आयोजन कराया और १ मास तक भोग-विलास (का कार्यक्रम) चलता रहा। इस महान् देन के प्रति कृतज्ञता प्रकट करने के लिए सर्वसाधारण तथा विद्वानों एवं सहायता के पात्रों को परोपकार द्वारा लाभान्वित किया गया। ज्योतिषियों ने निवेदन किया कि, "शाहज़ादे का जन्म शुभ मुहूर्त में हुआ है। संसार के प्रसिद्ध विद्वानों द्वारा उसका पालन-पोषण होगा तथा उसको शिक्षा प्राप्त होगी। वह समस्त कलाओं में दक्ष और अपने युग का अद्वितीय व्यक्ति होगा।" उसके जन्म के सातवें दिन उसे पूज्य व्यक्तियों के समक्ष प्रस्तुत करके उसका नाम अब्दुल क़ादिर रखा गया। बाल्यावस्था ही में राज्य तथा शासन के चिह्न उसके ललाट से प्रकट होते थे। जब वह युवावस्था को प्राप्त हुआ तो नेतृत्व तथा राज्य-व्यवस्था के विषय में अपने समकालीनों से बढ़ गया। सुल्तान ग़यासुद्दीन ने उसे अपना उत्तराधिकारी नियुक्त करके विज़ारत का पद प्रदान कर दिया।

### शुजाअत खां द्वारा विरोध

उसका छोटा भाई शुजाअत खां, यद्यपि बाह्य रूप से उसका साथ देने में कोई कसर न उठा रखता था किन्तु हृदय से उसका विरोधी था। उसने एक समूह को मिला लिया। उन्होंने एक दिन एकान्त में सुल्तान ग़यासुद्दीन से निवेदन किया कि, "कुछ धृष्ट गुण्डों का एक समूह सुल्तान नासिरुद्दीन की सेवा में एकत्र हो गया है। राज्य प्राप्त करने हेतु वे लोग उसे लालायित कर रहे हैं। घटना के पूर्व ही उसका उपचार उचित होगा।" उन लोगों ने सुल्तान को शाहज़ादे के प्रति इतना शंकित कर दिया कि सुल्तान ने उसे बन्दी बनाने का संकल्प कर लिया किन्तु सौजन्य तथा बादशाही के चिह्न उसके ललाट पर (३५९) देखकर उसके पैतृक स्नेह ने उसे इस बात की ओर प्रेरित किया कि उसके प्रति कृपा प्रदर्शित करके उसकी शक्ति में वृद्धि कराई जाय। उसने आदेश दिया कि आरिज़े ममालिक अमीरों एवं सरदारों को आदेश भेज दे, कि वे नित्य प्रातःकाल सुल्तान नासिरुद्दीन के पास अभिवादन हेतु उपस्थित हुआ करें और शाहज़ादे के साथ उसकी सेवा में आया करें।

सुल्तान नासिरुद्दीन ने भी दृढ़तापूर्वक शासन प्रबन्ध पर अधिकार जमा कर प्रत्येक स्थान पर अपनी ओर से गुमाश्ते नियुक्त कर दिये। जब खालसे के परगनों का प्रबन्ध शेख़ हबीब तथा ख़्वाजा सुहेल ख़्वाजासरा को प्रदान हुआ तो यगां खां, अम्मन तथा मूंजा[2] बक़्क़ाल, जो इससे पूर्व खालसे के आमिल थे, कुस्वभाव वाली रानी ख़ुर्शीद के पास सहायता की प्रार्थना लेकर पहुंचे। रानी ख़ुर्शीद

१ एजेंटों।
२ एक पोथी के अनुसार 'पूंजा'।

क्योंकि शुजाअत खां का पक्ष करती थी और सुल्तान नासिरुद्दीन के प्रति उसका हृदय साफ़ न था, अतः उसने शुजाअत खां द्वारा निवेदन किया कि, "मलिक महमूद कोतवाल तथा शिवदास बक़्क़ाल जो विश्वासघातियों तथा विद्रोहियों के नेता हैं, सुल्तान नासिरुद्दीन के विश्वासपात्र हो गये हैं और उसकी जागीर के कुछ स्थानों के इजारे के बहाने से उसके पास आते जाते रहते हैं।" सुल्तान ग़यासुद्दीन ने मलिक महमूद तथा शिवदास[1] बक़्क़ाल को बुलवा कर, पूछताछ कराये बिना ही उनकी हत्या करा दी और लोगों ने उनके घरों को नष्ट-भ्रष्ट कर दिया।

सुल्तान नासिरुद्दीन ने तदुपरान्त शासन-प्रबन्ध[2] से अपना हाथ खींच लिया और कुछ दिन तक अभिवादन हेतु उपस्थित न हुआ। रानी ख़ुर्शीद तथा शुजाअत ख़ां अवसर पाकर यगां ख़ां तथा मूंजा बक़्क़ाल के प्रयत्न से स्वार्थपूर्ण बातें, अपने आपको निःस्वार्थी प्रदर्शित करते हुए, करने लगे और उन्होंने ख़ज़ाने पर अधिकार जमा लिया। वे निश्चिन्त होकर राज्य-व्यवस्था करने लगे। सुल्तान ग़या-
(३६०) सुद्दीन ने वृद्धावस्था के कारण इसे स्वीकार कर लिया किन्तु उसने निःस्वार्थी लोगों से सुना था कि, "रानी ख़ुर्शीद तथा शुजाअत ख़ां सुल्तान नासिरुद्दीन पर दोष लगाने के लिए कटिबद्ध हैं", अतः वह उसके कार्य के सम्बन्ध में कुछ न कहता था। शेख़ हबीबुल्लाह तथा ख़्वाजा सुहेल को जब यह ज्ञात हुआ कि इस उपद्रव की जड़ मूंजा बक़्क़ाल है तो उन्होंने अवसर पाकर उसकी हत्या कर दी और भाग कर सुल्तान नासिरुद्दीन के अन्तःपुर में प्रविष्ट हो गये। रानी ख़ुर्शीद ने इस घटना का विवरण सुल्तान ग़यासुद्दीन को बहुत बढ़ा-चढ़ा कर दिया। सुल्तान ग़यासुद्दीन के क्रोध की अग्नि इस घटना को सुनकर भड़क उठी और उसने कुछ लोगों को यगां ख़ां के साथ सुल्तान नासिरुद्दीन के घर इस आशय से भेजा कि वे हत्यारों को बन्दी बना लायें। विदा होते समय उसने उन्हें आदेश दिया था कि नासिर शाह के सम्मान में कोई भी कमी न होने पाये।

इसी बीच में शेख़ हबीबुल्लाह तथा ख़्वाजा सुहेल, नासिर शाह के महल से सवार होकर जंगल की ओर चल दिये। मार्ग में वह कहते जाते थे कि "हम क़ाज़ी के घर जा रहे हैं। जो कोई मूंजा के रक्त का दावा करता हो वह क़ाज़ी के घर उपस्थित हो।" यगां ख़ां तथा अन्य अमीर जब नासिर शाह के दरबार में पहुंचे और संदेश भेजा तो उत्तर मिला कि, "शेख़ हबीबुल्लाह तथा ख़्वाजा सुहेल ने मूंजा बक़्क़ाल की मेरे आदेशानुसार हत्या नहीं की है और मैं नहीं जानता कि वे कहां गये हैं।" यगां ख़ां ने उत्तर की ओर ध्यान न दिया और ३ दिन तक नासिरुद्दीन शाह के अंतःपुर को घेरे रहा। सुल्तान को जब यह ज्ञात हुआ कि हत्यारे भाग चुके हैं और पुत्र को कष्ट देना व्यर्थ है तो उसने मुशीरुलमुल्क एवं मुनही ख़ां को उसके पास भेज कर यह संदेश प्रेषित किया कि, "यदि पुत्र खिन्न तथा रुष्ट न हो तो वह पूर्व की भांति उपस्थित होता रहे, कारण कि मुझ में इससे अधिक उसके वियोग की शक्ति नहीं।"

सुल्तान नासिरुद्दीन ने सैकड़ों बातों के होते हुए अपने आश्रयदाता के चरणों का चुम्बन करने
(३६१) का सम्मान प्राप्त किया और पुत्र तथा पिता ने उपद्रव की धूल अपनी आंख के जल से धो डाली। सुल्तान नासिरुद्दीन पुनः सेवा करने लगा और नित्य-प्रति अपनी ओर नई कृपा देखने लगा। उसने ग़यासुद्दीन शाह के महलों के निकट अपने निवास हेतु एक भवन का निर्माण करवाया ताकि जब वह चाहे उसकी सेवा में उपस्थित हो सके। रानी ख़ुर्शीद ने एक दिन अवसर पाकर कहा कि "सुल्तान

१ एक पोथी के अनुसार 'सिवीदास' और एक पोथी के अनुसार 'सवीदास'।
२ एक पोथी के अनुसार 'विजारत के कार्य से'।

नासिरुद्दीन ने अपने घर का कोठा कूश्के जहांनुमा[1] के कोठे के बराबर बनवाया है और उसका विचार विद्रोह करने का है।" सुल्तान ने बिना सोचे-समझे ९०५ हि० (१४९९-१५०० ई०) में आली खां[2] कोतवाल को आदेश दिया कि नासिर शाह के भवन को विध्वंस कर दिया जाय। उसी रात्रि में सुल्तान नासिरुद्दीन शाह दुखी होकर एक सेना सहित धार की ओर, जो घने जंगल में है, पहुंच गया। शेख़ हबीबुल्लाह तथा ख़्वाजा सुहेल वहां सेवा में पहुंचे। रानी ख़ुर्शीद तथा शुजाअत ख़ां ने सुल्तान ग़यासुद्दीन को अवगत कराये बिना एक सेना उनके पीछे भेजी। सुल्तान ग़यासुद्दीन ने तातार ख़ां को इस आशय से भेजा कि वह नासिर शाह को प्रोत्साहन देकर शहर में ले आये। तातार ख़ां अपनी सेना को बकन गांव[3] नामक स्थान पर छोड़ कर, मलिक फ़ज़लुल्लाह बुद्ध मीर शिकार के साथ, सुल्तान की सेवा में पहुंचा और संदेश भेजा। उसने एक प्रार्थना-पत्र लिख कर दिया कि तातार ख़ां स्वयं जाकर उसे पढ़े और उसका उत्तर लाये। सदाचारी तातार ख़ां शीघ्रातिशीघ्र शादियाबाद की ओर रवाना हुआ और प्रार्थना-पत्र में जो कुछ लिखा था उसके विषय में निवेदन किया। अभी उसे उत्तर मिला भी न था कि रानी ख़ुर्शीद ने सुल्तान ग़यासुद्दीन पर पूर्ण अधिकार रखने के कारण एक परवाना आरिज़े ममालिक[4] के पास इस आशय का प्रेषित किया कि वह तातार ख़ां को नासिरुद्दीन को पराजित करने के लिये नियुक्त करे। तातार ख़ां को जब इस विषय में ज्ञान प्राप्त हुआ तो वह क़िले से उतर कर बारा[5] की ओर चला गया

(३६२) जो सेना नासिर शाह से युद्ध करने के लिए भेजी गई थी वह गनगांव नामक स्थान पर पहुंच कर अपने परिणाम के विषय में असमंजस में पड़ गई, कारण कि उन्हें यह भय था कि यदि वे युद्ध करेंगे और सुल्तान नासिर शाह बादशाह हो जायगा तो वह प्रत्येक को दण्ड देगा। यदि वे मन्दू की ओर लौट जाते हैं तो उन्हें रानी ख़ुर्शीद के द्वारा कठोर दण्ड का भय था। वे अभी जंगल में इसी असमंजस में थे कि सुल्तान नासिरुद्दीन ने उस मंज़िल से प्रस्थान करके हस्ता[6] क़स्बे में पड़ाव किया। इस पड़ाव पर मलिक महता[7] तथा मलिक हैबत ख़ां, जो सुल्तान ग़यासुद्दीन के प्रतिष्ठित अमीर थे, उसकी सेवा में उपस्थित हुये। नासिर शाह की शक्ति में वृद्धि हो गई। उसने उस मंज़िल से अजाया[8] क़स्बे की ओर पड़ाव किया और मौलाना एमादुद्दीन अफ़ज़ल ख़ां तथा उस क्षेत्र के ज़मींदारों का एक समूह उस पड़ाव पर उससे मिला। वायु की रमणीयता एवं जंगल की ताज़गी के कारण उन्होंने कुछ दिन तक वहां पड़ाव किया। ईदे फ़ित्र[9] के दिन अमीरों के परामर्श से उसने अपने सिर पर चत्र लगवाया और अमीरों, प्रतिष्ठित व्यक्तियों तथा सरदारों को उत्तम प्रकार की खिलअतें प्रदान कीं।

इसी बीच में समाचार प्राप्त हुये कि शुजाअत ख़ां[10] की सेना युद्ध के विचार से गनगांव नामक

१ जहांनुमा महल।
२ एक पोथी के अनुसार 'ग़ालिब ख़ां'।
३ एक पोथी के अनुसार 'बकंका'।
४ देखिये पृ० ३३ नोट नं० १।
५ एक पोथी के अनुसार 'बारा सुन्दर'।
६ एक पोथी के अनुसार 'बनता' और एक पोथी के अनुसार 'हतना'।
७ एक पोथी के अनुसार 'मता'।
८ एक पोथी के अनुसार 'राजावया'।
९ वह ईद जो एक मास के रोज़ों के उपरान्त पड़ती है।
१० एक पोथी के अनुसार 'शुजा ख़ां'।

स्थान को प्रस्थान करके कन्दविया[1] क़स्बे में पहुंच गई है। नासिर शाह ने मलिक मल्हू को उस सेना को दण्ड देने के लिए भेजा। जब दोनों सेनाओं में युद्ध हुआ तो मलिक मल्हू को विजय प्राप्त हुई और (३६३) वह समूह पलायन करके मन्दू को चला गया। मलिक मल्हू लूट की अत्यधिक धन-संपत्ति लेकर अजाया क़स्बे में नासिर शाह के शिविर में उपस्थित हुआ।

१६ शव्वाल ९०५ हि० (१५ मई १५०० ई०) को उस मंज़िल से वह अजोद[2] क़स्बे की ओर रवाना हुआ। मुबारक ख़ां तथा हिम्मत ख़ां[3] आकर उससे मिल गये। जब वह संदर्सी[4] क़स्बे में पहुंचा तो सारंगपुर का हाकिम रुस्तम ख़ां उसकी सेवा में उपस्थित हुआ और कुछ हाथी तथा अत्यधिक धन-संपत्ति पेशकश के रूप में भेंट की। उज्जैन पहुंचने के उपरान्त, अमीरों तथा थानेदारों के अनेकों दल, उसके दरबार की ओर रवाना हुए। रानी ख़ुर्शीद तथा शुजाअत ख़ां ने प्राण के भय से, सुल्तान ग़यासुद्दीन से निवेदन किया कि, "नासिर शाह उज्जैन तक पहुंच गया है और समस्त अमीर तथा थानेदार उसकी ओर आकर्षित हैं। शीघ्र ही शादियाबाद के क़िले को घेर लिया जायगा।"

सुल्तान ग़यासुद्दीन ने शेख़ औलिया तथा शेख़ बुरहानुद्दीन को दूत बनाकर भेजा और यह संदेश प्रेषित किया कि, "दीर्घ काल से मैंने राज्य की बागडोर उस पुत्र के हाथ में दे दी है। यदि वह निष्ठा तथा मित्रता के अनुसार उन गुण्डों को जो उसके चारों ओर एकत्र हो गये हैं, विदा करके, सेवा में उपस्थित हो, तो शासन-प्रबन्ध पुनः उसे प्रदान कर दिया जायेगा। उस समय यदि वह उचित समझे तो रणथम्भोर की विलायत को शुजाअत ख़ां[5] को, जो उसके पुत्र के समान है, प्रदान कर दे और उपद्रव तथा अशांति की अग्नि को संधि के जल से बुझा दे।" नासिर शाह ने उत्तर न दिया और ज़ीक़ाद ९०५ हि० (२७ जून १५०० ई०) के अन्त में उसने उज्जैन क़स्बे से धार क़स्बे की ओर पड़ाव किया और कुछ दिन तक वहां ठहरा।

इसी बीच में सूचना प्राप्त हुई कि यगां ख़ां ३ हज़ार अश्वारोहियों सहित युद्ध के उद्देश्य से शादियाबाद से आया है। इस समाचार के पाते ही उसने (नासिर शाह ने) मलिक अतन को ५०० अश्वारोहियों सहित, हांसपुर[6] नामक स्थान को भेजा। यगां ख़ां सूचना पाकर हांसपुर की ओर रवाना (३६४) हुआ। युद्ध के उपरान्त मलिक अतन को विजय प्राप्त हुई। यगां ख़ां की सेना में से १०० व्यक्ति मारे गये। मलिक अतन ८० घोड़े तथा अत्यधिक लूट की धन-संपत्ति लेकर धार क़स्बे की ओर चला गया। यगां ख़ां बचे खुचे लोगों को लेकर क़िले[7] में प्रविष्ट हो गया।

कुछ दिन उपरान्त यगां ख़ां रानी ख़ुर्शीद तथा शुजाअत ख़ां के कहने से अपने साथ एक सेना लेकर युद्ध के लिए मन्दू के क़िले के नीचे उतरा। यह समाचार पाते ही नासिर शाह ने ख़्वाजा सुहेल, मलिक महता, मलिक हैबत तथा मियां जियू को यगां ख़ां को पराजित करने के लिए भेजा। यगां ख़ां

१ इसे 'कन्दोया' भी पढ़ा जा सकता है। एक पोथी में इसे 'केदूहा' अथवा 'केदोहा' और एक पोथी में 'कन्दूहा' लिखा गया है।
२ एक पोथी के अनुसार 'ऊजूद' और एक के अनुसार 'बतन'।
३ एक पोथी के अनुसार 'यमीन ख़ां' तथा एक पोथी के अनुसार 'हुमायूं ख़ां'।
४ एक पोथी के अनुसार 'सेद्री'।
५ एक पोथी के अनुसार 'शुजा ख़ां'।
६ एक पोथी के अनुसार 'हांसलपुर'।
७ एक पोथी के अनुसार 'मन्दू के क़िले'।

नासिर खां की सेना को देखते ही बिना युद्ध किये भाग खड़ा हुआ और नासिर शाह को विजय प्राप्त हुई।

२२ जिलहिज्जा ९०५ हि० (१९ जुलाई १५०० ई०) को उसने नालचा के कूशके जहांनुमां में पड़ाव किया। इस पड़ाव पर गुप्तचरों ने यह समाचार पहुंचाये कि "सुल्तान ग़यासुद्दीन स्वयं अपने पुत्र के प्रोत्साहन हेतु आने का विचार रखता है और इस विचार से अपनी राजधानी से प्रस्थान कर चुका है। आरिज़े ममालिक को आदेश हो चुका है और जब ज्योतिषी लोग शुभ मुहूर्त बतायेंगे तो वह वहां से प्रस्थान करेगा और अपने पुत्र को प्रोत्साहन प्रदान करके शादियाबाद लौट जायगा।" नासिर शाह इस समाचार से प्रसन्न होकर अपने पिता के आगमन की प्रतीक्षा करने लगा, यहां तक कि शुजाअत खां रानी ख़ुर्शीद के परामर्श से सुल्तान ग़यासुद्दीन की पालकी को उठाकर नालचा की ओर रवाना हुआ। जब वे देहली द्वार पर पहुंचे तो सुल्तान ने वृद्धावस्था के कारण अपने निकटवर्तियों से पूछा कि, "मुझे कहां ले जा रहे हो?" कुछ लोगों ने उस घटना के सम्बन्ध में निवेदन किया। सुल्तान ने कहा, "मैं दूसरे (३६५) दिन जाऊंगा आज लौट चलो।" सेवक लोग विवश होकर लौट गये। जब रानी ख़ुर्शीद ने सुना कि सुल्तान ग़यासुद्दीन मार्ग से लौट आया है तो वह समझी कि यह बात नासिर शाह के हितैषियों के कारण हुई होगी। उसने उन लोगों को अपने समक्ष बुलवाया और कठोर वचन कहकर इसका कारण पूछा। उन्होंने उत्तर दिया कि, "सुल्तान अपनी इच्छा से लौटा है और इस कार्य में किसी का हाथ नहीं है।"

शुजाअत खां ने रानी ख़ुर्शीद के परामर्श से क़िले की मरम्मत कराई और मोर्चों का वितरण कर दिया। नासिर शाह ने भी अपने दायरे[1] से निकल कर क़िले को घेर लिया और मोर्चे बांट दिये। प्रति दिन दोनों ओर से लोग मारे जाते थे। सुल्तान ग़यासुद्दीन ने संधि कराने के लिए अक़ज़ियुल क़ाज़ात मुशीरुलमुल्क को भेजा। जब उसे इच्छानुसार उत्तर न मिला तो रानी ख़ुर्शीद के भय के कारण वह उस स्थान पर रुक गया। जब अवरोध की अवधि बढ़ती गई तो क़िले वाले अनाज के प्राप्त न होने के कारण विवश तथा व्याकुल हो गये और उन्होंने यह निश्चय किया कि राज्य का कार्य नासिर शाह अपने अधिकार में ले। क़िले में जो अमीर रह गये थे, उनमें से मुआफ़िक़ खां तथा मलिक फ़ज़्लुल्लाह मीर शिकार, अवसर पाकर, नासिर शाह की सेवा में उपस्थित हुए। सुल्तान नासिरुद्दीन ने मुआफ़िक़ खां को १ लाख तन्के इनाम में दे दिये। रानी ख़ुर्शीद तथा शुजाअत खां को जब इस बात की सूचना मिली, तो उन्होंने अली खां को क़िले के शासन-प्रबन्ध से पृथक् कर दिया और मलिक प्यारा को अली खां की उपाधि देकर, क़िले की रक्षा तथा नगर का शासन-प्रबन्ध सौंप दिया। मुहाफ़िज़ खां तथा सूरज मल की हत्या करा दी गई। अमीर, प्रतिष्ठित लोग तथा शहर के समस्त निवासी उस कठोर दण्ड को देखकर हताश हो गये और उन्होंने नासिर शाह की सेवा में प्रार्थना-पत्र भेज कर उससे प्रोत्साहन-युक्त परवानों की प्रार्थना की। अवरोध के कुछ दिन उपरान्त यह स्थिति हो गई कि क़िले को केवल अनाज शब्द (३६६) की ही स्मृति रह गई और अधिकांश लोग दरिद्रता के कारण क़िले के बाहर चले गये।

१८ सफ़र ९०६ हि० (१३ सितम्बर १५०० ई०) की रात्रि में नासिर शाह क़िले की विजय हेतु सवार हुआ। जब वह क़िले के निकट पहुंचा तो मोर्चे वाले उपस्थित हुए और उन लोगों ने बाण तथा बन्दूक़ चलाई। इस युद्ध में अधिकांश वीर आहत हुए। अन्त में सुल्तान नासिरुद्दीन ७०० ज़ीने

१ क्षेत्र।

वाले मोर्चे की ओर बढ़ा। दिलावर खां जंगजू ने जल के मार्ग से अपने आपको क़िले में पहुंचा दिया। सुल्तान नासिरुद्दीन भी प्रविष्ट हो गया। शुजाअत ख़ां अपने विश्वासपात्रों के एक समूह को लेकर क़िले के बुर्ज पर पहुंचा और पौरुष तथा वीरता प्रदर्शित करने लगा। सुल्तान नासिरुद्दीन स्वयं बाण चला रहा था और बहुत से लोग उसके बाण द्वारा मारे जा रहे थे। क्योंकि शुजाअत ख़ां को निरन्तर सहायता पहुंचती रही थी अतः नासिर शाह की सेना के वीर आहत हो गये। वह लौटना उचित समझ कर, क़िले के बाहर निकला और अपने शिविर में ठहरा। जिन लोगों ने वीरता प्रदर्शित की थी, उनमें से प्रत्येक के प्रति कृपादृष्टि प्रदर्शित की गई और ख़िलअतें प्रदान करके प्रोत्साहित किया गया।

कुछ दिन उपरान्त शेर ख़ां बिन मुज़फ़्फ़र ख़ां का पुत्र, जो चंदेरी का हाकिम था, १ हज़ार अश्वारोहियों तथा ११ हाथियों को लेकर नासिर शाह के शिविर में उपस्थित हुआ। प्रथम दरबार में उसने (सुल्तान ने) ज्येष्ठ पुत्र को मुज़फ़्फ़र ख़ां की उपाधि और दूसरे पुत्र को साद ख़ां की उपाधि प्रदान की। चंदेरी की सेना के पहुंचने से, नासिर शाह के शिविर वालों की शक्ति बढ़ गई। उस समय मन्दू के क़िले वालों में से कुछ लोगों ने, जो मालपुर[1] द्वार की रक्षा हेतु नियुक्त थे, सूचना भेजी कि "यदि नासिर शाह की सेना इस ओर पार होकर आये, तो क़िला बिना परिश्रम तथा कठिनाई के प्राप्त हो जायगा।" (३६७) सुल्तान नासिर शाह ने मुबारक ख़ां, शेख़ हबीबुल्लाह, मुआफ़िक़ ख़ां, ख़्वाजा सुहेल तथा अन्य लोगों को २४ रबी-उल-आख़िर ९०६ हि० (१९ नवम्बर १५०० ई०) की रात्रि में इस कार्य हेतु नियुक्त किया। शेख़ हबीबुल्लाह ने यह कह दिया था कि "यदि क़िले पर विजय प्राप्त हो जायगी तो मैं अपनी अंगूठी भेज दूंगा ताकि पता चल जाय कि क़िले पर विजय प्राप्त हो गई।" जब अमीर लोग द्वार के निकट पहुंचे तो शहर वालों ने ज़बरदस्त ख़ां बिन हिज़ब्र ख़ां को, जिसके अधीन क़िले का शस्त्रागार था, मिलाकर तथा मालपुर द्वार के दरबान की हत्या करके द्वार को खुलवा दिया। नासिर शाह के सहायक घोड़ा दौड़ाते हुए क़िले में घुस गये।

शुजाअत ख़ां एक सुसज्जित सेना लेकर युद्ध के लिए अग्रसर हुआ किन्तु उसे कोई सफलता प्राप्त न हो सकी और भाग कर वह अपनी हवेली में पहुंच गया। अपने परिवार को लेकर वह सुल्तान ग़यासुद्दीन के अन्तःपुर में प्रविष्ट हो गया। शेख़ हबीबुल्लाह ने जैसा पूर्व निश्चय हो चुका था अंगूठी भेजी, और नासिर शाह को उपस्थित किया। वह पलक मारते ही मालपुर के द्वार पर पहुंच गया और शहर में प्रविष्ट हो गया। अमीर लोग उसकी सेवा में उपस्थित हुये और उन्होंने बधाई दी। कुछ मूर्खों ने नासिर शाह की आज्ञा बिना सुल्तान ग़यासुद्दीन के कुछ महलों तथा भवनों में आग लगा दी और शुजाअत ख़ां, रानी ख़ुर्शीद तथा कुछ अन्य लोगों को बन्दी बनाकर ले आये और विध्वंस का कार्य प्रारम्भ कर दिया। नगर को उन्होंने दो दिन तक लूटा। सुल्तान ग़यासुद्दीन सावधानी[2] की दृष्टि से अर्ज़े ममालिक[3] के चबूतरे से सरसुती नामक महल में चला गया।

## सुल्तान नासिरुद्दीन का सिंहासनारोहण

शुक्रवार २७ रबी-उल-आख़िर ९०६ हि० (२० नवम्बर १५०० ई०) को तीसरे दिन सुल्तान नासिरुद्दीन सिंहासनारूढ़ हुआ और शुजाअत ख़ां तथा रानी ख़ुर्शीद को मुअक्किल के सिपुर्द

१ एक पोथी के अनुसार 'बालपुर'।
२ एक पोथी के अनुसार, 'सुल्तान ग़यासुद्दीन अन्तःपुर की रियायत करके अर्ज़े ममालिक'।
३ देखिये पृ० ३३ नोट नं० १।

कर दिया। मलिक महता को नालचा भेज दिया और अपने मंझले पुत्र को, जो मियां मंझला के नाम से प्रसिद्ध था, वलीअहद बना दिया और उसे सुल्तान शिहाबुद्दीन की उपाधि प्रदान कर दी। उद्यान (३६८) का सुफ़्फ़ा, जो सुल्तान ग़यासुद्दीन के दौलतख़ाने के निकट था, उसके निवास हेतु निश्चित कर दिया। उसी दिन नासिर शाह के नाम का ख़ुत्बा पढ़ा गया। मोती तथा जवाहरात जो छत्र पर न्योछावर किये गये थे, सहायता के पात्रों को बांट दिये गये। यगां ख़ां, अम्मन[1], मुहाफ़िज़ ख़ां जदीद, हब्शी के पिता मुर्क़रिह तथा अन्य लोगों की, जिन्होंने उसका विरोध किया था, हत्या करा दी। कुछ लोगों की हत्या न कराई और उन्हें बन्दी बना दिया। जो लोग उसके सहायक थे उन्हें उसने प्राचीन प्रथानुसार अक़्तायें प्रदान कीं।

शेख़ हबीबुल्लाह को आलम ख़ां की उपाधि दी और ख़्वाजा सुहेल को आश्ता का परगना देकर सिपहसालारी का पद प्रदान कर दिया। १३ जमादि-उल-आख़िर ९०६ हि० (४ जनवरी १५०१ ई०) को वह अपने पिता तथा आश्रयदाता सुल्तान ग़यासुद्दीन की सेवा में उपस्थित हुआ। सुल्तान ग़यासुद्दीन ने उससे आलिंगन किया और बहुत रोया। उसके सिर तथा आंखों का चुम्बन किया और विदा होते समय रोवेंदार क़बा, जिसे वह आम दरबार तथा शुभ अवसरों पर पहना करता था, प्रदान की और राजमुकुट उसके सिर पर रख दिया। ख़ज़ाने की कुंजियां उसे सौंप दीं और उसे बादशाही की बधाई देकर विदा किया।

## शिहाबुद्दीन को राजसी चिह्न प्रदान करना

नासिर शाह ने १६ रजब ९०६ हि० (५ फ़रवरी १५०१ ई०) को वही रोवेंदार क़बा तथा मुकुट सुल्तान शिहाबुद्दीन को प्रदान किया और २० हाथी, १०० घोड़े, ११ चत्र, दो पालकी, पताका, नक़्क़ारा, लाल सरापर्दा[2] तथा २० लाख तन्के बयूतात[3] के व्यय हेतु प्रदान किये।

## विद्रोहियों का शेर ख़ां के पास एकत्र होना

कुछ दिन उपरान्त मुक़बिल ख़ां मन्दसौर का हाकिम, दुर्भाग्यवश भाग खड़ा हुआ। महाबत ख़ां को, जिसकी देख-रेख में मुक़बिल ख़ां था, आदेश दिया गया कि वह उसे बन्दी बनाकर लाये अन्यथा हत्या की प्रतीक्षा करे। महाबत ख़ां अत्यधिक प्रयत्न के उपरान्त शेर ख़ां से जाकर मिल गया। अली ख़ां तथा कुछ अन्य अभागे जो अपने दुष्कर्म के कारण शंकित तथा भयभीत होकर कठोर दण्ड की (३६९) प्रतीक्षा कर रहे थे, जाकर शेर ख़ां से मिल गये। शेर ख़ां ने नालचा के समीप से चंदेरी की ओर प्रस्थान किया। सुल्तान नासिरुद्दीन ने मुबारक ख़ां तथा आलम ख़ां को शेर ख़ां के पास भेजा ताकि जिस प्रकार संभव हो सके वे उसे प्रोत्साहन दें। राजदूतों ने यद्यपि उसे बहुत समझाया किन्तु वह निरन्तर उनका उत्तर देता जाता था। वह दोनों को बन्दी बना लेने के विषय में सोचने लगा। अपनी माता से परामर्श करने के बहाने से वह शिविर से निकला और मुबारक ख़ां तथा आलम ख़ां को उसने अपने सेवकों के सिपुर्द कर दिया। उसके सेवकों ने मुबारक ख़ां को बन्दी बना लिया और उसके दो सेवकों[4] की हत्या कर दी। आलम ख़ां इसी बीच में अपने घोड़े तक पहुंच गया और शीघ्रातिशीघ्र उसके शिविर से निकलकर यह बात सुल्तान नासिरुद्दीन तक पहुंचा दी। सुल्तान नासिरुद्दीन ने अपने पुत्र

१ एक पोथी के अनुसार 'अमीन ख़ां'।
२ ख़ेमों के समूह (पर्दे)।
३ घर के व्यय।
४ एक पोथी के अनुसार '१० सेवकों'।

सुल्तान शिहाबुद्दीन को शादियाबाद के क़िले का शासन सौंपकर ९ शाबान ९०६ हि० (२८ फ़रवरी १५०१ ई०) में नालचा के कूश्के जहांनुमा में पड़ाव किया। शेर खां जब उज्जैन के क़िले में पहुंचा तो महाबत खां के बहकाने से पुनः युद्ध के उद्देश्य से दयालपुर की ओर रवाना हुआ और हदिया क़स्बे को उसने नष्ट-भ्रष्ट कर दिया। सुल्तान नासिरुद्दीन ने यह समाचार पाकर धार के कूश्क में पड़ाव किया।

## सुल्तान ग़यासुद्दीन की मृत्यु

इसी बीच में यह समाचार प्राप्त हुये[1] कि सुल्तान ग़यासुद्दीन की मृत्यु हो गई। कुछ लोगों का मत है कि सुल्तान ग़यासुद्दीन को सुल्तान नासिरुद्दीन ने विष दे दिया था किन्तु अनुभव से पता चलता है कि पिता का हत्यारा एक वर्ष से अधिक न तो जीवित रहता है और न सफल रहता है। सुल्तान नासिरुद्दीन ने १३ वर्ष तक राज्य किया, अतः पिता की हत्या के विषय में जो कहा जाता है वह संभवतः झूठ हो।

## शेर खां का पलायन

(३७०) संक्षेप में, सुल्तान नासिरुद्दीन ने अपने पिता की मृत्यु पर अत्यधिक विलाप किया और तीन दिन तक शोक प्रकट करने के उपरान्त चौथे दिन वहां से रवाना हुआ। शेर खां ने प्राण के भय से अपने प्रदेश की ओर प्रस्थान किया। ऐनुलमुल्क तथा कुछ अन्य सरदार पृथक् होकर नासिर शाह के शिविर में पहुंच गये। सुल्तान नासिरुद्दीन ने पीछा किया। सारंगपुर के निकट शेर खां ने पलट कर युद्ध किया और भाग खड़ा हुआ। चंदेरी के क्षेत्र में भी वह न ठहर सका और एरचा तथा भांदीर की विलायत में पहुंचा। उपद्रव शांत हो गया।

## चन्देरी के शेखज़ादों का सुल्तान को बुलवाना

सुल्तान नासिरुद्दीन चंदेरी पहुंचा। कुछ दिन उपरान्त चंदेरी के शेखज़ादों ने शेर खां को एक पत्र लिखा कि "क्योंकि शादियाबाद के अधिकांश सैनिक छिन्न-भिन्न होकर अपनी अपनी जागीरों को चले गये और वर्षा ऋतु के कारण अमीर लोग शीघ्र एकत्र न हो सकेंगे अतः यदि आप उस ओर से चंदेरी की ओर प्रस्थान करें तो शहर के सभी लोग आपके सहायक बन जायेंगे। संभव है कि सुल्तान नासिरुद्दीन बन्दी बना लिया जाय। यदि वह भाग जायगा तो नगर पर सुगमतापूर्वक विजय प्राप्त हो जायगी।"

## शेर खां से सुल्तान की सेना का युद्ध तथा शेर खां की पराजय

शेर खां ने बिना-सोचे समझे प्रस्थान कर दिया और चंदेरी से ६ कोस पर पड़ाव किया। सुल्तान नासिरुद्दीन को शेखज़ादों के षड्यन्त्र का पता चल गया। उसने इक़बाल खां तथा मल्लू खां को सेना तथा मस्त हाथियों सहित शेर खां को पराजित करने के लिये भेजा। २ लाख तन्के नक़द व्यय हेतु प्रदान किये। वे अभी चंदेरी से २ कोस आगे भी न बढ़े थे कि शेर खां शेखज़ादों के कहने पर विश्वास करके उनसे युद्ध करने के लिए डट गया। दोनों ओर की सेना वालों ने अपनी पंक्तियां ठीक करके वीरता प्रदर्शित की। मारकाट में संयोग से शेर खां आहत हो गया और उसने अपने विद्रोह के परिणाम का उपभोग कर लिया। सिकन्दर खां रणक्षेत्र में मारा गया। ख़्वाजा सुहेल तथा महाबत खां घायल शेर खां

१ एक पोथी के अनुसार, 'समाचार पहुँचाये गये'।

को हाथी के हौदे में रखकर भाग खड़े हुए। मार्ग में जब शेर खां की मृत्यु हो गई तो उन्होंने उसे दफ़न कर दिया और स्वयं आगे बढ़ गये। इक़बाल ख़ां कुछ दूर तक उनका पीछा करके लौट आया।

(३७१) सुल्तान नासिरुद्दीन यह समाचार पाकर बड़ा प्रसन्न हुआ और रणक्षेत्र की ओर रवाना हो गया। वहां से उसने सिकन्दर खां को चंदेरी के क्षेत्र में इस आशय से भेजा कि वह शेर खां की लाश को सूली पर चढ़ा दे और उस क्षेत्र का शासन-प्रबन्ध बहजत ख़ां को सौंप कर वह (सुल्तान) निरन्तर यात्रा करता हुआ सादलपुर[1] क़स्बे में पहुंचा। वहां कुछ लोगों ने निवेदन किया कि शेख़ हबीबुल्लाह, आलम ख़ां[2] से विश्वासघात करना चाहता है और समय की प्रतीक्षा कर रहा है। सुल्तान नासिरुद्दीन ने उसे बन्दी बनाकर अपने प्रस्थान करने के पूर्व मन्दू भेज दिया।

## सुल्तान की निष्ठुरता

१० शाबान ९०७ हि० (१८ फरवरी १५०२ ई०) को वह विजय तथा सफलता प्राप्त करके शादियाबाद के क़िले में प्रविष्ट हो गया और भोगविलास में लिप्त हो गया। वह अपना अधिकांश समय मदिरापान में व्यतीत करता था। मदिरा के नशे में वह अपने पिता के अमीरों की उनकी शत्रुता की शंका के कारण हत्या करा देता था और अपने सहायकों को आश्रय प्रदान करता था। उसकी निष्ठुरता तथा अत्याचार इस सीमा तक पहुंच गये थे कि वह एक दिन एक हौज़ पर मस्त सो रहा था कि संयोग से वह हौज़ में गिर पड़ा। जो सेविकायें पहरा दे रही थीं उन्होंने उसे जल से निकाला। जब वह सावधान हुआ तो उसने पूछा कि "मुझे हौज़ से किसने निकाला है"? चार कनीज़ों ने कहा कि, "हमने यह सेवा सम्पन्न की है।"

उसने उन चारों की हत्या करा दी। उज्जैन क़स्बे के प्रतिष्ठित लोगों द्वारा ज्ञात हुआ है कि वह कालियादा नामक हौज़ था।

## भवन-निर्माण

उसने बाग़े फ़ीरोज़ में एक ऐसे महल का निर्माण कराया जिसके विषय में समस्त संसार के पर्यटकों का कथन है कि उन्होंने ऐसा महल कहीं न देखा था। शनैः शनैः भवन निर्माण से उसे इतनी रुचि हो गई कि मालवा के १७ करोड़, जो उसे अपने पूर्वजों द्वारा प्राप्त हुआ था, में से ५ करोड़ उसने भवन-निर्माण पर व्यय कर दिया।

## अकरा के महल

२२ ज़ीक़ाद ९०८ हि० (१९ मई १५०३ ई०) को उसने खचवारा[3] पर आक्रमण करने (३७२) के लिए नालचा नामक क़स्बे में पड़ाव किया। निरन्तर यात्रा करके जब वह अकरा[4] नामक क़स्बे में पहुंचा तो उसे वहां की वायु इतनी अच्छी लगी कि उसने वहां एक भव्य महल तथा शानदार भवनों का निर्माण कराया। अभी तक वे भवन संसार की अद्‌भुत वस्तुओं में समझे जाते हैं।

१ एक पोथी के अनुसार 'सादालपुर' तथा एक पोथी के अनुसार 'ईदलपुर'।
२ एक पोथी के अनुसार 'शेख़ हबीबुल्लाह जिसकी उपाधि आलम ख़ां है विद्रोह करना चाहता है'।
३ एक पोथी के अनुसार 'खीचवारा' तथा एक के अनुसार 'खजीवारा'।
४ एक पोथी के अनुसार 'अकर'।

वह बहुत समय तक उस क़स्बे में ठहरा रहा और आसपास सेना भेज कर विद्रोहियों को दण्ड देता रहा। वह उनसे पेशकश लेकर वापस हुआ।

## चित्तौड़ की ओर प्रस्थान

९०९ हि० (१५०३-४ ई०) में उसने पुनः चित्तौड़[1] पर चढ़ाई की। जब वह चित्तौड़ के राज्य के मध्य में पहुंचा तो चित्तौड़ के राजा एवं समस्त ज़मींदारों ने पेशकश भेजीं। सिवदास[2] के पुत्र भवानी दास ने, जो रायमल चित्तौड़ी का निकट संबंधी था, अपनी पुत्री उपहार स्वरूप भेंट की। सुल्तान नासिरुद्दीन ने पुत्री को रानी चित्तौड़ की उपाधि दी और भवानी दास के प्रति कृपादृष्टि प्रदर्शित की।

## आसीर तथा बुरहानपुर में नासिरुद्दीन के नाम का खुत्बा

लौटते समय गुप्तचरों ने उसे यह समाचार पहुंचाये कि निज़ामुलमुल्क दखिनी ने आसीर तथा बुरहानपुर के राज्य पर चढ़ाई कर दी है। क्योंकि आसीर का शासक दाऊद ख़ां सर्वदा नासिरशाह से सहायता की प्रार्थना किया करता था, अतः सुल्तान नासिरुद्दीन ने इक़बाल ख़ां एवं ख्वाजये जहां को आसीर की विलायत की ओर भेजा। निज़ामुलमुल्क लौट कर अपनी विलायत को चला गया। इक़बाल ख़ां ने नासिर शाह के नाम का ख़ुत्बा आसीर तथा बुरहानपुर में पढ़वा दिया और राजधानी शादियाबाद को लौट गया।

## सुल्तान शिहाबुद्दीन का विद्रोह

९१६ हि० (१५१०-११ ई०) में सुल्तान शिहाबुद्दीन ने कुछ अभागे अमीरों के बहकाने पर विद्रोह कर दिया और वह मन्दू के क़िले के नीचे उतरा। सीमान्त के अधिकांश अमीर उससे मिल गये। वह नालचा क़स्बे से प्रस्थान करके धार क़स्बे में पहुंचा। सुल्तान नासिरुद्दीन अपने ख़ासा ख़ेल की एक (३७३) सेना सहित नालचा क़स्बे की ओर पहुंचा। वहां से युद्ध के विचार से धार की ओर रवाना हुआ। सुल्तान शिहाबुद्दीन ने अपने पिता की सेना की दुर्दशा देखकर युद्ध प्रारम्भ कर दिया। अन्त में नासिर शाह की पताकाओं को विजय प्राप्त हुई और सुल्तान शिहाबुद्दीन भाग कर चंदेरी की ओर पहुंचा। नासिर शाह की सेना के वीरों ने उसका पीछा किया। वे उसे बन्दी बनाने वाले ही थे कि पितृ-प्रेम से प्रभावित होकर उसने अपने सैनिकों को पीछा करने से मना कर दिया।

दूसरे दिन उसने उस पड़ाव से प्रस्थान किया और उसे (सुल्तान शिहाबुद्दीन को) अपने सामने रखा। जब सुल्तान शिहाबुद्दीन चंदेरी की सीमा पर स्थित सिरी क़स्बे में पहुंचा तो सुल्तान नासिरुद्दीन ने कुछ बुद्धिमानों को अपने पुत्र के पास इस आशय से भेजा कि वे दुष्टता की गली से उसे निकाल कर सन्मार्ग पर लायें किन्तु सन्मार्ग उसकी दृष्टि से लुप्त था और असावधानी तथा ऐश्वर्य के लोभ ने उसे अंधा बना दिया था। उसने उचित उत्तर न दिया। दूसरे दिन उसने उत्तर दिया कि, "अभी तक लज्जा के कारण मुझमें सुल्तान की सेवा में उपस्थित होने का साहस नहीं है। यदि सुल्तान अपने राज्य का एक भाग दास को प्रदान कर दें तो दास कुछ दिनों के उपरान्त सेवा में उपस्थित हो जायगा।" जब

१ एक पोथी के अनुसार 'चीतोर'।
२ एक पोथी के अनुसार 'सवीदास'।

राजदूतों ने यह देखा कि दोनों की भेंट होनी संभव नहीं तो वे लौट गये और उन्होंने जो बात हुई थी वह सुल्तान नासिरुद्दीन से कह दी।

## आज़म हुमायूं का वलीअहद नियुक्त होना

सुल्तान ने अपने लघु पुत्र आज़म हुमायूं को रणथम्भोर से बुलवाया। आज़म हुमायूं शीघ्रातिशीघ्र रवाना हुआ और चंदेरी के क्षेत्र में उसने सुल्तान से भेंट की। सुल्तान नासिरुद्दीन ने दूसरे दिन चंदेरी से प्रस्थान किया और सिरी क़स्बे की ओर रवाना हुआ। उस पड़ाव पर उसने अपने अमीरों तथा राज्य के (३७४) सहायकों को उपस्थित किया और कहा कि, "क्योंकि शिहाबुद्दीन ने पिता के हक़ का कोई ध्यान नहीं रखा है, अतः मैं उसे वलीअहद के पद से पृथक् करता हूं और अपने पुत्र आज़म हुमायूं को वलीअहद बनाता हूं।" उसने उसकी उपाधि सुल्तान महमूद शाह रखी। ख़िलअत तथा राजमुकुट उसे प्रदान किया और सिरी क़स्बे से वापस होकर बहिश्तपुर नामक स्थान पर कुछ दिन तक पड़ाव किया।

## सुल्तान का रुग्ण होना

क्योंकि सुल्तान नासिरुद्दीन के स्वभाव में गर्मी अधिक थी अतः शीत ऋतु के बावजूद वह ठंडे जल में प्रविष्ट हो गया और कुछ देर तक उसमें रहा। उसका स्वभाव तुरन्त परिवर्तित हो गया और विभिन्न प्रकार के रोगों में वह ग्रस्त हो गया। चिकित्सकों ने यद्यपि अत्यधिक उपचार किया किन्तु उसको कोई लाभ न हुआ।

## महमूद शाह तथा अन्य अधिकारियों को परामर्श

सुल्तान नासिरुद्दीन ने अपनी दशा बिगड़ती देखकर महमूद शाह के अमीरों तथा राज्य के उच्च पदाधिकारियों को अपने समक्ष बुलवाया और उन्हें शिक्षा तथा परामर्श देते हुए कहा कि, "क्योंकि ईश्वर ने उस पुत्र को समस्त संसार वालों में चुन कर प्रजा की बागडोर उसके अधिकार में दी है, अतः उसे चाहिये कि वह ईश्वर की दासता के मार्ग से विचलित न हो तथा वासना के वश में न आ जाय। ईश्वर ने जो वस्तुएं उसे प्रदान की हैं उसे प्रजा को प्रदान करने में संकोच न करे। पीड़ितों पर अत्याचार न होने दे। दीवान[1] में अपने ऊपर शिथिलता को अधिकार न प्राप्त करने दे और पीड़ितों को उपस्थित होने से न रोके। पीड़ितों की बातों पर पूर्णतः ध्यान दे। न्याय करते समय शक्तिशाली तथा दीन, सम्मानित तथा साधारण, निकटवर्ती तथा दूर के मनुष्यों में कोई भेद-भाव न करे ताकि क़यामत में उसे लज्जित न होना पड़े। सैयिदों को, जोकि मुहम्मद साहब के उद्यान के फल हैं, सम्मानित रक्खे। आलिमों को, जोकि नबियों[2] के उत्तराधिकारी हैं, अपने इनाम द्वारा प्रफुल्लित रखे। मूर्खों तथा (३७५) अयोग्य व्यक्तियों से बचता रहे। दान-पुण्य के स्थानों का, जोकि उसके सौभाग्य के चिह्न रहेंगे, निर्माण कराता रहे। सर्वदा ईश्वर की आज्ञाओं का पालन करता रहे। शासन-प्रबन्ध के कार्यों में सर्वदा परामर्श करता रहे।"

शाहज़ादा महमूद शाह तथा राज्य के उच्च पदाधिकारी इन बातों को सुन कर विलाप करने

१ विभाग, कर विभाग।
२ ईश्वर के दूत, पैग़म्बर, मुसलमानों के विश्वास के अनुसार इनकी संख्या १,२४,००० है।

लगे और उन्होंने सच्चे हृदय से समस्त पापों को त्याग देने तथा निषिद्ध कार्यों को न करने की, आलिमों के समक्ष, प्रतिज्ञा की।

कुछ क्षण उपरान्त उसकी मृत्यु हो गई। उसने ११ वर्ष ४ मास तथा २३ दिन तक राज्य किया।

## सुल्तान महमूद शाह बिन नासिर शाह

३ सफ़र ९१७ हि० (२ मई १५११ ई०) को महमूद शाह बिन नासिर शाह बहिश्तपुर नामक स्थान पर एक शुभ मुहूर्त में खलजी सुल्तानों के सिंहासन पर आरूढ़ हुआ। दान-पुण्य के उपरान्त उसने प्रत्येक उच्च अधिकारी को शाही कृपाओं द्वारा सम्मानित किया और तत्काल नासिर शाह का जनाज़ा शादियाबाद के क़िले में भेज दिया।

### सुल्तान शिहाबुद्दीन का विरोध

सुल्तान शिहाबुद्दीन इस शोकमयी दुर्घटना के समाचार पाकर शीघ्रातिशीघ्र नुसरताबाद नालचा में पहुंचा। मुहाफ़िज़ खां ख्वाजासरा तथा ख्वाजा खां ने द्वार बन्द कर लिये। दूसरे दिन उसने अपने विश्वासपात्रों द्वारा संदेश भेजा कि, "यदि तुम मेरा साथ दोगे तो मुझे विश्वास है कि मैं तुम्हें राज्य के (३७६) उच्च पद प्रदान करूंगा।" मुहाफ़िज़ खां तथा खवास खां ने कहा कि, "क्योंकि ईश्वर द्वारा महमूद शाह के राज्य के विषय में आदेश हो चुका है अतः यही उचित होगा कि आप शाही शिविर में उपस्थित हो जायं और विरोध तथा शत्रुता को त्याग कर मित्रता प्रारम्भ कर दें।" सुल्तान शिहाबुद्दीन निराश होकर कन्दासे की ओर रवाना हुआ। सुल्तान महमूद शाह के पास यह पत्र पहुंचा कि सुल्तान शिहाबुद्दीन मन्दू चला गया है। उसने निरन्तर यात्रा करते हुए २ रबी-उल-अव्वल ९१७ हि० (३० मई १५११ ई०) को नालचा के कूश्के जहांनुमा में पड़ाव किया।

### शादियाबाद के क़िले में सुल्तान महमूद शाह का सिंहासनारोहण

वहां से उसने जाऊश खां[1] के अधीन एक सेना सुल्तान शिहाबुद्दीन से युद्ध करने के लिए भेजी और ११ हाथी उसके साथ किये। ज्योतिषियों के बताये हुए मुहूर्त के अनुसार वह शादियाबाद के क़िले में पहुंचा। ६ रबी-उल-अव्वल (३ जून १५११ ई०) को शुभ मुहूर्त में वह सोने के रत्नजटित सिंहासन पर दरबार में आरूढ़ हुआ। उस सिंहासन के चारों ओर २१ सिंहासन लगाये गये थे। महमूद शाह खलजी सुल्तानों के सिंहासन पर आरूढ़ हुआ। अमीरों तथा शहर के प्रतिष्ठित लोगों एवं राज्य के सम्मानित व्यक्तियों ने अपने अपने स्थान ग्रहण किये। प्रत्येक को उसकी श्रेणी के अनुसार खिलअत प्रदान की गई और कुछ अमीरों को खिताब द्वारा सम्मानित किया गया। ७०० हाथियों को, जो क़िले के चारों ओर थे, उसने अपने अधिकार में कर लिया।

### शिहाबुद्दीन का आसीर की ओर पलायन

कुछ दिन उपरान्त जाऊश खां का पत्र प्राप्त हुआ कि, "क्योंकि सुल्तान शिहाबुद्दीन का दुर्भाग्य प्रारम्भ हो चुका है अतः उसने शिक्षा एवं परामर्श की ओर कोई ध्यान नहीं दिया और युद्ध करने (३७७) लगा। तुच्छ, शाही सौभाग्य को अपना पथ-प्रदर्शक बना कर उसको दण्ड देने के लिये तैयार

१ एक पोथी के अनुसार 'जुलूस खां'।

हुआ। सुल्तान शिहाबुद्दीन पहले ही आक्रमण में भाग खड़ा हुआ और उसके चत्रदार[1] की हत्या हो गई तथा चत्र पर अधिकार प्राप्त कर लिया गया। वह (शिहाबुद्दीन) स्वयं भाग कर आसीर की विलायत की ओर चला गया है।" क्योंकि वर्षा ऋतु प्रारम्भ हो चुकी थी अतः सुल्तान महमूद ने जाऊश खां को बुलवा लिया और वह रबी-उल-अव्वल मास की अंतिम तिथि (२७ जून १५११ ई०) को क़िले में उपस्थित होकर कृपाओं द्वारा सम्मानित हुआ।

## बसन्त राय का पूर्ण अधिकार-सम्पन्न होना तथा उसकी हत्या

सुल्तान महमूद ने, सुल्तान शिहाबुद्दीन की ओर से निश्चिन्त होकर शासन प्रबन्ध बसन्त राय को, जिसे सुल्तान नासिरुद्दीन के समय से विज़ारत का पद प्राप्त था, सौंप दिया। बसन्त राय ने अभिमान तथा मूर्खता के कारण सेना[2] को प्रोत्साहन देना छोड़ दिया और शासन की गूढ़ बातें त्याग दीं। उसने अनुचित व्यवहार करना प्रारम्भ कर दिया। वह अमीरों तथा सरदारों का पूर्ण रूप से सम्मान न करता था। अमीरों ने अवसर पाकर ७ रबी-उस्सानी (४ जुलाई १५११ ई०) को उसकी हत्या कर दी।

## नक़दुलमुल्क का निर्वासित किया जाना

नक़दुलमुल्क, जो उसी के धर्म का अनुयायी तथा उसका सेवक था, भाग कर शाही अंतःपुर में प्रविष्ट हो गया। इक़बाल खां तथा अन्य विशेष व्यक्तियों[3] ने एक दूसरे से कहा कि, "यदि राज्य का जंगल उसके अशुद्ध व्यक्तित्व से शुद्ध न हो जायेगा तो वह बसन्त राय[4] का बदला लेने का प्रयत्न करेगा।" उन्होंने सद्र खां तथा अफ़ज़ल खां के हाथ सुल्तान महमूद के पास संदेश भेजा कि "हम निष्ठा-वान् दासों ने कभी कोई कार्य निष्ठा के विरुद्ध न तो किया है और न करेंगे। आपको ज्ञात है कि अभी शासन प्रबन्ध पूर्णरूप से सुव्यवस्थित नहीं हुआ है। राज्य-व्यवस्था को अन्य धर्म के अनुयायी को सौंप देना शासन प्रबन्ध में विघ्न डालने का कारण बन जायेगा। आपने कुछ हितैषियों द्वारा सुना होगा कि बसन्त राय ने अमीरों तथा सुल्तान के हितैषियों से किस प्रकार व्यवहार किया। उसका उद्देश्य केवल (३७८) यही था कि प्राचीन दास निराश हो जायं और उनकी सेना छिन्न-भिन्न हो जाय। वास्तव में यह कार्य निष्ठा के विरुद्ध था। राज्य के हितैषियों ने उसे अपने बीच से हटा दिया। नक़दुलमुल्क भी उसके पदचिह्नों पर चल रहा है। यदि सुल्तान का आदेश हो तो उसके व्यक्तित्व से भी संसार को पवित्र बना दिया जाय।" सुल्तान महमूद ने विवश होकर नक़दुलमुल्क को भेज दिया किन्तु यह कह दिया कि उसे निर्वासित कर दिया जाय और उसके प्राणों तथा धन-संपत्ति को कोई हानि न पहुंचाई जाय। जब नक़दुलमुल्क पहुंचा तो अमीरों ने मिलकर उसे निर्वासित कर दिया। सुल्तान महमूद अमीरों के इस कार्य तथा उनके प्रभुत्व से रुष्ट हो गया।

## मुहाफ़िज़ खां द्वारा षड्यंत्र

मुहाफ़िज़ खां ख़्वाजासरा, जिसके स्वभाव में षड्यंत्र तथा दुष्टता थी, विज़ारत प्राप्त करने की

१ शाही छत्र की देख रेख करने वाला अधिकारी।
२ एक पोथी के अनुसार 'बादशाह को'।
३ एक पोथी में 'मख़सूसान' के स्थान पर 'मख़सूस ख़ां' है।
४ एक पोथी के अनुसार 'निसबत राय'।

महत्वाकांक्षा रखने के कारण सुल्तान से एकान्त में अमीरों के विरुद्ध झूठी बातें करने लगा। एक दिन अवसर पाकर उसने निवेदन किया कि "इक़बाल खां तथा मुख़्तस ख़ां[1] यह चाहते हैं कि नासिर शाह की एक संतान को सिंहासनारूढ़ कर दें।" सुल्तान महमूद यह समाचार पाते ही व्याकुल हो उठा और उसने उन लोगों की हत्या करा देना निश्चय कर लिया किन्तु सहनशीलता एवं सम्मान से कार्य लेते हुए इस विषय में पूछ-ताछ कराई।

## मुख़्तस ख़ां की हत्या का प्रयत्न

मुहाफ़िज़ खां ने जब यह देखा कि उसकी बात का कोई प्रभाव नहीं हुआ तो वह उसका विरोध करने लगा और नित्य कठोर बातें कहने लगा। एक दिन सुल्तान महमूद ने अपने सैनिकों से कहा कि, "जब इक़बाल खां तथा मुख़्तस खां प्रथानुसार अभिवादन हेतु आयें तो उनकी हत्या करा दी जाय।"

जब बात इस सीमा तक पहुंच गई तो एक ख़्वाजासरा ने, जो मुख़्तस खां का विश्वासपात्र था, (३७९) यह बात उसे बता दी। मुख़्तस ख़ां ने, तत्काल इक़बाल खां को इस बात से अवगत करा दिया। अभी थोड़ी देर भी न व्यतीत हुई थी कि एक व्यक्ति मुख़्तस खां तथा इक़बाल खां को बुलाने आया। मुख़्तस ख़ां अविलम्ब उसकी सेवा में पहुंचा और इक़बाल ख़ां राज्यव्यवस्था के कार्यों में संलग्न हो गया। मुख़्तस खां पूर्व की भांति व्यवहार न होते हुए देखकर वहां से वापस हो गया और इक़बाल ख़ां के पास पहुंचा। दोनों अपने अपने निवास स्थान को चले गये। मुहाफ़िज़ ख़ां ने निवेदन किया कि, "मुख़्तस खां तथा इक़बाल ख़ां अपने अपने घरों को इस आशय से चले गये हैं कि तैयारी करके किसी एक शाहज़ादे को सिंहासनारूढ़ कर दें। यह उचित होगा कि उस स्थान पर पहुँच कर उन्हें बन्दी बना लिया जाय और आज का काम कल पर न टाला जाय।"

सुल्तान महमूद विश्वासघाती तथा षड्यंत्रकारी की बात पर विश्वास करके मुख़्तस खां तथा इक़बाल खां के निवास स्थान की ओर रवाना हुआ। मुख़्तस खां तथा इक़बाल खां भाग कर १०० अश्वारोहियों तथा पदातियों सहित क़ाज़ीपुर की ओर से २४ रबी-उस्सानी (२१ जुलाई १५११ ई०) की रात्रि में क़िले से नीचे उतरे और समस्त रात्रि यात्रा करते रहे। प्रातःकाल वे नर्बदा के क्षेत्र में सराया[2] नामक स्थान पर पहुंचे। वहां से नुसरत खां बिन इक़बाल खां को २५ रबी-उस्सानी (२२ जुलाई १५११ ई०) को सुल्तान शिहाबुद्दीन को लाने के लिए आसीर की विलायत की ओर भेजा गया। प्रातःकाल सुल्तान महमूद ने दरबार किया और मुहाफ़िज़ खां को ख़ाने जहां की उपाधि प्रदान की। विज़ारत का पद उसे प्रदान कर दिया गया। अफ़ज़ल खां को मजलिसे करीम की और जाऊश खां को दस्तूर खां की उपाधि दी गई। उन्हें मुख़्तस खां तथा इक़बाल खां के विनाश हेतु विदा किया गया।

## सुल्तान शिहाबुद्दीन की मृत्यु

(३८०) जब नुसरत खां यात्रा करता हुआ सुल्तान शिहाबुद्दीन की सेवा में पहुंचा तो वह अत्यधिक प्रसन्न होकर दूसरे दिन बीजागढ़ तथा खरकून[3] के प्रसिद्ध राज्य की ओर रवाना हुआ। उत्साह में वह एक रात्रि तथा एक दिन में ३० कोस यात्रा कर गया। संयोग से वायु बड़ी उष्ण थी, यहां तक कि

१ एक पोथी के अनुसार 'मख़सूस ख़ां'।
२ एक पोथी के अनुसार 'सराय'।
३ एक पोथी के अनुसार 'बीजागढ़ व खरकून'।

मछली नदी में भुन जाती थी। सुल्तान शिहाबुद्दीन रुग्ण हो गया और उसका स्वास्थ्य संयम की सीमा से बाहर निकल गया। ३ जमादि-उल-अव्वल (२९ जुलाई १५११ ई०) को उसकी मृत्यु हो गई।

## अमीरों का होशंग शाह को बादशाह बनाना और उसकी मृत्यु

कुछ लोगों का कथन है कि सुल्तान महमूद के संकेत पर उसे विष दे दिया गया। सुल्तान नुसरत ख़ां ने नीले वस्त्र धारण किये और उसकी लाश को लेकर सराया नामक स्थान की ओर जहां ख़ान लोग एकत्र थे रवाना हुआ। जब वह वहां पहुंचा तो मुख़्तस ख़ां तथा इक़बाल ख़ां ने शोक प्रकट करते हुए लाश को शादियाबाद भेज दिया। सुल्तान शिहाबुद्दीन ने जिस बालक को गोद लिया था, उसे सुल्तान होशंग शाह की उपाधि देकर उसके सिर पर चत्र लगा दिया और विद्रोह करके उस प्रदेश से मालवा की ओर रवाना हुए। महमूद शाह ने लाश के पहुंचने पर बहुत विलाप किया और उसे दफ़न कर दिया। शोक संबंधी प्रथाओं को सम्पन्न कराया और सहायता के पात्रों को दान दिया। शोक के उपरान्त निज़ाम ख़ां को दस्तूर ख़ां की सहायतार्थ भेजा। निज़ाम ख़ां शीघ्रातिशीघ्र यात्रा करता हुआ दस्तूर ख़ां से मिल गया। उन्होंने मिल कर होशंग से युद्ध किया। होशंग भाग कर पहाड़[1] बाबा हाजी नामक पर्वत में शरण हेतु चला गया।

## सुल्तान को इक़बाल ख़ां तथा मुख़्तस ख़ां के प्रार्थना-पत्र प्राप्त होना

(३८१) इसी अवसर पर इक़बाल ख़ां तथा मुख़्तस ख़ां के इस आशय के प्रार्थना-पत्र प्राप्त हुये कि, "हम लोगों ने, जो आपके पूर्वजों के समय से आपके दास हैं, निष्ठा के विरुद्ध कोई कार्य नहीं किया है। मुहाफ़िज़ ख़ां ने ईर्ष्यावश स्वार्थपूर्ण बातें कह कर आपके हृदय को प्राचीन दासों की ओर से फेर दिया है। आशा है कि मुहाफ़िज़ ख़ां ने निष्ठा के विरुद्ध जो कार्य किया है और जो हरामख़ोरी प्रदर्शित की है, उसका आपको शीघ्र पता चल जायेगा। मुझे इस बात का विश्वास है कि कुछ हितैषी स्वार्थ को न देखते हुए एकान्त में इस बात की पुष्टि करेंगे।" जब सुल्तान को प्रार्थना-पत्र के विषय में ज्ञात हुआ तो उसके कुछ सेवकों ने भी इसकी पुष्टि की और कहा कि, "मुहाफ़िज़ ख़ां के इस दोषारोपण का उद्देश्य यह है कि वह शासन-प्रबन्ध में स्वतन्त्र अधिकार प्राप्त कर ले। यदि मुख़्तस ख़ां तथा इक़बाल ख़ां होते तो उसे विज़ारत न प्राप्त हो सकती थी। वह इसी बात का प्रयत्न कर रहा है कि कोई परिवर्तन हो और नासिर शाह के किसी पुत्र को बन्दीगृह से निकाल कर उसे नाममात्र को सुल्तान बना कर स्वतन्त्र रूप से राज्य करे।"

## मुहाफ़िज़ ख़ां द्वारा विद्रोह

सुल्तान महमूद ने जो सावधानी तथा दूरदर्शिता से कार्य न करता था, आदेश दिया कि "मुहाफ़िज़ ख़ां जब अभिवादन हेतु आये तो उसे बन्दी बना लिया जाय। पूछताछ के उपरान्त उसे दण्ड दिया जायेगा।" जब मुहाफ़िज़ ख़ां के हितैषियों ने सत्य बातें उस तक पहुंचाईं तो वह दूसरे दिन अर्थात् १८ जमादि-उल-अव्वल (१३ अगस्त १५११ ई०) को अपनी सेना सहित दीवान[2] में उपस्थित हुआ। कुछ क्षण उपरान्त सुल्तान महमूद ने उसे एकान्त में बुलवाया। उसने पहुंच कर कठोर उत्तर दिये। (३८२) सुल्तान महमूद अत्यधिक क्रोधित होकर बड़ी वीरता से अपने कुछ विश्वासपात्रों तथा हब्शियों

१ मूल पुस्तक में 'बहार' अथवा 'भार'।
२ देखिये पृ० १०८ नोट नं० १।

के समूह को लेकर बाहर निकल गया। वह अभागा दौलतख़ाने के बाहर चला गया। वन्द पिरौनी को अपने अधिकार में करके उसने विद्रोह की पताका बलन्द कर दी। शाहज़ादा साहब खां बिन सुल्तान नासिरुद्दीन को लाकर उसके सिर पर चत्र लगा दिया। उस हवेली में महमूद शाह को घेर लिया और वह बन्दी बना ही लिया जाने वाला था कि आधी रात्रि में वह उज्जैन की ओर चला गया। वहां से उसने दस्तूर खां तथा अन्य अमीरों को प्रोत्साहन देकर अपने पास बुलवाया। जिस रात्रि में सुल्तान महमूद ने वहां से प्रस्थान किया, उसी रात्रि में मुहाफ़िज़ खां ने शाहज़ादा साहब खां को सुल्तान महमूद की उपाधि देकर सिंहासनारूढ़ कर दिया। कुछ दिन उपरान्त दस्तूर खां उज्जैन पहुंचा। उसके पीछे मुख़्तस खां तथा इक़बाल खां सुल्तान महमूद से मिल गये। शाहज़ादा साहब खां ने यह समाचार पाकर सद्र खां तथा अफ़ज़ल खां को बुलवाया और प्रतिज्ञा तथा शपथ लेकर उनको अपनी ओर मिला लिया।

## सुल्तान महमूद का चन्देरी की ओर प्रस्थान

५ जमादि-उल-अव्वल (३१ जुलाई १५११ ई०) को ख़ूदन खां[1] को शादियाबाद के क़िले में छोड़कर उसने (शाहज़ादा साहब खां ने) नालचा के क़स्बे में पड़ाव किया और सद्र खां के परामर्श से सैनिकों के वेतन का एक तिहाई भाग ख़ज़ाने से नक़द दिलवा दिया और उज्जैन की यात्रा का प्रबन्ध किया। सुल्तान महमूद उज्जैन से प्रस्थान करके दीपालपुर पहुंचा। एक घड़ी रात्रि के उपरान्त वे सरदार, जिनके परिवार मन्दू के क़िले में थे, सवार होकर शाहज़ादे के शिविर में पहुंच गये। दूसरे दिन सुल्तान महमूद ने दीपालपुर से प्रस्थान किया और चंदेरी की ओर प्रस्थान किया। उसने समस्त हाल लिखकर बहजत खां को भेजा। उसने उत्तर भेजा कि "यह दास उस व्यक्ति का आज्ञाकारी है जिसके अधिकार में शादियाबाद की राजधानी हो।" इस उत्तर से सुल्तान महमूद को अपने भविष्य के विषय में (३८३) बड़ी चिंता हो गई। उसने बहिश्तपुर नामक स्थान पर पड़ाव किया और लोगों से परामर्श किया।

## रणथम्भोर की ओर प्रस्थान

कुछ हितैषियों ने कहा कि रणथम्भोर के क़िले में शरण लेनी चाहिये। कुछ लोगों ने कहा कि सुल्तान सिकन्दर लोदी से सहायता की याचना करनी चाहिये। सुल्तान महमूद ने कहा कि "मेरे हृदय में यह बात आती है कि कुछ दिन में संतोष से कार्य करूं और अपने सौभाग्य के उदय की प्रतीक्षा करूं। इसी कारण रणथम्भोर के क़िले में शरण लेना उचित है। वहां सहायता की आशा है। अपने समकालीनों से सहायता की याचना करना उचित नहीं।" प्रजा से आशा तोड़ कर वह ईश्वर की लीला की प्रतीक्षा करने लगा।

## शाहज़ादे की पराजय

कुछ दिन उपरान्त मेदिनी राय, जो वीरता तथा योग्यता में अद्वितीय था, अपने थाने से आया और साथ हो लिया। बहजत खां ने अपने दुष्कर्म से अवगत होकर अपने पुत्र शिरज़ा खां को सुल्तान की सेवा में भेजा। सुल्तान महमूद ने मन्दू की ओर प्रस्थान किया। कुछ समय उपरान्त सूचना मिली कि शाहज़ादा साहब खां चंदेरी की ओर जा रहा है। जब उसने सहराय नामक स्थान पर पड़ाव किया तो दोनों

१ एक पोथी के अनुसार 'मोवज़्ज़न ख़ां, और एक पोथी के अनुसार 'मोअद्दब ख़ां'।

ओर की सेनाओं ने यह उचित समझा कि प्रातःकाल सेनाओं को सुसज्जित करके विजय की प्रतीक्षा की जाय। संयोग से, एक पहर रात के उपरान्त अफ़ज़ल खां सवार होकर सुल्तान महमूद के शिविर की ओर रवाना हो गया। आधी सेना अपितु उससे अधिक अफ़ज़ल ख़ां से मिल गई और सुल्तान के शिविर में पहुंच गई। शाहज़ादा साहब खां तथा मुहाफ़िज़ खां भय एवं घबराहट में अपने शिविर[1] में आग लगा कर भाग गये। चौथे दिन वे नुस्रताबाद नालचा में पहुंचे और उन्होंने राजकोष के धन का अपव्यय प्रारम्भ कर दिया तथा क़िले पर पुनः अधिकार करने का प्रयत्न करने लगे।

## सुल्तान महमूद का शादियाबाद की ओर प्रस्थान

(३८४) सुल्तान महमूद ने ईश्वर के प्रति कृतज्ञता प्रकट की और शादियाबाद की ओर प्रस्थान किया। जब वह सरसिया नामक स्थान पर पहुंचा तो वह व्यक्ति, जिसे सुल्तान शिहाबुद्दीन ने गोद लिया था, तथा अन्य अमीर जो भार[2] बाबा हाजी के पर्वत में घिर गये थे वचन लेकर सुल्तान महमूद के पास आये और निरन्तर यात्रा करते हुए उन्होंने सरसिया में पड़ाव किया। दूसरे दिन ७ रमज़ान ९१७ हि० (२८ नवम्बर १५११ ई०) को वे राजधानी शादियाबाद की ओर रवाना हुए। दोनों ओर से सेनायें सुसज्जित होकर युद्ध के लिये तैयार हो गईं।

## शाहज़ादे का भाग कर मन्दू के क़िले में पहुँचना

शाहज़ादा साहब खां ने साहस से कार्य लेते हुए सुल्तान महमूद की सेना पर आक्रमण किया। इसी बीच में एक हाथी सुल्तान महमूद की ओर बढ़ा। उसने महावत के सीने पर इस प्रकार बाण मारा कि वह उसकी पीठ के बाहर निकल गया। मेदिनी राय ने अपने राजपूत सैनिकों की सहायता से बर्छे तथा जमधर द्वारा साहब खां की सेना को नष्ट कर दिया। शाहज़ादा मुक़ाबला न कर सका और भाग खड़ा हुआ। कुछ लोगों ने क़िले में शरण ली और एक समूह उन गुफाओं में जो मन्दू के निकट स्थित हैं छुप गया। सुल्तान महमूद हौज़े खास तक पीछा करके लौट आया।

## सुल्तान द्वारा मन्दू के क़िले का अवरोध तथा संधि का प्रयत्न

शाहज़ादा क़िले को अपने अधिकार में करने का प्रयत्न करने लगा; रात-दिन वह क़िले की रक्षा की चेष्टा किया करता था। सुल्तान महमूद ने उसके प्रति कृपादृष्टि प्रदर्शित करते हुए संदेश भेजा कि, "वे दोनों भाई हैं और कृपा तथा दया परमावश्यक हैं अतः स्वाभाविक सौजन्य इस ओर प्रेरित करता है कि जिस स्थान की भी वह इच्छा करे उसे दे दिया जाय। वह जितना धन ले जाना चाहे ले जाय, इसमें कोई आपत्ति नहीं, ताकि मुसलमानों का व्यर्थ रक्तपात न हो।" शाहज़ादा साहब खां ने क़िले की दृढ़ता पर अभिमान करत हुए इस बात को स्वीकार न किया। सुल्तान महमूद ने क़िले के चारों ओर के स्थान पर अपना अधिकार कर लिया और अवरोध में अत्यधिक प्रयत्नशील हो गया।

१६ शव्वाल ९१७ हि० (६ जनवरी १५१२ ई०) को मौलाना एमादुद्दीन ख़ुरासानी के प्रयत्नों के फलस्वरूप सेना के वीर सूर्योदय के पूर्व मोर्चे के आदमियों पर टूट पड़े और युद्ध करने लगे।

१ एक पोथी के अनुसार 'घबराहट में नालचा पहुँचे'।
२ इस शब्द को 'बहार' भी पढ़ा जा सकता है; 'पहाड़' भी हो सकता है।

( ३८५ ) पलक झपकाते ही उन लोगों ने शाहज़ादे के सहायकों तथा मित्रों को मिट्टी में मिला दिया।

## शाहज़ादे का भागकर मुज़फ़्फ़र गुजराती के पास पहुंचना

शाहज़ादा तथा मुहाफ़िज़ खां थोड़े से बहुमूल्य रत्न अपने साथ लेकर ७०० सीढ़ियों के मार्ग से भाग गये और चौथे दिन गुजरात के बरौदा[1] नामक क़स्बे में सुल्तान मुज़फ़्फ़र से मिल गये। उसने शाहज़ादे के चरणों को शुभ समझ कर आतिथ्य-सत्कार में कोई भी असावधानी न की और यह निश्चय किया कि वर्षा ऋतु के उपरान्त मालवा की विलायत को अपने अधिकार में करके उसके भाइयों[2] में बांट दिया जाय।

## शाहज़ादे के कारण ईरान के राजदूत के आदमियों की हत्या

वहां से वह चम्पानीर पहुंचा। एक दिन शाहज़ादा, यादगार मुग़ल जो सुर्ख़ कुलाह[3] के नाम से प्रसिद्ध था, की मंज़िल पर पहुंचा। वह शाह इस्माईल सफ़वी[4] की ओर से राजदूत बनकर गुजरात आया था। उन लोगों के सेवकों ने एक दूसरे के प्रति कठोर वचन कहे और उनमें शत्रुता उत्पन्न हो गई। सर्वसाधारण में खलबली मच गई और यह प्रसिद्ध हो गया कि "यादगार सुर्ख़-कुलाह तथा उसके सेवकों ने मन्दू के शाहज़ादे को बन्दी बना लिया है।" गुजरात की सेना तथा लोगों की भीड़ एकत्र हो गई। यादगार सुर्ख़ कुलाह के आदमियों में से कुछ लोग मारे गये।

## शाहज़ादे का आसीर की ओर भागना

शाहज़ादा लज्जित होकर बिना आज्ञा लिये आसीर की विलायत की ओर चल दिया और ३०० अश्वारोहियों सहित पुरगांव नामक स्थान पर, जो आसीर की सीमा पर बड़ा प्रसिद्ध है, उसने पड़ाव किया। कन्दुहा क़स्बे का हाकिम लोधा यह सूचना पाकर शीघ्रातिशीघ्र वहां पहुंचा और उसने युद्ध प्रारम्भ कर दिया। साहब खां ने पराजित होकर कावेल के हाकिम से सहायता की प्रार्थना की। कावेल दकिन प्रदेश के अधीन है। क्योंकि सुल्तान महमूद तथा कावेल के हाकिम में अत्यधिक मित्रता थी अतः उसने उसकी सहायता न की और उसके मार्ग व्यय हेतु कुछ ग्राम निश्चित कर दिये।

## सुल्तान महमूद द्वारा शासन-प्रबन्ध

राज्य की अव्यवस्था का अन्त हो जाने के उपरान्त तथा उपद्रव के शान्त हो जाने के पश्चात्, सुल्तान महमूद शांति के सिंहासन पर आरूढ़ हुआ। हाकिम, थानेदार तथा आमिल लोग, राज्य के विभिन्न भागों में शासन स्थापित करने के लिये भेजे गये।

१ एक पोथी में 'बरौदरा'।
२ शाहज़ादे के भाइयों।
३ लाल टोपी वाला, किज़िलबाश; ईरानियों के लिये सामान्य रूप से इसी शब्द का प्रयोग होता था।
४ इस्माईल सफ़वी बिन सुल्तान हैदर ईरान के सफ़वी वंश का प्रथम बादशाह था। उसने ईरान में १५०० ई० में राज्य करना प्रारम्भ किया और २४ वर्ष के राज्य के उपरान्त १५२४ ई० में उसकी मृत्यु हो गई।

## मेदिनी राय का पूर्ण अधिकार-सम्पन्न बनने का प्रयत्न

(३८६) मेदिनी राय ने पूर्ण अधिकार-सम्पन्न बन जाने की अभिलाषा में सुल्तान ग़यासुद्दीन शाह एवं नासिर शाह के अमीरों को अपने मध्य से हटा देना चाहा। अपने कुत्सित विचारों की पूर्ति हेतु उसने अमीरों की चुग़ली करना प्रारम्भ कर दिया। वह सुल्तान से एकान्त में प्रत्येक के विषय में बुरी बुरी बातें कहा करता था। उसने एक दिन निवेदन किया कि, "अफ़ज़ल खां तथा इक़बाल खां शाहज़ादा साहब खां को पत्र भेज कर सोये हुए उपद्रव को जगाना चाहते हैं।" सुल्तान महमूद ने स्वार्थपूर्ण बातों को निःस्वार्थ समझ कर आदेश दिया कि जब अफ़ज़ल खां तथा इक़बाल खां अभिवादन हेतु आयें तो उनकी हत्या कर दी जाय। दूसरे दिन जब वे अभिवादन हेतु आये तो उन्हें बन्दी बनाकर उनकी हत्या कर दी गई।

## सिकन्दर ख़ां का विद्रोह

सिवास[1] तथा हंदिया का हाकिम सिकन्दर ख़ां तथा फ़तह जंग खां शिरवानी मेदिनी राय की यह धृष्टता देखकर अपनी-अपनी जागीरों को चले गये। सिकन्दर ख़ां ने विद्रोह कर दिया और कन्दुहा से शिहाबाबाद क़स्बे तक का स्थान अपने अधिकार में कर लिया। ख़ालसे[2] के आमिलों को निकाल दिया। सुल्तान महमूद इस विद्रोह को शांत करने के लिये ५ जमादि-उल-आख़िर ९१८ हि० (१८ अगस्त १५१२ ई०) को मन्दू के क़िले के नीचे से उतरा और नालचा के कूशके जहांनुमा में उसने पड़ाव किया। विज़ारत का पद मेदिनी राय को प्रदान कर दिया और चंदेरी के हाकिम बहजत ख़ां तथा अन्य अमीरों को अपने आदमियों को भेजकर बुलवाया। बहजत ख़ां ने शाही वंश की दासता से संबन्धित होने के बावजूद मेदिनी राय के प्रभुत्व से भयभीत होकर वर्षा ऋतु का बहाना किया।

## मंसूर ख़ां का सिकन्दर ख़ां के विरुद्ध भेजा जाना

सुल्तान महमूद ने पूर्ण रूप से उपेक्षा करते हुए भिलसा[3] के मुक़्ता मंसूर ख़ां को लिखा कि वह सिकन्दर ख़ां को पराजित करने के लिए रवाना हो। मंसूर ख़ां अपनी सेना तैयार करके युद्ध के लिए रवाना हुआ। जब वह सिकन्दर ख़ां की विलायत के निकट पहुंचा तो गुप्तचरों ने यह समाचार पहुंचाये (३८७) कि "सिकन्दर ख़ां ने बहुत बड़ी सेना एकत्र कर ली है और गोंडवाना के रायों को भी मिला लिया है।" मंसूर ख़ां उसी स्थान पर रुक गया और जो सत्य बात थी उसकी सूचना सुल्तान महमूद को देकर सहायता मांगी। मेदिनी राय ने उत्तर में लिखा कि "यदि तू (मंसूर ख़ां) सिकन्दर ख़ां को बन्दी बनाने में असावधानी तथा शिथिलता प्रदर्शित करेगा तो शाही क्रोध का परिणाम भोगेगा।" मंसूर ख़ां इस आदेश से अपने परिणाम के विषय में चिंता में पड़ गया और लौट कर बहजत ख़ां से मिल गया। तुज्जार ख़ां भी जो मंसूर ख़ां की सहायतार्थ नियुक्त हुआ था जाकर बहजत ख़ां से मिल गया।

## मेदिनी राय का सिकन्दर ख़ां के विरुद्ध भेजा जाना

सुल्तान महमूद यह सूचना पाकर प्रस्थान करके धार पहुंचा और उसने शेख़ कमालुद्दीन

१ एक पोथी के अनुसार 'बसवास' तथा एक पोथी के अनुसार 'अवास'। इसे 'सवास' एवं 'सुवास' भी पढ़ा जा सकता है।

२ वह भूमि जिसकी आय केन्द्रीय सरकार में जाती हो।

३ एक पोथी के अनुसार 'फिलसा'।

मालवा निवासी (के मज़ार) के दर्शन किये। दीपालपुर क़स्बे से उसने मेदिनी राय को बहुत बड़ी सेना तथा ५० हाथी देकर सिकन्दर ख़ां को पराजित करने के लिए भेजा और स्वयं उज्जैन की ओर प्रस्थान किया। जब मेदिनी राय अस्वास[1] की विलायत में पहुंचा तो उसने लूट मार करना प्रारम्भ कर दिया। इस सूचना के कारण सिकन्दर ख़ां के भोग-विलास में विघ्न पड़ गया और उसने दीनता प्रदर्शित करते हुए संधि कर ली। हबीब ख़ां के द्वारा वह मेदिनी राय के पास पहुंचा। मेदिनी राय ने उज्जैन पहुंच कर सुल्तान महमूद से सिकन्दर ख़ां के अपराधों की क्षमा-याचना की। सुल्तान महमूद ने उसका अपराध क्षमा कर दिया और उसके प्राचीन पद तथा जागीर को उसी के अधिकार में रहने दिया।

## शादियाबाद के क़िले में विद्रोह तथा उसका दमन

सुल्तान महमूद उज्जैन से प्रस्थान करके आगरा क़स्बे में पहुंचा। वहां उसे शादियाबाद के क़िले के दारोग़ा का प्रार्थनापत्र प्राप्त हुआ कि "कुछ गुण्डों ने २५ रमज़ान ९१८ हि० (४ दिसम्बर १५१२ ई०) की रात्रि में आक्रमण करके सुल्तान ग़यासुद्दीन की क़ब्र से छत्र हटाकर एक ऐसे व्यक्ति के सिर पर लगा दिया जिसके वंश का कोई पता न था और नगर में लूट मार प्रारम्भ कर दी। शाही सौभाग्य से उस समूह के नेता को बन्दी बना लिया गया और उसकी हत्या कर दी गई।" सुल्तान महमूद (३८८) शादियाबाद के दारोग़ा को प्रोत्साहनयुक्त पत्र भेजकर स्वयं भार[2] बाबा हाजी की ओर चल दिया।

## बहजत ख़ां का सुल्तान सिकन्दर लोदी से सहायता की याचना करना

वहां से उसने भैरव दास[3] के हाथ प्रोत्साहनयुक्त पत्र बहजत ख़ां के पास भेजा। क्योंकि दुर्भाग्य की धूल का अंजन उसकी बुद्धि के आंखों में लग चुका था, अतः उसने अनुचित उत्तर दिये और कुछ लोगों को उसने इस आशय से कावेल भेजा कि वे शाहज़ादा साहब ख़ां को सरदार बनाकर ले आयें। उसने सुल्तान सिकन्दर लोदी की सेवा में भी इस आशय का एक प्रार्थना-पत्र भेजा कि, "महमूद शाह ने अपने राज्य का शासन-प्रबन्ध काफ़िरों के अधिकार में दे दिया है और मुहम्मद साहब की शरीअत के सन्मार्ग से विचलित होकर मुसलमानों को अपमानित करता है और काफ़िरों तथा राजपूतों को सम्मान प्रदान करता है। यदि कोई विजयी सेना इस क्षेत्र में पहुंच जाय तो उस इस्लाम को शरण प्रदान करने वाले बादशाह (आपके) के नाम का ख़ुत्बा पढ़वा दिया जायगा और आपके नाम का सिक्का चालू करा दिया जायगा।" जब भैरव दास ने यह समाचार पहुंचाया तो सुल्तान महमूद ने सेना को तैयार करके एक सप्ताह उपरान्त पहाड़ से प्रस्थान करके शिकारपुर नामक स्थान पर पड़ाव किया। दूसरे दिन उसने मुख़्तस ख़ां को अत्यधिक सेना देकर अपने पूर्व चंदेरी की ओर भेज दिया।

## मुज़फ़्फ़र गुजराती द्वारा आक्रमण

इसी समय यह समाचार प्राप्त हुये कि मुहर्रम ९१९ हि० (मार्च-अप्रैल १५१३ ई०) के मध्य में सुल्तान मुज़फ़्फ़र गुजराती अपार सेना तथा ५०० हाथियों सहित धार के क़स्बे में पड़ाव किये हुए

१ इसके पूर्व इसे 'सिवास' लिखा गया है।
२ इसे पहाड़ भी कहा जा सकता है।
३ एक पोथी के अनुसार 'महतर दास'।

है और दिलावरा नामक स्थान के समीप आखेट में व्यस्त है। राय पिथौरा तथा अन्य अमीरों ने, जो मन्दू के क़िले में थे, विश्वासपात्रों को भेजकर दीनता तथा नम्रता प्रदर्शित करते हुए इस आशय का संदेश भेजा कि "इस समय सुल्तान महमूद अपने राज्य को सुव्यवस्थित करने में असमर्थ है। ऐसी अवस्था में उसके राज्य पर चढ़ाई करना सौजन्यता तथा पौरुष का कार्य नहीं।" किन्तु सुल्तान मुज़फ़्फ़र ने इस ओर कोई ध्यान न दिया। उसने निज़ामुलमुल्क सुल्तानी को एक बहुत बड़ी सेना देकर नालचा के क्षेत्र (३८९) में भेजा। वह हौज़े रानी के निकट पहुंच कर लौट आया। लौटते समय क़िले से एक समूह नीचे उतर कर लूट मार करने लगा। निज़ामुलमुल्क ने वापस होकर कुछ लोगों की हत्या कर दी। अन्य लोग शरण हेतु क़िले में पहुंच गये। सुल्तान महमूद इस शोकमय समाचार को प्राप्त करके बड़ा व्याकुल हुआ और वह इस चिंता में पड़ गया कि "सर्वप्रथम मैं किस ओर प्रस्थान करूं?" जब वह इसी असमंजस में था तो उसे अचानक यह समाचार प्राप्त हुये कि सुल्तान मुज़फ़्फ़र गुजराती लौट गया और धोर[1] के मार्ग से गुजरात की ओर चला गया है। सुल्तान महमूद ने ईश्वर के प्रति कृतज्ञता प्रकट करते हुए बहजत खां की पराजय का संकल्प कर लिया।

## सिकन्दर ख़ां द्वारा पुनः विद्रोह

कुछ दिन उपरान्त यह समाचार पुनः प्राप्त हुये कि सिकन्दर ख़ां ने पुनः विद्रोह की पताका बलन्द कर दी है और ख़ालसा के ग्रामों को अपने अधिकार में कर लिया है। सुल्तान महमूद ने कन्दुहा क़स्बे के हाकिम, मलिक लोधा को उसे दण्ड देने के लिए भेजा। मलिक लोधा सिवास की ओर रवाना हुआ। जब दोनों सेनाओं की मुठभेड़ हुई तो प्रातःकाल से सायंकाल तक उपद्रव तथा अशांति की धूल उड़ती रही। अन्त में सिकन्दर ख़ां अपने में युद्ध की शक्ति न देखकर भाग खड़ा हुआ। मलिक लोधा की सेना ने पीछा करके लूट मार प्रारम्भ कर दी। इसी बीच में एक व्यक्ति, जिसका परिवार बन्दी था, मलिक लोधा के पास पहुंचा और उसने उसके चरणों का चुम्बन करने के बहाने उसके समीप पहुंच कर विष भरी कटार उसकी कोख में भोंक दी और उसकी हत्या कर दी। सिकन्दर ख़ां इस घटना के विषय में सुनकर लौट पड़ा और उसने मलिक लोधा के सैनिकों का पीछा किया। ६ हाथी तथा अत्यधिक घोड़े लूट लिये और विजय तथा सफलता प्राप्त करके सिवास की ओर लौट गया।

## सुल्तान का चन्देरी की ओर प्रस्थान

जब सुल्तान महमूद को यह समाचार प्राप्त हुआ तो उसने बहजत ख़ां का विनाश सर्वोपरि समझ कर चंदेरी की ओर प्रस्थान किया। मार्ग में समाचार प्राप्त हुआ कि "ज़िलहिज्जा ९१९ हि० (फ़रवरी १५१४ ई०) के मध्य में शाहज़ादा साहब ख़ां गोंडवाना से चंदेरी पहुंचा। बहजत ख़ां तथा मंसूर ख़ां ने (३९०) उसका स्वागत किया और उसे सिंहासनारूढ़ कर दिया।" सुल्तान महमूद साजनपुर नामक स्थान पर ठहर कर सेना की तैयारी करने लगा।

## सुल्तान सिकन्दर से शाहज़ादे को सहायता प्राप्त होना

कुछ दिन उपरान्त यह समाचार प्राप्त हुआ कि सईद ख़ां लोदी तथा एमादुलमुल्क, देहली की सेना सहित सुल्तान सिकन्दर की ओर से शाहज़ादा साहब ख़ां की सहायतार्थ चंदेरी से ५ कोस की दूरी पर

१ एक पोथी के अनुसार 'धोद'।

पहुंच गये हैं। सुल्तान महमूद यह समाचार पाकर बड़ा व्याकुल हुआ और उसने यह उचित समझा कि वह अपने स्थान को लौट जाय। मार्ग में उसने अमीरों को अपने समक्ष बुलवाया और उनसे उसने प्रतिज्ञा करवाई। शपथ तथा प्रतिज्ञा के बावजूद जब थोड़ी सी रात्रि व्यतीत हो गई तब सफ़दर ख़ां तथा मुख्तस ख़ां जोकि वचन के बड़े पक्के अमीर थे, चंदेरी की ओर भाग गये। महमूद ख़ां ने एक सेना को उनका पीछा करने के लिए भेजा, और स्वयं सरौंज क़स्बे में पड़ाव किया। १ सफ़र ९२० हि० (२८ मार्च १५१४ ई०) को उसने भिलसा के क़स्बे के उपान्त को पार करके रोदख़ाने पर पड़ाव किया। जब शाही शिविर भिलसा के द्वार के समक्ष से गुज़र रहा था, तो मंसूर ख़ां के गुमाश्ते ने नगर के गुण्डों की सहायता से शिविर के बचे खुचे लोगों को नष्ट-भ्रष्ट कर दिया। यह समाचार पाकर सुल्तान महमूद के पौरुष तथा मर्यादा को ठेस लगी और उसने आदेश दिया कि कोट के ऊपर तुरन्त अधिकार जमाकर परिणाम पर ध्यान न देने वाले उन सैनिकों की हत्या कर दी जाय। नगर वाले इस समूह के दुर्भाग्य के कारण नष्ट कर दिये गये और उनके परिवार को दास बना लिया गया।

सुल्तान ने कुछ दिन तक शिकार के लिए उस क्षेत्र में पड़ाव किया। शाहज़ादा साहब ख़ां तथा बहजत ख़ां ने इस पड़ाव को बहुत बड़ी देन समझकर मलिक महमूद को अत्यधिक सेना सहित सारंगपुर की ओर भेजा। सारंगपुर के मुक़्ता[1] का गुमाश्ता[2] झझार ख़ां[3] युद्ध के उपरान्त विजयी हुआ। मलिक (३९१) महमूद भाग खड़ा हुआ और चंदेरी तक किसी स्थान पर न ठहरा। झझार ख़ाँ लूट की अत्यधिक धन-संपत्ति लेकर सारंगपुर को लौट गया। इसी समय जब कि महमूद की सेना पलायन करती हुई आ रही थी, सईद ख़ां लोदी तथा एमादुलमुल्क ने बहजत ख़ां को संदेश भेजा कि "प्रतिज्ञा हो चुकी थी कि जब सिकन्दर की विजयी सेनायें चंदेरी के भूभाग में पहुंचेंगी तो सिकन्दर के नाम का ख़ुत्बा पढ़वा दिया जायेगा और दिरहम तथा दीनार एवं सिक्के सुल्तान के नाम से चलेंगे। अभी तक इसका कोई चिह्न प्रकट नहीं हुआ है।" जब उन्हें उचित उत्तर न मिला तो वे सहराई[4] नामक स्थान से कूच करके १४ कोस पीछे हट गये और जो वास्तविक स्थिति थी, उसे सुल्तान सिकन्दर की सेवा में लिख भेजा। सुल्तान सिकन्दर ने उनको बुलवाने का फ़रमान भेजा। जब सुल्तान सिकन्दर की सेना कष्ट उठाकर देहली की ओर लौट गई तो सुल्तान महमूद, जो ईश्वर की कृपा पर आश्रित था, आखेट में व्यस्त हो गया।

एक दिन शिकार के समय एक गुप्तचर ने यह समाचार पहुंचाये कि ख़्वाजये जहां तथा मुहाफ़िज़ ख़ां बहुत बड़ी सेना लेकर शादियाबाद की ओर चल खड़े हुए हैं। सुल्तान महमूद उसी स्थान से लौट पड़ा और उसने हबीब ख़ां, फ़ख़रुलमुल्क तथा हमीकरण[5] को मुहाफ़िज़ ख़ां को पराजित करने के लिए भेजा। हबीब ख़ां तथा अन्य अमीर १६ रबी-उस्सानी ९२० हि० (१० जून १५१४ ई०) को नालचा पहुंचे। संयोग से उनके पहुंचने के ३,४ घड़ी पूर्व ही मुहाफ़िज़ ख़ां पहुंच चुका था। युद्ध प्रारम्भ हो गया। विद्रोह के दुर्भाग्य के कारण मुहाफ़िज़ ख़ां की हत्या हो गई। वे उसके सिर को पृथक् करके विजय तथा सफलता

१ अक़्ता का स्वामी।
२ एजेंट।
३ एक पोथी के अनुसार 'हिजाज ख़ां' और एक पोथी के अनुसार 'जजार ख़ां'।
४ एक पोथी के अनुसार 'सहरानी'।
५ एक पोथी के अनुसार 'बीम करण', और एक के अनुसार 'हम करण'।

प्राप्त करके अपने शिविर को लौट गये। शाहज़ादा साहब खां यह समाचार पाकर बड़ा दुखी हुआ और उसने ख़ानों के आने-जाने के द्वार अपने ऊपर बन्द कर लिये।

## संधि

(३९२) बहजत खां तथा सद्र खां ने यह उचित समझा कि आलिमों तथा सूफ़ियों को मध्यस्थ बनाकर अपने अपराधों की क्षमा-याचना करके शाहज़ादे के लिए राज्य का एक भाग प्राप्त करने की याचना करें। वे इस बात से सहमत होकर साहब खां की सेवा में पहुंचे। शाहज़ादे ने कहा कि "बहुत समय से यह बात मेरे हृदय में भी आ रही थी किन्तु मैं सुल्तान सिकन्दर की सेना के आगमन के कारण दुखी था। ईश्वर को धन्य है कि इस विपत्ति का निराकरण हो गया।" बहजत खां ने अमीरों के परामर्श से शेख़ औलिया को शाही शिविर में भेज कर अपने अपराधों की क्षमा-चायना की और शाहज़ादे के व्यय हेतु एक स्थान की याचना की। सुल्तान महमूद ने यह बात ईश्वर की बहुत बड़ी कृपा तथा देन समझकर राय सेन का क़िला तथा भिल्सा एवं धमौनी के क़स्बे शाहज़ादे को प्रदान कर दिये। १० लाख तन्के नक़द व्यय में सहायता हेतु और १२ हाथी इनाम में प्रदान किये। बहजत खां तथा अन्य अमीरों एवं ख़ानों को प्रोत्साहनयुक्त फ़रमान भेजे और अपने कुछ सेवकों को बहजत खां के दूत के साथ विदा कर दिया।

## शाहज़ादे का सुल्तान सिकन्दर की सेना में पहुंचना

शेख़ औलिया तथा वे लोग जो भेजे गये थे जब चंदेरी पहुंचे तो बहजत खां ने अपने पुत्र शिरज़ा ख़ां को दूतों के स्वागतार्थ भेजा और उनके आगमन को अपने लिए बड़े आदर तथा सम्मान का विषय समझा। बहजत खां ने फ़रमानों के विषय से अवगत होकर रायसेन तथा भिल्सा के राज्य का आदेश-पत्र शिरज़ा ख़ां के हाथ साहब खां की सेवा में भेज दिया और १० लाख तन्के नक़द एवं १२ हाथी अपने पास रोक लिये। कुछ षड्यन्त्रकारियों ने शाहज़ादा साहब खां से कहा कि, "बहजत खां ने निश्चय किया है कि ईदे फ़ित्र[1] के दिन प्रातःकाल नमाज़गाह में तुम्हें तथा कुछ विश्वासपात्रों को बन्दी बना ले। इस कारण उसने शेख़ औलिया को शिविर में भेज दिया है, और प्रतिज्ञा की शपथ द्वारा पुष्टि करा रहा है। उसने कुछ सैनिकों को भी बुलवाया है।" इस समाचार को पाकर शाहज़ादा बड़ा आतंकित हुआ और दिन भर वह अपने विषय में चिंता में ग्रस्त रहा।

## महमूद शाह का चन्देरी की ओर प्रस्थान

२९ रमज़ान (८ नवम्बर १५१४ ई०) को अल्पदर्शी शाहज़ादा अज्ञात मार्ग से सीमान्त पर (३९३) सुल्तान सिकन्दर की सेना में पहुंच गया। जब महमूद शाह को यह समाचार प्राप्त हुआ तो १९ शव्वाल (२७ नवम्बर १५१४ ई०) को वह चंदेरी की ओर रवाना हुआ। बहज़त खां तथा नगर के प्रतिष्ठित लोग उसके स्वागतार्थ उपस्थित हुए और उन्होंने क्षमा-याचना की। महमूद शाह ने उन्हें क्षमा कर दिया और प्रत्येक को ख़िलअत तथा इनाम द्वारा सम्मानित किया। कुछ दिन तक वह चंदेरी में ठहरा रहा और वहां की व्यवस्था ठीक करता रहा। तदुपरान्त वह राजधानी शादियाबाद की ओर चला गया।

१ पूरे मास के रोज़ों (रमज़ान) के बाद की ईद।

## मेदिनी राय का कुप्रभाव

मेदिनी राय के दुष्प्रयत्नों तथा दुष्परामर्श के कारण अमीरों तथा सरदारों के मध्य में युद्ध छिड़ गया। नित्यप्रति एक निरपराधी की तोहमत तथा झूठे अपराध लगाकर हत्या करा दी जाती थी। शनैः-शनैः कार्य इस सीमा तक पहुंच गया कि महमूद शाह समस्त अमीरों अपितु समस्त मुसलमानों के विरुद्ध हो गया। प्राचीन आमिलों को, जो वर्षों से ग़यास शाह तथा नासिर शाह के राज्यकाल में दीवानी के कार्यों को सम्पन्न कर रहे थे, उसने पदच्युत कर दिया और उनके स्थान पर मेदिनी राय के मित्रों तथा सहायकों को नियुक्त कर दिया। परिणामस्वरूप अधिकांश अमीर, सरदार तथा सेवक हताश होकर अपने परिवार सहित स्वदेश छोड़ कर चल दिये। शादियाबाद का क़िला, जो इल्म का केन्द्र था और जहां आलिम एवं सूफ़ी एकत्र रहते थे, गंवारों का निवास-स्थान बन गया। यहां तक कि महमूद शाह के राज्य के समस्त कार्य तथा पद, दरबानी एवं फ़ीलवानी, मेदिनी राय अपने गुमाश्तों को प्रदान करने लगा। मुसलमानों में से सुल्तान महमूद की सेवा में २०० व्यक्तियों से अधिक न रहे। मुसलमान स्त्रियों तथा सैयिदों की स्त्रियों को राजपूतों ने अपने अधिकार में करके दासी बना लिया और नृत्य सिखा कर अखाड़े में प्रविष्ट कर दिया। सुल्तान नासिरुद्दीन की गायिकाओं को भी अपने अधिकार में कर लिया।

## राजपूतों द्वारा सुल्तान महमूद के स्थान पर राय रायां को बादशाह बनाने का प्रस्ताव

सुल्तान महमूद राजपूतों के प्रभुत्व को देखकर शक्तिहीन हो गया। क्योंकि हिन्दुस्तान वालों में यह (३९४) प्रथा है कि जब वे अपने सेवकों तथा अतिथियों को बिदा करते हैं तो पान देते हैं अतः सुल्तान महमूद ने पानों का भरा हुआ एक बरतन आराइश खां के हाथ मेदिनी राय के पास भेजा और यह संदेश प्रेषित किया कि "इसके उपरान्त तुम्हें आज्ञा दी जाती है कि मेरा राज्य छोड़ कर बाहर निकल जाओ"। राजपूतों ने उत्तर दिया कि "हम लोगों ने, जिनमें ४० हज़ार अश्वारोही सम्मिलित हैं, निष्ठा प्रदर्शित करने तथा प्राणों की बलि देने में कोई कमी नहीं की और हमारे द्वारा उचित सेवायें सम्पन्न हुई हैं। हमें ज्ञात नहीं कि हमसे क्या अपराध हुआ है।" जब आराइश खां यह उत्तर ले गया तो राजपूतों ने मेदिनी राय के घर में एकत्र होकर यह योजना बनाई कि सुल्तान महमूद को अपने मध्य से हटा कर मेदिनी राय के पुत्र राय रायां को सिंहासनारूढ़ कर दिया जाय। मेदिनी राय ने कहा कि "इस समय मालवा का राज्य वास्तव में हमारे अधिकार में है। यदि महमूद शाह मध्य में न रहेगा तो सुल्तान मुज़फ़्फ़र खां गुजराती शीघ्रातिशीघ्र पहुंच कर मालवा की विलायत को अपने अधिकार में कर लेगा, अतः हमें यथासंभव अपने स्वामी को संतुष्ट करने का प्रयत्न करना चाहिये।"

## मेदिनी राय द्वारा क्षमा-याचना

मेदिनी राय राजपूतों सहित सुल्तान महमूद की सेवा में उपस्थित हुआ और क्षमा-याचना के स्थान पर खड़ा हो गया और उसने निवेदन किया कि, "सुल्तान को यह भली भांति ज्ञात है कि हम दासों ने प्राण न्योछावर करने तथा सेवा करने के अतिरिक्त कोई अन्य कार्य नहीं किया है। मुहाफ़िज़ खां[1] की, जोकि सुल्तान का शत्रु था, स्वामी के सौभाग्य से अत्यधिक कष्ट देकर हत्या कर दी। यद्यपि मनुष्य अपराधों तथा पापों से परिपूर्ण है किन्तु हमने ऐसा कोई अपराध नहीं किया है जिससे आपको कष्ट पहुंचा

1 एक पोथी के अनुसार 'मुजाहिद खां'।

(३९५) हो। यदि मनुष्यता के नाते कोई अनुचित कार्य हमने किया हो तो आपकी स्वाभाविक कृपा तथा क्षमा से हमें आशा है कि हमको क्षमा कर दिया जायेगा। इसके उपरान्त हम लोग आप की इच्छा के विरुद्ध कोई कार्य न करेंगे।" सुल्तान महमूद ने विवश होकर उनके प्रति शत्रुता का भाव त्याग दिया और यह शर्त कराई कि "कारख़ानों के समस्त पदों को प्राचीन नियमानुसार उन्हीं मुसलमान पदाधिकारियों को सौंप दिया जाय और तुम राज्य के कार्य में अपने पदाधिकारियों को कदापि प्रविष्ट न होने दो। मुसलमान स्त्रियों को तुम लोग अपने घरों से निकाल दो और अत्याचार त्याग दो।" मेदिनी राय ने समय की आवश्यकता पर ध्यान देते हुए उन शर्तों को स्वीकार कर लिया और सुल्तान की अत्यधिक चाटुकारी की किन्तु सालबाहन पुरबिया ने विद्रोह प्रारम्भ कर दिया और उसने अपने दुष्कर्म को न त्यागा।

## सालबाहन की हत्या तथा मेदिनी राय का आहत होना

सुल्तान महमूद ने अत्यधिक वीरता के कारण, यद्यपि उसकी सेवा में २०० मुसलमानों से अधिक न थे, अपने कुछ विश्वासपात्रों से मिलकर निश्चय किया कि "ज़ब हम शिकार से लौटें और मेदिनी राय तथा सालवाहन अपने-अपने घरों को प्रस्थान करें तो लौटते समय उन्हें टुकड़े-टुकड़े कर दिया जाय।" दूसरे दिन वह उस समूह के प्रत्येक व्यक्ति को नियुक्त करके स्वयं शिकार हेतु चला गया और लौट कर एकान्त में पहुंच गया। मेदिनी राय तथा सालबाहन को बिदा कर दिया। उसी समय जो लोग घात लगाये बैठे थे उन्होंने मेदिनी राय तथा सालबाहन को आहत कर दिया। सालबाहन की उसी स्थान पर हत्या हो गई। क्योंकि मेदिनी राय के घाव गहरे न थे अतः उसे लोग उसके घर ले गये।

## राजपूतों द्वारा सुल्तान की हत्या का प्रयत्न

राजपूत लोग यह समाचार सुनकर तैयार होकर मेदिनी राय के घर इस आशय से एकत्र हुए कि वे सुल्तान महमूद को हानि पहुंचायें। सुल्तान महमूद अपनी वीरता तथा पौरूष के कारण यह समाचार सुनकर १६ अश्वारोहियों तथा कुछ मुसलमान पदातियों सहित शहीद होने के उद्देश्य से महल से निकला और युद्ध करने लगा। कई हज़ार राजपूतों ने उपस्थित होकर युद्ध प्रारम्भ कर दिया। एक पुरबिया राजपूत ने, जो अपने पौरुष के लिए प्रसिद्ध था, वीरता प्रदर्शित करते हुये सुल्तान पर प्रहार किया। सुल्तान ने उसके वार को ख़ाली देकर उसे दो टुकड़े कर दिया। दूसरे राजपूत ने बर्छा मारा। सुल्तान (३९६) ने उसके बर्छे को अपनी तलवार पर लेकर उसे कमर से दो टुकड़े कर दिया। राजपूत लोग यह दशा देखकर भाग खड़े हुए और एक स्थान पर एकत्र हुए। उन्होने इस बात की इच्छा की कि वे एक साथ सुल्तान पर टूट पड़ें और उसकी हत्या कर दें।

## मेदिनी राय द्वारा राजपूतों को शांत करना

जब मेदिनी राय को इस योजना की सूचना मिली तो उसने कहा कि "महमूद शाह मेरा स्वामी है। यदि उसके आदेशानुसार मुझे आहत किया गया है तो तुमसे क्या मतलब? यदि उसके राज्य की छाया हमारे सिर पर न होगी तो सुल्तान मुज़फ़्फ़र गुजराती हमें नष्ट कर देगा।" राजपूत लोग मेदिनी राय के कहने से अपने-अपने घरों को चले गये और उपद्रव शांत हो गया।

## मेदिनी राय का सुल्तान की सेवा में सन्देश

उस रात्रि में मेदिनी राय ने सुल्तान के पास संदेश भेजा कि, "क्योंकि मैंने आजीवन निष्ठा तथा

नमकहलाली के अतिरिक्त कोई अन्य कार्य नहीं किया है, अतः इस घाव से मेरे प्राण बच गये। यदि वास्तव में मेरी हत्या द्वारा राज्य के कार्य सम्पन्न हो सकते हों तो अब भी कोई आपत्ति नहीं।" महमूद शाह ने कहलाया कि, "हमें इस बात का प्रमाण मिल चुका है कि मेदिनी राय हमारा हितैषी है और पूर्ण निष्ठा प्रदर्शित करते हुए उसने कल राजपूतों को उपद्रव तथा अशांति से रोका। मैं उसके हृदय के घाव का अपनी कृपा तथा दया के मलहम से उपचार करूंगा।"

## मेदिनी राय का सुल्तान की सेवा में उपस्थित होना

कुछ दिन उपरान्त जब उसके घाव भर गये तो वह ५०० सशस्त्र राजपूतों सहित अभिवादन हेतु उपस्थित हुआ। इसके उपरान्त वह इसी प्रकार अभिवादन हेतु आता रहा। महमूद शाह ने अत्यधिक वीरता तथा साहस के कारण उसके प्रति पूर्व ही की भांति व्यवहार किया और उसे प्रोत्साहन देकर इस आशय से दीवान में भेज दिया कि वह राज्यव्यवस्था के कार्य सम्पन्न करता रहे। जब कुछ समय इस प्रकार व्यतीत हो गया तो उसने देखा कि "मैं केवल नाममात्र को बादशाह रह गया हूँ।"

## सुल्तान का मन्दू से पलायन

९२० हि० (१५१४–१५ ई०) में वह शिकार के बहाने से मन्दू के क़िले से उतरा और अपनी प्रिय पत्नी रानी कन्या को उसने अपने साथ ले लिया। राजपूतों का बहुत बड़ा समूह सर्वदा उसके विषय में सूचना रखने के लिए उसके चारों ओर फिरा करता था। सुल्तान ने मीर आख़ुर[1] से जो प्राचीन सेवक (३९७) था एकान्त में कहा कि "मैं कल शिकार खेलने जाऊंगा और राजपूतों को शिकार में इतना दौड़ाऊंगा कि जब वे शिविर में वापस आयेंगे तो हिलने का भी साहस न कर सकेंगे। जब आधी रात्रि व्यतीत हो जाय तो तू तीन अत्यधिक द्रुतगामी घोड़ों को तैयार करके ले आ और हमें सूचना दे।" दूसरे दिन जब वह शिकार खेलने गया और सायंकाल लौट कर आया तो राजपूत लोग अत्यधिक थके होने के कारण सो गये। मीर आख़ुर ने सुल्तान के आदेशानुसार ३ घोड़ों को चुनकर बाहर निकाला और उसे सूचित किया। महमूद शाह ईश्वर पर भरोसा करके घोड़ों के पास पहुंचा। तीनों जंगल में निकल गये।

## गुजरात की सीमा पर सुल्तान का पहुंचना तथा सुल्तान मुज़फ़्फ़र द्वारा स्वागत

जब वे यात्रा करते हुए गुजरात की सीमा पर स्थित धोद क़स्बे में पहुंचे तो सुल्तान मुज़फ़्फ़र गुजराती के थानेदार क़ैसर ख़ां ने स्वागत करके आतिथ्य सत्कार किया और शिविर तथा जो कुछ भी आवश्यक था भेंट किया। उसने सुल्तान मुज़फ़्फ़र की सेवा में एक प्रार्थना-पत्र लिख कर भेजा और सुल्तान के पहुंचने की सूचना दी। जब सुल्तान मुजफ्फ़र के पास यह पत्र चम्पानीर में पहुंचा, तो उसने ईश्वर के प्रति कृतज्ञता प्रकट की और क़ैसर ख़ां, ताज ख़ां क़िवामुलमुल्क तथा अपने अन्य बड़े-बड़े अमीरों को स्वागतार्थ भेजा और कुछ हाथी, तोषकख़ाने[2] का सामान, लाल सरापर्दा तथा कारख़ानों एवं फ़र्राशख़ानों की सामग्री, जिनकी सुल्तानों को आवश्यकता होती है, उसकी सेवा में भेजी और स्वयं कुछ पड़ाव आगे बढ़ कर उसका स्वागत किया। तदुपरान्त जब वे एक दरबार में एक सिंहासन पर आसीन हुये तो ऐसा

१ अमीर आख़ुरः—देखिये पृ० ३३ नोट नं० ४।
२ वस्त्र रखने का स्थान (घर)।

प्रतीत होता था कि दो सितारे एकत्र हो गये हैं। सुल्तान मुज़फ़्फ़र ने कृपादृष्टि प्रदर्शित करते हुए बुज़ुर्गों के समान उससे पूछताछ कराई और बादशाहों के सम्मान के योग्य उपहार भेंट किये।

## सुल्तान मुज़फ़्फ़र द्वारा मालवा पर आक्रमण तथा राय पिथौरा की पराजय

कुछ दिन उपरान्त सुल्तान मुज़फ़्फ़र ने सेनायें तैयार करके मालवा पर चढ़ाई की। जब वह धार के निकट पहुंचा, तो राय पिथौरा ने मन्दू के क़िले को दृढ़ करके क़िले की रक्षा प्रारम्भ करा दी। मेदिनी राय तथा सलाहदी कई हज़ार राजपूतों को लेकर चित्तौड़ पहुंचे और उन्होंने राणा सांगा से (३९८) सहायता की प्रार्थना की। सुल्तान मुज़फ़्फ़र ने मन्दू के क़िले पर अधिकार जमा कर मोर्चे बांट दिये। कुछ दिन उपरान्त राय पिथौरा ने दीनता प्रदर्शित करके क्षमा-याचना कर ली और अपनी जागीर हेतु १४ परगनों की प्रार्थना की। सुल्तान मुज़फ़्फ़र ने उसके प्रति कृपादृष्टि प्रदर्शित करते हुए उसकी प्रार्थना स्वीकार कर ली। दूसरे दिन पिथौरा ने पुनः संदेश भेजा कि, "क्योंकि मैंने अत्यधिक धृष्टता प्रदर्शित की है, अतः मैं आतंकित हूं। यदि शाही सेना ३ कोस पीछे हट जाय तो मैं अपने परिवार का हाथ पकड़ कर नीचे उतर आऊंगा और क़िला जिसे भी आदेश होगा प्रदान कर दिया जायगा।" सुल्तान ने उस विश्वासघाती समूह की प्रार्थना स्वीकार कर ली और ३ कोस पीछे होकर बैठ गया। वहां इस बात का पता चला कि राय पिथौरा समय व्यतीत करना चाहता है और राणा सांगा एवं मेदिनी राय के आगमन की प्रतीक्षा कर रहा है।

## मेदिनी राय तथा राणा सांगा के विरुद्ध सेना भेजना

सुल्तान मुज़फ़्फ़र ने युद्ध के लिए लौट कर क़िले को घेर लिया। इसी बीच में समाचार प्राप्त हुये कि मेदिनी राय तथा सलाहदी ने राणा सांगा को अत्यधिक धन-संपत्ति देकर सहायता के लिए बुलाया है। वह उस क्षेत्र के समस्त ज़मींदारों को सहायता के लिए लेकर उज्जैन नगर के निकट पहुंच गया है। सुल्तान मुज़फ़्फ़र ने आसीर तथा बुरहानपुर के हाकिम आज़म हुमायूं आदिल खां को, जो उसका भागिनेय तथा जामाता था, और फ़तह खां एवं क़िवामुलमुल्क को, मेदिनीराय तथा राणा सांगा को दण्ड देने के लिए नियुक्त किया और मन्दू के क़िले को स्वयं विजय करने का उसने निश्चय कर लिया।

## क़िले पर आक्रमण का सरल मार्ग

संयोग से, एक व्यक्ति ने पर्वत पर पहुंचने का एक सरल मार्ग बता कर कहा कि "राय पिथौरा ने उस स्थान पर बहुत थोड़े से व्यक्ति नियुक्त किये हैं। कल होली का दिन है। राजपूत लोग अपने-अपने घरों में खेलकूद में व्यस्त होंगे। यदि होली के दिन अन्य मोर्चों पर युद्ध प्रारम्भ करके आप शिविर को लौट जायं और तदुपरान्त एक सेना उस मार्ग से भेजें और दूसरी सेना सहायता के लिए तैयार रखें तो संभव है कि क़िले पर अधिकार प्राप्त हो जाये।"

## सुल्तान की सेना का मन्दू के क़िले में प्रवेश

सुल्तान मुज़फ़्फ़र ने उसके परामर्श को पसन्द करके इनाम तथा उसके प्रति कृपादृष्टि का वचन देकर उसे प्रोत्साहित किया। १६ सफ़र ९२४ हि० (२७ फ़रवरी १५१८ ई०) को गुजरात के उन (३९९) सैनिकों ने चारों ओर से युद्ध प्रारम्भ कर दिया और पौरुष प्रदर्शित करने लगे। राजपूतों ने

भी अपनी शक्ति से अधिक प्रयत्न किया। गुजरात की सेना ने अस्र[1] के पूर्व वापसी के ढोल बजाये और अपने मोर्चों में चले गये। राजपूतों ने क्योंकि अत्यधिक परिश्रम किया था और वह होली का दिन था अतः सरदार लोग थोड़े से आदमी मोर्चों में छोड़ कर अपने घरों में विश्राम हेतु चले गये। जब आधी रात व्यतीत हो गई तो ताज खां तथा एमादुलमुल्क वीरों की एक सेना लेकर मन्दू के क़िले की विजय हेतु रवाना हुये। थोड़ी सी यात्रा करने के उपरान्त एमादुलमुल्क उस योजनानुसार निश्चित मार्ग से अग्रसर हुआ। ताज खां ने भी दूसरी ओर से प्रस्थान किया। एमादुलमुल्क जब क़िले की दीवार के निकट पहुंचा तो उसे ज्ञात हुआ कि "राजपूत सोये हुए हैं। उन्हें सेना के पहुंचने की सूचना नहीं।" उसने तुरन्त फ़िरंगी भालों से एक सीढ़ी तैयार की और कुछ लोगों को क़िले के ऊपर ले गया। जब उन लोगों ने यह देखा कि राजपूत लोग मौत की निद्रा में पड़े हुए हैं तो वे धीरे-धीरे भूमि पर पांव रखते हुए द्वार तक पहुंचे और उसे खोल दिया। द्वार खोलने के समय राजपूत सावधान हो गये। जो वीर क़िले के ऊपर थे उन्होंने भी आक्रमण कर दिया और वे द्वार के भीतर प्रविष्ट हो गये और कुछ राजपूतों को उन्होंने टुकड़े-टुकड़े कर डाला। शेष भाग खड़े हुए।

## सुल्तान मुज़फ़्फ़र द्वारा मन्दू के क़िले पर अधिकार

जब यह समाचार राय पिथौरा को प्राप्त हुआ तो उसने स्वयं प्रस्थान करने के पूर्व शादी खां पुरबिया को ५०० सशस्त्र राजपूतों सहित एमादुलमुल्क से युद्ध करने के लिए भेजा और स्वयं कई हज़ार राजपूत लेकर शादी खां के पीछे रवाना हुआ। गुजरात के वीरों ने बाण की गोलाई में होकर उस समूह को जो शादी खां के समक्ष आ रहा था बाण द्वारा आहत कर दिया। उनको भी घातक घाव लगे और आहत सुअर के समान वे भाग खड़े हुए। इसी बीच में सुल्तान मुज़फ़्फ़र भी उसी मार्ग से क़िले में पहुंच
(४००) गया। जब क़िले वालों की दृष्टि मुज़फ़्फ़रशाह की पताका पर पड़ी तो वे अपने-अपने घरों को लौट गये और जौहर आयोजित किया। राजपूतों में यह प्रथा है कि परेशानी के समय वे अपने घरों में आग लगा देते हैं और अपने परिवार की हत्या कर देते तथा उन्हें जला डालते हैं। यह प्रथा जौहर कहलाती है। गुजराती वीरों के समूह तथा दल राजपूतों के घरों में प्रविष्ट हो गये और उन्होंने सामान्य रूप से सबकी हत्या करनी प्रारम्भ कर दी। यह बात भली भांति ज्ञात हुई है कि उस रात्रि तथा दिन के थोड़े से भाग में १९ हज़ार राजपूतों की हत्या हुई और लूट की धन-संपत्ति तथा दास गुजरात की सेना को इतनी अधिक संख्या में प्राप्त हुए कि उनकी गणना असम्भव है।

## सुल्तान मुज़फ़्फ़र द्वारा सुल्तान महमूद को मालवा का राज्य प्राप्त होना

जब ईश्वर की कृपा से विजय प्राप्त हुई तो नमकहराम राजपूतों ने अपने कुकर्म का फल भोग लिया। सुल्तान महमूद ने उपस्थित होकर बधाई दी और जल्दी में पूछा कि, "ख़ुदावन्दे जहां! हमारे लिए क्या आदेश देते हैं?" सुल्तान मुज़फ़्फ़र ने अपने बड़प्पन को प्रदर्शित करते हुए कहा कि, "मैं तुम्हें मालवा के राज्य की बधाई देता हूं।"

वह सुल्तान महमूद को मन्दू के क़िले में छोड़कर तत्काल अपने शिविर में वापस चला गया।

१ मध्याह्नोपरान्त की अन्तिम नमाज़ का समय जो सूर्यास्त के कुछ पूर्व तक पढ़ी जा सकती है।

## राणा सांगा की वापसी

दूसरे दिन उसने उज्जैन की ओर राणा सांगा को दण्ड देने के लिए प्रस्थान किया। जब वह धार के क़िले में पहुंचा तो सूचना प्राप्त हुई कि आदिल खां तथा अमीर लोग अभी तक दीवालपुर के क़स्बे से नहरिया के आगे तक न पहुंच सके थे कि राणा सांगा क़िले की विजय के समाचार पाकर अपने राज्य को भाग गया। प्रथम रात्रि में उसने २७ कोस की यात्रा की और मेदिनी राय तथा सलाहदी को भी अपने साथ ले गया। सुल्तान मुज़फ़्फ़र ने यह समाचार पाकर ईश्वर के प्रति कृतज्ञता प्रकट की और आदिल खां तथा अमीरों को वापस बुलवा लिया।

## सुल्तान मुज़फ़्फ़र की गुजरात को वापसी

सुल्तान महमूद ने इस मंज़िल पर सुल्तान मुज़फ़्फ़र की सेवा में उपस्थित होकर एक दिन के लिए शादियाबाद के क़िले में पधारने का आग्रह किया। सुल्तान मुज़फ़्फ़र शिविर को धार क़स्बे में छोड़ कर (४०१) शादियाबाद के क़िले में चला गया और सुल्तान महमूद ने आतिथ्य-सत्कार का प्रबन्ध किया तथा उचित उपहार भेंट किये। सुल्तान मुज़फ़्फ़र सभा के उपरान्त भवनों तथा उद्यानों का निरीक्षण करके अपनी सेना में चला गया और वहां से विजय तथा सफलता प्राप्त किये हुये गुजरात की ओर रवाना हो गया।

## आसिफ़ खां की सुल्तान मुज़फ़्फ़र द्वारा सुल्तान महमूद की सहायतार्थ नियुक्ति

सुल्तान महमूद अत्यधिक प्रेम तथा निष्ठा के कारण कई पड़ावों तक उसके साथ गया। सुल्तान मुज़फ़्फ़र ने आसिफ़ खां गुजराती को कई हज़ार अश्वारोहियों सहित सहायतार्थ नियुक्त करके सुल्तान महमूद को बिदा कर दिया और उससे क्षमा-याचना की। सुल्तान महमूद आसिफ़ खां के साथ शादियाबाद के क़िले में पहुंचा। अपने प्राचीन अमीरों, सरदारों तथा सैनिकों को प्रोत्साहन-युक्त पत्र भेजकर बुलवाया। उसके प्राचीन अमीर तथा सेवक जिन-जिन स्थानों पर थे वहां से प्रसन्नतापूर्वक मन्दू की ओर चल दिये।

## सुल्तान का काकरून के क़िले पर आक्रमण

जब सुल्तान महमूद के पास अत्यधिक सेना एकत्र हो गई तो उसने आसिफ़ खां के परामर्श से बीमकरण[1] के ऊपर, जो मेदिनी राय की ओर से काकरून के क़िले को दृढ़ बनाकर बन्द किये हुए था, चढ़ाई की। मेदिनी राय ने यह समाचार पाकर राणा सांगा से कहा कि, "मेरा सब कुछ काकरून के क़िले में है। मैंने आपकी सेवा में इस उद्देश्य से प्रार्थना की थी कि आप मालवा प्रदेश को साफ़ करके मुझे सौंप देंगे और अब यह दशा हो गई है कि जो कुछ मेरा था वह भी मुझसे ज़बरदस्ती छीना जा रहा है।"

## राणा सांगा का काकरून के क़िले वालों की सहायतार्थ प्रस्थान

राणा सांगा की मर्यादा तथा उद्दंडता को ठेस लगी और वह चित्तौड़ के क़िले से कई हज़ार खूंख्वार राजपूतों को लेकर काकरून की ओर रवाना हुआ। जब सुल्तान महमूद को यह समाचार प्राप्त हुआ

१ पहले 'हमी करण' आया है।

तो वह अत्यधिक वीरता एवं पौरुष के कारण सावधानी से कार्य न लेते हुए काकरून के अवरोध को छोड़ कर राणा सांगा से युद्ध करने के लिए अग्रसर हुआ।

## सुल्तान महमूद का राणा सांगा के विरुद्ध प्रस्थान

(४०२) दिन के अधिकांश भाग में वह यात्रा करता था। संयोग से जिस दिन युद्ध हुआ सुल्तान महमूद ने अधिक यात्रा की थी और राणा सांगा से ७ कोस की दूरी पर पड़ाव कर दिया था। जब राणा सांगा को यह ज्ञात हुआ तो उसने अपने अमीरों को बुलवा कर कहा कि "यह उचित होगा कि इसी समय शत्रु पर आक्रमण कर दिया जाय कारण कि वह बड़ी दूर से यात्रा करके आ रहा है और उसमें युद्ध करने तथा हिलने की शक्ति नहीं है। यदि शीघ्रातिशीघ्र प्रस्थान कर दिया जायेगा तो वह अपनी सेना को सुव्यवस्थित न कर सकेगा और कार्य सुगमतापूर्वक सम्पन्न हो जायगा।" समस्त रायों तथा राजपूतों ने उसके विचार की प्रशंसा की और वे सेनायें तैयार करके युद्ध के लिए चल खड़े हुए।

## सुल्तान का आहत होना तथा राणा द्वारा उपचार

जब वे सुल्तान महमूद के शिविर के निकट पहुंचे तो जिस प्रकार उन्होंने सोचा था सुल्तान महमूद की सेना वाले एक-एक, दो-दो करके युद्ध के लिए आते थे और शहीद हो जाते थे। अव्यवस्थित रूपसे युद्ध करने के कारण ३२ प्राचीन प्रतिष्ठित सरदार मार डाले गये। गुजरात की सेना में से आसिफ़ खां ५०० मुसलमानों सहित शहीद हुआ और सुल्तान महमूद की सेना बुरी तरह पराजित हो गई। सुल्तान महमूद अपनी वीरता तथा पौरुष के कारण दो-तीन अश्वारोहियों सहित रणक्षेत्र में डटा रहा। जब राजपूतों की सेना उसकी ओर बढ़ी तो उसने अपने घोड़े को एड़ लगाकर उस सेना में जो तलवारों तथा बर्छों के समुद्र के समान थी, डुबकी लगाई। उसके जौशन[1] में १०० से अधिक घाव लगे। उसके शरीर पर दो जौशन थे अतः दूसरे जौशन को पार करते हुये ५० घाव उसके शरीर पर लगे। इतने अधिक घावों के बावजूद उसने शत्रु को पीठ न दिखाई। जब वह घोड़े से भूमि पर गिर पड़ा तो राजपूत लोग उसे पहचान कर राणा सांगा के पास ले गये। प्रत्येक राजपूत उसकी प्रशंसा करता था और अपने आपको उसकी वीरता की तारीफ़ करता हुआ न्योछावर करता था। राणा सांगा सुल्तान के समक्ष हाथ (४०३) बांध कर खड़ा हो गया और उसने सेवा संबंधी समस्त सत्कार पूरे किये और उसके उपचार का प्रयत्न करने लगा। जब सुल्तान स्वस्थ हो गया तो राणा सांगा ने निवेदन किया कि, "मुझे मुकुट प्रदान करके सम्मानित किया जाय।" सुल्तान महमूद ने जड़ाऊ ताज जिसमें याक़ूत लगे हुए थे राणा सांगा को प्रदान कर दिया और उसे संतुष्ट कर दिया। राणा सांगा ने सुल्तान महमूद के साथ १० हज़ार राजपूत कर दिये और उसे मन्दू भेज दिया। वह स्वयं चित्तौड़ चला गया।

## राणा सांगा की उदारता की प्रशंसा

बुद्धिमानों को यह बात भली भांति ज्ञात होनी चाहिये कि राणा सांगा की कीर्ति सुल्तान मुज़फ़्फ़र से श्रेष्ठ थी, कारण कि सुल्तान मुज़फ़्फ़र ने शरण लेने वाले की सहायता की थी परन्तु राणा सांगा ने शत्रु को युद्ध में बन्दी बनाकर राज्य प्रदान कर दिया।

१ कवच, विशेष रूप से बाज़ू पर बांधने वाला।

## सुल्तान मुज़फ़्फ़र का सुल्तान महमूद की सहायतार्थ सेना भेजना

इतना महान् आश्चर्यजनक कार्य संभवतः किसी के द्वारा सम्पन्न न हुआ होगा।

संक्षेप में यह समाचार पाकर सुल्तान मुज़फ़्फ़र ने बहुत बड़ी सेना उसकी सहायतार्थ भेजी और प्रेमयुक्त पत्रों द्वारा सुल्तान के हृदय के घावों पर मलहम रखा तथा उसके विषय में कृपादृष्टि प्रदर्शित की। बहुत समय तक गुजरात की सेना मालवा की विलायत में रही। जब सुल्तान महमूद के राज्य को स्थायित्व प्राप्त हो गया तो उसने कृतज्ञता प्रकट करते हुए सुल्तान मुज़फ़्फ़र की सेवा में पत्र भेजकर यह प्रार्थना की कि, "क्योंकि हमारी इच्छानुसार राज्य के कार्य सम्पन्न हो चुके हैं अतः गुजरात की सेना को वापस बुलवा लिया जाय।" सुल्तान मुज़फ़्फ़र ने अपनी सेना को बुलवा लिया।

## सुल्तान महमूद के राज्य के विभिन्न भागों का उसके अधिकार से निकलना

गुजरात की सेना के चले जाने के उपरान्त सुल्तान महमूद की कमज़ोरी प्रकट होने लगी और उसके राज्य का अधिकांश भाग उसके अधिकार से निकल गया। उसके राज्य का कुछ भाग राणा सांगा ने शत्रुता प्रदर्शित करते हुए अपने अधिकार में कर लिया। सारंगपुर के क्षेत्र से भिलसा तथा रायसेन तक के स्थान सलाहदी पुरबिया ने अपने अधिकार में कर लिये। सिवास तथा उसके आसपास के स्थान सिकन्दर ख़ां ने अपने अधिकार में कर लिये। मालवा के राज्य का केवल १०वां भाग महमूद शाह के अधिकार में रह गया और वह ८ हज़ार[1] अश्वारोहियों सहित शिविर में रहता था। यद्यपि (४०४) राणा सांगा समस्त मालवा के राज्य को अपने अधिकार में कर सकता था किन्तु सुल्तान मुज़फ़्फ़र के भय के कारण वह इस बात का साहस न कर सकता था।

## सलाहदी से युद्ध तथा सलाहदी की पराजय

संयोग से उन्हीं दिनों में सुल्तान मुज़फ़्फ़र की मृत्यु हो गई। उसके शत्रुओं को अत्यधिक शक्ति प्राप्त हो गई। सलाहदी का प्रभुत्व सीमा से अधिक बढ़ गया। ९२६ हि० (१५१९–२० ई०) में सुल्तान महमूद सेना एकत्र करके भिलसा की विलायत की ओर रवाना हुआ। सलाहदी ने सारंगपुर के समीप पहुंचकर युद्ध किया और सुल्तान महमूद की सेना पराजित हो गई। सुल्तान २० अश्वारोहियों सहित रणक्षेत्र में डटा रहा और बाणों द्वारा वीरता तथा पौरुष का प्रदर्शन करता रहा। यहां तक कि प्रसिद्ध सरदार सुल्तान महमूद के हाथों नष्ट हो गये और अन्तिम दशा यह हो गई कि सलाहदी भाग खड़ा हुआ। सुल्तान महमूद ने कुछ दूर तक उसका पीछा किया और २४ हाथी उससे पृथक् कर दिये और मन्डू लौट आया। तदुपरान्त सलाहदी ने सुल्तान महमूद से मेल कर लिया और लज्जा प्रदर्शित करने लगा। थोड़े से उपहार पेशकश के रूप में उसने सुल्तान की सेवा में भेजे और पिछले अपराधों की क्षमा-याचना की।

## गुजरात में चांद ख़ां को सिंहासनारूढ़ करने का प्रयत्न

जब ९३२ हि० (१५२५–२६ ई०) में सुल्तान मुज़फ़्फ़र की मृत्यु हो गई और सुल्तान बहादुर सिंहासनारूढ़ हुआ तो चांद ख़ां इब्ने सुल्तान मुज़फ़्फ़र सुल्तान महमूद के पास पहुंचा। सुल्तान महमूद

१ एक पोथी के अनुसार '२०,०००'।

ने, इस कारण कि सुल्तान मुज़फ़्फ़र ने उसका बड़ा उपकार किया था, चांद खां का अत्यधिक सम्मान किया और उसके प्रति आदर प्रदर्शित करने में कोई असावधानी न की। रज़ीउलमुल्क, जो सुल्तान मुज़फ़्फ़र का एक विश्वासपात्र था, गुजरात से भाग कर बाबर की सेवा में पहुंचा और इस बात का प्रयत्न करने (४०५) लगा कि गुजरात का समस्त राज्य चांद ख़ां को प्राप्त हो जाय। इस उद्देश्य की पूर्ति हेतु वह आगरा से मन्दू पहुंचा और चांद ख़ां से परामर्श करके आगरा लौट गया। जब सुल्तान बहादुर को यह समाचार प्राप्त हुआ तो उसने सुल्तान महमूद को एक पत्र लिखा कि, "आपके प्रेम तथा निष्ठा को देखते हुए यह आश्चर्य होता है कि आपने हमारे हरामखोर को आज्ञा दे दी है कि वह चांद ख़ां की सेवा में पहुंच कर षड्यन्त्र रचने का प्रयत्न करता रहे।" कुछ समय उपरान्त रज़ीउलमुल्क पुनः मन्दू पहुंचा और लौटकर आगरा चला गया। इस अवसर पर उसने सुल्तान बहादुर को कोई भी संदेश न भेजा किन्तु सुल्तान महमूद को दण्ड देने का उसने निश्चय कर लिया।

## राय रतन सेन का मालवा पर आक्रमण

जब यह भली-भांति ज्ञात हो गया कि सुल्तान महमूद को गुजरात से सहायता न प्राप्त हो सकेगी और उसमें इतनी शक्ति नहीं है कि वह स्वयं शक्तिशाली शत्रु का मुक़ाबला कर सके तो राय रतन सेन बिन (पुत्र) राणा सांगा पूर्ण तैयारी करके मालवा की ओर चल दिया। संयोग से उन दिनों सुल्तान बहादुर भी विद्रोहियों तथा विरोधियों को दण्ड देने के लिए मालवा के निकट पहुंचा था। सुल्तान महमूद ने परेशान होकर मुइन खां बिन सिकन्दर ख़ां को सिवास से और सलाहदी को अपनी सहायतार्थ बुलवाया। जब वे सुल्तान महमूद की सेवा में उपस्थित हुए तो उसने मुईन ख़ां को मसनदे आली की उपाधि देकर लाल सरापर्दा, जो विशेष रूप से बादशाहों के प्रयोग में आता है, उसे प्रदान कर दिया। सलाहदी को कुछ अन्य परगने प्रदान करके प्रोत्साहित किया। मुईन ख़ां, जो वास्तव में एक तेल बेचने वाले का पुत्र था और जिसे सिकन्दर ख़ां ने अपना पुत्र बना लिया था, सुल्तान महमूद के पास से भाग कर संबल नामक स्थान में सुल्तान बहादुर से मिल गया और उसने अपने आश्रयदाता की शिकायत को दरबार में उपहार स्वरूप प्रस्तुत किया।

## सुल्तान बहादुर से संधि का प्रयत्न

जब सुल्तान महमूद को यह समाचार प्राप्त हुये तो उसने दरिया खां को सुल्तान बहादुर की सेवा में भेजकर यह संदेश प्रेषित किया कि, "क्योंकि आपके वंश ने मुझे आश्रय प्रदान किया है और हम लोगों में अब थोड़ी ही दूरी रह गई है अतः मेरी इच्छा है कि मैं आपकी सेवा में उपस्थित होकर आपको (४०६) राज्य की बधाई दूं।" सुल्तान महमूद के दूतों ने इस बात की ओर संकेत किया कि महमूद चांद ख़ां को सहायता प्रदान करने के कारण लज्जित है और उसे उपस्थित होने का साहस नहीं होता। सुल्तान बहादुर ने उसे प्रोत्साहन देते हुए कहलाया कि, "मैं चांद ख़ां के कारण रुष्ट नहीं हूं और मैं चांद ख़ां को समर्पित करने के लिए उसे कष्ट न दूंगा।" उसने वहां से प्रस्थान करके करख़ी नदी के तट पर पड़ाव किया। ५ दिन[1] के उपरान्त इस पड़ाव पर राणा सांगा का पुत्र रतन सेन तथा सलाहदी पुरबिया सुल्तान बहादुर की सेवा में पहुंचे और दोनों ने सुल्तान महमूद की शिकायत की। रतन सेन

१ एक पोथी के अनुसार 'कुछ दिन'।

उसी पड़ाव से विदा होकर चित्तौड़ पहुंचा। सुल्तान बहादुर ने प्रस्थान करके सुम्बुला नामक स्थान पर पड़ाव किया और सुल्तान महमूद के आगमन की प्रतीक्षा करने लगा किन्तु जब सुल्तान महमूद को ज्ञात हुआ कि उसकी शिकायत कई बार सुल्तान बहादुर की सेवा में हुई है तो वह सिकन्दर खां के सेवकों को दण्ड देने के बहाने से उज्जैन से कूच करके सिवास की ओर चल दिया।

## सुल्तान महमूद का मन्दू के क़िले में बन्द होना और बहादुर शाह का क़िला घेरना

संयोग से शिकार के समय एक दिन उसका घोड़ा गिर पड़ा और उसका दायां हाथ टूट गया और वह विवश होकर मन्दू के क़िले में चला गया तथा क़िले की रक्षा का प्रयत्न करने लगा। सुल्तान बहादुर निरन्तर यात्रा करता हुआ मन्दू की ओर रवाना हुआ। प्रत्येक पड़ाव पर सुल्तान महमूद के सेवक उससे पृथक् होकर सुल्तान बहादुर की सेवा में उपस्थित होने लगे। धार क़स्बे में शिरज़ा खां जोकि प्रतिष्ठित सरदार था उसकी सेवा में उपस्थित हुआ। जब वह नालचा के क़िले में पहुंचा तो उसने क़िले को घेर लिया और मोर्चे बांट दिये। वह स्वयं मुहम्मदपुर में ठहरा। सुल्तान महमूद ३ हज़ार (४०७) व्यक्तियों सहित मन्दू के क़िले में बन्द हो गया। प्रत्येक रात्रि में वह एक बार समस्त मोर्चों की ओर जाता था और तदुपरान्त सुल्तान ग़यासुद्दीन के मदरसे में विश्राम करता था। जब उसने यह देखा कि क़िले वाले विश्वासघात कर रहे हैं और सुल्तान बहादुर से मिल गये हैं तो वह मदरसे को छोड़कर अपने महल में चला आया और जशन की व्यवस्था करके भोग-विलास में लिप्त रहने लगा। उसके कुछ हितैषियों ने पूछा कि, "भोग-विलास का यह कौन सा अवसर है?" उसने उत्तर दिया कि "यह मेरा अंतिम समय है, अतः मैं चाहता हूँ कि भोग-विलास में समय व्यतीत कर लूं।"

## सुल्तान बहादुर का मन्दू के क़िले पर अधिकार

९ शाबान ९३७ हि० (२८ मार्च १५३१ ई०) को प्रातःकाल बहादुर शाह की पताकायें मन्दू के क़िले के उफ़क़ पर चमकीं और तत्काल चांद खां बिन सुल्तान मुज़फ़्फ़र क़िले से उतर कर भाग खड़ा हुआ। सुल्तान महमूद अस्त्र-शस्त्र धारण करके थोड़े से सैनिकों सहित उसका मुक़ाबला करने के लिए निकला। जब उसने देखा कि उसमें युद्ध करने की शक्ति नहीं तो उसने अपनी मृत्यु के पूर्व अपने अन्तःपुर की स्त्रियों की हत्या कर देने का संकल्प कर लिया और १ हज़ार अश्वारोहियों सहित अपने महलों की ओर प्रस्थान किया। उसके सैनिक घोड़ों को बाहर छोड़ कर महलों में घुस गये। सुल्तान बहादुर की सेना ने महलों को चारों ओर से घेर लिया। सुल्तान बहादुर ने संदेश भेजा कि, "सुल्तान महमूद तथा उसके अन्तःपुर (की स्त्रियों) एवं अमीरों को क्षमा प्रदान की जाती है। कोई किसी से कुछ न कहे अथवा किसी की धन-संपत्ति में हस्तक्षेप न करे।" सुल्तान महमूद के कुछ निकटवर्तियों ने उसे उसके परिवार की हत्या से रोकते हुए कहा कि, "गुजरात का बादशाह यद्यपि आपका शत्रु है किन्तु उसकी शत्रुता अन्य लोगों की मित्रता से कहीं अच्छी है। यदि आप जाकर उससे भेंट करें तो संभव है कि यह प्रदेश वह आपको ही प्रदान कर दे।" इसी बीच में सुल्तान वहादुर सुल्तान (४०८) महमूद के महल में प्रविष्ट हो गया और लाल महल के कोठे पर अमीरों के साथ ठहरा। उसने कुछ आदमी सुल्तान महमूद को बुलवाने के लिए भेजे। सुल्तान महमूद सरदारों को महल में छोड़ कर स्वयं ७ सरदारों सहित सुल्तान बहादुर के पास पहुंचा।

सुल्तान ने उसका आदर सम्मान किया और दोनों बादशाह गले मिले। बैठने के उपरान्त सुल्तान महमूद ने कुछ कठोर वचन कहे। गोष्ठी के अन्त तक दोनों चुप रहे, किन्तु कहा जाता है कि

सुल्तान बहादुर के मुख से रुष्टता के चिह्न दृष्टिगत होते थे। उसने उस गोष्ठी में कहा कि, "महमूद शाह के अमीरों को शरण दी जाती है। वे अपने अपने घरों को चले जायं। जो लोग सुल्तान के अन्तः-पुर में हैं उन्हें भी क्षमा प्रदान की जाती है।" उसने तवाचियों[1] तथा नक़ीबों[2] को आदेश दिया कि वे लोगों को महल के बाहर निकाल दें। कुछ क्षण उपरान्त वह आसिफ़ ख़ां को १०० सिलाहदारों सहित सुल्तान महमूद की रक्षा हेतु छोड़ कर महल के भीतर चला गया। दूसरे दिन १० शाबान (२९ मार्च १५३१ ई०) को जो ७ व्यक्ति सुल्तान महमूद के साथ आये थे उन्हें भी उसने शरण प्रदान करके लौटा दिया। १२ शाबान (३१ मार्च १५३१ ई०) शुक्रवार के दिन राजधानी शादियाबाद में सुल्तान बहादुर के नाम का ख़ुत्बा पढ़ा गया। शनिवार की रात्रि में सुल्तान महमूद के पांव में बेड़ियां डाल कर, उसे उसके ७ पुत्रों सहित, जिनमें से सबसे बड़े की उपाधि सुल्तान ग़यासुद्दीन थी, आसिफ़ ख़ां तथा इक़बाल ख़ां को इस आशय से सौंप दिया कि वे चम्पानीर के क़िले में ले जाकर उन्हें बन्दी रखें।

## सुल्तान महमूद की हत्या

शब बरात १४ शाबान (२ अप्रैल १५३१ ई०) को मल्हियाबाद के मुक़द्दम रायसिंह तथा १ हज़ार भीलों और कोलों ने आसिफ़ ख़ां एवं इकबाल ख़ां के शिविर पर रात्रि में छापा मारा। सुल्तान महमूद उसी समय शब बरात की नमाज़ पढ़ कर सोया था। शोर के कारण जाग उठा और अपने पांव (४०९) की बेड़ियों को उसने पृथक् कर दिया। इसी बीच में रक्षकों ने, इस भय से कि कहीं वह भाग न जाय और राज्य में उपद्रव न उठ खड़ा हो, उसकी हत्या कर दी। प्रातःकाल आसिफ़ ख़ां तथा इक़बाल ख़ां ने उसे धोद के हौज़ के निकट दफ़न कर दिया। उसके सातों पुत्र चम्पानीर में बन्दी रक्खे गये।

उसने २० वर्ष ६ मास तथा ११ दिन तक राज्य किया।

१ शाही (महल) तथा बादशाह की व्यक्तिगत सेवाओं के अधीक्षक।
२ शाही आज्ञाओं को उच्च स्वर में सुनाने वाले।

# वाक़ेआते मुश्ताक़ी

(लेखक–शेख रिज़्क़ुल्लाह मुश्ताक़ी)

(ब्रिटिश म्युज़ियम मैनुस्क्रुप्ट, रियू, भाग २, ८०२ ब)

## मन्दू के बादशाह सुल्तान ग़यासुद्दीन ख़लजी की कुछ कहानियाँ

(१४६) मन्दू का बादशाह सुल्तान ग़यासुद्दीन ख़लजी बड़ा ही धर्मनिष्ठ तथा ईश्वर का भक्त था। उसे धार्मिक यश भी पूर्णतः प्राप्त हुआ था और सांसारिक भोग-विलास भी। उसका नियम यह था कि वह प्रत्येक रात्रि में अपने सिरहाने सौ सोने की मुहरें रख लेता था और दिन में उन्हें सहायता के पात्रों को प्रदान कर देता था। उसके अन्तःपुर में ७० क़ुरान के हाफ़िज़[१] रहते थे। जब सुल्तान वस्त्र धारण करता था तो वे उसके आदेशानुसार पूरा क़ुरान पढ़ डालते थे।

### गधे के खुर की कहानी

कहा जाता है कि एक दिन एक व्यक्ति ने गधे का खुर लाकर कहा कि, "यह ईसा के गधे का खुर है।" सुल्तान ने उसे ५० हज़ार तन्के इनाम देकर खुर उससे ले लिया। संक्षेप में ४ व्यक्तियों ने ४ खुर प्रस्तुत किये और उनमें से प्रत्येक को उसने ५०, ५० हज़ार देकर खुर ले लिये। संयोग से एक अन्य व्यक्ति ने उपस्थित होकर एक खुर प्रस्तुत किया। सुल्तान ने उसे भी ५० हज़ार तन्के दिलवा दिये। सुल्तान के एक विश्वासपात्र ने उससे कहा कि, "हे बादशाह! गधे के चार पांव होते हैं, पांच पांव मैंने नहीं सुने थे, संभवतः ईसा के गधे के पांच पांव रहे होंगे।" सुल्तान ने कहा कि, "कौन जानता है कि यही व्यक्ति सच कहता हो और अन्य लोग झूठ कह रहे हों। जाकर उसे ५० हज़ार तन्के दिलवा दो।"

### धर्मनिष्ठता

उसने अपने विश्वासपात्रों को आदेश दे दिया था कि "जब मैं भोग-विलास में लिप्त रहूं अथवा सांसारिक कार्यों में तल्लीन रहूं तो एक वस्त्र का टुकड़ा मेरे समक्ष उपस्थित कर दिया करो और कह दिया करो कि यह कफ़न है।" ऐसा ही किया जाता था और वह शिक्षा ग्रहण करता था तथा उठ कर वज़ू[२] करता, तोबा करता और ईश्वर की उपासना में तल्लीन हो जाता था। अन्तःपुर में भी उसने (१४७) यही आदेश दे दिया था कि "जब मैं सो रहा हूं तो मुझे जगा दिया जाय। यदि मैं न जागूं तो मेरे ऊपर जल छिड़का जाय अथवा मुझे पलंग से गिरा दिया जाय ताकि तहज्जुद[३] की नमाज़ पढ़ सकूं

१ जिन्हें पूरा क़ुरान कंठस्थ हो।

२ नमाज़ तथा किसी अन्य धार्मिक कार्य के पूर्व क्रमशः हाथ मुँह तथा पांव धोना।

३ आधी रात्रि के बाद की नमाज जो अनिवार्य नहीं।

वह शरा[1] के विरुद्ध कोई बात न कहता था। उसने कभी कोई ऐसी बात अपने कानों से न सुनी थी और कोई नशे की वस्तु अपनी आंख से न देखी थी।

एक दिन उसके समक्ष एक माजून प्रस्तुत की गई जो उसके लिए तैयार की गई थी। उसने पूछा कि "इसमें कौन-कौन सी दवायें पड़ी हैं? और जब तक मैं आदेश न दूं तब तक इसे मेरे समक्ष प्रस्तुत न किया जाय।" वह औषधियों का नाम सुनने लगा। लगभग ३०० औषधियां थीं। उनमें से एक दिरम के बराबर अफ़ीम भी थी। सुल्तान ने कहा कि "यह माजून मेरे काम की नहीं है।" उसमें एक लाख तन्के से अधिक व्यय हुआ था। उसने आदेश दिया कि, "उसे लाकर अंगीठी में डाल दिया जाय।" किसी ने निवेदन किया कि, "उसे किसी व्यक्ति को दे दिया जाय।" उसने कहा कि, "जिस वस्तु को मैं अपने लिए उचित नहीं समझता उसे दूसरे के लिए किस प्रकार अनुमति दूं।"

एक दिन उसकी सवारी का विशेष घोड़ा रुग्ण हो गया। उसने आदेश दिया कि उसका उपचार किया जाय। दूसरे दिन घोड़ा स्वस्थ हो गया। सुल्तान ने जब घोड़े के विषय में पूछा तो उत्तर मिला कि, "हां घोड़ा अच्छा हो गया।" सुल्तान ने पूछा कि, "वह आपही आप अच्छा हो गया अथवा उपचार किया गया?" लोगों ने बताया कि, "उपचार किया गया।" उसने पूछा कि, "क्या दवा दी गई?" लोगों ने कहा कि, "जो चिकित्सकों ने बतायी।" सुल्तान समझ गया कि कोई वस्तु शरा के विरुद्ध दी गई है जिसका नाम लोग नहीं बताते। सुल्तान ने आदेश दिया कि "घोड़ों को अश्वशाला से पृथक् कर दिया जाय और जंगल में छोड़ दिया जाय।" लोगों ने निवेदन किया "ऐसा घोड़ा जंगल में न छोड़ा जाय, किसी को प्रदान कर दिया जाय।" सुल्तान ने पुनः कहा कि, "जो बात मैं अपने लिए उचित नहीं समझता उसके लिए दूसरे को किस प्रकार अनुमति दे सकता हूं।"

शेख़ महमूद नोमान का एक पड़ोसी जो उसका शुभचिंतक था देहली से उसकी सेवा में पहुंचा। जिस प्रकार शहर देहली के अन्य लोग उसकी सेवा में उपस्थित होते थे और फ़ुतूह[2] लाते थे वह भी उसकी सेवा में पहुंचा और उसने शेख़ महमूद से कहा कि, "बादशाह का स्मरण करके मैं देहली से आया हूं। मुझे अपनी पुत्री का विवाह करना है। सुल्तान से कुछ दिलवा दो।" शेख़ ने कहा कि, "जितनी तुझे आवश्यकता है उसे मैं ही दे दूंगा।" उसने कहा कि, "मैं तुझसे नहीं मांगता। जिस प्रकार लोग बादशाह से ले जाते हैं, मैं भी बादशाह से ले जाऊंगा ताकि मैं अपनी क़ौम वालों में सम्मानित हो सकूं और अपनी जाति वालों से कह सकूँ कि मैंने भी मन्दू के बादशाह द्वारा प्राप्त किया है।" शेख़ ने कहा कि, "जो कुछ मैं दूं उसे बादशाह के नाम से प्रसिद्ध कर दो।" उसने उत्तर दिया कि "लोग समझ जायेंगे कि यह वस्तुयें बादशाह द्वारा नहीं प्राप्त हुई हैं।" शेख़ ने सोचा कि, "यह मेरा हितैषी है अतः इसे संतुष्ट करना चाहिये। मुझे किसी अन्य की चिन्ता नहीं।" शेख़ ने कहा कि, "अन्य लोग जो आते हैं वे सम्मानित
(१४८) व्यक्तियों की संतान से संबंधित होते हैं। उन्हें मैं इमलाक[3] दिला देता हूं, या वे स्वयं योग्य व्यक्ति होते हैं। मैं उनकी प्रशंसा कर देता हूं। तू न किसी सम्मानित वंश ही से है और न योग्य ही है। मैं तेरी प्रशंसा किस प्रकार करूं?" उसने कहा कि, "मैं क्या जानूं? मैं तुम्हारे पास तक पहुंच गया हूं। अब जिस प्रकार हो सके बादशाह से मेरी भेंट करा दो। बादशाह बड़ा दानी है। जो

१ इस्लाम के धार्मिक नियम।
२ वह उपहार जो धार्मिक लोगों अथवा सूफ़ियों को बिना मांगे प्रदान किया जाता था।
३ इनाम में दी जाने वाली भूमि; जागीर।

कुछ मेरे भाग्य में होगा वह मुझे मिल जायेगा।" शेख़ बड़ी कठिनाई में पड़ गया। जब वह बादशाह के महल की ओर रवाना हुआ तो यह व्यक्ति भी उसके पीछे पीछे चल खड़ा हुआ और बादशाह के घर के द्वार पर पहुंचा। वहां फ़क़ीरों को दान देने के लिए गेहूं तौला जा रहा था। शेख़ ने कहा कि, "एक मुट्ठी ले लो।" वह गेहूं ले आया। शेख़ ने उसे अपना रूमाल देकर कहा कि, "इसमें उसे बांध कर अपने पास रख लो।" जब शेख़ बादशाह के समक्ष पहुंचा तो वह भी शेख़ के पीछे पीछे पहुंचा। बादशाह ने पूछा कि, "जो व्यक्ति तुम्हारे पीछे है वह कौन है?" उसने उत्तर दिया, "यह क़ुरान का हाफ़िज़ है और दिल्ली से आया है। यह अपने साथ थोड़ा गेहूं लाया है जिसके प्रत्येक दाने पर उसने पूरा क़ुरान पढ़ा है।"[१] सुल्तान ने कहा कि, "मुझे इसके पास जाना चाहिये था, इसे मेरे पास क्यों लाये?" शेख़ ने कहा कि, "यह व्यक्ति इस योग्य नहीं कि बादशाह इसके पास जाय।" सुल्तान ने कहा कि, "जो कुछ भी हो, वह ऐसा उपहार लाया है कि मुझे स्वयं जाना चाहिये।" शेख़ ने कहा कि, "बादशाह अपनी इच्छानुसार कार्य करे। किन्तु सेवक यह बात उचित नहीं समझता। समस्त समकालीन वज़ीर यही कहेंगे कि अमुक बादशाह को मैं एक अयोग्य व्यक्ति के घर ले गया।" सुल्तान ने कहा कि, "तुम किसी बात का संकोच न करो। केवल इस बात की ओर ध्यान दो कि इसका संबंध धर्म तथा अन्तःकरण से है।" अन्त में शेख़ ने यह निश्चय कराया कि "शुक्रवार के दिन यह व्यक्ति जामा मस्जिद में उपस्थित रहे, आप (बादशाह) इससे यह उपहार ले लें।" सुल्तान ने कहा, "बहुत अच्छा।" शुक्रवार के दिन वह व्यक्ति उपस्थित हुआ। नमाज़ के उपरान्त शेख़ महमूद ने बादशाह को उसके विषय में स्मृति दिलायी। बादशाह ने आदेश दिया कि, "उसे मिम्बर[२] पर बुलवाया जाय।" जब वह मिम्बर पर पहुंचा तो सुल्तान ने अपना दामन फैलाया। उसने ऊपर से गेहूं दामन में डाल दिये और सुल्तान ने ले लिये। उसे एक लाख तन्के प्रदान कर दिये। ईश्वर को धन्य है कि वह युग कितना सौभाग्यशाली था और उस युग के बादशाह कैसे थे।

## रूपवती की खोज

(१४९) सुल्तान ने एक दिन अपने विश्वासपात्रों की गोष्ठी में कहा कि, "मैंने इतनी हज़ार स्त्रियां एकत्र कीं किन्तु जैसी छवि मेरे हृदय में है उसमें से कोई भी मुझे नहीं मिली।" एक विश्वासपात्र ने निवेदन किया कि, "जो लोग इस कार्य हेतु नियुक्त हैं उन्होंने संभवतः किसी रूपवती को नहीं देखा है और वे उसे नहीं पहचानते। यदि मेरे सरीखे किसी व्यक्ति को यह कार्य सौंपा जाय तो आप की इच्छानुसार पूछताछ करके ले आऊं।" बादशाह ने आदेश दिया कि, "मैं तुझसे भी कहता हूं। तू भी खोज करता रह।" वह व्यक्ति विदा होकर चला गया। जब वह चलने लगा तो सुल्तान ने उसे पुनः बुलवा कर पूछा कि, "तू मुझे इस बात से संतुष्ट कर दे कि रूपवती किसे कहते हैं।" उसने उत्तर दिया कि, "हे बादशाह! दास की बुद्धि के अनुसार रूपवती वह है जिसके किसी अंग के ऊपर भी यदि सर्व. प्रथम दृष्टि पड़ जाय तो वहां से दृष्टि न हट सके। उदाहरणार्थ यदि उसके पांव अथवा हाथ पर दृष्टि पड़े तो इस बात की इच्छा न हो कि उसका मुख अथवा उसकी आंख देखी जाय। यदि उसे पीछे से देखा जाय तो यह हृदय में न आये कि उसे आगे से देखें। दास की समझ से रूपवती ऐसी ही होनी चाहिये।" सुल्तान ने इसे बहुत पसन्द किया और पूछा कि, "इस प्रकार की रूपवती कहां मिलेगी?"

१ 'पूरा क़ुरान पढ़ पढ़ कर एक एक दाने को फूँका है'।
२ मस्जिद का मंच जो ज़ीने के समान होता है।

उसने उत्तर दिया कि, "मुझे ४ मास का अवसर दिया जाय। जहां कहीं भी मुझे इस गुण से सुशोभित रूपवती मिलेगी, उसे जिस प्रकार भी संभव होगा ले आऊंगा। मैं समस्त राज्य में चक्कर लगाऊंगा और यदि जीवित रहा तो ख़ाली न आऊंगा।" सुल्तान ने आदेश दिया कि, "अच्छा जाओ"। उसने समस्त विलायत में चक्कर लगाया किन्तु ऐसी रूपवती कहीं न मिली। एक दिन वह एक ग्राम में पहुंचा। एक युवती पीछे से दृष्टिगत हुई जिसमें उसकी इच्छानुसार गुण विद्यमान थे। वह उसके समक्ष पहुंचा। उसने देखा कि उसमें वही गुण हैं। उसने उससे कहा कि, "मैं इस ग्राम में ठहरना चाहता हूं। यहां कोई ठहरने योग्य स्थान होगा ?" उसने कहा कि, "क्यों न होगा।" वह उसी स्थान पर ठहर गया। कुछ दिन वहां ठहर कर उसने अपने आप को रोगी बना लिया और बाल कटवा कर कुछ दिन तक वहां ठहरने के पश्चात् उस स्त्री को चोरी से भगा दिया। वह स्वयं वहां कुछ समय तक ठहरा रहा। कुछ दिन उपरान्त वह वहां से चल खड़ा हुआ और जिस स्थान के लिए वचन दिया था वहां पहुंचा। वह उस रूपवती को अपने घर में ले गया। एक मास उपरान्त वह उसे बादशाह की सेवा में ले गया। बादशाह उसे देखकर बड़ा प्रसन्न हुआ। उन लोगों को भी (जहां की वह रूपवती थी) इस बात का पता चल गया कि जो व्यक्ति यहां ठहरा हुआ था वह उस युवती को ले गया और वे (युवती तथा पुरुष) मन्दू में हैं। उसे भी उनके आने का पता चल गया। वह एक स्थान में जाकर छिप गया और उसने अपने मित्रों से कह दिया कि, "जब इस बात का अन्त हो जाय तो बादशाह की ओर से उन लोगों को तसल्ली (१५०) देकर हमें सूचना कर देना। तब मैं आ जाऊंगा।" उसने सुल्तान से उसके लाने के विषय में कहा था कि, "मैं इसे कई हज़ार देकर लाया हूं।" जब शुक्रवार के दिन बादशाह मस्जिद से वापस जा रहा था तो उन लोगों ने फ़रियाद की और कहा कि, "अमुक व्यक्ति हमारी पुत्री को भगा कर लाया है।" बादशाह के कान में जैसे ही यह बात पहुंची तो उसमें न तो आगे बढ़ने की और न उस स्थान पर ठहरे रहने की शक्ति रही। वह उसी स्थान पर भूमि पर बैठ गया और उसने आलिमों को बुलवाया और कहा कि, "शरा के अनुसार हमारे लिए जो आदेश होता हो उस पर आचरण किया जाय।" जब उन लोगों ने यह हाल सुना और उन्हें इस बात का पता चला कि वह स्त्री बादशाह के घर पहुंच गई है तो उन लोगों ने कहा कि, "हम लोग उस व्यक्ति के विरुद्ध फ़रियाद लेकर आये थे। हमें इस बात की सूचना नहीं थी। अब हमें इस बात का पता चल गया है कि वह आपकी (बादशाह) की सेवा में है तो हम संतुष्ट हूं। वह मुसलमान हो चुकी है। हमारे किसी काम की नहीं। हम चाहते थे कि जिस व्यक्ति ने उसे भगाया है उसके प्रति न्याय किया जाय किन्तु अब यह हाल सुनकर हम अपने आपको सम्मानित समझते हैं और संतुष्ट हैं।" आलिमों ने सुल्तान से कहा कि, "जो कुछ भूल में हो जाय वह क्षम्य है, उसका कफ़्फ़ारा[1] अदा कर दिया जाय।" सुल्तान ने कहा कि, "आप लोग मुझे संतुष्ट करने के लिए कोई बात न कहें, जो बात शरा के अनुकूल हो मुझे स्वीकार है। यदि मेरी पवित्रता के लिए मेरी हत्या की आवश्यकता भी हो तो उसका शीघ्र आदेश दें।" जब आलिमों ने सुल्तान को विभिन्न मतों से अवगत कराते हुए सब बात समझा दी तो वह समझ गया। उस समय उसके मित्रों ने उस व्यक्ति को सूचना दी और वह प्रकट हुआ और सुल्तान के समक्ष उपस्थित हुआ। सुल्तान ने कहा कि, "हे दुष्ट। तू ने हमारे धर्म में विघ्न डाला।" उसने कहा कि, "मैंने समस्त राज्य में खोज की और मैं लौट रहा था कि मुझे यह स्त्री इस गुण से सुशोभित मिली। मेरे लिए यह परमावश्यक हो गया

१ प्रायश्चित्त।

कि मैं अपने उद्देश्य की पूर्ति करूं।" सुल्तान ने इसके उपरान्त फिर कभी स्त्रियों की इच्छा न की।

## ख़्वाजा हुसेन नागौरी से भेंट की अभिलाषा

एक दिन सुल्तान बैठा हुआ था। उसने कहा कि, "मेरे हृदय में एक अभिलाषा है और वह इस प्रकार है कि मख़दूम ख़्वाजा हुसेन नागौरी मेरे समकालीन हैं किन्तु मैं उनके दर्शन नहीं कर सका। मुझे इसका खेद है।" किसी ने कहा कि "इसमें कौन सी रुकावट है?" सुल्तान ने कहा कि, "वे वास्तविक बादशाह हैं। इस स्थान पर क्यों आयेंगे और यदि मैं अन्य राज्य में जाऊंगा तो बहुत से लोगों को हानि होगी। फिर भी मुझे नहीं ज्ञात कि उनके दर्शन कर सकूंगा अथवा नहीं। मैंने उनके विषय में सुना है कि वे संसार वालों से संबंध नहीं रखते।" शेख़ अब्दुल अज़ीज़, मख़दूम शेख़ हुसेन के संबंधियों में से था। उसने कहा कि, "मेरे हृदय में एक बात आई है जिससे ख़्वाजा हुसेन को इस स्थान पर ला सकता हूं।" (१५१) सुल्तान ने कहा कि, "यदि यह कार्य करो तो एक लाख तन्के मार्ग व्यय हेतु ले लो और एक लाख तन्के मैं तुम्हें मआश[1] के रूप में भेंट करता हूं।" वह चल खड़ा हुआ और नागोर पहुंचा। वहां पहुंच कर उसने ख़्वाजा हुसेन के चरणों का चुम्बन किया। ख़्वाजा ने पूछा कि, "हे भाई अब्दुल अज़ीज़! तुम कहां थे और कैसे आये?" उसने कहा कि, "मैं मन्दू में था और अपने स्वामी की सेवा में आया हूं।" उन्होंने पूछा कि, "क्या है?" अब्दुल अज़ीज़ ने कहा कि, "मन्दू के क़िले में मुहम्मद साहब की दाढ़ी का बाल वर्तमान है।" शेख़ यह सुनते ही उठ खड़े हुए और बड़ी ही मूर्च्छित दशा में चलते रहे। नागौर के मुक़्ता फ़ीरोज ख़ां को इस बात की सूचना मिल गई कि ख़्वाजा मन्दू के क़िले की ओर जा रहे हैं। वह उनकी सेवा में पहुंचा और यात्रा की सामग्री घोड़े, ऊंट तथा ख़ेमें इत्यादि की व्यवस्था करा दी। जब वह मन्दू के समीप पहुंचे तो जिस स्थान से मन्दू का क़िला दृष्टिगत होता था वहां से वे प्रसन्नता प्रदर्शित करते हुए अग्रसर हुए। शेख़ अब्दुल अज़ीज़ आगे आगे जाता था। उसने सुल्तान ग़यासुद्दीन के नाम का उल्लेख नहीं किया था, केवल शुभ बालों की चर्चा की थी और वे (ख़्वाजा हुसेन नगौरी) उसके दर्शनार्थ चल खड़े हुए थे। अचानक सुल्तान को शेख़ के पहुंचने का समाचार प्राप्त हो गया। वह तथा उसका पुत्र नसीरुद्दीन स्वागतार्थ रवाना हुए और ख़्वाजा से मिल कर दोनों ने उनके चरणों पर अपने सिर रख दिये। ख़्वाजा ने आकाश की ओर दृष्टि करके शेख़ अब्दुल अज़ीज़ से कहा कि, "तू ने हमें दर्शन के बहाने से धोखा दिया।" शेख़ अब्दुल अज़ीज़ ने कहा कि, "हे स्वामी! मैंने कोई भी विश्वासघात नहीं किया। ये लोग उस बाल के सेवक हैं।" ख़्वाजा ने कहा कि, "सेवक को स्वामी के समक्ष व्यर्थ की बात नहीं कहनी चाहिये।" जब सुल्तान ने यह बात सुनी तो बाल लाने के लिए गया और इत्र के दो डिब्बे लाया। एक एक बाल दोनों डिब्बों में था। दोनों व्यक्ति एक एक डिब्बा हाथ में लेकर आये। ख़्वाजा दुरूद[2] पढ़ने लगे। मुहम्मद साहब के बालों के विषय में यह प्रसिद्ध था कि दुरूद पढ़ने पर वे सुई की नोक के बराबर डिब्बे के बाहर निकल आते थे। ख़्वाजा के लिए दोनों बाल हवा में होते हुए उनके हाथ में पहुंच गये। ख़्वाजा ने दोनों को अपनी आंखों में रख लिया और उनके दर्शन से सम्मानित हुए। तदुपरान्त सुल्तान ने ख़्वाजा के चरणों का चुम्बन किया और उन बालों को डिब्बों में रख लिया और आगे आगे रवाना हो गया। ख़्वाजा बालों के सम्मान में हर्ष प्रदर्शित करते हुए चलने लगे, यहां तक कि सुल्तान के अन्तःपुर

१ वृत्ति के रूप में।
२ मुहम्मद साहब, उनकी संतान तथा मित्रों के लिये शुभकामना सम्बन्धी वाक्य।

(१५२) में पहुंचे। सुल्तान ने अन्तःपुर की समस्त स्त्रियों को आदेश दे दिया था कि प्रत्येक उनके पहुंचने पर कुछ न कुछ न्योछावर करे। हर एक ने कुछ न कुछ न्योछावर किया और फूल तथा इत्र छिड़का। फूल ख़्वाजा के सिर तथा कमर में लिपट गये। सेवकों ने न्योछावर के दो बड़े-बड़े बोझ एकत्र कर लिए। तदुपरान्त ख़्वाजा बाहर निकले और उन्होंने दोनों बोझों को एक मुरली बजाने वाले को दे दिया और उसके गले में बांहें डाल दीं। वह मुरली बजाता था और ख़्वाजा समा[1] करते हुए मार्ग में चलते जाते थे। वे गलियों में जा रहे थे कि शहर का क़ाज़ी पहुंच गया। क़ाज़ी सैयिद था। उसने शेख़ से कहा कि, "आप आलिम होकर फूल पहनते हैं। पुरुष को फूल पहनना उचित नहीं।" ख़्वाजा ने कहा कि, "हे स्वामी ! मेरे लिए उचित है कारण कि मैंने इसे तुम्हारे-दादा की मित्रता में पहना है।" ख़्वाजा ने कुछ उचित छन्द भी पढ़े। जो स्थान उनके निवास हेतु निश्चित था वहां पहुंचे और दो मास तक वहां ठहरे रहे। सुल्तान ग़यासुद्दीन दावात तथा काग़ज़ लाकर दिन भर बैठा रहता था और उनके मलफ़ूज़[2] लिखा करता था। जब मलफ़ूज़ समाप्त हो गया तो उसने निवेदन किया कि, "आप इसके लिए कोई नाम निश्चित कर दें।" ख़्वाजा ने कहा कि, "इसका नाम असरारुन्नबी[3] रक्खो।" ख़्वाजा ने मुहम्मद साहब के नाम पर क़ुरान की टीका के ३० ग्रन्थ तैयार किये और उसका नाम नूरुन्नबी रखा। इसके अतिरिक्त ख़्वाजा ने रसूल बाड़ी नामक एक उद्यान का भी निर्माण कराया तथा मुस्तफ़ा सागर नामक एक हौज़ नागौर में बनवाया। संक्षेप में, वे ईश्वर के बहुत बड़े भक्त थे। जब वे बिदा होने लगे तो सुल्तान ने उनसे कहा कि, "हे स्वामी ! आपने मुझे यहां पधार कर सम्मानित किया। अब मेरे लिए कुछ भविष्यवाणी भी कर दें।" ख़्वाजा ने कहा कि, "ईश्वर तुझे क्षमा करेगा और तुझसे संसार का हिसाब न लेगा, कारण कि तू ने इस लोक को त्याग कर परलोक की चिन्ता की है।" सुल्तान ने निवेदन किया कि, "यदि आप इसे (१५३) अपनी लेखनी से लिख कर मुझे दे देंगे तो मैं उसे अपनी क़ब्र में ले जाऊंगा।" ख़्वाजा ने उसे लिख कर दे दिया कि, "यदि ईश्वर तुझसे दुनिया का हिसाब ले तो इसकी ज़मानत मैं करता हूं।" उस युग के लोग इस विषय में यह कहते थे कि, "शेख़ ने ईश्वर के कार्यों के संबंध में ज़मानत ली थी, किन्तु परलोक के विषय में जो कहा गया वह संदिग्ध है।" किसी ने ख़्वाजा से यह बात कही कि, "लोग इस प्रकार कहते हैं।" उन्होंने उत्तर दिया कि, "इसमें कहने सुनने का स्थान शेष है। जब तक ग़यासुद्दीन जीवित है तब तक इसका अन्त संदिग्ध है। किन्तु जब उसकी मृत्यु हो जायेगी तो लोगों को यह भली-भांति ज्ञात हो जायगा कि वह पवित्रता की दशा में मरा।"

जब उसकी मृत्यु हुई तो सभी लोगों ने इस बात को स्वीकार किया कि वह इस संसार से बड़ी पवित्र दशा में बिदा हुआ। अन्ततोगत्वा जब सुल्तान ग़यासुद्दीन के पुत्र नसीरुद्दीन ने अपने पिता से विश्वासघात किया और सुल्तान निरपराध मारा गया तो सभी लोग कहते थे कि, "वह बड़ी ही पवित्र दशा में मरा और बड़ी ही पवित्र दशा में संसार से विदा हुआ।" उसकी मृत्यु का हाल आगे लिखा जायगा।

## शोक सम्बन्धी समाचारों का न सुनना

सुल्तान ग़यासुद्दीन ने कभी कोई शोक संबंधी समाचार न सुने थे। एक दिन उसके जामाता की मृत्यु हो गई। उसकी पुत्री, जो नित्यप्रति अभिवादन हेतु आया करती थी, दो-तीन दिन तक उपस्थित

१ दरवेशों का संगीत, वादन तथा नृत्य।
२ वाणी अथवा प्रवचन।
३ नबी (मुहम्मद साहब) के रहस्य।

न हुई। सुल्तान ने पूछा कि, "अमुक पुत्री नहीं दिखाई पड़ती ?" लोगों ने कहा कि, "उसने वस्त्र नहीं पहने हैं।" सुल्तान समझ गया कि कोई न कोई कारण है तभी वह मैले कपड़े पहने हुए है।

एक बार सुल्तान बहलोल ने रणथम्भोर के क़िले के समीप के अल्हनपुर नामक स्थान तक आक्रमण किया और तदुपरान्त वापस चला गया। लोग इस समाचार को सुल्तान तक पहुंचाना चाहते थे किन्तु इस समाचार के शोक से संबंधित होने के कारण कहने का साहस न कर सकते थे। राज्य की महत्वपूर्ण घटना होने के कारण इसकी सूचना देनी आवश्यक थी। वज़ीरों ने कुछ नृत्य करने वालों को एक स्वांग सिखा दिया और यह निवेदन किया कि, "एक व्यापारी नृत्य करने वालों को लाया है और सुल्तान को नृत्य दिखाना चाहता है।" सुल्तान ने कहा कि, "अमुक समय पर उपस्थित हो जाओ।" वे उसी समय पर उपस्थित हुए। बीच में पर्दा डाल दिया गया। नृत्य करने वालों ने भांड़ों का रूप धारण किया और अफ़ग़ानों के समान दोतारा बजाते हुए तथा अफ़ग़ानी गाना गाते हुए उपस्थित हुए। कुछ लोग गठरी सिर पर रख कर भागते हुए तथा रोते-चिल्लाते हुए पर्दे के बाहर आये। सुल्तान को आश्चर्य हुआ। उसने इस विषय में पूछा। उन लोगों ने जो घटना थी उसका ठीक ठीक उल्लेख कर दिया। सुल्तान ने कहा कि, "शेर ख़ां मर गया अथवा जीवित है ?" इसके अतिरिक्त उसने कुछ न कहा। चन्देरी के मुक़्ता शेर ख़ां ने आक्रमण करके हिन्दुओं को नष्ट-भ्रष्ट कर दिया और लौट आया। सुल्तान ने आदेश दिया था कि वह एक स्थान को विध्वंस करके लौट आये।

## ज़नाना बाज़ार

(१५४) उसने अत्यधिक स्त्रियां एकत्र की थीं और प्रत्येक वस्तु का बाज़ार स्त्रियों द्वारा अपने अन्तःपुर में आयोजित कराया था। घोड़े का बाज़ार, गेंद का मैदान इत्यादि सभी उसके अन्तःपुर में उपलब्ध थे। वह अपनी इच्छानुसार अन्तःपुर में आमोद-प्रमोद किया करता था। मनोरंजन हेतु वह स्त्रियों से चीज़ें क्रय करता था। उसने ३० वर्ष तक राज्य किया और इस अवधि में २ बार घर से निकला।

## जोधपुर के मन्दिर का खंडन

एक बार जोधपुर में मन्दिर का निर्माण कर लिया गया था। सुल्तान ने मन्दू के क़ाज़ी को उस स्थान पर इस आशय से भेजा कि वह मन्दिर का खण्डन करा दे। उसने कह दिया था कि "यदि तेरे कहने से वे लोग मन्दिर को नष्ट न करें तो तू उसी स्थान पर रहना और हमें सूचना कर देना।" जब क़ाज़ी वहां पहुंचा तो काफ़िरों ने सुल्तान के आदेश का पालन न किया और कहा कि, "ग़यासुद्दीन को भोग-विलास से इतना अवकाश मिल गया कि वह इस ओर ध्यान देने लगा ?" क़ाज़ी ने इसकी सूचना बादशाह को कराई। वह मन्दू से सवार होकर एक रात्रि उपरान्त जोधपुर पहुंच गया और उसने काफ़िरों को दण्ड देकर मन्दिर को नष्ट-भ्रष्ट कर दिया। उस राज्य के लोग अपनी भाषा में उसे "आकाशदयी" कहते थे। हिन्दुस्तान की भाषा में आसमान को आकाश कहते हैं।

## सुल्तान का चरित्र

इसके अतिरिक्त उसने एक बार और भी यात्रा की थी और वह नालचा नामक स्थान तक जो कि क़िले से लगभग २ कोस के होगा; हौज़, उद्यान तथा भवन के निर्माणार्थ उसके समान विलासी तथा धर्मनिष्ठ बादशाह कोई भी नहीं हुआ है। उसके अन्तःपुर में धनुर्धर भी रहते थे जो हाथों में धनुष लिए हुए गोलाई में खड़े रहते थे। वे आदेशानुसार लक्ष्य पर बाण फेंका करते थे और प्रत्येक दिशा से बारी

बारी बाण फेंकते थे। जब तक वह आदेश न देता था तब तक लक्ष्य हवा में रहता था। जब वह रुक जाने का आदेश देता तो वह भूमि पर गिर जाता।

## सुल्तान की हत्या

उसका पुत्र नसीरुद्दीन हरामख़ोर हो गया था। उसने तीन बार सुल्तान को शर्बत में विष दिया। वह खुल्लमखुल्ला कहता था कि, "आप इसे पियें।" सुल्तान उससे कहता था कि, "बादशाही तो तुम्हीं करो, मेरा अंतिम समय आ गया है। अपने ऊपर इसका दोष क्यों लेते हो?" जब कभी वह शर्बत देता तो सुल्तान पी लेता था और ज़हरमोहरे की अंगूठी, जो उसकी अंगुलियों में रहती थी, मुख में रख लेता था। विष का प्रभाव न होता था। अन्त में नसीरुद्दीन उसकी हत्या करने पर उद्यत हो गया। जब तक धनुर्धर स्त्रियों के हाथ में बाण होता था उस समय तक कोई भी घर के समीप न पहुंच (१५५) सकता था। बाणों के समाप्त हो जाने के उपरान्त दुष्ट लोग घर के भीतर प्रविष्ट हो गये और सुल्तान की हत्या कर दी।

## सुल्तान के चमत्कार

मैंने मलिक हुसामुद्दीन ख़लजी से सुना है कि, "जिस समय सुल्तान ग़यासुद्दीन की लाश को स्नान कराया जा रहा था, मैं उपस्थित था। तीन व्यक्ति, एक इमाम, दूसरा हुज्जाब[1] तथा तीसरा उसका कोई संबंधी—स्नान करा रहे थे। तीनों बड़े भारी आलिम थे। एक स्नान कराता था और दो जल डालते थे। सिर से लेकर नाभी तक उन लोगों ने धोया, जब उन लोगों ने नाभी के नीचे अंडकोष धोने का प्रयत्न किया तो यह संभव न हो सका। सुल्तान ने अपने पांव सीने से चिपका लिये और नाभी के नीचे किसी को हाथ न ले जाने दिया। उसके हाथ में जो अंगूठी थी वह भी उस समय खो गई। इन लोगों को सुल्तान नसीरुद्दीन से भय हुआ कि वह तीनों की हत्या करा देगा। उन्होंने कहा कि, "हे ईश्वर! सुल्तान ग़यासुद्दीन के सम्मान की दृष्टि से, जिनकी विलायत[2] में कोई संदेह नहीं, अंगूठी मिल जाय।" जो व्यक्ति नहला रहा था उसने अंगूठी ले ली थी और उसे छिपा दिया था। जब वह पांव धोने के लिए सुल्तान के पायंती पहुंचा तो सुल्तान ने अपना एक पांव उसके सीने पर इस ज़ोर से रख दिया कि उसकी कोख फटने ही वाली थी किन्तु उसने अंगूठी अपनी पगड़ी से बाहर फेंक दी। सुल्तान ने पांव खींच लिए।

# सुल्तान नसीरुद्दीन

## भवन निर्माण से रुचि

सुल्तान की मत्यु के उपरान्त नसीरुद्दीन बादशाह हुआ। वह भी विलासी तथा शराबी था। वह अपनी विलायत[3] में चक्कर लगाया करता था। यहां तक कि अन्तःपुर की कई सौ स्त्रियां, स्त्रियों की सेना सहित, शिकार खेलती हुई एक दिशा से यात्रा करती थीं और सेना दूसरी दिशा से। उसने अधिकांश स्थानों पर महल, हौज़ तथा आहूखानों[4] का निर्माण कराया था। अभी तक उसके अवशेष उसके

१ हाजिब :—देखिये पृ० ३० नोट नं० ३।
२ 'सन्त होने'।
३ राज्य।
४ विशेष प्रकार के स्थान

राज्य में शेष हैं। उज्जैन के भूभाग के समीप कालियादा नामक स्थान में उसने अनेक राज-प्रासादों का निर्माण कराया। वह एक दिन वहां बैठा था। वहां जल की एक नहर बड़ी कुशलता से बनाई गई थी। वह उस महल के हौज़ में पैर लटकाये हुए बैठा था, उसके पांव पर जल गिर रहा था। दिलदार गाचा, जिसकी उपाधि सुल्तान ने नदीमये मजलिस[1] रखी थी, उपस्थित हुई। सुल्तान ने कहा कि उचित छन्द पढ़ो। उसने तुरन्त यह छन्द पढ़े:

(१५६) "जल फ़रसंगों से सिर के बल आ रहा है,
तेरे चरणों के चुम्बन की अभिलाषा में पत्थर के ऊपर सिर पटकता है"।[2]

वह बड़ा प्रसन्न हुआ और उसने कहा कि, "इसके पुरस्कार में यह उचित होगा कि मैं राज्य तुझे प्रदान कर दूं किन्तु यह कार्य स्त्री के लिए उपयुक्त नहीं। शासन प्रबन्ध मैं तुझे सौंपता हूं। जो आदेश मैं दिया करता था वह तेरे सिपुर्द कर दिये।"

## जल से रुचि का कारण

अधिकांश वह जल से खेला करता था। इसका कारण यह था कि वह अपने मुख में पारा रखता था। अचानक पारा पेट में चला गया और बाहर न निकला। रात दिन इसके कारण उसे ज्वर रहता था। एक दिन उसने इस संबंध में मलिकुलहुकमा से कहा कि, "तुमने इसका कोई उपचार नहीं किया।" मलिकुलहुकमा ने कहा कि, "जब ओलों की वर्षा हो तो आप जितना भी संभव हो सके ओला खा लें और उन्हें एकत्र कर लेने का आदेश दे दें।" एक दिन ओलों की वर्षा हुई। मलिकों ने थैले तैयार करा रखे थे और उन में कोई चीज़ मल दी थी। उन ओलों को थैलों में रख लिया गया और मुंगरी से कूटा गया। ३० सेर ओले निकले। वे सुल्तान को दे दिये गये। यह अनुमान लगाया गया कि नित्य-प्रति इतना ही ओला खाया जाय। लोगों ने कहा कि "पुनः जब ओलों की वर्षा होगी तो एकत्र करके प्रस्तुत करेंगे।" उस दिन से इसी कारण ज्वर में कमी होने लगी।

## मलिकुलहुकमा की योग्यता

एक दिन उसने मलिकुलहुकमा से कहा कि, "अन्तःपुर के भीतर घर के हौज़ पर नारंगी के दो वृक्ष थे। जब मैं हौज़ में बैठता था तो मेरी दृष्टि उनमें से एक पर कभी कभी पड़ती थी। उनमें से एक वृक्ष सूख गया। इसका कोई उपाय है कि वह पुनः हरा हो जाय?" मलिकुलहुकमा ने कहा कि, "एक बार मैं उसे देख लूं।" उसे उस स्थान पर पहुंचाया गया। उसने उन वस्त्रों को जो पहिने था खोल कर वृक्ष से आलिंगन किया और कुछ देर उपरान्त पृथक् होकर कहा कि, "संभव है कि यह हरा हो जाय। इसके लिए जिन वस्तुओं की आवश्यकता हो उनके उपलब्ध करने का आदेश दे दिया जाय।" उस वृक्ष के आस पास का स्थान उसने खुदवाया और एक घास का रस उस गड्ढे में कई दिन तक निरन्तर डलवा कर उस गड्ढे को भरवा दिया। इसके उपरान्त फिर उसे खोद कर रस डाला गया। ४० दिन में वह वृक्ष हरा हो गया।

एक व्यक्ति का पुत्र जो रुग्ण था स्वस्थ हो गया। उसने प्रीति भोज का आयोजन किया। मलिकुलहुकमा भी उपस्थित हुआ। जो व्यक्ति रुग्ण हो गया था उसे उसके अभिवादन हेतु लाया गया।

१ दरबार की विशेष सहचर।
२ 'आब अज़ पै सर व क़दत मी आयद अज़ फ़रसगहा, अज हसरते पाबोसे तो सर मी ज़नद बर संगहा'।

उसने अभिवादन किया। मलिकुलहुकमा ने उसे गले लगाया। आलिंगन के समय उसकी कलाई मलिक की पीठ पर थी। मलिक ने नाड़ी का तत्काल पता लगा लिया और भोजन न किया। वह वहां से चल दिया और कहा कि, "यह अभी अभी मर जायगा। मुर्दे के लिए भोजन करना उचित नहीं।"

(१५७) एक दिन सुल्तान ने मलिकुलहुकमा की परीक्षा लेने के लिए उसके पास ३ रोगी भेजे। उनके पास जो क़ारूरा[1] था उसमें एक में रुग्ण स्त्री का, दूसरे में बन्दर का और तीसरे में भैंस का मूत्र था। शीशे मलिकुलहुकमा के समक्ष लाये गये। उसने उन्हें एक दास के हाथ में दे दिया, दास ने शीशा हाथ में लेकर दिखाया। उसने मुस्करा कर कहा कि, "एक को गरम जल में दवा दी जाय, दूसरे को रुई का बीज उबाल कर अमुक वस्तु के साथ दिया जाय और तीसरे के गले से रस्सी निकाल कर यह वस्तु दे दी जाय। तीनों अच्छे हो जायेंगे।"

सुल्तान नसीरुद्दीन की मृत्यु के उपरान्त उसके राज्य में विघ्न पड़ गया और मुसलमानों को कष्ट होने लगा तथा काफ़िर प्रभुत्वशाली हो गये। इस दुर्घटना के कारण समस्त सम्मानित व्यक्ति छिन्न भिन्न हो गये। प्रत्येक व्यक्ति किसी न किसी स्थान को चल दिया। मलिकुलहुकमा, मलिकुलफ़ुज़ला तथा आलिम खां तीनों बड़े विद्वान् और बड़े योग्य थे, और चौथे दिलदार ग़ाचा जिसकी उपाधि नदीमये मजलिस थी। ये लोग सुल्तान सिकन्दर के पास पहुंचे। आलिम खां की कुछ समय उपरान्त मृत्यु हो गई। मलिकुलफ़ुज़ुला तथा मलिकुलहुकमा बहुत समय तक उस स्थान पर रहे। नदीमये मजलिस के संबंध में जब ख़्वाजगी शेख़ सईद ने सुल्तान को समाचार पहुँचाये और उसके गुणों का उल्लेख किया तो उसने उसे अपने पास बुलवाया और उससे वार्ता की और कहा कि, "यह बड़ी ही समझदार है किन्तु स्त्री है और हमारी गोष्ठी के योग्य नहीं है। इसके लिए पर्दे में रहना अच्छा है।" वह वहां न रही। जो दोनों बुज़ुर्ग रह गये उनमें से मलिकुलफ़ुज़ला सैनिकों का जीवन व्यतीत करता था। सुल्तान ने उसे शेख़ मन्झू नुरुल्लाह के साथ चन्देरी भेज दिया। इससे सुल्तान का उद्देश्य यह था कि वहां वाले उससे परामर्श लेते रहें।

सुल्तान ने मलिकुलहुकमा को अपने पास रख लिया और एक बार उसे सुल्तान मुज़फ़्फ़र गुजराती के पास दूत बना कर भेजा। जब उसने बादशाह को देखा तो उसने अपने ज़ानू पर बायां हाथ रख कर सलाम किया। जब वह निकट पहुंचा तो 'अस्सलामु अलैकुम' कहा और क़ुरान शरीफ़ उपहार स्वरूप भेंट किया। सुल्तान ने तीनों बातों के संबंध में पूछा कि, "तुमने अपना बायां हाथ ज़ानू पर क्यों रखा था?" उत्तर दिया कि, "मेरे दायें हाथ में बादशाह का फ़रमान था।" सुल्तान ने पुनः पूछा कि, "क़ुरान प्रस्तुत करने का क्या कारण था?" उसने उत्तर दिया कि, "आपके लाभार्थ।" सुल्तान ने पूछा कि
(१५८) "किस प्रकार?" उसने उत्तर दिया कि, "मैं आलिम हूं। यदि आप मेरा सम्मान न करते तो इस विषय में आप से क़यामत में पूछताछ होती। क़ुरान के होने के कारण आपके लिए सम्मान प्रदर्शित करना परमावश्यक था और इस प्रकार आपने एक आलिम का भी सम्मान किया।" सुल्तान ने पुनः पूछा कि, "तुमने दूर से अभिवादन कर दिया था पुनः 'अस्सलामु अलैकुम' कहने का क्या कारण था?" मलिकुलहुकमा ने कहा कि, "यह बात मेरे अधिकार में न थी। जो बात सुन्नत[2] के लिये आवश्यक थी, उस पर मैंने आचरण किया।" सुल्तान ने कहा कि, "तुम्हारे जैसा व्यक्ति सुल्तान सिकन्दर के पास रहता है। उसे तुम शरा[3] के आदेशों के पालन की शिक्षा क्यों नहीं देते और उसे दाढ़ी रखने के लिए

१ रोगी का मूत्र।
२ वह आचरण जिसके विषय में कहा जाता है कि मुहम्मद साहब किया करते थे।
३ इस्लाम के नियम।

क्यों नहीं प्रेरित करते तथा समय को दृष्टि में रखकर कार्य क्यों करते हो?" मलिकुलहुकमा ने उत्तर दिया कि, "वहां आलिम लोग उपस्थित रहते हैं, जो शरा के आदेशों के अनुसार परामर्श देते होंगे।" सुल्तान ने कहा कि, "तुम अपने बादशाह का पक्षपात करते हो, जो बात मैंने पूछी उसका उत्तर नहीं देते।" मलिकुलहुकमा ने कहा कि, "जो उत्तर उचित था उसे मैंने दे दिया। सुल्तान ख्वाजा निज़ामी[1] तथा शेख़ सादी[2] का अनुसरण करता है। उसका विचार है कि उसकी दाढ़ी बहुत ही छोटी है। यदि वह दाढ़ी रखेगा तो लोग हँसेंगे और बहुत से लोग पापी होंगे। इस कारण वह दाढ़ी नहीं रखता।" सुल्तान ने कहा कि, "मुझे इस बात का पता न था।"

## रानी पुतली से विवाह

सुल्तान नसीरुद्दीन की यह प्रथा थी कि वह भ्रमण करता हुआ किसी ग्राम के समीप पहुंच जाता था और सरापर्दा[3] लग जाता था, ग्रामीण स्त्रियां अपनी प्रथानुसार गाना गाती हुईं और अपने सिर पर घड़ा रखे हुए सरापर्दे में उपस्थित होती थीं और सुल्तान के लिए शुभकामनायें करतीं थीं। एक बार एक युवती अपनी माता के पीछे से सिर उठा कर सुल्तान को देख रही थी। अचानक सुल्तान की दृष्टि उस पर पड़ गई। उसने पूछा कि, "यह किस क़ौम से संबंधित है?" उत्तर मिला कि, "यह इसी स्त्री की पुत्री है और कलाल क़ौम से संबंधित है जो कि बरतन बनाते हैं।" सुल्तान ने पूछा कि, "इसका विवाह हो गया है अथवा नहीं?" उत्तर दिया गया कि, "नहीं।" सुल्तान ने कहा कि, "झूठ मत बोलना।" उसने उत्तर दिया कि, "अन्य स्त्रियों से पूछ लिया जाय कि मैं सत्य कहती हूं अथवा झूठ।" अन्य स्त्रियों ने भी यही बात कही। तदुपरान्त सुल्तान ने कहा कि, "इसका विवाह मेरे साथ कर दिया जाय।" उन लोगों ने उत्तर दिया कि, "हमें बादशाह का आदेश शिरोधार्य है।" सुल्तान ने कहा कि, "तुम लोग अपने घर चली जाओ। मैं वहीं आऊंगा।" उसने उसी पड़ाव पर एक भवन का निर्माण प्रारम्भ करा दिया और विवाह का प्रबन्ध करने लगा। उसके (युवती के) भाइयों को सम्मानित किया और उन्हें उच्च पद प्रदान किये और उस युवती को अपने घर ले आया। दो मास तक वह वहां ठहरा रहा। उस स्त्री का नाम रानी पुतली रखा और उससे उसका प्रेम नित्यप्रति बढ़ने लगा। इसी बीच में एक दिन सुल्तान (१५९) उससे खिन्न हो गया। मन्दू के क़िले में सौंज तालाब पर जिन महलों के बनवाने का उसने आदेश दिया था वे तैयार हो गये। आराइश ख़ां शीराज़ी उसका प्रबन्धक था। दो मास व्यतीत हो चुके थे कि सुल्तान ने रानी पुतली से बात न की थी। उसने इस बीच में उत्तम वस्त्र न धारण किये थे। उसने आराइश ख़ां के पास कहलाया कि, "किसी प्रकार मेरा अभिवादन सुल्तान के समक्ष करा दो।" उसने उत्तर दिया कि, "यदि यह किसी प्रकार संभव हो सकेगा तो मैं इसमें कोई कमी न करूंगा।" जब महल पूरे बन गये तो आराइश ख़ां ने सूचना दी कि, "घर तैयार हैं आप उन्हें देख लें।" सुल्तान ने आदेश दिया कि, "स्त्रियों को घर बांट दिये जायं। जब वे घरों में चली जायं तो हमें सूचना कर दी जाय।" आराइश ख़ां ने वहां पहुंच कर घरों का वितरण किया। उसने देखा कि रानी पुतली भूरे रंग के वस्त्र पहने हुए

१ निज़ामी गंजवी:—ख़मसे, पांच मसनवियों के प्रसिद्ध लेखक। उनकी मृत्यु १२०६ ई० के लगभग बताई जाती है।

२ शेख़ मसलह उद्दीन सादी शीराज़ी जिनका जन्म शीराज़ में ११७५ ई० में तथा मृत्यु १२९२ ई० में हुई। 'गुलिस्तां' उनकी बड़ी ही प्रसिद्ध कृति है।

३ शिविर।

है। आराइश ख़ां ने कहा कि, "तू ने दो रंग के वस्त्र धारण कर रखे हैं। ये शृंगार से शून्य हैं।"[1] उसने उत्तर दिया, "अब किसी मध्यस्थ की आवश्यकता नहीं।" आराइश ख़ां ने सबको बड़े उत्तम प्रकार के घर दे दिये। एक महल, जो अत्यन्त सफ़ेद था और जिसकी दीवारें तथा छत भी सफ़ेद थीं, रानी पुतली को दे दिया और उसके लिए एक स्थान निश्चित कर दिया कि वह वहां खड़ी रहे। जब सुल्तान भ्रमण करता हुआ वहां पर पहुंचे तो उसी स्थान से वह अभिवादन करे और आगे न बढ़े। आराइश ख़ां ने आशा प्रकट की कि सुल्तान उसके समक्ष आयेगा और इस स्थान से गुज़रेगा। उसने उससे प्रार्थना की कि इसके बदले में उसके प्रति भी न्याय किया जाय। जब सुल्तान उस स्थान पर पहुंचा तो वह उसी प्रकार जैसे कि कहा गया था सिर झुकाये तथा आंखें भूमि की ओर किये हुए थी। उसके मुख से शोक के चिह्न प्रकट थे। वह भूरे रंग के वस्त्र धारण किये हुए थी और उसने उसी स्थान से अभिवादन किया। जब सुल्तान की दृष्टि उस पर पड़ी तो वह खड़ा हो गया और चिन्ता में पड़ गया कि सभी लोग तो उत्तम वस्त्र धारण किये हुए तथा शृंगार किये हुए हैं और अभिवादन हेतु आ रहे हैं। उसे रानी पुतली के भूरे रंग के वही वस्त्र याद आ गये जो उसने प्रथम दिन उसके शरीर पर उसके पिता के घर देखे थे। उसका प्रेम पुनः उत्तेजित हो गया और सुल्तान उसका हाथ पकड़ कर उसे घर के भीतर ले गया। वह रोने लगी। सुल्तान ने अपने रुमाल से उसका मुख साफ़ किया और उससे आलिंगन किया। इस स्थान पर (१६०) शाह मुहम्मद फ़र्मुली द्वारा रचित दोहरा उसे याद आ गया।

**दोहरा**

जिमि जिमि आलिंगन करत बलम हरबैन समात।
तुमहू कजल रूप भवे नयन नमक भरान्त।।

## जल में डूबने से बचाने वाली स्त्रियों को दण्ड

सुल्तान नसीरुद्दीन बड़ा विलासी था और जल से अधिक खेला करता था। वह सर्वदा स्त्रियों के साथ जल में प्रविष्ट होकर खेला करता था अंबर नसीरशाही उसी का आविष्कार है और 'एक तारा'[2] वस्त्र भी उसी ने तैयार करवाये थे। जब वह जल में होता था तो स्त्रियों को रंगीन एकतारे के वस्त्र धारण करवाता था ताकि वे पूर्णतः नग्न न दृष्टिगत हों। उसकी मृत्यु भी जल ही में हुई। यह घटना इस प्रकार घटी कि, "एक दिन वह अपनी प्रथानुसार जल में प्रविष्ट हुआ। उस समय वह मस्त था और डूबने लगा। जो स्त्रियां उसके निकट थीं उन्होंने उसके केश पकड़ कर उसे जल के बाहर निकाला। जब वह सावधान हुआ तो उसने पूछा कि, "मैं जल में प्रविष्ट हुआ था। मुझे स्मरण नहीं कि मैं किस प्रकार बाहर निकला।" उन लोगों ने बताया कि, "बादशाह के शत्रु मस्ती के कारण जल में डुबकी खाने लगे और डूबने लगे। केवल केश दृष्टिगत थे। हम कुछ सेविकाओं ने प्रयत्न करके बाहर निकाला।" उसने कहा कि, "क्योंकि मेरे सिर के केश दृष्टिगत थे अतः संभवतः इन लोगों ने मेरे केश पकड़े होंगे।" जो लोग इस कार्य से संबंधित थे उनमें से आठ स्त्रियों की उसने हत्या करा दी।

## अमीन शह को मन्दु का फ़रमान प्राप्त होना

अमीनशह मार्ग दर्शक का कार्य करता था। वह लोगों को गुजरात की सीमा से नलवर के क़िले

१ 'भद्दे लगते हैं'।
२ एक प्रकार के वस्त्र।

तक और इस ओर से गुजरात की सीमा पर पहुंचाया करता था। एक दिन एक व्यापारी अत्यधिक लोगों सहित उपस्थित हुआ। अमीन शह ने प्रथानुसार उससे पेशकश[1] मांगी। उसने कहा कि, "मैं सुल्तान फ़ीरोज़ का व्यापारी हूं। सुल्तान फ़ीरोज़ करनाल के क़िले का अवरोध किये हुये है। मैं वहां अनाज ले जा रहा हूं।" अमीन शह ने कहा कि, "तू जो कोई भी हो, मुझे इसकी चिन्ता नहीं। दस्तूरी[2] दे दे और चला जा।" उसने कहा कि, "यदि तू दस्तूरी न ले तो जब मैं बादशाह के पास जाऊंगा तो मन्दू की इस विलायत को तेरे नाम लिखवा कर भिजवा दूंगा तथा घोड़े और ख़िलअत भी प्रेषित कराऊंगा। उत्तम यह है अथवा दस्तूरी?" उसने कहा कि, "तू यदि ऐसा कर दे तो मैं बादशाह का सेवक हो जाऊंगा और जो सेवा मुझसे हो सकेगी मैं संपन्न करूंगा।" उसने व्यापारी को जाने की अनुमति दे दी। जब वह बादशाह की सेवा में पहुंचा तो उसने निवेदन किया कि, अमीन शह नामक एक व्यक्ति मन्दू का ज़मींदार है। समस्त मार्ग उसके अधिकार में हैं। मन्दू का मुल्क बड़ी अव्यवस्थित दशा में है। यदि (१६१) उसे फ़रमान प्रदान कर दिया जाये तो अत्यधिक समृद्धि उत्पन्न हो जायगी।" बादशाह ने ख़िलअत तथा घोड़े उसी व्यापारी के हाथ उसके पास भेज दिये। जब वह वहां पहुँचा और उसने फ़रमान तथा ख़िलअत पहुंचाये तो उसने सुल्तान की अधीनता स्वीकार कर ली और उस दिन से प्यादगी छोड़ कर सवार बन गया। उसने अपने सहायकों को सवार बना दिया और उनकी रक्षा करने लगा। उसने विलायत[3] को सुव्यवस्थित रखा।

## होशंग शाह

उसका पुत्र, जिसका नाम होशंग था, अपने पिता की मृत्यु के उपरान्त उसका उत्तराधिकारी बना और उसने बादशाही के कार्य संपन्न कराने प्रारम्भ कर दिये। उसने मन्दू की समस्त विलायत को आबाद किया और इधर उधर क़िलों का निर्माण कराया तथा सेनायें नियुक्त कीं। महमूद मुग़ीस ख़लजी नामक एक व्यक्ति होशंग के पास आकर उसका सेवक बन गया और उसने उसे परामर्श दिया कि "अपने १८ पुत्रों को अपने जीवन-काल ही में १८ स्थानों पर जागीर प्रदान कर दे ताकि अन्य किसी व्यक्ति का उसमें अधिकार न रहे और वे तेरे समक्ष ही अधिकार प्राप्त कर लें।" होशंग ने ऐसा ही किया। महमूद ने विश्वासघात करना निश्चय कर लिया था और उसके हृदय में बादशाही के विचार उत्पन्न हो रहे थे। उसने सर्वप्रथम उसके पुत्रों को इससे पृथक् करा दिया। तदुपरान्त वह उसका वज़ीर बन गया। उसने अपनी पुत्री का विवाह बादशाह से इस आशय से कर दिया कि बादशाह से संबंध के कारण उसे सम्मान प्राप्त हो जाये और लोग यह समझने लगें कि एक तो वह वज़ीर था और अब बादशाह उसका जामाता हो गया।[4] १२ वर्ष तक वह इसी चिन्ता में रहा और किसी अन्य को उसने इसकी सूचना नहीं दी। वह स्वयं इस विषय में निरन्तर सोचा करता था। उसने अपने घर में एक ऐसा स्थान बना लिया था जहां वह बादशाह के पास से आकर चला जाता था और यह सोचा करता था कि "मैं इस कार्य को इस प्रकार संपन्न करूंगा और जब यह कार्य हो जायेगा तो फिर इस प्रकार कार्य करूंगा।" महमूद के पिता ने सोचा कि, "जब वह बादशाह के पास से आता है तो किसी ओर ध्यान नहीं देता और उसी घर में चला जाता

१ मार्ग का कर।
२ चुंगी।
३ प्रदेश।
४ यह वाक्य स्पष्ट नहीं। किन्तु बाद के विवरण से यही अर्थ निकलता है।

है। पता लगाना चाहिये कि वहां वह क्या करता है।" जब वह घर के भीतर पहुंचा तो उसके पिता ने उसका पीछा किया और कान लगाकर सुना तो पता चला कि वह राज्य प्रात करने के विषय में सोचा करता है। उसके पिता ने उसके पास पहुंच कर उसके सिर को दोनों हाथ से पीट कर कहा कि, "तेरा दिमाग़ ख़राब हो गया है। क्या तू हम लोगों का समूलोच्छेदन कराना चाहता है?" उसने कहा कि, "हे निर्भीक! तू मेरी १२ वर्ष की चिन्ताओं को नष्ट कर रहा है और जो देग मैं पका रहा हूं उसे तोड़ रहा है।" उसका पिता वहां से निकल कर बादशाह के पास पहुंचा और उससे कहा कि, "मेरा पुत्र पागल हो गया है और तुझसे नमकहरामी करने के विषय में सोच रहा है। तुझे सावधान रहना चाहिये।"

(१६२) महमूद ने अपने आपको रुग्ण प्रसिद्ध कर दिया और द्वार पर पर्दा डलवा दिया। दूसरे दिन बादशाह ने अपने दास उसकी सेवा में भेजे। उसने सोचा कि बादशाह दासों के पीछे-पीछे चिकित्सकों को भी भेजेगा और कोई बात छिपी न रहेगी, अतः उसने पर्दे को दृढ़ता पूर्वक बँधवा कर उस स्थान में अँधेरा करा दिया। अपने निकट अँगीठी रख ली। एक जानवर को ज़िबह करके उसका रक्त पी गया। जब चिकित्सक आये तो उन्हें अपने पास बुलाया। जब वे अँधेरे में पहुंचे तो कुछ देख न सके। चिकित्सकों की यह प्रथा है कि जब वे आते हैं तो कुछ ठहर कर नाड़ी देखते हैं। क्योंकि उस स्थान पर अँधेरा था अतः वे वहां रुक गये। वे उसकी नाड़ी देखने वाले ही थे कि वह उठ खड़ा हुआ और उसने कहा कि, "थाल लाया जाय।" जब थाल लाया गया तो उसने बड़ा कष्ट प्रदर्शित करते हुए वमन किया और कहा कि, "दीपक लाकर देखा जाय कि वमन में क्या वस्तु है।" वह स्वयं सिर को लपेट कर बड़ी पीड़ाग्रस्त दशा में लेट गया। जब दीपक जल गया और चिकित्सकों के समक्ष थाल रखा गया तो उन्होंने देखा कि वह रक्त से भरा हुआ है। चिकित्सकों ने नाड़ी न देखी और बादशाह की सेवा में जाकर कह दिया कि, "उसकी बड़ी ही शोचनीय दशा है और वह थोड़े समय में मर जायेगा।" सुल्तान ने उसकी पुत्री को सूचना दे दी कि वह अपने पिता के अंतिम दर्शन कर ले। जब वह पुत्री वहां पहुंची तो उसने (महमूद ने) अपनी पुत्री से कहा कि, "होशंग के पुत्र बहुत बड़ी संख्या में हैं, मैंने यह संबंध इस आशय से किया था कि मेरा नाती बादशाह होगा। यदि तू एक कार्य करे तो अच्छा है।" उसने पूछा कि, "क्या?" उसने उत्तर दिया कि, "होशंग को विष दे दे", और विष उसे देकर उसने लौटा दिया। उसने वहां पहुंच कर जो कार्य उसे करना था कर दिया।

जिस रात्रि में सुल्तान होशंग की मृत्यु हुई महमूद उठ खड़ा हुआ और अपने नाती को अपनी गोद में लेकर सिंहासन पर आरूढ़ हो गया। जो लोग उसके सहायक थे वे उसके साथ थे। उसने अस्त्र-शस्त्र तथा चत्र धारण करके अमीरों को सूचना दी और ख़िलअतें मँगवा कर अमीरों को बुलवाया। जो कोई ख़िलअत स्वीकार कर लेता था उसे वह दूसरे द्वार से लौटा देता था और जो कोई विद्रोह करता उसकी वह वहीं हत्या करा देता था। उसने एक गुप्त स्थान बना लिया था जहां वह अपने विरोधियों की हत्या करा देता था। कुछ समय उपरान्त उसने अपने नाती की भी हत्या कर दी और स्वयं बादशाह हो गया।

## सुल्तान महमूद

जब वह वज़ीरी की श्रेणी से बादशाही की श्रेणी पर पहुंच गया तो उसने अपने ज्येष्ठ पुत्र सुल्तान ग़यासुद्दीन को अपना वज़ीर नियुक्त कर दिया और वह उसे अपना बड़ा भाई कहता था। वह (सुल्तान महमूद) बड़ा प्रतापी बादशाह था। पौरुष तथा बुद्धिमत्ता के कार्य उसके द्वारा सम्पन्न होते रहते थे।

(१६३) एक दिन सुल्तान ग़यासुद्दीन ने वाजिबुल अर्ज़[1] लिखा कि, "सिपाहियों की जागीर की आय बहुत बढ़ गई है। जिस किसी की जागीर दो लाख की थी उसकी आय दुगुनी तथा तिगुनी हो गई है। यदि सुल्तान का आदेश हो तो इनकी वास्तविक जागीर इनके पास रहने दी जाय और जो वृद्धि हुई है उससे अन्य सेना की व्यवस्था की जाय ताकि वे लोग भी शांति से रहें और सेना में भी वृद्धि हो।" सुल्तान ने पूछा कि, "यह विचार तेरे हृदय में उत्पन्न हुये हैं अथवा किसी ने तुझसे कहा है?" सुल्तान ग़यासुद्दीन ने कहा कि, "हे बादशाह! चाहे यह बात मेरे हृदय में आई हो अथवा किसी अन्य ने कही हो, मैंने जो कुछ राज्य के हित में था कह दिया।" महमूद ने कहा कि, "यह बड़ा विचित्र 'हित' है! मैंने तुझे विज़ारत का पद प्रदान किया। इसका कारण यह था कि मैं विज़ारत के पद से बादशाही को पहुंच गया। मैं समझता हूं कि वज़ीर से बढ़कर बादशाह का कोई शत्रु नहीं होता, अतः अपने पुत्र को ही वज़ीर करना उचित है। कारण कि वह शत्रु हो अथवा मित्र, घर से बादशाही न जायगी। मैं समझता था कि मेरे बाद मेरे घर में तू बादशाह होगा। क्योंकि मैं तेरे हृदय में ऐसे विचार देख रहा हूं अतः ऐसा ज्ञात होता है कि मैंने अपनी आंखों से देख लिया कि यह घर नष्ट हो जायगा। यदि किसी अन्य ने तुझे परामर्श दिया है तो वह मेरे वंश का शत्रु है उसे अपने पास से भगा दे।" ग़यासुद्दीन ने कहा कि, "हे बादशाह! मुझे इस बात में कोई आपत्ति दृष्टिगत नहीं होती। इसमें जो रहस्य हो उससे कृपया मुझे अवगत करा दें ताकि मैं इससे शिक्षा ग्रहण कर सकूं।" सुल्तान ने कहा कि, "जिस किसी से उसे जो अधिक आय होती है वह यदि ले ली जायेगी तो वह हतोत्साहित हो जायगा और मेरी बात पर विश्वास न करेगा और उसको मेरी कृपणता समझेगा। मुझे ईश्वर की छाया कहा जाता है। क्योंकि ईश्वर के आदेश में कोई परिवर्तन नहीं होता अतः हमारे आदेश में भी कोई परिवर्तन न होना चाहिये। हम साल में दो-तीन बार चित्तौड़ पर आक्रमण करते हैं और एक दिन में ७० कोस तक पहुंच जाते हैं। सिपाही लोग मेरे साथ होते हैं। प्रत्येक के साथ दो-तीन घोड़े होते हैं। अभियान के समय न तो कोई मुझसे पृथक् होता है और न थकता है। वे अपने सामान को सुव्यवस्थित रखते हैं। यदि उनके पास ऐसी जागीरें न हों तो वे फिर हमारा साथ न दे सकेंगे। बिना सेना के बादशाह क्या कर सकता है?" उसने अपने पुत्र को चेतावनी देकर कहा कि यह कुत्सित विचार अपने हृदय से निकाल दे।

## देहली पर आक्रमण

एक बार सुल्तान महमूद ने देहली पर चढ़ाई की। गुजरात के बादशाह ने सोचा कि, "देहली का बादशाह शक्तिहीन हो गया है। महमूद बड़ा शक्तिशाली बादशाह है। वह निःसंदेह देहली के राज्य-सिंहासन पर अधिकार जमा लेगा। वहां बैठकर वह अन्य राज्यों को अपने अधिकार में करेगा और सर्वप्रथम गुजरात पर आक्रमण करेगा। हमें इसकी व्यवस्था करनी चाहिये। जब तक वह देहली के राज्य
(१६४) सिंहासन पर अधिकार न कर पाये उस समय तक हम मन्दू की विलायत पर आक्रमण कर दें। वह वहां से लौट आयेगा।" उसने ऐसा ही किया। महमूद को सूचना मिली कि गुजराती, मन्दू के राज्य पर आक्रमण करना चाहता है। वह संधि करके लौट आया। यह वृत्तान्त सुल्तान बहलोल के इतिहास में दिया जा चुका है।

१ प्रार्थना-पत्र।

## गुजरात पर आक्रमण

सुल्तान महमूद के राज्यकाल में उसने उस ओर जिसे "ओझड़ी ख्वार" कहते थे चढ़ाई की थी। वहां से वह गुजरात पहुंचा। उस समय गुजरात के बादशाह की मृत्यु हो चुकी थी। उसका पुत्र अल्पावस्था में था। उसे बादशाह बनाया गया। महमूद ने जब गुजरात पर आक्रमण किया तो वहां के वज़ीरों ने यह सोचा कि, "हम पर एक विपत्ति आ चुकी है। हम लोग उसका मुक़ाबला नहीं कर सकते।" जो कुछ सामग्री तथा खज़ाना तैयार था, उसे उन्होंने खेमों में छोड़ दिया। सेना को दो भागों में विभाजित किया और दो दिशाओं में घात लगा कर बैठ गये। महमूद ने सुना कि गुजरात की सेना भाग गई और अपनी संपत्ति तथा शिविर छोड़ गई है। उसने उनका पीछा किया। जब वह उनके शिविरों के समीप पहुंचा तो सेना लूट मार में व्यस्त हो गई। कुछ लोगों ने अस्त्र-शस्त्र उतार कर सामान घोड़ों पर लाद दिये। इसी बीच में दोनों दिशाओं से सेना ने आक्रमण कर दिया। उनकी व्यवस्था छिन्न-भिन्न हो गई, वे युद्ध न कर सके और जो कोई जहां था वहां से भाग खड़ा हुआ। सुल्तान महमूद भी भाग खड़ा हुआ। मार्ग में महावत ने सुल्तान से पूछा कि, "आप कुछ कर सकते हैं? यदि बादशाह हमारे सिर पर हो तो जो सेना हमारा पीछा कर रही है उसे हम पीछे हटा दें।" सुल्तान ने कहा कि, "ऐसा ही करो ताकि मुझे कुछ अवकाश मिल जाय।" महावत ने हाथी को दूसरी ओर किया और सुल्तान महमूद को कुछ अश्वारोहियों सहित शक्ति प्रदान की। जो सवार एक-एक कर भागे हुए आ रहे थे उन्होंने चिल्लाना प्रारम्भ कर दिया कि, "सुल्तान महमूद आ गया है।" उन लोगों ने लगाम खींच ली। सुल्तान एक ऐसे स्थान पर जहां के दोनों किनारे असमतल थे खड़ा हो गया। नक़्क़ारा बजाने वाले को नक़्क़ारा बजाने का आदेश दिया। जो लोग भागे जा रहे थे, वे नक़्क़ारे की आवाज़ सुनकर तथा शिविर देखकर चारों ओर से लौट आये और सुल्तान के समक्ष पहुंच कर एकत्र हो गये। गुजरातियों ने भी दूर से शिविर देखा और नक़्क़ारा सुना। महमूद का शिविर देखकर उन्होंने यह निश्चय किया कि हम लोग भी शिविर (१६५) लगा लें। नदी को बीच में करके वे भी उतर पड़े। दूसरे दिन उन्होंने पत्र भेजा कि, "हमारे बादशाह की मृत्यु हो गई है। हमें अपने राज्य की व्यवस्था करनी है। आप भी मुसलमान हैं। यही नदी हमारे और आपके राज्य के मध्य में सीमा बन जाय।" महमूद संधि करके लौट आया।

जब वह वहां से लौट आया तो वह हर बार यही कहा करता था कि, "मैं एक बालक के समक्ष से भाग खड़ा हुआ। जब तक मैं गुजरात पर आक्रमण न कर लूंगा, यह चिन्ता मेरे हृदय से न जायगी।" एक वर्ष उपरान्त उसने पुनः आक्रमण किया किन्तु इसी बीच में उसकी मृत्यु हो गई। वज़ीरों ने उसकी मृत्यु को गुप्त रखा और यह प्रसिद्ध कर दिया कि वह रुग्ण है। वे उसे तख़्ते रवां[1] पर लिटा कर उसके मुख को खुला रखते थे और उसके हाथ में एक रस्सी बांध दी थी। वह रस्सी एक विश्वासपात्र के हाथ में रहती थी। जो कोई सिंहासन के समीप पहुंच कर अभिवादन करता था तो वह व्यक्ति धागा खींच लेता था। हाथ कुछ उठ जाता, नक़ीब लोग यह नारा लगाते कि, "तेरा अभिवादन स्वीकार हो गया।" उन्होंने उसके पेट को ख़ाली कर दिया था और शरीर में ऐसी औषधि मल दी थी जिससे लाश को कोई हानि न पहुंच सके। जब वे मन्दू पहुंचे तो उन्होंने उसकी मृत्यु को प्रकट किया।

१ एक प्रकार की पालकी।

## सुल्तान ग़यासुद्दीन

सुल्तान ग़यासुद्दीन उसके स्थान पर सिंहासनारूढ़ हुआ। इसका उल्लेख इससे पूर्व हो चुका है, किन्तु मैं थोड़ा-सा भूल गया था। वह इस प्रकार है कि एक दिन वह अपने पीर[1] को अन्तःपुर में ले गया। समस्त स्त्रियां अभिवादन हेतु उपस्थित हुईं। पीर ने पूछा कि, "इनके अधिकारों में तुम किस प्रकार संतुलन रखते हो?" सुल्तान ग़यासुद्दीन ने कहा कि, "इन्हें आज बिदा कर दिया जाय।" दूसरे दिन जिस किसी से भी पूछा गया उसने उत्तर दिया कि, "मैं आज रात्रि में सुल्तान की सेवा में थी।" यह कहानी प्रसिद्ध है कि जो कोई भी स्त्री गर्भवती होती और वह पुत्र की इच्छा रखती तो उसे दायें पांव के अँगूठे को धो कर पिला दिया जाता था और यदि पुत्री की इच्छा होती तो बायें पांव के अँगूठे को धो कर पिला दिया जाता था और उसकी इच्छा पूरी हो जाती थी।

१ गुरु।

# ज़फ़रुल वालेह बे मुज़फ़्फ़र व आलेह

लेखक—अब्दुल्लाह मुहम्मद बिन उमर अल मक्की अल आसफ़ी, उलुग़ख़ानी, अलहाजुद्दबीर

(प्रकाशन—लन्दन १९१० ई०)

(१९७) इतिहासकारों के अनुसार मन्दू का पहला सुल्तान महमूद बिन मलिकुश्शर्क़ ख़ाने जहां मुग़ीस है। उसके उपरान्त उसका पुत्र ग़यासुद्दीन बिन महमूद है। उसके पश्चात् नासिरुद्दीन बिन ग़यासुद्दीन, उसके बाद अलाउद्दीन महमूद बिन नासिरुद्दीन।

## ख़लजी कौन थे

कहा जाता है कि तुर्कों के एक नगर का नाम 'ख़लज' है, और यह भी बताया जाता है कि उसका मूल रूप 'क़ालज' है और अधिक प्रयोग में आते-आते खलज हो गया। क़ालज अफ़रासियाब[1] के एक पुत्र का भी नाम था। उसने चंगेज़ ख़ां मुग़ुल की पुत्री से विवाह किया था और फिर उससे पृथक् होने के पश्चात् ३०,००० अश्वारोहियों सहित काबुल में निवास करने लगा था। चंगेज़ ख़ां की मृत्यु के उपरान्त उसने समरक़न्द पर अधिकार जमा लिया। वहां उसके तीन पुत्रों का जन्म हुआ। सब से छोटा तूलक खां था। यह वही है जिसने क़ुन्दुज़ में निवास ग्रहण किया और इस्लाम स्वीकार किया। उसके दो पुत्र थे। नसीरुद्दीन तथा फ़ीरोज़। वे दोनों उसकी मृत्यु के उपरान्त क़ुन्दुज़ से देहली चले आये। उस समय सुल्तान ग़यासुद्दीन बल्बन राज्य करता था। कैक़ुबाद के राज्यकाल में फ़ीरोज़, लोहूर[2] का अमीर था। कैकाऊस के राज्यकाल में फ़ीरोज़ ने राज्य पर अधिकार प्राप्त कर लिया और अपने भाई नसीरुद्दीन को अमरोहा का राज्य प्रदान कर दिया। नसीरुद्दीन के एक पुत्र पैदा हुआ जिसका नाम अली शेर बिन नसीरुद्दीन था। अली शेर के यहां मुग़ीस बिन अली शेर पैदा हुआ और मुग़ीस के यहां महमूद बिन मुग़ीस पैदा हुआ। जब होशंग वाली[3] हुआ तो महमूद उसका वज़ीर हुआ। होशंग के पुत्र सैफ़ुद्दीन के समय में भी महमूद पूर्व की भांति वज़ीर रहा। जब महमूद की मृत्यु हो गई तो सैफ़ुद्दीन ने राज्य पर अधिकार जमा लिया। सैफ़ुद्दीन के इतिहास में इसके कारण की ओर संकेत किया गया है।

## शादियाबाद में सोमवार २५ शव्वाल ८३९ हि० (१२ मई १४३६ ई०) को महमूद का सिंहासनारोहण

८४१ हि० (१४३७-३८ ई०) में महमूद तथा गुजरात के हाकिम अहमद बिन मुहम्मद बिन

१ प्राचीन ईरान का एक पौराणिक बादशाह।
२ लाहौर।
३ प्रान्त का हाकिम।

मुज़फ़्फ़र के मध्य में वह घटना घटी जिसका उसके इतिहास में इससे पूर्व उल्लेख हो चुका है। उसने चन्देरी पर आक्रमण किया। वहां शिहाबुद्दीन उपस्थित था। कालपी का हाकिम इस्माईल ख़ां भी उसी समय चन्देरी पहुंच गया। वह गुजरात हज के विचार से जा रहा था। वह संधि का कारण बन गया (१९८) और वहां से शिहाबुद्दीन उसके पास चला गया।

## खंडवा पर आक्रमण

८४४ हि० (१४४०–४१ ई०) में महमूद ने खंडवा की ओर युद्ध के विचार से प्रस्थान किया। खंडवा, राय हरदास की राजधानी थी जहां उसने दृढ़ अधिकार स्थापित कर लिया था। राय को जब यह समाचार प्राप्त हुये तो उसने अपनी राजधानी छोड़ दी। महमूद ने वहां अत्यधिक लूटमार की। वहां से उसने लहरनी की ओर प्रस्थान किया और उस स्थान को लूटने की अनुमति दे दी। वहां से वह खरला की ओर चल दिया। यह राजा बर सिंह देव के प्रभाव का स्थायी स्थान तथा उसकी राजधानी था। वह उस स्थान को छोड़कर इसके पास चला आया और उसने आज्ञाकारिता स्वीकार कर ली। इस प्रकार उसका राज्य तथा उसके प्राण दोनों ही सुरक्षित रह गये। यदि राय हरदास भी इसी प्रकार आचरण करता तो न उसका राज्य नष्ट होता और न वह शान्ति के आनन्द से वंचित होता जो सुरक्षित रहने के उपरान्त ही प्राप्त होता है।

## सरकिजा की ओर प्रस्थान

फिर महमूद सरकिजा गया। राय बर सिंह देव उसकी सेवा में था। संयोग से मार्गदर्शक मार्ग भूल गया। तीन दिन उपरान्त मार्गदर्शक ने महमूद को उस पर्वत की ओर पहुंचा दिया जिसका नाम साऊ था। उसमें वहशी लोग रहते थे। उनके वे अंग, जिनका खुला रखना सभ्यता की दृष्टि से उचित नहीं, पूर्णतः खुले थे। उनकी वार्ता समझ में न आती थी। वह उन्हें छोड़कर आगे बढ़ा। घाटियों तथा पहाड़ियों में घूमता हुआ वह एक ऐसे स्थान पर पहुंचा जिसे 'कोहपाया' कहा जाता था। वह वहां से उस पर्वत पर पहुंचा जिसे 'हिन्दू कर' कहा जाता था। इन स्थानों के निवासी साऊ के निवासियों के समान वहशी थे और बड़ी निम्न श्रेणी के थे। शरीर के छिपाये जाने वाले अंगों को वे एक ऐसे कपड़े से छिपाते थे जिसका एक किनारा एक डोरी में बंधा होता था जो नाभि के नीचे के भाग से बंधी होती थी और वह कपड़ा इतना चौड़ा होता था कि नितंब के मध्य भाग को छिपा लेता था और उसका दूसरा किनारा कमर की डोरी से जोड़ दिया जाता था। पुरुष तथा स्त्री सभी यही धारण करते थे।

ख़लजी उनमें से जब किसी भाग में विराजमान होता था तो उन्हें वस्त्र पहनाता था तथा भोजन कराता था और उन्हें सोना-चांदी देता था। वे सब इन वस्तुओं से पृथक् थे[1]। फलतः वे सब ख़लजी के मित्र हो गये और वे लोग उन हाथियों द्वारा जो उनके देश में बहुत बड़ी संख्या में पाये जाते थे उसके विश्वास-पात्र हो गये। जब उन लोगों ने यह देखा कि ख़लजी हाथियों को पाकर प्रसन्न होता है तो उन्होंने यह निश्चय कर लिया कि जब कभी भी वे ऐसा हाथी पकड़ेंगे जो ख़लजी की गजशाला के योग्य होगा तो वे उसे उसके पास अवश्य पहुंचा देंगे।

सरकिजा राय भोज के अधीन था। जब उसने अपनी प्रजा को रेशमी तथा ज़रदोज़ी के वस्त्र धारण किये हुये देखा तो उसने भी ख़लजी से अपनी आशायें सम्बद्ध कर लीं। वह उससे मिला और

१ 'उन्हें ये वस्तुयें उपलब्ध न थीं'।

उसे ऐसे हाथी भेंट किये जिसे उसने बड़ा पसन्द किया खलजी ने राजा भोज से हाथी ले लिये और उसे (१९९) सोना तथा वस्त्र प्रदान किये जिन्हें कभी राजा भोज की आंखों ने न देखा था। राजा भोज ने यह निश्चय कर लिया कि वह कभी हाथियों के विषय में अपनी इच्छा को खलजी की इच्छा पर सर्वोपरि न समझेगा। भोज के राय की राजधानी सरकिजा तथा शादियाबाद के मध्य में २०० कोस की दूरी है।

## राणा कुम्भा का आज्ञाकारिता स्वीकार करना

क्योंकि राजा भोज खलजी का विश्वासपात्र था अतः राजा भोज ने उससे इस बात की शिकायत कर दी कि रायपुर का राजा राणा कुम्भा उससे युद्ध करता रहता है। इसी कारण खलजी ने राणा कुम्भा को दंड देना निश्चय किया। राणा को यह सूचना मिल गई। उसने अपना एक दूत आश्चर्यजनक हाथियों सहित भेजा और खलजी की आज्ञाकारिता स्वीकार कर ली और राय भोज के राज में आक्रमण करना त्याग दिया। खलजी उस समय सरकिजा में था।

## देहली तक आक्रमण

फिर वह वहां से दौली चला गया। दौली होशंग के अधिकार में था जिस पर राय कुम्भा ने अधिकार जमा लिया था। महमूद ने उस पर अधिकार जमा लिया और उसे मन्दू के अधीन कर लिया। वहां से खलजी देहली की ओर गया और वहां विराजमान हुआ। इसका उल्लेख इस इतिहास के दूसरे भाग में मुहम्मद बिन खिज्र खां के इतिहास में किया जायगा।

## चित्तौड़ पर आक्रमण

८४६ हि० (१४४२–४३ ई०) में उसने रायपुर का क़िला विजय किया। तदुपरान्त उसने चित्तौड़ पर चढ़ाई की और क़िले के समीप के समस्त स्थानों पर अधिकार जमा लिया। इसी समय उसे सूचना मिली कि राणा कुम्भा मन्दू के आस पास के स्थानों पर आक्रमण कर रहा है। फिर वह उस ओर पलट पड़ा। मार्ग में ही उसे यह समाचार प्राप्त हुये कि राजा, खलजी के उन सरदारों द्वारा जो वहां थे, पराजित हो चुका है अतः वह बांगरा की ओर अग्रसर हुआ। वह स्थान राय के अधीन था। वह वहां पहुंचा और उसने उसे नष्ट-भ्रष्ट कर दिया। जिस समय वह वहां था उसे अपने पिता मलिकुश्शर्क़ खाने जहां मुग़ीस की मत्यु के समाचार प्राप्त हुये। मलिकुश्शर्क़ उस समय दसूर में उसकी विजय के उद्देश्य से पड़ाव डाले हुये था। यह समाचार पाकर खलजी दसूर की ओर रवाना हो गया। वहां पहुंचने के उपरान्त उसने अपने पिता का जनाज़ा शादियाबाद भेज दिया और दसूर का अवरोध ताज खां के सिपुर्द कर दिया और स्वयं चित्तौड़ वापस चला गया। . . . .

## करकून की विजय

२६ रजब ८४७ हि० (१९ नवम्बर १४४३ ई०) को वह करकून पहुंच गया। यह स्थान होशंग के राज्य में सम्मिलित था और राय फालन ने उसका अपहरण कर लिया था। उसने क़िले को घेर लिया और उसे अपनी शक्ति से विजय कर लिया। वहां के निवासियों में से वे, जो वहां उपस्थित थे, तलवार के घाट उतार दिये गये। जिन लोगों की हत्या हुई उनमें से राय का वकील देहरा भी था। राय अपने प्राण बचाकर वहां से निकल गया किन्तु उसकी स्त्रियां अग्नि में जल कर नष्ट हो गईं। खलजी ने कोट का पुनः निर्माण कराया और उसका नाम मुस्तफ़ाबाद रखा। यह क़िला उस क्षेत्र में अत्यन्त दृढ़ता, बलन्दी

तथा शान के लिए प्रसिद्ध था। इस क़िले को विजय करने के उपरान्त वह जिस क़िले पर भी पहुंचता था उसे वहां के निवासियों से ख़ाली पाता था, कारण कि करकून के निवासियों को उसने जिस प्रकार नष्ट-भ्रष्ट कराया था उससे भयभीत होकर वे पलायन कर जाते थे। अल्प समय में क़िला और नगर के बीच (२००) के २४ स्थानों पर उसने अधिकार जमा लिया।[1]

## ख़ाने जहाँ की सहायतार्थ कालपी की ओर प्रस्थान

इसी वर्ष में जौनपुर के हाकिम महमूद बिन इबराहीम का पत्र प्राप्त हुआ जिसमें उसने उससे कालपी पर अधिकार जमाने की अनुमति चाही थी, कारण कि वहां का हाकिम ख़ाने जहां शरा[2] के क्षेत्र से बाहर निकल चुका था। जो बातें वह शरीअत के विरुद्ध करता था उनमें से एक यह भी थी कि वह मुशरिक[3] स्त्रियों से विवाह करता था। खलजी ने उसकी यह बात स्वीकार कर ली और महमूद बिन इबराहीम ने अपनी शक्ति से कालपी पर अधिकार जमा लिया। ख़ाने जहां चन्देरी पहुंचा। चन्देरी मन्दू के अधीन है। वहां पहुंच कर उसने जौनपुर के हाकिम के अत्याचार की शिकायत की और इस संवन्ध में उसने उन सेवाओं का स्मरण दिलाया जो वह होशंग के राज्यकाल में सम्पन्न कर चुका था। खलजी ने उन सेवाओं का स्मरण किया और उन सेवाओं के कारण वह इस बात पर तैयार हो गया कि इस संबन्ध में जो कुछ उसका आचरण रहा है उसमें वह संशोधन करे; अतः वह चन्देरी पहुंचा। महमूद जौनपुरी ने भी चन्देरी की ओर प्रस्थान किया और इस विषय पर उसने खलजो से बातचीत की। परामर्श के उपरान्त दोनों ने यह निश्चय किया कि ख़ाने जहां से तोबा[4] कराई जाय। तदनुसार ख़ाने जहां ने तोबा कर ली। फिर ख़ाने जहां कालपी वापस गया और महमूद जौनपुर चला गया।

इसी वर्ष में शादियाबाद में दारुश्शफ़ा का निर्माण कराया गया। यह भवन उसके (सुल्तान के) उत्कृष्ट स्मृति-चिह्नों में है। इसके लिए उसने बहुत सी ज़मीनें वक़्फ़ कर दीं और वहां हकीम फ़ज़्लुल्लाह को नियुक्त कर दिया। हकीम फ़ज़्लुल्लाह अपने समय के बहुत बड़े गुणवान् व्यक्तियों में से थे। उनके हाथ को ईश्वर का आशीर्वाद प्राप्त था और उनका मुख बड़ा भाग्यवान् था।

## ब्याना पर आक्रमण

८५१ हि० (१४४७–४८ ई०) में वह ब्याना जा पहुंचा। ब्याना मुहम्मद ख़ां के अधीन था। दोनों में इस बात पर संधि हो गई कि मुहम्मद ख़ां उसकी अधीनता स्वीकार कर ले और उसके नाम का ख़ुत्बा पढ़वाये।

## गुजरात के सुल्तान से संधि

८५४ हि० (१४५०–५१ ई०) में खलजी गुजरात के अधीन बारा सीनूल नामक स्थान पर पहुंचा। चम्पानीर के हाकिम राय गंगदास[5] ने उससे क़ुतुबुद्दीन बिन मुहम्मद शाह के विरुद्ध सहायता

१ मूल ग्रन्थ में यह वाक्य स्पष्ट नहीं है।
२ इस्लाम के नियम।
३ एक ईश्वर के अतिरिक्त कई ईश्वरों की सत्ता पर विश्वास रखना।
४ घृणित अथवा निंद्य कर्म पुनः न करने की दृढ़ प्रतिज्ञा।
५ इसे 'गुँग दास' भी पढ़ा जा सकता है।

की याचना की थी। ८५५ हि० (१४५१–५२ ई०) में खलजी तथा क़ुतुबुद्दीन अली में इस बात पर संधि हो गई कि वे ईश्वर के शत्रुओं के विरुद्ध युद्ध में एक दूसरे का साथ देंगे। इस बात से इस्लाम को बड़ी शक्ति प्राप्त हो गई। उसके राज्यकाल के इतिहास में इस घटना का उल्लेख किया जा चुका है। ऐसी संधि की क्या प्रशंसा की जा सकती है जो उचित युद्ध के संबन्ध में की जाय।

## हारूनी इत्यादि पर आक्रमण

८५८ हि० (१४५४ ई०) में वह हारूनी, कतवास, देव सतीर तथा मेहतूनी के नगरों में युद्ध के लिए पहुंचा। उसका पुत्र ग़यासुद्दीन देहरवारा तथा उससे संबन्धित स्थानों पर युद्ध करने के लिए गया। क्योंकि प्रत्येक स्थान के हाकिम अपने-अपने स्थान की रक्षा में व्यस्त थे, अतः वे किसी अन्य को सहायता न पहुंचा सके, फलतः उस ओर के स्थानों में लूट मार प्रारम्भ हो गई और ग़ाज़ियों[1] के पास लूट की धन-संपत्ति इतनी अधिक संख्या में एकत्र हो गई कि वे सब धन-धान्य-संपन्न हो गये।

## रणथम्भोर के आसपास के स्थानों तथा अजमेर की विजय

तदुपरान्त महमूद ने रणथम्भोर की ओर प्रस्थान किया और क़िले के अतिरिक्त उसने समस्त (२०१) स्थानों पर अधिकार जमा लिया। फिर वह अजमेर की ओर मुड़ गया और उसे अपने अधिकार में कर लिया। अजमेर का राज्य उसने अपने पुत्र आज़म हुमायूं को प्रदान कर दिया और उसे अपने स्थान पर नियुक्त कर दिया। उसके राज्य में रणथम्भोर की विलायत एवं उससे संबन्धित स्थानों को मिला दिया और अपनी राजधानी को लौट आया।

## दक्षिण की ओर प्रस्थान

इसी वर्ष में महमूद दकिन की विलायत के मुनवर नामक स्थान पर जा पहुंचा। वह वहां जलाल खां, सिकन्दर खां, मुग़ुल सरदारों तथा राय सतूदास[2] की प्रार्थना पर गया था। ये लोग एक स्थान पर एकत्र हुए और दकिन को विजय करने का उन्होंने निश्चय कर लिया। तदुपरान्त उन्होंने अपनी स्त्रियों के लिए एक सुरक्षित स्थान के प्रश्न पर ग़ौर किया। सैफ़ुलमुल्क ने उनकी स्त्रियों की रक्षा का आदेश दिया और उन्हें होशंगाबाद पहुंचा दिया। इस घटना का उल्लेख गुजरात के सुल्तान महमूद के हाल में किया जा चुका है।

## बकलाना के राय को सहायता

इसी वर्ष में आसीर का हाकिम मुबारक खां बकलाना के हाकिम राय मानू[3] के राज्य में प्रविष्ट हो गया। राय ने ख़लजी के पास संदेश भेजा और उससे आसीर के हाकिम के विरुद्ध सहायता मांगी। ख़लजी ने अपनी ओर से सैफ़ुलमुल्क तथा इक़बाल खां को भेजा। इसी बीच में राजा भानू के हृदय में यह बात आई कि वह स्वयं ख़लजी से भेंट करे और वह इस उद्देश्य से चल खड़ा हुआ। मुबारक खां को

१ इस्लाम के लिये युद्ध करने वालों।
२ 'सिवदास' अथवा 'शिवदास' हो सकता है।
३ सम्भवतः 'राय भानु'।

इसकी सूचना मिल गई। वह मार्ग में एक दृढ़ स्थान के ऊपर था। वहां से वह हटा नहीं। राजा ने खलजी के पास यह संदेश भेजा कि "आप मुझे उसके (मुबारक खां के) पंजे से मुक्ति दिलायें" और वह स्वयं अपने स्थान पर जमा बैठा रहा। यहां तक कि खलजी ने उसकी सहायतार्थ अपने पुत्र ग़यासुद्दीन को भेज दिया। जब वह ताप्ती नदी पर पहुंचा तो मुबारक खां आसीर लौट गया। ग़यासुद्दीन उन स्थानों पर जो आसीर की विलायत से मिले हुए थे उस ढालू पहाड़ी तक जो अन्तूर के नाम से प्रसिद्ध है आक्रमण करता रहा। यह स्थान दकिन के राज्य के क्षेत्र में है और उस पर एक दृढ़ क़िला है जो देवगीर (देवगिरि) से एक दिन की दूरी पर स्थित है। देवगीर (देवगिरि) दौलताबाद के नाम से प्रसिद्ध है।

फिर उसने अपने किसी सरदार को सुनकीर के राय के स्वागतार्थ भेजा। सुनकीर उस समय और अब भी बुरहानपुर के अधीन है। वह इस प्रकार जीतापुर में था जो उसके राज्य का क्षेत्र नहीं है और उस सवार के लिए, जो सुनकीर से चले, एक दिन की दूरी पर है। जब राय तथा ग़यासुद्दीन मिले तो ग़यासुद्दीन ने अपने पिता के विषय में यह बताया कि, "वह चित्तौड़ में है और उस क्षेत्र में उसने एक ऐसे ग्राम का निर्माण कराया है जिसकी चहारदीवारी भी बनवा दी गई है। उसका नाम उसने खलजीपुर रक्खा है। वहां से मुझे उसने यह लिखा है कि मैं आपको आसीर के हाकिम के हाथ में न फँसने दूं। आप उसके हाथों से मुक्त हो गये हैं। चित्तौड़ आपसे बहुत दूर है अतः आप अपने शरण के स्थान को लौट जायं।" तदनुसार राय वापस चला गया। ग़यासुद्दीन भी अपनी राजधानी को लौट गया। ये दोनों थालनीर में (२०२) मिले थे किन्तु महमूद ख़लजीपुर में रहा, यहां तक कि राणा कुम्भा ने उसकी आज्ञाकारिता स्वीकार कर ली।

## जानागढ़ की विजय

८५९ हि० (१४५४–५५ ई०) में ग़यासुद्दीन बिन महमूद ख़लजी ने जानागढ़ को विजय कर लिया। यह राणा कुम्भा का सबसे अधिक दृढ़ क़िला था और इसी कारण वह विपत्ति काल में वहां जाकर निवास किया करता था। उसकी समस्त धन-संपत्ति सर्वदा वहीं रहती थी। महमूद उस समय दसूर में था। विजय इस प्रकार हुई कि जब वह उस क़िले पर पहुंचा तो क़िले की सेना उससे युद्ध करने के लिए बाहर निकली और घोर युद्ध होने लगा। उनमें से कोई भी अपने केन्द्रीय स्थान से पृथक् नहीं हो रहा था। जब पूर्ण रूप से रात्रि का अंधकार व्यापक हो गया, और वायुमण्डल जो पूर्व ही से घोड़ों के खुरों की उड़ाई हुई धूल के कारण अंधकारमय बना था, तो इन दोनों अंधकारों ने काले हृदय वाले अत्याचारियों की आंखों को भली भांति बन्द कर दिया। कठोर युद्ध की अधिकता से वे अत्याचारी पीठ फेर कर भाग खड़े हुए और क़िले की ओर जाने लगे किन्तु उसका मार्ग नहीं मिल रहा था। जब किसी न किसी प्रकार उन्हें द्वार मिला तो वे उसमें एक साथ घुसने लगे। सरदार तथा सेवक सभी की स्थिति इस विषय में एक समान थी। अचानक उनके पीछे सैफ़ुल्लह भी पहुंच गया। वह न उन पर दया करता था और न किसी को जीवित छोड़ रहा था। मुसलमानों ने तत्काल क़िले पर अधिकार जमा लिया। शत्रुओं की स्त्रियों ने प्रथानुसार जौहर की अग्नि को प्रज्वलित करवाया और वे सब उसमें कूद पड़ीं। पुरुषों में केवल वही लोग बच गये जो बड़े ही वृद्ध थे। यह बहुत बड़ी विजय थी।

## सजन्द की विजय

इसी वर्ष इक़बाल खां खलजी ने सजन्द नामक क़िला विजय कर लिया। इसी वर्ष में ख़ाने

आज़म ताज खां झैन[1] की ओर युद्ध हेतु रवाना हुआ। सेना में लूट के माल का बाहुल्य हो गया। फिर वहां ग़यासुद्दीन तथा इक़बाल खां एकत्र हुए और सब सुल्तान महमूद की ओर चल दिये जो उस समय दसूर में था।

## तोदाभीम पर आक्रमण

उसने उन सबको लेकर तोदाभीम पर आक्रमण किया। यह ब्यास नदी पर बड़ा ही दृढ़ क़िला है और उसे उन्होंने अपनी शक्ति से विजय कर लिया। इससे जो स्थान समीप हैं उदाहरणार्थ खादूनी मेवाड़ इत्यादि, उनके अधिकांश मनुष्य कुछ न कुछ महत्त्व रखते हैं और वहां इतनी खानें हैं कि जिन्हें कभी आंखों ने नहीं देखा। इसी अधिकता के कारण यह कहा गया है कि क़िले में जो धन-संपत्ति है वह क़ारून[2] की धन-संपत्ति का शेष भाग है।

## अजमेर की ओर प्रस्थान

जब वह इस क़िले में था तो अजमेर के बहुत से सरदार उसके पास आये और उससे शरीअत[3] की सहायता के लिए निवेदन किया कारण कि वह बड़ी ही शक्तिहीन हो गई थी और उसे झुका दिया गया था। उन्होंने इसका विस्तार से उल्लेख किया। इस पर वह अजमेर की ओर चल खड़ा हुआ।

## राय चीता की सहायतार्थ प्रस्थान

मार्ग में उसे बादापुर के क़िले का हाकिम राय चीता मिला। उसने राणा कुम्भा की शिकायत की। उसने (खलजी ने) कहा कि, "मैं इस विषय में कोई शिकायत नहीं सुन सकता जब तक कि तुम मुसलमान न हो जाओ।" वह मुसलमान हो गया। तदुपरान्त उसने (ख़लजी ने) उस पर कृपादृष्टि प्रदर्शित की और उसकी सहायतार्थ ख़लजी राय चीता के साथ बादापुर गया। राणा ने उसे अपने (२०३) अधिकार में कर लिया था। ख़लजी ने उसे उससे वापस ले लिया और राय चीता को दे दिया। तदुपरान्त उसने एक दरबार किया उसमें राय चीता को बुलवाया और उसे ख़िलअत, तलवार, पताका, पेटी, घोड़े, हाथी तथा नक़द धन देकर चीता खां की उपाधि प्रदान की। जो स्थान उसकी सीमा से मिले हुए थे उन्हें उसने उसी के राज्य में मिला दिया। यह घटना ८६० हि० (१४५५–५६ ई०) में घटी।

## अजमेर की विजय

फिर वह वहां से अजमेर की ओर इस आशय से रवाना हुआ कि वह शरीअत की सहायता करे। वहां के राजा राय गजाधर ने उसका मुक़ाबला किया किन्तु तलवार ने निर्णय कर दिया और वह पराजित होकर अजमेर की ओर लौट गया। वह निरन्तर दूसरे तीसरे चौथे दिन युद्ध के लिए बाहर निकलता और युद्ध करके फिर अजमेर की ओर भाग जाता। ५वें दिन वह युद्ध के लिए बाहर निकला किन्तु फिर वापस नहीं गया और मृत्यु को प्राप्त हो गया। ख़लजी ने क़िला विजय कर लिया और ख़्वाजा नेमतुल्लाह को वहां का हाकिम नियुक्त कर दिया। उसने उसे सैफ़ खां की उपाधि प्रदान की।

१ झायन।
२ एक बहुत बड़ा धनी जो मूसा पैग़म्बर के दादा का पुत्र बताया जाता है।
३ इस्लाम के नियमों।

## मन्दलगढ़ की ओर प्रस्थान

वहां से ख़लजी मन्दलगढ़ पहुंचा। मन्दलगढ़ राणा कुम्भा के अधीन है। राणा कुम्भा वहां उपस्थित भी था किन्तु वर्षा ऋतु के प्रारम्भ हो जाने के कारण वह शादियाबाद लौट गया। हिन्दुस्तान में वर्षा ऋतु ४ मास तक रहती है।

## मेवाड़ तथा मंदलगढ़ की विजय

८६१ हि० (१४५६–५७ ई०) में उसने मेवाड़ तथा उसके अधीन एक स्थान को विजय कर लिया। तदुपरान्त उसने मंन्दलगढ़ पर चढ़ाई की और नगर को अपनी शक्ति से विजय कर लिया। इसके पश्चात् उसने क़िले के निवासियों को शरण प्रदान करके संधि कर ली और क़िला अपने अधिकार में कर लिया। यह सब ८६१ हि० (१४५६–५७ ई०) में हुआ।

## परन्दी के क़िले की विजय

८६२ हि० (१४५७–५८ ई०) में आज़म हुमायूं बिन महमूद ख़लजी ने परन्दी का क़िला विजय कर लिया।

## कुम्फरनीर के क़िले पर आक्रमण तथा वहां से वापसी

८६३ हि० (१४५८–५९ ई०) में वह कुम्फरनीर की ओर चल खड़ा हुआ। जब वह पर्वत के आंचल में जो वहां से ७ कोस की दूरी पर है पहुंचा तो उसे अनुभव हुआ कि वहां तक पहुंचना कठिन है, कारण कि वह भाग इतने कठोर पत्थर का था कि उसमें खूंटा तक नहीं गाड़ा जा सकता था। इसके अतिरिक्त वहां पहुंचने का कोई अन्य मार्ग न था। पर्वत की ऊंचाई के कारण क़िला ऐसा ज्ञात होता था कि मानों वह बड़े ही ऊंचे बादल में हो। उसने इन वस्तुओं का अनुभव करके यह कहा कि, "इस क़िले को वही व्यक्ति विजय कर सकता है जिसे समय अपनी दुर्घटनाओं से सुरक्षित रक्खे अथवा मृत्यु उसे दीर्घ काल तक भूल जाय या फिर कोई उसे रोकने वाला न हो।" अतः उसने क़िले की विजय का विचार त्याग दिया और वहां से वापिस चला आया।

मैं भी यही कहता हूं कि जैसा उसने विचार किया था स्थिति वैसी ही थी कारण कि सुल्तानुल-हिन्द जलालुद्दीन अकबर बादशाह ने गुजरात विजय कर लेने के उपरान्त ९८० हि० (१५७२–७३ ई०) में एक बहुत बड़ी सेना उस क़िले पर भेजी थी जो पर्वत की घाटी में कई वर्षों तक ठहरी रही किन्तु विजय संधि द्वारा ही हो सकी। एक बात जरूर है कि वह दृढ़ क़िले तथा शरण के स्थान, जिन्हें मुसलमान बादशाहों ने (ईश्वर उनके प्रयत्नों का उन्हें बदला दे) अपने प्राण और धन-(२०४) संपत्ति तथा आराम त्याग कर विजय किया था, उसने उनके मुशरिक निवासियों को सौंप दिये और उनके द्वारा उन्हें अपनी सेवा में ले लिया।

## दकिन (दक्षिण) पर आक्रमण

८६६ हि० (१४६१–६२ ई०) में उसने दकिन को विजय करने का संकल्प किया और इस उद्देश्य से उसने नर्मदा नदी पर शिविर लगा दिये। उस समय उसके पास सैयिद जलालुद्दीन फ़रियाद लेकर पहुंचा। सैयिद जलालुद्दीन आसीर के हाकिम के पदाधिकारियों में सम्मिलित था। किसी कारण से उसके भाई सैयिद कमालुद्दीन की हत्या कर दी गई थी। सैयिद जलालुद्दीन वहां से भागकर ख़लजी के पास पहुंचा

और अपने भाई के ख़ून का बदला लेने की प्रार्थना की। अब ख़लजी को आसीर पर आक्रमण करने का मार्ग मिल गया और वह वहां पहुंच गया। इस घटना का उल्लेख आदिल ख़ां के इतिहास में लिखा गया है। फिर ख़लजी दकिन की ओर चल खड़ा हुआ किन्तु ऐसा संयोग हुआ कि वह अकारण अपनी राजधानी में लौट गया। गुजरात के हाकिम महमूद के इतिहास में इसका उल्लेख किया गया है।

## ख़लीफ़ा मुस्तन्जिद बिल्लाह का ख़िलअत

८७० हि० (१४६५-६६ ई०) में शरफ़ुलमुल्क हाजिब, ख़लीफ़ा मुस्तन्जिद बिल्लाह यूसुफ़ इब्न मुहम्मद अब्बासी, जोकि मिस्र के ख़लीफ़ा थे, की ओर से खिलाफ़त का ख़िलअत लेकर आया। ख़लजी ने शरफ़ुलमुल्क का बड़े समारोह के साथ स्वागत किया और उसके स्वागतार्थ अपने बहुत से कर्मचारियों को भेजा। उसने ख़िलअत धारण किया और ख़ुत्बे में अपने नाम के साथ ख़लीफ़ा का नाम भी सम्मिलित कर लिया।[1]

## स्वप्न

ख़िलअत पहनने के थोड़े दिन उपरान्त उसने कहा कि, "मैंने स्वप्न में देखा है कि मैं एक बड़ी सेना के साथ सवार होकर कहीं जा रहा हूं और ख़िलअत पहने हुए हूं। मेरे एक ओर शरफ़ुलमुल्क है। उसने मुझसे कहा कि पैदल चलो, तो मैं घोड़े से उतर पड़ा और पैदल चलने लगा। अचानक एक चितकबरा घोड़ा आकाश से मेरे लिए उतरा और मुझसे शरफ़ुलमुल्क ने कहा कि, "इस पर सवार हो जाओ तो मैं उस पर सवार हो गया और फिर ऐसा ज्ञात हुआ कि मानो मैं अचानक देहली द्वार पर पहुंच गया। मैंने उसमें प्रविष्ट होना निश्चय किया। द्वारपाल ने मुझे रोका तो मैंने पलट जाना निश्चय किया। तदुपरान्त एक अरब निवासी प्रकट हुआ जिसने मुझसे यह कहा कि, 'हे बड़े सरदार तुम घुस जाओ।' मैं प्रविष्ट हो गया और मेरे पीछे शरफ़ुलमुल्क आ गया। वहां मुझे एक चबूतरा दृष्टिगत हुआ, जिस पर एक बड़ा सिंहासन रक्खा हुआ था। उस पर अरबों का एक समूह आसीन था जो काली चादरें पहने हुए थे। तदुपरान्त मैंने अपनी ख़िलअत की ओर देखा तो मैंने उसे उन लोगों की चादरों के रंग का पाया। मैं फिर एक अरब की ओर बढ़ा और उससे मैंने पूछा कि, 'ये कौन लोग हैं?' उसने मुझे उत्तर दिया कि, 'ये अब्बासी ख़लीफ़ा हैं।' मैंने उससे पूछा कि, 'मैं किसे अभिवादन करूं?' उसने अपने हाथ से संकेत किया कि, 'यह रशीद[2] है और यह मंसूर[3] है। इन दोनों को अभिवादन करो', मैंने अभिवादन किया। फिर मैंने ऐसा सुना कि कोई व्यक्ति उस समूह में से मेरे विषय में पूछ रहा है कि, 'यह कौन है?' उसने उसे उत्तर दिया कि, 'यह हमारा मित्र महमूद शाह है।' मेरे हृदय में आया कि मैं रशीद से उन बातों के

१ एक प्रकार से ख़लीफ़ा की अधीनता स्वीकार कर ली।

२ हारुनुर्रशीद, जो अलफ़ लीला की प्रसिद्ध कहानियों का नायक है, वास्तव में एक बड़ा प्रतापी अब्बासी ख़लीफ़ा हुआ है। वह अपने बड़े भाई के उपरान्त बग़दाद में ७८६ ई० में सिंहासनारुढ़ हुआ। उसने २३ वर्ष तक राज्य किया और उसकी मृत्यु ख़ुरासान में शनिवार २४ मार्च ८०६ ई० को हुई।

३ 'अब्दुल्लाह' अल मामून हारूनर्रशीद का दूसरा पुत्र था और अपने पिता के समान वह भी बड़ा प्रतापी अब्बासी ख़लीफ़ा हुआ है। वह ६ अक्तूबर ८१३ ई० को बग़दाद में ख़लीफ़ा घोषित हुआ। उसी दिन उसके बड़े भाई तथा हारूनुर्रशीद के उत्तराधिकारी अल-अमीन की हत्या हुई। उसके राज्यकाल में साहित्य एवं संस्कृति को विशेष प्रोत्साहन प्रदान हुआ। उसकी मृत्यु १८ अगस्त ८३३ ई० को हुई।

विषय में पूछूं जो उसके विषय में मुझ तक पहुंची हैं। उसके दस्तरख्वान पर उसका क़ाज़ी अबू यूसुफ़[1] भी था। रशीद ने उसे अपने हाथ से किसी पीने वाली वस्तु का एक चमचा दिया। अचानक एक धमाका हुआ जिससे मैं जाग उठा। जब स्वप्न का अर्थ बताने वालों से उसका अर्थ पूछा गया तो उन्होंने उत्तर दिया कि, 'ये सब परीशान ख्यालात हैं। हम इनका अर्थ नहीं जानते।"

## लोहियाना की विजय

इसी वर्ष में उसके एक सरदार मुक़र्रब ख़ां ने लोहियाना विजय किया और उसे नष्ट-भ्रष्ट कर दिया।

## हरतामिल की विजय

(२०५) इसी वर्ष उसका एक अमीर ख़वास ख़ां हरतामिल क़िले पर पहुंच गया फिर वहां खलजी भी जा पहुंचा। हरतामिल के क़िले का अधिकारी निराश हो गया और वह इस बात पर उद्यत हो गया कि क़िले में आग लगाकर स्वयं वहां से भाग खड़ा हो। ख़लजी ने उस पर अधिकार जमा लिया और उसे आसीर के अधीन कर दिया।

## बहमनी राज्य से संधि

८७१ हि० (१४६६-६७ ई०) में ख़लजी तथा दकिन के सुल्तान से इस बात पर संधि हो गई कि, "ख़लजी के पास वह भूभाग रहेगा जो उसके राज्य के समीप है। केवल चपूर तथा उस क्षेत्र से संबन्धित स्थान उसमें सम्मिलित न होंगे। बहमनी की ओर से हाजिब[2] के पद पर क़ाज़ी शेख़ रहेगा।" क़ाज़ी शेख़ ख़लजी की ओर से प्रतिज्ञापत्र लेकर गया और उसके साथ ख़लजी का हाजिब शरफ़ुलमुल्क भी था जो वहां से बहमनी का प्रतिज्ञा-पत्र लेकर वापस आया।

## राणा कुम्भा पर आक्रमण

इसी वर्ष में ख़लजी कुम्फरनीर[3] पहुंचा। राणा कुम्फ़ा[4] भी वहां उपस्थित था। वहीं इक़बाल ख़ां का पत्र लेकर एक दूत पहुंचा। इक़बाल ख़ां ख़लजीपुर का अमीर था। उस पत्र में यह समाचार पहुंचाये गये थे कि चित्तौड़ सेना से रिक्त हो गया है। ख़लजी ने अपने अमीरों में से एक के बाद एक को ख़लजीपुर भेज दिया ताकि वे सब वहां एकत्र हो जायं और राणा कुम्फा (कुम्भा) को इस बात का पता न चल सके कि चित्तौड़ में अचानक लोगों के एकत्र होने का क्या उद्देश्य है? इसी बीच में राणा को ख़लजी की सेना के छिन्न-भिन्न होने के समाचार प्राप्त हो गये। राणा को लालच पैदा हुआ और वह युद्ध के लिए निकल खड़ा हुआ। इन दोनों में ऐसा भीषण युद्ध हुआ कि ख़लजी को इससे पूर्व कभी ऐसा अवसर न प्राप्त हुआ था,

१ इमाम अबू यूसुफ़ बिन हबीब अल कूफ़ी बग़दाद का बड़ा प्रसिद्ध क़ाज़ी हुआ है। वह इमाम अबू हनीफ़ा का शिष्य था; अबू हनीफ़ा के सिद्धान्तों को क़ाज़ी अबू यूसुफ़ द्वारा विशेष प्रसिद्धि प्राप्त हुई। उसका जन्म ७३१ ई० में तथा मृत्यु ७९८ ई० में हुई।

२ हाजिब दरबार में सुल्तान तथा दरबारियों के मध्य में खड़े होते थे। समस्त प्रार्थना-पत्र भी अमीर हाजिब द्वारा ही सुल्तान के सम्मुख प्रस्तुत होते थे।

३ 'कुम्भलमीर' अथवा 'कुम्भलनीर'।

४ राणा कुम्भा।

किन्तु ईश्वर ने खलजी की सहायता की और राणा भाग कर चित्तौड़ पहुंच गया। जब राना वहां पहुंच गया तो खलजी ने अपने विचार त्याग दिये।

## अमरैली की विजय

इसी वर्ष में सिर खां (तुर्की में सिर, सिंह को कहते हैं), जो ख़लजी का एक अमीर था, अमरैली के क़िले को विजय कर लिया और उसके हाकिम राय चीता की हत्या कर दी।

## शेख़ नज्मुद्दीन कुबरा का ख़िर्क़ा प्राप्त होना

इसी वर्ष ज़िलहिज्जा मास में मौलाना एमाद शेख़ुल इस्लाम, मौलाना शेख़ नज्मुद्दीन कुबरा[1] का ख़िर्क़ा[2] लेकर ख़लजी के पास आया। खलजी ने उसे बड़े आदरपूर्वक स्वीकार किया और उसके साथ अपना ऐसा व्यवहार रखा ताकि उस ख़िर्क़े से संबन्धित आशीर्वाद प्राप्त हो सके। उस ख़िलअत के कारण उसे इस लोक तथा परलोक दोनों के लाभ प्राप्त हुए।

## तातारियों का उत्पात

तातारियों के उत्पात में शेख़ ख़्वारज़्म में मौजूद थे। उन्होंने अपने सहचरों में से उन लोगों को बुलवाया जो बड़े सिद्ध पुरुष समझे जाते थे : उदाहरणार्थ शेख़ सादुद्दीन हमवी, शेख़ रज़ीउद्दीन अली, लाला इत्यादि। उन्होंने उनसे कहा कि, "मैं ऐसी अग्नि देख रहा हूं जो पूर्व से प्रकट हो रही है और उसकी लपट पश्चिम को अपने लपेट में ले रही है, अतः तुम सब लोग अपने परिवार के पास चले जाओ।" शेख़ ने तातारियों के तूफ़ान के पूर्व यह बात कही थी। उन लोगों ने शेख़ से प्रार्थना की कि वे ईश्वर से प्रार्थना करें कि इस्लाम के प्रदेशों पर जो विपत्ति आने वाली है उसका निराकरण हो जाय। शेख़ ने उत्तर दिया (२०६) कि, "भाग्य का अटल निर्णय प्रार्थना द्वारा परिवर्तित नहीं हो सकता।" उन लोगों ने तदुपरान्त शरण के स्थान को जाने के लिए अपनी आवश्यकतायें प्रस्तुत कीं और यह भी कहा कि "आप भी ख़्वारज़्म से ख़ुरासान तक हमारा साथ दें।" इसके उत्तर में शेख़ ने कहा कि, "मुझे यहां से बाहर जाने की अनुमति नहीं है। मेरे लिए शहीद हो जाने का आदेश हो चुका है। अतः तुम सब जाने का संकल्प करो। ईश्वर तुम्हारी रक्षा करे।"

जब तातारियों ने आक्रमण किया और वे लोग ख़्वारज़्म पहुंचे तो शेख़ ने अपने शेष साथियों से कहा कि, "ईश्वर के नाम पर कटिबद्ध हो जाओ। हम ईश्वर के मार्ग में युद्ध करेंगे।" फिर वे स्वयं चले गये और ख़िर्क़ा पहन लिया और कमर कसी। ख़िर्क़े में एक जेब थी। उसमें उन्होंने पत्थर भर लिये और अपने हाथ में एक शस्त्र ले लिया तथा घर के प्रांगण में आ गये और तातारियों के मुख पर पत्थर मारने लगे, यहां तक कि उनका ख़िर्क़ा पत्थरों से रिक्त हो गया। तातारियों के पास बाण थे जिनकी वे उन पर वर्षा कर रहे थे। अंत में उनका एक बाण शेख़ के शुभ सीने में घुस गया। शेख़ ने उसे अपने हाथ से खींच कर फेंक दिया और शहीद होकर गिर पड़े। ईश्वर उनके सम्मान में वृद्धि करे। यह घटना ६१८ हि० (१२२१ ई०) में घटी।

१ शेख़ नज्मुद्दीन कुबरा बड़े प्रसिद्ध सन्त हुये हैं। जब चंगेज़ ख़ां ने ख़्वारज़्म पर १२२१ ई० में आक्रमण किया तो तातारियों ने उनकी हत्या कर दी।

२ चीवर।

इस दुर्घटना का, जो इतनी बढ़ गई थी और अत्याचार सीमा से अधिक हो गया था तथा जिसने लोगों को बहरा और अंधा बना दिया था, एक कारण यह है जिसका उल्लेख मैंने अपने इतिहास 'फ़वतिहुल इक़बाल व फ़वाएहुल इन्तेक़ाल' में किया है। इस इतिहास का संकलन मैंने अपने आश्रयदाता जमालुद्दुनियां वद्दीन मुहम्मद उलुग़ खां के संकेत पर किया। (ईश्वर उनकी क़ब्र को पवित्र करे।)

## खरेला के राय के पुत्र से ताज खां का युद्ध

८७२ हि० (१४६७–६८ ई०) में यह घटना घटी कि महमूदपुर के आमिल ने, जो वहां ख़लजी की ओर से था, जो कुछ वसूल किया था, उसे दकिन के हाकिम के पास भेज दिया। ख़लजी के जो हाथी उसके पास थे उन्हें उसने खरेला के राय के पुत्र के पास भेज दिया। इसकी सूचना महमूद ख़लजी के पुत्र ताज खां को प्राप्त हुई। रात्रि प्रारम्भ होते ही वह बड़ी तीव्र गति से राय के पुत्र की ओर रवाना हो गया। वहां से वह ६० कोस पर था। अभी सूर्य उदय भी न हुआ था कि वह नगर के क्षेत्र में प्रविष्ट हो गया। इसकी सूचना राय के पुत्र को प्राप्त हुई। वह उससे युद्ध करने के लिए बाहर निकला। बड़ा घोर युद्ध हुआ। तदुपरान्त राय का पुत्र रणक्षेत्र से भाग कर उस समूह की ओर चल दिया जिसे भील कहते हैं। ताज खां ने अपने पिता के हाथी वापस ले लिये और राय के जिन हाथियों को उसने प्राप्त किया था उन्हें भी उन हाथियों में सम्मिलित कर दिया। भीलों के नेता को उसने इस आशय का एक पत्र प्रेषित किया कि वह राय को बन्दी बनाकर भेज दे। इस कार्य हेतु मलिकुल उमरा दाऊद को रवाना किया। वह अंत में कोहपाया पहुंचा। राय के पास इसके अतिरिक्त कोई अन्य उपाय न रह गया कि वह उसका आदेश माने अतः उसने राय के पुत्र को मलिकुल उमरा के पास भेज दिया।

## सुल्तान अबू सईद के दूत का आगमन

(२०७) इसी वर्ष में, जब कि ख़लजी सुन्नारगांव में था, उसके पास ख़्वाजा कमालुद्दीन अस्तराबादी ख़ुरासान के सुल्तान अबी सईद बहादुर खां मुग़ूली[1] की ओर से हाजिब के रूप में आया था। ख़लजी ने उसका बड़ा ही आदर सम्मान किया। जब उसने उसे विदा किया तो अपनी ओर से अलाउद्दीन ज़ादे को हाजिब के रूप में भेज दिया।

## कछवारा में क़िले का निर्माण

८७३ हि० (१४६८–६९ ई०) में महमूद ख़लजी के पुत्र ग़यासुद्दीन ने कछवारा में एक क़िले का निर्माण कराया और उसका नाम जमालपुर रखा।

## करेहरा पर आक्रमण

इसी वर्ष महमूद चन्देरी पहुंचा और उसने दो वीर अमीरों सिर खां तथा फ़तह खां को करेहरा के क़िले पर भेजा। यह क़िला बड़ा भव्य तथा विशाल था। ये दोनों सर्व प्रथम नगर के समीप उतरे और

१ सुल्तान अबू सईद मीर्ज़ा बिन (पुत्र) मुहम्मद मीर्ज़ा बिन मीरान शाह बिन अमीर तिमूर का जन्म १४२७ ई० में हुआ था। वह १४५७ ई० में समरक़न्द में सिंहासनारूढ़ हुआ। बाबर सुल्तान बिन बायसंकर मीर्ज़ा की जो ख़ुरासान का सुल्तान था १४५७ ई० में मृत्यु हो गई। सुल्तान अबू सईद ने उसकी मृत्यु के उपरान्त ख़ुरासान पर भी अधिकार जमा लिया और अपने राज्य का क्षेत्र अत्यधिक बढ़ा लिया। १८ वर्ष के राज्य के उपरान्त ८ फ़रवरी १४६६ ई० को उसकी हत्या कर दी गई।

उसे घेर कर नगर निवासियों को युद्ध द्वारा उन्होंने परेशान कर दिया। एक दिन उन लोगों ने नगर के कोट पर बड़ा तेज़ आक्रमण किया और उसके पूर्णतः निकट पहुंच गये, यहां तक कि उन्हें इस बात का अवसर मिल गया कि वे उसके एक भाग में आग लगा दें। नगर वालों को इस बात की सूचना न थी। हवा अग्नि को एक घर से दूसरे घर तक पहुंचाती रही, यहां तक कि ३० हज़ार घरों में अग्नि की लपट पहुंच गई और अन्त में नगर को विजय कर लिया गया। नगर में जो लोग बन्दी बनाये गये उनकी संख्या ७ हज़ार थी। जिस रात्रि में आग लगाई गई उसी रात्रि में ख़लजी को सूचना मिल गई। वह चन्देरी की ओर शीघ्रातिशीघ्र रवाना हुआ। चन्देरी करेहरा से ८० फ़रसख़ की दूरी पर है। वहां वह प्रातःकाल क़िले को विजय करने के उद्देश्य से पहुंच गया और शक्ति तथा अपने बल से उसे उसने विजय कर लिया। इससे पूर्व उसे किसी ने विजय नहीं किया था। उसने उस क़िले के हाकिम दरिया को उसके परिवार तथा संबन्धियों सहित बन्दी बना लिया और उसी के साथ उसके ७ हज़ार आदमी भी बन्दी बना लिये गये। जिन लोगों की हत्या कराई गई उनकी संख्या ४ हज़ार तक पहुंच गई। ख़लजी ने उसकी तथा उसके पुत्रों की खाल खिंचवाने तथा उन्हें शूली देने का आदेश दे दिया। उसके आदमियों के संबन्ध में यह आदेश दिया कि उन्हें हाथियों के समक्ष डाल दिया जाय। दण्ड की दृष्टि से यह दिन बड़ा ही कठोर, महत्वपूर्ण तथा प्रसिद्ध था और काफ़िरों के लिए बड़े ही कष्ट तथा परेशानी का था।

## आमोदा के क़िले की विजय

इसी वर्ष में सिर ख़ां ने आमोदा का क़िला विजय किया। इस युद्ध में ४ हज़ार लोग मारे गये और ८ हज़ार लोग बन्दी बनाये गये।

## सुल्तान बहलोल द्वारा सहायता की प्रार्थना

इसी वर्ष में जब कि ख़लजी फ़तहाबाद में था, उसके पास शेख़ज़ादा मुहम्मद क़रमुली,[1] क़ुतुब ख़ां लोदी, राय कपूरचन्द बिन राय गिरी सिंह बिन राय दुनगरसी ग्वालियर का हाकिम देहली के सुल्तान बहलोल का एक पत्र लेकर पहुंचे। इस पत्र में उससे जौनपुर के सुल्तान, सुल्तान हुसेन के विरुद्ध सहायता मांगी गई थी। इस सहायता के बदले में देहली के राज्य में से ब्याना का राज्य देने का वचन दिया गया (२०८) था। ख़लजी ने सहायता का वचन दे दिया और यह कहा कि, "आवश्यकता के समय मैं वहां पहुंच जाऊंगा।" जो लोग पत्र लेकर आये थे वह उसका उत्तर लेकर लौट गये।

## सुल्तान की मृत्यु

इस प्रकार ख़लजी भी शादियाबाद वापस चला गया। उस समय बड़ी कड़ी गर्मी पड़ रही थी। गर्मी की अधिकता से ख़लजी रुग्ण हो गया और उसका रोग उत्तरोत्तर बढ़ता ही गया। २१ ज़ीक़ाद ८७३ हि० (२ जून १४६९ ई०) को उसकी मृत्यु हो गई।

सुल्तान बड़ा प्रतापी था। उसकी विजय बड़ी ही महत्वपूर्ण थीं। जिहाद[2] में वह अत्यधिक व्यस्त रहता था और उसने बहुत से नगरों तथा क़िलों पर अधिकार प्राप्त कर लिया था। उसने ३४ वर्ष राज्य किया। ईश्वर उसके प्रयत्नों को सफल करे और उससे संतुष्ट रहे तथा उसे स्वर्ग प्रदान करे।

१ 'फ़रमूली'।
२ इस्लाम के लिये युद्ध।

# ग़यासुद्दीन मुहम्मद शाह

## सुल्तान की विशेषतायें

ग़यासुद्दीन मुहम्मद शाह बिन महमूद शाह ख़लजी २२ ज़ीक़ाद ८७३ हि० (३ जून १४६९ ई०) को सिंहासनारूढ़ हुआ। उसकी उत्कृष्ट विशेषताओं में से एक यह बड़ी विशेषता है कि उसने अपने पिता के आमिलों में से किसी को पदच्युत नहीं किया और जो बातें उसके पिता के राज्यकाल से प्रचलित थीं उनमें परिवर्तन नहीं किया, मानों उसके पिता की मृत्यु ही न हुई थी अर्थात् उसके राज्यकाल का अन्त न हुआ था। इसी कारण उसे लोगों की अत्यधिक शुभकामनायें प्राप्त थीं और लोग उसकी बड़ी प्रशंसा करते थे, विशेषकर इस कारण कि उसने अपने भाई ताज ख़ां आज़म को उसी प्रदेश में हाकिम रहने दिया जहां उसे उसके पिता ने नियुक्त किया था। उसने उसे अलाउद्दीन की उपाधि द्वारा सम्मानित किया।

तदुपरान्त उसने अपने वज़ीरों तथा अमीरों में से उन लोगों को जो बड़े अधिकार-सम्पन्न थे एक विशेष दरबार में बुलवाया और उनसे पूछा कि "जो चीज़ें तुम्हें मेरे पिता द्वारा प्राप्त थीं उसके संबन्ध में मेरा पिता तुमसे किस प्रकार व्यवहार करता था?" उसने उनसे जन साधारण तथा उनकी समस्याओं के विषय में भी प्रश्न किये। उन लोगों ने उसके प्रश्नों के उत्तर दिये। उनके उत्तरों से ग़यासुद्दीन के हृदय में जो बातें आईं उनकी दृष्टि में उसने कुछ चीज़ों को करने का आदेश दिया और कुछ बातों का निषेध किया।

## विलासी जीवन व्यतीत करने का निर्णय

तदुपरान्त उसने कहा कि, "मैंने दीर्घ काल तक तलवार बांधी है और सर्वदा उससे युद्ध करता रहा हूं। उसे चलाया और शत्रुओं को शुद्ध विष पिलाया, यहां तक कि मैंने बहुत से क़िले विजय कर लिये। ज़मीनों को वहां के निवासियों से रिक्त करा लिया। युवावस्था की सावधानी ने मेरी सहायता की और मेरे साथ वह बुद्धि भी रही जो मनुष्यों के वस्त्र भी लूट सकती है, किन्तु अब मैं वृद्धावस्था के वश में हो गया हूं। इसके साथ केवल विश्राम तथा विलासिता ही उचित हैं और मैं उनसे शीघ्र लाभ प्राप्त करूंगा। अब तुम में से प्रत्येक अधिकारी का यह कर्तव्य है कि जो जिस दशा में अथवा जिस स्थान पर था उसी स्थान पर रहे और नवीन परिस्थिति के उत्पन्न होने के अतिरिक्त मुझसे किसी विषय में वार्ता न करे।" तदुपरान्त उसने हिन्दुस्तान के चारों ओर इस आशय के पत्र भेजे कि संगीतज्ञ तथा नर्तक एवं विचित्र कलाओं के ज्ञाता एकत्र किये जायं।

## भोग विलास सम्बन्धी तैयारियाँ

उसने इतनी अधिक संख्या में युवतियां क्रय कीं कि उनकी संख्या १२ हज़ार तक पहुंच गई। उसने आदेश दिया कि उन्हें विभिन्न कलाओं, व्यवसायों तथा ज्ञान एवं संगीत की शिक्षा दी जाय। उसने प्रत्येक (२०९) समूह को किसी न किसी कला के साथ विशेष रूप से संबन्धित कर दिया। उसने उसमें से एक समूह को महल के पहरे, शस्त्रों की रक्षा तथा चाऊश[1] के कर्तव्यों पर नियुक्त किया। इसी प्रकार

१ चाऊश सेना तथा दरबार की पंक्तियाँ ठीक करते थे।

उसने क़ज़ा[१], एहतिसाब[२], अज़ान[३], ख़ुत्बा[४], इमामत[५], वाज़[६], निदामत[७], इफ़्ता[८], क़िरअत[९] करना तथा पढ़ाने का कार्य स्त्रियों को सौंप दिया। स्त्रियों को ज़नाने वस्त्र से मर्दाने वस्त्र में परिवर्तित किया।

## स्त्रियों की पृथक् बस्ती तथा बाज़ार

तदुपरान्त उसने राजधानी में एक पृथक् वस्ती बसाई जिसमें बाज़ार भी था, थाना भी था, दारुल क़ज़ा[१०] भी था, मदरसा, मस्जिद, हम्माम[११], इबादत के स्थान, भट्ठी तथा इसके अतिरिक्त अन्य चीज़ें भी थीं। बाज़ार में उसने वह सब वस्तुयें एकत्र कर दीं जिनकी लोगों को आवश्यकता हो सकती है। प्रत्येक समूह जिस योग्य होता था उन वस्तुओं का उत्तरदायित्व ले लेता था। वे बाज़ार के कार्यों को सम्पन्न करने के लिए उसी प्रकार व्यस्त हो जाती थीं जिस प्रकार नगर के पुरुष उन्हें सम्पन्न करने में व्यस्त रहते हैं।

## पुरुषों से पृथक् रहना

जब ग़यासुद्दीन की इच्छानुसार समस्त व्यवस्था पूर्ण रूप से सम्पन्न हो गई तो वह पुरुषों की गोष्ठी से पूर्णतः पृथक् हो गया और केवल स्त्रियों के साथ रहने लगा। वह उन बातों में व्यस्त हो गया जो भोग-विलास के लिए आवश्यक होती हैं और नेत्रों को आनन्द प्रदान करती हैं, किन्तु वे लोग ऐसे घर में थे जहां कोई व्यक्ति यह बात नहीं जानता कि भविष्य में वह कल क्या प्राप्त कर सकेगा। उन स्त्रियों में वह भी थीं जो उसके साथ भोजन करने के लिए बैठती थीं। वे उसे आयतें[१२] सुनाती थीं जो उन्हें कण्ठस्थ होती थीं, या वे कुछ हदीसों[१३] की चर्चा करती थीं अथवा क़िस्से कहती थीं।

## दान-पुण्य

उनमें से कुछ सोने चांदी के सिक्कों से भरी हुई थैलियां लिए रहती थीं और इस बात की प्रतीक्षा

१ क़ाज़ी का विभाग। क़ाज़ी न्यायाधीश होते थे जो शरा के अनुसार मुक़दमों का निर्णय करते थे।
२ मुहतसिब का कार्य। मुहतसिब इस्लाम के विरुद्ध सम्पूर्ण बातों पर रोक-टोक रखता था। शरा के नियमों के पालन की जाँच उसी के सिपुर्द होती थी। वह स्वयं दंड देकर शरा के विरुद्ध बातें रोक सकता था।
३ अज़ानः—नमाज़ के समय की सूचना जो मस्जिद की छत अथवा दूसरे ऊंचे स्थान पर खड़े होकर दी जाती है।
४ 'ख़ुत्बा' एक प्रकार का धार्मिक प्रवचन जिसमें अल्लाह, मुहम्मद साहब, उनकी सन्तान तथा समकालीन बादशाह की प्रशंसा होती है।
५ इमाम का कार्य। इमाम शब्द का सामान्य रूप से प्रयोग उस व्यक्ति के लिये होता है जो मुसलमानों को नमाज़ पढ़ाता है। मुसलमानों का सबसे बड़ा धार्मिक नेता इमाम कहलाता था।
६ धार्मिक प्रवचन।
७ नदीम का कार्य। नदीम सुल्तान के मुसाहिब होते थे। उनसे आशा की जाती थी कि वे बादशाह को परामर्श किया करेंगे किन्तु अधिकांशतः वे चाटुकारी ही करते थे।
८ मुफ़्ती का कार्य। वह व्यक्ति जो धार्मिक समस्याओं के सम्बन्ध में व्यवस्था दे।
९ .क़ुरान को उचित स्वर में पढ़ना।
१० क़ाज़ी का कार्यालय।
११ स्नानागार।
१२ .क़ुरान के वाक्य।
१३ मुहम्मद साहब की वाणी का संग्रह।

किया करती थीं कि "वह ईश्वर के देनों का स्मरण कर रहा है अथवा उसके प्रति कृतज्ञता प्रकट कर रहा है ?" ईश्वर के नाम का उच्चारण तथा ईश्वर के प्रति कृतज्ञता प्रकट करने के अवसर पर वे आदेशानुसार निश्चित संख्या में विभिन्न मुद्रायें निकाल कर उस व्यक्ति को सौंप देती थीं जिसका यह उत्तर-दायित्व होता था ताकि वह उन्हें फ़क़ीरों तथा सहायता के पात्रों को पहुंचा दे। यह उस समय होता था जब वह घर के भीतर होता था, किन्तु जब वह घर के बाहर होता था तो इस सेवा हेतु दास नियुक्त थे। वे न्योछावर के धन की थैलियां लिए रहते थे। इसी प्रकार कुछ दासों का यह कर्तव्य था कि वे प्रजा की आवश्यकता उसके समक्ष प्रस्तुत किया करें। इसी प्रकार कुछ दास भी नियुक्त थे जोकि प्रार्थियों के लिए थैलियां लिए रहते थे। इसका कारण यह था कि उसने निश्चय कर लिया था कि जो व्यक्ति भी उससे कुछ मांगेगा अथवा प्रार्थना-पत्र प्रस्तुत करेगा तो उसे चाहे वह जो कोई हो थैली में से हज़ार तन्के दे दिये जायेंगे। इन्हीं आदेशों के कारण उसका कोई समय भी दान-पुण्य से ख़ाली न रहता था। दिन रात यही क्रम चलता रहता था।

## एबादत तथा राज्य के कार्य

प्रातःकाल से आधी रात तक वह भोग विलास में ग्रस्त रहता था। तदुपरान्त वह स्नानागार जाता था और स्नान करता तथा सुगंधित वस्तुयें मलता था। इसके पश्चात् वह एबादत[1] के स्थान में चला जाता था और प्रातःकाल तक ईश्वर की एबादत किया करता था। तदुपरान्त वह उस मस्जिद में नमाज़ के लिए जाता था जो उसके दारुल एबादा[2] के समीप थी और वहां उस समय तक नमाज पढ़ने के स्थान पर आसीन रहता था जब तक कि वह इशराक़[3] की नमाज़ से निवृत न हो जाता था। वह मुसल्ले[4] पर बैठा रहता था। फिर वह उस गोष्ठी में पहुंचता था जहां केवल उसके विशेष व्यक्ति उपस्थित होते थे। आवश्यकता ग्रस्त लोग भी हाज़िर होते थे। साहेबुल बरीद[5] भी वहीं उपस्थित रहता था। तदुपरान्त वह भोग-विलास की गोष्ठी में पहुंच जाता था।

## रानी ख़ुर्शीद का प्रभुत्व

उसकी पत्नियों में से रानी ख़ुर्शीद, बकलाना के हाकिम राय भानु की पुत्री थी। यह नाम उसे ग़यासुद्दीन ने प्रदान किया था। राय ख़ुर्शीद को ग़यासुद्दीन के दरबार में इतना अधिक सम्मान प्राप्त हो गया था कि राज्य में उसके आदेशों का पालन होने लगा था। उसकी दासियां बड़े बड़े पदों की स्वामी हो गईं।

## आहूख़ाना

(२१०) इन सब बातों के बावजूद ग़यासुद्दीन के पिता के समय के अधिकारी उसकी इच्छानुसार कार्य करते थे और राज्य का शासन सुव्यवस्थित रखते थे। राज्य तथा संसार के समाचार उनके द्वारा

१ ईश्वर की उपासना।
२ एबादत के स्थान।
३ प्रातःकाल की अनिवार्य नमाज़ के बाद की नमाज।
४ वह कपड़ा अथवा चटाई जिसे बिछा कर नमाज़ पढ़ते हैं।
५ डाक की व्यवस्था करने वालों का मुख्य अधिकारी।

उस तक पहुंचते रहते थे। उसके निर्माण कराये प्रसिद्ध तथा भव्य भवनों में एक आहूख़ाना था जोकि नालचा से प्रारम्भ होकर उज्जैन तक चला गया था। प्रत्येक ४ फ़रसख़ पर एक भवन का निर्माण कराया गया था जो एक एहाते से घिरा हुआ था। उस भवन में फ़र्श, बरतन, सामान, भोग-विलास की सामग्री गजशालायें तथा अश्वशालायें, पीने की वस्तुयें, फल एवं प्रत्येक वस्तु का भण्डार यहां तक कि स्त्रियां, रक्षक और सेवक सभी उपस्थित रहते थे। यह सब इस कारण था कि जिस समय भी ग़यासुद्दीन कोई वस्तु मांगे तो वह उपलब्ध हो सके। उस एहाते में विभिन्न प्रकार के पशु भी इस उद्देश्य से रहते थे कि यदि वह उनमें से किसी का शिकार करना चाहे तो वे प्राप्य रहें। फलतः वह अपनी राजधानी से अपने अन्तःपुर सहित जिस भवन में भी चला जाता था तो वह उनके साथ चौगान[1] खेलता अथवा जिस जानवर का शिकार करना चाहता उसका शिकार करता। तदुपरान्त वह लौट जाता। यदि वह वहीं विश्राम करना चाहता तो जिस वस्तु की उसे आवश्यकता होती वह उसे तुरन्त प्राप्त हो जाती। उसे समा[2] से बड़ी रुचि थी।

८७९ हि० (१४३४ ई०) में वह चम्पानीर के हाकिम रानी तपाई की सहायतार्थ नालचा गया। इसका उल्लेख गुजरात के सुल्तान महमूद के इतिहास में कर दिया गया है।

ग़यासुद्दीन के पुत्रों के नाम अलाउद्दीन तथा नासिरुद्दीन थे। रानी ख़ुर्शीद अलाउद्दीन से अधिक प्रेम करती थी और उसे उसके भाई नासिरुद्दीन से श्रेष्ठ समझती थी, यद्यपि दोनों उसी के गर्भ से थे। एक दिन दोनों भाइयों में झगड़ा हुआ। रानी ख़ुर्शीद ने अलाउद्दीन का पक्ष लेते हुए नासिरुद्दीन का घर लूट लेने का आदेश दे दिया। नासिरुद्दीन नगर के बाहर निकल गया। उसके पिता की सेना में से एक समूह उसका सहायक बन गया। उन्हें साथ लेकर उसने नगर पर आक्रमण किया और उसको घेर लिया। ग़यासुद्दीन वृद्ध हो गया था और वह चल फिर भी न सकता था। अलाउद्दीन ने आक्रमणकारियों की रोक थाम का संकल्प किया और इस बात का प्रयत्न किया कि नगर की रक्षा वह उन लोगों को साथ लेकर करे जो गुजरात निवासी थे तथा उसके साथ हो गये थे, किन्तु नगर वाले नासिरुद्दीन से मिल गये और नासिरुद्दीन नगर में प्रविष्ट हो गया। अलाउद्दीन वहां से भाग कर अपने पिता के पास पहुंच गया किन्तु नासिरुद्दीन ने उसको उसके परिवार सहित बन्दी बना लिया और उसकी हत्या करा दी। वह स्वयं सिंहासनारूढ़ हो गया। कहा जाता है कि उसने ग़यासुद्दीन को विष दे दिया। यह भी कहा जाता है कि वह रुग्ण था और वह उसके सिंहासनारूढ़ होने के पश्चात् ही मृत्यु को प्राप्त हो गया। तदुपरान्त वह अपनी माता रानी ख़ुर्शीद के पास पहुंचा और उसकी कुशलता को इस बात पर अवलम्बित कर दिया कि वह राजकोष से अपना संबन्ध त्याग दे।[3] उसने ऐसा ही किया। ग़यासुद्दीन ने ३२ वर्ष तथा १७ दिन तक राज्य किया।

## नासिरुद्दीन क़ादिर शाह

९०५ हि० (१४९९–१५०० ई०) में नासिरुद्दीन क़ादिर शाह सुल्तान ग़यासुद्दीन के सिंहासन का अपहरण करके उस पर आरूढ़ हो गया। अपने पिता के उन अमीरों को, जो उसके भाई के सहायक थे, अपने क्रोध का निशाना बनाया और उनकी धन संपत्ति को छीन लिया। उन लोगों में से, जो यहां

१ एक प्रकार का पोलो।
२ सूफ़ियों का संगीत तथा नृत्य।
३ राजकोष लौटा दे।

से निकल कर गुजरात चले गये, अमीर सैयिद बारानहर था जिसकी उपाधि गुजरात में अली खां हुई। वह बड़ा ही योग्य तथा सदाचारी था।

## अपने पिता के अमीरों की हत्या

(२११) उसके (सुल्तान के) पिता के अमीरों में जिन लोगों की हत्या की गई उनमें चन्देरी का आमिल सिर खां बिन मुज़फ़्फ़र खां था। नासिरुद्दीन ने उसका पीछा किया और उसके पास पहुंच कर उसने उससे युद्ध किया और उसकी हत्या कर दी। उसके पिता के अमीरों में से जो शेष थे उन पर नासिरुद्दीन ने कृतघ्नता का आरोप लगाया और उनको इस बात का अपराधी ठहराया कि उन्होंने उसके जीवन-काल ही में उसकी सहायता करनी त्याग दी थी। इस कारण उन लोगों को हर प्रकार की कठिनाइयों का सामना करना पड़ा और उन्हें भी सिर खां के साथ मिला दिया गया (क़त्ल करा दिया गया)।

## आज़म हुमायूँ के स्थान पर महमूद खां की नियुक्ति

जब राज्य में उसे प्रभुत्व प्राप्त हो गया तो उसने अपने पुत्र महमूद खां को अपने चाचा आज़म हुमायूं के अधीनस्थ स्थानों पर अपनी ओर से नायब नियुक्त कर दिया। उसने अजमेर में स्थान ग्रहण किया और नासिरुद्दीन के लिए राज्य साफ़ कर दिया।

## आहूख़ाने का निर्माण

नासिरुद्दीन तदुपरान्त ऐसी बातों में व्यस्त हो गया जिन्होंने उसे पथभ्रष्ट कर दिया। उसने भोग विलास में तल्लीन रहना प्रारम्भ कर दिया। उसने क़िले में एक आहूख़ाने का निर्माण कराया और उस पर ५ लाख तन्के जो मालवा में प्रचलित थे व्यय कर दिये। उसके पिता ने जो संपत्ति छोड़ी थी, उसमें से उसके पास नक़द १८ लाख तन्के थे।

## अत्याचार का एक उदाहरण

किस प्रकार वह उपकार का बदला अत्याचार से देता था इसका एक उदाहरण यह है कि एक दिन वह अन्तःपुर के एक हौज़ पर नशे से बदमस्त होकर बैठा था। वह उसमें गिर पड़ा और उसे इस बात की कोई भी सुधबुध न रही। वह डूब कर मृत्यु को प्राप्त होने वाला ही था कि स्त्रियों ने उसकी सहायता की और उसको हौज़ में से निकाल लिया। जब वह सावधान हुआ तो उसे इस बात की सूचना हुई। उसने उन स्त्रियों की हत्या करा दी। वह ४ स्त्रियां थीं। यह घटना इस हदीस को प्रमाणित करती है 'जो किसी अत्याचारी की सहायता करता है तो ईश्वर उस अत्याचारी को उस पर अधिकार प्रदान कर देता है।'

## शिहाबुद्दीन द्वारा विद्रोह

९१६ हि० (१५१०–११ ई०) में उसके पुत्र शिहाबुद्दीन ने उस पर आक्रमण किया और जन्नतावाद में स्थान ग्रहण कर लिया। अधिकांश अमीर उसके पिता के अत्याचार के कारण उससे मिल गये। नासिरुद्दीन को इस बात का भय हुआ कि उसके साथ कहीं वही व्यवहार न हो जो उसके पिता के साथ हुआ, अतः वह जन्नतावाद की ओर चल दिया। शिहाबुद्दीन ने उससे युद्ध किया किन्तु नासिरुद्दीन की सेना की संख्या यद्यपि कम थी, तब भी उसे विजय प्राप्त हो गई और उसने उसका पीछा किया तथा उसके समीप जा पहुंचा। वह उसे बन्दी बना लेने वाला ही था कि फिर उसने उसके प्रति दया प्रकट की और

अपने घोड़े की लगाम को रोक लिया और शनैः शनैः बड़े सम्मान के साथ उसका पीछा किया यहां तक कि वह उसके राज्य से निकल कर देहली के राज्य में प्रविष्ट हो गया।

तदुपरान्त नासिरुद्दीन ने उसे लौट आने के लिए प्रेरित किया किन्तु उसने यह बात स्वीकार न की। विवश होकर नासिरुद्दीन अपने राज्य की ओर लौट गया। मार्ग में वह अपने अमीरों से शिहाबुद्दीन के आचरण के संबंध में वार्तालाप करता रहा। इससे उन अमीरों का उसकी ओर से ख़्याल खराब हो गया और उन्होंने संगठित होकर उसे विष देना निश्चय कर लिया और उसे विष दे दिया। वह मार्ग में मृत्यु को प्राप्त हो गया। उसके साथ उसका पुत्र महमूद खां भी था और उसका तीसरा पुत्र भी जिसका (२१२) नाम मुहम्मद था। सेना ने महमूद को सिंहासनारूढ़ करना निश्चय किया और किसी ने भी उसकी आज्ञाकारिता के प्रति विरोध नहीं प्रकट किया। वे सब उसकी सेवा में शादियावाद पहुंच गये। नासिरुद्दीन ने ११ वर्ष ४ मास तथा २० दिन तक राज्य किया।

## अबुल मुज़फ़्फ़र अलाउद्दीन महमूद शाह

राजसिंहासन पर अबुल मुज़फ़्फ़र अलाउद्दीन महमूद शाह बिन (पुत्र) क़ादिर शाह बिन (पुत्र) मुहम्मद शाह बिन (पुत्र) महमूद शाह बिन (पुत्र) मुग़ीसुद्दीन मलिकुश्शर्क़ ख़ाने जहां बिन (पुत्र) अली शेर बिन (पुत्र) नसीरुद्दीन बिन (पुत्र) तूलक खां बिन (पुत्र) क़ालिज ख़लजी, जो तुर्क बादशाह अफ़रासियाब से सम्बन्धित था, राजधानी शादियाबाद में सिंहासनारूढ़ हुआ। उसकी बैअत[1] से किसी ने विरोध नहीं किया। शिहाबुद्दीन को जैसे ही अपने पिता की मृत्यु का ज्ञान हुआ वह शीघ्रातिशीघ्र मन्दू की ओर चल पड़ा और वहां महमूद के पूर्व पहुंच गया किन्तु क़िले के अमीर ख़्वाजये जहां तबाशी ख़लजी ने, जिसकी उपाधि मुहाफ़िज़ खां थी, क़िले के द्वार बन्द करा दिये और शिहाबुद्दीन को भीतर प्रविष्ट न होने दिया, अतः वह असफल होकर लौट गया और उसी शोक तथा दुःख में आसीर चला गया और वहीं आजीवन निवास करता रहा। उसकी मृत्यु के उपरान्त महमूद का कोई प्रतिस्पर्धी न रहा। उस समय उसकी अवस्था २० वर्ष की थी।

### ख़्वाजये जहां का गुजरात की ओर प्रस्थान

९१७ हि० (१५११–१२ ई०) में ख़्वाजये जहां अपने स्वामी मुहम्मद बिन नासिरुद्दीन को लेकर गुजरात चला गया। उसके जाने का कारण यह था कि महमूद उससे अपने भाई मुहम्मद की हत्या करने के लिए बराबर कहा करता था। वह यह बात स्वीकार न करता था। एक दिन उसने इस प्रकार आग्रह किया कि महमूद को क्रोध आ गया और उसने उसी क्रोध में म्यान में रखी हुई तलवार उसके सिर पर मारी। तलवार ने म्यान को काटा, पगड़ी को काटा और उसका सिर फाड़ दिया। वह उसी दशा में बाहर आया। हालांकि उसके मुंह पर से रक्त बह रहा था। ख़लजी दास उसके पास एकत्र हो गये और उन्होंने क़िले को घेर लिया फलतः महमूद रात ही में वहां से सारंगपुर चला गया। ख़्वाजये जहां क़िले में प्रविष्ट हो गया और उसने मुहम्मद बिन नासिरुद्दीन को सिंहासनारूढ़ कर दिया। ख़लजी दासों ने उसकी अधीनता स्वीकार कर ली। ख़लजी शाहज़ादों तथा अमीरों ने उसकी बैअत न की और उन सब ने महमूद की बैअत कर ली और क़िले को घेर लिया। उन्हीं में से अमीर कबीर एमादुद्दीन ख़ुरासानी

१ आज्ञाकारिता की शपथ।

भी था। ख्वाजये जहां को यह समाचार प्राप्त हुए कि "वह उन लोगों से जो क़िले में हैं तथा दासों से पत्रव्यवहार कर रहा है। उसको सब लोग शासन का आधार मानते हैं और उसकी बात पर आचरण करते हैं।" ख्वाजये जहां के हृदय में उनकी ओर से इस कारण नाना प्रकार की शंकायें उत्पन्न हो गईं और वह मुहम्मद को लेकर रात्रि ही में चाम्पानीर चला गया और सुल्तान मुज़फ़्फ़र से मिल कर विचार-विमर्श (२१३) किया। उसने मन्दू के एक भाग का राज्य उसे देने का वचन दे दिया और जब तक ऐसा हो उस समय तक उसने उसे चाम्पानीर का इतना भाग दे दिया जो उसकी आवश्यकता से अधिक था, अतः ख्वाजये जहां ने अपने घोड़े, हाथी और आदमी उस विलायत[1] में भेज दिये और वह स्वयं तथा नासिरुद्दीन का पुत्र मुहम्मद अकेले चाम्पानीर में मुज़फ़्फ़र के दरबार में रहे यहां तक कि मुहम्मद और ईरानी हाजिब के नेता में एक ऐसी घटना घटी जिसका उल्लेख मुज़फ़्फ़र के इतिहास में कर दिया गया है।

## मेदिनी राय का प्रभुत्व

मन्दू के अमीरों में से एक व्यक्ति उससे पत्र-व्यवहार किया करता था। उस घटना से वह बड़ा लज्जित हुआ और वह पुनः लौट कर अपने घर नहीं गया। ख्वाजये जहां भी उससे वहीं जाकर मिल गया। मन्दू की ओर से प्रस्थान करते समय वह ईरानी के एहाते से निकल गया था। जब वह मन्दू के भूभाग पर पहुंचा तो वह व्यक्ति जो उससे पत्र-व्यवहार किया करता था आ गया। महमूद के हृदय में अपने मित्रों की ओर से शंकायें और संदेह उत्पन्न हो गया। वह रायचन्द पुरबिया से मिल गया और उसके सम्मान में उसने वृद्धि कर दी। उसे विज़ारत का पद प्रदान कर दिया तथा मेदिनी राय की उपाधि द्वारा सम्मानित किया। मेदिनी राय ने अपने लिए प्रयत्न प्रारम्भ कर दिये और अल्प समय ही में उसने अपने समूह के अत्यधिक व्यक्ति एकत्र कर लिये तथा क़िले का शासन-प्रबन्ध अपने हाथ में ले लिया। उसने महमूद को साथ लेकर उसके भाई पर आक्रमण कर दिया। उसकी सर्वोत्कृष्ट सेना वह थी जो उसने पूरब से एकत्र की थी। भीषण युद्ध हुआ जो ख्वाजये जहां की हत्या के उपरान्त समाप्त हुआ। नासिरुद्दीन का पुत्र देहली पलायन कर गया। इस सेवा के कारण मेदिनी राय को मन्दू में मुसलमान अमीरों पर प्रभुत्व प्राप्त हो गया, राज्य की रक्षा का कार्य भी उसी को सौंप दिया गया।

## मुहम्मद तथा देहली की सेना की चन्देरी में पराजय

९१८ हि० (१५१२–१३ ई०) में मुहम्मद बिन नासिरुद्दीन देहली की सेना के साथ चन्देरी में पहुंचा। महमूद भी उससे युद्ध करने के लिए निकला। दोनों ओर की सेनायें एक दूसरे के विरुद्ध पंक्तियां जमा कर खड़ी हो गईं। राय मेदिनी पुरबिया वीरों सहित अग्रसर हुआ और भालों तथा तलवारों द्वारा शत्रुओं की हत्या करना तथा उनके सिर काटने का पूर्ण प्रयत्न करने लगा, यहां तक कि महमूद की बात ऊंची हो गई और उसके लिए मैदान साफ़ हो गया। अब राय मेदिनी पर महमूद का भरोसा और भी बढ़ गया और वह उसका सर्वदा सहारा लेने लगा। उसके प्रति उसे जो विश्वास था उसमें वृद्धि हो गई। उसने अपने समस्त कार्य उसे सौंप दिये।

## राय का प्रभुत्व तथा कुफ़्र की प्रथायें

प्रारम्भ में जब राय उन बातों को किया करता था जिनसे महमूद प्रसन्न हो सके तब भी वह समय

१ प्रदेश।

समय पर अन्य अमीरों के विरुद्ध विभिन्न प्रकार के आरोप लगा कर उन्हें राज्य से निर्वासित करने का प्रयत्न किया करता था, यहां तक कि क़िले में तथा पूरे राज्य भर में अमीरों एवं सैनिकों में से कोई भी तलवार चलाने वाला शेष न रह गया। केवल थोड़े से सेवक महमूद की सेवा के लिये क़िले में रह गये। राय मेदिनी जब किसी मुसलमान को दूर हटाता था तो उसके स्थान पर किसी काफ़िर को निकट ले आता था। यहां तक कि राय मेदिनी को पूरे राज्य पर पूर्ण प्रभुत्व प्राप्त हो गया और उसके समूह वाले वहां स्थायी रूप से जम गये। अब राय अपनी इच्छानुसार कार्य करने लगा और उसने मंदिरों तथा मूर्तियों के निर्माण का आदेश दे दिया। राज्य में कुफ़्र उसी प्रकार व्यापक हो गया जैसा कि इससे पूर्व था।

## अली ख़ां तथा मेदिनी राय का युद्ध तथा अली ख़ां की हत्या

(२१४) राय के पूर्ण अधिकार सम्पन्न होने पर जो बात प्रकट हुई वह सैयिद बारानहर अली ख़ां के पुत्र अली ख़ां से संबंधित घटना थी। इस घटना का पूर्ण विवरण इस प्रकार है। महमूद एक बार शिकार खेलने के लिए बाहर गया। अली ख़ां अपने पिता के गुजरात चले जाने के उपरान्त यहां रह गया था। उसका यह विचार था कि मुशरिकों के समूह पर अधिकार प्राप्त कर ले। जब महमूद क़िले से बाहर गया तो उसके पास जो हब्शी थे वह उन्हें लेकर क़िले में प्रविष्ट हो गया। और यह घटना उस युद्ध के उपरान्त घटी जो उसके तथा राय की सेना के मध्य में हुई। उसने एक हज़ार से अधिक मनुष्यों की हत्या कर दी और क़िले पर अधिकार जमा लिया और उसकी रक्षा उस समय तक करता रहा जब तक कि उसके पास खाद्य सामग्री उपलब्ध रही। राय क़िले पर आक्रमण किया करता था अतः अली ख़ां क़िले से बाहर निकला और राय की सेना पर टूट पड़ा। उसने ४०० से अधिक मनुष्यों की हत्या कर दीं। अब राय मेदिनी अपने समस्त सहायकों सहित युद्ध के लिए उद्यत हो गया। अली ख़ां अपने स्थान पर दृढ़ रहा और युद्ध करता रहा। इस युद्ध में बहुत से मुशरिकों की हत्या हो गई। संध्या समय जब घोड़े बहुत थक गये और लोगों की बड़ी ही दुर्दशा हो गई तो उस समय अली ख़ां ३०० व्यक्तियों सहित मारा गया।

## सुल्तान का मेदिनी राय के प्रति असन्तोष

इस घटना के उपरान्त भवन अपने निवासियों से रिक्त हो गया और खलजी को परेशानी होने लगी। किसी भी मुसलमान का चिह्न वहां दृष्टिगत न होता था। कुफ़्र व्यापक हो गया था। राय मेदिनी के सहायक राजधानी पर पूर्ण अधिकार जमाये हुए थे। जो कुछ राजधानी में था उसे अपने अधिकार में कर लेने की धृष्टता किया करते थे। सुल्तान से संबंधित जो भी वस्तुयें थीं उनके विषय में भी उन्होंने सुल्तान के सम्मान की ओर कोई दृष्टि नहीं की, यहां तक कि अन्तःपुर पर भी हाथ साफ़ करने का इरादा कर डाला। अब सुल्तान अपनी सीमा से आगे बढ़ जाने पर लज्जित हुआ और उसे अनुभव हुआ कि घर में उसका अस्तित्व कोई महत्व नहीं रखता। उसे बड़ा शोक तथा दुःख हुआ, यहां तक कि वह एक दिन प्राण त्याग देने के उद्देश्य से अपने उन सहायकों सहित जो घर में थे कटिबद्ध हो गया। उसने राय मेदिनी के पास एक दूत भेजा, जिसके द्वारा उसे आदेश दिया गया था कि वह उसके राज्य से बाहर निकल जाये। दूत आता जाता रहा किन्तु राय मेदिनी अपने उत्तर में नम्रता ही प्रदर्शित करता रहा। फलतः राय के सहायक उसके विरुद्ध हो गये। उन्होंने यह संकल्प कर लिया कि उसके पुत्र राय रायां को शासन-प्रबन्ध में पूर्ण अधिकार प्रदान करके उसे खलजी के स्थान पर नियुक्त कर दें। किन्तु

उनके बुद्धिमान् पुरुष मेदिनी राय ने कहा कि, "खलजी अब केवल नाम मात्र को है और घर के अतिरिक्त उसके पास कुछ भी शेष नहीं है। किन्तु यदि तुम्हारे द्वारा उस पर कोई दुर्घटना घटी और सुल्तान मुज़फ़्फ़र ने उसकी सहायता कर दी तो फिर तुम्हारी क्या दशा होगी ? खलजी की उपस्थिति में तुम समस्त राज्य के अधिकारी हो और इस प्रकार बाद में भी शासन-प्रबन्ध तुम्हारे ही हाथ में रहेगा। उसके साथ नम्रतापूर्वक व्यवहार करो ताकि उसके द्वारा तुम्हें राज्य भी प्राप्त हो जाय और शांति भी।" तदुपरान्त यह बुद्धिमान् पुरुष सुल्तान के पास सवार होकर गया और उसने उसके समक्ष दीनता प्रदर्शित करते हुये नम्रतापूर्वक वार्तालाप की। उसने अपने धर्म की शपथ लेकर कहा कि, "यदि मेरे सहायकों में से किसी के विषय में भी आपको यह सूचना मिली हो कि वह अपनी सीमा से बढ़ गया है तो मैं उसकी हत्या कर दूंगा।" इससे खलजी का क्रोध शांत हो गया और वह अपने नियमानुसार लोगों के पास आने जाने लगा।

## सुल्तान के आदमियों द्वारा मेदिनी राय तथा सालभान पर आक्रमण

उसने फिर यह अनुभव किया कि लोग उसकी चिंता नहीं करते। वह शिकार के लिए सवार हुआ। उसके साथ राय मेदिनी तथा उसके वज़ीर सालभान थे। घर में कुछ लोग उसने इस घात में बैठा दिये कि वे राय मेदिनी की हत्या कर दें और वह स्वयं शिकार में व्यस्त हो गया। यहां तक कि एक घड़ी रात व्यतीत हो जाने के उपरान्त वह वापस हुआ। प्रथानुसार राय उसके साथ था, यहां तक (२१५) कि वह अपने घर में प्रविष्ट हो गया। जब राय वहां से वापस होने लगा तो घात में बैठे हुए आदमी निकल पड़े और उन्हाने राय को घेर लिया और वे उस पर बाण चलाने लगे। बाण लक्ष्य पर लगे किन्तु उसका जीवन-काल समाप्त न हुआ था अतः वह आहत हो गया और उसी दशा में घर पहुंचा। यही दशा उसके वज़ीर सालभान की हुई। खलबली मच गई। उसके परिवार ने उसकी सहायता का प्रयत्न किया। क़िले में उनके अतिरिक्त कोई अन्य न था।

## सुल्तान का युद्ध हेतु निकलना

बादशाह भी राजधानी में युद्ध के लिए तैयार हो गया। उसने कवच धारण किया और घोड़े पर सवार हो गया। उसके साथ १२ अश्वारोही तथा १०० पदाती थे। इस प्रकार अपना प्राण त्याग देने के लिए अग्रसर होने में उन्होंने अब्दुल्लाह बिन जुबैर[१] का अनुकरण किया। उन्होंने शाम वालों पर यह कहते हुए आक्रमण कर दिया था कि, "मैं संसार को अपमान के बदले में नहीं क्रय कर सकता और न मृत्यु के भय से किसी सीढ़ी पर चढ़ सकता हूं। हम वे नहीं हैं जिनके घावों से उनकी पीठ पर रक्त बहे। हम तो वे हैं कि हमारा रक्त हमारे चरणों पर टपकता रहे।" हाफ़िज़ दमिश्क़ी ने अपने ग्रन्थ 'किताबुल अदब' में लिखा है कि, "यदि कोई व्यक्ति किसी दुर्घटना के पड़ने पर इन दो बातों पर विश्वास रखे तो विपत्ति के प्रति संतोष करना उसके लिए सुगम हो जायगा। पहली बात तो यह है कि वह इस बात को समझ ले कि यह दशा उससे तो अच्छी ही है जो इससे अधिक बुरी और ख़राब है। ऐसी दशा

१ अब्दुल्लाह इब्ने ज़ुबैर मुहम्मद सहाबी के एक सहाबी (मित्र) थे और ६८० ई० में उन्होंने इमाम हुसेन के करबला में शहीद हो जाने के उपरान्त तत्कालीन ख़लीफ़ा यज़ीद के विरुद्ध मक्का में अपने आप को ख़लीफ़ा घोषित कर दिया। ६९२ ई० में ख़लीफ़ा अब्दुल मलिक के सेनापति हज्जाज़ ने उन पर आक्रमण कर दिया और वे युद्ध करते हुये मारे गये।

में उसका यह ज्ञान तथा यह विश्वास कि वह इस समय जिस कष्ट में डाला गया है वह उस कष्ट से हल्का है जिससे उसे पृथक् कर दिया गया है, उसके कष्ट को सहन करने के हित में सहायक सिद्ध होगा और दूसरी बात यह है कि 'मैं इस समय जिस कष्ट में हूं वह आशा है कि मुझे ऐसी दशा में पहुंचा देगा जो मेरी वर्तमान दशा से अच्छी होगी।' मानो उसको यह ज्ञात था कि कष्ट तथा कठोरता कभी कभी आराम का कारण बन जाती है। यह बात इसका साधन बन सकती है कि वह कठोरता को कठोरता न समझे 'और विपत्ति को विपत्ति न स्वीकार करे'।

छन्द

"कोई दुर्घटना जो घटे उसके लिए एक समय होता है और जो कोई दशा भी प्रकट हो वह परिवर्तित अवश्य होती है।

जीवन की अवधि थोड़ी है फिर हम कहां तक अपने शोक को बढ़ायें और उसकी अवधि में वृद्धि करें।"

तदुपरान्त वह अपने घर से रणक्षेत्र में आया। उसने म्यान में से तलवार निकाल ली थी। वह उस सिंह के समान, जिसे उसके जंगल में परेशान कर दिया गया हो, शत्रुओं के समक्ष डट गया और उसने अपने शत्रुओं पर आक्रमण कर दिया मानों वह ईश्वर के संतोष के लिए युद्ध कर रहा हो। उसने बड़े वेग से आक्रमण किया और बहुत बड़ी संख्या में लोगों को अपने चारों ओर भूमि पर गिरा दिया। इस विपत्ति का वेग राय मेदिनी के पुत्र राय रायां की हत्या के उपरान्त बन्द हो गया। जो लोग हत्या से बचे वे इधर उधर छिन्न-भिन्न हो गये। वह अपने घोड़े की लगाम को रोक नहीं रहा था और न उनकी ओर से मुड़ रहा था, यहां तक कि उन्हें उसने घर से निकाल दिया और अपमान तथा लज्जा उनसे संबंधित हो गई। खलजी ने अपने समूह के लिए वह छन्द पढ़े जिन्हें हसन बिन अली[1] उदाहरण स्वरूप पढ़ा करते थे।

छन्द

"जो व्यक्ति तलवार की शरण लेता है उसे संतोष प्राप्त हो जाता है, या तो शीघ्र उसकी मृत्यु हो जाती है, या फिर वह न्याय प्राप्त करने वालों का जीवन व्यतीत करता है।

(२१६) नरम भूमि पर न सवार हो। यह तो स्थिति को और भी शोचनीय बना देगी, श्रेष्ठता उस समय तक न प्राप्त हो सकेगी जब तक तेज़ी के साथ सवारी न करोगे।"

राय मेदिनी के पास जब उसका पुत्र मृत अवस्था में लाया गया तो उसने अपने आसपास के लोगों से कहा कि, "मैंने तुम को बारबार खलजी के साथ छेड़-छाड़ करने से रोका किन्तु तुमने मेरी बात स्वीकार न की, यहां तक कि मुझे अपने पुत्र की हत्या का दिन देखना पड़ा। तुम मुझे अब अपनी दशा पर छोड़ दो।" तदुपरान्त उसने खलजी के पास एक दूत भेज कर अपने पुत्र की धृष्टता के विषय में क्षमा-याचना की और यह कहलाया कि, "उसने अपने दुष्कर्म का दण्ड भोग लिया।" उसने खलजी से उसके दरबार में उपस्थित होने की अनुमति चाही। खलजी ने उसे अनुमति दे दी। जब वे दोनों एक स्थान पर एकत्र हुए तो राय मेदिनी ने उससे कहा कि, "आप पुत्र के कारण मुझसे शंकित न हों, मेरा आपके साथ वही

१ हज़रत अली के ज्येष्ठ पुत्र (जन्म १ मार्च ६२५ ई०, हत्या १७ मार्च ६६६ ई०)।

व्यवहार रहेगा जो इससे पूर्व था।" खलजी ने उसके उत्तर में कहा कि, "मुझे तुमसे इस विषय में कहने की अधिक आवश्यकता है। तुम्हारे पुत्र ने मेरे प्रति अत्याचार किया तो मैं क्या करता। तुम मेरी क्षमा को स्वीकार करो।" राय मेदिनी ने उसके चरणों का चुम्बन करके उससे इस बात की अनुमति मांगी कि, "जो लोग मेरे साथ दीवान में आयें उन्हें सशस्त्र आने की आज्ञा प्रदान की जाय ताकि मेरे हृदय को संतोष प्राप्त हो।" खलजी ने उसे इसकी अनुमति दे दी। वह उसके दरवार में ५०० सशस्त्र व्यक्तियों सहित जाता था। खलजी को यह भय अवश्य था कि वह किसी न किसी दिन उसके साथ विश्वासघात करेगा। वह उसके साथ युक्तिपूर्ण व्यवहार करता था और प्रसन्न चित्त होकर उससे वार्तालाप करता था। यहां तक कि वह एक दिन सुल्तान मुज़फ़्फ़र के पास चला गया। इसका उल्लेख सुल्तान के इतिहास में किया जा चुका है।

# गुजरात

ख़्वाजा निज़ामुद्दीन अहमद

तबक़ाते अकबरी

सिकन्दर इब्ने मुहम्मद उर्फ़ मन्झू इब्ने अकबर

मिरआते सिकन्दरी

अब्दुल्लाह मुहम्मद बिन उमर अल मक्की

अलआसफ़ी, उलुग़ ख़ानी, अलहाजुद्दबीर ज़फ़रुल वालेह बे मुज़फ़्फ़र व आलेह

# तबक़ाते अकबरी

(लेखक—ख़्वाजा निज़ामुद्दीन अहमद)

(प्रकाशन—कलकत्ता १९३५ ई०)

## गुजरात के सुल्तान

(८२) गुजरात का राज्य ७९३ हि० (१३९१-९२ ई०) से ९९० हि० (१५८२ ई०) तक रहा। तदुपरान्त वह अकबर बादशाह के अधिकार में आ गया। १८७ वर्ष तक १५ लोगों ने इस प्रकार राज्य किया :—

सुल्तान मुहम्मद बिन (पुत्र) सुल्तान मुज़फ़्फ़र : २ मास तथा कुछ दिन।
सुल्तान मुज़फ़्फ़र शाह : ३ वर्ष, ८ मास तथा २० दिन।
सुल्तान अहमद : ३२ वर्ष, ६ मास तथा २० दिन।
सुल्तान मुहम्मद बिन (पुत्र) अहमद : ७ वर्ष तथा ४ मास।
सुल्तान क़ुतुबुद्दीन अहमद शाह : ७ वर्ष, ६ मास तथा १३ दिन।
दाऊद शाह : ७ दिन।
सुल्तान महमूद शाह : ५५ वर्ष, ११ मास तथा २ दिन।
सुल्तान मुज़फ़्फ़र बिन महमूद : १४ वर्ष तथा ९ मास।
सुल्तान सिकन्दर : २ मास तथा १६ दिन।
सुल्तान महमूद : ४ मास।
सुल्तान बहादुर : ११ वर्ष तथा ११ मास।
सुल्तान मुहम्मद शाह : १½ मास।
सुल्तान महमूद बिन लतीफ़ ख़ां : १८ वर्ष तथा कुछ दिन।
सुल्तान अहमद : ३ वर्ष तथा कुछ मास।
सुल्तान मुज़फ़्फ़र बिन (पुत्र) महमूद : १६ वर्ष तथा कुछ मास।

## आज़म हुमायूं ज़फ़र ख़ां

इतिहास की पुस्तकों में लिखा है कि जब निज़ाम मुफ़र्रेह का, जिसे रास्ती ख़ां की उपाधि प्राप्त थी, और जिसे सुल्तान मुहम्मद बिन सुल्तान फ़ीरोज़ शाह की ओर से गुजरात का राज्य प्राप्त था, अत्याचार समस्त संसार में प्रसिद्ध हो गया और पीड़ित लोग फ़रियाद लेकर राजधानी देहली पहुंचे और
(८३) उन्होंने सुल्तान मुहम्मद की सेवा में उसके अत्याचारों की चर्चा की और उसके विद्रोह का वृत्तांत दिया तो सुल्तान मुहम्मद शाह ने अत्यधिक सोच विचार के उपरान्त आज़म हुमायूं ज़फ़र ख़ां बिन वजीहुलमुल्क को, जो बहुत बड़ा अमीर था, अपनी कृपाओं द्वारा सम्मानित किया और उसे गुजरात की अक़्ता प्रदान की। ३ रबी-उल-अव्वल ७९३ हि० (८ फ़रवरी १३९१ ई०) को आज़म हुमायूं ज़फ़र ख़ां को

चत्र, लाल बारगाह[१], जो विशेष रूप से बादशाह लोग प्रयोग करते हैं, प्रदान किये और गुजरात जाने की अनुमति प्रदान कर दी। उसने उसी दिन नगर से निकल कर हौज़े खास पर पड़ाव किया। उसी मास की ४ तारीख को सुल्तान मुहम्मद ज़फ़र ख़ां के शिविर में पहुंचा और उसके कानों को शिक्षा के मोतियों द्वारा वज़नी बना दिया, और उसे पुनः विशेष ख़िलअत प्रदान करके शहर लौट आया।

## उसकी उपाधियाँ

कहा जाता है कि जब वज़ीरों ने उसके राज्य हेतु आदेश-पत्र लिखा तो सुल्तान के हुक्म से उपाधियों का स्थान रिक्त छोड़ दिया। सुल्तान ने उसकी उपाधियां अपने हाथ से इस प्रकार लिखीं: "मेरा भ्राता मजलिसे आली, ख़ाने मुअज़्ज़म, आलिम, न्यायकारी, दानी, मुजाहिद, ईमान तथा धर्म का सबसे बड़ा भाग्यशाली, सल्तनत को पुष्टि देने वाला, धर्म का रक्षक, कुफ़्र का विनाशक, पापियों तथा मुर्तिदों को नष्ट करने वाला, आध्यात्मिकता के आकाश का ध्रुवतारा, उच्च आकाश का सितारा, युद्ध के दिन सेना की पंक्तियों को नष्ट-भ्रष्ट करने वाला, रुस्तम के समान क़िला विजय करने वाला, राज्यों को विजय करने वाला, कूटनीति में आसिफ़, राज्य का प्रबन्धक, सर्वसाधारण के मामलों को ठीक करने वाला, सफलता एवं सौभाग्य का स्वामी, बुद्धि तथा सार्थकता का नरेश, न्याय तथा परोपकार को वितरण करने वाला, साहिब क़िरान का वज़ीर उलुग़ क़ुतलुग़े आज़म हुमायूं ज़फ़र ख़ां।"

## निज़ाम मुफ़र्रेह पर विजय

संक्षेप में, वह निरन्तर यात्रा करता हुआ गुजरात की ओर रवाना हुआ। मार्ग में उसे ज्ञात हुआ कि तातार ख़ां बिन ज़फ़र ख़ां के, जो सुल्तान मुहम्मद शाह का वज़ीर था, एक पुत्र का जन्म हुआ है और उसका नाम अहमद ख़ां रखा गया है। ज़फ़र ख़ां इस सुखद समाचार को सुनकर अत्यन्त प्रसन्न हुआ। उसने एक भव्य जशन का आयोजन कराया और सेना के अधिकांश लोगों को ख़िलअतें प्रदान कीं। (८४) जब वह नागौर के भूभाग में पहुंचा तो खम्बायत के लोग निज़ाम मुफ़र्रेह के विरुद्ध फ़रियाद करने के लिये पहुंचे। ज़फ़र ख़ां ने उन लोगों को प्रोत्साहन देकर नहरवाला की ओर प्रस्थान किया। जब वह नहरवाला, जिसे अब पटन कहते हैं, पहुंचा तो उसने एक पत्र मलिक निज़ाम मुफ़र्रेह की सेवा में लिख कर भेजा कि, "सुल्तान मुहम्मद शाह की सेवा में यह निवेदन किया गया है कि मलिक निज़ाम मुफ़र्रेह ने शाही ख़ालसे का कई वर्ष का कर अपनी आवश्यकताओं पर व्यय कर लिया है और ख़ज़ाने में एक दीनार भी नहीं भेजा है तथा निष्ठुरता एवं अत्याचार प्रारम्भ कर रखा है जिसके कारण यहां के निवासी बहुत दुखी हैं। वे लोग देहली में फ़रियाद करते रहते हैं। क्योंकि राज्य के इस भाग का शासन तथा इसकी सुव्यवस्था मेरे सिपुर्द कर दी गई है अतः यही उचित है कि जो कुछ भी ख़ालसे का कर मौजूद हो[२] वह शीघ्रातिशीघ्र देहली भेज दिया जाय और पीड़ितों को प्रोत्साहन देकर आप भी राजधानी देहली चले जायं।"

मलिक निज़ाम मुफ़र्रेह ने उत्तर में लिखा कि, "आप अत्यधिक यात्रा करके आये हैं। आप उसी स्थान पर रहें और कष्ट न करें। मैं वहीं उपस्थित होकर स्वयं इस शर्त पर हिसाब प्रस्तुत करूंगा कि

१ मंडप।
२ 'अदा करना आवश्यक हो'।

आप मुझे मुअक्किलों[1] को न सौंपे।" जब उसका यह उत्तर प्राप्त हुआ और उसके विद्रोह का विश्वास हो गया तो आज़म हुमायूं ज़फ़र खां ने सेना को तैयार करना प्रारम्भ कर दिया। कुछ दिन उपरान्त यह समाचार प्राप्त हुआ कि मलिक निज़ाम मुफ़र्रेह अत्यधिक सेना लेकर इस ओर शीघ्रातिशीघ्र आ रहा है, तो आज़म हुमायूं भी सेना तैयार करके युद्ध के उद्देश्य से पटन नगर के बाहर निकला और ७ सफ़र ७९४ हि० (४ जनवरी १३९२ ई०) को काम्मू[2] नामक स्थान पर जो पटन से १२ कोस पर है घोर युद्ध (८५) हुआ। मलिक निज़ाम मुफ़र्रेह अपनी चुनी हुई सेना लिये हुये ज़फ़र खां की खोज में था और इधर उधर घोड़ा दौड़ा रहा था। इसी बीच में ज़फ़र खां की सेना के एक व्यक्ति ने उस पर विजय प्राप्त कर ली और उसके बड़ा घातक घाव लगाया जिसके कारण वह घोड़े से भूमि पर गिर पड़ा। तत्काल उसके सिर को काट कर ज़फ़र खां की सेवा में प्रस्तुत कर दिया गया।

## खम्बायत को सुव्यवस्थित करना

यह दशा देख कर निज़ाम मुफ़र्रेह की सेना पराजित हो गई और अत्यधिक लोग मारे गये। अपार धन-संपत्ति प्राप्त हुई। ज़फ़र खां कुछ दूर तक सेना का पीछा करके पटन के क्षेत्र में लौट आया और उसने समस्त परगनों में अपने गुमाश्ते[3] नियुक्त कर दिये। ७९५ हि० (१३९२-९३ ई०) में उसने उन लोगों के विरुद्ध जिन्होंने खम्बायत में विद्रोह कर दिया था प्रस्थान किया और उस स्थान को विरोधियों से मुक्त कर दिया। जिन लोगों को निज़ाम मुफ़र्रेह द्वारा कष्ट पहुंचा था उनके प्रति कृपादृष्टि प्रदर्शित की। वहां से उसने असावल क़स्बे की ओर प्रस्थान किया। कुछ दिन वहां ठहर कर वहां के निवासियों को अपनी ओर से संतुष्ट करके वहां से लौट कर पटन के क्षेत्र में आ गया।

## ईदर पर आक्रमण

७९६ हि० (१३९३-९४ ई०) में यह समाचार प्राप्त हुआ कि, "सुल्तान मुहम्मद शाह इब्ने (पुत्र) सुल्तान फ़ीरोज़ की देहली में मृत्यु हो गई है और राज्य के कार्यों में अव्यवस्था उत्पन्न हो गई है तथा अधिकांश ज़मींदार विद्रोह कर रहे हैं, विशेष रूप से ईदर के राजा ने आज्ञाकारिता त्याग कर विद्रोह (८६) प्रारम्भ कर दिया है।" ज़फ़र खां ने सेना तैयार करके अत्यधिक सेना एवं पर्वत रूपी हाथियों को लेकर ईदर के राजा को दण्ड देने के लिए प्रस्थान किया। उसने शीघ्रातिशीघ्र पहुंच कर क़िले को घेर लिया और ईदर के राजा को क़िले की रक्षा की व्यवस्था करने का समय न मिल सका। वह विवश होकर क़िले में बन्द हो गया। सुल्तान मुज़फ़्फ़र की सेनाओं ने ईदर की विलायत[4] को अपने अधिकार में करके लूट मार तथा विध्वंस प्रारम्भ कर दिया। उन्हें जो भी मंदिर मिला उसे धराशायी कर दिया। अल्प समय में क़िले वाले अकाल से इतने व्याकुल हो गये कि ईदर के राजा ने अत्यधिक नम्रता प्रदर्शित करते

१ मुअक्किल का अर्थ प्रतिनिधि होता है किन्तु इस स्थान पर सम्भवतः उन अधिकारियों से तात्पर्य है जो दण्ड इत्यादि देने के लिये नियुक्त होते थे। बन्दीगृह के अधिकारी।

२ यह स्थान 'काथू' भी कहलाता है। हस्तलिखित पोथियों में कातू, कावा, काधू इत्यादि इसके अन्य नाम मिलते हैं।

३ कार्यकर्ता, एजेन्ट।

४ राज्य।

हुए अपने प्रतिनिधियों को भेज कर क्षमा-याचना की। ज़फ़र खां ने उससे इच्छानुसार पेशकश लेकर सोमनाथ पर चढ़ाई करने का संकल्प किया।

## नद्रबार की ओर प्रस्थान

इसी बीच में समाचार प्राप्त हुआ कि आसीर के अधिकारी, मलिक नसीर राजा ने, जो आदिल ख़ां के नाम से प्रसिद्ध था, मूर्खता प्रदर्शित करते हुए नद्रबार के स्थानों को हानि पहुंचायी है। आज़म हुमायूं ने अपने राज्य की रक्षा (सोमनाथ) के मंदिर की विजय की अपेक्षा सर्वोपरि समझ कर नद्रबार की ओर प्रस्थान किया। आदिल ख़ां यह समाचार प्राप्त करके अपनी विलायत[1] को लौट गया। सुल्तान उस स्थान के निवासियों को प्रोत्साहन देकर अपनी राजधानी पटन को वापस हो गया।

## सोमनात की ओर प्रस्थान

७९७ हि० (१३९४-९५ ई०) में उसने सेना तैयार करके जरौना प्रान्त, जोकि पटन के पश्चिम में है, पर आक्रमण करने के लिये प्रस्थान किया और कुछ स्थानों को नष्ट-भ्रष्ट करके उस ओर के प्रतिष्ठित लोगों से पेशकश प्राप्त की और उस स्थान से सोमनात के मंदिर तक विध्वंस हेतु प्रस्थान किया। मार्ग में उसने राजपूतों को तलवार का भोजन बना दिया और जिस स्थान पर भी उसे मंदिर दृष्टिगत (८७) हुआ उसे नष्ट-भ्रष्ट कर दिया। जब वह सोमनात पहुंचा तो उसने मंदिर को जलवा डाला और सोमनात की मूर्ति का खण्डन करवा दिया। काफ़िरों की हत्या करके नगर को नष्ट-भ्रष्ट कर दिया। वहां उसने एक जामा मस्जिद का निर्माण करवाया और शरा के अधिकारियों को नियुक्त किया। वहां पर थाने स्थापित करके वह पटन की ओर लौट आया।

## मंदलगढ़ की विजय

७९८ हि० (१३९५–९६ ई०) में आज़म हुमायूं को समाचार प्राप्त हुआ कि मंदलगढ़ के राजपूतों ने इस प्रकार प्रभुत्व प्राप्त कर लिया है कि वहां के मुसलमान हानि के भय से स्वदेश त्याग कर अन्य स्थानों को चले जा रहे हैं। ज़फ़र ख़ां ने गुजरात की सेना एकत्र करके निरन्तर प्रस्थान करके उस ओर के जंगलों तथा मैदानों को अपने अधिकार में कर लिया। वहां के राजा ने अपने क़िले की दृढ़ता पर अभिमान करते हुए क़िले की रक्षा प्रारम्भ कर दी और सुल्तान मुज़फ़्फ़र की सेना ने पर्वत तथा क़िले को घेर लिया। चारों ओर से मन्ज़नीक़[2] लगवा दी। नित्यप्रति राजपूतों पर पत्थर फेंके जाते थे। क्योंकि क़िला इतना दृढ़ था कि मन्ज़नीक़ से कार्य नहीं चल सकता था अतः ज़फ़र ख़ां ने आदेश दिया कि चारों ओर से साबात[3] तैयार किये जायं। शीघ्रातिशीघ्र उन्हें तैयार कर लिया गया। साबातों के बावजूद क़िला विजय न हुआ। अंत में एक वर्ष तथा कुछ मास के अवरोध के उपरान्त राजपूतों ने दीनता प्रगट करते हुए क्षमा-याचना की। पुरुषों तथा स्त्रियों ने नंगे सिर होकर वड़ी दीनता से क्षमा-

१ राज्य।

२ पत्थर, आग तथा अन्य शीघ्र जलने वाले पदार्थों को फेंकने की एक मशीन।

३ एक प्रकार का ढँका हुआ मार्ग जिससे आक्रमणकारी बिना अधिक हानि के सुगमतापूर्वक क़िले पर आक्रमण कर सकते थे।

याचना की और पेशकश[1] प्रदान करके यह निश्चय किया कि वे प्रति वर्ष बिना मांगे हुए पटन में ख़राज[2] भेजते रहेंगे और तदुपरान्त मुसलमानों को कष्ट न पहुंचायेंगे।

## अजमेर की ओर प्रस्थान

आज़म हुमायूँ ने अपनी स्वाभाविक कृपा के कारण उन लोगों की प्रार्थना स्वीकार कर ली और उन्हें शरण प्रदान कर दी। पेशकश प्राप्त करके वार्षिक ख़राज निश्चित करने के उपरान्त वह उस क्षेत्र से निश्चिन्त होकर लौट गया। वहां से वह ख़्वाजा मुईनुद्दीन हसन सिजज़ी[3] के मक़बरे के दर्शन हेतु (८८) रवाना हुआ और उस प्रान्त के क़स्बों को विध्वंस करके वहां आबादी का कोई चिह्न शेष न रहने दिया। विध्वंस कार्य की समाप्ति के उपरान्त उसने दन्दवाना की ओर प्रस्थान किया और दीलवारा[4] तथा जलवारा[5] की विलायत[6] को नष्ट-भ्रष्ट करके अत्यधिक धन-संपत्ति प्राप्त की। १७ रमज़ान ८०० हि० (३ जून १३९८ ई०) को वह पटन लौट आया। क्योंकि वह ३ वर्ष से निरन्तर आक्रमण कर रहा था अतः उसने आदेश दिया कि सैनिकों को एक वर्ष के लिए सेवा तथा परिश्रम से क्षमा किया जाय।

## देहली पर आक्रमण करने की तैयारी

८०० हि० (१३९७–९८ ई०) के अन्त में उसका पुत्र तातार ख़ां, जो सुल्तान महमूद बिन (पुत्र) सुल्तान मुहम्मद बिन (पुत्र) फ़ीरोज़ शाह का वज़ीर था, मल्लू ख़ां के प्रभुत्व के कारण गुजरात से भाग कर अपने पिता की सेवा में पहुंचा। इसका विवरण देहली के सुल्तानों के वृत्तान्त में लिखा जा चुका है। तातार ख़ां ने अपमान का बदला लेने के लिए अपने पिता से आग्रह किया कि, "मैं आपकी सेना को लेकर इक़बाल मल्लू ख़ां से बदला लूंगा।" आज़म हुमायूं ज़फ़र ख़ां सेना की तैयारी की चिन्ता करने लगा तथा लोगों को प्रोत्साहन देने लगा। क्योंकि साहिब क़िरान अमीर तैमूर गुर्गान के पौत्र पीर मुहम्मद ने मुल्तान को अपने अधिकार में कर लिया था और सारंग ख़ां को बन्दी बना लिया था अतः आज़म हुमायूं अपनी योजना को कार्यान्वित करने में विलम्ब करने लगा। वह समझ गया था कि मिर्ज़ा पीर मुहम्मद साहिब क़िरान की सेना का मुक़द्दमा है।[7] कुछ दिन उपरान्त ८०१ हि० (१३९८ ई०) में यह समाचार प्राप्त हुआ कि अमीर तैमूर एक बहुत भारी सेना लेकर देहली पहुंच गया है। ज़फ़र ख़ां ने अपने पुत्र को तसल्ली देकर देहली का आक्रमण, अवसर की प्रतीक्षा में स्थगित कर दिया।

## ईदर पर आक्रमण

(८९) उसी समय दोनों ने मिल कर ईदर की विलायत की ओर प्रस्थान किया और निरन्तर

१ उपहार।
२ राज्यों से प्राप्त किया जाने वाला वार्षिक कर।
३ एक प्रसिद्ध सूफ़ी जिनकी मज़ार अजमेर में है। उनका जन्म ११४२ ई० में सीस्तान में हुआ। भारत आकर वे अजमेर में निवास करने लगे। उनका निधन १२३६ ई० में हुआ। हिन्दुस्तान में सूफ़ियों के चिश्ती सिलसिले वाले उन्हीं के भक्त हैं।
४ इसे 'दिलवारा' भी लिखा गया है।
५ एक पोथी के अनुसार 'दन्दुआना'।
६ राज्य।
७ सेना के अग्र भाग का अधिकारी।

यात्रा करके ईदर के क़िले को घेर लिया। नित्यप्रति विलायत के चारों ओर सेना को भेजकर उसके विध्वंस में कोई कसर न उठा रक्खी। ईदर के राजा ने अत्यधिक दीनता प्रकट करते हुए दूतों को भेज कर पेशकश अदा करना स्वीकार कर लिया। क्योंकि देहली का राज्य अव्यवस्थित था अतः ज़फ़र खां केवल पेशकश से संतुष्ट हो गया और रमज़ान ८०१ हि० (मई-जून १३९९ ई०) में पटन लौट आया।

## सुल्तान महमूद का गुजरात के राज्य में पहुंचना

इसी बीच में देहली से बहुत से लोग साहिब क़िरान के आक्रमण के कारण भाग कर पटन पहुंचे। आज़म हुमायूँ ने उनकी श्रेणी के अनुसार उनके प्रति कृपादृष्टि प्रदर्शित की और जो जिस कृपा का पात्र था उसके प्रति उसने वह कृपा प्रदर्शित की। कुछ समय उपरान्त सुल्तान महमूद बिन (पुत्र) सुल्तान मुहम्मद बिन (पुत्र) सुल्तान फ़ीरोज़ शाह, साहिब क़िरान से भाग कर गुजरात की विलायत में पहुंचा किन्तु जिस प्रकार ज़फ़र ख़ां को व्यवहार करना चाहिये था उसने न किया। वह निराश होकर मालवा की ओर चला गया। इसका उल्लेख उचित स्थान पर किया जायेगा।

## ईदर के क़िले की विजय

८०३ हि० (१४९०-९१ ई०) में आज़म हुमायूं ने सेना को एक वर्ष का वेतन प्रदान करके अत्यधिक तैयारी के उपरान्त ईदर[1] के क़िले को विजय करने के लिए आक्रमण किया। जब सुल्तान की सेना ने क़िले को चारों ओर से घेर लिया और कई दिन तक निरन्तर युद्ध होता रहा तो एक रात्रि में ईदर का राजा क़िले को ख़ाली करके बीजानगर की ओर भाग गया। प्रातःकाल ज़फ़र खां ने क़िले पर पहुंच कर ईश्वर के प्रति कृतज्ञता प्रकट की और मंदिरों को नष्ट करके क़िले में थाने निश्चित कर दिये। ईदर की विलायत[2] अमीरों को बांट दी। उस प्रदेश के कार्यों को सुव्यवस्थित करने के उपरान्त वह पटन लौट गया।

## सोमनात की विजय

८०४ हि० (१४०१-२ ई०) में ज़फ़र ख़ां को समाचार प्राप्त हुये कि सोमनात के मंदिर के काफ़िरों तथा हिन्दुओं ने पुनः अपने धर्म के नियमों को उन्नति देने का प्रयत्न प्रारम्भ कर दिया है। आज़म (९०) हुमायूं ने उस ओर प्रस्थान किया और अपने पूर्व एक सेना भेज दी। जब सोमनात के निवासियों को पता चला तो उन्होंने समुद्र के मार्ग से बढ़कर युद्ध प्रारम्भ कर दिया। आज़म हुमायूं शीघ्रातिशीघ्र उस स्थान पर पहुंच गया और उसने उस समूह को नष्ट-भ्रष्ट कर दिया। जो लोग बच गये थे बन्दर द्वीप के क़िले में पहुंच गये। कुछ दिन उपरान्त (गुजरात की सेना ने) उस क़िले को विजय करके उस समूह को तलवार के घाट उतार दिया और उस समूह के नेताओं को हाथी के पांव के नीचे डलवा दिया गया। उसने मंदिरों का खण्डन करा कर जामा मस्जिद का निर्माण कराया। क़ाज़ी, मुफ़्ती[3] तथा शरा के अधिकारी नियुक्त किये और थाने निश्चित करके राजधानी पटन की ओर प्रस्थान किया।

१ एक पोथी के अनुसार, 'वह बीजानगर की विजय हेतु रवाना हुआ। वहां का वाली भाग गया'।
२ राज्य।
३ फ़तवा (व्यवस्था) देने वाला अधिकारी।

## तातार ख़ां द्वारा देहली पर आक्रमण करने का आग्रह

८०६ हि० (१४०३–४ ई०) में तातार ख़ां ने पुनः अपने पिता से निवेदन किया कि, "मल्लू ख़ां ने देहली को अपने अधिकार में कर लिया है। यद्यपि सुल्तान महमूद केवल क़न्नौज से संतुष्ट हो गया है, किन्तु इस पर भी वह उसे नहीं छोड़ता। यदि आप दास को सेना प्रदान करें तो दास देहली जाकर उसे अपने अधिकार में कर ले और अपना बदला लेकर सुल्तान महमूद को पुनः सिंहासनारूढ़ कर दे।" आज़म हुमायूं ने कहा कि, "इस समय फ़ीरोज़ शाह की संतान में कोई योग्य व्यक्ति नहीं है। मल्लू इक़बाल ख़ां ने देहली को अपने अधिकार में कर लिया है। आलिम लोग इस्लाम के विभिन्न समूहों में रक्तपात को उचित नहीं समझते।" तातार ख़ां तसल्ली के इन शब्दों से संतुष्ट न हुआ और उसने कहा कि, "आज हम में इतनी शक्ति है कि देहली का राज्य प्राप्त कर लें। बादशाही तथा सल्तनत किसी को तर्क में नहीं प्राप्त होती", और उसने यह छन्द पढ़ा :

छन्द

"राज्य किसी को तर्क में नहीं प्राप्त होता
जब तक कि वह तलवार नहीं चलाता।"

## ज़फ़र ख़ां का राज्य त्यागना

आज़म हुमायूं ने जब यह देखा कि तातार ख़ां अपने इस संकल्प को नहीं त्यागता तो उसने अपने आप को राज्य से पृथक् करके समस्त सेना तथा परिजन उसे सौंप दिये।

# तातार ख़ां बिन आज़म हुमायूं ज़फ़र ख़ां

(९१) जब ज़फ़र ख़ां ने स्वतः राज्य के कार्य को त्याग दिया तो तातार ख़ां ने १ जमादि-उल-आख़िर ८०६ हि० (१६ दिसम्बर १४०३ ई०) को असावल क़स्बे में शानदार दरबार किया और सिंहासनारूढ़ हुआ। अपने सिर पर चत्र लगवा कर उसने सुल्तान मुहम्मद शाह की उपाधि धारण कर ली। अमीरों, प्रतिष्ठित व्यक्तियों तथा राज्य के सरदारों को ख़िलअतें पहनाईं और जो धन चत्र पर न्योछावर हुआ था उसे योग्य लोगों तथा सहायता के पात्रों को बांट दिया। विज़ारत का पद शम्स ख़ां दन्दानी को, जो आज़म हुमायूं का छोटा भाई था, प्रदान किया। अपने फ़रमान के तुग़रे[1] में उसने इस वाक्य को लिखने का आदेश दिया :

अल मोअफ़्फ़क़ वल वासिक़ बे ताईदुर्रहमान, इफ़्तेख़ारुद्दूनिया वद्दीन अबुल ग़ाज़ी मुहम्मद शाह बिन मुज़फ़्फ़र शाह।

## नादौत पर आक्रमण

राज्य के कार्य सुशासित करने के उपरान्त उसने एक भारी सेना एकत्र करके १ शाबान ८०६ हि० (१३ फ़रवरी १४०४ ई०) को असावल क़स्बे से देहली की ओर प्रस्थान किया। मार्ग में उसे यह समाचार पहुंचाये गये कि नादौत के राजा ने अपनी बुद्धि के पांव आज्ञाकारिता के क्षेत्र से बाहर निकाल

१ फ़रमानों के ऊपर लिखी जाने वाली शाही उपाधियां।

लिये हैं।[1] मुहम्मद शाह अपने साहस की लगाम को उस ओर मोड़ कर शीघ्रातिशीघ्र नादौत की विलायत में पहुंच गया[2] और वहां के क़स्बों तथा ग्रामों को नष्ट-भ्रष्ट कर दिया। उसने सिनूर क़स्बे में पड़ाव किया।
(९२) अपनी उन्नति की बहार ही में वह मदिरापान के कारण मृत्यु को प्राप्त हो गया।

उसने २ मास तथा कुछ दिन तक राज्य किया। जब यह दुःखपूर्ण समाचार भरौंच में आज़म हुमायूं के पास पहुंचे तो वह बड़ा दुखी हुआ और शीघ्रातिशीघ्र शिविर में पहुंच गया। उसने उसकी उपाधि मंशूरों[3] में ख़ुदायग़ाने शहीद[4] लिखवाई। शम्स ख़ां दन्दानी को प्रोत्साहन देते हुए, मलिक जलाल खोखर को स्थानान्तरित करके, नागौर का शासन प्रबन्ध उसको सौंप दिया। वह बड़े दुःख की अवस्था में आवश्यकतावश शासन प्रबन्ध करता था। चत्र तथा राजसिंहासन को एक कोने में रख दिया था और अपने आप को उनके द्वारा सम्मानित न करता था। अन्त में अमीरों तथा राज्य के उच्च पदाधिकारियों के आग्रह पर ८१० हि० (१४०७--८ ई०) में सिंहासनारूढ़ हुआ। कुछ इतिहासों में लिखा हुआ है कि शम्स ख़ां दन्दानी ने ज़फ़र ख़ां के संकेत पर मुहम्मद शाह की मदिरा में विष दिला दिया।

## ज़फ़र ख़ां जिसकी उपाधि मुज़फ़्फ़र शाह थी

जब गुजरात के राज्य की अशान्ति जो ३ वर्ष तथा ४ मास तक रही समाप्त हो गई तो आज़म
(९३) हुमायूं ज़फ़र ख़ां बीरपुर क़स्बे में अमीरों, प्रतिष्ठित तथा सम्मानित व्यक्तियों के आग्रह पर ज्योतिषियों द्वारा निश्चित मुहूर्त में सिंहासनारूढ़ हुआ और उसने सुल्तान मुजफ़्फ़र शाह की उपाधि धारण कर ली। उसके फ़रमानों में उसकी उपाधि इस प्रकार लिखी जाती थी :

अल-वासिक़ बिल्लाहिल मन्नान, शम्सुनिया वद्दीन अबुल मुजाहिद मुज़फ़्फ़र शाह अस् सुल्तान।

### मालवा पर आक्रमण

जो धन चत्र पर न्यौछावर किया गया था उसे उसने सहायता के पात्रों को वांट दिया। अमीरों, प्रतिष्ठित लोगों तथा विभिन्न समूह के नेताओं को उसने ख़िलअतें प्रदान कीं और निरन्तर यात्रा करता हुआ मालवा के राज्य की ओर रवाना हुआ। जब वह धार के समीप पहुंचा तो सुल्तान होशंग ने युद्ध प्रारम्भ कर दिया। क्योंकि उसमें मुज़फ़्फ़र शाह का मुक़ाबला करने की शक्ति न थी अतः वह भाग कर धार के क़िले में शरण हेतु चला गया। अन्त में वह सुल्तान की सेवा में उपस्थित हुआ। क्योंकि सुल्तान मुज़फ़्फ़र शाह को यह ज्ञात हुआ था कि उसने अपने पिता दिलावर ख़ां को, जिसमें तथा मुज़फ़्फ़र शाह में जब वे सुल्तान मुहम्मद फ़ीरोज़ शाह की सेवा में थे, प्रेम तथा भ्रातृत्व भाव थे, विष दिलवा दिया है, अतः उसने सुल्तान होशंग तथा उसके कुछ विश्वासपात्रों को बन्दी बना दिया और अपने छोटे भाई नुसरत ख़ां को मालवा में सिंहासनारूढ़ कर दिया।

### देहली की ओर प्रस्थान तथा वापसी

इसी बीच में उसे समाचार प्राप्त हुआ कि सुल्तान इबराहीम शर्क़ी देहली की विजय के विचार

१ विद्रोह कर दिया है।
२ 'साहस से कार्य लेकर नादौत पहुंच गया'।
३ राज्य के पत्र व्यवहार, फ़रमान इत्यादि।
४ शहीद स्वामी।

से जौनपुर से प्रस्थान कर चुका है। मुज़फ़्फ़र शाह ने यह समाचार सुनते ही देहली की ओर प्रस्थान किया। सुल्तान इबराहीम को जब यह ज्ञात हुआ कि सुल्तान मुज़फ़्फ़र उससे युद्ध करने का संकल्प करके आ रहा है तो वह मार्ग ही से लौट कर जौनपुर चला गया। इसका उल्लेख जौनपुर के सुल्तानों के इतिहास में किया जा चुका है। सुल्तान मुज़फ़्फ़र यह समाचार पाकर मार्ग से लौट गया और गुजरात की ओर चल दिया।

## होशंग का मालवा में सिंहासनारूढ़ किया जाना

वह सुल्तान होशंग को बन्दी बना कर अपने साथ ले गया। जब कुछ समय व्यतीत हो गया तो (९४) मालवा की सेना तथा प्रजा ने नुसरत ख़ां के दुर्व्यवहार के कारण उस पर आक्रमण कर दिया और उसे स्वामियों के समान धार से निकाल कर गुजरात की ओर चलता कर दिया और उसके जो लोग वहां रह गये थे उनको कष्ट तथा हानि पहुंचाई। सुल्तान मुज़फ़्फ़र के भय से मूसा ख़ां को, जोकि सुल्तान होशंग का संबन्धी था सरदार नियुक्त किया और मन्दू का क़िला उसके निवास हेतु चुना। इस समाचार के प्राप्त होते ही सुल्तान मुज़फ़्फ़र ने सुल्तान होशंग को बन्दीगृह से मुक्त करके शाहज़ादा अहमद ख़ां बिन मुहम्मद शाह को उसकी सहायतार्थ इस आशय से नियुक्त किया कि वह मालवा पर अधिकार जमा कर उसे सौंप दे। शाहज़ादा अहमद ख़ां ने धार क़स्बे में पहुंच कर उस प्रदेश को अपने अधिकार में कर लिया और उसे सुल्तान होशंग को सौंप दिया और स्वयं धोद[1] के मार्ग से गुजरात की राजधानी को लौट गया। इसका सविस्तार उल्लेख मालवा के सुल्तानों के वृत्तान्त में किया जा चुका है।

८१२ हि० (१४०९–१० ई०) में सुल्तान मुज़फ़्फ़र को यह समाचार प्राप्त हुआ कि कच्छ के अधीन कन्थाकोट[2] के राजपूतों ने विद्रोह तथा उपद्रव प्रारम्भ कर रखा है। यह समाचार पाते ही उसने एक बहुत बड़ी सेना को उस समूह को दण्ड देने के लिए नियुक्त किया। कहा जाता है कि ख़ुदावन्द ख़ां को शेख़ मुहम्मद क़ासिम की सेवा में इस आशय से धोद में भेज दिया गया कि वह इस्लामी सेना के लिए उनसे शुभ कामनायें कराये। शेख़ मुहम्मद क़ासिम ने उस सेना में नियुक्त हुये लोगों के नामों की सूची को देख कर कुछ नामों पर चिह्न बना दिया। संयोग से जब मुज़फ़्फ़र शाह की सेना विजय प्राप्त करके वापस हुई तो जिन नामों के ऊपर चिह्न बनाया गया था वे उस युद्ध में मारे गये।

## सुल्तान मुज़फ़्फ़र की मृत्यु

८१३ हि० (१४१०–११ ई०) में सुल्तान मुज़फ़्फ़र नहरवाला पटन नामक नगर में रुग्ण हो गया। उसने शाहज़ादा अहमद ख़ां को अमीरों तथा उच्च पदाधिकारियों की उपस्थिति में सिंहासनारूढ़ (९५) किया और उसे नासिरुद्दुनिया वद्दीन अबुल फ़तह अहमद शाह की उपाधि प्रदान की। उसके आदेशानुसार इस्लामी मिम्बरों पर उसके नाम का ख़ुत्बा पढ़ा गया। उसके राज्य को आरम्भ हुये ३ वर्ष, ८ मास तथा १६ दिन व्यतीत हो चुके थे। सुल्तान अहमद शाह को सिंहासनारूढ़ करने के ५ मास तथा १३ दिन उपरान्त वह मृत्यु को प्राप्त हो गया और सफ़र ८१४ हि० (मई-जून १४११ ई०) में वह संसार की प्राचीन सराय से परलोकगामी हो गया। वह पटन में दफ़न है और "ख़ुदायेगाने कबीर" के नाम से पुकारा जाता है।

१ यह नाम हस्तलिखित पोथियों में विभिन्न प्रकार से लिखा है: धोर, धूर इत्यादि।
२ एक पोथी के अनुसार 'कुहना कोट'।

# सुल्तान अहमद शाह बिन सुल्तान मुहम्मद बिन मुज़फ़्फ़र शाह

सुल्तान अहमद शाह ने सिंहासनारूढ़ होने के उपरान्त राज्य के अमीरों तथा प्रतिष्ठित व्यक्तियों, नगर के बड़े बड़े आदमियों और विभिन्न समूह के विशेष व्यक्तियों को सम्मानित किया और समस्त प्रजा को अपने दान-पुण्य द्वारा लाभ पहुंचाया। उसने दीवानों[1] से सम्बन्धित अधिकारियों तथा कर्मचारियों को उनके प्राचीन स्थानों पर रहने दिया। उसने कृषि को उन्नति देने, राज्य को समृद्ध बनाने तथा न्याय के प्रबन्ध का विशेष प्रयत्न किया।

## फ़ीरोज़ खां का विद्रोह

जब सुल्तान अहमद शाह के सिंहासनारोहण के समाचार फ़ीरोज़ खां बिन (पुत्र) सुल्तान मुज़फ़्फ़र शाह को वरोदा[2] क़स्बे में प्राप्त हुये तो उसने ईर्ष्या तथा द्वेष के कारण विरोध तथा शत्रुता की पताका बलन्द कर दी। उसने जीवन दास खत्री[3] को अपना वज़ीर नियुक्त कर दिया। खम्बायत का हाकिम[4] अमीर महमूद बर्की भी उसका सहायक बन गया। दुष्ट प्रवृत्ति के अन्य अमीर भी फ़ीरोज़ खां को अपने
(९६) लाभ तथा सफलता का साधन समझकर उससे मिल गये। वे फ़ीरोज़ खां को खम्बायत ले गये। वहां सुल्तान मुज़फ़्फ़र के पुत्र हैबत खां ने उससे भेंट की। कुछ दिन उपरान्त सुल्तान मुज़फ़्फ़र का पुत्र सआदत खां तथा शेर खां भी आ कर उससे मिल गये। फ़ीरोज़ खां की शक्ति उसके भाइयों के मिल जाने के कारण बहुत बढ़ गई। वह भरौंच क़स्बे की ओर रवाना हुआ। वहां से उसने एक पत्र सुल्तान होशंग ग़ोरी को लिखा और उससे सहायता करने का आग्रह किया और उसके मार्ग व्यय हेतु प्रत्येक पड़ाव के लिये कई लाख तन्के अदा करना स्वीकार किये। उसने गुजरात प्रदेश के ज़मींदारों को घोड़े तथा ख़िलअत भेजकर अपनी ओर मिला लिया।

## अहमद शाह का फ़ीरोज़ के विरुद्ध प्रस्थान

जब अहमद शाह को यह समाचार प्राप्त हुये तो उसने अपनी सेना तैयार करके भरौंच की ओर शीघ्रातिशीघ्र प्रस्थान किया। जब वह वहां पहुंच गया तो उसने विद्रोह की अग्नि शान्त करने के लिये अमीरों के पास यह संदेश देकर एक दूत भेजा :

**छन्द**

"जिसे ईश्वर ने सम्मानित किया है उसे भाग्य कभी अपमानित नहीं कर सकता,
जो ईश्वर को प्रिय है उसे संसार कभी नीचा नहीं दिखा सकता।"

"क्योंकि ख़ुदायेगाने कबीर मुज़फ़्फ़र शाह[5] ने मेरा हाथ पकड़ कर मुझे राज्य के सिंहासन पर आरूढ़ किया है और इस भव्य भवन की नीव और मेरे राज्य का महल अमीरों तथा देश के प्रसिद्ध प्रतिष्ठित

१ माल विभाग, राजस्व विभाग।
२ एक पोथी के अनुसार 'बरोदरा'।
३ एक पोथी के अनुसार 'जीवन प्याग दास खत्री'।
४ गवर्नर।
५ एक पोथी के अनुसार 'हमारे बाबा (पिता) मुज़फ़्फ़र शाह'।

व्यक्तियों एवं सर्वसाधारण की बैअत[1] द्वारा दृढ़ हो गया है अतः तुम्हारे लिये यह उचित नहीं कि तुम आज्ञाकारिता एवं निष्ठा के बाहर पांव रक्खो कारण कि विद्रोह का परिणाम विनाश होता है। प्रत्येक व्यक्ति उस अक़्ता से जो उसे ख़ुदायेगाने कबीर मुज़फ़्फ़र शाह ने प्रदान की थी, सन्तुष्ट रहे और अधिक प्रोत्साहन की आशा करता रहे।"

जब अमीरों को दूत ने यह संदेश पहुंचाया तो उन्होंने आपस में परामर्श करके अहमद शाह के (९७) सगे चाचा हैबत ख़ां को दूत के साथ सुल्तान की सेवा में भेज दिया। सुल्तान अहमद की हैबत ख़ां के प्रति अत्यधिक कृपादृष्टि से प्रोत्साहित होकर, फ़ीरोज़ ख़ां तथा अन्य ख़ान लोग भी, सुल्तान अहमद की सेवा में उपस्थित हो गये। उसने प्रत्येक को नई-नई कृपाओं द्वारा प्रोत्साहित किया और उनकी प्राचीन जागीरें उनके पास रहने दीं और उस क्षेत्र का शासन-प्रबन्ध भली भांति सम्पन्न कर लेने के उपरान्त वह पटन की ओर वापस होना चाहता था कि उसे समाचार प्राप्त हुये कि, "सुल्तान होशंग ने फ़ीरोज़ ख़ां की सहायता के उद्देश्य से धार से इस क्षेत्र की ओर प्रस्थान कर दिया है।"

## होशंग की पराजय

सुल्तान अहमद यह समाचार पाते ही, भरौंच के क़िले से निरन्तर यात्रा करता हुआ वन्तज नामक स्थान पर पहुंचा। उस स्थान पर भीकन आदम ख़ां अफ़ग़ान जो सुल्तान मुज़फ़्फ़र शाह के राज्य-काल में बरौदा का मुक़्ता था और विद्रोह के कारण कोनों में छिपता घूमता था, सेवा में उपस्थित हुआ। सुल्तान ने उसके प्रति कृपादृष्टि प्रदर्शित की। सुल्तान अहमद क्योंकि फ़ीरोज़ ख़ां के कार्य को भली भांति सम्पन्न कर चुका था अतः वह एक बहुत बड़ी सेना लेकर होशंग से युद्ध करने के लिए रवाना हुआ। उसने एमादुलमुल्क को अपने पूर्व उससे युद्ध करने के लिए भेज दिया। होशंग पराजित होकर लज्जावश अपने राज्य को लौट गया। एमादुलमुल्क ने कई पड़ाव तक उसका पीछा किया और जो जमींदार सुल्तान होशंग से मिल गये थे उन्हें बन्दी बनाकर (सुल्तान अहमद) की सेवा में लाया।

## अहमदाबाद का बसाया जाना

सुल्तान अहमद शाह, जब लौटते समय असावल क़स्बे में पहुंचा, तो उसे वहां की वायु (९८) अपने अनुकूल प्रतीत हुई। इस्तिखारे[2] तथा पवित्र शेख़ अहमद कम्बोह से परामर्श के उपरान्त उसने साबरमती नदी के तट पर ज़ीक़ाद ८१३ हि० (फ़रवरी-मार्च १४१२ ई०) में अहमदाबाद के भव्य नगर का, जिसके समान हिन्दुस्तान के नगरों में कोई नगर नहीं है, शिलान्यास किया। उसमें उसने दो क़िलों, एक जामा मस्जिद तथा बहुत से बाज़ारों का निर्माण कराया। क़िले के बाहर ३६० पुरे, जिनमें से प्रत्येक पुरे में बाज़ार, मस्जिद तथा दीवार बन्द[3] थे, बसाये। अहमदाबाद के विषय में यदि यह कहा जाय कि संसार के समस्त नगरों में कोई नगर भी उसके समान सजा हुआ तथा शानदार न होगा तो यह अतिशयोक्ति न होगी।

## फ़ीरोज़ ख़ां तथा हैबत ख़ां का विद्रोह

८१४ हि० (१४११-१२ ई०) में फ़ीरोज़ ख़ां तथा हैबत ख़ां ने, मलिक बद्रे अला के बहकाने

१ अधीनता की शपथ।
२ किसी कार्य के करने अथवा न करने के सम्बन्ध में निर्णय करने के पूर्व ईश्वर की इच्छा ज्ञात करना।
३ सम्भवतः चहार दीवारी।

से, जो सुल्तान मुज़फ़्फ़र का निकटतम संबन्धी था, पुनः विद्रोह प्रारम्भ कर दिया और विलायत से निकल कर ईदर[1] नामक पर्वत में शरण ली। सुल्तान अहमद शाह यह समाचार पाते ही उस समूह के विनाश हेतु रवाना हुआ। जब वह वन्तज नामक क़स्बे में पहुंचा तो उसने फ़तह खां बिन (पुत्र) सुल्तान मुज़फ़्फ़र को अपने पूर्व ही भेज दिया। वह भी सैयिद इबराहीम निज़ाम मुव़्ता के मार्ग भ्रष्ट करने से महरासा[2] के क़स्बे में जाकर अपने भाइयों से मिल गया। सुल्तान अहमद ने यह सुनकर महरासा की ओर प्रस्थान किया और मलिक बद्रे अला तथा सैयिद इबराहीम ने, जिसकी उपाधि रुक्न खां थी, महरासा के क़िले के चारों ओर एक खाई खुदवाई और क़िले की रक्षा की व्यवस्था करने लगे। फ़ीरोज़ खां तथा हैबत खां ने ईदर के राजा रायमल[3] को अपनी सहायतार्थ बुलवा कर अनखूर[4] नामक स्थान पर जो महरासा क़स्बे से ५ कोस पर है पहुंच गया।

## सुल्तान का मलिक बद्रे अला के पास दूत भेजना

(९९) जब सुल्तान अहमद महरासा क़स्बे के समीप पहुंचा तो उसने सर्वप्रथम आलिमों के एक समूह को मलिक बद्रे अला तथा रुक्न खां के पास इस आशय से भेजा कि वे उसकी दृष्टि के समक्ष से असावधानी के पर्दे हटाकर सत्य बात को उसके सम्मुख प्रस्तुत करें। जब दूतों को उचित उत्तर न मिला तो वे सुल्तान के पास लौट आये। सुल्तान ने अत्यधिक कृपा के कारण उनके पास पुनः संदेश भेजा कि, "मैंने तुम्हें क्षमा कर दिया है। तुम्हारी जहां इच्छा हो चले जाओ।" मलिक बद्रे अला तथा रुक्न खां ने उत्तर भेजा कि, "निज़ामुलमुल्क, जो नायब वज़ीर[5] है, और मलिक अहमद अज़ीज़ुलमुल्क, जोकि कार-गुज़ार[6] तथा नायब वकीलदर[7] है, मलिक सईदुलमुल्क तथा मलिक सैफ़ ख़्वाजा आ जायँ और हमें अपने साथ ले जाकर सुल्तान की सेवा में उपस्थित कर दें।" सुल्तान अहमद ने आदेश दिया कि, "उपर्युक्त अमीर चले जायं किन्तु वे बद्रे अला की धूर्तता तथा छल से चौकन्ने रहें और क़िले के भीतर प्रविष्ट न हों।"

## मलिक बद्रे अला की धूर्तता

जब उपर्युक्त अमीर महरासा के क़िले के द्वार की ओर रवाना हुये तो मलिक बद्रे अला तथा रुक्न खां ने एक सेना को एक गुप्त स्थान पर छिपा दिया और स्वयं उनका आदर-सत्कार करने लगा। मलिक निज़ामुलमुल्क तथा मलिक सईदुलमुल्क को अमीरों से पृथक् करके वार्तालाप करने लगा। इसी बीच में कुछ लोग, जो छिपे हुये थे, निकल पड़े और वे मलिक निज़ामुलमुल्क तथा सईदुलमुल्क को वन्दी बनाकर क़िले के भीतर ले गये। निज़ामुलमुल्क उच्च स्वर में कहता जाता था कि, "सुल्तान से कह देना कि क़िले की विजय में विलम्ब उचित नहीं। हमारे भाग्य में जो कुछ लिखा था वह हो गया।" मलिक बद्रे अला ने दोनों के,पाँव में ज़ंजीर डलवा कर एक अँधेरे घर में वन्दी बना दिया। इस कार्य का कारण

१ एक पोथी के अनुसार 'इन्दर'।
२ एक पोथी के अनुसार 'बहरासा'।
३ एक पोथी के अनुसार 'रणमल'।
४ एक पोथी के अनुसार 'ईखूर'।
५ वज़ीर का सहायक।
६ जिसे शासन प्रबन्ध में अधिक अधिकार प्राप्त हों।
७ शाही महल तथा सुल्तान के विशेष कर्मचारियों का प्रबन्ध करने वाला सबसे बड़ा अधिकारी।

यह था कि मलिक बद्रे अला समझता था कि जब तक अमीर बन्द हैं क़िले को कोई हानि न पहुंचेगी।

## सुल्तान द्वारा क़िले पर आक्रमण

सुल्तान अहमद ने यह हाल सुनकर आदेश दिया कि, "मोर्चे बांट दिये जायं और चारों ओर से युद्ध प्रारम्भ कर दिया जाय। उसने स्वयं ५ जमादि-उल-अव्वल ८१४ हि० (२५ अगस्त १४११ ई०)[1] को द्वार पर आक्रमण किया और अमीर तथा वीर लोग यह हाल देख कर खाई में कूद पड़े और क़िले से
(१००) चिपट गये। पलक झपकाते ही चारों ओर से वे क़िले की दीवारों पर पहुंच कर मलिक निज़ामुलमुल्क को मुक्त कराने का प्रयत्न करने लगे। क्योंकि इन दोनों की मृत्यु का समय न आया था अतः इन दोनों को निकाल कर उन्होंने विद्रोहियों को नष्ट कर दिया। मलिक बद्रे अला तथा रुक्न खां की, जोकि विद्रोहियों के नेता थे, हत्या करा दी। फ़ीरोज़ खां तथा ईदर का राजा इस विजय के समाचार पाकर ईदर पर्वत में चले गये।

कुछ दिन उपरान्त ईदर के राजा रणमल ने अपने कार्यों को सुव्यवस्थित करने के लिए फ़ीरोज़ शाह से विश्वासघात करके उसके खज़ानें तथा हाथियों को अपने अधिकार में कर लिया। उन्हें उसने सुल्तान अहमद की सेवा में भेज दिया और दीनता प्रकट करते हुए मालगुज़ारी अदा करना स्वीकार कर लिया। सुल्तान विजय प्राप्त करके अहमदाबाद लौट आया। फ़ीरोज़ खां अपने भाइयों[2] के साथ भाग कर नागौर के क्षेत्र में चला गया। जिस दिन राजा के मुअक्किल[3] ने नागौर के हाकिम फ़ीरोज़ खां बिन शम्स खां दन्दानी से युद्ध किया उस दिन शाहज़ादा फ़ीरोज़ खां की हत्या हो गई।

## मलिक शह इत्यादि का विद्रोह तथा सुल्तान होशंग का विद्रोहियों की सहायतार्थ प्रस्थान

८१६[4] हि० (१४१३-१४ ई०) में मलिक अहमद सरकन्जी[5], मलिक शह मलिक, मलिक अहमद बिन शेर मलिक, भीकन आदम खां अफ़ग़ान तथा मलिक ईसा सालार ने सोये हुए उपद्रव को जगा
(१०१) दिया और कुछ विद्रोही ज़मींदारों को मिला लिया। उन्होंने राज्य के कुछ भागों पर आक्रमण किया। जिन जिन स्थानों पर अभागे लोग थे वे उनसे मिल गये। इसी दशा में मन्दल के राजा तथा नादौत और बुधवल के राजा ने सुल्तान होशंग के पास प्रार्थना-पत्र भेज कर गुजरात की विजय हेतु प्रेरित किया। सुल्तान होशंग बुद्धि की कमी के कारण विद्रोहियों की सहायता के भरोसे पर गुजरात की ओर चल दिया। सुल्तान अहमद ने जब यह देखा कि दो दिशाओं से उपद्रव उठ खड़ा हुआ है तो उसने अपने सगे भाई लतीफ़ खां बिन मुहम्मद शाह को मलिक निज़ामुलमुल्क नायब वज़ीर के साथ मलिक शह मलिक तथा अन्य अमीरों को दण्ड देने के लिए भेजा और स्वयं सेना तैयार करके सुल्तान होशंग से युद्ध करने के लिए रवाना हुआ।

१ एक पोथी के अनुसार '८१७ हि०'।
२ एक पोथी के अनुसार 'भाई'।
३ फ़िरिश्ता के अनुसार 'रण मल'।
४ एक पोथी में '८१८ हि०' है।
५ सरकीज़ी (सरकिज निवासी) उचित होगा।

## सुल्तान होशंग की अपने राज्य में वापसी

जब वह बान्धू नामक स्थान पर, जो चम्पानीर के समीप है पहुंचा तो मलिक एमादुलमुल्क समरक़न्दी को एक बहुत बड़ी सेना देकर अपने पहले भेज दिया। सुल्तान होशंग ने जब यह सुना कि सुल्तान अहमद का दास उससे युद्ध करने आ रहा है तो वह इस बात को अपने लिए अपमानजनक समझ कर अपनी विलायत को लौट गया। एमादुलमुल्क ने उन लोगों को जो इस विद्रोह के जन्मदाता थे, बन्दी बनाकर सुल्तान की सेवा में भेज दिया। बुद्धिमानों को यह भली-भांति समझ लेना चाहिये कि सुल्तान होशंग लौटने के लिए बहाना ढूंढ़ रहा था अन्यथा क्या यह संभव न था कि वह अपने दास को एमादुलमुल्क से युद्ध करने के लिए भेजता और जब सुल्तान अहमद अपनी सेना की सहायतार्थ प्रस्थान करता तो वह भी रवाना होता ?

## मलिक शह इत्यादि का पलायन

सुल्तान होशंग के लौट जाने के समाचार प्राप्त होते ही द्रुतगामी समाचार-वाहकों ने यह समाचार पहुंचाये कि मलिक शह मलिक तथा अन्य अमीर, युद्ध की शक्ति न रखने के कारण बिना युद्ध किये ही भाग (१०२) खड़े हुए। शाहज़ादा लतीफ़ ख़ां ने कुछ दूर तक उनका पीछा किया। तदुपरान्त पड़ाव किया। शह मलिक ने उन विद्रोहियों से मिल कर जो उसके सहायक बन गये थे रात्रि में शाहज़ादे के शिविर पर छापा मारा किन्तु सेना के लोगों के सावधान होने के कारण वह सफलता प्राप्त न कर सका और बहुत से लोगों की हत्या कराके भाग खड़ा हुआ। उसने करनाल के ज़मींदार से (सहायता की) प्रार्थना की। सुल्तान अहमद ने यह समाचार पाकर ईश्वर के प्रति कृतज्ञता प्रकट की और अहमदाबाद के निवासियों को इनाम तथा कृपा द्वारा प्रसन्न किया।

## करनाल की विजय

८१७ हि० (१४१४–१५ ई०) में जब राजा करनाल ने शह मलिक तथा अन्य विद्रोहियों को अपने राज्य में शरण प्रदान कर दी तो सुल्तान ने उसको दण्ड देने के लिए प्रस्थान किया। जब वह करनाल के समीप, जो जूनागढ़ के नाम से प्रसिद्ध है, पहुंचा तो उस स्थान के राजा ने एक सेना सहित क़िले से निकल कर युद्ध प्रारम्भ कर दिया। आरम्भ में वह भाग कर करनाल के क़िले में प्रविष्ट हो गया। उसके अधिकांश योग्य व्यक्ति पलायन के समय मृत्यु को प्राप्त हो गये। सुल्तान अहमद ने क़िले को घेर लिया और नित्यप्रति सोरठ[1] की विलायत को नष्ट-भ्रष्ट करने के लिए सेना भेजने लगा। कुछ दिन उपरान्त रजब ८१७ हि० (सितम्बर–अक्तूबर १४१४ ई०) में करनाल के क़िले पर ज़बरदस्ती अधिकार जमा लिया गया। करनाल का राजा अन्य लोगों के साथ जो विद्रोह कर रहे थे भाग कर करनाल पर्वत पर पहुंच गया। कुछ दिन उपरान्त वे लोग दीनता प्रकट करते हुए क्षमा-याचना करके नीचे उतरे और पूर्व की भांति मालगुज़ारी अदा करने लगे। सुल्तान अहमद, अबुलख़ैर तथा सैयिद क़ासिम को मालगुज़ारी वसूल करने के लिए नियुक्त करके अहमदाबाद की राजधानी को लौट गया।

## आसीर के अधिकारी को दंड

(१०३) ८२१ हि० (१४१८–१९ ई०) में यह समाचार प्राप्त हुआ कि, "आसीर तथा

१ एक पोथी के अनुसार 'सूरत'।

बुरहानपुर के अधिकारी नसीर बिन आदिल खां ने अत्यधिक अभिमान प्रदर्शित करते हुए सुल्तानपुर तथा नद्रबार के कुछ स्थानों को हानि पहुंचाई है।" यह समाचार पाते ही, वह निरन्तर यात्रा करता हुआ नद्रबार की ओर रवाना हुआ और एक सेना तम्बोल नामक क़िले की विजय हेतु, जो दकिन की सीमा पर स्थित है, भेजी। जब वह नद्रबार पहुंचा तो नसीर आदिल ख़ां भाग कर आसीर चला गया और उस समूह ने जोकि तम्बोल के क़िले में पहुंच गया था, वहां के सरदार को प्रोत्साहन देकर क़िले को अपने अधिकार में कर लिया। वर्षा ऋतु के कारण चारवा[1] को जंगल में कष्ट उठाने पड़े।

## सुल्तान होशंग के आक्रमण के समाचार

सुल्तान अहमद शाह अहमदाबाद लौटने के विषय में सोच ही रहा था कि इसी बीच में द्रुतगामी समाचारवाहकों ने यह समाचार पहुंचाये कि ईदर, चम्पानीर, मन्दल तथा नादौत के राजाओं ने सुल्तान होशंग के पास निरन्तर प्रार्थनापत्र भेज कर उसे गुजरात बुलवाया है और सुल्तान होशंग महरासा क़स्बे में पहुंच गया है।

## नागौर से होशंग के समाचार प्राप्त होना

इसी बीच में एक शुतुर सवार[2] नागौर से ९ दिन की यात्रा करके नद्रबार क़स्बे में पहुंचा और फ़ीरोज़ खां बिन शम्स खां दन्दानी का इस आशय का पत्र लाया कि, "सुल्तान होशंग गुजरात की विजय के उद्देश्य से आ रहा है। क्योंकि उसे बाह्य रूप से यह पता चला था कि फ़क़ीर आपसे संतुष्ट नहीं है अतः उसने फ़क़ीर को यह लिखा है कि गुजरात के ज़मींदारों ने प्रार्थना-पत्र भेज कर मुझे बुलवाया है और मैं गुजरात जा रहा हूं। आप भी शीघ्रातिशीघ्र तैयार होकर पहुंच जायें। गुजरात की विजय के उपरान्त नहरवाला की विलायत आपको प्रदान कर दी जायेगी। क्योंकि आप हमारे स्वामी हैं अतः आवश्यक समझ कर आपको सूचना भेजी जा रही है।"

## सुल्तान होशंग की युद्ध किये बिना वापसी

सुल्तान अहमद ने वर्षा ऋतु के बावजूद, निरन्तर यात्रा करके नर्मदा नदी पार की और महेन्द्री नदी के तट पर पड़ाव किया। जब वह एक सप्ताह में महरासा क़स्बे के समीप पहुंचा गया तो गुप्तचर यह समाचार सुल्तान होशंग के पास ले गये। सुल्तान होशंग ने उपर्युक्त ज़मींदारों को बुलवाकर उन्हें बुरा भला कहना आरम्भ कर दिया और वह अपनी गुद्दी खुजलाता हुआ[3] लौट गया। क्योंकि सुल्तान (१०४) अहमद शाह जरीदा[4] आया था अतः कुछ दिन तक उसने सेना एकत्र करने के लिए उस मंज़िल पर पड़ाव किया।

## सोरठ में विद्रोह तथा विद्रोह का शान्त होना

इसी बीच में यह समाचार प्राप्त हुआ कि सोरठ[5] के राजा ने इस विद्रोह के कारण मालगुज़ारी

१ बोझ लादने वाले पशुओं।
२ ऊंट पर यात्रा करने वाला।
३ लज्जित होकर।
४ थोड़े से सैनिकों सहित शीघ्रातिशीघ्र।
५ फ़िरिश्ता के अनुसार 'सूरत'।

अदा करना बन्द कर दिया है और नसीर बिन आदिल खां ने, जो आसीर का अधिकारी था, ग़ज़नी खां वल्द सुल्तान होशंग से मिल कर थालनीर के क़िले को घेर लियां है और छल तथा धूर्तता द्वारा उसे अपने अधिकार में कर लिया है। नादौत के राजा के परामर्श से वह सुल्तानपुर की विलायत में पहुंचा और उसे नष्ट-भ्रष्ट करके लौट गया। सुल्तान अहमद ने यह समाचार पाकर महमूद खां को एक बहुत बड़ी सेना देकर सोरठ की विलायत की ओर भेजा। उसने वहां पहुंच कर प्राचीन प्रथानुसार सोरठ के ज़मींदारों से मालगुज़ारी प्राप्त की और मलिक महमूद बर्की[1] तथा मुख़लिसुलमुल्क को नसीर बिन आदिल खां को दण्ड देने के लिए भेजा। मलिक महमूद तथा मुख़लिसुलमुल्क ने प्रथम बार नादौत की विलायत के थोड़े से भाग को नष्ट-भ्रष्ट कर दिया। नादौत के राजा ने विवश होकर निश्चित पेशकश अदा कर दी।

## सुल्तान की विजय

जब वे वहां से सुल्तानपुर के समीप पहुंचे, तो ग़ज़नी खां अपनी विलायत की ओर भाग गया और नसीर खां बिन आदिल खां थालनीर के क़िले में बन्द हो गया। जब अवरोध में अधिक समय व्यतीत हो गया तो नसीर खां बिन आदिल खां ने मलिक महमूद बर्की द्वारा अपने अपराधों की क्षमा-याचना की। सुल्तान अहमद ने उसके अपराधों को क्षमा करके खिलअत तथा नसीर खां की उपाधि द्वारा सम्मानित किया।

## राजाओं द्वारा क्षमा-याचना

(१०५) क्योंकि सुल्तान होशंग ने बार बार गुजरात की विलायत पर आक्रमण करके सुल्तान को कष्ट पहुंचाया था अतः सुल्तान अहमद उस वर्ष के सफ़र[2] मास में मालवा की विलायत को विजय तथा सुल्तान होशंग को दण्ड देने के लिए रवाना हुआ। मार्ग में ईदर, चम्पानीर तथा नादौत के राजाओं और अन्य ज़मींदारों के वकीलों[3] ने पहुंच कर अपने अपराधों की क्षमा-याचना की। उन्होंने प्रत्येक वर्ष की दुगुनी पेशकश भेजना निश्चय किया। सुल्तान अहमद ने उस समूह के अपराधों की ओर ध्यान न दिया और उनकी क्षमा को स्वीकार कर लिया।

## सुल्तान का मालवा की ओर प्रस्थान

क्योंकि मन्दल के राजा ने अभिमान के कारण विद्रोह करते हुए भी क्षमा-याचना न की अतः सुल्तान अहमद, मलिक निज़ामुलमुल्क को गुजरात में नियावते ग़ैबत[4] देकर, मन्दल के राजा को दण्ड देना उसके सिपुर्द करके, स्वयं वायु की उष्णता के बावजूद मालवा की ओर रवाना हुआ और निरन्तर यात्रा करता हुआ कालियादा नामक स्थान के समीप उतरा।

## सुल्तान होशंग का युद्ध हेतु कालियादा पहुंचना

सुल्तान होशंग ने कालियादा के निकट एक उचित भूमि को चुन कर, अपनी सेना के एक बाजू को

१ एक पोथी के अनुसार 'तुर्की'।
२ सफ़र ८२१ हि० (मार्च-अप्रैल १४१८ ई०)।
३ प्रतिनिधियों।
४ बादशाह की अनुपस्थिति में जो उच्च अधिकारी राज्य का कार्य चलाता था।

कालियादा नदी द्वारा दृढ़ बनाया और अपने सामने के बड़े बड़े वृक्षों को कटवा कर ख़ारबन्दी[1] करा दी। सुल्तान अहमद खुले मैदान में सवार होकर खड़ा हुआ और निश्चय हुआ कि दायें भाग की सरदारी अमीर महमूद बर्की तथा बायें भाग की सरदारी मलिक फ़रीद एमादुलमुल्क को सौंपे और मध्य भाग में नसीरुद्दीन अज़दुद्दौला रहे। संयोग से, जिस समय वह सवार होकर मलिक फ़रीद के शिविर की ओर पहुंचा तो वहीं खड़े होकर उसने एक सेवक को भेज कर उसे बुलवाया ताकि उसे उसके पिता की उपाधि, जो एमादुलमुल्क थी, प्रदान करे। दूत ने लौट कर कहा कि, "मलिक ने अपने शरीर पर तेल की मालिश कराई है और वह अब कुछ क्षण उपरान्त आयेगा।" सुल्तान ने कहा "आज युद्ध का दिन है। विलम्ब के कारण उसे पश्चात्ताप करना होगा।" और बिना ठहरे वह रणक्षेत्र की ओर चला गया।

## सुल्तान अहमद की विजय

(१०६) जब दोनों बादशाह एक दूसरे के समक्ष खड़े हो गये और सेना वाले जोश में आये तो सुल्तान अहमद की सेना के एक हाथी ने सुल्तान होशंग की सेना पर आक्रमण किया और उसे अत्यधिक हानि पहुंचाई। वह अश्वारोहियों को इधर उधर दौड़ाता फिरता था। ग़ज़नी खां वल्द सुल्तान होशंग ने अपने धनुष में बाण जोड़ कर हाथी के मस्तक को बाण द्वारा आहत करके लौटा दिया। प्रत्येक दिशा से वीर योद्धा निकल खड़े हुए और उन्होंने सुल्तान अहमद की सेना पर आक्रमण कर दिया और गुजरात वाले अत्यधिक परेशान हो गये। इसी बीच में मलिक फ़रीद अपनी सेना सहित सवार होकर मैदान में पहुंचा। यद्यपि उसने अत्यधिक प्रयत्न किया किन्तु उसे मार्ग न मिला। अन्त में एक व्यक्ति ने कहा कि, "मुझे मार्ग ज्ञात है और मैं शत्रु की सेना के पीछे पहुंचा सकता हूं।" मलिक फ़रीद ने इस मार्ग को बहुत बड़ी देन समझ कर उस ओर प्रस्थान किया। जब दोनों सेनायें युद्ध कर रही थीं तो मलिक फ़रीद की सेना सुल्तान होशंग के पीछे से प्रकट हुई। मलिक फ़रीद बेतहाशा आक्रमण करने लगा। घोर युद्ध हुआ। सुल्तान होशंग यद्यपि स्वयं बड़ा वीर था किन्तु रणक्षेत्र का विजेता न था अतः वह भाग खड़ा हुआ और मन्दू के क़िले तक भागता चला गया।

## सुल्तान का गुजरात वापस होना

सुल्तान अहमद तथा उसकी सेना को अत्यधिक धन-संपत्ति प्राप्त हुई। उन्होंने मन्दू के एक कोस तक उसका पीछा किया और सुल्तान अहमद ने उस विलायत के चारों ओर इस आशय से सेनायें भेजीं कि वे उसे नष्ट-भ्रष्ट कर दें। मन्दू के समीप जितने फल वाले अथवा बिना फल वाले वृक्ष थे काट डाले गये। वर्षा ऋतु आ जाने के कारण वह गुजरात लौट गया और चम्पानीर तथा नादौत की विलायतों को, जोकि (१०७) उसके मार्ग में थीं, नष्ट-भ्रष्ट करता हुआ रवाना हुआ। अहमदाबाद पहुंचने के उपरान्त वह कई मास तक निरन्तर जश्नों का आयोजन कराता रहा और जिसने थोड़ा सा भी परिश्रम किया था उसे उसने कृपा द्वारा सम्मानित किया तथा उपाधि प्रदान की।

## चम्पानीर पर आक्रमण

१ ज़ीक़ाद ८२१ हि० (३० नवम्बर १४१८ ई०) को उसने चम्पानीर के राजा को दण्ड देने के लिए प्रस्थान किया और निरन्तर यात्रा करता हुआ चम्पानीर पर्वत के समीप जोकि ३ कोस ऊंचा और

1 कांटों का बाड़ा।

७ कोस की परिधि में है, घेर लिया और आने जाने के मार्ग रोक दिये तथा विजय की प्रतीक्षा करने लगा। कुछ दिन उपरान्त चम्पानीर के राजा ने दीनता प्रकट करते हुए अपना वकील[१] भेजा और यह प्रार्थना कराई कि, "सेवक दरबार का एक दास है और अपने आपको सर्वदा 'बरसिंह दास अहमदशाही' लिखवाता है। यदि स्वाभाविक कृपा के कारण इस तुच्छ का अपराध क्षमा कर दिया जाय तो सेवक एक वर्ष का व्यय ख़ज़ाने में पहुंचा देगा और प्रत्येक वर्ष मालगुज़ारी देता रहेगा।" क्योंकि सुल्तान अहमद को अन्य कार्य करने थे अतः उसने उसकी प्रार्थना स्वीकार कर ली और पेशकश ले ली।

## सोनकरा की विजय

१ सफ़र ८२२ हि० (२७ फ़रवरी १४१९ ई०) को वह सोनकरा[२] क़स्बे की ओर रवाना हुआ और सोनकरा की विलायत[३] के कुछ भाग को उसने नष्ट भ्रष्ट कर दिया। २२ सफ़र ८२२ हि० (२० मार्च १४१९ ई०) को वह क़स्बे के क्षेत्र में उतरा और वहां एक जामा मस्जिद का उसने निर्माण कराया तथा शरा के अधिकारियों को नियुक्त कराया। ११ रबी-उल-अव्वल ८२२ हि० (७ अप्रैल १४१९ ई०) को उसने उस स्थान से प्रस्थान करके मानकती नामक स्थान पर पड़ाव किया और आदेश दिया कि "इस (१०८) स्थान के थाने के लिए दृढ़ क़िले का निर्माण कराया जाय।"

## मन्दू की ओर प्रस्थान

१२ रबी-उल-अव्वल ८२२ हि० (८ अप्रैल १४१९ ई०) को वह मन्दू की ओर रवाना हुआ। कान्तू पर्वत के निवासियों को दण्ड देता हुआ वह निरन्तर यात्रा करता गया। मार्ग में मौलाना मूसा तथा अली हामिद[४] सुल्तान होशंग की ओर से दूत बन कर पहुंचे और उन्होंने मलिक निज़ामुलमुल्क नायब वज़ीर, मलिक महमूद बर्की[५] तथा मलिक हुसामुद्दीन द्वारा दीनता प्रकट करते हुए यह निवेदन किया कि, "इस्लाम के बादशाह के लिए यह बात उचित नहीं है कि वह मालवा के मुसलमानों तथा पीड़ितों को कष्ट पहुंचाये।" सुल्तान अहमद ने अपनी सदाचारिता के कारण दूतों की प्रार्थना को स्वीकार कर लिया और एक स्नेहमय पत्र सुल्तान होशंग की सेवा में भेजा और ७ रबी-उस्सानी ८२२ हि० (३ मई १४१९ ई०) को चम्पानीर के समीप पड़ाव किया। जिन जिन स्थानों पर मंदिर थे उन्हें नष्ट करा कर वह अहमदाबाद पहुंचा।

## क़िलों का निर्माण

८२३ हि० (१४२०–२१ ई०) में उसने कुछ क़िलों के निर्माण हेतु प्रस्थान किया। सर्वप्रथम उसने जनकूर[६] नामक स्थान पर, जो महेन्द्री नदी के तट पर स्थित है, एक दृढ़ क़िले का निर्माण करवाया। तदुपरान्त उसने धामूर[७] क़स्बे के चारों ओर एक चहार दीवारी का निर्माण करवाया और वहां की आबादी

१ प्रतिनिधि।
२ एक पोथी के अनुसार 'सोनखरा' तथा एक अन्य पोथी के अनुसार 'सोनखेरा'।
३ राज्य।
४ अली जामदार।
५ कुछ पोथियों के अनुसार 'मलिक महमूद तुर्क'।
६ एक पोथी के अनुसार 'हीनूर'।
७ एक पोथी के अनुसार 'धाहूर'।

तथा कृषि की उन्नति का प्रयत्न किया। जब उसने कारतीहा[1] क़स्बे में पड़ाव किया तो उसने प्राचीन क़िले को, जिसका निर्माण सुल्तान अलाउद्दीन खलजी के गुमाश्ते[2] अलप खां संजर ने ७०४ हि० (१३०४–५ ई०) में करवाया था, पुनः निर्माण करवाया और वहां की समृद्धि में वृद्धि करने का प्रयत्न किया। उस क़स्बे का नाम उसने सुल्तानाबाद रखा।

८२४ हि० (१४२१ ई०) में उसने पुनः चम्पानीर की ओर प्रस्थान किया और चम्पानीर के (१०९) अवरोध के उपरान्त पेशकश प्राप्त करके १९ सफ़र ८२५ हि० (१२ फ़रवरी १४२२ ई०) को सोनकरा की ओर प्रस्थान किया। २२ सफ़र (१५ फ़रवरी १४२२ ई०) को वह सोनकरा पहुंच गया और वहां एक अन्य जामा मस्जिद का निर्माण कराया।

## मन्दू की ओर प्रस्थान तथा विजय

उस स्थान पर उसे यह समाचार प्राप्त हुआ कि सुल्तान होशंग बहुत समय से मालवा प्रदेश से कहीं चला गया है और उसका कहीं पता नहीं। अमीरों तथा विभिन्न समूह के नेताओं ने उसकी विलायत[3] को आपस में विभाजित करके अपने अधिकार में कर लिया है। यह समाचार पाकर उसने मन्दू की ओर कूच किया और निरन्तर यात्रा करता हुआ ३ रबी-उल-आखिर (२७ मार्च १४२२ ई०) को महीर के क़िले को घेर लिया। महीर का थानेदार क्षमा-याचना करके सुल्तान से मिल गया। १२ रबी-उल-आखिर ८२५ हि० (५ अप्रैल १४२२ ई०) को वह मन्दू के क़िले के नीचे उतरा और विभिन्न सेनाओं को उस विलायत को नष्ट भ्रष्ट करने के लिए उसने भेजा। वर्षा ऋतु के समीप आ जाने के उपरान्त १ जमादि-उल-आखिर ८२५ हि० (२३ मई १४२२ ई०) को क़िले से प्रस्थान करके वह उज्जैन की ओर रवाना हुआ। उसने राज्य को विभिन्न अमीरों को बांट दिया। दीपालपुर बनहरिया को मलिक मुखलिस को, कायथा[4] को मलिक फ़रीद एमादुलमुल्क को, महेंद्रपुर को, जो इस समय मुहम्मदपुर कहलाता है, मलिक इफ़्तेखारुलमुल्क को जागीर में प्रदान किया। अमीरों ने अपने गुमाश्तों को परगनों में भेज कर खरीफ़ का कर अपने अधिकार में कर लिया।

## जाजनगर से सुल्तान होशंग की वापसी तथा युद्ध

इसी बीच में सुल्तान होशंग, जो हाथियों के लिए जाजनगर की यात्रा को गया था और जिसका सविस्तार उल्लेख मालवा के सुल्तानों के इतिहास में हो चुका है, लौट आया और मन्दू के क़िले में पहुंच गया। सुल्तान अहमद ने वर्षा ऋतु के उपरान्त २० रमज़ान ८२५ हि० (७ सितम्बर १४२२ ई०) को उज्जैन से मन्दू पहुंच कर देहली द्वार के समक्ष पड़ाव किया और मोर्चों को बँटवा कर पर्वत को घेर लिया। उसने मलिक अहमद अयाज़ के पास अहमदाबाद में इस आशय का एक फ़रमान भेजा कि वह (११०) खज़ाना तथा अन्य सामग्री लेकर उसकी सेवा में उपस्थित हो। मलिक अहमद खज़ाना तथा जो कुछ मांगा गया था अपने साथ लेकर १२ शव्वाल ८२५ हि० (३० सितम्बर १४२२ ई०) को उसकी सेवा में उपस्थित हुआ। उसे खिलअत प्रदान किया गया और तारापुर के मोर्चे की सेवा उसे सौंप दी गई।

१ एक पोथी के अनुसार 'काथ'।
२ प्रतिनिधि; सुल्तान की ओर से उस स्थान के सर्वोच्च अधिकारी; एजेंट।
३ राज्य।
४ एक पोथी के अनुसार 'कांतीहा'।

## सुल्तान अहमद का सारंगपुर की ओर प्रस्थान

जब होशंग के आगमन के कारण सुल्तान अहमद की सेना, जो मालवा की विलायत में छिन्न भिन्न हो गई थी और परगनों का शासन कर रही थी, एकत्र हो गई तो सुल्तान अहमद ने यह उचित समझा कि विलायत के केन्द्रीय स्थान पर पड़ाव करके अमीरों को क़स्बों तथा परगनों में भेजे। इस उद्देश्य से वह क़िले से प्रस्थान करके सारंगपुर की ओर रवाना हुआ। सुल्तान होशंग अन्य मार्ग से सारंगपुर पहुंच गया। जब गुजरात की सेना सारंगपुर के समीप पहुंची तो सुल्तान होशंग ने एक दूत भेज कर दीनता प्रकट करते हुए पेशकश अदा करना स्वीकार कर लिया। सुल्तान अहमद दूतों के विनय तथा उनकी दीनता को देखकर निश्चित हो गया और खाई खुदवाने तथा खारबन्दी[1] की ओर से असावधानी करने लगा।

## सुल्तान होशंग द्वारा रात्रि में छापा

१२ मुहर्रम ८२६ हि० (२६ दिसम्बर १४२२ ई०) की रात्रि में सुल्तान होशंग ने उसके शिविर पर छापा मारा। क्योंकि लोग असावधान थे अतः वे बहुत बड़ी संख्या में मारे गये। उनमें से दन्दाह की विलायत[2] का राजा सामंत राय ५०० राजपूतों सहित एक स्थान पर मारा गया। जब सुल्तान अहमद जागा तो दौलतखाने में कोई भी व्यक्ति न था। चौकी[3] के दो घोड़े वहां उपस्थित थे। उसने मलिक जोना रिकाबदार[4] को एक घोड़े पर सवार कराया और दूसरे घोड़े पर स्वयं सवार हुआ और अपने स्थान से निकल कर देखा कि शिविर नष्ट-भ्रष्ट हो रहा है। वह विवश होकर जंगल की ओर चल दिया। कुछ क्षण उपरान्त उसने मलिक जोना रिकाबदार को शिविर में पूछताछ करने के उद्देश्य से भेजा। (१११) मलिक जोना जब शिविर में प्रविष्ट हुआ तो उसने देखा कि मलिक मुक़र्रब अहमद अयाज़ तथा मलिक फ़रीद अपने आदमियों सहित तैयार होकर दौलतखाने की ओर जा रहे हैं। उन्होंने उससे सुल्तान के समाचार पूंछे। मलिक जोना ने वास्तविक बात का उल्लेख करके दोनों को अपने साथ ले लिया और सुल्तान की सेवा में उपस्थित हुआ। क्योंकि सुल्तान अस्त्र-शस्त्र धारण न किये हुए था अतः मलिक मुक़र्रब ने अपने शस्त्र-अस्त्र उतारकर सुल्तान को पहना दिये और युद्ध की अनुमति चाही। सुल्तान ने कहा कि, "क्षण भर ठहरो ताकि सुबह हो जाय।" उसने मलिक जोना को पुनः शिविर में इस बात का पता लगाने के लिए भेजा कि सुल्तान होशंग किस स्थान पर खड़ा है और क्या कर रहा है।

## सुल्तान अहमद द्वारा सुल्तान होशंग पर आक्रमण तथा उसकी विजय

मलिक जोना ने लौट कर बताया कि "सेना शिविर को लूटने में व्यस्त है और होशंग ने कुछ व्यक्तियों सहित खासे के घोड़ों तथा हाथियों को अपने समक्ष एकत्र कराया है। सुल्तान अहमद सूर्योदय होने पर, जिसे उसके सौभाग्य का सूर्योदय कहना चाहिये, एक हज़ार अश्वारोहियों सहित, जो मलिक मुक़र्रब तथा मलिक फ़रीद के साथ आये थे, होशंग से युद्ध करने के लिये रवाना हुआ। जब दोनों सेनायें

१ कांटे इत्यादि का बाड़ा।
२ राज्य।
३ पहरे।
४ सुल्तान का वह सेवक जो उसके घोड़े की रिकाब पकड़ता था।

एक दूसरे के समक्ष पहुंचीं तो सुल्तान ने स्वयं शत्रु की सेना पर आक्रमण किया और जो परिश्रम तथा पौरुष वह प्रदर्शित कर सकता था उसे प्रदर्शित करके उसने होशंग को आहत कर दिया और स्वयं भी आहत हुआ। सुल्तान होशंग भी वीरता तथा पौरुष के कारण आहत होने के बावजूद युद्ध करता रहा। इसी बीच में गुजरात के महावतों ने सुल्तान अहमद को पहचान कर सुल्तान होशंग की सेना पर आक्रमण कर दिया और यद्यपि सुल्तान होशंग ने इस बात का अत्यधिक प्रयत्न किया कि वह अपनी सेना के पृष्ठ भाग की रक्षा करे किन्तु यह बात उससे संभव न हो सकी। अन्त में वह भाग कर सारंगपुर की ओर चल दिया और स्थिति में पूर्ण परिवर्तन हो गया। जो समूह सुल्तान अहमद की सेना को नष्ट भ्रष्ट कर रहा था वह तलवार के घाट उतार दिया गया। हाथी, घोड़े, ऊंट तथा धन-संपत्ति जो कुछ नष्ट हुई थी वह सब की सब पुनः प्राप्त हो गयी। जाजनगर के हाथियों में से ७ हाथी जिन्हें सुल्तान होशंग अत्यधिक परिश्रम (११२) के उपरान्त लाया था अधिकार में कर लिये गये। सुल्तान अहमद ने विजय प्राप्त करके अपने शिविर में विश्राम किया और अपने घावों का उपचार कराया।

उसने एक दरबारे आम करके अमीरों तथा विभिन्न समूहों के नेताओं को प्रोत्साहन प्रदान किया। दूसरे दिन उसने इफ़्तेख़ारुल-मुल्क तथा मलिक सफ़दर खां सुल्तानी को सेना देकर जंगल की ओर इस आशय से भेजा कि वह शिविर के मवेशियों की, जो चरने गये थे, रक्षा करे। संयोग से शत्रु की सेना के कुछ लोग उनको हानि पहुंचाने के लिए अपने शिविर से गये हुए थे। मार्ग में दोनों का युद्ध हो गया। उन्होंने मरने-मारने में कोई कमी न की किन्तु अन्त में सुल्तान होशंग की सेना भाग कर सारंगपुर चली गई और मलिक इफ़्तेख़ारुल-मुल्क तथा सफ़दर खां सुल्तानी विजय प्राप्त करके लौट आये और सुल्तान ने उनके प्रति कृपादृष्टि प्रदर्शित की।

## सुल्तान की अहमदाबाद को वापसी

सुल्तान अहमद राज्य की आवश्यकताओं के कारण २४ रबी-उल-आख़िर ८२६ हि० (६ अप्रैल १४२३ ई०) को गुजरात की ओर रवाना हुआ। सुल्तान होशंग ने विलम्ब किये बिना सारंगपुर के क़िले से निकल कर उसका पीछा किया। सुल्तान अहमद पलट कर खड़ा हो गया और दोनों सेनाओं में युद्ध होने लगा। सुल्तान अहमद स्वयं पौरुष का प्रदर्शन करता था किन्तु अत्यधिक प्रयत्न के उपरान्त सुल्तान होशंग पराजित हो गया और भाग कर क़िले में प्रविष्ट हो गया। इस बार भी जाजनगर के कुछ हाथी गुजरात वालों द्वारा बन्दी बना लिये गये। उस दिन उसने उसी मंज़िल पर पड़ाव करके दूसरे दिन अहमदाबाद की ओर प्रस्थान किया और ४ जमादि-उल-आख़िर ८२६ हि० (१५ मई १४२३ ई०) को अहमदाबाद पहुंच कर जश्नों का आयोजन कराया और अमीरों तथा सैनिकों को इनाम, ख़िलअत तथा उनके वेतन में वृद्धि प्रदान की। क्योंकि इस युद्ध में अत्यधिक सैनिकों के सामान नष्ट हो चुके थे, अतः उसने ३ वर्ष तक कहीं भी आक्रमण न किया और अहमदाबाद में निवास करते हुए अपना अधिकांश समय न्याय, शासन-प्रबन्ध तथा कृषि की उन्नति में व्यय करता रहा।

## पूंजा द्वारा विद्रोह

(११३) इसी बीच में वज़ीरों ने निवेदन किया कि ईदर के पूंजा वल्द रणमल ने उन दिनों में जब कि उसने मालवा पर चढ़ाई की थी, मालगुज़ारी देना बन्द करके सुल्तान होशंग की सेवा में प्रार्थना-पत्र भेजे थे और उसकी सहायता का दावा करता था। सुल्तान ने ८२९ हि० (१४२५-२६ ई०) में पूंजा को दण्ड देने के लिए एक सेना तैयार करके भेजी। जब उसकी सेना ईदर की विलायत

में प्रविष्ट हुई तो उसने लूट मार करना प्रारम्भ कर दिया। पूंजा ने विरोध करते हुए उन्हें रोका।

## अहमदनगर का निर्माण

जब इस कार्य में अधिक समय लग गया तो सुल्तान ने स्वयं ईदर पर चढ़ाई की और ईदर से १० कोस पर साबरमती नदी के तट पर अहमदनगर नामक शहर का निर्माण प्रारम्भ करके क़िले का बनवाना शुरू कराया। वह क़िले को पूरा कराने का अत्यधिक प्रयत्न किया करता था और अहमदनगर से ईदर के चारों ओर सेनायें इस आशय से भेजा करता था कि वह जो कुछ भी सूखा या गीला[1] मिले उसे जला डालें और जो कोई भी हाथ लगे उसकी हत्या करा दें। पूंजा यह दशा देख कर भी युद्ध के लिये डटा रहा और कभी कभी वह उस सेना पर, जो उन लोगों के साथ जो चारे का प्रबन्ध करने के लिए जाते थे, आक्रमण किया करता था और कभी कभी लूट मार करके उन पर अधिकार प्राप्त करता रहता था।

## पूंजा द्वारा संधि का प्रयत्न

अन्त में, जब उसने देखा कि वह सफल नहीं हो सकता और अहमद शाह की सेना के आक्रमण का मुक़ाबला नहीं कर सकता तो उसने अपना वकील भेज कर निष्ठा प्रदर्शित करते हुए अत्यधिक पेशकश अदा करना स्वीकार किया किन्तु इस कारण कि वह कई बार अपने वचन को तोड़ चुका था सुल्तान अहमद ने स्वीकार न किया और स्वयं ईदर की ओर रवाना हुआ। पहले दिन उसने ३ क़िले विजय किये। पूंजा ने भाग कर बीजानगर के पर्वतों में शरण ली। सुल्तान ने दूसरे दिन ईदर नगर को नष्ट भ्रष्ट कर दिया और वह अहमदनगर की ओर लौट आया। ८३० हि० (१४२६-२७ ई०) में जब अहमद नगर का निर्माण पूरा हो गया तो सुल्तान अहमद ने पुनः ईदर को विजय तथा नष्ट भ्रष्ट करने के लिए प्रस्थान किया। उसने ईदर के चारों ओर इस आशय से सेनायें भेजीं कि वे उसे नष्ट-भ्रष्ट कर दें और (११४) स्वयं उस ओर रवाना हुआ। पूंजा ने दीनता प्रदर्शित करते हुए दूतों को भेज कर संधि कर ली और अत्यधिक पेशकश देना स्वीकार किया।

## पूंजा की हत्या

क्योंकि इस बार सुल्तान उसको नष्ट करने का संकल्प कर चुका था अतः उसने दूतों की बात की ओर कोई ध्यान न दिया। पूंजा निराश होकर अपनी विलायत के विभिन्न स्थानों में पतंगों के समान मारा मारा फिरता था और प्रत्येक स्थान पर लूट मार किया करता था; यहां तक कि जमादि-उल-आख़िर ८३१ हि० (मार्च-अप्रैल १४२८ ई०) की एक बृहस्पतिवार के दिन वह उस सेना के पास, जो चारे का प्रबन्ध करने वालों के साथ जंगल में गई हुई थी, पहुंच गया और अत्यधिक युद्ध करने के उपरान्त भाग गया। पलायन करते समय उसे सेना से पृथक् एक हाथी दृष्टिगत हुआ। वह उसकी ओर बढ़ा। बर्छे के घाव से उसने हाथी को गिरा दिया। जब वीरों ने उसका पीछा किया तो पूंजा दुर्गम तथा ऊबड़ खाबड़ स्थानों की ओर चल दिया। संयोग से उसका घोड़ा हाथी से भड़क कर एक खड्ड में गिर पड़ा। अहमद शाह की सेना ने वहां पहुंच कर हाथी को वापस कर दिया। उन्हें पूंजा के गिरने की सूचना नहीं थी। इसी बीच में एक निर्धन व्यक्ति लकड़ी चुनने के लिए खड्ड की ओर पहुंचा। उसने देखा कि एक व्यक्ति

1 कृषि तथा घर इत्यादि।

उत्तम वस्त्र धारण किये हुए मरा हुआ पड़ा है। उसे देख कर उसने यह अनुमान लगाया कि वह कोई प्रतिष्ठित व्यक्ति होगा। वह उसका सिर काट कर सुल्तान अहमद की सेवा में लाया। कुछ लोगों ने पहचाना कि यह पूंजा का सिर है। कहा जाता है कि एक व्यक्ति ने पूंजा के सिर को देख कर अभिवादन किया। जब उसका कारण पूछा गया तो उसने कहा कि, "मैं बहुत समय तक उसका सेवक रह चुका हूं।" सुल्तान अहमद उसके उत्तम व्यवहार से बड़ा प्रसन्न हुआ और उसने उसे सम्मानित किया।

## पूंजा के पुत्र को क्षमा दान

सुल्तान दूसरे दिन ईदर की ओर रवाना हुआ और उसने सेनायें भेज कर ईदर तथा बीजानगर के विनाश का आदेश दे दिया। हर राय वल्द पूंजा ने खाने जहां सुल्तानी की सिफ़ारिश से अपने अपराध (११५) क्षमा कराये और प्रत्येक वर्ष ३ लाख चांदी के तन्के पेशकश के रूप में अदा करना स्वीकार किया। सुल्तान अहमद ने उसके प्रति दया करते हुए उसे क्षमा कर दिया और उसे अपने निष्ठावानों में सम्मिलित कर लिया।

उसने मलिक हसन को सफ़दरुलमुल्क की उपाधि देकर बहुत बड़ी सेना सहित अहमदनगर के थाने में नियुक्त कर दिया और स्वयं कीलवारा की विलायत को नष्ट भ्रष्ट करके अहमदाबाद चला गया। उसने शहरवालों को इनाम तथा परोपकार द्वारा लाभान्वित कराया।

## ईदर को सुल्तान द्वारा अपने अधिकार में करना

कुछ दिन उपरान्त उसने मलिक मुक़र्रब एवं अपने कुछ विशेष दासों का वेतन हर राय की विलायत से बरात[1] कर दिया। जब वे लोग ईदर पहुंचे तो हर राय ने धन अदा करने में टालमटोल करना प्रारम्भ कर दिया। संयोग से उसे समाचार प्राप्त हुआ कि सुल्तान शहर से निकल कर चढ़ाई करने का विचार कर रहा है। वह भय तथा आतंक के कारण पलायन करके एक कोने में चला गया। जब सुल्तान को यह समाचार प्राप्त हुआ तो वह ४ सफ़र ८३२ हि० (१३ नवम्बर १४२८ ई०) को शीघ्रातिशीघ्र ईदर के क़िले की ओर रवाना हुआ और ६ सफ़र (१५ नवम्बर १४२८ ई०) को उसने ईदर के क़िले में पड़ाव किया। ईश्वर के प्रति कृतज्ञता प्रकट करते हुए उसने वहां एक जामा मस्जिद का निर्माण करवाया और वहां एक बहुत बड़ी सेना छोड़ कर अहमदनगर की ओर चला गया।

## झालावर के राना कान्हा के विरुद्ध सेना

८३३ हि० (१४२९–३० ई०) में झालावर के राजा कान्हा ने जव यह देखा कि सुल्तान अहमद ईदर के कार्य को समाप्त कर चुका है और वहां से निश्चिन्त होकर अन्य जमींदारों पर भी आक्रमण करेगा तो उसने अपने लिए यही उचित समझा कि वह स्वदेश त्याग कर भाग जाय। जब उस सेना ने, जो उसे दण्ड देने के लिए नियुक्त हुई थी, उसका पीछा किया तो वह आसीर तथा बुरहानपुर की विलायत में घुस गया। आसीर के अधिकारी नसीर खां ने, इस कारण कि कान्हा ने उसे दो हाथी पेशकश के रूप में दिये थे, उसको आश्रय प्रदान करते हुए अपनी विलायत में स्थान दे दिया। कुछ दिन (११६) उपरान्त कान्हा गुलबर्गा पहुंचा और उसने सुल्तान अहमद बहमनी से अपनी सहायतार्थ एक सेना लाकर नन्द्रबार के थोड़े से स्थानों को नष्ट-भ्रष्ट कर दिया।

१ वह पत्र जिसके अनुसार सेना वाले वेतन दूसरे राज्य की आय से प्राप्त करते हैं।

## दक्षिण की सेना पर शाहज़ादा मुहम्मद खां की विजय

जब सुल्तान अहमद को यह समाचार प्राप्त हुआ तो उसने अपने ज्येष्ठ पुत्र शाहज़ादा मुहम्मद ख़ां को इस अभियान पर भेजा और बड़े बड़े सरदारों, उदाहरणार्थ सैयिद अबुल खैर, सैयिद क़ासिम बिन सैयिद आलम, मलिक मुक़र्रब, अहमद अयाज़, तथा मलिक इफ़्तेखारुलमुल्क, को साथ कर दिया। शाहज़ादा मुहम्मद ख़ां ने दक्षिण वालों की सेना से युद्ध करके विजय प्राप्त कर ली और उनकी सेना के बहुत से आदमियों की हत्या कर दी तथा बन्दी बना लिया। शेष लोग भाग कर दौलताबाद पहुंच गये।

जब सुल्तान मुहम्मद बहमनी को यह समाचार प्राप्त हुए तो उसने अपने ज्येष्ठ पुत्र सुल्तान अलाउद्दीन तथा मंझले पुत्र खाने जहां को शाहज़ादा मुहम्मद ख़ां से युद्ध करने के लिए भेजा और सेना की व्यवस्था राय क़दर ख़ां को, जो दक्षिण का एक विश्वस्त अमीर था, सौंप दी। सुल्तान अलाउद्दीन ने क़दर ख़ां के परामर्श से निरन्तर यात्रा करके दौलताबाद के क़िले में पड़ाव किया। इस पड़ाव पर आसीर तथा बुरहानपुर का हाकिम नसीर ख़ां तथा झालावर का राजा कान्हा भी सुल्तान अलाउद्दीन के शिविर में पहुंचे। उसकी शक्ति में वृद्धि हो गई। शाहज़ादा मुहम्मद ख़ां भी दौलताबाद की ओर रवाना हुआ। जब दोनों सेनाओं के मध्य में अधिक दूरी न रही तो मुहम्मद ख़ां ने युद्ध के विचार से अपनी सेना की पंक्तियां ठीक कीं। दोनों ओर से युद्ध की अग्नि प्रज्वलित हो गई। युद्ध के (११७) समय मलिक मुक़र्रब अहमद अयाज़ तथा क़दर ख़ां में, जो दोनों सिपहसालार थे, युद्ध हो गया। क़दर ख़ां घोड़े की पीठ से अपमान की धूल में गिर पड़ा। मलिक इफ़्तेखारुलमुल्क ने बड़े हाथी को अपने अधिकार में कर लिया। सुल्तान अलाउद्दीन भाग कर दौलताबाद के क़िले में शरण हेतु पहुंच गया। आसीर का हाकिम नसीर ख़ां भी भाग कर कलन्द पर्वत[1] में, जोकि आसीर की विलायत में स्थित है, पहुंच गया। मुहम्मद ख़ां ने ईश्वर के प्रति कृतज्ञता प्रकट की और यह देखकर कि दौलताबाद के क़िले की विजय कठिन है वहां से लौट कर आसीर तथा बुरहानपुर की विलायत का थोड़ा सा भाग नष्ट करके नद्रवार क़स्बे में पड़ाव किया। वहां से उसने अपने पिता के पास यह विवरण लिख कर भेज दिया। सुल्तान अहमद ने उत्तर भेजा कि "तू कुछ दिन उस ओर के कार्यों को अपने अधिकार में रख और सुव्यवस्थित करने के लिए नद्रबार में रह।"

## महायम के विरुद्ध शाहज़ादा ज़फ़र ख़ां का भेजा जाना

८३४ हि० (१४३०–३१ ई०) में महायम द्वीप के अधिकारी क़ुतुब तथा कुछ अन्य पीड़ितों ने सुल्तान अहमद की सेवा में निवेदन किया कि, "मलिक हसन ने, जिसे मलिकुत्तुज्जार की उपाधि प्राप्त है, और जो सुल्तान अहमद बहमनी का एक अमीर है, दकिन प्रदेश से आकर महायम द्वीप तथा उसके समीप के स्थानों को ज़बरदस्ती अपने अधिकार में कर लिया है और इस्लाम के राज्य को नष्ट-भ्रष्ट करके मुसलमानों को बन्दी बना लिया है।" सुल्तान अहमद ने शाहज़ादा ज़फ़र ख़ां को मलिकुत्तुज्जार को पराजित करने के लिए भेजा तथा योग्य बड़े बड़े अमीरों को उसकी सेवा में नियुक्त किया। द्वीप (११८) के कोतवाल मुख़लिसुलमुल्क को लिखा कि, "तुम बन्दरगाहों के जहाज़ों को तैयार करके ज़फ़र ख़ां की सेवा में उपस्थित हो।" मलिक मुख़लिसुलमुल्क पटन तथा खम्बायत के क्षेत्र से १७ छोटे

१ एक पोथी में 'कोल कन्दा'।

बड़े जहाज़ों को तैयार करके महायम की विलायत के निकट ज़फ़र खां की सेवा में उपस्थित हुआ। अमीरों के परामर्श से निश्चय हुआ कि जहाज़ों को थाना के क्षेत्र में भेज कर वह स्वयं शाहज़ादे की सेवा में उपस्थित रहे।

जब वह थाना के भूभाग में पहुंचा तो उसने इख़्तेख़ारुल मुल्क तथा मलिक सुहराब सुल्तानी को अपने पूर्व ही इस आशय से भेज दिया कि वह उस क्षेत्र का अवरोध करे। उस समय युद्ध करने वालों से लदे हुए जहाज़ समुद्र से उसके पास पहुंचे और मार्ग को रोक दिया। जब ज़फ़र खां ने उस क्षेत्र पर विजय की छाया डाली[1] तो थाना के हाकिम ने क़िले से निकल कर वीरता का प्रदर्शन किया। गुजरात की सेना से युद्ध न कर सकने के कारण वह पलायन कर गया। शाहज़ादा अमीरों के परामर्श से उस क्षेत्र में सेना छोड़ कर महायम की ओर रवाना हुआ। मलिकुत्तुज्जार ने बड़े बड़े वृक्षों को काट कर महायम के तट की ख़ारबन्दी[2] कर ली। जब अहमद शाह की सेनायें पहुंचीं तो उसने ख़ारबन्द से निकल कर युद्ध किया। प्रातःकाल से सायंकाल तक दोनों ओर के वीर युद्ध करते रहे और उन्होंने इसमें किसी प्रकार की कमी न की। अंत में मलिकुत्तुज्जार भाग कर द्वीप में प्रविष्ट हो गया और जब जहाज़ समुद्र के मार्ग से पहुंचे तो गुजरात की सेना ने जल तथा स्थल पर अधिकार जमा लिया। मलिकुत्तुज्जार ने सुल्तान
(११९) अहमद बहमनी के पास एक प्रार्थना-पत्र भेजकर सहायता की याचना की। सुल्तान अहमद बहमनी ने १० हज़ार अश्वारोही तथा ६० के लगभग मस्त हाथी अपने दोनों पुत्रों को देकर दौलताबाद से उन्हें विदा किया। अपने वज़ीर खाने जहां को भी इस आशय से उनके साथ कर दिया कि वे उसके परामर्श के अनुसार कार्य करते रहें। जब दक्षिण की सेना महायम के समीप पहुंची, तो मलिकुत्तुज्जार द्वीप तथा ख़ारबन्द से निश्चिन्त होकर दोनों शाहज़ादों की सेवा में उपस्थित हुआ। विचार-विमर्श के उपरान्त यह निश्चय हुआ कि सर्वप्रथम थाना के क्षेत्र को मुक्त कराने का प्रयत्न करना चाहिये। यह निश्चय करके वह थाना की ओर रवाना हुआ।

## महायम की विजय

शाहज़ादा ज़फ़र खां भी तैयार होकर थाना वालों की सहायतार्थ रवाना हुआ। जब दोनों सेनाओं की मुठभेड़ हुई तो प्रातःकाल से सायंकाल तक दोनों सेनायें युद्ध करती रहीं। अन्त में दक्षिण की सेना पराजित हुई और मलिकुत्तुज्जार भाग कर जालना नामक स्थान तक पहुंच गया। उसके आदमियों ने प्राणो के भय से महायम द्वीप को छोड़ दिया और ज़फ़र खां विजय तथा सफलता प्राप्त करके महायम द्वीप में प्रविष्ट हो गया। मलिकुत्तुज्जार के कुछ अधिकारियों को, जो समुद्र के मार्ग से भाग गये थे, उसने जहाज़ भेज कर बन्दी बना लिया। कपड़ों तथा तन्कों से कई नौकाओं को लाद कर उन्हें समुद्र के मार्ग से सुल्तान अहमद की सेवा में भेज दिया और महायम की समस्त विलायत को अपने अधिकार में कर लिया तथा अमीरों और विभिन्न समूह के नेताओं को बांट दिया।

## सुल्तान अहमद बहमनी का बकलाना पर आक्रमण

जब सुल्तान अहमद बहमनी को यह हाल ज्ञात हुआ तो वह बड़ा दुखी हुआ और ईर्ष्या-वश सेना की व्यवस्था करके बकलाना की विलायत को, जो कि सूरत के बन्दरगाह के निकट है, नष्ट-भ्रष्ट

१ 'विजय करने का प्रयत्न किया'।
२ कांटों इत्यादि का बाड़ा अथवा घेरा।

करने के लिए रवाना हुआ। शाहज़ादा मुहम्मद ख़ां ने, जोकि नद्रबार तथा सुल्तानपुर के क्षेत्र में था, (१२०) अपने पिता के पास इस आशय का प्रार्थना-पत्र भेजा कि, "सेवक ४ वर्ष तथा कई मास से सेवा में उपस्थित होने से वंचित है। दीर्घ समय व्यतीत हो जाने के कारण अमीरों तथा ख़ानों के सेवक अपने अपने घरों को जा चुके हैं और इस क्षेत्र में अधिक सेना नहीं रह गई है। सुना जाता है कि सुल्तान अहमद बहमनी बकलाना की विलायत में पहुंच गया है और इस ओर आक्रमण करने का विचार रखता है।"

## सुल्तान अहमद का बहमनी के विरुद्ध प्रस्थान

जब सुल्तान अहमद के पास पत्र पहुंचा तो उसने चम्पानीर का अवरोध अन्य समय के लिए स्थगित करके नादौत की ओर प्रस्थान किया और उस प्रदेश को नष्ट-भ्रष्ट करके निरन्तर यात्रा करते हुए नद्रबार क़स्बे के क्षेत्र में पड़ाव किया। शाहज़ादा मुहम्मद ख़ां तथा अन्य अमीर जो उसकी सेवा में थे, उपस्थित हुए और उन्हें उनकी श्रेणी के अनुसार विशेष कृपादृष्टि द्वारा सम्मानित किया गया।

उसी स्थान पर ८३५ हि० (१४३१–३२ ई०) में गुप्तचरों ने यह समाचार पहुंचाये कि, "सुल्तान अहमद बहमनी, सुल्तान के पहुंचने का समाचार पाकर एक सेना को अपने राज्य की सीमा पर नियुक्त करके गुलबर्गा की राजधानी की ओर लौट गया।" सुल्तान यह समाचार पाकर प्रसन्नतापूर्वक अहमदाबाद की ओर रवाना हुआ और निरन्तर यात्रा करते हुये पतनी नदी पार ही की थी कि उसे पुनः समाचार प्राप्त हुआ कि, "सुल्तान अहमद बहमनी ने तम्बोल[1] के क़िले को घेर लिया है और मलिक सआदत सुल्तानी प्राणों की बाज़ी लगाने में कोई भी कमी नहीं करता है।" सुल्तान यह समाचार पाते ही उस स्थान से लौटकर शीघ्रातिशीघ्र तम्बोल के क़िले की ओर रवाना हुआ।

(१२१) जब सुल्तान अहमद बहमनी को यह समाचार प्राप्त हुआ तो उसने पायकों[2] के एक समूह को अत्यधिक ख़िलअत तथा इनाम द्वारा सम्मानित करके कहा कि, "क़िले की सहायतार्थ सेना आ रही है। यदि आज की रात्रि में तुम लोग सफलता प्राप्त कर लोगे[3] तो तुम्हारी समस्त इच्छायें पूरी कर दी जायेंगी और तुम्हें इतना अधिक इनाम दिया जायेगा कि निश्चिन्त हो जाओगे।" जब रात्रि का कुछ भाग व्यतीत हो गया तो पायक लोग क़िले के आंचल में पहुंच गये और शनैः शनैः पत्थर की आड़ में क़िले की दीवार पर पहुंचे और क़िले के भीतर प्रविष्ट होकर द्वार को खोलने ही वाले थे कि मलिक सआदत सुल्तानी सावधान होकर वहां पहुँच गया। उसने उन लोगों की बहुत बड़ी संख्या को तलवार के घाट उतार दिया। शेष लोग क़िले की दीवार से फांद कर नष्ट हो गये। उसने[4] इतने ही को पर्याप्त न समझा अपितु द्वार को खोल कर उस मोर्चे पर जोकि द्वार के निकट था रात्रि में छापा मारा। क्योंकि मोर्चे वाले सो गये थे अतः अधिकांश आहत एवं छिन्न-भिन्न हो गये।

## सुल्तान अहमद बहमनी का पलायन

इसी बीच में सुल्तान अहमद गुजराती समीप पहुंच गया। सुल्तान अहमद बहमनी क़िले को

१ एक पोथी के अनुसार 'रन्हतोल'।
२ पदाती।
३ मूल ग्रन्थ में 'नक़शे बाख़तेद' है जिसका अर्थ स्पष्ट नहीं।
४ 'मलिक सआदत सुल्तानी'।

छोड़कर उसका मुक़ाबला करने के लिये बढ़ा और अपने अमीरों तथा सेना के सरदारों को बुलवा कर उसने कहा कि, "गुजरात की सेना दक्षिण की सेना पर कई बार विजय प्राप्त कर चुकी है। उसने महायम को अपने अधिकार में कर लिया है। यदि इस बार भी मुझसे शिथिलता हुई तथा मैं पराजित हुआ तो दक्षिण का राज्य हाथ से निकल जायेगा।" सेना की पंक्तियां ठीक करके उसने युद्ध प्रारम्भ कर दिया और सुल्तान अहमद गुजराती भी सेना तैयार करके मुक़ाबला करने के लिए आया। घोर युद्ध हुआ। दाऊद ख़ां ने जोकि दक्षिण के प्रतिष्ठित अमीरों में था युद्ध हेतु गुजरात वालों को चेतावनी दी और अज़ुदुलमुल्क द्वारा बन्दी बना लिया गया। दोनों सेनाओं ने युद्ध में अत्यधिक वीरता तथा पौरुष प्रदर्शित किया। एक दिन के समाप्त हो जाने के उपरान्त वे वापसी के ढोल बजाते हुए अपनी अपनी सेना को चले गये। क्योंकि दकिन की सेना के बहुत से लोग नष्ट हो गये अतः सुल्तान अहमद बहमनी विवश होकर भाग खड़ा हुआ।

## महायम के राय की पुत्री का शाहज़ादा फ़तह ख़ां से विवाह

(१२२) दूसरे दिन सुल्तान अहमद तम्बोल के क़िले में पहुंचा और उसने मलिक सआदत सुल्तानी को सम्मानित किया। एक समूह को उसकी सहायतार्थ नियुक्त करके वह थानीर[1] की ओर रवाना हुआ और उस स्थान के क़िले का निर्माण सम्पन्न करा कर ग्रामों को नष्ट-भ्रष्ट करा दिया। मलिक ताजुद्दीन को मुईनुलमुल्क की उपाधि देकर उसने उसे वहीं नियुक्त कर दिया। तदुपरान्त वह सुल्तानपुर तथा नद्रबार के मार्ग से अहमदाबाद लौट आया और कुछ दिन उपरान्त महायम के राय की पुत्री का विवाह शाहज़ादा फ़तह ख़ां से कर दिया।

'तारीख़े बहमनी' में तम्बोल के क़िले के अवरोध का विवरण अन्य प्रकार से मिलता है और दक्षिण के सुल्तानों के हाल में उसकी चर्चा (अन्य प्रकार से) की गई है। संक्षेप में वह इस प्रकार है कि जब अवरोध २ वर्ष तक होता रहा तो सुल्तान अहमद शाह गुजराती ने मित्रता तथा स्नेह के भाव प्रदर्शित करते हुए सुल्तान अहमद बहमनी की सेवा में दूत भेज कर उससे प्रार्थना की कि "आप इस क़िले को मुझे प्रदान कर दें।" सुल्तान अहमद बहमनी ने स्वीकार न किया। सुल्तान अहमद ईर्ष्यावश अपनी विलायत की सीमा से प्रस्थान करके दक्षिण की विलायत में प्रविष्ट हुआ और उसे नष्ट-भ्रष्ट करना प्रारम्भ कर दिया। सुल्तान अहमद बहमनी को पुनः अवरोध का अवकाश न मिला। मैं समझता हूँ कि 'तारीख़े बहमनी' के लेखक ने इस घटना का सविस्तार उल्लेख स्पष्ट रूप से नहीं किया है और गुजरात के इतिहासों में जो कुछ लिखा गया है वही ठीक है।

## मेवाड़ की ओर आक्रमण

(१२३) रजब ८३६ हि० (फ़रवरी-मार्च १४३३ ई०) में सुल्तान अहमद ने मेवाड़[2] तथा नागौर की विजय हेतु चढ़ाई की। जब वह हरपुर[3] क़स्बे में पहुंचा तो उसने ग्रामों तथा क़स्बों के विध्वंस हेतु सेनायें भेजीं और जिस जिस स्थान पर भी कोई मंदिर दृष्टिगत हुआ उसे धराशायी कर दिया।

१ कुछ पोथियों में 'तालनीर'।
२ मूल पुस्तक में 'मेवात' है जो सम्भवतः पुस्तक नक़ल करने वालों की भूल है।
३ कुछ पोथियों में 'परपुर' तथा 'बरपुर'।

वहां से उसने डूंगरपुर के क़स्बे में पड़ाव किया। वहां का राजा गणेश[1] पलायन के उपरान्त अपने इस कार्य से लज्जित होकर सुल्तान की सेवा में पहुंचा और उसने उसके आज्ञाकारियों में सम्मिलित होकर उसकी सेवा में उचित पेशकश[2] प्रस्तुत कीं। सुल्तान अहमद शाह कीलवारा की विलायत[3] को नष्ट-भ्रष्ट करके दीलवारा की विलायत में प्रविष्ट हो गया और उसने दीलवारा के राजा राणा मूकल के गगनचुम्बी भवनों को मिट्टी में मिला दिया और मंदिरों तथा मूर्तियों को नष्ट करा दिया। कुछ विद्रोहियों, जो बन्दी बना लिये गये थे, को कठोर दण्ड देने के लिये हाथी के पांव के नीचे कुचलवा दिया गया। मलिक मीर सुल्तानी को वहां का ख़राज वसूल करने के लिए भेज कर वह राठौरों की विलायत की ओर रवाना हुआ। राठौरों के नेता[4] ने आज्ञाकारिता प्रदर्शित करते हुए कई लाख तन्के पेशकश के रूप में प्रस्तुत किये। सुल्तान अहमद पेशकश को उन्हें प्रदान करते हुए उस स्थान के कुछ सैनिकों को मवास[5] के कुछ महालों की थानेदारी के लिए नियुक्त करके राजधानी अहमदाबाद लौट गया।

जब सुल्तान किसी यात्रा तथा अभियान से लौटता था तो वह एक भव्य जश्न का आयोजन कराता था और अमीरों तथा सैनिकों में से जो लोग उचित सेवायें सम्पन्न करते थे, उन्हें इनाम, प्रोत्साहन, वेतन-वृद्धि तथा पद-वृद्धि द्वारा सम्मानित करता था। गुजरात के छोटे बड़े निवासियों, सूफ़ियों तथा सहायता के पात्रों में से एक-एक को वह अपनी कृपादृष्टि द्वारा सम्मानित करता था। (१२४) इस बार भी उसने एक जश्न का आयोजन कराया और प्रत्येक को विशेष रूप से सम्मानित किया।

## मालवा पर आक्रमण

८३९ हि० (१४३५-३६ ई०) में मालवा से यह समाचार प्राप्त हुआ कि "महमूद ख़ां बिन (पुत्र) मलिक मुग़ीस ने, जो सुल्तान होशंग का वज़ीर था, सुल्तान होशंग की मत्यु के उपरान्त ग़ज़नी ख़ां शाहज़ादे की, जो अपने पिता की मत्यु के उपरान्त उसका उत्तराधिकारी बना था, विष देकर हत्या करा दी और स्वयं बादशाह हो गया है तथा सुल्तान महमूद की उपाधि धारण कर ली है।" उन्हीं दिनों में शाहज़ादा मसऊद ख़ां मालवा से भाग कर सुल्तान की शरण में पहुंचा। सुल्तान अहमद सेना तैयार करके मालवा की ओर रवाना हुआ। मालवा का अधिकांश प्रदेश अपने अधिकार में करके वह शाहज़ादा मसऊद ख़ां को उसके पूर्वजों के सिंहासन पर आरूढ़ करना चाहता था कि संयोग से सुल्तान अहमद की सेना में महामारी फैल गई और लोगों को कफ़न-दफ़न का भी अवकाश न मिलता था। २ दिन में कई हज़ार आदमी मर गये और सुल्तान अहमद भी रुग्ण हो गया, वह गुजरात की ओर लौट गया और मसऊद ख़ां को दूसरे वर्ष आक्रमण करने के लिए आश्वासन दे गया। मालवा के सुल्तानों के वृत्तान्त में इस विषय में विस्तार से लिखा जा चुका है।

१ मूल पुस्तक में 'कन्था' है। कुछ पोथियों में इसे 'कनेसा' तथा 'कनेसाय' लिखा गया है। ये शब्द 'गणेश' के ही बिगड़े हुये रूप ज्ञात होते हैं।

२ उपहार।

३ राज्य।

४ राजा।

५ वह स्थान जहाँ विद्रोही तथा विरोधी शरण हेतु छिप जाते थे।

## सुल्तान की मृत्यु

जब वह गुजरात पहुंचा तो ४ रबी-उल-आख़िर ८४६ हि० (१२ अगस्त १४४२ ई०) को उसकी मत्यु हो गई। उसका जन्म शुक्रवार की रात्रि में १९ ज़िलहिज्जा ७९३ हि० (१७ नवम्बर १३९१ ई०) को राजधानी देहली में हुआ था। इसका उल्लेख इसके पूर्व हो चुका है। कहा जाता है कि प्रौढ़ावस्था से मृत्यु के समय तक उसने कभी भी नमाज़ रोज़ा न त्यागा। उसमें बड़े ही उत्तम गुण थे और वह ईश्वर का बड़ा भय करता था। वह २२ वर्ष की अवस्था में सिंहासनारूढ़ हुआ और ३२ वर्ष ६ मास तथा २० दिन तक राज्य करके राजधानी अहमदाबाद में दफ़न हुआ। उसकी मृत्यु के उपरान्त पत्रों तथा मन्शूरों में उसे 'ख़ुदायगाने मग़फ़ूर' लिखा जाता था।

# सुल्तान मुहम्मद शाह बिन अहमदशाह

(१२५) जब शोक संबंधी सब प्रथायें ३ दिन तक सम्पन्न हो चुकीं तो अमीरों, वज़ीरों, नगर के प्रतिष्ठित लोगों ने ७ रबी-उल-आख़िर[1] ८४६ हि० (१५ अगस्त १४४२ ई०) को शाहज़ादा मुहम्मद ख़ां को सिंहासनारूढ़ किया और "ग़यासुद्दुनियां वद्दीन मुहम्मद शाह" उसकी उपाधि रखी। अत्यधिक दान-पुण्य किया गया और जो धन चत्र पर न्योछावर किया गया था वह सहायता के पात्रों को बांट दिया गया। अमीरों तथा राज्य के उच्च पदाधिकारियों को उपाधियां एवं पद प्रदान किये गये और उसके सिंहासनारोहण के कारण राज्य को नये सिरे से रौनक़ प्राप्त हुई और दानपुण्य इस प्रकार प्रारम्भ हो गया कि सर्वसाधारण मुहम्मद शाह को "ज़रबख़्श"[2] कहने लगे।

## महमूद खां का जन्म

२० रमज़ान ८४९ हि० (२० दिसम्बर १४४५ ई०) को मुहम्मद शाह के एक पुत्र का जन्म हुआ और उसका नाम महमूद ख़ां रखा गया। मुहम्मद शाह ने जश्नों का आयोजन कराया और अमीरों तथा राज्य के उच्च पदाधिकारियों को इनाम द्वारा सम्मानित किया।

## ईदर पर आक्रमण

जश्न के उपरान्त उसने उपर्युक्त वर्ष में ईदर को नष्ट-भ्रष्ट करने के लिए उस ओर प्रस्थान किया और उसके नष्ट-भ्रष्ट कराने में उसने कोई कमी न उठा रखी। ईदर के राजा पूँजा के पुत्र हर राय ने विवश होकर अपनी पुत्री को पेशकश के रूप में प्रस्तुत किया। वह पुत्री अत्यन्त रूपवती थी। सुल्तान मुहम्मद शाह उसके वश में हो गया और उसने कुछ दिन उपरान्त यह प्रार्थना की कि "ईदर का क़िला मेरे पिता को प्रदान कर दिया जाय।" सुल्तान मुहम्मद शाह ने ईदर का क़िला हर राय को दे दिया (१२६) और बाकर की विलायत की ओर रवाना हुआ।

## डूंगरपुर से पेशकश प्राप्त करना

डूंगरपुर का राजा गणेश[3] भाग कर पर्वत के खड्ड में घुस गया। जब उसने यह देखा कि

१ मूल पुस्तक में '३ रबी-उल-आख़िर' है किन्तु इसे मृत्यु की तिथि के अनुसार '७ रबी-उल-आख़िर' होना चाहिये।
२ सोना अथवा धन दान करने वाला।
३ मूल पुस्तक में 'कन्था' है।

उसकी विलायत नष्ट हो रही है तो वह मलिक मुनीर सुल्तानी, जिसकी उपाधि ख़ाने जहां थी, के द्वारा मुहम्मद शाह की सेवा में उपस्थित हुआ और पेशकश प्रदान करके अपनी विलायत की उसने रक्षा कर ली। सुल्तान मुहम्मद शाह वहां से अहमदाबाद लौट गया।

### चम्पानीर पर आक्रमण

८५३ हि० (१४४९-५० ई०) में उसने चम्पानीर के क़िले की विजय हेतु प्रस्थान किया और जब निरन्तर यात्रा के उपरान्त वह चम्पानीर के समीप पहुंचा तो चम्पानीर का राजा राय गंगदास अपने सहायकों सहित क़िले से बाहर निकला और उसने अत्यधिक पौरुष का प्रदर्शन किया। अन्त में वह भाग कर क़िले में प्रविष्ट हो गया और सुल्तान मुहम्मद ने क़िले को घेर लिया और क़िले की विजय का प्रयत्न आरम्भ किया। राय गंगदास ने सुल्तान महमूद ख़लजी को अपनी सहायतार्थ बुलवाया और यह निश्चय किया कि वह प्रत्येक मंज़िल पर १ लाख तन्के व्यय हेतु प्रदान करेगा। सुल्तान महमूद ख़लजी धन के लोभ में उसकी सहायतार्थ चल खड़ा हुआ और जब वह धोद क़स्बे में पहुंचा, तो सुल्तान मुहम्मद क़िला छोड़ कर अहमदाबाद की ओर रवाना हो गया तथा कोथरा नामक स्थान में ठहर कर युद्ध के सामान की व्यवस्था करने लगा और सुल्तान महमूद को लांछन देने लगा। सुल्तान महमूद ख़लजी जिस स्थान पर पहुंचा था वहीं ठहर गया और आगे न बढ़ा।

मुहर्रम ८५५ हि० (फ़रवरी १४५१ ई०) में सुल्तान मुहम्मद की मृत्यु हो गई। मृत्यु के उपरान्त उसे "ख़ुदायगाने करीम" लिखा जाता था। उसने ७ वर्ष, ९ मास तथा ४ दिन तक राज्य किया।

## सुल्तान क़ुतुबुद्दीन अहमद शाह बिन (पुत्र) मुहम्मद शाह बिन (पुत्र) अहमद शाह बिन (पुत्र) मुहम्मद शाह बिन (पुत्र) मुज़फ़्फ़र शाह

(१२७) जब अमीर तथा अन्य प्रतिष्ठित लोग ३ दिन तक शोक संबंधी प्रथाओं को सम्पन्न कर चुके तो चौथे दिन ११ मुहर्रम ८५५ हि० (१३ फ़रवरी १४५१ ई०) को सुल्तान मुहम्मद शाह का ज्येष्ठ पुत्र, जिसकी अवस्था २० वर्ष की थी, सिंहासनारूढ़ हुआ और उसकी उपाधि सुल्तान क़ुतुबुद्दीन अहमद शाह निश्चित हुई। उसका नाम अहमद था किन्तु वह अपनी इसी उपाधि से प्रसिद्ध है। सिंहासनारोहण के समय उसने गुजरात के लोगों को, जो सहायता के पात्र थे, न्योछावर कर धन देकर, संतुष्ट किया और अमीरों तथा उच्च पदाधिकारियों को शाही कृपादृष्टि, उपाधियों तथा पद-वृद्धि द्वारा प्रसन्न किया।

### सुल्तान महमूद ख़लजी की पराजय

संयोग से जिस समय सुल्तान मुहम्मद शाह की मृत्यु हो गई और सुल्तान क़ुतुबुद्दीन अपने पिता का उत्तराधिकारी बना तो सुल्तान महमूद ख़लजी, जो चम्पानीर की सहायतार्थ आया था और अभी गुजरात की सीमा ही में था अवसर पाकर शीघ्रातिशीघ्र गुजरात की विलायत में प्रविष्ट हुआ। जब वह बरौदा के क्षेत्र में पहुंचा तो उस दिन सुल्तान महमूद की सेना का एक मस्त हाथी, बरनामा नामक ग्राम में पहुंच गया और वहां के ब्राह्मणों ने हाथी तथा महावत की हत्या कर दी। सुल्तान महमूद को प्रजा की वीरता पर आश्चर्य हुआ और प्रतिकार हेतु उसने बरनामा के क़स्बे को नष्ट-भ्रष्ट करने का आदेश दे दिया।

क्योंकि अभी क़ुतुबुद्दीन के राज्यकाल का प्रारम्भ ही था और सुल्तान महमूद बड़े प्रभुत्व तथा शक्ति के साथ आया था अतः सुल्तान क़ुतुबुद्दीन ने उस बक़्क़ाल से, जो उसका विश्वासपात्र था, परामर्श किया। उसने कहा कि "यही उचित होगा कि आप स्वयं सोरठ की विलायत की ओर चले जायं। जब सुल्तान महमूद गुजरात के प्रदेश में सेना छोड़ कर चला जायगा तो आप सुगमतापूर्वक उसकी सेना (१२८) को अपनी विलायत से निकाल सकेंगे।" सुल्तान क़ुतुबुद्दीन ने उसके मतानुसार आचरण करना निश्चय किया किन्तु अमीर लोग, उसकी बात पर ध्यान न देते हुए, उसे युद्ध के लिए ले गये। जब विजय हो गई तो अमीरों ने बक़्क़ाल को दण्ड देना चाहा। उसने कहा कि, "यदि सुल्तान की इच्छा युद्ध करने की होती तो वह आप लोगों से परामर्श करता। क्योंकि उसकी इच्छा पलायन करने की थी अतः उसने मुझसे पूछा।"

संक्षेप में, सुल्तान क़ुतुबुद्दीन ने कीरीख[1] क़स्बे में, जो अहमदाबाद से २० कोस पर है, सुल्तान महमूद से युद्ध किया। उस पड़ाव पर मलिक अलाउद्दीन सोहराब सुल्तानपुर का थानेदार, जो आवश्यकतानुसार सुल्तान महमूद से मिल गया था, भाग कर सुल्तान क़ुतुबुद्दीन की सेवा में उपस्थित हो गया और एक ही दरबार में उसे ७ बार खिलअत द्वारा सम्मानित किया गया और अलाउलमुल्क की उपाधि प्रदान की गई। जब ३ कोस की दूरी रह गई तो सुल्तान महमूद ने यह छन्द लिख कर सुल्तान क़ुतुबुद्दीन के पास भेजे :—

**छन्द**

"सुना जाता है कि तू घर के भीतर बिना चौगान[2] के गेंद खेलता है।
यदि तुझे किसी प्रकार का कोई दावा हो तो आ, यह गेंद है और यह चौगान॥"

सुल्तान क़ुतुबुद्दीन ने सद्रे जहां को आदेश दिया कि वह इस छन्द का उत्तर लिखे। सद्रे जहां ने उत्तर में लिखा :—

**छन्द**

"यदि मैं चौगान हाथ में लूँगा तो तेरे सिर को गेंद के समान कर दूँगा।
किन्तु मुझे इस बात से लज्जा आती है कि जो व्यक्ति मेरे बन्दीगृह में हो
उसे क्या कष्ट पहुंचाया जाय॥"

इस छन्द में इस ओर संकेत था कि सुल्तान होशंग को, जो सुल्तान महमूद का स्वामी तथा आश्रयदाता था, सुल्तान मुज़फ़्फ़र शाह ने बहुत समय तक बन्दी रखा था और पुनः उसको आश्रय प्रदान करके मालवा की विलायत दे दी थी। सुल्तान मुज़फ़्फ़र के राज्यकाल के विवरण में इस घटना का उल्लेख किया गया है।

(१२९) कुछ दिन उपरान्त सफ़र ८५५ हि० (मार्च-अप्रैल १४५१ ई०) को सुल्तान महमूद रात्रि में छापा मारने के उद्देश्य से सवार हुआ और पराजित होकर मालवा चला गया। मालवा के सुल्तानों के इतिहास में इसका सविस्तार विवरण दिया गया है। उसे मार्ग में कोल तथा भील लोगों द्वारा अत्यधिक कष्ट पहुंचा। सुल्तान क़ुतुबुद्दीन विजय तथा सफलता प्राप्त करके अहमदाबाद लौट गया।

१ सम्भवतः 'कपर बंज'।
२ बल्ला।

## राणा कुम्भा की पराजय

कुछ समय उपरान्त वज़ीरों ने निवेदन किया कि नागौर के हाकिम "फ़ीरोज़ ख़ां बिन शम्स ख़ां दन्दानी की मृत्यु हो गई है और उसके भाई मुजाहिद ख़ां ने नागौर को अपने अधिकार में कर लिया है।" शम्स ख़ां बिन फ़ीरोज़ ख़ां ने अपने चाचा के भय से भाग कर राणा कुम्भा वल्द राणा मूकल से प्रार्थना की। राणा कुम्भा ने यह निश्चय किया कि "नागौर को मुजाहिद ख़ां से निकाल कर उसे सौंप दे किन्तु उसकी शर्त यह होगी कि वह नागौर के क़िले के ३ कंगूरे[1] तुड़वा डाले।" उसका कारण यह था कि इसके पूर्व फ़ीरोज़ ख़ां से युद्ध करते हुये मूकल अपमानित होकर पलायन कर चुका था और उस युद्ध में ३ हज़ार राजपूत मारे गये थे। जब उसका पुत्र क़िले के ३ कंगूरों को नष्ट कर देगा तो संसार वाले यही कहेंगे कि राजा मूकल यद्यपि पलायन कर गया, किन्तु उसके पुत्र ने क़िले पर अधिकार जमा लिया और बदला ले लिया। शम्स ख़ां ने विवश होकर यह बात स्वीकार कर ली और कुछ दिन उपरान्त राणा कुम्भा सेना को तैयार करके नागौर की ओर रवाना हुआ। मुजाहिद ख़ां ने युद्ध की शक्ति न देखकर सुल्तान महमूद ख़लजी से प्रार्थना की। शम्स ख़ां ने जाकर नागौर के क़िले पर अधिकार जमा लिया।

राणा कुम्भा ने संदेश भेजा कि वह अपने वचन को पूरा करे। शम्स ख़ां ने अमीरों एवं सरदारों
(१३०) को बुलवा कर यह बात उनसे कही। कुछ लोगों ने कहा कि, "क्या अच्छा होता कि फ़ीरोज़ ख़ां के किसी पुत्री का जन्म हुआ होता ताकि वह अपनी मर्यादा की रक्षा कर सकती।" शम्स ख़ां ने अपनी मान-मर्यादा की रक्षा हेतु उत्तर दिया कि, "जब तक अत्यधिक सिर न कट जायेंगे तब तक कंगूरे को नष्ट करना संभव न हो सकेगा।" राणा कुम्भा यह उत्तर सुनकर अपनी विलायत[2] की ओर चला गया और उसने अत्यधिक सेना एकत्र करके पुनः नागौर पर आक्रमण किया। शम्स ख़ां क़िले की टूट-फूट की मरम्मत करके सेना तथा सरदारों को छोड़ कर स्वयं शीघ्रातिशीघ्र सहायता की याचना करने के लिए अहमदाबाद पहुंचा। सुल्तान क़ुतुबुद्दीन अहमद शाह ने उसके प्रति कृपादृष्टि प्रदर्शित की और उसकी पुत्री से विवाह कर लिया। विवाह के सम्पन्न होने के उपरान्त, उसने अमीनचन्द पायक[3], मलिक गदाई तथा कुछ अन्य अमीरों को नागौर की सहायतार्थ भेजा और शम्स ख़ां को अपनी सेवा में रख लिया। एक दिन यह समाचार प्राप्त हुआ कि राणा कुम्भा ने नागौर वालों से युद्ध किया और वहां के अत्यधिक सैनिक मार डाले। क़िले के बाहर प्रत्येक स्थान पर जो आबादी थी उसे नष्ट कर दिया।

यह समाचार पाते ही सुल्तान क़ुतुबुद्दीन की मर्यादा को ठेस लगी और उसने ८६० हि० (१४५५–५६ ई०) को कुम्भलमीर के क़िले पर आक्रमण किया। जब वह आबू के क़िले के समीप पहुंचा तो उपर्युक्त क़िले के राजा गीता देवरा ने उसकी सेवा में उपस्थित होकर निवेदन किया कि, "राणा कुम्भा ने आबू के क़िले को मुझसे ज़बरदस्ती छीन लिया है और अपने थानेदार को वहां नियुक्त कर दिया है। सुल्तान क़ुतुबुद्दीन मलिक शाबान सुल्तानी को, जिसकी उपाधि एमादुलमुल्क थी, आबू के क़िले के शासन-प्रबन्ध हेतु नियुक्त करके स्वयं अपने वास्तविक लक्ष्य की ओर रवाना हुआ। मलिक एमादुलमुल्क ने अनुभव-शून्यता के कारण तुरन्त युद्ध करके अत्यधिक लोगों की हत्या करा दी। जब सुल्तान को यह
(१३१) समाचार प्राप्त हुआ तो उसने कहा कि, "लौटते समय आबू के क़िले को विजय करके मैं उसे

१ शिखर।
२ राज्य।
३ 'नायक' उचित होगा।

गीता देवरा को प्रदान कर दूंगा।" उसने एमादुलमुल्क को बुलाने के लिए आदमी भेजे और स्वयं सरोही के क़िले की ओर रवाना हुआ। जब वह सरोही के समीप पहुंचा तो वहां के राजा ने युद्ध किया किन्तु पराजित हो गया।

सुल्तान उस स्थान से राणा कुम्भा की विलायत में प्रविष्ट हो गया और उसने प्रत्येक दिशा में विलायत पर आक्रमण तथा मंदिरों को नष्ट करने के लिए सेनायें भेजीं। जब वह कुम्भलमीर के क़िले में पहुंचा तो राणा कुम्भा ने क़िले से उतर कर युद्ध की अग्नि प्रज्वलित कर दी और बहुत से लोगों की हत्यां करा दी और पुनः क़िले में प्रवेश किया। वह नित्यप्रति एक सेना बाहर भेज कर युद्ध किया करता था किन्तु सर्वदा पराजित हो जाता था। अंत में कुम्भा ने दीनता प्रदर्शित करते हुए उचित पेशकश प्रस्तुत की और सुल्तान लौट कर अहमदाबाद चला गया।

## सुल्तान महमूद ख़लजी से संधि

इस वर्ष के अन्त[1] में, सुल्तान महमूद ख़लजी ने, ताज ख़ां को जो उसका एक बहुत बड़ा अमीर था, गुजरात में संधि की वार्ता करने के लिए भेजा। गुजरात के अमीरों तथा उच्च पदाधिकारियों ने जन-साधारण के कल्याण हेतु सुल्तान क़ुतुबुद्दीन को संधि करने पर तैयार कर लिया। सुल्तान महमूद की ओर से शेख़ निज़ामुद्दीन तथा मलिकुलउलमा सद्रे जहां चम्पानीर पहुंचे और अहमदाबाद से क़ाज़ी हुसांमुद्दीन तथा कुछ अन्य लोग गये। उन्होंने इस शर्त पर संधि कर ली कि राणा कुम्भा के राज्य का जितना भाग गुजरात के समीप है उसे सुल्तान क़ुतुबुद्दीन की सेना नष्ट-भ्रष्ट करे और मेवाड़, अमहर तथा उस प्रदेश के स्थानों पर सुल्तान महमूद अधिकार जमा ले। आवश्यकता पड़ने पर वे एक दूसरे की सहायता करते रहें। इन शर्तों पर संधि-पत्र लिख लिया गया और बुज़ुर्गों ने उन पर अपनी तौक़ी[2] लगा दी।

## राणा कुम्भा के विरुद्ध प्रस्थान

(१३२) ८६० हि०[3] (१४५५-५६ ई०) में सुल्तान क़ुतुबुद्दीन ने कुम्भलमीर पर चढ़ाई करने के लिए प्रस्थान किया और मार्ग में आबू के क़िले को विजय करके प्रतिज्ञा के अनुसार गीता देवरा को दे दिया और वहां से कुम्भलमीर की ओर रवाना हुआ। राणा कुम्भा उस स्थान से निकल कर चित्तौड़ चला गया और मार्ग में एक कठिन तथा दुर्गम स्थान देख कर ठहर गया। जब दोनों सेनाओं की मुठभेड़ हुई तो युद्ध की अग्नि प्रज्वलित हो गई। जब रात्रि हुई तो दोनों ओर की सेनायें अपने-अपने स्थान को चली गईं और दूसरे दिन पुनः युद्ध प्रारम्भ हुआ। सुल्तान क़ुतुबुद्दीन ने स्वयं रुस्तमों के समान वीरता प्रदर्शित की और राणा कुम्भा पर्वत में छिप गया। दूतों को भेज कर उसने क्षमा याचना की। ४ मन सोना, कुछ हाथी तथा अन्य उत्तम वस्तुएँ पेशकश के रूप में भेंट करके प्रतिज्ञा की कि तदुपरान्त वह नागौर की विलायत को हानि न पहुंचायेगा। सुल्तान क़ुतुबुद्दीन विजय तथा सफलता प्राप्त करके अहमदाबाद लौट गया।

अभी ३ मास भी व्यतीत न हुये थे कि पुनः समाचार प्राप्त हुये कि "राणा कुम्भा ५० हज़ार अश्वारोहियों सहित नागौर को नष्ट करने के लिए रवाना हुआ है।" सुल्तान ने उसी दिन, जब कि समाचार

१ ८६७ हि० (१४५५-५६ ई०) के अन्त में।

२ मुहर।

३ फ़िरिश्ता के अनुसार '८६१ हि० (१४५६-५७ ई०)'।

प्राप्त हुआ, अहमदाबाद नगर से निकल कर, नगर के समीप पड़ाव किया और एक मास तक सेना एकत्र करने के लिए ठहरा रहा। राणा कुम्भा सुल्तान क़ुतुबुद्दीन के प्रस्थान करने का समाचार पाकर लौट गया और उसने अपने स्थान पर पड़ाव किया। सुल्तान क़ुतुबुद्दीन भी यह समाचार पाकर शहर लौट आया और भोग-विलास में तल्लीन हो गया।

## कुम्भलमीर तथा चित्तौड़ पर आक्रमण

८६२ हि० (१४५७-५८ ई०) के प्रारम्भ में ज़मींदारों को दण्ड देने का संकल्प करके वह सरोही की ओर रवाना हुआ और सरोही का राजा, जो राणा कुम्भा का बड़ा निकटवर्ती था, भाग कर शरण हेतु (१३३) पर्वत में चला गया। उसने सरोही को तीसरी बार जलाकर अन्य क़स्बों तथा ग्रामों पर आक्रमण किया और राणा कुम्भा के राज्य के विरुद्ध सेना भेजी। वह स्वयं कुम्भलमीर के क़िले की ओर रवाना हुआ। इसी समय समाचार प्राप्त हुआ कि सुल्तान महमूद ख़लजी ने मंदसौर के मार्ग से चित्तौड़ के क़िले पर चढ़ाई की है और जो परगने मंदसौर के समीप थे उन पर अधिकार जमा लिया है। सुल्तान क़ुतुबुद्दीन ने दृढ़ संकल्प करके राणा को कुम्भलमीर के क़िले में घेर लिया। जब कुछ समय व्यतीत हो गया तो उसने समझ लिया कि कुम्भलमीर के क़िले को विजय करना कठिन है अतः वह अवरोध छोड़ कर चित्तौड़ के क़िले की ओर चल खड़ा हुआ और उसके समीप के स्थानों को नष्ट-भ्रष्ट करके अहमदाबाद पहुंच गया। इस अभियान में जिन सैनिकों के घोड़े नष्ट हो गये थे, उन्हें ख़ज़ाने से घोड़ों के मूल्य सुल्तान ने प्रदान किये और सैनिकों के प्रति कृपादृष्टि प्रदर्शित करना आवश्यक समझा। राणा कुम्भा ने सुल्तान के पीछे दूत भेज कर दीनता प्रदर्शित करते हुए अपने अपराधों की क्षमा मांगी। सुल्तान ने उसके अपराधों को क्षमा करते हुए दूतों को प्रसन्न करके लौटा दिया।

## सुल्तान की मृत्यु

८६३ हि० (१४५८-५९ ई०) में उसने पुनः आक्रमण का संकल्प किया। संयोग से वह रुग्ण हो जाने के कारण एक दिन सैयिद महमूद, जो क़ुतुब आलम के नाम से प्रसिद्ध हैं, और जिनका मक़बरा बतवा में है, से भेंट करने के लिए पहुंचा और उसने अपने हृदय में यह सोचा कि, "क्या अच्छा होता कि ईश्वर मुझे एक योग्य पुत्र प्रदान करता।" सैयिद ने अपने अन्तःकरण के प्रकाश से इस बात का पता लगा कर कहा कि, "तुम्हारा छोटा भाई, जो तुम्हारे पुत्र के समान है, मुज़फ़्फ़र शाह के वंश का पुनरुत्थान करेगा।" (१३४) सुल्तान निराश होकर उठ खड़ा हुआ और नित्य-प्रति उसके रोग में वृद्धि होती गई। २३ रजब ८६३ हि० (२६ मई १४५९ ई०) को उसकी मृत्यु हो गई और सुल्तान मुहम्मद शाह के मक़बरे में उसे दफ़न किया गया। मन्शूरों तथा फ़रमानों में उसे "सुल्तान ग़ाज़ी" लिखा जाता था। उसके राज्य की अवधि ७ वर्ष ६ मास तथा १३ दिन थी। वह बड़ा वीर तथा पराक्रमी बादशाह था किन्तु वह क्रोध की अवस्था में, विशेष रूप से मदिरा के नशे में, बड़े कुकर्म किया करता था तथा रक्तपात की ओर प्रेरित रहता था।

जब सुल्तान क़ुतुबुद्दीन की मृत्यु हो गई तो उसके अमीरों ने शम्स खां बिन फ़ीरोज़ खां की, इस संदेह से कि उसकी पुत्री ने जो कि सुल्तान की पत्नी थी सुल्तान को विष दे दिया होगा, हत्या कर दी। सुल्तान क़ुतुबुद्दीन की माता ने उसकी[1] पुत्री को कनीज़ों को सौंप दिया ताकि उसे टुकड़े-टुकड़े कर डालें।

१ शम्स खां बिन फ़ीरोज खां की।

## सुल्तान दाऊद शाह बिन अहमद शाह बिन मुहम्मद शाह बिन मुज़फ़्फ़र शाह

जब अमीर तथा राज्य के उच्च पदाधिकारी सुल्तान की मृत्यु की शोक संबन्धी प्रथाओं को संपन्न कर चुके तो उन्होंने शाहज़ादा दाऊद खां बिन अहमद शाह को, जो सुल्तान क़ुतुबुद्दीन का चाचा होता था, सिंहासनारूढ़ किया। क्योंकि ईश्वर ने राज्य उसके भाग्य में न लिखा था अतः वह अनुचित कार्य सम्पन्न करने लगा और कुछ ऐसी बातें करने लगा जिससे उसकी साहसहीनता पर प्रकाश पड़ता था। इससे सर्वसाधारण को उसके प्रति घृणा हो गई। उसने एक फ़र्राश को, जो उस समय जब कि वह शाहज़ादा था उसका पड़ोसी था, एमादुलमुल्क की उपाधि प्रदान करने का वचन दे दिया। अमीर तथा प्रतिष्ठित (१३५) लोग उसके उन कार्यों को देख कर, जिनके कारण अव्यवस्था पैदा होती थी, उससे घृणा करने लगे और उन्होंने यह निश्चय किया कि उसे राज्य से क्षमा रखा जाय।[1] उन्होंने मलिक एमादुलमुल्क बिन सोहराब को, सुल्तान मुहम्मद शाह की पत्नी मखदूमये जहां, जोकि हिन्दुस्तान के एक सुल्तान की पुत्री थी, के निवास-स्थान पर इस आशय से भेजा कि वह शाहज़ादा फ़तह खां बिन (पुत्र) मुहम्मद शाह को लाकर सर्व सम्मति से सिंहासनारूढ़ कर दे। मखदूमये जहां ने उत्तर दिया कि, "मेरे पुत्र को क्षमा करो, वह इस भारी बोझ को सहन न कर सकेगा।" संयोग से मलिक एमादुलमुल्क शाहज़ादा फ़तह खां की सेवा में पहुंच गया और उसे सवार करके शाही दौलतखाने में लाया। अमीर लोगों ने उसकी सेवा में उपस्थित होकर उसे बधाई दी और उसी दिन अर्थात् रविवार प्रथम शाबान ८६३ हि० (३ जून १४५९ ई०) को उसे सिंहासनारूढ़ किया और उसकी उपाधि सुल्तान महमूद शाह निश्चित की।

सुल्तान दाऊद ने ७ दिन तक राज्य किया।

## सुल्तान महमूद शाह बिन मुहम्मद शाह

जब रविवार १ शाबान ८६३ हि० (३ जून १४५९ ई०) को महमूद शाह बिन मुहम्मद शाह अमीरों के परामर्श तथा सहमति से गुजरात के सिंहासन पर आरूढ़ हुआ तो समस्त लोगों को उनकी श्रेणी के अनुसार इनाम द्वारा लाभान्वित कराया। कहा जाता है कि उस दिन उसने अरबी, एराक़ी, तथा तुर्की घोड़ों, बहुमूल्य खिलअतों, जड़ाऊ पेटियों तथा तलवारों एवं सोने की कटारों के अतिरिक्त १ करोड़ तन्का नक़द दान किया।

### कुछ अमीरों द्वारा षड्यंत्र

(१३६) जब ६ मास व्यतीत हो गये, तो मलिक कबीर सुल्तानी जिसकी उपाधि अज़्दुलमुल्क, थी मौलाना खिज़्र जिसकी उपाधि सफ़ीउलमुल्क और प्यारा इस्माईल जिसकी उपाधि बुरहानुलमुल्क तथा झज्जू मुहम्मद जिसकी उपाधि हुसामुलमुल्क थी, अपनी दुष्टता के कारण उपद्रव तथा अशांति की योजना बनाने लगे। उन्होंने यह निश्चय किया कि, "सर्वप्रथम मलिक शाबान एमादुलमुल्क को जिसके अधिकार में विज़ारत की बागडोर है बीच से हटा दिया जाय", ताकि उनके कुत्सित विचारों को सफलता प्राप्त हो सके। इस उद्देश्य से उन्होंने सुल्तान से एकान्त में निवेदन किया कि, "एमादुलमुल्क की इच्छा है कि वह अपने पुत्र शिहाबुद्दीन को सिंहासनारूढ़ कर दे और मलिक मुग़ीस खलजी के समान यह विचार है कि

१ 'राज्य से पृथक् कर दिया जाय'।

राज्य के कार्य अपने वंश में स्थानान्तरित कर दे।" महमूद शाह ने कहा कि, "मैं भी कई दिन से उसके ललाट पर यह बात देख रहा हूं" और उसके बन्दी बनाने का आदेश दे दिया। उसे अहमदाबाद द्वार के कोठे पर बन्दी बना दिया गया। उसने अपने ५०० विश्वासपात्रों को उसकी रक्षा हेतु नियुक्त कर दिया और अज़दुलमुल्क तथा अन्य षड्यंत्रकारी सफल होकर अपने-अपने घर चले गये।

संयोग से मलिक अब्दुल्लाह शहनये फ़ील[1] ने, जोकि उसका विश्वासपात्र था, एकान्त में उन धूर्तों के छल तथा धूर्तता के विषय में निवेदन किया और कहा कि, "इन लोगों ने शाहज़ादा हसन ख़ां को अपने घर ले जाकर प्रतिज्ञा की है तथा शपथ ली है और अपनी सफलता के लिए एमादुलमुल्क को बन्दी बनवा दिया है।"

सुल्तान महमूद ने पूछताछ करके जो वास्तविक बात थी उसे अपने हृदय में बैठा लिया और अपने कुछ प्राचीन निष्ठावानों, उदाहरणार्थ हाजी मलिक बहाउद्दीन, मलिक कालू, तथा मलिक ऐनुद्दीन, को (१३७) तत्काल बुलवा कर मलिक अब्दुल्लाह से कहा कि, "तुम हाथियों को तैयार कर के दरबार में उपस्थित करो" और मलिक शरफ़ुलमुल्क से कहा कि "शाबान हरामख़ोर को दरबार में इस आशय से उपस्थित किया जाय ताकि शहनये सियासत[2] उसे हाथी के पाँव के नीचे कुचलवा दे।" शरफ़ुलमुल्क जब एमादुलमुल्क के पास जाने लगा तो रक्षकों ने कहा कि, "अज़दुलमुल्क की आज्ञा बिना जाने की अनुमति नहीं दी जा सकती।" उसने उपस्थित होकर (सुल्तान से) इस विषय में निवेदन किया। सुल्तान महमूद ने बुर्ज के कोठे पर पहुंच कर चिल्ला कर कहा कि, "शाबान को शीघ्र उपस्थित करो और हाथी के पाँव के नीचे डलवा दो।" जब लोगों ने यह बात सुल्तान महमूद के मुँह से सुनी तो बहुत से लोग उसे जाकर ले आये। जब सुल्तान की दृष्टि उस पर पड़ी तो उसने कहा कि "हरामख़ोर[3] को ऊपर ले आओ ताकि उससे कुछ पूछा जाय।" जब उसे ऊपर पहुंचाया गया तो उसने कहा कि, "हलालख़ोर[4] की ग्रीवा तथा हाथ से इस आशय से ज़ंजीर पृथक् कर दी जाय कि मैं हरामख़ोरों को दण्ड दे सकूँ।" जो अमीर उसे बन्दी बनाने में व्यस्त थे उनमें से कुछ लोग यह हाल देख कर कोठे से कूद पड़े और कुछ लोग क्षमा-याचना करने लगे।

जब यह समाचार अज़दुलमुल्क तथा षड्यंत्रकारियों को प्राप्त हुआ तो उन्हें अपने भविष्य के विषय में बड़ी चिन्ता हुई और वे अपने कार्यों की व्यवस्था करने लगे। प्रातःकाल महमूद दरबार के झरोखे में पहुंचा और लोगों ने अभिवादन किया। सुल्तान ने एमादुलमुल्क को मक्खी उड़ाने के लिए रूमाल प्रदान कर दिया। मलिक अब्दुल्लाह शहना समस्त हाथियों को उपस्थित किए हुए था। लगभग ३०० स्वतंत्र तथा दास व्यक्ति अभिवादन हेतु एकत्र हुए। इसी बीच में विद्रोही अमीर, शहर के गुण्डों तथा अपने सहायकों को सशस्त्र करके दरबार की ओर पहुंचे। जब वे निकट आ गये तो एमादुलमुल्क, मलिक हाजी तथा अन्य सरदारों ने विशेष दासों को लेकर हाथियों द्वारा शत्रुओं पर आक्रमण किया। (१३८) अज़दुलमुल्क तथा अन्य षड्यंत्रकारी भाग खड़े हुए। सैनिकों ने अपने अस्त्र-शस्त्र नगर की

१ शाही हाथियों की देख-रेख करने वाला मुख्य अधिकारी।
२ कुछ पोथियों में केवल 'शहना'। 'शहनये सियासत' का अर्थ मृत्यु दण्ड देने वाला मुख्य अधिकारी। सम्भवतः यहाँ 'शहनये पील' होना चाहिये। शहनये पील का यह भी कर्तव्य होता होगा कि वह अपनी देख-रेख में अपराधियों को हाथी के पांव के नीचे कुचलवाये।
३ राज-विद्रोही।
४ राज-भक्त।

गलियों तथा बाज़ारों में फेंक दिये और छिप गये। उनमें से हुसामुद्दीन अपने भाई, पटन के कोतवाल रुकनुद्दीन, के पास चला गया। वहां से दोनों भाई मालवा चले गये। अज़दुलमुल्क एक व्यक्ति सहित करासियों के पास चला गया। क्योंकि उसके आदमियों ने उस क्षेत्र के करासियों की हत्या कर दी थी अतः उन लोगों ने उसे पहचान कर उसकी हत्या कर दी और धृष्टता से भरे उसके सिर को अहमदाबाद भेज दिया। बुरहानुलमुल्क मोटा होने के कारण न भाग सका और वह सरकन्ज[1] क़स्बे के निकट साबरमती नदी के ऊबड़-खाबड़ स्थानों में छिप गया। संयोग से एक ख़्वाजासरा शेख़ अहमद खत्तू के मज़ार के दर्शनार्थ जा रहा था। उसने बुरहानुलमुल्क को एक ऊबड़-खाबड़ स्थान में बैठे देखा और तुरन्त बन्दी बनाकर दरबार में ले आया। सुल्तान के आदेशानुसार उसकी हत्या करा दी गई। मौलाना ख़िज़्र सफ़ीउलमुल्क को बन्दी बना कर देब भेज दिया गया।

जब इस षड्यंत्र का दमन हो गया और मित्र तथा शत्रु का पता लग गया तो एमादुलमुल्क विज़ारत के उच्च पद से पृथक् हो गया और अनेक स्वतंत्र मनुष्यों के समान संसार को त्याग कर एकान्तवासी हो गया, जागीर छोड़ कर वजीफ़ेदार[2] हो गया। सुल्तान महमूद ने सैनिकों को आश्रय देने के उद्देश्य से अपने ५२ प्राचीन दासों को आश्रय प्रदान किया और अल्प समय में उसकी सेना सुल्तान क़ुतुबुद्दीन तथा पिछले सुल्तानों की सेना की अपेक्षा देहबिस्त[3] हो गई। उसन प्रत्येक प्राचीन दास को उपाधियों द्वारा सम्मानित किया और मलिक हाजी को एमादुलमुल्क की उपाधि तथा आरिज़े लश्कर[4] नियुक्त किया। मलिक बहाउद्दीन को इख़्तियारुलमुल्क, मलिक तुग़ान को फ़रहतुलमुल्क और मलिक ऐनुद्दीन को निज़ामुलमुल्क तथा मलिक साद बख़्त को बुरहानुलमुल्क की उपाधि प्रदान की गई।

## मन्दू तक का प्रबन्ध

(१३९) ८६४ हि० (१४५९-६० ई०) में वह सैर तथा शिकार हेतु कीरेंज[5] के समीप तक गया और इस बार मन्दू की सीमा तक शिकार खेलता हुआ लौट आया। इसी बीच में थानों तथा परगनों का प्रबन्ध करके पीड़ितों के प्रति न्याय किया।

## निज़ाम शाह की सहायतार्थ प्रस्थान

८६६ हि० (१४६१-६२ ई०) में उसने पुनः सैर तथा शिकार के लिए राजधानी अहमदाबाद से प्रस्थान किया और खारी नदी के तट पर, जो अहमदाबाद से १५ कोस पर है, पड़ाव किया। इस पड़ाव पर दक्षिण के वाली[6] निज़ाम शाह बिन हुमायूँ शाह का एक पत्र प्राप्त हुआ जिसमें सुल्तान महमूद ख़लजी की शिकायत करते हुए उससे सहायता तथा कुमक की याचना की गई थी। महमूद शाह अपार सेना तथा ५०० हाथी लेकर निज़ाम शाह की सहायतार्थ रवाना हुआ। जब उसने नद्रबार तथा सुल्तानपुर में पड़ाव किया तो उसे पुनः पत्र प्राप्त हुआ कि, "सुल्तान महमूद ख़लजी ने अपनी संख्या पर अभिमान के

१ 'सरकिज' होना चाहिये।
२ 'वृत्ति पर जीवन निर्वाह करने लगा'।
३ दस के स्थान पर बीस अथवा दुगुनी।
४ दीवाने अर्ज़ का एक अधिकारी। उसका कार्य सेना का निरीक्षण तथा सेना की भरती करना होता था।
५ एक पोथी के अनुसार 'कपरबंज'।
६ शासक।

कारण निरन्तर यात्रा करते हुए फ़क़ीर पर आक्रमण किया।" जब दोनों सेनाओं में युद्ध हुआ तो प्रथम बार उसकी सेना पराजित हो गई और हमारे सैनिकों ने उसके शिविर को नष्ट-भ्रष्ट कर दिया तथा ५० हाथियों पर अधिकार जमा लिया किन्तु सुल्तान महमूद उस समय जब कि हमारे सैनिक लूट में व्यस्त थे १२ हज़ार अश्वारोहियों सहित एक गुप्त स्थान से निकल पड़ा और सिकन्दर खां बुख़ारी तथा ख़्वाजये जहां तुर्क ने जितना प्रयत्न वे कर सकते थे किया। सुल्तान महमूद स्वयं एक बाण के मार की दूरी पर पहुंच गया और उसने सिकन्दर ख़ां के हाथी के मस्तक पर बाण मारा। उस हाथी ने पलट कर अपनी ही सेना को नष्ट-भ्रष्ट कर दिया और सिकन्दर ख़ां तथा ख़्वाजये जहां तुर्क फ़क़ीर के घोड़े की बागडोर पकड़ कर (१४०) बीदर की ओर रवाना हो गये। फ़क़ीर इस समय फ़ीरोज़ाबाद में है और सुल्तान महमूद बीदर नगर को घेरे हुए है। क्योंकि आप जैसे आश्रयदाता ने सहायता के लिए संकल्प कर लिया है अतः आशा है कि आप शीघ्रातिशीघ्र पहुंच जायेंगे।"

सुल्तान महमूद दकिन की ओर चल खड़ा हुआ। मार्ग में उसने सुना कि सुल्तान महमूद ख़लजी वापिस होकर मालवा की ओर चला गया है। सुल्तान महमूद आसीर तथा बुरहानपुर की विलायत में इस आशय से प्रविष्ट हो गया कि पलायन का मार्ग रोक दे; और थालनीर के समीप, जो आसीर की विलायत में है, पड़ाव किया। सुल्तान महमूद ख़लजी परिचित मार्ग को छोड़ कर गोंडवाना के मार्ग में प्रविष्ट हो गया और मार्ग के सकरे होने तथा जल के अभाव के कारण उसके आदमियों को बड़ा कष्ट भोगना पड़ा। कहा जाता है कि १००० से अधिक व्यक्ति जल के अभाव तथा मार्ग के सकरे होने के कारण नष्ट हो गये। महमूद शाह ने एक पत्र निज़ाम शाह को लिख कर भेजा कि, "जब कभी भी राज्य के नेत्रों की पुतली (तुझ को) को कुमक तथा सहायता की आवश्यकता हो तो तू सूचना दे दिया करना। सहायता भेजने में किसी प्रकार का विलम्ब न किया जायेगा।" वह लौट कर अहमदाबाद चला गया।

## सैनिकों को भूमि

विश्वस्त सूत्रों से ज्ञात हुआ है कि इस सेना में महमूद शाह के साथ ७० हज़ार चुने हुए अश्वारोही थे। उसने गुजरात का समस्त राज्य सिपाहियों को जागीर में दे दिया और एक स्थान को भी अपने खालसे के लिए न छोड़ा। ४ वर्ष में उसने अपने पूर्वजों के ख़ज़ाने का दो भाग[1] व्यय कर डाला।

## सुल्तान का निज़ाम शाह की सहायतार्थ पुनः प्रस्थान

८६७ हि० (१४६२-६३ ई०) में निज़ाम शाह का इस आशय का पत्र पुनः प्राप्त हुआ कि "सुल्तान महमूद ख़लजी ने ९० हज़ार अश्वारोहियों सहित दक्षिण पर आक्रमण कर दिया है। क्योंकि आप सहायता का वचन दे चुके हैं अतः आपके उच्च साहस से इस बात की आशा की जाती है कि आप अपने (१४१) वचन के पालन का प्रयत्न करेंगे।" महमूद शाह अपनी सेना को तैयार करके दकिन (दक्षिण) की ओर रवाना हुआ। जब वह सुल्तानपुर तथा नद्रबार पहुंचा तो सुल्तान महमूद ख़लजी दौलताबाद के समीप के स्थानों को नष्ट-भ्रष्ट करके अपने स्थान को वापस चला गया। निज़ाम शाह के क्षमायुक्त पत्र तथा उपहार सुल्तान की सेवा में पहुंचे और वह भी लौट कर अहमदाबाद की ओर चला गया और उसने सुल्तान महमूद ख़लजी को पत्र लिखा कि, "मुसलमानों की विलायत पर अकारण आक्रमण करना इस्लाम के नियम तथा शिष्टाचार के विरुद्ध है और बिना युद्ध किये हुए वापस चले जाना व्यर्थ है। यदि आपने पुनः

1 एक पोथी में 'एक भाग' दूसरी पोथी में 'दसवां भाग'।

दक्षिण के निवासियों को कष्ट पहुंचाने का प्रयत्न किया तो आप विश्वास रखें कि मैं भी मालवा के विनाश हेतु आक्रमण कर दूंगा।" सुल्तान महमूद ख़लजी ने उत्तर भेजा, "क्योंकि आपने दक्षिण की सहायता करना निश्चय कर लिया है अतः उस प्रदेश के निवासियों को अब कोई कष्ट न पहुंचायेगा।"

## बावर्द पर आक्रमण

८६९ हि० (१४६४-६५ ई०) में सुल्तान की सेवा में निवेदन किया गया कि, "बावर्द के ज़मींदार लोग तथा दून बन्दरगाह वाले जहाज़ों को हानि पहुंचा रहे हैं। क्योंकि गुजरात के सुल्तानों ने उन्हें कोई दण्ड कभी नहीं दिया है अतः उन्हें विद्रोह की आदत हो गई है।" यद्यपि सुल्तान महमूद के हितैषी मार्ग की कठिनाई तथा क़िले की दृढ़ता के कारण उस ओर आक्रमण करने में सहमत न थे, किन्तु फिर भी वह उस ओर आक्रमण करने तथा विद्रोहियों को दण्ड देने के लिए रवाना हो गया। जब वह अत्यधिक कठिनाई के उपरान्त क़िले के समीप पहुंचा तो क़िले के सरदार ने युद्ध करते हुए अत्यधिक वीरता प्रदर्शित की। जब रात हो गई तो उसने कोट में शरण ले ली। कई दिन तक नित्यप्रति युद्ध करता तथा वीरता एवं पौरुष प्रदर्शित करता रहा। संयोग से एक दिन सुल्तान महमूद सेना सहित बावर्द के ऊपर पहुंच गया। जब लोगों की दृष्टि शाही चत्र पर पड़ी और उन्होंने सेना की अधिकता देखी तो दीनता प्रकट करते हुए संधि कर ली और सरदार ने सुल्तान की सेवा में उपस्थित होकर शरण की प्रार्थना की। सुल्तान
(१४२) महमूद ने अत्यधिक कृपादृष्टि प्रदर्शित करते हुए उन लोगों के अपराधों को क्षमा कर दिया और सभी को शरण प्रदान कर दी। जब क़िले के सरदार तथा उस स्थान के समीप के प्रतिष्ठित लोग उसकी सेवा में उपस्थित हुए तो उसने प्रत्येक को ख़िलअत द्वारा सम्मानित किया और सवार होकर क़िले की सैर के लिए रवाना हुआ। जब वह क़िले की सैर कर चुका तो क़िले के सरदार ने अत्यधिक पेशकश भेंट की। उसी दरबार में समस्त पेशकश उसने उसे वापस कर दी और विशेष ख़िलअत तथा सोने की पेटी उसे प्रदान की। वार्षिक पेशकश निश्चित करके उस ओर का शासन-प्रबन्ध उसे सौंप दिया और सफलता प्राप्त करके अहमदाबाद लौट आया।

## सुल्तान का न्याय

८७० हि० (१४६५-६६ ई०) में वह अहमदनगर की ओर शिकार हेतु रवाना हुआ। मार्ग में एक दिन किसी स्पष्ट कारण के बिना ही बहाउलमुल्क बिन (पुत्र) उलुग़ ख़ां ने आदम सिलाहदार की हत्या कर दी और भाग कर ईदर की विलायत की ओर चला गया। सुल्तान अहमद ने, एमादुलमुल्क तथा अज़दुलमुल्क को उसे बन्दी बनाने के लिए सेना सहित भेजा। वे लोग दो निरपराध व्यक्तियों को ले आये और उन्हें समझा दिया कि इस बात को स्वीकार कर लें कि "आदम सिलाहदार की हत्या हमने की है।" तदनुसार उन लोगों ने मार्ग से लौट कर निवेदन किया कि, "हम लोग आदम सिलाहदार के हत्यारे को बन्दी बना कर लाये हैं और वे इस बात को स्वीकार करते हैं। बहाउलमुल्क भाग कर ईदर की विलायत की ओर चला गया है।" सुल्तान महमूद ने आदेश दिया कि, "इन दो (निरपराध) व्यक्तियों की हत्या कर दी जाय।"

कुछ दिन उपरान्त जब यह विश्वास हो गया कि वे दोनों आदम सिलाहदार के हत्यारे न थे और
(१४३) एमादुलमुल्क ने छल तथा धूर्तता से उन दोनों निरपराध व्यक्तियों को इस बात पर तैयार किया था कि वे यह अपराध स्वीकार कर लें तो सुल्तान ने आदेश दिया कि एमादुलमुल्क तथा अज़दुलमुल्क की भी हत्या कर दी जाय और उनके तर्क तथा ग्रामों को खालसे में सम्मिलित कर लिया जाय। सुल्तान ने

मलिक इख्तियारुलमुल्क को एतमादुलमुल्क की उपाधि देकर उसे नायबे ग़ैबत[1] का पद प्रदान कर दिया और एमादुलमुल्क के समस्त सैनिकों को उसे सौंप दिया।

## करनाल पर आक्रमण

८७१ हि० (१४६६-६७ ई०) में उसने करनाल की विजय हेतु, जो इस समय जूनागढ़ के नाम से प्रसिद्ध है, प्रस्थान किया। कहा जाता है कि लगभग २ हज़ार वर्ष से यह विलायत राय मंदलीक के पूर्वजों के अधीन थी। सुल्तान मुहम्मद तुग़लुक़ तथा सुल्तान अहमद शाह गुजराती के उपरान्त[2] किसी ने भी उस पर अधिकार नहीं जमाया। सुल्तान महमूद ने ईश्वर की सहायता पर विश्वास करके उस ओर प्रस्थान किया और मार्ग में सोरठ[3] की विलायत को नष्ट-भ्रष्ट कर दिया। जब वह करनाल पर्वत के समीप पहुंचा तो उस क्षेत्र के निवासियों ने अपनी धन-संपत्ति एवं परिवार को दूर के स्थानों तथा वृक्ष से भरे हुए पर्वतों की ओर भेज दिया और स्वयं क़िले में बन्द हो गये। तुग़लुक़ खां ने, जोकि सुल्तानों की संतान में से था और सुल्तान का मामा था, इस विषय की सूचना सुल्तान को दी। सुल्तान महमूद दूसरे दिन शिकार के बहाने से उस ओर रवाना हुआ और मार्ग की कठिनाई के बावजूद वहां पहुंच गया। अत्यधिक प्रयत्न तथा परिश्रम के उपरान्त राजपूत लोग भाग कर पर्वत तथा जंगल के मार्ग से करनाल के क़िले में पहुंच गये। सैनिकों को अत्यधिक दास तथा धन-संपत्ति प्राप्त हो गई। सुल्तान उस स्थान से उस समूह के मंदिर की ओर गया। बहुत से राजपूतों ने, जोकि परव्हान कहलाते हैं, प्राणों की बलि देना निश्चय करके, मंदिर में तलवार तथा बर्छे से युद्ध करना प्रारम्भ कर दिया और पलक झपकाते ही तलवार के घाट उतार दिये गये। दूसरे दिन सुल्तान ने उस पड़ाव से प्रस्थान करके क़िले के नीचे (१४४) पड़ाव किया और सेनायें राज्य को नष्ट-भ्रष्ट करने के लिये भेजीं। राय मंदलीक ने दीनता प्रदर्शित करते हुए क्षमा याचना की और अत्यधिक पेशकश भेजी। सुल्तान महमूद क़िले की विजय को दूसरे वर्ष के लिए स्थगित करना उचित समझ कर उसे प्रोत्साहन देकर अहमदाबाद चला गया।

८७२ हि० (१४६७-६८ ई०) में सुल्तान को यह समाचार प्राप्त हुआ कि, "राय मंदलीक ने अभिमानवश चत्र धारण कर लिया है और रत्न तथा आभूषण अपने गले तथा हाथ में बांध कर दरबार करता है।" यह समाचार पाते ही सुल्तान ने ४० हज़ार अश्वारोही प्रसिद्ध हाथियों सहित उसे दण्ड देने के लिए भेजे और विदा के समय अपने अमीरों तथा सेनापतियों से कहा कि, "यदि राय मंदलीक आज्ञाकारिता स्वीकार कर ले और चत्र तथा बहुमूल्य रत्न जो मूर्तिपूजा के समय वह धारण करता है दे दे और निश्चित पेशकश अदा कर दे तो उसके राज्य को हानि न पहुंचाई जाय।" जब गुजरात के अमीर राय मंदलीक की विलायत के निकट पहुंचे तो उन्होंने कुछ दूतों को भेज कर जो कुछ सुल्तान ने कहा था उसे संदेश के रूप में कहलाया। राय मंदलीक ने दूतों का बड़े सम्मान से स्वागत किया और चत्र, रत्न तथा बहुमूल्य आभूषण, जो वह मूर्तिपूजा के दिन तथा अन्य शुभ दिनों में धारण करता था, अत्यधिक पेशकश सहित अमीरों की सेवा में भेज दिये और उनकी तसल्ली करके उन्हें लौटा दिया। अमीर लोग जब सुल्तान की सेवा में पहुंचे तो जो कुछ वे लाये थे उन्हें उन्होंने प्रस्तुत किया। सुल्तान ने भोग-विलास की गोष्ठी में, जो कुछ प्राप्त हुआ था उसे गायकों तथा कविता पाठ करने वालों को इनाम में दे दिया।

१ वह अधिकारी जो सुल्तान की अनुपस्थिति में राजधानी का शासन-प्रबन्ध चलाये।
२ सम्भवतः तात्पर्य 'अतिरिक्त' से है।
३ कुछ पोथियों के अनुसार 'सूरत'।

## मालवा पर आक्रमण अस्वीकार करना

८७३ हि० (१४६८-६९ ई०) में मालवा के सुल्तान महमूद ख़लजी की मृत्यु के समाचार प्राप्त हुए। अमीरों ने निवेदन किया कि, "जिस समय सुल्तान महमूद शाह बिन अहमद शाह की मृत्यु हो गई थी तो सुल्तान महमूद ख़लजी गुजरात की विलायत की विजय के उद्देश्य से कीरेंज[1] के क़स्बे तक पहुंच गया था। (१४५) यदि संसार के स्वामी इस समय जब कि विजय की समस्त सामग्री उपलब्ध है उस ओर आक्रमण करें तो साधारण से प्रयत्न से मालवा की विलायत अधिकार में आ जायगी।" सुल्तान ने कहा कि, "इस्लाम (के अनुसार) तथा मुसलमानों के लिए यह उचित नहीं है कि मुसलमान परस्पर युद्ध करें और प्रजा नष्ट हो। ऐसी दशा में जब कि सुल्तान महमूद की मृत्यु हो गई है और उसके राज्य के कार्य अव्यवस्थित हैं उसकी विलायत पर आक्रमण करना सौजन्य, वीरता तथा पौरुष के लिए उचित नहीं।" उसने शिकार के उद्देश्य से अहमदाबाद से निकल कर कुछ दिन जंगल में व्यतीत किये और पुनः लौट कर अहमदाबाद में पड़ाव किया।

## सोरठ पर आक्रमण

८७४ हि० (१४६९-७० ई०) में उसने पुनः सोरठ[2] की विलायत को नष्ट-भ्रष्ट करने के लिए सेनायें नियुक्त कीं जो अल्प समय में सोरठ की विलायत को नष्ट-भ्रष्ट करके तथा अत्यधिक धन-संपत्ति प्राप्त करके लौट आईं।

## सुल्तान की वीरता

इस वर्ष की महत्वपूर्ण घटनाओं में एक घटना यह है कि एक दिन सुल्तान महमूद हाथी पर सवार होकर एरम उद्यान की ओर भ्रमण कर रहा था। मार्ग में एक अन्य मस्त हाथी अपनी ज़ंजीर को तोड़ कर सेना की ओर बढ़ा। अन्य हाथी उसे देखकर भाग खड़े हुए और वह उस हाथी की ओर, जिस पर सुल्तान सवार था, बढ़ा। सुल्तान के हाथी ने उससे दो तीन टक्करें लीं और भाग खड़ा हुआ। सुल्तान के हाथी के पलायन करते समय उसने[3] उसके कन्धों पर एक टक्कर लगाई जिससे सुल्तान का पांव घायल हो गया और रक्त बहने लगा। उस समय सुल्तान ने पूर्ण वीरता प्रदर्शित करते हुए हाथी के मस्तक के ऊपर अंकुश से प्रहार किया और रक्त प्रवाहित हो गया। हाथी ने दूसरी टक्कर मारी। सुल्तान ने अंकुश से दूसरा वार किया। हाथी के मस्तक से फ़व्वारे के समान रक्त प्रवाहित था। हाथी ने चिंघाड़ते हुए सुल्तान के हाथी के एक दूसरी टक्कर मारी और इस प्रकार अंकुश खाया कि विवश होकर भाग खड़ा हुआ। सुल्तान कुशलतापूर्वक अपने महल की ओर चला गया और समस्त सहायता के पात्रों को न्योछावर तथा दान द्वारा लाभान्वित कराया।

## सोरठ पर आक्रमण

(१४६) कुछ दिन उपरान्त सीमांत के अमीरों को बुलवा कर सेना तैयार करके जूनागढ़ के क़िले तथा करनाल पर्वत की विजय हेतु रवाना हुआ। एक रात्रि तथा एक दिन में सेना को ५ करोड़ धन वितरित कर दिया। उनमें से उसने ढाई हज़ार तुर्की, एराक़ी तथा अरबी घोड़े लोगों को दे दिये जिनमें से कुछ का मूल्य १२ हज़ार तन्के तक था। ५ हज़ार तलवारें, ७०० जड़ाऊ पेटियाँ, १००७ सोने के ख़ोल

१ 'कपरबंज'।
२ कुछ पोथियों के अनुसार 'सूरत'।
३ मस्त हाथी ने।

की कटारें इनाम में दीं और निरन्तर यात्रा करता हुआ उस ओर रवाना हुआ। जब वह सोरठ की विलायत में पहुंचा तो प्रत्येक दिशा में विध्वंस हेतु सेनायें भेज दीं। राय मंदलीक ने अत्यधिक विवशता तथा दीनता प्रकट करते हुए उसकी सेवा में आकर निवेदन किया कि, "दास बहुत समय से आज्ञाकारिता प्रदर्शित करते हुए जीवन व्यतीत कर रहा है और मैंने कोई ऐसा कार्य नहीं किया है कि जिससे मेरे ऊपर प्रतिज्ञा अथवा वचन भंग करने का आरोप लग सके। इस समय जितनी भी पेशकश का आदेश हो मैं देने के लिये तैयार हूं।" सुल्तान ने कहा कि, "इस समय मेरा यही विचार है कि इस विलायत को अपने अधिकार में करके इस्लाम की पताकाओं को बलन्द करूं ताकि इस्लाम की प्रथायें यहां प्रचलित हो सकें। यदि तुम इस्लाम स्वीकार कर लोगे और क़िले को सौंप दोगे तो फिर तुमसे कोई अन्य मांग न की जायेगी।"

राय मंदलीक को जब यह विश्वास हो गया कि यह सेना अन्य सेनाओं के समान नहीं है तो अवसर पाकर रात्रि में वह भाग खड़ा हुआ और जूनागढ़ के क़िले में प्रविष्ट हो गया। सुल्तान दूसरे दिन उस पड़ाव से प्रस्थान करके जूनागढ़ के क़िले के समीप उतरा और उसकी सेना से कुछ लोग पृथक् होकर क़िले के निकट पहुंचे। राजपूतों का एक समूह बाहर निकला तथा युद्ध करके भाग खड़ा हुआ। दूसरे दिन भी युद्ध हुआ। तीसरे दिन सुल्तान स्वयं क़िले की ओर रवाना हुआ और प्रातःकाल से सायंकाल तक युद्ध होता रहा। चौथे दिन शाही बारगाह[1] को क़िले के फाटक के निकट लगाकर क़िले को समीप से घेर लिया गया और प्रत्येक दिशा में साबात[2] लगा दिये गये। राजपूत लोग अधिकांश समय क़िले (१४७) से निकल-निकल कर लूट-मार करते थे और योग्य व्यक्तियों को नष्ट कर देते थे। एक दिन उन्होंने आलम खां फ़ारुक़ी के मोर्चे पर आक्रमण किया और उसकी हत्या कर दी। सुल्तान महमूद ने अवरोध को क़िले के इतने समीप पहुंचा दिया कि कभी-कभी मंजनीक़[3] के पत्थर सुल्तान के सिंहासन के निकट गिरते थे। राय मंदलीक ने यद्यपि संधि करने तथा पेशकश अदा करने का बड़ा प्रयत्न किया, किन्तु सुल्तान का क़िले की विजय के अतिरिक्त कोई अन्य विचार न था; अतः उससे लाभ न हुआ।

## मुस्तफ़ाबाद का बसाया जाना

अंत में राय मंदलीक ने दीनता प्रकट करते हुए क्षमा याचना की और क़िला उसे सौंप दिया तथा समस्त राजपूतों सहित शरण हेतु करनाल पर्वत में चला गया। सुल्तान महमूद ने ईश्वर के प्रति कृतज्ञता प्रकट करते हुए विलायत[4] में अपना शासन-प्रबन्ध स्थापित करने का प्रयत्न प्रारम्भ कर दिया। कुछ दिन उपरान्त उसने करनाल पर्वत को घेर लिया। अंत में राय मंदलीक विवश होकर सुल्तान की सेवा में उपस्थित हुआ और उसने अपने आदमियों के लिए क्षमा-याचना करके करनाल पर्वत को भी उसे सौंप दिया। क्योंकि उसने कुछ दिन तक निरन्तर सुल्तान की सेवा में उपस्थित होकर सुल्तान के उत्तम गुणों का अवलोकन किया अतः उसने एक दिन निवेदन किया कि, "शाह शम्सुद्दीन दरवेश की गोष्ठी के आशीर्वाद से इस्लाम तथा मुसलमानों के प्रति मेरे हृदय में प्रेम आरूढ़ हो गया था। इस समय जब मैं सुल्तान की सेवा में उपस्थित हुआ तो इस्लाम की सत्यता का मुझे ज्ञान प्राप्त हो गया। मेरी इच्छा है कि मैं मुसलमान हो जाऊं।" सुल्तान महमूद ने उसे मुसलमान किया और उसकी उपाधि ख़ाने जहां रखी। उस क्षेत्र में

१ ख़ेमा।
२ देखिये पूर्व पृ० १७८ नोट नं० ३।
३ देखिये पूर्व पृ० १७८ नोट नं०२ ।
४ राज्य।

इस्लाम की उन्नति हेतु उसने मुस्तफ़ाबाद नामक नगर का शिलान्यास किया और समस्त अमीरों को आदेश दिया कि वे वहां अपने निवास हेतु भवन बनवायें। अल्प समय में मुस्तफ़ाबाद नगर अहमदाबाद के समान हो गया।

## अहमदाबाद के लिए कोतवाल की नियुक्ति

(१४८) जब अमीर लोग तथा सैनिक मुस्तफ़ाबाद में निवास करने लगे तो अहमदाबाद के चारों ओर जितने चोर तथा उपद्रवी थे वे अहमदाबाद की ओर रवाना हो गये और उन्होंने डाका डालना तथा लूट मार करना प्रारम्भ कर दिया। प्रजा के आने जाने के मार्ग बन्द हो गये। जब यह समाचार सुल्तान महमूद को प्राप्त हुए तो उसने मलिक जमालुद्दीन बिन (पुत्र) शेख़ मलिक को, जोकि शिविर का कोतवाल तथा सिलाहख़ाने[1] का अधिकारी था, मुहाफ़िज़ ख़ां की उपाधि, पताका तथा तास[2] प्रदान किये। उसे अहमदाबाद का शहना तथा कोतवाल नियुक्त करके विदा कर दिया।

मलिक जमालुद्दीन मुहाफ़िज़ ख़ां ने अहमदाबाद नगर को अल्प समय में अपनी इच्छानुसार सुव्यवस्थित कर दिया और ५०० चोरों को सूली दे दी। जब उसने यह सेवा उचित रूप से सम्पन्न कर ली तो उसे अन्य सेवायें भी सौंपी गईं और इस्तीफ़ाये ममालिक[3] का पद भी उसे प्रदान कर दिया गया। शनैः-शनैः उसके कार्य इस सीमा को पहुंच गये कि १७०० घोड़े उसकी अश्वशाला में एकत्र हो गये। जहां कहीं भी कोई उत्तम सैनिक होता वह उसका सेवक बन जाता। उसकी शक्ति इस सीमा तक बढ़ गई कि उसका पुत्र मलिक ख़िज़्र, बाकर, ईदर तथा सरोही के राजाओं से पेशकश लेने लगा।

## चित्तौड़ की ओर प्रस्थान

८७५ हि० (१४७०-७१ ई०) के प्रारम्भ में सुल्तान महमूद को यह समाचार प्राप्त हुआ कि "चम्पानीर के राजा जयसिंह बिन (पुत्र) गंगदास ने मालवा के सुल्तान ग़यासुद्दीन की सहायता पर अभिमान करके बरोदा तथा दबोही[4] के विद्रोहियों को अपने राज्य में शरण प्रदान कर दी है और स्वयं विद्रोह करना (१४९) चाहता है। सुल्तान मुस्तफ़ाबाद नगर से प्रस्थान करके जयसिंह को दण्ड देने के लिए रवाना हुआ। मार्ग में जब मुहाफ़िज़ ख़ां उसकी सेवा में उपस्थित हुआ तो कोतवाली के साथ-साथ उसे विज़ारत का पद भी प्रदान कर दिया गया। वह अपने गुमाश्तों[5] को कोतवाली की सेवा पर नियुक्त करके स्वयं विज़ारत का कार्य सम्पन्न करने लगा।

## कच्छ पर आक्रमण

जब सुल्तान को कच्छ के ज़मींदारों के विद्रोह तथा मुसलमानों पर उनके प्रभुत्व के समाचार प्राप्त हुए तो वह चम्पानीर की विजय के विचार को त्याग कर भारी सेना लेकर उस ओर रवाना हुआ। जब वह खारी भूमि में जो कि रन के नाम से प्रसिद्ध है पहुंचा, तो वहां से शीघ्रातिशीघ्र प्रस्थान करके एक दिन में ६० कोस की यात्रा की और कुल सेना में से ६०० अश्वारोहियों से अधिक उसके साथ न पहुंच

१ शस्त्रागार।
२ घंटा बजवाने का अधिकार।
३ Auditor General; वह व्यय पर नियन्त्रण रखता था।
४ मूल पुस्तक में 'बरोदरा' तथा बोधी है।
५ प्रतिनिधियों।

सकें। जब वह उस विनाशकारी भूमि से निकला और शत्रु सामने से प्रकट हुए तो कहा जाता है कि उनके साथ ४० हज़ार धनुर्धर थे। सुल्तान ने अपनी सेना की संख्या कम होने तथा शत्रु की सेना के अधिक होने के बावजूद अस्त्र-शस्त्र धारण किया। क्योंकि शत्रु को सुल्तान की वीरता तथा पौरुष का ज्ञान था अतः उन्होंने निष्ठा प्रदर्शित करते हुए क्षमा-याचना की और सुल्तान ने उन लोगों को क्षमा करते हुए अत्यधिक पेशकश लेकर संधि कर ली। उनके प्रतिष्ठित लोगों को अपने साथ मुस्तफ़ाबाद लाकर इस्लाम की शिक्षा देने लगा। उसने प्रत्येक को इनाम तथा कृपाओं द्वारा प्रसन्न किया और उन्हें विदा कर दिया। जिन लोगों ने स्वेच्छा से उसकी सेवा करना निश्चय किया उन्हें उसने अपने साथ रख लिया और प्रत्येक को उचित जागीर तथा सेवायें प्रदान कीं।

## सिन्ध पर आक्रमण

८७७ हि० (१४७२–७३ ई०) में सुल्तान महमूद को यह समाचार प्राप्त हुआ कि, "सिन्ध की विलायत के समीप ४० हज़ार विद्रोही धनुर्धर एकत्र हो गये हैं और ग्रामों तथा सीमान्त के स्थानों को हानि पहुंचा रहे हैं।" सुल्तान महमूद सेना एकत्र करके उस ओर रवाना हुआ। जब वह खारी भूमि (१५०) की ओर पहुंचा तो उसने आदेश दिया कि प्रत्येक अश्वारोही अपने साथ दो घोड़े रखे और ७ दिन के खाने-पीने की सामग्री अपने साथ ले ले। ईश्वर की कृपा पर विश्वास करके वे उस ख़तरनाक भूमि क्षेत्र में प्रविष्ट हो गये और प्रति दिन ६० कोस की यात्रा करने लगे। जब वे सिन्ध की विलायत में पहुंचे तो विद्रोही छिन्न-भिन्न हो गये और उस समूह का कोई चिह्न न रहा। बिना किसी कठिनाई के उसने सिन्ध प्रदेश को अपने अधिकार में कर लिया। कुछ अमीरों ने निवेदन किया कि "क्योंकि हम लोग अत्यधिक परिश्रम तथा कठिन यात्रा करके इस स्थान पर पहुंचे हैं अतः यह उचित होगा कि इस राज्य में हाकिम तथा दारोग़ा नियुक्त कर दिये जायं।" सुल्तान ने कहा कि "क्योंकि मखदूमये जहां सिन्ध के सुल्तान के वंश से थीं अतः उनके प्रति दया करना हमारे लिए परमावश्यक है और उनके राज्य पर अधिकार जमाना उचित नहीं।" सिन्ध नदी के तट पर शिकार खेलने के उपरान्त वह मुस्तफ़ाबाद लौट आया।

कुछ समय उपरान्त सुल्तान बन्दर जगत[1] जो कि ब्राह्मणों का पूजागृह है विजय करने के विषय में सोचने लगा। वह मार्ग की कठिनता के कारण उपेक्षा किया करता था। एक दिन संयोग से मौलाना मुहम्मद समरक़न्दी नामक एक विद्वान् अपने दो पुत्रों सहित नंगे सिर तथा नंगे पांव सुल्तान की सेवा में उपस्थित हुआ और उसने निवेदन किया कि, "हम लोग दक्षिण से समरक़न्द की यात्रा के विचार से जहाज़ पर बैठकर हुरमुज़ की ओर रवाना हुए। जब हम जगत के समीप पहुंचे तो कुछ लोगों ने अस्त्र-शस्त्र से भरी हुई नौकाओं सहित हमारा मार्ग रोक लिया और हमें नष्ट कर दिया। मुसलमान स्त्रियों तथा बालकों को बन्दी बना लिया। इन पुत्रों की माता भी बन्दी बना ली गई।" सुल्तान महमूद ने मौलाना के प्रति कृपादृष्टि प्रदर्शित करते हुये उसे अहमदाबाद भेज दिया और उसकी वृत्ति निश्चित कर दी। बिदा के समय उससे कहा कि, "तुम संतुष्ट रहो। जो कुछ तुम्हारा छिन गया है वह तुम्हें (१५१) उसी प्रकार लौटा दिया जायगा और वे लोग भी उचित दण्ड के पात्र होंगे।" उसने अपनी मर्यादा की रक्षा हेतु अमीरों तथा विभिन्न समूहों के सरदारों को अपने पास बुलाकर कहा कि, "यदि क़यामत[2] में मुझसे पूछा गया कि तुम्हारे पड़ोस में काफ़िर लोग इस प्रकार का अत्याचार करते थे और

१ सम्भवतः 'द्वारिका'।

२ मुसलमानों, ईसाइयों आदि के विश्वासानुसार प्राणियों के कर्मों का लेखा लेने का दिन। प्रलय।

तुमने शक्ति के बावजूद उपेक्षा की तो मैं क्या उत्तर दूंगा?" अमीरों ने उसके प्रति शुभ कामनायें प्रकट करते हुए कहा कि, "दासों के लिये आज्ञाकारिता के अतिरिक्त कोई अन्य उपाय नहीं। उन लोगों को नष्ट करने का संकल्प कर लेना चाहिये।"

सुल्तान ने यह संकल्प करके १६ ज़िलहिज्जा ८७७ हि० (१४ जुलाई १४७३ ई०) को बन्दर जगत की ओर प्रस्थान किया। मार्ग के सकरे तथा जंगलों के अधिक होने के कारण वे बड़ी कठिनाई से जगत पहुंचे। काफ़िर लोग भाग कर बैत नामक द्वीप में चले गये। उस भूमि पर सर्पों की बहुत बड़ी संख्या दृष्टिगत हुई। जिस स्थान पर सुल्तान का सरापर्दा था वहां एक पहर में ७०० सर्प मारे गये। उस द्वीप में अत्यधिक सिंहों, बबरों तथा चीतों ने लोगों को कष्ट पहुंचाया। बहुत से वन-पशुओं की हत्या कर दी गई। जगत के मंदिर को नष्ट-भ्रष्ट कर दिया गया। सुल्तान महमूद ४ मास तक वहां ठहरा रहा। इसी बीच में उसने बहुत से वीर सैनिकों को तोपख़ाना सहित तैयार करके बैत द्वीप की ओर भेजा। बैत द्वीप के लोग भी नौकाओं में बैठ कर युद्ध के लिए निकले? किन्तु अंत में भाग कर बैत द्वीप में चले गये। वीर योद्धा जहाज़ों पर बैठे हुए बैत द्वीप में प्रविष्ट हुए और बैत के क़िले को विजय करके अत्यधिक राजपूतों की हत्या कर दी। वहां का राजा राय भीम जहाज़ में बैठ कर किसी ओर भाग गया। सुल्तान महमूद ने बहुत से लोगों को जहाज़ों पर बैठा कर उसके पीछे भेजा और स्वयं बैत नगर में प्रविष्ट होकर, (१५२) मुसलमान बन्दियों को मुक्त करा दिया और अत्यधिक धन-संपत्ति प्राप्त की। मलिक तुग़ान को, जिसकी उपाधि फ़रहतुलमुल्क थी, उस स्थान की थानेदारी हेतु नियुक्त करके विजय तथा सफलता प्राप्त करके मुस्तफ़ाबाद लौट गया। शुक्रवार १३ जमादि-उल-अव्वल ८७८ हि० (६ अक्तूबर १४७३ ई०) को, जो लोग राय भीम का पीछा करने के लिए गये थे, वे उसे बन्दी बनाकर ले आये और दरबार के समक्ष खड़ा कर दिया। सुल्तान महमूद ने मौलाना मुहम्मद समरक़न्दी को अहमदाबाद से बुलवाया और राय भीम को अपमानित तथा तिरस्कृत करके उसे (मौलाना समरक़न्दी) को दिखाया और उसे (राय भीम) मुहाफ़िज़ ख़ां के पास इस आशय से भेज दिया कि वह उसके ४ टुकड़े करके अहमदाबाद के चारों ओर लटका दे ताकि अन्य विद्रोहियों को शिक्षा प्राप्त हो।

## समुद्री डाकुओं से युद्ध

उसी वर्ष रजब मास (नवम्बर-दिसम्बर १४७३ ई०) में वह एक सेना को मुस्तफ़ाबाद में नियुक्त करके चम्पानीर के क़िले की विजय हेतु रवाना हुआ। मार्ग में उसे समाचार प्राप्त हुआ कि, "व्यापारियों[1] के एक समूह ने अत्यधिक नौकायें एकत्र कर ली हैं और वे समुद्री यात्रियों को हानि पहुंचाना चाहते हैं।" यह समाचार पाते ही उसने कुछ जहाज़ तैयार कराये और स्वयं कुछ वीरों को लेकर ईश्वर पर आश्रित होकर रवाना हो गया। जब वह व्यापारियों के जहाज़ों के समीप पहुंचा तो वे लोग भाग खड़े हुए और उसने कुछ नौकाओं को छीन लिया। वहां से प्रस्थान करके उसने खम्बायत नामक बन्दरगाह पर पड़ाव किया और शाबान ८७८ ई० (दिसम्बर १४७३ ई० जनवरी १४७४ ई०) में राजधानी अहमदाबाद को लौट गया।

१ एक पोथी के अनुसार 'मलाबारी'।

## कुछ नियुक्तियां

(१५३) ८७५ हि०[1] (१४७०-७१ ई०) में मलिक बहाउद्दीन एमादुलमुल्क को सुनधरा[2] थाने में, क़िवामुलमुल्क को कोधरा क़स्बे के थाने में, फ़रहतुलमुल्क को बैत क़िले के थाने तथा जगत थाने में, एवं मलिक निज़ामुलमुल्क को थानेसुर[3] थाने में भेजा गया व ख़ुदावन्द ख़ां को वज़ीरे ममालिक नियुक्त किया गया और उसे शाहज़ादा अहमद ख़ां की सेवा में अहमदाबाद में छोड़ कर वह स्वयं जूनागढ़ तथा उसके समीप के स्थानों को विजय करने के लिए रवाना हुआ।

## ख़ुदावन्द द्वारा षड्यंत्र

एक दिन ख़ुदावन्द ख़ां ने रायरायां से निष्ठापूर्वक एकान्त में कहा कि, "हम लोग सुल्तान महमूद के आक्रमणों से परेशान हो गये हैं। कोई वर्ष तथा मास ऐसा नहीं व्यतीत होता जब वह कोई बात बीच में डालकर आक्रमण न करता हो। यदि आप अपने सहायकों तथा मेरे ५०० सैनिकों को अपने साथ लेकर एमादुलमुल्क के निवास-स्थान पर जाकर उसे बीच से हटा दें तो मैं कल शाहज़ादा अहमद ख़ां को सिंहासनारूढ़ कर दूं। एमादुलमुल्क की हत्या के लिए इससे अधिक कोई उचित अवसर न मिलेगा। कारण कि उसके सहायक थाने गये हुए हैं। मैंने यह बात शाहज़ादा अहमद ख़ां से कह दी है; वह भी इस बात से संतुष्ट है और उसने इसे स्वीकार कर लिया है।" रायरायां ने कहा कि, "एमादुलमुल्क सदैव से ही मेरे प्रति निष्ठावान् रहा है और मुझसे गोपनीय बातों की चर्चा किया करता है। क्योंकि वह सुल्तान महमूद से रुष्ट तथा खिन्न है अतः यह विश्वास है कि वह इस बात में हमारा साथ देगा और उसकी सहायता से इस कार्य को अधिक दृढ़ता प्राप्त हो जायेगी।" यद्यपि ख़ुदावन्द ख़ां ने उसे बहुत मना किया किन्तु इसमें कोई लाभ न हुआ और रायरायां ने एमादुलमुल्क की मित्रता पर विश्वास करके सर्वप्रथम उससे (१५४) एकान्त में क़ुरान की शपथ ली कि वह इस रहस्य को न खोलेगा, तदुपरान्त उसने यह बात कही। एमादुलमुल्क ने जब यह देखा कि उसके आदमी जागीर को गये हुए हैं तो उसने तुरन्त यह बात स्वीकार कर ली और कहा कि, "इस बात में मैं ख़ुदावन्द ख़ां का साथ दूंगा किन्तु मैं यह सोचता हूं कि रमज़ान मास व्यतीत हो जाय। तदुपरान्त इस विषय में कोई प्रयत्न किया जाय।" रायरायां को यह बात बड़ी अच्छी लगी और उसने ख़ुदावन्द ख़ां की सेवा में यह संदेश भेज दिया।

रायरायां के विदा होने के उपरान्त एमादुलमुल्क ने अपने पुत्रों[4] को एकान्त में बुलवा कर कहा कि, "सुल्तान क़ुतुबुद्दीन के राज्यकाल में मैं इस बात की इच्छा किया करता था कि कोई घोड़ा प्राप्त हो जाय किन्तु वह न प्राप्त होता था। इस समय सुल्तान महमूद के सौभाग्य से इस वंश में कोई मुझसे अधिक श्रेष्ठ नहीं।" उसने तत्काल मलिक फ़रहतुलमुल्क को, जो सरखीज क़स्बे में पड़ाव किये हुए था, आदमी भेजकर बुलवाया और रखपाल[5] नामक स्थान में मलिक क़िवामुलमुल्क को भी पत्र भेजा कि वह कुछ दिन तक उस पड़ाव से प्रस्थान न करे। प्रातःकाल मलिक फ़रहतुलमुल्क ५०० अश्वारोहियों

१ जिस क्रम से घटनाओं का उल्लेख हो रहा है उसके अनुसार यह तिथि ठीक नहीं। इसे ८७६ हि० (१४७४-७५ ई०) होना चाहिये।

२ यह 'सुनख़िर' भी हो सकता है।

३ कुछ पोथियों के अनुसार 'कीज़'।

४ एक पोथी में 'मलिक मुन्ना'।

५ एक पोथी के अनुसार 'रखाल' तथा एक पोथी के अनुसार 'रखयाल'।

सहित एमादुलमुल्क के निवास-स्थान पर पहुंचा और एमादुलमुल्क कुछ देर तक उससे वार्तालाप करता रहा। तदुपरान्त उसने मलिक फ़रहतुलमुल्क को उसके निवास-स्थान को भेज दिया। कुछ समय उपरान्त उसने मुहाफ़िज़ खां कोतवाल शहर को बुलवा कर कहा कि, "क्योंकि हम लोगों में रिश्तेदारी हो गई है अतः हमारे लिए यह आवश्यक है कि हम एक दूसरे के प्रति निष्ठावान् रहने का प्रयत्न करते रहें। आप इसी प्रकार निष्ठावान् रह सकते हैं कि आप नगर के विषय में सचेत रहें। कहीं कोई उपद्रव न उठ खड़ा हो। ईद के दिन आप अपनी सेना तथा परिजनों को तैयार करके शाहज़ादा अहमद ख़ां की सेवा में ईदगाह को जायं और आधे दिन तक नगर की रक्षा का अत्यधिक प्रयत्न करते रहें।"

(१५५) ख़ुदावन्द ख़ां इन बातों को सुनकर शंकित हो गया और उसने रायरायां को अपने पास बुलवा कर कहा कि, "मैं न कहता था कि एमादुलमुल्क इस कार्य के लिए तैयार न होगा। अब ऐसा समय आ गया है कि हम लोगों के घरों का विनाश हो जायगा।" जब ईद हो गई और एमादुलमुल्क की सेना पहुंच गई तो ख़ुदावन्द ख़ां ने भय के कारण इस बात की चर्चा न की और यह योजना उसी प्रकार गुप्त रही। कुछ दिन उपरान्त मुस्तफ़ाबाद में यह समाचार पहुंचे कि, "ईद के दिन ख़ुदावन्द ख़ां ने एमादुलमुल्क की हत्या कर दी और समस्त अमीर उससे मिल गये और शाहज़ादा अहमद ख़ां को सिंहासनारूढ़ कर दिया।" एक धृष्ट विश्वासपात्र ने यह समाचार तत्काल सुल्तान महमूद को पहुंचा दिये।

सुल्तान ने यह समाचार पाकर क़ैसर ख़ां तथा फ़ीरोज़ ख़ां को एकान्त में बुलवा कर कहा कि, "इससे पूर्व शाहज़ादे के रुग्ण होने के समाचार प्राप्त हुये थे। आज शाहज़ादे की ओर से मुझे बड़ी ही चिन्ता है। दो कोस आगे जाओ और अहमदाबाद से जो कोई भी आ रहा हो उससे ठीक-ठीक बात का पता लगाकर आओ।" मलिक सईदुलमुल्क जब कुछ दूर आगे गया तो उसने अपने एक संबंधी को अहमदाबाद से आते देखा। उसने उससे सब हाल पूछा। उसने कहा कि, "मैं ईद के दिन अहमदाबाद में था। शाहज़ादा नमाज़ के लिए पहुंचा। ख़ुदावन्द ख़ां तथा मुहाफ़िज़ ख़ां उसके साथ थे। जब शाहज़ादा लौटकर राजभवन में पहुंच गया तो दो घड़ी दिन तक मुहाफ़िज़ ख़ां दरबार में उपस्थित रहा किन्तु शहर वाले कहते हैं कि एमादुलमुल्क अमीरों को अपने थानों में जाने की अनुमति नहीं देता और सब लोग अपने-अपने घरों में ठहरे हुए हैं।" मलिक सईदुलमुल्क ने जाकर सब हाल सुना दिया। सुल्तान ने कहा कि, "किसी ने झूठ कहा था कि शाहज़ादा रुग्ण है।" दो तीन दिन उपरान्त उसने क़ैसर ख़ां तथा फ़ीरोज़ ख़ां को एकान्त में बुला कर सब हाल सुनाया और कहा कि, "मैं लोगों से कह दूंगा कि मैं हज करने जाना चाहता हूं। जो कोई मेरे इस विचार की सराहना करेगा उसके विषय (१५६) में मैं यह समझ लूंगा कि वह मुझे नहीं चाहता।" कुछ दिन उपरान्त उसने जहाज़ों को तैयार करने का आदेश दिया और जहाज़ के अधिकारियों को कई लाख तन्के इस आशय से प्रदान किये कि वे उनसे मक्का में दान हेतु चीज़ें क्रय करें। वह मुस्तफ़ाबाद से खोखा[1] पहुंच कर नौका में खम्बायत के बन्दरगाह को जाने के लिए उतर पड़ा।

जब यह समाचार अहमदाबाद पहुंचा तो समस्त अमीर उसकी सेवा में उपस्थित हुए। सुल्तान ने कहा कि, "शाहज़ादा अब बहुत बड़ा हो गया है और अमीर लोग मेरी इच्छानुसार शिक्षित हो गये हैं। मैं राज्य की ओर से निश्चिन्त हो गया हूं। मेरी इच्छा है कि मैं हज के लिये चला जाऊं।" एमादुलमुल्क ने कहा कि, "आप एक बार अहमदाबाद चले चलें और इसके उपरान्त जो कुछ उचित हो उस पर आचरण करें।" सुल्तान समझ गया कि अभी प्याला आधा भरा है और वह अहमदाबाद की ओर रवाना हो गया।

१ 'घोघा' उचित है।

शहर पहुंच कर एक दिन उसने समस्त अमीरों को बुलवाया और कहा कि, "मुझे हज हेतु जाने दो और जब तक तुम लोग उत्तर न दोगे मैं भोजन न करूंगा।" अमीर लोग समझ गये कि, "सुल्तान इस बात में हमारी परीक्षा करना चाहता है।" सब लोग मौन रहे। जब सूर्य मध्याह्न की ऊंचाई पर उठ गया तो एमादुलमुल्क ने अमीरों से कहा कि, "सुल्तान भूखा है। उत्तर देना चाहिये।" निज़ामुलमुल्क ने सुल्तान से निवेदन किया कि, "जिस प्रकार शाहज़ादे को अत्यधिक निपुणता प्राप्त हो गई है उसी प्रकार दास के पुत्र मलिक बुद्ध को भी बड़ा अनुभव हो गया है और इस समय तक उसे शीतोष्ण का ज्ञान हो गया है। आशा है कि आप दास के थाने को उसे सौंप देंगे और दास को इस शुभ यात्रा में अपनी सेवा से पृथक् न करेंगे।" सुल्तान ने कहा कि, "यदि यह बात प्राप्त हो जाय तो बड़े सौभाग्य का कारण होगी किन्तु राज्य के कार्य तेरे बिना सम्पन्न नहीं हो सकते। जाकर अमीरों से उचित उत्तर ला।" निज़ामुलमुल्क ने अमीरों के पास उपस्थित होकर इस बात का उल्लेख किया किन्तु किसी ने कोई उत्तर न दिया। एमादुल-
(१५७) मुल्क ने जब यह देखा कि कोई भी उत्तर नहीं देता और सुल्तान भूखा है तो उसने निज़ामुलमुल्क से कहा कि, "क्योंकि आप हम सब में वृद्ध हैं अतः जो उचित हो वह आप समस्त अमीरों की ओर से जाकर निवेदन कर दें कि संसार के स्वामी सर्वप्रथम ख़ज़ाने तथा अन्तःपुर की रक्षा हेतु चम्पानीर के क़िले को विजय कर लें तदुपरान्त हज करने के लिए जायं।" सुल्तान ने कहा कि, "यदि ईश्वर ने चाहा तो ऐसा ही होगा।" सुल्तान ने भोजन किया किन्तु उसने क़ैसर खां को एकान्त में बुलवाकर कहा कि, "एमादुलमुल्क सच्ची बात नहीं कर रहा है। मैंने यह निश्चय कर लिया है कि जब तक वह सच्ची बात न कहेगा मैं उससे बात न करूंगा।"

जब कुछ दिन इसी प्रकार व्यतीत हो गये तो एक दिन एमादुलमुल्क ने एकान्त में कहा कि, "दास को अपने अपराध का ज्ञान नहीं।" सुल्तान ने कहा, "जब तक तू सच बात न कहेगा मैं तुझसे बात न करूंगा।" एमादुलमुल्क ने कहा कि, "मुझे क़ुरान की शपथ दी गई है।" सुल्तान ने कहा कि, "यदि निष्ठा हेतु प्राण भी चले जायें तो जाने दे।" एमादुलमुल्क ने विवश होकर सच बात कह दी। सुल्तान ने धैर्य धारण किया और ख़ुदावन्द ख़ां को केवल यह हानि पहुंचाई कि अपने एक कबूतर[1] का नाम उसने ख़ुदावन्द ख़ां रख दिया।

## एमादुलमुल्क का जालौर की ओर भेजा जाना

कुछ दिन उपरान्त उसने नहरवाला पर आक्रमण किया और वहां से मलिक एमादुलमुल्क को जालौर तथा साजौर की विजय हेतु भेजा और क़ैसर ख़ां को उसके साथ कर दिया। एमादुलमुल्क ने बिदा होकर शेख़ हाजी रजब के शुभ मज़ार के समीप पड़ाव किया। रात्रि में मुजाहिद ख़ां वल्द ख़ुदावन्द ख़ां ने अपने मामू के पुत्र साहब ख़ां से मिल कर अपने घर से निकल कर क़ैसर ख़ां के सदापर्दे में प्रवेश किया और उसकी हत्या कर दी। प्रातःकाल एमादुलमुल्क ने सुल्तान की सेवा में पहुंच कर यह समाचार उसे पहुंचाया। एक व्यक्ति ने यह निवेदन किया कि "अज़दर ख़ां बिन उलुग ख़ां ने यह अपराध किया
(१५८) है।" सुल्तान ने यह बात सुनते ही फ़ीरोज़ ख़ां को इस आशय से भेजा कि वह अज़दर ख़ां को बन्दी बना लाये। जब रात्रि हो गई तो मुजाहिद ख़ां तथा साहब ख़ां अपने परिवार सहित भाग गये। प्रातःकाल जब यह पता चला कि अज़दर ख़ां ने कोई अपराध नहीं किया है और मुज़ाहिद ख़ां तथा साहब

१ एक पोथी के अनुसार 'नौकर'।

ख़ां हत्यारे हैं तो उसने आदेश दिया कि, "खुदावन्द खां को बन्दी बनाकर मुहाफ़िज़ खां के सिपुर्द कर दिया जाय और अज़दर ख़ां को मुक्त कर दिया जाय।" कुछ दिन उपरान्त वह अहमदाबाद लौट गया। इसी बीच में एमादुलमुल्क की मृत्यु हो गई। सुल्तान ने उसके प्रति कृपादृष्टि प्रदर्शित करके उसके ज्येष्ठ पुत्र को, जिसका नाम मलिक बुद्ध था, इख्तियारुलमुल्क की उपाधि प्रदान कर दी और विज़ारत का पद मुहाफ़िज़ खां को प्रदान कर दिया।

## चम्पानीर पर आक्रमण

८८० हि० (१४७५-७६ ई०) में गुजरात वालों को अकाल तथा वर्षा के अभाव के कारण घोर कष्ट हुआ। संयोग से मलिक सधा चम्पानीर के कुछ स्थानों पर आक्रमण करने के लिए गया था। राय विनाय पुत्र राय उदयसिंह ने, जो चम्पानीर का राजा था, सेना एकत्र करके उस पर आक्रमण कर दिया। युद्ध में मलिक सधा की हत्या हो गई। राय विनाय ने मलिक सधा के दो हाथियों, घोड़ों, धन-संपत्ति तथा आदमियों को नष्ट कर दिया। जब सुल्तान को यह समाचार प्राप्त हुआ तो वह प्रथम ज़ीक़ाद ८८० हि० (२६ फ़रवरी १४७६ ई०) को चम्पानीर की ओर रवाना हुआ। जब निरन्तर यात्रा करके वह बरोदा क़स्बे में पहुंचा तो राय विनाय ने अपने दुष्कर्म पर लज्जित होकर सुल्तान की सेवा में राजदूत भेजे और क्षमा-याचना करते हुए निवेदन कराया कि, "दोनों हाथी जो आहत हुए थे मर चुके हैं किन्तु (१५९) दास सोने[1] से लदे हुए दो अन्य हाथी आप की सेवा में भेज देगा।" सुल्तान ने कहलाया कि, "इस बात का उत्तर कल तलवार से दिया जायेगा" और राजदूतों को वापस कर दिया। उसने अपने प्रस्थान करने के पूर्व ताज खां, अज़दुलमुल्क, बहराम खां तथा इख्तियार खां को इस आशय से भेजा कि वे १७ सफर[2] को पर्वत के नीचे पहुँच जायें। नित्य-प्रति राजपूत लोग युद्ध के लिए निकल कर प्रातःकाल से सायंकाल तक युद्ध किया करते थे।

सुल्तान ने स्वयं बरोदा क़स्बे से प्रस्थान किया और चम्पानीर से प्रस्थान करके वह करनारी नामक ग्राम में उतरा। मार्ग की रक्षा तथा रसद के पहुँचाने के लिए उसने सैयिद बुदी अलंगदार को नियुक्त किया। संयोग से, एक दिन सैयिद रसद ला रहा था, राजपूत लोग जो एक स्थान पर घात लगाये बैठे थे निकल कर उस पर टूट पड़े। बहुत से लोग मारे गये और वे रसद को उठा ले गये। सुल्तान यह समाचार पाकर बड़ा दुखी हुआ और सफ़र के अंत[3] तक चम्पानीर के नीचे ठहरा और क़िले के अवरोध का अत्यधिक प्रयत्न करता रहा। मुहाफ़िज़ खां रोजाना प्रातःकाल सवार होता था और आधे दिन तक मोर्चों का निरीक्षण करके लौटकर सुल्तान की सेवा में समस्त विवरण प्रस्तुत करता था। जब अवरोध भलीभांति सम्पन्न हो गया तो सुल्तान ने आदेश दिया कि चारों ओर से सावात[4] लगवाये जायें। कहा जाता है कि पर्वत के ऊपर एक लकड़ी के ले जाने की मज़दूरी एक लाख तन्का दी जाती थी। राय विनाय ने यह हाल देखकर दीनता प्रकट करते हुए पुनः दूत भेजे और निवेदन कराया कि, "मैं ९ मन सोना तथा सेना के दो वर्ष के व्यय हेतु जितना अनाज आवश्यक होगा पेशकश के रूप में दूंगा।" सुल्तान ने कहा कि, "जब तक क़िले पर विजय न प्राप्त हो जायेगी मैं इस स्थान से न जाऊँगा।"

१ धन-सम्पत्ति।
२ १७ सफ़र ८८१ हि० (११ जून १४७६ ई०)।
३ सफ़र ८८१ हि० (२३ जून १४७६ ई०) के अन्त।
४ क़िले पर आक्रमण करने के लिये ढँका हुआ मार्ग।

जब दूत निराश होकर लौट गये तो राय विनाय ने ८८८ हि० (१४८३–८४ ई०) में अपने एक योग्य वकील[1] को, जिसका नाम सूरा था, सुल्तान ग़यासुद्दीन ख़लजी की सेवा में भेजा और उससे सहायता (१६०) की याचना की और यह निश्चय किया कि, "प्रत्येक पड़ाव पर व्यय की सहायता हेतु मैं १ लाख तन्के दूंगा।" सुल्तान ग़यासुद्दीन ने सेना तैयार करके नालचा क़स्बे में पड़ाव किया। जब यह समाचार सुल्तान को प्राप्त हुये तो वह अमीरों को विभिन्न स्थानों पर नियुक्त करके युद्ध के उद्देश्य से धोद[2] क़स्बे तक पहुंचा। उस स्थान पर समाचार प्राप्त हुआ कि, "सुल्तान ग़यासुद्दीन ने आलिमों को बुलवा कर एक दिन उनसे पूछा कि मुसलमानों के बादशाह ने काफ़िरों के पर्वत को घेर लिया है। ऐसी दशा में काफ़िर की सहायतार्थ जाना उचित है अथवा नहीं?" आलिमों ने कहा कि, "यह उचित नहीं", और वह तत्काल लौट कर मन्दू चला गया। सुल्तान यह सुखद समाचार सुनकर पुनः चम्पानीर पहुंचा और वहां उसने एक जामा मस्जिद का निर्माण करवाया।

इस बार अमीरों तथा सरदारों को विश्वास हो गया कि जब तक क़िला विजय न होगा सुल्तान वापस न जायेगा। उन्होंने नये सिरे से क़िले की विजय के प्रयत्न प्रारम्भ कर दिये। जब साबातों का निर्माण हो गया तो एक दिन ख़ासे के मोर्चे के सैनिकों ने ख़ासे के साबात से देख कर पता लगाया कि राजपूत लोग प्रातःकाल अधिकांश दातून तथा स्नान के लिए जाते हैं और बहुत थोड़े से लोग मोर्चे पर रह जाते हैं। जब इस बात की सूचना सुल्तान को दी गई तो उसने आदेश दिया कि "कल प्रातःकाल क़िवामुलमुल्क ८८९ हि० (१४८४ ई०) को ख़ासे की सेना अपने साथ लेकर अपने साबात से क़िले में प्रविष्ट हो जाय, आशा है कि विजय हो जायगी।" दूसरे दिन प्रातःकाल प्रथम ज़ीक़ाद (२० नवम्बर १४८४ ई०) थी। मलिक क़िवामुलमुल्क ख़ासे के सैनिकों को लेकर अपने साबात से क़िले के भीतर कूद पड़ा और बहुत से लोगों की हत्या कर दी। भीषण युद्ध हुआ। उसने राजपूतों को क़िले के द्वार तक भगा दिया। राय विनाय तथा अन्य राजपूतों ने जौहर की व्यवस्था की और क़िवामुलमुल्क तथा (१६१) अन्य सरदार शहीद होने की आकांक्षा में अत्यधिक प्रयत्न एवं परिश्रम करने लगे।

संयोग से इसके पूर्व कुछ दिन पहले पश्चिम दिशा की ओर क़िले की दीवार पर एक तोप लगा दी गई थी और क़िले की दीवार में दरारें पड़ गई थीं। मलिक अयाज़ सुल्तानी बहुत से सैनिकों सहित अवसर पाकर उस दरार की ओर पहुंच गया और उस दरार द्वारा, जो वास्तव में क़िले वालों के लिए मृत्यु की दरार थी, बड़े क़िले में प्रविष्ट हो गया और बाड़े के द्वार से बड़े फ़ाटक के कोठे पर पहुंच गया। उस समय सुल्तान महमूद साबात पर पहुंच कर बड़ी दीनता से ईश्वर से प्रार्थना कर रहा था और विजय की याचना कर रहा था तथा लोगों को सहायतार्थ भेज रहा था। राजपूत लोगों ने व्याकुल होकर दरवाज़े के कोठे पर गोला मारा। ईश्वर की कृपा से विजय तथा सफलता की पवन बह निकली थी। शाही सेना ने उस गोले को उठाकर राय विनाय के महल के प्रांगण में फेंक दिया। राजपूतों ने जब यह दशा देखी तो जिन-जिन स्थानों पर उन्होंने जौहर की व्यवस्था की थी, उनमें आग लगा दी और अपने समस्त परिवार को जला डाला। उस दिन, दिन भर तथा दूसरे दिन रात्रि तक समस्त सेना युद्ध करती रही। दूसरे दिन प्रातःकाल २ ज़ीक़ाद ८८९ हि० को (२१ नवम्बर १४८४ ई०) द्वार को ज़बरदस्ती तोड़ डाला गया और बहुत से लोगों की हत्या हो गई। सुल्तान महमूद भी द्वार तक पहुंचा। राजपूत लोग (१६२) अस्त्र-शस्त्र फेंक कर हौज़ के चारों ओर एकत्र हुये और सभी ने जल में प्रविष्ट होकर स्नान

१ प्रतिनिधि।
२ मूल पुस्तक में 'धोर' है।

किया तथा जल से निकल कर हाथ में तलवार लेकर खड़े हो गये। जब कुछ सैनिक हौज़ के निकट पहुंचे तो ७०० राजपूतों ने एक साथ आक्रमण कर दिया और बहुत से लोग दोनों ओर से मारे गये। उस युद्ध में राय विनाय, दुनगरसी तथा बहुत से लोगों को बन्दी बनाकर प्रस्तुत किया गया।

सुल्तान ने ईश्वर के प्रति कृतज्ञता प्रकट करके राय विनाय तथा दुनगरसी को मुहाफ़िज़ ख़ां को इस आशय से सौंप दिया कि वह उनके घावों का उपचार करे। उसी दिन वह चम्पानीर का नाम मुहमदाबाद रख कर शहर में प्रविष्ट हुआ। वहां से राजपूत भाग कर तीसरे क़िले में प्रविष्ट हो गये। उन लोगों को भी तीसरे दिन अपमानित करके बाहर निकाला गया। जब मुहाफ़िज़ ख़ां ने यह समाचार पहुंचाये कि राय विनाय के घाव अच्छे हो गये हैं तो सुल्तान ने उससे इस्लाम स्वीकार करने के लिए कहा। उसने स्वीकार न किया। वह ५ मास तक बन्दीगृह में रहा फिर भी उसने इस्लाम स्वीकार न किया। आलिमों के आदेशानुसार राय विनाय तथा दुनगरसी को फांसी दे दी गई। यह घटना ८९० हि० (१४८५–८६ ई०) में घटी। उसी वर्ष में हिसारे ख़ास, हिसारे जहांपनाह, महलों तथा उद्यानों के निर्माण का आदेश देकर उसने मुहाफ़िज़ ख़ां को कार्य सौंप दिया। ८९२ हि० (१४८६–८७ ई०) में उसने सोरठ की विलायत, जूनागढ़ का क़िला तथा करनाल पर्वत शाहज़ादा ख़लील ख़ां को प्रदान कर दिया।

## व्यापारियों के प्रति न्याय

८९२ हि० (१४८६–८७ ई०) में देहली से व्यापारियों ने अहमदाबाद पहुंच कर फ़रियाद की कि, "हम लोग ४०३ घोड़े ला रहे थे। आबू पर्वत के राजा ने उन सबको हम पर अत्याचार करके छीन लिया और समस्त क़ाफ़िले को नष्ट-भ्रष्ट कर दिया। यह बात सुनते ही उसने (सुल्तान ने) आदेश दिया (१६३) कि, "घोड़ों का मूल्य खज़ाने से व्यापारियों को दिला दिया जाय। सभी को ख़िलअत प्रदान करके वह सेना की तैयारियां करने लगा। कुछ दिन उपरान्त वह उस प्रदेश को नष्ट करने के लिए रवाना हुआ और अपने प्रस्थान करने के पूर्व एक फ़रमान आबू के राजा के नाम इस आशय का व्यापारियों के पास भेजा कि, "क्योंकि व्यापारी लोग घोड़े तथा धन-संपत्ति मेरे (सुल्तान के) लिए ला रहे थे और उसे तुमने अत्याचार करके अधिकृत कर लिया है अतः तुमको चाहिये कि जो कुछ भी तुमने अधिकृत किया है उसी प्रकार लौटा दो। अन्यथा तुम मेरे क्रोध के भागी होगे।" जब व्यापारियों ने फ़रमान पहुंचाया तो आबू के राजा ने भय के कारण ३७० घोड़े जो उसी प्रकार विद्यमान थे व्यापारियों को दे दिये और ३३ घोड़े जो नष्ट हो गये थे उनका मूल्य तथा अत्यधिक पेशकश व्यापारियों के हाथ सुल्तान की सेवा में भेज दी। जब व्यापारी सुल्तान की सेवा में पहुंचे और उन्होंने समस्त हाल कह कर आबू के राजा की पेशकश प्रस्तुत की तो सुल्तान मुहमदाबाद चम्पानीर लौट गया।

## बहादुर गीलानी को दंड

८९६ हि० (१४९०–९१ ई०) में यह समाचार प्राप्त हुआ कि, "ख़्वाजा महमूद गीलानी के गुमाश्ते[1] बहादुर गीलानी ने अपने आश्रयदाता का विरोध प्रारम्भ कर दिया है। दकिन के वाली[2] सुल्तान मुहम्मद लश्करी की आज्ञाकारिता त्याग कर दाबुल बन्दरगाह पर ज़बरदस्ती अधिकार जमा लिया है। समुद्री मार्ग के जहाज़ों को हानि पहुंचा रहा है और गुजरात की यात्रा का मार्ग बन्द हो गया है।

१ प्रतिनिधि।
२ सुल्तान।

वह ख़ासे[1] के जहाज़ों को ज़बरदस्ती पकड़ ले गये हैं।" यह समाचार पाते ही उसने सेना तैयार करके ख़ुश्की के मार्ग से मलिक क़िवामुलमुल्क को नियुक्त किया और समुद्री मार्ग से अत्यधिक जहाज़ नियुक्त किये। जब यह समाचार सुल्तान महमूद[2] बहमनी को प्राप्त हुये तो उसने अमीरों को बुलवा कर कहा कि, "सुल्तान के पूर्वजों द्वारा हमें कई बार सहायता मिल चुकी है। सुल्तान महमूद की शक्ति का सभी (१६४) को ज्ञान है। इस सम्मानित वंश के प्रति आभार प्रदर्शित करना हमारे लिये आवश्यक है अतः यह उचित है कि हम उसके (शत्रु के) विनाश हेतु प्रस्थान करें।" अमीरों तथा वज़ीरों ने उसकी राय की प्रशंसा की और उसकी बात का समर्थन किया तथा सेना तैयार करने लगे। उन्होंने निष्ठा से परिपूर्ण एक पत्र सुल्तान महमूद की सेवा में प्रेषित किया और बहादुर गीलानी को दण्ड देने का प्रयत्न करने लगे। ज्योतिषियों द्वारा निश्चित समय पर सुल्तान महमूद ने बीदर नगर से बहादुर के विनाश हेतु प्रस्थान किया और युद्ध के उपरान्त उसकी हत्या कर दी। इसका सविस्तार उल्लेख दक्षिण के सुल्तानों के इतिहास में किया जा चुका है।

## अलिफ़ ख़ां की उद्दंडता

८९९ हि० (१४९२ ई०) में सुल्तान महमूद महरासा क़स्बे की ओर रवाना हुआ। मार्ग में गुप्तचरों ने उससे निवेदन किया कि, "अलिफ़ ख़ां बिन उलुग़ ख़ां ने क्योंकि सेवकों का वेतन स्वयं व्यय कर लिया था अतः इस भय से कि कहीं वे न्याय की याचना करें और वह अपमानित हों, वह भाग खड़ा हुआ।" सुल्तान ने शरफ़ जहां को उसके प्रोत्साहन हेतु भेजा। शरफ़ जहां ने यद्यपि उसे अत्यधिक शिक्षा तथा नसीहत प्रदान की किन्तु उससे कोई लाभ न हुआ।

वह कुछ हाथियों को, जिन्हें वह अपने साथ रखता था शरफ़ जहां द्वारा भेजकर मन्दू की विलायत को चला गया। क्योंकि उसके पिता ने सुल्तान महमूद ख़लजी के प्रति कृतघ्नता प्रकट की थी अतः सुल्तान ग़यासुद्दीन ने उसे अपने राज्य में कोई स्थान न दिया और उसके प्रति कोई कृपादृष्टि प्रदर्शित न की। अलिफ़ ख़ां अपमानित तथा लज्जित होकर सुल्तानपुर की ओर रवाना हुआ। सुल्तान महमूद ने क़ाज़ी पीर इसहाक़ को मलिक शेख़ा की सहायतार्थ भेजा। जब क़ाज़ी पीर इसहाक़ सुल्तानपुर के समीप (१६५) पहुंचा तो उलुग़ ख़ां ने उससे युद्ध किया और क़ाज़ी का पुत्र मलिकुल मशायख़ तथा कुछ अन्य व्यक्ति उस युद्ध में मारे गये। अन्त में उलुग़ ख़ां ने अत्यधिक परेशान होकर दीनता प्रकट करते हुए सुल्तान की सेवा में प्रार्थना-पत्र भेजे और क्षमा-याचना की। क्योंकि वह सुल्तान का प्राचीन दास था अतः उसने उसे क्षमा कर दिया और ९०१ हि० (१४९५-९६ ई०) में वह पुनः सुल्तान की सेवा में उपस्थित हुआ। सुल्तान ने उसके प्रति कृपादृष्टि प्रदर्शित की किन्तु उसका भाग्य पतन के गर्त में पहुंच चुका था अतः ३ मास उपरान्त उसने अपने नायबे अर्ज़ की अकारण हत्या कर दी और उसे बन्दी बना लिया। उसकी उस बन्दीगृह में मृत्यु हो गई।

## आदिल ख़ां फ़ारुक़ी का आज्ञाकारिता स्वीकार करना

क्योंकि आसीर के हाकिम आदिल ख़ां फ़ारुक़ी ने बहुत समय से निर्धारित पेशकश न भेजी थी और

१ सुल्तान के।
२ कुछ पोथियों के अनुसार 'मुहम्मद'।

अभिमान प्रदर्शित कर रहा था अतः सुल्तान सेना तैयार करके ९०६ हि० (१५००–१५०१ ई०) में उसे दण्ड देने के लिए रवाना हुआ। जब वह ताप्ती नदी के समीप पहुंचा तो आदिल खां ने अत्यधिक पेशकश प्रेषित की और क्षमा-याचना की। सुल्तान ने उसके ऊपर कृपा करके उसकी याचना स्वीकार कर ली और मुहमदाबाद चम्पानीर लौट आया।

## मालवा पर आक्रमण करने का विचार त्यागना

उसी वर्ष ९०६ हि० (१५००–१५०१ ई०) में उसे समाचार प्राप्त हुआ कि, "सुल्तान नासिरुद्दीन अब्दुल क़ादिर कृतघ्नता प्रकट करते हुए राज्य को सुल्तान ग़यासुद्दीन से छीन कर स्वयं सुल्तान बन बैठा है।" सुल्तान महमूद उसको दण्ड देने के लिए मालवा की ओर प्रस्थान करने वाला ही था कि इसी बीच में नासिरुद्दीन की पेशकश तथा निष्ठा संबंधी पत्र दीनता प्रकट करते हुए प्राप्त हुआ। उसमें इस बात का उल्लेख था कि, "जो कुछ भी मैंने किया वह अपने स्वामी, आश्रयदाता तथा पिता की अनुमति से किया परन्तु क्योंकि शुजा खां तथा रानी खुर्शीद को सुल्तान ग़यासुद्दीन पर प्रभुत्व प्राप्त हो गया था अतः वे उसे छिपाने का प्रयत्न किया करते थे।" सुल्तान ने उसकी दीनता के प्रति दया प्रदर्शित करते हुए आक्रमण के विचार त्याग दिये।

(१६६) उसी वर्ष क्योंकि फ़िरंगियों[१] ने इस्लाम के बन्दरगाहों में अशांति उत्पन्न कर दी अतः सुल्तान ने महायम बन्दरगाह की ओर प्रस्थान किया। जब वह दून के भूभाग में पहुंचा तो उसे समाचार प्राप्त हुये कि "अयाज़ नामक विशेष दास ने दीप नामक बन्दरगाह से शाही जहाज़ों तथा १० रूमी[२] जहाज़ों को तैयार करके जयोल[३] बन्दरगाह में फ़िरंगियों से युद्ध किया और अत्यधिक फ़िरंगियों की हत्या कर दी। उस युद्ध में ४०० रूमी मारे गये और फिरंगी भाग खड़े हुए। उनका एक बहुत बड़ा जहाज़, जिसमें १ करोड़ की धन-संपत्ति थी, इस कारण कि उसके मस्तूल को तोप द्वारा तोड़ डाला गया था, समुद्र में डूब गया।" सुल्तान, ईश्वर के प्रति कृतज्ञता प्रकट करके, मुहमदाबाद चम्पानीर की ओर लौट गया।

## आसीर पर चढ़ाई

९१४ हि० (१५०८–९ ई०) में आदिल खां बिन (पुत्र) हसन खां ने अपनी माता द्वारा, जो सुल्तान की पुत्री थी, यह प्रार्थना की कि, "आदिल ख़ां बिन मुबारक ख़ां, आसीर तथा बुरहानपुर का हाकिम ७ वर्ष तथा कुछ मास पूर्व मृत्यु को प्राप्त हो चुका है, और उसके कोई पुत्र नहीं है। आशा है कि पूर्वजों का स्थान फ़क़ीर को प्रदान कर दिया जायगा।" सुल्तान ने अपनी पुत्री की प्रार्थना को स्वीकार करते हुए उस वर्ष रजब मास (अक्तूबर-नवम्बर १५०८ ई०) में सेना तैयार करके शाबान मास (नवम्बर-दिसम्बर १५०८ ई०) में आसीर तथा बुरहानपुर पर चढ़ाई की। रमज़ान मास (दिसम्बर १५०८-जनवरी १५०९ ई०) को नर्मदा नदी के तट पर सीली[४] नामक स्थान पर व्यतीत किया और शव्वाल (जनवरी-फ़रवरी १५०९ ई०) में नद्रबार की ओर रवाना हो गया। जब वह नद्रबार क़स्बे में पहुंचा तो उसे ज्ञात हुआ कि "मलिक हुसामुद्दीन मुग़ल ने, जिसके अधीन आसीर तथा बुरहानपुर की आधी

१ सम्भवतः 'पुर्तगालियों'।
२ तुर्की।
३ कुछ पोथियों के अनुसार 'चौल'; इसे 'जेवल' भी पढ़ा जा सकता है।
४ कुछ पोथियों के अनुसार 'सवली'।

(१६७) विलायत थी, ख़ानज़ादा आलम खां को, जो आसीर तथा बुरहानपुर के हाकिमों की संतान में से था, निज़ामुलमुल्क बहरी से, जो कावेल का हाकिम था, मिल कर, आसीर तथा बुरहानपुर के सिंहासन पर आरूढ़ कर दिया है। मलिक लादन ख़लजी, जिसके अधीन आसीर की आधी विलायत थी, मलिक हुसामुद्दीन मुग़ुल का विरोध करके आसीर पर्वत में एक दृढ़ स्थान पर डट गया है।" सुल्तान ने इस घटना के समाचार पाकर थानीर की ओर प्रस्थान किया और मलिक आलिम शह, जो थानीर का थानेदार था, सुल्तानपुर के थानेदार अज़ीज़ुलमुल्क सुल्तानी द्वारा सेवा में उपस्थित हुआ और थाने को रिक्त करके पेशकश के रूप में दे दिया।

निज़ामुलमुल्क बहरी यह समाचार पाकर ४ हज़ार अश्वारोही आलम ख़ां तथा हुसामुलमुल्क को देकर स्वयं कावेल चला गया। जब थानीर में सुल्तान महमूद रुग्ण हो गया तो उसने कुछ दिन तक वहां पड़ाव किया। उसने आसफ़ ख़ां तथा मलिक अज़ीज़ुलमुल्क को सेना देकर, मलिक हुसामुद्दीन तथा आलम ख़ां को दण्ड देने के लिए भेजा। जब आसफ़ ख़ां तथा अज़ीज़ुलमुल्क बुरहानपुर की ओर रवाना हुए तो निज़ामुलमुल्क बहरी की सेना मलिक हुसामुलमुल्क की आज्ञा बिना अपने प्रदेश की ओर चली गई और मलिक लादन ख़लजी ने आसिफ़ ख़ां के स्वागतार्थ उपस्थित होकर उससे भेंट की। आसिफ़ ख़ां उसे अपने साथ सुल्तान की सेवा में ले गया। मलिक हुसामुद्दीन लज्जित होकर सुल्तान की सेवा में सम्मिलित हो गया और दोनों उसकी कृपाओं द्वारा सम्मानित हुए।

## आदिल ख़ां को आसीर तथा बुरहानपुर प्राप्त होना

(१६८) ईदुज़्ज़ुहा (१ अप्रैल १५०९ ई०) के उपरान्त सुल्तान ने एक शुभ मुहूर्त में आदिल ख़ां को आज़म हुमायूं की उपाधि देकर ४ हाथी तथा ३० लाख तन्के उसके व्यय हेतु प्रदान किये और आसीर तथा बुरहानपुर का राज्य एवं उसकी रक्षा उसे सौंप दी। मलिक लादन ख़लजी को ख़ाने जहां की उपाधि देकर आज़म हुमायूं आदिल ख़ां के साथ विदा कर दिया। क्योंकि मलिक लादन का जन्म बनास[1] नामक स्थान पर हुआ था अतः उसने उस स्थान को उसे इनाम में दे दिया। मलिक मुहम्मद बाखा वल्द एमादुलमुल्क आसीरी को ग़ाज़ी ख़ां की, मलिक आलम शह थानीर के थानेदार को क़ुतुब ख़ां की, मलिक हाफ़िज़ को मुहाफ़िज़ ख़ां की और उसके भाई मलिक यूसुफ़ को यूसुफ़ ख़ां की उपाधि देकर आज़म हुमायूँ की सेवा में भेजा। मलिक नुसरतुलमुल्क तथा मुजाहिदुलमुल्क गुजराती को व्यय हेतु धन देकर आज़म हुमायूं की सेवा में नियुक्त किया।

## चम्पानीर में सुल्तान की वापसी

१७ ज़िलहिज्जा को वहां से प्रस्थान करके सुल्तानपुर तथा नद्रबार की ओर रवाना हुआ। प्रथम पड़ाव पर मलिक हुसामुद्दीन मुग़ुल को उसने शहरयार की उपाधि दी और धनोरा[2] नामक स्थान को, जो सुल्तानपुर के समीप है, तथा २ हाथी उसे प्रदान करके जाने की अनुमति दे दी और स्वयं निरन्तर कूच करते हुये १० मुहर्रम ९१६ हि० (१९ अप्रैल १५१० ई०) को चम्पानीर में पड़ाव किया।

१ मूल पोथी में 'नबास'।
२ कुछ पोथियों के अनुसार 'धोरा'।

## बुरहानपुर में षड्यंत्र

जब आदिल खां बुरहानपुर पहुंचा तो मलिक हुसामुद्दीन शहरयार, मलिक मुहम्मद बाखा तथा ग़ाज़ी खां, मलिक लादन ख़लजी से जो संबंध रखते थे उसके कारण, बुरहानपुर से आकर थानीर में निवास (१६९) करने लगे। कुछ दिन उपरान्त आज़म हुमायूं को यह समाचार प्राप्त हुए कि, "मलिक हुसामुद्दीन शहरयार, निज़ामुलमुल्क बहरी से मिल कर विद्रोह करना चाहता है।" आज़म हुमायूं ने इस षड्यंत्र के समाचार पाकर कुछ लोगों को मलिक हुसामुद्दीन को बुलवाने के लिए भेजा। मलिक हुसामुद्दीन कार्य के विषय में अवगत होकर, ४ हज़ार अश्वारोहियों को लेकर, बुरहानपुर की ओर रवाना हुआ। जब वह बुरहानपुर के समीप पहुंचा तो आज़म हुमायूं ने ३०० गुजराती अश्वारोहियों के साथ उसका स्वागत किया और उसे अपने निवास स्थान पर लाकर ख़िलअत प्रदान की तथा दायरे[1] की ओर विदा कर दिया। दूसरे दिन उसने अपने विश्वासपात्रों से मिलकर यह निश्चय किया कि, "जब मलिक हुसामुद्दीन दीवानख़ाने में आये तो मैं उसका हाथ पकड़ कर ख़िलवतख़ाने[2] में ले जाऊँ और विदा होते समय[4] दरियाशह गुजराती, जिसके पास आज़म हुमायूं की तलवार रहती है, मलिक हुसामुद्दीन पर तलवार का वार करे। उसकी हत्या के उपरान्त उसके आदमियों की भी विभिन्न स्थानों पर हत्या कर दी जायेगी।" यह निश्चय करके उसने कुछ क्षण उपरान्त मलिक हुसामुद्दीन को बुलवाने के लिए आदमी भेजे। मलिक हुसामुद्दीन अभिमान के कारण अत्यधिक सैनिकों को लेकर आया। भेंट के उपरान्त परामर्श के बहाने से वह मलिक हुसामुद्दीन का हाथ पकड़ कर अपने ख़िलवतख़ाने में ले गया और कुछ वार्तालाप करके उसे पान देकर विदा कर दिया। जब मलिक हुसामुद्दीन खड़ा होने लगा तो दरिया ख़ां ने उस पर तलवार का ऐसा वार किया कि वह दो टुकड़े हो गया।

जब मलिक बुरहान अताउल्लाह को, जो आज़म हुमायूं का वज़ीर था, इस बात की सूचना मिली तो उसने गुजरातियों के उस समूह से, जो उसके साथ था, कहा कि, "हरामख़ोरों की हत्या कर दो।" जब उन लोगों ने तलवार निकाली तो मलिक मुहम्मद बाखा तथा अन्य सरदार, जो मलिक हुसामुद्दीन के (१७०) साथ थे, भाग खड़े हुए। ४०० हब्शी, जो दरबार में उपस्थित थे, सब के सब तलवार के घाट उतार दिये गये और मलिक मुहम्मद बाखा तथा अन्य सरदार धूल एवं रक्त में मिल गये। उसके अधिकार में जो आधी विलायत[3] थी वह बिना किसी विवाद के आज़म हुमायूं के अधिकार में आ गई। जब उपर्युक्त वर्ष के रबी-उल-अव्वल मास (जून-जुलाई १५१० ई०) में सुल्तान महमूद को यह समाचार प्राप्त हुआ तो उसने कहा कि "जो कोई भी नमक के प्रति कृतज्ञता नहीं प्रकट करता वह नष्ट हो जाता है।"

९१६ हि० (१५१०-११ ई०) में आज़म हुमायूं का इस आशय का प्रार्थना-पत्र प्राप्त हुआ कि, "एक बार मैं आसीर के क़िले में गया। मैंने शेर ख़ां तथा सैफ़ ख़ां को, जिनके अधीन क़िला है, दुष्टता तथा षड्यंत्र से शून्य नहीं पाया। यद्यपि मलिक हुसामुद्दीन की हत्या हो चुकी है, फिर भी दोनों अभागों ने एक दूसरे से मिल कर विरोध तथा षड्यंत्र प्रारम्भ कर रखा है। उन लोगों ने निज़ामुलमुल्क बहरी को पत्र लिखकर आलम ख़ां ख़ानज़ादे को बुलवाया है। दास ने मलिक लादन ख़ाने जहां, मलिक मुजाहिदुलमुल्क

१ शिविर।
२ एकान्त का कमरा।
३ राज्य।

तथा अन्य अमीरों सहित जाकर क़िले को घेर लिया। निज़ामुलमुल्क बहरी अपनी सेना सहित आलम खां को अपने साथ लेकर अपने राज्य की सीमा पर पहुंच गया है। यदि वह दास की विलायत में प्रविष्ट होगा तो दास क़िले का अवरोध छोड़ कर उससे युद्ध करने के लिए जायेगा।" सुल्तान ने ५ लाख तन्के नक़द आज़म हुमायूं को व्यय की सहायतार्थ इनाम में भेजे और दिलावर ख़ां, क़दर खां, सफ़दर खां तथा अन्य अमीरों को आज़म हुमायूं की सहायतार्थ भेजा और उत्तर लिखा कि, "पुत्र को निश्चिन्त रहना चाहिये। यदि आवश्यकता हुई तो मैं स्वयं पहुंच जाऊंगा। निज़ामुलमुल्क बहरी को, जो दक्षिण के सुल्तानों का एक दास है, पुत्र की विलायत को हानि पहुंचाने का साहस कहां से पैदा हो (१७१) गया?" अभी उपर्युक्त अमीर शहर के बाहर भी न गये थे कि शाहज़ादा मुज़फ़्फ़र खां, जिसके विषय में अभी उल्लेख किया जायेगा, बरोदा के क़स्बे से आया और अपने पिता के चरणों का चुम्बन करके सम्मानित हुआ। उसने ७ लाख तन्के आज़म हुमायूं के व्यय हेतु मांगे जो भेज दिये गये।

कुछ दिन उपरान्त निज़ामुलमुल्क बहरी का दूत उसकी (सुल्तान की) सेवा में उपस्थित हुआ और इस आशय का पत्र उसकी सेवा में प्रस्तुत किया कि, "क्योंकि आलम खां खानज़ादे ने मुझसे प्रार्थना की है अतः आशा है कि आप आसीर तथा बुरहानपुर की विलायत का थोड़ा सा भाग उसे प्रदान कर देंगे।" सुल्तान ने निज़ामुलमुल्क के दूत को बुलवा कर कहा कि, "क्योंकि उसने अपनी कमली के बाहर पांव निकालना प्रारम्भ कर दिया है अतः शीघ्र ही उसको उचित दण्ड दिया जायगा।"

जब उपर्युक्त अमीर नद्रबार क़स्बे में पहुंचे, तो शेर खां तथा सैफ़ खां ने अपने भविष्य के विषय में चिंतित होकर मलिक मुजाहिदुलमुल्क से क्षमा-याचना की। आज़म हुमायूं ने इस बात को अपने लिए बहुत बड़ी देन समझ कर प्रतिज्ञा की तथा वचनबद्ध हुआ। शेर खां तथा सैफ़ खां उसके वचन पर विश्वास करके क़िले के नीचे उतर आये और कावेल की विलायत को चले गये। आदिल खां ने दिलावर ख़ां तथा अन्य अमीरों के पहुंचने के उपरान्त कालना की विलायत पर आक्रमण करने का संकल्प किया। उसने कालना के कुछ ग्रामों तथा स्थानों को ही नष्ट-भ्रष्ट किया था कि कालना के राजा ने पेशकश भेज कर क्षमा-याचना की और आदिल खां ने इस भूभाग से गुजरात के अमीरों को गुजरात भेज दिया और स्वयं बुरहानपुर आ गया।

## सुल्तान सिकन्दर के पास से उपहार प्राप्त होना

उसी वर्ष देहली के बादशाह सुल्तान सिकन्दर लोदी ने सुल्तान (महमूद) के प्रति निष्ठा के कारण उसकी सेवा में कुछ उपहार भेजे। इसके पूर्व देहली के बादशाह ने कभी भी गुजरात के बादशाह को उपहार न भेजे थे।

## आलिमों तथा सन्तों से भेंट

(१७२) ज़िलहिज्जा ९१६ हि० (मार्च १५११ ई०) में सुल्तान महमूद ने नहरवाला की ओर प्रस्थान किया और वहां के निवासियों, आलिमों, पवित्र लोगों तथा फ़क़ीरों को इनाम एवं कृपा द्वारा प्रसन्न किया और कहा कि, "मेरे आने का उद्देश्य आप जैसे सन्तों से विदा होना था। संभव है कि मृत्यु मुझे अवसर न दे।" आलिमों तथा प्रतिष्ठित व्यक्तियों ने अपने अपने विशेष ढंग से उसके दीर्घायु होने की शुभकामनायें कीं। वह उसी गोष्ठी से सवार होकर पटन के सूफ़ियों के मज़ार के दर्शनार्थ रवाना

हुआ और बुद्धवार के दिन अहमदाबाद की ओर चल दिया। वहां शेख़ अहमद खत्तू के पवित्र रौज़े का तवाफ़[1] करके अहमदाबाद लौट गया।

## सुल्तान का रुग्ण होना

रोग तथा दुर्बलता का अनुभव करके उसने शाहज़ादा मुज़फ़्फ़र खां को बरोदा क़स्बे से बुलवाया और उसे उचित परामर्श दिये। ४ दिन उपरान्त अपने आपको स्वस्थ होते देखकर, उसने शाहज़ादे को बरोदा की ओर बिदा कर दिया। कुछ दिन उपरान्त उसका रोग पुनः बढ़ गया और वह अत्यधिक शक्तिहीन हो गया।

## शाह इस्माईल सफ़वी के हाजिब का आगमन

इसी बीच में एक दिन फ़रहतुलमुल्क ने निवेदन किया कि, "ईरान के बादशाह शाह इस्माईल[2] ने यादगार बेग क़िज़िलबाश को कुछ क़िज़िलबाशों सहित हाजिब[3] बनाकर भेजा है और उत्तम प्रकार के उपहार प्रेषित किये हैं।" सुल्तान ने कहा कि, "ईश्वर मुझे क़िज़िलबाशों का मुख, जोकि मुहम्मद साहब के शत्रु तथा अत्याचार के जन्मदाता हैं न दिखावे।" संयोग से ऐसा ही हुआ।

## सुल्तान की मृत्यु

सुल्तान ने आदेश दिया कि शाहज़ादा मुज़फ़्फ़र खां को शीघ्र बुलवाया जाय। यादगार बेग क़िज़िलबाश अभी पहुंच भी न पाया था कि सोमवार २ रमज़ान ९१७ हि० (२३ नवम्बर १५११ ई०) को सुल्तान की मृत्यु हो गई।

(१७३) वह ६९ वर्ष तथा ११ मास तक जीवित रहा और उसने ५५ वर्ष, १ मास तथा २ दिन तक राज्य किया। उसे मंशूरों[4] में "ख़ुदायगाने हलीम" लिखा जाता है और उसे 'महमूद बेकर' भी कहते हैं। बेकर उस गाय को कहते हैं जिसकी सींघें ऊपर को उठी हुईं तथा वृत्ताकार हों। क्योंकि उसकी मूंछें उसी प्रकार थीं अतः उसे बेकर कहते थे। वह बड़ा ही सहनशील, दयालु, वीर, दानी तथा ईश्वर का भय करने वाला बादशाह था।

१ किसी पवित्र स्थान अथवा काबा के चारों ओर निर्धारित नियमानुसार चक्कर लगाना। एक प्रकार की परिक्रमा।

२ शाह इस्माईल सफ़वी बिन सुल्तान हैदर ईरान के सफ़वी वंश के राज्य का संस्थापक था। उसका जन्म १७ जुलाई १४८७ ई० को हुआ था और उसकी मृत्यु २३ मई १५२४ ई० को हुई। हिजरी महीनों के अनुसार उसने २४ वर्ष राज्य किया। उसके प्रयत्न के फलस्वरूप ईरान में शीओं का राज्य दृढ़ रूप से स्थापित हो गया। कट्टर सुन्नी उसके बड़े विरोधी थे; और वह आजीवन टर्की के सुल्तानों से निरन्तर युद्ध करता रहा।

३ हाजिब दरबार में सुल्तान तथा दरबारियों के मध्य में खड़े होते थे, और उनकी आज्ञा बिना कोई सुल्तान तक न पहुँच सकता था। उनका सरदार अमीर हाजिब कहलाता था। समस्त प्रार्थना-पत्र भी अमीर हाजिब तथा हाजिबों द्वारा ही सुल्तानों की सेवा में प्रस्तुत किये जा सकते थे। वे लोग दूत बना कर भी दूसरे राज्यों को भेजे जाया करते थे।

४ शाही फ़रमान तथा आज्ञा-पत्र।

## सुल्तान मुज़फ़्फ़र शाह बिन महमूद शाह

जब सोमवार २ रमज़ान ९१७ हि० (२३ नवम्बर १५११ ई०) को सुल्तान महमूद शाह बिन (पुत्र) मुहम्मदशाह की मृत्यु हो गई तो[१] रमज़ान मंगलवार की रात्रि में दो घड़ी उपरान्त शाहज़ादा मुज़फ़्फ़र खां पहुंचा और अमीरों तथा प्रतिष्ठित व्यक्तियों के प्रयत्न से सिंहासनारूढ़ हुआ और उसने आवश्यक दान-पुण्य किये। उसने उसी रात्रि में अपने पिता की लाश को शेख़ अहमद खत्तू के मज़ार की ओर भेज दिया और २ लाख तन्के अज़ीज़ुलमुल्क को इस आशय से सौंप दिये कि वह सरकीज क़स्बे के सहायता के पात्रों को बांट दे। अमीरों तथा समस्त राज्य के उच्च पदाधिकारियों को ख़िलअतें देकर कुछ को उचित उपाधियों द्वारा सम्मानित किया। उसी दिन इस्लाम के मिम्बरों पर उसके नाम का ख़ुत्बा[१] पढ़ा गया। उसने अपने ख़ासा ख़ेलों[२] में से मलिक ख़ुशक़दम को एमादुलमुल्क तथा मलिक रशीदुलमुल्क को ख़ुदावन्द खां की उपाधि प्रदान की और विज़ारत की बागडोर उसके हाथ में दे दी।

### शाह इस्माईल के दूत का स्वागत

उसी वर्ष शव्वाल मास (दिसम्बर १५११–जनवरी १५१२ ई०) में शाह इस्माईल का दूत यादगार बेग क़िज़िलबाश एराक़ से मुहमदाबाद के समीप पहुंचा। सुल्तान ने समस्त अमीरों तथा वज़ीरों को उसके स्वागतार्थ भेज कर उससे प्रसन्नतापूर्वक तथा कृतज्ञता-भाव से भेंट की। यादगार बेग सुल्तान महमूद के लिए जो उपहार लाया था उन्हें उसने सुल्तान मुज़फ़्फ़र की सेवा में प्रस्तुत किया और सुल्तान (१७४) ने यादगार बेग तथा समस्त क़िज़िलबाशों को शाही ख़िलअतें प्रदान कीं और इन लोगों के निवास हेतु विशेष स्थान निश्चित किया।

### साहब खां का मालवा से सुल्तान की सेवा में पहुंचना

कुछ दिन उपरान्त वह मुहमदाबाद से बरोदा क़स्बे की ओर रवाना हुआ और उस स्थान का नाम दौलताबाद रखा। इसी बीच में समाचार प्राप्त हुये कि, "साहब खां वल्द सुल्तान नासिरुद्दीन ख़लजी ने ख़्वाजये जहां नामक ख़्वाजासरा की सहायता से सुल्तान महमूद से विश्वासघात करके मन्दू को अपने अधिकार में कर लिया है और सुल्तान मुहम्मद की उपाधि धारण कर ली है तथा अधिकांश अमीरों को मिला लिया है।" मालवा के सुल्तानों के विवरण में इसका उल्लेख हो चुका है। वह मन्दू से भाग कर (सुल्तान की सेवा में) प्रार्थना करने के लिए पहुंचा। सुल्तान मुज़फ़्फ़र ने मुहाफ़िज़ खां को साहब खां के स्वागतार्थ भेजा ताकि वह आतिथ्य सत्कार एवं उसको प्रोत्साहन देने का कार्य करे। भेंट के उपरान्त वह कुछ दिन तक आतिथ्य सत्कार हेतु बरोदा में ठहरा। तदुपरान्त मुहमदाबाद क़स्बे की ओर रवाना हो गया और क़ैसर खां को घोद क़स्बे में इस आशय से भेज दिया कि वह सुल्तान महमूद ख़लजी, मालवा के राज्य तथा वहां के अमीरों के विषय में सूचना दे।

जब वर्षा ऋतु आ गई और लोग विभिन्न स्थानों पर ठहर गये तो साहब खां ने एक दिन संदेश भेजा कि, "फ़क़ीर को आये हुए बहुत समय व्यतीत हो चुका है और वह अपने कार्यों को उचित रूप से

१ एक प्रकार का प्रवचन जिसमें ईश्वर, मुहम्मद साहब, उनकी सन्तान तथा समकालीन बादशाह की प्रशंसा की जाती है। एक इस्लामी राज्य में केवल एक ही सुल्तान का ख़ुत्बा पढ़ा जा सकता है। ख़ुत्बा 'जुमे' दोनों ईदों तथा दरबार के विशेष अवसरों पर पढ़ा जाता था।

२ विशेष सेवकों।

सम्पन्न होते हुए नहीं देख रहा है।" सुल्तान ने कहा कि, "यदि ईश्वर ने चाहा तो वर्षा ऋतु के उपरान्त जिस प्रकार भी सम्भव हुआ सुल्तान महमूद से आधी विलायत[1] छीन कर तुझे प्रदान कर दूंगा।"

क्योंकि साहब ख़ां के भाग्य का नक्षत्र पतनोन्मुख था अतः संयोग से वह यादगार बेग क़िज़िलबाश के, जोकि गुजरात वालों में सुर्ख़ कुलाह[2] के नाम से प्रसिद्ध था, सम्पर्क में आने लगा। एक दिन उनके सेवकों में शत्रुता के कारण युद्ध हो गया और यादगार बेग का निवास स्थान नष्ट हो गया। गुजरात की (१७५) सेना में यह प्रसिद्ध हो गया कि तुर्कमानों ने साहब ख़ां को बन्दी बना लिया है। मालवा का शाहज़ादा इस बात से लज्जित होकर सुल्तान मुज़फ़्फ़र से आज्ञा लिये बिना चला गया। इसका विवरण मालवा के सुल्तानों के इतिहास में दिया जा चुका है।

## राजपूतों को दंड देने के उद्देश्य से प्रस्थान

साहब ख़ां के चले जाने के उपरान्त जब राजपूतों के प्रभुत्व तथा सुल्तान महमूद ख़लजी की शक्तिहीनता के समाचार सुल्तान मुज़फ़्फ़र को प्राप्त हुए तो उसकी मर्यादा को ठेस पहुंची और उसने उस समूह को दण्ड देने के लिए प्रस्थान करना निश्चय कर लिया। इस उद्देश्य की पूर्ति हेतु वह अहमदाबाद की ओर रवाना हुआ ताकि थानों की ओर से निश्चिन्त हो जाय। मरे हुए तथा जीवित बुज़ुर्गों[3] से सहायता की प्रार्थना करके मालवा की ओर रवाना हुआ। एक सप्ताह तक अहमदाबाद में ठहर कर कोधरा[4] की ओर चल दिया और वहां सेना एकत्र करने के लिए कुछ समय तक पड़ाव किया।

## ऐनुलमुल्क का ईदर के राजा से युद्ध तथा ऐनुलमुल्क की पराजय

इसी बीच में उसे समाचार प्राप्त हुआ कि पटन का हाकिम मलिक ऐनुलमुल्क अपनी सेना सहित उसकी सेवा में उपस्थित हुआ था। मार्ग में उसे समाचार मिले कि ईदर के राजा ने अवसर पाकर उस क्षेत्र में विद्रोह कर दिया और साबरमती की सीमा तक धावे मारे हैं। मलिक ऐनुलमुल्क ने उसके प्रति निष्ठा के कारण इस बात की इच्छा की कि उसे दण्ड देकर सुल्तान की सेवा में पहुंचे। उसने महरासा क़स्बे में पहुंच कर उस पर आक्रमण किया। इसी बीच में ईदर का राजा सेना एकत्र करके युद्ध के लिए निकला और दोनों सेनाओं में घोर युद्ध हुआ। मलिक अब्दुल मलिक की २०० व्यक्तियों सहित हत्या हो गई और जो हाथी उसके साथ था वह टुकड़े टुकड़े हो गया। ऐनुलमुल्क के दृढ़ता के पांव अपने स्थान से उखड़ गये और वह भाग खड़ा हुआ।

## सुल्तान का ईदर के राजा पर आक्रमण

सुल्तान मुज़फ़्फ़र यह समाचार पाकर ईदर की ओर रवाना हुआ। जब वह महरासा क़स्बे में पहुंचा तो उसने एक सेना ईदर को नष्ट-भ्रष्ट करने के लिए भेजी। ईदर का राजा क़िले को ख़ाली करके (१७६) स्वयं बीजानगर पर्वत में छिप गया। जब सुल्तान ईदर पहुंचा, तो १० राजपूतों की, जोकि मृत्यु के लिए कटिबद्ध होकर खड़े थे, अपमानित करके हत्या कर दी गई। भवनों, मन्दिरों, उद्यानों तथा

१ राज्य।
२ लाल टोपी वाला।
३ सम्मानित व्यक्तियों, सन्तों तथा आलिमों।
४ 'गोधरा'।

वृक्षों का कोई भी चिह्न न रहने दिया गया। ईदर के राजा ने दीनता प्रकट करते हुए मलिक कूपा[1] जुन्नारदार[2] को उसकी सेवा में भेज कर क्षमा-याचना की और संदेश भेजा कि, "मलिक ऐनुलमुल्क दास से शत्रुता के कारण आकर मेरी विलायत को नष्ट-भ्रष्ट करने लगा था। दास ने व्याकुल होकर इस प्रकार का आचरण कर दिया। यदि दास ने पहल की होती तो वह शाही क्रोध तथा दण्ड का पात्र होता। दास २० लाख तन्के तथा १०० घोड़े पेशकश के रूप में सम्मानित वकीलों को सौंप रहा है।" क्योंकि मालवा की विजय सुल्तान मुज़फ़्फ़र की दृष्टि में थी अतः सुल्तान ने उसकी प्रार्थना स्वीकार कर ली और कोधरा की ओर प्रस्थान कर दिया। उसने मलिक ऐनुलमुल्क को २० लाख तन्के तथा १०० घोड़े इस आशय से प्रदान किये कि वह अपने आदमियों की व्यवस्था करे।

## मालवा की ओर प्रस्थान

उसने कोधरा से शाहज़ादा इस्कन्दर ख़ां को महमदाबाद पर शासन करने के लिए भेज दिया। जब वह धोद क़स्बे में पहुंचा तो उसने क़ैसर ख़ां को आदेश दिया कि वह देवला नामक स्थान को जो सुल्तान महमूद ख़लजी के आदमियों के अधिकार में है अपने अधीन कर ले, और तदुपरान्त वह धारागढ़ की ओर रवाना हो। मार्ग में धार के निवासी राय हर खोखा का पुत्र सुल्तान की सेवा में उपस्थित हुआ और धार के निवासियों के लिए शरण की प्रार्थना की। सुल्तान ने उन्हें शरण प्रदान कर दी और क़िवामुलमुल्क तथा इख़्तियारुलमुल्क बिन एमादुलमुल्क को धार के निवासियों के प्रोत्साहन हेतु पहले भेज दिया। इसी बीच में समाचार प्राप्त हुआ कि, "सुल्तान महमूद ख़लजी स्वयं विवश हो गया है। चन्देरी के अमीरों (१७७) ने उस पर आक्रमण कर दिया है और वह चन्देरी की ओर गया है।" सुल्तान मुज़फ़्फ़र ने अपने अमीरों को वापस बुलवा लिया और कहा कि, "इस अभियान का वास्तविक उद्देश्य यह था कि पुरबिया काफ़िरों को निकाल कर राज्य सुल्तान महमूद तथा साहब ख़ां वल्द सुल्तान नासिरुद्दीन में बराबर बराबर बांट दें। इस समय जब कि सुल्तान महमूद चन्देरी के अमीरों के दमन हेतु गया हुआ है और अत्याचारी राजपूतों को अपने साथ ले गया है तो ऐसे समय पर उसके राज्य में प्रविष्ट होना मनुष्यता तथा पौरुष के अनुकूल नहीं।"

## सुल्तान का धार की ओर प्रस्थान

जब क़िवामुलमुल्क उसकी सेवा में उपस्थित हुआ तो उसने धार के आहुख़ाने के कुछ गुणों की चर्चा की और सुल्तान को उस क्षेत्र की सैर तथा शिकार के लिए प्रेरित किया। सुल्तान मुज़फ़्फ़र क़िवामुलमुल्क को शिविर की रक्षार्थ छोड़कर २ हज़ार[3] अश्वारोहियों तथा १५० हाथियों सहित धार की ओर रवाना हुआ। जब वह धार पहुंचा तो उसी दिन अस्र[4] के समय सवार होकर शेख़ अब्दुल्लाह जंगाल तथा शेख़ कमालुद्दीन मौलवी के मज़ार के दर्शन किये। कहा जाता है कि शेख़ अब्दुल्लाह का राजा भोज के समय में पाण्डे बृज नाम था और वह राजा का वज़ीर था। किसी प्रकार इस्लाम स्वीकार करके उसने उपासना तथा प्रार्थना करके आध्यात्मिक निपुणता प्राप्त कर ली। संक्षेप में उसने धार के

१ एक पोथी के अनुसार 'लूना' तथा एक पोथी के अनुसार 'कोपी'।
२ ब्राह्मण।
३ एक पोथी के अनुसार १०,०००।
४ मध्याह्नोत्तर तथा सायंकाल के मध्य में।

समीप निज़ामुलमुल्क को इस आशय से विदा कर दिया कि वह दिलावरा के समीप तक शिकार करे। निज़ामुलमुल्क दिलावरा से निकल कर नालचा पहुंचा। लौटते समय कुछ पुरबियों (राजपूतों) ने (१७८) आकर निज़ामुलमुल्क के शिविर को हानि पहुंचाई और उचित दण्ड भोगा। इसका उल्लेख मालवा के सुल्तानों के इतिहास में किया जा चुका है। सुल्तान मुज़फ़्फ़र ने यह समाचार पाकर निज़ामुलमुल्क के प्रति केवल इस आशय से क्रोध प्रकट किया कि इस वर्ष वह यात्रा करके लौट आये। इस प्रकार के कार्य, जो निज़ामुलमुल्क द्वारा सम्पन्न हुआ, से उसकी चिन्ता बढ़ जाती। सुल्तान मुज़फ़्फ़र लौट कर गुजरात चला गया और महमदाबाद चम्पानीर में पड़ाव किया।

## ईदर के भार मल की सहायता

शव्वाल ९२१ हि० (नवम्बर-दिसम्बर १५१५ ई०) में क्योंकि ईदर के राजा राय भीम की मृत्यु के उपरान्त राणा सांगा ने अपने जामाता राय मल बिन सूरज मल का पक्ष लेकर ईदर की विलायत[1] में प्रविष्ट होकर उस विलायत तथा क़िले को भार मल बिन राय भीम के अधिकार से निकाल कर राय मल को सौंप दिया अतः सुल्तान मुज़फ़्फ़र ने निज़ामुलमुल्क को इस आशय से नियुक्त किया कि वह ईदर की विलायत को राय मल के अधिकार से निकाल कर भार मल को सौंप दे। सुल्तान स्वयं अहमदनगर की ओर रवाना हुआ। मार्ग में जब भार मल निज़ामुलमुल्क से मिला तो उसने उसे सुल्तान की सेवा में प्रस्तुत किया। सुल्तान मुज़फ़्फ़र उस पड़ाव से ख़ुदावन्द खां तथा निज़ामुलमुल्क को शिविर की रक्षा हेतु नियुक्त करके पटन की सैर को रवाना हुआ और वहां के निवासियों को साधारणतः एवं विद्वानों तथा आलिमों को विशेष रूप से सम्मानित करके शिविर में पहुंच गया। उसने भार मल को निज़ामुलमुल्क के साथ करके इस आशय से विदा कर दिया कि वह जाकर ईदर को राय मल के अधिकार से निकाल ले और भार मल को सौंप दे। निज़ामुलमुल्क ने जाकर ईदर को भार मल को सौंप दिया। राय मल ने क्योंकि बीजानगर के पर्वत में शरण ले ली थी अतः निज़ामुलमुल्क ने बीजानगर के पर्वत में पहुंचकर युद्ध किया। दोनों ओर से बहुत से लोग मारे गये। जब यह समाचार सुल्तान मुज़फ़्फ़र को प्राप्त हुआ तो उसने आदेश दिया कि, ''क्योंकि ईदर के राज्य पर अधिकार प्राप्त हो गया है अतः अब बीजानगर जाने (१७९) तथा युद्ध करने का यही परिणाम होगा कि सैनिक अकारण नष्ट होंगे। यह उचित होगा कि वह (निज़ामुलमुल्क) तत्काल लौट आये।''

## निज़ामुलमुल्क की ईदर से वापसी तथा राय मल का प्रभुत्व

लौटने के उपरान्त निज़ामुलमुल्क ने अहमदनगर से अहमदाबाद की ओर प्रस्थान किया और एक विराट् जश्न का आयोजन हुआ। उसने शाहज़ादा सिकन्दर खां, बहादुर ख़ां तथा लतीफ़ ख़ां के विवाह किये और अमीरों एवं नगर के प्रतिष्ठित लोगों को घोड़े तथा ख़िलअतें इनाम में प्रदान कीं। वर्षा ऋतु के उपरान्त वह ''सैर तथा शिकार के नियम'' से ईदर की ओर रवाना हुआ। निज़ामुलमुल्क के रुग्ण हो जाने तथा चिकित्सकों के उसके उपचार की ओर से निराश हो जाने के कारण ९२३ हि० (१५१७ ई०) के प्रारम्भ में महमदाबाद चम्पानीर आ गया। सुल्तान ने वहां से मलिक नुसरतुलमुल्क को ईदर भेज दिया और निज़ामुलमुल्क को अपने पास बुलवा लिया। नुसरतुलमुल्क के पहुंचने के पूर्व, निज़ामुलमुल्क ज़हीरुलमुल्क को १०० सवारों सहित ईदर में छोड़ कर शीघ्रातिशीघ्र महमदाबाद की ओर रवाना

१ राज्य।

हो गया। अभी नुसरतुलमुल्क अहमदनगर के समीप ही था, कि राय मल अवसर पाकर ईदर की ओर रवाना हुआ। ज़हीरुलमुल्क ने मित्रों की कमी तथा शत्रुओं की अधिकता के बावजूद राय मल से युद्ध किया और २७ व्यक्तियों सहित मारा गया। जब सुल्तान मुज़फ़्फ़र को यह समाचार प्राप्त हुआ तो उसने मलिक नुसरतुलमुल्क को इस आशय का फ़रमान भेजा कि वह बीजानगर को जोकि विद्रोहियों तथा विरोधियों के शरण का स्थान है नष्ट-भ्रष्ट कर दे।

## मालवा के सुल्तान का सहायता की प्रार्थना हेतु आगमन

इसी बीच में शेख़ जायल्दा, जो अपने काल के बहुत बड़े सिद्ध पुरुष थे, तथा आश्तानगर का मुक़्ता हबीब खां पुरबिया राजपूतों के प्रभुत्व के कारण मन्दू से भाग कर सुल्तान की सेवा में उपस्थित हुए और पुरबियों के प्रभुत्व की शिकायत की। कुछ दिन उपरान्त धोद के दारोग़ा का इस आशय का प्रार्थना-पत्र (१८०) प्राप्त हुआ कि "सुल्तान महमूद ख़लजी पुरबिया राजपूतों के प्रभुत्व से आतंकित होकर सहायता के लिए प्रार्थना करने उपस्थित हुआ। जब वह भकूर नामक स्थान पर, जो कि गुजरात की सीमा पर है, पहुंचा तो दास उसकी सेवा में उपस्थित हुआ और यथासंभव उसकी सेवा करने में किसी प्रकार की कमी न की।" सुल्तान मुज़फ़्फ़र यह बात सुनकर बड़ा प्रसन्न हुआ और क़ैसर खां के हाथ सरापर्दा तथा लाल बारगाह[1], जो विशेष रूप से बादशाहों द्वारा ही प्रयोग में आ सकता है, समस्त कारख़ानों तथा अत्यधिक उपहारों सहित प्रेषित करके स्वयं स्वागतार्थ रवाना हुआ। देवला के समीप उनकी भेंट हुई। सुल्तान मुज़फ़्फ़र ने उसको अत्यधिक प्रोत्साहन देते हुए कहा कि, "आप अपने परिवार से पृथक् होने के कारण दुखी न रहें, कारण कि शीघ्र ही ईश्वर की कृपा से पुरबिया को नष्ट कर दिया जायगा और मालवा का राज्य उपद्रव तथा अशांति से मुक्त करा कर आपके सेवकों को प्रदान कर दिया जायगा।" उसने इसी मंज़िल पर ठहर कर सेना की तैयारी का आदेश दिया और अल्प समय में अपार सेना लेकर मालवा की ओर रवाना हुआ।

## मन्दू के क़िले पर सुल्तान का आक्रमण

जब मेदिनी राय को सुल्तान मुज़फ़्फ़र के आक्रमण के समाचार प्राप्त हुये तो वह राय पिथौरा को राजपूतों की एक सेना सहित मन्दू के क़िले में छोड़ कर स्वयं २ हज़ार राजपूत अश्वारोहियों तथा महमूद के हाथियों को लेकर धार की ओर रवाना हुआ। वहां से वह राणा सांगा के पास इस आशय से पहुंचा कि उसे अपनी सहायतार्थ लाये। सुल्तान मुज़फ़्फ़र मन्दू के अवरोध के उद्देश्य से अग्रसर हुआ। जब सुल्तान मुज़फ़्फ़र की सेना मन्दू के समीप पहुंची तो राजपूतों ने क़िले से निकल कर वीरता तथा पौरुष प्रदर्शित किया; अन्त में भाग कर वे शरण हेतु क़िले में चले गये। दूसरे दिन बाहर निकल कर उन्होंने पुनः घोर युद्ध किया। क़िवामुलमुल्क सुल्तानी ने अत्यधिक परिश्रम करके राजपूतों की बहुत बड़ी संख्या की हत्या कर दी। सुल्तान मुज़फ़्फ़र ने उस दिन क़िले के विभिन्न भागों को अपने अमीरों में विभाजित करके निकट से अवरोध प्रारम्भ कर दिया।

(१८१) इसी बीच में मेदिनी राय ने राय पिथौरा को एक पत्र भेजा कि, "मैं राणा के पास जाकर मारवाड़ तथा आसपास के समस्त राजपूतों को सहायतार्थ ला रहा हूं। तुम किसी न किसी युक्ति से सुल्तान मुज़फ़्फ़र को एक मास तक टालते रहो।" राय पिथौरा ने पूर्ण छल तथा धूर्तता से

१ एक प्रकार का मंडप।

कार्य लेते हुए संदेश भेजा कि, "बहुत समय से मन्दू का क़िला राजपूतों के अधिकार में है। उनके परिवार तथा सैनिक क़िले में हैं। यदि आप एक पड़ाव पीछे हट कर पड़ाव करें तो हम लोग अपने परिवार को निकाल ले जायेंगे और एक मास में क़िला खाली करके सौंप देंगे तथा स्वयं आपके हितैषियों में सम्मिलित हो जायेंगे।" सुल्तान मुज़फ़्फ़र यद्यपि जानता था कि वे लोग समय टालने का प्रयत्न कर रहे हैं और कुमक की प्रतीक्षा कर रहे हैं किन्तु सुल्तान महमूद के पुत्रों तथा संबंधियों के क़िले में होने के कारण उसने विवश होकर उनकी प्रार्थना स्वीकार कर ली और उस पड़ाव से हट कर ३ कोस पीछे ठहर गया।

उस पड़ाव पर आसीर तथा बुरहानपुर का हाकिम आदिल ख़ां सेना लेकर शीघ्रातिशीघ्र वहां पहुंच गया। उसी समय समाचार प्राप्त हुआ, कि मेदिनी राय राणा सांगा को कुछ हाथी तथा अत्यधिक धन देकर अपनी सहायतार्थ लाया है और उज्जैन के समीप पहुंच गया है। सुल्तान मुज़फ़्फ़र को इस पर जोश आ गया और उसने आसीर तथा बुरहानपुर के हाकिम आदिल खां फ़ारुक़ी और क़िवामुलमुल्क सुल्तानी को राणा सांगा से युद्ध करने के लिए भेजा और स्वयं मन्दू के क़िले के अवरोध हेतु रवाना हुआ। वह इस बात का प्रयत्न करने लगा कि क़िला राणा सांगा से युद्ध करने के पूर्व ही विजय हो जाय। उन्होंने अमीरों तथा सेना के सरदारों को विभिन्न स्थानों पर नियुक्त करके १४ सफ़र ९२४ हि० (२५ फ़रवरी १५१८ ई०) को प्रातःकाल क़िले को चारों ओर से घेर कर युद्ध प्रारम्भ कर दिया और नसीनियां लगा कर वे क़िले में प्रविष्ट हो गये। राजपूतों ने जौहर आयोजित करके अपने घर में आग लगा दी और अपने (१८२) परिवार तथा संतानों में से कुछ की हत्या कर दी और कुछ को जला डाला और स्वयं युद्ध के लिए निकल खड़े हुए। जब तक उनके शरीर में प्राण रहे वे युद्ध करते रहे। सुल्तान मुज़फ़्फ़र ने भी क़िले में प्रविष्ट होकर क़त्लेआम का आदेश दे दिया। यह बात प्रामाणिक रूप से ज्ञात हुई है कि उस दिन १९ हज़ार राजपूतों की हत्या हुई। इसका सविस्तार उल्लेख मालवा के सुल्तानों के इतिहास में किया गया है।

संक्षेप में, जब वे पुरबिया राजपूतों की हत्या से निश्चिन्त हो गये तो सुल्तान महमूद सुल्तान मुज़फ़्फ़र की सेवा में उपस्थित हुआ और उसने उसे बधाई दी और व्याकुल होकर पूछा कि, "दास के लिए क्या आदेश होता है?" सुल्तान मुज़फ़्फ़र ने कहा कि, "मन्दू का क़िला तथा मालवा का राज्य ईश्वर तुम्हारे लिए शुभ करे।" वह वहां से लौट कर अपने शिविर में चला गया और दूसरे दिन राणा सांगा से युद्ध करने के लिए रवाना हुआ। एक प्रतिष्ठित राजपूत क़िले से आहत होकर भाग कर राणा के पास पहुंचा और उसने सुल्तान मुज़फ़्फ़र के हत्याकांड तथा आतंक का इस प्रकार उल्लेख किया कि राणा का पित्ता पानी हो गया और वह पलायन करके चित्तौड़ की ओर चला गया। उस राजपूत की उसी सभा में मृत्यु हो गई।

जब सुल्तान महमूद ने मन्दू से धार पहुंच कर सुल्तान से प्रार्थना की कि, "आप (सुल्तान) फ़क़ीर के पिता तथा चाचा के स्थान पर हैं अतः आशा है कि प्राचीन कृपा को नवीन कृपा से मिश्रित करके फ़क़ीर की कोठरी को अपने शुभ चरणों द्वारा प्रकाशमान करेंगे।" सुल्तान मुज़फ़्फ़र ने उसकी प्रार्थना स्वीकार कर ली और शाहज़ादा बहादुर खां, लतीफ़ खां तथा आसीर एवं बुरहानपुर के हाकिम आदिल खां को अपने साथ लेकर मन्दू की ओर प्रस्थान किया और रात्रि में नालचा में पड़ाव किया। प्रातःकाल वह हाथी पर सवार होकर क़िले में प्रविष्ट हुआ और सुल्तान महमूद के महल में उतरा। सुल्तान महमूद ने यथासंभव आतिथ्य-सत्कार का पूर्ण प्रयत्न किया और स्वयं खड़ा हुआ सेवा करता रहा। भोजन के उपरान्त उसने उचित उपहार सुल्तान तथा शाहज़ादे की सेवा में प्रस्तुत किये और क्षमा संबंधी वाक्य कहे। सुल्तान मुज़फ़्फ़र पिछले सुल्तानों के महलों तथा भवनों का निरीक्षण करके धार की ओर चला गया

और वहां से सुल्तान महमूद को उसने विदा कर दिया और आसफ़ खां गुजराती को १० हज़ार अश्वा- (१८३) रोहियों सहित उसकी सहायतार्थ नियुक्त करके गुजरात की ओर प्रस्थान किया। सुल्तान महमूद स्नेह से विवश होने के कारण विदा होने के बावजूद देवला नामक स्थान तक सुल्तान मुज़फ़्फ़र के साथ गया और वहां से पुनः विदा होकर मन्दू लौट गया।

## ईदर की ओर प्रस्थान

सुल्तान मुज़फ़्फ़र ने कुछ दिन तक महमदाबाद चम्पानीर में पहुंच कर विश्राम किया, और गुजरात के प्रतिष्ठित तथा सम्मानित व्यक्ति उसको बधाई देने के लिए उसकी सेवा में उपस्थित हुए और उन्हें इनाम तथा कृपाओं द्वारा सम्मानित किया गया। इसी बीच में एक नदीम[1] ने उससे निवेदन किया कि, "जिस समय आप मालवा की विजय हेतु गये हुए थे उस समय ईदर के राजा राय मल ने बीजानगर पर्वत से निकल कर पटन के राज्य के कुछ भाग तथा कहराला क़स्बे में छापा मारा। जब मलिक नुसर-तुलमुल्क ईदर से उससे युद्ध करने के उद्देश्य से रवाना हुआ तो वह वहां से पलायन करके बीजानगर के दुर्गम स्थानों में प्रविष्ट हो गया।" सुल्तान ने कहा कि, "यदि ईश्वर ने चाहा तो वर्षा ऋतु के उपरान्त इस विषय में प्रयत्न किया जायेगा।" सुल्तान ने वर्षा ऋतु के बाद ९२५ हि० (१५१९ ई०) में राय मल तथा अन्य विद्रोहियों को दण्ड देने के लिये ईदर की ओर प्रस्थान किया। क्योंकि माल का राजा, राय मल को सहायता दिया करता था अतः सुल्तान ने उसे दण्ड देना सर्वोपरि समझ कर उसकी विलायत[2] को नष्ट-भ्रष्ट कर दिया और कुछ दिन तक ईदर में ठहरा रहा। तदुपरान्त उसने वहां से महमदाबाद चम्पा-नीर पहुंच कर विश्राम किया।

## सुल्तान महमूद की पराजय तथा राणा सांगा की उदारता

कुछ दिन उपरान्त यह समाचार प्राप्त हुआ कि "सुल्तान महमूद ख़लजी आसफ़ खां के साथ काकरून के क़िले की विजय के उद्देश्य से भीम करण[3] पुरबिया के विरुद्ध गया हुआ था किन्तु मेदिनी राय ने राणा सांगा को अपनी सहायतार्थ बुलाकर घोर युद्ध किया। मालवा के अधिकांश अमीर उस युद्ध में मारे गये। आसफ़ खां के पुत्र की भी कुछ वीरों सहित हत्या हो गई और सुल्तान महमूद बुरी तरह (१८४) घायल होकर बन्दी बना लिया गया। राणा सांगा ने उस पर कृपा करते हुए अपनी एक सेना उसके साथ करके उसे मन्दू भेज दिया।" सुल्तान मुज़फ़्फ़र यह समाचार पाकर बड़ा दुखी हुआ और उसने कुछ अन्य सरदारों को उसकी (सुल्तान महमूद) सहायतार्थ भेज कर उसे स्नेहमयी पत्र लिखे।

## सुल्तान का ईदर की ओर प्रस्थान

सुल्तान मुज़फ़्फ़र उन दिनों सैर तथा शिकार के नियम से ईदर पहुंचा और वहां एक भवन का निर्माण प्रारम्भ कराया। वह नुसरतुलमुल्क को अपने साथ लेकर अहमदाबाद पहुंचा और ईदर का राज्य मलिक मुबारिज़ुलमुल्क को सौंप दिया।

१ मुसाहिब।
२ राज्य।
३ पुस्तक में 'बीम करण'।

## राणा सांगा तथा मुबारिज़ुलमुल्क का युद्ध

एक दिन मुबारिज़ुलमुल्क की सेवा में एक बादफ़रोश[1] ने राणा सांगा के पौरुष का कुछ हाल बयान किया। मुबारिज़ुलमुल्क ने अत्यधिक अभिमान प्रदर्शित करते हुए अपशब्द कहे और एक कुत्ते का नाम राणा सांगा रख कर ईदर के द्वार के समक्ष बँधवा दिया। बादफ़रोश ने जाकर यह हाल राणा सांगा को बताया। राणा सांगा ने अपनी मूर्खतापूर्ण मर्यादा की रक्षा हेतु ईदर पर चढ़ाई की और सरोही की सीमा तक के प्रदेश नष्ट-भ्रष्ट कर दिये। इसी बीच में सुल्तान मुज़फ़्फ़र, क़िवामुलमुल्क बिन क़िवामुल-मुल्क को करास[2] की व्यवस्था के उद्देश्य से अहमदाबाद में छोड़ कर चम्पानीर की ओर रवाना हुआ। राणा सांगा जब बाकर[3] की विलायत[4] में पहुंचा तो बाकर का राजा यद्यपि सुल्तान मुज़फ़्फ़र का आज्ञाकारी था, किन्तु परेशान होकर राणा सांगा से मिल गया। राणा सांगा वहां से डुनगरपुर पहुंचा। मुबारि-ज़ुलमुल्क ने जो वास्तविक बात थी वह सुल्तान के पास लिख भेजी। क्योंकि सुल्तान के वज़ीर मुबारि-ज़ुलमुल्क से असंतुष्ट थे अतः उन्होंने सुल्तान से कहा कि, "मुबारिज़ुलमुल्क के लिए यह उचित न था कि वह एक कुत्ते का नाम राणा सांगा रख कर उसे अपमानित करे और फिर भयभीत होकर सहायता मांगे अन्यथा राणा सांगा को इस बात का कैसे साहस हो सकता था कि वह सुल्तान की विलायत में पांव रखे।"
(१८५) संयोग से जो सेना ईदर की सहायतार्थ नियुक्त की गई थी वह वर्षा की अधिकता के कारण अहमदाबाद तथा अपने घरों को चली गई थी और थोड़ी-सी सेना मुबारिज़ुलमुल्क के पास रह गई थी।

राणा सांगा को जब इस बात की सूचना मिली तो वह ईदर की ओर रवाना हुआ। जब वह निकट पहुंचा तो मुबारिज़ुलमुल्क अन्य सरदारों की सहायता से युद्ध की तैयारी करके राणा सांगा के स्वागतार्थ निकला। अभी दोनों सेनाओं ने एक दूसरे को देखा भी न था कि वे लौट कर ईदर आ गये। सरदारों ने कहा कि, "मित्रों की न्यूनता तथा शत्रुओं की अधिकता का सभी को पता है। अब यह उचित होगा कि सहायता पहुंचने तक अहमदनगर के क़िले में जा कर उसे बन्द कर लें।" इस प्रस्ताव के अनुसार वे लोग मुबारिज़ुलमुल्क को विवश करके अपने साथ ले गये और अहमदनगर के क़िले में चले गये। दूसरे दिन प्रातःकाल राणा सांगा ईदर पहुंचा और मुबारिज़ुलमुल्क के विषय में पूछताछ कराई। गुजरात के क़रासों[5] ने जो क़िवामुलमुल्क से भाग कर राणा से मिल गये थे कहा कि, "मुबारिज़ुलमुल्क ऐसा व्यक्ति नहीं है जो भागे किन्तु अमीर लोग उसे ज़बरदस्ती अहमदनगर के क़िले में ले गये हैं और कुमक की प्रतीक्षा कर रहे हैं।" राणा सांगा शीघ्रातिशीघ्र ईदर से अहमदनगर की ओर रवाना हुआ। उसी बादफ़रोश ने, जिसने मुबारिज़ुलमुल्क के समक्ष राणा सांगा की प्रशंसा की थी, उसकी सेवा में उपस्थित होकर कहा कि, "राणा सांगा बहुत बड़ी सेना लेकर आया है। खेद है कि आप सरीखे व्यक्तियों की व्यर्थ हत्या हो रही है। यह उचित होगा कि आप अहमदनगर के क़िले में बन्द रहें। राणा अपने घोड़े को क़िले के नीचे जल पिलाकर लौट जायगा और वह इससे अधिक कुछ न करेगा।" मुबारिज़ुलमुल्क ने उत्तर दिया

१ भाट।

२ वह घूस जो किसी शक्तिशाली सरदार को अपने राज्य की रक्षा हेतु दी जाती है ताकि वे आक्रमण इत्यादि से सुरक्षित रहें अथवा वह भूमि जो बड़े बड़े ज़मींदारों को शान्त रखने एवं उपद्रव को रोके रखने के लिये दी जाती थी।

३ एक पोथी के अनुसार 'बाका'।

४ राज्य।

५ करास के स्वामी, ज़मींदार।

कि, "उसे मैं इस नदी में घोड़े को पानी न पिलाने दूंगा।" और अपनी वीरता के कारण नदी पार करके एक थोड़ी-सी सेना, जो राणा की सेना का दसवां भाग भी न थी, लेकर पहुंच गया। जब राणा वहां पहुंचा तो घोर युद्ध हुआ।

(१८६) असद खां, जोकि एक सरदार था, कुछ अन्य सरदारों सहित मारा गया और सफ़दर खां आहत हो गया। मुबारिज़ुलमुल्क ने कई बार राणा की सेना पर आक्रमण किया और आहत हुआ। अधिकांश गुजराती मारे गये। मुबारिज़ुलमुल्क सफ़दर खां सहित अहमदाबाद पहुंचा। राणा अहमदाबाद को नष्ट करके एक दिन तक वहां रहा। दूसरे दिन प्रातःकाल अहमदनगर से प्रस्थान करके वह दुनगर की ओर चला गया। जब वह दुनगर[1] पहुंचा तो वहां के सर्वसाधारण व्यक्तियों ने उपस्थित होकर कहा कि, "हम जुन्नारदार[2] हैं।, आपके पूर्वज सर्वदा हम लोगों का सम्मान करते रहे हैं।" राणा सांगा ने दुनगर का विनाश नहीं किया और बेलनगर[3] की ओर रवाना हुआ। उस स्थान का थानेदार मलिक हातिम प्राण देने के उद्देश्य से बाहर आया और युद्ध करके मृत्यु को प्राप्त हुआ। राना सांगा बेलनगर को विध्वंस करके अपने राज्य को लौट गया।

मलिक क़िवामुलमुल्क ने मुबारिज़ुलमुल्क तथा सफ़दर खां के साथ एक सेना इस आशय से भेजी कि वे उन लोगों को जिनकी हत्या हुई है दफ़न कर दें। मुबारिज़ुलमुल्क ने अहमदनगर पहुंच कर उन्हें दफ़न कराया। इसी बीच में ईदर के समीप के कोलियों तथा करासों ने मुबारिज़ुलमुल्क की सेना की संख्या को कम पाकर अहमदनगर पर आक्रमण किया। मुबारिज़ुलमुल्क ने क़िले से निकल कर युद्ध किया और करासों के ६१ सरदारों की हत्या कर दी और विजय तथा सफलता प्राप्त करके अहमदनगर लौट गया। क्योंकि अहमदनगर नष्ट-भ्रष्ट हो चुका था और अनाज तथा जीविका संबन्धी वस्तुओं की प्राप्ति में कठिनाई होती थी अतः वे अहमदनगर से प्रस्थान करके धीज कस्बे में चले गये।

## राणा सांगा से युद्ध

जब यह समाचार सुल्तान मुज़फ़्फ़र को प्राप्त हुए तो उसने एमादुलमुल्क तथा क़ैसर खां को अत्यधिक सेना तथा १०० हाथी प्रदान करके राणा सांगा से युद्ध करने के लिये भेजा। एमादुलमुल्क (१८७) तथा क़ैसर खां ने अहमदाबाद पहुंच कर, क़िवामुलमुल्क के साथ धीज[4] क़स्बे की ओर प्रस्थान किया और राणा सांगा के लौट जाने का समाचार सुल्तान को लिख कर चित्तौड़ पर आक्रमण करने की प्रार्थना की। सुल्तान ने उत्तर भेजा कि, "क्योंकि वर्षा ऋतु आ गई है अतः तुम लोग अहमदनगर में ठहरो और वर्षा ऋतु उपरान्त चित्तौड़ पर आक्रमण करो।" अमीर लोग सुल्तान के आदेशानुसार अहमदनगर में ठहर गये। सुल्तान मुज़फ़्फ़र ने कुछ दिन उपरान्त सेना को एक वर्ष का वेतन खज़ाने से नक़द प्रदान करके अहमदाबाद की ओर प्रस्थान किया और चित्तौड़ पर आक्रमण करने तथा राणा सांगा को दण्ड देने का संकल्प कर लिया।

इसी बीच में मलिक अयाज़ सुल्तानी ने सोरठ की विलायत से अत्यधिक सेना सहित उपस्थित होकर निवेदन किया कि, "सुल्तान का प्रताप, राणा सांगा को दण्ड देने के लिये प्रस्थान करने की अपेक्षा

१ इसे 'बद नगर' भी पढ़ा जा सकता है। इसे 'दूंगरपुर' तथा 'दुनगरपुर' भी लिखा गया है।
२ ब्राह्मण।
३ कुछ पोथियों के अनुसार 'बेसलनगर'।
४ एक पोथी के अनुसार 'धतीज'।

कहीं अधिक है। हम जैसे दासों को इसी कारण आश्रय प्रदान किया गया है कि यदि कोई इस प्रकार का कार्य सामने आ जाय तो सुल्तान को कष्ट न करना पड़े।" मुहर्रम ९२७ हि० (दिसम्बर १५२०-जनवरी १५२१ ई०) में सुल्तान मुज़फ़्फ़र अहमदनगर पहुंच गया। जब सेनायें एकत्र हो गईं तो मलिक अयाज़ ने पुनः राणा सांगा पर आक्रमण करने की अनुमति चाहने हेतु निवेदन किया। सुल्तान ने एक लाख अश्वारोही तथा १०० हाथी उसके साथ करके राणा सांगा को दण्ड देने के लिए भेजे। उसके पीछे क़िवामुलमुल्क को भी २० हज़ार अश्वारोहियों सहित बिदा किया। जब मलिक अयाज़ तथा क़िवा-मुलमुल्क ने महरासा की मंज़िल पर पड़ाव किया, तो सुल्तान ने सावधानी की दृष्टि से ताज खां तथा निज़ा-मुलमुल्क सुल्तानी को भी उस ओर भेज दिया। मलिक अयाज़ ने सुल्तान की सेवा में प्रार्थना-पत्र भेजा कि, "राणा सांगा को दण्ड देने के लिये इतने विश्वस्त अमीरों को भेजना मेरे लिये बड़े सम्मान का विषय (१८८) है किन्तु मुझे इन सब हाथियों की भी आवश्यकता नहीं। इस दास ने स्वामी के प्रताप के भरोसे पर यह सेवा प्रारम्भ की है।" उसने अधिकांश हाथियों को भी वापस भेज दिया और महरासा से कूच करके धौल नामक स्थान पर पड़ाव किया और वहां से बहुत बड़ी संख्या में लोगों को उस राज्य को नष्ट-भ्रष्ट करने के लिये भेजा।

उसने सफ़दर खां को लकिया कोट के राजपूतों को दण्ड देने के लिये नियुक्त किया। सफ़दर खां ने उस स्थान पर पहुंच कर, यद्यपि वह बड़ा ही दुर्गम स्थान था, आक्रमण किया और अत्यधिक राज-पूतों की हत्या कर दी। जो बच गये उन्हें उसने बन्दी बना लिया और मलिक अयाज़ से मिल गया। वहां से प्रस्थान करके उसने डूंगरपुर तथा बांसवाला को जला कर राख कर डाला और चित्तौड़ की ओर रवाना हुआ। संयोग से उस पड़ाव पर एक व्यक्ति ने उपस्थित होकर मलिक अशजउलमुल्क तथा सफ़दर खां को यह सूचना दी कि माल[1] का राजा उदय सिंह, राणा सांगा की राजपूत सेना तथा उग्रसेन पुरबिया सहित एक पर्वत के पीछे छिपा हुआ है, वे रात्रि में छापा मारना चाहते हैं। अशजउलमुल्क तथा सफ़दर खां ने मलिक अयाज़ सुल्तानी को सूचना भेजे बिना लगभग २०० अश्वारोहियों को अपने साथ लेकर शीघ्रातिशीघ्र उस ओर प्रस्थान किया और भीषण युद्ध हुआ। उग्रसेन घायल हो गया और ८० राजपूत रणक्षेत्र में मारे गये। अन्य राजपूत भाग खड़े हुए। मलिक अयाज़ सुल्तानी को जब यह सूचना मिली तो वह सेना तैयार करके सफ़दर खां की सहायतार्थ रवाना हुआ। जब वह रणक्षेत्र में पहुंचा तो सफ़दर खां की वीरता को देखकर आश्चर्य में पड़ गया और उसने योद्धाओं के घावों पर कृपा का मलहम लगाया।

दूसरे दिन प्रातःकाल मलिक क़िवामुलमुल्क सुल्तानी उस समूह की खोज में बांसवाला पर्वत में प्रविष्ट हुआ और वहां आबादी का कोई चिह्न उसने शेष न रहने दिया। उग्रसेन आहत होकर राणा के पास पहुँचा और उसे सब हाल बताया। जब मलिक अयाज़ ने मन्दसौर पहुँच कर उसे घेर लिया तो (१८९) राणा सांगा अपने थानेदार की सहायतार्थ पहुंचा और मन्दसौर से १२ कोस पर पड़ाव किया। उसने मलिक अयाज़ को संदेश भेजा कि, "मैं सुल्तान की सेवा में दूत भेज रहा हूँ और उसके हितैषियों में सम्मिलित हो रहा हूँ, आप अवरोध त्याग दें।" मलिक अयाज़ ने दूतों से इस प्रकार की वार्त्ता की जिसका कोई भी अर्थ न था, और क़िले की विजय का प्रयत्न प्रारम्भ कर दिया। सुरंग को उस स्थान तक पहुंचा दिया कि आज या कल में सफलता होने ही वाली थी।

१ एक पोथी में 'नाल'।

इसी बीच में शिरज़ा ख़ां शिरवानी ने सुल्तान महमूद ख़लजी के पास से पहुंचकर मलिक अयाज़ को इसकी ओर से यह संदेश पहुंचाया कि, "यदि सहायता तथा कुमक की आवश्यकता हो तो मैं भी वहां पहुंच जाऊं।" मलिक अयाज़ ने प्रसन्न होकर उससे आने का आग्रह किया। सुल्तान महमूद क्योंकि सुल्तान मुज़फ़्फ़र का ॠणी था अतः उसने सलाहदी पुरबिया को अपने साथ लेकर मन्दसौर की ओर प्रस्थान किया। राणा सांगा ने सुल्तान महमूद के आगमन से व्याकुल होकर सलाहदी के पास मेदिनी राय को यह संदेश लेकर भेजा कि, "तुम्हें इस बात की ओर ध्यान देना चाहिये कि हम लोग एक ही समूह से हैं और इस बात को दृष्टि में रखते हुए जो तुम्हारे अनुकूल कर्तव्य है उसकी उपेक्षा न करनी चाहिये। इस समय संधि का प्रयत्न करना चाहिये।"

कुछ दिन उपरान्त कार्य इस सीमा को पहुंच गया कि क़िले वालों के प्राण मुंह को आ गये। क़िवामुलमुल्क अपने मोर्चे को सामने ले जाकर क़िले में प्रविष्ट होने वाला ही था कि मलिक अयाज़ ने यह देखकर कि कहीं विजय क़िवामुलमुल्क के नाम पर न हो जाय उसे उस दिन युद्ध से रोक दिया। गुजरात के अमीर यह सूचना पाकर मलिक अयाज़ से खिन्न हो गये और दूसरे दिन प्रातःकाल मुबारिज़ुलमुल्क तथा कुछ अन्य सरदार मलिक अयाज़ की आज्ञा बिना युद्ध के विचार से राणा सांगा की सेना से युद्ध करने के लिये रवाना हुए। मलिक तुग़लुक़ शाह फ़ौलादी ने पहुंच कर मुबारिज़ुलमुल्क को मार्ग से लौटा दिया और अमीरों के मध्य में मतभेद उत्पन्न हो गया किन्तु वे सुल्तान के दण्ड के भय से (१९०) मलिक अयाज़ की आज्ञा बिना आक्रमण न कर सकते थे। मलिक अयाज़ ने अमीरों के मतभेद के बावजूद सेना को तैयार करके सुरंग में आग लगा दी। जब बुर्ज भी गिर पड़ा तो ज्ञात हुआ कि राजपूतों ने इस बात की सूचना पाकर बुर्ज के बराबर दूसरी दीवार का निर्माण कर दिया था।

दूसरे दिन राणा सांगा के दूतों ने आकर कहा कि, "राणा कहता है कि मेरी इच्छा है कि मैं अब सुल्तान के हितैषियों में सम्मिलित हो जाऊं और जो हाथी अहमदनगर के युद्ध में प्राप्त हुए हैं उन्हें अपने पुत्र के साथ सुल्तान की सेवा में भेज दूँ। मेरी समझ में नहीं आता कि आपकी इस कठोरता एवं निष्ठुरता का क्या कारण है।" मलिक अयाज़ ने क़िवामुलमुल्क के विरोध के कारण संधि करना स्वीकार कर लिया और संधि की वार्ता प्रारम्भ कर दी। अन्य अमीर असंतुष्ट होकर सुल्तान महमूद ख़लजी की सेवा में पहुंचे और उसे युद्ध के लिये तैयार करके यह निश्चय किया कि बुधवार को युद्ध हो। उस गोष्ठी से एक व्यक्ति ने मलिक अयाज़ के पास पहुंच कर उसे सब हाल बता दिया। मलिक अयाज़ ने तत्काल एक व्यक्ति सुल्तान महमूद की सेवा में भेज कर यह संदेश प्रेषित किया कि, "सुल्तान ने इस सेना के अधिकार की बागडोर दास को सौंप दी है और दास को इस बात का अधिकार दे दिया है कि जिस बात में वह सुल्तान का हित देखे उस पर आचरण करे। आप गुजरात के अमीरों के कहने पर राणा सांगा से युद्ध करना चाहते हैं किन्तु सेवक इस बात से सहमत नहीं, कारण कि उसे विश्वास है कि मतभेद तथा विरोध के कारण सफलता प्राप्त न हो सकेगी।"

मलिक अयाज़ ने बुधवार को प्रातःकाल जिस दिन अमीरों ने युद्ध करना निश्चय किया था उस पड़ाव से ख़लजीपुर नामक स्थान को प्रस्थान कर दिया और राणा सांगा के दूतों को ख़िलअतें देकर बिदा कर दिया। सुल्तान महमूद ख़लजी ने भी मन्दू की ओर प्रस्थान किया। मलिक अयाज़ जब चाम्पानीर (१९१) में सुल्तान की सेवा में उपस्थित हुआ तो सुल्तान ने उसके प्रति कठोरता तथा क्रोध प्रकट करते हुए उसे बन्दर द्वीप की ओर भेज दिया ताकि वह अपने आदमियों को तैयार करके वर्षा ॠतु उपरान्त उसकी सेवा में उपस्थित हो और यह निश्चय किया कि वर्षा ॠतु के पश्चात् सुल्तान स्वयं राणा को दंड देने के लिए प्रस्थान करेगा।

मलिक अयाज़ ने अपने एक विश्वासपात्र को राणा सांगा के पास भेज कर यह संदेश प्रेषित किया कि, "क्योंकि हम लोग प्रेम के बंधन में बंध चुके हैं अतः एक दूसरे के प्रति निष्ठा तथा शुभाकांक्षा का प्रयत्न करते रहना आवश्यक है। क्योंकि सुल्तान अमीरों के उस प्रदेश से वापस चले आने के कारण रुष्ट हो गया है और उस ओर आक्रमण करके विद्रोहियों को दण्ड देना चाहता है अतः ऐसी दशा में उस विलायत का अत्यधिक विनाश हो जायगा। यह उचित होगा कि तुम अपने पुत्र को पेशकश तथा अत्यधिक उपहार सहित शीघ्रातिशीघ्र सुल्तान की सेवा में भेज दो ताकि उस प्रदेश के निवासी सुल्तान के क्रोध से सुरक्षित हो जायं।"

सुल्तान मुज़फ़्फ़र ने मुहर्रम ९२८ हि० (दिसम्बर १५२१ ई०) में चम्पानीर से अहमदाबाद की ओर इस आशय से प्रस्थान किया कि वह तैयारी करके चित्तौड़ पर आक्रमण करे। कुछ दिन में अहमदाबाद में सेना की व्यवस्था करके कांकरिया हौज़ पर पड़ाव किया। सेना एकत्र करने के लिए वह ३ दिन तक उस पड़ाव पर ठहरा रहा। इसी बीच में समाचार प्राप्त हुआ कि राणा सांगा ने अपने पुत्र को अत्यधिक उपहार देकर सुल्तान की सेवा में भेजा है और वह महरासा क़स्बे में पहुंच गया है। कुछ दिन पश्चात् जब उसके पुत्र ने सुल्तान की सेवा में उपस्थित होकर उपहार भेंट किये तो सुल्तान ने उसके पिता के अपराधों को क्षमा करके उसे शाही खिलअत द्वारा सम्मानित किया। उस सेना को भंग करके कुछ दिन तक झालावर के समीप सैर तथा शिकार में व्यस्त रहा और फिर अहमदाबाद चला गया। (१९२) वहां उसने राणा के पुत्र को खिलअत प्रदान करके बिदा कर दिया और स्वयं सरकीज की ओर रवाना हुआ।

उस वर्ष मलिक अयाज़ सुल्तानी की, जो राज्य की शक्ति था, मृत्यु हो गई। सुल्तान यह समाचार पाकर बड़ा दुःखी हुआ और उसने उसकी जागीर उसके पुत्र को प्रदान कर दी।

## सुल्तान की पत्नी की मृत्यु

९३० हि० (१५२३-२४ ई०) में विद्रोहियों को दण्ड देने के लिए उसने चम्पानीर से प्रस्थान किया और महरासा तथा हरसौल क़स्बे के मध्य में कुछ दिन तक पड़ाव किया। उसने महरासा के क़िले का नये सिरे से निर्माण कराया तदुपरान्त अहमदाबाद की ओर रवाना हुआ, मार्ग में सुल्तान की सबसे अधिक प्रिय पत्नी की मृत्यु हो गई। सुल्तान तथा शाहज़ादे उसकी मृत्यु से बड़े दुखी हुए और उसकी क़ब्र पर जाकर उन्होंने शोक संबन्धी प्रथायें सम्पन्न कराईं। शोक की अवधि के समाप्त होने के उपरान्त वे बड़े दुःख तथा चिन्ता की अवस्था में अहमदाबाद की ओर रवाना हुए। वे अपना अधिकांश समय दुःख में व्यतीत करते थे। एक दिन खुदावन्द खां ने, जोकि अमीरों तथा वज़ीरों में अपनी योग्यता के कारण सर्वश्रेष्ठ था, सुल्तान की सेवा में उपस्थित होकर संतोष के लाभ के विषय में बड़ा विशद विवरण दिया और सुल्तान को कष्ट से मुक्ति दिला दी। क्योंकि वर्षा ऋतु आ गई थी अतः सुल्तान को चम्पानीर की सैर के लिये तैयार किया। सुल्तान चम्पानीर की वायु का स्मरण करके उस ओर रवाना हुआ।

## सुल्तान इबराहीम के विरुद्ध आलम खां को सहायता

एक दिन देहली के बादशाह सुल्तान सिकन्दर लोदी के पुत्र आलम खां ने निवेदन किया कि, "सुल्तान इबराहीम बिन सुल्तान सिकन्दर अनुभव-शून्यता के कारण रक्त पीने वाली तलवार को म्यान (१९३) से निकाल कर बड़े-बड़े अमीरों की हत्या करा रहा है। शेष लोग बार-बार प्रार्थना-पत्र भेज कर मुझे बुलवा रहे हैं। क्योंकि यह फ़क़ीर दीर्घ काल से इस आशा से सेवा कर रहा है कि इस उच्च

वंश के प्रयत्न से वह अपने उद्देश्य की पूर्ति कर सकेगा और अब वह समय आ गया है कि मेरे भाग्य के नक्षत्र उदय हों, अतः आशा है कि आप फ़क़ीर की सहायता करेंगे ताकि उसे उसके पूर्वजों का राज्य प्राप्त हो जाय।" सुल्तान मुज़फ़्फ़र ने बहुत से लोगों को उसके साथ करके उसे पर्याप्त धन देकर विदा कर दिया और वह सुल्तान इबराहीम से युद्ध करने के लिये देहली की ओर रवाना हुआ। आलम खां का शेष हाल देहली के सुल्तानों के इतिहास में लिखा जा चुका है।

## शाहज़ादा बहादुर खां का रुष्ट होना

९३१ हि० (१५२४-२५ ई०) में सुल्तान चम्पानीर से ईदर की ओर रवाना हुआ। मार्ग में शाहज़ादा बहादुर खां ने अपनी आय की कमी तथा व्यय की अधिकता की शिकायत करके प्रार्थना की कि "मेरा वेतन शाहज़ादा सिकन्दर खां के बराबर कर दिया जाय।" सुल्तान ने कुछ कारणवश इस कार्य में विलम्ब उचित समझ कर उसे केवल वचन देकर टाल दिया। शाहज़ादा बहादुर खां दुखी होकर बिना आज्ञा ही अहमदाबाद चला गया और वहां से मालवा की विलायत में पहुंच गया। मालवा के राजा, उदय सिंह ने शाहज़ादा बहादुर खां के आगमन को एक बहुत बड़ी देन समझ कर, नाना प्रकार से उसकी सेवा की। जब वह चित्तौड़ की विलायत में प्रविष्ट हुआ तो राणा सांगा ने भी उसका स्वागत करके उसे नाना प्रकार के उपहार भेंट किये और निवेदन किया कि, "यह प्रदेश आपके सेवकों के अधीन है। आप जो भी आदेश देंगे उसका पालन किया जायगा।" शाहज़ादा बहादुर खां ने अपने उच्च साहस के कारण उसको प्रोत्साहन प्रदान किया और उसकी प्रार्थना को रद्द करते हुए ख्वाजा मुईनुद्दीन हसन सिजज़ी के मज़ार के दर्शनार्थ पहुंचा। दर्शन के उपरान्त वह मेवात की ओर रवाना हुआ। हसन खां मेवाती ने कई मंज़िल आगे बढ़कर आतिथ्य-सत्कार का प्रबन्ध किया। बहादुर खां वहां से देहली की ओर रवाना हुआ।

## शाहज़ादे का देहली पहुंचना

(१९४) संयोग से उन्हीं दिनों में फ़िरदौस मकानी[1] ज़हीरुद्दीन सुल्तान बाबर बादशाह हिन्दुस्तान की विजय के उद्देश्य से देहली के समीप पड़ाव किये हुए थे। सुल्तान इबराहीम ने शाहज़ादे के आगमन को अपनी शक्ति में वृद्धि का कारण समझ कर, उसका अत्यधिक आदर तथा सम्मान किया। एक दिन शाहज़ादा बहादुर खां गुजरात के वीरों सहित सवार होकर युद्ध हेतु अग्रसर हुआ और उसने मुग़ुल वीरों से युद्ध किया। दोनों ओर से उचित प्रयत्न हुआ। अफ़ग़ान अमीर क्योंकि सुल्तान इबराहीम से घृणा करते थे अतः वे इस बात की इच्छा करने लगे कि उसे हटा कर सुल्तान बहादुर को सिंहासनारूढ़ कर दें। सुल्तान इबराहीम को जब इस बात का पता चला तो उसने विश्वासघात करना निश्चय किया। शाहज़ादा बहादुर खां को जब यह पता चला तो वह जौनपुर की ओर चला गया।

## सुल्तान की मृत्यु

जब सुल्तान मुज़फ़्फ़र को यह समाचार प्राप्त हुआ कि बहादुर खां देहली चला गया है और बाबर बादशाह मुग़ुलों की सेना सहित उस क्षेत्र में आ गया है तो वह अपने पुत्र के वियोग के कारण बड़ा दुखी हुआ। उसने ख़ुदावन्द खां को आदेश दिया कि, "प्रार्थना-पत्र भेज कर शाहज़ादे को बुलवाओ।"

१ बाबर के सम्मान हेतु मुग़ुल इतिहासकार उसका नाम न लिखते थे और उसे फ़िरदौस मकानी अथवा स्वर्गीय लिखते थे।

इसी बीच में गुजरात में घोर अकाल पड़ा और लोग बड़े परेशान हुए। सुल्तान मुज़फ़्फ़र ने अपनी स्वाभाविक दयालुता के कारण क़ुरान शरीफ़ तथा सहाहे सित्ता[1] का पाठ प्रारम्भ कर दिया। ईश्वर ने उसके सदाचरण के कारण उस कष्ट का अन्त कर दिया। उन्हीं दिनों सुल्तान रुग्ण हो गया और उसका रोग नित्यप्रति बढ़ने लगा। एक दिन सुल्तान मुज़फ़्फ़र ने विलाप करते हुए शाहज़ादा बहादुर खां का स्मरण किया। एक व्यक्ति ने अवसर पाकर कहा कि, "सेना दो दलों में विभाजित हो गई है। एक समूह शाहज़ादा सिकन्दर खां को चाहता है और एक समूह लतीफ़ खां की ओर आकर्षित है।" सुल्तान ने पूछा कि, "शाहज़ादा बहादुर खां के भी कोई समाचार प्राप्त हुए हैं?" बुद्धिमानों ने उसकी इस बात से समझ
(१९५) लिया कि वह उसे अपना उत्तराधिकारी बनाना चाहता है। सुल्तान ने सिकन्दर खां को अपने पास बुलवा कर उसके भाइयों के विषय में वसीयत करके उसे बिदा कर दिया और अन्तःपुर में चला गया। कुछ देर उपरान्त फिर बाहर आकर थोड़ी देर विश्राम किया। थोड़ी देर पश्चात् जुमे की अज़ान की ध्वनि उसके कानों में पहुंची और उसने कहा कि, "मुझ में मस्जिद में जाने की शक्ति नहीं है।" अन्य लोगों को मस्जिद में भेज कर स्वयं ज़ुहर[2] की नमाज़ पढ़ना प्रारम्भ कर दिया। नमाज़ के उपरान्त उसने एक घड़ी आराम किया। तदुपरान्त उसकी मृत्यु हो गई। उसने १४ वर्ष तथा ९ मास तक राज्य किया।

## सुल्तान सिकन्दर बिन सुल्तान मुज़फ़्फ़र शाह

जब सुल्तान मुज़फ़्फ़र की मृत्यु हो गई तो एमादुलमुल्क सुल्तानी, ख़ुदावन्द खां, फ़तह खां बिन फ़तह खां के प्रयत्न से शाहज़ादा सिकन्दर खां को सिंहासनारूढ़ किया गया। उसने अपने पिता की लाश को सरकीज क़स्बे में भेज कर शोक संबंधी प्रथायें सम्पन्न कराईं।

शोक संबंधी प्रथाओं के तीसरे दिन वह चम्पानीर की ओर रवाना हुआ। जब वह बतूह क़स्बे में पहुंचा तो उसने उस स्थान के बुज़ुर्गों की ज़ियारत की। वहां उसने सुना कि क़ुतुब आलम सैयिद बुरहानुद्दीन के एक पुत्र शेख़ जियू ने यह भविष्यवाणी की है कि राज्य शाहज़ादा बहादुर खां को प्राप्त होगा।

### सिकन्दर के प्रति असंतोष

सुल्तान सिकन्दर ने शेख़ जियू को झूठा बताया और उनके विषय में अपशब्द कहे। जब वह
(१९६) चम्पानीर पहुंचा तो उसने अपने सेवकों को सम्मानित करके उन्हें विलायतें प्रदान कर दीं और अपने पिता तथा पितामह के अमीरों के प्रति कोई भी कृपादृष्टि प्रदर्शित न की। इस कारण समस्त अमीर दुखी हो गये और ईश्वर की ओर किसी परिवर्तन के विषय में देखने लगे। एमादुलमुल्क सुल्तानी जोकि सुल्तान मुज़फ़्फ़र शाह का एक दास था और सुल्तान सिकन्दर की माता का दास था बड़ा खिन्न हुआ।

सुल्तान सिकन्दर के कुछ आश्रितों द्वारा अनुचित कार्य सम्पन्न होने लगे और सेना तथा प्रजा वाले हृदय से उससे घृणा करने लगे और वे ईश्वर से उसके विनाश की प्रार्थना करने लगे। सुल्तान सिकन्दर ने एक दिन विशेष दरबार करके अमीरों तथा राज्य के उच्च पदाधिकारियों को ख़िलअतें प्रदान कीं और १७००

१ हदीसों का एक संग्रह।
२ मध्याह्नोपरान्त की प्रथम नमाज़।

घोड़े इनाम में दिये जिनमें अधिकांश अनुचित रूप से प्रदान• किये गये। प्रजा शाहज़ादा बहादुर खां के आगमन की प्रतीक्षा करती हुई उसकी इच्छा करने लगी। सुल्तान सिकन्दर इस बात से अवगत होकर अपने परिणाम के विषय में भयभीत रहने लगा। इसी बीच में उसे ज्ञात हुआ कि शाहज़ादा लतीफ़ खां नद्रबार तथा सुल्तानपुर के समीप बादशाह बनने के विषय में सोच रहा है और समय की प्रतीक्षा कर रहा है। यह समाचार पाते ही सुल्तान ने मलिक लतीफ़ खां बारीवाल को शिरज़ा खां की उपाधि देकर लतीफ़ खां के विनाश हेतु नियुक्त किया। मलिक लतीफ़ खां को नद्रबार की सीमा पर पहुंच कर यह ज्ञात हुआ कि (शाहज़ादा) लतीफ़ खां मूंगाभम के पर्वतों तथा चित्तौड़ के जंगल में है। मलिक लतीफ़ अविलंब चित्तौड़ के जंगल में पहुंचा। चित्तौड़ के जंगल के राजा ने जंगल तथा उस स्थान के दुर्गम होने पर विश्वास करके युद्ध प्रारम्भ कर दिया। मलिक लतीफ़ प्रतिष्ठित सरदारों सहित उस स्थान पर मारा गया। क्योंकि पलायन का मार्ग बन्द हो गया था, अतः राजपूतों एवं कोलियों ने पीछे से पहुंच कर १७०० व्यक्तियों की हत्या कर दी। गुजरात वाले इस पराजय को सुल्तान सिकन्दर की पराजय का चिह्न समझ कर परिणाम की प्रतीक्षा करने लगे। सुल्तान सिकन्दर ने क़ैसर खां को अत्यधिक सेना सहित उस समूह को दण्ड देने के लिए नियुक्त किया।

## एमादुलमुल्क द्वारा सुल्तान की हत्या का प्रयत्न

(१९७) इसी बीच में सुल्तान मुज़फ़्फ़र के कुछ अमीरों ने, जो दुष्ट प्रकृति के थे, एमादुलमुल्क से कहा कि "सुल्तान सिकन्दर आपकी हत्या करना चाहता है। क्योंकि हम आपके हितैषी हैं अतः हम आपको सचेत कर रहे हैं।" एमादुलमुल्क ने उस अभागे समूह के कहने पर विश्वास करके यह निश्चय कर लिया कि जिस प्रकार भी संभव हो, सुल्तान सिकन्दर को नष्ट करके मुज़फ़्फ़र शाह के किसी पुत्र को सिंहासनारूढ़ कर दे और स्वयं राज्य तथा कर संबंधी शासन प्रबन्ध को सम्पन्न करने लगे। एक दिन सुल्तान सिकन्दर सैर के लिए गया हुआ था। एमादुलमुल्क अपनी सेना को सशस्त्र करके उसकी हत्या के उद्देश्य से पीछे से पहुंचा किन्तु उसे अवसर न मिला। मार्ग में किसी व्यक्ति ने सुल्तान सिकन्दर से सब हाल बता दिया। सीधे-सादे सुल्तान सिकन्दर ने उत्तर दिया कि, "लोग यह चाहते हैं कि मैं मुज़फ़्फ़र शाह के विशेष दासों तथा अमीरों को हानि पहुंचाऊं। एमादुलमुल्क हमारे पूर्वजों का दास है। वह यह कुकर्म किस प्रकार कर सकता है?" किन्तु यह समाचार पाकर बड़ा दुखी हुआ और अपने एक विश्वासपात्र से कहा कि, "कभी-कभी सर्वसाधारण में इस बात की चर्चा होती है कि बहादुर शाह गुजरात की विजय हेतु देहली से आ रहा है। इस बात से मुझे परेशानी होती है।"

## सुल्तान की हत्या

संयोग से उस रात्रि में उसने सैयिद जलाल बुख़ारी, शाह आलम तथा कुछ मशायख़[1] को स्वप्न में देखा। सुल्तान मुज़फ़्फ़र भी उसकी सेवा में उपस्थित था। सुल्तान मुज़फ़्फ़र ने कहा कि, "सिकन्दर पुत्र! राजसिंहासन से उठ जा।" शेख़ जियू ने भी कहा कि, "उठ जा। यह तेरा स्थान (१९८) नहीं है। मुज़फ़्फ़र शाह के राजसिंहासन का अधिकारी बहादुर शाह है।" जब वह जागा तो तत्काल उसने एक व्यक्ति को बुलाकर उससे यह बात कही और इस स्वप्न से व्याकुल होकर दिल

१ सन्तों को।

बहलाने के लिए चौगान खेलने चल दिया। कुछ लोगों को इस स्वप्न का पता चल गया। एक पहर उपरान्त वह अपने महल में पहुंचा और भोजन करके आराम करने के लिए चला गया। जब अमीर तथा उसके विश्वासपात्र अपने-अपने घरों को पहुंचे तो १९ शाबान ९३२ हि० (१३ जून १५२६ ई०) को एमादुलमुल्क उन लोगों[1] तथा मुज़फ़्फ़र शाह के दो तुर्क दासों एवं एक हब्शी के साथ शाही महल में प्रविष्ट हो गया।

उसने[2] उन लोगों से जो उसके साथ थे कहा कि, "इस भवन की लीला देखो। यह संसार की एक अद्भुत वस्तु है।" जब वे हौज़ के किनारे पहुंचे तो नुसरतुलमुल्क तथा इबराहीम बिन (पुत्र) जौहर उस स्थान पर थे। वे लोग तुरन्त तलवारें निकाल कर उनके विरुद्ध दौड़े। नुसरतुलमुल्क तथा इबराहीम ने भी तलवारें निकाल लीं किन्तु उनके घाव घातक न निकले और वे[3] मार डाले गये। वे[4] वहां से सुल्तान सिकन्दर के शयनागार में पहुंचे। सैयिद इल्मुद्दीन पलंग के सामने बैठा हुआ पहरा दे रहा था। अचानक वे लोग प्रविष्ट हो गये। सैयिद इल्मुद्दीन ने इस बात से घबड़ा कर तलवार निकाल ली और दो व्यक्तियों को घायल कर दिया। सैयिद इल्मुद्दीन की उसी स्थान पर हत्या कर दी गई। सुल्तान सिकन्दर को पलंग के ऊपर दो तीन घाव लगाये गये। सुल्तान भयभीत होकर पलंग से कूद कर भूमि पर खड़ा हुआ। इसी बीच में एक व्यक्ति ने सुल्तान सिकन्दर पर तलवार का वार करके उसकी हत्या कर दी। उसने दो मास तथा १६ दिन तक राज्य किया।

## नसीर ख़ां बिन सुल्तान मुज़फ़्फ़र जिसकी उपाधि सुल्तान महमूद थी

(१९९) जब सुल्तान सिकन्दर की हत्या कर दी गई तो एमादुलमुल्क ने बहाउलमुल्क से मिल कर अन्तःपुर से नसीर खां को बाहर निकाला और उसे सिंहासन पर आरूढ़ कर दिया और उसकी उपाधि सुल्तान महमूद निश्चित की। सुल्तान सिकन्दर के अमीर आतंकित होकर इधर-उधर भाग खड़े हुए और उनके घर नष्ट कर दिये गये। सुल्तान सिकन्दर की लाश को चम्पानीर के अधीन हालोल में भेज कर दफ़न कर दिया गया। गुजरात के अमीरों तथा उच्च अधिकारी विवश होकर वहां पहुंचे और उन्होंने उसे बधाई दी। एमादुलमुल्क ने प्रथानुसार अमीरों तथा उच्च पदाधिकारियों को ख़िलअतें तथा उपाधियां प्रदान करके उन्हें प्रोत्साहित किया। उसने १८१ व्यक्तियों को उस दिन उपाधि प्रदान की किन्तु किसी अमीर के वेतन तथा वृत्ति में वृद्धि न की।

अधिकांश लोग सुल्तान बहादुर के आगमन की प्रतीक्षा किया करते थे और उसके बुलाने के लिए पत्र-व्यवहार किया करते थे, विशेष रूप से ख़ुदावन्द ख़ां तथा ताज ख़ां इस विषय में सबके आगे बढ़ गये थे। एमादुलमुल्क प्राचीन तथा नवीन शत्रुता के कारण ख़ुदावन्द ख़ां तथा ताज खां की हत्या करना चाहता था। ताज खां अपनी क़ौम तथा क़बीले की सेना लेकर सुल्तान बहादुर को बुलाने के लिए चल
(२००) खड़ा हुआ। एमादुलमुल्क व्याकुल होकर निज़ामुलमुल्क दखिनी को पत्र भेज कर चम्पानीर के समीप पहुंचा और सावधानी तथा दूरदर्शिता की दृष्टि से बाबर बादशाह की सेवा में उसने यह पत्र

१ जिन लोगों ने उससे यह कहा था कि सुल्तान तेरी हत्या कराना चाहता है।
२ एमादुलमुल्क।
३ नुसरतुलमुल्क तथा इबराहीम बिन जौहर।
४ 'एमादुलमुल्क' तथा उसके साथी।

भेजा कि "यदि एक शाही सेना फ़क़ीर की सहायतार्थ आये तो मैं बन्दर द्वीप तथा एक करोड़ तन्का नक़द बादशाह के सेवकों के व्यय की सहायतार्थ प्रदान करूंगा।"[१]

## बहादुर शाह का बुलवाया जाना

दुनगरपुर के थानेदार ने एमादुलमुल्क के प्रार्थना-पत्र की सूचना पाकर, ताज ख़ां तथा ख़ुदावन्द ख़ां के पास यह पत्र भेजा कि "एमादुलमुल्क ने बाबर बादशाह को पत्र लिखकर बुलवाया है।" गुजरात के अमीरों ने एक व्यक्ति को बहादुर शाह के पास भेज कर उसे बुलवाया। गुजरात के अमीरों के दूत देहली के समीप पहुंच कर सुल्तान बहादुर की सेवा में उपस्थित हुये और अमीरों के प्रार्थना-पत्र प्रस्तुत किये। सुल्तान बहादुर ने अपने पिता की मृत्यु से दुखी होकर शोक संबंधी प्रथायें सम्पन्न कराईं। पाइन्दा ख़ां अफ़ग़ान ने जो बहादुर शाह को बुलवाने के लिए जौनपुर से आया था, उससे यद्यपि बहुत कुछ कहा और बिलादे शर्क़[२] के राज्य को अधिकार में करने का प्रलोभन दिलाया किन्तु उससे कोई लाभ न हुआ। बहादुर शाह उसे बिदा करके अहमदाबाद की ओर रवाना हुआ।

## सुल्तान बहादुर का गुजरात की ओर प्रस्थान

कहा जाता है कि एक ही समय पर लोग जौनपुर तथा गुजरात से सुल्तान बहादुर को बुलाने के लिये आये। उसने कहा कि, "मैं अपने घोड़े की लगाम छोड़े देता हूं, जिस ओर चाहे ले चले।" घोड़ा गुजरात की ओर चल दिया। जब वह चित्तौड़ के समीप पहुंचा तो गुजरात के सिपाहियों ने लगातार (२०१) पहुंच कर सुल्तान सिकन्दर की मृत्यु तथा नसीर ख़ां के सिंहासनारोहण के समाचार सुल्तान को पहुंचाये। सुल्तान बहादुर दुखी होकर वहां से प्रस्थान करके चित्तौड़ में उतरा। उस स्थान पर चांद ख़ां तथा इबराहीम ख़ां बिन (पुत्र) सुल्तान मुज़फ़्फ़र आये और अपने भाइयों से भेंट करके प्रसन्न हुए। चांद ख़ां बिदा होकर वहीं रह गया। इबराहीम ख़ां उसकी सेवा करना निश्चय करके उसके साथ हो लिया। अल्प समय में जब वह चित्तौड़ से गुज़रा, तो माल का राजा उदय सिंह तथा सुल्तान सिकन्दर के कुछ सहायक उदाहरणार्थ मलिक सरवर, मलिक यूसुफ़, लतीफ़ तथा अन्य लोग उसकी सेवा में पहुंचे।

सुल्तान बहादुर ने मलिक ताज जमाल को प्रोत्साहनयुक्त फ़रमान देकर ताज ख़ां तथा अन्य अमीरों के पास भेजा और अपने पहुंचने के विषय में सूचना दी। ताज ख़ां दन्दूका से पूरी तैयारी करके सुल्तान बहादुर की सेवा में उपस्थित हुआ और लतीफ़ ख़ां बिन सुल्तान मुज़फ़्फ़र को व्यय हेतु सहायता देकर बिदा कर दिया कि, "अब सुल्तान मुज़फ़्फ़र तथा सुल्तान महमूद का उत्तराधिकारी आ गया है अतः तुम्हारा इस स्थान पर रहना उचित नहीं।" लतीफ़ ख़ां अत्यन्त दुखी होकर सुल्तान बहादुर के चाचा के पुत्र फ़तह ख़ां के पास पहुंचा और उससे फ़रियाद की। जब सुल्तान बहादुर दुनगरपुर पहुंचा तो, ख़ुर्रम ख़ां तथा अन्य ख़ान उसके स्वागतार्थ पहुंचे। प्रत्येक दिशा से सरदार उसकी ओर आकर्षित हुये। एमादुलमुल्क यह समाचार पाकर जान से हाथ धोकर सेना एकत्र करने लगा और उसने ख़ज़ानों को रिक्त करना प्रारम्भ कर दिया। उसने अत्यधिक सेना को तैयार करके ५० हाथियों सहित, अज़दुलमुल्क के साथ किया और महरासा क़स्बे की ओर इस आशय से भेजा कि वह वहां पहुंच कर लोगों के आने-जाने

१ बादशाह के मार्ग-व्यय में सहायता हेतु दूँगा।
२ पूर्व के राज्य।

के मार्ग रोक दे और किसी को सुल्तान बहादुर के पास न जाने दे। सुल्तान बहादुर शाह जब महमूदाबाद (२०२) क़स्बे में पहुंचा, तो सुल्तान सिकन्दर के कुछ अमीर, जो प्राणों के भय से भाग गये थे, उसकी सेवा में उपस्थित हुए। अज़दुलमुल्क के आदमी महरासा क़स्बे को छोड़ कर भाग गये। जब सुल्तान महरासा क़स्बे में पहुंचा तो ताज ख़ां चत्र तथा बादशाही चिह्नों सहित सुल्तान बहादुर की सेवा में उपस्थित हु[illegible] और उससे भेंट की। सुल्तान ने बड़ी शान से २६ रमज़ान ९३२ हि० (६ जुलाई १५२६ ई०) को न[illegible]वाला पटन क़स्बे में पड़ाव किया। वहां उसने अपनी बादशाही की सूचना कराई और अहमदाबाद की ओर रवाना हुआ। २७ रमज़ान (७ जुलाई १५२६ ई०) को वह सरकीज में, वहां के सूफ़ियों तथा अपने पूर्वजों की क़ब्रों के दर्शन करके अहमदाबाद पहुंचा।

एमादुलमुल्क परेशान होकर सैनिकों को एक वर्ष का धन पेशगी देकर युद्ध के लिए तैयार करने लगा। सुल्तान बहादुर ३-४ दिन उपरान्त अहमदाबाद से बड़े वैभव से पहुंच चुका था। इसी बीच में अधिकांश अमीर एमादुलमुल्क से धन लेकर सुल्तान की सेवा में सम्मिलित हो गये। बहाउलमुल्क तथा दावरुलमुल्क जो सुल्तान सिकन्दर के हत्यारे थे, एमादुलमुल्क के विरोधी हो गये और (सुल्तान) की सेवा में उपस्थित हुए। सुल्तान बहादुर समय की आवश्यकता को देखते हुए उन्हें प्रोत्साहन देने लगा। सुल्तान महमूद नसीर ख़ां ने ४ मास से अधिक राज्य न किया।

# मिरआते सिकन्दरी

## (सिकन्दर इब्ने मुहम्मद उर्फ़ मन्‌झू इब्ने अकबर)

## (प्रकाशन---बम्बई १३०८ हि०, १८९०-९१ ई०)

## गुजरात के सुल्तानों की वंशावली

(५) गुजरात के सुल्तानों के वंश वालों में सर्वप्रथम जो मुसलमान हुआ वह सहारन[1] था। उसकी उपाधि वजीहुलमुल्क[2] थी। वह नानक[3] क़ौम से था। हिन्दुओं के इतिहास में लिखा हुआ है कि नानक तथा खत्रियों में भ्रातृ-भाव थे। उनमें से एक मदिरापान करने लगा। खत्रियों ने उसे अपनी क़ौम से निकाल दिया। ऐसे बहिष्कृत लोग हिन्दुई भाषा में नानक कहलाते हैं अर्थात् क़ौम से बहिष्कृत। इसी कारण नानक लोगों के धर्म की प्रथायें तथा नियम पृथक् हो गये और प्रत्येक अपने-अपने नियमानुसार जीवन व्यतीत करने लगा। सहारन के पिता का नाम हरचन्द था, उसके पिता का नाम हरपाल, हरपाल के पिता का नाम कन्द्रपाल, कन्द्रपाल के पिता का नाम हरपाल, हरपाल के पिता का नाम धरबन्धर[4], धरबन्धर के पिता का नाम कुंअरयाल[5], कुंअरयाल के पिता का नाम दरिमन, दरिमन के पिता का नाम दरस्प, दरस्प के पिता का नाम कुंअर, कुंअर के पिता का नाम त्रिलोक, त्रिलोक के पिता का नाम सलाहन, सलाहन के पिता का नाम मौलाहन, मौलाहन के पिता का नाम मन्दन, मन्दन के पिता का नाम भूकत, भूकत के पिता का नाम नाकत, नाकत के पिता का नाम दुलभ[6], दुलभ के पिता का नाम महसू, महसू के पिता का नाम सहसू[7]। इसी प्रकार यह वंशावली रामचन्द्र तक, जिनको हिन्दू ईश्वर मानकर पूजा करते हैं, पहुंचती है।

उन लोगों में सर्वप्रथम जिसे गुजरात की हुकूमत[8] प्राप्त हुई, ज़फ़र ख़ां बिन वजीहुलमुल्क था। सर्वप्रथम जो इस प्रदेश में सिंहासनारूढ़ हुआ, सुल्तान मुहम्मद शाह बिन ज़फ़र ख़ां था। उसकी उपाधि तातार ख़ां थी। कहा जाता है कि देहली के बादशाह सुल्तान फ़ीरोज़ शाह को, जो सुल्तान मुहम्मद बिन तुग़लुक़ शाह के चाचा का पुत्र था, शिकार से अत्यधिक रुचि थी। बहुत ही प्राचीन तथा बाद के बाद-

१ फ़रीदी के अनुसार 'सहारन ताक' बम्बई के गज़ेटियर में टांको को सूर्यवंशीय राजपूत बताया गया है। वे तथा गूजर बहुत पहले से पंजाब के मैदानों के निवासी बताये गये हैं। (पृ० १)

२ फ़रीदी के अनुसार भी 'वजीहुलमुल्क' है किन्तु मूल पुस्तक में 'वजीहतुलमुल्क' है अन्य स्थान पर वजीहुलमुल्क भी है। (पृ० १)

३ फ़रीदी के अनुसार 'तांक' (पृ० १)।

४ फ़रीदी ने भी इसे 'भरबन्धर' पढ़ा है किन्तु इसे 'धिरेन्धर' भी पढ़ा जा सकता है (पृ० १)।

५ 'कुंअरपाल' उचित होगा।

६ फ़रीदी के अनुसार 'दुलहा' (पृ० १)।

७ फ़रीदी के अनुसार 'नहस्' (पृ० १)।

८ देहली के सुल्तान की ओर से वाली का पद।

शाहों में कोई भी उसके समान इस कला में दक्ष न था। बहराम गोर[1] के उपरान्त किसी ने भी उसके समान शिकार खेलने में परिश्रम नहीं किया। अब भी समस्त शिकारी इस कार्य को प्रारम्भ करने के पूर्व उसी सम्मानित सुल्तान का स्मरण तथा उसी की आत्मा से सहायता की याचना करते हैं।

## साधू तथा सहारन

एक दिन सुल्तान बादशाह होने के पूर्व मृग का शिकार खेलता हुआ अपनी सेना से पृथक् हो गया। (६) सूर्यास्त के उपरान्त वह रात्रि में विश्राम के विषय में किसी स्थान की चिन्ता में पड़ गया। दूर से उसे थानीर[2] क़स्बे के अधीनस्थ एक ग्राम दृष्टिगत हुआ। वह उस ग्राम की ओर अग्रसर हुआ। उसने देखा कि ग्राम के बाहर ज़मींदारों का समूह बैठा है। वह घोड़े से उतर कर उनके साथ बैठ गया। उनमें से एक से उसने अपने पांव से मोज़ा[3] उतारने के लिये कहा। वह व्यक्ति मुख[4] सामुद्रिक तथा सूझ-बूझ में बड़ा दक्ष था। उसने सुल्तान के पांव के तलवे को देखकर अपने मित्रों से कहा कि "बादशाह के अतिरिक्त किसी अन्य के पांव ऐसे नहीं हो सकते। यह नहीं कहा जा सकता कि यह बादशाह है या शीघ्र बादशाह होनेवाला है।" कहने वाले दो भाई थे। उनमें से एक का नाम साधू तथा दूसरे का नाम सहारन था। वे बड़े ही प्रभावशाली तथा सुव्यवस्थापक थे। उनके एक संकेत पर सहस्रों अश्वारोही तथा पदाति उनके पास एकत्र हो जाते थे। उन्होंने सुल्तान के समक्ष धरती चुम्बन करके निवेदन किया कि, "आप रात्रि में अपने चरणों के प्रकाश से हमारी कोठरी को प्रदीप्त करें।" सुल्तान ने स्वीकार कर लिया। रात भर दोनों भाई खड़े हुये सेवा करते रहे।

## साधू तथा सहारन की बहिन से सुल्तान फ़ीरोज़ का विवाह

साधू की पत्नी बड़ी ही बुद्धिमती थी। उसकी बुद्धि तथा सूझबूझ बड़ी उत्कृष्ट थी। उसने अपने पति से कहा कि, "यद्यपि इस पुरुष के ललाट से सौभाग्य तथा ऐश्वर्य के चिह्न दृष्टिगत हैं किन्तु परीक्षा के बिना किसी पर विश्वास न करना चाहिये। सर्वप्रथम मदिरा की एक गोष्ठी आयोजित करनी चाहिये ताकि उसकी योग्यता की सुगमतापूर्वक परीक्षा हो सके। कारण कि मदिरा से मनुष्य के गुणों का पता चल जाता है।" मदिरा लाई गई; साधू की बहिन ने जो बड़ी ही रूपवती तथा योग्य थी प्याला भर कर सुल्तान (७) को दिया। सुल्तान ने प्रसन्नतापूर्वक प्याला उसके हाथ से लेकर पीना प्रारम्भ किया। एक तिहाई प्याला पीने के उपरान्त उसके मन की कली खिल उठी और वह परिहास की ओर आकृष्ट हो गया। साधू की पत्नी ने जब उसे (सुल्तान को) मदिरा पिलाने वाली के हाथ में बन्दी देखा तो सौजन्य एवं शिष्टतापूर्वक उससे इधर-उधर की बातें करके उसके वंश के विषय में पूछा और यह कहा कि, "यदि आप अपने वंश का परिचय दे दें तो मैं इस रूपवती को जो सूर्य से भी अधिक श्रेष्ठ है आपको पत्नी के रूप में दे दूं।" सुल्तान ने कहा कि, "मेरा नाम फ़ीरोज़ खां है। मैं सुल्तान मुहम्मद बिन तुग़लुक़ शाह के चाचा का पुत्र हूं। बादशाह ने मुझे अपना उत्तराधिकारी नियुक्त किया है।" साधू की पत्नी ने अपने पति

१ ईरान के सासानी वंश के बादशाहों का १४वां बादशाह जो बहराम गोर के नाम से प्रसिद्ध है। वह ४२० ई० में सिंहासनारूढ़ हुआ और ४३८ ई० में मृत्यु को प्राप्त हुआ।

२ फ़रीदी के अनुसार 'थानेश्वर'।

३ जूते।

४ क़याफ़ा।

से वास्तविक स्थिति का उल्लेख करके अपने पति की बहिन का विवाह सुल्तान से करा दिया। सुल्तान ने वह रात भोग-विलास में व्यतीत की। प्रातःकाल जब सुल्तान उठा तो प्रत्येक दिशा से सेना प्रकट होने लगी। सुल्तान ने नगर की ओर प्रस्थान किया। साधू तथा सहारन दोनों भाई छाये के समान उसके
(८) साथ हो लिये और वे क्षण भर को भी उसकी सेवा से पृथक् न होते थे। सुल्तान को उनकी बहिन से अत्यधिक प्रेम हो गया। अल्प समय में दोनों भाई मुसलमान हो गये। सुल्तान ने सहारन को वजीहुल-मुल्क[1] की उपाधि प्रदान की।

## सहारन तथा साधू का मख़दूम जहानियां का मुरीद होना

तदुपरान्त वह सुल्तान की अनुमति से क़ुतबुल अक़्ताब मख़दूम जहांनियां[2] का मुरीद हो गया और उसे लोक तथा परलोक दोनों का सौभाग्य प्राप्त हो गया। सुल्तान ने उनका मुरीद होना बड़ा पसन्द किया। मख़दूम जहांनियां भी दोनों भाइयों को नित्यप्रति अधिक प्रोत्साहन देने लगे।

## मख़दूम जहांनियां की मुजफ़्फ़र ख़ां बिन वजीहुलमुल्क के प्रति कृपा

एक दिन मख़दूम जहांनियां की खानक़ाह में बहुत से फ़क़ीर एकत्र थे। भोजन उपस्थित न था। यह सूचना मुज़फ़्फ़र खां बिन वजीहतुलमुल्क को, जो मख़दूम जहांनियां का मुरीद था, प्राप्त हुई। वह तुरन्त उठ खड़ा हुआ। अपने घर तथा बाज़ार से वह अत्यधिक भोजन एवं मिष्टान्न लेकर मख़दूम जहां-नियां की ख़ानक़ाह में पहुंचा और फ़क़ीरों को भोजन कराया। फ़क़ीरों ने प्रसन्नतापूर्वक तकबीर[3] का नारा लगाया। जब यह नारा मख़दूम जहांनियां के कानों में पहुंचा तो उन्होंने इस विषय में पूछा। सेवकों ने जो बात थी उसके विषय में निवेदन किया। मख़दूम जहांनियां ने मुज़फ़्फ़र खां को बुलवाया। उसने उपस्थित होकर धरती चुम्बन किया। मख़दूम जहांनियां ने कहा कि "हे मुज़फ़्फ़र खां! इस भोजन के बदले में गुजरात का समस्त राज्य तुम्हें प्रदान किया जाता है। तुम्हारे लिये ईश्वर इसे शुभ बनाये।" मख़दूम जहांनियां ने तत्काल ख़ासे[4] का एक पलंगपोश[5] भी प्रदान किया। मुज़फ़्फ़र खां धरती चुम्बन करके प्रसन्नतापूर्वक अपने घर चला गया और यह बात जाकर उसने अपनी पत्नी से कही। उसकी पत्नी ने कहा, "तू वृद्धावस्था को प्राप्त हो चुका है। यदि तुझे गुजरात का राज्य प्राप्त हुआ तो तू कब तक राज्य कर सकेगा। अतः तू जाकर उनसे प्रार्थना कर कि वे इस बात की शुभकामना करें कि राज्य तेरे वंश में चलता रहे। आज मख़दूम जहांनियां की कृपा का सूर्य तेरे सिर पर उदय हो गया है। तू जो भी प्रार्थना करेगा वह स्वीकार हो जायेगी।" मुज़फ़्फ़र सुगंधित इत्र, फूल, पान तथा स्वादिष्ट मेवे अपने साथ लेकर पुनः मख़दूम जहांनियां की सेवा में पहुंचा। मख़दूम जहांनियां ने कहा कि, "तू बड़े अच्छे अवसर पर सुगन्धित वस्तुएं लाया।" छुहारे का एक थाल सामने रखा था। उसमें से एक मुट्ठी लेकर मुज़फ़्फ़र ख़ां को दे दिये और कहा कि "इन छुहारों की संख्या के बराबर तेरी संतान

१ मूल पुस्तक में 'वजीहतुलमुल्क'।
२ मख़दूम जहांनियां जहांगश्त शेख़ जलाल का जन्म ८ फ़रवरी १३०८ ई० तथा मृत्यु ३ फ़रवरी १३८४ ई० को हुई।
३ अल्लाहो अकबर।
४ अपने विशेष प्रयोग का।
५ पलंग पर बिछाने की चादर।

(९) गुजरात पर राज्य करेगी।" कुछ लोगों का कथन है कि छुहारे १२ अथवा १३ थे और कुछ लोग कहते हैं कि इससे अधिक।

## सुल्तान फ़ीरोज़ शाह का सिंहासनारोहण तथा दोनों भाइयों की उन्नति

इतिहासकारों का कथन है कि ७४७ हि० में (१३४६–४७ ई०) में सुल्तान मुहम्मद बिन तुग़लुक़ शाह ने थट्टा पर आक्रमण किया और जब वह उसके समीप पहुंचा तो उसकी मृत्यु हो गई। उसकी मृत्यु के १२ दिन उपरान्त, उसके चाचा का पुत्र फ़ीरोज़ खां, सुल्तान फ़ीरोज की उपाधि से सुशोभित होकर सिंहासनारूढ़ हुआ। मुज़फ़्फ़र खां तथा उसके भाई शमशेर खां[1] के सम्मान में वृद्धि कर दी और उनके ऊपर पूर्ण विश्वास करते हुए शराबदारी[2] का पद प्रदान किया। जो लोग गुजरात के सुल्तान को मदिरा बनाने वालों तथा बेचने वालो के वंश से सम्बन्धित बताते हैं, तो यह ठीक नहीं। इसका कारण यह है कि एक वर्ष अत्यधिक अंगूर सुल्तान की सेवा में आया था और वह नष्ट हो रहा था सुल्तान ने उन्हें आदेश दिया कि वे उस अंगूर से मदिरा तैयार करें। ईर्ष्यालुओं ने ईर्ष्यावश यह प्रसिद्ध कर दिया कि उनका पेशा मदिरा बनाना रहा है। जो बात प्रमाणित हुई है वह इस प्रकार है कि वे, जैसा कि उल्लेख हो चुका है, नानक[3] क़ौम से थे। वे जो भी रहे हों, पर बड़े ही विचित्र स्वभाव के स्वामी थे। उनके दानपुण्य तथा सार्वजनिक हित के कार्यों एवं सौजन्य पूर्णव्यवहार का जिसका सर्वसाधारण को अनुभव हो चुका है उल्लेख उचित स्थान पर किया जायगा।

## सुल्तान फ़ीरोज की मृत्यु तथा राज्य की दुर्दशा

जब सुल्तान फ़ीरोज़ की अवस्था ९० वर्ष के लगभग हो गई तो उसने राज्य के कार्य अपने पुत्र को, जिसकी उपाधि मुहम्मद ख़ां थी, सौंप दिये और स्वयं ईश्वर की उपासना में व्यस्त हो गया। दोनों के नाम का ख़ुत्बा पढ़ा जाता था। ७९० हि० (१३८८ ई०) में सुल्तान फ़ीरोज़ के दासों ने, जिनकी संख्या १ लाख थी, सुल्तान फ़ीरोज़ से निराधार बातें कहीं और अपहरण किया। वे मुहम्मद शाह के विरोधी हो गये। मुहम्मद शाह उनसे युद्ध हेतु निकला। उन्होंने जाकर सुल्तान फ़ीरोज़ के पास शरण ली। वे सुल्तान फ़ीरोज़ को बन्दी बनाकर बाहर लाये और युद्ध की पंक्ति में बैठा दिया। जब सेना वालों तथा महावतों की दृष्टि सुल्तान पर पड़ी तो वे उसके गौरव तथा पहले के दानपुण्य से प्रभावित होने के कारण, शाहज़ादे का साथ छोड़ कर सुल्तान से मिल गये। मुहम्मद शाह भाग कर शेरपुर[4] पहुंचा। और (१०) फ़ीरोज़ शाह के दासों ने मुहम्मद शाह तथा उसके विश्वासपात्रों को नष्ट-भ्रष्ट कर दिया। उसी वर्ष ७९० हि० (१३८८ ई०) में सुल्तान फ़ीरोज़ की मृत्यु हो गई। सुल्तान फ़ीरोज़ शाह ने ३८ वर्ष तथा ९ दिन तक राज्य किया।

तदुपरान्त फ़ीरोज़ शाह के दासों ने ग़यासुद्दीन तुग़लुक़ बिन फ़तह खां बिन सुल्तान फ़ीरोज़ को कूश्के[5] फ़ीरोज़ाबाद में सिंहासनारूढ़ किया और सुल्तान मुहम्मद के विरुद्ध एक बहुत बड़ी सेना भेजी।

१ साधू अथवा साहू।
२ मदिरा तथा अन्य पीने वाली वस्तुओं की देख-रेख करने वाला अधिकारी।
३ फ़रीदी के अनुसार 'तांक'।
४ कर्नल बेली के अनुसार 'सिरमूर'।
५ राजप्रासाद।

सुल्तान मुहम्मद थोड़ा सा युद्ध करके पराजित हो गया और शेरपुर से संका पहुंचा। तुग़लुक़ शाह के उसका पीछा करने पर वह नगरकोट चला गया। तुग़लुक़ शाह युवावस्था के कारण भोग-विलास में लीन हो गया। उसके दासों ने अत्याचार प्रारम्भ कर दिया। ७९१ हि० (१३८८–८९ ई०) में मलिक रुकनुद्दीन नायब[1] ने तुग़लुक़ शाह की हत्या कर दी और उसका सिर दरबार के सामने लटकवा दिया। उसने ६ मास तक राज्य किया। तदुपरान्त अबूबक्र बिन (पुत्र) ज़फ़र खां बिन शाह फ़ीरोज़,सिंहासनारूढ़ हुआ। उसमें तथा सुल्तान मुहम्मद में बहुत बड़े बड़े युद्ध हुये। सुल्तान मुहम्मद पराजित हुआ। अन्त में सेना अबूबक्र की विरोधी हो गई और वह सुल्तान मुहम्मद के पास पहुंच गई। अबूबक्र सुल्तान मुहम्मद द्वारा बन्दी बना लिया गया और बन्दीगृह ही में उसकी मृत्यु हो गई। देहली का राज्य सुल्तान मुहम्मद को प्राप्त हो गया।

## मुहम्मद ज़फ़र खां की गुजरात में नियुक्ति

इसी वर्ष अर्थात् ७९३ हि० (१३९०–९१ ई०) के लगभग यह समाचार प्राप्त हुआ कि गुजरात का मुक़्ता[2] निज़ाम मुफ़र्रेह जिसकी उपाधि रास्ती खां थी, विद्रोही हो गया है और अपराधियों के समान व्यवहार कर रहा है। २ रबी-उल-अव्वल ७९३ हि० (७ फ़रवरी १३९१ ई०) को सुल्तान ने मुज़फ़्फ़र खां को लाल सरापर्दा[3] प्रदान किया और निज़ाम मुफ़र्रेह को दण्ड देने के लिए गुजरात में नियुक्त किया। ख़ान ने देहली से प्रस्थान किया और हौज़े खास पर शिविर लगाये। ४ रबी-उल-अव्वल ७९३ हि० (९ फ़रवरी १३९१ ई०) को सुल्तान मुहम्मद, (ज़फ़र) खां के साथ उस स्थान पर पहुंचा और उसे बिदा किया। तातार खां बिन ज़फ़र खां को अपना पुत्र बनाकर अपने पास रख लिया।

कुछ दूर यात्रा करने के उपरान्त सूचना प्राप्त हुई कि तातार खां के घर में एक भाग्यशाली पुत्र का जन्म हुआ है। उसका नाम अहमद खां रखा गया।

## पटन की ओर प्रस्थान

वह (ज़फ़र खां) वहां से निरंतर यात्रा करता हुआ रवाना हुआ। जब वह नागौर के भूभाग में पहुंचा तो खम्बायत की प्रजा, जिस पर रास्ती खां ने अत्याचार किया था, ख़ान की सेवा में उपस्थित (११) हुई और ख़ान ने फ़रियाद की। ख़ान उन्हें प्रोत्साहन देकर अग्रसर हुआ और विभिन्न पड़ावों को पार करता हुआ पटन नगर में पहुंच कर पड़ाव डाला।

## रास्ती खां की पराजय

वहां से उसने रास्ती खां को परामर्श देते हुए यह पत्र लिखा कि "उपद्रव की अग्नि शांत करना बुद्धिमानों का कार्य है। अग्नि के उत्कट रूप धारण कर लेने के पूर्व ही उसको शांत कर देना अच्छा होता है, कारण कि जो कोई अपने आश्रयदाता के प्रति विद्रोह करता है वह अन्त में नष्ट हो जाता है। यह उचित होगा कि तू क्षमा-याचना कर ले और मैं बादशाह से तेरी सिफ़ारिश कर दूंगा।"

१ नायबुस्सल्तनतः राज्य का सबसे बड़ा अधिकारी जो सुल्तान की ओर से उसकी अनुपस्थिति में शासन-प्रबन्ध करता था।

२ अक़्ता का स्वामी।

३ एक प्रकार का मंडप जिसे केवल बादशाह ही प्रयोग कर सकते थे।

उस अभागे ने इस परामर्श को स्वीकार न किया और उचित उत्तर न दिया। युद्ध के लिए तैयार होकर वह पटन की ओर, जिसे नहरवाला कहते हैं, रवाना हुआ। अन्त में सन्हू[1] नामक स्थान के निकट, जो पटन सरकार के अधीन है, ख़ान से युद्ध किया। घोर युद्ध हुआ; युद्ध में ख़ान को विजय प्राप्त हो गई। निज़ाम की हत्या हो गई। ज़फ़र ख़ां विजय तथा सफलता प्राप्त करके पटन पहुंचा। यह घटना ७९४ हि० (१३९१–९२ ई०) में घटी। कुछ समय तक वह पटन क़स्बे में ठहरा। जिस स्थान पर युद्ध हुआ था वहां जीतपुर[2] नामक एक ग्राम बसाया। विजय का यह स्थान इस समय तक आबाद है।

७९५ हि० (१३९२–९३ ई०) में ख़ान ने खम्बायत की ओर प्रस्थान किया और गुजरात की विलायत[3], जिस प्रकार मुसलमानों के अधीन थी, उसे अपने अधिकार में कर लिया। अशान्ति का अन्त हो गया। प्रजा को अत्याचार तथा शोषण से मुक्ति प्राप्त हो गई।

## ज़फ़र ख़ां की उपाधियां

"महमूद शाही" नामक इतिहास में लिखा हुआ है कि सुल्तान मुहम्मद ने जो अहदनामा ख़ान हेतु तैयार हुआ था उसमें उसके सम्मान हेतु दो पंक्तियां अपने हाथ से बढ़ा दीं। वह इस प्रकार हैं। मेरा भ्राता, मजलिसे आली, ख़ाने मुअज़्ज़म, न्यायकारी, दानी, मुजाहिद, ईमान तथा धर्म का सबसे बड़ा भाग्यशाली, सल्तनत को पुष्टि देने वाला, धर्म का रक्षक, कुफ़्र का विनाशक, पापियों तथा मुर्तिदों को नष्ट करने वाला, आध्यात्मिकता के आकाश का ध्रुवतारा, उच्च आकाश का सितारा, युद्ध के दिन सेना की पंक्तियों को नष्ट-भ्रष्ट करने वाला, रुस्तम के समान क़िला विजय करने वाला, कूट-नीति में आसिफ़,
(१२) राज्य का प्रबन्धक, सर्वसाधारण के मामलों को ठीक करने वाला, सफलता एवं सौभाग्य का स्वामी, बुद्धि तथा सार्थकता का नरेश, न्याय तथा परोपकर को वितरण करने वाला, साहिब क़िरान का वज़ीर, उलुग़ क़ुतलुग़ आज़म हुमायूं ज़फ़र ख़ां।

## सुल्तान मुहम्मद के उत्तराधिकारी

कहा जाता है कि रबी-उस्मानी ७९३ हि० (मार्च-अप्रैल १३९१ ई०) में सुल्तान ने उसके लिए शरा के मुफ़्तियों[4] की अनुमति से ख़ान के लिए शाही लाल आफ़ताबगीर[5] तथा बारगाह प्रेषित किये। ७९६ हि० (१३९३–९४ ई०) में सुल्तान मुहम्मद बिन फ़ीरोज़ शाह की मृत्यु हो गई। उसके ताबूत[6] को तैयार करके महमदा बाद से देहली नगर भेज दिया गया और सुल्तान फ़ीरोज़ के मक़बरे में दफ़न कर दिया गया। उसने ६ वर्ष तथा ७ मास तक राज्य किया। तदुपरान्त सुल्तान मुहम्मद का ज्येष्ठ पुत्र हुमायूं ख़ां १९ रबी-उल-अव्वल ७९६ हि० (२१ फ़रवरी १३९४ ई०) को सिंहासनारूढ़ हुआ और उसकी उपाधि सुल्तान अलाउद्दीन निश्चित हुई। ५ जमादि-उल-अव्वल ७९६ हि० (८ मार्च १३९४ ई०) को उसकी मृत्यु हो गई। उसने १ मास तथा १६ दिन तक राज्य किया। तदुपरान्त २० जमादि-

१ फ़रीदी के अनुसार 'कम्भोई' (पृ० ५)।
२ फ़रीदी के अनुसार 'जीतपुर' (पृ० ६)। यही उचित ज्ञात होता है। किन्तु प्रकाशित ग्रन्थ में 'हसब-पुर' है।
३ प्रदेश (राज्य)।
४ न्याय विभाग के वे अधिकारी जो क़ाज़ी की सहायतार्थ फ़तवे देते थे।
५ छत्र, आफ़ताबगीर तथा बारगाह (एक प्रकार का मंडप) केवल बादशाह ही प्रयोग में ला सकते थे।
६ जनाज़ा ले जाने का संदूक़।

उल-अव्वल ७९६ हि० (२३ मार्च १३९४ ई०) को उसका छोटा भाई महमूद खां सिंहासनारूढ़ हुआ। उसकी उपाधि सुल्तान नासिरुद्दीन महमूद हुई।

## ईदर के राजा पर आक्रमण

इसी बीच में ज़फ़र खां को ईदर के राजा के विद्रोह के समाचार प्राप्त हुए। ज़फ़र खां ने ईदर पर चढ़ाई की। राजा ने क़िले को बंद कर लिया। ज़फ़र खां ने क़िले को घेर कर अपनी सेनायें उसके राज्य में इधर-उधर इस आशय से भेज दीं कि उसके राज्य को वे लोग विध्वंस कर दें। अन्त में ईदर के राजा ने दीनता प्रदर्शित करते हुए उचित उपहार भेंट किये।

## आसीर के सुल्तान के विरुद्ध प्रस्थान

ख़ान ने लौटकर सोमनात (सोमनाथ) अर्थात् पटनदेव के मंदिर को विध्वंस करना निश्चय कर लिया। इसी बीच में उसे समाचार प्राप्त हुआ कि आदिल ख़ां आसीर तथा बुरहानपुर के हाकिम ने अपनी सीमा से आगे पांव निकालकर सुल्तानपुर तथा नन्द्रबार की विलायत में जो गुजरात के अधीन है अपने पांव रखे हैं। ख़ान ने वहां से पटनदेव की ओर प्रस्थान करना स्थगित करके, निरन्तर यात्रा करते हुए आदिल खां को पराजित करने के लिए प्रस्थान किया। यह समाचार पाकर आदिल खां आसीर की ओर लौट गया और ज़फ़र खां भी नहरवाला अर्थात् पटन की ओर लौट गया।

## जहदंद पर आक्रमण

७९७ हि० (१३९४–९५ ई०) में उसने जहदंद[1] की ओर जो राय भारा के राज्य के अधीन है आक्रमण किया और वहां के क़ाफ़िरों को नष्ट-भ्रष्ट कर दिया।

## सोमनात की विजय

वहां से उसने सोमनात की ओर प्रस्थान किया और उस प्रसिद्ध मंदिर को नष्ट कर डाला। उस नगर को इस्लाम के नियमों द्वारा शोभा प्रदान की।

## मन्दू पर आक्रमण

(१३) ७९८ हि० (१३९५–९६ ई०) में उसे समाचार प्राप्त हुआ कि मन्दू के काफ़िर अपने आसपास के मुसलमानों पर अत्याचार कर रहे हैं। ख़ान ने अपने राज्य के उच्च पदाधिकारियों को बुलवा कर कहा कि, "यदि पूर्व दिशा के मुसलमानों को कठिनाई हो तो पश्चिम की ओर के मुसलमानों के लिए उनकी सहायता करना आवश्यक है। इसी प्रकार यदि इसका उल्टा हो तो भी आचरण करना चाहिये। सुना जाता है कि मन्दू के काफ़िर उस ओर के मुसलमानों को कष्ट पहुंचा रहे हैं। यदि मैं इस विषय में असावधानी करूंगा तो कल ईश्वर के समक्ष क्या उत्तर दूंगा? मैं समझता हूं कि इन दुष्ट काफ़िरों को दण्ड देना परमावश्यक है? तुम्हारा इस विषय में क्या मत है?" सभी ने कहा कि, "जो बात उचित है वही हमें करना चाहिये।" ज़फ़र खां ने कूच का आदेश दे दिया और उन लोगों ने मन्दू की ओर निरन्तर यात्रा प्रारम्भ कर दी। मन्दू का राजा चिन्तित होकर क़िले में बन्द हो गया। ज़फ़र खां ने

१ फ़रीदी के अनुसार 'जहरन्द (जूनागढ़)' पृ० ६।

क़िले को घेर लिया और उसको विजय करने का प्रयत्न करने लगा, किन्तु क़िले के अत्यधिक दृढ़ होने के कारण उसे सफलता प्राप्त न हो सकी। एक वर्ष तथा कुछ मास तक खान क़िले को घेरे रहा। अन्त में मन्दू के राजा ने दीनता प्रदर्शित करते हुए निवेदन किया कि, "मैं इसके उपरान्त मुसलमानों को कोई कष्ट न पहुंचाऊंगा," और उचित पेशकश प्रस्तुत की।

### अजमेर होते हुए राजधानी को वापसी

ज़फ़र खां ने वहां से ख़्वाजा मुईनुद्दीन की क़ब्र के दर्शनार्थ अजमेर की ओर प्रस्थान किया और मज़ार से ३ कोस पूर्व पैदल यात्रा करके मज़ार के दर्शन द्वारा सम्मानित हुआ। वहां से उसने सांभर तथा दन्दवाना की ओर प्रस्थान किया और उस प्रदेश के काफ़िरों को नष्ट कर डाला। वहां से उसने दीलवारा तथा चकवारा[1] की ओर प्रस्थान किया और वहां भी काफ़िरों को दण्ड दिया। वहां से वह अपनी राजधानी को लौट आया।

## तातार ख़ां का देहली से आगमन और ज़फ़र ख़ां से भेंट

### तातार ख़ां की पराजय

(१४) 'तारीख़े महमूदशाही' के अनुसार सुल्तान मुहम्मद बिन फ़ीरोज़ शाह की मृत्यु के उपरान्त देहली में अत्यधिक अशांति फैल गई। प्रत्येक ओर से विद्रोही उठ खड़े हुए और देहली के राज्य की इच्छा करने लगे। जब कुछ समय उपरान्त देहली का राज्य इक़बाल ख़ां[2] की नियाबत में पहुंच गया[3], तो उस समय तातार ख़ां बिन ज़फ़र ख़ां पानीपत क़स्बे में था। इक़बाल ख़ां ने तातार ख़ां के ऊपर आक्रमण करने के लिए पानीपत की ओर प्रस्थान किया। तातार ख़ां अपने शिविर को पानीपत के कोट में छोड़ कर स्वयं शीघ्रातिशीघ्र देहली पहुंचा और उसे घेर लिया। इक़बाल ख़ां ने तीसरे दिन पानीपत के कोट पर विजय प्राप्त कर ली और तातार ख़ां के समस्त शिविर को अपने अधिकार में कर लिया।

### तातार ख़ां का गुजरात पहुंचना

इस घटना के उपरान्त तातार ख़ां उस क्षेत्र में न ठहर सका और इस विचार से गुजरात की ओर चल दिया कि गुजरात से सेना लेकर वह पुनः इक़बाल ख़ां पर आक्रमण करे। जब तातार ख़ां ने ज़फ़र ख़ां के चरणों के चुम्बन का सौभाग्य प्राप्त किया तो यद्यपि उसकी इच्छानुसार वहां समस्त साधन उपलब्ध थे किन्तु उसके साहस का पक्षी, जो बहुत ऊंची उड़ान उड़ना चाहता था उस घोंसले से संतुष्ट न हुआ और इक़बाल ख़ां से प्रतिकार लेने तथा देहली के राज्य की इच्छा उसके हृदय से न मिटी। वह सर्वदा इस बात की आकांक्षा किया करता था कि सेना लेकर देहली पर चढ़ाई करे।

इसी बीच में उसे समाचार प्राप्त हुआ कि, "मिर्ज़ा मुहम्मद मुग़ुल ने साहिब क़िरान अमीर तैमूर गुर्गान के आदेशानुसार मुल्तान पर चढ़ाई कर दी है और इक़बाल ख़ां के भाई सारंग ख़ां को मुल्तान के कोट में घेर लिया है तथा देहली पर आक्रमण करने का दृढ़ संकल्प कर लिया है।" अतः वह रुक गया।

१ फ़रीदी के अनुसार 'जलवारा' अथवा काठियावाड़ में 'झालावर', दिलवारा आबू पर्वत को कहते हैं (पृ० ६)।
२ 'मल्लू इक़बाल ख़ां'।
३ अर्थात् इक़बाल ख़ां नायब हो गया।

### ईदर पर आक्रमण

(१५) ८०० हि० (१३९७–९८ ई०) में उसने (तातार खां ने) ज़फ़र खां के साथ ईदर के काफ़िरों को दण्ड देने के लिए प्रस्थान किया और ईदर के क़िले को घेर लिया। उसके अधीनस्थ स्थान विध्वंस कर डाले। इस बार उसका उद्देश्य यह था कि, "जब तक मैं ईदर की विलायत पर अधिकार प्राप्त न कर लूं किसी अन्य ओर प्रस्थान न करूं।" ८०१ हि० (१३९८–९९ ई०) में समाचार प्राप्त हुआ कि साहिब क़िरान की पताकाओं के सूर्य ने देहली के क्षेत्र पर छाया डाली और देहली को विजय कर लिया। इस समय उसने युद्ध करना उचित न देख कर ईदर के राजा से संधि कर ली और उचित उपहार लेकर पटन लौट गया।

### सोमनात पर आक्रमण

उसी वर्ष यह समाचार प्राप्त हुआ कि सोमनात के समीप के काफ़िर प्रत्येक दिशा से आक्रमण करके अपना प्रभुत्व बढ़ाने का प्रयत्न कर रहे हैं। उसने उनके अनुचित विचारों के उच्छेदन हेतु उस ओर चढ़ाई की और उनके झूठे दावों को नष्ट करके इस्लाम को उन्नति प्रदान की। वहां से वह पुनः पटन पहुंचा।

इसी साल सुल्तान महमूद बिन मुहम्मद बिन फ़ीरोज़, साहिब क़िरान के आक्रमण के कारण अपने पूर्वजों के राज्य को त्याग कर पटन पहुंचा। ज़फ़र खां ने उसका उचित स्वागत किया और वह उसे बड़े सम्मान से नगर में लाया। उसका उद्देश्य यह था कि, "यदि ज़फ़र खां मेरा साथ दे तो मैं देहली पर चढ़ाई करूं।" जब खान ने आक्रमण करना उचित न देखा तो सुल्तान महमूद रुष्ट होकर मालवा की विलायत के हाकिम अलप खां के पास चला गया। उसको भी उचित व्यवहार करते हुये न देखकर वह क़न्नौज चला गया और उस अक़्ता से संतुष्ट हो गया।

## सुल्तान मुहम्मद बिन ज़फ़र ख़ां का, जिसका नाम तातार ख़ां था, गुजरात में सिंहासनारोहण तथा उसकी मृत्यु

'तारीख़े महमूद-शाही' का लेखक लिखता है कि जब तातार खां गुजरात पहुँचा और ज़फ़र खां के समक्ष धरती चुम्बन करके सम्मानित हुआ तो कुछ दिन उपरान्त उसने अपने पिता से नम्रतापूर्वक देहली के राज्य की अव्यवस्था तथा साहिब क़िरान अमीर तैमूर के ध्वंस कार्य के विषय में निवेदन करते हुये कहा कि, "यदि इस समय देहली की ओर प्रस्थान करें तो उस क्षेत्र वाले बड़े प्रसन्न होंगे।" ज़फ़र खां ने कहा कि, "यद्यपि तेरा उद्देश्य वहां वालों का उपकार है किन्तु समकालीन लोग इसे राज्य की लिप्सा (१६) बतायेंगे अतः उस ओर इस समय प्रस्थान करना स्वार्थपूर्ण कार्य समझा जायेगा।" शाहज़ादे ने कहा कि :

छन्द

"राज्य किसी को उसके पूर्वजों से नहीं प्राप्त होता,<br>
जब तक कि वह तलवार न चलाये।"

### तातार ख़ां का सिंहासनारोहण

अत्यधिक वाद-विवाद के उपरान्त ज़फ़र खां ने ८०६ हि० (१४०३-४ ई०) में राजसिंहासन तथा राजमुकुट तातार खां को सौंप कर उसे नासिरुद्दीन मुहम्मद शाह की उपाधि से सम्मानित कर दिया

और सेना तथा ख़ज़ाना अपने पुत्र को देकर स्वयं असावल क़स्बे की ओर प्रस्थान किया। सुल्तान मुहम्मद शाह ने जमादि-उल-आख़िर ८०६ हि० (दिसम्बर १४०३ ई०) में असावल क़स्बे में अपना राज्याभिषेक किया।

## नादौत पर आक्रमण

उसी सप्ताह में राजसिंहासन से घोड़े की ज़ीन पर पहुंचा और जिहाद के लिये तैयार हो गया। नादौत के काफ़िरों को, जो सेना की अधिकता तथा ऊंचे ऊंचे पर्वतों के कारण, समकालीन सुल्तानों की उपेक्षा किया करते थे, नष्ट कर दिया।

## देहली पर आक्रमण करने का संकल्प तथा मृत्यु

वहां से बहुत बड़ी सेना लेकर देहली की ओर प्रस्थान किया। इक़बाल खां यह समाचार पाकर बड़ा व्याकुल हुआ। शाबान ८०६ हि० (फ़रवरी १४०४ ई०) में सुल्तान रुग्ण हो गया और उसकी मृत्यु हो गई। उसे पटन की शुभ भूमि में दफ़न कर दिया गया।

## सुल्तान की मृत्यु का कारण

जो बात प्रसिद्ध है और जिसे गुजरात के जानकार लोग प्रमाणित रूप से बताते हैं वह इस प्रकार है कि तातार खां ने ज़फ़र खां को बन्दी बनाकर राजसिंहासन पर अधिकार जमा लिया और अपनी उपाधि मुहम्मद शाह कर ली। समस्त सेना तथा परिजनों को अपनी ओर मिला लिया। तदुपरान्त (१७) वह नादौत के काफ़िरों से युद्ध करने के लिये रवाना हुआ और उन्हें नष्ट कर दिया। वहां से वह देहली पर चढ़ाई करने वाला था कि इसी बीच में उसकी मृत्यु हो गई। इसका कारण यह बताया जाता है कि, "क्योंकि, सुल्तान ने संसार के लिये अपने पिता के सम्मान का, जो लोक तथा परलोक में कल्याण का साधन है, ध्यान न रखा था, अतः ईश्वर ने पिता के हृदय में स्नेह के स्थान पर ईर्ष्या उत्पन्न कर दी। सुल्तान के कुछ विश्वासपात्रों ने, जो हृदय से ज़फ़र खां के सहायक थे, सुल्तान को विष दे दिया। यद्यपि 'तारीख़े मुहम्मदशाही' के लेखक ने इधर उधर की बहुत सी बातें लिखी हैं किन्तु अन्त में इस घटना की ओर भी संकेत कर दिया है। सुल्तान मुहम्मद की मृत्यु के उपरान्त लोग उसे "ख़ुदायेगाने शहीद" की उपाधि से पुकारते थे। यह भी प्रसिद्ध है कि सुल्तान मख़दूम जहांनियां का मुरीद था।

कहा जाता है कि सुल्तान मुहम्मद ने कुछ धन क़ुतुबुल आरेफ़ीन शेख़ गंज बख़्श की सेवा में भेजकर अपने राज्य के स्थायित्व के लिये प्रार्थना की। शेख़ ने उपहार स्वीकार न किया और कहलाया कि, "यह धन तुम्हारे स्वामी का है, इसे तुम्हें व्यय न करना चाहिये"; और उसे वापिस भेज दिया।

संक्षेप में जब सुल्तान मुहम्मद की मृत्यु हो गई तो ज़फ़र खां पुनः सिंहासनारूढ़ हुआ और राज्य के अधिकारियों ने उसकी अधीनता स्वीकार कर ली। ख़ान ने प्रत्येक को प्रोत्साहित किया और अपनी राजधानी की ओर प्रस्थान किया। उस दिन से अपनी मृत्यु तक ख़ान सर्वदा विलाप किया करता था और (१८) सुल्तान शम्स खां से, जो उसका छोटा भाई था, राज्य पर अधिकार जमाने के लिये कहा करता था और स्वयं एकान्तवास ग्रहण करना चाहता था किन्तु शम्स खां यह बात स्वीकार न करता था।

अन्त में उसने शम्स खां को जलाल खोखर के स्थान पर नागौर भेजा और उस प्रदेश का राज्य उसे सौंप दिया। अहमद खां बिन सुल्तान मुहम्मद को अपना वलीअहद[1] बनाकर आश्रय प्रदान करने लगा। शाबान ८०७ हि० (फ़रवरी १४०५ ई०) में समाचार प्राप्त हुए कि अमीर तैमूर साहिब क़िरान की मृत्यु हो चुकी है। उसने ३६ वर्ष तक राज्य किया था। उसी वर्ष इक़बाल खां ने देहली से क़न्नौज पर सुल्तान फ़ीरोज़ के पौत्र सुल्तान महमूद के विरुद्ध, जो क़न्नौज को अपने अधिकार में करके उसी से संतुष्ट था, इस आशय से चढ़ाई की कि वह उसे उससे छीन ले। सुल्तान महमूद क़न्नौज के क़िले में बन्द हो गया। इक़-बाल खां ने कुछ समय तक प्रयत्न किया किन्तु उसे विजय न प्राप्त हुई और वह देहली लौट गया। ८०८ हि० (१४०५-६ ई०) में खान ने महमूद की सहायतार्थ सेना तैयार की और देहली के ऊपर चढ़ाई करने का विचार कर ही रहा था कि इसी बीच में समाचार प्राप्त हुए कि "१९ जमादि-उल-अव्वल ८०८ हि० (अक्तूबर-नवम्बर १४०५ ई०) को इक़बाल खां तथा खिज़्र खां में युद्ध हुआ। खिज़्र खां को विजय प्राप्त हुई और इक़बाल खां की मृत्यु हो गई। सुल्तान महमूद क़न्नौज से देहली पहुंचा और अपने पूर्वजों के सिंहासन पर आरूढ़ हो गया।" खान ने अपना विचार त्याग दिया।

## सुल्तान मुज़फ़्फ़र का सिंहासनारूढ़ होना

जब देहली के बादशाहों के शासन प्रबन्ध में कोई शक्ति न रही तो राज्य के उच्च पदाधिकारियों ने ज़फ़र खां से शुभ मुहूर्त में निवेदन किया कि, "गुजरात की व्यवस्था एवं शासन प्रबन्ध बादशाही दबदबे तथा ज़िल्लल्लाही[2] ऐश्वर्य के बिना सम्भव नहीं। इस उच्च कार्य के लिये आपसे अधिक कोई भी उपयुक्त नहीं। सर्वसाधारण की यही इच्छा है कि मुहम्मद साहब के धर्म को शक्ति पहुंचाने के लिये आप अपने शुभ सिर पर शाही छत्र लगा लें और अपने हितैषियों की दृष्टि को इस रोशनी से चमका दें।" (१९) तदनुसार बीरपुर नामक स्थान पर ८१० हि० (१४०७-८ ई०) में सुल्तान मुहम्मद की मृत्यु के तीन बर्ष तथा सात मास उपरान्त उसने राज्य का चत्र अपने सिर पर लगाया और अपनी उपाधि मुज़-फ़्फ़र शाह निश्चित की।

### धार पर आक्रमण

वहां से उसने धार की ओर, जो मालवा के उपान्त में है, इस आशय से प्रस्थान किया कि, "उस विलायत के हाकिम अलप खां बिन दिलावर खां से अपनी बैअत[3] कराये। यदि वह स्वीकार कर ले तो अच्छा है, अन्यथा उसे राज्य से पृथक् कर दे।" अलप खां ने सोभाग्य की कमी तथा राज्य के अभिमान के कारण उससे युद्ध किया। सुल्तान मुज़फ़्फ़र के वीरों ने उसकी सेना को पराजित कर दिया। अलप खां भाग कर धार के क़िले में प्रविष्ट हो गया। सुल्तान ने क़िले को घेर लिया। अल्प समय में ही वह इतना विवश हो गया कि सुल्तान (मुज़फ़्फ़र) की सेवा में उपस्थित हुये बिना उसके लिये कोई उपाय न रहा। जब वह सुल्तान की सेवा में उपस्थित हुआ तो सुल्तान ने उसे बन्दी बनाकर नुसरत खां को सौंप दिया।

१ उत्तराधिकारी।
२ ईश्वर की छाया होमा।
३ अधीनता स्वीकार कराये।

## देहली के सुल्तान की सहायतार्थ प्रस्थान

इसी बीच में समाचार प्राप्त हुये कि जौनपुर के सुल्तान इबराहीम ने देहली पर चढ़ाई के उद्देश्य से प्रस्थान कर दिया है और अपनी पताकायें क़न्नौज में बलन्द कर रक्खी हैं। सुल्तान ने देहली के वाली[1] सुल्तान महमूद बिन सुल्तान मुहम्मद की सहायतार्थ प्रस्थान किया। यह समाचार पाकर सुल्तान इबराहीम जौनपुर वापस चला गया। सुल्तान भी वापिस होकर अपनी राजधानी में पहुंचा और अलप ख़ां को अपने साथ ले आया।

## अलप ख़ां को मन्दू का राज्य प्रदान होना

अलप ख़ां एक वर्ष तक बन्दी रहा। इसी बीच में अलप ख़ां के एक सम्बन्धी मूसा ख़ां ने, जो अलप ख़ां के आदेशानुसार मन्दू का हाकिम था, प्रभुत्व प्राप्त करके मालवा का अधिकांश भाग अपने अधिकार में कर लिया। एक दिन अलप ख़ां ने अपनी लेखनी से एक प्रार्थनापत्र लिख कर सुल्तान की सेवा में प्रस्तुत किया। उसमें यह लिखा था कि "मूसा ख़ां मेरा एक सम्बन्धी है। उसने मालवा का राज्य अपने अधिकार में कर लिया है। यदि सुल्तान मुझे बन्दीगृह से मुक्त करके अपने उपकार का बन्दी बना ले तो मैं उससे शीघ्र ही मालवा का राज्य छीन कर अपने आप को आजीवन सुल्तान का दास समझता रहूंगा।" सुल्तान ने अलप ख़ां को सम्मानित किया और अपने पौत्र अहमद ख़ां को एक बहुत बड़ी सेना देकर उसके साथ इस आशय से कर दिया कि वह मूसा को निकाल कर मन्दू का क़िला तथा उसके अधीनस्थ स्थान अलप ख़ां को सौंप कर लौट आये। शाहज़ादे ने निरन्तर यात्रा करते हुए मन्दू की ओर प्रस्थान किया। (२०) मूसा ख़ां युद्ध की शक्ति न रखने के कारण भाग खड़ा हुआ और शाहज़ादा अलप ख़ां को मन्दू में नियुक्त करके वापिस हो गया।

## कुम्भ कोट की विजय

८१२ हि० (१४०९-१० ई०) में सुल्तान ने कुम्भ कोट[2] के काफ़िरों के विरुद्ध सेना नियुक्त की। ख़ुदावन्द ख़ां को सेना का सरदार नियुक्त किया। एक व्यक्ति को शेख़ क़ासिम की सेवा में, जो अपने समय के बहुत बड़े सन्त थे, भेजा और इस्लामी सेना की सहायता की प्रार्थना की। शेख़ ने, जो सेना नियुक्त हुई थी, उसकी सूची देखकर कुछ नामों पर चिह्न बना दिया और कहा कि, "ये लोग मारे जायंगे और शेष सुरक्षित तथा लूट की धन सम्पत्ति सहित वापिस होंगे।"

## सुल्तान की मृत्यु

'तारीख़े बहादुरशाही' के लेखक ने सुल्तान मुज़फ़्फ़र की मृत्यु ८१३ हि० (१४१०-११ ई०) में बताई है किन्तु मृत्यु का कोई कारण नहीं लिखा है। प्रसिद्ध यह है कि जब असावल क़स्बे के कोलियों ने विद्रोह कर दिया और लूट-मार प्रारम्भ कर दी तो सुल्तान मुज़फ़्फ़र ने अहमद ख़ां को उस सेना सहित, जो राजधानी में उपस्थित थी, उन लोगों को दंड देने के लिये भेजा। ख़ान ने शहर से निकल कर ख़ान सरवर नामक हौज़ पर पड़ाव किया और आलिमों को बुलवा कर उनसे पूछा

१ शासक।
२ 'तबक़ाते अकबरी' के अनुसार 'कच्छके अधीनस्थ कन्थ कोट'।

कि, "यदि कोई किसी के पिता की अकारण हत्या कर दे तो उसके पुत्र के लिये यह उचित है अथवा नहीं कि वह उससे बदला ले?" प्रत्येक ने उसे उचित बताकर फ़तवा[1] दे दिया। खान काग़ज़ को अपने पास सुरक्षित रख कर दूसरे दिन नगर में पहुंचा और सुल्तान को बन्दी बनाकर उसने उसे विष दे दिया। सुल्तान ने पूछा, "हे पुत्र! तूने जल्दी किस कारण की? यह सब तेरे ही लिये था।" उसने उत्तर दिया, "आपका समय आ गया था। जब उनका समय आ जाता है तो वे क्षण भर को नहीं ठहरते और न जल्दी करते हैं।" सुल्तान ने कहा, "तू मुझसे कुछ शिक्षा की बातें सुन ले जो तेरे काम आयेंगी। सर्वप्रथम यह कि जिसने तुझे इस कार्य के लिये प्रेरित किया उससे कोई मित्रता न रख अपितु, उसकी हत्या कर दे। दूसरे मदिरा पान कभी मत कर। बादशाहों को यह कार्य कभी न करना चाहिये। इसके अतिरिक्त शेख़ मलिक तथा शेर मलिक की हत्या करा दे कारण कि वे बहुत बड़े षड्यंत्रकारी हैं।"

(२१) संक्षेप में सफ़र मास[2] के अन्त में मुज़फ़्फ़र की मृत्यु हुई और उस मक़बरे में, जो जहांपनाह पटन के कोट में है, दफ़न हुआ।

कहा जाता है कि सुल्तान अहमद अपने दादा की मृत्यु के उपरान्त बड़ा लज्जित हुआ और इसका उसके ऊपर बड़ा प्रभाव हुआ। उसने यह कार्य दुष्टों की बुरी संगत एवं युवावस्था की असावधानी के कारण किया अन्यथा सुल्तान के चरित्र को देखते हुए यह कार्य बड़ा आश्चर्यजनक प्रतीत होता है।

# सुल्तान अहमद

## अमीरों के विद्रोह

(२२) सुल्तान मुज़फ़्फ़र की मृत्यु के उपरान्त १४ रमज़ान ८१३ हि० (१० जनवरी १४११ ई०) को अहमद शाह बिन मुहम्मद शाह बिन मुज़फ़्फ़र शाह सिंहासनारूढ़ हुआ। कुछ दिन इसी प्रकार व्यतीत हुये। अचानक समाचार प्राप्त हुये कि, "मुईज़ुद्दीन फ़ीरोज़ खां, जो उसके चाचा का पुत्र तथा ब़रोदा का हाकिम था, आसपास के अमीरों को मिला कर राज्य पर अधिकार जमाने के लिये आ रहा है। हुसामुलमुल्क भन्दरी, मलिक अहमद बिन हुसामुलमुल्क, मलिक शह खत्री का पिता, हबीबुल-मुल्क मुस्तौफ़ी[3] का पुत्र, मलिक करीम खुसरो, जीवनदास[4] दुष्ट प्यागदास नरबाद[5] पहुँच कर उससे मिल गये। उन्होंने भीकन[6], आदम[7] तथा अफ़ग़ान खां को, जो सुल्तान के मित्र थे, पराजित कर दिया और जीवन दास खत्री को अपना नेता बना कर दुष्टता के मार्ग पर अग्रसर हैं।" एक दिन जीवन दास ने अमीरों को एकत्र करके कहा कि, "नहरवाला को विजय करने का प्रयत्न करना चाहिये ताकि हमारी इच्छानुसार कार्य सम्पन्न हो जायं।" अमीरों ने कहा, "हममें सुल्तान अहमद से युद्ध करने की शक्ति नहीं। उचित यही है कि हम संधि कर लें।" जीवन दास ने उनकी बात स्वीकार न की और उनमें अत्यधिक

१ व्यवस्था। धार्मिक समस्याओं में शरा के अनुसार मुफ़्ती का निर्णय।
२ सफ़र ८१३ हि० (जून १४१० ई०)।
३ मुस्तौफ़ी राज्य के हिसाब किताब की जांच करने वाले अधिकारी होते थे।
४ प्रकाशित ग्रन्थ में 'जीवन्द' है किन्तु क़ादरी के अनुसार यह 'जीवन दास' है, (पृ० ११)।
५ फ़रीदी के अनुसार 'नदियाद' (पृ० ११)।
६ फ़रीदी के अनुसार 'भीकन ख़ां' (पृ० ११)।
७ फ़रीदी के अनुसार 'आदम सुल्तान'।

वादविवाद होने लगा। अन्त में जीवन दास की हत्या कर दी गई और अमीर लोग सुल्तान की सेवा में उपस्थित हो गये। उन्हें इनाम-इकराम द्वारा सम्मानित किया गया।

मुईदुद्दीन फ़ीरोज़ खां खम्बायत पहुंचा। इसी बीच में शेख़ मलिक, जिसकी उपाधि मस्ती ख़ां थी और जो सोरठ का हाकिम तथा सुल्तान मुज़फ़्फ़र ख़ां का पुत्र था, मुईदुद्दीन बिन फ़ीरोज़ ख़ां से मिल गया। जब सुल्तान ने उन्हें भगाने का संकल्प किया तो वे खम्बायत से भरौंच चले गये। सुल्तान ने उनका पीछा करके भरौंच को घेर लिया। मस्ती ख़ां की सेना सुल्तान को देखते ही उससे मिल गई। (२३) तत्पश्चात् मस्ती ख़ां ने भी उपस्थित होकर सुल्तान के चरण चूमने की अभिलाषा प्रकट की। कुछ दिन उपरान्त सुल्तान ने उसे बुलवा कर उसके अपराध क्षमा कर दिये। उसने भी उपस्थित होकर, सुल्तान की चौखट चूमी। सुल्तान सफलतापूर्वक लौट गया। जब वह असावल पहुंचा तो आसा भील के विनाश की योजना बनाने लगा। उसी शुभ वर्ष में उसने असावल के समीप, शेख़ अहमद गंज बख़्श की अनुमति से अहमदाबाद के भव्य नगर का निर्माण प्रारम्भ कराया। हलवी शीराज़ी ने इसके विषय में यह कविता लिखी है।

## अहमदाबाद का निर्माण

जब बादशाह ने कुछ दिन तक सांभर नदी के तट पर पड़ाव किया तो उसने एक बड़ी ही सुखद भूमि देखी। उसे शोक की धूलि से मुक्त पाया। वहां की वायु के कारण वहां निवास करने की इच्छा होती थी। उसने वहां एक उत्तम स्थान तथा उत्तम जलवायु पाई। दैवी प्रेरणा से बादशाह के हृदय में यह आया कि, "इस भूमि पर मैं एक नये नगर का निर्माण कराऊं।" तत्काल उसने भवन निर्माण करने वालों को बुलवाकर आदेश दिया कि, "इस स्थान पर एक भव्य नगर का निर्माण किया जाय। ऐसा नगर बनाया जाय जिससे भूमि तथा आकाश को ईर्ष्या हो।" उसके कारण गुजरात से खुरासान तक के स्थान भी ईर्ष्या करने लगे।

(२४) बादशाह ने यह निश्चय करके ज्योतिषियों को बुलवाया। उन्होंने नगर के निर्माण के लिये एक शुभ मुहूर्त निश्चित की और ज़ीक़ाद ८१३ हि० (फ़रवरी-मार्च १४११ ई०) में इसका निर्माण (२५) प्रारम्भ हुआ। जब इसकी नीव रक्खी गई तो आकाश ने इसके लिये बधाई दी। जब वह नगर बस गया तो सात इक़्लीमों[1] वाला संसार आठ इक़्लीमों वाला हो गया। जब शहर पूरा हो गया तो उसका नाम अहमदाबाद रक्खा गया। हे ईश्वर! तू क़यामत तक इस भव्य नगर को सुरक्षित रख।

८१६ हि० (१४१३-१४ ई०) में अहमदाबाद नगर पूरा हुआ। कहा जाता है कि अहमदाबाद नगर का निर्माण अहमद नाम के चार व्यक्तियों के हाथों से प्रारम्भ हुआ। एक क़ुतुबुल मशायख़ वल औलिया शेख़ अहमद खत्तू, दूसरे सुल्तान अहमद नगर का वाली जिसके हाथ में रस्सी का एक सिरा था और दूसरा सिरा शेख़ अहमद खत्तू के हाथ में। तीसरे शेख़ अहमद, चौथे मुल्ला अहमद। ये दोनों भी अपने युग के बड़े सम्मानित तथा योग्य व्यक्ति थे। कहा जाता है कि सुल्तान अहमद में बाह्य तथा आन्तरिक गुण पाये जाते थे। वह अधिकांश समय ईश्वर के स्मरण में व्यतीत करता था। अहमदाबाद नगर की सुन्दरता इस बात का प्रमाण है कि चारों अहमदों का अन्त बड़े उत्तम ढंग से हुआ। उनके आशीर्वाद से इस नगर को ऐसी रौनक़ प्राप्त हुई कि यह समस्त सातों इक़्लीमों के नगरों से बढ़ गया। समुद्र तथा

१ मध्यकालीन भूगोल-वेत्ताओं के अनुसार समस्त संसार ७ जलवायु वाले प्रदेशों में विभाजित था।

भूमि के यात्री इस बात से सहमत हैं कि ऐसे हृदयग्राही तथा सुन्दर नगर का निर्माण भूमि पर न हुआ होगा। सम्भव है कि जनसंख्या के आधार पर कुछ नगर इससे बढ़ कर हों किन्तु सुन्दरता एवं रौनक़ में अहमदाबाद के समान कोई अन्य नगर नहीं।

**पद्य**[1]

अहमदाबाद ऐसा नगर है जिसके समान ईश्वर के आकाश के नीचे किसी नगर का निर्माण न
(२६) हुआ होगा। बहार की वायु से अधिक वहां की वायु सुगन्धित है। इसके उद्यान स्वर्ग के उद्यानों से अधिक सुन्दर हैं और उसकी प्रसिद्धि अरब से चीन की सीमा तक है। उसके किनारे ऐसी नदी बहाती है जिससे नील नदी भी ईर्ष्या करने लगे। उसके भवन आकाश से भी ९०० हाथ ऊंचे हैं। बहुत से भवन जिन पर सोने से बेल-बूटे बने हुए हैं, आकाश की ओर सिर उठाये रखते हैं। सुनहरे गुम्बद प्रत्येक दिशा में आकाश के समान हैं। उसकी दूकानें तथा बाज़ार सजे रहते हैं और जिस वस्तु की भी इच्छा हो यहां प्राप्य रहती है। उसमें आदर तथा सम्मान के योग्य एक मस्जिद है जिसकी मंज़िलें काबा के समान हैं। उसमें एक सुनहरा मिम्बर[2] रक्खा हुआ है जिससे आकाश को सम्मान प्राप्त होता है। उसमें सज्जा के लिये चांदी के दीपक तथा सोने की क़न्दीलें लटकती रहती हैं। उसमें अत्यधिक मदरसे तथा ख़ानक़ाहें हैं, जहां यात्री ठहरते हैं।

राजप्रासाद ऐसा भव्य है कि उसके बुर्ज चन्द्रमा तक पहुंचते हैं। उसमें सोने की ईंटें तथा ऊद[3]
(२७) की लकड़ी लगी है। उसमें स्वर्ग के उद्यान के समान एक उद्यान है। उसकी धूल कस्तूरी तथा अम्बर[4] के समान है। उसमें एक हौज़ का निर्माण कराया गया जो आबे हयात के समान है।

भव्य मस्जिद का निर्माण जो मानक चौक के निकट है, ८१७ हि० (१४१४-१५ ई०) में हुआ। उसकी तिथि से सम्बन्धित कविता शहर के मुफ़्ती मौलाना यहया ने लिखी थी :

**पद्य**

"इस शुभ भवन का निर्माण, जो काबा के समान है, सुल्तान अहमद शाह के राज्यकाल में हुआ। इसका निर्माण सैयिद आलम अबूबक्र हुसेनी द्वारा हुआ। वह प्रथम रजब ८१७ हि० (१६ सितम्बर १४१४ ई०) में प्रारम्भ हुई।

प्रांगण को छोड़कर उत्तरी एवं दक्षिणी एवान[5] की लम्बाई १०० गज़, चौड़ाई प्रांगण को छोड़कर
(२८) ५० गज़। प्रांगण की चौड़ाई १२० गज़, उत्तरी तथा दक्षिणी बाहुओं में से प्रत्येक की चौड़ाई २० गज़। मस्जिद के भीतरी स्तम्भ, मुलूक खाने[6] को छोड़कर ३५०, मुलूक खाने के द्वार के २ स्तम्भ, मुलूक खाने के तख़्त के ८ स्तम्भ, उत्तरी तथा दक्षिणी बाहुओं में से प्रत्येक में २१२ स्तम्भ, पूर्वी उत्तरी तथा दक्षिणी द्वारों में से प्रत्येक में ३२ स्तम्भ, गुम्बद के ऊपर ९८ स्तम्भ, उत्तरी तथा दक्षिणी एवानों के

१ केवल सारांश दिया जा रहा है।
२ मस्जिद का मंच।
३ अगर।
४ एक सुगन्धित वस्तु।
५ एवान :—बरामदा।
६ मुलूक खाना :—इस शब्द का ठीक तात्पर्य ज्ञात नहीं हो सका।

गुम्बदों को छोड़कर बड़े द्वार में ७७, छोटे में २०, दोनों मीनारों में से प्रत्येक में ५७ ज़ीने, प्रत्येक मीनारा १८६ हाथ तथा ९३ स्तम्भ।

## ईदर पर आक्रमण

सुल्तान के भरौंच से लौटने तथा अहमदाबाद नगर के निर्माण के उपरान्त उसी वर्ष में मुईदुद्दीन बिन फ़ीरोज़ ख़ां तथा मस्ती ख़ां ने बद्र औला के बहकाने से ईदर के राजा रणमल से मिलकर विद्रोह कर दिया और ईदर को अपने शरण का स्थान बना लिया। सुल्तान ने उनसे युद्ध करने के लिये ईदर की ओर प्रस्थान किया। परनही नामक स्थान से होशंग को, जिसकी उपाधि, फ़तह ख़ां थी और जो उसके एक चाचा सुल्तान मुज़फ़्फ़र का पुत्र था[1], बहुत बड़ी सेना देकर यह आदेश दिया कि वह केहरांव[2] क़स्बे के मार्ग से ईदर की विलायत में प्रविष्ट हो जाय। इसी बीच में इबराहीम ख़ां बिन निज़ाम को, जिसकी उपाधि रुक्न ख़ां थी और जो सुल्तान की ओर से मोरासा[3] क़स्बे में था, मुईदुद्दीन ने मार्ग भ्रष्ट करके अपनी ओर मिला लिया। बद्रे उला, मुईदुद्दीन, मस्ती ख़ां तथा ईदर के राजा रणमल ने सेना एकत्र करके ईदर से प्रस्थान करने के उपरान्त, ईदर के अधीन रंगपुर नामक ग्राम में जो मोरासा से ५ कोस पर स्थित है पड़ाव किया और मोरासा के क़िले को दृढ़ करने में व्यस्त हो गये। उन्होंने क़िले के चारों ओर एक गहरी खाई खुदवाई और क़िले में तोपें लगवा दीं।

सुल्तान ने कूच करके मोरासा के उपान्त में पड़ाव किया और अपनी धर्मनिष्ठता एवं ईश्वर के भय के कारण दयापूर्वक एक दूत उन्हें यह परामर्श देने के लिये भेजा कि "विद्रोह तुम लोगों के विनाश का कारण होगा। अच्छा होगा कि तोबा तथा क्षमा-याचना करके मुक्ति प्राप्त कर लो।" उन लोगों ने इस ओर ध्यान न दिया। सुल्तान ने क़िले को घेर कर पुनः उन्हें शिक्षा देने का अत्यधिक प्रयत्न किया। विद्रोहियों ने छल तथा विश्वासघात करते हुए निवेदन किया कि, "हमने बार-बार अपराध किये हैं। उनके कारण हमें अपने प्राणों तथा अपने घर-बार के विनाश का भय होता है। राज्य के कुछ उच्च पदा-
(२९) धिकारी उदाहरणार्थ निज़ामुलमुल्क, वज़ीर, सादुलमुल्क सिलाहदारे[4] मैसरा[5], मलिक अहमद अज़ीज़ुलमुल्क तथा नसीर सैफ़[6] आकर हमारे हाथ पकड़ कर हमें सुल्तान के चरणों में पहुंचा दें।" सुल्तान ने उन लोगों को आज्ञा प्रदान करदी और आदेश दिया कि वे क़िले के भीतर न प्रविष्ट हों और विद्रोहियों के विश्वासघात से सावधान रहें। जब उपर्युक्त अमीर क़िले के निकट पहुंचे तो बद्र उला ने एक सशस्त्र सेना को एक गुप्त स्थान में नियुक्त करके उन लोगों के पास उपस्थित होकर भेंट की। उन्हें चिकनी-चुपड़ी बातों तथा चाटुकारी द्वारा इतना प्रभावित किया कि अमीरों के हृदय में विश्वासघात की शंका न रही।

१ फ़रीदी के अनुसार 'होशंग फ़तह ख़ां सुल्तान मुज़फ़्फ़र का चचा ज़ाद भाई था' (पृ० १२) और यही उचित है।
२ फ़रीदी के अनुसार 'खेरालू' (पृ० १२)।
३ इसे अन्य स्थानों पर 'महरासा' भी लिखा गया है।
४ सिलाहदारे मैसरा :--सिलाहदार सुल्तान के रक्षक होते थे और जब सुल्तान दरबार करता अथवा कहीं बाहर जाता था तो वे उसके साथ साथ रहते थे। दाहिनी तथा बाईं ओर के पृथक् सिलाहदार होते थे। बाईं ओर का सिलाहदार, 'सिलाहदार मैसरा' कहलाता था।
५ फ़रीदी के अनुसार 'मैमना' अथवा दाईं ओर का (पृ० १२)।
६ फ़रीदी के अनुसार 'नसीर सैफ़' जिसकी उपाधि 'बाज़दार ख़ां' थी।

इसी बीच में उसने मलिक निज़ामुलमुल्क तथा सादुलमुल्क से निवेदन किया कि, "आप एकान्त में आ जायं तो अपनी प्रार्थना प्रस्तुत करूं।" वे लोग गोष्ठी से एकान्त में चले गये। इसी बीच में उसने उन लोगों को, जो सशस्त्र घात लगाये बैठे थे, आदेश दे दिया और उन लोगों ने लपक कर दोनों मलिकों को बन्दी बना लिया और क़िले के भीतर ले गये। निज़ामुलमुल्क ने चिल्लाकर कहा, "सुल्तान से निवेदन कर देना कि हमारे भाग्य में यही लिखा था। आप हमारे कारण क़िले को विजय करने में कमी न करें।" सुल्तान के आदेशानुसार सेना वीरता एवं पौरुष प्रदर्शित करती हुई क़िले से चींटी के समान चिमट गई। तीसरे दिन सुल्तान स्वयं खाईं पर पहुंच गया और सेना प्रत्येक दिशा से क़िले के ऊपर पहुंच गई। विद्रोही व्याकुल होकर तहख़ाने में प्रविष्ट हो गये। अन्त में बद्रे उला तथा रुक्न ख़ां की हत्या कर दी गई। मुईदुद्दीन फ़ीरोज़ ख़ां तथा राजा ईदर भाग कर बाहर चले गये। निज़ामुलमुल्क तथा सादुलमुल्क, जिस कोठरी में बन्द थे, उसमें से सुरक्षित बाहर निकले। यह घटना ५ जमादि-उल-अव्वल ८१४ हि० (२५ अगस्त १४११ ई०) में घटी।

राजा ईदर ने यह देखकर अपनी मुक्ति के उद्देश्य से मुईदुद्दीन फ़ीरोज़ ख़ां तथा मस्ती ख़ां के समस्त हाथी एवं घोड़े पकड़वा कर सुल्तान की सेवा में भिजवा दिये और उनके शिविर को नष्ट कर डाला। मुईदुद्दीन तथा मस्ती ख़ां नागौर की ओर चले गये और शम्स ख़ां दन्दानी से मिल गये। दन्दानी उसे इस कारण कहा जाता था कि उसके कीले वाले दांत लम्बे थे। अन्त में मुईदुद्दीन (३०) की, चित्तौड़ के राणा मोकल तथा शम्स ख़ां दन्दानी के युद्ध में, मृत्यु हो गई। ईदर के राजा के इस कार्य को देखते हुये सुल्तान ने उसके अपराध क्षमा कर दिये और वहां से सुरक्षित वापस लौट आया।

## शेख़ मलिक इत्यादि का विद्रोह

८१६ हि० (१४१३-१४ ई०) में उस्मान अहमद सरखीजी[१], शेख़ मलिक इब्ने शह मलिक नहर वाला नगर के तुरक़दारों[२], अहमद शेर मलिक, सुलेमान अफ़ग़ान जो आज़म ख़ां के नाम से प्रसिद्ध था, तथा ईसा सालार, ने कृतघ्नता प्रदर्शित करते हुये गुप्त रूप से मालवा के बादशाह सुल्तान होशंग को प्रार्थना-पत्र भेजे कि "(यदि आपको बादशाह को) गुजरात की विलायत[३] को विजय करने की इच्छा हो तो इस ओर चले आयें। इस ओर से हम लोग भी कटिबद्ध होकर सुल्तान अहमद को पृथक् कर देंगे। गुजरात का राजसिंहासन आपको प्राप्त हो जायगा।" इस कार्य हेतु गुजरात के ज़मींदारों उदाहरणार्थ काथा[४] तथा सत्रसाल झालावर की विलायत के राजा इत्यादि को भी उन्होंने अपनी ओर मिला लिया और वे लोग भी मार्ग-भ्रष्ट होकर विद्रोह के लिये तैयार हो गये। सुल्तान होशंग ने कुछ विद्रोहियों के प्रस्ताव पर सुल्तान अहमद से युद्ध करने के लिये गुजरात की ओर प्रस्थान किया।

इस समाचार को पाकर सुल्तान अहमद ने अपने भाई शाहज़ादा लतीफ़ ख़ां तथा निज़ामुलमुल्क

१ सरखीज निवासी।

२ इस शब्द का अर्थ स्पष्ट नहीं। फ़रीदी ने 'शेख़ मलिक पुत्र शेर मलिक जो पटना में निवास करता था' लिखा है। (पृ० १३)।

३ राज्य।

४ फ़रीदी के अनुसार 'काथी' (पृ० १३)।

वज़ीर को शेख़ मलिक को दंड देने के लिये भेजा और स्वयं प्रस्थान करके यान्ड्रमन[1] ग्राम के समीप जो सांवली परगने में है और चाम्पानीर पर्वत से १३[2] कोस पर है पड़ाव किया।

### एमादुलमुल्क कों होशंग के विरुद्ध भेजना

एमादुलमुल्क को एक बहुत बड़ी सेना का सरदार बनाकर सुल्तान होशंग से युद्ध करने के लिये अपने आगे भेजा। सुल्तान होशंग ने अपने अमीरों तथा वज़ीरों से कहा कि, "एमादुलमुल्क से युद्ध करना हमारे लिये उचित नहीं।[3] यदि हमें विजय हुई तो हम सुल्तान अहमद के दास को पराजित करेंगे और यदि इसके विरुद्ध बात हुई तो कहा जायगा कि सुल्तान अहमद के दास ने सुल्तान होशंग को पराजित कर दिया। हमारे लिए यह बहुत बड़ी पराजय होगी, अतः इस युद्ध से बचना ही अच्छा है।" सुल्तान होशंग ने लौट जाने का संकल्प कर लिया। एमादुलमुल्क मालवा के आसपास के स्थानों को नष्ट-भ्रष्ट करके लौट गया।

### विद्रोहियों का पलायन

लतीफ़ खां तथा निज़ामुलमुल्क ने शेख़ मलिक तथा सत्रसाल[4] को पराजित करके सोरठ की विलायत[5] की ओर, जो क़िरनार के राजा मंद्रलोक के अधीन था, भगा दिया अपराधियों को और भी अनेक अपराधों को सौंपकर वे लौट गये। सुल्तान भी प्रसन्नतापूर्वक अहमदाबाद पहुंचा।

लोगों को ज्ञात होना चाहिये कि गुजरात प्रदेश में देहली के बादशाह सुल्तान अलाउद्दीन के
(३१) कारण कुफ़ का अन्त हुआ किन्तु नहरवाला नगर से जो पटन कहलाता है भरौंच के क़िले तक इस्लाम का प्रकाश फैला। अन्य दिशाओं में पूर्व की भांति ही कुफ़ का अन्धकार था। अन्त में गुजरात के सुल्तानों के प्रयत्न के फलस्वरूप वहां शनैः शनैः इस्लाम फैला। जिन महालों[6] में सुल्तान अहमद के प्रयत्न के फलस्वरूप इस्लाम फैला उनका उल्लेख नीचे किया जाता है।

## सुल्तान का सोरठ की विलायत की ओर किरनार के क़िले की विजय हेतु प्रस्थान तथा विजय किये बिना वापसी

८१७ हि० (१४१४-१५ ई०) में सुल्तान ने किरनार के काफ़िरों के प्रसिद्ध क़िले सोरठ पर चढ़ाई की। किरनार के राजा मंदलीक ने पर्वत के आंचल के निकट सेना एकत्र करके युद्ध किया। शाही सेना के अग्र भाग के आक्रमण के कारण काफ़िरों की सेना पराजित हो गई। कहा जाता है कि उस युद्ध में काफ़िर बहुत बड़ी संख्या में मारे गये। किरनार का राजा भागकर क़िले के ऊपर चला गया। हलवी ने उसका विवरण इस प्रकार दिया है:

१ फ़रीदी के अनुसार 'बांधरू' (पृ० १०)।
२ फ़रीदी के अनुसार '१०' (पृ० १३)।
३ अर्थात् हमारे लिये अपमानजनक है।
४ सम्भवतः क्षत्रसाल।
५ राज्य।
६ राज्य के भागों।

पद्य

"इस्लाम की सेना को इस प्रकार विजय प्राप्त हुई, कि काफ़िरों की सेना का मध्य भाग छिन्न भिन्न हो गया। वे लोग व्याकुल, दुखी तथा चकित हो गये, गीले बेत के समान वे कम्पित हो उठे। धर्म-निष्ठ लोग विजयी हुये,

दुष्ट, पिशाच तथा अपवित्र काफ़िरों पर।"......

(३२) यद्यपि इस बार समस्त प्रदेश इस्लाम के प्रकाश द्वारा रोशन न हुआ किन्तु जूनागढ़[1] का क़िला, जो पर्वत के आंचल के निकट स्थित है, सुल्तान के अधिकार में आ गया। सोरठ के अधिकांश ज़मींदार आज्ञाकारी बन गये और उन्होंने कर देना स्वीकार कर लिया। सुल्तान ने सैयिद अबुल ख़ैर तथा सैयिद क़ासिम को ज़मींदारों की सलामी[2] वसूल करने के लिये उस क्षेत्र में नियुक्त कर दिया और स्वयं उस क्षेत्र से अपनी राजधानी में पहुंच गया।

जमादि-उल-अव्वल ८१८ हि० (जुलाई-अगस्त १४१५ ई०) में उसने सैयिदपुर[3] के मन्दिरों के विनाश हेतु, जहां की मूर्तियां सोने तथा चाँदी की थीं, प्रस्थान किया।

पद्य

"दैवी प्रेरणा से प्रस्थान किया,
सैयिदपुर के मन्दिर के खंडन हेतु
वह स्थान जो काफ़िरों का घर था,
और अपवित्र अग्निपूजकों का स्वदेश।
उसमें रात दिन रहते थे,
जुन्नारदार[4] मूर्ति-पूजक।
सर्वदा वह मूर्तियों तथा मूर्ति-पूजकों का स्थान रहता था,
किसी स्थान से उसे कोई हानि न होती थी।
वह संसार में आबाद तथा प्रसिद्ध था,
वह कलंकित काफ़िरों का स्वदेश था।
उसकी नींव दृढ़ पत्थर से पड़ी थी,
उसमें नीले आकाश के समान बेलबूटे बने थे।
उसमें ऊद[5] तथा चन्दन के द्वार लगे थे,
उसमें सोने के छल्ले लगे हुये थे।
उसके फ़र्श संगमरमर के थे,

१ मूल पुस्तक में 'खूबा गढ़' किन्तु इसे 'जूना गढ़' होना चाहिये। फ़रीदी ने भी इसे 'जूना घढ़' पढ़ा है। (पृ० १४)।

२ कर।

३ फ़रीदी के अनुसार 'सिधपुर' जो सरस्वती नदी पर अहमदाबाद के उत्तर में ५८ मील पर स्थित है, (पृ० १४)।

४ ब्राह्मण।

५ एक सुगंधित लकड़ी।

और आइने के समान चमकते थे।
(३३) उसमें ऊद ईंधन के समान जलता था,
उसमें बड़ी संख्या में काफ़ूरी मोमबत्तियां जला करती थीं।
प्रत्येक कोने में मेहराब थे
और प्रत्येक मेहराब में सोने की क़न्दीलें लटकी रहती थीं।
उसमें चांदी की मूर्तियां स्थापित थीं,
उनसे चीन तथा ख़तन की मूर्तियां लज्जित होती थीं।. . .
ऐसा प्रसिद्ध प्राचीन मन्दिर,
जिसकी संसार में प्रसिद्धि थी;
अहमद के प्रयत्न से वह मूर्तियों से मुक्त हो गया,
मूर्ति-पूजकों के हृदय शोक से टुकड़े-टुकड़े हो गये।
उसने मस्जिदों का निर्माण कराया और उनमें मिम्बर रखवाये,
वहां से मुहम्मद साहब की शरा की प्रथा प्रारम्भ हो गई।
मूर्तियों, मूर्ति का निर्माण करने वालों, तथा मूर्ति-पूजकों के स्थान पर,
इमाम[1], अज़ान देने वाले तथा ख़तीब[2] नियुक्त हो गये।
अहमद के सौभाग्य ने इतनी सहायता की,
कि मूर्तियों का घर अल्लाह का घर हो गया।"

जब सुल्तान सैयिदपुर के अभियान से निश्चिंत हो गया, तो इसके उपरान्त उसने ८१९ हि० (१४१६-१७ ई०) में धार की ओर चढ़ाई की। इसका कारण यह था कि जब सुल्तान ने सुल्तानपुर तथा नद्रबार[3] पर आसीर तथा बुरहानपुर की विलायत के हाकिम नसीर बिन ऐनुलमुल्क के विरुद्ध आक्रमण किया तो गुजरात के ज़मींदारों, उदाहरणार्थ ईदर के राजा पूंजा, त्रंबकदास चम्पानीर के राजा, छत्रसाल झालावर के राजा, तथा सीरा नादोत के राजा, ने मिल कर सुल्तान होशंग को पत्र लिखा कि "सुल्तान अहमद शाह ने सुल्तानपुर तथा नद्रबार की ओर नसीर ऐनुलमुल्क पर चढ़ाई की है। यदि इसी बीच में आप (सुल्तान होशंग) गुजरात पर आक्रमण करें तो इस अभियान को हम लोग सुगमतापूर्वक सफल करा सकते हैं।"

## सुल्तान होशंग द्वारा आक्रमण

सुल्तान होशंग ने सेना तैयार करके शम्स ख़ां दन्दानी तथा मुईज़्ज़ुद्दीन फ़ीरोज़ ख़ां को जिनका उल्लेख ऊपर हो चुका है लिखा कि "हमने गुजरात पर आक्रमण करना निश्चय किया है। यदि इस समय आप लोग हमारी सहायता करें तो नहरवाला नगर अर्थात् पटन एवं उसके अधीनस्थ स्थान आपको प्रदान (३४) कर दिये जायंगे अन्यथा सुल्तान अहमद आपसे प्राचीन ईर्ष्या का बदला लेगा।" इस संदेश के पहुंचते ही शम्स ख़ां ने सुल्तान अहमद को लिखा कि, "सुल्तान होशंग ने आप का विरोध करने के लिये हमसे सहायता मांगी है और वह गुजरात पर आक्रमण करने का विचार कर रहा है। दास लोग आपके

१ नमाज़ पढ़ाने वाले।
२ ख़ुत्बा पढ़ने वाले।
३ मूल पुस्तक में 'नज़्रबार'।

हितैषी हैं और आपके प्रताप के आशीर्वाद से इस कोने में राज्य कर रहे हैं। हमारे लिये यह कहां उचित है कि हम सुल्तान के शत्रु के मित्र हो जायं। जो आवश्यक था, उसका उल्लेख कर दिया।"

## सुल्तान अहमद का मोरासा पहुंचना

नागौर से नवें दिन एक शुत्र सवार[1] ने यह पत्र सुल्तान की सेवा में सुल्तानपुर में पहुंचा दिया। इसी बीच में समाचार प्राप्त हुए कि सुल्तान होशंग ने मंगरीज क़स्बे को पार करके[2] मोरासा में पड़ाव किया है। सुल्तान ने शीघ्रातिशीघ्र नद्रबार से वर्षा ऋतु में गुजरात की ओर प्रस्थान किया। वर्षा की अधिकता तथा काली खराब दलदल, जो मार्ग में थी, के बावजूद उसने सातवें दिन १६ रजब ८२० हि० (२९ अगस्त १४१७ ई०) को मोरासा के निकट सुल्तान होशंग के समक्ष पड़ाव कर दिया।

## सुल्तान होशंग की वापसी

सुल्तान होशंग ने उपर्युक्त राजाओं से कहा कि "तुम लोग तो कहते थे कि जब तक सुल्तान अहमद को सूचना मिलेगी उस समय तक हम आप को अहमदाबाद पहुंचा देंगे। सुल्तान अहमद ने पांच कोस पर पहुंच कर पड़ाव कर दिया और तुम लोगों ने मुझे इस विषय में सूचना भी न दी अतः इससे तुम्हारे विश्वासघात का पता चलता है न कि मित्रता का। अब मैं तुम लोगों की बात पर विश्वास न करूंगा।" सुल्तान होशंग रातो-रात भाग खड़ा हुआ और राजा लोग छिन्न-भिन्न हो गये; और जो कुछ उन्होंने किया था उस पर लज्जित हुये।

## आसीर के हाकिम नसीर का विद्रोह

सुल्तान अहमद शाह ने कुछ दिनों तक मोरासा में पड़ाव किया। इसी बीच में उसे समाचार प्राप्त हुये कि "सोरठ की विलायत के ज़मींदारों ने सुल्तान होशंग के आक्रमण के कारण मालगुज़ारी देना बन्द कर दिया है और विद्रोह कर दिया है। आसीर की विलायत के हाकिम नसीर बिन राजा ने सुल्तान होशंग के पुत्र ग़ैरत खां से मिलकर शत्रुता प्रारम्भ कर दी है और थानसिर[3] के क़िले को घेर लिया है। उसने इफ़्तेखारुलमुल्क बिन राजा के विश्वासघात के कारण उपर्युक्त क़िले पर अधिकार जमा लिया और नादौत की विलायत के ज़मींदारों से मिलकर सुल्तानपुर तथा नद्रबार की ओर प्रस्थान किया है और उपद्रव के वृक्ष को सींच रहा है। वे शाही हाजिब मलिक अहमद की सुल्तानपुर के कोट में हत्या करके उस पर विजय करने का प्रयत्न कर रहे हैं। पता नहीं कि इस समय तक क्या घटना घटी होगी।"

## विद्रोहियों के दमन हेतु सेना की नियुक्ति

(३५) सुल्तान अहमद शाह ने मलिक महमूद[4] तथा मुखलिसुलमुल्क को एक शक्तिशाली सेना सहित नसीर के विरुद्ध नियुक्त किया। खाने आज़म महमूद खां को एक भारी सेना देकर सोरठ के विद्रोहियों

१ ऊँट पर डाक ले जाने वाला।
२ फ़रीदी के अनुसार 'गुजरात की सीमा'।
३ फ़रीदी के अनुसार 'थालनेर' (पृ० २१५); यही उचित है।
४ फ़रीदी के अनुसार 'मलिक महमूद बर्की'।

को दंड देने के लिये नियुक्त किया। जब मलिक महमूद नादौत की विलायत नष्ट-भ्रष्ट करके सुल्तानपुर के निकट पहुंचा तो ग़ैरत खां मालवा की ओर भाग गया। नसीर ने थानसीर[1] की ओर पलायन किया। मलिक महमूद ने उसका पीछा किया। नसीर थानसीर[1] के क़िले में बन्द हो गया। मलिक ने क़िले को घेर कर अल्प समय में उसे इतना परेशान कर दिया कि वह सुल्तान की दासता स्वीकार करने पर विवश हो गया। मलिक महमूद ने सुल्तान की सेवा में वास्तविक स्थिति का उल्लेख करके नसीर के अपराधों की क्षमा-याचना की। सुल्तान ने नसीर को ख़ान की उपाधि प्रदान की और अपना आज्ञाकारी बना लिया।

## मालवा पर चढ़ाई

कुछ समय उपरान्त सुल्तान अहमद ने होशंग के अपराध के कारण, जिसका उल्लेख ऊपर हो चुका है, मालवा पर चढ़ाई की। इसी बीच में ईदर के राजा पूंजा ने, जो रणमल का पुत्र था, चम्पानीर के राजा त्रम्बक दास तथा नादौत के राजा इत्यादि ने, जोकि सुल्तान होशंग के आक्रमण के समय उसके सहायक थे, अपने वकील सुल्तान की सेवा में भेजे और क्षमा-याचना की। सुल्तान ने कूटनीति की दृष्टि से उनके अपराध क्षमा कर दिये। उसने मलिक ज़ियाउद्दीन वज़ीर को, जिसकी उपाधि निज़ामुलमुल्क थी, राजधानी में छोड़कर, स्वयं मालवा की ओर प्रस्थान किया और निरन्तर यात्रा करके उज्जैन के समीप कालयादा नदी के तट पर सुल्तान होशंग से युद्ध किया। सुल्तान होशंग ने गहरी खाई खोद कर अपनी सेना को सुव्यवस्थित किया और शाखबन्दी[2] को दृढ़ करके युद्ध के लिये कटिबद्ध हुआ।

कहा जाता है कि युद्ध के दिन सुल्तान अहमद शाह सशस्त्र होकर सवार हुआ। मलिक फ़रीद बिन एमादुलमुल्क का डेरा मार्ग में था। वह वहां ठहर गया और मलिक फ़रीद को सन्देश भेजा कि "एमादुलमुल्क की उपाधि, जो तेरे पिता को प्राप्त थी, तुझे शुभ हो। तू आकर ख़िलअत पहिन ले।". मलिक फ़रीद उस समय अपने शरीर पर तेल मलवा रहा था अतः सूचना पहुंचाई गई कि मलिक तेल मलवा रहा है, थोड़ा सा अवकाश चाहता है। सुल्तान चला गया और रणक्षेत्र की ओर अग्रसर हुआ। दोनों ओर की सेनायें अपने अपने स्थान पर पंक्तियाँ जमाये हुये थीं। मलिक तेल मलवाने के उपरान्त सवार होकर नहर पर पहुंचा जहां का मार्ग संकरा था और बहुत बड़ी भीड़ एकत्र थी। उसे सुल्तान तक पहुंचने का मार्ग न मिलता था। उसने कहा, "कोई है। जो मुझे मार्ग दर्शा दे ताकि (३६) मैं शीघ्र सुल्तान की सेवा में पहुंच जाऊं?" एक व्यक्ति ने कहा, "मैं मार्ग जानता हूं किन्तु यह मार्ग सुल्तान होशंग के शिविर के पीछे पहुंचता है।" मलिक ने कहा, "इससे अच्छा और क्या है!" मलिक उसके मार्ग दर्शाने पर शीघ्रातिशीघ्र रवाना हुआ। संयोग से जिस समय दोनों सेनायें एक दूसरे के मुक़ाबले पर डटी हुई थीं और प्रतीक्षा कर रही थीं उसी समय ईश्वर की ओर से क्या होता है कि मलिक फ़रीद सुल्तान होशंग की सेना के पीछे से प्रकट हो गया और निर्भीक होकर "अल्लाह अल्लाह" का नारा लगाते हुए सिंह तथा चीते की भांति उसने सुल्तान होशंग की सेना पर आक्रमण कर दिया। इसी बीच में सुल्तान होशंग की सेना का अग्रिम दल पराजित हो गया। सुल्तान होशंग ने यद्यपि बड़ा पौरुष प्रदर्शित किया किन्तु अहमदशाही वीरों ने उन्हें मैदान से गेंद के समान हटा दिया।

१ थालनेर।
२ कांटों तथा वृक्ष की डालियों इत्यादि द्वारा सेना की रक्षा हेतु एक प्रकार की मज़बूत रोक।

सुल्तान अहमद शाह विजय तथा सफलता पाकर लौट गया। सुल्तान होशंग के समस्त हाथी, खज़ाना तथा शिविर की धन-संपत्ति सुल्तान अहमद शाह के अधिकार में आ गई। सुल्तान होशंग ने मन्दू के क़िले में शरण ली और सुल्तान अहमद शाह की सेना ने क़िले के द्वार तक उसका पीछा किया। सुल्तान अहमद शाह ने मन्दू के समीप पहुंच कर पड़ाव किया। वहां से उसने मालवा की विलायत को नष्ट-भ्रष्ट करने के लिये सेनायें नियुक्त कीं और कुछ समय उपरान्त अपनी राजधानी की ओर लौट गया।

## चम्पानीर पर आक्रमण

तत्पश्चात् उसने १ ज़ीक़ाद ८२१ हि० (३० नवम्बर १४१८ ई०) को चम्पानीर के राजा त्रम्बक दास को दंड देने के लिये वहां से प्रस्थान किया। उस वर्ष उसने क़िले को विजय करने की प्रतीक्षा न की कारण कि उसकी आकांक्षा मन्दू के क़िले को विजय करने की थी।

## सोनखेड़ा की विजय

कुछ समय तक उस क्षेत्र में आक्रमण तथा ध्वंस-कार्य के उपरान्त उसने अत्यधिक सलामी[1] लेकर १९ सफ़र ८२२ हि० (१७ मार्च १४१९ ई०) को सोनखेड़ा बहादुरपुर की ओर प्रस्थान किया। हलवी कवि ने इस यात्रा का विरवण इस प्रकार दिया है:

"चम्पानीर से संसार का बादशाह,
सोनखेड़ा के क़िले की ओर रवाना हुआ।
वहां दुष्ट काफ़िरों का अधिकार था,
वहां वाले मुसलमानों के शत्रु थे।
(३७) ख़ुसरो के समान जब वह सोनखेड़ा की ओर पहुंचा, तो उसने विलायत के किनारे (पर) आक्रमण किया।
उस ओर के समस्त भूभाग को, एक बार छिन्न भिन्न कर दिया।
अश्वारोहियों तथा पदातियों ने निकट एवं दूर से, कठोरता-पूर्वक धन-सम्पत्ति प्राप्त की।
प्रत्येक प्रकार की अत्यधिक सामग्री, हर व्यक्ति ने अपने लिये प्राप्त की।...
लोगों ने सोने-चांदी से अपने भंडार भर लिये, प्रत्येक कोने से अत्यधिक दास वे ले गये।
चन्द्रमा तथा वृहस्पति नक्षत्र के समान दास, हूरों तथा परियों के समान दासियां।"

संक्षेप में सोनखेड़ा विलायत[2] की विजय तथा उसका विनाश २२ सफ़र ८२२ हि० (२० मार्च १४१९ ई०) को सम्पन्न हुआ।

## निर्माण-कार्य

उसी मास में उसने सोनखेड़ा नामक कोट को बनवाया और भव्य भवनों तथा मस्जिदों का निर्माण कराया। मुहम्मद साहब की शरा तथा इस्लाम के लिये, वहां क़ाज़ी तथा ख़तीब नियुक्त करके इस्लाम की प्रथाओं को प्रचलित कराया। उसी वर्ष उसने सोनखेड़ा के अधीन मानकेनी[3] ग्राम

१ कर, ख़राज।
२ राज्य।
३ फ़रीदी के अनुसार 'मान गनी' (पृ० १७)।

में एक कोट का निर्माण कराया और एक सेना को उस ओर की रक्षा हेतु नियुक्त करके मन्दू पर चढ़ाई की।

## मन्दू पर आक्रमण तथा सुल्तान होशंग को क्षमा करना

जब वह धार क़स्बे में पहुँचा तो सुल्तान होशंग के दूत मौलाना मूसा तथा अली जामदार[1], जो उसके राज्य के विश्वासपात्र थे, उपस्थित हुये और उन्होंने धरती-चुम्बन करने के उपरान्त सुल्तान होशंग की क्षमा सम्बन्धी प्रार्थना उसके सम्मुख प्रस्तुत की। इसी बीच में धर्मनिष्ठ वज़ीरों तथा सदाचारी अमीरों ने इस प्रकार सिफ़ारशें कीं कि सुल्तान के पास कृपा-दृष्टि प्रदर्शित करने के अतिरिक्त कोई अन्य उपाय न रहा। प्राचीन ईर्ष्या, शत्रुता एवं प्रतिकार की भावनायें उसके हृदय से निकल गईं और उसका हृदय उसकी ओर से साफ़ हो गया। तत्पश्चात् वह वापस हो गया।

## चाम्पानीर को नष्ट-भ्रष्ट करना

(३८) वहां से उसने चाम्पानीर के क़िले के समीप पहुंच कर आदेश दिया कि धर्म की रक्षा करने वाली सेना उस विलायत को मिट्टी में मिला दे। वहां से रबी-उल-आख़िर मास के अन्त में (मई १४२० ई० में) वह अहमदाबाद पहुंचा।

## विद्रोहियों के दमन हेतु प्रस्थान

तदुपरान्त ८२३ हि० (१४२०–२१ ई०) में उसने अपने राज्य के विभिन्न भागों को सुव्यवस्थित एवं सुशासित करने के लिये प्रस्थान किया। जिस जिस स्थान पर भी उसे कोई विरोधी प्राप्त हुआ, उसे उसने पददलित कर दिया। मन्दिरों का विनाश करा दिया और उनके स्थान पर भवनों एवं मस्जिदों का निर्माण कराया। उसने क़िले बनवाये तथा थाने निश्चित किये।

सर्वप्रथम उसने चितोर (चित्तौड़) के क़िले का, जो सीनोर परगने के अधीन है, निर्माण कराया[2]। तत्पश्चात् पर्वतीय प्रदेश के मध्य में धामोद को आबाद कराया और वहां पर कोट का निर्माण कराया। तत्पश्चात् कारेथ नामक क़स्बे की, जिसे सुल्तान अलाउद्दीन के समय में अलप खां संजर ने ७०४ हि० (१३०४–५ ई०) में बसवाया था, मरम्मत कराई और उसमें जो कुछ टूट-फूट हो गई थी, उसे ठीक कराया। उसका नाम सुल्तानाबाद रक्खा।

## मालवा पर आक्रमण

वहां से लौट कर वह अहमदाबाद पहुंचा और ८२४ हि० (१४२१–२२ ई०) में उसने अहमदाबाद से चाम्पानीर पर चढ़ाई की और वहां से सोनखेड़ा पहुंच कर चोली मीर की ओर, जो मन्दू की विलायत के अधीनस्थ है, प्रस्थान किया। २ रबी-उल-अव्वल ८२५ हि० (२४ फ़रवरी १४२२ ई०) को उसने मेसर क़स्बे में पड़ाव किया और मेसर के क़िले को घेर लिया। उस समय सुल्तान होशंग हाथियों के शिकार के लिये जाजनगर गया हुआ था। जब क़िले वाले सहायता से निराश हो गये तो वे सुल्तान

१ जामदार अथवा जामादार शाही वस्त्रों का प्रबन्ध करता था। जानदार अंगरक्षक होते थे।

२ फ़रीदी के अनुसार 'उसने बारासीनो तथा दोहद परगने के अधीनस्थ चितोर क़िले को जो पर्वतों के मध्य में है बसाया'।

की सेवा में उपस्थित हो गये और क़िले की कुंजी सुल्तान के सेवकों को सौंप दी। सुल्तान ने एक विश्वस्त सेना को उस स्थान की थानेदारी[1] के लिये नियुक्त करके १२ रबी-उल-अव्वल (६ मार्च १४२२ ई०) को मन्दू के क़िले के निकट पड़ाव किया और क़िले को घेर लिया और मालवा के राज्य के महालों पर अधिकार जमाने के लिये सेनायें नियुक्त कीं। वह क़िले को एक मास १८ दिन तक घेरे रहा और युद्ध करता रहा। वर्षा ऋतु के निकट आ जाने पर वहां से प्रस्थान करके उज्जैन नगर में, जो मन्दू के राज्य के मध्य में है, पहुंचा और वहां पड़ाव किया। मालवा की अधिकांश विलायत अपने अधिकार में कर ली। वर्षा ऋतु के पश्चात् सुल्तान ने पुनः मन्दू के क़िले को घेर लिया।

इसी बीच में सुल्तान होशंग जाजनगर से, प्रसिद्ध हाथियों पर अधिकार जमा कर, शीघ्रातिशीघ्र तारापुर द्वार के मार्ग से क़िले में प्रविष्ट हो गया और क़िले को उसने अत्यधिक दृढ़ बना लिया। सुल्तान (३९) अहमद ने यह देख कर कि इस समय क़िला विजय न होगा प्रस्थान करके सारंगपुर की ओर इस आशय से प्रस्थान किया कि "यदि सुल्तान होशंग क़िले से निकल कर युद्ध करे तो बड़ा ही उत्तम होगा अन्यथा यह विलायत हमारे अधिकार में आ जायगी। देखना है कि वह क़िले की रक्षा कब तक करता है।" संक्षेप में, सुल्तान ने जाकर सारंगपुर के क़िले को घेर लिया। इसी बीच में सुल्तान होशंग के दूतों ने विश्वासघात को मित्रता का वस्त्र पहना कर सुल्तान की सेवा में निवेदन किया कि, "सुल्तान होशंग ने निष्ठा प्रदर्शित करते हुये कहलाया है कि मुझे सुल्तान की धर्मनिष्ठता एवं ईश्वर-भक्ति पर आश्चर्य होता है कि वह मेरी एक भूल के कारण इस्लामी प्रदेश को विध्वंस कर रहा है और मेरी क्षमा स्वीकार नहीं करता। इस समय मैं प्रतिज्ञा करता हूं कि निष्ठा तथा आज्ञाकारिता के अतिरिक्त कोई अन्य कार्य मेरे द्वारा सम्पन्न न होगा। मेरी पिछली भूलों को क्षमा करके अपने राज्य को लौट जायं और इससे अधिक प्रतिकार की चेष्टा न करें।" सुल्तान प्रतिकार के स्थान पर क्षमा की ओर प्रेरित हो गया।

इसी बीच में वज़ीरों तथा नदीमों[2] ने इस प्रकार की भाषा में सिफ़ारिश की कि सुल्तान ने उसे स्वीकार कर लिया और वह संधि करके उस स्थान से अपनी राजधानी को वापस हो गया। सुल्तान होशंग ने १२ मुहर्रम ८२६ हि० (२६ दिसम्बर १४२१ ई०) को, जिस समय सुल्तान अहमद संधि करने की ओर प्रेरित हो गया था और सुल्तान होशंग की धूर्तता की ओर से असावधान था, रात्रि में छापा मारा। शिविर में चीत्कार होने लगा। कुछ लोग समझे कि कोई मस्त हाथी खुल गया होगा। अन्त में ज्ञात हुआ कि शत्रु के रात्रि में छापा मारने का शोर है। मलिक मुनीर ने सुल्तान को जगाया। सुल्तान ख़ेमे के बाहर निकला। अस्पे नौबती[3] उपस्थित था। सुल्तान उस पर सवार हुआ। दूसरे घोड़े पर मलिक ख़ूबां रिकाबदार[4] सवार हुआ। दोनों सवार होकर शिविर के किनारे खड़े हो गये।

सर्वप्रथम होशंग ने विश्वासघात के विष को वुन्दारा की विलायत[5] के राजपूतों तथा गरासिया लोगों पर डाला। वे लोग अपने शिविर को बाईं ओर लगाये थे। उन्होंने ५०० राजपूत अश्वारोहियों (४०) की हत्या कर दी। तत्पश्चात् उन्होंने दूसरी ओर आक्रमण किया और सुल्तान अहमद की सेना

१ रक्षा।
२ मुसाहिबों।
३ वह घोड़ा जो बहुत से लोगों से सम्बन्धित हो और बारी बारी अनेक लोग उस पर सवार होते हों।
४ रिकाबदार :—सुल्तान के घोड़े के साथ साथ रहता था और घोड़े पर सुल्तान के बैठते समय उसे सहायता देता था।
५ राज्य।

के बहुत से लोगों की हत्या कर दी। सुल्तान ने मलिक ख़ूबां से पूछा, "क्या तू फ़रीद सुल्तान[1] तथा मलिक मुक़र्रब के समाचार ला सकता है?" मलिक ख़ूबां घोड़ा भगाता हुआ शिविर में पहुंचा। उसने देखा कि दोनों अमीर अपनी सेना सहित सशस्त्र अपने "डेरों" से शाही दरबार (ख़ेमे) की ओर जा रहे हैं। मलिक ख़ूबां ने पूछा, "कहां जा रहे हो? तुम्हें सुल्तान बुलवा रहा है।" उन्होंने कहा, "शत्रु ने संसार को छिन्न-भिन्न कर दिया है। हमें उनसे युद्ध कर लेने दो।" मलिक ख़ूबां ने कहा," सुल्तान अकेला शिविर के किनारे खड़ा तुम्हारी प्रतीक्षा कर रहा है। सर्वप्रथम सुल्तान की सेवा में उपस्थित हो। तदुपरान्त सुल्तान के आदेशानुसार कार्य करो।" वे दोनों शाही समुद्र के अजगर १००० सशस्त्र अश्वारोहियों सहित सुल्तान की सेवा में पहुंच गये। सुल्तान ने उन्हें बुरी बुरी गालियां देकर कहा कि "तुम्हारी सावधानी के भरोसे पर हमने असावधानी की और तुम हमसे भी अधिक असावधान हो गये।" उन लोगों ने कहा, "ईश्वर की इच्छा इसी प्रकार थी। आदेश हो ताकि इस विश्वासघाती को मज़ा चखा दें। ईश्वर ने चाहा तो वह अपने विश्वासघात का फल भोग लेगा।" सुल्तान ने कहा "धैर्य धारण करो ताकि सुबह हो जाय और शत्रु उस धन-सम्पत्ति सहित जो उसने लूटी है बन्दी बना लिया जाय।" सुल्तान ने फिर मलिक ख़ूबां को आदेश दिया कि वह शत्रु के समाचार ले आये। मलिक ख़ूबां घोड़ा दौड़ाता हुआ शाही शिविर की ओर पहुंचा। उसने देखा कि "सुल्तान होशंग सुल्तान अहमद के दरबार[2] के समक्ष थोड़ी सी सेना सहित खड़ा हुआ है और सुल्तान के प्रयोग के घोड़े तथा शाही हाथी लाये जा रहे हैं और उसके सम्मुख प्रस्तुत किये जा रहे हैं। सेना वाले लूटने में व्यस्त हैं।" मलिक ख़ूबां ने लौट कर जो स्थिति थी, उसका उल्लेख कर दिया। सुबह भी होने लगी। सुल्तान (अहमद) ने कहा, "हां वीरो! वीरता प्रदर्शित करने का समय है।" सुल्तान एक हज़ार अश्वारोहियों सहित, जिनमें से प्रत्येक शेर बबर था, अग्रसर हुआ। जब सुल्तान होशंग की सेना दृष्टिगत हुई तो उन लोगों ने तलवार निकाल कर "अल्लाह अल्लाह" कहते हुये आक्रमण कर दिया। दोनों बादशाहों ने अपने सम्मान की रक्षा हेतु ऐसा युद्ध किया कि जिसका उल्लेख सम्भव नहीं। दोनों आहत हुये। जब सुबह हुई तो महावतों की दृष्टि अपने बादशाह अहमद शाह पर पड़ी। उन्होंने हाथियों के मुख को मोड़ कर सुल्तान होशंग की सेना पर आक्रमण कर दिया। सुल्तान होशंग मुक़ाबले पर ठहर न सका और भाग खड़ा हुआ। अहमद शाह को विजय प्राप्त हो गई। होशंग शाह की सेना लूटी हुई सम्पत्ति भी छोड़ गई और प्राण लेकर भाग खड़ी हुई। अहमद शाह की सेना ने प्रत्येक दिशा से एकत्र होकर उसे बधाई दी और अपना मुख सुल्तान (४१) के चरणों पर मला। सुल्तान ने ईश्वर के प्रति कृतज्ञता प्रकट की। सुल्तान होशंग अपनी मार्गभ्रष्ट सेना को लेकर गिरता-पड़ता सारंगपुर के क़िले में पहुंचा और वहां शरण ली।

## सुल्तान की अहमदाबाद को वापसी

२४ रबी-उल-आख़िर (६ अप्रैल १४२३ ई०) को सुल्तान अहमद शाह ने गुजरात की ओर प्रस्थान किया। सुल्तान होशंग ने अपनी स्थिति पुनः ठीक करके युद्ध करना निश्चय किया। यह समाचार पाकर सुल्तान ठहर गया। अचानक शत्रु पहुंच गया और युद्ध प्रारम्भ हो गया किन्तु इसमें भी वह पराजित हुआ। कहा जाता है कि इस युद्ध में सुल्तान होशंग के ४००० सैनिक मारे गये और जो भयंकर हाथी वह जाजनगर से लाया था, सभी सुल्तान अहमद को प्राप्त हो गये। सुल्तान ने विजय तथा सफ-

१ फ़रीदी के अनुसार 'फ़रीद सुल्तानी' (पृ० १८)।
२ ख़ेमें।

लता प्राप्त करके अपनी राजधानी की ओर प्रस्थान किया। ४ जमादि-उल-आख़िर ८२६ हि० (१५ मई १४२३ ई०) को वह अहमदाबाद नगर में पहुंच गया और भोग-विलास में लीन हो गया। शहर वालों ने बधाई दी और उसकी प्रशंसा करते हुये प्रसन्नता प्रदर्शित की।

## समकालीन सूफ़ी

कहा जाता है कि सुल्तान अहमद शाह ने इस घटना के दो मास पूर्व शेख़ अहमद खत्तू को लिखा था कि "यहां की स्थिति को देखते हुये आपका क्या विचार है कि कब तक यहां ठहरना होगा ?" उन्होंने उत्तर में लिखा था कि "यदि ईश्वर ने चाहा तो आप ८२६ हि० (१४२२–२३ ई०) में अपनी राजधानी में विजय तथा सफलता प्राप्त करके लौट जायंगे।" ऐसा ही हुआ। क्या ही शुभ था वह काल जो इस प्रकार के पूज्य व्यक्तियों द्वारा सुशोभित था, उदाहरणार्थ क़ुतुबुल अक़ताब बुरहानुल हक़ वशशरा वद्दीन सैयिद बुरहानुद्दीन, शाह आलम उनके पुत्र तथा उनके पूज्य भाई जिनमें से प्रत्येक अपने समय का क़ुतुब[1] था।

## ईदर पर आक्रमण

संक्षेप में, तदुपरान्त सुल्तान अहमद शाह ने तीन वर्ष तक किसी ओर चढ़ाई न की। सभी लोग सुख-सम्पन्नता से जीवन व्यतीत करते रहे। तत्पश्चात् उसने ८२९ हि० (१४२५–२६ ई०) में ईदर पर चढ़ाई की। ईदर का राजा भाग कर पर्वतों में घुस गया। उसकी विलायत विध्वंस कर दी गई।

## अहमदनगर का बसाया जाना

सुल्तान ने ८३० हि० (१४२६–२७ ई०) में हाथबनी[2] नदी के तट पर ईदर से १८ कोस दूर गुजरात की सीमा पर अहमदनगर नामक शहर बसाया। नगर के चारों ओर पत्थर की दृढ़ चहारदीवारी बनवाई और वह स्वयं वहां ठहरा।

## पूंजा की मृत्यु

८३१ हि० (१४२७–२८ ई०) में सुल्तान की एक सेना घास लाने के लिये गई थी। ईदर के
(४२) राजा पूंजा ने उस स्थान से, जहां वह घात लगाये था, निकल कर उन लोगों पर छापा मारा। वे लोग पराजित हो गये। उनके साथ जो हाथी था, उसे पूंजा ने अपने अधिकार में कर लिया और वहां से चल दिया। अन्त में सेना ने, जो छिन्न-भिन्न हो गई थी, पुनः एकत्र होकर पूंजा का पीछा किया। संयोग से वह एक ऐसे दर्रे में पहुंच गया जिसके एक ओर गगनचुम्बी पर्वत और दूसरी ओर बड़ा गहरा खड्ड था। मध्य में केवल इतना मार्ग था कि एक अश्वारोही बड़ी कठिनाई से उसे पार कर सकता था। जब पूंजा उस सँकरे मार्ग में प्रविष्ट हुआ तो शाही सेना पीछे से पहुंच गई। महावतों ने हाथियों के मुख फेर कर पूंजा पर आक्रमण कर दिया। पूंजा का घोड़ा भड़क गया और खड्ड में गिर पड़ा। पूंजा तत्काल नरक को पहुंच गया। शाही सेना हाथी को लेकर लौट आई। पूंजा का किसी को पता न चला। दूसरे दिन एक लकड़हारा उसका सिर काट कर दरबार में लाया। सुल्तान को बड़ा आश्चर्य हुआ और

१ जो सूफ़ी सन्त अपनी पवित्रता, त्याग एवं धर्मनिष्ठता की चरम सीमा पर पहुँच जाते थे, वे क़ुतुब कहलाते थे।
२ फ़रीदी के अनुसार 'हाथ मती'।

उसे विश्वास न होता था। उसने पूछा कि, "कोई पूंजा को पहचानता है?" सुल्तान के एक सैनिक ने जो कुछ समय तक उसका, पूंजा का सेवक रह चुका था, कहा कि, "मैं पहचानता हूं।" जब उसने पूंजा का सिर देखा तो कहा, "हां राव जियु का सिर यही है।" उपस्थितगण ने उसे फटकारते हुये कहा, "उस काफ़िर का नाम इस सम्मान से लेता है?" सुल्तान ने कहा, "कुछ मत कहो। उसे नमक के हक़ का ध्यान है।"

## सेना का प्रबन्ध

संक्षेप में, इसके उपरान्त वह दो वर्ष तक स्थायी रूप से अपनी राजधानी में रहा। उसने अपने राज्य को सुशासित एवं सुव्यवस्थित करने के अतिरिक्त किसी अन्य राज्य की चिन्ता न की। ईमानदार वज़ीरों और हितैषी अमीरों के परामर्श से सेना के लिये यह अधिनियम बनाया गया कि "सेना की जीविका साधन के लिये आधा वेतन जागीर के रूप में और आधा नक़द ख़ज़ाने से दिया जाय। क्योंकि यदि सभी नक़द निश्चित कर दिया जायगा तो नक़द वेतन से अधिक लाभ नहीं होता और सैनिक के पास कोई सामान नहीं रहता और वह राज्य की रक्षा में असावधानी से कार्य करने लगता है। यदि वेतन में आधा जागीर के रूप में प्रदान कर दिया जाय तो जागीर से इंधन, दूध, दही प्राप्त होता रहता है। कृषि तथा उसकी उन्नति से यदि उन्हें लाभ होने लगता है तो वे हृदय से अपनी विलायत की रक्षा का प्रयत्न करने लगते हैं और आधा नक़द उन्हें प्रतिमास बिना प्रतीक्षा के प्राप्त होता रहता है। उसे लेने के लिये (४३) वहां, जहां नियुक्त होते हैं, उपस्थित रहते हैं। यदि कहीं आक्रमण की आवश्यकता होती है तो उन्हें ऋण नहीं लेना पड़ता चाहे उन्हें दूर की यात्रा करनी हो और चाहे निकट की। ऐसा भी सम्भव है कि सैनिकों के पास दूर की यात्रा हेतु मार्ग में व्यय करने के लिये धन न हो तो वह आधा वेतन शाही ख़ज़ाने से लेता रहे ताकि सेना में किसी वस्तु की कमी न रहे और उसे ऋण न लेना पड़े। वह अपने घर वालों की ओर से भी निश्चित रहता है कारण कि जागीर से घर का ख़र्च चलता रहता है।"

"ज़ाबतये अरबाबुत्तहावील[1]—यह अधिनियम इस प्रकार था कि तहवीलदार[2] को बादशाह का कोई दास होना चाहिये और मुशरिफ़[3] को असील[4] कारण कि यदि दोनों असील होंगे तो परस्पर मित्र अथवा सम्बन्धी बन जायंगे और धन का अपहरण करने लगेंगे; यही स्थिति यदि दोनों दास होंगे तो भी उत्पन्न हो जायगी।" परगने के आमिलों[5] की नियुक्ति भी इसी सिद्धान्त पर होती थी।

यह अधिनियम सुल्तान मुज़फ़्फ़र बिन सुल्तान महमूद बेगरह के राज्य-काल के अन्त तक इसी प्रकार चलता रहा।

सुल्तान बहादुर के राज्यकाल में जब आफ़ाक़ी[6] सेना बड़ी संख्या में एकत्र हो गई तो राज्य की बचत पर दृष्टि रखने वाले वज़ीरों ने विलायत के हासिल की सेहत[7] की। कोई महाल यके व देह[8], कोई

१ कोषाध्यक्ष के नियम।
२ कोषाध्यक्ष।
३ मुशरिफ़ :—प्रान्तों द्वारा प्राप्त हिसाब किताब मुशरिफ़ लिखता था। वह Accountant General के विभाग का अधिकारी होता था। ग्रामों के मुशरिफ़ फ़सलों का निरीक्षण करते थे।
४ जो दास न हो, सम्मानित वंश का हो।
५ भूमि-कर वसूल करने वाले।
६ अन्य देशों की।
७ राज्य के कर की आय को ठीक किया।
८ एक के स्थान पर १०।

ब नौ[1] कोई ब हश्त[2] और कोई ब हफ़्त[3] पहुंच गया। कोई भी महाल देह बिस्त[4] से कम न हुआ। तत्पश्चात् इन अधिनियमों में परिवर्तन हो गया और राज्य में उपद्रव तथा अशान्ति फैल गई। इसका उल्लेख उचित स्थान पर किया जायगा।

## सुल्तान फ़ीरोज़ बहमनी की सहायतार्थ सेना भेजना

८३५ हि० (१४३१–३२ ई०) में सुल्तान को यह समाचार प्राप्त हुये कि दक्षिण के राज्य के सुल्तान फ़ीरोज़ बहमनी ने बीजा नगर के काफ़िरों पर चढ़ाई की और पराजित हुआ। क्योंकि उसमें तथा सुल्तान अहमद में निष्ठा भाव तथा विशेष सम्बन्ध थे, अतः एक शक्तिशाली सेना उसकी सहायतार्थ भेजी गई। जब सेना भान्देर[5] के क़िले के समीप पहुंची तो संयोगवश सुल्तान फ़ीरोज़ की मृत्यु हो गई और उसका पुत्र सुल्तान अहमद बहमनी सिंहासनारूढ़ हुआ। उसने सुल्तान की सेवा में बहुमूल्य उपहार भेज कर सुल्तान की सेना को लौटा दिया।

## विभिन्न अभियान

तदुपरान्त ८३६ हि० (१४३२–३३ ई०) से ८४५ हि० (१४४१–४२ ई०) तक सुल्तान प्रत्येक वर्ष कभी ईदर की विलायत पर आक्रमण करने और कभी आसीर के हाकिम नसीर ख़ां बिन (४४) राजा के विरुद्ध और कभी सुल्तान अहमद बहमनी को दंड देने के लिये और कभी मोरासा[6] की विलायत को नष्ट करने के लिये सेना भेजा करता था। कभी कभी स्वयं आक्रमण करता था और सर्वदा उसकी सेनाओं को विजय प्राप्त होती रहती थी। अपने राज्यकाल में कभी भी उसकी पराजय न हुई और गुजरात की सेना सर्वदा मन्दू, दखिन[7], आसीर तथा मेवाड़ और उसके आसपास के काफ़िरों पर विजय प्राप्त करती रही।

## मृत्यु

८४५ हि० (१४४१–४२ ई०) में अहमदाबाद नगर में उसकी मृत्यु हो गई और उस क़ब्रिस्तान में जो मानक चौक अहमदाबाद के मध्य में स्थित है वह दफ़न हुआ।

## सुल्तान की आयु

सुल्तान का जन्म, जैसा कि ऊपर उल्लेख हो चुका है, १९ ज़िलहिज्जा ७९३ हि० (१७ नवम्बर १३९१ ई०) में हुआ था। वह २० वर्ष की अवस्था में सिंहासनारूढ़ हुआ। उसने ३२ वर्ष, ६ मास तथा २२ दिन तक राज्य किया। उसकी अवस्था ५२ वर्ष, ६ मास तथा कुछ दिन थी।

१ एक के स्थान पर ९।
२ एक के स्थान पर ८।
३ एक के स्थान पर ७।
४ एक के स्थान पर बीस, दुगुना।
५ फ़रीदी के अनुसार 'नान्देर' (पृ० २१)।
६ फ़रीदी के अनुसार 'मेवाड़' (पृ० २१)।
७ इसे 'दकिन' तथा 'दखिन' (दक्षिण) दोनों लिखा गया है।

## चरित्र

कहा जाता है कि प्रौढ़ावस्था से जीवन के अन्त तक उसने प्रातःकाल की नमाज़ कभी भी न त्यागी। वह क़ुतुबुल मशायख़ शेख़ रुक्नुद्दीन काने शकर का, जो शेख़ फ़रीद गंजशकर[1] के पौत्र थे मुरीद था। शेख़ रुक्नुद्दीन का मज़ार पटन गुजरात नगर में है। सुल्तान को शेख़ अहमद के प्रति अत्यधिक निष्ठा थी। एक रात्रि में उसने इस्तिंजे[2] का ढेला शेख़ को दे दिया। रात्रि के अंधेरी होने के कारण शेख़ ने पूछा कि, "सलाहुद्दीन है?" वह शेख़ का सेवक था। सुल्तान ने कहा, "नहीं, अहमद।" शेख़ ने कहा, "सदाचारी बादशाह!" सुल्तान ने अपने पुत्र सुल्तान मुहम्मद को शेख़ अहमद का मुरीद बनवा दिया था और स्वयं शेख़ रुक्नुद्दीन का, जिनका रौज़ा पटन में है, मुरीद रहा। न्याय, पवित्रता तथा दानशीलता में सुल्तान अद्वितीय था। सर्वदा धर्मयुद्ध का प्रयत्न किया करता था।

## सुल्तान का न्याय

कहा जाता है कि सुल्तान के जामाता ने अभिमानवश युवावस्था की मस्ती में एक निर्दोष की हत्या कर दी। सुल्तान ने उसे बन्दी बना कर क़ाज़ी के पास भेज दिया। क़ाज़ी ने वध किये गये व्यक्ति के
(४५) वारिसों को २०० ऊंट पर संतुष्ट करा लिया। जब सुल्तान के समक्ष यह बात कही गई तो उसने कहा कि, "यद्यपि वध किये गये के वारिस संतुष्ट हैं किन्तु मुझे यह बात स्वीकार नहीं कारण कि धनी लोग अपने धन के बल पर निर्दोषों की हत्या करने लगेंगे; अतः इस अवसर पर उसकी हत्या करानी उचित है।" जल्लाद ने बाज़ार में उसकी हत्या कर दी और उसे सूली पर लटका दिया। एक दिन तक वह लटका रहा। दूसरे दिन उसने आदेश दिया कि उसे उतार कर दफ़न कर दिया जाय। इस दंड को देख कर उसके समस्त राज्यकाल में अमीरों तथा सैनिकों में से किसी ने कभी भी किसी निर्दोष की हत्या न की।

कहा जाता है कि सुल्तान एक दिन अपने राजभवन के झरोखे में बैठा था और सांभर नदी का दृश्य, जो महल के नीचे से बहती थी, देख रहा था। उस समय नदी में बाढ़ आई हुई थी। सुल्तान ने देखा कि कोई काली वस्तु जल में लुढ़कती चली आ रही है। उसने उसके लाने का आदेश दिया। वह एक मटका था जिसमें एक लाश निकली जिसे उसमें डाल दिया गया था। उसने आदेश दिया कि नगर के समस्त कुम्हारों को बुलवाया जाय। उसने उन लोगों से पूछा कि, "तुम लोग पहचानते हो कि यह मटका
(४६) किसका बनाया हुआ है?" एक ने कहा, "यह मेरा बनाया हुआ है और इसे मैंने अमुक ग्राम में अमुक अहमदाबादी युवक के हाथ बेचा था।" सुल्तान ने उसके उपस्थित किये जाने का आदेश दिया। पूंछतांछ के उपरान्त पता चला कि उसने एक बक़्क़ाल की हत्या करके उसे मटके में डाल कर बहा दिया था। सुल्तान के आदेशानुसार उसकी हत्या करा दी गई। सुल्तान अहमद शाह के राज्यकाल में इन्हीं दो निर्दोषियों की हत्या हुई। तत्पश्चात् सुल्तान के आतंक के कारण किसी ने भी किसी निर्दोष की हत्या न की।

१ शेख़ फ़रीद गंजशकर, ख़्वाजा क़ुतुबुद्दीन बख़्तियार काकी के मुरीद थे। उनका जन्म ११७३ ई० और निधन १२६५ ई० में हुआ। अजोधन अथवा पाक पटन में इनकी मज़ार है।

२ मुसलमानों के लिये उनके धर्मशास्त्र के अनुसार लघुशंका के पश्चात् जननेन्द्रिय को मिट्टी के ढेले से सुखाना परमावश्यक बताया गया है

यह बात प्रमाणित हो चुकी है कि सुल्तान अहमद कवि था। उसने इस छन्द की रचना की जिसमें क़ुतुबुल अक़ताब सैयिद बुरहानुद्दीन बिन सैयिद मुहम्मद बिन सैयिद जलाल जो, मख़दूम जहानियां के नाम से प्रसिद्ध ह और जो सुल्तान के समकालीन थे, की प्रशंसा की है।

**छन्द**

"हमारे युग के क़ुतुब बुरहान हमारे लिये पर्याप्त हैं,
उनका प्रमाण उनके नाम के समान स्पष्ट है।"

## सुल्तान मुहम्मद शाह बिन अहमद शाह का अपने पिता के राजसिंहासन पर आरूढ़ होना और ईदर के राजा पर चढ़ाई

सुल्तान अहमद शाह की मृत्यु के उपरान्त तीसरे दिन ८४५ हि० (१४४१-४२ ई०) में सुल्तान मुहम्मद शाह बिन अहमद शाह सिंहासनारूढ़ हुआ और भोग-विलास में तल्लीन हो गया। उसे राज्य-व्यवस्था की चिन्ता न थी अपितु उसके साहस की कमन्द[1] बादशाही की उच्च श्रेणी के कार्यों तक न पहुंचती थी। वह बहुत बड़ा दानी था। लोग उसे 'सुल्तान ज़रबख़्श[2]' कहते थे।

### पुत्र का जन्म

२० रमज़ान ८४९ हि० (१९ दिसम्बर १४४५ ई०) को ईश्वर ने उसे एक पुत्र प्रदान किया और शुभ मुहूर्त में उसका नाम फ़तह खां रक्खा गया।

### ईदर के राजा से संधि

उसी वर्ष उसने ईदर के राजा पर चढ़ाई की। वह भाग कर पर्वत में घुस गया और वहां से उसने अपने दूत सुल्तान की सेवा में भेजे और अपने पिछले अपराधों की क्षमा-याचना करके अपनी (४७) पुत्री को भी सुल्तान की सेवा में भेज दिया। सुल्तान मुहम्मद उसकी सुन्दरता पर आसक्त हो गया और उसकी सिफ़ारिश से ईदर का राज्य उसके पिता को प्रदान कर दिया।

वहां से उसने बाकर (बागर) की विलायत पर चढ़ाई की और उसे नष्ट-भ्रष्ट करके अपनी राजधानी को लौट गया।

### शेख़ खत्तू की मृत्यु

उसी वर्ष शेख खत्तू की, जो गंज बख़्श के नाम से प्रसिद्ध थे, मृत्यु हो गई। वे बाब इसहाक़ के, जिनका मज़ार खत्तू क़स्बे में है, मुरीद थे। खत्तू नागौर के अधीनस्थ क़स्बों में से एक क़स्बा है।

### चाम्पानीर पर आक्रमण

संक्षेप में इसके उपरान्त सुल्तान ने ८५५ हि० (१४५१ ई०) में चाम्पानीर के क़िले की विजय हेतु प्रस्थान किया। त्र्म्बक दास के पुत्र राय गंगदास ने उससे युद्ध किया और पराजित होकर क़िले के

१ फंदेदार रस्सी जिसके सहारे ऊँचे भवनों पर चढ़ जाते हैं।
२ सोना दान करने वाला। अत्यधिक दान-पुण्य करने वाला।

ऊपर चढ़ गया। सुल्तान क़िले को घेर कर नित्यप्रति युद्ध किया करता था। जब क़िले वाले विवश हो गये, तो राजा ने अपना दूत मन्दू के सुल्तान की सेवा में भेजकर प्रार्थना कराई कि, "यदि सुल्तान सेवक की सहायतार्थ इस समय कष्ट करें तो वह प्रत्येक मंज़िल पर सेना के व्यय हेतु एक लाख सोने के तन्के प्रस्तुत करेगा।" सुल्तान महमूद झूठे लोभ में फंसकर इस्लाम पर ध्यान दिये बिना अपने स्थान से रवाना हुआ। जब वह गुजरात के अधीन दाहूद क़स्बे में जो मालवा की सीमा पर है पहुंचा तो सुल्तान मुहम्मद शाह क़िले का अवरोध छोड़ कर सांवली परगने के अधीन कोधरा नामक स्थान की ओर पहुंचा। वहां वह रुग्ण हो गया और अहमदाबाद लौट गया।

## सुल्तान की मृत्यु

२० मुहर्रम ८५५ हि० (२२ फ़रवरी १४५१ ई०) को उसकी मृत्यु हो गई और मानक चौक के मक़बरे में अपने पिता के बराबर दफ़न हुआ। उसने ९ वर्ष तथा कुछ मास तक राज्य किया।

'तारीख़े अहमदशाही' में जो कुछ लिखा है उसका ऊपर उल्लेख हुआ किन्तु जो प्रसिद्ध है और जो विश्वस्त सूत्रों से निरन्तर ज्ञात हुआ है इस प्रकार है कि सुल्तान महमूद ख़लजी मालवा का बादशाह राज्य-व्यवस्था एवं शासन प्रबन्ध में, जो बादशाहों का कर्त्तव्य है, लेशमात्र भी कोई कसर न उठा रखता था चाहे वह कार्य सेना के प्रोत्साहन से और चाहे प्रजा पर कृपा प्रदर्शित करने से सम्बन्धित हो। इन गुणों के अतिरिक्त वह दरवेशों का भक्त तथा मुरीद था। जहां कहीं भी उसे किसी बड़े दरवेश तथा सिद्ध पुरुष का पता चल जाता तो वह उसको, चाहे वह दूर हो अथवा निकट अपनी निष्ठा तथा भक्ति प्रदर्शित करने के लिये उपहार भेजा करता था और उसको अपना मित्र बना लेता था।

## शेख़ कमाल से संघर्ष

(४८) उसके राज्यकाल में गुजरात में एक बहुत बड़े सूफ़ी शेख़ कमाल थे जिनका मक़बरा ख़ुदावन्द ख़ां की, जो मलिक अलीम के नाम से प्रसिद्ध हैं, मस्जिद के पीछे अलीमपुर में, जो शहर अहमदाबाद के समीप स्थित है, है। सम्भवतः सुल्तान महमूद की शेख़ से पूर्व ही से मित्रता थी और उनसे परिचय प्राप्त था। इसी कारण वह उनके पास उपहार भेजा करता था। उसने शेख़ से निवेदन किया कि "यदि आपकी कृपा के आशीर्वाद से ईश्वर की ओर से मुझे गुजरात की शहनगी[1] स्वतंत्र रूप से प्राप्त हो जाय तो उस निष्ठा के कारण, जो मेरे हृदय में आपके सेवकों के प्रति[2] है, मैं आपकी ख़ानक़ाह के फ़क़ीरों की सेवा करूंगा। इस समय मैं शेख़ अहमद खत्तू के मक़बरे की वृत्ति के बराबर जो गुजरात के तीन करोड़ तन्के हैं, शेख़ के सेवकों की वृत्ति करता हूं।" उसने उस समय गुजरात के प्रचलित ५०० सोने के दीनार फ़ुतूह[3] के रूप में भेजे। यह समाचार सुल्तान के पास किसी ने पहुंचा दिये और कहा कि, "शेख़ कमाल दरवेशी तथा एकान्तवासी होने का दावा करने के बावजूद धन का इतना बड़ा लोभी है कि उसने क़ुरान शरीफ़ को सुल्तान महमूद ख़लजी द्वारा प्रेषित किये हुए सोने के तन्कों का भंडार बना रक्खा है।[4] सुल्तान को पूछ-

१ शासन।
२ आपके प्रति।
३ वह उपहार जो धार्मिक व्यक्तियों एवं सूफ़ियों इत्यादि को बिना मांगे ही प्रदान किया जाता है।
४ 'सोने के तन्के .कुरान शरीफ़ के गिलाफ़ में रखता है'।

ताछ के उपरान्त यह बात सत्य ज्ञात हुई। वह बड़ा रुष्ट हुआ और उसने उन दीनारों को शेख़ से छिनवा कर अपने ख़ज़ाने में जमा करा दिया। शेख़ को पिछले परिचय के कारण सुल्तान महमूद से स्नेह था। जब सुल्तान मुहम्मद द्वारा यह कार्य सम्पन्न हुआ तो वह उससे बड़ा दुखी हुआ और रात-दिन वह ईश्वर से सुल्तान मुहम्मद की निंदा किया करता था और इस बात की प्रार्थना करने लगा कि गुजरात का राज्य सुल्तान महमूद को प्राप्त हो जाय।

शेख़ ने गुजरात का राज्य सुल्तान महमूद के नाम निश्चित किया अपितु इस राज्य के अधिकार का आदेश पत्र ईश्वर के दरबार से उसके नाम ठीक करा लिया और उसे लिखा कि, "गुजरात के राज्य का आदेश ईश्वर के दरबार से तुम्हारे नाम हो चुका है। शीघ्र आ जाओ और इसमें विलम्ब न करो।" (४९) सुल्तान महमूद ८०,००० वीर अश्वारोहियों को लेकर गुजरात की विजय हेतु रवाना हुआ। जब सुल्तान मुहम्मद को यह समाचार प्राप्त हुये तो उसने एक बक़्क़ाल से, जो उसका मित्र तथा परामर्श-दाता था, इस विषय में परामर्श किया। उस मूर्ख ने कहा, "सुल्तान पृथ्वी तथा समुद्र का शासक है। आप अन्तःपुर तथा राजकोष को जहाज़ में लेकर कुछ दिन तक मछली का शिकार खेलें। शत्रु उस कुत्ते के समान जो ख़ाली घर में प्रविष्ट हो जाता है सिर पटक कर लौट जायगा।" क्योंकि सुल्तान की बुद्धि में शेख कमाल पंर क्रोध करने का कारण बदल चुका था अतः उसने उसकी बात स्वीकार कर ली और जहाज़ों की तैयारी में व्यस्त हो गया। उसने अपने किसी निष्ठावान् तथा वीर पदाधिकारी से इस विषय में परामर्श न किया।

सैयिद अताउल्लाह नामक एक प्रतिष्ठित अमीर, जिसकी उपाधि क़िवामुलमुल्क थी और जिसने आसूरिया द्वार के निकट सैदपुर नामक क़स्बा बसाया था और जहां सैयिद का मक़बरा है, यह समाचार पाकर कि कार्य हाथ से निकला जाता है, उस बक़्क़ाल को पकड़ कर एक कोने में ले गया और उसने कटार निकाल कर कहा, "तू बादशाह को ऐसा मार्ग दर्शाता है और भागने का परामर्श देता है। सर्वप्रथम हमारे लिये तेरी हत्या आवश्यक है।" उसने कहा, "आप सर्वगुणसम्पन्न हैं। आपसे यह बात छिपी न होगी कि आपका बादशाह आप सरीखे वीरों को छोड़कर मुझ जैसे कृपण बक़्क़ाल से परामर्श करता है। इसका अर्थ यह है कि वह वीरों का परामर्श नहीं चाहता।" सैयिद समझ गया कि वह सत्य कहता है। उसने कटार पर से हाथ हटा लिया और चिन्ता में पड़ गया।

उसने सोचा कि सर्वप्रथम शाहज़ादा जलाल खां की परीक्षा ली जाय। देखूं कि वह कितना योग्य है। उस समय जलाल ख़ां नरयाद क़स्बे में था। सैयिद रातोंरात वहां पहुंच गया और जलाल ख़ां से परामर्श करते हुये कहा, "आपके पिता ने आपको राज्य प्रदान कर दिया है। उनकी इच्छा है कि वह जहाज़ में ख़ज़ाने तथा अन्तःपुर सहित बैठे मछली का शिकार खेला करें। आपका क्या विचार है? यदि ईश्वर आपको यह राज्य प्रदान करता है तो आप महमूद ख़लजी के विरुद्ध, जो बहुत बड़ी सेना लिये हुये गुजरात की विजय हेतु आ रहा है, क्या करेंगे?" जलाल ख़ां ने कहा, "यदि यह सौभाग्य मुझे प्राप्त हो जाय तो मैं ईश्वर की शपथ लेता हूं कि या तो मैं शत्रु को नष्ट कर दूंगा और या अपना (५०) सिर इस कार्य हेतु दे दूंगा।" सैयिद यह बात सुन कर प्रसन्न हो गया और उसने कहा, "यदि स्वामी, जैसा चाहिये, वैसा नहीं है तो स्वामी का पुत्र तो है।" उस समय उसने अपने हृदय की बात बताई और कहा कि, "राज्य के उच्च पदाधिकारियों ने यह देखकर कि आपके पिता को राज्य की चिन्ता नहीं और गुजरात का राज्य आपके वंश से निकला जा रहा है यह निश्चय किया है कि आपको सिंहासनारूढ़ करें और महमूद ख़लजी से युद्ध करें।" शाहज़ादे ने उसकी बात स्वीकार कर ली।

सैयिद रातोंरात छिपकर मीरकू द्वार से शाहज़ादे को अहमदाबाद ले गया और उसने सुल्तान मुहम्मद को विष दे दिया। (२०) मुहर्रम ८५५ हि० (२२ फ़रवरी १४५१ ई०) में सुल्तान की मृत्यु हो गई।

## सुल्तान क़ुतुबुद्दीन बिन मुहम्मद शाह का, जिसका नाम जलाल ख़ां था, सिंहासनारोहण और अभागे महमूद ख़लजी से युद्ध

११ मुहर्रम ८५५ हि०[1] (१३ फ़रवरी १४५१ ई०) को सुल्तान मुहम्मद का ज्येष्ठ पुत्र अर्थात् सुल्तान क़ुतुबुद्दीन सिंहासनारूढ़ हुआ और उसने अपने पूर्वजों की प्रथानुसार सैनिकों तथा प्रजा को खिलअत और इनाम प्रदान किये।

### सुल्तान महमूद ख़लजी का आक्रमण

'तारीखे बहादुरशाही' के लेखक का कथन है कि इस बीच में मालवा का बादशाह सुल्तान महमूद ख़लजी गुजरात विजय करने के उद्देश्य से अपनी राजधानी से गुजरात की ओर सेना लेकर प्रस्थान (५१) कर चुका था। जब वह सुल्तानपुर के उपान्त में पहुंचा तो मलिक अलाउद्दीन बिन सोहराब ने, जो सुल्तान क़ुतुबुद्दीन की ओर से उस स्थान का हाकिम था, क़िले के द्वार बन्द कर लिये और तोप तथा बन्दूक़ से युद्ध प्रारम्भ कर दिया। सात दिन तक क़िले का अवरोध चलता रहा। तत्पश्चात् मुबारक खां बिन अहमद शाह के, जो सुल्तान क़ुतुबुद्दीन का चाचा था और जो सुल्तान मुहम्मद के राज्यकाल में (गुजरात) से चला आया था, कहने पर उसने सुल्तान महमूद से भेंट की। सुल्तान ने उसे क़ुरान शरीफ़ की शपथ दी। उसने धूर्तता की दृष्टि से शपथ लेते हुये कहा, "यदि अलाउद्दीन अपने स्वामी से विरोध करे तो क़ुरान उसके प्राण का शत्रु बन जाय।" उसने (महमूद ख़लजी ने) विश्वास करके उसकी स्त्री तथा बालक को मान्दू[2] भेज दिया और उसे सम्मानित किया। उसने दो प्रतिष्ठित सरदारों सहित उसे अपनी सेना के अग्रभाग में नियुक्त किया। वहां से वह निरन्तर यात्रा करता हुआ रवाना हुआ। जब वह सरकार भरौंच के अधीन सारसा पालरी नामक स्थान पर पहुंचा तो उसने (सुल्तान महमूद ख़लजी ने) मलिक मर्जान को जो भरौंच के क़िले का हवालादार[3] था, संदेश भेजा कि, "जिस प्रकार अलाउद्दीन बिन सोहराब सेवा में उपस्थित होने के कारण नाना प्रकार के आदर तथा सम्मान द्वारा सम्मानित हुआ है उसी प्रकार यदि तू भी आज्ञाकारिता स्वीकार कर ले तथा सहयोग प्रदान करे तो तेरे उद्देश्यों की भी पूर्ति हो जायगी। तुझे चाहिये कि प्रतिष्ठित व्यापारियों को, जिनका भरौंच में निवास-स्थान है, अपने साथ ले आये ताकि वे सेवा में उपस्थित हो जायं।" मलिक मर्जान[4] ने कठोर उत्तर देकर क़िले को दृढ़ बनाना प्रारम्भ कर दिया और युद्ध के लिये तैयार हो गया।

सुल्तान महमूद ने अलाउद्दीन से पूछा, "भरौंच का क़िला कितने दिन में विजय हो जायगा?" उसने उत्तर दिया कि, "कम से कम छः सात मास तक क़िले का अवरोध करना होगा। प्रत्येक दिशा में

१ इसी पृ० पर सुल्तान की मृत्यु २० मुहर्रम ८५५ हि० (२२ फ़रवरी १५५१ ई०) लिखी है। इस प्रकार सिंहासनारोहण की तिथि २१ मुहर्रम ८५५ हि० (२३ फ़रवरी १४५१ ई०) होनी चाहिये।
२ इसे मन्दू, एवं मांदू दोनों ही लिखा गया है।
३ रक्षक।
४ फ़रीदी के अनुसार 'सीदी मर्जान' (पृ० २७)।

सुरंगें लगानी होंगी और साबात[1] तैयार कराने होंगे। उस पर भी (सफलता में) सन्देह है।" सुल्तान ने कहा, "हम चाहते हैं कि छः मास में समस्त गुजरात को अधिकार में कर लें और वहां से प्रस्थान करके नर्बदा नदी को पार करके बरोदा की ओर रवाना हों।"

उस मंज़िल से जहां से नरयाद को मार्ग जाता है सुल्तान के एक मस्त हाथी ने खुल कर बदमस्ती प्रारम्भ कर दी और सेना से निकल कर जंगल की ओर रवाना हो गया। संयोग से वह रातोंरात नरयाद पहुंच गया। उस स्थान के ज़ुन्नारदारों ने तलवार तथा बाण से हाथी की हत्या कर दी और बाहर निकल गये। जब प्रातःकाल सुल्तान नरयाद पहुंचा तो उसने देखा कि हाथी टुकड़े-टुकड़े कर दिया गया है। जब उसने घटना की पूछताछ कराई तो पता चला कि नरयाद के ज़ुन्नारदार यह कार्य करके बाहर निकल गये हैं। सुल्तान ने कहा, "गुजरात के जल में वीरता है कि ऐसे कार्य ज़ुन्नारदारों[2] द्वारा सम्पन्न होते हैं।"

## क़ुतुबुल आलम सैयिद बुरहानुद्दीन की सहायता की कहानी

(५२) संक्षेप में, वह वहां से बरोदा पहुंचा और उसने उस नगर को नष्ट कर डाला। इसी बीच में समाचार प्राप्त हुये कि "सुल्तान क़ुतुबुद्दीन ने अहमदाबाद नगर के पीरों[3] के आशीर्वाद से विजय हेतु कटिबद्ध होकर बांकानेर खानपुर[4] के स्थान पर जो महेन्द्री[5] नदी के घाट पर स्थित है, पड़ाव किया"; किन्तु 'तारीखे बहादुरशाही' के लेखक ने पीरों के आशीर्वाद का उल्लेख नहीं किया है। इस तुच्छ को गुजरात के विश्वस्त सूत्रों से जो कुछ ज्ञात हुआ है वह इस प्रकार है कि जब सुल्तान महमूद के आगमन के विषय में गुजरात वालों को ज्ञात हुआ तो वे बड़े आतंकित हुये। इसका कारण यह था कि गुजरात की सेना की संख्या बहुत थोड़ी थी और सुल्तान महमूद की सेना की संख्या बहुत अधिक थी।

गुजरात के पवित्र लोगों एवं सदाचारियों ने यह निश्चय किया कि "क्योंकि इस वंश वालों का प्रताप अपने काल के क़ुतुब मखदूम जहांनियां के कारण है अतः यह परमावश्यक है कि इस महान् कार्य में क़ुतुबुल आलम सैयिद बुरहानुद्दीन से सहायता की याचना की जाय। वे मखदूम जहांनियां के उत्तराधिकारी हैं अपितु वंश की दृष्टि से मखदूम जहांनियां वही हैं।" दूसरे दिन सुल्तान क़ुतुबुद्दीन को क़ुतुबुल अक़ताब (सैयिद बुरहानुद्दीन) की सेवा में प्रस्तुत करके उसे उनका मुरीद कर दिया गया। उनसे कहा गया कि, "आपको भली भांति ज्ञात है कि महमूद खलजी ८०,००० अश्वारोहियों तथा अत्यधिक हाथियों सहित गुजरात के आक्रमण का संकल्प करके आ रहा है। गुजरात का राज्य आपके पूर्वजों की देन है। आशा है कि आपकी कृपा से महमूद के उत्पात का निराकरण हो जायगा और यह युद्ध अधिक दिनों तक न चल सकेगा।" सैयिद बुरहानुद्दीन ने कहा, "तुम लोग संतुष्ट रहो। ईश्वर दुखियों तथा पीड़ितों का सहायक है किन्तु मैं दरवेशों के रुष्ट होने से, जिसका कारण तुम्हारा पिता है, चिन्तित हूं। यथासम्भव इसका भी उपचार किया जायगा।"

१ साबात :—एक प्रकार का ढँका हुआ मार्ग जिससे आक्रमणकारी बिना अधिक हानि के सुगमतापूर्वक क़िले पर आक्रमण कर सकते थे।

२ ब्राह्मणों।

३ सन्तों।

४ मूल पुस्तक में 'जानपुर बांकानेर' है किन्तु फ़रीदी के अनुसार 'बांकानेर खानपुर' (पृ० २७)।

५ फ़रीदी के अनुसार 'माही' (पृ० २७)।

तत्पश्चात् सैयिद ने कहा कि, "कोई शेख़ कमाल के पास जाकर उनसे क्षमा-याचना कर सकता है?" उपस्थितगण ने निवेदन किया कि, "इस कार्य के लिये शाह मंझन से अधिक उपयुक्त कोई अन्य (५३) न होगा।" सैयिद ने कहा, "वास्तव में इस कार्य हेतु मंझन से अधिक उपयुक्त कोई अन्य नहीं।" तत्पश्चात् सैयिद ने शेख़ मंझन की ओर मुख करके कहा, "हमारी शुभकामना शेख़ की सेवा में पहुंचा दो और क्षमा-याचना करो तथा निवेदन करो कि पिता के अपराध का दंड पुत्र को न मिलना चाहिये। जो कुछ होना था वह हो गया अब आप क्षमा करें।

'क्षमा में जो आनन्द है वह प्रतिकार में नहीं।'

"आप सुल्तान महमूद को लिख दें कि वह संधि करके अपने राज्य को लौट जाय ताकि प्रजा को कष्ट से मुक्ति प्राप्त हो जाय।"

शाह आलम ने शेख़ की सेवा में उपस्थित होकर जो कुछ क़ुतुबुल अक़ताब (सैयिद बुरहानुद्दीन) से सुना था, शेख़ से कह दिया। शेख़ ने स्वीकार न किया और उचित उत्तर न दिया। शाह आलम ने लौट कर शेख़ से जो कुछ सुना था, वह क़ुतुबुल अक़ताब को सुना दिया। हज़रत क़ुतुब (सैयिद बुरहानुद्दीन) ने कहा, "बाबा पुनः जाओ, यह कार्य तुम्हीं सम्पन्न कर सकोगे। तुम शेख़ को मेरी शुभकामना पहुंचा कर कहो कि सर्वसाधारण के आराम पर दृष्टि रखनी चाहिये और क्षमा के अनुसार कार्य करना चाहिये। इससे अत्यधिक मनुष्यों का उपकार होगा। जो लोग क्रोध को अपने वश में करते हैं और लोगों का उपकार करते हैं, ईश्वर ऐसे सदाचारियों से प्रेम करने लगता है।"

**छन्द**

"पूज्य फ़िरदौसी ने क्या ख़ूब कहा है, उसकी पवित्र क़ब्र पर ईश्वर कृपा करे।<br>
एक चियुंटी को भी, जो दाना खींचती है, कष्ट मत दो,<br>
कारण कि उसके प्राण होते हैं और प्रिय प्राण सभी को अच्छे लगते हैं।"

शाह ने शेख़ की सेवा में पुनः उपस्थित होकर शुभकामना करते हुये संदेश प्रस्तुत किया और पुनः क्षमा-याचना की। शेख़ ने पूर्व की भांति इस बार भी कठोरता एवं क्रोध से परिपूर्ण उत्तर दिया। शाह (आलम) दुखी होकर क़ुतुबुल अक़ताब की सेवा में पहुंचे और जो कुछ हुआ था, उसकी चर्चा करते हुये निवेदन किया, "शेख़ अभिमान त्याग कर मनुष्यता की ओर नहीं आता, इस कारण मुझे उसके पास जाते हुये अच्छा नहीं लगता।" क़ुतुबुल अक़ताब ने कहा, "हमारी दृष्टि सर्वसाधारण की सुख-शान्ति पर है। (५४) इस कार्य में अपने अपमान की ओर ध्यान न देना चाहिये। इस बार तुम पुनः जाओ और निवेदन करो कि, 'आपका दास बुरहानुद्दीन आपके चरणों का चुम्बन करके निवेदन करता है कि मुहम्मद साहब तथा उनकी सन्तान के प्रति निष्ठा के विचार से इस अपराध के क्षमा का दास को ऋणी बना कर प्रतिकार को त्याग दें। मान्दू के लोग बड़े निष्ठुर हैं और इस प्रदेश वाले उनके साथ जीवन न व्यतीत कर सकेंगे।" शाह (आलम) ने पुनः शेख़ की सेवा में उपस्थित होकर सैयिद का संदेश प्रस्तुत किया।

शेख़ कमाल, दरवेशी के उच्च स्थान से अनभिज्ञ था। वह परिणाम को न समझ सका। तपस्या तथा सुमिरन की अधिकता के कारण उसे निपुणता प्राप्त हो गई थी और वह इसी से प्रसन्न था। उसे दैवी रहस्य का, जो असीम है, कोई ज्ञान न था अन्यथा वह क़ुतुबे रब्बानी के आग्रह पर परिणाम को समझ जाता और उनकी इच्छा के अधीन हो जाता। यह समझ लेना चाहिये था कि गुजरात का राज्य

यदि सुल्तान क़ुतुबुद्दीन के भाग्य में न होता तो क़ुतुबुल अक़ताब कदापि क्षमा-याचना न करते कारण कि नबी[1] लोग असम्भव कार्य की इच्छा नहीं करते और वली[2] लोग, जो उनके अधीन हैं, भी असम्भव कार्य की इच्छा नहीं करते, अतः सैयिद की क्षमा-याचना पर्याप्त थी......

शेख़ ने इस रहस्य से अनभिज्ञता के कारण पुनः कठोर उत्तर देने प्रारम्भ कर दिये और कहा कि, "मैंने सात वर्ष की नमाज़ तथा रोज़े के उपरान्त गुजरात का राज्य ईश्वर से सुल्तान महमूद ख़लजी को प्रदान कराया है। जिस व्यक्ति ने मुझ पर अत्याचार किया है उसके पुत्र को गुजरात का राज्य किस प्रकार दिलवाऊं और महमूद ख़लजी को, जो दरवेशों का मित्र तथा भक्त है, किस प्रकार निराश करके लौटा दूं? सैयिद बुरहानुद्दीन को मेरी शुभकामनायें पहुंचा कर कह दो कि जो बाण लक्ष्य तक पहुंच चुका हो उसे लौटा लाना असम्भव है।" शाह आलम ने मुस्करा कर कहा:

छन्द

(५५) "सन्तों को ईश्वर की ओर से यह शक्ति प्राप्त है,
वे फेंके हुये बाण को मार्ग से लौटा ला सकते हैं।"

शेख़ ने यह बात सुनकर कहा, "यह बालकों का खेल नहीं जो क्षण-क्षण पर परिवर्तित होता रहे। लौहे महफ़ूज़[3] पर देखो कि गुजरात का राज्य मानक[4] बादशाह के अधिकार से निकल चुका है और महमूद ख़लजी को प्रदान हो गया है" और हाथ ऊपर करके परोक्ष से काग़ज़े तूसी[5] लेकर शाह आलम को दे दिया और कहा, "यह गुजरात के राज्य का फ़रमान है जो महमूद ख़लजी के नाम पर तैयार किया गया है। अब इस विषय में अधिक आग्रह से कोई लाभ न होगा। लौट जाओ और जो वास्तविक बात है उसका अपने पिता से उल्लेख कर दो।" यह उत्तर सुनकर सैयिद (शाह आलम, मंझन) को अत्यधिक क्रोध आ गया और उन्होंने उस काग़ज़ को तत्काल फाड़कर कहा, "इस फ़रमान की क़ुतुबुल अक़ताब के परवाने के बिना ईश्वर के यहां पुष्टि नहीं हो सकती।" उस समय शेख़ को परिणाम का पता चला और वह समझ गया कि भाग्य में इसी प्रकार लिखा था। सर्वप्रथम शेख़ अचेत हो गया और उसने कहा, "सैयिद के पुत्र ने हिंसा प्रदर्शित की" यह कहकर प्राण त्याग दिये। जब क़ुतुबुल अक़ताब (सैयिद बुरहानुद्दीन) को यह समाचार प्राप्त हुये तो उन्होंने कहा, "मंझला ने शीघ्रता से कार्य किया। अब भी धैर्य से कार्य लेना चाहिये था।"

## सुल्तान महमूद ख़लजी का आक्रमण

सुल्तान महमूद को जब इस घटना के समाचार मिले तो उसने अभिमानवश तथा युद्ध के अस्त्र-शस्त्र, तोप-बन्दूक़ की अधिकता के कारण शिक्षा नहीं ग्रहण की और निरन्तर कूच करता ही गया।

१ ईश्वर के दूत। मुसलमानों का विश्वास है कि उनकी संख्या, १,२४,००० थी और मुहम्मद साहब अन्तिम दूत थे।

२ सन्त।

३ लौहे महफ़ूज़ :—मुसलमानों के विश्वास के अनुसार समस्त प्राणि का भाग्य आदिकाल से ही एक तख़्ती पर लिख जाता है जिसे 'लौहे महफ़ूज़' कहते हैं।

४ फ़रीदी के अनुसार 'टानक' (पृ० २८)।

५ तूस का काग़ज़। तूस ख़ुरासान के एक नगर का नाम है। सम्भवतः यहां तात्पर्य 'दैवी काग़ज़' से है।

गुजरात में बड़ी खलबली मच गई। इस प्रदेश के निवासियों में कुछ देश छोड़ने और कुछ आत्महत्या पर उद्यत हो गये। वे अपने घरबार से निराश हो गये। संक्षेप में सुल्तान क़ुतुबुद्दीन ने पीरे दस्तगीर[1] क़ुतुबुल अक़ताब से निवेदन किया, "यदि इस युद्ध में आप पधारने का कष्ट करें तो यह बड़े ही सौभाग्य की बात है, अन्यथा बाव जियु अर्थात् शाह आलम (बुरहानुद्दीन उन्हें इसी नाम से पुकारते थे) को आदेश दे दिया जाय कि इस सेना पर अपनी छाया डालें ताकि उनके चरणों के आशीर्वाद से ईश्वर विजय प्रदान करे।" क़ुतुबुल अक़ताब ने उनसे कहा, "क़ुतुबुद्दीन पर अत्याचार हुआ है और महमूद अत्याचारी है। जिस पर अत्याचार हुआ हो उसकी सहायता पुण्य है। तुम उसका साथ दो।" शाह (आलम) ने सेना के साथ प्रस्थान किया। अहमदाबाद से दूसरे पड़ाव पर जल का अभाव हो गया यहां तक कि शेख़ के तहुज्जद[2] (५६) की नमाज़ के वज़ू[3] हेतु भी जल प्राप्त न हो सका। उन्होंने सुल्तान क़ुतुबुद्दीन से कहा, "सेना के शिविर की वायु की ख़राबी तथा मार्ग के कष्ट के कारण मैं आज्ञा चाहता हूं। तुम निश्चिन्त रहो। ईश्वर की ओर से विजय तुम्हारी है।" सुल्तान ने निवेदन किया कि, "आप अपनी तलवार मुझे प्रदान कर दें।" सैयिद ने कहा, "तलवार, जूता तथा लाठी जो कोई वस्तु भी दरवेशों की होती है, उसमें प्राण होते हैं। तुम लोग बादशाह हो। सम्भव है कि तुम्हारे द्वारा उनके सम्बन्ध में कोई ऐसा कार्य सम्पन्न हो जाय जो दरवेशों के योग्य न हो। उस समय इस तलवार से तुम्हें हानि होगी।" सुल्तान सैयिद के चरणों पर गिर पड़ा और उसने कहा, "मुझे आप लोगों ने धूल से उठाया है। आप मेरे आश्रयदाता एवं मेरे पीर के पुत्र हैं। मैं आपके प्रति किस प्रकार धृष्टता कर सकता हूँ?" सैयिद ने कहा, "भाग्य से वह दिन भी आने वाला है, और जो कुछ कहा गया वह होने वाला है।" सुल्तान रोने लगा। शाह (आलम) ने अपनी तलवार सुल्तान को दे दी।

उसी समय यह चर्चा की गई कि "सुल्तान महमूद के पास एक पर्वतरूपी हाथी है और वह दैत्य के समान है। उसका नाम ग़ालिबजंग है। नक़्क़ारे की ध्वनि से वह मस्त हो जाता है। उस दशा में कोई भी हाथी उसका मुक़ाबला नहीं कर सकता। यदि किसी की उससे मुठभेड़ हो जाय तो वह बच नहीं सकता और वह (ग़ालिबजंग) उसके पेट को फाड़े बिना नहीं छोड़ता। इसी कारण उसे क़साई कहा जाता है।"

शाह (आलम अर्थात् बाब जियु) ने यह सुन कर कहा, "सुल्तान के ख़ासे के समस्त हाथी प्रस्तुत किये जायं।" उन हाथियों में एक ऐसा हाथी था, जो अभी मस्ती पर नहीं आया था। उसे पृथक् कर दिया गया। शाह ने उसके सिर तथा मुख पर हाथ फेर कर कहा "हे शुदनी! क़साई का पेट फाड़ डाल।" तदुपरान्त एक बिना नोक का बाण धनुष में लगा कर सुल्तान महमूद की सेना की ओर फेंका और कहा, "यह बाण सीधा महमूद के छत्र में पहुंच गया और उसे तोड़ डाला।" तत्पश्चात सुल्तान ने शाह (आलम) को विदा करके उस स्थान से प्रस्थान किया।

जब उसने महेन्द्री नदी के घाट पर बांकानेर ख़ानपुर[4] नामक स्थान पर पड़ाव किया तो चाम्पानीर के राजा गंगदास ने, जिसने विद्रोह कर दिया था और सुल्तान महमूद से मिलकर उसका मार्गदर्शक बन गया,

१ आश्रयदाता सन्त।
२ रात्रि के समय की नमाज़ें जो अनिवार्य नहीं हैं।
३ नमाज़ तथा पवित्र रहने के लिये क्रमशः हाथ मुंह धोना।
४ मूल पुस्तक में 'जानपुर बांकानेर', फ़रीदी के अनुसार 'बांकानेर ख़ानपुर'।

(५७) था, सुल्तान महमूद से निवेदन किया कि "खानपुर[1] का घाट शत्रु ने रोक लिया है अतः यदि आदेश हो तो बारासीनूर[2] परगने के अधीन इतयारी[3] घाट को पार करके कबीर बंज[4] के मार्ग पर पहुंच जायं।" सुल्तान ने इसे स्वीकार कर लिया और उपर्युक्त मार्ग की ओर प्रस्थान किया।

उस पड़ाव पर मलिक एमादुद्दीन बिन सोहराब ने अपने मित्र अमीरों से कहा, "मैंने शपथ ली थी कि अपने स्वामी का साथ न छोड़ूंगा। मेरा स्वामी सुल्तान क़ुतुबुद्दीन है। मैं उसके पास जाता हूं। तुम लोग उस मार्ग पर जिस पर तुम्हारा स्वामी जाय प्रस्थान करो।" वहां से उसने पृथक् होकर सुल्तान क़ुतुबुद्दीन के चरणों के चुम्बन का सम्मान प्राप्त किया और कहा "शत्रु कबीर बंज के मार्ग पर गया हुआ है। स्वामी भी उसी ओर प्रस्थान करें।"

सुल्तान क़ुतुबुद्दीन ने सुल्तान महमूद के पहुंचने के पूर्व कबीर बंज क़स्बे में अपने शिविर लगवा दिये। दूसरी ओर से सुल्तान महमूद ने भी तीन कोस पर पहुंच कर पड़ाव कर दिया। सफ़र[5] मास की अन्तिम रात्रि में सुल्तान महमूद ने रात्रि में छापा मारने के उद्देश्य से अपने शिविर से प्रस्थान किया। उसका मार्ग दर्शाने वाला मार्ग भूल गया। वह रात भर तेली के बैल के समान घूमता रहा और किसी स्थान पर न पहुंच सका। प्रातःकाल सुल्तान क़ुतुबुद्दीन ने अपनी सेना संगठित की। दायां भाग बहुत बड़ी सेना तथा ख़ूंख़्वार हाथियों सहित दिलावर ख़ां के अधीन किया। बायां भाग मलिक निज़ाम मुख़लिसुलमुल्क को सौंपा। मध्य भाग में वह स्वयं तथा ख़ाने जहां, मलिक मुनीर वज़ीर, मत्था ख़ां बिन मुज़फ़्फ़र शाह, ज़ियाउलमुल्क, तुग़ान शाह खत्री जिसकी उपाधि इफ़्तेख़ार ख़ां थी, सिकन्दर ख़ां बिन सुल्तान मुहम्मद बिन अहमद शाह, मलिक हलीम आज़म ख़ां तथा क़दर ख़ां को रक्खा; उसने अग्र भाग का सरदार वीर तथा अनुभवी दिलावर ख़ां को नियुक्त किया। उस ओर से सुल्तान महमूद ने बायें भाग को दायें भाग के सामने, दायें भाग को बायें भाग के सामने और अग्र भाग को अग्र भाग के मुक़ाबले पर नियुक्त किया।

(५८) कहा जाता है कि जब युद्ध प्रारम्भ हुआ तो सुल्तान महमूद हाथी पर सवार हुआ और काला छत्र अपने सिर पर लगवाया। ग़ालिबजंग नामक हाथी को कुंजी के समान विजय का ताला खोलने के लिये आगे रक्खा। किन्तु उसे यह ज्ञात न था।

### छन्द

"जो गांठ भाग्य के कारण बंध चुकी हो, वह कभी किसी उपाय से खुल सकती है?"

उसने उस हाथी को ताले के समान अपनी सेना के कोट के द्वार पर इस उद्देश्य से रक्खा था कि वह किसी कुंजी से न खुल सकेगा। उसे इस घटना की सूचना न थी।

१ मूल पुस्तक में 'जानपुर'।
२ फ़रीदी के अनुसार 'बालासीनूर' (पृ० ३०)।
३ फ़रीदी के अनुसार 'इतादी' (पृ० ३०)।
४ फ़रीदी के अनुसार 'कपड़ वंज'; कैरा जिले की मुख्य तहसील (पृ० ३०)।
५ सम्भवतः सफ़र ८५५ हि० (२ अप्रैल १४५१ ई०) किन्तु मूल पुस्तक ही में पृ० ५६ पर विजय की तिथि १ सफ़र ८५५ हि० (५ मार्च १४५१ ई०) लिखी है।

**छन्द**

"बहुत से ताले जिनकी कुंजी नहीं होती,
उनके खोलने वाले दृष्टिगत हो जाते हैं।"

सुल्तान क़ुतुबुद्दीन रणक्षेत्र में कई रंगों के घोड़े पर सवार था और हरा छत्र सिर पर लगाये था। संक्षेप में दोनों बादशाह अपनी-अपनी सेना के मध्य में खड़े हुये वीरता का प्रदर्शन कर रहे थे और सैनिकों के प्रोत्साहन हेतु उन्हें पुरस्कार का आश्वासन दिला रहे थे।

कहा जाता है कि सर्वप्रथम चन्देरी के हाकिम सुल्तान मुज़फ़्फ़र ख़ां ने सुल्तान महमूद की ओर से कुछ प्रतिष्ठित हाथियों सहित सुल्तान क़ुतुबुद्दीन की सेना के बायें भाग पर आक्रमण किया और उसे पराजित करता हुआ सुल्तान क़ुतुबुद्दीन के शिविर तक चढ़ गया और लूटमार प्रारम्भ कर दी, यहां तक कि सुल्तान क़ुतुबुद्दीन के ख़ज़ानों को अपने घोड़ों पर लदवाना प्रारम्भ कर दिया। इसी बीच में सुल्तान क़ुतुबुद्दीन की सेना के दायें भाग ने सुल्तान महमूद की सेना के बायें भाग को पराजित कर दिया और दोनों ओर के अग्र भाग युद्ध करने लगे। यहां तक कि मध्य भाग की बारी आ गई। सुल्तान क़ुतुबुद्दीन के हाथी ग़ालिबजंग के सामने से भाग खड़े हुये। सुल्तान ने कहा, "शुदनी को सामने लाओ ताकि वह क़साई का पेट फाड़ डाले, कारण कि बाब जियु ने यही कहा है।" शुदनी दौड़ कर क़साई से भिड़ गया। इसी बीच में कुछ हाथियों जैसे डीलडौल वाले तथा सिंहों की हत्या करने वाले वीरों का एक समूह जो ध्वालक़ा के निवासी थे और दुरवाज़िया कहलाते थे घोड़ों से उतर पड़ा और उन्होंने क़साई के पांव की नसें
(५९) काट दीं। वह बैल के समान भूमि पर गिर पड़ा। शुदनी के दांत कुंजी के समान क़साई के पेट में घुस गये और उसकी आंतें ताले के पुर्ज़ों के समान बाहर निकाल डालीं। इसी प्रकार परोक्ष से एक बाण सुल्तान महमूद के चत्र में प्रविष्ट हो गया और शाह आलम का चमत्कार जिसका ऊपर उल्लेख हो चुका है प्रकट हो गया और उसका छत्र टूट गया। यह देखकर सुल्तान महमूद की सेना पराजित हो गई।

मुज़फ़्फ़र ख़ां, जो इस विद्रोह की जड़ था, बन्दी बना लिया गया। सुल्तान ने आदेश दिया कि उसका शीर्ष उसके शरीर से पृथक् करके कबीर बंज[1] के द्वार पर लटका दिया जाय। यह घटना शुक्रवार १ सफ़र ८५५ हि० ( ५ मार्च १४५१ ई०) को घटी। संक्षेप में, सुल्तान महमूद जिसने अस्त्र-शस्त्र तथा सेना की अधिकता पर भरोसा किया था, पराजित हो गया और सुल्तान क़ुतुबुद्दीन, जिसने दरवेशों के वचन पर विश्वास किया था, विजयी हुआ।

कहा जाता है कि बिदा होते समय शाह आलम ने सुल्तान से कहा कि "अपनी सफलता के लिये मनौती करो।" सुल्तान ने कहा, "आपका जो आदेश हो वह करूं।" शाह आलम ने कहा, "जो तुम्हारी इच्छा हो।" सुल्तान ने कहा, "मैं मनौती करता हूं कि प्रत्येक पैग़म्बर[2] की आत्मा के लिये एक सोने का तन्का फ़क़ीरों को बांटने के लिये भेजूंगा।" शाह (आलम) ने कहा,
(६०) "यह बहुत अधिक है। सांसारिक व्यक्तियों के लिये इतना अधिक दान करना बड़ा कठिन है।" सुल्तान ने आग्रह किया। शाह (आलम) ने कहा, "सोने के तन्के के स्थान पर चांदी का तन्का कर दो।"

१ फ़रीदी के अनुसार 'कपड़ बंज'।
२ नबी, ईश्वर के दूत जिनकी संख्या मुसलमानों के अनसार १,२४००० है।

सुल्तान ने स्वीकार कर लिया। कहा जाता है कि सुल्तान ने विजय के उपरान्त ७०,००० चांदी के तन्के भेजे। शाह (आलम) ने कहलाया कि "पैग़म्बरों की संख्या ७०,००० से अधिक है" और धन लौटा दिया। सुल्तान ने इस ओर ध्यान न दिया। शाह (आलम) ने अपने ख़ज़ाने से १,२४,००० चांदी के तन्के फ़क़ीरों को बँटवा दिये। सुल्तान क़ुतुबुद्दीन ने क़ुतुबुल अक़ताब शेख (बुरहानुद्दीन) से कहा, "मैंने ७०,००० तन्के शाह आलम की सेवा में भेजे किन्तु उन्होंने स्वीकार न किये और उन्हें लौटा दिया, किन्तु मनौती के विषय में कुछ न कहा।" क़ुतुबुल अक़ताब ने शाह आलम से कहा, "बाबा फ़ुतूह[1] के विषय में कोई वाद-विवाद नहीं किया जाता। जो कुछ सुल्तान क़ुतुबुद्दीन ने भेजा था, उसे लौटाना न चाहिये था।" शाह आलम क़ुतुबुल अक़ताब के सम्मान के कारण चुप रहे और उन्होंने कुछ न कहा। इस घटना से शाह आलम सुल्तान क़ुतुबुद्दीन से खिन्न हो गये।

कहा जाता है कि जब सुल्तान महमूद ख़लजी गुजरात की सीमा पर पहुंचा तो बहुत से हिन्दू अहले क़लम[2] जिन्हें सुल्तान मुहम्मद ने दंड दे रक्खा था, सुल्तान महमूद की सेवा में पहुंचे। सुल्तान ने उन लोगों से गुजरात के राज्य की तक़सीम[3] मंगवाई। उन लोगों ने जब उसे प्रस्तुत किया तो उन्होंने देखा कि विलायत[4] के दो भाग सैनिकों की जागीर तथा शाही खालसे में और एक भाग दान के लिये ऐमा आदि के रूप में दिया जाता है। कहा जाता है कि इतना दान सुल्तान क़ुतुबुद्दीन के राज्यकाल तक होता था। तत्पश्चात् प्रत्येक ने इसमें वृद्धि की। सुल्तान महमूद ने कहा, "गुजरात के राज्य को विजय करना बड़ा कठिन है। यहां दिन की सेना भी सुव्यविस्थत रहती है और रात्रि की भी[5]।"

## सुल्तान का भोग-विलास

(६१) संक्षेप में, जब सुल्तान क़ुतुबुद्दीन विजय तथा सफलता प्राप्त करके लौटा तो अहमदाबाद में वह भोग-विलास में पड़ गया और सर्वदा शाही जश्न किया करता था और बादशाहों के समान सभायें कराया करता था। वह अपना समय मदिरापान तथा माशूक़ों से प्रेम में व्यतीत किया करता था। उसने भव्य भवनों का निर्माण कराया उदाहरणार्थ कांकरिया हौज़ जो अद्वितीय है, बाग़े नगीना जो उपर्युक्त हौज़ के मध्य में स्थित है, मकदपुर के महल जिनमें से प्रत्येक स्वर्ग के उपवनों तथा महलों के समान है। फ़क़ीर ने इससे पूर्व इनमें से प्रत्येक को देखा था। इस समय उन महलों का अब कोई चिह्न नहीं, केवल उपर्युक्त हौज़ तथा उद्यान शेष हैं।

## नागौर पर आक्रमण

८५५ हि० (१४५१-५२ ई०) में सुल्तान महमूद ने नागौर की विलायत[6] पर चढ़ाई की। सुल्तान क़ुतुबुद्दीन ने सैयिद अताउल्लाह को, जिसकी उपाधि क़िवामुलमुल्क थी, एक बहुत बड़ी सेना

१ वह धन जो बिना मांगे आलिमों तथा सूफ़ियों इत्यादि को लोग अपनी श्रद्धा अनुसार भेंट करते हैं।
२ कार्यालयों में लिखने-पढ़ने का कार्य करने वाले।
३ राज्य में जो धन का वितरण होता है।
४ राज्य।
५ दान पाने वालों को रात्रि की सेना कहा गया है, जो रात्रि में ईश्वर की उपासना किया करते थे और राज्य की समृद्धि की ईश्वर से शुभकामना करते थे।
६ राज्य।

देकर, नागौर के हाकिम की सहायतार्थ नियुक्त किया। वह सांभर के निकट पहुंचा ही था कि सुल्तान महमूद सूचना पाकर युद्ध किये बिना ही अपने राज्य की ओर लौट गया। क़िवामुलमुल्क भी अपने प्रदेश की ओर वापस चला गया।

## शम्स ख़ां का नागौर में अधिकार प्राप्त करना

इसके उपरान्त जब फ़ीरोज़ ख़ां बिन शम्स ख़ां दन्दानी की मृत्यु हो गई और फ़ीरोज़ ख़ां के भाई मुजाहिद ख़ां ने शम्स ख़ां बिन फ़ीरोज़ ख़ां के प्रति कठोरता प्रदर्शित करते हुये उसे निर्वासित कर दिया और नागौर का राज्य अपने अधिकार में कर लिया तो शम्स ख़ां ने राणा के पास पहुंच कर शरण ली और उससे सहायता लेकर नागौर पहुंचा। मुजाहिद ख़ां मुक़ाबला न कर सका और भाग कर सुल्तान महमूद ख़लजी के पास चला गया।

## राणा तथा शम्स ख़ां में शत्रुता

उस समय राणा चाहता था कि मैं नागौर के भवनों का खंडन करा दूं। शम्स ख़ां ने उसे रोका। बात यहां तक बढ़ गई कि दोनों में युद्ध हो गया। राणा रुष्ट होकर अपने राज्य को चला गया और उपर्युक्त झगड़े के कारण उसने पुनः सेना लेकर नागौर पर आक्रमण किया।

शम्स ख़ां नागौर के क़िले को दृढ़ करके सुल्तान क़ुतुबुद्दीन की सेवा में सहायता की याचना करने (६२) पहुंचा और उसने अपनी पुत्री का विवाह सुल्तान से कर दिया। सुल्तान ने राय अमीन चन्द मानक[1] तथा मलिक गदाई को अमीरों एवं सैनिकों सहित नागौर के क़िले वालों की सहायतार्थ भेजा और शम्स ख़ां को अपनी सेवा में रख लिया। उपर्युक्त अमीरों ने नागौर के समीप राणा से युद्ध किया। बहुत से मुसलमान मारे गये और असंख्य काफ़िरों को नरक पहुंचा दिया गया। किसी पक्ष को निश्चित रूप से विजय प्राप्त न हुई। राणा नागौर के समीप के स्थानों को विध्वंस करके अपने प्रदेश को लौट गया।

यह घटना सुनकर ८६० हि० (१४५५-५६ ई०) में सुल्तान ने नागौर के समीप के स्थानों के विध्वंस का बदला लेने के लिये राणा की विलायत[2] पर चढ़ाई की। मार्ग में सिरोही[3] के राजा कन्था देव[4] ने सुल्तान के चरणों के चुम्बन का सम्मान प्राप्त किया। उसने प्रार्थना की कि, "आबू के क़िले को जो हमारे पूर्वजों का निवास-स्थान है राणा ने मुझसे ज़बरदस्ती छीन लिया है। बादशाहे आलम मेरे प्रति न्याय करें।" सुल्तान ने मलिक शाबान एमादुलमुल्क को इस आशय से नियुक्त किया कि वह आबू के क़िले को राणा के सम्बन्धियों से छीन कर कन्था[5] को सौंप दे। मलिक ने कभी इस प्रकार की सेवा न की थी।[6] वह सेना सहित क़िले के सकरे मार्ग में प्रविष्ट हो गया और काफ़िरों का आना-जाना भी बन्द कर दिया। काफ़िर पर्वत के चारों ओर से युद्ध करने लगे। मलिक पराजित हुआ। बहुत बड़ी संख्या में उसकी ओर के सैनिक मारे गये।

१ फ़रीदी के अनुसार 'राय अमि चंद मानेक' (पृ० ३४)। सम्भवतः 'राय अमिय चन्द्र मणिक'।
२ राज्य।
३ 'सिरोही' तथा 'सरोही' दोनों प्रयुक्त हुए हैं।
४ सम्भवतः, 'कृष्ण देवरा' (फ़रीदी पृ० ३४)।
५ फ़रीदी के अनुसार 'कृष्ण देवरा'।
६ 'कभी पर्वतों में युद्ध न किया था'।

## राणा कुम्भा की पराजय

इस घटना की सूचना सुल्तान को कुम्भलमीर में प्राप्त हुई। इसी बीच में कुम्भलमीर के राणा ने क़िले से उतर कर युद्ध किया और पराजित होकर लौट गया और क़िले में प्रविष्ट हो गया। सुल्तान ने कुम्भलमीर को घेर लिया और बहुत बड़ी सेना राणा की विलायत के चारों ओर इस आशय से नियुक्त की, कि वह उसे नष्ट-भ्रष्ट कर दे। कहा जाता है कि इस बार राणा का राज्य इस प्रकार विध्वंस हुआ कि किसी हिन्दू के घर में भी किसी मवेशी का पता न चलता था। दास तो इतनी अधिक संख्या में प्राप्त हुये कि उनकी गणना न हो सकती थी। कुम्भा ने विवश होकर क्षमा-याचना कर ली और उचित कर देना स्वीकार किया और इस बात की प्रतिज्ञा की कि "मैं इसके पश्चात् पुनः नागौर अथवा इस्लामी राज्य पर आक्रमण न करूंगा।" सुल्तान लौटकर अपनी राजधानी में पहुंचा और बादशाहों के समान भोग-विलास तथा दान-पुण्य में व्यस्त हो गया।

## सुल्तान महमूद ख़लजी से संधि

कुछ समय पश्चात् सुल्तान महमूद ख़लजी के राजदूत यह संदेश लाये कि "मुसलमानों का परस्पर (६३) विरोध काफ़िरों के आराम का कारण बन जाता है। यह उचित होगा कि हम लोग भ्रातृ-भाव से संगठित होकर दुष्ट काफ़िरों, विशेष रूप से इस काफ़िर अर्थात् राणा कुम्भा के विनाश का, जिसके कारण अनेकों बार मुसलमानों को हानि पहुंची है, प्रत्यन करें। उस ओर से सुल्तान पधारें और इस ओर से मैं आऊं ताकि उसका विनाश कर दिया जाय और उसका आधा-आधा राज्य अपने-अपने अधिकार में कर लें।" सुल्तान ने यह बात स्वीकार कर ली और इस विषय में प्रतिज्ञायें हो गईं।

## राणा कुम्भा पर आक्रमण तथा उसकी पराजय

८६१ हि० (१४५६-५७ ई०) में सुल्तान ने राणा कुम्भा पर चढ़ाई की। उस ओर से सुल्तान महमूद चढ़ाई करके मन्दसौर क़स्बे तक पहुंचा। सुल्तान क़ुतुबुद्दीन ने सर्वप्रथम आबू के क़िले को विजय करके कन्था देव[1] को सौंप दिया और वहां से कुम्भलमीर पर चढ़ाई की और उसके समीप के स्थान नष्ट-भ्रष्ट कर दिये। उस समय कुम्भा का राणा, चित्तौड़ के क़िले के ऊपर था। सुल्तान ने चित्तौड़ की ओर प्रस्थान किया। राणा ४०,००० अश्वारोहियों तथा २०० प्रसिद्ध हाथियों सहित चित्तौड़ के नीचे उतरा और सकरे मार्गों तथा ऊबड़-खाबड़ भूमि के सहारे पर युद्ध करने लगा। कहा जाता है कि पांच दिन तक युद्ध होता रहा और जल के एक गिलास का मूल्य ५ भेदिये तक, जो १२ मुरादी तन्के के बराबर होता है, पहुंच गया था। पांचवें दिन इस्लामी सेना की विजय हुई। राणा पराजित होकर दुःख से परिपूर्ण चित्तौड़ के क़िले पर पहुँच गया। सुल्तान ने चित्तौड़ को घेर लिया। अन्त में राणा कुम्भा के वकील[2] शाही चौखट का चुम्बन करने के लिये पहुंचे और उन्होंने दीनता प्रकट करते हुये क्षमा-याचना की। सुल्तान ने राणा के उपहार स्वीकार किये। उन्होंने प्रतिज्ञा की कि "हम इसके उपरान्त नागौर की विलायत को हानि न पहुंचायेंगे।" उनकी प्रार्थना स्वीकार कर ली गई। सुल्तान अपनी

१ फ़रीदी के अनुसार 'कृष्ण देवरा' (पृ० ३५)।
२ प्रतिनिधि।

राजधानी को लौट गया। सुल्तान महमूद भी अपनी विलायत को लौट गया। राणा ने मन्दसौर तथा कुछ अन्य परगने जो मालवा की सीमा के समीप थे, सुल्तान महमूद को प्रदान करके उसे लौटा दिये।

## राणा कुम्भा द्वारा पुनः आक्रमण

कहा जाता है कि तीन मास उपरान्त राणा ने अपनी प्रतिज्ञा भंग करके नागौर के विध्वंस हेतु पुनः चढ़ाई की। आधी रात में मलिक शाबान एमादुलमुल्क वज़ीर को यह समाचार प्राप्त हुये। मलिक ने तत्काल महल के द्वार पर पहुंच कर सुल्तान के विषय में पता चलाया। पता चला कि वह सो रहा है। उसने कहा, "जगा दो।" सेवकों ने कहा कि "हममें इसका साहस नहीं।" मलिक स्वयं शयनागार में प्रविष्ट हो गया और सुल्तान के पांव सहलाने लगा। सुल्तान जाग उठा। पूछा, "कौन है?" उत्तर मिला "दास, शाबान।" उसने पूछा, "कुशल है?" शाबान ने कहा, "जी हां।" सुल्तान ने कहा, "बताओ!" उसने कहा, "समाचार प्राप्त हुये हैं कि पिशाच कुम्भा ने पुनः वचन भंग करके नागौर पर चढ़ाई कर दी है। यदि सुल्तान इसी समय कूच का नक़्क़ारा बजवा दें और स्वयं नगर के बाहर पड़ाव करें तो राजा यह
(६४) समाचार पाते ही लौट जायगा और पुनः वह इस प्रकार का साहस न कर सकेगा अन्यथा बहुत समय तक युद्ध करना पड़ेगा। इसी समय उचित देख-रेख करनी चाहिये।" सुल्तान ने कहा, "मुझे नींद आ रही है और मैं सवार नहीं हो सकता।" मलिक ने निवेदन किया, "पालकी पर सवार हो जाइये।" सुल्तान ने तत्काल कूच का नक़्क़ारा बजवा दिया और स्वयं पालकी पर सवार होकर नगर के बाहर कुम्भलमीर की ओर पड़ाव किया। राणा के गुप्तचरों ने तत्काल जो घटना घटी थी, उसकी सूचना कर दी। राणा यह समाचार पाते ही लौट गया और अपनी विलायत[1] को चला गया।

## सिरोही पर आक्रमण

तत्पश्चात् ८६२ हि० (१४५७-५८ ई०) में सुल्तान क़ुतुबुद्दीन ने सिरोही पर चढ़ाई की और वहां से राणा की विलायत पर आक्रमण करके उसे नष्ट-भ्रष्ट कर दिया और लौट गया।

## सुल्तान की मृत्यु

२० रजब ८६३ हि० (२३ मई १४५९ ई०) को सुल्तान की मृत्यु हो गई। उसने २० वर्ष, छः मास तथा १३ दिन तक राज्य किया।

## सुल्तान द्वारा फ़तह ख़ां की हत्या का प्रयत्न

कहा जाता है कि जब सुल्तान क़ुतुबुद्दीन सिंहासनारूढ़ हुआ तो सुल्तान के सौतेले भाई फ़तह ख़ां[2] की माता मुग़ली ने अपनी बहिन बीबी मिरकी[3] द्वारा, जो सिन्ध के बादशाह जाम जूनां[4] की पुत्री तथा शाह आलम की पत्नी थी, शाह आलम की सेवा में शरण ली। बीबी मिरकी शाह भीकन की माता

१ राज्य।
२ सुल्तान महमूद बेगढ़।
३ फ़रीदी के अनुसार 'बीबी मिरग़ी'।
४ मूल पुस्तक में 'जाम ख़ूबां' किन्तु फ़रीदी के अनुसार 'जूनां'। यही उचित है।

थी। शाह आलम ने कहा कि, "तुम निश्चित होकर अपनी बहिन के साथ रहो। तुम्हें कोई हानि न पहुंचेगी।" फ़तह खां की माता बड़ी सावधानी से उस भवन में ख़ान की रक्षा करती थी, किन्तु सुल्तान क़ुतुबुद्दीन के भय से उसके प्राण शरीर में समाते न थे। कुछ समय उपरान्त सुल्तान क़ुतुबुद्दीन ने नशे की अवस्था में फ़तह खां का स्मरण किया और पूछा, "वह कहां है?" उत्तर मिला "वह शाह के घर में अपनी मौसी के साथ रहता है और शाह आलम की कृपा-दृष्टि द्वारा सम्मानित है।" सुल्तान के शरीर में ईर्ष्या की अग्नि धधक उठी और उसका भोग-विलास, क्रोध तथा आतंक में परिवर्तित हो गया और वह फ़तह खां के विनाश हेतु कटिबद्ध हो गया किन्तु उसे इस बात का ध्यान न था, कि यही बात उसके पतन तथा विनाश का कारण बनेगी।

(६५) एक दिन उसने शाह आलम की सेवा में सन्देश प्रेषित करके इस बात का प्रयत्न किया कि वह जिस प्रकार हो सके फ़तेह खां को भेज दें। शाह आलम ने कहलाया, "उसने अपने प्राणों के भय से दरवेशों के पास शरण ले रक्खी है। यह उचित नहीं कि उसे बन्दी बना कर आप को सौंप दिया जाय। आप शासक हैं। आपको जहां वह मिले उसे ले जायं।" सुल्तान ने गुप्तचरों को नियुक्त कर दिया और स्वयं नगर से निकल कर खेदपुर के महलों में, जो रसूलाबाद के निकट हैं, पड़ाव किया। वह स्थान शाह आलम का निवास-स्थान था। उसने आदेश दिया कि जैसे ही फ़तह खां के विषय में सूचना प्राप्त हो, सूचना पहुंचाई जाय और उसे बन्दी बना लिया जाय।

एक दिन सुल्तान ने अपनी खास पत्नी रानी रूपमंजरी को, जो शाह आलम की मुरीद थी, बहुत से ख्वाजासराओं के साथ उनके घर भेजा और आदेश दिया कि ढूँढ़कर फ़तह खां को बन्दी बना लिया जाय और इस बात पर बड़ा ज़ोर दिया कि, "जहां कहीं भी वह दृष्टिगत हो उसे छोड़ा न जाय और ले आया जाय।" रानी ने शाह आलम की सेवा में फ़तह खां को बैठा देखा। वह उसका हाथ पकड़ कर खींचने लगी। शाह आलम ने मुस्करा कर कहा, "आज तू फ़तह खां का हाथ खींच रही है, एक दिन वह भी तेरा हाथ खींचेगा।" अन्त में सुल्तान क़ुतुबुद्दीन की मृत्यु के उपरान्त रानी का विवाह फ़तह खां से हो गया। राज्य प्राप्त करने के उपरान्त फ़तह खां की उपाधि सुल्तान महमूद हुई। रानी ने शाह आलम की बात सुनते ही फ़तह खां का हाथ छोड़ दिया और शाह आलम से क्षमा-याचना की और वहां से लौट गयी। सुल्तान से जाकर उसने कह दिया, "यद्यपि बहुत ढूंढ़ा किन्तु कुछ पता न चला।"

कहा जाता है कि एक दिन एक गुप्तचर ने सुल्तान की सेवा में निवेदन किया कि, "फ़तह खां शाह आलम के पास अमुक घर में बैठा हुआ पाठ पढ़ रहा है। सुल्तान घोड़े पर सवार होकर घोड़ा दौड़ाता हुआ पहुँचा और निःसंकोच घर में प्रविष्ट हो जाना चाहा। मुक़बिल नामक द्वारपाल ने रोका। सुल्तान ने कहा, "बाब जियु के आदेश से मुझे रोकता है?" जब सुल्तान की आवाज़ शाह आलम के कान में पड़ी तो उन्होंने कहा, "मुक़बिल! आने दो।" शाह आलम ने फ़तह खां से कहा, "पढ़ डुगरे', अर्थात् हे वृद्ध ! पढ़।" सुल्तान को फ़तह खां लम्बी दाढ़ी, सफ़ेद भवों वाला कुबड़ा आदमी दिखाई पड़ने लगा। उस समय फ़तह खां की अवस्था दस वर्ष की थी। वह सुल्तान के साथ एक ही खाल पर बैठा रहा। सुल्तान उस कोठरी में चारों ओर दृष्टि डालता था और उसे शाह आलम तथा उस वृद्ध के अतिरिक्त कोई अन्य दृष्टि-गत न होता था। वह लज्जित होकर लौट गया और उसने गुप्तचरों को दंड दिया।

सुल्तान महमूद का कथन है कि "उन दिनों मुझे बालिकाओं के वस्त्र पहनाये जाते थे। यदि कोई
(६६) अचानक देख लेता तो मुझे न पहचान पाता था। जब मेरे विषय में सुल्तान क़ुतुबुद्दीन की खोज का बड़ा शोर हुआ तो मैं एक दिन घर के कोठे पर था। मेरी धाया मेरे साथ थी। किसी गुप्तचर ने सुल्तान को यह सूचना पहुंचा दी। सुल्तान दौड़ता हुआ कोठे पर चढ़ गया। मेरी धाया के प्राण निकल

गये। यह समाचार शाह आलम को प्राप्त हुये। उन्होंने कहा, 'भय मत करो। वह सिंह को किस प्रकार पकड़ सकता है।' सुल्तान ने मेरे हाथ पकड़ लिये। धाया ने शोर मचाया कि यह अमुक सूफ़ी की पुत्री है। सुल्तान ने मेरे 'लम्बे'[१] को खुलवा कर देखा। बालिकाओं के चिह्न देखकर मुझसे हाथ खींच लिया और उतर कर चला गया। उसने जो बात देखी थी उसकी चर्चा अपने सहचरों से की। उन्होंने कहा, 'जो कोई भी हो उसे ले आना चाहिये था।' सुल्तान पुनः कोठे पर पहुंचा और मेरा हाथ पकड़ लिया। मेरा पंजा उसे सिंह के पंजों के समान दृष्टिगत हुआ। वह उसे छोड़ कर भाग गया। उस दिन से उसने पुनः मेरे पकड़वाने का संकल्प न किया किन्तु उसका क्रोध शाह आलम के प्रति नित्यप्रति बढ़ता ही गया। किन्तु यह अग्नि भड़कने न पाती थी।"

इसी बीच में शाह आलम की पत्नी बीबी मरयम[२] की मत्यु हो गई। शाह आलम ने बीबी मुग़ली से कहलाया कि, "जब तक तुम्हारी बहिन जीवित थी, तुम महरम[३] थीं, अब यह उचित होगा कि तुम किसी पथक् स्थान पर जाकर रहो।" वे बड़ी दुखी हुईं। उन्होंने अपने चाचा जाम फ़ीरोज़ से कहा, "सर्वप्रथम मेरे माता-पिता ने मुझे शाह की सेविका बनाना निश्चय किया था किन्तु सुल्तान मुहम्मद ने ज़बरदस्ती मुझसे विवाह किया। यह इस प्रकार हुआ कि सिन्ध के बादशाह जाम जूना[४] के दो पुत्रियां थीं। एक बीबी मुग़ली और दूसरी बीबी मिरकी।[५] बीबी मिरकी से सुल्तान मुहम्मद का विवाह तथा बीबी मुग़ली से शाह आलम का विवाह निश्चय हुआ था। जब सुल्तान मुहम्मद ने बीबी मुग़ली के सौन्दर्य की प्रसिद्धि सुनी तो उसने जाम के अधिकारियों को कुछ धन देकर तथा कुछ डरा धमका कर इस बात के लिये तैयार करा लिया कि वे बीबी मुग़ली का विवाह सुल्तान से करा दें और बीबी मिरकी का शाह आलम से। जब शाह आलम को यह सूचना प्राप्त हुई तो उन्होंने क़ुतुबुल अक़ताब से यह बात कही। क़ुतुबुल अक़ताब ने कहा, 'बेटे तुसाद नसीब दोहूं व बच्चा।'[६] अर्थात् हे पुत्र ! तुम्हारे भाग्य में दोनों हैं।"

संक्षेप में जब शाह आलम ने बीबी मुग़ली की यह इच्छा देखी और क़ुतुबुल अक़ताब की बात का (६७) स्मरण किया तो उन्होंने बीबी मुग़ली से विवाह कर लिया। बीबी मुग़ली आसक्तों तथा दासियों के समान सेवा करती रहती थीं और रात-दिन शाह आलम की प्रसन्नता प्राप्त करने का प्रयत्न किया करती थीं। शाह आलम भी बीबी के सदाचरण एवं रूपवती होने के कारण उनका अत्यधिक ध्यान रखते थे। संयोग से बीबी मुग़ली एक रात्रि में शाह आलम से अत्यधिक प्रेम के कारण उनकी विशेष कोठरी को अपने सिर के केश से झाड़ रही थीं। शाह आलम को इस बात की सूचना मिल गई। उन्होंने बीबी के प्रति अत्यधिक प्रेम प्रदर्शित किया और कहा, "जो कुछ मांगना हो मांग लो। ईश्वर की दया के द्वार खुले हुये हैं।" बीबी ने कहा, "क्योंकि आपने फ़तह ख़ां पर कृपा करते हुये कह दिया है कि वह अपने पूर्वजों के सिंहासन पर आरूढ़ होगा, ऐसी अवस्था में यदि उससे कभी कोई धृष्टता हो जाय तो आप उससे रुष्ट न हों। मेरी इच्छा यही है।" शाह आलम ने कहा, "फ़तह ख़ां के भाग्य में गुजरात की बादशाही लिखी हुई है और शीघ्र ही उसे प्राप्त हो जायगी। यह भी निश्चय है कि वह धृष्टता करेगा किन्तु मैं तेरी प्रसन्नता के लिये उसे क्षमा कर दूंगा।"

१ पायजामा।
२ 'बीबी मिरकी' अथवा 'मिरग़ी'।
३ वे स्त्रियां जिनसे ऐसे निकट के सम्बन्ध हों कि उनसे विवाह न किया जा सकता हो।
४ मूल पुस्तक में 'जाम जानवा' किन्तु फ़रीदी के अनुसार 'जाम जूनां' (पृ० ३८)।
५ फ़रीदी के अनुसार 'मिरग़ी'।
६ यह वाक्य फ़ारसी ग्रन्थ में इसी प्रकार है ।

कहा जाता है कि एक दिन मेवे की एक टोकरी शाह आलम की सेवा में लाई गई। शाह आलम ने परिहास करते हुए टोकरी को फ़तह ख़ां के सिर पर रख दिया। बीबी मुग़ली ने कहा, "आप इस टोकरी को उलटा कर इसके सिर पर रख दें।" शाह ने मुस्करा कर बीबी की प्रशंसा की और उसी प्रकार कर दिया। अन्त में उसका परिणाम प्रकट हो गया। उसका छत्र चन्द्रमा से ऊंचा हो गया।

जब बीबी मुग़ली को शाह आलम का फ़र्राश होने का सौभाग्य प्राप्त हो गया तो सुल्तान क़ुतुबुद्दीन को यह बड़ा ही बुरा लगा। जो कुछ उसके हृदय में था, वह प्रकट हो गया। उसने खुल्लमखुल्ला झगड़ा करना तथा शिकायत करना प्रारम्भ कर दिया। एक दिन वह मदिरा के नशे में सवार हुआ और उसने रसूलाबाद के नष्ट-भ्रष्ट करने का आदेश दे दिया। लोग बहुत बड़ी संख्या में एकत्र हो गये और एक दूसरे की ओर देखते थे, किन्तु कोई भी अग्रसर न होता था और हर एक टालने का प्रयत्न करता था। सुल्तान घोड़े को भगाता जाता था और रसूलाबाद के नष्ट करने के सम्बन्ध में जिह्वा तथा हाथ हिलाता जाता था। इसी बीच में भाग्य से एक मस्त ऊंट प्रकट हुआ। सुल्तान ने तलवार खींच कर ऊंट पर फेंकी। तलवार ऊंट के न लगी अपितु सुल्तान के ज़ानू पर लग गई। सुल्तान घोड़े पर से गिर पड़ा (६८) और उसे पालकी में डालकर पड़ाव पर लाया गया। तीन दिन उपरान्त ८६३ हि० (१४६१–६२ ई०) में उसकी मृत्यु हो गई।

लोगों का कथन है कि यह ऊंट न था, अपितु मौत का फ़िरिश्ता था जो ऊंट के रूप में प्रकट हुआ था। कहा जाता है कि यह तलवार वही तलवार थी जिसे सुल्तान महमूद ख़लजी से युद्ध के समय बिदा होते हुये शाह आलम ने सुल्तान को प्रदान की थी।

कुछ लोग सुल्तान की मृत्यु की कहानी का अन्य प्रकार से उल्लेख करते हैं। वह इस प्रकार है कि एक दिन सुल्तान की इच्छा हुई कि "मैं अहमदाबाद नगर को अपने अन्तःपुर की स्त्रियों को दिखलाऊं।" उसने आदेश दे दिया कि, "कोई भी पुरुष घर के बाहर न निकले।" तत्पश्चात् वह अपने अन्तःपुर की स्त्रियों सहित प्रत्येक गली में भ्रमण करने लगा। अचानक एक व्यक्ति गली के पीछे से प्रकट हो गया। सुल्तान ने क्रोधित होकर उस पर तलवार का वार किया। वह व्यक्ति अदृश्य हो गया और तलवार सुल्तान के घुटने पर लगी और उसे तोड़ दिया। उसी घाव के कारण उसकी मृत्यु हो गई।

कहा जाता है कि सुल्तान के घाव की पीड़ा में क्षण-क्षण पर वृद्धि होती जाती थी और वह अच्छा न होता था। एक दिन अपने महल के झरोखे से वह सांभर नदी के तट की ओर देख रहा था। उसने देखा कि एक लकड़हारे ने अपने सिर पर लकड़ी का एक बोझ रक्खे हुये बड़े कष्ट से नदी पार की और लकड़ी का गट्ठा, जो वह अपने सिर पर रक्खे हुये था, उतारा और अपनी कमर से सूखी रोटी तथा कुछ प्याज़ निकाल कर बड़े शौक़ से खाना प्रारम्भ किया। तदुपरान्त नदी में उतर कर उसने जल पिया और एक दीवार की छाया में सो गया। सुल्तान ने कहा, "कितना अच्छा होता यदि मेरा राज्य इस लकड़हारे को दे दिया जाता और लकड़हारे का स्वास्थ्य मुझे प्रदान कर दिया जाता और मैं लकड़ी काटता रहता।"

'बहादुरशाही' का लेखक लिखता है कि शम्स ख़ां की पुत्री ख़ातून सुल्तान ने शम्स ख़ां के कहने से उसे विष दे दिया। जब सुल्तान मरने लगा तो सुल्तान क़ुतुबुद्दीन के अमीरों ने शम्स ख़ां की हत्या कर (६९) दी। सुल्तान की माता ने आदेश दिया कि कनीज़ें ख़ातून के टुकड़े-टुकड़े कर दें। यह भी दरवेशों से शत्रुता का परिणाम है कि ईश्वर मित्र से शत्रुओं का कार्य करा लेता है। बुद्धिमानों से यह बात छिपी न रहनी चाहिये कि जो बात सर्वप्रसिद्ध है तथा जो बात 'बहादुरशाही' के लेखक ने लिखी है उसमें सामंजस्य सम्भव है। सम्भव है कि सुल्तान के घायल होने के उपरान्त विष देने की भी घटना घटी हो।

# सुल्तान दाऊद बिन अहमद शाह बिन सुल्तान क़ुतुबुद्दीन

सुल्तान क़ुतुबुद्दीन की मृत्यु के उपरान्त तीसरे दिन वज़ीरों तथा अमीरों की सहमति से सुल्तान दाऊद बिन अहमद शाह २३ रजब[1] ८६३ हि० (२६ मई १४५९ ई०) को सिंहासनारूढ़ हुआ और अन्तिम रजब को पदच्युत हो गया। कहा जाता है कि अभी उसके आदेश प्रारम्भ भी न हुये थे कि उसने एक फ़र्राश को, जो उसकी खानी के समय उसका पड़ोसी था, एमादुलमुल्क की उपाधि प्रदान करने की आशा दिला दी, यद्यपि उत्कृष्ट वज़ीर एमादुलमुल्क जीवित था।[2] उस छिछोरे का यह कार्य प्रसिद्ध हो गया। वज़ीरों तथा बड़े-बड़े अमीरों ने परामर्श किया कि, "यद्यपि अभी उसकी आज्ञायें चालू नहीं हुई हैं किन्तु उसने ऐसे आदेश देने प्रारम्भ कर दिये हैं। जब उसकी आज्ञायें चलने लगेंगी तो पता नहीं वह किस प्रकार के आदेश दिया करेगा।"

इसके अतिरिक्त उसने सुल्तान अहमद के समय के आभूषणों तथा वस्त्रों का हिसाब लेना प्रारम्भ कर दिया। स्वर्गीय सुल्तान के अन्तःपुर की स्त्रियों के आभूषण राजकोष में जमा करा दिये।

कहा जाता है कि सुल्तान दाऊद का प्रथम आदेश यह हुआ कि, "कबूतरों का दाना तथा दीपकों का तेल कम कर दिया जाय।" अमीरों ने यह देख कर कहा कि, "यह व्यक्ति गुजरात पर राज्य करने (७०) के योग्य नहीं, और उसके स्थान पर फ़तह ख़ां को जिसका उल्लेख ऊपर हो चुका है आरूढ़ करना चाहिये। उसके ललाट से बादशाही शान टपकती है।" अलाउलमुल्क बिन सोहराब को इस आशय से भेजा गया कि वह फ़तह ख़ां की माता मख़दूमये जहां बीबी मुग़ली से इस विषय में निवेदन करके फ़तह खां को ले आये। बीबी ने प्रथम बार स्वीकार न किया। एमादुलमुल्क ने निवेदन किया कि, "गुजरात के राजसिंहासन हेतु इस व्यक्ति के अतिरिक्त कोई अन्य उपयुक्त नहीं। इस कार्य को रोकना उचित नहीं।"

अन्त में मलिक एमादुलमुल्क, फ़तह ख़ां को सवार करके शाही ऐश्वर्य से भदर की ओर रवाना हुआ। वज़ीरों तथा अमीरों ने उसका स्वागत करके अभिवादन किया और उसका नाम महमूद शाह रख कर उसके लिये शुभकामनायें कीं। कहा जाता है कि जब फ़तह ख़ां, शाही महलों के निकट पहुंचा तो बाजों की ध्वनि सुल्तान दाऊद के कानों में पहुंची। उसने पूछा, "क्या बात है?" उसे बताया गया कि, "राज्य का कार्य सुल्तान क़ुतुबुद्दीन के भाई फ़तह ख़ां को प्रदान कर दिया गया है। अमीर लोग उसे सिंहासनारूढ़ करने के लिये ला रहे हैं।" सुल्तान दाऊद उस झरोखे से जो सांभर[3] नदी की ओर है निकल गया और एकान्तवासी हो गया। उसने यह आयत[4] प्रमाणित कर दी: "तू जिसे चाहता है राज्य देता है और जिसे चाहता है उससे छीन लेता है।" समस्त सर्वसाधारण तथा विशेष व्यक्तियों ने देख लिया कि यह आयत कितनी सत्य है।

१ फ़रीदी के अनुसार ३ रजब ८६३ हि० (६ मई १४५९ हि०)। यही उचित है।
२ फ़रीदी की पोथी में सम्भवतः यह वाक्य भी था 'इसी प्रकार उसने एक तुच्छ व्यक्ति को बुरहानुलमुल्क की उपाधि प्रदान करने का वचन दे दिया यद्यपि इस नाम का अमीर जोकि क़ुतुबुद्दीन के अमीरों में सर्वश्रेष्ठ था, जीवित था'।
३ फ़रीदी के अनुसार 'साबरमती'।
४ क़ुरान का वाक्य।

कहा जाता है कि पदच्युत होने के उपरान्त सुल्तान दाऊद शेख अधन[1] रूमी की खानक़ाह को चला गया और उनका मुरीद होकर उनकी सेवा में रहने लगा। अल्प समय में उसने इस क्षेत्र में उन्नति कर ली और उन्हीं दिनों में उसकी मृत्यु हो गई।

## सुल्तान महमूद बेकरह[2] का सिंहासनारोहण और जूनागढ़ तथा चाम्पानीर के क़िले की विजय

(७१) दीन[3] का रक्षक सुल्तान महमूद शाह बेकरा रविवार प्रथम शाबान ८६३ हि० (३ जून १४५९ ई०) में अहमदाबाद के भव्य नगर में सिंहासनारूढ़ हुआ। गुजरात के कुछ लोग बेकरा नाम होने का यह कारण बताते हैं कि हिन्दी भाषा में 'बेकरा' ऐसी गाय को कहते हैं जिसकी दाईं तथा बाईं सींगें किसी व्यक्ति के दो हाथों के समान हों जो अपने हाथों को आलिंगन हेतु खोले हुये हो। सुल्तान की मूंछें उपर्युक्त सींगों के समान घनी तथा लम्बी थीं। इस कारण वह इसी नाम से प्रसिद्ध हो गया। कुछ लोगों का कथन है कि 'बे' शब्द गुजरात के हिन्दुओं की भाषा में 'दो' की संख्या को कहते हैं। 'करा' उनकी भाषा में 'क़िले' को कहते हैं। क्योंकि सुल्तान ने दो क़िले विजय किये—एक जूनागढ़ और दूसरा चाम्पानीर, इसी कारण सुल्तान महमूद को बेकरा कहते हैं।

### सुल्तान का चरित्र

यह बात छिपी न रहनी चाहिये कि सुल्तान महमूद गुजरात के सुल्तानों में चाहे वह पहले के हों और चाहे बाद के, न्याय की अधिकता, धर्मयुद्ध के प्रबन्ध, इस्लाम के आदेशों के प्रचार, तथा उत्कृष्ट मत के कारण सर्वश्रेष्ठ था। वह अपनी बाल्यावस्था एवं प्रौढ़ावस्था तथा वृद्धावस्था में बुद्धिमत्ता, शक्ति की अधिकता तथा दान-पुण्य में अद्वितीय था। राज्य तथा बादशाही के बावजूद उसकी भूख बहुत अधिक थी। सुल्तान का भोजन गुजरात के एक मन के बराबर होता था। वहां सेर, तोल में १५ बहलोली[4] के बराबर होता था। भोजन के उपरान्त वह ५ सेर भुने चावल खा जाता था। सोते समय उसके पलंग के दाईं और बाईं ओर चीनी की एक प्लेट में समोसे रख दिये जाते थे; जब वह जागता तो लेकर थोड़े से खा लेता था और सो जाता था। रात्रि में कई बार ऐसा होता था। प्रातःकाल उठकर नमाज़ के उपरान्त एक शहदे मक्की[5] का भरा हुआ प्याला, घी का भरा हुआ एक प्याला और १५० केले खा जाता था। वह कहा करता था कि "हे ईश्वर! यदि तूने महमूद को बादशाही न प्रदान की होती तो उसका पेट कौन भर सकता था।" मैथुन शक्ति उसमें इतनी अधिक थी, कि कोई भी स्त्री उसके साथ रतिक्रिया को सहन न कर पाती थी। केवल एक लम्बी हब्शी युवती थी जिससे, अनेक स्त्रियों से सम्भोग के बाद, रतिक्रिया के उपरान्त सुल्तान सन्तुष्ट होता था।

१ फ़रीदी के अनुसार 'अदहम'।
२ इस नाम को अनेक प्रकार से लिखा गया है, 'बेगड़ा' अथवा 'बेगढ़' अधिक प्रसिद्ध है।
३ धर्म (इस्लाम)।
४ मूल पुस्तक में 'पहलवी' है किन्तु फ़रीदी ने इसे 'बहलोली' पढ़ा है (पृ० ४२)।
५ मधु मक्खी का शहद।

(७२) जब वह सिंहासनारूढ़ हुआ तो उसकी अवस्था १३ वर्ष, दो मास तथा तीन दिन हो चुकी थी। उसने अपने पूर्वजों की प्रथानुसार सेना को इनाम-इकराम द्वारा सम्मानित किया और कुछ लोगों को उपाधियां प्रदान कीं।

## राज्य हेतु षड्यंत्र

जब इसी प्रकार कुछ मास व्यतीत हो गये तो कुछ दुष्ट अमीरों ने, जिनके नाम कबीरुद्दीन सुल्तानी अज़दुलमुल्क[1] 'मौलाना ख़िज़्री सफ़ी-उल-मुल्क', चांद बिन इस्माईल 'बुरहानुलमुल्क'[2] तथा ख़्वाजा मुहम्मद हुसामुलमुल्क थे, मलिक एमादुलमुल्क वज़ीर से शत्रुता के कारण, उसके पतन तथा विनाश हेतु षड्यन्त्र रचना प्रारम्भ किया। एक दिन एमादुलमुल्क के दरबख़ाना[3] पहुंचने के पूर्व उन्होंने सुल्तान से निवेदन किया कि, "एमादुलमुल्क नमकहरामी करने की योजना बना रहा है। वह अपने लघु पुत्र शिहाबुद्दीन को सिंहासनारूढ़ करके मनमाना कार्य करना चाहता है। हम लोग जिनको इस दरबार द्वारा आश्रय प्राप्त हुआ है किस प्रकार इस बात की उपेक्षा करें? इस विषय में वास्तविक चिन्ता करनी चाहिये।" सुल्तान ने कहा, "वह क्या?" उन लोगों ने कहा, "या तो उसे बन्दी बना लिया जाय और या उसकी हत्या करा दी जाय।" सुल्तान चुप हो रहा।

जब मलिक एमादुलमुल्क दरबख़ाने में पहुंचा तो अमीर लोगों ने, मलिक को बन्दी बना लिया और उसकी ग्रीवा में तौक़[4] तथा पांव में बेड़ी डाल दीं और अपने ५०० विश्वासपात्रों को उसकी रक्षा हेतु नियुक्त करके आदेश दिया कि वे उसे दरबार के कोठे पर जिसे भदर[5] कहते हैं ले जाकर उसकी रक्षा करें। वे लोग स्वयं सन्तुष्ट होकर अपने-अपने घरों को चले गये तथा भोग-विलास में ग्रस्त हो गये। रात्रि के प्रारम्भ होने पर अब्दुल्लाह शहनये फ़ील[6] ने सुल्तान की सेवा में गुप्त रूप से निवेदन किया कि, "एमादुलमुल्क का बन्दी बनाना राज्य के हित में उचित न था कारण कि मलिक के सहयोगी अमीर इस बात से भागने की तैयारी कर रहे हैं। विरोधी अमीर ने सुल्तान के चाचा "हबीब ख़ां"[7] को अपने घर में रख छोड़ा है। उनकी इच्छा है कि अवसर पाकर वे सुल्तान से विश्वासघात करें और हबीब ख़ां को सिंहासनारूढ़ कर दें। जो कुछ मैं जानता था, मैंने उसके विषय में निवेदन कर दिया। अब इसके उपरान्त सुल्तान की जो आज्ञा हो वह उचित है।" इन बातों को सुनकर सुल्तान अपनी माता के पास गया और उसने जो कुछ सुना था, उसे बता दिया। सुल्तान की माता ने मलिक अब्दुल्लाह को बुलवाया और उसे कई शपथ देकर उससे समस्त हाल पूछा। मलिक अब्दुल्लाह ने जो कुछ पहले कहा था, उसकी पुनरावृत्ति कर दी। सुल्तान ने अपने विशेष हितैषी दासों को, जिनके नाम मलिक हाजी, मलिक कालू तथा (७३) मलिक ईसा थे, बुलवाकर इस विषय में परामर्श किया। अन्त में यह निश्चय हुआ कि एमादुलमुल्क को मुक्त करवाने के उपरान्त अत्याचारी अमीरों के घरों को नष्ट करा दिया जाय ताकि वे अपने दुष्कृत्यों का फल भोग लें।

१ फ़रीदी के अनुसार 'कबीरुद्दीन सुल्तान बुरहानुलमुल्क'।
२ फ़रीदी के अनुसारः 'चांद बिन इस्माईल अज़दुलमुल्क'।
३ ड्योढ़ी।
४ हंसुली जो बन्दियों के गले में डाली जाती थी।
५ फ़रीदी के अनुसार 'भधर' (पृ० ७२)।
६ शाही हाथियों का मुख्य प्रबन्धक।
७ फ़रीदी के अनुसार 'हबीब ख़ां बिन (पुत्र) अहमद शाह'।

सुल्तान ने आदेश दिया कि मलिक अब्दुल्लाह समस्त हाथियों को सशस्त्र करके दरबार में ले आये। तत्पश्चात् सुल्तान बाहर निकल कर राजसिंहासन पर आसीन हुआ और शरफ़ुलमुल्क से कहा कि "एमादुलमुल्क हराम ख्वार[1] को बन्दीगृह से इस आशय से लाया जाय कि उसे दंड दूं और अन्य लोग शिक्षा ग्रहण कर सकें।" मलिक शरफ़ुलमुल्क वहां पहुंचा किन्तु अमीरों के रक्षकों ने सुल्तान की आज्ञाओं का पालन न किया। शरफ़ुलमुल्क लौट गया और उसने इस विषय में उल्लेख किया। सुल्तान स्वयं आगे बढ़कर भदर के बुर्ज पर पहुंचा और उसने क्रोध प्रदर्शित करते हुए उच्च स्वर में कहा कि, "शावान को ले आओ।" जब सुल्तान की आवाज रक्षकों के कान में पहुंची तो वे मलिक को बन्दीगृह से लेकर पहुंचे। सुल्तान ने कहा, "ऊपर लाओ ताकि इस नमकहराम से पूछूं कि बादशाह के क्रोध का भय न करके यह षड्यन्त्र क्यों रचा?" जब वह ऊपर लाया गया तो सुल्तान ने आदेश दिया कि, "बेड़ियां मलिक के पांव से पृथक् कर दी जायं।" रक्षकों ने जब यह हाल देखा तो कुछ लोग भाग कर अमीरों के पास चले गये। कुछ हाथ बांध कर खड़े हो गये और निवेदन किया कि, "हम सुल्तान के दास हैं और हमने सुल्तान के आदेशानुसार बन्दी बनाया था और अब सुल्तान के आदेशानुसार मुक्त करते हैं। इसमें हमारा कोई अपराध नहीं।"

सुल्तान ने उन लोगों को प्रोत्साहन दिया। प्रातःकाल सुल्तान भदर के ऊपर पहुंचा और वहीं बैठ गया। जब अमीरों को यह समाचार प्राप्त हुये तो वे अपनी सेना सहित सशस्त्र होकर दरबार की ओर रवाना हुये। उस समय दासों तथा असील[2] लोगों में कुल ३०० व्यक्ति सुल्तान की सेवा में उपस्थित थे। उनमें से कुछ लोगों ने कहा कि, "दरीचे के मार्ग से जो सांभर[3] नदी की ओर है निकल जाना चाहिये और किसी अन्य स्थान पर पहुंच कर सेना एकत्र करके लौटना चाहिये।" सुल्तान ने दृढ़तापूर्वक आचरण किया और दुःसाहसों की बात न सुनी। जब अमीर लोग दरबार के निकट पहुंचे तो मलिक शाबान, मलिक हाजो तथा मलिक कालू ने कहा कि, "यदि आदेश हो तो महावत लोग हाथियों को एक साथ उन हराम नमकों पर रेल दें और वे तत्काल भाग जायंगे।" सुल्तान ने आदेश दे दिया। और ५००-६०० हाथियों ने एक साथ आक्रमण कर दिया। उनका समूह छिन्न-भिन्न हो गया। अमीर लोग भाग खड़े हुये। उनके सैनिक अपने शरीर से अस्त्र-शस्त्र पृथक् करके अपने-अपने घरों में घुस गये। अमीर लोग भाग कर नगर के बाहर छिन्न-भिन्न हो गये।

(७४) हुसामुलमुल्क पटन की ओर भाग गया। उसका भाई रुक्नुद्दीन उस नगर का मीर कोई[4] था।

१ हरामख़ोर, नमक हराम अथवा कृतघ्न।
२ कुलीन, शुद्ध रक्त वाला।
३ फ़रीदी के अनुसार 'साबरमती' (पृ० ४४)।
४ फ़रीदी के अनुसार 'पुलिस अधिकारी' (पृ० ४४)। सम्भवतः यह शब्द 'अमीर कोही' है। बरनी के अनुसार सुल्तान मुहम्मद बिन तुग़लुक़ ने कृषि की उन्नति के लिये एक दीवान बनाया था (बरनीः, 'तारीख़े फ़ीरोजशाही' पृ० ४६८; 'तुग़लुक़ कालीन भारत', भाग १ पृ० ६२)। 'तबक़ातेनासरी' में मलिकुल उमरा इफ़्तेख़ारुद्दीन अमीर कोह का उल्लेख सुल्तान इल्तुतमिश के अमीरों की सूची में हुआ है ('तबक़ाते नासिरी' कलकत्ता, पृ० १७७, 'आदि तुर्क कालीन भारत', पृ० २६)। मलिक हमीदुद्दीन अमीर कोह तथा उसके पुत्रों से सम्बन्धित एक घटना का उल्लेख बरनी ने अलाउद्दीन के इतिहास में किया है। (बरनी; पृ० २८१; 'खलजी कालीन भारत' पृ० ६४)। इससे पता चलता है कि अमीर कोह इससे पूर्व भी नियुक्त होते थे। 'तबक़ाते अकबरी' में मुहम्मद बिन तुग़लुक़ के राज्यकाल के 'दीवाने अमीर कोही' को 'अमीर गोई' ('तबक़ाते अकबरी,' भाग १, कलकत्ता (पृ० २१३); तथा 'तारीख़े फ़िरिश्ता' में 'अमीर कोई' है ('तारीखे फ़िरिश्ता', नवल किशोर प्रेस, भाग १, पृ० १४०)।

कबीरुद्दीन अज़दुलमुल्क कान्थ में सांभर नदी के निकट पहुंचा। वहां चपूनी[1] ने, जिसके भाई की अज़दुलमुल्क ने हत्या करा दी थी, उसका सिर उसके शरीर से पृथक् कर दिया और उसे सुल्तान की सेवा में प्रस्तुत किया। उसे नगर के द्वार पर लटकवा दिया गया। बुरहानुलमुल्क बड़ा मोटा-ताज़ा व्यक्ति था। वह भाग न सका। सांभर नदी के उस पार सरखीज की ओर जहां आजकल फ़तहपुर बसा हुआ है अपने घोड़े को छोड़कर एक कोने में बैठा था। एक शाही ख़्वाजासरा, क़ुतुबुल मशायख़ शेख़ अहमद खत्तू के मक़बरे के दर्शन करके नगर की ओर लौट रहा था। उसने उसे पहचान लिया और उसे सुल्तान की सेवा में प्रस्तुत किया। सुल्तान् ने आदेश किया कि उसे हाथी के पांव के नीचे डाल दिया जाय। मौलाना ख़िज़्र सफ़ीउलमुल्क को बन्दी बनाकर इस आशय से देव भेज दिया गया कि वहां बन्दी बना दिया जाय। क्योंकि उसका सम्बन्ध मलिक शाबान से था, (अतः) मलिक ने उसके अपराध क्षमा करा दिये और देव से बुलवाकर उसकी वृत्ति निश्चित करा दी।

उस समय सुल्तान की अवस्था १४ वर्ष की थी। उसने ऐसा पौरुष प्रदर्शित किया जो वृद्धों का कार्य होता है और विश्वासघातियों का अन्त करा दिया और न्याय के इच्छुकों को न्याय प्रदान कर दिया। इसके उपरान्त सुल्तान की मृत्यु के समय तक सुल्तान का आदेश इस प्रकार चलता रहा कि कोई भी आज्ञाओं का उल्लंघन न कर सका।

## अमीरों को उपाधियां

जब विद्रोहियों की हत्या कर दी गई तो मलिक हाजी को अज़दुलमुल्क की उपाधि प्रदान की गई और उसे आरिज़े ममालिक[2] नियुक्त कर दिया गया। मलिक बहाउद्दीन को इख़्तियारुलमुल्क की उपाधि प्रदान की गई। मलिक तुग़ान को फ़रहतुलमुल्क तथा मलिक ईसा को निज़ामुलमुल्क की उपाधियों द्वारा सम्मानित किया गया। मलिक सादुल्लाह को बुरहानुलमुल्क की उपाधि प्रदान हुई। मलिक कालू को एमादुलमुल्क की तथा मलिक सारंग को मुख़लिसुलमुल्क की उपाधि प्रदान हुई। कुछ समय उपरान्त सुल्तान ने उसे क़िवामुलमुल्क की उपाधि प्रदान कर दी। उसने अपने ५२ दासों को उपाधियां प्रदान कीं और उनके मंसब[3] में बृद्धि कर दी। उन्हें जागीर में परगने प्रदान किये। अल्प समय में अत्यधिक सेना सुल्तान क़ुतुबुद्दीन की सेना के समान एकत्र हो गई और गुजरात प्रदेश में नई रौनक़ पैदा हो गई। समस्त सैनिक सुखी, प्रजा निश्चिन्त और दरवेश लोग सन्तुष्ट होकर ईश्वर का सुमिरन किया करते थे। व्यापारी लोग अपने व्यापार से प्रसन्न थे और राज्य में शान्ति तथा मार्ग डाकुओं से शून्य थे। कोई भी किसी कारण समय को दोषी न ठहराता था।

## जागीर के विषय में अधिनियम

(७५) सुल्तान ने यह आदेश दे दिया था कि "अमीरों तथा सैनिकों में जिस किसी की भी युद्ध में हत्या हो जाय अथवा वह अपनी मृत्यु से मर जाय तो उसकी जागीर उसके पुत्र को प्रदान कर दी जाय। यदि उसके कोई पुत्र न हो तो उसकी आधी जागीर उसकी पुत्री को दे दी जाय और यदि उसके पुत्री भी न हो तो उसके सम्बन्धियों की जीविका के साधनों का प्रबन्ध कर दिया जाय ताकि उन्हें उस युग से कोई शिकायत

१ फ़रीदी के अनुसार "एक राजपूत"।
२ आरिज़े ममालिक सेना की भरती तथा निरीक्षण इत्यादि करता था।
३ पद, श्रेणी।

न रहे।" कहा जाता है कि एक दिन एक व्यक्ति ने निवेदन किया कि, "अमुक अमीर का, जिसकी मृत्यु हो चुकी है, पुत्र जागीर के योग्य नहीं।" सुल्तान ने आदेश दिया कि, "जागीर उसे योग्य बना देगी।" तत्पश्चात् किसी ने पुनः इस प्रकार की कोई बात न कही।

## राज्य की सुख-सम्पन्नता

प्रजा की सुख-सम्पन्नता का कारण यह था कि जागीरदार का स्थानान्तरण उसके द्वारा अत्याचार प्रदर्शित हुये बिना सम्भव न था। उसने जो विधान बना दिया था, उसमें लेशमात्र भी परिवर्तन न करता था। सुल्तान महमूद शहीद[1] के राज्यकाल में बचत पर ध्यान देने वाले कुछ वज़ीरों ने राज्य की आय का (लेखा) जब ठीक कराया तो आय में १० गुने की वृद्धि निकली और किसी भी ग्राम में दुगुने से कम अन्तर न था। व्यापारियों की सुख-सम्पन्नता मार्गों के सुरक्षित होने तथा उनमें किसी प्रकार का भय न होने के कारण थी। सुल्तान के समस्त राज्यकाल में किसी भी चोर का पता न था। ऐमा[2] की सम्पन्नता का यह कारण था कि सुल्तान (धार्मिक व्यक्तियों) का भक्त था और प्रत्येक को वज़ीफ़े के अतिरिक्त फ़ुतूह[3] प्रदान किया करता था। कोई भी उनके वज़ीफ़े पर किसी प्रकार की आलोचना न कर सकता था। उसने यात्रियों के लिये बड़ी-बड़ी सरायें बनवाईं और स्वर्गरूपी मदरसों तथा मस्जिदों का निर्माण कराया। सुल्तान अत्यधिक न्याय से सुशोभित था और कोई भी किसी व्यक्ति पर न तो अत्याचार कर सकता था और न कठोरता।

(७६) गुजरात के साधारण तथा सम्मानित व्यक्ति इस बात से सहमत हैं कि सुल्तान महमूद बेकरा के समान गुजरात में कोई भी बादशाह नहीं हुआ। उसने अपने न्याय से जूनागढ़ का क़िला, सोरठ का राज्य तथा चाम्पानीर का क़िला और आसपास के स्थान विजय किये और कुफ़्र की प्रथाओं का उस प्रदेश से अन्त करा दिया और इस्लाम की प्रथायें चालू कराईं। क़यामत तक वहां जो कुछ पुण्य के कार्य सुल्तानों द्वारा होंगे वे उसकी कीर्ति-पंजिका में लिखे जायंगे। यद्यपि उसके पौत्र सुल्तान वहादुर ने उसकी अपेक्षा अधिक स्थान विजय किये किन्तु उसमें (शासन-प्रबन्ध की) इतनी योग्यता न थी। सुल्तान दोनों बातों में अद्वितीय था।

ईश्वर को धन्य है कि सुल्तान का युग बड़ा ही उत्कृष्ट युग था। उस युग में ख़ुरासान का राजसिंहासन सुल्तान हुसेन मीर्ज़ा[4] के व्यक्तित्व से सुशोभित था और उसका वज़ीर अद्वितीय अमीर अली शेर[5] था और मुल्लाई तथा कविता की गद्दी मौलाना जामी[6] द्वारा सुशोभित थी। देहली के राजसिंहासन पर सुल्तान सिकन्दर बिन बहलोल लोदी आरूढ़ था और उसका वज़ीर बुद्धिमान् तथा अनुभवी मियां बहलोल ख़ां था। मान्डू में सुल्तान ग़यासुद्दीन बिन महमूद ख़लजी और दखिन में सुल्तान महमूद

१ सम्भवतः—'महमूद तृतीय'।
२ धार्मिक व्यक्तियों।
३ वह उपहार जो आलिमों अथवा सूफियों को बिना मांगे प्रदान होता था।
४ फ़रीदी ने उसके वज़ीर ख़्वाजा जहां का भी उल्लेख किया है।
५ मीर अली शेर (निज़ामुद्दीन) सुल्तान हुसेन मीर्ज़ा का प्रधान मन्त्री था। उसकी मृत्यु १५०० ई० में हुई। वह लेखक भी था।
६ नूरुद्दीन अब्दुर्रहमान जामी फ़ारसी के बड़े प्रसिद्ध कवि हुये हैं। इनका जन्म १४१४ ई० में तथा मृत्यु १४९२ ई० में हुई। इनकी कवितायें बड़ी प्रसिद्ध हैं।

बहमनी सिंहासनारूढ़ था मानो सुल्तान महमूद ग़ाज़ी की आत्मा इतने वर्षों उपरान्त सुल्तान महमूद बेकरा के रूप में प्रज्वलित हो गई हो। उसके समस्त कार्य एवं उसका आचरण सुल्तान महमूद के समान था। कहा जाता है कि सुल्तान के सिंहासनारोहण के दिन ख़ुदावन्द ख़ां ने, जिसका सुल्तान जामाता था और जो बड़ा ही योग्य व्यक्ति था, ख़्वाजा हाफ़िज़[1] का दीवान सुल्तान के हाथ में देकर कहा कि, "इसमें से फ़ाल[2] निकालो।" यह ग़ज़ल परोक्ष से निकली:

"हे! जिसका गौरवशाली व्यक्तित्व बादशाही की क़बा को सजाता है।"

(७७) इस फ़ाल से राज्य के उच्च पदाधिकारी प्रसन्न हो गये और सुल्तान के लिए शुभ कामनायें करने लगे। सुल्तान ने शेख सादी की 'बोस्तां' खोली तो यह कविता निकली:

"हे ईश्वर! अपनी कृपा द्वारा उसकी रक्षा कर।........."

इसी बीच में सुल्तान का दबीर[3] उठ खड़ा हुआ और उसने दरबार वालों को यह ग़ज़ल पढ़ कर प्रसन्न किया:

"हे! तेरे मुख से बादशाही का प्रकाश प्रकट होता है।......"

(७८) कहा जाता है कि सुल्तान के राज्यकाल में अनाज कभी महँगा न हुआ। समस्त वस्तुयें इतनी सस्ती थीं कि तदुपरान्त गुजरात वालों ने इतनी अल्पमूल्यता कभी न देखी। चंगेज़ ख़ां मुग़ुल की सेना के समान सुल्तान की सेना की कभी पराजय न हुई। सर्वदा विजय तथा सफलता प्राप्त होती रहती थी। उसने आदेश दे दिया था कि सेना वालों में से कोई भी ऋण न ले और उसने पृथक् ख़राजी[4] नियुक्त कर दिया था ताकि जिस सैनिक को भी आवश्यकता हो, वह उससे वादे पर ले ले। इसी कारण सूदख़ोर[5] लोग दुखी रहते थे अपितु वे कुत्ते से भी अधिक नीच समझे जाते थे। सुल्तान कहा करता था कि "यदि मुसलमान ब्याज पर ऋण लेंगे तो वे किस प्रकार धर्मयुद्ध कर सकेंगे?" उसके सद्विचारों के कारण ईश्वर उसे सर्वदा विजय तथा सफलता प्रदान करता रहता था।

गुजरात में वृक्षों की जो अधिकता पाई जाती है, उदाहरणार्थ आम, अनार, खिन्नी, जामुन, गूलर, नारियल, बेल, महवा इत्यादि, यह सब उस सुल्तान के कारण है। जो कोई अपनी भूमि पर पौधे लगाता था उसके प्रति कृपादृष्टि रक्खी जाती थी। इसी कारण प्रजा वृक्ष लगाने का अधिक से अधिक प्रयत्न करती थी। कहा जाता है कि किसी मार्ग पर अथवा किसी घर पर यदि वह देख लेता कि किसी दरिद्र ने कोई वृक्ष लगाया है तो वह घोड़े की लगाम रोक कर ठहर जाता और वृक्ष लगाने वाले पर कृपादृष्टि प्रदर्शित करते हुए पूछता कि, "जल कहां से देते हो?" यदि वह कहता कि, "मैं दूर से लाता हूं और इस कारण मुझे कष्ट होता है" तो वहां वह कुआं खुदवा देता और उसे धन प्रदान कर देता था तथा उसे आदेश दे देता था कि, "यदि तू बड़ी संख्या में वृक्ष लगायेगा तो पुरस्कृत होगा।" बाग़े फ़िरदौस को, जो ५ कोस लम्बा तथा एक कोस चौड़ा है, उसने लगवाया था। बाग़े शाबान, जो स्वर्ग के उद्यान को लज्जित (७९) करता है, उसी के राज्यकाल में लगवाया गया। इसी प्रकार शहरों तथा क़स्बों में यदि उसे कोई

१ ख़्वाजा शम्सुद्दीन मुहम्मद हाफ़िज फ़ारसी ग़ज़ल के बड़े प्रसिद्ध कवि हुवे हैं। इनकी ग़ज़लों के संग्रह से फ़ाल निकाली जाती है। इनकी मृत्यु शीराज़ में १३८६ ई० में हुई।

२ किसी कार्य के करने अथवा न करने के सम्बन्ध में किसी वस्तु द्वारा परीक्षा करना।

३ सचिव, वह व्यक्ति जो शाही पत्र, विजय पत्र इत्यादि लिखा करता था।

४ फ़रीदी के अनुसार 'ख़ज़ानची'।

५ ब्याज का धन खाने वाले।

ख़ाली दूकान अथवा गिरा पड़ा घर मिलता तो मुक़द्दमों[1] एवं मुतसद्दियों[2] से वह उसका कारण पूछता और जिस बात की आवश्यकता होती उसे पूरा करके वह ठीक करा देता। समस्त गुजरात वाले सन्तुष्ट थे और कोई भी दुखी न था।

कहा जाता है कि सुल्तान महमूद अपनी अन्तिम अवस्था में एबादत में तल्लीन रहता था और अधिकांश, विलाप किया करता था। एक दिन मलिक सारंग ने जिसकी उपाधि क़िवामुलमुल्क थी और जिसने अहमदाबाद नगर के बाहर सारंगपुर का निर्माण कराया था, निवेदन किया कि, "राज्य तथा बादशाही प्राप्त होने के उपरान्त विलाप का क्या कारण है ?" सुल्तान ने कहा, "हे मूर्ख ! मेरे आश्रयदाता शाह आलम कहा करते थे कि 'महमूद का अन्त उत्कृष्ट होगा।' मैं जितना अधिक प्रयत्न करता हूं अपने आप में वह योग्यता नहीं पाता। मेरी अवस्था समाप्त हो रही है। जो कुछ चला जा रहा है वह वापस नहीं लौटता। इसी कारण मैं विलाप करता रहता हूं और दुखी रहता हूं। खेद है कि अपने आश्रयदाता का मूल्य, जैसा चाहिये था, वैसा मैंने नहीं समझा।"

## सुल्तान का शेख़ सिराजुद्दीन का मुरीद होना

कहा जाता है कि अन्त में सुल्तान शेख़ सिराजुद्दीन की सेवा में, जो अपने समय के अद्वितीय बुज़ुर्ग थे, पहुंचा और उनकी शिक्षा के आशीर्वाद से इस व्याकुलता से उसे मुक्ति प्राप्त हो गई। शेख़ सिराजुद्दीन दरवेश शेख़ अली ख़तीब के ख़लीफ़ा[3] थे। शेख़ अली ख़तीब ने खिलाफ़त[4] का ख़िरक़ा[5] क़ुतुबुल अक़ताब बुरहानुलहक़ वश्शरा वद्दीन द्वारा प्राप्त किया था और मार्ग-भ्रष्ट लोगों को सन्मार्ग पर लाया करते थे।
(८०) इसी कारण उनकी बड़ी प्रसिद्धि थी।

एक दिन सुल्तान ने अमीनुलमुल्क नामक अपने एक विश्वासपात्र अमीर से, जो शेख़ का मुरीद[6] तथा भक्त था, शेख़ के विषय में पूछा। अमीनुलमुल्क ने शेख़ की प्रशंसा में कुछ बातें बताईं। सुल्तान के हृदय में शेख़ से भेंट करने का विचार आरूढ़ हो गया। उसने अमीनुलमुल्क से कहा, "आज रात्रि में एशा[7] की नमाज़ के उपरान्त उस दरीचे की ओर, जो सांभर[8] नदी की ओर है, अकेले आ जाना। मुझे तुझसे एक काम है।" अमीनुलमुल्क ने ऐसा ही किया। सुल्तान अकेला हाथ में एक छोटी सी तलवार लिये हुए बाहर निकला। अमीनुलमुल्क से कहा कि, "शेख़ के निवास-स्थान की ओर मुझे ले चल।" अमीनुलमुल्क आगे-आगे चल दिया। उसके पीछे-पीछे सुल्तान रवाना हुआ और वे शेख़ के निवासस्थान पर पहुंच गये। सुल्तान बाहर खड़ा रहा। अमीनुलमुल्क शेख़ की सेवा में भीतर चला गया और उसे सूचना भेजी। शेख़ ने बुलवा लिया। सुल्तान भीतर चला गया। सलाम के उपरान्त हाथ मिलाया। शेख़ एक पुरानी

१ गांव का मुखिया।
२ निम्न वर्ग का एक अधिकारी जो सम्भवतः ग्रामों के हिसाब किताब तथा अन्य देखभाल से सम्बन्धित था।
३ सूफ़ियों के उत्तराधिकारी भी ख़लीफ़ा कहलाते हैं।
४ ख़लीफ़ा होने।
५ चीवर।
६ भक्त; चेला।
७ रात्रि की अन्तिम अनिवार्य नमाज़ जो अधिकांश ८ बजे रात तक समाप्त हो जाती है।
८ फ़रीदी के अनुसार 'साबरमती'।

चारपाई पर बैठे थे। बैठने का संकेत किया। सुल्तान पायंती बैठ गया। थोड़ी देर के उपरान्त सुल्तान ने कहा, "मुझे एक बात पूछनी है। आशा है आप उसका उत्तर ऐसे वाक्यों में देंगे जिन्हें मैं समझ सकूँ।" शेख़ ने कहा, "कहिये।" सुल्तान ने कहा, "फ़क़ीर ने सुना है कि आपके प्रयत्न से मार्ग-भ्रष्टता की घाटी में भटकने वाले सन्मार्ग पर आ जाते हैं। यदि यह सत्य है तो ईश्वर के लिए इस रहस्य को खोलें।" शेख़ ने कहा, "निःसन्देह, यदि कोई पीड़ित अपने दुःख के विषय में निवेदन करता है तो दरवेश उसका पथ-प्रदर्शन कर देता है।" सुल्तान ने शेख़ के चरणों पर सिर रख कर कहा, "उन पीड़ितों में महमूद भी है। ईश्वर के लिए आप उसका उपचार कर दें ताकि महमूद वासना के अन्धकार के असमंजस से मुक्त हो जाय और बिना किसी शिथिलता के अन्तःकरण के मार्ग पर अग्रसर हो सके।" शेख़ ने उत्तर दिया कि, "आपके सिर पर राज्य का चत्र तथा आपके कन्धों पर शासन का बोझ है। इस मार्ग के पथिक को सम्बन्धों को तोड़ना पड़ता है ताकि बिना किसी कठिनाई के सफलता प्राप्त हो सके। इस मार्ग की शर्तें सभी को (८१) स्पष्ट हैं। उनके उल्लेख की आवश्यकता नहीं।" सुल्तान ने कहा, "आपकी सेवा में उपस्थित होकर मेरे हृदय में यही विचार आता है कि यदि आप मुझे अपनी सेवा हेतु स्वीकार कर लें तो मैं राज्य त्याग दूँ और सच्चे दिल से सेवक बन जाऊं।" शेख़ ने इस बात से प्रसन्न होकर कहा, "यदि कोई बादशाह न्यायपूर्वक राज्य करे तो उसकी बादशाही से उसे हानि नहीं पहुंच सकती।"

तत्पश्चात् शेख़ ने कहा, "आप इस समय लौट जायं और कल मैं जो कुछ कहला भेजूं, उसे स्वीकार करें और उसमें किसी प्रकार की आपत्ति प्रकट न करें।" सुल्तान उठकर अपने निवास-स्थान को चला गया। दूसरे दिन उसने अमीनुलमुल्क को शेख़ की सेवा में भेजा और कहा, "जो कुछ शेख़ कहें उसे सम्पूर्ण रूप से बिना कुछ घटाये बढ़ाये मुझे आकर बताओ।" अमीनुलमुल्क शेख़ की सेवा में पहुंचा। शेख़ ने कहा, "अमीनुलमुल्क! सुल्तान मुझे बड़ा अच्छा आदमी तथा फ़क़ीरों का मित्र ज्ञात हुआ। मैं सुल्तान की सेवा करना चाहता हूं। जाकर मेरी जो कुछ इच्छा है उसे सुल्तान से कह दो। यदि सुल्तान स्वीकार करें तो मुझे कोई सेवा प्रदान कर दी जाय।" अमीनुलमुल्क ने कहा, "सुल्तान की आपके प्रति जो श्रद्धा है वह इस बात से कहीं अधिक है जो आपके हृदय में आई है। सेवा की क्या आवश्यकता है? जो कुछ आप कहें वह करेगा।" शेख़ ने कहा, "यह ठीक है किन्तु सेवा में बड़ा लाभ है।" अमीनुलमुल्क उठ खड़ा हुआ। वह बड़े ही असमंजस में था कि, "मैंने सुल्तान के समक्ष शेख़ की प्रशंसा अन्य ही प्रकार से की है। अब मैं शेख़ की इस बात को सुल्तान से किस प्रकार कहूं?" क्योंकि सुल्तान ने उसे चेतावनी दे दी थी कि जो कुछ शेख़ कहें उसे मूल रूप से बिना कुछ घटाये बढ़ाये कहा जाय अतः जो बातें हुई थीं उन्हें उसने कह दिया।

सुल्तान ने कहा, "मुझे स्वीकार है किन्तु शेख़ से पूछा जाय कि वे कौन सा पद स्वीकार करेंगे।" अमीनुलमुल्क ने शेख़ को सन्देश पहुंचा दिया। शेख़ ने कहा, "मुझे गणित का अच्छा ज्ञान है। वक़्फ़ के (८२) बहुत से अधिकारी मेरे नायब हैं। इस्तीफ़ाये ममालिक[1] का पद मुझे प्रदान कर दिया जाय।" सुल्तान ने स्वीकार कर लिया। दूसरे दिन प्रातःकाल शेख़ ने तलवार कमर में बांधी और घोड़ा मंगवा कर सवार हुए तथा सुल्तान की सेवा में पहुंचे। मुस्तौफ़ीगीरी[2] की खिलअत पहन कर अपने घर लौट

१ इस्तीफ़ाये ममालिक :—मुस्तौफ़िये ममालिक का कार्य। मुस्तौफ़िये ममालिक Auditor General के समान होता था। वह व्यय पर नियन्त्रण रखता था।

२ मुस्तौफ़ी के पद की।

आये। नगर वालों ने, जो शेख़ को ग़ौस[1] तथा क़ुतुब समझते थे, जब यह हाल देखा तो शेख़ के प्रति उनकी श्रद्धा का अन्त हो गया और वे उनकी आलोचना करने लगे तथा आपस में कहने लगे कि, "इस धूर्त, दुष्ट शेख़ को देखो कि उसने क्या किया? इतने वर्षों की पवित्रता को त्याग कर धन-संचय किया और धर्म को संसार के हाथ बेच डाला। उसकी समस्त तपस्या सुल्तान को अपना भक्त बनाने के लिए थी।" नगर वाले शेख़ के विरुद्ध हो गये और उसकी निन्दा तथा शिकायत करने लगे।

शेख़ कुछ दिन तक निःसंकोच तथा चिन्ता किये बिना सुल्तान की सेवा करते रहे। तदुपरान्त उन्होंने अमीनुलमुल्क से कहा कि, "सुल्तान से कहो कि मैं वृद्ध हो गया हूं और मेरा निवासस्थान बड़ी दूर है। आने-जाने में मुझे बड़ा कष्ट होता है। यदि मेरे लिए निकट ही कोई घर निश्चित हो जाय तो मैं सर्वदा सेवा में उपस्थित रहूंगा।" सुल्तान ने अपने शयनागार के निकट उनके लिये एक स्थान निश्चित कर दिया। शेख़ वहां ठहरे रहे और अन्य लोगों से छिपा कर सुल्तान को शिक्षा देने लगे। अल्प समय में ईश्वर की देन की वायु ने सुल्तान के हृदय को खिला दिया। तत्पश्चात् शेख़ ने सुल्तान से मुक्त हो जाने की इच्छा की और पूर्व की भांति एकान्तवास ग्रहण कर लिया, और सुल्तान से कहा कि, "अब आप मुझसे भेंट न करें और यदि आवश्यक हो तो सन्देश अथवा पत्र भेज दिया करें।" क्या ही उत्तम दरवेशरूपी वह सुल्तान था और कितना उत्कृष्ट वह सुल्तान रूपी दरवेश था।

(८३) सुल्तान, शेख़ सिराजुद्दीन बिन शेख़ अज़ीज़ुल्लाह मुतवक्किल सिद्दीक़ी का मुरीद था। उनका मक़बरा शेख़पुर में बड़ा प्रसिद्ध है। वह स्थान उन्हीं (शेख़) का बसाया हुआ है। उसे शहर अहमदाबाद के अधीन बताया जाता है।

यद्यपि सुल्तान ने शिक्षा प्राप्त की थी किन्तु आलिमों तथा विद्वानों की संगत के कारण धार्मिक समस्याओं, कविता, सूफ़ियों की कहानियों तथा इतिहास के विषय में इस प्रकार वार्तालाप करता था कि आलिमों के अतिरिक्त सभी उपस्थितगण यह समझते थे कि सुल्तान आलिम तथा फ़क़ीह[2] है कारण कि वह अपनी सूझ-बूझ तथा बुद्धिमत्ता के कारण अत्यन्त गूढ़ बातें करता था......

## कबीर पंज की ओर प्रस्थान

(८४) संक्षेप में, ८६४ हि० (१४५९-६० ई०) में सुल्तान ने कबीर पंज[3] की ओर शिकार हेतु प्रस्थान किया और उस स्थान के समीप सेना का अर्ज़[4] किया और फ़ातेहा[5] पढ़ कर कहा, "यदि ईश्वर ने चाहा तो मैं दूसरे वर्ष नये नगर के बसाने का प्रयत्न करूंगा।" क्योंकि फ़ातेहा पढ़ते समय सुल्तान का मुख सोरठ की विलायत की ओर था अतः समकालीन बुद्धिमानों ने अनुमान लगाया कि सुल्तान गिरनार के क़िले को विजय करना चाहता है। संक्षेप में कबीर पंज से वह अहमदाबाद के भव्य नगर की ओर लौट गया।

१ ग़ौस :—जिसे सहायता के लिये पुकारा जा सके। वह मुसलमान संत जो अपनी आध्यात्मिक यात्रा में उन्नति की चरम सीमा पर पहुँच गया हो। कुछ लोगों का मत है कि ग़ौस क़ुतुब की अपेक्षा उच्च श्रेणी का स्वामी होता है। कुछ लोगों का मत है कि क़ुतुब सबसे ऊँची श्रेणी का स्वामी होता है।

२ फ़िक़ह अथवा इस्लामी धर्मशास्त्र के नियमों का विद्वान्।

३ फ़रीदी के अनुसार 'कपड वंज' (पृ० ५०)।

४ निरीक्षण।

५ क़ुरान का प्रथम सूरा पढ़ कर किसी काम के लिये संकल्प करना।

## निज़ाम शाह की सहायतार्थ प्रस्थान

८६५ हि० (१४६०-६१ ई०) में उसने अहमदाबाद से प्रस्थान करके खारी नदी के तट पर पड़ाव किया। उस स्थान पर दखिन के बादशाह निज़ाम शाह बिन हुमायूं बादशाह का इस आशय का पत्र प्राप्त हुआ कि, "सुल्तान मुहम्मद ग़ोरी के बहकाने से सुल्तान महमूद खलजी ने बहुत बड़ी सेना ले कर दखिन की विलायत में प्रविष्ट होकर लूट-मार प्रारम्भ कर दी है। (सुल्तान मुहम्मद ग़ोरी, हुमायूँ बादशाह के राज्यकाल में सुल्तान महमूद ख़लजी के पास भाग कर चला गया था।) इसी कारण हम भी नगर से निकल कर तथा चालीस कोस आगे बढ़कर घाट के निकट युद्ध हेतु तैयार हैं और हमें सुल्तान के आगमन की प्रतीक्षा है।" सुल्तान (महमूद बेकरह) पत्र पाते ही शीघ्रातिशीघ्र दखिन की ओर रवाना हुआ और निरन्तर यात्रा करके नद्रबार की विलायत में पहुंच गया। उस मंज़िल पर निज़ाम शाह का पत्र पुनः प्राप्त हुआ जिसमें लिखा था कि, "क्योंकि सुल्तान महमूद ने युद्ध में बड़ी शीघ्रता की, हमारी ओर से भी कोई कमी न हुई। हमने उसकी सेना को पराजित करके उनके ५० हाथियों को उनसे पृथक् करके अपने अधिकार में कर लिया। अन्त में दखिन की सेना लूटने में व्यस्त हो गई। इसी बीच में सुल्तान महमूद १२,००० अश्वारोहियों सहित उस स्थान से जहां वह घात लगाये बैठा था, निकला। उस समय हमारे पास कुछ सैनिकों से अधिक न थे। इस पर युद्ध में कोई कमी न की गई। अन्त में सिकन्दर खां मुझे सेना के शिविर से लेकर बिदर की ओर रवाना हुआ। सुल्तान महमूद ने बिदर नगर घेर लिया है। इस समय सुल्तान की सहायता के बिना इस कष्ट का अन्त नहीं हो सकता। अतः आप शीघ्रातिशीघ्र पहुंच जायं।"

सुल्तान (महमूद बेकरह) ने प्रस्थान किया। जब सुल्तान महमूद ख़लजी ने सुना कि गुजरात (८५) का बादशाह सुल्तान महमूद अपार सेना लिये हुए बुरहानपुर के मार्ग से निज़ाम शाह की सहायतार्थ आ रहा है तो बिदर नगर के अवरोध को छोड़ कर गोंडवाना के मार्ग से अपने राज्य की ओर चल दिया। उस समय गोंडवाना के राजा ने, जो साथ था, बताया कि, "इस मार्ग में बहुत कम जल मिलता है और अत्यधिक जंगल तथा कठिन मार्ग हैं।" सुल्तान महमूद ख़लजी ने सुल्तान महमूद गुजराती के भय के कारण उसी मार्ग को चुना और निरन्तर कूच करता हुआ रवाना हुआ। दो मंज़िल की यात्रा वह एक मंज़िल में समाप्त करता था। कहा जाता है कि वह एक ऐसी मंज़िल पर पहुंच गया जहां छः हज़ार व्यक्ति जल के अभाव के कारण गीदड़ों तथा गिद्धों का भोजन बन गये। जब वह गोंडवाना के पर्वत में प्रविष्ट हुआ तो बड़े कठिन मार्ग का सामना करना पड़ा। गोंड लोगों ने उसके शिविर पर दो ओर से आक्रमण करके उसे नष्ट-भ्रष्ट कर दिया। अन्त में वह बड़ी कठिनाई से उस पर्वत को पार करके अपने राज्य की सीमा पर पहुंचा। तत्पश्चात् उसने गोंडवाना के राजा को बन्दी बनाकर उसकी हत्या करा दी। यद्यपि उसने बहुत कुछ कहा कि, "जो सत्य बात थी उसे मैंने पूर्व ही से बता दिया था" किन्तु उससे कुछ लाभ न हुआ।

संक्षेप में, सुल्तान महमूद शाह (बेकरह) थानीर[1] क़स्बे में, जो बुरहानपुर के समीप है, पहुंचा। अपनी सेना का अर्ज़[2] किया। विश्वस्त सूत्रों से ज्ञात हुआ है कि गुजरात के किसी बादशाह के राज्यकाल में इतनी अधिक सशस्त्र सेना न थी। अपितु उस काल में आसपास के बादशाहों में से किसी ने भी इतनी

१ फ़रीदी के अनुसार 'थानेसर' (पृ० ५०)।
२ निरीक्षण।

बड़ी सेना लेकर किसी ओर चढ़ाई न की थी। उसके साथ ७३ प्रतिष्ठित अमीर थे। समस्त गुजरात सेना के वेतन के व्यय के लिये था और चार वर्ष तक सुल्तान के ख़ालसे[1] में एक स्थान भी न था। सुल्तान का व्यय शाही ख़ज़ाने से, जिसे भूत काल के बादशाह छोड़ गये थे, चलता था।

कहा जाता है कि इन चार वर्षों में दो-तिहाई ख़ज़ानये बयूतात[2] तथा इनाम में व्यय हो गया था। संक्षेप में, जब सुल्तान महमूद ख़लजी अपनी विलायत[3] की ओर वापस हुआ तो निज़ाम शाह ने अपने राजदूत सुल्तान की सेवा में भेजे और कृतज्ञता प्रकट करने में कोई कसर न उठा रक्खी और सुल्तान से उस स्थान से अपनी राजधानी को लौट जाने की प्रार्थना की। सुल्तान वहां से अपनी राजधानी की ओर लौट गया।

तदुपरान्त ८६७ हि० (१४६२-६३ ई०) में सुल्तान महमूद ख़लजी ने पुनः ९०,००० अश्वारोहियों सहित दखिन की ओर प्रस्थान किया और दौलताबाद तक के स्थान नष्ट-भ्रष्ट कर दिये। निज़ाम शाह ने (सुल्तान महमूद से) सहायता की पुनः याचना की। सुल्तान रवाना हुआ और नद्रबार तक पहुंचा ही था कि सुल्तान महमूद (ख़लजी) सुल्तान (बेकरह) की सेना के अग्र भाग के पहुंचने के समाचार (८६) पाकर जिस मार्ग से वह इसके पूर्व वापस हुआ था, उसी मार्ग से वापस हो गया और अपनी विलायत[4] को चला गया। सुल्तान अपनी राजधानी में पहुंचा और वहां से उसने सुल्तान महमूद (ख़लजी) को लिखा कि, "हर बार इस्लामी प्रदेश को हानि पहुंचाना सज्जनता का कार्य नहीं। आप इस असम्भव विचार को अपने मस्तिष्क में न लायें अन्यथा जैसे ही आप दखिन पर आक्रमण करेंगे मैं माँडू पर चढ़ाई कर दूंगा। अब आपको अधिकार है। तदुपरान्त सुल्तान महमूद ख़लजी ने दखिन की विलायत पर आक्रमण करने से हाथ खींच लिया।

## बारूदर पर आक्रमण

८६८ हि० (१४६३-६४ ई०) में सुल्तान ने धर्मयुद्ध के उद्देश्य से जवाहरदार[5] लोहे के अस्त्र-शस्त्र बहुत बड़ी संख्या में तिलंगाना के राज्य से मँगवाये। ८६९ हि० (१४६४-६५ ई०) में सुल्तान ने बारूदर[6] पर्वत की ओर चढ़ाई की और उस क़िले को विजय कर लिया और अपनी राजधानी को लौट गया।

## सुल्तान का न्याय

८७० हि० (१४६५-६६ ई०) में सुल्तान ने शिकार हेतु अहमदनगर की ओर प्रस्थान किया। मार्ग में बहाउद्दीन बिन अलिफ़ खां उर्फ़ अलाउद्दीन बिन सोहराब ने सुल्तान के सिलाहदार[7] की अकारण हत्या कर दी और भाग कर छिप गया। सुल्तान ने मलिक हाजी एमादुलमुल्क तथा मलिक कालवी अज़दुलमुल्क को आदेश दिया कि वे जाकर जहां कहीं भी वह मिले उसे पकड़ लायें। मलिक हाजी तथा मलिक कालू ने पूछताछ करके बहाउद्दीन का पता लगवा लिया और उसके दो सैनिकों को छल तथा

१ वह भूमि जिसका प्रबन्ध सीधे केन्द्रीय शासन की ओर से होता था।
२ बयूतात :—बादशाह के महल के निजी व्यय का ख़ज़ाना।
३ राज्य।
४ राज्य।
५ एक प्रकार का लोहा।
६ सम्भवतः 'बरूर'।
७ वह अधिकारी जो सुल्तान के अस्त्र-शस्त्र रखता था।

धूर्ततापूर्वक इस बात पर तैयार किया कि वे सुल्तान के समक्ष इस बात को स्वीकार कर लें कि, "यह अपराध हमने किया है और बहाउद्दीन निरपराध है। तुम्हें इससे अधिक दंड न मिलेगा कि सुल्तान तुम्हें बन्दी बनवा देगा। कुछ दिन उपरान्त हमारी प्रार्थना पर वह तुम्हें मुक्त कर देगा।" उन दोनों मूर्खों ने अपने सरल स्वभाव के कारण सुल्तान की सेवा में यह अपराध स्वीकार कर लिया। सुल्तान ने तत्काल दोनों की हत्या का आदेश दे दिया। कुछ दिन पश्चात् सच बात का पता चल गया। सुल्तान ने कहा कि, "इन दोनों दुष्टों तथा धूर्तों ने दो निरपराध मुसलमानों की हत्या करा दी है अतः उनके बदले में यदि मैं इनकी हत्या न कराऊंगा तो कल क़यामत में ईश्वर के समक्ष क्या उत्तर दूंगा?" सुल्तान ने आदेश दिया कि दोनों अमीरों की एक साथ हत्या कर दी जाय। तदुपरान्त सुल्तान के राज्यकाल में किसी निरपराध की हत्या न हुई।

(८७) उसने मलिक बहाउद्दीन इख़्तियारुलमुल्क को एमादुलमुल्क की उपाधि देकर विज़ारत का पद प्रदान किया। इसके उपरान्त ८७१ हि० (१४६६-६७ ई०) में उसने गिरनार के क़िले के काफ़िरों पर चढ़ाई की।

## सुल्तान की गिरनार के राज्य पर चढ़ाई और उस प्रदेश को विध्वंस करने के उपरान्त वापसी और सेना का पुनः भेजना, राजा मंदलीक से, जो बड़ा प्रतिष्ठित काफ़िर था, चत्र तथा धन-सम्पत्ति प्राप्त करना और सुल्तान द्वारा उस क़िले पर पुनः चढ़ाई, ईश्वर की कृपा से उस पर विजय तथा राय का सुल्तान महमूद के प्रयत्न से मुसलमान होना

घटनाओं का उल्लेख करने वाले इस प्रकार उल्लेख करते हैं कि सुल्तान महमूद बेकरह के राज्यकाल में गिरनार तथा जूनागढ़ के राजा राव मंदलीक ने विद्रोह कर दिया। उसे गुजरात के बादशाह की कुछ चिन्ता न थी और वह उसे अपने से श्रेष्ठ न समझता था। इसका कारण यह था कि गिरनार का क़िला बड़ा ही भव्य था और किसी बादशाह को उसे विजय करने का विचार न हुआ था एवं जूनागढ़ का क़िला जिसके कोट की दीवार सिकन्दर की दीवार[1] के समान थी, उसका निवासस्थान था।

### सोरठ

(८८) सोरठ सरीखा राज्य उसके अधीन था, मानो मालवा, ख़ानदेश तथा गुजरात तीनों राज्यों की विशेषतायें ईश्वर ने राय के उस एक राज्य में प्रदान कर दी हों। इन तीनों राज्यों में जो अनाज तथा फल उत्पन्न होता था उसके अतिरिक्त सोरठ के राज्य से भी लाया जाता था। (तीनों राज्य वाले) अपने बन्दरगाहों में सोरठ के बन्दरगाह से सामान लाते थे। ईश्वर को धन्य है कि आजकल वही सोरठ है जहां की दरिद्रता के विषय में सुन कर ग्राहक वापस चले जाते हैं। वह डाकुओं, दुष्टों, विद्रोहियों तथा उपद्रवियों का निवासस्थान है। अधिकांश प्रदेश उजाड़ है और वहां अधिकतर पीड़ित, फ़क़ीर, यात्री, उदाहरणार्थ योगी इत्यादि रहते हैं। वहां के व्यापारी झूठे तथा चोर हैं। वहां के आमिलों[2] पर ईश्वर का कोप रहता है। वहां के जागीरदार दरबार द्वारा दंडनीय रहते हैं। वहां पर्यटक उल्टी नौका पर

१ अत्यन्त दृढ़ दीवार की 'सद्दे सिकन्दर' अथवा 'सिकन्दर की दीवार' से उपमा दी जाती है।
२ भूमि कर वसूल करने वाले।

बैठे हुए कांपते रहते हैं। वहां की ऐमा वाले[1] सनद लिये हुए दुखी पड़े रहते हैं कारण कि उन्हें कुछ प्राप्त नहीं होता। इस दुर्दशा का कारण वहां के हाकिमों का स्थायी न होना है। एक वर्ष में न जाने कितने व्यक्ति वहां हाकिम नियुक्त होते हैं।

संक्षेप में सोरठ के राज्य के डाकू सर्वदा गुजरात के आस पास के स्थानों की लूट मार किया करते थे
(८९) और वहां के चोर चोरी करने में बड़े ढीठ थे। इसके पूर्व अहमदाबाद नगर के निर्माता सुल्तान अहमद ने सोरठ के राज्य तथा उसके क़िलों पर विजय प्राप्त करने का संकल्प किया था, किन्तु इसमें सफलता न होते हुए देख कर उसे लूट कर वापस चला गया था। इसी कारण सुल्तान रात दिन गिरनार के क़िले की विजय की चिन्ता किया करता था किन्तु वहां के क़िले की दृढ़ता एवं खाद्य सामग्री के बाहुल्य के कारण वह उपेक्षा करता रहता था। अन्त में ८७१ हि० (१४६६-६७ ई०) में इस्तेख़ारे[2] के उपरान्त उसने गिरनार के क़िले के काफ़िरों की पराजय हेतु प्रस्थान किया।......

गिरनार के तीनों ओर गुलाई में पर्वत स्थित है किन्तु उत्तर की ओर यह पर्वत से मिला है। दक्षिण
(९०) की ओर एक दर्रा है जो १२ कोस लम्बा है। उसके मध्य में ऐसा घना जंगल है जिसमें से घोड़े भी नहीं चल सकते। उसमें अत्यधिक गुफायें हैं और वन पशुओं तथा पक्षियों के अतिरिक्त वहां मनुष्य नहीं रहते केवल काफ़िरों का एक समूह रहता है जो खान्त कहलाता है। वे भी वन पशुओं के समान होते हैं और पर्वत के आंचलों में निवास करते हैं। यदि कोई सेना उन पर आक्रमण करती है तो वे भाग कर जंगल तथा गुफाओं में घुस जाते हैं। उस जंगल में बहुत से ऐसे विचित्र प्रकार के वृक्ष हैं, जिनके नाम भी कोई नहीं जानता और वे केवल उसी भूभाग में पाये जाते हैं। उस पर्वत में मेवेदार वृक्ष उदाहरणार्थ आम, खिन्नी, जामुन, गूलर, इमली, आंवला इत्यादि बहुत बड़ी संख्या में पाये जाते हैं। गिरनार पर्वत के आंचल के निकट तथा पश्चिम दिशा में तीन चार बाणों के पहुंचने की दूरी पर तली[3] का पथरीला मार्ग जाता है। उसके ऊपर एक क़िला बना हुआ है जो जूनागढ़ के नाम से प्रसिद्ध है जिसके कोट की दीवार सिकन्दर की दीवार के समान दृष्टिगत होती है। उसमें तीन द्वार हैं। एक पश्चिम दिशा के सामने और दूसरा पूर्व दिशा के सामने, तीसरा उत्तर दिशा के सामने। उत्तर दिशा के सामने के द्वार में प्रविष्ट होने पर पश्चिम दिशा के द्वार के सामने वाले द्वार में प्रविष्ट होना पड़ता है।

जूनागढ़ नाम रखने का कारण सोरठ वाले यह बताते हैं कि भूतकाल में सोरठ के राज्य के राजा की राजधानी बंथली नामक स्थान में, जो जूनागढ़ से ५ कोस पर स्थित है, थी। बंथल[4] तथा जूनागढ़ के मध्य में ऐसा जंगल था जिसमें न तो घोड़े चल सकते थे और न मनुष्य। राजा की कई पीढ़ियां वहां राज्य कर चुकी थीं। एक दिन एक लकड़हारा बड़े परिश्रम से उस जंगल में प्रविष्ट हुआ। शनैः-शनैः वह एक ऐसे स्थान पर पहुंच गया जहां उसे पत्थर की एक दीवार द्वार सहित दृष्टिगत हुई। वहां से वापस होकर उसने इसका उल्लेख राजा से किया। राजा ने आदेश दिया कि जंगल काट डाला जाय। उसके बीच में वह क़िला मिला। उसके विषय में राजा ने जब उस प्रदेश के वृद्धों एवं योग्य इतिहासकारों से पूछा तो

१ धार्मिक व्यक्तियों तथा विद्वानों को दी जाने वाली भूमि।

२ क़ुरान के कुछ वाक्यों को पढ़कर किसी कार्य के करने अथवा न करने के विषय में ईश्वर की इच्छा का पता लगाना।

३ फ़रीदी के अनुसार 'वनथली जो जूनागढ़ के दक्षिण-पश्चिम में ८ मील पर स्थित है और एक ग्राम है'। (पृ० ५२)

४ पुस्तक में 'बंथल'।

उन्होंने कहा, "हमें इस विषय में कोई ज्ञान नहीं।" उसी दिन से उस क़िले को जूनागढ़ कहने लगे अर्थात् 'प्राचीन क़िला जिसके निर्माण-काल तथा निर्माता के विषय में कोई ज्ञान न हो।' क़िले के मध्य में दो बावलियां हैं। एक को 'आरी' तथा दूसरी को 'चरी' कहते हैं। उसमें दो कुएँ हैं। एक को नोखन तथा दूसरे को अंगुलिया कहते हैं।

(९१) इस भूभाग के राजा का नाम राव मंदलीक था। हिन्दुओं के इतिहास में लिखा है कि १९,००० वर्ष से राव मंदलीक के पूर्वज वहां राज्य करते चले आये हैं। इस बीच में एक बार सुल्तान मुहम्मद शाह बिन तुग़लुक़ शाह, देहली के बादशाह, के राज्यकाल में यह क़िला विजय हुआ था और एक बार गुजरात के बादशाह अहमद शाह बिन मुहम्मद शाह के राज्यकाल में। प्रत्येक बार हिन्दुओं ने अपनी शक्ति से उसे उनके गुमाश्तों[1] से छीन लिया।

## सुल्तान की जूनागढ़ पर आक्रमण की तैयारी

कहा जाता है कि जब सुल्तान महमूद ने गिरनार तथा जूनागढ़ को विजय करने का संकल्प किया तो उसने ख़ज़ानेदार[2] को आदेश दिया कि "पांच करोड़ नक़द धन जिसमें सोने के अतिरिक्त कुछ अन्य न हो अपने साथ लो।" क़ूरबेगी[3] को आदेश दिया कि, "१७०० मिस्री[4], यमनी[5], मग़रिबी[6] तथा ख़ुरासानी[7] तलवारें जिनमें से प्रत्येक की मूठ गुजरात की तोल से छः सेर से लेकर ४ सेर सोने तक की हो तथा ३३०० अहमदाबादी तलवारें जिनमें से प्रत्येक की मूठ ५ सेर से लेकर ४ सेर (गुजरात की तोल से) चांदी तक की हो, १७०० कटारें तथा जमधर जिनमें से प्रत्येक की मूठ ३ सेर से २½ सेर तक सोने तक की हो, अपने साथ ले लो।" आख़ुरबेगी[8] को आदेश दिया कि, "२००० अरबी तथा तुर्की घोड़े ज़ीन सहित अपने साथ ले लो।"

## जूनागढ़ का अवरोध

संक्षेप में जब सुल्तान ने जूनागढ़ के क़िले को घेर लिया तो आसपास के काफ़िर अपने परिवार को लेकर एक ऊबड़-खाबड़ दर्रे में चले गये और स्वयं मरने के लिये तैयार हो गये। उन्होंने निश्चय कर लिया कि "जो कोई यहां हमारे ऊपर आक्रमण करेगा तो या तो हम स्वयं मर जायेंगे और या उनकी हत्या कर देंगे।"

## महाचला दर्रे की विजय

एक दिन सिन्ध प्रदेश के शाहज़ादे तुग़लुक़ खां ने सुल्तान से निवेदन किया कि, "लोग कहते हैं। कि महाचला नामक दर्रा बड़ा ही दुर्गम है और वहां कदापि कोई सेना नहीं पहुंच सकी है और न उसे

१ प्रतिनिधियों।
२ कोषाध्यक्ष।
३ वह अधिकारी जो शाही शस्त्रागार की देखरेख करता था।
४ मिस्र की।
५ यमन की।
६ मराको।
७ .खुरासान की।
८ शाही घोड़ों की देखभाल करने वाला अधिकारी।

विजय कर सकी है।" सुल्तान ने कहा, "यदि ईश्वर ने चाहा तो मैं विजय करूंगा।" एक दिन सुल्तान ने शिकार हेतु प्रस्थान किया और महाचला दर्रे की ओर रवाना हुआ। हिन्दुओं ने जब उनकी संख्या कम देखी तो वे असावधान रहे और समझने लगे कि "वे लोग हम पर आक्रमण न करेंगे।" अचानक सुल्तान ने उन पर आक्रमण कर दिया। काफ़िर लोग थोड़ा सा युद्ध करके भाग खड़े हुए और जंगल में घुस गये।

जब शाही सेना को ज्ञात हुआ कि सुल्तान ने युद्ध प्रारम्भ कर दिया है तो वह भी पीछे-पीछे (९२) पहुंच गई। थोड़े से लोगों को दर्रे के बाहर छोड़ दिया और सेना पैदल दर्रे में प्रविष्ट हो गई। अधिकांश हिन्दुओं के परिवारों को मुसलमानों ने बन्दी बना लिया।

## क़िले की विजय का प्रयत्न

सुल्तान विजय तथा सफलता प्राप्त करके अपने शिविर को वापस चला गया और अवरोध के सम्बन्ध में अत्यधिक प्रयत्नशील हो गया। कहा जाता है अवरोध के चार दिनों में ५ करोड़ धन नक़द, घोड़े, तलवारें तथा कटार सभी सेना को प्रदान कर दिये ताकि वे क़िले की विजय हेतु अत्यधिक प्रयत्न करें और शिथिलता प्रदर्शित न करें।

## सुल्तान की वापसी

उसने शाही सेना सोरठ के राज्य के चारों ओर इस आशय से भेजी कि वे उसे नष्ट-भ्रष्ट कर दें। जब सेना को अपार लूट की धन-सम्पत्ति प्राप्त हो गई तो राव मंदलीक ने अपने प्रतिनिधियों को भेज कर दीनता एवं निष्ठा प्रदर्शित की। सुल्तान ने उस वर्ष क़िले की विजय को स्थगित कर देना उचित समझ कर अपनी राजधानी की ओर प्रस्थान किया।

## राव मंदलीक के विरुद्ध सेना का भेजा जाना

८७२ हि० (१४६७-६८ ई०) में सुल्तान ने सुना कि "राव मंदलीक जब सवार होकर कहीं जाता है तो मूर्तिपूजा हेतु छत्र को सामने कर देता है और जड़ाऊ बहुमूल्य आभूषण पहन कर निकलता है।" सुल्तान ने इस बात को अपने लिये अत्यन्त अपमानजनक समझ कर ४०,००० अश्वारोहियों तथा अत्यधिक हाथियों (की सेना) को नियुक्त करके आदेश दिया कि या तो उसके छत्र तथा आभूषण पर अधिकार जमा लें और या उसके राज्य को नष्ट-भ्रष्ट कर दें। जब राव मंदलीक को यह समाचार प्राप्त हुये तो उसने तत्काल चत्र एवं आभूषण उचित उपहार सहित सुल्तान की सेवा में भेज दिये। सेना ने वापस होकर सुल्तान के चरणों का चुम्बन करने का सम्मान प्राप्त किया। सुल्तान ने आभूषणों को वकीलों[1] को प्रदान कर दिया।

८७३ हि० (१४६८-६९ ई०) में समाचार प्राप्त हुये कि सुल्तान महमूद ख़लजी की मृत्यु हो गई और उसका ज्येष्ठ पुत्र ग़यासुद्दीन सिंहासनारूढ़ हो गया है। कुछ अमीरों ने निवेदन किया कि "दीन[2] को शरण प्रदान करने वाले शहंशाह अहमद शाह सुल्तान के निधन के उपरान्त सुल्तान महमूद ख़लजी ने गुजरात पर आक्रमण किया था। इस समय यदि आप मालवा पर आक्रमण करें तो उस पर सुगमता-

१ सम्भवतः राव के प्रतिनिधियों को।
२ इस्लाम।

पूर्वक विजय प्राप्त हो जायगी।" सुल्तान ने उत्तर दिया कि "यह बात एक मुसलमान के लिये उचित नहीं कि वह अपने भाई मुसलमान के राज्य की इच्छा करे, चाहे बादशाह जीवित हो अथवा उसकी मृत्यु हो गई हो।"

## गिरनार पर आक्रमण

उसने ८७४ हि० (१४६९-७० ई०) में पुनः सोरठ पर चढ़ाई करने के लिये सेना भेजी और उसे नष्ट-भ्रष्ट करके लौट आया। कुछ दिन उपरान्त सुल्तान ने गिरनार के क़िले की विजय के उद्देश्य (९३) से सोरठ के राज्य की ओर प्रस्थान किया और निरन्तर कूच करता चला गया। यह समाचार पाकर राव मंदलीक बिना बुलाये सुल्तान की सेवा में उपस्थित हुआ और निवेदन किया कि "सुल्तान जो सेवा भी सिपुर्द करें दास हृदय से उसे सम्पन्न करने के लिये उद्यत है। बिना अपराध बताये हुये अपने आज्ञाकारी को नष्ट करने का आप क्यों प्रयत्न कर रहे हैं?" सुल्तान ने कहा, "कुफ़ से बढ़कर कौन-सा अपराध हो सकता है? यदि तू शान्ति चाहता है तो तौहीद[1] का कलमा पढ़ और हृदय से मुसलमान हो जा ताकि तेरे राज्य को अन्य अक्ताओं सहित तुझे प्रदान कर दूँ अन्यथा मैं तुझे नष्ट-भ्रष्ट कर दूँगा।"

जब राव मंदलीक ने यह हाल देखा तो रातोंरात भाग कर क़िले में प्रविष्ट हो गया। जिस समय तक वह शाही सेना में रहा, उसके प्रतिनिधियों ने अत्यधिक खाद्य सामग्री एकत्र करके गिरनार तथा जूनागढ़ के क़िलों को दृढ़ बना लिया। जिस दिन सुल्तान पर्वत के आंचल में पहुंचा तो काफ़िर लोग चीटियों एवं टिड्डियों के समान क़िले तथा पर्वत से उतरकर युद्ध में तल्लीन हो गये। अत्यधिक युद्ध के उपरान्त वे पराजित होकर भाग खड़े हुये और गिरनार के क़िले पर चढ़ गये। दो दिन तक इसी प्रकार युद्ध होता रहा। तीसरे दिन सुल्तान स्वयं युद्ध के लिये निकला। प्रातःकाल से सायंकाल तक युद्ध होता रहा। जब सुल्तान की सेना ने ज़ोर लगाया, तो काफ़िर भागकर गिरनार के क़िले के ऊपर चले गये। सुल्तान ने सेना को मोरचे बांट दिये और प्रत्येक अमीर को एक स्थान पर नियुक्त कर दिया और जूनागढ़ के क़िले को घेर लिया। काफ़िर लोग नित्य किसी न किसी ओर पहुंच कर युद्ध करते थे। एक दिन आलम खां फ़ारूक़ी के, जो एक प्रतिष्ठित अमीर था और जिसका महल अभी तक अहमदाबाद में प्रसिद्ध है, मोरचे पर एक फ़िदाई[2] पहुंच गया और उसकी हत्या करके भाग गया। सुल्तान ने सावधान रहने का अत्यधिक प्रयत्न किया और हिन्दू लोग विवश हो गये। राव मंदलीक के वज़ीर तनहल[3] नामक बक़्क़ाल ने क़िले वालों से परामर्श किया और कहा, "इस बार सुल्तान महमूद क़िले को विजय किये बिना हमारे सिर पर से न हटेगा अतः हमारे लिये जूनागढ़ में रहना गिरनार के क़िले में रहने से अच्छा है कारण कि वह इससे अधिक दृढ़ है और उसमें खाद्य-सामग्री अधिक है।" क़िले वालों ने उसके मतानुसार राजदूतों को सुल्तान की सेवा में भेज कर निवेदन कराया कि, "सुल्तान हमें क्षमा करके हमारे हृदय को अपने वश में कर लें और (९४) हमारे परिवार वालों से कोई रोक-टोक न करें ताकि हम अपने परिवार को लेकर क़िले से निकल जायं और क़िले को सुल्तान के दासों को सौंप दें।" सुल्तान ने कहा, "अच्छा है।" वे अपने परिवार को

१ एकेश्वरवाद अथवा इस्लाम का क़लमा 'ला इलाहा इल्लिल्लाह मुहम्मदुर्रसूलुल्लाह'।

२ फ़िदाई : इस्माईली मुसलमानों की एक शाखा जो १०वीं शताब्दी ईसवी से लेकर १४वीं शताब्दी ईसवी तक छिप छिप कर सुन्नी मुसलमान अधिकारियों तथा मुसलमानों की हत्या कर देते थे। वे अपने उद्देश्य की पूर्ति हेतु प्राण त्याग देना बहुत बड़ा पुण्य तथा साधारण बात समझते थे।

३ फ़रीदी के अनुसार 'विट्ठल' (फ़रीदी पृ० ५६)। यही उचित ज्ञात होता है।

लेकर गिरनार के क़िले की ओर रवाना हुये। जब सुल्तान को यह समाचार प्राप्त हुये तो उसने लूट-मार का आदेश दे दिया। सेना भाग कर पर्वत के मध्य में पहुंच कर युद्ध करने लगी। उस दिन बहुत से मुसलमान शहीद हुये और हिन्दुओं को नरक भेज दिया गया। किन्तु हिन्दुओं ने अपने परिवार को गिरनार के क़िले पर पहुंचा दिया और जूनागढ़ का क़िला विजय हो गया। वे प्रतिदिन गिरनार के क़िले से निकल कर युद्ध करते थे। जब अधिक समय के उपरान्त खाद्य-सामग्री का अभाव हो गया तो उन्होंने अपने प्राणों की रक्षा की याचना की। सुल्तान ने कहलाया कि, "यदि वे इस्लाम स्वीकार कर लें तो उनका प्रस्ताव स्वीकार हो सकता है।"

## सुल्तान की विजय

राव मंदलीक ने क़िले से नीचे उतर कर धरती चुम्बन किया और क़िले की कुंजी सुल्तान के दासों को दे दी। यह घटना ८७७ हि० (१४७२-७३ ई०) में घटी। सुल्तान ने राव से तौहीद का कलमा[1] पढ़ने के लिये कहा। उसने तत्काल कलमा पढ़ कर सुल्तान के क्रोध की अग्नि से, जो नरक के समान थी, मुक्ति प्राप्त कर ली। तत्पश्चात् राव ने कहा कि, "आप की भेंट के पूर्व शाह शम्सुद्दीन बुखारी ने, जिनका मज़ार ओना क़स्बे के निकट है, मेरे हृदय को इस्लाम की सत्यता स्वीकार करने की ओर प्रेरित किया था, इस समय सुल्तान की कृपा से मैंने जिह्वा तथा हृदय से इस्लाम स्वीकार कर लिया"; किन्तु कहा जाता है कि वह गिरनार पर्वत तथा अपने राज्य को स्मरण करके फूट फूट कर रोया करता था।

'(तारीखे) बहादुर शाही' के लेखक ने जो कुछ लिखा है वह यही है किन्तु गुजरात के विश्वस्त सूत्रों से सुल्तान के अन्तिम बार गिरनार तथा जूनागढ़ को विजय करने का अन्य ही कारण ज्ञात होता है। वह इस प्रकार है कि राव मंदलीक का वज़ीर तनहल[2] बक़्क़ाल, जिसके अधिकार में समस्त शासन-प्रबन्ध था, उसका विरोधी बन गया था। इसका कारण बक़्क़ाल की पत्नी थी जो अपने काल में सुन्दरता में अद्वितीय थी।

(९५) एक दिन राव मंदलीक उसकी सुन्दरता देखकर उस पर आसक्त हो गया और उसने अत्यधिक प्रयत्न के उपरान्त उस पर अधिकार जमा लिया। उसका पति इस बात से अत्यन्त रुष्ट होकर उसके विनाश का प्रयत्न करने लगा। उसने धूर्ततापूर्वक उससे (राव से) कहा, "क़िले की खाद्य-सामग्री पुरानी हो गई है और नष्ट हो रही है। यदि आदेश हो तो उसे बाहर निकाल कर मैं नई सामग्री एकत्र करूं।" क्योंकि राव का समस्त शासन-प्रबन्ध उसके परामर्श द्वारा सम्पन्न होता था अतः राव ने कहा, "ऐसा क्यों नहीं करते।" उसने खाद्य-सामग्री नीचे उतरवानी प्रारम्भ कर दी। वज़ीर ने गुप्त रूप से अपने आदमी सुल्तान की सेवा में भेज दिये और निवेदन कराया कि "यदि इस समय सुल्तान क़िले की विजय का संकल्प करें तो इस समस्या का सुगमतापूर्वक समाधान हो सकता है।" सुल्तान प्रसन्न हो गया और उसी दिन जूनागढ़ तथा गिरनार की ओर रवाना हो गया और उसने निरन्तर यात्रा करते हुये वहां पहुंच कर युद्ध के उपरान्त दोनों क़िलों पर विजय प्राप्त कर ली।

कुछ लोग राव मंदलीक के इस्लाम स्वीकार करने का कारण यह बताते हैं कि जब राव मंदलीक क़िले के नीचे उतरा और सुल्तान की सेवा में उपस्थित हुआ तो सुल्तान उसे अपने साथ लेकर अहमदाबाद पहुंचा। एक दिन उसने रसूलाबाद की ओर, जो शाह आलम का निवासस्थान था और जहां उनका

१ देखिये पृ० ३१३ नोट नं० १।
२ 'विट्ठल' (फ़रीदी पृ० ५७)।

मज़ार है, पहुंचा तो उसने शाह आलम के दरबार के समक्ष घोड़ों, हाथियों तथा मनुष्यों की बहुत बड़ी भीड़ देखी। राव ने पूछा, "यह किस अमीर का घर है?" लोगों ने बताया कि, "यह शाह आलम का दरबार है।" राव ने पूछा, "वे किसके सेवक तथा किसके अधीन हैं?" लोगों ने बताया "ख़ुदा के अतिरिक्त उनका किसी से सम्बन्ध नहीं।" राव ने पूछा, "यह राजसी ठाठ-बाट किस प्रकार प्राप्त हुये?" लोगों ने कहा, "ख़ुदा देता है।" राव ने कहा, "मैं एक वार उनकी सेवा में उपस्थित होना चाहता हूं।" (९६) जैसे ही राव की दृष्टि शाह आलम पर पड़ी उसने कहा, "जो मुसलमान लोग कहते हैं, वह मुझे भी बताइये।" शाह आलम ने इस्लाम का कलमा सिखाया। उसने जिह्वा तथा हृदय से उसकी सत्यता स्वीकार की। अल्लाह ने उसे शाह आलम के दर्शन द्वारा इस्लाम से सम्मानित किया।

संक्षेप में, उस समय क़िले में तोप तथा बन्दूक़ बड़ी कम संख्या में थीं। क़िले वाले पत्थर से और कभी कभी बाणों तथा बन्दूक़ों से युद्ध करते थे। दीर्घ काल तक प्रयत्न के बावजूद सुल्तान क़िले को विजय न कर सका। सुल्तान बड़ा दुखी हुआ। उसने खुदावन्द ख़ां वज़ीर को, जो जफ़र[1] विद्या में अद्वितीय था, और जिसने उस समय विज़ारत का पद त्याग दिया था और अहमदाबाद में एकान्तवास ग्रहण कर लिया था, लिखा कि, "मेरे प्रयत्न एवं चेष्टा में कोई कमी नहीं होती किन्तु अभी तक क़िले पर विजय प्राप्त नहीं होती दिखाई पड़ती। मैंने यह संकल्प कर लिया है कि या तो मैं विजय प्राप्त करूंगा और या प्राण त्याग दूंगा।" ख़ुदावन्द ख़ां ने उत्तर में लिखा कि, "जिन अमीरों को अवरोध का आदेश हुआ है तथा जिन्हें मोरचे दिये गये हैं, उनके नाम लिख कर भेज दिये जायं।" उसके पास नाम भेज दिये गये। ख़ान ने प्रत्येक स्थान को जिस जिसके लिये वह उपयुक्त था, लिख कर सुल्तान की सेवा में भेज दिया और निवेदन किया कि, "मोरचों का वितरण इसी प्रकार किया जाय और अमुक दिन क़िले को विजय करने का प्रयत्न करें। ईश्वर ने चाहा तो विजय हो जायगी।" सुल्तान ने जिस प्रकार ख़ान ने लिखा था, उसी प्रकार व्यवस्था कराई। ईश्वर ने उसी दिन सुल्तान को विजय प्रदान कर दी।

## मुस्तफ़ाबाद नामक नगर का बसाया जाना

(९७) इसके उपरान्त सुल्तान ने प्रतिष्ठित सैयिदों, आलिमों, तथा क़ाज़ियों को गुजरात नगर एवं क़स्बे से लाकर जूनागढ़ एवं उसके क़स्बों में नियुक्त किया और उनके निवासस्थान की व्यवस्था करा दी और उसको बसाने का प्रयत्न प्रारम्भ कर दिया। जहां पनाह नामक क़िले का निमार्ण भी शुरू करा दिया। वहां उसने बड़े ऊंचे ऊंचे महल बनवाये। उसने अमीरों को आदेश दे दिया कि वे अपने अपने लिये भव्य भवनों का निर्माण करायें। अल्प समय में अहमदाबाद सरीखा नगर बस गया। उसका नाम मुस्तफ़ाबाद रक्खा गया। सोरठ का राज्य बिना किसी प्रतिस्पर्धी के सुल्तान के अधिकार में आ गया। समस्त ज़मींदारों ने आज्ञाकारिता प्रदर्शित करते हुये जो कर उन्हें अदा करना था, बिना मांगे ही अदा कर दिया।

## शासन-प्रबन्ध को सुव्यवस्थित करना

इसी बीच में समाचार प्राप्त हुये कि चम्पानीर के राजा जयसिंह बिन गंगदास ने बरोदा तथा दभोई के विद्रोहियों का पक्षपात करते हुये उन्हें शरण दे रक्खी है और उपद्रव तथा विद्रोह की योजना

१ भविष्यवाणी करने से सम्बन्धित एक प्रकार का ज्ञान। इमाम जाफ़र सादिक़ के विषय में यह प्रसिद्ध है कि यह ज्ञान उन्हीं का ईजाद किया हुआ है।

बना रहा है। मन्दू के बादशाह से मिलकर उससे सहायता की आशा कर रहा है। अहमदाबाद के विद्रोही भी जिस प्रकार ख़रबूज़े को देखकर ख़रबूज़ा रंग पकड़ता है उन्हीं विद्रोहियों के समान आचरण कर रहे हैं।" सुल्तान ने मलिक जमालुद्दीन असलहादार[1] बिन मलिक शेख़ को मुहाफ़िज़ ख़ां की उपाधि द्वारा सम्मानित किया और उसे अहमदाबाद तथा आसपास के स्थानों की फ़ौजदारी[2] प्रदान की। मलिक ने इस कार्य हेतु इतना अधिक प्रयत्न किया कि चोरों तथा डाकुओं का कोई चिह्न भी न रहा। नगर तथा ग्रामनिवासी द्वार खोल कर निश्चिन्त होकर सोते थे। यात्री निश्चिन्त होकर अपना सामान लिये हुये यात्रा करते थे। मुहाफ़िज ख़ां के कार्य को सफलता प्राप्त हो गई। मलिक मुहाफ़िज़ ख़ां के पुत्र ने ऐसे ऐसे विद्रोहियों से सलामी[3] वसूल की जिन्होंने इससे पूर्व कभी किसी को सलामी न अदा की थी। सुल्तान ने कुछ दिन उपरान्त मलिक को समस्त नगर का शासन-प्रबन्ध सौंप दिया। उसने इस कार्य को भी सफलतापूर्वक सम्पन्न किया। कुछ दिन उपरान्त वह मुस्तौफ़िये ममालिक[4] हो गया। उसने इस्तीफ़ा की सेवायें भी भली भांति सम्पन्न कीं। कुछ समय पश्चात् उसे वज़ीर का पद प्रदान कर दिया गया और पिछले पद भी उसने उसी के पास रहने दिये जिनका प्रबन्ध उसके गुमाश्ते[5] करते थे। यह मुहाफ़िज़ ख़ां (९८) 'तारीख़े बहादुरशाही' के लेखक का दादा था।

संक्षेप में, सुल्तान ने बरोदा को भी सुव्यवस्थित करने के लिये अमीरों को नियुक्त किया। मलिक बहाउलमुल्क को, जिसकी उपाधि एमादुलमुल्क थी, सोनखेड़ा बहादुरपुर के थाने में नियुक्त किया तथा मलिक सारंग क़िवामुलमुल्क को कोदरा[6] थाने में नियुक्त किया। ताज ख़ां बिन सालार को नोरख[7] थाने में, जो महेन्द्री नदी के तट पर स्थित है, नियुक्त किया। इन नियुक्तियों के कारण राय जयसिंह ने विद्रोह करना बन्द कर दिया।

## राव मंदलीक को उपाधि

सुल्तान ने ८७६ हि० (१४७१-७२ ई०) में राव मंदलीक को ख़ाने जहां की उपाधि द्वारा सम्मानित किया और उसे जागीर प्रदान की। उसने सोने की समस्त मूर्तियां जो राव मंदलीक के मन्दिर से प्राप्त की थीं, सेना को पुरस्कार में प्रदान कर दीं।

## सिन्ध पर आक्रमण

तत्पश्चात् उसने सिन्ध की विलायत[8] पर आक्रमण किया। एक दिन में ६१ कोस का मार्ग चलकर सिन्ध की विलायत के ज़मींदारों को नष्ट-भ्रष्ट कर दिया। वह भूमि खारी है और वर्षा के समय वह जल में डूबी रहती है। उसका एक छोर समुद्र से मिला हुआ है और समुद्र का जल भी उस भूमि पर

१ असलहादार :—वह अधिकारी जो अस्त्र-शस्त्र की देख-रेख करता था।
२ फ़ौजदार :—सरकार के मुख्य सैनिक तथा असैनिक कार्यों पर नियंत्रण रखने वाला अधिकारी।
३ कर।
४ मुस्तौफ़िये ममालिक :—देखिये पृ० ६३ नोट नं० २।
५ प्रतिनिधि; एजेन्ट।
६ फ़रीदी के अनुसार 'नोरखा' (पृ० ५६)।
७ फ़रीदी के अनुसार 'दखना' (पृ० ५६)।
८ राज्य।

पहुंच जाता है। संक्षेप में उस भूमि पर कहीं कहीं छः कोस तक और कहीं कहीं कुछ अधिक अथवा कम सर्वदा जल खारी रहता है। वहां की भूमि कृषि योग्य नहीं। वहां नमक तथा मछली के अतिरिक्त कोई अन्य वस्तु उत्पन्न नहीं होती।

कहा जाता है कि उस अभियान के समय सुल्तान के साथ कुल ६०० अश्वारोही थे। सिन्ध के आसपास के ज़मींदारों के, जो 'सूमरा' तथा 'सूदा' कहलाते हैं, २४००० अश्वारोही एकत्र हुये थे। सुल्तान के पहुंचने के पूर्व उन्हें सूचना मिल चुकी थी और वे एक कठिन मार्ग पर पहुंच कर युद्ध की प्रतीक्षा कर रहे थे किन्तु बादशाही सेना देख कर उन्होंने अपने प्रतिनिधि सुल्तान की सेवा में भेजे और इस्लाम के नाम पर इतनी अधिक दीनता प्रदर्शित की कि सुल्तान ने उनकी हत्या कराने के विचार त्याग दिये और कहा कि, "तुम लोग इस्लाम के नाम पर अपनी मुक्ति चाहते हो तो तुम्हें चाहिये कि इस्लाम के आदेश का पूर्णरूपेण पालन करो और काफ़िरों से जो तुम लोग वैवाहिक सम्बन्ध रखते हो उसे त्याग दो। प्रत्येक समूह का सर्वोत्कृष्ट व्यक्ति हमारी सेवा में उपस्थित हो और जूनागढ़ तक साथ चलकर इस्लाम के आलिमों से इस्लाम के नियमों तथा इस्लाम की प्रथाओं का ज्ञान प्राप्त करे और उन्हें अपनी क़ौम तथा क़बीले वालों (९९) को सिखाये।" उन्होंने यह बात स्वीकार कर ली, उचित उपहार भेंट किये। वे सुल्तान के चरणों का चुम्बन करके सम्मानित हुये, और सुल्तान की सवारी के साथ-साथ जूनागढ़ तक गये। सुल्तान ने उन्हें इस्लाम के आलिमों तथा फ़क़ीहों[1] को इस आशा से सिपुर्द कर दिया कि वे उनसे इस्लाम की शिक्षा प्राप्त करते रहें। कुछ समय के बाद इस्लाम के नियमों की शिक्षा प्राप्त करके अपने प्रदेश को लौट गये और कुछ लोग बादशाह की कृपाओं से प्रभावित होकर अपने देश को त्याग कर सुल्तान की सेवा में प्रविष्ट हो गये। उनमें से जो लोग सुल्तान के विश्वासपात्र हो गये उन्हें उसने उपाधियों द्वारा सम्मानित किया।

८७७ हि०[2] (१४७२-७३ ई०) में सुल्तान ने पुनः एक बहुत बड़ी सेना लेकर सिन्ध के आसपास के विद्रोहियों को दंड देने के लिये शीघ्रातिशीघ्र प्रस्थान किया। ९०० दो अस्पा अश्वारोहियों[3] को लेकर वह सरपला पहुंचा और सिन्ध के ४०,००० हिन्दू ज़मींदारों से, जो बड़े कुशल धनुर्धर थे, युद्ध किया। उनके परिवारों को बन्दी बना कर जूनागढ़ लाया।

## जगत की विजय

उसी वर्ष उसने जगत[4] एवं सांखू द्वार को विजय किया। इस विजय का यह कारण था कि मौलाना महमूद समरक़न्द जो बहुत बड़े विद्वान् तथा कवि थे, दखिन (दक्षिण) के तट से नौका पर बैठ कर समरक़न्द जा रहे थे। मार्ग में सांखू द्वार के समुद्री लुटेरों ने उनकी धन-सम्पत्ति लूट ली तथा उनके परिवारों को बन्दी बना कर सांखू द्वार लाये। उन्होंने मुल्ला तथा उसके दोनों पुत्रों को तट पर मुक्त कर दिया और मुल्ला की पत्नी को नौका तथा धन-सम्पत्ति सहित रोक लिया। मुल्ला बड़ी कठिनाई से महमूद शाह के दरबार में पहुंचा। कहा जाता है कि मुल्ला के दोनों पुत्रों की अवस्था बड़ी ही कम थी। वे पैदल यात्रा न कर सकते थे। मुल्ला में इतनी शक्ति न थी कि वह दोनों को एक साथ उठा कर ले जा सकता। इस कारण

१ इस्लाम के धर्मशास्त्र के नियमों के विद्वान्।
२ मूल पुस्तक में '८७६ हि०'; किन्तु फ़रीदी के अनुसार '८७७ हि० (१४७२—७३ ई०) पृ०'; ६०।
३ सम्भवतः ऐसे अश्वारोही जिनके पास दो घोड़े हों।
४ मूल पुस्तक में 'झकत' किन्तु फ़रीदी के अनुसार 'जगत' (पृ० ६०)।

वह एक को कन्धे पर थोड़ी दूर ले जाता और फिर उसे वहां छोड़ कर दूसरे पुत्र को ले जाता। इस प्रकार वह बहुत दिनों में ७० कोस की यात्रा समाप्त करके सुल्तान की सेवा में पहुंचा और विलाप करते हुये न्याय की याचना की। मुल्ला की फ़रयाद से सुल्तान तथा समस्त उपस्थितगण के हृदय दुःख से भर गये। सुल्तान ने उसे अपने समक्ष बुला कर सब हाल पूछा। उसने विलाप करते हुये सम्पूर्ण हाल बताया।

यद्यपि इससे पूर्व भी सुल्तान का विचार जगत, जो काफ़िरों का सबसे अधिक प्रसिद्ध मन्दिर (१००) है, तथा सांखू द्वार के टापू को विजय करने का था, किन्तु जब लोग जगत के मार्ग के कठिन होने, आसपास के जंगलों तथा सांखू द्वार टापू की दृढ़ता की अत्यधिक चर्चा करते तो सुल्तान सोच में पड़ जाता। वह इसी असमंजस में था कि यह घटना घटी और उसके पिछले विचार ताज़े हो गये। सुल्तान व्याकुल हो उठा और उसने कहा, "यदि ईश्वर ने चाहा तो मैं इन काफ़िरों को नष्ट कर दूंगा।" उसने मुल्ला महमूद पर कृपादृष्टि प्रदर्शित करते हुये उसे प्रोत्साहन दिया और उसे अहमदाबाद भेज दिया।

१७ ज़िलहिज्जा[1] को वह जगत की ओर रवाना हुआ और निरन्तर यात्रा करता हुआ उस स्थान पर पहुंच गया। जगत के काफ़िर भाग कर सांखू द्वार टापू में चले गये। सुल्तान ने जगत को नष्ट-भ्रष्ट कर दिया और उसके भवनों का खंडन करा दिया। वहां की मूर्तियों को तुड़वा डाला। वहां से प्रस्थान करके उसने अदामेरा नामक स्थान पर, जो जगत से १० कोस पर स्थित है, समुद्र-तट पर सांखू द्वार टापू के समक्ष, अपने शिविर लगाये।

'तारीखे महमूदशाही' के लेखक का कथन है कि इस पड़ाव पर सर्प बहुत बड़ी संख्या में थे। शाही सेना वालों में से कोई भी रात्रि में सर्पों के भय से सो न सका। कोई ऐसा डेरा न था जहां सर्प न आया हो। कहा जाता है कि उस रात्रि में ७०० सर्प सुल्तान के सरापर्दे[2] में मारे गये।

इस प्रदेश की विचित्र बातों में से एक यह है कि ९ आषाढ़ से जब से वर्षा ऋतु प्रारम्भ होती है ११ तथा १४ तक जिसे हिन्दू ग्यारस, बारस, तेरस तथा चौदस कहते हैं और जो पूर्णमासी कहलाती है, मैना के बराबर एक गौरैया जिसका बड़ा ही विचित्र रूप होता है और जो किसी पक्षी से नहीं मिलता, समुद्र की ओर से एक मन्दिर के ऊपर जो मंगलौर के अधीन माधोपुर नामक स्थान पर है, बैठ जाती है। वह दो-तीन घड़ी से अधिक नहीं जीवित रहती। जब वह उड़ती है तो वहां के रहबान[3] उसे पकड़ लाते हैं और उससे वर्षा का पता लगाते हैं। यदि वे उसके सिर तथा दुम की ओर कालापन अधिक पाते हैं और मध्य में सफ़ेद तो वे इससे इस निष्कर्ष पर पहुंचते हैं कि वर्षा ऋतु के प्रारम्भ तथा अन्त में वर्षा अधिक होगी और बीच में कम। यदि गौरैया के शरीर का मध्य भाग काला होता है और दोनों ओर सफ़ेद तो वे यह निष्कर्ष निकालते हैं कि वर्षा मध्य में अधिक होगी और प्रारम्भ तथा अन्त में कम। यदि हर ओर कालापन अधिक है तो वर्षा अधिक होगी। यदि हर ओर सफ़ेदी अधिक है तो वर्षा कम होगी। (१०१) यदि उसका समस्त शरीर काला हो तो समस्त ऋतु में एक समान वर्षा होगी। यदि समस्त सफ़ेद हो तो वर्षा न होगी। कोई ऐसा वर्ष व्यतीत नहीं होता जब वह गौरैया दृष्टिगत न हो।

कहा जाता है कि इसी प्रकार की गौरैया पटन देव तथा जगत के मन्दिरों में भी, जो समुद्र तट पर स्थित हैं, आकर बैठती है। वे लोग भी इसी प्रकार निष्कर्ष निकालते हैं।

१ १७ ज़िलहिज्जा ८७७ हि० (१५ मई १४७३ ई०)।
२ एक प्रकार का मंडप।
३ पुजारी।

संक्षेप में जगत के राज्य के काफ़िर सांखू द्वार टापू में पहुंच गये और उसे दृढ़ बना लिया। सांखू द्वार टापू समुद्र-तट से २० कोस पर स्थित है। वहां जगत के राजा के चोर निवास करते थे और समुद्र के यात्रियों पर डाका मारा करते थे। जब सुल्तान ने देखा कि काफ़िर उस टापू में प्रविष्ट हो गये तो उसने बन्दरगाहों से नौकायें मँगवाई और अपने सशस्त्र सैनिकों को लेकर उस टापू की ओर प्रस्थान किया। प्रत्येक दिशा से ग़ाज़ी[1] लोगों ने नौका में बैठ कर टापू को घेर लिया और युद्ध करने लगे। काफ़िरों ने तलवार तथा बन्दूक़ चलाने में कोई कमी न की। अन्त में इस्लामी सेना को विजय प्राप्त हो गई। वहां के अधिकांश काफ़िरों की हत्या हो गई। कुछ लोग जहाज़ों पर बैठ कर भाग खड़े हुये। सुल्तान ने टापू में प्रविष्ट होकर नौकायें तथा समुद्र में तैरने वाले मगरमच्छों[2] को आदेश दिया कि वे काफ़िरो के जहाज़ों का पीछा करें और उन्हें बन्दी बना लें। मुसलमान लोग मन्दिरों पर चढ़ कर उच्च स्वर में अज़ान[3] देने लगे और मन्दिरों को नष्ट-भ्रष्ट करने तथा मूर्तियों का खंडन करने लगे। सुल्तान ने ईश्वर के प्रति कृतज्ञता प्रकट करने के लिये नमाज़ पढ़ी। मुल्ला के परिवार वाले, जिन्हें काफ़िरों ने बन्दी बना लिया था, मुक्त हो गये। कहा जाता है कि अत्यधिक लूट की धन-सम्पत्ति, माणंक, सच्चे मोती तथा बहुमूल्य सामग्री प्राप्त हुई। सुल्तान कुछ समय तक वहां ठहरा रहा। वहां उसने एक मस्जिद का निर्माण कराया तथा अत्यधिक खाद्य-सामग्री एकत्र की। मलिक तुग़ान को जिसे फ़रहतुलमुल्क की उपाधि प्राप्त थी, सांखू द्वार तथा जगत का राज्य प्रदान किया। सुल्तान स्वयं जूनागढ़ पहुंचा। जगत एवं सांखू द्वार की विजय ८७८ हि० (१४७३-७४ ई०) में हुई। किसी भी बादशाह के राज्यकाल में उस टापू पर विजय प्राप्त नहीं हुई। यह केवल सुल्तान महमूद ग़ाज़ी द्वारा विजय किया गया था।

## शाह आलम का निधन

दो वर्ष उपरान्त ८८० हि० (१४७५-७६ ई०) में फ़ख़्रुल औलिया बद्रुल अतक़िया महबूबे (१०२) बारी शाह आलम इब्ने क़ुतुबुल मुहिब्बीन सैयिद बुरहानुद्दीन बुख़ारी का निधन हो गया।

संक्षेप में, सुल्तान शुक्रवार १३ जमादि-उल-अव्वल[4] को मुस्तफ़ाबाद जूनागढ़ पहुंचा। संयोग से उसी दिन जो ग़ाज़ी नौका पर जगत के राजा भीम बिन सागर का पीछा करने के लिये भेजे गये थे वे उसे (राजा को) बन्दी बना कर मुस्तफ़ाबाद लाये। सुल्तान ने प्रत्येक को अत्यधिक सम्मानित किया। मुल्ला समरक़न्दी को अहमदाबाद से बुलवाया। जब वह सुल्तान की सेवा में उपस्थित हुआ तो सुल्तान ने आदेश दिया, "भीम को मुल्ला के सिपुर्द कर दिया जाय ताकि वह अपना बदला उससे ले ले।" भीम को बन्दी बना कर उपस्थित किया गया। मुल्ला उठ खड़ा हुआ। बादशाह तथा उसके इस्लाम के प्रति उत्साह की उसने प्रशंसा की और कहा, "बादशाह के प्रताप से मेरा उद्देश्य पूरा हो गया।" तत्पश्चात् उसने आदेश दिया कि उस काफ़िर को मुहाफ़िज़ खां के पास अहमदाबाद भेज दिया जाय ताकि वह उसके

१ मुसलमान विजेता।

२ कुशल तैराकों, नाविकों।

३ नमाज के समय की सूचना जो मस्जिद के एक विशेष ऊँचे स्थान पर खड़े होकर उच्च स्वर में दी जाती है।

४ सम्भवतः १३ जमादि-उल-अव्वल ८८० हि० (१४ सितम्बर १४७५ ई०)। फ़रीदी के अनुसार १० जमादि-उल-अव्वल (पृ० ६३)।

टुकड़े-टुकड़े करके उन टुकड़ों को नगर के द्वारों पर लटका दे जिससे षड्यंत्रकारी शिक्षा प्राप्त कर सकें। जब भीम अहमदाबाद पहुंचा तो मुहाफ़िज़ खां ने शाही आदेशानुसार आचरण किया।

संक्षेप में, जब सुल्तान सोरठ के राज्य को अपने अधिकार में तथा सुशासित कर चुका तो उसने चाम्पानीर के क़िले की विजय की, जिसकी उसे बहुत पहले ही से अभिलाषा थी, (फिर) आकांक्षा हुई। उसने मुस्तफ़ाबाद से अहमदाबाद की ओर प्रस्थान किया। मार्ग में उसे समाचार प्राप्त हुये कि मलेबारी[1] समुद्री डाकू कुछ जहाज़ों का प्रबन्ध करके गुजरात के बन्दरगाहों में उत्पात मचा रहे हैं। सुल्तान ने घोघ नामक बन्दरगाह की ओर प्रस्थान किया और वहां से समुद्र को पी जाने वाले अनेकों मगरमच्छों[2] को बहुत सी नौकाओं पर पूर्ण सामग्री सहित सवार कराया और मलेबारियों को दंड देने के लिये भेजा। वह स्वयं घोघ से खम्बायत पहुंचा और वहां से सरखीज में पड़ाव किया तथा शेख़ अहमद खत्तू के मज़ार के दर्शन का सम्मान प्राप्त किया। उसने तीन दिन तक उस स्थान पर पड़ाव किया। इस अभियान में जिन अमीरों तथा सैनिकों की हत्या हो गई थी अथवा जो अपनी मृत्यु से मर गये थे, उनके पुत्रों को बुलवाया। जिस किसी के भी कोई पुत्र था, उसे उसके पिता की जागीर दे दी और जिस किसी के पुत्र न था उसकी आधी जागीर उसकी पुत्री को दे दी। जिस किसी के पुत्री भी न थी तो उसके सेवकों की जीविका की आवश्यकतानुसार व्यवस्था कराई गई।

## सुल्तान का सौजन्य

(१०३) इन तीन दिनों में वह अधिकांश दुखी ही रहा और शोक के चिह्न उसके मुख से दृष्टिगत होते थे। यह हाल देख कर उसके एक विश्वासपात्र ने निवेदन किया कि, "कई वर्षों के उपरान्त सुल्तान ने जूनागढ़ तथा गिरनार सरीखे क़िलों को विजय किया है और अब अपनी राजधानी की ओर प्रस्थान कर रहे हैं। तीन कोस पर रुकने तथा इस शोक का क्या कारण है? समस्त नगर वाले आपके पधारने की प्रतीक्षा कर रहे हैं। सेना वाले अपने परिवार से मिलने की अभिलाषा कर रहे हैं। यह प्रसन्नता का अवसर है न कि शोक का।" सुल्तान ने कहा "तू बड़ा ही असभ्य तथा मनुष्यता से शून्य है। जो लोग सुरक्षित आ गये वे यदि दो-तीन दिन अपने घरों को न जायं तो कोई बात नहीं किन्तु जिन लोगों की हत्या हो गई है अथवा जिनकी मृत्यु हो गई है उनके परिवार के प्रति संवेदना प्रकट न करना तथा उनके (शोक) की चिनगारी को न बुझाना और नगर में प्रविष्ट हो जाना तथा भोग-विलास में ग्रस्त हो जाना मनुष्यता नहीं।"

कहा जाता है कि उन्हीं दिनों में क़ाज़ी नज्मुद्दीन, शरा[3] का हाकिम, अहमदाबाद पहुंचा और उसने सुल्तान को बधाई दी। सुल्तान ने ठंडी सांस भर कर कहा, "क़ाज़ी! यद्यपि हमारे लिये बधाई है किन्तु उन लोगों से पूछना चाहिये जिनके पुत्र तथा पति शहीद हुये अथवा मृत्यु को प्राप्त हुये। यदि इतने वर्ष वे अपने स्थान पर रहते तो सेना वालों का परिवार कितना बढ़ जाता। इस अभियान में कितनी हानि उठाई गई, जब यह विजय प्राप्त हुई।"

१ फरीदी के अनुसार 'मलाबारी' (पृ० ६३)।
२ कुशल तैराकों, नाविकों।
३ धार्मिक विषय सम्बन्धी कार्यों।

## चम्पानीर पर आक्रमण

जिन लोगों ने कष्ट भोगे थे उनकी प्रसन्नता के विचार से सुल्तान ने शाबान मास अहमदाबाद (१०४) में व्यतीत किया। रमज़ान में उसने अहमदाबाद से चाम्पानीर पर चढ़ाई की। जब वह सांवली परगने के अधीन मोर आमली नामक स्थान पर, जो महेन्द्री[1] नदी के तट के निकट है, पहुंचा तो वहां से चाम्पानीर के आसपास के स्थानों को नष्ट करने के लिये उसने सेना भेजी। सेना आसपास के स्थानों को नष्ट-भ्रष्ट करके लौट आई। वर्षा ऋतु के आ जाने के कारण सुल्तान अहमदाबाद लौट आया और वर्षा ऋतु वहीं व्यतीत की।

तत्पश्चात् उसने मुस्तफ़ाबाद की ओर प्रस्थान किया। कुछ समय तक वह मुस्तफ़ाबाद के समीप भ्रमण तथा शिकार में व्यस्त रहा और पुनः अहमदाबाद वापस आया। तत्पश्चात् वह प्रत्येक वर्ष अहमदाबाद से मुस्तफ़ाबाद जाता और कुछ दिन तक भ्रमण तथा शिकार में व्यस्त रहकर अहमदाबाद चला आता था किन्तु वह चाम्पानीर की विजय की सर्वदा चिन्ता किया करता था। जब कभी भी वह अहमदाबाद से सैर तथा शिकार के लिये जाता था तो उसका अभिप्राय चाम्पानीर पर (चढ़ाई की तैयारी) होता था।

## महमूदाबाद नामक नगर का निर्माण

संयोग से, एक दिन वह शिकार खेलता हुआ बातरक[2] नदी के तट पर, जो अहमदाबाद से १२ कोस पर दक्षिण-पूर्व की ओर स्थित है, पहुंचा। उसने सुना कि वहां डाके पड़ा करते हैं। उसने आदेश दिया कि "यहां एक नगर बसाया जाय।" उसका नाम उसने महमूदाबाद रक्खा। उसी दिन से नगर का निर्माण प्रारम्भ हुआ। नदी के तट पर पत्थर के दृढ़ पुश्ते के निर्माण का आदेश हुआ। उस भव्य पुश्ते पर उसने शानदार महलों का निर्माण कराया। उस नगर का बसाया जाना सुल्तान की अत्यधिक बुद्धिमत्ता एवं सूझ-बूझ का प्रमाण है। उस नदी का जल बड़ा ही मीठा तथा स्वादिष्ट है। उस नगर का वायुमंडल ऐसा उत्तम है कि यदि यह कहा जाय कि संसार के किसी नगर का भी ऐसा वायुमंडल नहीं तो उचित होगा। उसका प्रत्येक उद्यान स्वर्गरूपी और प्रत्येक वृक्ष स्वर्ग के वृक्षों एवं प्रत्येक झरना और नहर स्वर्ग के झरनों और नहरों के समान है।

## राज्य हेतु षड्यंत्र

(१०५) ८८५ हि० (१४८०–८१ ई०) में सुल्तान ने जूनागढ़ की ओर प्रस्थान किया और अपने ज्येष्ठ पुत्र अहमद शाह को अहमदाबाद में छोड़ गया। ख़ुदावन्द खां को शाहज़ादे का अतालीक़[3] नियुक्त किया। क्योंकि सेनावाले सुल्तान के सर्वदा यात्रा करते रहने से परेशान थे अतः कुछ षड्यंत्र-कारियों ने ख़ुदावन्द खां को इस बात पर तैयार किया कि अहमद शाह को सिंहासनारूढ़ करके सुल्तान से विद्रोह कर दें। एमादुलमुल्क ने, जो सुल्तान का बहुत बड़ा विश्वासपात्र था, इस योजना का विरोध किया और इस अग्नि को बढ़ने न दिया। अन्त में सुल्तान इस घटना से अवगत होकर मुस्तफ़ाबाद से वापस आया और उसने ख़ुदावन्द खां तथा उसके सहायकों को कड़ी चेतावनी दी।

१ माही।

२ फ़रीदी के अनुसार 'वातरक' (पृ० ६५)।

३ गुरू।

८८७ हि० (१४८२–८३ ई०) में चाम्पानीर के अतिरिक्त समस्त गुजरात में वर्षा नहीं हुई। मलिक अहमद, सुल्तान के ख़ासा खेल[1], ने जो मोर आमली अथवा रसूलाबाद नामक स्थान पर था, चाम्पानीर के राज्य में लूट-मार करना प्रारम्भ कर दिया। जब वह चाम्पानीर के क़िले के समीप पहुंचा तो चाम्पानीर का राजा रावल[2] क़िले के नीचे उतरा और युद्ध प्रारम्भ कर दिया। मलिक ने भी बड़ी वीरता से युद्ध किया। अन्त में पराजित हुआ। उसके अधिकांश साथी मार डाले गये। राज्य के दो विशेष शाही[3] हाथी तथा कुछ घोड़े, जो मलिक के साथ थे, पूर्णतः नष्ट हो गये। सुल्तान यह समाचार पाकर बड़ा रुष्ट हुआ और उसने चाम्पानीर की विजय का दृढ़ संकल्प कर लिया।

## सुल्तान की चाम्पानीर पर चढ़ाई और तलवार की कुंजी से उसकी विजय

इतिहासकारों का कथन है कि जब सुल्तान ने चाम्पानीर के क़िले को विजय करने के उद्देश्य से अहमदाबाद से प्रस्थान किया और बरोदा क़स्बे में पहुंचा तो पताई (रावल) के तथा चाम्पानीर वालों के हृदय कांप उठे। उसने अपने वकील[4] सुल्तान की सेवा में भेज कर अत्यधिक दीनता प्रकट की। उसके (१०६) प्रतिनिधियों ने यद्यपि बहुत क्षमा-याचना की किन्तु सुल्तान ने स्वीकार न किया। उसने कहा "इस समय हमारे तथा तुम्हारे मध्य में तलवार के अतिरिक्त कोई दूत अथवा संदेश न रहेगा।" रावल पताई के वकील बड़ी ही शोचनीय दशा तथा लज्जा की अवस्था में उसकी सेवा में पहुंचे और उसे समस्त हाल बताया। रावल ने मरने के लिये तैयार होकर क़िले को दृढ़ बना लिया और युद्ध के लिये तैयार हो गया। सुल्तान ने पहुंच कर क़िले को घेर लिया। प्रतिदिन प्रातःकाल से सायंकाल तक इस्लामी सेना एवं दुष्ट काफ़िरों में युद्ध होता रहता था।

### राय पताई द्वारा सुल्तान ग़यासुद्दीन ख़लजी से सहायता की प्रार्थना करना

जब कुछ दिन इसी प्रकार व्यतीत हो गये तो सुल्तान ने साबात[5] की तैयारी का आदेश दिया। इस कला में जो लोग दक्ष थे, वे एकत्र होकर साबात तैयार करने लगे। कहा जाता है कि लकड़ी के लट्ठों का एक गट्ठर एक अशरफ़ी में मोल लिया जाता था और प्रयोग में आता था। रावल पताई ने सूर नामक अपने वज़ीर को सुल्तान ग़यासुद्दीन बिन सुल्तान महमूद ख़लजी की सेवा में भेजा और यह प्रस्ताव रक्खा कि "यदि सुल्तान मन्दू से हमारी सहायतार्थ चाम्पानीर की ओर प्रस्थान करें तो प्रत्येक मंज़िल के व्यय हेतु एक लाख तन्के, जिनमें से प्रत्येक ८ अकबरी तन्के के बराबर होता है, उपहार-स्वरूप भेंट करूंगा।" जब सुल्तान ग़यासुद्दीन को इस घटना का पता चला तो उसने मन्दू से प्रस्थान किया और नालचा में, जो मन्दू से ३ कोस पर स्थित है, पड़ाव किया और सेना तैयार करने लगा।

### सुल्तान महमूद का मन्दू की ओर प्रस्थान तथा ग़यासुद्दीन ख़लजी का वापस होना

यह समाचार पाकर सुल्तान (महमूद) क़िले का अवरोध कुछ अमीरों को सौंप कर स्वयं मन्दू

१ विशेष दास। मूल पुस्तक में 'ख़ासा फ़ील' है किन्तु सम्भवतः लेखक का अभिप्रायः 'ख़ासा ख़ेल' से ही है।
२ फ़रीदी के अनुसार 'रावल पताई'।
३ 'फ़ीले ख़ासये सरकार'।
४ प्रतिनिधि।
५ साबात :—देखिये पृ० १७८ नोट नं० ३।

की ओर रवाना हुआ और धोद[1] क़स्बे में जो मन्दू तथा गुजरात की सीमा पर स्थित है, पड़ाव किया। सुल्तान ग़यासुद्दीन ने परिणाम की ओर ध्यान देते हुये अपने संकल्प को त्याग दिया। इसका कारण यह था कि उसने वड़े-वड़े आलिमों तथा क़ाज़ियों को बुलवा कर उनसे प्रश्न किया कि, "सुल्तान महमूद ने चाम्पानीर क़स्बे को घेर लिया है। चाम्पानीर के राजा ने हमसे सहायता मांगी है। आप लोग इस विषय में क्या कहते हैं?" उन लोगों ने सहमत होकर उत्तर दिया, "मुसलमान बादशाह को इस समय काफ़िरों की सहायता न करनी चाहिये।" सुल्तान वापस होकर अपनी राजधानी को चला गया। सुल्तान महमूद भी चाम्पानीर को लौट गया।

## सुल्तान महमूद की विजय

जब रावल पताई सहायता से निराश हो गया और इस बीच में साबात भी तैयार हो गये और काफ़िर परेशान हो गये तो वे अपने परिवार को अग्नि में जला कर युद्ध के लिये कटिबद्ध हो गये। रावल पताई तथा उसके मंत्री दुंगरसी, जो आहत था, के अतिरिक्त सभी मार डाले गये। वे बन्दी बनाकर (१०७) सुल्तान की सेवा में उपस्थित किये गये। सुल्तान ने उन्हें निज़ाम ख़ां को सौंप दिया। कहा जाता है कि उस दरबार में रावल पताई से यद्यपि सुल्तान के प्रति अभिवादन करने के लिये कहा गया किन्तु उसने स्वीकार न किया। अन्त में ५ मास उपरान्त जब उसके घाव ठीक हो गये तो उसे सुल्तान की सेवा में उपस्थित किया गया। सुल्तान ने उससे इस्लाम स्वीकार करने के लिये कहा किन्तु उसने स्वीकार न किया। अन्त में आलिमों तथा क़ाज़ियों के आदेशानुसार उसके सिर को कटवा कर सूली पर लटका दिया गया। दुंगरसी वज़ीर को जब सूली के निकट लाया गया तो उसने झपट कर एक आदमी के हाथ से तलवार छीन ली और उसे सुल्तान के एक विश्वासपात्र शेख़न बिन कबीर के फेंक कर मारा और उसकी हत्या कर दी। अन्त में उसे भी नरक भेज दिया गया।

कहा जाता है कि रावल पताई के पूरे वंश में दो पुत्रियां तथा एक पुत्र बच गये थे। जब उन्हें सुल्तान की सेवा में उपस्थित किया गया तो सुल्तान ने पुत्रियों को अन्तःपुर में भेज दिया और उसके पुत्र को सैफ़ुलमुल्क को इस आशय से दे दिया कि वह उसे अपना पुत्र बना ले। उसका पालन-पोषण उसी ने किया। अन्त में सुल्तान मुज़फ़्फ़र बिन महमूद के राज्यकाल में उसे निज़ामुलमुल्क की उपाधि प्राप्त हुई और वह बहुत वड़ा अमीर हो गया। संक्षेप में, चाम्पानीर की विजय २ ज़ीक़ाद ८८९ हि० (२१ नवम्बर १४८४ ई०) को प्राप्त हुई।

## चाम्पानीर का राजधानी बनायाँ जाना

सुल्तान को चाम्पानीर की जलवायु बड़ी अच्छी लगी। उसे उसने अपनी राजधानी बना लिया। इस कारण उसने वहां एक बहुत बड़ा नगर बसाया और उसका नाम मुहमदाबाद रक्खा। वहां एक भव्य मस्जिद का तथा एक कोट, जहांपनाह, का भी निर्माण कराया। अमीरों, वज़ीरों, व्यापारियों तथा बक़्क़ालों ने भी अपने अपने लिये वहां भव्य भवनों का निर्माण करा लिया। ८९० हि० (१४८५ ई०) में उसने नगर के निकट स्वर्गरूपी उद्यानों का निर्माण कराया। अल्प समय में मुहमदाबाद नगर इतना सुसज्जित हो गया कि गुजरात वाले अहमदाबाद को भूल गये। वे इस बात से सहमत थे कि यह नगर अद्वितीय है और मुहमदाबाद के समान गुजरात में कोई स्वास्थ्यवर्द्धक स्थान नहीं अपितु संसार में कोई

1 फ़रीदी के अनुसार 'दोहद' (पृ० ६६)।

ऐसा स्थान न होगा। वह नगर भव्य भवनों, स्वास्थ्यवर्द्धक, अशुद्धता से शून्य जलवायु, समकालीन प्रतिष्ठित लोगों तथा संसार की रूपवतियों के निवासस्थान, नाना प्रकार के फूलों तथा मेवों से लदे (१०८) हुये उद्यानों से परिपूर्ण था।

वहां के फलों में आम ऐसा होता था जिसके फूल की सुगन्धि से ईश्वर की स्मृति हो जाती थी और जिसके फल की सुगन्धि से दरूद[1] पढ़ना उचित हो जाता था। मिश्री उसकी मिठास के सामने लज्जित रहती थी। शकर अपनी मिठास की प्रसिद्धि के बावजूद दुर्दशा को प्राप्त रहती थी। अनार के हृदय का रक्त उसके सामने जमा रहता था। अंजीर का हृदय टुकड़े-टुकड़े रहता था। अंगूर उसके कारण आंखों में आंसू भरे रहता था। बादाम की आंख उसके सौन्दर्य के सामने चकित रहती थी। सेव उसके बल्ले का गेंद था और उसका रस दूध तथा शकर के समान होता था। इसके अतिरिक्त ताड़ होते थे जिनका डील-डौल आदम[2] के समान था और जिनका शीरा माता के दूध के समान होता था। इसके अतिरिक्त ताड़ का फल होता था, जो शर्बत के फ़ालूदे के समान होता था। इसके अलावा नारियल होता था, जिसका गूदा मग़ज़ी के हलुवे के समान तथा जल अत्यन्त मीठा एवं स्वादिष्ट होता था। कटहल, बड़हल, कमरख, फ़ालसा तथा आंवला, समुद्री आंवला, प्रत्येक ही विचित्र प्रकार का स्वाद रखते थे। उनसे हृदय तथा प्राण को आराम मिलता था।[3]

(१०९) हिन्दुस्तान के कुछ सुन्दरताप्रिय लोग आम को गन्ने से अच्छा समझते हैं। कुछ लोग इसके विपरीत कहते हैं। मेरा विचार है कि जिस प्रकार विशेष फ़िरिश्ते अपनी श्रेणी के अनुसार साधारण मनुष्यों से श्रेष्ठ हैं उसी प्रकार विशेष मनुष्य समस्त फ़िरिश्तों से श्रेष्ठ है। इसी प्रकार विशेष प्रकार के गन्ने स्वाद में साधारण आमों से बढ़ कर हैं और विशेष प्रकार के आम समस्त प्रकार के गन्नों से श्रेष्ठ हैं। एक समझदार व्यक्ति ने यह बात सुनकर कहा, "मैं इस बात को दोनों से अधिक स्वादिष्ट समझता हूं।"

सुगन्धित फूलों में लाला, स्योती, चमेली, चम्पा, बेला, मोगरा जाई-जुई, किरना, क्योड़ा तथा कंगी, प्रत्येक अत्यधिक सुगन्धि वाला फूल होता था; उनकी प्रत्येक पंखड़ी कस्तूरी के समान होती थी। इसके अतिरिक्त नाना प्रकार के रंगों के फूल भी होते थे, जिनको देख कर हृदय की मलिनता का अन्त हो जाता था।

कहा जाता है कि मेवेदार वृक्षों तथा सुगन्धित फूलों के अतिरिक्त चाम्पानीर के क्षेत्र में इतने अधिक चन्दन के वृक्ष होते थे कि नगरवाले भवनों के निर्माण में चन्दन की लकड़ी का प्रयोग करते थे।

इस समय उसी चाम्पानीर की यह दुर्दशा हो गई है कि यहां शेर-बबर रहते हैं और यहां के भवन गिर चुके हैं। यहां के निवासी नष्ट हो चुके हैं और यहां का जल विष के समान ज्ञात होता है। यहां की वायु शरीर की शक्ति क्षीण कर देती है, फूलों के स्थान पर कांटे और उद्यानों के स्थान पर जंगल उग आये हैं, चन्दन के वृक्षों का न तो नाम शेष रह गया है और न चिह्न।

कहा जाता है कि एक खुरासानी ने सुल्तान (महमूद) से निवेदन किया कि "मैं उद्यानों के लगवाने तथा भवनों का निर्माण कराने में दक्ष हूं। यदि आप कोई स्थान निश्चित कर दें तो मैं ऐसा उद्यान तैयार करा दूं जिससे आपके हृदय को अत्यधिक प्रसन्नता प्राप्त होगी।" सुल्तान ने कहा, "नगर के निकट जो उचित

१ मुसलमानों के लिये किसी सुगन्धित अथवा सुन्दर वस्तु को देख कर दरूद पढ़ना आवश्यक होता है। दरूद में मुहम्मद साहब, उनकी संतान तथा मित्रों के लिये शुभकामना की जाती है।
२ आदि-पुरुष, वह पहले पुरुष जिनसे सृष्टि की रचना प्रारम्भ हुई।
३ लेखक ने फलों के गुणों के वर्णन के सम्बन्ध में अतिशयोक्ति से काम लिया है।

स्थान हो उसे चुन लो" और अपने अधिकारियों को आदेश दे दिया कि "जिन जिन वस्तुओं की आवश्यकता हो उसकी व्यवस्था कर दी जाय।" उसने (ख़ुरासानी ने) एक बड़ा ही सुन्दर उद्यान, सुन्दर हौज़ तथा (११०) कृत्रिम झरनों सहित तैयार कराया। क्योंकि इससे पूर्व गुजरात में इस कारीगरी का कोई चिह्न न था, अतः सुल्तान उसमें सैर करके बड़ा प्रसन्न हुआ और उसे बड़ा आश्चर्य हुआ। उसके निर्माण-कर्त्ता को उसने इनाम-इक़राम देकर सम्मानित किया।

इसी अवसर पर बेलो[1] नामक गुजरात के एक बढ़ई ने कहा, "यदि आदेश हो तो मैं भी इसी प्रकार के उद्यान का निर्माण कर दूँ।" सुल्तान ने कहा, "यदि तुझसे हो सके तो क्यों न तैयार कराये।" उसने भी थोड़े दिनों में पिछले उद्यान से उत्तम उद्यान तैयार करा दिया। सुल्तान उसके द्वारा निर्मित किये हुये उद्यान को देख कर बड़ा प्रसन्न हुआ और उससे पूछा, "गुजरात वालों को इस कला का ज्ञान नहीं। तूने इसे कहां से सीख लिया?" उसने निवेदन किया, "जब गुरु ने निर्माण-कार्य प्रारम्भ कराया तो दास थी। मिश्री की माता गन्ना भी उसकी दासी के समान थी। उसमें नाना प्रकार की मिठास पाई जाती थी। उसका डीलडौल शकर सरीखे होंठ रखने वाले माशूकों के समान और उसका हिलना युवतियों की कमर के समान होता था। इस स्वाद को जानकार लोग ही जान सकते थे। वह उत्तम प्रकार के रेशमी वस्त्र वाली युवती, जो शकर बेचने वाले तोते के समान होती है, था।

अन्य अद्वितीय फलों में अंजीर था जिसके समान मीठा कोई और फल नहीं होता। उस फल की यह विशेषता भी है कि आदम पैग़म्बर भी उसके कृतज्ञ हैं। दूसरे अंगूर जिसके गुच्छे कांतियुक्त कृत्तिका के समान होते थे। उसका प्रत्येक कौर पवित्र मदिरा के समान जीवन दान करता था। अशुभ-चिन्तकों की कुदृष्टि से वह सुरक्षित था। वह अद्वितीय था। उसका उबाल खाया हुआ शर्बत नमक के साथ हलाल[2] और बिना नमक हराम[3] था।

इसके अतिरिक्त अनार था जिसका प्रत्येक दाना चमकदार माणिक था। वह स्वर्ग के फलों के समान था। केला जो बिना दूध का हलुवा है सोने की बट्टी के समान होता था। अमृत फल का भीतरी भाग अमृत जल से परिपूर्ण होता था और बाहरी भाग उच्च सम्मान वाले ख़िज़्र[4] के समान होता था। सदा फल सेब के समान होता था और देखने में बड़ा सुन्दर लगता था। नारंगी भी होती थी, जो चरित्र में अनार की बहिन तथा देखने में अनार के गिलास के समान होती थी। खिन्नी का, जो दुःख से परिपूर्ण सोने के समान होती है, स्वाद इस कला के रहस्य को इस प्रकार से गुप्त रखता था कि इस कला की जानकारी रखने वालों को उद्यान के निकट न फटकने देता था। मैं मूर्ख मज़दूरों के वेश में प्रविष्ट हुआ। कुछ उसे देख कर कुछ अपनी बुद्धि से इस कला को सीख लिया। सुल्तान प्रसन्न हो गया और उसके प्रयत्न तथा उसकी योग्यता की प्रशंसा की और उसे अत्यधिक इनाम तथा खिलअत प्रदान की। अभी तक वहां के कुछ महाल उसी प्रकार विद्यमान हैं। वह उद्यान गुजरात वालों में हालोल के उद्यान के नाम से प्रसिद्ध है।

१ फ़रीदी के अनुसार 'हालो'।
२ इस्लाम के नियमानुसार जिसका ग्रहण, भोग विहित हो।
३ इस्लाम के नियमानुसार जिसका ग्रहण, भोग निषिद्ध हो।
४ एक पैग़म्बर जिनके विषय में मुसलमानों का विश्वास है कि वे सर्वदा जीवित रहेंगे तथा जो यात्री मार्ग भूल जाते हैं उनको मार्ग दर्शाते हैं।

## कला-कौशल की उन्नति

गुजरात में आज तक जिस विचित्र प्रकार के कलाकौशल की प्रसिद्धि है उनमें से अधिकांश का आविष्कार अन्य देश वालों ने सुल्तान महमूद के राज्यकाल में किया। गुजरात इन्साने कामिल[1] के समान, सुल्तान महमूद के प्रयत्न के फलस्वरूप, पूर्ण है। गुजरात वालों ने बुद्धिमानी, शुद्ध स्वभाव, चपलता तथा चातुरी सुल्तान महमूद के राज्यकाल में सीखी अन्यथा इसके पूर्व वहां के अधिकांश लोग सरल स्वभाव के तथा मूर्ख थे, उदाहरणार्थ सुल्तान का एक विश्वासपात्र सैनिक अवकाश लेकर अपने घर गया। कुछ समय तक वह वहां रहा। लौटते समय उसने सुल्तान के लिये उपहार की तैयारी की। उपहार में उसने मोठ की फलियां चुनकर कुछ पिटारों में बन्द कराईं और उन पिटारों पर लाल कपड़ा लपेट दिया और सुल्तान की सेवा में भेंट किया। सुल्तान ने पूछा, "इसमें क्या है?" उसने कहा "शाही घोड़ों के लिये मोठ की फलियां लाया हूं। ये बड़ी ही उत्तम हैं और इनके दाने बड़े-बड़े हैं।" सुल्तान मुस्कराने
(१११) लगा। उसने कहा, "मेरे ग्राम में एक कोली स्त्री है जो प्रत्येक वर्ष एक पुत्र को जन्म देती है। इस वर्ष उसके पति की मृत्यु हो गई है। यदि आदेश हो तो मैं उसे सुल्तान के लिये ले आऊं ताकि बहुत बड़ी संख्या में शाहज़ादे पैदा हो जायं।" सुल्तान हँसने लगा। उसने शपथ लेकर कहा, "उसके सात वर्ष में सात पुत्र हुये हैं मैं झूठ नहीं कहता।"

## प्रजा की दशा

संक्षेप में ईश्वर ने सुल्तान को केवल प्रजा की सुख-शान्ति हेतु पैदा किया था। उसके राज्यकाल में किसी को भी किसी के द्वारा कष्ट न पहुंचा था और सभी सुख-सम्पन्नता से जीवन व्यतीत करते थे। सुख-सम्पन्नता के बावजूद मुहम्मद साहब की शरा का इतना अधिक पालन होता था कि किसी को बाल बराबर भी शरा के मार्ग के विरुद्ध आचरण करने का साहस न होता था। इसका कारण यह था कि बादशाह स्वयं शरा का पालन करता था और लोग "प्रजा बादशाह के धर्म का पालन करती है" के अनुसार कार्य करते थे।

## शरा के आदेशों का पालन तथा शाह आलम

कहा जाता है कि एक सुनार एक जड़ाऊ रबाब[2] बड़े उत्तम ढंग से तैयार करवा कर सुल्तान की सेवा में ले जा रहा था। मार्ग में शरीअत पनाह क़ाज़ी नज्मुद्दीन, जो अहमदाबाद का क़ाज़ी था, मिल गया। जब क़ाज़ी ने रबाब देखा तो पूछा, "यह क्या है और यह किसका है?" उत्तर मिला "सुल्तान का रबाब है।" क़ाज़ी ने कहा, "इसे ले आओ।" मुतक़ाज़ी[3] लोग दौड़ कर उसे ले आये। क़ाज़ी ने लेकर उसे टुकड़े टुकड़े कर दिया। उसके रत्नों को भी पांव से रगड़ कर चूर्ण कर डाला। सुनार सिर पर मिट्टी डाल कर फ़रियाद करता हुआ सुल्तान की सेवा में उपस्थित हुआ और उसने निवेदन किया कि 'मैंने कई महीने सुल्तान के आदेशानुसार रबाब पर जड़ाऊ काम करने में व्यय किये थे। आज मैं जब उसे सेवा में ला रहा था, क़ाज़ी ने मुझसे लेकर उसे इस प्रकार नष्ट कर दिया।" सुल्तान ने कुछ न कहा

१ इन्साने कामिल :—पुरुषोत्तम, सूफ़ियों के अनुसार वह व्यक्ति जिसने आध्यात्मिक यात्रा में बड़ी ऊँची श्रेणी प्राप्त कर ली हो और साधारण मनुष्यों से श्रेष्ठ हो।
२ एक प्रकार की सारंगी।
३ बलपूर्वक वसूल करने वाले कर्मचारी।

और तदुपरान्त उठकर एकान्त में चला गया और कहा "नीची बेरी सब कोई झोरे।[1] मुझे शरा के आदेशों के विषय में आदेश देते हैं और रसूलाबाद जाकर मियां मंझला अर्थात् शाह आलम को शरा के आदेश नहीं बताते जो रेशमी वस्त्र धारण करते हैं और संगीत सुनते हैं।"

(११२) क़ाज़ी को इस बात का पता चल गया। उसने रेशम के वस्त्रों के प्रयोग तथा संगीत सुनने के हराम होने के विषय में रवायतें[2] को एक क़ागज़ पर लिख कर अपनी पगड़ी में शाह आलम को दिखाने के आशय से रख लिया। उसने सोचा कि "वे स्वयं आलिम हैं, देखें क्या उत्तर देते हैं।" शुक्रवार के दिन क़ाज़ी रसूलाबाद रवाना हुआ, कारण कि शुक्रवार के अतिरिक्त शाह आलम से भेंट सम्भव न थी। वे छः दिन तक लोगों से पृथक् रहकर ईश्वर की उपासना किया करते थे। शुक्रवार के दिन वे सर्व-साधारण से भेंट करते और शिक्षा-दीक्षा में तल्लीन रहते थे। उसी दिन धर्म की अभिलाषा रखने वाले एवं उनके मुरीद सूफ़ी तथा विभिन्न आवश्यकतायें रखने वाले अपनी आवश्यकताओं के विषय में निवेदन करते थे और शाह आलम की कृपा द्वारा उनकी आवश्यकतायें पूरी होती थीं। अस्र[3] तक यही कार्यक्रम रहता। अस्र की नमाज़ के उपरान्त वे अपनी कोठरी में चले जाते थे। दूसरे शुक्रवार तक यदि समकालीन बादशाह भी उपस्थित होता तो लौट जाता।

संक्षेप में, जब क़ाज़ी शाह आलम पनाह के दरबार में पहुंचा तो शाह आलम ने उसे बुला लिया। शाह साहब को देखते ही क़ाज़ी की दशा में परिवर्तन हो गया। धर्मांधता की अग्नि बुझ गई। क़ाज़ी शिष्टतापूर्वक उपस्थित होकर शाह आलम के समक्ष बैठ गया। एक बढ़ई शाह साहब के सामने बैठा कार्य कर रहा था। शाह आलम उस दिन काली कमली का जुब्बा[4] तथा कुलाह[5] पहने हुये थे। शाह आलम ने क़ाज़ी से पूछा, "आपकी पगड़ी में यह कैसा क़ागज़ है?" क़ाज़ी ने उत्तर दिया, "कुछ रवायतें लिखी हैं।" शाह आलम ने पूछा, "किस विषय में?" क़ाज़ी ने उसे खोलकर शाह आलम को दे दिया। जब शाह आलम ने खोला तो वह सफ़ेद था। शाह आलम ने कहा, "यह सफ़ेद काग़ज़ है।" क़ाज़ी को आश्चर्य हुआ। उसने अपनी पगड़ी में बहुत ढूँढ़ा किन्तु वह न मिला। वह बड़ा प्रभावित हुआ। शाह आलम के प्रांगण में एक लकड़ी पड़ी हुई थी। उनकी (शाह आलम की) कीमिया[6] का गुण रखने वाली दृष्टि जब उस पर पड़ी तो वह सोना बन गई। शाह आलम ने कहा, "क़ाज़ी तेरा परिवार बहुत बड़ा है। यह ले जा। तेरे पुत्रों के काम आयगा।" क़ाज़ी ने कहा, "मुझे सोने की इच्छा नहीं। मुझे ईश्वर की प्राप्ति की अभिलाषा है।" शाह आलम ने कहा, "क़ाज़ी मेरे घर में संगीत तथा वादन है एवं (११३) रेशमी वस्त्र। जो कोई यह सब स्वीकार करे मेरे साथ बैठे।"

क़ाज़ी ने कहा, "मुझे स्वीकार है। मैंने जो कुछ किया मुझे उस पर लज्जा आती है।" शाह आलम उठ खड़े हुये। जो रस्सी बढ़ई के सामने पड़ी हुई थी, उसे अपनी कमर में लपेट लिया और एक लकड़ी कटार के स्थान पर लगा ली और मस्जिद की ओर टहलते हुये चल दिये। जब वे घर के बाहर निकले तो वह रस्सी उपस्थितगणों को सोने की पेटी और वह लकड़ी जड़ाऊ कटार तथा कम्बल का वस्त्र रेशम एवं जरबफ़्त का वस्त्र नज़र आने लगा। शाह आलम ने क़ाज़ी से कहा, "क़ाज़ी तुम साक्षी

१ फ़रीदी के अनुसार 'नीची बेरी सबने झोरे' (पृ० ७०—७१)।
२ मुहम्मद साहब तथा उनके मित्रों एवं अन्य विद्वानों के कथन।
३ सायंकाल के पूर्व।
४ वह ढीला-ढाला वस्त्र जो समस्त वस्त्रों के ऊपर पहना जाता था।
५ टोपी।
६ रसायन-विद्या; सोना बनाने की विद्या।

रहना कि मंझन का वस्त्र वही है। ईश्वर लोगों को इस प्रकार दिखाता है। सम्भव है कि मंझन बीच में नहीं है।" तदुपरान्त वे नमाज़ पढ़ने लगे। नमाज़ के उपरान्त क़ाज़ी ने उनसे बैंअत कर ली और उनका मुरीद हो गया। शनैः-शनैः वह शाह आलम का बहुत बड़ा विश्वासपात्र एवं ख़लीफ़ा हो गया।

सैयिद मुहम्मद बुख़ारी का, जो "तारीख़े शमा-ए-जलाली" के संकलनकर्ता हैं, कथन है कि "शरीअत के आश्रयदाता तथा बिदअत[1] के विनाशक नव्वाब ख़ाने आज़म मिर्ज़ा (अज़ीज़) कोका के (गुजरात के) शासन-काल में एक मुहतसिब[2] शाह आलम के उर्स[3] के दिन शाह साहब के मक़बरे के भीतर प्रविष्ट हो गया। उसने एक गायक को मस्जिद के प्रांगण में बैठे हुये देखा। वह एक छन्द को बजा रहा था। अभिमानी मुहतसिब ने उस बेचारे को पकड़ कर उसके बाजे के टुकड़े-टुकड़े कर डाले और कुछ दुर्रे[4] उस क़व्वाल की पीठ तथा कन्धे पर लगाये। शोर होने लगा। मुहतसिब ख़ानक़ाह में जहां क़व्वाल तथा सूफ़ी एकत्र थे, पहुंचा। उस सभा में पहुंचते ही मुहतसिब की दशा में परिवर्तन हो गया। (११४) दुर्रा उसके हाथ से गिर पड़ा और वह मूर्च्छित हो गया। कुछ समय तक नृत्य करता रहा। तदुपरान्त गिर कर असावधान हो गया।" शाह साहब के चमत्कार बहुत बड़ी संख्या में (प्रसिद्ध) हैं। इस स्थान पर इस घटना का उल्लेख विषय के अनुकूल होने के कारण कर दिया गया।

## अन्य घटनायें

८९१ हि० (१४८६ ई०) में सुल्तान ने मुस्तफ़ाबाद की ओर प्रस्थान किया और अहमदाबाद नगर मुहाफ़िज़ ख़ां को सौंप दिया। कुछ समय तक मुस्तफ़ाबाद के शासन को सुव्यवस्थित करके वह पुनः मुहमदाबाद पहुंच गया। ८९२ हि० (१४८६–८७ ई०) में उसने मुस्तफ़ाबाद की ओर पुनः प्रस्थान किया। जब वह धंदूक़ा क़स्बे में, जो गुजरात तथा सोरठ की सीमा पर स्थित है, पहुंचा तो सोरठ की विलायत[5] जूनागढ़ के क़िले सहित शाहज़ादा ख़लील ख़ां को सौंप दी और स्वयं मुहमदाबाद लौट गया।

## सिरोही के राजा को चेतावनी

उसी वर्ष में कुछ व्यापारियों ने निवेदन किया कि, "हम लोग ४०० एराक़ी तथा तुर्की घोड़े ख़ुरासान एवं एराक़ से ला रहे थे। हमारे पास हिन्दुस्तानी वस्त्र भी थे। हम लोग उन्हें बादशाह की सेवा में उपस्थित करने वाले थे। जब हम आबू पर्वत में पहुंचे तो सिरोही के राजा ने समस्त वस्तुयें हमसे छीन लीं। यहां तक कि पुराने वस्त्र भी हमारे शरीर पर न रहने दिये। हम बादशाह के दरबार के अतिरिक्त किससे इस अत्याचार का न्याय मांगें। ईश्वर के लिये आप हमारा न्याय करें।" सुल्तान ने घोड़ों तथा धन-सम्पत्ति का मूल्य उनसे लिखित रूप में मांगा और मूल्य को ख़ज़ाने से अदा करने का आदेश दे दिया और कहा, "इसे हम सिरोही के राजा से वसूल कर लेंगे।" धन सुल्तान के समक्ष लाकर गिन कर व्यापारियों को दे दिया गया। सुल्तान ने सिरोही की ओर कूच कर दिया और सिरोही के राजा को कठोर आदेश दिये कि, "फ़रमान पाते ही घोड़े तथा जो कुछ धन-सम्पत्ति व्यापारियों से ली हो, शाही सेवा में पहुंचा दो। अन्यथा शाही सेना को पहुंचा ही समझो।" सिरोही के राजा ने फ़रमान की सूचना

१ इस्लाम में शरीअत के विरुद्ध बातों को सम्मिलित करना।
२ वह अधिकारी जो शरा के विरुद्ध बातों को रोकता था।
३ किसी मुसलमान सूफ़ी-सन्त की निधन तिथि को मनाया जाने वाला उत्सव।
४ कोड़े।
५ प्रदेश।

पाते ही घोड़े तथा धन-सम्पत्ति बिना हस्तक्षेप किये उचित उपहार सहित भेज दिये। और दीनता प्रकट करते हुये क्षमा-याचना की।

सुल्तान लौटकर मुहमदाबाद पहुंचा। चार वर्ष तक मुहमदाबाद में निश्चिन्त होकर भोग-विलास का जीवन व्यतीत करता रहा; किन्तु ग्रीष्म में खरबूज़ा पकने के समय मुहमदाबाद से अहमदाबाद पहुंच जाता था। दो-तीन मास तक अहमदाबाद में आराम से रहकर पुनः मुहमदाबाद चला जाता था।

## बहादुर गीलानी का विद्रोह

(११५) ८९६ हि० (१४९०–९१ ई०) में सुल्तान ने सुना कि, "ख़्वाजा महमूद की, जिसकी उपाधि ख़्वाजये जहां थी और जो अद्वितीय वज़ीर था, दखिन (दक्षिण) के बादशाह सुल्तान मुहम्मद लशकरी[1] ने हत्या करा दी है। इसी कारण बहादुर गीलानी ने, जिसे ख़्वाजये जहां द्वारा आश्रय प्राप्त हुआ था, दाभोल[2] में विद्रोह कर दिया। इसी बीच में सुल्तान मुहम्मद लशकरी की भी मृत्यु हो गई। उसका पुत्र सुल्तान महमूद बहमनी सिंहासनारूढ़ हो गया। उसकी अवस्था बहुत कम है। दखिन के अधिकांश अमीरों ने विद्रोह कर दिया है और दखिन के शासन-प्रबन्ध में विघ्न पड़ गया है। इसी बीच में बहादुर गीलानी ने दखिन के कुछ प्रदेश अपने अधिकार में कर लिये हैं और बहुत बड़ी संख्या में जहाज़ एकत्र कर लिये हैं और उसने गुजरात के बन्दरगाहों में लूटमार प्रारम्भ कर दी है। उसके भय के कारण गुजरात के किसी भी बन्दरगाह में कोई नौका नहीं आती-जाती।"

## विद्रोह का कारण

गुजरात के बन्दरगाहों में डाके का कारण यह था कि दखिन का मलिकुत्तुज्जार ख़्वाजये जहां की हत्या के उपरान्त दखिन से भाग कर खम्बायत के बन्दरगाह में पहुंच गया। बहादुर ने अपने आदमी दाभोल से उसकी पुत्री से अपने विवाह की प्रार्थना करने के लिये भेजे। इसी बीच में मलिकुत्तुज्जार की मृत्यु हो गई। उसके प्रतिनिधि मुहम्मद हयात ने बहादुर का प्रस्ताव रद्द करके उसके विषय में अपशब्द कहे और कहा कि, "छः पल्ली[3] के दास को मलिकुत्तुज्जार की पुत्री से विवाह करने का किस प्रकार साहस हो गया।"

जब बहादुर के दूत लौटकर उसके पास पहुंचे और उन्होंने सब हाल बताया तो उसने उस स्थान से कुछ फ़िदाई[4] भेजे जिन्होंने चोरी से मुहम्मद हयात की हत्या कर दी। अन्त में खम्बायत वालों की सहायता से वह पुत्री बहादुर को प्राप्त हो गई। उस अभागे ने गुजरात के बन्दरगाहों में डाका मारना प्रारम्भ कर दिया। कहा जाता है कि कई वर्षों तक गुजरात के किसी भी बन्दरगाह में जहाज़ आ-जा न सके। समुद्री वस्तुयें गुजरात में इस प्रकार अप्राप्य हो गईं कि लोग पान में सुपारी के स्थान पर धनिया खाने लगे।

१ मूल पुस्तक में 'सुल्तान महमूद बहमनी' किन्तु फ़रीदी के अनुसार 'मुहम्मद लशकरी' (पृ० ७३)।
२ रत्नागिरि जिले में वशिष्ठी नदी के उत्तरी किनारे पर। उस समय यह बहुत बड़ा बन्दरगाह था।
३ पैसे।
४ देखिये पृ० ३१३ नोट नं० २।

## सुल्तान महमूद का बहादुर के विरुद्ध सेना भेजना

संक्षेप में, सुल्तान इस घटना से बड़ा रुष्ट हुआ। उसने मलिक सारंग क़िवामुलमुल्क को बहुत बड़ी सेना तथा पर्वतरूपी हाथियों को देकर ख़ुश्की के मार्ग से दाभोल के विरुद्ध नियुक्त किया। उसने ३०० नौकायें योद्धाओं तथा तोप और बन्दूक़ से भरकर समुद्री मार्ग से भेजीं। जब ख़ुश्की के मार्ग वाली सेना अगासी तथा बसीन[1] तक, जो गुजरात एवं दखिन की सीमा पर स्थित है, पहुंची तो सुल्तान महमूद बहमनी के वकीलों[2] ने सोचा कि, "सुल्तान महमूद गुजराती हमारे स्वामियों का आश्रयदाता है। उसने (११६) हमें अनेकों बार सहायता देकर मन्दू के बादशाह महमूद ख़लजी के हाथ से बचाया है अतः यह उचित होगा कि सुल्तान की सेना के बहादुर के विरुद्ध पहुंचने के पूर्व, बहादुर के उपद्रव का अन्त कर दिया जाय। सम्भव हैं कि अन्य व्यक्ति की सेना हमारे राज्य में प्रविष्ट होकर अशान्ति उत्पन्न करे, अतः यही उचित होगा कि बहादुर की दुष्टता का अन्त करके उस उपद्रव को समाप्त कर दिया जाय।" उन्होंने[3] सुल्तान की सेवा में इस आशय का प्रार्थना-पत्र भेजा कि, "दखिन (दक्षिण) की समस्त सेना आपकी हितैषी है। आप आदेश दे दें कि शाही सेना अपने स्थान पर रहे, और बहादुर को दंड देना हमारे सिपुर्द कर दें। यदि इसके पालन में किसी प्रकार की कमी हो तो आपको अधिकार है।" तत्पश्चात् समस्त दखिन की सेना ने बहादुर पर चढ़ाई की और उससे युद्ध करके उसकी सेना को पराजित कर दिया। बहादुर जीवित बन्दी बना लिया गया और उसके सिर को पृथक् करके सुल्तान महमूद बहमनी की सेवा में प्रस्तुत कर दिया गया। इस घटना का विवरण सुल्तान (महमूद बेकरह) की सेवा में भेज दिया गया। सुल्तान ने अपनी सेना वापस बुला ली।

## अलिफ़ ख़ां का विद्रोह

८९९ हि० (१४९३-९४ ई०) में सुल्तान ने मोरासा क़स्बे के ऊपर चढ़ाई की। इसका कारण यह था कि अलिफ़ ख़ां, सुल्तान के मौलाज़ादे[4] एवं मोरासा के मुक़्ते[5] ने विद्रोह कर दिया था। सुल्तान के आगमन के ऐश्वर्य को सुनकर वह भाग कर कारन्थ[6] नगर की ओर, जो नूनावारा[7] के पर्वतीय क्षेत्र में है, चला गया और कुछ समय तक वहां रहा। तदुपरान्त वह सुल्तान ग़यासुद्दीन ख़लजी की सेवा में पहुंचा। सुल्तान ग़यासुद्दीन ने, उस अपराध के कारण जो उसके पिता अलाउद्दीन बिन सोहराब के कारण हुआ था, उसे शरण न प्रदान की। वह वहां से सुल्तानपुर पहुंचा। अन्त में सुल्तान ने उसके अपराध क्षमा कर दिये और ९०१ हि० (१४९५-९६ ई०) में वह सुल्तान की सेवा में उपस्थित हो गया।

## आसीर के विरुद्ध प्रस्थान

९०४ हि० (१४९८-९९ ई०) में सुल्तान ने आसीर पर चढ़ाई की। इसका कारण यह था कि आसीर तथा बुरहानपुर के हाकिम आदिल ख़ां फ़ारूक़ी ने निर्धारित कर अदा करने के प्रति उपेक्षा की थी।

१ मूल पुस्तक में 'आकासी वैसी' है किन्तु फ़रीदी के अनुसार 'अगासी' तथा 'वसीन'।
२ प्रतिनिधियों।
३ सुल्तान महमूद बहमनी के अमीरों ने।
४ दास के पुत्र।
५ अक़्ता का अधिकारी।
६ फ़रीदी के अनुसार 'कारेथ' (पृ० ७५)।
७ फ़रीदी के अनुसार 'लूनावारा' (पृ० ७५)।

जब सुल्तान तापती[1] नदी के तट पर पहुंचा तो आदिल खां ने उपहार भेज कर क्षमा-याचना की। सुल्तान वापस हो गया और उसने शिविर को नद्रबार के मार्ग से भेज दिया और स्वयं थालनीर[2] तथा धरमाल के क़िले के निरीक्षण हेतु, जिसे एमादुलमुल्क असस ने विजय किया था, प्रस्थान किया। वहां से वह शाही शिविर में नद्रबार पहुंच गया और वहां से वह मुहमदाबाद नगर की ओर गया।

## मंदू पर आक्रमण करने का विचार

(११७) ९०६ हि० (१५००–१५०१ ई०) में सुल्तान को ज्ञात हुआ कि सुल्तान नासिरुद्दीन बिन सुल्तान ग़यासुद्दीन अपने पिता की हत्या करके सिंहासनारूढ़ हो गया है। सुल्तान ने मन्दू पर चढ़ाई करने का संकल्प किया। अन्त में सुल्तान नासिरुद्दीन के दीनता प्रदर्शित करने पर सुल्तान ने यह विचार त्याग दिया।

## फ़िरंगियों के विरुद्ध युद्ध

सात वर्ष तक उसने किसी ओर चढ़ाई नहीं की। तत्पश्चात् ९१३ हि० (१५०७–८ ई०) में उसने चौल[3] की विलायत[4] पर चढ़ाई की। वहां से उसने फ़िरंगियों के उत्पात के कारण बसीन[5] तथा महायम[6] के क्षेत्र पर आक्रमण किया। जब वह आबूद[7] के क्षेत्र में पहुंचा तो सूचना प्राप्त हुई कि, "सुल्तान का दास मलिक अयाज़, देव का हाकिम, रूम[8] की सेना को मिला कर १० रूमी जहाज़ सहित चौल के बन्दरगाह पर पहुंचा और उपद्रवी फ़िरंगियों से युद्ध करके बहुत से फ़िरंगियों की हत्या कर दी। उनके एक बड़े जहाज़ को जिसमें अत्यधिक धन-सम्पत्ति थी बन्दूक़ तथा तोप (के गोलों) से डुबा दिया। मलिक की ओर से ४०० व्यक्ति, रूमी इत्यादि मारे गये। मलिक विजय तथा सफलता प्राप्त करके लौट गया और देव पहुंचा।" सुल्तान बड़ा प्रसन्न हुआ और मलिक अयाज़ के प्रति कृपादृष्टि प्रदर्शित की। उसे खिलअत भेजी और स्वयं बसीन वापस हो गया। वह वहां छः दिन तक ठहरा रहा। ११ मुहर्रम ९१४ हि०[9] (१२ मई १५०८ ई०) को वह अपनी राजधानी में लौट गया।

## आलम ख़ां का आसीर का हाकिम नियुक्त किया जाना

इसके उपरान्त सुल्तान के नाती आलम ख़ां बिन (पुत्र) एहसन ख़ां ने, जिसके पूर्वज आसीर तथा बुरहानपुर के हाकिम थे, अपनी माता से कहा कि, "आप सुल्तान से निवेदन करें कि आदिल खां बिन (पुत्र) मुबारक ७ वर्ष हुये मृत्यु को प्राप्त हो गया। उसके कोई सन्तान न थी। उसके अमीरों

१ मूल पुस्तक में 'तैती' अथवा 'तपती'।
२ मूल पुस्तक में 'थानीर'।
३ मूल पुस्तक में 'जलोल' किन्तु फ़रीदी के अनुसार 'चौल' (पृ० ७५)।
४ राज्य।
५ मूल पुस्तक में 'बसी' किन्तु फ़रीदी के अनुसार 'बसीन' (पृ० ७५)।
६ मूल पुस्तक में 'महाम' किन्तु फ़रीदी के अनुसार 'महायम' (पृ० ७५)।
७ फ़रीदी के अनुसार 'दून' (पृ० ७५)।
८ टर्की।
९ फरीदी के अनसार ९ मुहर्रम ९१४ हि०।

ने, मलिक राजा के वंश के एक व्यक्ति को बादशाह बना दिया और उसकी उपाधि आदिल ख़ां कर दी। उन लोगों ने राज्य का अपहरण किया है। यदि सुल्तान मुझे मिट्टी से उठा कर मेरे पूर्वजों के सिंहासन पर आरूढ़ कर दें तो यह कार्य एक तुच्छ व्यक्ति को सम्मान प्रदान करने के समान होगा, जोकि सुल्तान के उच्च वंश की परम्परा है।" जब आलम ख़ां बिन एहसन ख़ां ने सुल्तान से यह निवेदन किया तो सुल्तान ने उसे स्वीकार कर लिया।

सुल्तान ने रजब ९१४ हि० (अक्तूबर-नवम्बर १५०८ ई०) में आलम ख़ां को आसीर की ओर भेज दिया और स्वयं नद्रबार की ओर प्रस्थान किया। रमज़ान (दिसम्बर १५०८—जनवरी १५०९ ई०) में वह महेन्द्री[1] नदी के तट पर सनली[2] नामक स्थान पर ठहरा रहा। उसने शाहज़ादा ख़लील (११८) ख़ां को बरोदा के भूखंड से बुलवा कर अपने साथ रख लिया। जब सुल्तान नद्रबार में पहुंचा तो मलिक हुसामुद्दीन मुग़ुल ने, जिसके अधीन बुरहानपुर की आधी विलायत[3] थी और जो इससे पूर्व गुप्त रूप से आलम ख़ां से इस विषय में पत्र-व्यवहार कर रहा था कि 'यदि आप सुल्तान की सहायता तथा आदेश से इस ओर आयें तो मेरे पूर्वजों के राज्य को आपके द्वारा शोभा प्राप्त हो जायगी और सेवक हृदय से इस कार्य को सफलता पूर्वक सम्पन्न कराने का प्रयत्न करेगा', यह देखकर कि सुल्तान महमूद स्वयं इस अभियान हेतु रवाना हुआ है जो कुछ निश्चय किया था उसके विरुद्ध कार्य प्रारम्भ कर दिया। उसने अहमदनगर के हाकिम निज़ामुलमुल्क बहरी से मिलकर उसे अपनी सहायतार्थ बुलवाया।

मलिक लादन ख़लजी, जिसके अधीन बुरहानपुर की आधी विलायत थी, हुसामुद्दीन से विरोध के कारण सावधानी की दृष्टि से आसीर पर्वत के आंचल में चला गया। संक्षेप में, जब सुल्तान थालनीर[4] क़स्बे में पहुंचा, तो उसने अपनी सेना में से ४००० अश्वारोहियों को चुनकर हुसामुद्दीन की सहायतार्थ बुरहानपुर में छोड़ दिया और स्वयं अपनी राजधानी की ओर वापस चला गया। सुल्तान को थालनीर में बड़ी थकावट का अनुभव हुआ। वह कुछ दिन तक उस स्थान पर ठहरा रहा। उसने सैयिद अलिफ़[5] ख़ां को, जो योग्यता में अद्वितीय था, नद्रबार के मुक़्ता अज़ीज़ुलमुल्क सहित हुसामुद्दीन के विरुद्ध इस आशय से नियुक्त किया कि वे उसे उस विलायत से निर्वासित कर दें और लादन ख़लजी को प्रोत्साहन देकर उसके स्थान पर नियुक्त कर दें। जब सैयिद रानोबर क़स्बे में, जो बुरहानपुर के अधीनस्थ है, पहुंचा तो निज़ामुलमुल्क बहरी की सेना आलम ख़ां ख़ानज़ादे के साथ भाग खड़ी हुई और दखिन की ओर (११९) चल दी। हुसामुद्दीन मुक़ाबला छोड़ कर अन्य मार्ग से थालनीर क़स्बे में पहुंचा और सुल्तान के चरणों के चुम्बन का सम्मान प्राप्त किया। मलिक लादन ख़लजी ने भी उपस्थित होकर चौखट का चुम्बन किया। ईदुज्जुहा[6] के उपरान्त आलम ख़ां बिन एहसन ख़ां को आदिल ख़ां की उपाधि से सम्मानित किया गया और ३० लाख तन्के[7] उसे इनाम में दिये गये तथा आसीर तथा बुरहानपुर के राज्य का

१ फ़रीदी के अनुसार 'माही' (पृ० ७६)।
२ फ़रीदी के अनुसार 'सबली'।
३ राज्य।
४ मूल पुस्तक में 'थानीर'।
५ फ़रीदी के अनुसार 'आसिफ़ ख़ां' (पृ० ७७)।
६ १० ज़िलहिज्जा ९१४ हि० (१ अप्रैल १५०९ ई०)।
७ फ़रीदी के अनसार '४ हाथी और ३ लाख तन्के' (पृ० ७७)।

हाकिम नियुक्त कर दिया गया। मलिक लादन खलजी को खाने जहां की उपाधि से सम्मानित किया गया। बनास[1] नामक स्थान जो सुल्तानपुर तथा नद्रबार के अधीन है उसे इनाम में दे दिया गया। बनास, मलिक (लादन) की जन्मभूमि थी। उसे आलम खां की सहायतार्थ नियुक्त किया गया। उसने मलिक हुसामुद्दीन का खाने जहां से मेल करा दिया।

सुल्तान ने मलिक मुहम्मद[2] को, जो एमादुलमुल्क आसीरी का पुत्र था, ग़ाज़ी खां की उपाधि दी और मलिक आलम शाह को जो थालनीर का थानेदार था, फ़तह खां की उपाधि प्रदान की। उसके भाई मलिक यूसुफ़ को सैफ़ खां की उपाधि प्रदान की। मलिक लादन के ज्येष्ठ पुत्र को मुजाहिद खां की उपाधि प्रदान की। उसने इन सब अमीरों को मलिक नुसरतुलमुल्क तथा मुजाहिदुलमुल्क गुजराती सहित आदिल खां की सहायतार्थ नियुक्त किया। आदिल खां प्रसन्नतापूर्वक निश्चिन्त होकर एवं बड़े समारोह तथा गौरव से आसीर की ओर रवाना हुआ। सुल्तान अपनी राजधानी को लौट गया। मलिक हुसामुद्दीन दो मंज़िल तक सुल्तान की सवारी के साथ रहा। बिदा होते समय सुल्तान ने दनथूरा[3] नामक स्थान जो सुल्तानपुर तथा नद्रबार के अधीन था, उसे इनाम में दे दिया।

संक्षेप में जब सुल्तान मुहमदाबाद पहुंचा तो शाहज़ादा खलील को विदा कर दिया कि वह अपने स्थान, बरोदा क़स्बे को चला जाय। सिकन्दर खां तथा लतीफ़ खां बिन (पुत्र) खलील खां को साथ कर दिया। उसके छोटे भाई बहादुर खां को सुल्तान ने अपनी सेवा में रख लिया और उसके प्रति, दादा तथा पिता दोनों का स्नेह प्रदर्शित करता था। वह अनेक बार कहा करता था कि, "मेरा यह पुत्र बहुत बड़ा बादशाह होगा।" कहा जाता है कि एक दिन उसने बहादुर खां को अपनी जांघ पर बैठा कर कृपा-दृष्टि प्रदर्शित करते हुये कहा, "बहादुर खां मैंने ईश्वर से तेरे लिये गुजरात की बादशाही की शुभकामना की, जिसे ईश्वर ने स्वीकार कर लिया।"

## सुल्तान की मृत्यु

सुल्तान ने जिलहिज्जा ९१६ हि० (मार्च १५११ ई०) में पटन की ओर प्रस्थान किया। (१२०) सुल्तान की यह अन्तिम यात्रा थी। अन्त में उसने वहां के प्रतिष्ठित लोगों उदाहरणार्थ मौलाना मुईनुद्दीन ग़ाज़रूनी तथा मौलाना ताजुद्दीन सुयूती[4] से भेंट की और उनसे कहा, "मैं इस बार आप लोगों से विदा होने आया हूं। मैं जानता हूं कि मेरा अन्तिम समय आ गया है।" सबने उसके लिये शुभकामनायें कीं। उसने पटन के समस्त पीरों[5] के मक़बरे के दर्शन किये। चौथे दिन उसने पटन से अहमदाबाद की ओर प्रस्थान किया। जब वह सरखीज पहुचा तो उसने बद्रुस्सिद्दीक़ीन, बुरहानुल आरेफ़ीन, शेख अहमद खत्तू के मक़बरे के दर्शन किये। अपने मक़बरे को, जो उसने शेख के मक़बरे के पायंती बनवाया था, बड़ी शिक्षा की दृष्टि से देखा और कहा, "महमूद का भविष्य में यही महल होगा। शीघ्र ही वह इस घर में पहुंच जायगा।" तदुपरान्त वह अहमदाबाद पहुंचा और रुग्ण हो गया। वह तीन मास तक रुग्ण

१ मूल पुस्तक में 'बपास' किन्तु फ़रीदी के अनुसार 'बनास' (पृ० ७७)।
२ फ़रीदी के अनुसार 'मलिक महमूद माखा' अथवा 'बाखा'।
३ फ़रीदी के अनुसार 'धनूरा' अथवा 'धनतरा'।
४ मूल पुस्तक में 'सूई' है (फ़रीदी पृ० ७८)।
५ सूफ़ियों, सन्तों।

रहा। उसने शाहज़ादा ख़लील ख़ां को बरोदा से बुलवाया और अपनी मृत्यु के समय के निकट होने की उसे सूचना और शिक्षा दी। संयोग से इसी बीच में एक दिन वह स्वस्थ हो गया। उसने शाहज़ादा ख़लील ख़ां को विदा कर दिया; किन्तु थकावट तथा वृद्धावस्था के कारण उसका आमाशय बड़ा शक्तिहीन हो गया था। तीन मास उपरान्त वह पुनः रुग्ण हो गया। उसने ख़लील ख़ां को बुलवाने का आदेश दिया। शाहज़ादे के पहुंचने के पूर्व अस्र की नमाज़ के समय सोमवार रमज़ान ९१७ हि०[1] (नवम्बर-दिसम्बर १५११ ई०) को उसकी मृत्यु हो गई। उसका जनाज़ा सरखीज पहुंचाया गया और उपर्युक्त मक़बरे में दफ़न कर दिया गया।

उसने ५४ वर्ष तथा १ मास तक राज्य किया। उसकी अवस्था ६७ वर्ष तथा ३ मास थी। सुल्तान शेख़ रहमतुल्लाह इब्ने शेख़ अज़ीज़ुल्लाह का, जिनकी मज़ार शेख़पुरा अहमदाबाद में है, मुरीद था। उपर्युक्त पुरा उन्हीं का बसाया हुआ है। शेख़ को आध्यात्मिक यात्रा में बड़ा ऊंचा स्थान प्राप्त था और उन्हें बहुत बड़ा सम्मान प्राप्त था।

## सुल्तान के मित्र

कहा जाता है कि जब सुल्तान शाहज़ादा था तो तीन व्यक्ति उसके मुसाहिब तथा नदीम थे। एक दरिया ख़ां गुम्बदे कलां[2] का निर्माता जो अहमदाबाद के कोट में है। उसके समान ईंट के किसी इतने लम्बे-चौड़े गुम्बद का गुजरात में निर्माण नहीं हुआ। दूसरे अलिफ़ ख़ां भूकाली, जिसने धोलका क़स्बे में एक मस्जिद का क़िले के पश्चिम में निर्माण कराया है। जल तथा स्थल के यात्रियों का कथन है कि किसी (१२१) भी स्थान पर इस प्रकार की ईंट की मस्जिद का निर्माण नहीं हुआ है। इसके अतिरिक्त मलिक मुहम्मद[3] था। जब सुल्तान सिंहासनारूढ़ हुआ तो उसने प्रत्येक को पंज हज़ारी मंसब प्रदान कर दिया और ख़ान की उपाधि द्वारा सम्मानित किया। किन्तु मलिक मुहम्मद ने उपाधि स्वीकार न की और कहा, "मेरा नाम मुहम्मद है। इस नाम से बढ़कर कौन सी उपाधि हो सकती है।" किन्तु जो अन्य वस्तुयें प्रदान हुई थीं, उन्हें सभी ने स्वीकार कर लिया। बहुत समय तक इसी प्रकार सब कुछ होता रहा।

## मलिक मुहम्मद

एक दिन मलिक मुहम्मद पालकी पर सवार होकर मन्थापुर[4] की ओर जो अहमदाबाद के भव्य नगर का प्रसिद्ध पुर है पहुंचा। वह वहां एक इमली के वृक्ष की छाया में जो डालियों तथा पत्तियों से लदी हुई थीं खड़ा हो गया। वायु गरम थी। उसकी छाया में ठंडक थी। उसने थोड़ी देर आराम करके वहां चक्कर लगाया। उसने देखा कि एक मुल्ला एक मस्जिद के कोने में बालकों को पढ़ाने में व्यस्त है। मुल्ला का नाम शेख़ कबीर था और वह सुल्तानुल आरेफ़ीन शेख़ हमीदुद्दीन नागौरी के पौत्रों में से था। वह बड़ा ही योग्य तथा पवित्र व्यक्ति था। मुहम्मद (इमली की) छाया में सो गया। मध्याह्नोत्तर की नमाज़ के समय उठा और वज़ू करके मुल्ला के पीछे नमाज़ पढ़ने लगा। नमाज़ के उपरान्त मुल्ला ने

१ मूल पुस्तक में '९१६ हि०' है किन्तु फ़रीदी के अनुसार '९१७ हि०; (पृ० ७८)। उसके उत्तराधिकारी का सिंहासनारोहण ९१७ हि० में मूल ग्रन्थ ही में लिखा गया है।

२ फ़रीदी के अनुसार यह गुम्बद नगर के उत्तर में था। (पृ० १२०)।

३ फ़रीदी के अनुसार 'मलिक मुहम्मद इख़्तियार' (पृ० ७६)।

४ फ़रीदी के अनुसार 'मीथापुर।'

मलिक की ओर कृपा की दृष्टि डाली। मलिक के अन्तःकरण को अपनी ओर आकृष्ट कर लिया। मलिक बड़ा प्रसन्न हुआ और उस समय के आस्वादन से मूर्च्छित हो गया। कुछ समय उपरान्त जब उसे चेतना हुई तो उठकर अपने घर को चला गया। यद्यपि उसके घर में अत्यधिक सम्पन्नता थी किन्तु शेख़ के आकर्षण ने उसे उस ओर[1] प्रेरित न किया। प्रातःकाल वह पुनः मुल्ला की सेवा में पहुंच गया। जब वह मुल्ला की सेवा में पहुंचा तो शिष्टतापूर्वक एवं दीन भाव से बैठ गया। कुछ समय तक आसीन रहने के उपरान्त वह उठ कर अपने घर चला गया। जब कुछ दिन इसी प्रकार व्यतीत हो गये तो एक दिन मुल्ला ने एकान्त में उससे कहा कि, "तुम सांसारिक व्यक्ति हो। यहां किस कारण आकर अपने कार्यों में विघ्न डालते हो। यदि ईश्वर की उपासना करना चाहते हो तो अन्य सभी वस्तुओं से सम्बन्ध विच्छेद कर लो और अपने आप को पूर्ण रूप से ईश्वर को सौंप दो अन्यथा कष्ट न उठाओ। आराम के जीवन से कोई सफलता नहीं प्राप्त हो सकती।" मलिक ने कहा, "मैं कुछ समय चाहता हूं ताकि अपने अन्तःकरण से
(१२२) परामर्श कर लूं। देखूं वह मुझे किस कार्य की ओर प्रेरित करता है और किस चीज़ से बचाता है।" मुल्ला ने कहा, "ऐसा ही करो।"

मलिक अपने घर पहुंचा। उसने अपने अधिकारियों को बुलवाया। सेवकों के वेतन तथा उनकी मांगों का हिसाब करवाया। प्रत्येक को इस आशय से अधिक प्रदान किया कि उन्हें कठिनाई के समय दरिद्र न रहना पड़े। तदुपरान्त उसने अपनी दासियों को बुलाया और कहा, "जिसे स्वतंत्र होने की इच्छा हो उसे मैं स्वतंत्र करता हूं। जो कोई विवाह करना चाहे उसका विवाह करा दूं।" प्रत्येक ने अपनी अपनी इच्छा प्रकट की। मलिक ने उनकी इच्छा पूरी की। वह यह सब कुछ ईश्वर के लिये कर रहा था किन्तु अपना उद्देश्य किसी को न बताता था। संक्षेप में, उसने इसके पश्चात् कहा कि, "मेरी सरकार में हाथी, घोड़े, नक़द धन तथा अन्य सम्पत्ति जो कुछ है उसकी सूची लाई जाय।" उसकी आज्ञाओं का पालन किया गया। तदुपरान्त उसने सुल्तान की सेवा में पहुंच कर अपनी समस्त धन-सम्पत्ति की सूची एवं जागीर का फ़रमान सुल्तान की सेवा में प्रस्तुत करके कहा, "मुझे सुल्तान के प्रताप से संसार की कोई अभिलाषा नहीं। मैंने समस्त अभिलाषायें एवं महत्वाकांक्षायें त्याग दी हैं। यह जागीर का फ़रमान तथा धन-सम्पत्ति की सूची है जो मुझे सुल्तान के सौभाग्य से प्राप्त हुई है। सुल्तान इसे जिसको उचित समझें प्रदान कर दें।" सुल्तान ने सोचा कि सम्भवतः वह रुष्ट होकर यह बात कह रहा है। उसने उसे प्रोत्साहन देते हुए इसका कारण पूछा और कहा, "यदि किसी ने तुझसे अनुचित व्यवहार किया हो तो मैं उसे दंड दूं।" उसने कहा, "मैं आजीवन सुल्तान की सेवा करता रहा। अब मेरी इच्छा है कि मैं उस व्यक्ति की सेवा करूं जिसने मख़दूमी की टोपी सुल्तान के सिर पर रक्खी है[2] और सेवा की पेटी हमें प्रदान की है।" यह कह कर वह खड़ा हो गया और घर चला गया।

सुल्तान ने दरिया ख़ां तथा अलिफ़ ख़ां को, जो उसके मित्र तथा हितैषी थे, बुलवाया और मलिक से जो कुछ सुना था, उन्हें बता दिया और दोनों लिखी हुई वस्तुयें[3] उसे दिखलाईं। उन लोगों ने उसकी मित्रता तथा उसके प्रति निष्ठा के कारण निवेदन किया, "सम्भवतः वह पागल हो गया है जो इस प्रकार की बात करता है। हमें काग़ज़ प्रदान कर दिये जायं ताकि हम जाकर उसे समझायें।" सुल्तान ने दोनों

१ धन-सम्पत्ति की ओर।
२ 'सुल्तान को शासक बनाया है'।
३ सूची तथा फ़रमान।

काग़ज़ उन्हें दे दिये। वे दोनों मलिक के घर पहुंचे। मलिक उनका उद्देश्य समझ गया। उसने कहलाया, (१२३) "क्षण भर ठहरो मैं आ रहा हूं।" उसने नाई को बुलवाया और तलवार हाथ में लेकर कहा, "यदि तू मेरे आदेश के पालन में विलम्ब करेगा तो तेरी हत्या कर दूंगा। मेरे सिर के बाल मूंड़।" उसने अपने सिर के बाल, दाढ़ी, मूंछ तथा भौंहें मुंडवा दीं कारण कि वे हराम के भोजन से बढ़ी थीं। तदुपरान्त उसने अपनी पत्नी से कहा कि, "तू या तो अपनी आवश्यकतानुसार धन-सम्पत्ति ले ले और अपने माता-पिता के घर चली जा और यदि विवाह करना चाहे तो विवाह कर ले।" पत्नी ने उसके साथ जीवन व्यतीत करने का आग्रह किया और मलिक के आदेशानुसार अपनी धन-सम्पत्ति तथा आभूषण फेंककर अपने वस्त्र कनीज़[1] को दे दिये और उसके वस्त्र स्वयं पहन लिये। तदुपरान्त मलिक अपनी पत्नी का हाथ पकड़ कर अलिफ़ ख़ां तथा दरिया ख़ां के सामने से निकल कर शेख़ के घर चला गया। दरिया ख़ां एवं अलिफ़ ख़ां चकित होकर खेद प्रकट करते हुये सुल्तान की सेवा में उपस्थित हुये और कहा कि, "बड़ा दुःख है कि वह पागल हो गया।"

(१२४) शेख़ ने मलिक तथा उसकी पत्नी का स्वागत किया और मलिक की पत्नी से कहा, "बहिन अपनी बहिनों के पास चली जाओ।" शेख़, मलिक की पत्नी को स्वयं अपने घर की स्त्रियों के पास ले गया और कहा, "जानती हो, यह किसकी पत्नी है? यह हमारे युग के इबराहीम[2] अदहम की पत्नी है। इनके साथ रहना बहुत बड़ा सौभाग्य समझो और इनकी सेवा करने में कोई कसर न उठा रक्खो।" तदुपरान्त शेख़, मलिक की शिक्षा-दीक्षा में व्यस्त हो गये मलिक तरीक़त तथा सुलूक[3] के क्षेत्र में प्रविष्ट हो गया।

कहा जाता है वह रोज़ाना शेख़ के लिये जल का एक घड़ा भर कर अपने सिर पर सांभर[4] नदी से त्रिपुलिया के बाज़ार से होता हुआ लाता था। इस मार्ग की दूरी पक्का एक कोस होगी। लोग मलिक के इस कार्य को उसका पागलपन कहते थे। वह (मलिक) इसे बुरा न समझता था और इसे अपना सौभाग्य समझता था। एक दिन सुल्तान शिकार से लौट कर अपने घर आ रहा था। मलिक घड़ा भरे हुये शीघ्रता से चला जा रहा था। दूर से सुल्तान की दृष्टि मलिक पर पड़ी; उसने पहचान कर कहा, "दरिया ख़ां! मलिक मुहम्मद को देखते हो।" उसने कहा, "जी हां।" सुल्तान ने कहा, "बड़ी उन्नति की है। यदि सुलूक के मार्ग के लिये इतने अपमान की आवश्यकता है तो यह बड़ी ही विचित्र दशा है।" दरिया ख़ां ने कहा, "मैं इस व्यक्ति की तन्मयता को (देखकर) यह निष्कर्ष निकालता हूं कि शीघ्र लोग इसके चरणों की धूल पर अपने सिर रखेंगे और यह किसी के सामने सिर न नवायेगा।" संक्षेप में कुछ समय उपरान्त उसके सौभाग्य की शीतल पवन बही और उसके कृत्यों के उद्यान में फल आये। संसार उसकी दशा पर मूर्च्छित हो गया और दुनिया उसकी निपुणता पर आसक्त हो गई। सहस्रों लोग उसके चरणों का चुम्बन करने की आशा से एकत्र होकर उस तक पहुंचने की अभिलाषा में इकट्ठा होते थे।

एक दिन शेख़ ने कहा कि मैं उसे एकान्त में रख कर उच्च श्रेणी को पहुंचाना चाहता था और उसे अस्तित्व के बन्दीगृह से मुक्त कराना चाहता था किन्तु उसने स्वयं अपने लिये एक स्थान बना लिया

१ दासी।
२ बलख़ का बादशाह जो संसार त्याग कर दरवेश हो गया था और ११० वर्ष की अवस्था में ८७५ से ८८० ई० के बीच में मृत्यु को प्राप्त हुआ।
३ सूफियों की 'आध्यात्मिक यात्रा'।
४ फ़रीदी के अनुसार 'साबरमती' (पृ० ८१)।

(१२५) और चरम सीमा तक पहुंचने का प्रयत्न नहीं किया।" मलिक इससे बड़ा लज्जित तथा प्रभावित हुआ और वह अपनी प्रसिद्धि का अन्त कराने का प्रयत्न करने लगा। उसने ऐसे कार्य प्रारम्भ कर दिये कि लोग उससे बचने लगे। यदि किसी अमीर का पुत्र सुन्दर घोड़े पर सवार होकर उसकी सेवा में आता तो वह उसको अपनी ओर से किसी क़व्वाल को दिला देता। वह पुनः मलिक की भेंट के लिये न आता। इसी प्रकार तलवार तथा वस्त्र लेकर वह दरिद्रियों को दिलवा देता। शनैः शनैः लोग उससे घृणा करने लगे, यहां तक कि यदि मलिक किसी मार्ग पर जाता होता तो लोग उससे बचने लगते। उन्हें भय होता कि सम्भव है वह कुछ मांग कर किसी अन्य को न दिला दे। अल्प समय में लोगों की भीड़ कम होने लगी और मलिक नित्यप्रति आध्यात्मिक उन्नति करता गया और ईश्वर की ओर से उसे मुहम्मद इख़्तियार की उपाधि प्रदान हो गई। उसने ईश्वर के अतिरिक्त सभी से मुख मोड़ लिया था।

कहा जाता है कि शाह आलम बुख़ारी का एक मुरीद, मलिक मुहम्मद इख़्तियार की सेवा में पहुंच गया। एक व्यक्ति ने शाह आलम से निवेदन किया कि "आपका अमुक मुरीद मलिक मुहम्मद इख़्तियार की सेवा में पहुंच गया है और उसने इजतेहाद प्रारम्भ कर दिया है।" शाह ने कहा, "कोई हरज नहीं।"

(१२६) कहा जाता है कि एक दिन मार्ग में मलिक से शाह (आलम) की भेंट हो गई। उन दोनों ने एक दूसरे से ख़िर्क़ा[१] मांगा। मलिक ने कहा कि, "यह शाहों की देन है।" शाह (आलम) ने कहा, "मलिक भी उन्हीं लोगों में से है।" उन्होंने मलिक को पीराहन[२] दिया। मलिक ने अपनी टोपी शाह के समक्ष रक्खी।

## मलिक दावरुलमुल्क

फ़िरिश्ते जैसा एक अन्य धर्म-निष्ठ अमीर मलिक दावरुलमुल्क था। उनका नाम अब्दुल लतीफ़ इब्न (पुत्र) मलिक महमूद क़ुरेशी था। सांसारिक वैभव के बावजूद सर्वदा पवित्रता तथा सदाचारिता की चेष्टा किया करता था। जब उसके घर पर सैनिकों तथा अन्य लोगों की भीड़ होने लगी तो उसने अपने पड़ोसी से कहा, "मैं अपने घरों को बेच रहा हूं। यदि तुम्हारी इच्छा हो तो क्रय कर लो।" उसने आश्चर्य प्रकट करते हुये कहा, "आपके लिये यह आवश्यक है कि आप अपने घरों की मरम्मत करायें और यदि हम लोगों में से कोई अपना घर बेचना चाहे तो आप क्रय कर लें न कि आप अपना घर स्वयं बेच डालें।"

अन्त में मलिक उस मुहल्ले को छोड़कर शहर के बाहर रहने लगा और अपने लिये घर का निर्माण करा लिया। इसका कारण यह था कि लोग बहुत बड़ी संख्या में उसके घर के निकट एकत्र होते थे और घोड़े तथा हाथी शोर करते थे। मलिक को भय था कि इससे पड़ोसियों को कष्ट होता होगा।

कहा जाता है कि मलिक अपनी जागीर से शरा के अनुसार कर प्राप्त करता था और लेशमात्र भी उससे अधिक न वसूल करता था। यदि शाही पदाधिकारी उसे वीरान जागीर प्रदान कर देते थे तो प्रजा बिना बुलाये तथा बिना प्रोत्साहन के आकर उसे आबाद कर देती थी। संयोग से उसकी जागीर पूर्ण रूप से आबाद हो गई थी। सुल्तान के जामाता ने उस ओर से आंखें बन्द कर लीं, और सुल्तान से

१ चोंवर।
२ कुर्ता।

निवेदन किया कि, "मलिक की जागीर मुझे प्रदान कर दी जाय। मलिक को जहां कहीं भी जागीर मिलेगी वह उसे समृद्ध कर लेगा।" सुल्तान ने स्वीकार न किया। उसने ईश्वर की चिन्ता न करते हुये, अपनी सेना में से कुछ लोगों को मलिक की हत्या हेतु नियुक्त किया। एक रात्रि में उन मार्ग-भ्रष्ट लोगों ने अवसर पाकर मलिक पर प्रहार किया। ईश्वर ने मलिक की रक्षा की और घाव गहरे न लगे।
(१२७) उन्हें बन्दी बना लिया गया। मलिक ने पूछा, "तुम लोगों ने यह कार्य क्यों किया?" उन्होंने उत्तर दिया, "हमारे सयानी पुत्रियां हैं। हम उनके विवाह का प्रबन्ध न कर सकते थे। सुल्तान के जामाता ने हमें थोड़े से धन का लोभ देकर हमसे यह कार्य कराया।" मलिक ने कहा, "तुम लोग ठीक कहते हो। आवश्यकता ऐसी ही चीज़ है जिसके कारण मनुष्य अनुचित कार्य करने पर विवश हो जाता है।" उसने उनकी आवश्यकताओं का प्रबन्ध करा दिया।

मलिक, शाह आलम बुख़ारी बिन (पुत्र) क़ुतुबुल अक़ताब सैयिद बुरहानुद्दीन बिन (पुत्र) सैयिद महमूद बिन क़ुतुबे जहां व मख़दूमे जहानियां का मुरीद था। कहा जाता है कि एक दिन शाह आलम वज़ू कर रहे थे। मलिक उनके हाथ पर जल डाल रहा था। यह सेवा विशेष रूप से मलिक ही के सिपुर्द थी। इसी बीच में दखिन (दक्षिण) के शाहज़ादे को, जो कोढ़ के रोग में ग्रस्त था, उसके वकीलों ने उपस्थित किया और शाह आलम से उसके स्वस्थ होने की प्रार्थना की। शाह आलम पनाह वज़ू की दुआयें[1] पढ़ रहे थे अतः उन्होंने प्रार्थना का कोई उत्तर न दिया। उन लोगों ने पुनः प्रार्थना की। वज़ू के उपरान्त वज़ू के जल की कुछ बूंदें शाह आलम ने शाहज़ादे को पिलवा दीं। ईश्वर की कृपा से वह स्वस्थ हो गया। तदुपरान्त शाह आलम पनाह ने कहा, "क्योंकि लोग ख़्वाजा मुईनुद्दीन[2] से अपनी आवश्यकताओं के विषय में अत्यधिक प्रार्थना करते थे, अतः वे लोगों को सालार मसऊद[3] को सौंप देते थे और स्वयं अलग हो जाते थे। मुझे भी यही करना चाहिये।" मलिक ने अपने हृदय में सोचा कि सालार मसऊद सरीखा व्यक्ति इस युग में होना बड़ा कठिन है। शाह आलम ने मलिक के विचारों से अवगत होकर कहा, "आश्चर्य की क्या बात है? ईश्वर यह सम्मान तुम्हें प्रदान कर देगा।"

उस समय लोग बड़ी दूर-दूर से मलिक के दर्शनार्थ आया करते थे, विशेषकर दखिन वाले, और वे अपने उद्देश्य की पूर्ति के पश्चात् लौट जाते थे। संक्षेप में, कुछ समय पश्चात् मलिक को अम्बरून की, जो कच्छ के राज्य की सीमा पर है और सरकार झालावर के अधीन मोरवी क़स्बे से १० कोस पर है, थानेदारी के लिये भेज दिया गया। वह स्थान कुफ़्र तथा विद्रोहियों की खान था। मलिक वहां पहुंचने के उपरान्त अधिकांश उस क्षेत्र के काफ़िरों से जिहाद[4] किया करता था। एक दिन उसने भीच[5] के समीप
(१२८) के स्थानों के काफ़िरों पर आक्रमण किया। भीच, कच्छ के राजा की राजधानी था। रन के

१ क़ुरान के वाक्य जो वज़ू के अवसर पर बड़े-बड़े आलिम, सूफ़ी तथा धर्मनिष्ठ लोग पढ़ते हैं। इनका पढ़ना अनिवार्य नहीं है।

२ एक प्रसिद्ध सूफ़ी जिनकी मज़ार अजमेर में है। इनका जन्म सीस्तान में ११४२ ई० में और मृत्यु अजमेर में १२३६ ई० में हुई।

३ सालार मसऊद ग़ाज़ी, जो बहराइच में दफ़न हैं, सुल्तान महमूद के भागिनेय थे। उनकी मृत्यु १५ जून १०३३ ई० में १६ वर्ष की अवस्था में हुई। दोनों के काल में इतना अन्तर है कि वह घटना असम्भव है।

४ इस्लाम के प्रसार के लिये युद्ध।

५ फ़रीदी के अनुसार 'भोज'।

एक भाग को जोकि खारी जल के समुद्र की एक बाहु है पार करके तीसरे दिन एक आबाद स्थान पर पहुंच कर उसने एक वृक्ष के नीचे पड़ाव किया और वहीं सो गया। जब वह जागा तो उसने देखा कि सैनिकों ने अपने घोड़ों को पास के ज्वार के खेतों में छोड़ दिया है और वे चर रहे हैं। मलिक ने कहा, "मित्रो! तुम्हें ईश्वर का भय नहीं जो अन्य व्यक्तियों की सम्पत्ति में हस्तक्षेप करते हो।" उन लोगों ने उत्तर दिया, "हे स्वामी! तीन दिन से घोड़ों तथा मनुष्यों ने किसी भी भोजन की वस्तु के दर्शन नहीं किये हैं, किन्तु हम तो ईश्वर के भय के कारण सहन कर सकते हैं परन्तु पशुओं में यह समझ कहां है।" मलिक ने कहा, "यदि तुम लोग केवल ईश्वर की प्रसन्नता के लिये (कष्ट) सहन करते तो तुम्हारे घोड़े भी तुम्हारा साथ देते।" मलिक ने अपने घोड़े की लगाम खोल कर खेत के निकट छोड़ दिया। घोड़ा आगे न बढ़ा और सिर झुकाये खड़ा रहा। अन्त में उस क्षेत्र के काफ़िरों ने मलिक की अधीनता स्वीकार कर ली, यहां तक कि अम्बरून क़स्बे के गरासियों[1] ने भी उपस्थित होकर सेवा करना स्वीकार कर लिया। उन लोगों में से एक दुष्ट ने मलिक से कहा, "मेरे सम्बन्धियों में अमुक गरासिये के पास एक तलवार है जो अद्वितीय है। जब वह आये तो उससे लेकर उसे म्यान से निकाल कर देख लें कि वह कितनी उत्तम है।" उस दुष्ट ने गरासिया से कहा, "मलिक ने विश्वासघात द्वारा तेरी हत्या करना निश्चय कर लिया है और यदि तुझे विश्वास न हो तो यह समझ ले कि जब मलिक तेरे हाथ से तलवार लेकर म्यान से निकालेगा तो यह तेरी हत्या का आदेश होगा।" उसने अपने सम्बन्धियों को सिखा दिया कि, "जब मलिक मेरे हाथ से तलवार ले ले तो उसके तलवार म्यान से निकालने के पूर्व तुम लोग मलिक की हत्या कर देना।" जब गरासिया उसकी सेवा में उपस्थित हुआ, तो मलिक ने उस षड्यंत्र से अनभिज्ञ होने के कारण तलवार हाथ में ले ली। उसके साथियों ने मलिक की हत्या कर दी। उस दिन से आज तक लोग मलिक के मक़बरे के दर्शनार्थ निकट तथा दूर से जाते हैं और उनके (लोगों के) उद्देश्यों की पूर्ति होती है।

(१२९) मलिक की हत्या १३ ज़ीक़ाद[2] को हुई। मलिक के शहीद हो जाने के उपरान्त उसके चमत्कार बहुत बड़ी संख्या में प्रकट हुये। सहस्रों मनुष्य निकट तथा दूर से वहां पहुंचते हैं और सभी की आवश्यकतायें पूरी होती हैं। अन्धे, लंगड़े, अपाहिज, संतान के इच्छुक तथा धन-सम्पत्ति की अभिलाषा रखने वाले वहां उपस्थित होते हैं। कुछ लोग अपने पांव में बेड़ियां डाले, कुछ अपने होंठों में लोहे के ताले लटकाये अपने घरों से इस उद्देश्य से आते हैं कि जब हमारी इच्छा पूरी हो जायगी तो ये ताले तथा बेड़ियां आप ही आप खुल जायंगी। प्रत्येक व्यक्ति को उसकी इच्छा का उत्तर स्वप्न में मिल जाता है। कुछ को तुरन्त, कुछ को देर में। . . . . उसकी मृत्यु से आज तक जो १०२७ हि० (१६१६-१८ ई०) है इसी प्रकार लोगों का व्यवहार चला आ रहा है।

## मलिक अयाज़

सुल्तान के अन्य प्रतिष्ठित अमीरों में एक मलिक अयाज़ था। यद्यपि वह उसका मोल लिया हुआ दास था किन्तु वह बहुत बड़े राज्य पर शासन करने योग्य था। उसके पास वैभव के बड़े विचित्र साधन थे। कहा जाता है कि निम्न वर्ग के सेवकों के अतिरिक्त १००० सक़्क़े उसकी सरकार में जल खींचते थे। उसने चमड़े का एक हौज़ बनवाया था। जब वह किसी स्थान पर चढ़ाई करता तो उसे भर

१ कृषक राजपूतों का एक समूह।

२ १३ ज़ीक़ाद ९१५ हि० (२२ फ़रवरी १५१० ई०)।

दिया जाता था। सेना वाले उससे जल ले जाते थे। घोड़े तथा हाथी इत्यादि उसी से जल पीते थे। मलिक के कारनामों की गुजरात में बड़ी प्रसिद्धि है। देव के क़िले का निर्माण उसी ने कराया था। उसे इस समय फ़िरंगियों ने नष्ट कर दिया है, और उसके स्थान पर दूसरे क़िले का निर्माण करा दिया है। उसने समुद्र में एक बुर्ज का निर्माण कराया जिसका नाम "सांकल कोट है"। वहां से समुद्र-तट तक लोहे की ज़ंजीर
(१३०) इस आशय से बंधवाई थी, कि फ़िरंगियों के जहाज़ उस मार्ग से न जा सकें। अभी तक वह इमारत वर्तमान है।

सुल्तान बहादुर की हत्या के पश्चात् उसके भतीजे सुल्तान महमूद शहीद के राज्यकाल में वह क़िला, नगर तथा बन्दरगाह फ़िरंगियों[1] के अधिकार में आ गये। देव नामक द्वीप में उसने उद्यान लगवाये। समुद्र की दो शाखाओं पर, जो देव नामक द्वीप से निकल कर उत्तर की ओर एक दूसरे को काटती हैं, उसने पत्थर के एक पुल का निर्माण कराया जिसे फ़िरंगियों ने इस समय नष्ट कर दिया है। जब मलिक वहां का हाकिम था तो फ़िरंगियों को गुजरात के बन्दरगाहों में प्रविष्ट होने का साहस न होता था। शनैः शनैः कार्य इस सीमा को पहुंच गया कि किसी भी बन्दरगाह से फ़िरंगियों की अनुमति के बिना कोई नौका नहीं निकल सकती। केवल सूरत के बन्दरगाह में ऐसा नहीं है और वह भी मोअक्किलों[2] की वीरता तथा पौरुष का परिणाम है।

कहा जाता है कि भोजन के समय मलिक के आदेशानुसार बिगुल बजाया जाता था और द्वार-पाल हट जाते थे। जिस किसी को भोजन की इच्छा होती वह आकर दस्तरख़्वान[3] पर बैठ जाता था। सभापति से लेकर अन्त में बैठे हुए व्यक्ति तक को एक ही प्रकार का भोजन प्रदान किया जाता था। मलिक दस्तरख़्वान के दायें-बायें देखता जाता था। यदि दस्तरख़्वान लगाने वाला लेशमात्र भी भोजन में अन्तर कर देता तो वह बड़ी कठिनाई में पड़ जाता था। मलिक अत्यधिक क्रोधित होता। प्रत्येक प्रकार के ईरानी, रूमी[4] तथा हिन्दुस्तानी भोजन, जिनसे स्वर्ग के भोजन की स्मृति हो जाती थी, दस्तरख़्वान पर उप-स्थित किये जाते थे। भोजन के उपरान्त समस्त लोगों के सेवकों को भोजन प्रदान किया जाता था। इस कार्य में इतनी अधिक सावधानी बरती जाती थी कि इससे अधिक की कल्पना भी नहीं हो सकती। तदुपरान्त पान तथा इत्र लाये जाते थे। सर्वदा इसी प्रकार भोजन होता था।

कहा जाता है कि मलिक की समस्त सेना मखमल एवं जरबफ़्त के वस्त्र धारण करती थी, यहां तक कि हलाल खोर तक चिकन और सक़रलात पहनते थे। समस्त सेना की तलवार, निषंग तथा कटार के खोल एवं मुठिया सोने और चांदी की होती थी।

कहा जाता है कि मुज़फ़्फ़र बिन महमूद के राज्यकाल में राणा सांगा लगभग एक लाख अश्वा-रोहियों को एकत्र करके गुजरात की सीमा पर अहमदनगर के निकट, जो ईदर से लगभग १० कोस पर स्थित है, पहुंच गया। सुल्तान मुज़फ़्फ़र की सेना राज्य के विभिन्न भागों में बिखरी हुई थी। उनके एकत्र होने में समय लगा। निज़ाम खां बहमनी तथा अहमदनगर प्रान्त के मार्ग के रक्षकों ने ४००० अश्वारोहियों सहित निकल कर युद्ध किया और राणा की अधिकांश सेना को पराजित कर दिया। अन्त में
(१३१) उसके ३००० सहायक मार डाले गये और उसके बहुत से घाव लगे। लगभग ७०००

१ पुर्तगालियों।
२ सूरत के बन्दरगाह के अधिकारियों।
३ खाना खाने के फ़र्श या चौका आदि पर फैलाया जाने वाला कपड़ा।
४ टर्की के।

राजपूत अश्वारोही मार डाले गये। जब सुल्तान को यह समाचार प्राप्त हुये तो उसने मलिक अयाज़ को सोरठ की विलायत से बुलवाया। मलिक अयाज़ शीघ्रातिशीघ्र पहुंचा। सुल्तान ने मलिक अयाज़ को कुछ अमीरों सहित बहुत बड़ी सेना देकर राणा के विरुद्ध नियुक्त किया। राणा युद्ध किये बिना ही लौट गया। मलिक ने उसका पीछा किया।

कहा जाता है कि इस निरन्तर यात्रा तथा भय के समय भी नित्यप्रति अमीर लोग मलिक के दस्तरख़्वान पर उपस्थित होते थे। जो लोग उपस्थित न होते थे उनके लिये भोजन भेजा जाता था। जो अमीर अपने आप को मलिक के समान समझते थे उन्हें यह बात अच्छी न लगती थी। वे अपने सेवकों को आदेश दे देते थे कि तबक़ों और चीनियों[1] को लौटाया न जाय ताकि फिर हमारे लिये भोजन न आये। तीन दिन तक तबक़चियों[2] को मांगने पर जब चीनियां[3] वापस न मिलीं तो उन्होंने मलिक से कहा कि, "तबक़ तथा चीनियां जिनमें भोजन अमीरों के डेरों में भेजा जाता है वापस नहीं आतीं।" मलिक ने कहा, "कोई चिन्ता नहीं। तुम लोग जिस प्रकार भोजन भेजते थे, उसी प्रकार भेजते जाओ।" कहा जाता है कि एक मास तक इसी प्रकार भोजन भेजा गया और चीनियां न मांगी गईं। एक मास उपरान्त अमीरों ने मलिक के सामान तथा साहस की प्रशंसा करते हुये चीनियां वापस भेज दीं, और मलिक की श्रेष्ठता को उन्होंने स्वीकार कर लिया।

मलिक ने मंदसौर क़स्बे तक राणा का पीछा किया। एक रात्रि में राजपूतों ने मलिक की सेना पर छापा मारा और बहुत से घोड़ों की हत्या करा दी। मलिक ने तत्काल आदेश दिया कि घोड़ों को दफ़न कर दिया जाय और उन्हीं घोड़ों के समान उसकी अश्वशाला से घोड़े ले लिये जायँ। सात शक्तिहीन तथा घायल घोड़े रह गये। उन्हें उसी प्रकार छोड़ दिया गया। प्रातःकाल गुप्तचरों ने राणा को सूचना पहुंचाई कि रात्रि के छापे में मलिक की सेना के केवल सात घोड़े आहत हुये तथा मारे गये। राणा ने राजपूतों को धिक्कारते हुये कहा, "तुम लोग कहते थे कि हमने बहुत से घोड़ों की हत्या कर दी है। हमारे गुप्तचर गिन कर बताते हैं कि केवल सात घोड़े मारे गये।"

मलिक के तीन पुत्र थे। एक इसहाक़ जिसकी उपाधि चंगेज़ खां थी, दूसरा मलिक तुग़ान तथा तीसरा इलियास। इसहाक़ बड़ा मोटा-ताज़ा था और अधिकांश हाथी[4] पर सवार होता था। घोड़े उसे (१३२) उठा न पाते थे। इसके बावजूद वह बड़ा उत्तम धनुर्धर था और मल्लयुद्ध की कला में बड़ा कुशल था। उस काल में कोई पहलवान उससे मल्लयुद्ध न कर सकेता था। अन्त में सुल्तान बहाद्दुर इब्न (पुत्र) सुल्तान मुज़फ़्फ़र बिन (पुत्र) सुल्तान महमूद ने रूमी खां के बहकाने से तीनों पुत्रों की हत्या करा दी।

राणा के सुल्तान मुज़फ़्फ़र बिन सुल्तान महमूद बेकरह के राज्यकाल में आक्रमण करने तथा सुल्तान बहाद्दुर बिन सुल्तान मुज़फ़्फ़र के राज्यकाल में मलिक अयाज़ के पुत्रों की हत्या के विषय में विस्तार से उचित स्थान पर लिखा जायगा।

कहा जाता है कि इसहाक़ के १०० पत्नियां थीं और वह सबको संतुष्ट कर लेता था। मैथुन-शक्ति की अधिकता के कारण वह प्रत्येक रात्रि में २० स्त्रियों से सम्भोग करता था। कहा जाता है कि

१ थालों तथा प्लेटों।
२ रसोई के बर्तनों का प्रबन्ध करने वाले।
३ प्लेटें।
४ फ़रीदी के अनुसार 'ऊँट' (पृ० ८६)।

इसहाक़ की मृत्यु के पश्चात् उसकी अधिकांश पत्नियों ने अपना पेट फाड़कर आत्म-हत्या कर ली। मलिक अयाज़ की सुल्तान मुज़फ़्फ़र के राज्यकाल में मृत्यु हो गई।

## मलिक शाबान

सुल्तान के प्रतिष्ठित अमीरों में एक मलिक शावान था। उसकी उपाधि मलिकुश्शर्क़ थी और उसे सुल्तान मुहम्मद इब्ने सुल्तान अहमद ने क्रय किया था। वह सुल्तान महमूद के राज्यकाल में बढ़ा और विज़ारत के पद तक पहुंच गया। वह बड़े ही विचित्र तथा दानी स्वभाव का व्यक्ति था। कहा जाता है कि इस युग में मलिक के समान कोई अन्य वज़ीर पूर्व तथा पश्चिम में न था। समस्त प्रजा उसके राज्यकाल में संतुष्ट थी। उसने एक उद्यान भव्य मस्जिद सहित अहमदाबाद के समीप पूर्व की ओर बनवाया और उसका नाम 'बाग़े शाबान' रक्खा। अन्त में वह पवित्र जीवन व्यतीत करने का संकल्प करके उस उद्यान में निवास करने लगा। सुल्तान ने यद्यपि उससे विज़ारत स्वीकार करने के विषय में बड़ा आग्रह किया किन्तु वह तैयार न हुआ। वह कहा करता था कि, "जितनी निश्चिन्तता मुझे एक दिन में इस एकान्तवास में प्राप्त हुई, उतनी निश्चिन्तता समस्त जीवनकाल में न प्राप्त हो सकी थी।" वह अपने जीवन के अन्त तक उद्यान के बाहर न निकला और उसने अपना शेष जीवनकाल वहीं व्यतीत किया। वह मस्जिद के प्रांगण में उद्यान में दफ़न हुआ।

## ख़ुदावन्द ख़ां अलीम

एक अन्य अमीर ख़ुदावन्द ख़ां अलीम था। नगर के दक्षिण में अलीमपुर नामक स्थान उसी ने बसाया था। उसने उसमें पत्थर की एक मस्जिद का निर्माण कराया जिसका फ़र्श संगमरमर का था जो २०० कोस से लाये गये थे। वह सुल्तान मुहम्मद बिन सुल्तान अहमद का जामाता था। वह बड़ा ही योग्य तथा वाक्पटु था। वह प्रत्येक भाषा में वार्तालाप कर लेता था। बाण चलाने तथा गेंद खेलने (१३३) में वह अद्वितीय था। कहा जाता है कि अंजीर का वृक्ष तथा बर्छे का बांस[१] बीजानगर एवं दखिन (दक्षिण) से गुजरात में उसी ने मंगवाया था। उसने कई बार विद्रोह किया और सुल्तान ने उसे क्षमा कर दिया। वह कहा करता था कि, "यदि मैं मलिक की हत्या करा दूं अथवा उसे निर्वासित करा दूं तो उसके समान मलिक गुजरात में कहां पाऊंगा ?" अन्त में उसने भी तोबा कर ली और एकान्तवास ग्रहण कर लिया। उसने अपना शेष जीवन एकान्त में व्यतीत किया।

## अलिफ़ ख़ां भूकाली

एक अन्य अमीर अलिफ़ ख़ां भूकाली बड़ा ही गौरवशाली तथा उदार एवं सुल्तान का मुसाहिब[२] था। ब्वालका[३] क़स्बे के पीछे बड़ी मस्जिद तथा पत्थर का हौज़ उसी का निर्माण कराया हुआ है। वह भवन उसके सम्मान तथा गौरव का प्रतीक है। संसार के पर्यटक इस बात से सहमत हैं कि ईंट तथा गारे की ऐसी मस्जिद संसार भर में कहीं नहीं है।

१ फ़रीदी के अनुसार 'ख़रबूज़ा भी' (पृ० ८६)।
२ मित्र, सहचर।
३ फ़रीदी के अनुसार 'धोलका'।

## दरिया खां

इनके अतिरिक्त दरियापुर का निर्माता दरिया खां था। उसका पुरा अहमदाबाद में प्रसिद्ध है।

## एमादुलमुल्क असस

एक अन्य अमीर एमादुलमुल्क असस है। उसने बतुवा तथा रसूलाबाद के मध्य में अससपुर बसाया था। अहमदाबाद का कोई पुरा इतना सुन्दर नहीं। उसके चारों ओर पक्की ईंटों तथा चूने के पलस्तर का कोट है। उसके समीप आम, खिन्नी तथा ताड़ के वृक्षों के बहुत बड़ी संख्या में उद्यान हैं। मोगरा का फूल, जिसका विवाह अन्य सुगन्धित फूलों से हुआ है, जैसा अससपुर के उद्यानों में होता है वैसा कहीं अन्य नहीं होता। शाह आलम इस पुरे को करीमुत्तरफ़ैन कहते थे (कारण कि इसके) एक ओर दक्षिण की तरफ़ बतुवा स्थित है जहां क़ुतुबुल अक़ताब का मक़बरा है, दूसरी दिशा में उत्तर की ओर रसूलाबाद है जोकि शाह आलम का निवासस्थान था और जहां उनका मकबरा है। वतुवा से असस पुर तक और रसूलाबाद से उपर्युक्त पूरे तंक दोनों ओर खिन्नी तथा आम के उद्यान हैं। उनकी छाया यात्रियों को माता तथा पिता के प्रेम की स्मृति दिला देती है। मलिक का मक़बरा उपर्युक्त पुरे के कोट के बाहर स्थित है। उसमें एक बहुत ही उत्तम मस्जिद है जिसमें १० × १० का एक हौज़ है।

## ताज़ खां सालार

इनके (अमीरों के) अतिरिक्त ताज खां सालारी है। वह इतना अधिक दानी तथा दयालु था कि उसकी मृत्यु के उपरान्त किसी भी अमीर ने यह उपाधि स्वीकार न की। इसका कारण यह था कि जितना दान-पुण्य तथा साहस उसमें था वह किसी अन्य के लिये सम्भव न था। लोग उसके दान-पुण्य को देखते (१३४) हुये इस उपाधि को स्वीकार न करते थे। दीर्घ काल के उपरान्त सुल्तान मुज़फ़्फ़र बिन सुल्तान महमूद के राज्यकाल में शाह आलम बुखारी के रौजे का निर्माता ताज खां तरयानी उस उपाधि द्वारा सम्मानित हुआ। वह भी उसी के समान दान-पुण्य करता था, अपितु उससे भी बढ़ कर। ताजपुर, जो दक्षिण की ओर शहर अहमदाबाद के कोट के भीतर है, उसी ने बसाया था।

## क़िवामुलमुल्क सारंग

एक दूसरा (अमीर) क़िवामुलमुल्क सारंग था जो वास्तव में एक राजपूत का पुत्र था। उसके भाई का नाम मूला था। दोनों सुल्तान द्वारा बन्दी बना लिये गये थे। सुल्तान ने उन्हें मुसलमान किया।

कहा जाता है कि मूला के खतने[1] के दिन जब हज्जाम ने उसकी लिंगेन्द्रिय पर अस्तुरा चलाया तो उसकी अपान वायु निकल गई। उपस्थितगण हंसने लगे। उसने कहा :

"शूं हंसो छू जेनी भाई ना माथा दादतहीन बेनी बौन पुकार न करे।"

'अर्थात् क्यों हँसते हो। यदि किसी के भाई का सिर काटा जाय तो उसकी वहिन विलाप न करे।' जब सुल्तान को इस बात का पता चला तो वह बहुत हंसा।

मलिक अमीन कमाल कवि, जो सुल्तान बहादुर का नदीम था और चुटकुले कहने तथा

१ इस्लाम ग्रहण करने पर शिश्न के ऊपर की त्वचा काटने की क्रिया।

वाक्पटुता में अद्वितीय था, उसका पौत्र था। उसका उल्लेख सुल्तान बहादुर के इतिहास के सम्बन्ध में किया जायगा।

दोनों भाई सुल्तान के बहुत बड़े विश्वासपात्र थे। कहा जाता है कि मलिक सारंग वार्तालाप में बड़ा धृष्ट था। सुल्तान उसे पसन्द करता था। सारंगपुर तथा अहमदाबाद नगर के बाहर पूर्व की ओर एक मस्जिद उसी की निर्माण कराई हुई है।

### हाजी कालू

उसके अतिरिक्त सुल्तान का दास हाजी कालू था। कोट के भीतर पूर्व की ओर कालूपुर उसी का बसाया हुआ है। कहा जाता है कि वह बड़ा ही योग्य तथा अद्वितीय था।

### आज़म तथा मुअज़्ज़म

इनके अतिरिक्त आज़म तथा मुअज़्ज़म दो ख़ुरासानी भाई थे। वे बड़े कुशल धनुर्धर थे। सरखीज[1] तथा अहमदाबाद के मध्य में एक हौज़, जिसमें जल नहीं रुकता, और उसके पास एक गुम्बद एक मस्जिद सहित उन्हीं की निर्माण कराई हुई है। वे दोनों भाई उसी गुम्बद में दफ़न हैं। गुजरात (१३५) के कुछ लोग उनके विषय में बड़ी अनुचित बातें किया करते हैं जो लिखने योग्य नहीं।

## सुल्तान मुज़फ़्फ़र

### सुल्तान महमूद के पुत्र

सुल्तान महमूद के चार पुत्र थे। उनमें से एक का नाम मुहम्मद काला था। उसकी माता का नाम रानी रूप मंजरी था जो पहिले सुल्तान क़ुतुबुद्दीन की पत्नी थी। उसकी मृत्यु के उपरान्त सुल्तान महमूद ने उससे विवाह कर लिया। उपर्युक्त शाहज़ादा तथा उसकी माता, दोनों की ही सुल्तान के जीवनकाल में मृत्यु हो गई। रूप मंजरी का मक़बरा मानक चौक अहमदाबाद में प्रसिद्ध है।

दूसरा पुत्र आबा ख़ां[2] था। उसकी माता का नाम रानी सिरानी थी। रानी का मक़बरा सूरिया[3] द्वार के निकट स्थित है। आबा खां को सुल्तान के आदेशानुसार इस कारण विष दे दिया गया था कि उसके घर में एक व्यक्ति ने प्रविष्ट होकर उसे पकड़ लिया था। जब यह समाचार सुल्तान को प्राप्त हुए तो उसने आदेश दिया कि उसे शरबत में विष मिलाकर दे दिया जाय।

तीसरा पुत्र अहमद खां था जिसकी उपाधि खुदावन्द ख़ां ने अहमद शाह निश्चित की थी।

चौथा पुत्र ख़लील ख़ां था, जो सुल्तान का उत्तराधिकारी था और जिसकी उपाधि सुल्तान मुज़फ़्फ़र थी।

कहा जाता है कि सुल्तान मुज़फ़्फ़र का जन्म बुधवार ६ शाबान ८८० हि० (५ दिसम्बर १४७५ ई०) को सूर्योदय के उपरान्त हुआ और उसका नाम ख़लील खां रक्खा गया। उसकी माता का नाम रानी हीराबाई था जो महेन्द्री नदी के निकट के राजपूत ज़मींदार नागा राणा की पुत्री थी। ख़लील खां

१ इसे 'सरकीज' एवं 'सरखीज' दोनों प्रकार से लिखा गया है।
२ फ़रीदी के अनुसार 'आपा ख़ां' (पृ० ८६)।
३ फ़रीदी के अनुसार 'अस्रिया' (पृ० ८६)।

के जन्म के चौथे अथवा पांचवें दिन रानी की मृत्यु हो गई। रानी की मृत्यु से सुल्तान बड़ा दुखी हुआ।

कहा जाता है कि जब सुल्तान मुज़फ़्फ़र का जन्म हुआ तो सुल्तान महमूद ने उसे उस वस्त्र में जो वह पहिने हुये था लपेट कर सुल्तान मुहम्मद की पत्नी को, जो सुल्तान महमूद की सौतेली माता थी, सौंप दिया क्योंकि उसकी यह इच्छा थी कि सुल्तान अपने किसी पुत्र को उसे सौंप दें जिसका वह पालन-
(१३६) पोषण करती रहे। वह सुल्तान के पालन-पोषण में सगी माता से अधिक सावधानी से कार्य करती थी। जब सुल्तान महमूद शाहज़ादे को देखता था तो कहता था कि, "मेरे वंश की बादशाही इस पुत्र तथा इसकी संतान में निरन्तर चलती रहेगी", यद्यपि उस समय सुल्तान का ज्येष्ठ पुत्र आबा खां जीवित था और सब लोगों की यही इच्छा थी कि सुल्तान के उपरान्त आबा खां को ही राज्य प्रदान हो कारण कि सुल्तान के जीवनकाल ही में उसे राज्य के अधिकार प्राप्त थे। क्योंकि यह कार्य सुल्तान मुज़फ़्फ़र के भाग्य में लिखा था, अतः सुल्तान के जीवन-काल ही में उसकी (आबा खां की) मृत्यु हो गई, जैसा कि इससे पूर्व उल्लेख हो चुका है।

## सैयिद मुहम्मद जौनपुरी

सुल्तान महमूद के जीवन के अन्तिम दिनों में सैयिद मुहम्मद जौनपुरी, जिन्होंने महदी होने का दावा किया था, जौनपुर से अहमदाबाद नगर में पहुंचे और ताज खां बिन सालार की मस्जिद में, जो जमालपुर द्वार के निकट स्थित है, ठहरे। वे अधिकांश समय प्रवचन किया करते थे और लोगों को शिक्षा प्रदान करते रहते थे। लोगों के विभिन्न समूह उनसे भेंट करने जाते थे। जब बदरुल आरेफ़ीन हज़रत सैयिद जियु इब्ने सैयिद मुहम्मद इब्ने क़ुतुबुल आलम सैयिद बुराहनुद्दीन उनकी भेंट के उद्देश्य से पहुंचे तो हाथ मिलाने के उपरान्त मस्जिद में बैठ गये। उस समय सैयिद ने क़ुरान की एक आयत[1] उस अवस्था के अनुकूल पढ़ी। उन्होंने भी उसका उत्तर दिया। सैयिद ने पुनः दूसरी आयत पढ़ी, उन्होंने भी उसके
(१३७) उत्तर में आयत पढ़ी। तीसरी बार प्रश्नोत्तर क़ुरान की आयत द्वारा हुआ। तत्पश्चात् वे वहां से विदा हो गये और मार्ग में सैयिद के भक्तों में से एक से उनके विषय में पूछा। तत्पश्चात् उन्होंने कहा कि, "वे साहिबे हाल[2] हैं, साधारण व्यक्तियों से विशेष व्यक्तियों के योग्य बातें करते हैं और सर्वसाधारण से उनकी योग्यता के अनुसार बातें नहीं करते। जो कुछ समझ में आता है वह इस प्रकार है कि सैयिद की मृत्यु के उपरान्त उनके अनुयायी उपद्रव करेंगे।" कहा जाता है कि सैयिद के प्रवचन बड़े प्रभावशाली होते थे और जो कोई भी उन्हें सुनता था वह एकान्तवासी हो जाता था और सिर पर एकान्तवास की टोपी पहिन लेता था। सुल्तान ने भी सैयिद से भेंट करने का संकल्प किया था किन्तु वज़ीरों ने उसे रोका और कहा, "कहीं ऐसा न हो कि सैयिद की बातें सुल्तान को मार्ग से विचलित कर दें और शासन-प्रबन्ध में विघ्न पड़ जाय।"

कहा जाता है कि एक रात्रि में एक दुष्ट व्यक्ति अपनी प्रियतमा के घर सम्भोग के उद्देश्य से पहुंचा किन्तु उसका समय वांछित रूप से व्यतीत न हुआ। वहां से वह दुखी होकर मस्ती की दशा में तलवार हाथ में लिये हुए अपने घर की ओर चला। प्रातःकाल उसने देखा कि सैयिद अपने अनुयायियों सहित साभर नदी के तट पर खड़े हैं। उसने पूछा, "तुम लोग किस काम से आये हो, और यहां क्या कर रहे

१ वाक्य।
२ सूफ़ी, सन्त।

हो ?" सैयिद ने उत्तर दिया कि, "जो कोई अपने मित्र से रुष्ट होकर आया है वह मेरे मार्ग दर्शाने से सन्मार्ग पर आ जायेगा।" यह बात सुनकर उस व्यक्ति पर एक विशेष मूर्च्छा छा गई और उसने एक नारा लगाया और कुछ समय तक असावधान पड़ा रहा। जब वह सावधान हुआ तो सैयिद की कृपा से तजरीद[1] का खिर्क़ा[2] तथा तफ़रीद[3] की कुलाह[4] पहनी।

कहा जाता है कि एक दिन सैयिद ने कहा कि, "हम ईश्वर को संसार में इन्हीं आंखों से दिखाते हैं।" सैयिद की यह बात सुनकर अहमदाबाद के आलिमों ने सैयिद की हत्या हेतु फ़तवा[5] लिख दिया। केवल मौलाना मुहम्मद ताज ने, जो अपने काल के बहुत बड़े आलिम तथा नगर के गुरुओं के गुरु थे, आलिमों से कहा कि, "क्या तुमने विद्या अध्ययन सैयिद की हत्या के लिये फ़तवा देने के हेतु किया है ?"

इस घटना के उपरान्त सैयिद अहमदाबाद छोड़कर पटन चले गये और पटन से तीन कोस पर बरली नामक स्थान पर ठहरे तथा अपने महदी होने का दावा किया। जब पटन के आलिमों को इस बात की सूचना मिली तो उन्होंने सैयिद की हत्या का संकल्प किया। सैयिद वहां से हिन्दुस्तान और हिन्दुस्तान से ख़ुरासान की ओर चल दिये। जब वे क़ंधार पहुंचे तो लोगों ने एकत्र होकर सैयिद की हत्या कर दी, किन्तु सैयिद के अनुयायियों का कथन है कि वे अपनी मृत्यु से मरे, किसी ने उनकी हत्या नहीं की। (१३८) उनकी मृत्यु ९१७ हि०[6] (१५११-१२ ई०) में हुई।

## सुल्तान मुज़फ़्फ़र का गुजरात के राजसिंहासन पर मंगलवार की रात्रि में सिंहासनारोहण

मंगलवार की रात्रि में तीसरी रमज़ान[7] को सुल्तान महमूद की मृत्यु के दूसरे दिन सुल्तान मुज़फ़्फ़र बरौदा[8] नगर से अहमदाबाद पहुंचा। वज़ीरों तथा अमीरों ने उसका स्वागत किया तथा उसके चरण चूम कर सम्मान प्राप्त किया। रमज़ान ९१७ हि० (२८ नवम्बर १५११ ई०) को शुक्रवार की नमाज़ के समय २७ वर्ष की अवस्था में सुल्तान मुज़फ़्फ़र सिंहासनारूढ़ हुआ और अपने पूर्वजों के समान अमीरों तथा सैनिकों को प्रत्येक की श्रेणी के अनुसार नक़द धन तथा ख़िलअतें प्रदान कीं।

### उपाधियां

जिन लोगों को उपाधियां प्रदान की गईं उनके नाम इस प्रकार हैं :—रशीदुलमुल्क को ख़ुदावन्द ख़ां की उपाधि दी गई और उसे विज़ारत का पद प्रदान किया गया। ख़ुशक़दम को मुख़लिस ख़ां, मलिक बुरहान को मंसूर ख़ां, मलिक क़ुतुब को अज़दुलमुल्क, मलिक मुबारक मुईन[9] को इफ़्तेख़ारुलमुल्क, नसीर

१ तजरीदः— एकान्तवास, संसार से सम्बन्ध-विच्छेद।
२ चीवर।
३ तफ़रीदः—एकान्तवास का जीवन।
४ टोपी।
५ व्यवस्था; किसी धार्मिक समस्या के संबन्ध में मुफ़्ती का मत।
६ फ़रीदी ने 'आईने अकबरी' के अनुसार ९१० हि० (१५०४-५ ई०) लिखा है किन्तु फ़रीदी ने जिस हस्त-लिखित पोथी का प्रयोग किया था, उसमें '९१७ हि०' ही था।
७ ३ रमज़ान ९१७ हि० (२४ नवम्बर १५११ ई०)।
८ इसे 'बरोदा', 'बरौदा' दोनों लिखा गया है।
९ फ़रीदी के अनुसार 'मलिक मुबारक' (पृ० ९११)।

शादी को मुबारिज़ुलमुल्क की, तथा मलिक शह को रुक्नुलमुल्क की उपाधि दी गई।[1] यह सब लोग अमीरों के पुत्र थे जो उस समय, जब कि सुल्तान शाहज़ादा था, उसके विश्वासपात्र थे। सुल्तान महमूद के अमीरों के पदों में वृद्धि की गई और उन्हें विश्वासपात्र बनाया गया। आलिमों तथा सूफ़ियों को भी नाना प्रकार की ख़िलअतें प्रदान की गईं। सर्वसाधारण तथा विशेष व्यक्ति प्रसन्न होकर सुल्तान के लिये शुभ-कामनायें करने लगे।

## शाह इस्माईल का दूत

शव्वाल मास[2] में यह समाचार प्राप्त हुए कि एराक़ तथा ख़ुरासान के बादशाह का दूत, मीर्ज़ा इबराहीम, आया है। सुल्तान ने मलिकुश्शर्क़, हमीदुलमुल्क, क़ुतुबुलमुल्क तथा बहुत से अन्य अमीरों को आदेश दिया कि वे उसका स्वागत करके उसे सम्मानपूर्वक लायें। वह २५ शव्वाल[3] को राजसिंहासन के समक्ष ४० मुकुटधारियों सहित उपस्थित हुआ। मीर्ज़ा ने फ़ीरोज़े का एक बहुमूल्य प्याला और एक संदूक़ जिसमें जवाहिरात तथा कपड़े थे और ३० एराक़ी घोड़े जिन्हें शाह ने भेजा था, उपहार-स्वरूप भेंट किये। सुल्तान ने मीर्ज़ा को अत्यधिक सम्मानित किया और उसके समस्त साथियों को शाही ख़िलअतें तथा बादशाही इनाम द्वारा सम्मान प्रदान किया और आदेश दिया कि उन्हें उचित स्थान पर ठहराया जाय और उनके लिये वृत्ति का प्रबन्ध किया जाय।

## दौलताबाद का बसाया जाना

(१३९) कुछ दिन उपरान्त सुल्तान ने बरौदा की ओर प्रस्थान किया और वहां दौलताबाद नामक एक नगर बसाया।

## मंदू के सुल्तान मुहम्मद का आगमन

इसी बीच में यह समाचार प्राप्त हुए कि मन्दू के बादशाह सुल्तान महमूद ख़लजी के ख़्वाजये जहां नामक एक ख़्वाजासरा ने, जो प्रतिष्ठित अमीर था, सुल्तान महमूद बिन नासिरुद्दीन को हटाकर उसके छोटे भाई सुल्तान मुहम्मद बिन नासिरुद्दीन को सिंहासनारूढ़ कर दिया। सुल्तान महमूद अत्यधिक सेना एकत्र करके पहुंचा और मन्दू के क़िले को घेर लिया। कुछ दिनों तक दोनों ओर से युद्ध होता रहा। अन्त में सुल्तान महमूद को विजय प्राप्त हुई। सुल्तान मुहम्मद सुल्तान मुज़फ़्फ़र के दरबार की ओर भाग खड़ा हुआ, और महमदाबाद[4] के निकट पड़ाव किया। इसी बीच में सुल्तान मुहम्मद के निष्ठा सम्बन्धी पत्र प्राप्त हुए। सुल्तान ने महमदाबाद के दारोग़ा मुहम्मद मुहाफ़िज़ ख़ां को आदेश दिया कि वह सुल्तान मुहम्मद को पूर्ण सम्मान सहित शहर में लाये और उसे जिस वस्तु की भी आवश्यकता हो, उसकी व्यवस्था करे। जब मार्ग के कष्टों से वह निश्चिन्त हो जाय तो उसे दरबार में भेज दे। फ़रमान प्राप्त होने के उपरान्त मुहाफ़िज़ ख़ां ने सेवा तथा आतिथ्य-सत्कार में कोई कसर न उठा रखी। कुछ समय उपरान्त जब वह सुल्तान की सेवा में पहुंचा तो सुल्तान ने उसके प्रति कृपादृष्टि प्रदर्शित की और कहा कि, "यदि ईश्वर ने चाहा तो हम वर्षा ऋतु के पश्चात् प्रस्थान करेंगे और

१ फ़रीदी ने मलिक शेख़ जी तथा उसकी उपाधि ताईदुलमुल्क का भी उल्लेख किया है, (पृ० ६२)।
२ शव्वाल ६१७ हि० (दिसम्बर १५११-जनवरी १५१२ ई०)।
३ २५ शव्वाल ६१७ हि० (१५ जनवरी १५१२ ई०)।
४ 'महमदाबाद' तथा 'मुहमदाबाद' दोनों ही लिखा गया है।

मालवा की विलायत[1] के दो भाग करके आधा तुम्हें और आधा सुल्तान महमूद को प्रदान कर देंगे।"

सुल्तान ने क़ैसर खां को धोद[2] क़स्बे की, जो मन्दू की सीमा पर स्थित है, थानेदारी के लिये इस आशय से नियुक्त किया कि वह उस ओर के ज़मींदारों को अपनी ओर मिलाये और उस तरफ़ के निवासियों के रहन-सहन से परिचित हो जाय। बख़्शियों को आदेश दिया कि वे सेना को इस अभियान की सूचना देकर उन्हें तैयार करें। तदुपरान्त वह स्वयं मोर आमली की ओर, जो स्वर्गीय सुल्तान महमूद की शिकारगाह थी, शिकार हेतु चल दिया और कुछ समय तक वहां ठहरकर शिकार खेलता रहा।

(१४०) उसी स्थान पर आसीर तथा बुरहानपुर का हाकिम, मसनदे आली आज़म हुमायूं आदिल ख़ां जो सुल्तान का जामाता था अपने पुत्रों सहित सेवा में उपस्थित हुआ। कुछ दिन उपरान्त आदिल ख़ां अपनी विलायत की ओर चला गया और सुल्तान मुहमदाबाद वापस आ गया।

## शाहज़ादा मुहम्मद तथा राजदूत में झगड़ा

संयोग से एक दिन शाहज़ादा सुल्तान मुहम्मद के आदमियों का, शाह इस्माईल के दूत के आदमियों से झगड़ा हो गया। इसका कारण यह था कि शाहज़ादे के पास एक बहुत ही बहुमूल्य रत्न था। मीर्ज़ा इबराहीम ने उसको मोल लेने की इच्छा की किन्तु मूल्य की अधिकता के कारण यह सम्भव न हुआ और क्रय-विक्रय में वादविवाद हो जाने से दोनों पक्ष खिन्न हो गए। शाहज़ादा अभी बालक था और उसे कोई अनुभव न था। एक रात्रि में वह अपने कुछ आदमियों को लेकर अपने एक प्राचीन सेवक के घर पहुंचा। उस व्यक्ति का घर उस सराय में था जहां मीर्ज़ा इबराहीम ठहरा हुआ था। एक दुष्ट ने मीर्ज़ा इबराहीम से कहा कि, "शाहज़ादा भांगना अथवा आपकी धन-संपत्ति तथा घोड़ों पर अधिकार जमाना चाहता है अन्यथा ऐसे समय में सराय में आने से उसका क्या उद्देश्य हो सकता है? यदि सम्भव हो तो आज रात में उसे रोक लें। कल सुल्तान के दरबार में आपकी यह बात बड़ी ही पसन्द की जायेगी।" मीर्ज़ा ने परिणाम पर ध्यान दिये बिना ही सराय के द्वार बन्द करा लिये और शाहज़ादे को आधी रात्रि में अपने घर ले जाकर बन्द कर लिया। इससे शाहज़ादे को बड़ा कष्ट हुआ। प्रातःकाल उसे बन्दीगृह से मुक्ति प्राप्त हुई। उसके सेवकों ने एकत्र होकर शहर तथा बाज़ार में यह ढिंढोरा पिटवा दिया कि "शाही आदेश हुआ है कि ताजपोशों[3] के समूह को नष्ट कर दिया जाय।" क्योंकि शाहज़ादे का अपमान तथा कष्ट सभी को बुरा मालूम हुआ था अतः इस समाचार को सुनते ही एक बहुत बड़ी भीड़ एकत्र हो गई और बहुत से लोगों ने मीर्ज़ा इबराहीम की सराय को घेर लिया। ताजपोशों का समूह अपनी रक्षा के लिये उद्यत हो गया। क्योंकि भीड़ की संख्या उनकी शक्ति से अधिक थी अतः उसने (भीड़ ने) सराय के द्वार खोल दिये। कुछ लोग मारे गये और उसके (मीर्ज़ा इबराहीम के) घर में आग लगा दी गई और लोग लूट मार में तल्लीन हो गये।

जब सुल्तान को यह समाचार प्राप्त हुए तो उसने मलिक शरफ़ एमादुलमुल्क को आदेश दिया कि वह शाही हाथियों को ले जाकर उस उपद्रव को शान्त करे और ताजपोशों के समूह को कोई हानि न पहुंचने दे तथा उपद्रवियों के नेताओं को दंड दे। एमादुलमुल्क ने वहां पहुंच कर उपद्रव की अग्नि शांत

१ राज्य।
२ फ़रीदी के अनुसार 'दोहद' (पृ० ६३)।
३ क़िज़िलबाशों अथवा लाल मुकुट धारण करने वालों

(१४१) की और दुष्टों को दंड दिया। उसने मीर्ज़ा इबराहीम को कोई हानि न पहुंचने दी और उसे उसके परिवार सहित सुल्तान के दरबार में पहुंचा दिया। सुल्तान ने उनके लिये वहीं स्थान निश्चित कर दिया।

## मीर्ज़ा इबराहीम का ईरान वापस जाना

तत्पश्चात् मीर्ज़ा इबराहीम ने निवेदन किया कि, "मेरी सम्पत्ति में से नक़द तथा अन्य वस्तुयें जो नष्ट हुई हैं उनका मूल्य गुजरात के प्रचलित तन्कों के हिसाब से ६ लाख तन्के हैं।" उस समय गुजरात का एक तन्का ८ मुरादी तन्कों के बराबर होता था। खानदेश तथा दखिन (दक्षिण) में वही तन्के अब भी प्रचलित हैं। सुल्तान ने वह धन अपने खज़ाने से दिलवा दिया। शुक्रवार १४ रमजान[1] को १ लाख तन्के नक़द तथा उत्तम खिलअतें प्रदान करके राजदूत को विदा कर दिया और ख़ुरासान ख़ां को, ईरान के बादशाह से प्रेम तथा निष्ठा के भाव दृढ़ बनाने के लिये, उसके साथ कर दिया। उसने ७ भयंकर हाथी आभूषित हौदों सहित, गैंडा[2] तथा अन्य विचित्र पशु-पक्षी एवं उत्तम प्रकार के वस्त्र तथा बहुमूल्य वस्तुयें उपहार-स्वरूप शाह के लिये ख़ुरासान ख़ां के हाथ भेजीं। २ बड़े जहाज़ मीर्ज़ा इबराहीम तथा उससे सम्बन्धित लोगों के लिये पृथक् प्रदान किये तथा अन्य सामग्री दी।

## मालवा में मंदली राय का प्रभुत्व

संक्षेप में, इस घटना के उपरान्त सुल्तान मुहम्मद के प्रति सुल्तान मुज़फ़्फ़र का जो स्नेह था उसमें कमी आ गई। सुल्तान मुहम्मद कुछ अमीरों के निमंत्रण पर, सुल्तान से आज्ञा लिये बिना ही गुजरात से चला गया। सुल्तान महमूद बिन नासिरुद्दीन ने यह समाचार पाकर तथा अमीरों की शत्रुता से अवगत होकर, हिन्दुओं की एक सेना एकत्र की और उनमें जो सबसे उत्कृष्ट था उसे मन्दली राय[3] की उपाधि प्रदान की और राज्य के समस्त कार्य उसे सौंप दिये। उसने अपने सम्बन्धियों तथा सहायकों को एकत्र करके काफ़िरों की एक बहुत बड़ी संख्या इकट्ठा की। उस सेना ने सुल्तान मुहम्मद से युद्ध किया और ख़्वाजये जहां मारा गया। सुल्तान मुहम्मद पराजित हुआ। मन्दू का समस्त राज्य मन्दली राय के अधिकार में आ गया। यहां तक कि उसने सुल्तान के समस्त कारख़ानों[4] को अपने सम्बन्धियों तथा हितैषियों को प्रदान कर दिया। मुसलमान अमीरों तथा सुल्तान के सरदारों में से एक की हत्या करा दी। काफ़िरों ने अत्याचार तथा उपद्रव जोकि इन पिशाचों का मूल गुण है प्रारम्भ कर दिया। उन्होंने ऐसी ऐसी बिदअतें[5] (१४२) कीं कि नगर वाले परेशान हो गये। सुल्तान मुज़फ़्फ़र को इस विषय में सूचना मिली की कई वर्षों के उपरान्त मालवा में काफ़िरों का राज्य स्थापित हो गया है और सुल्तान महमूद केवल नाम मात्र को बादशाह रह गया है, वह भी हटा दिया जायेगा। सुल्तान बड़ा क्रोधित हुआ और उसने काफ़िरों

१ सम्भवतः १४ रमज़ान ९१८ हि० (२३ नवम्बर १५१२ ई०)।
२ मूल पुस्तक में 'भेड़िया' है किन्तु फ़रीदी के अनुसार 'गैंडा' (पृ० ६४)।
३ फ़रीदी के अनुसार 'मेदिनी राय' (पृ० ६४)। अन्य ग्रन्थों में भी 'मेदिनी राय' है।
४ कारख़ानों :—बादशाह की आवश्यकताओं तथा शिकार आदि के प्रबन्ध के लिये बहुत से कारखानों की स्थापना की जाती थी। शिकारी कुत्ते, बाज, चीते आदि का प्रबन्ध भी इन्हीं कारखानों द्वारा होता था। शाही आवश्यकता की वस्तुयें भी इन्हीं कारख़ानों में तैयार होती थीं। प्रत्येक कारख़ाना एक मलिक अथवा ख़ान के अधीन होता था।
५ नवीन अनुचित बातें।

का विनाश अपने लिये परमावश्यक समझ लिया। उसने आदेश दिया कि से · की तैयारी प्रारम्भ कर दी जाय। वह स्वयं मुहमदावाद से अहमदाबाद पहुंचा और शेख अहमद खत्तू क़ुतुब आलम और उनके पुत्रों के, जिनमें से प्रत्येक अपने समय के क़ुतुब के समान था, दर्शन किये और उन बुज़ुर्गों की आत्माओं से सहायता की याचना की। एक सप्ताह अहमदाबाद में ठहरकर मुहमदाबाद की ओर रवाना हुआ।

## सुल्तान का मालवा की ओर काफ़िरों को पराजित करने हेतु प्रस्थान, धार क़स्बे तक पहुंचना और वहां से वापसी

### ईदर के राजा द्वारा ऐनुलमुल्क की पराजय

शव्वाल ९१८ हि० (दिसम्बर १५१२-जनवरी १५१३ ई०) में उसने मुहमदाबाद से काफ़िरों को पराजित करने तथा धर्मनिष्ठ मुसलमानों की सहायतार्थ मालवा की ओर प्रस्थान किया। वह गोधरह क़स्बे में कुछ दिनों तक सेना एकत्र करने के उद्देश्य से ठहरा। इसी बीच में उसे यह समाचार प्राप्त हुए कि, "नहरवाला, जो पटन कहलाता है, के मुक़्ता[1] ऐनुलमुल्क ने उसकी सेवा में उपस्थित होने के लिये प्रस्थान किया ही था कि ईदर के राजा भीम पुत्र भानु ने आक्रमण कर दिया और सांभर[2] नदी के चारों ओर के स्थानों को नष्ट कर रहा है। ऐनुलमुल्क ने उसकी सेना से युद्ध करने के लिये ईदर की ओर प्रस्थान किया और उस विलायत[3] का विनाश तथा विध्वंस प्रारम्भ कर दिया। जब वह ईदर से तीन कोस पर पहुंचा तो ईदर के राजा ने बहुत बड़ी सेना एकत्र करके युद्ध किया। ऐनुलमुल्क का भाई अब्दुलमुल्क युद्ध में मारा गया। ऐनुलमुल्क पराजित होकर पटन पहुंचा।"

### ईदर पर सुल्तान का आक्रमण

सुल्तान ने मालवा की ओर से मुख मोड़कर ईदर की ओर प्रस्थान किया और निरन्तर यात्रा करता हुआ मोरासा नामक स्थान पर पहुंच गया। मोरासा से उसने ईदर के राजा के विरुद्ध इस आशय से सेनाएं भेजीं कि वे उसकी विलायत को विध्वंस कर दें। ईदर का राजा भागकर पर्वत में घुस गया और चौथे दिन सुल्तान ने मोरासा से प्रस्थान करके ईदर के निकट पड़ाव किया। उसने आदेश दिया कि ईदर के घरों तथा मन्दिरों को इस प्रकार नष्ट-भ्रष्ट कर दिया जाय कि उनका नाम तथा चिह्न भी शेष न रहने पाये।

९१९ हि० (१५१३-१४ ई०) में ईदर के राजा ने यह दशा देखकर मलिक गोपी[4] जुन्नारदार[5] (१४३) से, जो सुल्तान के वज़ीरों में से एक था, सहायता की याचना की। मलिक गोपी ने उसके अपराध सुल्तान द्वारा क्षमा करा दिये। क्योंकि सुल्तान ने मालवा के काफ़िरों का विनाश निश्चय कर लिया था, अतः उसने उसके अपराध क्षमा कर दिये और बहुमूल्य पेशकश लेकर लौट गया और पुनः गोधरह पहुंच गया।

१ अक़्ता का स्वामी।
२ फ़रीदी के अनुसार 'साबरमती' (पृ० ६५)।
३ राज्य।
४ मूल पुस्तक में 'कोबी' है किन्तु फ़रीदी के अनुसार 'गोपी' (पृ० ६६)।
५ ब्राह्मण।

## सुल्तान का मालवा की ओर प्रस्थान

वहां से उसने शाहज़ादा सिकन्दर ख़ां को मुहमदाबाद भेजा और स्वयं मालवा की ओर प्रस्थान किया। जब वह धोद[1] क़स्बे में पहुंचा तो वहां एक क़िले के निर्माण का आदेश दिया और उस स्थान से रवाना हुआ। जब वह देवला के दुर्गम मार्ग पर पहुंचा तो उसने उस स्थान पर तीन दिन तक पड़ाव किया। सफ़दर ख़ां को उस स्थान का थानेदार नियुक्त किया ताकि मार्ग में कोई अव्यवस्था न होने पाये।

उस स्थान पर धार क़स्बे के मुक़द्दम[2] का पुत्र सुल्तान की सेवा में उपस्थित हुआ और उससे क्षमा याचना की। धार मालवा के अधीन है। सुल्तान ने क़िवामुलमुल्क सारंग को, कुछ अमीरों सहित, धार क़स्बे की ओर इस आशय से भेजा कि वह क़स्बे वालों को क्षमा-प्रदान करके उनको प्रोत्साहन दे।

इसी बीच में सूचना प्राप्त हुई कि, "सुल्तान महमूद बिन नासिरुद्दीन तथा मन्दली राय[3] चन्देरी की ओर गये हुए हैं।" इसका कारण यह था कि सुल्तान महमूद के छोटे भाई सुल्तान मुहम्मद ने अपनी पराजय के उपरान्त, जिसका इससे पूर्व उल्लेख हो चुका है, सुल्तान सिकन्दर के पास जाकर शरण ले ली थी और उसने सुल्तान सिकन्दर से सहायता प्राप्त करके चंदेरी की विलायत[4] में पहुंचकर उसे अपने अधिकार में कर लिया था। सुल्तान मुज़फ़्फ़र ने कहा कि, "इस अभियान से मेरा उद्देश्य यह न था कि मैं मालवा का राज्य सुल्तान महमूद से ले लूं। वह एक मुसलमान बादशाह है। मेरा उद्देश्य यह था कि मन्दली राय तथा अन्य काफ़िरों को उससे पृथक् करके दोनों भाइयों में सन्धि करा दूँ। इस समय सुल्तान महमूद को एक युद्ध करना है। अब देखना है कि इसका क्या परिणाम होता है? तदुपरान्त जो कुछ उचित होगा, उस पर आचरण किया जायेगा।"

(१४४) क़िवामुलमुल्क उसके आदेशानुसार धार क़स्बे से आया और धार के आहूख़ाने की, जिसका निर्माण ग़यासुद्दीन के आदेशानुसार हुआ था, इतनी अधिक प्रशंसा की कि सुल्तान को उसके देखने की इच्छा हुई। उसने उसे उसी स्थान पर छोड़ कर स्वयं २००० वीर अश्वारोही तथा १५० हाथियों सहित आहुख़ाने को देखने के लिये प्रस्थान किया और धार के हौज़ के निकट पड़ाव किया। कुछ अमीरों ने निवेदन किया कि, "यदि सुल्तान मन्दू पर आक्रमण करें तो बड़ा अच्छा होगा।" सुल्तान ने कहा, "बिना स्वामी के उसके घर को देखने में कोई आनन्द नहीं आता।" मध्याह्नोत्तर के उपरान्त उसने शेख़ कमाल तथा शेख़ अब्दुल्लाह चंगाल के मक़बरे के, जो धार क़स्बे के समीप स्थित हैं, दर्शन हेतु प्रस्थान किया। नगर के सभी छोटे-बड़े सुल्तान की सेवा में उपस्थित हुए और उन्होंने सुल्तान के प्रति शुभकामनाएं प्रकट कीं।

प्रातःकाल सुल्तान ने निज़ामुलमुल्क, रज़ीउलमुल्क, इख़्तियारुलमुल्क, मलिक चमन, जिसकी उपाधि मुहाफ़िज ख़ां थी, तथा सैफ़ ख़ां को आदेश दिया कि दिलावरा ग्राम के महलों तथा उस स्थान के आहुख़ाने की सैर करके वे उसी रोज़ लौट आयें ताकि यह ज्ञात हो सके कि वह कैसा स्थान है; और उसने स्वयं धार के आहुख़ाने को देखने के लिये प्रस्थान किया। जब समय अधिक हो गया और अमीर लोग

१ फ़रीदी के अनुसार 'दोहद' (पृ० ९६)।
२ इस स्थान पर 'राज्य' से तात्पर्य है।
३ फ़रीदी के अनुसार 'मेदिनी राय' (पृ० ९६)।
४ राज्य।

उपस्थित न हुए तो उसने कहा कि, "क्या हुआ, हम भी दिलावरा की सैर करें" और दिलावरा की ओर रवाना हुआ। वहां उसे अमीर लोग न मिले। अलिफ़ खां ने निवेदन किया कि, "सम्भवतः निज़ामुलमुल्क अपने छोटे भाई रायसिंह को देखने के लिये नालचा नामक स्थान को चला गया होगा।" सुल्तान दिलावरा के महलों की सैर करके धार लौट गया। सायंकाल की नमाज़ के उपरान्त सूचना प्राप्त हुई कि निज़ामुलमुल्क विजय प्राप्त करके आ रहा है। सुल्तान ने पूछा, "कहां की विजय प्राप्त की ?" उसे बताया गया कि, "जिस समय निज़ामुलमुल्क नालचा से इस ओर आ रहा था तो मन्दू के क़िले के काफ़िरों ने उतरकर उसका पीछा किया। उसने पलटकर युद्ध किया। ४० काफ़िर मारे गये और अन्य लोग भागकर क़िले में पहुंच गये। निज़ामुलमुल्क विजय तथा सफलता प्राप्त करके सेवा में उपस्थित हो रहा है।" सुल्तान बड़ा क्रोधित हुआ और निज़ामुलमुल्क को डांटते हुए कहा कि, "मेरे आज्ञा बिना तू क्यों गया, यदि कोई दुर्घटना हो जाती तो उससे मुझे लज्जा होती।" संक्षेप में, तीसरे दिन सुल्तान धार से (१४५) शाही शिविर में उपस्थित हुआ और वहां से अपनी राजधानी की ओर वापस चला गया। 'तारीखे बहादुरशाही' का लेखक लिखता है कि, "मैंने यह घटना अपने निरीक्षण के आधार पर लिखी है। मैं इस अभियान में सुल्तान के साथ था।" संक्षेप में, सुल्तान लौटकर मुहमदाबाद पहुंचा।

## ईदर के राजा राय मल के विरुद्ध सेनायें भेजना

तत्पश्चात् ९२० हि० (१५१४–१५ ई०) में उसे यह समाचार प्राप्त हुये कि रायमल, राय भीम के भतीजे, जो ईदर का राजा था, ने राजा की मृत्यु के उपरान्त, चित्तौड़ के राजा राणा सांगा की सहायता से, भीम के पुत्र भारमल को ईदर से निकाल कर उस पर स्वयं अधिकार जमा लिया है। सुल्तान को यह बात अच्छी न लगी। उसने कहा कि, "भीम मेरी अनुमति से ईदर पर राज्य करता था। राणा को रायमल की सहायता का किस प्रकार साहस हुआ ?" उसने अहमदनगर के मुक़्ता निज़ामुलमुल्क को आदेश दिया कि ईदर से रायमल को निकाल कर भीम के पुत्र भारमल को सौंप दे। तत्पश्चात् उसने स्वयं अहमदनगर की ओर प्रस्थान किया और पुनः अहमदाबाद लौट आया।

९२३ हि० (१५१७ ई०) में रायमल शाही सेना से युद्ध करता रहा। कभी वह विजयी होता और कभी पराजित। संक्षेप में, सुल्तान ने वर्षा ऋतु अहमदाबाद में आनन्दपूर्वक तथा सफलता से व्यतीत की।

## मालवा में मेदिनी राय का प्रभुत्व

इसी बीच में मालवा के अमीर उदाहरणार्थ हबीब ख़ां, शेख़ चांद इत्यादि मन्दली[1] राय के भय से भागकर सुल्तान की सेवा में पहुंचे और मन्दू के निवासियों का हाल उसे सुनाया और निवेदन किया कि, "मन्दू नगर में इस्लाम के नियमों का अन्त हो चुका है। मन्दली राय ने अधिकांश विश्वासपात्रों की हत्या करा दी है। कुछ लोग भागकर स्वदेश त्याग कर इधर उधर चले गये हैं। आज या कल में वह सुल्तान महमूद की हत्या करा देगा या अन्धा बनाकर बन्दी बना लेगा।" सुल्तान ने काफ़िरों के उपद्रव से अवगत होकर वर्षा ऋतु के उपरान्त मन्दू पर आक्रमण करने तथा मन्दली राय के अभिमान का अन्त करने और इस्लाम के नियमों को उन्नति देने का निश्चय कर लिया।

१ फ़रीदी के अनुसार 'मेदिनी राय' (पृ० ९८)।

## सुल्तान महमूद ख़लजी का गुजरात में आगमन, सुल्तान मुज़फ़्फ़र को सूचना मिलना, मन्दू पर चढ़ाई तथा दुष्ट काफ़िरों पर विजय एवं मालवा राज्य तथा मन्दू के क़िले को सुल्तान महमूद को प्रदान करके वापसी

(१४६) जब सुल्तान महमूद ने देखा कि उसका राज्य तथा समस्त ख़ज़ाना ,मन्दली राय के अधिकार में आ चुका है और वह केवल नाममात्र को बादशाह रह गया है तो उसने मन्दू से शिकार के बहाने से भाग जाना निश्चय कर लिया। कुछ दिनों तक वह शिकार में व्यस्त रहा। प्रातःकाल से सायंकाल तक वह अरबी घोड़ों को दौड़ाता रहता था। जो हिन्दू मुअक्किल[1] के रूप में उसके साथ रहते थे, वे शिकार से थक कर सो गये। सुल्तान के चारों ओर मन्दली राय के विश्वासपात्रों के अतिरिक्त कोई न रहता था। यदि जल लाते तो हिन्दू और भोजन लाते तो हिन्दू, यहां तक कि सेवक तथा दरबान सभी हिन्दू थे। उनमें से खरल क़स्बे का किशना नामक राजपूत भी था। क्योंकि वह मालवा का ज़मींदार था अतः वह अन्य राजपूतों की अपेक्षा अधिक निष्ठा से सुल्तान की सेवा करता था। सुल्तान ने उससे कहा, "किशना! मैं बड़ा परेशान हो गया हूं। क्या तू अश्वशाला से दो घोड़े लाकर मुझे गुजरात पहुंचा सकता है ताकि मैं सुल्तान मुहम्मद के पास पहुंचकर उससे सहायता लाकर इस दुष्ट को दंड दूँ? यदि तू मेरी यह सेवा करेगा तो तुझे अत्यधिक इनाम प्रदान किया जायगा।" किशना ने यह बात स्वीकार कर ली और अर्द्ध रात्रि में सुल्तान की विशेष अश्वशाला से वह दो घोड़े ले आया। एक घोड़े पर वह स्वयं सवार हुआ और दूसरे पर अपनी पत्नी, जिससे उसे अत्यधिक प्रेम था, और जिसका नाम रानी कनाकर था, को सवार किया। किशना आगे आगे गुजरात की ओर चल खड़ा हुआ। आधी रात और समस्त दिन यात्रा करके वे रहुकरा नामक स्थान पर, जोकि गुजरात की विलायत[2] की सीमा पर है, पहुंच गये। घोड़ों के निर्बल हो जाने के कारण निहकोर[3] नामक ग्राम के निकट एक वृक्ष के नीचे उतर पड़े। दूसरे दिन यह सूचना धोद[4] क़स्बे के मुक्ता क़ैसर ख़ां को प्राप्त हुई। धोद निहकोर से १० कोस पर है। क़ैसर ख़ां सुल्तान की सेवा में उपस्थित हुआ और अभिवादन करके जो कुछ भी उसकी आवश्यकताएं थीं उन्हें पूरा किया। तत्काल एक शुत्र सवार[5] को सुल्तान की सेवा में भेज दिया और सुल्तान महमूद के विषय में जो कुछ भी उसने देखा था, उसकी सूचना कर दी। सुल्तान प्रसन्न हो गया। उसने तत्काल सोने की तथा जड़ाऊ
(१४७) काम की ज़ीनें एवं लगाम, अरबी घोड़े, पर्वत रूपी हाथी, मख़मल तथा ज़रबफ़्त की झूलें, शाही वस्त्र, बादशाहों के योग्य ख़ेमे, सुन्दर स्वभाव वाली कनीज़ें, गुलाम, ख़ज़ाना, कारख़ाने प्रतिष्ठित अमीरों के हाथ रवाना किये। सुल्तान ने उसे लिखा कि, "आपका आगमन मित्रों के लिये सुख-शान्ति तथा शत्रुओं के लिये कष्ट का समाचार लाया है। आप शाही पताकाओं को शीघ्र ही पहुंचा समझें। यदि ईश्वर ने चाहा तो हिन्दुओं तथा नमकहरामों के अभियान का अन्त करके मन्दू का क़िला तथा मालवा

१ इस स्थान पर 'निरीक्षक'।
२ राज्य।
३ फ़रीदी के अनुसार 'भानकोरह' (पृ० ६६)।
४ फ़रीदी के अनुसार 'दोहद' (पृ० ६६)।
५ ऊँट पर समाचार ले जाने वाला।

का राज्य आपको प्रदान कर दिया जायेगा।" जब शाही सेना निकट पहुंची तो सुल्तान महमूद ने उसका स्वागत किया और समस्त अमीरों ने शाही आदेशानुसार घोड़ों से उतरकर उसके (सुल्तान महमूद के) चरणों का चुम्बन किया। तत्काल शाही बारगाह, लाल सरापर्दा[१] एवं समस्त शाही कारख़ाने लगा दिये गये। सुल्तान प्रसन्नतापूर्वक सरापर्दे में उतरा। अमीर लोग सुल्तान की बारगाह के चारों ओर उतर पड़े और बादशाहों के योग्य सामान एकत्र हो गये।

जब मन्दली[२] राय के गुप्तचरों ने यह हाल देखा तो उसे इस बात की सूचना दे दी। काफ़िरों के हृदय कांप उठे। संक्षेप में, अमीरों को भेजने के उपरान्त, दूसरे दिन बृहस्पतिवार ४ ज़ीक़ाद ९२३ हि० (१८ नवम्बर १५१७ ई०) को सुल्तान मुज़फ़्फ़र धर्म-युद्ध के उद्देश्य से बाहर निकला। 'बहादुरशाही' के लेखक का कथन है कि, "जब सुल्तान ने मन्दू पर चढ़ाई करने का संकल्प कर लिया तो प्रतिष्ठित तथा सम्मानित व्यक्ति सुल्तान के आदेशानुसार क़ुरान का पाठ करने लगे। सुल्तान ने भी क़ुरान से थोड़ा-सा भाग पढ़कर विजय का फ़ाल[३] निकाला।"

तदुपरान्त उसने मुहमदाबाद से प्रस्थान किया और बृहस्पतिवार ११ ज़ीक़ाद[४] को तीन मंज़िलें पार करके गोधरा क़स्बे में पड़ाव किया। रविवार २१ ज़ीक़ाद[५] को उसने शाहज़ादा सिकन्दर खां को मुहमदाबाद की ओर भेज दिया और शाहज़ादा लतीफ़ ख़ां तथा बहादुर ख़ां को अपने साथ लेकर मुज़फ़्फ़राबाद की ओर प्रस्थान किया। मंगलवार २७ ज़ीक़ाद[६] को भिकोरा[७] ग्राम में पड़ाव हुआ।

(१४८) बुधवार ९ ज़िलहिज्जा[८] को उपर्युक्त स्थान पर यह समाचार प्राप्त हुए कि, "देहली के बादशाह सुल्तान सिकन्दर की मृत्यु हो गई है और उसका पुत्र सुल्तान इबराहीम सिंहासनारूढ़ हो गया है।" उसने उसी मंज़िल पर सुल्तान के निधन की शोक सम्बन्धी प्रथायें सम्पन्न कराईं और ११ ज़िलहिज्जा[९] को वहां से प्रस्थान करके रात्रि में धनीगांव नामक ग्राम में पड़ाव किया। १४ ज़िलहिज्जा[१०] को देवला ग्राम में पड़ाव हुआ। १५ ज़िलहिज्जा को सुल्तान महमूद ने उससे भेंट की। सुल्तान मुज़फ़्फ़र ने सुल्तान महमूद को प्रोत्साहन देते हुए कहा कि, "आपको अब संसार के कष्टों से मुक्ति प्राप्त हो जायेगी।"

१८ ज़िलहिज्जा[११] को विजयी पताकाओं ने धार की ओर प्रस्थान किया। मन्दली राय, जो धार में युद्ध के लिये ठहरा हुआ था, भागकर उज्जैन पहुंचा और राय पिथौरा, भीम करण, शादी ख़ां[१२], वदन[१३]

१ मंडप, ख़ेमे इत्यादि।
२ फ़रीदी के अनुसार 'मेदिनी राय' (पृ० ६८)।
३ ईश्वर की इच्छा का पता लगाना।
४ ११ ज़ीक़ाद ९२३ हि० (२५ नवम्बर १५१७ ई०)।
५ २१ ज़ीक़ाद ९२३ हि० (५ दिसम्बर १५१७ ई०)।
६ २७ ज़ीक़ाद ९२३ हि० (११ दिसम्बर १५१७ ई०)।
७ फ़रीदी के अनुसार 'भनकोरह' (५०१००)।
८ ९ ज़िलहिज्जा ९२३ हि० (२३ दिसम्बर १५१७ ई०)।
९ ११ ज़िलहिज्जा ९२३ हि० २५ दिसम्बर १५१७ ई०)।
१० १४ ज़िलहिज्जा ९२३ हि० (२८ दिसम्बर १५१७ ई०)।
११ १८ ज़िलहिज्जा ९२३ हि० (१ जनवरी १५१८ ई०)।
१२ फ़रीदी के अनुसार 'शाद ख़ां' (पृ० १००)।
१३ फ़रीदी के अनुसार 'बुधन' (पृ० १००)।

क़ांगू[1] तथा उग्रसेन को, जोकि उसकी सेना में सर्वश्रेष्ठ थे, मन्दू के क़िले की रक्षा हेतु भेजा। २१ ज़िलहिज्जा[2] को सुल्तान ने अपनी विजयी सेनाओं को लेकर मन्दू के क़िले के निकट पड़ाव किया और मोर्चे बांद दिये। क़ैसर खां को देहली द्वार की ओर, और मलिक एमादुलमुल्क को अन्य द्वार की ओर नियुक्त किया और क़िले को चारों ओर से घेर लिया। इसी बीच में मन्दली राय ने क़िले वालों को सूचना भेजी कि, "तुम लोग सुल्तान से संधि की वार्त्ता करके एक माह का, क़िले को रिक्त करने के लिये, अवकाश ले लो इसी बीच में मैं राणा (सांगा) से इतनी अधिक सेना लेकर पहुंच जाऊंगा कि सुल्तान मुज़फ़्फ़र क़िले को युद्ध किये बिना ही छोड़ कर गुजरात की ओर भाग जायगा।"

काफ़िरों ने धूर्तता प्रदर्शित की। शुक्रवार २५ ज़िलहिज्जा को क़िले के अवरोध के तीसरे दिन राय पिथौरा ने अपने कुछ सम्बन्धियों को उचित उपहार सहित क़ैसर खां तथा खुदावन्द खां के पास भेजा और इस आशय से अवकाश मांगा कि वह अपने परिवार को लेकर क़िले के बाहर जा सके और क़िले को सुल्तान के सेवकों को सौंप सके। क़ैसर खां तथा खुदावन्द खां उन लोगों को सुल्तान की सेवा में ले गये। सुल्तान ने उन्हें एक मास का अवकाश दे दिया। काफ़िर लोग बाह्य रूप से अपने सामान ले जाने की व्यवस्था करने लगे और गुप्त रूप से उन्होंने मन्दली राय को लिखा कि, "जो कुछ तेरा उद्देश्य था, वह हमने पूरा कर दिया, अब तुझे विलम्ब न करना चाहिये।"

(१४९) मन्दली राय राणा की सेवा में पहुंचा और कहा कि, "हिन्दुस्तान में हम लोगों में तुझसे बड़ा कोई अन्य नहीं है। इस समय भी यदि तू अपनी जाति की सहायता न करेगा तो कब करेगा?" उसने सुल्तान महमूद के प्रसिद्ध हाथियों तथा सुल्तान के खज़ाने के बहुमूल्य रत्नों को सहायता की शर्त पर राणा को देना स्वीकार कर लिया। राणा ने सोचा कि, "मैं सारंगपुर तक उसके साथ जाऊं और उससे हाथी तथा रत्न ले लूं। तदुपरान्त जो कुछ भी समय को देखते हुये उपयुक्त हो, वह करूं।" राणा भारी सेना लेकर सारंगपुर की ओर, जो मालवा के राज्य के अधीन मन्दू से ५० कोस पर है, पहुंचा। जब सुल्तान को यह समाचार प्राप्त हुआ तो वह क़िले वालों के छल तथा षड्यंत्र से अवगत हो गया। आदिल खां आसीरी तथा मलिक क़िवाम सारंग को वीर अमीरों सहित राणा के विरुद्ध युद्ध करने के लिये नियुक्त किया। सेना को आदेश दिया कि वह पुनः क़िले को घेर ले और अधिक से अधिक प्रयत्न करे। सेना ने इस बार इतना घोर प्रयत्न किया कि तीसरे दिन २ सफ़र[3] को क़िले पर विजय प्राप्त कर ली और बहुत से काफ़िरों की हत्या कर दी। कहा जाता है कि जिन काफ़िरों की हत्या हुई उनकी संख्या १९ हज़ार होगी। 'बहादुरशाही'[4] का लेखक लिखता है कि, "जो लोग मारे गये उनकी संख्या ४० हज़ार थी और उनमें ५७ प्रतिष्ठित व्यक्ति थे। काफ़िरों के नाम इस प्रकार हैं: पिथौरा राय, उदयकरण, कामदेव[5], अजायब देव, ग़ाज़ी खां, शादी खां, रतनचन्द, माणिकचन्द, बहादुर खां, दौलत खां, अखयचन्द, कबिरत चन्द, दूनगरसी, कांगू[6], विक्रमसी, मली खां, राय जगत, धर्म सिंह, मान सिंह, जीत सिंह, फ़तह खां,

१ फ़रीदी के अनुसार 'गंगू' (पृ० १००)।
२ २१ ज़िलहिज्जा ९२३ हि० (४ जनवरी १५१८ ई०)।
३ २ सफ़र ९२४ हि० (२३ फ़रवरी १५१८ ई०)।
४ फ़रीदी के अनुसार 'मुज़फ़्फ़र शाही' (पृ० १०१)।
५ मूल पुस्तक में 'कान देव', फ़रीदी के अनुसार 'ख़ान देव' (पृ० १०१)।
६ सम्भवतः 'गंगू' (फ़रीदी पृ० १०१)।

तथा उसके पुत्र, डुनगरसी के पुत्र तथा काकरहा इत्यादि। यह विजय ९२४ हि० (१५१८ ई० में) प्राप्त हुई।...

(१५०) सैयिद जलाल मुनव्वरुलमुल्क बुख़ारी, फ़िरिश्ते सरीखे मलिक महमूद का कथन है कि, "इस धर्मयुद्ध में अधिकांश काफ़िरों की परोक्ष के लोगों ने हत्या की।" उनका कथन है कि, "काफ़िरों की पराजय के उपरान्त जब द्वारों पर विजय प्राप्त हो गई और द्वार खुल गये तो हम लोग कुछ लोगों के साथ क़िले के ऊपर पहुंचे और हवेलियों की सैर करने लगे। जिस किसी स्थान पर हमें हरबी[1] काफ़िर मिलते हम उनकी हत्या कर देते थे। संयोग से हम एक हवेली में पहुंचे। उसके द्वार भीतर से बन्द थे। हमें संदेह हुआ कि काफ़िर लोग घर में होंगे। उसके द्वार को तोड़कर घर में प्रविष्ट हुए, तो उसे ख़ाली पाया। उसके पीछे एक और घर था। हम उसके द्वार पर पहुंचे और जब उसमें प्रविष्ट हुए तो देखा कि लगभग ४०-५० काफ़िर मरे पड़े हैं और उनके शीर्ष शरीर से पृथक् हैं। एक व्यक्ति में कुछ प्राण अभी थे। उससे पूछ-ताछ की। उसने कहा कि, "प्राणों के भय से हम लोग तहख़ाने में घुसे। अचानक एक हाथ नंगी तलवार सहित दृष्टिगत हुआ और उसने हम सबकी हत्या कर दी और सिर शरीर से पृथक् कर दिये। कुछ समय उपरान्त वह भी नरक में पहुंच गया।"

कहा जाता है कि उसी दिन एक काफ़िर एक ग़ाज़ी[2] के सामने से भागा। ग़ाज़ी ने उसका पीछा किया। जब वह उसके निकट पहुंचा और उसके भाला भौंकना चाहा, तो पीठ की ओर से उसका ज़िरह-बकतर फटा हुआ दिखाई पड़ा। ग़ाज़ी को आश्चर्य हुआ। उसने अपना हाथ रोक लिया। कई बार उसने यही बात देखी। ग़ाज़ी ने हाथ खींच लिया। अचानक उस काफ़िर का घोड़ा भड़क उठा और वह गिर पड़ा। एक बड़ी कील के समान कांटा उसके सीने में चुभ गया और पीठ के उस पार निकल गया। ग़ाज़ी चकित होकर ईश्वर की लीला की प्रशंसा करता रहा।

संक्षेप में जब सुल्तान विजय तथा सफलता प्राप्त करके क़िले के ऊपर पहुंचा तो कई योद्धाओं ने निवेदन किया कि, "मालवा जैसा राज्य, जो गुजरात से अधिक विस्तृत है और जिसे इतने परिश्रम से प्राप्त किया गया है; और जिसमें १० हज़ार प्रतिष्ठित अश्वारोहियों की हत्याएं हुई हैं, सुल्तान महमूद को दे देना उचित नहीं।"

(१५१) यह बात सुनते ही सुल्तान क़िले से नीचे उतर आया और उसने सुल्तान महमूद को आदेश दिया कि, "हमारे आदमियों में से किसी को भी क़िले के ऊपर मत जाने दो। सुल्तान महमूद ने कहा कि, "मुझे जो कुछ भी प्रसन्नता एवं निश्चिन्तता प्राप्त हुई है, वह सब आपके प्रताप से है और यह राज्य तथा धन-संपत्ति भी आप ही के कारण मिली है। यदि कुछ दिन तक क़िले के ऊपर ठहरें तो इससे मेरे सम्मान में वृद्धि होगी।" सुल्तान ने कहा, "यदि ईश्वर ने चाहा तो तीसरे दिन तुम्हारा अतिथि हूंगा। इस समय यही उचित है।" यद्यपि सुल्तान महमूद ने बड़ा ही आग्रह किया किन्तु उसने स्वीकार न किया। कुछ समय उपरान्त जब सुल्तान के विश्वासपात्रों ने क़िले से शीघ्रप्रस्थान करने का कारण पूछा तो उसने कहा कि, "लोगों की महत्वाकांक्षा यह थी कि क़िला सुल्तान महमूद को न दिया जाय। मैंने यह धर्म-युद्ध केवल ईश्वर के लिये किया था। मुझे भय हुआ कि यह कुत्सित विचार कहीं मेरे उद्देश्य की शुद्धता में बाधक न हो जाय, अतः मैं तुरन्त वहां चल पड़ा और कुत्सित विचारों के मार्ग बन्द कर दिये।

१ हरबी :—वे हिन्दू जिनसे मुसलमानों का युद्ध चल रहा हो।
२ मुसलमान विजेता।

मैंने सुल्तान का उपकार नहीं किया अपितु सुल्तान महमूद ने मेरा उपकार किया है कि उसके कारण मुझे यह सौभाग्य प्राप्त हुआ।''

जड़ाऊ पेटी जो जामादार[1] की असावधानी तथा घोड़े के भड़क जाने के कारण ख़लील ख़ां को प्राप्त हो गई थी उसका विवरण इस प्रकार है: जब सुल्तान क़ुतुबुद्दीन बिन सुल्तान मुहम्मद ने सुल्तान महमूद ख़लजी को कबीर पंज[2] में पराजित किया और उसने इस प्रकार का हत्याकांड किया कि जिससे अधिक सोचा भी न जा सकता था तो संयोग से इसी मार-काट में सुल्तान क़ुतुबुद्दीन जामादार का, जिसके पास जड़ाऊ पेटी थी, घोड़ा भड़क कर शत्रुओं तक पहुंच गया और उसने इतनी तेजी दिखाई कि जामादार घोड़े से गिर पड़ा और शत्रुओं द्वारा बन्दी बना लिया गया। पेटी उससे लेकर सुल्तान महमूद को दे दी गई। वह पेटी मालवा के सुल्तानों के ख़ज़ाने में थी। जब सुल्तान मुज़फ़्फ़र के प्रयत्न के फलस्वरूप मन्दू का क़िला विजय हुआ तो सुल्तान महमूद ने उस पेटी को अपने पुत्र के हाथ, जोकि काफ़िरों के बन्दी-गृह से मुक्त हुआ था, तलवार तथा उत्तम घोड़ों सहित, सुल्तान मुज़फ़्फ़र की सेवा में भेज दिया और उससे दावत स्वीकार करने की प्रार्थना की। सुल्तान ने दावत स्वीकार करके उसके पुत्र को सम्मान तथा पुरस्कार सहित विदा कर दिया। सुल्तान महमूद ने नगर वालों को प्रसन्न होकर यह आदेश दे दिया कि नगर की आईना बन्दी की जाय[3] और महलों को साफ़ करके शाही क़ालीन बिछाये जायं। कहा जाता है कि (१५२) सुल्तान महमूद ने दरबार को सजाने का इतना अधिक प्रयत्न किया था कि जिससे अधिक सोचा भी न जा सकता था।

११ सफ़र[4] को बचन के अनुसार उसने क़िले की ओर प्रस्थान किया। मन्दू के क़िले के छोटे-बड़े यहां तक कि स्त्रियां भी दीवारों तथा कोठों से दर्शन कर रहीं थीं। और सुल्तान के प्रति शुभकामनाएं कर रहीं थीं। सुल्तान महमूद ने आतिथ्य सत्कार का अत्यधिक प्रबन्ध किया और आदर-सत्कार को सीमा से बढ़कर सम्पन्न कराया। भोजन के उपरान्त वह सुल्तान को महलों की सैर कराने ले गया। अचानक वे एक हवेली में पहुंचे जिसमें काबा के समान[5] एक भवन था और जिस पर बेल-बूटे बने थे तथा सुनहरा काम था। उसके चारों ओर बहुत से कमरे थे। जब सुल्तान वहां पहुंचा तो सुल्तान महमूद की स्त्रियां श्रृंगार किये हुए कमरों का द्वार खोलकर स्वर्ग की अप्सराओं के समान प्रकट हुईं। कहा जाता है कि सुल्तान महमूद के अंतःपुर में दो हज़ार[6] रूपवतियां थीं। मन्दू के सुल्तानों ने भोग-विलास का कार्य इस सीमा तक पहुंचा दिया था कि उससे अधिक की कल्पना नहीं की जा सकती, विशेष रूप से सुल्तान ग़यासुद्दीन ने। अभी तक यदि किसी की भोग-विलास के सम्बन्ध में उपमा दी जाती है तो कहा जाता है कि अमुक व्यक्ति भोग-विलास में अपने समय का दूसरा सुल्तान ग़यासुद्दीन है। यदि किसी बात से दुःख अथवा खेद प्रकट होने की आशंका होती थी तो उसके आदेशानुसार वह सुल्तान के समक्ष न कही जा सकती थी। उसे अपने समस्त राज्यकाल में दो बार दुःख की सूचना हुई। एक बार जब उसके जामाता की मृत्यु हो गई तो उसकी पुत्री को सफ़ेद वस्त्र पहना कर सुल्तान के समक्ष प्रस्तुत किया गया। जब सुल्तान

१ वह अधिकारी जो शाही वस्त्रों का प्रबन्ध करता था।
२ फ़रीदी के अनुसार 'कपड़वंज'।
३ सजाया जाय।
४ ११ सफ़र ९२४ हि० (२२ फ़रवरी १५१८ ई०)।
५ क़ाबा चतुष्कोणीय भवन है अतः चतुष्कोणीय भवन की उपमा क़ाबा से दी गई है।
६ फ़रीदी के अनुसार '१०००' (पृ० १०४।

की दृष्टि उस पर पड़ी तो उसने कहा कि, "सम्भवतः इसके पति की मृत्यु हो गई है कारण कि हिन्दुस्तानियों की यह प्रथा है कि पति की मृत्यु के उपरान्त पत्नी रंगीन वस्त्र नहीं धारण करती।" दूसरी बार जब सुल्तान बहलोल लोदी की सेना ने चन्देरी की सरकार के कुछ परगनों पर आक्रमण किया तो इस घटना को उस तक पहुंचाना आवश्यक हो गया। किसी में इस बात का साहस न होता था कि इस दुर्घटना का साफ़ साफ़ उल्लेख करे। भांडों से कहा गया कि वे अफ़ग़ानों का भेष धारण करके उन परगनों का नाम लेते हुए लूट-मार करें। उन लोगों ने ऐसा ही किया। सुल्तान ने कहा, "क्या चन्देरी के मुक्ता की मृत्यु हो गई है, जो वे अपने राज्य के परगनों का बदला अफ़ग़ानों के राज्य से नहीं लेते ?"

संक्षेप में, सुल्तान महमूद की स्त्रियां सोने तथा जवाहिरात के थाल सुल्तान मुज़फ़्फ़र पर न्योछावर (१५३) करने के लिये स्वर्ग के मोरों के समान प्रकट हुईं। जब सुल्तान मुज़फ़्फ़र की दृष्टि उनके सौन्दर्य पर पड़ी तो उसने सिर झुका कर कहा कि, "जिन स्त्रियों से पर्दा करना चाहिये उन्हें देखना उचित नहीं।" सुल्तान महमूद ने कहा, "यह मेरी दासियां हैं और मुझे सुल्तान की कृपा ने क्रय कर लिया है। इस प्रकार यह स्वीकृत धन है और सुल्तान की सेवा में उपहार स्वरूप प्रस्तुत है।" सुल्तान ने कहा, "तुम्हें प्रदान किया जाता है। इन्हें आदेश दो कि ये पर्दे में चली जांय।" सुल्तान महमूद के एक संकेत पर वे परियों के समान दृष्टि से छिप गईं। सुल्तान बाहर आया। उस दिन और रात में वह सुल्तान का अतिथि रहा। दूसरे दिन मध्याह्नोत्तर की नमाज़ के उपरान्त विदा हुआ। सुल्तान महमूद ने अत्यधिक बहुमूल्य उपहार, अरबी तथा तुर्की घोड़े, पर्वतरूपी हाथी, रंग-बिरंगे वस्त्र एवं नाना प्रकार के जवाहिरात प्रस्तुत किये।

कहा जाता है कि जब सुल्तान महमूद मन्दू से, जैसा कि उल्लेख हुआ, निकलकर सुल्तान मुज़फ़्फ़र की शरण में चला गया तो मंदली राय ने सुल्तान के अन्तःपुर के व्यय में किसी प्रकार कोई परिवर्तन न किया। जो वस्त्र तथा नक़द धन इत्यादि उनके लिये निश्चित था वह उन्हें प्रदान होता था। जो आभूषण इसके पूर्व उनके पास थे वे उन्हीं के पास रहे। वह एक बार दरबार में आता था और अन्तःपुर में शुभकामनाएं भेजते हुए निवेदन कराता था कि, "मुझसे निष्ठा के विरुद्ध कोई कार्य सम्पन्न नहीं हुआ जिससे सुल्तान दुखी होकर यहां से चला गया। तुम लोग उससे प्रार्थना करो कि वह अपने राज्य में वापस चला आये और विज़ारत का पद किसी अन्य को दे दिया जाय। मैं उसके जूते उठाता रहूंगा।" यह बात कहकर वह वहां से प्रस्थान करता था। जिस प्रकार सुल्तान की उपस्थिति में अन्तःपुर की रक्षा होती थी उसी प्रकार ख्वाजासरा अन्तःपुर की रक्षा करते थे।

संक्षेप में, विजय के दिन शादी खां तथा कांगू[1] जो क़िले में सर्वोत्कृष्ट थे, मार डाले गये। हेमकरण तथा बदन[2], दरीचे के मार्ग से निकलकर मन्दली राय के पास पहुंच गये। क़िले वाले इतने आतंकित हो गये थे कि उसने (बदन अथवा बुधन ने) किले के विषय में मंदली राय से निवेदन करके जल मांगा और जल पीते ही वह गिर कर मर गया। यह हाल देख कर मन्दली राय तथा राणा के प्राण निकल से गये। मन्दली राय ने कहा कि, "हमारे परिवार वाले तथा सम्बन्धी मार डाले गये। हमारी स्त्रियां (१५४) तथा पुत्र मुसलमानों द्वारा बन्दी बना लिये गये हूँ। अब हमारे जीवन से क्या लाभ ?" उसने आत्महत्या करनी चाही किन्तु राणा ने उसे रोक लिया और उसे अपने साथ लेकर चित्तौड़ पहुंचा। कहा

१ फ़रीदी के अनुसार 'गंगू' (पृ०१०६)।
२ फ़रीदी के अनुसार 'बुधन'।

जाता है कि एक रात्रि में उन लोगों ने ३७ कोस की यात्रा की। आदिल खां ने बवालपुर के पड़ाव से, जो मन्दू से १५ कोस पर स्थित है, राणा के पलायन के समाचार सुल्तान को पहुंचाये और निवेदन किया कि, "यदि आज्ञा हो तो हम उसका पीछा करें।" सुल्तान ने पीछा करना उचित न समझकर आदिल खां को अपने पास बुलवा लिया और स्वयं अपनी राजधानी की ओर लौट गया। देवला नामक स्थान तक सुल्तान महमूद उसके साथ गया। वहां उसने (सुल्तान मुज़फ़्फ़र ने) आसफ़ खां तथा कुछ अमीरों को सुल्तान महमूद की सहायतार्थ नियुक्त करके विदा कर दिया। आसीर के आदिल खां को भी उसी पड़ाव से विदा कर दिया ताकि वह आसीर तथा बुरहानपुर की ओर चला जाय और वह स्वयं वहां से ईदर पहुंचा। वहां वह कुछ दिन तक शिकार के लिये ठहरा और उस स्थान से मुहमदाबाद चला गया। ग्रीष्म तथा वर्षा ऋतु उसने अपनी राजधानी में भोग-विलास में व्यतीत की और सेना ने मार्ग के कष्ट से आराम किया।

## सुल्तान महमूद की राणा सांगा द्वारा पराजय, राणा का सौजन्यपूर्ण व्यवहार

तत्पश्चात् ९२५ हि० (१५१९ ई०) में यह समाचार प्राप्त हुए कि सुल्तान महमूद ने काकरुन[1] पर चढ़ाई की थी। हेमकरण जिसका कि उल्लेख ऊपर हो चुका है, उस स्थान का अधिकारी था। युद्ध में वह सुल्तान द्वारा बन्दी बना लिया गया। सुल्तान ने उसकी हत्या कर दी। इस कारण राणा ने बहुत बड़ी सेना एकत्र करके सुल्तान महमूद से युद्ध हेतु प्रस्थान किया। बड़ा भीषण युद्ध हुआ। अन्त में सुल्तान राणा द्वारा आहत हुआ। उसकी सेना पराजित हुई और बहुत बड़ी संख्या में मुसलमानों की हत्या कर दी गई। सुल्तान (मुज़फ़्फ़र) यह समाचार पाकर बड़ा चिन्तित हुआ और क़िले की रक्षा हेतु उसने सेना भेजी। राणा यह समाचार पाकर अपनी राजधानी चित्तौड़ की ओर लौट गया।

कहा जाता है कि जब सुल्तान महमूद रणक्षेत्र में आहत हो गया और राणा की सेना ने उसे इस सम्बन्ध में सूचना भेजी तो वह स्वयं आकर सुल्तान को बड़े सम्मान से पालकी में सवार करके चित्तौड़ ले गया और उसके (महमूद के) राज्य के चारों ओर के मुसलमान बादशाहों, उदाहरणार्थ देहली का बादशाह सुल्तान इबराहीम लोदी तथा गुजरात का बादशाह सुल्तान मुज़फ़्फ़र इत्यादि, के कारण उसने सुल्तान महमूद से सौजन्यपूर्ण व्यवहार किया। जब सुल्तान के घाव अच्छे हो गये तो वह उसके साथ (१५५) स्वयं कुछ मंज़िल तक गया और उसे बिदा कर दिया। राणा ने सुल्तान के पुत्र को इस आशय से अपने पास बंधक के रूप में रख लिया कि सुल्तान बदला न ले। सुल्तान महमूद मान्दू में पहुंच गया।

## ईदर में निज़ाम खां की नियुक्ति तथा वज़ीरों में असंतोष

संक्षेप में उपर्युक्त वर्ष में सुल्तान मुज़फ़्फ़र अहमदाबाद से ईदर पहुंचा और कुछ समय तक वहां शिकार खेलता रहा। मलिक नुसरतुलमुल्क के, जो ईदर का हवालादार[2] था, स्थान पर मलिक हुसेन, जिसकी उपाधि निज़ाम खां थी और जो वीरता तथा पौरुष में अपने काल का रुस्तम था, को नियुक्त किया और स्वयं अहमदाबाद नगर पहुंचा। वज़ीर लोग इस बात से सन्तुष्ट न थे। सुल्तान ने

१ फ़रीदी के अनुसार 'करवान' (पृ० १०६)।
२ सुल्तान की ओर से मुख्य प्रबन्धक।

कहा, "मैंने तुम्हारे गुरु को नियुक्त किया है।[१] व्याकुलता से कोई लाभ नहीं।" वज़ीरों ने इसी कारण शत्रु होकर निज़ाम खां के पतन का प्रयत्न प्रारम्भ कर दिया।

## निज़ाम खां तथा राणा सांगा का युद्ध

९२६ हि० (१५१९-२० ई०) में एक अवसर पर एक भाट ने निज़ाम खां की गोष्ठी में कहा कि, "राणा के समान हिन्दुस्तान में आजकल कोई राजा नहीं। वह राय मल की सहायता कर रहा है। आपके कुछ समय तक यहां रहने के कारण ईदर रायमल के अधिकार से न निकल सकेगा।" निज़ाम खां ने कहा कि, "कौन ऐसा कुत्ता है जो राय मल की सहायता उस समय तक जब तक मैं हूं, कर सकता है? यदि वह वीर है तो क्यों नहीं आता?" उसने उत्तर दिया, "वह शीघ्र आयेगा।" निज़ाम खां ने कहा, "यदि न आये तो कुत्ता ही होगा।" उसने एक कुत्ते को मंगवाकर बंधवा दिया और कहा, "यदि राणा न आये तो इस कुत्ते के समान होगा।" भाट राणा की सेवा में पहुंचा और जो कुछ घटना हुई थी उसका उल्लेख किया। राणा सर्प के समान बल खाता रहा और उसने तत्काल शिविर बाहर लगवा दिये। वह निरन्तर यात्रा करता हुआ सिरोही क़स्बे में पहुंचा।

यह समाचार पाकर सुल्तान कुमक भेजना चाहता था किन्तु सुल्तान के मुख्य अधिकारियों ने जो निज़ाम खां के शत्रु थे, निवेदन किया कि, "राणा में क्या शक्ति है जो सुल्तान के दासों का विरोध कर सकेगा।" उसी समय दूतों ने यह समाचार पहुंचाये कि राणा लौटकर चित्तौड़ चला गया। यह समाचार उस समय सत्य थे। सुल्तान क़िवामुलमुल्क को अहमदाबाद नगर की रक्षा हेतु नियुक्त करके स्वयं मुहमदाबाद पहुंचा और राणा मार्ग से लौटकर बाकर[२] की विलायत की ओर जो ईदर की विलायत के पूर्व में स्थित है, रवाना हुआ। निज़ाम खां ने यह समाचार सुल्तान को पहुंचाया कि "राणा ४० हज़ार अश्वारोहियों सहित बाकर[२] की ओर पहुंच चुका है और उसका विचार है कि वह ईदर पर (१५६) आक्रमण करे। ईदर में केवल पांच हज़ार अश्वारोही नियुक्त थे। उनमें से अधिकांश अहमदाबाद जा चुके हैं, अतः जो आवश्यक बात थी वह प्रस्तुत कर दी गई।" वज़ीरों ने निज़ाम खां के विरोध के कारण यह प्रार्थनापत्र सुल्तान की सेवा में प्रस्तुत न किया।

संक्षेप, में राणा के विरुद्ध सहायता भेजने की ओर उपेक्षा हुई। राणा शीघ्रातिशीघ्र ईदर पहुंचा। निज़ाम खां ने, जो उन दिनों मुबारिज़ुलमुल्क की उपाधि प्राप्त कर चुका था, यह निश्चय किया कि, "मैं कल युद्ध करूंगा।" उसके विश्वासपात्रों ने उसे यह न करने दिया और कहा कि, "राणा के साथ ४० हज़ार अश्वारोही हैं, हम लोग ९०० सवार सहित युद्ध करेंगे। यह कोई युद्ध न होगा। इस युद्ध में सुल्तान की पराजय होगी और इससे बदनामी होगी।" उन लोगों ने यद्यपि बहुत वादविवाद किया किन्तु मुबारिज़ खां अपनी बात से पीछे न हटा। अन्त में अत्यधिक प्रयत्न करने पर यह निश्चिय हुआ कि वे लोग अहमदनगर चले जायं और अहमदनगर के क़िले को दृढ़ करके कुमक पहुंचने तक तोप तथा बन्दूक़ से युद्ध करते रहें। तत्पश्चात रणक्षेत्र में निकलकर युद्ध करें। संक्षेप में मुबारिज़ुलमुल्क को ज़बरदस्ती लेकर वे अहमदनगर की ओर रवाना हुए किन्तु १०० सवार, जो सुल्तान के सिलाहदार[३] थे, यह निश्चय

१ 'उस व्यक्ति को नियुक्त किया है जो तुम लोगों में सबसे श्रेष्ठ है'।
२ फ़रीदी के अनुसार 'बागड़' (पृ० १०८)।
३ सिलाहदार :—अंग-रक्षक।

करके कि हम प्राण त्याग देंगे, ईदर में इस प्रकार रुक गये कि मुबारिज़ुलमुल्क को इसकी सूचना न हुई। जब राणा ईदर पहुंचा तो उन लोगों ने निकलकर युद्ध किया। सब के सब मारे गये। उनमें मलिक नज्जन[1], उथेरिया सर्वोत्कृष्ट थे। इस घटना का यह कारण था कि वज़ीरों ने मलिक नज्जन से कहा था कि, "मलिक ! क्या तू कोई ऐसा कार्य कर सकता है जिसके कारण मुबारिज़ुलमुल्क को लज्जित होना पड़े ?" कहा जाता है कि एक अन्य भाट ने मुबारिज़ुलमुल्क की प्रशंसा में एक छन्द लिखा था जिसका तात्पर्य यह था कि, "राणा की सेना सारस के समान है और मुबारिज़ुलमुल्क की सेना बाज़ के समान।" राणा जब ईदर के निकट पहुंचा तो उसने भाट से कहा कि, "वे बाज़ जिनके विषय में तूने कहा था, कहां चले गये ?" इसी बीच में वीर लोग निकल कर, जो लोग आगे-आगे जाते थे, उन परटूट पड़े। भाट ने कहा, "जिन बाज़ों के विषय में मैंने कहा था वे आ गये।"

## मुबारिज़ुलमुल्क की पराजय

मार्ग में मुबारिज़ुलमुल्क से खिज्र खां, असदुलमुल्क[2], ग़ाज़ी खां, शुजाउलमुल्क तथा सैफ़ खां[3] जो अहमदनगर से आ रहे थे मिले। उन्होंने मुबारिज़ुलमुल्क से कहा कि, "आपको ईदर ही में ठहरना चाहिये था। हम लोग भी ईदर पहुंच ही रहे थे और संगठित होकर राणा से युद्ध करने वाले थे। कल जब राणा अहमदनगर पहुंच जायगा तो हमसे यह न हो सकेगा कि हम उसके भय के कारण क़िले में बन्द हो जायं। हम लोग रणक्षेत्र में निकलकर युद्ध करेंगे। इस प्रकार हमारे लिये ईदर में युद्ध करना अच्छा था।" मुबारिज़ुलमुल्क ने कहा कि, "हमारे सहायकों ने इसी प्रकार परामर्श दिया कि अहमदनगर चलना (१५७) चाहिये अन्यथा मैं इसे स्वीकार न कर रहा था। अब जो कुछ तुम परामर्श दो वह उचित है, मैं उसी पर आचरण करूंगा।" क्योंकि उनकी भेंट अहमदनगर के निकट हुई थी अतः वे अहमदनगर पहुंचे। प्रातःकाल वे तैयार होकर और सेना को सुसज्जित करके बाहर निकले और खड़े हो गये। केवल १२०० अश्वारोही तथा एक हज़ार पदाती बन्दूक़ चलाने वाले इस्लामी सेना में थे। संक्षेप में, एक दिन व्यतीत न हुआ था कि राणा की सेनाएं प्रत्येक दिशा से पर्वत के समान प्रकट हुईं। मुबारिज़ुलमुल्क के सहयोगियों में से १२०० अश्वारोहियों तथा एक हज़ार पदातियों एवं अन्य अमीरों के सेवकों में से ४०० अश्वारोहियों ने प्राण त्याग देना निश्चय कर लिया और तैयार होकर अल्लाह-अल्लाह कहते हुए युद्ध हेतु रणक्षेत्र में प्रविष्ट हुए। सब लोगों ने दुष्टों की सेना के अग्र भाग पर आक्रमण किया और तलवार द्वारा अग्र भाग को पराजित करके भगा दिया। लगभग २० हज़ार अश्वारोहियों का उन्होंने एक कोस तक पीछा किया। यहां तक कि वे अपनी उस सेना की दृष्टि से, जो पीछे थी, छिप गये। वे लोग यह समझे कि वे लोग मार डाले गये और उनमें से कोई भी नहीं लौट सका। वे शत्रुओं को पीठ दिखाकर अहमदनगर की ओर चल दिये।

संक्षेप में, मृत्यु के आकांक्षी योद्धाओं ने अग्र भाग को मध्य भाग पर ढकेल दिया और मध्य भाग को भी पराजित कर दिया। इस युद्ध में ग़ाज़ी खां, इरादत खां[4], तथा सुल्तान शाह, जोकि बड़े ही वीर थे, आहत हुए और बहुत से ग़ाज़ी मार डाले गये। कुछ लोग रणक्षेत्र ही में घायल होकर मर गये। बहुत

१ फ़रीदी के अनुसार 'सज्जन' अथवा 'शेखन' (पृ० १०८)।
२ फ़रीदी के अनुसार 'असद खां' (पृ० १०६)।
३ फ़रीदी के अनुसार 'सैफ़ुलमुल्क' (पृ० १०६)।
४ फ़रीदी के अनुसार 'इबराहीम खां' (पृ० १०६)।

कम ऐसे लोग होंगे जो घायल न हुए हों। मुबारिज़ुलमुल्क के विश्वासपात्रों ने जब यह देखा कि पर्वत से सिर टकराने से इसके अतिरिक्त कुछ लाभ न होगा कि सिर टूट जायगा और पर्वत को कोई हानि न होगी, तो उसके घोड़े की लगाम पकड़ कर उसे ज़बरदस्ती रणक्षेत्र के बाहर निकाला, और अहमदनगर के क़िले की ओर चल दिये। उनका विश्वास था कि क़िला, क़िले के रक्षकों के अधिकार में होगा। जब वे क़िले के द्वार पर पहुंचे तो उन्होंने देखा कि क़िले के रक्षक उनके पहुंचने के पूर्व ही क़िले को छोड़कर जा चुके हैं। मुबारिज़ुलमुल्क तथा सफ़दर खां, बरहनी[1] क़स्बे की ओर, जो अहमद नगर से १० कोस[2] पर है, चले गये। (१५८) किन्तु उन लोगों ने सीधा मार्ग छोड़कर अन्य मार्ग ग्रहण किया। असदुलमुल्क इत्यादि सीधे रास्ते से रवाना हुये। काफ़िरों ने पीछा किया और असदुलमुल्क के पास पहुंच गये। असदुलमुल्क ने लौटकर युद्ध किया और अपने सहायकों सहित मारा गया। उसके हाथी तथा सामान, जो कुछ उसके पास था, काफ़िरों को प्राप्त हो गया। राणा ने अहमदनगर क़स्बे के निकट पड़ाव किया और समस्त अहमदनगर शहर को नष्ट-भ्रष्ट कर डाला। सभी नगरवासी बन्दी बना लिये गये। रात्रि में राणा ने अपने अमीरों तथा वज़ीरों को बुलवाकर परामर्श किया। कुछ लोगों ने कहा कि, "अहमदनगर यहां से ५० कोस है। हमें उस पर शीघ्रातिशीघ्र आक्रमण कर देना चाहिये।" राणा ने कहा कि, "४०० मुसलमान अश्वारोहियों ने २० हज़ार अश्वारोहियों को पराजित कर दिया और १००० प्रतिष्ठित अश्वारोहियों की हत्या कर दी। यदि चार हज़ार एकत्र होकर युद्ध करेंगे तो तुम उनका मुक़ाबला न कर सकोगे। हमारे पूर्वजों में से कोई भी इस स्थान तक नहीं पहुंच सका है और ऐसा यश नहीं कमाया है। हमें इसी से संतोष होना चाहिये।" गुजरात के राज्य के गरासियों ने जो राणा के साथ थे निवेदन किया कि, "यदि आप अहमदाबाद पर आक्रमण नहीं करते तो हरिंगर[3] क़स्बा निकट है। उसे विध्वंस करके लौट आना चाहिये, कारण कि उस क़स्बे के समस्त निवासी व्यापारी हैं और उनके पास अत्यधिक धन-संपत्ति है।" तदनुसार प्रातःकाल उन्होंने हरिंगर पर चढ़ाई की। क्योंकि हरिंगर के समस्त निवासी ब्राह्मण थे अतः उन्होंने राणा की सेवा में एकत्र होकर निवेदन किया कि, "हमारे पूर्वजों की २२ पीढ़ियां इस क़स्बे में निवास करती आयी हैं और हम पर किसी ने अत्याचार नहीं किया। तुम हिन्दू बादशाह होकर क्यों हम पर अत्याचार करते हो?" राणा ने उस स्थान को नष्ट-भ्रष्ट न किया, किन्तु उपहार लेकर बेलनगर[4] में पड़ाव किया। बेलनगर के शिक़दार[5] ने क़िला बन्द कर लिया। राणा के आदमियों ने क़िले को घेर लिया और सायंकाल की नमाज़ तक क़िले को घेरे रहे। इस युद्ध में बेलनगर क़स्बा भी नष्ट-भ्रष्ट हो गया। रात्रि में राणा के शिविर में हलचल मच गई कि पटन के सूबे का मुक़्ता ऐनुलमुल्क तथा फ़तह खां आ गये हैं। रात भर राणा की सेना सशस्त्र रही और प्रातःकाल ईदर की ओर रवाना हो गई और ईदर से अपने राज्य की ओर चल दी।

संक्षेप में, जिस दिन से युद्ध प्रारम्भ हुआ, अहमदाबाद का हाकिम क़िवामुलमुल्क, शहर से मुबारिज़ुलमुल्क की सहायतार्थ मलाद[6] नामक स्थान पर, जो अहमदाबाद से सात कोस पर है, पहुंच गया।

१ फ़रीदी के अनुसार 'परान्तीज' (पृ० ११०)।
२ फ़रीदी के अनुसार '१५ मील' (पृ० ११०)।
३ फ़रीदी के अनुसार 'वादनगर' (पृ० ११०)।
४ फ़रीदी के अनुसार 'बीसानगर' (पृ० ११०)।
५ शिक़दारः—शिक़ का स्वामी
६ फ़रीदी के अनुसार 'वलाद' (पृ० ११०)।

पराजित सेना के कुछ सैनिक वहां पहुंचे और उन्होंने बताया कि मुबारिज़ुलमुल्क, सफ़दर खां तथा ग़ाज़ी खां की हत्या हो चुकी है। क़िवामुलमुल्क ने उपर्युक्त स्थान पर पड़ाव किया और इस घटना की सुल्तान को सूचना दे दी। तीसरे दिन ज्ञात हुआ कि मुबारिज़ुलमुल्क तथा सफ़दर खां जीवित हैं और करी परगने (१५९) के अधीन रुनपाल[1] नामक स्थान पर पड़ाव किये हुए हैं।

'तारीखे बहादुरशाही' का लेखक लिखता है कि क़िवामुलमुल्क ने लेखक को मुबारिज़ुलमुल्क को लाने के लिये भेजा ताकि वे दोनों मिलकर राणा का पीछा करें। मैं जाकर मुबारिज़ुलमुल्क को मलाद नामक स्थान पर लाया। मलिक ने क़िवामुलमुल्क से भेंट की। इसी बीच में समाचार प्राप्त हुए कि राणा ईदर से निरन्तर यात्रा करता हुआ चित्तौड़ चला जा चुका है। तत्पश्चात् मलिक मुबारिज़ुल-मुल्क तथा लेखक मलिक क़िवामुलमुल्क को छोड़कर, अहमदनगर पहुंचे। इस हत्याकांड की घटना के १६वें दिन जो लाशें मैदान में पड़ी हुई थीं उन्हें दफ़न कराया। कांथ[2] के कोलियों में से जो अनाज लेने के लिये अहमदनगर में थे, ६० व्यक्तियों को उन्होंने नरक पहुंचा दिया। एक रात्रि में वे अहमदनगर में रहे। प्रातःकाल अनाज के अभाव के कारण वे बरहनी[3] क़स्बे में पहुंचे। इसी बीच में समाचार प्राप्त हुए कि सुल्तान मुज़फ़्फ़र ने एमादुलमुल्क तथा क़ैसर खां को बहुत बड़ी सेना एवं कुछ युद्ध के हाथी देकर सहायतार्थ भेजा है। वह सेना अहमदाबाद में पहुंची और वहां से मलाद नामक स्थान पर आई। उन लोगों ने क़िवामुलमुल्क के साथ मिलकर प्रस्थान किया और बरहनी नामक ग्राम में पड़ाव किया। वहां से उन्होंने सुल्तान की सेवा में प्रार्थनापत्र भेजा कि "पिशाच राणा चित्तौड़ चला गया है। यदि शाही आदेश हो तो हम लोग चित्तौड़ की ओर प्रस्थान करें। और हर प्रकार का प्रयत्न करें।" सुल्तान ने उत्तर भेजा कि, "अभी वर्षा ऋतु है। इसे अहमदनगर ही में व्यतीत करो। तदुपरान्त हम स्वयं उस पिशाच काफ़िर को नष्ट करने के लिये प्रस्थान करेंगे।" अमीरों ने अहमदनगर पहुँचकर पड़ाव किया।

## सुल्तान का राणा से युद्ध हेतु प्रस्थान

वर्षा ऋतु के उपरान्त सुल्तान ने समस्त सेना के मासिक वेतन में देह बिस्त[4] की वृद्धि कर दी और सेना को एक वर्ष का वेतन ख़ज़ाने से नक़द पेशगी दिलवा दिया ताकि प्रत्येक व्यक्ति अपना सामान ठीक कर ले। उसने स्वयं शव्वाल मास[5] में मुहमदाबाद से प्रस्थान किया और हालौल नामक स्थान पर जो मुहमदाबाद से तीन कोस पर है, पड़ाव किया। वहाँ से वह शीघ्रातिशीघ्र यात्रा करता हुआ अहमदाबाद पहुँचा और खेम धरोल के महलों में, जो कांकरिया हौज़ के निकट थे, पड़ाव किया। इसी बीच में सोरठ की अक़्ता के मुक़्ता मलिक अयाज़ ने २०,००० अश्वारोहियों तथा बहुत-सी तोपों और तोप चलाने वालों सहित सेवा में उपस्थित होकर निवेदन किया कि, "यदि यह सेवा दास को सौंप दी जाय (१६०) तो ईश्वर ने चाहा तो दास राणा को जीवित बन्दी बना लायेगा या उसकी हत्या कर देगा।" सुल्तान, मलिक अयाज़ की प्रार्थना से बड़ा प्रसन्न हुआ।

१ फ़रीदी के अनुसार 'रूपाल' (पृ० १११)।
२ फ़रीदी के अनुसार 'कांथा' (पृ० १११)।
३ फ़रीदी के अनुसार 'बुरहनी' अथवा 'परान्तीज' (पृ० १११)।
४ दस के स्थान पर २० अथवा दुगुनी।
५ शव्वाल ९२६ हि० (सितम्बर-अक्तूबर १५२० ई०)।

## मलिक अयाज़ का राणा के विरुद्ध भेजा जाना

मुहर्रम ९२७ हि० (दिसम्बर १५२०-जनवरी १५२१ ई०) में उसने खेम धरौल और हरसोल नामक स्थान पर पहुंच कर पड़ाव किया। उसने अहमदाबाद की सेना को भी बुलवा कर शाही शिविर से मिला दिया।[1] मलिक अयाज़ ने पुनः अपनी पहली प्रार्थना प्रस्तुत की। सुल्तान ने मलिक अयाज़ को सरतापाई[2] ख़िलअत प्रदान करके विदा किया। 'तारीखे बहादुरशाही' का लेखक लिखता है कि सुल्तान ने लगभग एक लाख अश्वारोही तथा १०० मस्त हाथी मलिक अयाज़ के साथ किये। २० हज़ार अश्वारोही तथा २० हाथी मलिक क़िवामुलमुल्क के साथ किये। दोनों सेनाओं को विदा कर दिया। मलिक अयाज़ तथा क़िवामुलमुल्क मोरासा क़स्बे में पहुँचे और मोरासा से बाकरा[3] विलायत के अधीन रहमूला नामक स्थान पर पहुंचे। वहां से उन्होंने प्रत्येक दिशा में सेनाएं इस आशय से नियुक्त कीं कि वे समस्त बाकरा विलायत को नष्ट-भ्रष्ट कर दें। इसका कारण यह था कि बाकरा का राजा भी विद्रोह में राणा के साथ था। डूँगरपुर को, जोकि बाकरा के राजा की राजधानी थी, उन्होंने जलाकर राख कर दिया। वहां से वे सागवारा के मार्ग से बांसवारा[4] पहुंचे। संयोग से शुजाउलमुल्क, सफ़दर खां तथा मुजाहिद खां शिविर के समीप २०० वीर अश्वारोहियों सहित खड़े थे, कि इसी बीच में उनके पास एक व्यक्ति आया और उसने कहा कि, "बांसवारा का राजा मंदली राय[5] सम्बन्धियों सहित इस स्थान से दो कोस पर सेना लिये पर्वत में खड़ा है। उपर्युक्त अमीर उन लोगों सहित, जो वहां उपस्थित थे, पर्वत की ओर रवाना हुए। जब काफ़िरों के क़रावलों[6] ने ऊंचाई पर से देखा कि मुसलमानों की सेना बड़ी थोड़ी संख्या में आ रही है तो उन्होंने युद्ध छेड़ दिया। अन्त में मुसलमानों की सेना को विजय प्राप्त हुई और काफ़िर पराजित हुए। कुल आठ मुसलमान उस युद्ध में मारे गये और बहुत बड़ी संख्या में काफ़िर तलवार के घाट उतार दिये गये। यह समाचार शाही शिविर में पहुंचा तो सेनाओं के बहुत से दल सहायतार्थ रवाना हुये किन्तु शाही सैनिकों के पहुंचने तक अमीरों ने उस सेना पर विजय प्राप्त कर ली और सफलतापूर्वक वे लौट पड़े। मुसलमानों की वीरता देखकर काफ़िर आतंकित हो गये और यह समाचार पाकर राणा के प्राण निकल गये।

## मलिक अयाज़ का मंदसौर पहुंचना तथा राणा द्वारा संधि का प्रस्ताव

तत्पश्चात् शाही सेना ने उस स्थान से प्रस्थान किया और ख़रजी घाट[7] को पार करके निरन्तर यात्रा करते हुये मंदसौर के क़िले को, जो राणा के अधीन था और जहां उसकी ओर से आसीक मल[8] राजपूत शासन करता था, घेर लिया। कहा जाता है कि वह क़िला अत्यन्त दृढ़ था और उसकी दीवारें (१६१) दस गज़ चौड़ी थीं। नींव से लेकर ऊपर तक क़िले का आधा भाग कड़े पत्थर का था और शेष

१ 'अन्य सेना के साथ सम्मिलित कर दिया'।
२ सम्भवतः पूरे शरीर के लिये विभिन्न वस्त्र।
३ फ़रीदी के अनुसार 'बागर' (पृ० ११२)।
४ मूल पुस्तक में 'बांसला' है किन्तु फ़रीदी के अनुसार 'बांसवारा' (पृ० ११२)
५ फ़रीदी के अनुसार 'मेदिनी राय'।
६ सेना के अग्र भाग।
७ फ़रीदी के अनुसार 'ख़रजी' अथवा 'खरख़ी' (पृ० ११३)।
८ सम्भवतः 'अशोक मल'।

आधा भाग पक्की ईंटों का था। उसे मान्दू के वाली सुल्तान होशंग ने बनवाया था। राणा ने भी उस ओर से बहुत बड़ी सेना लेकर नदीसी नामक ग्राम के निकट, जो मन्दसौर से दस कोस पर है, पड़ाव किया। मलिक अयाज़ ने क़िले के चारों ओर सुरंगें खुदवानी तथा साबातों[1] को तैयार कराना प्रारम्भ कर दिया किन्तु क़िवामुलमुल्क तथा सेना के अन्य अमीरों का मलिक अयाज़ से मतभेद हो गया। इसी बीच में राणा ने अपने वकील, मलिक (अयाज़) की सेवा में भेजे और कहलाया कि, "मुझसे बड़ा घोर अपराध हुआ है। इसका कोई उपचार नहीं हो सकता। यदि आप कृपा करके मेरे अपराधों को क्षमा कर दें तो मैं प्रतिज्ञा करता हूं कि तदुपरान्त मैं दासता प्रदर्शित करने के अतिरिक्त कोई अन्य कार्य न करूंगा। घोड़े, हाथी, बन्दी जो कुछ भी अहमदनगर के युद्ध में मुझे प्राप्त हुए हैं, उन्हें सेवा में उसी प्रकार भेज दूंगा। इसके अतिरिक्त जो कुछ भी मेरे लिये निश्चित किया जाय उसे मैं स्वीकार करूंगा।"

## गुजरात के अमीरों में परस्पर मतभेद

इसी बीच में सुल्तान महमूद ख़लजी भी मान्दू से सुल्तान की सेना की सहायतार्थ पहुंच गया। रायसेन के क़िले से सलाहदी राजपूत दस हज़ार अश्वारोहियों सहित मलिक अयाज़ से भेंट करने आ रहा था किन्तु मन्दली राय ने बीच में पड़कर उसे मार्ग-भ्रष्ट कर दिया और राणा की सेवा में ले गया। शनैः शनैः उस क्षेत्र के समस्त राजा लोग राणा की सहायतार्थ पहुंच गये और दोनों ओर से बहुत बड़ी सेनाएं एकत्र हो गईं किन्तु अमीरों के परस्पर विरोध के कारण सुल्तान मुज़फ़्फ़र तथा राज्य के हितैषियों की आशा के अनुकूल युद्ध भली-भांति सम्पन्न न हो सका और मन्दसौर के क़िले पर विजय प्राप्त न हो सकी। मलिक अयाज़ ने क़िवामुलमुल्क तथा उसके साथियों की इच्छा के विरुद्ध राणा से सन्धि करना स्वीकार कर लिया किन्तु क़िवामुलमुल्क ने स्वीकार न किया और सुल्तान महमूद को सूचित किया कि, "यदि सुल्तान स्वीकार करे तो हम उसके साथ मिलकर राणा से युद्ध करें।" सुल्तान ने भी इसे स्वीकार कर लिया किन्तु मलिक अयाज़ सेना का सरदार तथा प्रतिष्ठित सैनिक था, इस कारण सुल्तान महमूद ने उसके सम्मान को दृष्टि में रखते हुए युद्ध न किया। मलिक अयाज़ ने सुल्तान तथा क़िवामुलमुल्क के परामर्श बिना सन्धि कर ली और कूच करके १० कोस आगे बढ़कर पड़ाव किया। सुल्तान महमूद ने भी उपेक्षा की। कारण कि जैसा कि उल्लेख हो चुका है, सुल्तान महमूद राणा का आभारी था और उसका पुत्र राणा के पास बन्दी था किन्तु राणा ने उसे मुक्त कर दिया था। सुल्तान ने राणा को पेशकश अदा करना भी स्वीकार कर लिया था। उसने क़िवामुलमुल्क से कहा कि, "हम सुल्तान मुज़फ़्फ़र के आदेशानुसार (१६२) कार्य करते हैं। हमारे लिये यह उचित नहीं कि हम सुल्तान के आदेशों की अवहेलना करें।" सुल्तान महमूद भी मान्दू की ओर चला गया। अमीरों ने यद्यपि बहुत क्रोध प्रदर्शित किया किन्तु उससे कोई लाभ न हुआ। मलिक (अयाज़) गुजरात की ओर चल खड़ा हुआ और अहमदाबाद पहुंचा। सुल्तान ने मलिक अयाज़ की कड़ी आलोचनाएं कीं और उससे रुष्ट हो गया। गुजरात के सभी लोग मलिक से घृणा करने लगे। सुल्तान ने निश्चय किया कि वर्षा ऋतु के उपरान्त वह स्वयं प्रस्थान करे; और मलिक अयाज़ को सोरठ की ओर विदा कर दिया। सुल्तान ने वर्षा ऋतु मुहमदाबाद में व्यतीत की।

## राणा से युद्ध हेतु सुल्तान का प्रस्थान, राणा के पुत्र का आगमन

वर्षा ऋतु उपरान्त उसने ९२८ हि० (१५२१–२२ ई०) में अहमदाबाद की ओर राणा को दंड

1 देखिये पृ० १७८ नोट नं० ३।

देने के लिये प्रस्थान किया। जब वह अहमदाबाद पहुंचा तो वहां राणा का पुत्र हाथियों तथा पेशकश सहित, जो राणा ने देना स्वीकार किया था, सुल्तान की सेवा में पहुंचा। सुल्तान ने आक्रमण करना त्याग दिया। कुछ समय उपरान्त सुल्तान ने शिकार हेतु झालावर की ओर प्रस्थान किया और वहां से पुनः वापिस होकर ग्रीष्म ऋतु तथा वर्षा ऋतु अहमदाबाद में व्यतीत की। वर्षा ऋतु उपरान्त उसने राणा के पुत्र को विदा कर दिया। उसी वर्ष मलिक अयाज़ की मृत्यु हो गई। जब यह समाचार सुल्तान को प्राप्त हुआ तो उसने कहा कि, "मलिक अयाज़ अन्तिम अवस्था को प्राप्त हो गया था। यदि वह राणा से युद्ध करता हुआ मारा जाता तो अच्छा था, कारण कि ऐसी दशा में वह शहीद हो जाता।" संक्षेप में, सुल्तान ने मलिक अयाज़ का पद उसके ज्येष्ठ पुत्र इसहाक़ को प्रदान कर दिया और सोरठ का ख़ज़ाना मंगवाया। इसहाक़ ने ख़ज़ाने को अत्यधिक सामग्री सहित प्रस्तुत किया। सुल्तान अहमदाबाद से कबीर पंज[1] के मार्ग से मुहमदाबाद पहुंचा और वर्षा ऋतु उपर्युक्त नगर में भोग-विलास में व्यतीत की।

## बीबी रानी की मृत्यु

९३० हि० (१५२३–२४ ई०) के प्रारम्भ में वह अपने राज्य को सुव्यवस्थित करने के लिये मोरासा की ओर रवाना हुआ और मोरासा के क़िले को फिर से दृढ़ बनाया और उसकी मरम्मत कराई। ग्रीष्म ऋतु के निकट आ जाने के कारण उसने अहमदाबाद की ओर प्रस्थान किया। मार्ग में सिकन्दर खां शाहज़ादे की माता बीबी रानी, जो सुल्तान महमूद की सर्वश्रेष्ठ पत्नी थी और सुल्तान के राज्य के वज़ीरों तथा उच्च पदाधिकारियों एवं सर्वसाधारण तथा विशेष व्यक्तियों के प्रति माता के समान कृपा प्रदर्शित करती थी, मृत्यु को प्राप्त हो गई और सुल्तान की माता के क़ब्रिस्तान में, जो खेम धरोल के निकट (१६३) स्थित है, दफ़न हुई। सुल्तान ने वहां तीन दिन तक पड़ाव किया और अहमदाबाद पहुंचा। रानी की मृत्यु का सुल्तान को बड़ा शोक हुआ। कई दिन तक वह शोक के कारण रुग्ण रहा। स्वस्थ होने पर वह अहमदाबाद पहुंचा और वर्षा ऋतु उसने वहीं व्यतीत की।

## आदिल ख़ां का देहली को प्रस्थान

इसी बीच में आदिल खां बिन सुल्तान बहलोल ने, जो सुल्तान महमूद के राज्यकाल में सेवा में उपस्थित हुआ था, निवेदन किया कि, "मेरे भतीजे सुल्तान इबराहीम ने कुछ प्रतिष्ठित अमीरों की हत्या करा दी है और सेना को असंतुष्ट कर दिया है। इस कारण सुल्तान इबराहीम के अधिकांश अमीरों ने सहमत होकर मुझे बुलवाया है। यदि बादशाह की अनुमति हो तो मैं देहली की ओर प्रस्थान करूं।" सुल्तान ने सामान तैयार करके उसे बिदा कर दिया। आदिल खां देहली पहुंचा और उसने सुल्तान अलाउद्दीन की उपाधि धारण कर ली। उसने सुल्तान इबराहीम के विरुद्ध युद्ध किया किन्तु सफल न हो सका और भाग कर काबुल में ज़हीरुद्दीन मुहम्मद बाबर बादशाह के पास चला गया। वहां से उस बादशाह को साथ लेकर हिन्दुस्तान पहुंचा और उसन अपने वंश का विनाश करा दिया।

## बहादुर खां का गुजरात से प्रस्थान

९३१ हि० (१५२४–२५ ई०) में सुल्तान मुज़फ़्फ़र ने मुहमदाबाद से अहमदाबाद की ओर

१ फ़रीदी के अनसार 'कपड वंज' (पृ० ११४)।

प्रस्थान किया और कुछ समय तक मोरासा में शिकार खेलता रहा। ग्रीष्म ऋतु में वह अहमदाबाद चला आया। इसी बीच में शाहज़ादा बहादुर ख़ां ने निवेदन किया कि, "जो जागीर मुझे प्रदान की गई है उसकी आय मेरे व्यय के लिये पूरी नहीं होती। मुझे आशा है कि मेरी जागीर सिकन्दर ख़ां की जागीर से कम न रखी जायेगी।" उसकी यह प्रार्थना स्वीकार न की गई। बहादुर ख़ां रुष्ट होकर उसी वर्ष के रजब[1] मास के अन्त में दूंगरपुर की ओर चल दिया। रावल राय सिंह, दूंगरपुर का राजा, उसकी सेवा में उपस्थित हुआ और उसने सेवा करने का सम्मान प्राप्त किया। कुछ समय उपरान्त वह चित्तौड़ के राणा सांगा की सेवा में चला गया। वहां जो घटना घटी, उसका बाद में उल्लेख होगा।

वहां से वह मेवात की विलायत में पहुंचा। मेवात के हाकिम हुसेन ख़ां मेवाती ने निवेदन किया कि, (१६४) "जिस चीज़ की भी आवश्यकता हो वह उपस्थित है, और जो भी आदेश हो उसका पालन किया जायगा।" उसने उससे कोई चीज़ भी स्वीकार न की और वहां से सुल्तान इबराहीम लोदी की सेवा में पहुंचा। जिस समय सुल्तान इबराहीम ज़हीरुद्दीन मुहम्मद बाबर बादशाह से देहली से ४० कोस पर स्थित पानीपत नामक स्थान पर युद्ध करने के लिये पहुंचा हुआ था, उसने बहादुर ख़ां को बुलवाकर उससे बड़े सम्मान से भेंट की और उसके प्रति कृपा-दृष्टि प्रदर्शित की। एक दिन कुछ मुग़ुल सैनिक सुल्तान इबराहीम की सेना के कुछ लोगों को बन्दी बनाकर लिये जा रहे थे। बहादुर ख़ां ने अपनी सेना सहित उनका पीछा किया और उनके पास पहुंच कर युद्ध करने लगा। अन्त में कुछ मुग़ुलों की हत्या करके बन्दियों को मुक्त करा लिया। यह देखकर देहली वाले बहादुर ख़ां की प्रशंसा करने लगे। जब सुल्तान इबराहीम ने सुना कि देहली वाले बहादुर ख़ां से बड़े संतुष्ट हैं और हृदय से उसके मित्र हैं तो उसके प्रति सुल्तान के हृदय में ईर्ष्या उत्पन्न हो गई। यह हाल जब बहादुर ख़ां को ज्ञात हुआ तो वह सुल्तान इबराहीम से पृथक् होकर इस आशय से जौनपुर चला गया कि जौनपुर के अमीर सुल्तान इबराहीम से बड़े रुष्ट थे और वहां की प्रजा भी परेशान हो चुकी थी। उन्होंने गुप्त रूप से बहादुर ख़ां के पास संदेश भेजा था कि, "यदि शाहज़ादा इस ओर पधारे तो हम लोग हृदय से निष्ठा प्रदर्शित करेंगे।" शाहज़ादा उस ओर चल दिया। इसी बीच में सुल्तान (मुज़फ़्फ़र) की मृत्यु के समाचार प्राप्त हुए और उसने गुजरात की ओर प्रस्थान किया।

जब सुल्तान मुज़फ़्फ़र ने सुना कि बहादुर ख़ां रुष्ट होकर बाकर[2] की ओर चला गया है तो उसने ख़ुदावन्द ख़ां वज़ीर से कहा कि, "बहादुर ख़ां को लिख दो कि उसकी प्रार्थना स्वीकार की जाती है।" ख़ुदावन्द ख़ां ने निवेदन किया कि, "बहादुर ख़ां बाकर को भी पार करके इबराहीम लोदी के पास चला गया है।" यह बात सुनकर सुल्तान बड़ा दुखी हुआ और अहमदाबाद से मुहमदाबाद की ओर रवाना हुआ। जो कुछ 'बहादुरशाही' के लेखक ने लिखा है उसे नक़ल कर दिया गया। गुजरात के विश्वस्त सूत्रों से जो कुछ ज्ञात हुआ है उसे बाद में लिखा जायगा।

## सुल्तान की मृत्यु

संक्षेप में, उन्हीं दिनों वर्षा की कमी हो गई। लोग व्याकुल हो उठे। सुल्तान मुज़फ़्फ़र ने ईश्वर से प्रार्थना की कि, "हे भगवान् ! यदि मेरे पापों के कारण सर्वसाधारण को यह दंड मिल रहा है, तो मेरी मृत्यु हो जानी ही उचित है। सर्वसाधारण शान्ति से रहें और अकाल के कष्टों से मुक्त हो जायं।"

१ रजब ९३१ हि० (अप्रैल-मई १५२५ ई०)।
२ फ़रीदी के अनुसार सम्भवतः 'वागर' (पृ० ११६)।

(१६५) ईश्वर ने उसकी प्रार्थना स्वीकार कर ली और वर्षा होने लगी। सुल्तान रुग्ण हो गया और उसकी भूख कम होने लगी। एक दिन वह 'मआलिमुत्तंज़ील' नामक तफ़सीर[1] का अध्ययन कर रहा था। उसने कहा कि, "मैंने बादशाही प्राप्त करने के उपरान्त शाहज़ादगी की अपेक्षा अधिक विद्याध्ययन किया। मैंने आधी तफ़सीर का इस जीवन में अध्ययन कर लिया है और आशा है कि शेष आधी का अध्ययन स्वर्ग में करूंगा।" सभी उपस्थितगण ने सुल्तान के प्रति शुभकामनाएं कीं। सुल्तान ने कहा कि, "मेरे शरीर के एक-एक अंग का अन्त हो रहा है, ऐसा मैं अनुभव कर रहा हूं।" अन्त में ९३२ हि० (१५२५-२६ ई०) में वह अहमदाबाद से बरोदा पहुंचा और उसने कहा कि, "मैं बरोदा से जोकि मेरा निवास स्थान था विदा होने के लिये आया था। अब यहां से मैं अपने स्वामी के मक़बरे की ओर जाता हूं।" वहाँ से वह निरन्तर यात्रा करता हुआ खेम धरोल के महलों में पहुंचा और वहां पड़ाव किया। वह नित्यप्रति शक्तिहीन होता गया, यहां तक कि एक महीने तक भोजन नहीं किया।" सुल्तान के विश्वासपात्रों में से खुर्रम खां नामक एक व्यक्ति ने निवेदन किया कि, "यदि आदेश हो तो कुछ दान-पुण्य किया जाय।" उसने उत्तर दिया कि, "बैतुलमाल से मेरे प्राण के ऊपर अत्यधिक धन व्यय हो चुका है। मेरी समझ में नहीं आता कि मैं उसका उत्तर ईश्वर को किस प्रकार दूंगा। अब इसमें और वृद्धि किस प्रकार कराऊं?"

जब लोग सुल्तान के जीवन की ओर से निराश हो गये तो शाहज़ादा लतीफ़ खां ने सोचा कि "सिकन्दर खां वलीअहद[2] है, वह मुझे जीवित न छोड़ेगा।" इस कारण वह १ जमादि-उल-अव्वल[3] को अपने परिजनों सहित बरोदा चला गया। कुछ लोगों का मत है कि सुल्तान ने उसे इस विषय में आदेश दिया था।

संक्षेप में, प्रातःकाल की नमाज़ के उपरान्त २ जमादि-उल-अव्वल[4] को सुल्तान ने सिकन्दर खां को बुलवाकर राज्य के विषय में उसे शिक्षायें दीं और उससे कहा कि, "अपने भाई को कोई कष्ट न देना। इससे तुम्हारे राज्य में विघ्न न पड़ेगा।" सिकन्दर खां रोने लगा। सुल्तान ने उसे विदा किया और कहा कि, "अपने निवास-स्थान को चले जाओ फिर भेंट होगी।" तत्पश्चात् वह पालकी मंगवाकर उस पर सवार हुआ और फ़ीलखाने[5] तथा पायगाह[6] की ओर रवाना हुआ और कहा कि, "सभी लोगों से मैं विदा हो लिया। आज शुक्रवार है। अपने कारखाने वालों से भी विदा होकर अपने अपराध क्षमा करा लूँ।" उसने कारखाने पहुंचकर सभी से अपने अपराध क्षमा कराये। सब लोगों ने विलाप करते हुए उसे क्षमा (१६६) किया। तत्पश्चात् वह अपने शयनागार पहुंचा और फ़र्राशों से कहा कि, "मुझे इस सिंहासन से, जोकि मेरे पूर्वजों का है, उठाकर पलंग पर लिटा दो, कारण कि सिंहासन मेरे उत्तराधिकारी से सम्बन्धित होगा।" उसके आदेशों का पालन किया गया। इसी बीच में सुल्तान ने शुक्रवार की नमाज़ की अज़ान सुनी। उसने पूछा कि, "नमाज़ का समय हो गया?" उपस्थितगण ने उत्तर दिया, "हां।" सुल्तान ने कहा कि, "मुझमें मस्जिद तक जाने की शक्ति नहीं।" उसने कुछ लोगों को नमाज़ पढ़ने के लिये भेज दिया। कुछ क्षण उपरान्त उसने वज़ू करके स्वयं नमाज़ पढ़ी और ईश्वर से अपने अपराधों

१ क़ुरान की टीका।
२ उत्तराधिकारी।
३ १ जमादि-उल-अव्वल ९३२ हि० (१३ फ़रवरी १५२६ ई०)।
४ २ जमादि-उल-अव्वल ९३२ हि० (१४ फ़रवरी १५२६ ई०)।
५ गजशाला।
६ अश्वशाला।

की क्षमा-याचना की। चारपाई पर लेट गया और तीन बार कलमा पढ़ा। तदुपरान्त मृत्यु को प्राप्त हो गया। सुल्तान महमूद बेकरह के मक़बरे में, जो शेख़ अहमद खत्तू के मक़बरे के पांयती है, दफ़न हुआ। उसकी मृत्यु २ जमादि-उल-अव्वल ९३२ हि० (१४ फ़रवरी १५२६ ई०) को हुई। उसने १४ वर्ष तथा ९ मास तक राज्य किया।

सुल्तान, सैयिद ताहिर का, जो बरोदा नगर में दफ़न हैं, मुरीद था। गुजरात के विश्वस्त सूत्रों से ज्ञात हुआ है कि गुजरात के सुल्तानों में से कोई भी पवित्रता, विद्वत्ता तथा बुद्धिमत्ता में सुल्तान मुज़फ़्फ़र के समान न था। उसे अपने राज्यकाल में ही स्वप्न में मुहम्मद साहब द्वारा शुभकामनाएं मिलीं थीं कि ईश्वर ने उसे नरक से मुक्त कर दिया है। उसी रात्रि में १०० पवित्र व्यक्तियों ने वही स्वप्न देखा। प्रातःकाल सभी ने यह समाचार सुल्तान को पहुंचाये। क्या ही सदाचारी बादशाह था वह जिसे अपने राज्यकाल में ही परलोक के कष्टों से मुक्ति की सूचना मिल गई।

## सुल्तान मुज़फ़्फ़र द्वारा क़ुरान कंठस्थ करना

कहा जाता है कि एक शबेक़दर[1] में सुल्तान महमूद आलिमों तथा पवित्र लोगों की गोष्ठी में बैठा हुआ था और नाना प्रकार की बातों का उल्लेख हो रहा था। इसी बीच में एक आलिम ने कहा कि, "क़यामत के दिन सूर्य पापियों को जलाने के लिये एक भाले की ऊंचाई तक आकाश से उतरकर नीचे आ जायगा। उस समय ऐसे व्यक्ति, जिन्हें क़ुरान कंठस्थ हो अथवा जिनकी सात पुश्तों में से किसी को क़ुरान कंठस्थ हो, ईश्वर की कृपा की छाया में रहेंगे और सूर्य की गर्मी उन लोगों तक न पहुंच सकेगी।" सुल्तान ने ठंडी सांस भर कर कहा कि, "खेद है कि मेरे किसी पुत्र को भी यह सौभाग्य न प्राप्त हो सका।" सुल्तान
(१६७) मुज़फ़्फ़र उस गोष्ठी में उपस्थित था। वहां से कुछ दिन उपरान्त जब वह आज्ञा लेकर अपनी जागीर बरोदा पहुंचा तो वह क़ुरान पढ़ने तथा उसे कंठस्थ करने के अतिरिक्त कोई अन्य कार्य न करता था। यहां तक कि उसकी आंखें उठ आईं। सुल्तान के विश्वासपात्रों ने कहा कि, "यह अत्यधिक जागने तथा क़ुरान के कंठस्थ करने का प्रभाव है।" यदि कुछ दिनों के लिये आप क़ुरान को कंठस्थ करना तथा जागना कम कर दें तो आंखों की लाली का अन्त हो जायेगा।" सुल्तान ने उत्तर दिया कि, "मैं इससे प्रसन्न हूं। यह बात मेरे सौभाग्य की द्योतक है।" संक्षेप में, परिश्रम करके उसने एक वर्ष तथा कुछ मास में समस्त क़ुरान कंठस्थ कर लिया और रमज़ान[2] के शुभ मास में सुल्तान की सेवा में उपस्थित होकर उसने निवेदन किया कि, "यदि आज्ञा हो तो तरावीह[3] में क़ुरान ख़त्म करूं।" सुल्तान यह बात सुनकर इतना प्रसन्न हुआ कि उसका उल्लेख नहीं हो सकता। तदुपरान्त उसने क़ुरान के कंठस्थ करने का कारण पूछा। उसने उस गोष्ठी की वार्ता का उल्लेख किया। सुल्तान ने उसे आलिंगन किया और उसके शरीर तथा आंखों का चुम्बन करके उसकी प्रशंसा की और उसके लिये शुभकामनाएं प्रकट कीं। उस पवित्र रमज़ान मास में १६ दिन की तरावीह में उसने १६ क़ुरान ख़त्म किये।[4] सुल्तान ने कहा कि, "मैं ख़लील ख़ां के ऋणी से किस प्रकार उऋणी हो सकता हूं? उसने मुझे तथा मेरे पूर्वजों को क़यामत के दिन

१ २७ रमज़ान की रात्रि।
२ इस्लामी वर्ष का ६वां मास जिसमें मुसलमान पूरे मास में रोज़ा रखते हैं। इस मास में रात्रि में .क़ुरान का पाठ करने में बड़ा पुण्य बताया जाता है।
३ रमज़ान मास में रात्रि में खड़े होकर सामूहिक रूप से .क़ुरान का पाठ करना।
४ एक रात्रि में पूरा .क़ुरान पढ़ डाला।

के सूर्य की गर्मी से मुक्ति दिला दी। इसके बदले में मैं कर ही क्या सकता हूं ? मेरे हाथ में बादशाही है, इसे मैं अपने जीवनकाल में उसे प्रदान करता हूं।" वहां से उठकर उसने ख़लील खां को सिंहासनारूढ़ कर दिया और स्वयं दूसरे सिंहासन पर बैठ गया। दूसरे दिन समस्त अधिकारियों, दरबार से सम्बन्धित लोगों, वज़ीरों, अमीरों तथा सैनिकों को बुलवाकर उन्हें भोजन कराया। कहा जाता है कि किसी बादशाह के राज्यकाल में इस प्रकार की दावत न हुई थी। समस्त अमीरों तथा उच्चपदाधिकारियों के समक्ष (१६८) उसने रात का हाल तथा क़ुरान कंठस्थ करने के बदले में ख़लील खां को राज्य प्रदान करने के विषय में बताया। सभी ने बादशाह तथा शाहज़ादे की प्रशंसा की।

## मदिरा से सुल्तान को घृणा

कहा जाता है कि सुल्तान का एक घोड़ा अपने समय में दौड़ने तथा उत्तमगति से चलने में अद्वितीय था और विशेष रूप से वह सुल्तान की सवारी के प्रयोग में आता था। एक दिन उसके पेट में दर्द होने लगा; बड़ा उपचार हुआ किन्तु किसी से कोई लाभ न हुआ। एक कुशल चिकित्सक ने कहा कि, "यदि उसे मदिरा पिलाई जाय तो उसे लाभ होगा।" मदिरा पिलाने से पीड़ा का तुरन्त अन्त हो गया। मीर आखुर[1] ने इसकी चर्चा सुल्तान से की। सुल्तान ने अपने दांतों के नीचे अंगुली दबा ली और तदुपरान्त वह उस घोड़े पर सवार न हुआ।

कहा जाता है कि सुल्तान ने न तो उस समय जब कि वह शाहज़ादा था और न उस समय जब कि वह बादशाह था कभी किसी नशे की वस्तु का सेवन किया। एक दिन क़िवामुलमुल्क सारंग ने उससे पूछा कि, "क्या कभी सुल्तान ने किसी नशे की वस्तु का उपयोग किया है ?" सुल्तान ने कहा, "हां! पांच वर्ष की अवस्था में मैं कोठे के ज़ीने से लुढ़क कर भूमि पर गिर पड़ा। मेरे बड़ी चोट लगी। मेरी दादी हानसबाई, जिनके ऊपर मेरे पालन-पोषण का भार था, मुझे मदिरा के २-३ प्याले दिये। मैंने उसी समय क़ै कर दी और मरने के निकट पहुंच गया। हानसबाई ने स्वप्न देखा कि कोई व्यक्ति उनसे कह रहा है कि, 'तूने ख़लील खां को मदिरा पिलाई थी ?' हानसबाई ने कहा, 'हां।' उस व्यक्ति ने कहा, 'तोबा कर तदुपरान्त उसे मदिरा कभी मत पिलाना। वह स्वयं स्वस्थ हो जायगा।' हानसबाई ने कहा, 'मैं तोबा करती हूं।' उनका पांव कांपने लगा और वे जाग उठीं तथा ईश्वर से क्षमा-याचना करने लगीं। मैं तत्काल स्वस्थ हो गया। मुझे स्मरण है कि मैंने उस दिन मदिरा पान किया था। तदुपरान्त ईश्वर ने मुझे इससे सुरक्षित रखा।"

कहा जाता है कि सुल्तान मुज़फ़्फ़र नशे की वस्तु का नाम न लेता था। यदि नशे की वस्तु के नाम लेने की आवश्यकता पड़ती थी तो गोली शब्द का प्रयोग करता था। अतः गुजरात वाले तदुपरान्त नशे की वस्तु को गोली कहने लगे।

## शरा पर आचरण

कहा जाता है कि शरा द्वारा स्वीकृत कार्यों में कोई भी ऐसा कार्य न था जिसे सुल्तान न करता हो। सर्वदा वह वज़ू किये रहता था और मौत की स्मृति रखता था और उसे कभी न भूलता था। सर्वदा ईश्वर के भय के कारण विलाप करता रहता था और दुखी रहता था। आलिमों के आदर-सम्मान का वह अत्य-

१ अमीर आख़ुर तथा मीर आख़ुर शाही अश्वशाला का सबसे बड़ा अधिकारी।

धिक प्रयत्न करता थां किन्तु दरवेशों के प्रति उसे श्रद्धा न थी अपितु उनके विषय में इन्कार करता था। (१६९) उलमाये ज़ाहिर[1] का सूफ़ियों से मतभेद रहता है। जब वह सुल्तानुल आरेफ़ीन शाह शेख़ जियु इब्न (पुत्र) सैयिद बुरहानुद्दीन बुख़ारी, जो क़ुतुबुल आलम के नाम से प्रसिद्ध हैं, की सेवा में पहुंचा तो इसके उपरान्त जहां भी किसी दरवेश का नाम सुन लेता वह उससे लाभान्वित होने के लिए पहुंच जाता था। सुल्तान तथा शेख़ बुरहानुद्दीन की भेंट का उल्लेख बाद में किया जायेगा।

गुजरात के विश्वसनीय लोग सुल्तान के अनेकों चमत्कारों की चर्चा किया करते हैं। उनमें से एक इस प्रकार है : मलिक अल्लाह दिया[2], जिसकी उपाधि हुरमुज़ुलमुल्क थी, सुल्तान का विश्वासपात्र था। उसके कोई पुत्र न था। इस कारण वह बड़ा दुखी रहता था। उसने सोचा कि, "मैं काबा जाकर जहां सभी की प्रार्थनाएं स्वीकार हो जाती हैं, ईश्वर से पुत्र के लिये प्रार्थना करूं, सम्भव है मेरी प्रार्थना स्वीकार हो जाय।" वह सुल्तान की सेवा में पहुंचा और उसने आंखों में आंसू भरकर जो कुछ निश्चय किया था उसके विषय में निवेदन किया और उससे काबा जाने की अनुमति मांगी। सुल्तान भी रोने लगा और उसने कहा कि, "मलिक अल्लाह दिया ! इस वर्ष प्रतीक्षा कर, ईश्वर तुझे पुत्र देगा।" मलिक ने धैर्य धारण किया। सुल्तान ने मांस का सेवन त्याग कर रात्रि में जागना प्रारम्भ कर दिया; तहज्जुद की नमाज़ के उपरान्त ईश्वर से प्रार्थना किया करता था और मलिक अल्लाह दिया के लिये पुत्र की दुआ करता रहता था। उसी सप्ताह में शुक्रवार की रात्रि में उसने मुहम्मद साहब को स्वप्न में देखा और उनसे मलिक अल्लाह दिया के पुत्र के विषय में प्रार्थना की। मुहम्मद साहब ने कहा कि, "मलिक अल्लाह दिया के दो पुत्र होंगे किन्तु अन्य स्त्री से।" सुल्तान यह सुखद समाचार पाकर जाग उठा और प्रसन्न होकर उसने वज़ू किया और नमाज़ पढ़कर ईश्वर के प्रति कृतज्ञता प्रकट की। वह घर की एक कनीज़ युवती को जो राजपूत वंश से थी और बड़ी रूपवती थी, अपने साथ लेकर मलिक अल्लाह दिया के घर पहुंचा और उस कनीज़ को उसे देकर कहा कि, "इस स्त्री से तेरे दो पुत्र होंगे। कुछ मनौती कर।" मलिक ने हृदय में मनौती की। कुछ समय उपरान्त वह कनीज़ गर्भवती हुई और एक रूपवान पुत्र का जन्म हुआ। सुल्तान ने स्वयं वहां पहुंचकर उसके कान में अज़ान कही और ख़ुशी मनाई गई। एक सप्ताह उपरान्त उसका नाम लुत्फ़ुल्लाह रखा गया।

सैयिद महमूद बिन सैयिद जलाल का कथन है कि "मैंने उस पुत्र को देखा था। सुल्तान अहमद (१७०) द्वितीय के राज्यकाल में उसकी उपाधि हिज़ब्रुलमुल्क हुई। सुल्तान का यह चमत्कार बड़ा प्रसिद्ध है। उस कनीज़ के कुछ समय उपरान्त एक अन्य पुत्र का जन्म हुआ और उसे भी बाद में उपाधि प्राप्त हुई। गुजरात के विश्वसनीय लोगों का कथन है कि सुल्तान को मुहम्मद साहब के प्रति अत्यधिक निष्ठा-भाव तथा स्नेह था। वह अत्यधिक दरूद[3] पढ़ा करता था एवं मुहम्मद साहब की पवित्र आत्मा के नाम पर भोजन वितरण करता रहता था। आलिमों को एकत्र करके उनके हाथ धुलवाता था। १२वें दिन विदा के समय प्रत्येक को इतना अधिक वस्त्र तथा सामान देता था कि, दूसरे वर्ष तक उन्हें वे पर्याप्त होते थे।

१ वे आलिम अथवा मुसलमान विद्वान् जो अधिकांशः शासन से सहयोग रखते हैं।
२ फ़रीदी ने इसे 'मलिकुल हिदाया' पढ़ा है, (पृ० १२०)।
३ देखिये पृ० १३६ नोट नं० २।

कहा जाता है कि एक दिन वह क़ुरान मजीद पढ़ रहा था, क़यामत से सम्बन्धित टिप्पणी सहित आयत[1] पर उसकी दृष्टि पड़ी और वह रोने लगा। उसने कहा कि, "उस दिन मेरी क्या दशा होगी ?" मियां शेख़ जियु ने, जो सुल्तान के नदीम थे, निवेदन किया कि, "मैं जानता हूं कि सुल्तान ने कभी कोई बड़ा पाप नहीं किया है। आप अपना अधिकांश समय ईश्वर की उपासना में व्यतीत करते रहते हैं। प्रजा भी आपसे संतुष्ट है। उस दिन आप को उच्च श्रेणी प्राप्त होगी।" सुल्तान ने कहा, "शेख़ जियु! मेरी ग्रीवा पर भारी बोझ है, मैं उसके लिये विलाप करता रहता हू। मुहम्मद साहब का कथन है कि, 'जिसका भार हल्का होता है उसे मुक्ति प्राप्त हो जाती है और जिसका भार अधिक होता है वह नष्ट हो जाता है।'"

## सुल्तान का चरित्र

सैयिद जलाल मुनव्वरुलमुल्क बुख़ारी का कथन है कि, "जब मेरी अवस्था चार वर्ष की थी तो मेरे पिता सैयिद महमूद की हत्या हो गई। तीसरे दिन मलिक असदुलमुल्क, जो शेख़ जियु तमीम[2] के नाम से प्रसिद्ध था और सुल्तान का विश्वासपात्र था, मेरा हाथ पकड़कर सुल्तान की सेवा में ले गया और मेरे पिता के विषय में निवेदन किया। सुल्तान ने मुझे आगे बुलवाकर मेरे सिर तथा मुख के ऊपर हाथ फेरा और कहा कि 'यह पुत्र भाग्यशाली होगा।' उस तिथि से दस वर्ष तक मैं सुल्तान का विश्वासपात्र रहा। मैंने सुल्तान को न तो कभी किसी की आलोचना करते हुए और न मुरव्वत के विरुद्ध कोई कार्य करते हुए देखा। यहां तक कि सुल्तान क़िवामुलमुल्क सारंग के प्रति शंकित था और उसमें वह निष्ठा सुल्तान न पाता था जो सेवकों को स्वामी के प्रति होनी चाहिये।" क्योंकि वह सुल्तान महमूद का विश्वासपात्र था अतः सुल्तान उस पर बड़ा भरोसा किया करता था। सुल्तान की मृत्यु के उपरान्त भी वह
(१७१) आबदारी[3] के पद पर नियुक्त रहा। रमज़ान के मास में रोज़े खोलने के लिये वह जल लाया करता था। सुल्तान उसके हाथ से जल लेकर कुछ आयतें तथा दुआएं, जोकि विष का प्रभाव समाप्त करने के लिये पढ़ी जाती हैं, पढ़ा करता था किन्तु मुरव्वत के कारण वह उस पद को उससे न लेता था। अन्त में मलिक को इस बात का पता चल गया। उसने कहा, "यह दास वृद्ध हो चुका है और आबदारी की सेवा उससे नहीं हो सकती।" सुल्तान ने कहा, "तेरे अतिरिक्त किसे यह पद प्रदान किया जा सकता है ?" उसने कहा कि, "मेरे चाचा का पुत्र उस समय जब कि आप शाहज़ादे थे आपके अधीन शराबदारी[4] अथवा आबदारी के पद पर नियुक्त था। अब यह पद उसी को प्रदान कर दिया जाय कारण कि वह युवक है और सेवा कर सकता है। वृद्ध दास को मुक्त कर दिया जाय।" सुल्तान ने ऐसा ही किया। उसने आजीवन किसी भी व्यक्ति को अपमानित न किया और किसी भी व्यक्ति का नाम घृणापूर्वक न लिया, सर्वदा सम्मानपूर्वक नाम लेता था। सुल्तान से कोई भी व्यक्ति किसी विषय में रुष्ट न था। वह कभी कभी कहा करता था कि, "यदि मैं जंगल में अकेला भी रहूं तो भी कोई व्यक्ति मुझे हानि न पहुंचायेगा क्योंकि मैंने कभी किसी को कोई हानि नहीं पहुंचाई है।"

१ कुरान का वाक्य।
२ मूल पुस्तक में यह शब्द 'यतीम' है किन्तु फ़रीदी के अनुसार 'तमीम' (पृ० १२२)।
३ वह अधिकारी जो सुल्तानों अथवा अन्य बड़े बड़े अधिकारियों के लिये जल अथवा अन्य पीने की वस्तुओं का प्रबन्ध करता था।
४ वह अधिकारी जो सुल्तानों तथा अन्य बड़े बड़े अधिकारियों के लिये मदिरा का प्रबंध करता था।

कहा जाता है कि एक दिन सुल्तान प्रातःकाल की नमाज़ के पूर्व स्नान कर रहा था। आफ़ताबची[1] लोग जल डाल रहे थे। शरीर धोने के उपरान्त उसने सिर पर डालने के लिये जल मांगा। संयोग से रात्रि में अँधेरा होने के कारण, गरम पानी के देग में एक चूहा गिर पड़ा था। उसकी हड्डी तथा मास निकल आये थे। आफ़तावचियों को इस बात का पता न था। उन्होंने उसी देग से आफ़ताबा[2] भरकर सुल्तान के हाथ में दे दिया। सुल्तान ने जैसे ही जल अपने सिर पर डाला, समस्त खाल तथा मांस उसके मुंह और कन्धों पर गिर पड़ा। सुल्तान घृणा प्रदर्शित करता हुआ वहां से उठ खड़ा हुआ और हौज़ में कूद पड़ा। अपना सिर, मुंह तथा कन्धा धोकर बाहर निकला और नमाज़ पढ़ी। नमाज़ के उपरान्त उसने आफ़ताबचियों को बुलवाया। आफ़ताबची लोग (अपनी दृष्टि में) अपने जीवन से हाथ धो चुके थे। सुल्तान ने पूछा कि, "तुम लोगों में से कितने व्यक्ति इस कार्य हेतु नियुक्त हैं?" उन्होंने उत्तर दिया कि, "१०० व्यक्ति।" सुल्तान ने कहा कि, "१०० व्यक्ति भी एक व्यक्ति की भली-भांति सेवा नहीं कर सकते। मैं स्वयं वृद्ध हूं, मैं तुम्हारे अपराध क्षमा करता हूं किन्तु मेरे पुत्र युवक हैं, तुम उनकी सेवा किस प्रकार कर सकोगे? मुझे तुम्हारे जीवन पर खेद होता है कि इस प्रकार तुम मेरे पुत्रों की कैसे सेवा करोगे और अपने प्राण सुरक्षित रख सकोगे। हे अभागो! अब इसके उपरान्त ऐसी असावधानी मत करना ताकि मुझे तुम्हें डांटने में अपना समय नष्ट करना पड़े।"

अन्त में सुल्तान बहादुर बिन सुल्तान मुज़फ़्फ़र के राज्यकाल में उन्हीं आफ़ताबचियों में से एक व्यक्ति सुल्तान के हाथ पर गरम पानी डाल रहा था। सुल्तान ने आदेश दिया कि, "इसी प्रकार का
(१७२) उबलता हुआ जल इसके अण्डकोष पर डाला जाय ताकि अन्य लोग शिक्षा ग्रहण कर सकें।" कहा जाता है कि वैसा ही उबलता हुआ जल उसके अण्डकोष पर डाला गया और वह फट गया और तत्काल उसकी मृत्यु हो गई।

सैयिद जलाल बुख़ारी का कथन है कि सुल्तान हर दिन क़ुरान का एक रुकू[3] नस्ख़[4] लिपि में लिखता था। जब क़ुरान समाप्त हो जाता तो वह उस क़ुरान को वक़्फ़ करके मक्का अथवा मदीना इस आशय से भेज देता था कि जिसे भी क़ुरान पढ़ने की इच्छा हो, वह उसे पढ़े। एक दिन वह क़ुरान नक़ल करने में व्यस्त था। एक पृष्ठ को बड़ा ही सुन्दर लिखकर वह बड़ा प्रसन्न हुआ और कहा कि, "इस पृष्ठ को मैंने बड़े सुन्दर ढंग से लिखा है।" वह वरक़ को उलटना चाहता था कि इसी बीच में सुल्तान का क़ूरची[5] लतीफ़ुलमुल्क सोंधा, जो तलवार लिये पीछे खड़ा था, अफ़ीम के नशे में 'पिनक' गया। उसके हाथ से तलवार सुल्तान के कन्धे पर गिर पड़ी और लेखनी सुल्तान के हाथ से पृष्ठ पर गिर पड़ी। कुछ पंक्तियां काली हो गयीं। सेवकों ने उसे धक्का देकर बाहर निकाल दिया। सुल्तान ने कुछ न कहा और चाक़ू लेकर पृष्ठ पर जो स्याही गिर पड़ी थी, उसे मिटा दिया। खरिये का पौडर उसपर मल दिया और मोहरा रगड़कर पुनः लिखना प्रारम्भ कर दिया। रुकू को समाप्त करके क़लम को क़लमदान में रख दिया और कहा कि, "वह मूर्ख लतीफ़ुलमुल्क कहां है?" शेख़ जियु ने उसकी सिफ़ारिश करते हुए कहा कि, "वह

१ हाथ धुलाने तथा स्नान कराने वाला।
२ एक प्रकार का लोटा।
३ एक अंश।
४ एक प्रकार की लिपि। अरबी अधिकांश इसी लिपि में लिखी जाती है।
५ शाही अस्त्र-शस्त्र रखने वाला।

बाहर पड़ा है और फूट-फूट कर रो रहा है कि 'मैंने वहुत वड़ा अपराध किया है। मैं इस योग्य हूं कि चाहे मेरे हाथ कटवा लिये जांय और चाहे हाथी के पांव के नीचे डलवा दिया जाय।" सुल्तान ने कहा, "मैं ही क्यों उसके हाथ कटवाऊं? जो कोई ऐसी असावधानी करेगा उसके हाथ कट ही जायेंगे, किन्तु उससे कह (१७३) दो कि वह फिर मेरे अभिवादन हेतु न आये।" मलिक शेख़ जियू ने कहा कि, "यह दंड गरदन कटवाने से अधिक कठोर है। उसे इस संसार में कहां स्थान है?" सुल्तान ने कहा, "अच्छा उससे कहो कि वह फिर गोली न खाये और नशे के निकट न जाय।" मलिक शेख़ जियू ने निवेदन किया कि, "वह तोबा करता है कि वह पुनः न खायेगा।" संक्षेप में मलिक शेख़ जियू ने उसे उसी गोष्ठी में बुलवाकर सुल्तान के चरणों में डाल दिया और सुल्तान ने उसे क्षमा कर दिया। वह पुनः तलवार लिये हुए पीछे खड़ा हो गया।

सैयिद जलाल बुख़ारी इस कहानी की चर्चा करते थे कि एक आफ़ताबची का पुत्र बड़ा ही चपल तथा वाक्पटु था। सुल्तान कभी कभी उससे कुछ पूछा करता था और वह वाक्पटुता का प्रदर्शन करता था। सुल्तान प्रसन्न होकर मुस्कराता था। एक दिन सुल्तान वज़ू कर रहा था और वह जल डाल रहा था। ऐसा निश्चय था कि मसा[1] के समय एक सेवक सुल्तान के सिर से पगड़ी उठा लेता था। सुल्तान मसा करके पुनः पगड़ी पहिन लेता था। वज़ू के उपरान्त पगड़ी के २-३ घुमाव खोलकर पुनः लपेट लेता था। एक बार वज़ू के उपरान्त प्रथानुसार पगड़ी हाथ में लेकर उसने २-३ घुमाव खोले और उन्हें लपेटने लगा। एक नदीम ने कहा कि, "सुल्तान सलामत! यह कपड़ा कितना सुन्दर है?" सुल्तान ने कहा, "ऐसा सुन्दर तो नहीं, हमारे सेवक इससे अधिक सुन्दर प्रयोग में लाते हैं किन्तु वे जिस प्रकार मैं बांधता हूं उस प्रकार नहीं बांधते अपितु मरोड़ कर बांधते हैं।" आफ़ताबची के पुत्र ने कहा कि, "यदि वे मरोड़ कर न बांधें तो अच्छी न लगे।" सुल्तान ने पूछा, "मेरे जिस प्रकार पगड़ी लपेटी जाती है क्या वह अच्छी नहीं लगती?" उसने कहा, "सुल्तान की पगड़ी मुल्लाओं तथा बोहरों[2] की पगड़ियों के समान मालूम होती है।" असदुलमुल्क ने उसके मुख पर तमाचा मारा और डांटा। सुल्तान ने कहा, "क्यों मारते हो? बालक है, जो कुछ अपने माता-पिता से सुनता है, वही कहता है। मैं इस बात से संतुष्ट हूं कि, मेरी पगड़ी मुल्लाओं की पगड़ी के समान कही जाती है किन्तु बोहरों की पगड़ियों के समान क्यों कही जाती है? वे राफ़ज़ी[3] होते हैं और मैं सुन्नी हूं।"

कहा जाता है कि एक दिन एक मदिरा बेचने वाले ने सुल्तान के समक्ष एक प्रार्थनापत्र प्रस्तुत (१७४) किया। उसके हाथ में लोहे की अँगूठी थी। वह सुल्तान की आस्तीन से उलझ गई और सुल्तान की आस्तीन टुकड़े-टुकड़े हो गई। सुल्तान ने काग़ज़ खोलकर उसे पढ़ा और उसकी इच्छानुसार आदेश दे दिया और कहा कि "तदुपरान्त उसे कोई भी प्रार्थनापत्र न दिखाया जाय। यदि दिखाया जाय तो लकड़ी की तख़्ती पर रखकर दिखाया जाय अथवा सेवक लोग प्रार्थियों के हाथ से लेकर मेरे हाथ में दे दें।"

यह बात छुपी न रहनी चाहिये कि सुल्तान सदाचरण के कारण अपव्ययता से बचता रहता था। इस प्रकार जो लोग सहायता के पात्र न होते थे वे इन बातों को सुल्तान की कृपणता का फल बताते थे

१ वज़ू में मुंह हाथ इत्यादि धोने के उपरान्त ग्रीवा को एक प्रकार से मलना।
२ बोहराः— शीआ मुसलमानों की एक शाखा जो अधिकांश गुजरात एवं बम्बई में निवास करते हैं।
३ राफ़ज़ीः—शीआ।

और सभाओं तथा गोष्ठियों में इसकी चर्चा करते रहते थे। यह उनके लोभ के कारण होता था न कि सुल्तान के संसार को प्रिय रखने के कारण। यदि सुल्तान संसार को प्रिय रखता तो मालवा सरीखा राज्य तथा उसका ख़ज़ाना, जो उसने इतने परिश्रम से मन्दली राय से प्राप्त किया था, सुल्तान महमूद ख़लजी को न दे देता। इसका उल्लेख ऊपर हो चुका है। यद्यपि गुजरात के अन्य सुल्तान अत्यधिक दान-पुण्य करते रहे हैं, उदाहरणार्थ मुहम्मद बिन अहमद शाह, सुल्तान बहादुर बिन सुल्तान मुज़फ़्फ़र, किन्तु दान-पुण्य करन तथा राज्य प्रदान करने में बड़ा अंतर है। यद्यपि सुल्तान दान-पुण्य करने में बड़े साहस से कार्य लेता था किन्तु संयम से।

कहा जाता है कि मुहिब्बुलमुल्क[1] ख्वाजासरा, जिसे सुल्तान बहादुर ने अपने राज्यकाल में ख़ाने जहां की उपाधि प्रदान की थी और जो सुल्तान मुज़फ़्फ़र के समय में अहमदाबाद के नगर का कोतवाल था, बड़ी दीर्घायु का स्वामी हुआ है और कोतवाली के कार्य में अद्वितीय था। चोर का मुँह देखकर उसे पहिचान लेता था।

कहा जाता है कि एक दिन सुल्तान बाज़ार में जा रहा था। उसने एक आदमी को बैठा हुआ देखा। वह वहीं रुक गया और जीवन नामक नकटे जल्लाद से कहा, "जीवन! इस व्यक्ति को पकड़ लो।" लोग आश्चर्य में पड़ गये कि उसने कोई भी अपराध नहीं किया फिर क्यों पकड़ा जा रहा है। जब उसे पकड़ कर लाया गया तो उसके सिर और कमर की[2] तलाशी ली गई। घोड़ों के पांव की ज़ंजीर की कुंजी उसकी पगड़ी के नीचे से निकली। अन्त में ज्ञात हुआ कि वह बड़ा प्रसिद्ध चोर है।

संक्षेप में, ख़ाने जहां ने सोचा कि, "गुजरात के बादशाहों की चार पीढ़ियां समाप्त हो चुकी हैं किन्तु ऐमा[3] की वृत्ति उसी प्रकार है। इस बीच में उसमें कोई भी परिवर्तन नहीं हुआ अपितु प्रत्येक बादशाह ने पिछले बादशाह के राज्यकाल की अपेक्षा अपने राज्यकाल में उसमें वृद्धि की। उनके विषय में (१७५) पूछताछ करनी चाहिये कि कौन कौन लोग मर चुके हैं और कौन कौन राज्य छोड़ चुके हैं।" पूछताछ के उपरान्त मरे हुए लोगों की संख्या अधिक निकली और राज्य छोड़ने वालों की बड़ी थोड़ी। भूतकाल में गुजरात के राज्य में धन-सम्पत्ति का इतना बाहुल्य था कि संसार के किसी भी भाग से कोई व्यक्ति, जो वहां पहुंच जाता, किसी अन्य स्थान को न जाता था और गुजरात के किसी व्यक्ति का अपने देश से जाना असम्भव था। संक्षेप में, उसने मरे हुए लोगों का वज़ीफ़ा ज़ब्त कर लिया। उस धन को प्राप्त करके वह सुल्तान की सेवा में लाया। जब सुल्तान ने पूछा कि, "यह किसका धन है?" तो उसने उत्तर दिया कि, "सुल्तान का है, और इसका कारण यह है कि सुल्तान मुज़फ़्फ़र के राज्यकाल से ऐमा की इमलाक[4] प्रदान की गई थी और उस काल से सुल्तान के समय तक उसमें वृद्धि होती रही। पूछताछ करने पर मरे हुए लोगों की संख्या अधिक निकली। मरे हुए लोगों के वज़ीफ़े की आय एकत्र करके सुल्तान की सेवा में लाया हूं।" सुल्तान ने उसकी कटु-आलोचना करते हुए उसे डांटना शुरू किया और कहा, "हे निर्लज्ज तथा मूर्ख! मैं तुझे क्या कहूं, यदि तू पुरुष होता तो मैं तुझे नामर्द होने की गाली देता, यदि स्त्री होता तो व्यभिचारिणी कहता, किन्तु न तो तू पुरुष है और न स्त्री अपितु दोनों ही के दोष तुझमें विद्यमान

१ फ़रीदी के अनुसार 'हुज्जतुलमुल्क'।
२ 'जो वस्त्र सिर तथा कमर में थे'।
३ धार्मिक लोगों तथा विद्वानों इत्यादि की वृत्ति।
४ धार्मिक लोगों तथा विद्वानों इत्यादि को प्रदान की हुई भूमि।

हैं। जिस व्यक्ति की मृत्य हो गई होगी उसके पुत्र जीवित होंगे, यदि पुत्र न होंगे तो पुत्री तथा पत्नी होंगी। यदि ये भी न होंगे तो दास एवं दासियां अवश्य ही होंगे। तूने जो यह पाप किया है, यदि अपनी ओर से किया है तो बहुत बड़ा पाप किया, ऐसा कभी न करना चाहिये। जाकर जिन-जिन लोगों से यह धन लिया है, उन्हें दे दे और दरिद्रियों के हृदय को संतुष्ट कर।" तदुपरान्त उसने आदेश दिया कि "गुजरात के समस्त ऐमा के विषय में यह फ़रमान जारी किया जाय कि जिस किसी की मृत्य हो गई है उसको वृत्ति प्रदान होती रहे। वर्तमान काल तथा भूतकाल के आमिलों में से कोई भी उसमें हस्तक्षेप न करे। तदुपरान्त जिन लोगों की मृत्य हो जाती थी, उनका वज़ीफ़ा उनकी सन्तान को दैवी आदेशानुसार प्रदान कर दिया जाता था। और वह इस प्रकार कि पुरुष को स्त्री के हिस्से से दुगना मिलता था।

(१७६) कहा जाता है कि सुल्तान महमूद के राज्यकाल में मालवा के बादशाह सुल्तान महमूद खलजी ने गुजरात को विजय करने के लिये आक्रमण किया, जैसा कि इससे पूर्व लिखा जा चुका है। जब वह गुजरात की सीमा पर पहुँचा तो कुछ "अहले क़लम[1]" जिन्हें सुल्तान ने पदच्युत कर दिया था, सुल्तान महमूद की सेवा में उपस्थित हुए और परगनों की सविस्तार पंजिकाएं उसे दिखाईं। सुल्तान ने सुना कि "लोग कह रहे हैं कि यह बड़ा अच्छा शगुन है कि गुजरात की पंजिकाएं प्राप्त हो गईं। गुजरात का राज्य भी इसी प्रकार प्राप्त हो जायेगा।" सुल्तान महमूद ने कहा कि, "इस राज्य में अत्यधिक दान-पुण्य होता है। कोई परगना अपितु कोई ग्राम ऐसा नहीं है जिसमें वक़्फ़ तथा वज़ीफ़े न हों। यह बिना सवार तथा घोड़े की सेना है जो रात्रि भर नक्षत्रों के समान जागती रहती है और शुभकामनाएं प्रकट किया करती है।"

यद्यपि यह कहानी इससे पूर्व लिखी जा चुकी है किन्तु इस स्थान पर प्रसंग के कारण लिख दी गई। उसने मक्का तथा मदीना के फ़क़ीरों के लिये वज़ीफ़े निश्चित कर दिये थे जो उन्हें प्रत्येक वर्ष निरन्तर पहुंचते रहते थे। एक जहाज़ केवल फ़क़ीरों के लिये वक़्फ़ था। वह उन्हें मक्का ले जाता और वापस लाता था। जहाज़ तथा जहाज़वालों का व्यय सरकार की ओर से दिया जाता। वह अपने व्यय में कभी अपव्ययिता न करता था किन्तु दान-पुण्य में कभी कोई कमी न करता था। एक पूज्य व्यक्ति ने कहा है कि, "अपव्ययी कभी भी अधिक दान-पुण्य नहीं कर सकता। मनुष्य को दान-पुण्य करना चाहिये जिससे परलोक में उसका उपकार हो सके और इस लोक में भी लाभ हो, न कि भांट तथा संगीतज्ञ उससे कुछ प्राप्त करें। इससे संसार में भी दरिद्रता उत्पन्न होती है और परलोक में भी।"

## सुल्तान का सैन्य-कला में ज्ञान

सुल्तान सैन्य-कला में अद्वितीय था। वह तलवार चलाने में इतना अधिक दक्ष था कि वह ज़िबह किया जाने वाला जानवर बायें हाथ में ले लेता था और उसे दाहिने हाथ से तलवार की एक चोट से दो टुकड़े कर देता था। भाला चलाने में इतना कुशल था कि मानो इस छन्द की रचना उसी के लिये की गई हो:

### छंद

"यदि तू इस प्रकार भाले की नोक पर छल्ला उठा ले,
तो तू काले मुख से शीत ऋतु की सबसे लम्बी रात्रि में तिल भी उठा लेगा।"

१ लिखने पढ़ने का काम करने वाले; असैनिक कर्मचारी।

कहा जाता है कि सुल्तान रात्रि में फ़क़ीरों, प्रजा, धनी तथा अन्य लोगों के विषय में पूछताछ (१७७) करने के लिये अकेला चक्कर लगाया करता था और प्रत्येक गली-कूचे में पूछताछ किया करता था। लोग जो कुछ भी रात्रि में वार्त्ता करते उसे सुनकर प्रातःकाल तदनुसार रोकथाम करता था। एक रात्रि में वह एक मस्जिद में प्रविष्ट हुआ। उसने देखा कि एक पीड़ित कोने में बैठा विलाप कर रहा है। उसने उससे इसका कारण पूछा। उसने कहा, "मेरी दुर्दशा का क्या हाल पूछते हो?" सुल्तान ने कहा, "कुछ बताओ, सम्भव है मैं तुम्हारे कष्ट दूर कर सकूं।" उसने कहा कि, "मैं एक फ़क़ीर तथा दुःखी हूं। प्रत्येक रात्रि में एक गुंडा मेरे घर में प्रविष्ट हो जाता है और मैं उसे रोक नहीं पाता। मैं परेशान हूं और मेरी समझ में नहीं आता कि यह रहस्य किससे बताऊं और इसका उपचार किस प्रकार कराऊं।" सुल्तान ने पूछा कि, "वह कब आता है?" उसने उत्तर दिया, "हर रात्रि में।" सुल्तान ने कहा, "तुम चिन्ता मत करो। जब तक मैं उसकी हत्या न कर लूंगा भोजन न करूंगा। चलकर मुझे उसे दिखादो।" वह आगे-आगे तथा सुल्तान उसके पीछे उसके घर तक गया। संयोग से वह रात्रि को न आया। सुल्तान दूसरी रात्रि में पहुंचा। उस रात्रि में भी वह न आया। तीसरी रात्रि में आया। वह उसी मस्जिद में बैठा विलाप कर रहा था और सुल्तान के आगमन से निराश हो गया था, कारण कि उसने सोचा कि, "वह दो रात्रि तक लगातार आता रहा था, सम्भव है कि आज रात्रि में न आये।" इसी बीच में सुल्तान पहुंच गया। उसने सुल्तान से कहा कि, "आज रात्रि में वह आया है।" बादशाह उसके साथ रवाना हुआ। सुल्तान ने पूछा कि, "दोनों की हत्या करूं या केवल व्यभिचारी की?" उसने कहा, "व्यभिचारी की।" सुल्तान उसके घर में प्रविष्ट हो गया। देखा कि एक गुंडा उसकी पत्नी के पास बैठा हुआ है। सुल्तान ने कहा, "सावधान हो जा। आज तेरे कुकर्मों का दंड आ पहुंचा[1]।" वह तलवार लेकर आगे बढ़ा और सुल्तान पर वार किया। सुल्तान ने उसका वार बचाकर उसकी कमर पर इस प्रकार तलवार मारी कि वह दो टुकड़े हो गया और वह गिर पड़ा। इस ओर स्वयं सुल्तान भी शक्तिहीन होकर बैठ गया। जिस रोज़ से उसने शपथ ली थी, भोजन न किया था। उस व्यक्ति से पूछा कि, "तेरे पास कुछ भोजन है?" उसने कहा "हां, बाजरे की रोटी का एक टुकड़ा है।" सुल्तान ने कहा, "ले आ।" उसमें से सुल्तान ने थोड़ा-सा खाया और वहां से बाहर निकला। पीड़ित ने कहा कि, "कल जब कोतवाल के आदमी यह देखेंगे तो मेरे घर को नष्ट कर देंगे और मुझे बन्दीगृह में भेज देंगे।" सुल्तान ने कहा कि, "उसकी भी व्यवस्था मैं करता हूं, तू संतुष्ट रह।" सुल्तान अपने महल में पहुंचा और तत्काल कोतवाल को बुलवाया और कहा कि, "अमुक मुहल्ले में इस प्रकार का घर है, धीरे से उस घर में जा, यहां तक कि घर के पड़ोसियों को भी पता न लगे। उस घर में एक व्यक्ति मरा पड़ा है। उसे वहीं घर के कोने में दफ़न करके चला आ और इस बात का किसी से उल्लेख मत करना।"

सुल्तान धनुर्विद्या में भी दक्ष था। कहा जाता है कि, "एक दिन वह सोरठ के भू-भाग में शिकार (१७८) खेल रहा था और मृग के पीछे घोड़ा दौड़ा रहा था। शनैः शनैः सेना से पृथक् हो गया। अचानक राजपूत डाकुओं का एक समूह उसे दृष्टिगत हुआ। सुल्तान ने उस पर बाण चलाना प्रारम्भ कर दिया और कुछ को नरक पहुंचा दिया। कुछ अन्य लोग बड़ी कठिनाई से भागकर मुक्त हो सके। इसी बीच में सेना भी पीछे-पीछे पहुंच गई। लोगों ने देखा कि कुछ राजपूत मरे पड़े हैं और सभी बाण द्वारा घायल हैं और सुल्तान उनके पास खड़ा हुआ है। सभी उतर पड़े और उन्होंने सुल्तान के हाथ और पैरों का

१ सुल्तान ने अपने आपको 'दंड' कहा है।

चुम्बन किया तथा सुल्तान की वीरता एवं धनुष-विद्या के ज्ञान की प्रशंसा की। इसके अतिरिक्त सुल्तान मल्ल-युद्ध में भी अद्वितीय था। उस समय का कोई पहलवान मल्ल-युद्ध में उससे मुक़ाबला न कर सकता था। हफ़्तअन्दाज़ी[1] का ज्ञान भी उसे इसी प्रकार था। ख़रादी[2] की कला में भी वह दक्ष था। संक्षेप में, जिस कला को भी वह देख लेता था उसको इस प्रकार सीख जाता था मानो वह उसे अधिक समय से सीख रहा हो। वाक्पटुता में भी वह अद्वितीय था।

(१७९) कहा जाता है कि एक व्यक्ति विद्वान् के रूप में सुल्तान के दरबार में उपस्थित हुआ और उसने कहा कि, "अस्मलामुन अलैकुम[3]।" सुल्तान ने तुरन्त उत्तर दिया, "अलैकुमुस्सलाम! या जामे-उत्-तन्वीन वल् लाम[4]।"

मुल्ला अय्यूब नामक एक विद्वान् तथा बड़े उत्तम कवि ने अफ़ीम के विषय में एक पद्य की इस प्रकार रचना की :

**पद्य**

"हे ख़्वाजा! एक कण भर अफ़ीम का सेवन कर,
ताकि वह तुझे मैथुन के समय सहायता दे।
अफ़ीम आलिमों के लिये लाभप्रद होती है,
इल्म के लिये अमल[5] के साथ होना चाहिये।"

किसी ने सुल्तान की सेवा में यह छन्द पढ़ दिये। सुल्तान ने मुस्करा कर कहा, "मुल्ला ने यह पद अफ़ीम के सेवन के लाभ के विषय में नहीं लिखे हैं अपितु अफ़ीम की निन्दा में इनकी रचना की है। अधिक से अधिक इन्हें नक़ल करने वाले ने भूल कर दी और 'बे' के स्थान पर 'मीम'[6] नक़ल कर दिया।

हे ख़्वाजा! ज़रा भी अफ़ीम का सेवन मत करो।

## संगीत में रुचि

सुल्तान संगीत की कला में भी बड़ा कुशल था और बड़े ही उत्तम स्वर से गाता था। जो बाजा भी उसे मिल जाता उसे वह बड़ी कुशलता से बजाता था चाहे वह रबाब हो चाहे चतरी व चत्र, चाहे ओछा तथा सरमन्दत। वादन में लोग सुल्तान का शिष्य बनने में गर्व करते थे। सुल्तान स्वयं बड़ा कलाकार था और संगीत की सभी कलाएं उसे ज्ञात थीं चाहे वह सुरब्बा हो चाहे धया, चाहे नालधया, चाहे बारह गीत चाहे स्वरदही चाहे छन्द और चाहे दोहरा।

१ 'हफ़्तअन्दाज़ी' का अर्थ स्पष्ट नहीं।
२ ख़रादी का अर्थ स्पष्ट नहीं।
३ ठीक शब्द 'अस्सलामों अलैकुम' है।
४ तन्वीन को लाम से मिलाने वाले अथवा 'अस्सलामों अलैकुम' के स्थान पर 'सलामुन अलैकुम' कहने वाले।
५ इस छन्द में इल्म तथा अमल शब्दों का प्रयोग छन्द में दो अर्थ पैदा करने के लिये किया गया है। अमल शब्द के दो अर्थ होते हैं : आचरण अथवा मादक, अतः छन्द की अन्तिम पंक्ति का अनुवाद दो प्रकार से हो सकता है : "इल्म (ज्ञान) को मादक के साथ होना चाहिये" और "इल्म (ज्ञान) को अमल (आचरण) के साथ होना चाहिये।"
६ 'बे' से बख़ुर अथवा 'खाओ, सेवन करो' और 'मीम से' मख़ुर अथवा 'मत खाओ' या 'मत सेवन करो'।

कहा जाता है कि युवावस्था में उसने अपने दरबार के उन लोगों से जो इस कला में निपुण थे कहा कि, "क्या इस युग में कोई ऐसी 'पातुर' है जो सरस्वती का 'स्वांग' कर सकती हो और जो उसका अर्थ है उसे बता सकती हो? हिन्दुओं के ग्रंथों में लिखा है कि सर्वश्रेष्ठ कवयित्री, उत्कृष्ट स्वरवाली गायिका, प्रत्येक वादन में दक्ष, चपल नर्तकी सरस्वती का रूप धारण कर सकती है। अतः जिसमें उपर्युक्त सभी गुण पूर्ण रूप से हों वह सरस्वती का रूप धारण कर सकती है। इसके अतिरिक्त उसके लिये अत्यधिक रूपवती होना भी आवश्यक है।" लोगों ने निवेदन किया, "बादशाह सलामत! सरस्वती का अनुकरण अत्यधिक कठिन है। इसे इस युग में कोई नहीं कर सकता। केवल चम्पा बाई[१] सुल्तान की 'पातुर' इस कला में दक्ष तथा अद्वितीय है।" सुल्तान ने कहा, "निस्संदेह वह कर सकती है।" तदुपरान्त उसने कहा कि, "इस कार्य के लिये जो कुछ भी आवश्यक हो, तैयार किया जाय।" उन लोगों ने निवेदन किया कि, "सब कुछ उपस्थित है, केवल हंस की आवश्यकता है, जो सरस्वती का 'वाहन' है।" सुल्तान ने आदेश दिया कि नगर के सभी सुनारों को एकत्र किया जाय। वे उपस्थित किये गये। जो कुछ सोने तथा जवाहिरात की आवश्यकता थी वह सुनारों को प्रदान किया गया और सुनार उसे छः मास में तैयार करके लाये। सुल्तान ने जश्न किया। पातुर चम्पा बाई ने अपने आपको सरस्वती के रूप में सभा में उपस्थित किया। सर्वप्रथम कविता पढ़ना प्रारम्भ कर दिया। प्रत्येक मिसरा[२] दूसरे मिसरे से श्रेष्ठ होता था। तदुपरान्त उसने वादन प्रारम्भ किया और इस कला के दक्ष पंडितों को सरस्वती के दर्शन की आवश्यकता न रही। (१८०) तदुपरान्त उसने संगीत प्रारम्भ कर दिया और सभावालों को मस्त तथा अचेत कर दिया। तदुपरान्त नृत्य प्रारम्भ किया और बड़ी योग्यता से नृत्य किया। जिस किसी ने भी देखा वह चकित रह गया और कहने लगा, "संसार में किसी ने भी इस प्रकार का प्रदर्शन न किया होगा। यदि किसी ने प्रयत्न भी किया होगा तो वह इसमें इस प्रकार सफल न हुआ होगा।"

## सुल्तान की मृदुलता

इतिहासकारों का कथन है कि सुल्तान मुज़फ़्फ़र बड़ा ही सहनशील था, इसी कारण उदंड स्वभाव के लोग, जो कठोर दंड के बिना आज्ञा पालन ही न करते थे, उसकी आज्ञाओं की उपेक्षा करने लगे थे और निर्भीक होकर चोरी तथा डकैती किया करते थे। अहमदाबाद के आस-पास के मार्गों तक में अत्यधिक भय रहता था। धृष्ट गुंडे नगर में रक्तपात के बीज बोया करते थे। सुल्तान के शासन-प्रबन्ध सम्बन्धी समस्त कार्य किवामुलमुल्क सारंग तथा मलिक कोबी[३] जुन्नारदार[४] के अधिकार में थे। वे लोग सुल्तान के आदेशों की चिन्ता न करते थे और उनके जो जी में आता उसे, चाहे सुल्तान की इच्छा हो या न हो, कर डालते थे। सुल्तान सहनशीलता की आस्तीन से अपने दंड के हाथ कदापि न निकालता था और क्रोध की कटार म्यान से न निकालता था।[५] लोगों की शिकायत पर वह उत्तर देता था कि, "हम भी ईश्वर से प्रार्थना करते हैं, तुम भी ईश्वर से प्रार्थना करो ताकि अत्याचार तथा अत्याचारियों का अन्त हो जाय।"

१ मूल पुस्तक में 'चहा' है किन्तु फ़रीदी के अनुसार 'चम्पा' (पृ० १३०)।
२ छन्द का आधा भाग।
३ 'गोबी' अथवा 'गोपी'।
४ ब्राह्मण।
५ 'दंड कभी न देता था और क्रोध कदापि न करता था'।

उसकी सहनशीलता का यह कारण बताया जाता है कि जब सुल्तान महमूद की मृत्यु हो गई तो अमीर लोग उसके उत्तराधिकारी चुनने में मतभेद प्रकट करने लगे। कुछ लोगों ने कहा, "ख़लील ख़ां का स्वभाव मुल्लाओं के समान है और वह बादशाही के योग्य नहीं। इस महान् कार्य को उसके पुत्र बहादुर ख़ां को सौंपना उचित है। उसके ललाट से बादशाही गौरव प्रकट होता रहता है।" कुछ लोगों ने ख़लील ख़ां का पक्ष लिया। उनमें से क़िवामुलमुल्क सारंग तथा मलिक कोबी ने कहा कि, "क्योंकि स्वर्गीय सुल्तान ने अपने जीवन-काल ही में ख़लील ख़ां को सिंहासनारूढ़ कर दिया है अतः हमारे लिये यह उचित नहीं कि हम सुल्तान की इच्छा के विरुद्ध कार्य करें।" सभी इस बात से सहमत हो गये और उन्होंने ख़लील ख़ां को सिंहासनारूढ़ कर दिया। कुछ लोगों का मत है कि उनकी इस निष्ठा के कारण उनके (१८१) अपराध क्षमा कर दिये जाते थे। वे जो अनुचित बात कहते, उसे क्षमा कर दिया जाता था। यहां तक कि काफ़िर राणा ने उनके कहने से निज़ामुलमुल्क पर आक्रमण किया। (इसका उल्लेख ऊपर हो चुका है)। सुल्तान को इस बात का प्रमाण मिल गया किन्तु उनसे बिल्कुल रुष्ट न हुआ। राज्य के हितैषियों ने निश्चय किया:

छन्द

"जो कोई राज्य का शुभ चिन्तक नहीं है,
उसकी हत्या कर दो। उसका ख़ून हलाल है।"

इसी बीच में एक और बात पैदा हो गई। मलिक कोबी बड़ा ही विलासी था और उसे जश्न करने का बड़ा शौक़ था। उसने बड़ी ही उत्तम 'पातुर' एकत्र की थीं। कहा जाता है कि जिस रात्रि में उसका जश्न होता तो समस्त फूल बाज़ारों से तथा उद्यानों से उसकी सभा में पहुंच जाते थे। उस रात्रि में यदि किसी को फूल की आवश्यकता होती तो वे प्राप्त न हो पाते थे। उसकी एक पातुर का नाम 'धार' था। संयोग से, अहमद ख़ां नामक एक युवक, जो नानक[1] क़ौम से सम्बन्धित था और सुल्तान का सम्बन्धी था, उसके रूप पर बिना उसे देखे ही आशिक़ हो गया। एक रात्रि में जब जश्न हो रहा था तो वह चिराग़दारी[2] के बहाने से वहां पहुंचा। हाथ में चिराग़[3] लेकर प्रविष्ट हो गया। यद्यपि उसने अपने आपको चिराग़दारों के रूप में प्रस्तुत करने का अत्यधिक प्रयत्न किया किन्तु यह रहस्य खुल गया। (१८२) अहमद ख़ां को बन्दी बनाकर इतना पीटा गया, कि वह मरने के निकट पहुंच गया। जब कोबी ने देखा कि अब उसकी कुछ ही सांसें शेष हैं, तो उसने अज्ञानी बनते हुए अपने आदमियों को बुरा-भला कहना प्रारम्भ कर दिया और क्षमा-याचना करते हुए कहा कि, "हमें इस विषय में कुछ ज्ञान न था। यदि आपको जश्न देखने की इच्छा थी, तो आपने सूचना क्यों न की। हम आपको आमंत्रित करके जश्न दिखाते।" उसने अपनी पालकी मंगवाकर उसमें अहमद ख़ां को डालकर उसके घर भिजवा दिया। दूसरे दिन अहमद ख़ां ने रात की मारपीट के कारण प्राण त्याग दिये। इस घटना के विषय में सुल्तान से निवेदन किया गया। वह बड़ा क्रोधित हुआ। अहमद ख़ां के सम्बन्धी बदले की आकांक्षा करने लगे। सुल्तान ने गुप्त रूप से उन्हें अनुमति दे दी।

१ फ़रीदी के अनुसार 'टांको'।
२ दीपकों का प्रबन्ध करने के लिये।
३ दीपक।

एक रात्रि में मलिक कोबी सुल्तान के दरबार से अपने घर जा रहा था। उन्होंने उसका मार्ग रोक लिया। उसे आहत करके वे चले गये। कोई घाव गहरा न लगा। प्रातःकाल मुहिब्बुलमुल्क ख़्वाजा सरा ने रात्रि की घटना का विवरण सुल्तान की सेवा में प्रस्तुत किया और मलिक के घावों के विषय में निवेदन करते हुए कहा कि, "किसी का भी कोई प्रभाव न हुआ।" क़िवामुलमुल्क ने कहा, "कोबी जुन्नारदार राज्य का हितैषी है, अशुभचिन्तकों के घावों का उस पर कोई प्रभाव न होगा।" सुल्तान ने उपेक्षा की किन्तु उसने हृदय में सोचा कि "कटी हुई दुम के सर्प को मुक्त कर देना उचित नहीं।" दूसरे दिन उसने कोबी के घर को नष्ट-भ्रष्ट करने का आदेश दे दिया। लोगों ने पलक झपकाते ही उसका घर नष्ट-भ्रष्ट कर दिया और कोबी को बन्दी बनाकर सुल्तान की सेवा में लाये। सुल्तान ने उसकी हत्या का आदेश दे दिया। कोबी ने कहा, "मैं जुन्नारदार हूं और भिखारी था। आपके पिता की कृपा से मुझे यह सम्मान प्राप्त हुआ है। जो कुछ मेरे पास था, उसका सम्बन्ध राज्य से था, वह सब नष्ट हो गया। उनमें दो वस्तुयें बड़ी अप्राप्य थीं। यदि वे सरकार में उपस्थित कर दी जातीं तो मुझे कोई चिन्ता न थीं। एक अद्वितीय रूपवती कनीज़ थी। दूसरे कुछ बहुमूल्य जवाहिरात थे जिनका स्थान बादशाह के ख़ज़ाने के अतिरिक्त कहीं नहीं हो सकता।" सुल्तान ने कहा, "जो चीज़ व्यर्थ प्राप्त हुई थी वह व्यर्थ नष्ट हो गई।" तत्पश्चात् उसने कहा कि, "इस काफ़िर के अत्याचार से प्रजा परेशान हो चुकी है और इसने मुसलमानों (१८३) को बड़ा कष्ट पहुंचाया है, इसकी हत्या कर दो।" सभी लोग उस आदेश से संतुष्ट हो गये और उस पिशाच काफ़िर का सिर कुत्ते के समान पृथक् कर दिया गया।

## सुल्तान के कुछ कथन

विद्वानों तथा समझदार लोगों को यह बात भली-भांति ज्ञात है कि, "राज-सिंहासन के योग्य वही व्यक्ति है जिसका शरीर स्वस्थ हो और जो शक्तिशाली हो। उसकी आत्मा दैवी गुणों से सुसज्जित हो क्योंकि सुल्तान का कार्य शासन-प्रबन्ध के नियमों की तथा शरा के कार्यों की देखभाल होता है। बादशाह को शरीअत तथा सुन्नत की विद्या का पूर्ण ज्ञान होना चाहिये ताकि वह अपने ज्ञान के अनुसार अपने दंड की तलवार से प्रजा की रक्षा कर सके। उसकी तलवार को विद्रोहियों तथा उपद्रवियों का विनाशक होना चाहिये।" क्योंकि सुल्तान की सभा में सर्वदा प्रतिष्ठित आलिम तथा प्रसिद्ध विद्वान् रहते थे और वे इल्म (ज्ञान) से सम्बन्धित बातों पर वाद-विवाद किया करते थे। अतः जो बातें उस बादशाह द्वारा उन सभाओं में होती थीं यदि वे सभी संकलित की जांय तो एक ग्रंथ तैयार हो जायगा। उनमें से कुछ बातों का उल्लेख किया जाता है।.......

## शाह शेख़ जियूं मख़दूम जहानियां द्वितीय की बहादुर ख़ां के कारण तपस्या तथा उसका परिणाम

(१८५) गुजरात के विश्वस्त सूत्रों से ज्ञात हुआ है कि जब सुल्तान महमूद की मृत्यु के उपरान्त सुल्तान मुज़फ़्फ़र सिंहासनारूढ़ हुआ तो शेख़ के कुछ मुरीदों ने उनसे निवेदन किया कि, "पिछले ख़लीफ़ा की मृत्यु हो गई और वर्तमान ख़लीफ़ा सिंहासनारूढ़ हुआ है। पिछले ख़लीफ़ा के लिये फ़ातेहा तथा वर्तमान ख़लीफ़ा को बधाई देने के लिये यदि आप कष्ट करें तो बड़ी कृपा होगी।" शेख़ ने कहा, "अन्त में हमारे तथा सुल्तान के पिता के सम्बन्ध अच्छे न रहे थे। वह युवक है तथा कोरा

विद्वान्[1] है। उसे दरवेशों के प्रति इतनी श्रद्धा नहीं है, अतः मेरे लिये यही उचित होगा कि मैं न आऊं।" इस पर उन लोगों ने कहा कि, "गुजरात का राज्य आपके पूर्वजों के कारण चल रहा है। यदि सुल्तान का पिता इस देन का महत्व न समझ सका तो यह सुल्तान विद्वान् तथा बुद्धिमान् है, वह समझेगा।"

अन्त में कुछ हितैषियों के प्रयत्न से शेख चाम्पानीर गये। अधिकांश अमीर तथा वज़ीर उनके तथा उनके बुज़ुर्गों के मुरीद थे। उन्होंने उनका स्वागत किया और सुल्तान के महल में सुल्तान के विशेष निवास-स्थान के निकट एक स्थान पर ठहराया। हाजिबों[2] ने दौड़ कर शेख़ के आने के समाचार पहुंचाये। (१८६) सुल्तान को इस बात का पता न था कि वे इतने निकट ठहरे हुए हैं। उसने कहा कि, "शेख़ ने मेरे पिता के लिये कितनी बुरी कामनाएं की थीं मेरे विषय में वे क्या करेंगे?" शेख़ ने स्वयं यह बातें सुन लीं। खिन्न होकर बिना भेंट किये हुये चले गये।

कुछ समय उपरान्त सुल्तान ने अहमदाबाद की ओर प्रस्थान किया। जब वह क़ुतुबल अक़ताब (शाह आलम) के मक़बरे पर पहुंचा तो प्रथानुसार घोड़े से उतर कर सम्मान प्रदर्शित न किया और ज़ियारत[3] न की। घोड़े पर बैठे-बैठे ही फ़ातेहा पढ़ा। शेख़ ने भी इस ओर कोई ध्यान न दिया। कुछ समय उपरान्त सुल्तान रुग्ण हो गया। उस समय क़ुतुबल अक़ताब का उर्स[4] निकट था। उर्स की रात्रि में सुल्तान ने कहा, "कल क़ुतुबल अक़ताब का उर्स है। रसोई सरखीज में पहुंचा दी जाय और उनकी पवित्र आत्मा के लिये भोजन तैयार किया जाय। मैं कल वहां पहुंच जाऊंगा।" सुल्तान के आदेशों का पालन हुआ। रात्रि में स्वप्न में सुल्तान ने क़ुतुब साहब को देखा जो कह रहे थे, "मुज़फ़्फ़र ख़ां! तू मेरे घर क्यों नहीं आता?" सुल्तान ने पूछा कि, "आपका घर कहां है?" क़ुतुब साहब ने कहा, "बतुवा में शेख़ जियू के घर। जो शेख़ा के घर गया वह मानो मेरे घर आया। जिसने शेख़ा को प्रसन्न किया उसने मानो मुझे प्रसन्न किया। तू शेख़ा के पास जा ताकि तू स्वस्थ हो जाय।" प्रातःकाल सुल्तान ने उठकर पालकी मँगवाई और सवार होकर बतुवा पहुँचा। उसी रात्रि में क़ुतुब साहब ने शेख़ जियू से स्वप्न में कहा कि, "कल मुज़फ़्फ़र ख़ां तेरे घर आयेगा, उससे कृपापूर्वक भेंट कर और उसके सिर तथा कन्धे पर हाथ रख। उसके लिये शुभकामनायें कर। ईश्वर तेरी शुभकामना से उसे स्वस्थ कर देगा।" प्रातःकाल सुल्तान के शेख़ जियू के घर पहुंचने के पूर्व शेख़ जियू ने अपने मित्रों से कहा कि, "कल रात्रि में क़ुतुबुल अक़ताब ने मुझमें तथा सुल्तान में संधि करा दी है। आज सुल्तान आ रहा है। उसके लिये भोजन तैयार किया जाय। आप लोग अपने घरों पर कहला दें कि जिसके घर जो अच्छा भोजन बना हो वह उसे उपस्थित करे।" कुछ क्षण उपरान्त समाचार प्राप्त हुये कि सुल्तान आ रहा है। जब बादशाह अससपुर पहुंचा तो उसने एक सेवक शेख़ के पास भेजा और यह कहलाया कि, "मैं भूखा हूं, मेरे लिये भोजन का प्रबन्ध करायें।" तदुपरान्त सुल्तान भी शेख़ के दरबार में पहुंच गया और दूर ही से पालकी से उतर पड़ा। सर्वप्रथम उसने क़ुतुबुल अक़ताब के मक़बरे की ओर ज़ियारत की। तदुपरान्त शेख़ जियू से हाथ मिलाया। (१८७) दोनों बुज़ुर्ग एक दूसरे को देखकर मुस्कराये। शेख़ जियू ने धीरे से कहा कि, "कल जब आपको

१ आलिमे ख़ुश्क।
२ हाजिब :—देखिये पृ० ३० नोट नं० ३।
३ दर्शन तथा क़ुरान के कुछ वाक्यों द्वारा शाह की आत्मा के लिये शुभकामनायें।
४ सूफ़ियों की निधन तिथि पर होने वाला वार्षिक उत्सव।

दरवेश से भेंट करने का आदेश हुआ तो दरवेश को भी आपसे भेंट करने का हुक्म मिला।" सुल्तान शेख़ जियू के चरणों में गिर पड़ा। शेख़ जियू ने अपना हाथ सुल्तान के सिर तथा मुख पर फेरा और उसे उठाकर आलिंगन किया। तदुपरान्त सुल्तान ने प्रत्येक शाहज़ादे को शेख़ के चरणों में डाल दिया और सभी शेख़ जियू के चरणों का चुम्बन करके सम्मानित हुए। शेख़ जियू सुल्तान को अपने घर ले गये और उससे वार्तालाप करते रहे। क्योंकि शेख़ जियू सभी प्रकार के ज्ञानों से सम्पन्न थे अतः उन्होंने धर्म तथा ज्ञान सम्बन्धी ऐसी बातें कहीं जिनसे सुल्तान मूर्च्छित हो गया और द्वार तथा दीवारें भी शेख़ के प्रवचन से मस्त हो गईं।

## पद्य

"वली में तीन गुण होने चाहिये। सर्वप्रथम उसका रूप,
जो कोई उसके रूप को देखे तो उसका हृदय उसकी ओर आकृष्ट हो जाय।
दूसरे उसकी गोष्ठी में जो वार्त्ता हो उससे लोग मूर्च्छित हो जायं,
अपने जीवन की समस्त वस्तुएं उसकी वार्ता पर न्योछावर कर दें।
उस संसार के सर्वश्रेष्ठ वली[1] में तीसरी यह विशेषता होनी चाहिये,
कि उसके शरीर का कोई अंग कोई बुरा कार्य न करे।"

यह तीनों गुण शेख़ जियू में विद्यमान थे और इस सीमा तक थे कि उनका उल्लेख नहीं हो सकता। शेख़ कुछ समय उपरान्त उठकर अंतःपुर में चले गये और सुल्तान के लिये भोजन भिजवाया। सुल्तान ने उनसे अपने साथ भोजन करने का आग्रह किया। शेख़ ने कहलाया कि "मुझे खांसी आती है।" सुल्तान ने पुनः आग्रह किया। वे बाहर आये और सुल्तान के साथ उन्होंने भोजन किया। भोजन अत्यधिक स्वादिष्ट था। सुल्तान ने भोजन की बड़ी प्रशंसा की। भोजन के उपरान्त वे उठ खड़े हुए। सुल्तान विश्राम करने के लिये चला गया और मध्याह्नोत्तर की नमाज़ के समय उठा। शेख़ के पीछे नमाज़ पढ़ी। तत्पश्चात् वे बैठ गये। सुल्तान ने अपनी रुग्णावस्था का हाल कहा और बताया कि, "कुछ समय से मैं
(१८८) भूल के रोग में ग्रस्त हूं और मेरे स्वभाव में शंका रहती है। अन्य दिनों की अपेक्षा शेख़ के चरणों के आशीर्वाद से मैं अपने आपको कुछ स्वस्थ पाता हूं। मुझे आशा है कि शेख़ की सेवा में उपस्थित होने के कारण इसका अन्त हो जायेगा। शेख़ मेरे लिये शुभकामनाएं करें।" शेख़ ने शुभकामनाएं कीं और सुल्तान को विदा किया। सुल्तान ने मार्ग में कहा, "यदि मैं उनकी सेवा में न उपस्थित होता तो ईश्वर के ज्ञान के आस्वादन से वंचित रहता। मुझे दुःख है कि मैं इतने समय तक उनसे पृथक् रहा।" तदुपरान्त सुल्तान हृदय से दरवेशों का भक्त हो गया और उसने उनके सत्संग द्वारा ज्ञान का आस्वादन प्राप्त किया।

## सुल्तान मुज़फ़्फ़र का शेख़ जियू की सेवा में सिकन्दर ख़ाँ के लिए गुजरात की बादशाही के विषय में निवेदन

सुल्तान मुज़फ़्फ़र के आठ पुत्र थे। सब से बड़ा सिकन्दर खां था। इसके अतिरिक्त बहादुर ख़ां, लतीफ़ ख़ां, चांद ख़ां, नसीर ख़ां, इबराहीम ख़ां इत्यादि थे। उसके दो पुत्रियां थीं। उनमें से

1 सन्त।

राज़ी रुक़य्या आदिल शाह बुरहानपुरी की पत्नी थी और राज़ी आयशा सिन्ध के बादशाहज़ादे फ़तह खां की पत्नी थी। सिकन्दर ख़ां, राज़ी आयशा और राज़ी रुक़य्या एक माता से थे। उसका नाम बीबी रानी था। बहादुर ख़ां की माता का नाम लखिम बाई[1] था और वह गोहेल राजपूत थीं। लतीफ़ ख़ां की माता का नाम राज बाई था जो राना महिपत[2] की पुत्री थी और राजपूत वंश से थी। चांद ख़ां नसीर ख़ां तथा दो अन्य पुत्र कनीज़ों से थे। महल, राज्य तथा सेना के समस्त प्रबन्ध में बीबी रानी का हाथ रहता था और ७००० सेवक बीबी की सरकार से सम्बन्धित थे। सुल्तान ने सिकन्दर ख़ां को अपने जीवन-काल में अपना उत्तराधिकारी नियुक्त कर दिया था। उसे अन्य पुत्रों पर कोई विश्वास न था। उसने प्रत्येक के लिये दो तीन ग्राम निश्चित कर दिये थे। उनके व्यय का साधन वही ग्राम थे। इसी प्रकार दो ग्राम बहादुर ख़ां के भी अधीन थे। एक कंज क़स्बा जो अहमदाबाद से १० कोस पर महमूदावाद के निकट स्थित है। दूसरा गोना जो उपर्युक्त नगर से ९ कोस[3] पर है। वह शांतह[4] ग्राम के निकट जो (१८९) बतुवा नामक स्थान के अधीन है, स्थित है। वह क़ुतुबुल अक़ताब की वृत्ति में दिया जा चुका था। इसी कारण बहादुर ख़ां अधिकांश बतुवा में रहता था और क़ुतुबुल अक़ताब का मुरीद हो गया था। क़ुतुबुल अक़ताब भी बहादुर ख़ां पर बड़ी कृपादृष्टि रखते थे।

कहा जाता है कि मुरीदों के शजरे[5] में क़ुतुबुल अक़ताब ने बहादुर ख़ां के नाम के साथ अपनी क़लम से "सुल्तान बहादुर" लिखा था। कुछ लोगों का मत है कि उन्होंने "सुल्तान बहादुर गुजरात का बादशाह" लिखा था। एक दिन उन्होंने अपने विशेष पलंग पर बहादुर ख़ां को आसीन करके उपस्थितगण से कहा कि, "अन्त में गुजरात का बादशाह यही होगा।" सभी लोगों ने अभिवादन किया। इस समाचार को प्रसिद्धि प्राप्त हो गई।

बीबी रानी इसे सुनकर बड़ी चिन्ता में पड़ गईं। उसने इस विषय में सुल्तान मुज़फ़्फ़र से निवेदन किया और अपनी व्याकुलता को उसके समक्ष व्यक्त किया और कहा कि, "सिकन्दर ख़ां को भी क़ुतुबुल अक़ताब की सेवा में ले जाओ और निवेदन करो कि "मैंने इसे वलीअहद बना दिया है। आप भी मेरा साथ दें और उसके लिये ईश्वर से शुभकामनाएं करें।" सुल्तान ने कहा कि, "बहादुर ख़ां की बतुवा में जागीर है और वह अधिकांश समय वहीं रहता है। सर्वदा उनकी सेवा किया करता है। जो कोई भी दरवेशों की सेवा में पहुंचता है वे उसके लिये शुभकामनाएं करते हैं। तुम संतुष्ट रहो। जब मैंने अपने जीवन-काल में सिकन्दर को अपना उत्तराधिकारी नियुक्त कर दिया है और सेना तथा प्रजा उसकी ओर आकृष्ट है तो बहादुर ख़ां को यह सौभाग्य किस प्रकार प्राप्त हो सकता है? क़ुतुबुल अक़ताब को भी इस विषय में ज्ञान है। प्रातःकाल उनके समक्ष उपस्थित हो कर मैं इस विषय में निवेदन करूंगा और सिकन्दर ख़ां के लिये उनसे शुभकामनाएं करने को कहूंगा। बीबी ने अपनी ओर से भी सुल्तान के समक्ष अत्यधिक उपहार रख दिये और निवेदन किया कि, "इन्हें भी उनकी सेवा में उपस्थित करो।"

प्रातःकाल सुल्तान सपरिवार क़ुतुबुल अक़ताब की सेवा में पहुंचा। सिकन्दर ख़ां तथा अपने अन्य पुत्रों को उसने उनका मुरीद बना दिया। इसी बीच में बहादुर ख़ां आ गया और अभिवादन करके

१ फ़रीदी के अनुसार 'लक्ष्मीबाई' (पृ० १३६)।
२ मूल पुस्तक में 'महीब' है किन्तु फ़रीदी के अनुसार 'महिपत' (पृ० १३६)।
३ फ़रीदी के अनुसार '१० कोस' (पृ० १३६)।
४ फ़रीदी के अनुसार 'तांतह'।
५ वंशवृक्ष।

सुल्तान तथा सिकन्दर ख़ां के बीच में बैठ गया। सुल्तान, क़ुतुबुल अक़ताब से वार्त्ता कर रहा था। वह बहादुर ख़ां के आगमन तथा बीच में बैठने के विषय में अवगत न हो सका। जब सिकन्दर ख़ां की सिफ़ारिश का अवसर आया तो सुल्तान ने कहा कि, "आपको स्वयं ज्ञात है कि सिकन्दर ख़ां मेरे सभी पुत्रों में अवस्था में सबसे बड़ा है और वह सबसे अधिक योग्य है। मैंने उसे अपना वलीअहद कर दिया है।"
(१९०) यह कहकर उसने हाथ बढ़ाकर बहादुर ख़ां का हाथ पकड़कर, इस विश्वास से, कि यह सिकन्दर ख़ां का हाथ है, क़ुतुबुल अक़ताब के हाथ में दे दिया। क़ुतुबुल अक़ताब ने भी उसके विषय में शुभकामना की कि ईश्वर उसे गुजरात का राज्य प्रदान करे और कहा कि "ईश्वर ने तुम्हारी यह प्रार्थना स्वीकार कर ली है और यह गुजरात का बादशाह होगा। गुजरात के अतिरिक्त वह अन्य राज्यों को भी विजय करेगा।" सुल्तान ने प्रसन्न होकर सिकन्दर ख़ां की ओर देखा किन्तु बहादुर ख़ां का हाथ अपने हाथ में देखकर उसकी दशा परिवर्तित हो गई और वह चकित रह गया। क़ुतुबुल अक़ताब ने कहा कि, "आपकी इच्छा पूरी होगी।" सभा वाले, जो योग्य तथा बुद्धिमान् थे, समझ गये कि राज्य की गेंद बहादुर ख़ां के बल्ले के मोड़ से लग चुकी है और सिकन्दर ख़ां इस सौभाग्य से वंचित हो चुका है।

वहां से विदा होकर सुल्तान ने मार्ग में अपने विश्वासपात्रों से कहा कि, "इस क़लन्दरक[1] अर्थात् बहादुर ख़ां को देखा कि उसने आज कैसी धृष्टता की और आकर अपने बड़े भाई के ऊपर बैठ गया।" उसने सिकन्दर ख़ां से कहा, "तूने उसे क्यों वहां बैठने दिया?" सिकन्दर ख़ां ने कुछ न कहा। दूसरे दिन सुल्तान ने अमीरों तथा वज़ीरों को एकत्र करके दरबारे-आम किया और कहा कि, "तुम लोग इस विषय में पूर्ण जानकारी रखते हो और स्वयं बुद्धिमान् हो कि मेरा वलीअहद सिकन्दर ख़ां है। इस आदेश का पालन तुम्हारे लिये आवश्यक है।" सभी लोगों ने इसे स्वीकार करके सम्मान प्रदर्शित किया। बीबी रानी तथा सिकन्दर संतुष्ट हो गये किन्तु ईश्वर के निर्णय का उन्हें कोई ज्ञान न था और भाग्य का उन्हें कोई पता न था कि अन्त में किसकी इच्छा पूरी होगी और संसार किसका साथ देगा।

यद्यपि इसके पूर्व सेना तथा प्रजा इस बात को भली-भांति समझती थी कि सुल्तान मुज़फ़्फ़र का वलीअहद सिकन्दर ख़ां के अतिरिक्त कोई नहीं है और न होगा किन्तु इस अवसर पर यह निश्चय हो गया और इस बात पर विश्वास हो गया कि सभी लोग सिकन्दर ख़ां के अधीन होंगे। सिकन्दर ख़ां ने ईर्ष्यावश बहादुर ख़ां की जड़ काटने का षड्यन्त्र रचना प्रारम्भ कर दिया। बहादुर ख़ां अपने पीर दस्तगीर[2] की
(१९१) छत्रछाया में चला गया। वह अपने पिता की कृपा से निराश हो चुका था। उसने बतुवा में निवास करना प्रारम्भ कर दिया और अपना सौभाग्य अपने पीर की ही सेवा को समझने लगा। क़ुतुबुल अक़ताब भी उसे अपनी कृपा की छाया में रखकर विशेष रूप से सम्मानित करते थे किन्तु बहादुर ख़ां से कभी-कभी बादशाहों और कभी-कभी बालकों के समान आचरण बतुवा के लोगों के सम्बन्ध में प्रदर्शित हो जाता था। कभी वह किसी की पगड़ी से खेलता हुआ उतार लेता था और कभी किसी बेचारे के पीछे अपने गरजी कुत्ते[3] छोड़ देता था। क़ुतुबुल अक़ताब का एक सेवक क़ाबिल नामक था और वह द्वारपाल था। वह अफ़ीम का अत्यधिक सेवन करता था। बहादुर ख़ां उसे बहुत छेड़ा करता था और तत्पश्चात् उसे इनाम, मिठाई तथा भोजन देकर प्रसन्न करता था। एक दिन उसने आदेश दिया कि उसके हाथों

१ तुच्छ क़लन्दर।
२ आश्रयदाता पीर।
३ कुत्तों की एक क़िस्म।

को बांधकर उसका पायजामा खोल दिया जाय और पायजामे के पाइंचों को बांध कर उसमें चमगादड़ डाल दी जाय। चमगादड़ ने व्याकुल होकर अपने नख से उसकी जांघ को छील डाला। नखों के घाव के कारण रक्त बहने लगा। वह उसी दशा में क़ुतुबुल अक़ताब की सेवा में उपस्थित हुआ और फ़रियाद की। कुछ लोग जो बहादुर ख़ां से रुष्ट थे कहने लगे कि, "बहादुर ख़ां अधिकांश धृष्टता करता रहता है। अमुक व्यक्ति की पगड़ी को सिर से उतार लिया। अमुक दिन अमुक व्यक्ति के पीछे कुत्ता छोड़ दिया, यदि वह भागकर घर में न घुस जाता तो वह उसे फाड़ डालता।" यह सुनकर क़ुतुबुल अक़ताब बड़े क्रोधित हुये और कहा, कि "फ़िरंगी कुत्ते उसे भी फाड़ डालेंगे और उसका पतन कुत्ते सरीखे लोगों द्वारा होगा।" बहादुर ख़ां यह सुनकर बड़ा लज्जित हुआ और उसने तोबा की। कुछ सूफ़ियों की सिफ़ारिश लेकर वह क़ुतुबुल अक़ताब की सेवा में उपस्थित हुआ। अन्त में सुल्तान बहादुर फ़िरंगियों द्वारा मारा गया। संयोग से कुछ विद्वानों ने बहादुर ख़ां की मृत्यु की तिथि "कलाबे फ़िरंग" शब्दों द्वारा प्राप्त की। इन शब्दों से ९४२ हि० (१५३५-३६ ई०) का पता चलता है।

## बहादुर ख़ां का सिकन्दर ख़ां की शत्रुता के कारण हिन्दुस्तान की ओर प्रस्थान

(१९२) गुजरात के विश्वस्त सूत्रों से ज्ञात हुआ है कि बहादुर ख़ां के विषय में शेख़ जियू के शब्द सुनकर सिकन्दर ख़ां ईर्ष्यावश बहादुर ख़ां की हत्या हेतु कटिबद्ध हो गया। बहादुर ख़ां को जब इस बात का पता चला तो उसने अपने कुछ विश्वासपात्रों सहित (गुजरात से) भाग जाना निश्चय किया और इस विषय में अपने पीर से निवेदन किया कि "सिकन्दर ख़ां के संकल्प के विषय में सुल्तान को सूचना दी गई थी। उसने कहा कि, 'मेरी वृद्धावस्था आ चुकी है। मुझे ऐसे रोग लग गये हैं जिनका कि चिकित्सक उपचार नहीं कर पाते। ईश्वर की भूमि बड़ी विस्तृत है, इसे तू (बहादुर ख़ां) क्यों छोटा बना रहा है और एकान्तवास क्यों नहीं ग्रहण कर लेता?' इस कारण मैं देहली की ओर प्रस्थान कर रहा हूं। यदि (शेख़ जियू) मुझे इस बात की अनुमति दें तो मैं उस ओर प्रस्थान करूं।" शाह ने कहा कि, "ईश्वर की ओर से गुजरात के राज्य का फ़रमान तेरे लिये तैयार हो चुका है और उस समय पर यह बात प्रकट होगी। उस समय तक यात्रा की तैयारी कर। तेरे लिये यह यात्रा शुभ हो।" उसी समय उसने (बहादुर ख़ां ने) मनौती की कि, "यदि ईश्वर मुझे गुजरात का राज्य प्रदान कर देगा तो शाहज़ादगी के समय की जागीर मैं शुभ रौज़े के फ़क़ीरों की आवश्यकता हेतु क़ुतुबुल अक़ताब को प्रदान कर दूंगा।" संक्षेप में, बहादुर ख़ां अपने पीर की अनुमति से देहली रवाना हुआ।

कहा जाता है कि विदा के समय शाह ने कहा कि, "गुजरात का राज्य तुम्हें प्रदान हो चुका है। इसके अतिरिक्त तुम्हारी जो कोई इच्छा हो तुम बताओ ताकि ईश्वर उसे भी लोगों की दृष्टि में प्रकट करे।" बहादुर ख़ां ने निवेदन किया कि, "चित्तौड़ की विजय के अतिरिक्त मेरी कोई अन्य अभिलाषा नहीं। इसका कारण यह है कि चित्तौड़ के राजा अर्थात् राणा ने अहमद-नगर के मुसलमानों को बड़ा कष्ट पहुंचाया है। उसने मुसलमानों की हत्या करके उन्हें बन्दी बनाया तथा उनकी धन-सम्पत्ति नष्ट की है।" शाह, ईश्वर के ध्यान में लीन हो गये। बहादुर ख़ां ने वही बात पुनः कही किन्तु उत्तर न मिला। तीसरी बार उसने फिर वही प्रार्थना की। शाह ने कहा, "चित्तौड़ की विजय तुम्हारे राज्य के पतन से (१९३) सम्बद्ध है।" उसने कहा, "मुझे यह हृदय से स्वीकार है।" शाह ने कहा, "ऐसा ही होगा, भाग्य को कौन पलट सकता है।" तदुपरान्त उन्होंने कहा कि, "यह हमारी और तुम्हारी अन्तिम भेंट है।

तुम शीघ्र ही लौटोगे किन्तु मुझे न पाओगे। तुम्हें चाहिये कि सैयिद महमूद उर्फ़ शाह बुद्ध का ध्यान रखने में कोई कमी न रखना, इसमें तुम्हारा ही उपकार होगा।" संक्षेप में बहादुर ख़ां चाम्पानीर की ओर चल दिया। उस क्षेत्र के आमिलों से कुछ धन लेकर देहली की ओर रवाना हो गया।

९३१ हि० (१५२४-२५ ई०) में शाह जियू का, जिनका नाम सैयिद जलाल इब्न सैयिद महमूद इब्न क़ुतुबुल आलम सैयिद बुरहानुद्दीन था, निधन हो गया। वे ७५ वर्ष तथा छः मास तक जीवित रहे।

कहा जाता है कि बहादुर ख़ां चाम्पानीर क़स्बे से बांसला पहुंचा और वहां से वह राणा के पास चित्तौड़ पहुंचा। वह वहां कुछ समय तक ठहरा। राणा ने उसका बड़ा आदर-सम्मान किया और राणा की माता उसे पुत्र कहकर अपना प्रेम प्रदर्शित करती थी।

कहा जाता है कि एक दिन राणा के भतीजे ने बहादुर ख़ां को अपने घर प्रीतिभोज हेतु आमंत्रित किया। रात्रि में जश्न का आयोजन हुआ। एक बड़ी ही रूपवती पातुर बड़ा सुन्दर नृत्य करती थी। बहादुर ख़ां ने उसकी ओर ध्यान देकर उसे बड़ा प्रसन्न किया। जब राणा के भतीजे ने बहादुर ख़ां को उसकी ओर अत्यधिक आकृष्ट देखा तो ईर्ष्यावश कहा, "बहादुर ख़ां! तू पहचानता है कि यह पातुर कौन है?" बहादुर ख़ां ने कहा "बताओ।" उस अभागे ने कहा कि, "यह अहमदनगर के जिसे राणा ने लूट लिया था सम्मानित व्यक्तियों में से एक की पुत्री है।" यह सुनते ही बहादुर ख़ां ने राणा के भतीजे की कमर पर इस प्रकार तलवार लगाई कि वह अभागा दो टुकड़े होकर नरक में पहुंच गया। इस पर हाहाकार मच गया। बहादुर ख़ां रक्त-रंजित तलवार लिये हुए खड़ा हो गया। राजपूतों ने उसे घेर लिया और उसकी हत्या का संकल्प कर लिया। जब राणा की माता को यह समाचार प्राप्त हुए तो वह कटार लिये हुये दौड़ती हुई आयी और कहा, "यदि कोई बहादुर ख़ां की हत्या करेगा तो मैं अपने पेट को फाड़ डालूँगी।" राणा ने यह बात सुनकर कहा कि, "इस दुष्ट ने गुजरात के बादशाहज़ादे के समक्ष ऐसी अनुचित बात क्यों कही? कोई भी बहादुर ख़ां की हत्या का संकल्प न करे।" जब बात यहां तक पहुंच गई तो बहादुर
(१९४) ख़ां वहां से प्रस्थान करके मेवात की ओर चल दिया। उस प्रदेश के ख़ान ने उसके आतिथ्य-सत्कार का प्रबन्ध किया और उसे सहायता का आश्वासन दिलाया किन्तु वहां से वह सुल्तान इबराहीम बिन सुल्तान सिकन्दर, देहली के बादशाह, की सेवा में पहुंचा। उस समय सुल्तान इबराहीम बाबुर बादशाह से पानीपत के रणक्षेत्र में युद्ध कर रहा था। सुल्तान ने उसके प्रति अत्यधिक कृपादृष्टि प्रदर्शित की। जो घटना उस अवसर पर घटी, उसका उल्लेख बाद में किया जायेगा।

## सिकन्दर शाह बिन सुल्तान मुज़फ़्फ़र का सिंहासनारोहण तथा राज्य के प्रारम्भ में उसकी हत्या

शुक्रवार २२ जमादि-उल-आख़िर ९३२ हि० (५ अप्रैल १५२६ ई०) को सुल्तान मुज़फ़्फ़र की मृत्यु हो गयी। इसी दिन सुल्तान सिकन्दर बिन सुल्तान मुज़फ़्फ़र सिंहासनारूढ़ हुआ और शीघ्र ही उसने मुहमदाबाद की ओर प्रस्थान किया। कहा जाता है कि उसने बतुवा के पीरों के दर्शन की ओर कोई ध्यान न दिया। जब वह क़ुतुबुल आलम के रौज़े के समक्ष पहुंचा तो उसने ज़ियारत का सम्मान प्राप्त न किया और कहा कि "इनके पौत्र मियां शेख़ जियू ने, जिन्हें लोग मख़दूमे जहांनियां कहते हैं, क्यों यह बात कही थी कि बहादुर ख़ां गुजरात का बादशाह होगा? उसका संसार में पता नहीं।"

संक्षेप में, जब सिकन्दर मुहमदाबाद पहुंचा तो २५ जमादि-उल-आख़िर[1] को अपने पूर्वजों की प्रथानुसार राजसिंहासन पर आरूढ़ हुआ और शाहज़ादगी के समय जिन लोगों ने उसकी सेवायें की थीं उनमें से प्रत्येक को उपाधियां प्रदान कीं और १७०० घोड़े[2] अपने आदमियों को प्रदान कर दिये। इस कारण मुज़फ़्फ़र शाह के अमीर तथा वज़ीर रुष्ट हो गये। यहां तक कि ऐमादुलमुल्क ख़ुशक़दम, जोकि सुल्तान का अत्का[3] था, उससे रुष्ट हो गया। इसके कारण का यदि ईश्वर ने चाहा तो बाद में उल्लेख होगा। संक्षेप में इसी बीच में समाचार प्राप्त हुए कि लतीफ़ ख़ां ने मूंगा पर्वत[4] के राजा भीम की सहायता के भरोसे पर सुल्तानपुर तथा नद्रबार के पर्वतीय क्षेत्र में शरण ले ली है। कुछ अमीर उससे पत्र-व्यवहार कर रहे हैं। सुल्तान सिकन्दर ने, मलिक लतीफ़ को शिर्ज़ा ख़ां की उपाधि द्वारा सम्मानित किया और तीन हज़ार वीर अश्वारोहियों सहित इस आशय से नियुक्त किया कि वह लतीफ़ ख़ां को पर्वत (१९५) से ले आये। जब शिर्ज़ा ख़ां उस पर्वत में प्रविष्ट हुआ तो राजपूतों तथा कौलियों ने उसका मार्ग रोक लिया और युद्ध करने लगे। शिर्ज़ा ख़ां कुछ प्रतिष्ठित अमीरों सहित मारा गया। उसकी सेना में से १२०० व्यक्तियों की हत्या कर दी गई। जब सुल्तान को यह समाचार प्राप्त हुए तो उसने क़ैसर ख़ां को बहुत बड़ी सेना देकर (इस कार्य हेतु) नियुक्त किया। इस बीच में कुछ अमीरों ने एमादुलमुल्क से मिलकर उसे बताया कि "सुल्तान तुम्हारी हत्या कराना चाहता है। तुम्हें इस विषय में असावधान न रहना चाहिये।" मलिक ने कहा, "यदि सुल्तान हमारी हत्या का इरादा करता है तो मैं क्यों पहले ही से सुल्तान की हत्या का संकल्प न करूं।"

कहा जाता है कि उन्हीं दिनों में एक रात्रि में सुल्तान सिकन्दर ने स्वप्न देखा कि, क़ुतुबुल अक़ताब मख़दूम जहांनियां, शाह आलम तथा शेख़ जियू बैठे हुए हैं। सुल्तान मुज़फ़्फ़र भी उन्हीं के साथ है और कह रहा है कि "बाबा सिकन्दर ख़ां उठ। इससे अधिक सिंहासन पर रहना तेरे भाग्य में नहीं।" शेख़ जियू ने कहा, "ठीक है। ऐसा ही है।" जब सुल्तान जागा तो याक़ूब से, जिसकी उपाधि दरिया ख़ां थी, रात्रि की घटना का उल्लेख किया और कहा कि, "मेरा हृदय यह कहता है कि बहादुर ख़ां आ जायेगा और हममें तथा उसमें युद्ध होगा।" 'तारीख़े बहादुरशाही' का लेखक लिखता है कि दरिया ख़ां ने यह स्वप्न यूसुफ़ बिन लुत्फ़ुल्लाह से कहा और यूसुफ़ ने मुझसे कहा और इस प्रकार यह कड़ी चलती गई और इसकी प्रसिद्धि हो गई। संक्षेप में कुछ क्षण उपरान्त सुल्तान चौगान खेलने के लिये सवार हुआ। चौगान खेलकर एक पहर दिन उपरान्त अपने महल को चला गया और वहां भोजन किया। तदुपरान्त दोपहर तक विश्राम किया और प्रत्येक व्यक्ति अपने अपने निवास स्थान को चला गया।

सैयिद जलाल मुनव्वलरुलमुल्क का कथन है कि, "जब सुल्तान चौगान खेलकर लौटा तो मैं तथा मेरा भाई सैयिद बुरहानुद्दीन बाज़ार में खड़े थे। हमने देखा कि नगर की स्त्रियों तथा पुरुषों में कोई भी व्यक्ति ऐसा न था जो अपने घर तथा दूकान से निकलकर सुल्तान के रूप-रंग का निरीक्षण न कर रहा हो अपितु उस दिन फ़िरिश्ते भी सुल्तान के रूप के दर्शन करके चकित थे।"

(१९६) कहा जाता है कि सुल्तान बड़ा रूपवान् था और लोग उसे दूसरा यूसुफ़[5] कहते थे।

१ २५ जमादि-उल-आख़िर ९३२ हि० (८ अप्रैल १५२६ ई०)।
२ फ़रीदी के अनुसार '२७०० घोड़े' (पृ० १४१)।
३ दूसरे माता-पिता का धात्री पुत्र; कोका भाई।
४ मोहनगढ़ अथवा छोटा उदयपुर।
५ यूसुफ़ पैग़म्बर जो बड़े रूपवान् बताये जाते हैं।

संक्षेप में, सुल्तान शाही ऐश्वर्य से बाज़ार से होता हुआ अपने महल को पहुंचा। समस्त अमीर तथा सैनिक अभिवादन करके अपने अपने घरों को चले गये। कुछ समय उपरान्त एमादुलमुल्क अपने सिर तथा कान को छिपा कर ४०–५० वीर अश्वारोहियों सहित अपने घर से शाही महल की ओर रवाना हुआ। जब वह बाज़ार में पहुंचा तो कुछ लोगों ने कहा कि, "आज मलिक १६ दिन उपरान्त सुल्तान के अभिवादन हेतु जा रहा है।" अभी क्षण भर भी व्यतीत न हुआ था कि शोर होने लगा कि एमादुलमुल्क ने सुल्तान की हत्या कर दी। इस घटना से नगर में हाहाकार मच गया। प्रत्येक चकित तथा व्याकुल था और शोक प्रकट करता था तथा विलाप करता था कि, "हे ईश्वर! यह कैसी दुर्घटना घटी।" उस दिन से मानो शान्ति के शब्द को गुजरात के राज्य के सिंहासन से सुल्तान के रक्त से धो दिया गया हो। गुजरात के सुल्तानों में सर्वप्रथम सुल्तान सिकन्दर की हत्या की गई। तदुपरान्त सुल्तान मुज़फ़्फ़र तृतीय[1] इब्ने सुल्तान मुहम्मद द्वितीय सभी की हत्या होती रही।

कहा जाता है कि जब वह नमकहराम राजप्रासाद में पहुंचा और शाही सरापर्दे[2] के निकट पहुंचा तो उसने देखा कि "दो व्यक्ति पर्दे के बाहर खड़े हैं, एक सैयिद अलीमुद्दीन बिन अहमद भक्करी शाह आलम इब्ने क़ुतुबुल आलम का पौत्र और दूसरा मलिक बैरम बिन मसऊद और वे शतरंज खेल रहे हैं। मलिक सोंधा द्वारपाल शाही पर्दे का कोना पकड़े खड़ा है। मलिक पीर मुहम्मद महलदार[3] सुल्तान के पांव दाब रहा है और सुल्तान सो रहा है और कोई अन्य व्यक्ति नहीं है।" उसने भीतर प्रविष्ट होना चाहा। मलिक सोंधा द्वारपाल ने कहा कि, "सुल्तान सो रहा है।" इससे अधिक वह उससे कुछ कहने का साहस न कर सका कारण कि राजप्रासाद के समस्त अधिकार उस दुष्ट के हाथ में थे। उसने मलिक सोंधा को कोई उत्तर न दिया और मलिक बहार को अपने साथ लेकर शाही सरापर्दे में प्रविष्ट हो गया। उसका हाथ पकड़ कर कहा कि, "पुर्तगाल से सुल्तान के लिये जो शीशा आया है, उसे तुमने देखा है अथवा नहीं ?" वह शीशा सुल्तान के पलंग के पांयती लटका हुआ था। उसकी विशेषता यह थी कि जब दीपक जल जाते थे तो अनेक दीपकों का प्रतिबिम्ब उसमें दृष्टिगत होता था। वह बड़ी ही विचित्र वस्तु थी। बहार हरामखोर ने कहा कि, "मैंने नहीं देखा है।" वह (एमादुलमुल्क) उसे पकड़कर सुल्तान के पलंग के निकट ले गया। बहार ने उसकी ओर दृष्टि डाली। उस अभागे ने कहा कि, "तू क्या देखता है ? (१९७) प्रहार कर।" दुष्ट बहार ने तलवार खींच ली। इसी बीच में सुल्तान जाग उठा और उसने पूछा कि, "क्या है ?" जब तक अन्य लोग उपस्थित हों उस दुष्ट ने प्रहार करके उसकी हत्या कर दी। तदुपरान्त पीर मुहम्मद महलदार की भी तलवार के एक वार से हत्या कर दी। इसी प्रकार वह तथा एमादुलमुल्क नंगी तलवार लिये हुए, जिससे रक्त टपक रहा था, बाहर निकले। अलीमुद्दीन ने जब यह दशा देखी तो एमादुलमुल्क पर तलवार चलाई। एमादुलमुल्क ने कहा, "सैयिद हरामखोर मत बन।" सैयिद ने कहा, "हे दुष्ट! हरामखोर तू है। तूने अपने आश्रयदाता की हत्या की है।" सैयिद ने तलवार उस दास की ओर फेंकी। तलवार छत से टकराकर टूट गयी। सैयिद ने आगे बढ़कर टूटे हुए टुकड़े को मलिक के सिर पर मारा। उसके थोड़ा-सा घाव लगा। सैयिद तथा मलिक बैरम की उसी स्थान पर हत्या हो गई। यह घटना १४ शाबान ९३२ हि० (२६ मई १५२६ ई०) को घटी

१ पुस्तक में 'द्वितीय' है किन्तु इसे 'तृतीय' होना चाहिये।
२ यहां सुल्तान के 'शयनागार' से तात्पर्य है।
३ राजप्रासाद की देख-रेख करने वाला अधिकारी।

ईश्वर को धन्य है कि सुल्तान सिकन्दर को जो इतने ऐश्वर्य तथा वैभव के बाज़ार से होता हुआ अपने महल को पहुंचा था एक क्षण भी व्यतीत न हुआ था कि एक टूटी हुई चारपाई पर, जिसके पाये निकले हुए थे और लटक रहे थे डालकर चम्पानीर नगर से १० कोस पर हालोल नामक स्थान पर ले जाकर दफ़न कर दिया गया।

दो घड़ी पूर्व चौगान के मैदान में लोग सुल्तान की प्रतीक्षा कर रहे थे और प्रत्येक अभिवादन हेतु पतंगे के समान व्यवहार कर रहा था। यदि वह अपने किसी तुच्छ दास के साथ किसी को कहीं भेजता तो वह सिर के बल जाता। उस समय सुल्तान सिकन्दर के जनाज़े की नमाज़ पढ़ने के लिये दुष्ट दास के भय से ४० व्यक्ति भी एकत्र न हुए।

सुल्तान सिकन्दर की हत्या के उपरान्त वह स्वयं सुल्तान के अन्तःपुर में पहुंचा। वह सुल्तान मुज़फ़्फ़र के लघु पुत्र नसीर ख़ां को, जिसकी अवस्था ५ अथवा ६ वर्ष की थी, गोद में लेकर पहुंचा और उसे सिंहासनारूढ़ कर दिया। उसकी उपाधि महमूद शाह रखी। समस्त सैनिकों ने उनका साथ दिया। (१९८) अमीरों, सैनिकों तथा परिजनों ने उपस्थित होकर अभिवादन किया। अमीरों में से केवल ३ व्यक्तियों ने बैअत न की।[1] एक ख़ुदावन्द ख़ां मसनदे आली जो सुल्तान मुज़फ़्फ़र का वज़ीर था और सुल्तान सिकन्दर ने भी जिसे वज़ीर रहने दिया था। दूसरा फ़तह ख़ां बुद्ध सिन्धी का शाहज़ादा जो सुल्तान मुज़फ़्फ़र का जामाता था और सुल्तान सिकन्दर की सगी बहिन का जिससे विवाह हुआ था। तीसरा ताज ख़ां तरियानी जो शाह आलम के रौज़े का निर्माता था।

## एमादुलमुल्क की सुल्तान सिकन्दर बिन सुल्तान मुज़फ़्फ़र के प्रति नमकहरामी

गुजरात के विश्वस्त सूत्रों से ज्ञात हुआ है कि सुल्तान सिकन्दर के सिंहासनारोहण के दिन बीबी रानी का दास ख़ुशक़दम, जिसकी उपाधि एमादुलमुल्क थी, हाथ में छड़ी लिये हुए वज़ीरों के समान व्यवहार कर रहा था, कारण कि सुल्तान की माता बीबी रानी ने अपनी मृत्यु के समय सुल्तान का हाथ उसके हाथ में दे दिया था। अतः उस पापी के मस्तिष्क में यह कुत्सित विचार आ गया था कि "सुल्तान के राज्यकाल में विज़ारत का पद मुझे प्रदान किया जायेगा।" अतः उसके सिंहासनारोहण के दिन जब शहर के सम्मानित व्यक्ति बधाई हेतु आये तो उसने उनके विदा के समय निवेदन किया कि, "यदि आदेश हो तो इन लोगों को ख़िलअतों द्वारा सम्मानित किया जाय।" सुल्तान ने कहा कि स्वर्गीय सुल्तान के वज़ीरे आज़म ख़ुदाबन्द ख़ां से कहो कि प्रत्येक को उसकी श्रेणी के अनुसार ख़िलअतें प्रदान करे। यह सुनकर उस दुष्ट दास के हृदय में ईर्ष्या की अग्नि धधक उठी। उसने उस समय कुछ न कहा। सुल्तान ने ख़ुदावन्द ख़ां को बुलवाया। वह उपस्थित होकर शाही सरापर्दे के बाहर खड़ा हो गया। एमादुलमुल्क ने उसे देखकर उपेक्षा की। वज़ीरे आज़म ख़ुदावन्द ख़ां नियम के विरुद्ध देर तक बाहर खड़ा रहा। सुल्तान के एक विश्वासपात्र ने निवेदन किया कि "ख़ुदावन्द ख़ां बाहर खड़ा हुआ है।" सुल्तान ने कहा, "उसे बुलवाओ।" उस समय एमादुलमुल्क ने ऐसा रूप धारण किया कि मानों उसे ख़ान के आगमन की सूचना न हो। उसने बड़ी नम्रता से उच्च स्वर में कहा, "ख़ान जियु पधारें।" ख़ुदावन्द ख़ां (१९९) उपस्थित हुआ और उसने सुल्तान के चरणों पर सिर रखा और उसकी आंखों में आंसू भर आये। सुल्तान भी रोने लगा और उसने ख़ान को आलिंगन करके कहा कि, "विज़ारत का पद पूर्व की भांति

१ अधीनता की शपथ न ली।

तुम्हें शुभ हो।" खान ने निवेदन किया कि, "यह दास वृद्ध हो चुका है और अब मुक्त होने की अभिलाषा रखता है ताकि एक कोने में बैठकर सर्वदा ईश्वर से इस राज्य के हित के लिये प्रार्थना किया करे।" सुल्तान ने कहा, "तुम्हारे अतिरिक्त कोई भी इस कार्य के योग्य नहीं" और उसने विज़ारत का खिलअत खुदावन्द खां को प्रदान कर दिया। इस बात से उस दास के हृदय में ईर्ष्या की अग्नि अधिक तीव्र हो गई।

कहा जाता है कि कुछ दिन उपरान्त एमादुलमुल्क ने अहमदाबाद नगर के कोतवाल को, जो ख्वाजासरा था, सुल्तान की अनुमति बिना तथा खुदावन्द खां से परामर्श न करके अपनी ओर से मुहिब्बुलमुल्क की उपाधि दे दी और उसके मंसब में वृद्धि करके उसे सुल्तान की सेवा में लाया और कहा कि, "यह ख्वाजासरा बड़ी योग्यता से सेवाएं करता है। इस कारण इसे मुहिब्बुलमुल्क की उपाधि दी गई है और इसके मंसब में भी वृद्धि कर दी गई है।" सुल्तान ने कहा कि, "तूने यह उपाधि क्यों दी? मैं बालक नहीं हूँ। बुद्धिमान् तथा प्रौढ़ हूं। तूने मेरे आदेश के बिना यह कार्य किया तो ठीक नहीं किया। मंसब तथा उपाधि का सम्बन्ध खुदावन्द खां से है। वही वज़ीरे ममालिक है। जो कोई इसमें हस्तक्षेप करे वह अनधिकृत है।" उसने उसकी प्रार्थना रद्द कर दी।

क्योंकि वह दास बड़ा ही उद्दंड था और सेना उससे मिली हुई थी, अतः खुदावन्द खां ने समय को देखते हुए निवेदन किया कि, "एमादुलमुल्क की प्रसन्नता के लिये उसे उपाधि दे दी जाय और किसी अन्य अवसर पर मंसब में भी वृद्धि करके उसे सम्मानित कर दिया जाय।" सुल्तान मौन रहा और इससे उसकी स्वीकृति का अनुमान लगा लिया गया। इस घटना के कारण वह दुष्ट दास बड़ा रुष्ट हुआ और तदुपरान्त अपने कार्यों के विषय में सोचने लगा। अमीरों तथा सैनिकों में से जो लोग उससे मिले हुए थे उन्हें वह आश्रय प्रदान करता था; जो लोग उससे कम मिलते-जुलते थे उनका उपकार करके उसने उनका हृदय अपने हाथ में लेना प्रारम्भ कर दिया। वह एक-एक को अपने घर बुलवाकर उसके विषय में पूछता था कि, "तेरे कितने पुत्र हैं? तूने उनका विवाह किया अथवा नहीं?" वह उस विषय में निवेदन करता। यदि वह अपनी दरिद्रता की चर्चा करता तो वह कहता कि, "मुझसे ऋण लेकर अपने पुत्रों का विवाह कर दे।" इस बहाने से वह लोगों को धन देकर लोगों से लिखवा लेता था। तदुपरान्त वह उनके सामने उन्हें फाड़ डालता था। इस प्रकार वह लोगों को अनुग्रहीत करता था। सुल्तान सिकन्दर को इस विषय में कोई (२००) सूचना न होती थी। वह युवावस्था की मस्ती में इतना प्रसन्न था कि उसके लिये प्रत्येक दिन ईद का दिन होता था और प्रत्येक रात्रि शबेबरात होती थी। वह नित्यप्रति किसी न किसी वस्तु का आविष्कार करता रहता था, उदाहरणार्थ "जामए सिकन्दर शाही"[1] "रीशे सिकन्दर शाही"[2]; भोगविलास की सामग्री में से जो भी उसके हृदय में आता वह एकत्र करता। उनमें से उसकी एक पत्नी थी जिसका नाम नाज़ुक लहर था। वह सुल्तान को बड़ी प्रिय थी। कहा जाता है कि उस युग में गुजरात की समस्त स्त्रियां इस बात से सहमत थीं कि नाज़ुक लहर के समान गुजरात के किसी भी बादशाह के अन्तःपुर में कोई स्त्री न रही होगी अपितु समस्त गुजरात में उसके समान रूपवती तथा सदाचारिणी कोई अन्य न होगी।" सुल्तान सिकन्दर के समान कोई युवक रूपवान् न था।

कहा जाता है कि सुल्तान सिकन्दर की मृत्यु के उपरान्त नाज़ुक लहर सुल्तान बहादुर के अंतःपुर में प्रविष्ट हो गई। सुल्तान भी उससे अत्यधिक प्रेम करता था। जिस समय सुल्तान बहादुर ने मन्दू

१ सिकन्दरशाही वस्त्र।
२ सिकन्दरशाही दाढ़ी।

पर विजय प्राप्त की और समस्त मालवा प्रदेश अपने अधिकार में कर लिया तो उसने एक दिन आदेश दिया कि उसके शिविर में मन्दू नगर की समस्त डोमनियां, पातुर, कमाचीनी, परीशान तथा लूली उपस्थित की जायं। लगभग एक हज़ार स्त्रियां एक से एक उत्तम श्रृंगार करके राज्य के विभिन्न भागों से प्रस्तुत की गईं। कहा जाता है कि उनमें से अधिकांश बड़ी ही सुन्दर थीं और कुछ सर्वसाधारण के अनुसार अद्वितीय थीं। सुल्तान बहादुर ने एक एक को बुलवाकर इनाम प्रदान किया और विदा कर दिया। इसी बीच में सुल्तान के एक विश्वासपात्र तथा विशेष अमीर शुजा ख़ां ने निवेदन किया कि, "इन रूपवतियों में से किसी की निगाह का बाण आपके हृदय के लक्ष्य पर भी लगा या नहीं ?" सुल्तान ने कहा, "शुजा ख़ां ! मेरे अंतःपुर में एक ऐसी रूपवती है जिसकी सुन्दरता के सूर्य के समक्ष यह सब सितारों के समान मंद हो जायेंगी। मैं तुझे उसे दिखलाऊंगा।" कहा जाता है कि कुछ दिन उपरान्त नाज़ुक लहर ने, जब कि सुल्तान मस्ती की
(२०१) दशा में था कोई ऐसी बात करदी कि वह इतना रुष्ट हुआ कि उसने तलवार निकालकर उसे दो टुकड़े कर दिया। उस समय उसने शुजा ख़ां को जो वचन दिया था, उसका स्मरण किया। नाज़ुक लहर को लिहाफ़ में लपेट कर शुजा ख़ां को बुलवाया और कहा कि, "शुजा ख़ां मैंने वचन दिया था कि उस सूर्य सरीखी युवती को मैं तुझे दिखाऊंगा। दुर्भाग्य से उसकी आज मृत्यु हो गई। तूने उसे उसके जीवनकाल में न देखा। अब मृत्यु के उपरान्त देख ले कि वह कैसी थी।" यह कहकर उसने उसके शरीर से लिहाफ़ खींचा। शुजा ख़ां ने देखा कि वह सूर्य के समान थी जो क्षितिज पर पहुंच चुका हो और उस समय की लाली के समान उसके चारों ओर रक्त फैला था और चन्द्रमा की तरह वह दो टुकड़े थी। वह भूमि पर गिर पड़ा और खेद प्रकट करते हुए कहने लगा कि, "यह कैसी दुर्घटना हुई।" सुल्तान भी बड़ा लज्जित हुआ और उसने भूमि पर सिर पटका किन्तु उससे क्या लाभ हो सकता था।

जब सुल्तान सिकन्दर सवार होकर कहीं जाता था तो स्त्री तथा पुरुष, जो कोई भी सुल्तान को देखता आसक्त हो जाता किन्तु सुल्तान के ऐश्वर्य के कारण किसी को इस विषय में कुछ कहने का साहस न होता था। एक दिन एक व्यक्ति ने यह प्रदर्शित किया कि, "मैं सुल्तान पर आसक्त हूं।" सुल्तान ने यह समाचार सुनकर उसे बुलवाया और कहा कि, "यह सदाचारी है किन्तु निर्लज्ज ज्ञात होता है। इससे कहो कि इसे १०० अशर्फ़ियां दी जायेंगी और यह अब इस कार्य को पुनः न करे अन्यथा इसके सिर के बाल तथा दाढ़ी मुंडवाकर गधे पर सवार करके इसे गली तथा बाज़ार में अपमानित किया जायेगा।" उसने अशर्फ़ियां लेना स्वीकार कर लिया। सुल्तान ने अशर्फ़ियां मँगवाकर उन्हें थैली में बन्द करवाया और उसके गले में लटकवा दिया। उसके सिर के बाल तथा दाढ़ी मुंडवाकर गधे पर सवार कराके गलियों और बाज़ारों में घुमवाया ताकि कोई फिर झूठा दावा न करे। यदि वह अपने अपमान को पहले स्वीकार कर लेता तो उसे यह बुरा दिन न देखना पड़ता। जो कोई अपमान से भागा उसने आशिक़ी के सम्मान को नष्ट कर दिया।......

जब सुल्तान सिकन्दर सिंहासनारूढ़ हुआ तो समस्त सैयिद, प्रतिष्ठित व्यक्ति तथा अन्य लोग बधाई हेतु उसकी सेवा में पहुंचे। केवल शाह बुद्ध इब्ने शाह शेख़ जियु बुख़ारी, जो बतुवा के सैयिदों में सर्वश्रेष्ठ थे, सुल्तान सिकन्दर की शत्रुता के कारण न आये। सुल्तान की शत्रुता का कारण यह था कि जब बहादुर ख़ां गुजरात से देहली चला गया तो कुछ समय उपरान्त शेख़ जियु की भी मृत्यु हो गई। सुल्तान सिकन्दर ने कहा, "पीर मुआ मुरीद जोगी हुआ" अर्थात् पीर की मृत्यु हो गई और मुरीद आवारा हो
(२०३) गया। शेख़ बुद्ध ने कहलाया कि, "पीर की मृत्यु नहीं होती; तुम्हें भलि-भाँति ज्ञात होना चाहिये कि ईश्वर के मित्रों की मृत्यु नहीं होती। वे एक घर से दूसरे घर को चले जाते हैं। और न मुरीद आवारा होते हैं। लोगों ने कभी हमारा विरोध नहीं किया। तुम्हारी बादशाही बुलबुले के समान है। उसका

कोई स्थायित्व नहीं।" यह सुनकर सुल्तान की शत्रुता और बढ़ गई और बतुवा क़स्बा, जिसका सम्बन्ध प्रतिष्ठित सैयिदों से था, सैयिद मुहम्मद बुख़ारी को, जिनकी उपाधि सादात ख़ां थी और जो शाह आलम के पुत्रों में से थे, प्रदान कर दिया, किन्तु उन्होंने स्वीकार न किया।

अन्त में शेख़ जियु का कथन पूरा हुआ। सुल्तान सिकन्दर का राज्य २ मास तथा १६ दिन तक रहा। सुल्तान के नमकहराम दास एमादुलमुल्क ख़ुशक़दम ने उसकी हत्या कर दी। बुज़ुर्गों ने कहा है कि 'ईश्वर जिसका विनाश करना चाहता है उसका दरवेशों से मतभेद करा देता है।' सुल्तान, सैयिद मीरान बिन सैयिद सुल्तान बिन शाह आलम का मुरीद था।

संक्षेप में, सिंहासनारोहण के दिन नसीर ख़ां ने, जिसे एमादुलमुल्क ने सुल्तान महमूद की उपाधि दी थी, और जिसका ऊपर उल्लेख हो चुका है, ख़िलअतें, घोड़े तथा उपाधियां अमीरों एवं सैनिकों को बांटी किन्तु जागीर जोकि ख़िताब का परिणाम है न प्रदान हुई। इस कारण लोग कहते थे कि, "उपाधि बिना जागीर अपमान की वस्तु है।" अन्त में अधिकांश अमीर तथा सैनिक उसके इस दुष्कर्म से अर्थात् सुल्तान सिकन्दर की हत्या के कारण उसके रक्त के प्यासे हो गये, किन्तु सरदार के बिना वे कुछ न कर सकते थे। प्रत्येक अपनी-अपनी जागीर को चला गया। जब इस प्रकार अव्यवस्था उत्पन्न हो गई तो उसने इसके उपचार के लिये एमादुलमुल्क ऐलिचपुरी को लिखा कि, "यदि तुम इस समय सहायता करो और नद्रबार क़स्बे तथा सुल्तानपुर तक पधारने का कष्ट करो तो यात्रा के बदले में पर्याप्त धन प्रस्तुत किया जायगा।" इसी प्रकार का एक पत्र उसने राणा सांगा को भी लिखा तथा उस क्षेत्र के ज़मींदारों को एकत्र करके बाबर बादशाह के पास भी प्रार्थनापत्र भेजकर सहायता की याचना की।

"तारीख़े बहादुरशाही" का लेखक लिखता है कि, "मैं उस समय बीर नगर[1] क़स्बे में था। मैंने वहां से यह समाचार ताज ख़ां को, जो धन्धूक़ा में था, पहुंचाया कि 'एमादुलमुल्क ने बादशाह (बाबर) से सहायता की याचना की है। इस कारण गुजरात के सुल्तानों के हाथ से राज्य निकल जायगा। आप इस विषय में उचित रूप से प्रयत्न करें और बहादुर ख़ां को भी पत्र लिख कर किसी द्रुतगामी दूत के हाथ शीघ्रातिशीघ्र प्रेषित करें।" उस समय बहादुर ख़ां जौनपुर के अमीरों के निमंत्रण पर पानीपत से, जहां (२०४) सुल्तान इबराहीम का बाबर बादशाह से युद्ध हो रहा था, (सुल्तान इबराहीम से) विदा हुये बिना जौनपुर की ओर प्रस्थान करने के लिये पानीपत के उद्यान में ठहरा हुआ था। उसी स्थान पर पायंदह ख़ां अफ़ग़ान उपर्युक्त अमीरों[2] के पास से बहादुर ख़ां की सेवा में पहुंचा और निवेदन किया कि, "जौनपुर की अक़्ता के समस्त अमीर आपको अपना बादशाह समझकर आपकी प्रतीक्षा कर रहे हैं। उन्होंने मुझे आपकी सेवा में इस आशय से भेजा है कि मैं आपको वहां का हाल बताकर आपसे वहां पधारने के लिये आग्रह करूं। आपके लिये यह यात्रा शुभ हो। आप विलम्ब न करें।"

सुल्तान उस ओर प्रस्थान करने वाला ही था कि इसी बीच में ख़ुर्रम ख़ां का पत्र, जिसमें सुल्तान मुज़फ़्फ़र के निधन तथा सुल्तान सिकन्दर के सिंहासनारोहण का उल्लेख था, प्राप्त हुआ। उसमें यह भी लिखा था कि "अमीर तथा सैनिक आपके आगमन की प्रतीक्षा कर रहे हैं। यदि आप इस समय शीघ्राति-शीघ्र पहुंच जायेंगे तो विश्वास है कि राज्य के कार्य आपके अधिकार में आ जायेंगे, कारण कि सुल्तान सिकन्दर से प्रजा तथा सेना असंतुष्ट है।" पत्र प्राप्त होने के उपरान्त वह तीन दिन तक उसी स्थान पर

१ फ़रीदी के अनुसार 'बाद नगर'।
२ जौनपुर के अमीर।

ठहरा रहा और उसने शोक-सम्बन्धी प्रथाओं को सम्पन्न कराया। चौथे दिन उसने पायंदह खां को विदा कर दिया और वहां से शीघ्रातिशीघ्र गुजरात की ओर प्रस्थान किया।

जब वह चित्तौड़ पहुंचा तो मुईनुद्दीन अफ़ग़ान का पुत्र अली शेर[1] जो सुल्तान सिकन्दर की हत्या के उपरान्त गुजरात से बहादुर ख़ां की सेवा में रवाना हुआ था, पहुंच गया। उसने सिकन्दर ख़ां की हत्या, एमादुलमुल्क की नमकहरामी तथा नसीर ख़ां के सिंहासनारोहण का हाल एक-एक करके बताया। बहादुर ख़ां ने कहा, ''ईश्वर ने चाहा तो मैं मुहमदाबाद पहुंचकर उस नमकहराम को सूली पर लटकवा दूँगा।'' वह वहां से भी रवाना हो गया। चांद खां शाहज़ादा, जो उसके साथ था, इस स्थान से उससे पृथक् होकर मांदू के बादशाह सुल्तान महमूद के पास चला गया। चांद ख़ां का भाई इबराहीम ख़ां बहादुर ख़ां के साथ रवाना हुआ। वहां से वह दूंगरपुर पहुंचा। यह समाचार पाकर ताज ख़ां धन्दूक़ा से सुल्तान की सेवा में रवाना हो गया।

इसी बीच में शाहज़ादा लतीफ़ ख़ां ने धन्दूक़ा के समीप पहुंच कर ताज ख़ां के पास सन्देश भेजा कि, ''यदि ख़ान मेरा साथ दे तो गुजरात का समस्त शासन-प्रबन्ध मैं उसे सौंप दूंगा।'' ताज ख़ां ने लतीफ़ ख़ां को कुछ धन भिजवाकर निवेदन कराया कि, ''मैं इससे पूर्व अपने आपको बहादुर ख़ां से सम्बन्धित कर चुका हूं। अब मैं इसके विरुद्ध कुछ नहीं कर सकता। आपके लिये यही उचित है कि आप एकान्तवास ग्रहण कर लें।''

(२०५) संक्षेप में बहादुर ख़ां के आगमन तथा अमीरों के उससे मिल जाने के समाचार पाकर एमादुलमुल्क तथा उसके सहायक कांप उठे। एमादुलमुल्क ने अब्दुलमुल्क कुष्टरोगी को शाही पायगाह[2] से ३०० घोड़े तथा फ़ीलखाने[3] से ५० हाथी प्रदान करके मोरासा की थानेदारी हेतु नियुक्त किया और आदेश दिया कि, ''वह उस स्थान पर रहे और किसी को भी बहादुर ख़ां के पास न जाने दे।'' अब्दुलमुल्क उस ओर रवाना हो गया। इसी बीच में रज़ी-उल-मुल्क तथा ख़ुर्रम ख़ां मुहमदाबाद से निकल कर बहादुर ख़ां की सेवा में रवाना हुये। बहादुर ख़ां कबीर पंच[4] क़स्बे में जो महमूदनगर[5] कहलाता है, पहुंचा। उसके कुछ विश्वासपात्र, आज़म इब्न पीरू, मलिक यूसुफ़ बिन लुत्फ़ुल्लाह, राजी मुहम्मद बिन फ़रीद तथा मलिक मसऊद इत्यादि जिन्होंने एमादुलमुल्क के भय से भागकर एकान्तवास ग्रहण कर लिया था, उसकी सेवा में उपस्थित हुये। बहादुर ख़ां वहां से मोरासा पहुंचा। मोरासा से वह हरसोल और हरसोल से सिंगार गांव पहुंचा। इसी बीच में ख़ुर्रम ख़ां, रज़ी-उल-मुल्क तथा मुज़फ़्फ़र शाह के अधिकांश अमीरों ने पहुंचकर बहादुर शाह के चरणों के चुम्बन का सम्मान प्राप्त किया। दूसरे दिन उसने अपने शिविर नहरवाला में लगवाये।

१ फ़रीदी के अनुसार 'सैयिद शेर' (पृ० १५०)।
२ अश्वशाला।
३ गजशाला।
४ फ़रीदी के अनुसार एक पोथी में 'कपड वंज' तथा एक में 'भंगरेच' (पृ० १५१)।
५ फ़रीदी के अनुसार 'मुहम्मदनगर' (पृ० १५१)।

# ज़फ़रुल वालेह बे मुज़फ़्फ़र व आलेह

## भाग १

(लेखक : अब्दुल्लाह मुहम्मद बिन उमर अल हाजुद्दबीर)

(प्रकाशन—लन्दन १९१० ई०)

## अबुल जूद मुईज़ुद्दीन मुहम्मद शाह बिन अहमद शाह बिन मुहम्मद शाह इब्न मुज़फ़्फ़र शाह

वह ७ रबी-उल-आखिर ८४६ हि० (१६ जुलाई १४४२ ई०) में अहमदाबाद में सिंहासनारूढ़ हुआ। उसने अपने पिता के वज़ीरों तथा अधिकारियों की ओर (अपने पिता की ही भांति) कृपादृष्टि रखी। उसके पिता के राज्यकाल में जिस व्यक्ति को जो नेमतें[1] प्राप्त थीं उन्हें उसने उसी प्रकार रहने दिया और उसमें परिवर्तन नहीं किया।

## क़ुतुब शिहाबुद्दीन शेख़ी बरकती सैयिदना शेख़ अहमद सरीखीज के अधिकारी का जन्म तथा मृत्यु

मैंने इसे अबी हामिद इस्माईल बिन इबराहीम की शरह[2] से संकलित किया है जो उस पुस्तक पर है जिसे क़ुतुबुल आरेफ़ीन मौलाना शेख़ुल इस्लाम शिहाबुद्दीन अहमद सरखीज के अधिकारी ने आबिद[3] मुजाहिद सुल्तान अहमद बिन मुहम्मद बिन मुज़फ़्फ़र के नाम से शेख़ के जन्म, मृत्यु तथा अवस्था के विषय में संकलित किया है। उसमें इस प्रकार लिखा है कि नागौर के अधीनस्थ खत्तू नामक स्थान में (२) ७३७ हि० (१३३६-३७ ई०) में उनका जन्म हुआ और बृहस्पतिवार १४ शव्वाल ८४९ हि० (१३ जनवरी १४४६ ई०) को संध्यापूर्व अपने निवास-स्थान सरखीज में मृत्यु को प्राप्त हुए। टीकाकार ने इस घटना पर शोक प्रकट करते हुए जो कविता लिखी है उसका भी उल्लेख किया है। उसका प्रथम छन्द इस प्रकार है :

"हमारे हृदय पर एक बहुत बड़ी विपत्ति आ गई है।
हमारा उदाहरण मिट्टी सरीखा है और वह शोक पर्वत के समान है।"

एक कवि ने सुल्तान मुहम्मद के दरबार में दो छन्दों में उसकी मृत्यु पर शोक प्रकट किया है और उसके प्रति जो शुभकामनायें की हैं उससे उसकी मृत्यु की तिथि का भी पता चलता है। ये छन्द भी बड़े उत्तम हैं :

"जब शेख़ अहमद लोक तथा परलोक के इमाम[4] (ने),
स्वर्ग की ओर प्रसन्नतापूर्वक प्रस्थान किया।

१ पद इत्यादि।
२ टीका।
३ उपासक, धर्म-युद्ध करने वाला।
४ नेता।

आकाश उस वर्ष की तिथि के सम्बन्ध में कहता है,
संसार का बादशाह मुहम्मद चिरस्थायी रहे।"

इसी ८४९ हि० में २० रमज़ान (१९ दिसम्बर १४४५ ई०) को उसके यहां एक भाग्यशाली पुत्र का जन्म हुआ।

## ईदर पर आक्रमण तथा संधि

८५० हि० (१४४६-४७ ई०) में उसने ईदर की ओर प्रस्थान किया। उसके दरबार में ईदर का हाकिम राय बीर, राय पूंजा का पुत्र, उपस्थित हुआ और उसने यह निवेदन किया कि "मैं सर्वदा आपके अधीन रहूंगा।" इसी अधीनता के प्रमाण में उसने अपनी रूपवती पुत्री का विवाह उससे कर दिया, जिसने बादशाह की सेवा में बड़ा सम्मान प्राप्त कर लिया। यहां तक कि उस पुत्री ने अपने पिता की सिफ़ारिश की कि, "ईदर मेरे पिता को लौटा दिया जाय।" सुल्तान ने उसकी सिफ़ारिश स्वीकार कर ली। इसके प्रमाण में वह छन्द प्रस्तुत किया जाता है जिसका तात्पर्य यह है :

**छन्द**

"वह सिफ़ारिश करने वाला जो वस्त्र धारण किये हो उस सिफ़ारिश करने वाले के समान नहीं हो सकता जो तेरे पास नग्न अवस्था में आये।"

## बाकर पर आक्रमण तथा संधि

इसी वर्ष में उसने बाकर की विलायत[1] पर आक्रमण किया। मुनीर ख़ाने जहां ने उसके हाकिम राय कीपा की सिफ़ारिश की और यह उत्तरदायित्व ले लिया कि वह आज्ञाकारी रहेगा और ख़राज[2] अदा किया करेगा। वह वहां से भी लौट आया।

## चम्पानीर पर आक्रमण

८५३ हि० (१४४९-५० ई०) में उसने चम्पानीर की ओर चढ़ाई की। उसके हाकिम राय गंगदास पुत्र तुरम्बक दास से युद्ध किया। उसकी क़ौम के अधिकांश आदमियों की हत्या कर दी गई और वे क़िले की ओर भाग खड़े हुए। बादशाह वहां क़िले के समक्ष उतर पड़ा और उसने भवन-निमाण करने वालों को उस हौज़ के निर्माण का आदेश दिया जो शकर तलाज[3] के नाम से प्रसिद्ध है। शकर प्रसिद्ध (३) वस्तु है। तलाज वही हौज़ होता है जो १० को १० से गुणा करने में जो प्राप्त होता है उससे अधिक होता है। मैंने उस हौज़ को देखा है। वह पत्थरों से घिरा हुआ है और उसमें ज़ीने बने हुए हैं। उसकी लम्बाई तथा चौड़ाई में एक बाण के फेंके जाने की दूरी है। तदुपरान्त सुल्तान ने राजधानी के निर्माण तथा नगर के अन्य भवनों के बनाने का आदेश दिया। तत्पश्चात् गंगदास ने उससे यह प्रार्थना की कि वह उसे क्षमा कर दे और उसके अपराधों की ओर ध्यान न दे। उसने उसकी प्रार्थना स्वीकार न की। तदुपरान्त उसने (राय ने) मन्दू के सुल्तान महमूद ख़लजी से सहायता मांगी और उसे इस बात का वचन दिया कि वह उसके प्रत्येक पड़ाव के व्यय के लिए निश्चित धन अदा करेगा। महमूद ख़लजी ने इसे स्वीकार कर लिया और वह दहयूद के क्षेत्र तक पहुंच गया। मुहम्मद शाह रुग्ण था। इसपर भी वह

१ राज्य।
२ कर।
३ तलाब (तालाब)।

युद्ध हेतु कोथरा तक पहुंच गया। ये दोनों स्थान चम्पानीर के अधीनस्थ दृढ़ स्थानों में हैं और मन्दू के समीप हैं। फिर ख़लजी अपने राज्य की ओर लौट गया। रुग्णावस्था के कारण मुहम्मद शाह भी बड़ा ही शक्तिहीन तथा परेशान हो गया था। उसने अपने घोड़े की लगाम अहमदाबाद की ओर मोड़ दी।

### सुल्तान की मृत्यु

८ मुहर्रम ८५५ हि० (१० फ़रवरी १४५१ ई०) को मुहम्मद शाह की मृत्यु हो गई और वह अपने पिता की क़ब्र के समीप एक ही गुम्बद में दफ़न कर दिया गया। दोनों की क़ब्रें एक दूसरे से मिली हुई हैं। जब वह सिंहासनारूढ़ हुआ तो उसकी अवस्था १९ वर्ष की थी। उसका जन्म सुल्तानपुर में हुआ था। सुल्तानपुर नद्रबार के समीप है, उसी के कारण उसका नाम सुल्तानपुर रखा गया। वह एक चहारदीवारी से घिरा हुआ है। उसकी जब मृत्यु हुई तो उसकी अवस्था २८ वर्ष की थी। यह वही व्यक्ति है जिसने खाने खानां इब्न अहमद बहमनी को पराजित किया और दौलताबाद पर चढ़ाई की। इसका उल्लेख उसके पिता के इतिहास में किया जा चुका है। वह बड़ा प्रतापी बादशाह, उत्कृष्ट सरदार तथा घुड़सवार था। वह बड़ा वीर था। उसके आदेशों का पालन किया जाता था। वह दानी भी था, मानो यह उसी के विषय में कहा गया हो :

"वह लाखों प्रदान करता है
इसी कारण उसे लखबख़्श[1] कहा जाता है।"

वह बड़ा सदाचारी था; उसके निर्माण कराये हुए भवन बड़े ही सुन्दर हैं। उसके उपरान्त उसका पुत्र अहमद सिंहासनारूढ़ हुआ।

## अबुल फ़ज़्ल क़ुतुबुद्दीन अहमद शाह बिन मुहम्मद शाह इब्न अहमद शाह बिन मुज़फ़्फ़र शाह

११ मुहर्रम ८५५ हि० (१३ फ़रवरी १४५१ ई०) को अहमद शाह बिन मुहम्मद शाह सिंहासना-
(४) रूढ़ हुआ। वह अपने राज्यकाल में सभी श्रेणियों के लोगों के साथ उदारतापूर्वक व्यवहार करता था, विशेषकर उन पदाधिकारियों के प्रति जो उसके पिता के राज्यकाल में भी सेवा करते थे। उसने अपने पिता के पदाधिकारियों में से किसी को भी पदच्युत नहीं किया। उसका राज्यकाल कुशलतापूर्वक तथा भली-भांति व्यतीत हुआ।

### महमूद ख़लजी से युद्ध

उसके पिता के इतिहास में इस बात का भी उल्लेख किया गया है कि खलजी दहयूद तक पहुंच गया था। क़ुतुबुद्दीन उस समय ईदर की विलायत[2] में था। जब उसने यह सुना तो वह अपने पिता के पास पहुँच गया। संयोग से उसके पिता की मृत्यु हो गई और खलजी वापस लौट गया। तदुपरान्त वह (खलजी) सेना को तैयार करके वापस हुआ। उसकी सेना में १ लाख अश्वारोही तथा ५०० हाथियों से अधिक थे। क़ुतुबुद्दीन को इसकी सूचना मिली। अपने पिता की मृत्यु की शोक संबन्धी प्रथाओं को

१ लाख प्रदान करने वाला।
२ राज्य।

सम्पन्न कराने के उपरान्त उसने आदेश दिया कि उसका शिविर महमूदपुर में भेज दिया जाय। फिर उसने महेन्द्री नदी की ओर प्रस्थान किया और वहां पहुंच कर पड़ाव किया। महमूद ख़लजी जब सुल्तानपुर पहुंचा तो वहां अलाउद्दीन सोहराब सुल्तानी था। महमूद ख़लजी ने उससे अपनी अधीनता स्वीकार करने के लिये कहा। सोहराब सुल्तानी उसके पास पहुंच गया और अपना परिवार ख़लजी को सौंप दिया। उसने उसे तलीयतुल अस्कर[1] नियुक्त किया। इसी बीच में खलजी को मुहम्मद शाह की मृत्यु के समाचार प्राप्त हुए। वह बाबागूर के दर्शनार्थ रवाना हुआ और भरौंच की ओर प्रस्थान किया। वह सारसा ग्राम में पहुंचा। जब वह पालरी में पहुंचा तो उसने भरौंच के अमीर मर्जान सुल्तानी को अपनी आज्ञाकारिता स्वीकार करने के लिये कहा। उसने उसे स्वीकार नहीं किया। इस पर उसने भरौंच के अवरोध का आदेश दे दिया। सोहराब ने कहा कि, "भरौंच की विजय में इतना समय लग जायगा जितने में राजधानी की विजय की जा सकती है, और राजधानी की विजय के उपरान्त भरौंच की विजय में कोई बात बाधक नहीं हो सकती।" यह सुनकर ख़लजी ने बरौदरा का संकल्प किया। ख़लजी के पास एक मस्त हाथी था जो सेना के आगे-आगे चलता था। बरनामा के हौज़ पर उसकी हत्या कर दी गई। यह घटना इस प्रकार घटी कि ब्राह्मणों का एक समूह उस तालाब के तट पर था। उनमें से कुछ लोग भोजन बनाने में और कुछ स्नान करने में, जैसा कि भोजन के समय उनकी प्रथा है, व्यस्त थे। यह हाथी उनके पास पहुंच गया। उस अवसर पर उनके पास उसकी हत्या के अतिरिक्त रक्षा का कोई अन्य उपाय न था। जैसा कि कहा गया है कि संख्या की अधिकता वीरता पर प्रभुत्व प्राप्त कर लेती है, वे सब लोग उस पर टूट पड़े और उसकी हत्या कर दी, यद्यपि वे तलवार चलाने वाले न थे। यह वैसी ही बात थी जैसी कि कहा गया है कि कभी कभी मच्छर हाथी की हत्या कर देता है। जब ख़लजी को यह पता चला तो उसे बड़ा आश्चर्य हुआ।

सुल्तान महमूद ग़ज़नवी के विषय में भी एक इसी प्रकार की कहानी का उल्लेख किया जाता है। (५) जब वह नहरवाला में युद्ध कर रहा था तो एक दिन शिकार हेतु निकला। उसने देखा कि एक कुत्ता एक ख़रगोश पर झपटा। ख़रगोश पलट गया और उसने कुत्ते का मुक़ाबला किया। उसने भी वही किया जो ख़लजी ने किया था। औफ़ी ने अपने इतिहास में लिखा है कि जब उसने ख़रगोश को देखा कि उसने कुत्ते पर आक्रमण किया है और उससे युद्ध करने पर कटिबद्ध हो गया है तो उसने गर्दन झुका ली। जो कुछ देखा था उस पर आश्चर्य करते हुये उसने अपना सिर उठाया; ख़रगोश ने वह किया जो ख़लजी ने किया था। नहरवाला शक्ति तथा बल से ४१६ हि० में विजय हुआ।

बरौदरा में ख़लजी के पास गंगदास इत्यादि वहां के निवासी एकत्र हो गये और उन्होंने महेन्द्री नदी के पार करने का संकल्प किया। गंगदास ने कहा कि, "सवार के लिए उसमें प्रविष्ट होना बड़ा कठिन है। उसे जलाब[2] के अतिरिक्त किसी अन्य साधन से पार नहीं किया जा सकता। वहां क़ुतुबुद्दीन पहले ही से डट गया है, अंबयाली की ओर से सुगमतापूर्वक नहीं पार की जा सकती है।" ख़लजी ने इसका संकल्प किया और वहां से कबीरपंज की ओर नदी पार की। सोहराब पीछे रह गया और उसके साथ जो ख़लजी सरदार थे, उनसे उसने कहा कि, "कुशलतापूर्वक जाओ और अपने स्वामी से कहो कि मेरी शपथ पूरी हो गई। मैंने इस बात की शपथ ली थी कि मैं अपने स्वामी से विश्वासघात न करूंगा। स्वामी से मेरा तात्पर्य क़ुतुबुद्दीन से था। उससे तात्पर्य ख़लजी नहीं था।" फिर उसने थनेसर से नदी पार की

१ सेना के अग्रिम भाग, जो शत्रु के विषय में पता लगाने के लिये भेजा जाता है, का सरदार।
२ सम्भवतः नौका।

और क़ुतुबुद्दीन से जाकर मिल गया। क़ुतुबुद्दीन उससे बड़ा प्रसन्न हुआ और उससे पूछा कि "ख़लजी से उसका व्यवहार किस प्रकार का रहा?" उसने उत्तर दिया कि, "जब मैंने यह देखा कि उसकी बात न मानना उसे इससे नहीं रोक सकता कि वह क़िले को शक्ति से विजय करे तो मैं उतने समय के लिए उससे मिल गया। अब मैं अपने स्वामी के पास आ गया?" क़ुतुबुद्दीन ने उससे सहमत होते हुए पूछा कि, "अब तेरी पत्नी तथा बालकों की क्या दशा होगी?" उसने उत्तर दिया कि, "पत्नी दूसरी मिल सकती है, अब रह गये बालक तो यदि अल्पावस्था ही में उनकी हत्या हो गई तो क्या बात है? क्योंकि बड़े होने पर भी उनका परिणाम स्वामी की सेवा तथा स्वामिभक्ति में यही होता, तो फिर उन्होंने अपना उत्तरदायित्व पूरा कर दिया। अब पिता की बारी है और वह इसके लिए उपस्थित हो गया है।" क़ुतुबुद्दीन ने उसके प्रति आभार प्रदर्शित करते हुए उसे अलाउलमुल्क उलुग खां की उपाधि दे दी। तदुपरान्त उससे ख़लजी के विषय में पूछा। उसने उत्तर दिया कि, "उसके पास बहुत बड़ी सेना तथा शक्ति है। वह स्वयं बड़ा सावधान रहता है और सहायता तथा विजय तो केवल ईश्वर की ओर से हो सकती है। उसने कबीर पंज जाने के लिए नदी पार कर ली है, अतः यही उचित है कि उस पर आक्रमण करने में जल्दी की जाय। इस पर क़ुतुबुद्दीन सशस्त्र तथा बिना शस्त्र के ४० हज़ार अश्वारोही लेकर ख़लजी से युद्ध करने के लिए कबीरपंज की ओर चल दिया।

## सन्तों की सहायता

क़ुतुबुद्दीन की सहायतार्थ निःसंदेह परोक्ष से लोग आये। हुसाम खां ने अपने 'तबक़ात' नामक ग्रन्थ में लिखा है कि, "नहरवाला में, युद्ध के दिन सब्ज़े[1] घोड़ों पर, सफ़ेद वस्त्र धारण किये हुए, जामा मस्जिद के द्वार पर बहुत से लोग देखे गये। वहीं एक क़ुब्बा[2] है जिसमें सुल्तानुस्सालेहीन मिनहाजुल आबेदीन क़िबलतुल आरेफ़ीन, मदारुस्सालेकीन नहरवाला के स्वामी तथा सहायक और उसके क़ुतुब मौलाना शेख हुसामुद्दीन की क़ब्र है। इस क़ुब्बे के एक कोने में कोई धर्मनिष्ठ व्यक्ति लेटा हुआ था।
(६) उसने सुना कि कोई व्यक्ति यह कह रहा है कि, 'सहायता के लिए शीघ्र तैयार हो जाओ।" क़ुब्बे से यह उत्तर मिला कि, 'फिर नगर की रक्षा कौन करेगा?' इसके उत्तर में कहा गया कि, 'बीबी आराम रक्षा करेगी।' फिर क़ुब्बे में से एक अश्वारोही निकला और उनसे जाकर मिल गया। वे लोग तदुपरान्त अदृश्य हो गये। आलेमुल आमिल, कामिलुल वासिल, मौलाना शेख क़ासिम बिन मुहम्मद दोहर के विषय में, जो प्रसिद्ध ख़ान सरवर हौज़ पर विद्यार्थियों को शिक्षा प्रदान किया करते थे, यह सुना गया है कि वे सलाम का उत्तर दे रहे हैं। जब वे पाठ पढ़ा चुके तो एक व्यक्ति ने जो उनका विश्वासपात्र था इस विषय में पूछा। उन्होंने उत्तर दिया कि 'इस देश के वलियों[3] ने उसके बादशाह क़ुतुबुद्दीन की सहायता की ओर ध्यान दिया है और जब वे मेरे पास से गुज़रे तो उन्होंने मुझे सलाम किया। मैंने उनमें से प्रत्येक के सलाम का उत्तर दिया। उन्होंने मुझसे मैत्रीपूर्ण प्रश्न किया तो मैंने इसे पर्याप्त समझा[4]।' कुछ लोगों ने यह भी कहा कि जो सवार मस्जिद में प्रविष्ट हुआ था वह, 'जल्दी करो जल्दी करो' का नारा लगाता था। उत्कृष्ट व्यक्तित्व वाले, मौलाना सैयिद हसन ख़िंगसवार थे, ख़िंग सिंह को कहते

१ वह घोड़ा जिसकी सफ़ेदी में स्याह रंग की झलक हो।
२ गुम्बद।
३ सन्तों।
४ इस वाक्य का अर्थ स्पष्ट नहीं।

हैं। बीबी आराम उनकी बहिन है ईश्वर उन दोनों से हमें लाभ उठाने का सौभाग्य प्रदान करे।"

मैं कहता हूं कि यह विषय कि संतों ने क़ुतुबुद्दीन की सहायता की एक चुटकुला है जिसका उल्लेख घटनाओं की चर्चा करने वाले तथा उनके साथी निरन्तर किया करते हैं। यह चुटकुला इस विषय को स्पष्ट करता है कि, "उन्हें ईश्वर के पास से सब वस्तुयें प्राप्त हैं जिनकी वे इच्छा करते हैं।" इस चुटकुले का सविस्तार उल्लेख इस प्रकार है कि मुहम्मद शाह के राज्यकाल में अपने समय के अद्वितीय व्यक्ति, मालवा के शेख़ कमाल गुजरात पहुंचे, उन पर ऋण था जिसे अदा करने के लिए उनसे कहा गया। वे उस समय उसे दे न सकते थे। फिर उन्होंने खलजी को इस विषय में लिखा और यह कहा कि, "यदि वह इस ऋण को अदा कर देगा तो गुजरात उसके लिए स्वीकार कर लिया जायेगा।" खलजी ने जो कुछ पत्र में लिखा था उसे स्वीकार कर लिया। जब खलजी तथा क़ुतुबुद्दीन के मध्य में युद्ध का समय आया और जब दोनों युद्ध के लिए एक दूसरे के समक्ष आये तो तुच्छ सम्मान वाले वली, तरीक़त[1] और हक़ीक़त[2] के बादशाह, जिनसे शहूद[3] की कोई मंज़िल बाक़ी नहीं रह गई थी फ़ातमा ज़हरा की संतान, मुहम्मद साहब के रहस्य के ज्ञाता, मौलाना बुरहानुद्दीन क़ुतुब आलम ने अपने पुत्र मौलाना मंझन शाह आलम को मालवा (७) के शेख़ कमाल के पास इस आशय से भेजा कि वे क़ुतुबुद्दीन के लिए शुभकामनायें करें और सहायता प्रदान करें। उन्होंने उत्तर दिया कि, "अब तो ऐसा हो गया और एक सज्जन पुरुष ने जो वचन दे दिया था उसे पूरा कर दिया।" शाह आलम ने इस पर कहा कि, "यदि इसका कारण ऋण है तो मेरे पिता इस बात का उत्तरदायित्व लेते हैं कि वे उसे अदा कर देंगे।" मालवा के शेख़ कमाल ने इसका उत्तर यह दिया कि, "आदेश हो चुका है। लिखा जा चुका और उस पर मुहर हो चुकी।" इस पर शाह आलम ने कहा कि, "यदि मैं आपके पास वह वस्तु ला दूं जो इसके अंतिम निर्णय की सूचना दे?" तो शेख़ ने उत्तर दिया कि, "उस समय इसके आदेश का प्रभाव न रहेगा।" इस पर शाह आलम ने अपनी जेब से एक परवाना निकाला, जिस पर उनके स्वामी की मुहर लगी हुई थी जिसे केवल उसके (रहस्य के) ज्ञाता ही जानते हैं। ईश्वर की दया बड़ी विशाल है। जब मालवा के शेख़ कमाल ने यह देखा तो कहा कि, "अब मैं भी उसका अनुसरण करते हुए, जिसने क़ुतुबुद्दीन को विजय के लिए नियुक्त कर दिया है, क़ुतुबुद्दीन के लिए प्रार्थना करूंगा।" फिर उन्हें शेख़ ने दो बाण दिये ताकि क़ुतुबुद्दीन अपने शत्रुओं पर उन्हें चलाये। शाह-आलम ने बाणों को अपने पास रख लिया और उन्हें लेकर अपने पिता के पास आये। उन्हें देखकर उनके पिता मुस्कराये। शाह आलम ने कहा कि, "वे उस समय तक संतुष्ट न हुए जब तक कि मैंने उनके विषय में ईश्वर का आदेश हो चुका है उसकी सूचना न दे दी।" तदुपरान्त व्यर्थ के रक्तपात को रोकने के लिए उन बाणों के दोनों फल बाणों से पृथक् कर दिये और उन्हें सुल्तान के पास भेज दिया। फिर जो कुछ होना था वह हुआ। हे ईश्वर! तू हमें उनके आशीर्वाद से लाभ पहुंचा और उन्हें जो कुछ प्रदान हुआ है, उसमें से हमारे लिए भी कोई भाग निश्चित कर और जब कि तूने उनके लिए अपने अस्तित्व से संबंधित निर्णय कर दिया है तो फिर हमें उनके लाभ से वंचित न रख। कुछ लोगों ने इस घटना को मौलाना शेख़ कमाल, जो मालवी के नाम से प्रसिद्ध हैं, से सम्बन्धित किया है। वे ईलमपुर में खुदावन्द ख़ां की मस्जिद के समीप

१ सूफ़ियों की आध्यात्मिक यात्रा का मार्ग।

२ ईश्वर की वास्तविकता। सूफ़ियों के आध्यात्मिक मार्ग का एक उच्च लक्ष्य।

३ ईश्वर का साक्षात्कार।

दफ़न हैं। ख़ुदावन्द ख़ां मलिक ईलम के नाम से प्रसिद्ध हैं। ईलमपुर राजधानी अहमदाबाद के समीप है। शेख़ मालवी तथा ख़लजी के मध्य में सम्बन्ध थे और पत्र-व्यवहार भी होता था। वे ख़लजी के लिए गुजरात के राज्य की शुभकामना भी किया करते थे। एक बार उसने (ख़लजी ने) उनके पास ५०० सोने के तन्के भेजे। सुल्तान मुहम्मद को उनके विषय में यह ज्ञात हुआ कि सोना उन्हें (शेख़ को) बड़ा प्रिय है। उस सोने के लिए जो महमूद ख़लजी के पास से उनके पास आता था, उन्होंने क़ुरान शरीफ़ के ख़ोल को थैली के समान बना लिया था। यह ख़ोल क़ुरान शरीफ़ से कभी पृथक् न होता था। सुल्तान मुहम्मद ने सच बात का पता लगाने का प्रयत्न किया तो उसे यह ज्ञात हुआ कि, "जो समाचार मिला है वह ठीक है।" फिर उसने एक व्यक्ति को भेजा जिसने ज़बरदस्ती उसमें से सोना निकाल लिया और उसे ख़ज़ांची को सौंप दिया। इसका शेख़ पर बड़ा प्रभाव हुआ। वे ईश्वर से उसकी शिकायत करते थे और प्रार्थना करते थे कि गुजरात का राज्य महमूद को प्राप्त हो जाय। इस प्रार्थना के स्वीकार होने के चिह्न उन्हें ज्ञात हुए। उन्होंने महमूद को पत्र लिख दिया जिसमें उसे गुजरात का राज्य प्राप्त होने की सूचना दी और उससे प्रार्थना की कि वह इस पर अधिकार जमाने के लिए रवाना हो जाय। ख़लजी ने ऐसा ही किया। सुल्तान मुहम्मद की मृत्यु हो गई और क़ुतुबुद्दीन सुल्तान बना। सेना की कमी के कारण वज़ीर एकत्र हुए और उन्होंने यह कहा कि इस वंश का राज्य मख़दूम जहानियां[1] के आशीर्वाद से स्थापित है अतः यह उचित होगा कि उनके पुत्र, क़ुतुब आलम से इस विषय में सहायता मांगी जाय। अतः उन्होंने क़ुतुबुद्दीन को उनकी सेवा में उपस्थित किया और उनसे सहायता की याचना की। क़ुतुब आलम ने उसे सहायता का वचन दे दिया और फिर कहा कि, "यह कष्ट उस धृष्टता का परिणाम है जो सुल्तान मुहम्मद ने दरवेश के सम्बन्ध में की थी। ईश्वर ने चाहा तो इसका समाधान हो जायेगा।" सब इस बात पर सहमत थे
(८) कि यह कार्य केवल शाह आलम द्वारा ही सम्पन्न हो सकता है। क़ुतुब आलम ने उत्तर दिया कि, "हां, यह कार्य केवल शाह आलम ही कर सकेगा।" फिर शाह आलम को शेख़ के पास भेजा गया और यह कहलाया गया कि "एक का पाप दूसरे के सिर पर नहीं लादा जा सकता। क़ुतुबुद्दीन से उसके पिता के अपराधों का बदला नहीं लिया जा सकता, अतः यह उचित होगा कि ख़लजी को यह लिख दिया जाय कि वह अपने राज्य को वापस चला जाय।" शाह आलम ने शेख़ के पास जाकर यह संदेश पहुंचाया। शेख़ ने उसका वह उत्तर नहीं दिया जिससे वे (शाह आलम) सहमत होते। शाह आलम वापस चले गये और जो कुछ सुना था उसे बयान किया। क़ुतुब आलम ने कहा कि, "उनके पास फिर वापस जाओ और यह कहो कि फ़क़ीरों का कार्य अपराध क्षमा करना है और प्राणियों के आराम पर दृष्टि रखना है, अतः यह उचित होगा कि आप ख़लजी को जैसा कहा गया है वैसा ही लिख दें।" शाह आलम वापस होकर मालवा के शेख़ कमाल के पास गये और उन्हें यह संदेश पहुंचाया, किन्तु उनका क्रोध और बढ़ता ही गया। शाह आलम उनके पास से वापस आ गये और जो हाल देखा था वह बता दिया। क़ुतुब आलम ने शाह आलम को तीसरी बार पुनः शेख़ के पास जाने का आदेश दिया और यह कहा कि, "जाकर उनसे यह कहो कि दास बुरहानुद्दीन आपके चरण चूमता है और आप को मुहम्मद साहब के प्रेम की शपथ देता है कि जो कुछ हो गया है उसे क्षमा कीजिये और परोपकार कीजिये। क्योंकि यदि किसी घर के किसी पुरुष से किसी प्रकार की कोई कठोरता होती है तो उस घर के रहने वाले उसे सहन नहीं कर सकते।" शाह आलम पुनः शेख़ की सेवा में पहुंचे। शेख़ ने उत्तर दिया कि, "मैं ७ वर्ष से महमूद ख़लजी के लिए राज्य की शुभ

१ मख़दूम जहानियां जहांगश्त—जन्म ८ फ़रवरी १३०८ ई० तथा मृत्यु ३ फ़रवरी १३८४ ई०। वे उच्छ में दफ़न हैं। वे अत्यधिक यात्रा करने के कारण जहानियां जहांगश्त कहलाते हैं।

कामना कर रहा हूं और यह प्रार्थना अब स्वीकार हो चुकी। महमूद फ़क़ीरों का मित्र है तो ऐसी अवस्था में मैं उससे किस प्रकार प्रार्थना करूं और उसे ऐसे व्यक्ति के लाभार्थ वापस कर दूं जिसके पिता ने मुझ पर अत्याचार किया है; यह नहीं हो सकता।" फिर उन्होंने अपना हाथ ऊपर उठाया उसमें कोई ऐसी वस्तु थी जो काग़ज़ के समान थी। उसे उन्होंने शाह आलम को दिया और कहा कि, "यह ख़लजी के नाम राज्य का परवाना है, अतः इसके विरुद्ध प्रयत्न करने से कोई लाभ न होगा। अपने पिता के पास लौट जाओ और इस घटना की सूचना दे दो।" यह सुनकर हाशमी[1] की मर्यादा को ठेस लगी और उन्होंने (शाह आलम ने) उस कागज को टुकड़े टुकड़े कर डाला और कहा कि, "यह परवाना दैवी आज्ञा से जारी हुआ है किन्तु यह क़ुतुबुल अक़ताब तक नहीं पहुंचाया गया अतः इसे कोई महत्व नहीं दिया जा सकता।" उस समय शेख़ की चेतना का अंत हो गया और उन्होंने जो कुछ भाग्य में लिखा जा चुका था उसे स्वीकार किया। फिर उन्होंने कहा कि, "सैयिद के पुत्र ने हिंसा प्रदर्शित की" और उनकी मृत्यु हो गई। शाह आलम वापस चले गये। क़ुतुब आलम ने कहा कि "तुमने शीघ्रता से कार्य किया। सहनशीलता से कार्य लेना चाहिये था।"

तदुपरान्त क़ुतुबुद्दीन ने क़ुतुब आलम से प्रार्थना की कि "शाह की छत्रछाया शाह आलम द्वारा मुझ पर रहे ताकि मैं उन वस्तुओं की ओर से जिसकी मुझमें शक्ति नहीं है निश्चित रहूँ।" इस पर शाह आलम से क़ुतुब आलम ने कहा कि, "क़ुतुबुद्दीन पर महमूद ने अत्याचार किया है और पीड़ित की सहायता करना एक अच्छा कार्य है अतः इस आक्रमण में तुम उसकी सहायता करो और उसके साथ चले जाओ।" शाह आलम क़ुतुबुद्दीन के साथ नगर से युद्ध के उद्देश्य से निकले किन्तु दूसरे पड़ाव पर संयोग से जल का इतना अभाव हो गया कि तहज्जुद[2] की नमाज़ के वजू[3] के लिए भी पर्याप्त जल न मिल सका। फिर जब दिन निकला तो उन्होंने क़ुतुबुद्दीन से कहा कि, "सेना की जलवायु दूषित हो गई है और मार्ग में लोगों के आने-जाने की अधिकता के कारण मुझे ईश्वर के ध्यान में कठिनाई होती है अतः मैं शीघ्र तुम्हारी अनुमति से चला जाऊंगा, किन्तु विजय के विषय में तुम्हें कोई संदेह नहीं होना चाहिये। वह तुम्हारे नाम पर निश्चित हो चुकी है।" इस पर क़ुतुबुद्दीन ने उनसे आशीर्वाद हेतु उनकी तलवार मांगी। उन्होंने उत्तर दिया कि, "तलवार, डंडा, जूता, चादर और जो कुछ भी फ़क़ीरों के लिए है उसमें जीव होता है। (९) तुम सम्मानित बादशाह हो। संभव है कि तुम उन वस्तुओं के संबंध में कोई ऐसा कार्य कर डालो जो उनके योग्य न हो तो ऐसी दशा में तलवार से हानि हो सकती है।" इस पर क़ुतुबुद्दीन, शाह आलम के चरणों पर गिर पड़ा और उन्हें चूमने लगा। तदुपरान्त यह कहा कि, "मुझसे अपने आश्रयदाता के प्रति किस प्रकार कोई धृष्टता हो सकती है?" शाह आलम ने उत्तर दिया कि, "शीघ्र ही ईश्वर के आदेश से वह दिन भी आयेगा और जो कुछ तुमने कहा है वह भी शीघ्र ही सम्पन्न होगा।" तदुपरान्त शाह आलम ने अपनी तलवार क़ुतुबुद्दीन को दे दी। जब शाह आलम के समक्ष यह चर्चा की गई कि महमूद रणक्षेत्र में जिस हाथी पर भरोसा करता है उसका नाम 'ग़ालिब जंग' है, तो शाह आलम ने राज्य के हाथियों को उपस्थित करने का आदेश दे दिया। फिर उन्होंने उनमें से एक ऐसे हाथी को जो अभी मस्ती की सीमा तक नहीं पहुंचा था पृथक् कर लिया और उसके सिर पर अपना पूज्य हाथ फेर कर कहा कि, "क़स्साब के पेट के फटने का समय आ गया।" उस हाथी को क़स्साब इस कारण कहा जाता था कि

१ सैयिदों की मर्यादा।
२ रात्रि के समय की नमाज जो अनिवार्य नहीं है।
३ नमाज़ अथवा पवित्रता हेतु क्रमशः हाथ-मुँह धोना।

जब वह किसी हाथी को पराजित कर देता था तो वह उसे उस समय तक न छोड़ता था जब तक कि उसका पेट न फाड़ डालता था। फिर उन्होंने बिना पंख का एक बाण लिया और उसे धनुष में रख कर ख़लजी की सेना की ओर फेंका और कहा कि, "बाण शीघ्र ही महमूद के शिविर के उस बीच के डंडे तक पहुंच जायगा जिस पर खेमा आधारित हैं और उसे तोड़ डालेगा।" तदुपरान्त शाह आलम, सुल्तान से विदा हुए और लौट गये। उन्होंने जैसा कहा था वैसा ही सब कुछ हुआ।

युद्ध

महमूद ख़लजी कबीर पंज के समीप अपना शिविर लगा चुका था और उसने किसी क़लन्दर[1] के हाथ क़ुतुबुद्दीन के पास यह छन्द लिखकर भेज दिया था:

**छन्द**

"मुझे ज्ञात हुआ है कि तू प्रांगण में बिना चौगान के गेंद खेलता है,
यदि तुझे सरदार होने का दावा है तो आ, यह गेंद है और यह मैदान।"

उसे यह उत्तर देकर वापस भेज दिया गया:

**छन्द**

"यदि मैं चौगान अपने हाथ में लूँगा तो तेरे सिर को गेंद बना दूँगा,
किन्तु मुझे इस कार्य से लज्जा आती है, कारण कि अपने बन्दी को मैं
किस प्रकार कष्ट पहुंचाऊं।"

कुछ दिनों तक युद्ध होता रहा। तदुपरान्त ख़लजी ने रात्रि में छापा मारना निश्चय किया और काफ़िरों में से किसी को मार्गदर्शक बनाया। सफ़र की अंतिम रात्रि में वह सवार हुआ था किन्तु संतों की कृपादृष्टि के कारण ऐसा हुआ कि उसके मुंह की ओर वायु बड़ी तीव्र गति से चलने लगी; फलतः वायु-मण्डल में अंधकार छा गया। इसके कारण स्वयं मार्ग-दर्शक मार्ग में इधर-उधर इस प्रकार भटकता फिरता था जैसे वह ऊंटनी जिसको रतौंधी आती हो; यहां तक कि सुबह हो गई और वह सेना में इसी प्रकार दायें-बायें भटकता फिरता रहा। ख़लजी को इसमें विश्वासघात तथा छल की शंका हुई और उसने अपने निर्णय के कमज़ोर होने के कारण प्रहार कर दिया। वह उस ओर के सम्मानित व्यक्तियों में बड़े गौरव तथा श्रेष्ठता का स्वामी था, अतः सभी इस घटना से प्रभावित हुए और उसके विरोधी बन गये।

उसके इस उद्देश्य का ज्ञान क़ुतुबुद्दीन को हो गया था। उसने उसका अपने प्रताप की सहायता (१०) से स्वागत किया और इस बात की चिंता न की कि उसके (ख़लजी के) पास घोड़ों तथा हाथियों की बड़ी अधिक संख्या है। ईरान के किसरा के इस कथन को स्पष्ट करते हुए कि क़साई भेड़ बकरों की अधिकता से नहीं भयभीत होता, उसने अपनी तलवार की मूठ पकड़ ली और कहा कि, "यह निर्णय करने वाली एक उत्तम वस्तु है।" उसने अपनी सेना के अग्रिम भाग में महता ख़ां बिन सुल्तान मुज़फ़्फ़र, सिकन्दर ख़ां, जो उसके पिता मुहम्मद शाह का मामा था, इफ़्तेख़ारुलमुल्क तुग़ान खत्री, ख़ाने जहां मुनीर सुल्तानी, आज़म ख़ां सुल्तानी, क़द्र ख़ां, अलाउलमुल्क उलुग़ ख़ां सोहराब सुल्तानी को नियुक्त किया। दायें भाग में इख़्तियारुलमुल्क सुल्तानी तथा दिलावर ख़ां सुल्तानी को नियुक्त किया और बायें भाग में

१ सूफ़ियों का एक समूह जो अधिकांश सिर, दाढ़ी तथा मूँछ मुँडाये हुये, एवं पारिवारिक सम्बन्धों को त्याग कर स्वतंत्र जीवन व्यतीत करते हैं।

निज़ामुद्दीन मुख़्तसुलमुल्क को। फिर जब पताकायें प्रकट हुईं, सहनशीलता को क्रोध आया, क्रोध की अग्नि प्रज्ज्वलित हुई, मृत्यु तथा विनाश निकट आ गये, आंखों के घेरे लाल हो गये, बांछें क्रोध के फेन में डूब गईं, सेना ने शीघ्रता से कार्य किया और एक दूसरे से लहरें लेने वाले समुद्र के समान भिड़ गईं। ख़लजी की सेना के दायें भाग पर चन्देरी का अमीर मुज़फ़्फ़र खां था। चन्देरी मन्दू के अधीनस्थ नगरों में बड़ा प्रतिष्ठित नगर है। उसने बायें भाग पर आक्रमण किया और उसे पीछे की सेना के सरदार तक हटा दिया और ख़ज़ाने तथा अन्य सामग्री पर अधिकार प्राप्त कर लिया, किन्तु तुरन्त ही उसके सिर पर दायें भाग का सरदार इख़्तियारुलमुल्क पहुंच गया और उसने उस पर आक्रमण कर दिया। वह (मुज़फ़्फ़र खां) घोड़े की ज़ीन से गिर पड़ा और बन्दी बना लिया गया। क्योंकि उपद्रव का मूल कारण वही था अतः युद्ध के उपरान्त उसे कबीर पंज के द्वार पर सूली दे दी गई। महता खां ने ख़लजी की सेना के अग्रिम भाग पर आक्रमण किया किन्तु वह वहां स्वयं न रुका अपितु विचित्र प्रकार का आचरण प्रदर्शित करके वह सेना के मध्य भाग में लौट आया।

उन लोगों में से, जिन्होंने अपने व्यक्तित्व को प्रदर्शित करते हुए सेना की पंक्तियों को फाड़ा और सेना के मध्य भाग में प्रविष्ट हो गये तथा चत्र तक पहुंच गये, उलुग़ खां सोहराब था। उसने चत्र पर तलवार मारी और कुशलतापूर्वक लौट आया। इसी प्रकार उसके भतीजे, मलिक दादन ने भी बड़ा कठोर आक्रमण किया और चत्र पर तलवार का प्रहार किया और युद्ध में मारा गया। तदुपरान्त ख़लजी ने बड़ा भीषण आक्रमण किया। उसके आगे-आगे वह बड़ा हाथी था जिसे क़स्साब कहा जाता था। क़ुतुबुद्दीन ने ख़लजी से बलवान् तथा वीर आदमियों को अपने साथ लेकर युद्ध किया। उसके आगे-आगे छोटा हाथी था जो 'होशियार मस्त' के नाम से प्रसिद्ध था। जब क़स्साब ने 'होशियार मस्त' पर आक्रमण किया तो वह अपने स्थान पर दृढ़ रहा और उसने उसके दांत को अपने दांत पर रोका। इसमें होशियार मस्त का एक दांत टूट गया किन्तु इसके बावजूद होशियार मस्त अपने स्थान पर दृढ़ रहा। जब उसे क़स्साब ने पराजित कर देना चाहा तो उसने उसे अपने बचे हुए दांत से मारा और वह क़स्साब के मुंह में प्रविष्ट हो गया और उसे अत्यधिक घायल कर दिया। इससे वह पीछे हट गया। इस पर होशियार मस्त ने उस पर आक्रमण किया और क़स्साब बैठ गया। होशियार मस्त के दोनों ओर जो लोग उसकी देखरेख तथा रक्षा के लिए नियुक्त थे, उन्होंने अपने शस्त्रों से उस पर आक्रमण कर दिया और वह मर गया। (११) इसके उपरान्त दो अन्य हाथी जो देखने में क़स्साब से कम न थे होशियार मस्त की ओर बढ़े। उनका मुक़ाबला उस हाथी ने किया जो मलिक सुदनी[1] के अधीन था। सुदनी का तात्पर्य उस व्यक्ति से होता है जिसकी बुद्धि नशे से नष्ट हो गई हो। इन दोनों पर भी जो सेवक रक्षा के लिए नियुक्त थे, उनकी विजय हो गई। तदुपरान्त क़ुतुबुद्दीन तथा महमूद की सेना में भीषण युद्ध प्रारम्भ हो गया। अंधकार व्यापक था। तलवार तथा भाले की चमक ही से कुछ दृष्टिगत हो जाता था। इस अंधकार का क़ुतुबुद्दीन की विजय के उपरान्त अन्त हो गया। ख़लजी ने अपने समस्त हाथियों, सामग्री तथा बहुत से आदमियों को पीछे छोड़ दिया और स्वयं कुशलतापूर्वक निकल गया। जब वह मेखरीज पहुंचा तो उसमें कोल लोगों तथा दुष्टों ने बड़ी गड़बड़ी फैला दी और वहां अत्यधिक विनाश हुआ जिसका संबन्ध ख़लजी से नहीं है। मेखरीज एक प्रसिद्ध गांव है। यह घटना इसी वर्ष के सफ़र मास के अंतिम दिन को घटी। इतिहासकार हुसाम का कथन है कि ख़लजी की सेना में ऐसे लोग भी मरे थे जिनके शरीर पर घाव का कोई चिह्न

१ अन्य ग्रन्थों में 'शुदनी'।

दृष्टिगत न होता था। कोड़े की चोट के चिह्न अवश्य दृष्टिगत होते थे। इससे ज्ञात होता है कि ईश्वर के वलियों[1] की सहायता, जैसा कि इससे पूर्व उल्लेख हो चुका है, उसे अवश्य प्राप्त थी।

## खलजी द्वारा नागौर की ओर प्रस्थान

८५७ हि० (१४५३-५४ ई०) में खलजी दन्दवाने की ओर नागौर पर आक्रमण करने के उद्देश्य से चला। उसे यह समाचार प्राप्त हुए कि अमीर कबीर सैयिद अताउल्लाह क़िवामुलमुल्क वहां पहुंच गया है। इस पर खलजी ने उस पर रात्रि में छापा मारने का संकल्प किया और एक मंज़िल पीछे रह गया। तदुपरान्त उसने रात्रि में छापा मारा किन्तु क़िवामुलमुल्क को अपने स्थान पर न पाया और वापस लौट गया। क़िवामुलमुल्क को अपने स्थान पर न पाने का कारण यह हुआ कि जब क़िवामुलमुल्क को यह समाचार प्राप्त हुए कि वह एक मंज़िल पीछे रुक गया है तो उसे उसकी ओर से धूर्तता का संदेह हुआ और वह उठकर अपने शिविर के किसी कोने में चला गया। फिर खलजी के सहायकों ने सर्व सहमति से उसे यह कार्य (युद्ध) करने से रोका और वह अपने राज्य की ओर वापस चला गया।

## राणा कुम्भा के विरुद्ध सेनाओं का भेजा जाना

इसी वर्ष नागौर के हाकिम फ़ीरोज़ खां बिन (पुत्र) शम्स खां दन्दानी बिन वजीहुलमुल्क की मृत्यु हो गई और क़िले पर मुजाहिद खां बिन फ़ीरोज़ खां ने अधिकार जमा लिया। (यह देख कर) शम्स खां बिन फ़ीरोज़ खां कुम्पलन्हीर के हाकिम राणा कुम्भा के पास पहुंच गया और अपने चाचा के विरुद्ध उससे सहायता की याचना की। क्योंकि फ़ीरोज़ खां तथा राणा कुम्भा के पिता राणा मूकल के मध्य में बहुत से युद्ध हो चुके थे और उनमें से एक में जो काफ़िर मारे गये थे उनकी संख्या १० हज़ार तक पहुंच गई थी, इस कारण उसने शम्स खां बिन फ़ीरोज़ खां से यह शर्त की कि वह क़िले की ३ बुर्जों को गिरवा देगा। जब शम्स खां ने यह शर्त स्वीकार कर ली तो राणा कुम्भा उसकी सहायता के लिए पहुंचा। मुजाहिद खां, खलजी के पास भाग कर चला गया और शम्स खां ने क़िले पर अधिकार जमा लिया तथा बुर्ज गिराना नि च्चय किया। अमीरों तथा सेनावालों ने इसे स्वीकार न किया। इस पर राणा कुम्भा को बड़ा क्रोध आया और वह वापस चला गया तथा युद्ध की तैयारी करने लगा। शम्सुद्दीन, क़ुतुबुद्दीन के पास पहुंचा और उससे नागौर को अधिकार में कर लेने के लिए राणा कुम्भा की तैयारी की चर्चा की। क़ुतुबुद्दीन ने नागौर की रक्षा के लिए सेना भेज दी और शम्स खां क़ुतुबुद्दीन की सेवा में रहने लगा। उसकी (१२) पुत्री, पत्नी के रूप में क़ुतुबुद्दीन के पास भेज दी गई। क़ुतुबुद्दीन ने उसका बड़ा सम्मान किया और वह उससे अत्यधिक प्रेम करने लगा किन्तु राणा कुम्भा बहुत बड़ी सेना एकत्र करके नागौर पहुंच गया। उसकी तथा क़ुतुबुद्दीन की भेजी हुई सेना के मध्य में घोर युद्ध हुआ। इसमें बहुत से मुसलमान मारे गये और उस विलायत (राज्य) के बहुत से निवासी बन्दी बना लिये गये। राणा ने क़िले के अतिरिक्त समस्त राज्य पर प्रभुत्व प्राप्त कर लिया।

## सिरोही की विजय

८६० हि० (१४५५-५६ ई०) में सुल्तान को जब यह समाचार पहुंचे तो उसने सरोही के क़िले

१ सन्तों।

की ओर प्रस्थान किया और उसे विजय कर लिया। यह क़िला पर्वत की चोटी पर था। उसने बहुत से मुश्रिकों[1] की हत्या कर दी। विजय के समय वह हाथी पर सवार था।

## कुम्भलमीर की ओर प्रस्थान

उसके नष्ट करने के उपरान्त वह कुम्पलन्हीर की ओर बढ़ा। उसका क़िला तथा वह पर्वत सरोही की तुलना में अत्यधिक दृढ़ एवं ऊंचा था। क़िले के नीचे की नरम भूमि के साथ उसने वही व्यवहार किया जो सरोही में किया था फिर उसने क़िले को घेर लिया। उसमें राणा कुम्फा[2] भी उपस्थित था। वह क़िले से नीचे उतरा और कई बार उन आदमियों से, जो क़िले को घेरे हुए थे, युद्ध किया, किन्तु प्रत्येक आक्रमण में उसे पराजित होकर भागना पड़ता था। अन्त में उसे आज्ञाकारिता स्वीकार करने तथा ख़राज अदा करने एवं नागौर को जो हानि पहुंची थी उसका बदला चुकाने के लिए विवश होना पड़ा। नागौर में जो हानि हुई थी उनमें से एक तो बादशाह का हाथी था और शम्स ख़ां की १० हज़ार अशर्फ़ियां थीं। इसके उपरान्त वह अहमदाबाद वापस हो गया।

## सुल्तान ग़यासुद्दीन ख़लजी द्वारा आक्रमण

उसी वर्ष ग़यासुद्दीन बिन महमूद ख़लजी ने सूरत और रानीर पर छापे मारे किन्तु शीघ्र वापस हो गया।

## ख़लजी तथा क़ुतुबुद्दीन में संधि

इसी वर्ष में ईश्वर की सहायता की बिजली चमकी और ख़लजी ने क़ुतुबुद्दीन के पास इस आशय का संदेश भेजा कि वे दोनों परस्पर संधि कर लें और ईश्वर के मार्ग में युद्ध तथा कठिनाइयों के अवसर पर एक दूसरे की सहायता के लिए तैयार हो जायँ। क़ुतुबुद्दीन भी इस बात से सहमत हुआ और ख़लजी को उसने विचार पर और दृढ़ बनाया तथा उसे इस ओर प्रेरित किया। पत्र-व्यवहार के उपरान्त क़ुतुबुद्दीन चम्पानीर से प्रस्थान करके ख़लजी के राज्य के क्षेत्र में प्रविष्ट हुआ। इस प्रकार खलजी ने हिजावत[3] का उत्तरदायित्व निज़ामुल मिल्लत वद्दीन शेख़ महमूद व मलिकुल उलमा तथा सद्र जहां को सौंप दिया। क़ुतुबुद्दीन ने उनके स्वागत का आदेश दिया; और उनके आगमन पर अत्यधिक प्रसन्नता प्रकट करते हुए उनको अत्यधिक इनाम द्वारा सम्मानित किया। फिर उन्होंने ख़लजी के प्रस्तावित प्रतिज्ञा-पत्र की चर्चा की तो क़ुतुबुद्दीन भी उससे सहमत हुआ। मुंशी ने इस प्रतिज्ञा तथा वचन को लिपिबद्ध किया। उस पर हिजाबत के उत्तरदायित्व के स्वामियों पर तथा जो लोग दरबार में उपस्थित थे उन पर न्योछावर करने का आदेश दिया। यह सब ईश्वर के बताये हुए मार्ग के सम्मान के उद्देश्य से था और उस समय यह बात जिहाद थी। जब वे लोग ख़लजी के पास वापस जाने लगे तो उनके साथ साथ सद्रुलकुज़्ज़ात तथा मौलाना क़ाज़ी हुसामुद्दीन इस उद्देश्य से गये कि वे स्वयं ख़लजी से प्रतिज्ञापत्र के विषय में सुन लें और उस पर अपनी मुहर लगा दें। प्रतिज्ञापत्र में लिखा था कि, "वह वर्तमान की संतान से है। भूतकाल को वापस नहीं लाया जा सकता। वे दोनों इस पर सहमत हो गये हैं कि ईश्वर (के आदेशों) की सहायता

१ कई सत्ताओं को ईश्वर स्वीकार करने वाले।
२ अन्य ग्रन्थों में 'कुम्भा'।
३ हाजिब होने।

करें और उसके कल्मे[1] को उन्नति प्रदान करें।" उन्होंने इस बात की भी प्रतिज्ञा कर ली है कि, "वे अपने राज्य की सीमा से आगे न बढ़ेंगे और उन्होंने जो प्रतिज्ञा की है उसे पूरा करेंगे। राणा कुम्फा के अधीनस्थ स्थान, चित्तौड़, सरोही और कुम्पलन्हीर तथा इनके समीप जो स्थान हैं वे सब सुल्तान क़ुतुबुद्दीन के (१३) अधिकार क्षेत्र में समझे जायेंगे। मेवाड़ तथा अजमेर और जो स्थान उनके निकट हैं, वे सब सुल्तान महमूद ख़लजी से संबंधित समझे जायेंगे।" इन्हीं शर्तों पर संधि हो गई।

## आबू की विजय हेतु प्रस्थान

८४१ हि०[2] (१४३७-३८ ई०) में क़ुतुबुद्दीन आबू की विजय हेतु रवाना हुआ। राणा कुम्फा ने उसे विजय कर लिया था, यद्यपि वह उसका न था। उसका प्राचीन स्वामी क़ुतुबुद्दीन का आज्ञाकारी था अतः उसने उसे वापस लौटा दिया और स्वयं सरोही की ओर अग्रसर हुआ। वहां आम लूट-मार होती रही।

## सुल्तान का राणा कुम्फा से युद्ध

फिर उसने कुम्पलन्हीर पर आक्रमण करने का संकल्प किया और वहां उसने वह सब कुछ किया जो राणा कुम्फा ने नागौर में किया था। फिर राणा कुम्फा एक दिन वहां पर्वत की सँकरी घाटियों में ४००० अश्वारोही, उतने ही पदाती और २०० हाथी लेकर प्रकट हुआ। उस पर मुसलमानों ने आक्रमण किया और उसको पराजित कर दिया। इस युद्ध में राणा कुम्फा केवल थोड़े से आदमियों सहित ही बच कर निकल सका। राणा के जब विशेष व्यक्ति नष्ट हो गये तो वह हताश हो गया और उसने ख़राज अदा करना स्वीकार कर लिया। तदुपरान्त क़ुतुबुद्दीन ने उसे क्षमा कर दिया और अपनी राजधानी में लौट आया।

इसी वर्ष नागौर से एक दूत ने आकर समाचार पहुंचाये कि राणा कुम्फा ने पुनः नागौर के ऊपर आक्रमण किया है। उस समय रात्रि थी। एमादुलमुल्क शाबान सुल्तानी ने उसी समय अन्तःपुर के द्वार खुलवाये और उसके भीतर प्रविष्ट हो गया तथा सुल्तान के कक्ष तक पहुंच गया और प्रविष्ट होने की अनुमति चाही। सुल्तान ने पूछा कि, "इस समय उसके आने का क्या कारण है ?" उसने उत्तर दिया कि "मुझे ऐसी सूचना मिली है जिसके कारण यह उचित है कि इसी समय नगर के बाहर प्रस्थान किया जाय, कारण कि इस स्थान पर अवश्य ही कोई गुप्तचर अथवा विरोधी होगा। जब वह अपने स्वामी को लिखेगा कि सुल्तान ऐसे समय में युद्ध के लिए बाहर निकल आया तो यह बात समस्त स्थानों पर प्रसारित हो जायेगी कि सुल्तान को अपने राज्य के कार्यों को सम्पन्न करने की कितनी चिंता है तो फिर कोई भी अपनी सीमा से आगे न बढ़ेगा।" तदुपरान्त उम्दतुलमुल्क ने तुरन्त पालकी मँगवाई और हाथ पकड़कर सुल्तान को शयनागार से उठाया और पालकी में सवार किया और उसे लेकर राजधानी के बाहर निकला। जब उन्होंने नदी पार की तो सेना के अमीरों के विभिन्न समूह उनसे मिल गये और वे सरखीज़ के समीप पहुंच गये। संयोग से राणा कुम्फा का एक गुप्तचर राजधानी में था। उसने राणा को इस घटना की

१ इस्लाम का कलमा, "अल्लाह के अतिरिक्त कोई ईश्वर नहीं और मुहम्मद साहब उसके रसूल (दूत) हैं"।
२ इसे ८६१ हि० होना चाहिये।

सूचना दे दी। जिस समय क़ुतुबुद्दीन सरखीज में था, तो कुम्फा का हाजिब आया और जो समाचार प्रसारित हो चुके थे उनके विषय में क्षमा-याचना की और क़ुतुबुद्दीन की सेवा में ऐसे बहुमूल्य उपहार प्रस्तुत कराये जिनके द्वारा वह उसे अपनी ओर आकर्षित कर सका। सुल्तान ने एमादुलमुल्क से कहा कि, "क्योंकि तुम्हीं इसका कारण हो अतः तुम्हीं उपहारों के अधिक पात्र हो।" तदुपरान्त वह राजधानी वापस चला गया।

८६१ हि० (१४५६-५७ ई०) में क़ुतुबुद्दीन कुम्पलन्हीर पर जा पहुंचा और उसे जला डाला। वहां की धन-संपत्ति में से, जीवधारी अथवा बिना जीव वाले, सभी अपने राज्य की ओर भेज दिये। इसी (१४) प्रकार ख़लजी ने भी अपनी ओर से उसके राज्य पर आक्रमण कर दिया। क्योंकि क़ुतुबुद्दीन तथा ख़लजी ने एक दूसरे की सहायता करके यह निश्चय कर लिया था कि राणा कुम्फा को अल्प समय ही में इस योग्य न रखें कि वह अपने विषय में इन बातों पर ध्यान दे सके अतः उसके पास न कोई ऐसा ग्राम रहा और न कोई ऐसा स्थान जो उसकी प्रजा के निवास-स्थान के लिए उपयुक्त होता। इसी प्रकार उसके घोड़ों तथा पशुओं के लिए भी कोई चरागाह शेष न रह गई। राज्य के निकल जाने के उपरान्त जब स्वयं उसके विनाश का भय सामने आ गया तो उसने एमादुलमुल्क शाबान को क्षमा तथा आज्ञाकारिता स्वीकार कराने का साधन बनाया। सुल्तान अपनी राजधानी को लौट गया।

## सुल्तान की मृत्यु

कुछ समय उपरान्त क़ुतुबुद्दीन रुग्ण हो गया और जमादि-उल-आख़िर ८६२ हि० (अप्रैल-मई १४५८ ई०) में उसकी मृत्यु हो गई। वह अपने पिता की क़ब्र के समीप दफ़न कर दिया गया। उसने ७ वर्ष तथा ६ मास तक राज्य किया। वह प्रतापी, नेतृत्व के योग्य, वीर तथा ऐसा व्यक्ति था जिससे लोग भय करते थे और ईश्वर की सहायता उसके साथ रहती थी। उसकी माता के हृदय में यह विचार उत्पन्न हो गया कि शम्स ख़ां की पुत्री ने, जो उसकी पत्नी थी, उसे विष दे दिया, अतः उसने क़ुतुबुद्दीन की मृत्यु के उपरान्त उसको कष्ट पहुंचाने में कोई कसर उठा न रखी। वास्तव में इसका कारण शम्स ख़ां की पुत्री की सौतें थीं, क्योंकि क़ुतुबुद्दीन की दृष्टि में वह बड़ी ही प्रिय थीं। शम्स ख़ां पर भी इसी कारण क्रोध प्रदर्शित किया गया और जो कुछ ईश्वर ने चाहा वही हुआ।

इतिहासकार का कथन है कि क़ुतुबुद्दीन एक दिन मौलाना शाह आलम की सेवा में उपस्थित हुआ। वार्ता के प्रसंग में उन भाग्यशाली पुत्रों की चर्चा होने लगी जो अपने पिता के यश का कारण होते हैं। क़ुतुबुद्दीन ने भी अपने हृदय में इस बात की इच्छा की। अचानक शाह आलम यह कह उठे कि, "तेरे उपरान्त तेरे भाई को बड़ा सम्मान प्राप्त होगा।" थोड़ी देर तक वह (सुल्तान) इस शोक में कि उसके उपरान्त उसके पुत्र सिंहासनारूढ़ न होंगे, सिर झुकाये रहा। ईश्वर अपना राज्य जिसे उसकी इच्छा होती है प्रदान करता है।

जब क़ुतुबुद्दीन की मृत्यु हो गई तो राजसिंहासन पर उसका पुत्र दाऊद आरूढ़ हुआ। वह राज्य के योग्य न था और भोग-विलास की ओर अत्यधिक प्रेरित था। उसने साधारण लोगों को सम्मानित व्यक्तियों का पद प्रदान करने का वचन दे दिया। जब उन लोगों को (सम्मानित व्यक्तियों को) भी इसकी सूचना मिल गई तो वे इस बात पर संगठित हो गये कि उसे राज्य से पृथक् कर दें। एमादुलमुल्क शाबान अन्तःपुर में प्रविष्ट हुआ और महमूद को उसकी माता से मांगा। महमूद की माता अभी इस बात में आपत्ति प्रकट कर रही थी और क्षमा-याचना कर रही थी कि महमूद आ गया। एमादुलमुल्क ने उसके

प्रति अभिवादन किया और सवार करके अन्तःपुर से उसे राजधानी में ले गया। दाऊद को इसके समाचार मिल गये। वह छिप गया और फिर वह कभी दृष्टिगत न हुआ।

## अबुल फ़तह सैफ़ुद्दीन महमूद शाह बिन मुहम्मद शाह बिन अहमद शाह बिन मुहम्मद शाह बिन मुज़फ़्फ़र शाह ग़ाज़ी

शुक्रवार ११ रजब ८३२ हि० (२५ मई १४५८ ई०) को अबुल फ़तह महमूद शाह बिन मुहम्मद शाह सिंहासनारूढ़ हुआ। उस दिन दासों में से ५३ व्यक्तियों को उपाधियाँ प्रदान हुईं। एमादुलमुल्क (१५) शाबान उसी प्रकार विज़ारत के पद पर आरूढ़ रहा, जिस प्रकार वह उसके भाई क़ुतुबुद्दीन के राज्यकाल में था। वह बड़ा ही संतुलित स्वभाव का एवं दृढ़ और मज़बूत निर्णय शक्ति का व्यक्ति था। उसके (सुल्तान के) राज्यकाल के प्रारम्भ में उपर्युक्त वज़ीर को बन्दी बनाये जाने की दुर्घटना घटी। इसका सविस्तार उल्लेख इस प्रकार है कि दासों तथा मलिकों के एक समूह ने, जिनमें अज़्दुलमुल्क कबीर सुल्तानी, सफ़ीउलमुल्क ख़िज्र, बुरहानुलमुल्क इस्माईल तथा हुसामुलमुल्क छज्जू सम्मिलित थे, यह निर्णय किया कि हसन ख़ां बिन (पुत्र) मुहम्मद शाह बिन (पुत्र) मुज़फ़्फ़र शाह को सिंहासनारूढ़ कर दें किन्तु वे इस बात को भली-भांति जानते थे कि एमादुलमुल्क की उपस्थिति में यह उद्देश्य पूरा नहीं हो सकता। अतः उन सब ने संगठित होकर महमूद से कहा कि एमादुल "मुल्क राज्य पर अपने पुत्र शिहाबुद्दीन को सिंहासनारूढ़ करना चाहता है।" महमूद इससे प्रभावित हुआ और इस बात पर सहमत हो गया कि एमादुलमुल्क को राजधानी के एक बुर्ज़ में बन्द कर दिया जाय। फिर जब वह उसकी ओर से संतुष्ट हो गये तो वापिस होकर उन्होंने अपने उद्देश्य की पूर्ति का प्रयत्न प्रारम्भ कर दिया। रात्रि में मलिक अब्दुल्लाह, फ़ीलख़ाने का अधिकारी, बादशाह की सेवा में उपस्थित हुआ और इस बात की गवाही दी कि, "एमादुलमुल्क के विषय में जो कहा गया है उससे एमादुलमुल्क का कोई भी संबन्ध नहीं। वे स्वयं इस बात पर संगठित हो गये हैं कि हसन खां को सुल्तान बना दें। एमादुलमुल्क के ऐश्वर्य तथा शक्ति से वे भयभीत थे अतः उन्होंने उसे बन्दी बना देने का प्रयत्न किया। सूर्य उदय होने के पूर्व ही मैं जो कुछ कह रहा हूं उसकी सत्यता का प्रमाण मिल जायेगा।" महमूद तुरन्त अपनी माता के पास पहुंचा और उससे वह बात, जिसकी फ़ीलख़ाने के अधिकारी ने सूचना दी थी, कही। सुल्तान की माता ने उसे बुलवा कर इस विषय में पूछा। उसने जो कुछ कहा था उसकी पुनरावृत्ति की और उसे शपथ द्वारा अधिक दृढ़ बना दिया। तदुपरान्त सुल्तान की माता ने उससे इस विषय में वार्त्ता की कि, "इसका उपाय क्या होना चाहिये ?" उसने यह कहा कि, "इसके अतिरिक्त कोई अन्य उपाय नहीं है कि एमादुलमुल्क को मुक्त कर दिया जाय।" महमूद की माता ने इस विषय में आदेश दे दिया। महमूद बाहर आया और उसने शाही दासों के सरदारों को बुलवाया। उन्हीं में हाजी कालू तथा वहाउद्दीन भी थे। उन्हें इस घटना की सूचना दी। वे सब एमादुलमुल्क को मुक्त करा देने पर संगठित हो गये। अब सुल्तान ने स्वयं बुर्ज़ की ओर प्रस्थान किया और इस कार्य हेतु शरफ़ुलमुल्क को भेजा। वह बुर्ज़ के भीतर प्रविष्ट हुआ और अवज्ञाकारियों तथा विद्रोहियों का, जिनकी देखरेख में एमादुलमुल्क बन्दी था, विरोध करते हुए उसे लेकर बाहर निकल आया। महमूद ने आदेश दिया कि, "उसकी हथकड़ियां तथा बेड़ियां निकाल दी जायं।" उसने एमादुलमुल्क से क्षमा-याचना की और उन अवज्ञाकारियों के विषय में उससे परामर्श किया। उसने सुल्तान से यह निवेदन किया कि "आप उस खिड़की के समीप बैठ जायं जो राजधानी के द्वार की ओर खुलती है।" सुल्तान ने ऐसा ही किया।

तदुपरान्त उसने हाथियों को मँगवाया। मलिक अब्दुल्लाह उन्हें लाया और उन्हें द्वार के दोनों ओर पंक्ति में तरपुलिया[1] की भांति खड़ा कर दिया। शाही दास अपने सहायकों सहित द्वार के भीतर से, जो मैदान से मिला हुआ था, एकत्र हो गये। एमादुलमुल्क की सेना द्वार के बाहर दोनों ओर चौड़ाई में खड़ी की गई और वह स्वयं द्वार से ऊंचाई पर, जहां से महमूद उसके सामने रहे, बैठ गया।

(१६) प्रातःकाल विद्रोही सशस्त्र होकर हसन खां के साथ उस ओर बढ़े। अचानक उन्होंने देखा कि एमादुलमुल्क द्वार पर सेना को सुव्यवस्थित किये हुए उपस्थित है। अब उन्होंने जो कुछ किया वह इस उदाहरण के अनुसार है "यह कार्य वह है जिसका रात्रि में निर्णय कर दिया गया है।" अभी वे इस विषय में विचार-विमर्श कर ही रहे थे कि एमादुलमुल्क की सेना उनकी ओर अग्रसर हुई और उसके पीछे दासों की सेना चली। तदुपरान्त सर्वसाधारण ने प्रत्येक दिशा से आक्रमण कर दिया। अज़्दुलमुल्क अपनी सेना से भागरा कांथ की ओर रवाना हुआ और वहीं मारा गया। उपर्युक्त कालू को उसकी उपाधि दी गई। बुरहानुलमुल्क भी बन्दी बनाया गया और सादबख़्त सुल्तानी को उसकी उपाधि दी गई। इसी प्रकार सफ़ीउलमुल्क भी बन्दी बना लिया गया। हुसामुलमुल्क अपने भाई रुक्नुद्दीन से जाकर मिल गया। रुक्नुद्दीन लुबानी नामक ग्राम का हाकिम था। इस प्रकार सब को अपमान, लज्जा तथा हानि उठाकर लौट जाना पड़ा।

## एमादुलमुल्क का चरित्र

एमादुलमुल्क स्थाई रूप से वज़ीर नियुक्त कर दिया गया। वह बड़ा ही सदाचारी वज़ीर था। सदाचारियों को प्रिय रखता था। फ़क़ीरों के प्रति सहानुभूति प्रदर्शित करता था। अहमदाबाद के समीप बाग़े शाबान नामक उसका एक उद्यान था। लोगों का कथन है कि इस उद्यान के अधिकांश वृक्ष उसने अपने हाथ से लगाये थे। इससे उसका उद्देश्य वही था जोकि मुहम्मद साहब की हदीस[2] में है कि प्रत्येक व्यक्ति को वही प्राप्त होता है जिसकी वह इच्छा करता है। लोगों का कथन है कि यह अकाल के कारण बनवाया गया था। ऐसी दशा में उसने यह इच्छा की कि वह दरिद्रियों की इस प्रकार सहायता तथा उनसे सहानुभूति करे कि उन्हें कुछ मांगने की आवश्यकता न पड़े। मेमार[3] को उसने यह आदेश दे दिया था कि, "जो व्यक्ति काम करने के लिये उपस्थित हो, चाहे वह कार्य न भी कर सकता हो, उसे लौटाया न जाय। तुम इस बात की आशा न करो कि जिसको रखा जाय वह कार्य में लगा ही रहे और न उसे कार्य हेतु शीघ्र आने पर ही विवश किया जाय। तुम्हारे लिये यही पर्याप्त है कि वह आ जाय, चाहे वह कार्य करे अथवा न करे।" इसी कारण वह स्वयं सायं के समय आता था और मज़दूरों को मज़दूरी देता था।

एक दिन ऐसा संयोग हुआ कि वह अपने घर से सायंकाल कुछ आदमियों को साथ लेकर उद्यान की ओर इस आशय से चला कि मज़दूरों को उनकी मज़दूरी दे दे। उस दिन के लिए जितने धन की आवश्यकता थी वह सब भैल[4] पर लदा हुआ था। मार्ग में एक समूह ने रुपया छीनने के उद्देश्य से उसे रोक लिया। उसने उन लोगों से कहा कि, "मजदूरों ने दिन भर कार्य किया है और यह उनकी मज़दूरी है। यदि मैं तुम्हें यह धन दे देता हूं तो वे तथा उनके परिवार वाले रात भर भूखे रहेंगे। तुमको इतना ही

१ इस शब्द का अर्थ स्पष्ट नहीं है।
२ मुहम्मद साहब की वाणी का संग्रह।
३ भवन-निर्माण कार्य की देख रेख करने वाला मुख्य अधिकारी।
४ सम्भवतः बैल।

धन कल मिल जायेगा।" उन लोगों ने उत्तर दिया कि, "इस समय के उपरान्त जब भी तुम हमें मिलोगे तो हमसे बचते हुए तथा भय करते रहोगे।" इस पर एमादुलमुल्क ने वचनबद्ध होने के लिये शपथ ली। तब वे उसे छोड़कर चल दिये। दूसरे दिन उसने जितने धन का वचन दिया था वह अपने साथ लिया और सेना सहित निश्चित स्थान पर पहुंचा। वे सब उसके भय के कारण छिन्न-भिन्न हो गये। जो लोग उसके साथ थे उन्हें उसने वहीं रोक दिया और स्वयं उनकी ओर थोड़ा-सा अग्रसर हुआ उनसे उनकी जीविका-साधन के विषय में पूछा। उन्होंने अपने कष्ट, परेशानियों तथा किसी सहायता के न होने का उल्लेख किया। उसने उनसे कहा कि वे उसके दरबार में उपस्थित हों और वह स्वयं बाग़ की ओर मुड़ गया। (१७) जब वे दरबार में आये तो उसने उनमें से प्रत्येक व्यक्ति को उसकी श्रेणी तथा योग्यता के अनुसार सहायता प्रदान की। तदुपरान्त उन्होंने डाका मारना छोड़ दिया कारण कि वे विवश होकर डाका मारा करते थे, जैसा कि हदीस में है, "फ़क़ीरी कुफ़्र बन सकती है।"

मैं कहता हूं कि यदि अब्दुल करीम एतमाद ख़ां सुल्तानी अपने समय में जब कि वह 'वज़ीरे दयार' था, दरिद्रियों तथा फ़क़ीरों का कौन उल्लेख करे, यदि वह देश की सेना से यही व्यवहार करता तो जल तथा स्थल में कोई विद्रोह न होता। वह ऐसे व्यक्ति के हाथ में फँसा जिसने उसके प्रति कोई भी दया प्रदर्शित न की। इसी कारण एमादुलमुल्क के प्रति प्रत्येक वह व्यक्ति, जिसने उसे देखा है और जिसने उसके विषय में सुना है, विशेष रूप से शुभकामनाएं करता है। एतमाद ख़ां के प्रति कोई ऐसा नहीं करता। हे ईश्वर, हमें भी सदाचरण का सौभाग्य प्रदान कर और जिनके साथ उत्तम व्यवहार किया जाय उन्हें कृतज्ञता प्रकट करने के लिये सर्वदा जीवित रख। तू बनाने वाला भी है और स्वीकार करने वाला भी।

## नई उपाधियां

इतिहासकार का कथन है कि फिर एमादुलमुल्क ने विज़ारत के पद से त्याग-पत्र दे दिया और कुछ समय उपरान्त उसकी मृत्यु हो गई। उसकी उपाधि हाजी सुल्तानी को दे दी गई। बहाउद्दीन सुल्तान की उपाधि इख़्तियारुलमुल्क सुल्तान हो गई। कालू सुल्तानी को अज़्दुलमुल्क की उपाधि दी गई। ऐसन सुल्तानी को निज़ामुलमुल्क की उपाधि द्वारा सम्मानित किया गया। सादबख़्त सुल्तानी बुरहानुलमुल्क हो गया। सारंग सुल्तानी मुख़लिसुलमुल्क तथा तुग़ान सुल्तानी फ़रहतुलमुल्क बनाया गया।

## निज़ाम शाह को सुल्तान महमूद ख़लजी के विरुद्ध सहायता

८६६ हि० (१४६१-६२ ई०) में जब सुल्तान कारी नहर के क्षेत्र में शिकार खेल रहा था तो निज़ाम शाह बिन हुमायूँ शाह का दूत एक पत्र लेकर आया जिसमें सुल्तान महमूद ख़लजी के विरुद्ध फ़रियाद की गई थी। पत्र पढ़ कर सुल्तान ने शिकार से अपने घोड़े की लगाम मोड़ दी और जो लोग उसके साथ थे उन्हें लेकर सुल्तानपुर की ओर प्रस्थान किया। उसने वज़ीर को आदेश दे दिया कि वह सेना लेकर आ जाय। जब सुल्तान, सुल्तानपुर पहुंचा तो दूसरा दूत आया और युद्ध के समाचार लाया और यह कहा कि सर्वप्रथम निज़ाम शाह की सेना को सफलता प्राप्त हुई और दक्षिण वाले लूट-मार हेतु छिन्न-भिन्न हो गये किन्तु ख़लजी एक स्थान पर १२ हज़ार अश्वारोहियों सहित छिपा बैठा हुआ था। वह निज़ाम शाह की ओर अग्रसर हुआ। निज़ाम शाह के विशेष व्यक्तियों की संख्या कम थी और उसकी अवस्था आठ वर्ष की थी। सिकन्दर खां ने उसे अपने पीछे बैठा लिया और उसे लेकर अपनी राजधानी बिदर को भाग गया। वज़ीर ख़्वाजये जहां, ख़लजी के मुक़ाबले में उस समय तक डटा रहा जब तक कि सिकन्दर अदृश्य न हो गया। फिर वह भी उसके पीछे चल दिया। यह युद्ध राजधानी से ४० कोस की दूरी पर हो रहा था। ख़लजी ने

बहुत से मनुष्यों की हत्या की और समस्त धन-सम्पत्ति प्राप्त कर ली तथा राजधानी पहुंच गया और उसका अवरोध प्रारम्भ कर दिया।

जब हाजिब ने समस्त समाचार पहुंचा दिये तो महमूद सुल्तानपुर से चल खड़ा हुआ। जब उसने थालनीर में पड़ाव किया तो तीसरा राजदूत खलजी के वापस चले जाने के समाचार ले कर आया। इसका (१८) कारण यह हुआ कि जब उसने महमूद के पहुंचने के समाचार सुने तो उसने बिदर को छोड़ दिया। महमूद के आक्रमण के भय से गोंदवारा का हाकिम राय उसे एलिजपुर के मार्ग से ले गया। जल के अभाव के कारण उसकी सेना में से ६ हज़ार तथा पशुओं में से इसके दुगुने एवं चौगुने मर गये। तदुपरान्त पर्वत के विद्रोहियों तथा अपराधियों ने उस पर आक्रमण कर दिया। इसमें उपर्युक्त संख्या से भी अधिक लोग मारे गये। उसे अपना अधिकांश सामान पीछे छोड़ देना पड़ा। जब ख़लजी गोंदवारा की सीमा के बाहर निकला तो उसने गोंदवारा के राजा की इस क्रोध में, कि उसकी सेना वाले तथा पशु इतनी अधिक संख्या में नष्ट हो गये थे, हत्या कर दी और असफल होकर अपने राज्य को लौट गया। यह लोकोक्ति है कि दुराचारी के लिये उसका दुराचार ही पर्याप्त होता है। इस समय उसने (सुल्तान महमूद ने) अपनी ओर से एक दूत निज़ाम शाही दूतों के साथ भेजा और अहमदाबाद वापस चला गया।

८६७ हि० (१४६२-६३ ई०) में निज़ाम शाह का दूत उसके पास यह समाचार लेकर पहुंचा कि ख़लजी ने ९० हज़ार अश्वारोहियों को लेकर निज़ाम शाह के राज्य पर आक्रमण कर दिया है। सुल्तान महमूद यह समाचार सुनकर राजदूतों सहित युद्ध हेतु उठ खड़ा हुआ। खलजी को यह समाचार फ़तहाबाद में प्राप्त हुआ। फ़तहाबाद तिलंग के अधीन बरगुंद नगर से सम्बन्धित है। वह फिर अपनी राजधानी को वापस चला गया। जब सुल्तान भानबीर में पहुंचा तो निज़ाम शाह का दूत धन्यवाद का पत्र तथा ख़लजी के लौट जाने के समाचार लेकर आया। तदुपरान्त सुल्तान महमूद ने सुल्तान ख़लजी को इस आशय का पत्र लिखा कि, "यह कोई वीरता नहीं है कि एक बालक पर आक्रमण किया जाय। मैंने यह निश्चय कर लिया है कि जब तक वह प्रौढ़ न हो जायेगा उस समय तक मैं उसके राज्य की रक्षा करता रहूंगा। यदि तुम उसके राज्य में हस्तक्षेप करोगे तो मैं तुम्हारे राज्य में हस्तक्षेप करूंगा। तुम्हें अपने राज्य से मिली हुई कुफ़्र की सीमाओं पर आक्रमण करना इस बालक के राज्य में हस्तक्षेप करने से निश्चिन्त कर सकता है और फिर जिहाद के कारण तुम्हारे सम्मान में भी वृद्धि होगी:

"जब तुम अपने उद्देश्य को प्राप्त कर लो तो फिर उसके आगे न बढ़ो।"

८६९ हि० (१४६४-६५ ई०) में सुल्तान ने बारदू नामक क़िले पर, जो पर्वत की चोटी पर से दमन नामक बन्दरगाह के क्षेत्र में है, आक्रमण किया, किन्तु वहां के निवासियों ने उस भू-भाग में उपद्रव मचा रखा था अतः वहां सुल्तान ने खूब हत्याकांड तथा लूट-मार की। जब वे पर्वत पर क़िले की विजय हेतु चढ़ने लगे तो उसका हाकिम उसकी कुंजी लेकर सुल्तान से मिला और उसकी अधीनता स्वीकार कर ली और सुरक्षित रहा। सुल्तान क़िले में प्रविष्ट हुआ और उसने उसका निरीक्षण किया। तदुपरान्त उसने उसे उसके हाकिम ही को सौंप दिया और स्वयं क़िले से नीचे उतर गया।

## सुल्तान का न्याय

८७० हि० (१४६५-६६ ई०) में वह अहमदनगर गया। वहां उसे बहाउलमुल्क बिन (पुत्र) अलाउलमुल्क उलुग़ ख़ां सोहराब के विषय में यह समाचार प्राप्त हुए कि उसने अपने सिलाहदार की (१९) हत्या कर दी है। सुल्तान ने उसे बुलवाया तो उसने एमादुलमुल्क हाजी तथा अज़्दुलमुल्क कालू की शरण ली और उनसे सहायता की याचना की। उन दोनों को भी उसके मुक्त कराने का इसके अति-

रिक्त कोई मार्ग दृष्टिगत न हुआ कि वे दो आदमियों को, उन्हें मुक्त कर देने का उत्तरदायित्व देकर, इस बात पर तैयार कर लें कि वे यह स्वीकार कर लें कि उन्होंने हत्या की है। उनके स्वीकार कर लेने के उपरान्त उन दोनों ने उसके रक्त का मूल्य अदा कर देने का प्रयत्न किया। उन दोनों को उनके मुक्त करा लेने के विषय में बड़ा विश्वास था किन्तु रक्त का मूल्य न स्वीकार किया गया और उनकी हत्या का आदेश दे दिया गया। बहाउलमुल्क इस प्रकार मुक्त हो गया। कुछ समय उपरान्त सुल्तान महमूद को इस विषय की सूचना हुई तो उसे इससे अत्यधिक कष्ट एवं दुःख हुआ। फिर वह उनका निर्णय करने हेतु बैठा और एमादुलमुल्क एवं अज्दुलमुल्क की हत्या का आदेश दे दिया। एमादुलमुल्क तथा अज्दुल-मुल्क उसके विश्वासपात्र तथा बहुत बड़े अमीर थे किन्तु शरीअत के आदेशों का पालन कराने में वह किसी बात से प्रभावित न हुआ। इन दोनों की घटनाओं से बड़ी शिक्षा मिलती है। यदि वे दोनों रक्त का मूल्य अदा कराने का पूर्व ही से प्रयत्न करते और निरपराध व्यक्तियों से हत्या का अपराध स्वीकार न कराते तो सभी सुरक्षित रह जाते किन्तु ईश्वर ने जो चाहा वही हुआ। आश्चर्य की बात यह है कि वास्तव में हत्यारा बहाउलमुल्क था जो बच गया। इससे भी बड़ी शिक्षा मिलती है।

## करनाल पर चढ़ाई तथा राय मन्दलीक से युद्ध

८७१ हि० (१४६६-६७ ई०) में सुल्तान ने करनाल पर चढ़ाई की। यह क़िला सहस्रों वर्षों से राय मन्दलीक तथा उसके पूर्वजों का था और किसी ने कभी भी इसमें हस्तक्षेप न किया था। केवल मुहम्मद शाह बिन तुग़लुक़ शाह ग़ाज़ी ने जो देहली का बादशाह था अपने राज्यकाल के अन्त में अवश्य हस्तक्षेप किया। मुहम्मदशाह ने ७५० हि० (१३४९-५० ई०) में करनाल को विजय कर लिया और उसके स्वामी राणा किंरवार को, जब कि वह क़िले से निकल गया था और समुद्र की यात्रा पर रवाना हो चुका था, बन्दी बनवाकर बुलवा लिया। तदुपरान्त अहमद शाह बिन मुहम्मद शाह बिन मुज़फ़्फ़र शाह के राज्यकाल के प्रारम्भ तक यह राज्य उन्हीं लोगों के अधिकार में रहा किन्तु अहमद शाह बिन (पुत्र) मुहम्मद शाह ने उस पर आक्रमण कर दिया था और करा नामक स्थान को, जो उसके अधीन था, विजय कर लिया। जैसा कि इससे पूर्व उल्लेख हो चुका है क़िला बच गया था। इसी वर्ष महमूद शाह ने उस पर आक्रमण किया और उसके आसपास के स्थान, जो सोरथ के नाम से प्रसिद्ध हैं, विध्वंस कर दिये। वह स्थान बहुत आबाद था। उस सेना की संख्या, जो जूनागढ़ के क़िले में युद्ध कर रही थी, ३६ हज़ार तक पहुंच गई थी। इसी में से वह क़स्बा है जो दरा महायला के नाम से प्रसिद्ध है। उस तक पहुंचने के बड़े सँकरे मार्ग हैं, बड़ी कठिनाई से वहां तक पहुंचा जा सकता है। उसे यह समाचार प्राप्त हुआ कि उनके समस्त भंडार वहीं हैं। उसने उस ओर प्रस्थान किया और यह प्रसिद्ध कर दिया कि वह शिकार हेतु जा रहा है। वह अपने हाथ में शिकरा लिये हुए था। तदुपरान्त उसने अचानक आक्रमण किया और वहीं सेना भी पहुंच गई। उन भंडारों पर, जिसका कोई लेखा नहीं तैयार हो सकता, अधिकार जमा लिया। इन घाटियों के बहुत से निवासी नष्ट हो गये। वहां उनकी एक प्रसिद्ध मूर्ति थी। जब महमूद (२०) ने उसके खंडन का संकल्प किया तो बरावान समूह के बहुत से लोगों ने उसे घेर लिया। उन सब लोगों की हत्या कर दी गई और मूर्ति का खंडन कर दिया गया।

तदुपरान्त राय मन्दलीक का प्रतिनिधि राय की ओर से आज्ञाकारिता स्वीकार करने तथा ख़राज अदा करने के सम्बन्ध में संदेश लेकर आया। उसका यह प्रस्ताव स्वीकार कर लिया गया।

८७२ हि० (१४६७-६८ ई०) में राय मन्दलीक के बारे में सुल्तान को यह समाचार प्राप्त हुआ

कि वह जवाहिरात का हार पहिनकर जड़ाऊ ज़ीन घोड़े पर लगवा कर निकलता है और चत्र उसके सिर पर होता है। उसे पत्र लिखकर रोका गया। उसने यह बात त्याग दी।

## सुल्तान महमूद की मृत्यु

८७३ हि० (१४६८-६९ ई०) में सुल्तान महमूद बिन (पुत्र) मुग़ीसुद्दीन मलिकुश्शर्क़ ख़ाने जहां ख़लजी की मृत्यु हो गई। उसके सौभाग्य तथा पतन का उल्लेख ख़लजी वंश के अन्तिम बादशाह अलाउद्दीन महमूद की मृत्यु के सम्बन्ध में शीघ्र ही किया जायेगा और इसका सुल्तान बहादुर बिन मुज़फ़्फ़र शाह के इतिहास में वर्णन होगा। सुल्तान महमूद को जब ख़लजी की मृत्यु के समाचार प्राप्त हुए तो उसे बड़ा दुःख हुआ और उसने उसकी ज़ियारत बनवा दी। उसके (सुल्तान के) परामर्शदाताओं में से एक व्यक्ति ने मन्दू पर चढ़ाई करने का संकेत किया तो उसने उसे यह उत्तर दिया कि "यह कोई वीरता की बात नहीं है कि किसी व्यक्ति के घर पर एक ही समय में दो विपत्तियों को इकट्ठा होने का समय दिया जाय। एक तो उसकी मृत्यु और दूसरी उसके राज्य में विघ्न।

## राय मन्दलीक पर आक्रमण

८७४ हि० (१४६९-७० ई०) में वह करनाल पहुंचा। क्योंकि राय मन्दलीक आज्ञाकारिता स्वीकार कर चुका था अतः वह उसके दरबार में उपस्थित हुआ। सुल्तान ने उससे कहा कि, "मैं तुम्हें इस बात के योग्य पाता हूं कि तुम्हें आश्रय प्रदान करूं और तुम्हारे साथ सद्व्यवहार तथा भलाई करूं, किन्तु यह उसी समय सम्भव है कि तुम इस्लाम स्वीकार कर लो। इस प्रकार तुम सुरक्षित रहोगे और तुम्हें वह सब मिल जायगा जिसकी तुम्हें इच्छा है।" उसने गर्दन झुका ली और कोई उत्तर न दिया। फिर सुल्तान ने कहा कि "तुम्हारे इस्लाम स्वीकार कर लेने में तुम्हारे राज्य का भी हित है।" इस पर वह कुछ समय तक क्रोध के कारण मौन रहा और उसके मुख पर लज्जा के चिह्न दृष्टिगत होते थे मानो वह दरबार में उपस्थित होने पर पश्चात्ताप कर रहा हो। इस पर सुल्तान ने उससे कहा, "तुम संतुष्ट रहो। तुम्हें इस बात का पूर्ण अधिकार है कि चाहे युद्ध करो और चाहे इस्लाम स्वीकार करो। इसी स्थान पर इसके निर्णय की आवश्यकता नहीं है। तुम जब अपने क़िले में पहुंच जाओ और अपने आपको पूर्ण अधिकार-सम्पन्न समझो उस समय कुछ निर्णय करो। इस समय तुम्हें मैं रक्षा का वचन देता हूँ। तुमसे कोई रोक-टोक न की जायेगी। तुम अपने क़िले को वापस चले जाओ और अपने आप यह निश्चय करो कि तुम्हारा कल्याण किस प्रकार सम्भव है। फिर यदि तुम युद्ध के लिये उद्यत हो तो ईश्वर के निर्णय पर भरोसा करते हुए मुझे यह आशा है कि क़िले पर मुझे विजय प्राप्त होगी और जब तुम वहां पूर्ण अधिकार-सम्पन्न हो जाओगे तो मैं उसे तुमसे छीन लूँगा।" राय मन्दलीक ने धरती चुम्बन करके उसके विषय में शुभकामनाएं कीं किन्तु इससे अधिक कोई बात न कही। जब रात हो गई तो राय ने जान-बूझकर अपना शिविर छोड़ दिया और क़िले की ओर चला गया। वहाँ जाकर क़िला बन्द कर लिया।

जब सुल्तान को यह समाचार प्राप्त हुए तो उसने कहा, "हम शत्रु से बच गये।" फिर प्रातःकाल ही उसकी सेना क़िले के द्वार पर पहुंच गई। इस पर राय मन्दलीक बाहर निकलकर युद्ध करने के लिये आया और उसने युद्ध किया किन्तु विवश होकर क़िले में प्रविष्ट हो गया। तीन दिन तक यही होता रहा। वह युद्ध करता किन्तु पराजित होकर क़िले को लौट जाता। उन्हीं दिनों में से एक दिन आलम ख़ां बिन

(२१) आलम ख़ां की हत्या हो गई। वह सुल्तान के समक्ष ही युद्ध कर रहा था। बादशाह एक

क़ुब्बे[1] में था जो क़िले के द्वार के समक्ष लगा दिया गया था। बादशाह को आलम खां की हत्या का बड़ा दुःख हुआ और वह क्रोधित भी हुआ। तदुपरान्त वह स्वयं युद्ध में सम्मिलित हो गया। वीरों, योद्धाओं तथा सेनानायकों ने बड़ा भीषण युद्ध किया। उसके युद्ध से यह आशा हो गई थी कि ईश्वर शीघ्र ही विजय प्रदान करेगा। किन्तु संध्या समय राय ने जो कुछ संकल्प किया था उस पर पुनः दृष्टि डाली। वह क़िले की रक्षा की ओर से निराश हो चुका था। उस दिन उसके बहुत से आदमी मारे गये अतः उसने क्षमा-याचना हेतु राजदूत भेजे और आज्ञाकारिता तथा ख़राज अदा करने का वचन दे दिया किन्तु सुल्तान ने इसे स्वीकार न किया और यह उत्तर दिया कि, "या तो मुसलमान हो जाओ और या क़िला सौंप दो।" उसने दूसरी बार शरण की याचना करते हुए संदेश भेजा और यह कहलाया कि, "मैं यहां से अपनी समस्त धन-सम्पत्ति लेकर करनाल चला जाऊंगा। तदुपरान्त क़िला सौंप दिया जायगा।" यह बात स्वीकार कर ली गई। जब उसने वहां से निकलना निश्चय किया तो उसे बड़ा दुःख हुआ। उसने अपने समस्त आदमियों को एकत्र किया और कहा कि, "क़िला छोड़ देने के उपरान्त व्यर्थ अपमान का जीवन कोई जीवन नहीं है। हमारे लिये इससे बढ़कर और कौन-सा अपमान हो सकता है कि हम क़िले से, जो हमारा जन्मस्थान है और जो हमें हमारे पूर्वजों की स्मृति दिलाता है और जिसे एक हज़ार वर्ष से हमारे पूर्वजों ने हमारे लिये छोड़ा है, पृथक् होकर, उसे किसी अन्य को सौप दें? जब तक तलवार हमारे हाथ में है, ऐसा न होगा।" उसके करनाल की ओर जाने की प्रतीक्षा की ही जा रही थी कि सुबह होते ही वह युद्ध में व्यस्त हो गया। बड़ा घोर युद्ध हुआ। वह क़यामत का दिन था। बहुत बड़ी संख्या में लोग मारे गये। राय अपने निर्णय के विषय में बड़ा लज्जित हुआ। तदुपरान्त उसने पुनः क्षमा तथा शरण के विषय में वार्त्ता की और वह अपने समस्त आदमियों तथा धन-सम्पति सहित करनाल चला गया। लोग उसे देख रहे थे। किन्तु इस कारण कि उसे क्षमा प्राप्त हो चुकी थी किसी ने कोई रोक-टोक न की किन्तु वह क़िले से कोई सम्बन्ध न रख सका। उसने साधारण-सी एक दृष्टि क़िले की ओर डाली। उस ईश्वर के लिये सभी प्रकार की स्तुतियां हैं जिसे इस बात का अधिकार प्राप्त है।

## जूनागढ़ की विजय

१० जमादी-उल-आख़िर ८७५ हि० (४ दिसम्बर १४७० ई०) को जूनागढ़ का क़िला विजय हुआ। क़िले का अमीर उसमें प्रविष्ट हो गया। उसके द्वार के ऊपर नक़्क़ारा रख दिया गया और कुछ दिन तक विजय के बाजे बजते रहे। तदुपरान्त सुल्तान क़िले में प्रविष्ट हुआ और उसके जितने मकान थे वहां ठहरा। जहां जहां उसके हृदय में भवन निर्माण का विचार उत्पन्न हुआ उसका उसने आदेश दे दिया। तदुपरान्त वह वहां से अपने शिविर की ओर रवाना हो गया और भवन-निर्माण करने वालों को यह आदेश दिया कि वे पर्वत के आंचल में एक अन्य नगर का निर्माण करें। उसकी इच्छा पूरी की गई। उसका नाम मुस्तफ़ाबाद रखा गया। सुल्तान ने उसे अपनी राजधानी बनाया।

## मुहाफ़िज़ खां

वहां उसे यह समाचार प्राप्त हुए कि चाम्पानीर के अधिकारी राय जयसिंह बिन (पुत्र) गंगदास रावल ने अहमदाबाद के क्षेत्र में आक्रमण प्रारम्भ कर दिया है और लूट-मार कर रहा है। इस पर सुल्तान ने

१ ख़ेमे।

जमालुद्दीन मुहम्मद बिन मलिक शेख को वहां का अमीर तथा सरदार नियुक्त किया और उसे मुहाफ़िज़ ख़ां की उपाधि देकर पताका तथा नक़्क़ारा रखने की अनुमति दे दी। उसके सम्मान में वृद्धि कर दी और कुछ शर्तें करके उसे वहां के शासन-प्रबन्ध का अधिकार प्रदान कर दिया। उन्हीं शर्तों में से एक शर्त (२२) यह भी थी कि वह प्रजा की भली-भांति देख-भाल करेगा और प्रजा से दयापूर्वक व्यवहार करेगा। यह सरदार बड़ा अच्छा हाकिम था। वह बड़ा ही उत्तम सुव्यवस्थापक, राजनीतिज्ञ तथा घुड़सवार था। युद्ध में दक्ष था। वह बड़ा ही न्यायपूर्ण तथा पवित्र जीवन व्यतीत करने वाला व्यक्ति था। वह लोगों की भूल क्षमा कर देता था। घूस से अत्यधिक घृणा करता था। उसके कारण नगर आबाद हो गये औरउसके निर्माण कराये हुए भवन बड़े ही सुन्दर थे। बाद में वह नियाबत की श्रेणी तक पहुंच गया और बादशाह का विश्वासपात्र बन गया कारण कि वह बड़ा ही योग्य परामर्शदाता था। उसका ऐश्वर्य तथा वैभव इस सीमा को पहुंच गया था कि उसकी अश्वशाला में १७०० घोड़े रहते थे। यह ईश्वर की बहुत बड़ी देन है। वह इतिहासकार हुसाम ख़ां का दादा था।

सुल्तान ने जिन लोगों के सम्मान में वृद्धि की उनमें से बहाउद्दीन भी था जिसे सुल्तान ने एमादुलमुल्क की उपाधि प्रदान की। उसके राज्य के अधीन जो स्थान थे उनमें सुनकेरा भी था। उसकी अश्वशाला में ३५०० घोड़े थे। उसके दासों की संख्या १२०० थी। उसके अन्य सेवकों तथा नौकर-चाकरों की संख्या चार हज़ार थी। उसने जूनागढ़ से बीस फ़रसख़[1] पर कतीताना नामक क़िले का निर्माण कराया।

इसी प्रकार उसने सारंग मुखलिसुलमुल्क के पद में भी उन्नति कर दी और उसे क़यामुलमुल्क की उपाधि प्रदान की और कोधरा सौंप दिया। इसी प्रकार ताज ख़ां बिन मलिक शाह के भी सम्मान में वृद्धि की। ये दोनों शासन-प्रबन्ध में एमादुलमुल्क के समान थे। उनको मुहाफ़िज़ ख़ां के साथ उनके आमाल[2] की ओर भेज दिया गया।

## सिन्ध पर आक्रमण

८७६ हि० (१४७१-७२ ई०) में सुल्तान ने सिन्ध पर चढ़ाई की। एक दिन में ६१ कोस यात्रा करके, वह उस समूह में से जिसका प्रत्येक वीर रुस्तम दृष्टिगत होता था, ६०० व्यक्तियों को लेकर बढ़ा। उसके पीछे सेना तथा अन्य सेवक थे। यहां तक कि वह ख़ौरबहर तक पहुंच गया जिसे रन कहा जाता है। मास के प्रारम्भ में उसका जल बढ़ जाता था और उससे दस दिन के उपरान्त फिर जल में कमी हो जाती थी। उस समय वहां जल थोड़ा था अतः वह उस पर यात्रा करता गया और एक ऐसे स्थान पर पहुंचा जहां सूमरा, सौदा, तथा कहला नामक समूह बसे हुए थे और जिनमें लगभग २४ हज़ार अश्वारोही थे। जब उन्होंने उसकी पताकाएँ देखीं तो वे भयभीत हो गये और उन्होंने सावधानी से कार्य किया और सब के सब सवार हो गये। जब उन्हें सुल्तान के विषय में सूचना मिली और सुल्तान का दूत भी उनके पास पहुंच गया तो वे सब क्षमा-याचना करते हुए उसके पास उपस्थित हुए। सुल्तान ने उनसे उनके वंश तथा धर्म के विषय में जब प्रश्न किये, तो उन्होंने जो उत्तर दिये उससे यह पता चला कि वे मुसलमान थे किन्तु उन्हें इस्लाम के आदेशों का पता न था। इसी कारण वे काफ़िरों से मित्रता रखते थे और उनसे विवाह करते थे। सुल्तान ने उन्हें अपनी ओर प्रेरित किया और अपनी सेवा में सम्मिलित हो जाने के

१ फ़रसख़, लगभग १८,००० फ़ीट की दूरी।
२ अक़्ता।

लिए उनसे कहा। उन्होंने इसे स्वीकार कर लिया। वह उन्हें इस स्थान से मुस्तफ़ाबाद ले गया और उनके निवास हेतु स्थान निश्चित कर दिये तथा जीवन निर्वाह हेतु भूमि एवं जागीर प्रदान की। उन्हें अपने दरबार में एकत्र किया और उनके लिये एक ऐसा फ़क़ीह[1] नियुक्त किया जो उन्हें हलाल तथा हराम के विषय में शिक्षा दे।

८७७ हि० (१४७२-७३ ई०) में महमूद को सिन्ध के नोतकुल क़व्वासा के सुल्तान के विद्रोह (२३) एवं समुद्री आक्रमण के समाचार प्राप्त हुए। नोतकुल क़व्वासा की संख्या ४० हज़ार थी। यह एक समुद्री समूह था जोकि सिन्ध के द्वीपों में निवास करता था। वह किसी के आज्ञाकारी न थे और समुद्री डाकू थे। सुल्तान यह समाचार सुनकर मुस्तफ़ाबाद से चल खड़ा हुआ। नित्यप्रति ६० फ़रसख यात्रा करके जब वह सिन्ध के समीप पहुंचा तो वे लोग छिन्न-भिन्न हो गये। सुल्तान अपने पड़ाव पर ठहर गया। यहां तक कि सिन्ध के बादशाह के राजदूत उपहार लेकर उसकी सेवा में उपस्थित हुये और धन्यवाद का पत्र भी लाये। सुल्तान महमूद की माता इससे पहले वाले सिन्ध के सुल्तान की पुत्री थी।

## जगत की विजय

इसी ८७७ हि० (१४७२-७३ ई०) में सुल्तान ने जगत को नष्ट-भ्रष्ट करने का संकल्प किया। इसका कारण यह था कि जगत का राजा राय भीम अपनी सीमा से बहुत बढ़ गया था। जगत कुफ़ तथा शिर्क सम्बन्धी स्थानों में बड़ा ही प्रसिद्ध स्थान है। उसकी मूर्ति को हिन्दुस्तान के अन्य स्थानों की मूर्तियों की अपेक्षा बड़ा उच्च स्थान प्राप्त है और इसी मूर्ति के कारण उस स्थान को जगत द्वारका कहते हैं। यह ब्राह्मणों का बहुत बड़ा अड्डा है। दूर-दूर से हिन्दुस्तान के मुशरिक यहां आते हैं और इस मूर्ति तक पहुंचने के लिये कठिन से कठिन परिश्रम को बहुत बड़ी उपासना समझते हैं। उन्हीं में से कुछ ऐसे लोग होते हैं जो मुंह नीचा करके लेट जाते हैं फिर अपने सामने दोनों हाथ बढ़ाते हैं और फिर खड़े होते हैं फिर जहां तक हाथ पहुंचता वहां तक अपने पांव रखते हैं।[2] इनमें से बहुत से लोग इसी प्रकार महीनों यात्रा करते हैं। इनमें से कुछ लोग ऐसे होते हैं जो अपने पांवों में बेड़ियां डाल लेते हैं और फिर यात्रा करते हैं। उनका विश्वास है कि इस प्रकार वह उस मूर्ति के भक्त हो सकते हैं। यह मूर्ति एक बहुत ही ऊंचे तथा भव्य गुम्बद में है। इसके लिये बहुत बड़ी संख्या में सेवक नियुक्त हैं। इसके पास अत्यधिक नृत्य तथा गायन होता है और रात-दिन कई फ़रसख़ तक समुद्र में दीपक जलते रहते हैं। इसका तट जहाज़ों (के ठहरने) का मूल स्थान है। उसका समुद्र उस व्यक्ति को जो वहां पहुंच जाय बाहर जाने से रोकता है। समीप ही एक भव्य क़िला है जिसे बैत कहते हैं। समुद्र से उसका मार्ग बड़ा सरल है किन्तु स्थल से वहां पहुंचने के लिये संकीर्ण घाटियों, लम्बे-चौड़े जंगलों, वन-पशुओं, सर्पों तथा कीड़े-मकोड़ों के कारण बड़ा कष्ट होता है।

सुल्तान के संकल्प का यह कारण हुआ कि महमूद समरक़न्दी नामक एक आलिम, जो कवि तथा व्यापारी भी था, अपने जहाज़ में दक्षिण के बन्दरगाह से रवाना हुआ। समुद्र में तूफ़ान आ गया जिसके कारण समरक़न्दी का जहाज़ जगत के गहरे समुद्र में पहुंच गया। वहां जो कुछ उसके पास था वह सब लूट लिया गया। समरक़न्दी, महमूद की सेवा में पहुंचा और उसने उच्च स्वर में उससे फ़रियाद की। महमूद ने उसे अपने पास बुलवा लिया और उसके विषय में पूछा। उसने विस्तार से अपना हाल बताया।

१ फ़क़ीह :—इस्लामी धर्म-शास्त्र के नियमों का विद्वान्।
२ परिक्रमा करते हैं।

सुल्तान ने उसकी सहायता करने का वचन दिया। और उसे अहमदाबाद भेज दिया। फिर उसी समय उसने नक्क़ारे के बजाने का आदेश दे दिया और १६ ज़िलहिज्जा ८७७ हि० (१४ मई १४७३ ई०) को (२४)प्रस्थान करके अरामुरा नामक स्थान पर ठहर गया। यह स्थान कीड़े-मकोड़ों से परिपूर्ण था अतः सर्पों एवं बिच्छुओं के मारे जाने का शोर होने लगा। ख़ास शाही ख़ेमें में ७०० से अधिक सर्प तथा बिच्छू मारे गये। इसका कारण यह था कि वर्षा ऋतु आ गई थी, भूमि से भाप निकल रही थी और यह सब कीड़े-मकोड़े बिलों से निकले भागे जा रहे थे। वहां की भूमि में वन पशु भी बहुत बड़ी संख्या में थे। इसी कारण वन पशुओं ने भी रात्रि के समय शाही शिविर की ओर बढ़ना प्रारम्भ किया। सेना वाले रात्रि में भी उनसे अपनी रक्षा करते रहे। प्रातःकाल सुल्तान सवार हुआ। जगत वालों को भी इसकी सूचना मिल गई। उनके विशेष व्यक्ति राय भीम सहित बैत के क़िले में बन्द हो गये। सुल्तान कुछ दिन उपरान्त जगत में प्रविष्ट हो गया और वहां की मूर्तियों का खंडन करा दिया। उनके छत्रों को गिरवा दिया और वहां इस्लामी प्रथायें चलवा दीं।

## बैत नामक क़िले की विजय

उसने समुद्र की ओर से बैत के क़िले के अवरोध का आदेश दिया। क़िला धन-सम्पत्ति से परिपूर्ण था किन्तु अनाज इत्यादि का अभाव था अतः क़िले वालों को पेट की इच्छा पूरी करनी कठिन हो गई, फलतः राय भीम एक जहाज़ में बैठकर भाग गया। मुसलमानों की ओर से जो लोग उसकी खोज के लिये नियुक्त थे उन्होंने उसका पीछा किया। अमीरुलबह्र[1] क़िले में प्रविष्ट हो गया और उसने क़िला अपने अधिकार में कर लिया। वहां का भंडार, बहुमूल्य वस्त्र तथा अन्य वस्तुएं अन्य स्थानों पर भेज दी गईं। इनमें संसार की वे समस्त वस्तुएं थीं जो उन जहाज़ों से छीन ली गई थीं जिन्हें समुद्र का तूफ़ान जगत के समुद्रीय तट पर फेंक देता था। यह सब वस्तुएँ बहुत बड़ी संख्या में थीं। तदुपरान्त सुल्तान क़िले में प्रविष्ट हुआ और आदेश दिया कि वहां अनाज का अधिक भंडार एकत्र कर लिया जाय। जीविका के साधनों की वृद्धि की उसमें क्षमता उत्पन्न कर दी जाय। तदुपरान्त उसने उसे अमीर तुग़ान फ़रहतुलमुल्क तुर्की को सौंप दिया। वह पहला व्यक्ति था जिसने यह क़िला विजय किया। इसके उपरान्त वह मुस्तफ़ाबाद लौट गया। उसके मुस्तफ़ाबाद पहुंचने के उपरान्त ही एक अमीर, शुक्रवार १३ जमादि-उल-अव्वल[2] को, राय भीम बिन (पुत्र) साकन ज़ारहलान को बन्दी बनाकर लाया। सुल्तान ने उसे वहीं खड़ा रखा और समरक़न्दी के बुलाने का आदेश दिया। जब वह दरबार में उपस्थित हुआ तो फिर उसने राय भीम को बुलवाया और उसे उसी बन्दी अवस्था में समरक़न्दी को सौंप दिया और कहा कि "यह तेरा शत्रु है। तू इसके साथ जैसा उचित समझे व्यवहार कर।" समरक़न्दी ने सुल्तान की प्रशंसा करते हुए उसके प्रति शुभकामनायें कीं।

## जगत के हाकिम को सूली

फिर सुल्तान ने राय भीम को अहमदाबाद बुलवाया और उसे सूली पर लटका देने का आदेश दे दिया। उसके शरीर के प्रत्येक भाग को किसी न किसी नगर के फाटक पर सूली पर लटकाया गया।

१ समुद्री यात्रा की देख-भाल करने वाला अफ़सर।
२ १३ जमादि-उल-अव्वल ८७८ हि० (६ अक्तूबर १४७३ ई०)।

समरक़न्दी ने बैत के क़िले में जो धन-सम्पत्ति थी उसमें से अपनी सम्पत्ति ले ली और बहुत सा सामान जिसे वह नहीं पहिचानता था अपना कहकर ले लिया। सुल्तान ने उसे अत्यधिक इनाम प्रदान करने का (२५) आदेश दिया और उससे कहा कि, "यदि तू चाहे तो वहां रह और चाहे तो चला जा।" वह देव की ओर रवाना हुआ और अहमदाबाद से चला गया। यह विजय ८७८ हि० (१४७३ ई०) में प्राप्त हुई।

## बैत पर पूर्ण विजय

सुल्तान जूनागढ़ के आसपास बहुत समय तक आता-जाता रहा यहां तक कि २० वर्ष में बैत के क़िले पर विजय प्राप्त हो गई। इस बीच वहां बहुत कम "हासिर" देखे गये। शब्दकोश के अनुसार "हासिर" उस व्यक्ति को कहते हैं जो कवच न धारण किये हुये हो। "अमील" उस व्यक्ति को कहते हैं जिसके हाथ में तलवार न हो। "अकशफ़" उस व्यक्ति को कहते हैं जिसके हाथ में ढाल न हो। "उज़म" उस व्यक्ति को कहते हैं जिसके पास भाला न हो, "आज़ल" उस व्यक्ति को कहते हैं जो घोड़े की पीठ पर न ठहर सकता हो।

कहा जाता है कि जूनागढ़ तथा बैत का क़िला महमूद के अतिरिक्त कोई भी विजय न कर सका। चाम्पानीर की विजय के सम्बन्ध में भी यही कहा जाता है। इसका उल्लेख शीघ्र ही किया जायेगा। इसी वर्ष में रजब मास[1] में सुल्तान ने जूनागढ़ के अधीनस्थ स्थान उन लोगों को सौंप दिये जो उसके विश्वास-पात्र थे और वह स्वयं अहमदाबाद लौट आया।

## मोरानबली पर आक्रमण

इसी वर्ष महमूद ने मोरानबली पर चढ़ाई की और वहां पहुंच गया। वहां पहुंचकर उसने चाम्पानीर के समीप के स्थान लूट लिये और वहां से लौट आया।

८८५ हि० (१४८०-८१ ई०) में उसने जूनागढ़ की ओर प्रस्थान किया और वहां ठहरा। उसने एमादुलमुल्क को इस बात की अनुमति दे दी कि वह अपने अधीनस्थ स्थानों की ओर चला जाय। इसी प्रकार उसने क़िवामुलमुल्क, निज़ामुलमुल्क एसम तथा फरहतुलमुल्क को भी अनुमति दे दी। उनका मार्ग अहमदाबाद से होकर था। वहां अहमद ख़ां बिन (पुत्र) सुल्तान महमूद और ख़ुदावन्द ख़ां बिन (पुत्र) यूसुफ़ वज़ीर तथा अमीर कबीर जुमलतुलमुल्क जमालुद्दीन मुहाफ़िज़ ख़ां थे। जब वे लोग अहमदाबाद पहुंचे तो उन्होंने वज़ीर से मिलकर यह निश्चय किया कि काफ़िर राय रायां से एमादुलमुल्क की हत्या के विषय में परामर्श करें। राय रायां वज़ीर की ओर से शासन-प्रबन्ध करता था। इसका कारण यह था कि वज़ीर ने यह निश्चय कर लिया था कि अहमद ख़ां बिन महमूद को सिंहासनारूढ़ कर दे। उसे यह आशा थी कि अमीर तथा सेना वाले उससे सहमत होंगे। वहां उन लोगों के पहुंचने से उन लोगों का सहयोग प्राप्त करने की उसे इच्छा हुई किन्तु एमादुलमुल्क के विषय में उसे विश्वास था कि वह उससे सहमत न होगा कारण कि उसमें दृढ़ता तथा राजभक्ति के गुण विद्यमान थे; अतः उसने उसकी ओर से निश्चिन्त हो जाना चाहा। एमादुलमुल्क तथा राय रायां के मध्य में इतनी मित्रता थी और वे एक दूसरे के इतने विश्वासपात्र थे कि उससे अधिक की कल्पना नहीं की जा सकती थी। इसी कारण जब वज़ीर

१ सम्भवतः रजब ८७८ हि० (नवम्बर-दिसम्बर १४७३ ई०)।

ने रायरायां से परामर्श किया तो उसने कहा कि, "मैं इस बात का उत्तरदायित्व लेता हूं कि एमादुलमुल्क तुम्हारा साथ देगा और तुम्हें उसके समान कोई अन्य सहायक न प्राप्त होगा।" वज़ीर ने उससे इस विषय में वादविवाद किया किन्तु उससे कोई लाभ न हुआ।

राय रायां एमादुलमुल्क के पास रात्रि में पहुंचा। उसका शिविर महमूदपुर में लगा हुआ था। जब वे एकत्र हुए तो राय रायां ने एमादुलमुल्क से इस बात को गुप्त रखने की शपथ ली। तदुपरान्त उसने वज़ीर के संकल्प की उसे सूचना दी और इस विषय में वादविवाद किया। एमादुलमुल्क इस बात से सहमत हो गया और बिना किसी आपत्ति के उसने यह स्वीकार कर लिया कि, "मैं अपने संकल्प को पूरा करूँगा।" राय अपने घर लौट गया। उसे इस बात का विश्वास था कि एमादुलमुल्क ने उसकी बात स्वीकार कर ली है; किन्तु एमादुलमुल्क वज़ीर के विश्वासघात के कारण संतुष्ट न हुआ। अतः उसने क़िवामुल
(२६) मुल्क तथा उसके साथियों को, जो ईसनपुर नामक ग्राम के समीप ठहरे हुए थे, यह संदेश भेजा कि जैसे ही रात्रि हो वे सब सशस्त्र होकर उसके पास पहुंच जायं। वे लोग यह समझे कि कोई उपद्रव होने वाला है अतः उन्होंने अपने शिविर उखाड़ डाले और एमादुलमुल्क के ख़ेमे के पास अपने ख़ेमे लगवा दिये और उसी के पास रात्रि में ठहरे। किन्तु एमादुलमुल्क ने उनसे वह बात जो उससे कही गई थी गुप्त रक्खी। जब प्रातःकाल राय रायां वज़ीर के पास गया और उसे यह सूचना दी कि एमादुलमुल्क ने वह बात स्वीकार कर ली है तो वज़ीर हँसा और बोला कि, "यदि वैसा ही होता जैसा तू कह रहा है तो उसके साथी उसके साथ रात्रि में न ठहरते और प्रातःकाल तक सशस्त्र उसके पास न रहते।"

सुल्तान को जब यह समाचार प्राप्त हुए कि अमीर लोग अपने अपने अधीनस्थ स्थानों को अभी तक नहीं गये तो उसे बड़ा आश्चर्य हुआ। इसी बीच में उसे अपने पुत्र के अहमदाबाद में राज्य ग्रहण करने के विषय में सूचना मिली तो उसे बड़ा आश्चर्य हुआ कारण कि एमादुलमुल्क की वहां उपस्थिति के बावजूद उसे इस आशय का कोई पत्र न प्राप्त हुआ था। एक दिन वह अहमदाबाद की ओर इस आशय से सवार होकर चला कि वहां से कोई समाचार प्राप्त करे। उसने सईदुलमुल्क को आदेश दिया कि वह उसके पूर्व ही जाय और कुछ पता लगाकर आये। वह दूर तक चला गया। वह समाचार की खोज में था कि उसे अहमदाबाद से आता हुआ एक समूह मिला। सईदुलमुल्क ने उनसे वहां के विषय में पूछा तो उन्होंने कहा कि, "वहां सब कुशल है किन्तु एक बात अवश्य है कि एमादुलमुल्क तथा उसके सहयोगी सशस्त्र होकर सुल्तान के पुत्र के साथ ईद की नमाज़ के लिये सवार होकर गये थे। एमादुलमुल्क दरबार से अन्त में निकला था और अस्त्र-शस्त्र धारण किये था।" सईदुलमुल्क वापस होकर सुल्तान के पास पहुंचा और जो कुछ उन लोगों से सुना था वह सुल्तान को बताया। सुल्तान ने क़ैसर खां से कहा कि, "यद्यपि एमादुलमुल्क ने कुछ लिखा नहीं है किन्तु उसके आचरण से पता चलता है कि कोई विशेष घटना घटी है।" फिर वह खम्बाया गया और अहमदाबाद में जो अमीर थे उन्हें लिखवा दिया कि "मैंने हज के लिये प्रस्थान करने का संकल्प कर लिया है अतः वे सब मेरे पुत्र के अधीन रहें।" उन अमीरों में से एमादुलमुल्क ने यह उत्तर भेजा कि, "मैं सबसे पहले हज में आपका साथ दूँगा किन्तु आप के लिये यह उचित है कि आप सर्वप्रथम चाम्पानीर विजय कर लें, तदुपरान्त हज के लिये प्रस्थान करें।" सुल्तान के खम्बाया पहुंचने के उपरान्त उसके पास समस्त अमीर आये। सुल्तान ने एमादुलमुल्क से एकान्त में भेंट की और उससे कहा कि, "तुम्हारा यह आचरण राज्य में किसी दुर्घटना का द्योतक है अतः तुम मेरे विषय में मुझसे विस्तार से बताओ ताकि शंकायें न बढ़ने पायें और छोटे बड़े सभी भस्म न हो जांय", किन्तु एमादुलमुल्क ने इस विषय में कुछ न कहा। फिर सुल्तान ने कहा कि, "मैं तुमसे उस समय तक बात न करूंगा जब तक कि तुम मुझसे इस विषय में वार्त्ता न करोगे।" एमादुलमुल्क ने फिर भी कोई बात न कही। इस पर सुल्तान ने कुछ

दिनों तक उसकी ओर कोई ध्यान न दिया। जब बात इस सीम तक पहुंच गई तो एक दिन एमादुलमुल्क एकान्त में उपस्थित हुआ और उसने कहा कि, "मेरे असमंजस का कारण यह है कि मैंने इस विषय में कुछ न कहने की शपथ ले रखी है किन्तु आप जब उसके जानने के लिये इतने उत्सुक हैं तो फिर घटना इस प्रकार है कि राय रायां ने मुझे इस बात की सूचना दी और उसने मुझसे साथ देने की इच्छा प्रकट की तो बाह्य रूप से मैंने उसकी बात मान ली और सावधानी से आचरण करने लगा। हृदय में मैंने यह सोचा कि, 'यदि मैं और मेरे साथी विलायत[1] की ओर प्रस्थान करते हैं तो सम्भव है कि वही हो जाय जिसका वज़ीर ने संकल्प किया है और फिर दरार इतनी चौड़ी हो जायगी कि उसका भरना कठिन हो जायगा। यदि मैं इसको स्पष्ट करता हूं तो यह उपद्रव इतना बड़ा और इस प्रकार का है कि उस पर इसके सिद्ध (२७) करने के लिये कोई साधन नहीं निकल सकता; काफ़िरों के समाचार से किस प्रकार सिद्ध किया जा सकेगा। अतः मैंने शपथ ली और विलायत की ओर प्रस्थान न किया।" जब यह बात सुल्तान को ज्ञात हो गई तो उसने नहरवाला की ओर प्रस्थान किया और एमादुलमुल्क को आदेश दिया कि वह जालौर तथा साचौर को विजय कर ले।

फिर उसने (सुल्तान ने) क़ुतुबुर्रब्बानी मौलाना शेख़ हाजी रजब के मैदान में पड़ाव किया। उसी रात्रि में मुजाहिद ख़ां तथा साहब ख़ां ने, जो ख़ुदावन्द ख़ां के पुत्र थे, क़ैसर ख़ां पर आक्रमण किया और उसकी हत्या करके भाग गये। सेना के शिविर में हाहाकार मच गया। एमादुलमुल्क सवार होकर सुल्तान के पास पहुंचा तो वहां देखा कि अज़दर ख़ां बिन उलुग़ ख़ां सोहराब को क़ैसर ख़ां की हत्या के अपराध में लाया गया है और तुरन्त ही वह व्यक्ति आ गया जिसने मुजाहिद ख़ां तथा साहब ख़ां के पलायन की सूचना दी। इस प्रकार इस सूचना देने वाले के कारण अज़दर ख़ां बच गया। सुल्तान ने उसे प्रोत्साहन दिया और ख़िलअत प्रदान की। मुजाहिद ख़ां तथा साहब ख़ां की घटना से उनके पिता के विषय में भी कल्पना का अवसर मिला। सुल्तान अहमदाबाद लौट गया और उसने सर्वप्रथम यह आदेश दिया कि वज़ीर ख़ुदावन्द ख़ां को बन्दी बना लिया जाय। सुल्तान की एक बहिन उसकी पत्नी थी। उसी के गर्भ से ये दोनों पुत्र थे जिन्होंने यह अत्याचार किया। इसका प्रभाव उनके पिता के विरुद्ध हुआ और मुहाफ़िज़ ख़ां वज़ीर हो गया। उसी वर्ष एमादुलमुल्क की मृत्यु हो गई। उसके अधीनस्थ प्रदेश तथा उसकी उपाधि उसके उस पुत्र को, जिसका नाम बुद्ध था, प्रदान की गई। उसके अन्य भाई महमूद, मन्झू तथा गौहर थे।

## चाम्पानीर की विजय

८८७ हि० (१४८२-८३ ई०) में सुल्तान ने चाम्पानीर की विजय का संकल्प किया। इसका कारण यह हुआ कि मलिक सुधा, जो ग़ाज़ी ख़ां का भाई था, एक दिन अपनी राजधानी रसूलाबाद से चाम्पानीर की ओर संवार होकर गया। यह स्थान उससे सात फ़रसख़ की दूरी पर था। वहां उसने हत्याकांड, लूटमार तथा लोगों को बन्दी बनाना प्रारम्भ कर दिया, तदुपरान्त वह वहां से वापस आ गया। उसके पीछे ही उस स्थान के हाकिम, राणा पताई पुत्र राणा उदयसिंह, ने उस पर आक्रमण कर दिया। इस युद्ध में अमीर की हत्या हो गई और राणा ने राजधानी को नष्ट कर डाला तथा दो हाथी लेकर लौट आया। जब सुल्तान को यह समाचार प्राप्त हुए तो वह उसी वर्ष की ज़िलहिज्जा मास के प्रथम तिथि

१ राज्य।

(११ जनवरी १४८३ ई०) को कांथ धलौहीर की ओर चल खड़ा हुआ। जब उसने बरौदरा के समीप में पड़ाव किया तो उसने ताज खां, अब्दुलमुल्क, बहराम खां, इख़्तियारुलमुल्क, एमादुलमुल्क बिन एमादुलमुल्क तथा क़दर खां को चाम्पानीर की ओर अग्रसर होने का आदेश दिया। फिर जब वह वहां पहुंचा तो राणा पताई ने उससे युद्ध किया और घोर प्रयत्न किया किन्तु उसे पराजित होकर पर्वत के क़िले की ओर भागना पड़ा। सुल्तान किरमारी की सीमा के एक ओर से बढ़ता रहा और क़िले के पीछे की ओर (२८) से ग्रामों की ओर बढ़ा जो हत्याकांड तथा लूटमार के लिये अधिक विस्तृत क्षेत्र थे। तदुपरान्त वह बचीतूरी में पहुंचा। बचीतूरी क़िले के पर्वत के समीप ही एक अन्य पर्वत है। वह उससे पृथक् है किन्तु उसके समक्ष है। तदुपरान्त सुल्तान, पाल की विलायत[1] में प्रविष्ट हुआ। वहां उसे जो घी, अनाज तथा पशु मिले उन्हें उसने अपने पड़ाव पर भेज दिया जो पर्वत के आंचल में था। उनमें से कुछ वस्तुएं राणा के समूह को प्राप्त हो गईं। क्योंकि उस वर्ष अकाल फैला हुआ था अतः उन वस्तुओं से सेना को बड़ा आराम मिला और उनकी जीविका के साधनों में वृद्धि हो गई।

तदुपरान्त सुल्तान ने अवरोध प्रारम्भ कर दिया और पड़ाव के समीप में रसोईघर बनवा दिये ताकि भिखारी तथा मज़दूर सभी उनसे अपना पेट भर सकें। वज़ीर मुहाफ़िज़ खां दिन के प्रारम्भ में उस सेना में जाता था जो अवरोध किये रहती थी और दिन के अन्त में दीवान[2] में उपस्थित होता था। राज्य के कार्यों को सम्पन्न करने तथा उनकी देखभाल हेतु राणा पताई ने अनेक बार क्षमा-याचना की और यह प्रयत्न किया कि उसकी आज्ञाकारिता स्वीकार कर ली जाय किन्तु उसकी यह बात स्वीकार न की गई। जब वह निराश हो गया तो उसने अपने वज़ीर सूरी को ख़लजी के पास भेजा और उससे सहायता की याचना की। प्रत्येक पड़ाव पर उसके लिये धन-सम्पत्ति की एक विशेष मात्रा निश्चित की। ग़यासुद्दीन उसकी सहायतार्थ नालचा तक आया। उसके समाचार महमूद को मिले तो उसने अवरोध को उसी सीमा पर रहने दिया और अपने सहायकों सहित दहयूद की ओर अग्रसर हुआ। ख़लजी नालचा में ठहर गया, और उसे अपने इस आचरण पर बड़ी ही लज्जा आई। उसने आइम्मा[3] को बुलवाया और उनसे इस धार्मिक समस्या के विषय में पूछा। उसे भय था कि, "यदि उसने (सुल्तान ने) चाम्पानीर पर अधिकार जमा लिया और वहां से निश्चिन्त हो गया तो वह हमारे राज्य की सीमा की ओर अग्रसर होगा।" उसने पूछा कि, "हमारे लिये शरा[4] के अनुसार यह उचित है अथवा नहीं कि हम उसके (सुल्तान महमूद के) जिहाद के मार्ग में बाधा डालें?" उन सब ने उत्तर दिया कि, "यह पूर्णतः शरा के विरुद्ध है। महमूद के जिहाद में जो भी बाधक होगा वह पापी होगा।" ख़लजी इस व्यवस्था की आड़ लेकर अपनी राजधानी को वापस चला गया।

इसी प्रकार महमूद भी पर्वत के आंचल की ओर वापस हुआ और वहां उसने एक जामा मस्जिद का निर्माण कराया जो नगर में इस समय तक वर्तमान है किन्तु नगर स्वयं वन-पशुओं की शरण का स्थान बन गया है। ईश्वर ही को हर प्रकार की शक्ति प्राप्त है।

तदुपरान्त सुल्तान ने एक ग्राम पर, जो बहुत ऊंचाई तथा दुर्गम मार्ग पर था, आक्रमण कर दिया। इस कारण से उस ग्राम में जो कुछ था उसका अस्तित्व उस ओर के निवासियों के लिये बड़ा बहुमूल्य था।

१ प्रदेश।
२ वित्त विभाग।
३ बड़े बड़े आलिमों।
४ इस्लामी धर्म-शास्त्र के अनुसार इस्लामी नियम।

इस गांव का नाम पीतवारा था। जो लोग वहां थे उनकी हत्या कर दी गई और समस्त भंडार अधिकार में कर लिये गये।

इसी प्रकार मलिक ख़िज़्र बिन मुहाफ़िज़ खां, पाल में प्रविष्ट हुआ और उसने बेजलहत ग्राम में
(२९) धन-सम्पति तथा अनाज के भंडार एवं मवेशी बहुत बड़ी संख्या में प्राप्त किये और इन सबको दीवान में भेज दिया। यह अवरोध एक वर्ष तथा कुछ मास तक चलता रहा। समय व्यतीत होने के साथ साथ क़िले के निवासियों की कठिनाइयों में वृद्धि होती जा रही थी। इस बीच में महमूद विभिन्न दिशाओं में निरन्तर आक्रमण करता रहता था और खोज जारी किये हुए था ताकि वहां के भंडार इत्यादि प्राप्त कर ले; यहां तक कि फिर कोई क़स्बा, ग्राम तथा मकान ऐसा न रह गया जिसका नक़द धन उसके ख़ज़ाने में न पहुंच गया हो और जिसके बहुमूल्य वस्त्र तथा अन्य सामान उसके भंडार में न आ गये हों, जिसके मवेशी उसके तवेले में न पहुंच गये हों, जिसके अनाज के भंडार उसके रसोईघर तथा बाज़ार में न पहुंच गये हों, जिसके युवक उसकी आज्ञाकारिता न स्वीकार कर चुके हों, जिसके अधेड़ आयु वाले किसी काम योग्य न होने के कारण मुक्त न कर दिये गये हों और जिसके युवकों तथा अधेड़ों के बीच के बहुत से लोग विद्रोह के कारण क़त्ल न कर दिये गये हों।

जब यह दशा हुई तो राणा पताई अपनी माता के पास गया और उसने इस विषय में उससे परामर्श किया और यह बताया कि, "अपनी दीनता, आशाओं के अन्त हो जाने तथा मददे मआश[1] की ओर से निराश हो जाने के कारण मैं बड़ा ही परेशान हूं।" उसकी माता ने कहा, "हे पुत्र! तेरे वज़ीर सूरी ने तुझे इस कष्ट में डाला है। वह स्वयं तो पत्र लेकर ख़लजी के पास चला गया और लौटा नहीं। मैं तो अब तेरे लिये यही उचित समझती हूं कि तू सुल्तान की आज्ञाकारिता स्वीकार कर ले और उसके दासों में सम्मिलित हो जा।" उसने उत्तर दिया कि, "मैं अग्नि को अपमान से कहीं अधिक उत्तम समझता हूं।" फिर वह अपने सहायको के पास चला गया और उस दिन बड़ा घोर युद्ध किया।

संध्या समय उसने स्त्रियों को जला डालने का संकल्प कर लिया। इसे झोर[2] कहा जाता है। काफ़िर जब पूर्णतः निराश हो जाते हैं तो इस पर आचरण करते हैं। जिन लोगों ने यह संकल्प कर लिया था उन्होंने सर्वदा के लिये अपनी स्त्रियों से विदा होने के लिये उन्हें एकत्र किया। यह समय वह था जो पत्थर को भी पिघला देता। फिर जो होना था वह हुआ। स्त्रियां अग्नि तथा धुएं में परिवर्तित हो गईं। राणा पताई तथा उसके ७०० सहायक हौज़ में प्रविष्ट हुए। वे स्त्रियों के उपरान्त जीवन से पूर्णतः निराश हो ही चुके थे। उन्होंने स्नान किया तथा सुन्दर वस्त्र धारण किये। तलवारें बांधी, कटारों को पेटी में लगाया और प्रातःकाल की प्रतीक्षा करने लगे। वे कहते होंगे कि, "हे रात्रि! क्या तेरा अन्त नहीं है।"

इस्लामी सेना की यह दशा थी कि जब क़िले वाले इन बातों में व्यस्त थे और उनके तथा क़िले के फाटक के मध्य में रक्षकों के बन्धन भी टूट चुके थे तो वे मदाफ़ा[3] लेकर निकल पड़े और उन्हें फाटक के समक्ष लगवा दिया। अब सुबह हो चुकी थी। उन्होंने मदाफ़ा से द्वार पर आक्रमण किया। यह देख कर मुशरिक एकत्र हो गये और उन्होंने प्रयत्न प्रारम्भ कर दिया; उनमें इतनी शक्ति आ गई कि उन्होंने द्वार बन्द कर लिये और उसमें छिप गये। मदाफ़ा ने क़िले के द्वार में एक बहुत बड़ी दरार उत्पन्न कर

१ जीवन-निर्वाह के साधन।
२ जौहर।
३ सम्भवतः मन्जनीक़ इत्यादि।

दी थी। उसी में से फ़रहतुलमुल्क तुग़ान तुर्कों का एक समूह लेकर क़िले के भीतर प्रविष्ट हो गया और क़िले के फाटक के बराबर पहुंच गया। मुशरिकों ने अब उनकी ओर आक्रमण किया, हालांकि पिछली रात जो आई थी वह उन्हें आग में लपेटती हुई आई थी। उन्होंने एक घर में, जो क़िले के द्वार से मिला हुआ था, आग लगा दी। आग की लपटें बढ़ने लगीं और अन्धकार का अन्त हो गया। मुसलमानों को अब (३०) अधिक चिन्ता उन मुसलमानों की हो गई जो क़िले के द्वार के ऊपर थे। सुल्तान सिज्दे में गिर पड़ा और उसने ईश्वर से गिड़गिड़ाकर अपने साथियों की आग से रक्षा के लिये प्रार्थना की। जब उसने सिर उठाया तो देखा कि आग क़िले के द्वार को अपनी लपटों में लपेटना चाहती है किन्तु वायु द्वार के एक ओर से इस प्रकार चल रही है कि ईश्वर का समूह[1] सुरक्षित रहे। फिर आग बढ़ने लगती है और लपटों को घरों की ओर वापस कर देती है। आग एक घर से दूसरे घर में पहुंच जाती है यहां तक कि वह उस घर में पहुंच गई जहां राणा पताई तथा उसके सहायकों की स्त्रियां जलने के लिये एकत्र हुई थीं। फिर वे सब उस आग में जल गईं जिसे ईश्वर ने भड़काया था। किन्तु सुल्तान ने इस प्रकार रात्रि व्यतीत की कि वह ध्रुवतारे के उदय होने की प्रतीक्षा करता रहा। जब उसने उसे देखा तो वह पर्वत पर चढ़ गया। सर्वप्रथम जो क़िले में द्वार से प्रविष्ट हुये वे मलिक प्यारा भान्देरी तथा मलिक बिच्छू थे। कुछ ही दिन पूर्व यह घटना घटी थी कि सेना में से एक समूह ने यह निश्चय किया था कि उनका युद्ध केवल ईश्वर के लिये हो और उनका उद्देश्य वृत्ति अथवा जीविका प्राप्त करना न हो, अतः उन्होंने सेवा से त्यागपत्र दे दिया और ईश्वर के लिये जिहाद हेतु उद्यत हो गये। उन्हीं में से बरोदरा में शरा का रक्षक क़ाज़ी एमाद था। वह अपने स्वामी उलुग़ ख़ां के पास पहुंचा और उसने सेवा से त्यागपत्र दे दिया तथा वृत्ति पाने वालों की पंजिका से अपना नाम कटवा लिया। इन लोगों ने अपनी एक विशेष पताका चुन ली और उसी के नीचे एकत्र हुये। वे क़िले के द्वार पर शहीद होने के उद्देश्य से एकत्र हो गये। वे सब सुल्तान के आगे आगे थे। राणा पताई हौज़ में से अपने साथियों सहित निकलकर रणक्षेत्र की ओर रवाना हुआ। दुःख तथा शोक को त्यागकर वह तलवार चलाने लगा और अब दोनों समूहों में लगभग वह समय आ गया था जब कि या तो शहीद अपने स्थान पर दृढ़ रह सकते थे या भाग्यशाली। अन्त में राणा पताई तथा क़ाज़ी एमाद में युद्ध होने लगा। एमाद ने राणा पताई के शरीर में अपनी तलवार जमा दी। इस प्रहार में उस पत्थर की चोट का प्रभाव था, जिसका फेंकने वाला दृष्टि के समक्ष न हो और जिसका पता न हो। राणा पताई गिर पड़ा और असावधान हो गया। वह बन्दी बना लिया गया। तदुपरान्त महमूद ने उसे इस आशय से मुहाफ़िज़ ख़ां को सौंप दिया कि वह उसकी रक्षा तथा उसका उपचार करे। इसी प्रकार राणा पताई का एक दूसरा बड़ा सरदार दुंगरसी बन्दी बना लिया गया। वे दोनों लकड़ी के एक पिंजड़े में जिसमें लोहे का ताला लगा हुआ था, बन्द रहे यहां तक कि उनके घाव अच्छे हो गये। क़ाज़ी एमाद निरन्तर तलवार चलाता रहा यहां तक कि वह शहीद हो गया। फिर सुल्तान महल तक पहुंच गया और तलवार अपना काम करती रही। फिर वह ऐसे घर पर चढ़ा जो क़िले में सबसे ऊंचा होता है और जिसे मूलिया कहा जाता है। वहां उसे राणा पताई का एक छोटा पुत्र तथा दो पुत्रियां मिलीं। आग के प्रारम्भ में वे सब अपनी माता के साथ थे। जब उन्होंने वह देखा जिसने उन्हें घबड़ा दिया तथा आतंकित बना दिया (३१) तो वे अग्नि से भागकर अपनी माता से पृथक् हो गये और मूलिया पहुंच गये। महमूद ने पुत्रियों के सम्बन्ध में आदेश दिया कि उन्हें अन्तःपुर पहुंचा दिया जाय और पुत्र को सैफ़ुलमुल्क सुल्तानी को

1 मुसलमान।

इस आशय से सौंप दिया जाय कि वह उसे अपना पुत्र बना ले। यह वही पुत्र है जिसे मुज़फ़्फ़रशाह के राज्यकाल में निज़ामुलमुल्क की उपाधि प्राप्त हुई और जो ईदर का हाकिम नियुक्त हुआ।

## सुल्तान के राज्य का विस्तार

जब सुल्तान क़िले के कार्य से निश्चिन्त हो गया तो उसने आदेश दिया कि पर्वत के आंचल में एक नगर का निर्माण कराया जाय। जब उस शहर का निर्माण हो गया तो उसने उसका नाम शहरे मुकर्रम[1] महमूदाबाद रखा। इसका सविस्तार उल्लेख लाभ से शून्य न होगा। मुज़फ़्फ़री वंश के सबसे पहले बादशाह के राज्यकाल में राजधानी नहरवाला पटन उसी दशा में रही जैसी कि उससे पूर्व मुइ-मुइज्जुद्दीन मुहम्मद साम के राज्यकाल से लेकर उसके राज्यकाल तक रही थी। देहली के सुल्तानों का वह दारुल इमारा[2] था। मुज़फ़्फ़र के राज्यकाल में वह दारुस्सल्तनत बन गया। अहमद शाह बिन मुहम्मद शाह के राज्यकाल में अहमदाबाद राजधानी रहा और जब महमूद ने जूनागढ़ विजय किया तो मुस्तफ़ाबाद को राजधानी बनाया। जब उसने चाम्पानीर को विजय कर लिया तो फिर मुहम्मदाबाद को राजधानी बना लिया, एक वर्ष वह वहां निवास करता था और एक वर्ष मुस्तफ़ाबाद में रहता था। इसका कारण यह था कि सिन्ध वहां से निकट था और मन्दू की सीमा से मुस्तफ़ाबाद की सीमा मिलती थी। उसकी विजय से महमूद के अधिकार में मन्दू की सीमा से लेकर सिन्ध और जूनागढ़, सिवालिक पर्वत से जालौर तथा नागौर, बकलाना से मासिक तुरमक तथा दक्खिन में बुरहानपुर से बरार तथा मलूकपुर तक और करकून तथा बुरहानपुर से नर्बदा नदी तक, ईदर से चितौड़ तथा कुम्पलनीर तक एवं समुद्र की ओर से चियूल की सीमा तक सब उसने अपने अधिकार में कर लिये। ईश्वर अपना राज्य जिसे चाहता है, प्रदान करता है।

## राणा पताई की हत्या

जब महमूद को यह महान् विजय प्राप्त हो गई तो उसके राज्य के समस्त महान् आलिम एवं प्रतिष्ठित लोग विजय की बधाई देने के लिये आये। जब वे उसके दरबार में उपस्थित हुए तो महमूद ने कहा कि, "राणा पताई का जीवित रह जाना तथा उसके समस्त घर वालों की मृत्यु उसके लिये शिक्षा का कारण होगी। यदि वह इस्लाम स्वीकार कर ले तो उसे उसका राज्य वापिस कर दिया जायगा। उसे सन्मार्ग दिखाओ; सम्भव है कि वह सच्चे मार्ग पर आ जाय।" तदनुसार राणा पताई को बुलवाया गया। जिन लोगों को आदेश दिया गया था उन्होंने उससे इस्लाम स्वीकार कराने का प्रयत्न किया परन्तु उसने इसे स्वीकार न किया और अपने परिवार वालों से मिल जाना ही उचित समझा। जिसको ईश्वर मार्ग-भ्रष्ट करे उसे कोई भी सन्मार्ग पर नहीं ला सकता। उसके स्वीकार न करने पर सुल्तान ने उसे सियादनगिरि पर सूली दे देने का आदेश दे दिया। यह सियादनगिरि एक छोटी सी पहाड़ी है जो क़िले के पर्वत के आंचल से मिली हुई भी है और उससे पृथक् भी है। यह घटना ८९० हि० (१४८५ ई०) में घटी।

१ सम्मानित नगर।
२ प्रान्तीय शासकों की राजधानी।

## दुँगरसी की हत्या

(३२) दुंगरसी को जब वध के लिये ले जाया जा रहा था तो उसने एक व्यक्ति को, जो उसके बराबर था, असावधान पाकर उसकी तलवार छीन ली और उससे एक मुसलमान पर जिसका नाम शेख़ैन बिन (पुत्र) कबीर था, आक्रमण कर दिया। वह गिर पड़ा किन्तु गिरते-गिरते उसने अपनी तलवार खींच ली और उस पर फेंक मारी। उसके घातक घाव लगा और वह मर कर गिर पड़ा। घायल मुसलमान बच गया।

## चम्पानीर की विजय का एक अन्य उल्लेख

मनज़रुल इन्सान फ़ी तरजुमए तारीख़े इब्ने ख़लक़ान के प्राक्कथन में जिसे मौलाना यूसुफ़ बिन अहमद बिन मुहम्मद बिन उस्मान ने संकलित किया है, चाम्पानीर पर्वत की विजय ८८९ हि० (१४८४ ई०) में लिखी है। उसने जिस वाक्य से अपना लेख प्रारम्भ किया है उससे यह पता चलता है कि ग्रन्थ की उसी वर्ष में रचना की गई। इस ग्रन्थ को सुल्तान महमूद बिन मुहम्मद को समर्पित किया गया और उसका अनुवाद बड़ी ही उत्तम शैली में किया गया है। इससे ज्ञात होता है कि वह दोनों भाषाएं भली भांति-जानता था।

सैयिद उस्मान मौलाना बुरहानुद्दीन क़ुतुब आलम के सबसे बड़े ख़लीफ़ा[1] थे और उन्हें शम-ए-बुरहानी[2] की उपाधि प्राप्त थी। उन्होंने उस्मानपुर नामक ग्राम का निर्माण कराया था और वहीं निवास करते थे। उनका मज़ार भी वहीं है। इस ग्राम तथा अहमदाबाद के कोट के मध्य में साहबर नामक एक नदी है। वह नदी इस ग्राम से उत्तर-पश्चिम में है। सुल्तान महमूद बिन मुहम्मद के सम्बन्ध में कहा जाता है कि वह उनका चेला था। क्योंकि सुल्तान को उनके प्रति बड़ी श्रद्धा थी अतः वह उनका मुरीद[3] हो गया था। कभी कभी सुल्तान उनसे लाभ प्राप्त किया करता था और उनके पास अधिक आता जाता रहता था। उन्हें महमूद तथा उनके पूर्वजों की ओर से इतना प्राप्त हो गया था कि उन्हें किसी वृत्ति की कोई चिन्ता न रही थी। इसी प्रकार उनके परिवार तथा क़बीले वालों को भी बहुत दान दिया गया था। सुल्तान की अधिकांश पुस्तकें उन्हीं की देखरेख में तथा उन्हीं के मदरसे में रहती थीं। जमादि-उल-अव्वल ८६३ हि० (मार्च–अप्रैल १४५९ ई०) में उनकी मृत्यु हो गई। ईश्वर हमें उनसे लाभ प्राप्त करने का सौभाग्य प्रदान करे।

यह विजय २ ज़ीक़ाद ८८९ हि० (२१ नवम्बर १४८४ ई०) को हुई।

## धन्दूक़ा पर आक्रमण

इसी वर्ष सुल्तान ने धन्दूक़ा पर चढ़ाई की और अपने पुत्र ख़लील ख़ां को उस स्थान तथा उन समस्त स्थानों का, जो समुद्र-तट से मिले हुए थे, सरदार नियुक्त कर दिया और स्वयं चाम्पानीर लौट आया।

१ आध्यात्मिक उत्तराधिकारी।
२ मौलाना बुरहानुद्दीन का दीपक।
३ भक्त, चेला।

## आबू के क़िले के हाकिम के विरुद्ध कार्यवाही

सुल्तान इसी वर्ष में हालोल की ओर शिकार के लिए निकला। अचानक उसका सामना ऐसे व्यापारियों से हो गया जो आबू के क़िले के हाकिम राय की शिकायत लेकर आये थे। उन्होंने बताया कि, "उसने हमसे वह घोड़े छीन लिये हैं जिन्हें हम लूहद से आपके नाम पर प्राप्त करके ला रहे थे।" इस पर सुल्तान ने उनसे कहा कि, "जहां तक घोड़ों का सम्बन्ध है उनका जो मूल्य तुम निश्चित करोगे वह मैं तुम्हें दे दूंगा किन्तु यदि तुम चाहो तो उसके पास लौट जाओ और इस प्रकार लाभान्वित हो।" फिर उसने उसे पत्र (३३) लिखा जिसमें उसे आदेश दिया कि वह उन घोड़ों को व्यापारियों को लौटा दे। उसने अपने शिविरों के विषय में आदेश दिया कि "वे ऐसे स्थान पर लगाये जायं जहां से मैं यह देखता रहूं कि उन व्यापारियों से राय किस प्रकार व्यवहार करता है।" व्यापारी राय के पास गये। जैसे ही उसे सुल्तान के पत्र की सूचना मिली उसने घोड़े वापस कर दिये और उनसे यह प्रार्थना की कि "तुम लोग सुल्तान से इस बात की सिफ़ारिश करो कि वह हमारा अपराध क्षमा कर दे।" घोड़े लेकर व्यापारी सुल्तान के पास लौट आये और घोड़े उसकी सेवा में प्रस्तुत कर दिये। सुल्तान इस बात पर संतुष्ट न हुआ और उसने उसे (राय को) आदेश दिया कि वह व्यापारियों को उनका मूल्य भी अदा कर दे। जब मूल्य भी अदा कर दिया गया तब व्यापारियों ने राय के अपराधों की क्षमा-याचना के विषय में निवेदन किया। सुल्तान ने उसे स्वीकार कर लिया।

## बहादुर गीलानी का दाबूल में आतंक

८९६ हि० (१४९०-९१ ई०) में उसे बहादुर गीलानी के विषय में, जो दाबूल बन्दर का अमीर[१] था, यह समाचार प्राप्त हुए कि वह उन समस्त बन्दरगाहों के तट पर, जो खम्बाया तक फैले हुए हैं, उपद्रव मचा रहा है और वहां वालों को कष्ट दे रहा है तथा जल एवं स्थल के समस्त यात्री उसके कारण परेशान हैं। यह समाचार पाते ही सुल्तान ने आदेश दिया कि सेना का अग्रिम भाग दक्षिण की ओर रवाना किया जाय और दक्षिण के बादशाह महमूद शाह बहमनी को गीलानी की रोकथाम के लिये लिखा। उसने यह भी लिखा कि, "यदि इस बात की ओर ध्यान न दिया गया तो मेरी सेना का अग्रिम भाग रवाना हो चुका है। तदुपरान्त उसने क़िवामुलमुल्क को आदेश दिया कि वह गीलानी की ओर बढ़े। तदनुसार वह उसकी ओर रवाना हुआ। समुद्रतट की ओर होता हुआ जब वह एकासी बसी नामक बन्दरगाह के समीप पहुंचा, तो दक्षिण के सुल्तान का उसे इस आशय का पत्र प्राप्त हुआ कि "आप वहीं रुक जायं और मैं गीलानी की उचित रोकथाम करूंगा।"

## महमूद शाह बहमनी द्वारा बहादुर गीलानी की हत्या

यह वीर उस वज़ीर के अनुयायियों में से था जो मखदूम की उपाधि से प्रसिद्ध था। उसका नाम महमूद था और उसकी उपाधि ख़्वाजये जहां थी। जब इस वज़ीर की हत्या कर दी गई तो उस समय सुल्तान महमूद बहमनी अल्पावस्था में था। उस समय दाबूल नामक बन्दरगाह पर, जो बीजापुर के अधीन तथा कनरा की राजधानी था, बहादुर ने अधिकार जमा लिया। इस अवस्था में दक्षिण के स्वामी

१ हाकिम।

ने अपने राज्य के समस्त उच्च पदाधिकारियों को एकत्र किया और यह कहा कि, "महमूद हमारा आश्रय-दाता है। यदि वह न होता तो ख़लजी हमें कष्ट में रखता। बहादुर हमारे राज्य का विद्रोही है। हम गुजरात के सुल्तान से युद्ध नहीं कर सकते अतः हमारे लिये यही उचित है कि हम शीघ्रातिशीघ्र वह कार्य करें जिससे वह हमसे संतुष्ट हो जाय।" सब लोग इस बात पर सहमत हो गये कि उसे (बहादुर को) निकाल दिया जाय और उसके विद्रोह का अन्त कर दिया जाय, अतः सुल्तान उस विद्रोह को शान्त करने के लिये निकल खड़ा हुआ और थोड़े से युद्ध के उपरान्त ही रणक्षेत्र में उसे बन्दी बना लिया तथा उसकी हत्या कर दी। इस घटना की सूचना उसने महमूद को दे दी और क़िवामुलमुल्क वापस चला गया।

## बहादुर के उपद्रव का कारण

बहादुर ने समुद्र तट पर और विशेष रूप से खम्बाया के आसपास उपद्रव मचा रखा था उसका कारण यह था कि ख़्वाजये जहां के समय में एक मलिकुत्तुज्जार[1] था जो बाद में खम्बाया चला गया था। मलिकुत्तुज्जार की एक बड़ी ही रूपवती पुत्री थी। बहादुर ने उसके पिता से यह प्रार्थना की कि वह पुत्री से उसका विवाह कर दे किन्तु उसने स्वीकार न किया। कुछ समय उपरान्त उसकी मृत्यु हो गई। तदुपरान्त बहादुर ने मलिकुत्तुज्जार के वकील ख़्वाजा मुहम्मद को, जिसकी उपाधि ख़य्यात थी, उस पुत्री से विवाह के सम्बन्ध में लिखा। उसने भी टालमटोल की। फिर उसने कई बार इस प्रार्थना की पुनरावृत्ति की किन्तु उन्होंने यह बात स्वीकार न की। इस पर बहादुर ने खम्बाया में एक व्यक्ति इस आशय से भेजा कि वह वकील की हत्या कर दे और पुत्री को उसके पास ले आये। वह व्यक्ति वकील की हत्या में तो सफल हो गया किन्तु पुत्री पर कोई अधिकार प्राप्त न कर सका। वह एक नौका पर बैठ गया और इस भय से भाग गया कि कहीं वह पकड़ न लिया जाय। इसी सम्बन्ध में वह सब हुआ जिसका उल्लेख किया गया।

## बहाउद्दीन उलुग़ खां का विद्रोह

८९७ हि० (१४९१-९२ ई०) में उसे अमीर कबीर बहाउद्दीन उलुग़ खां बिन अलाउलमुल्क (३४) उलुग़ खां सोहराब के सम्बन्ध में यह समाचार प्राप्त हुए कि उसका व्यवहार प्रजा के प्रति अच्छा नहीं है। यह समाचार पाकर उसने उसके प्रदेश की सीमा की ओर प्रस्थान किया। उलुग़ खां उसके भय से भाग खड़ा हुआ। सुल्तान ने शरफ़ जहां को उसे प्रोत्साहन देने तथा उसे वापस लाने के उद्देश्य से भेजा। उलुग़ खां ने उसकी बात स्वीकार न की और अपनी समस्त सम्पत्ति उसके सिपुर्द कर दी। वह स्वयं ग़यासुद्दीन ख़लजी के पास चला गया किन्तु उसे वहां स्वीकार न किया गया कारण कि उसका पिता सोहराब ग़यासुद्दीन के पिता महमूद के प्रति इसके पूर्व इसी प्रकार विश्वासघात कर चुका था। उलुग़ खां उसे छोड़कर सुल्तानपुर पहुंचा। वहां अज़ीज़ुलमुल्क शेखन सुल्तानी नियुक्त था जो ख़ुशामद के नाम से प्रसिद्ध था। उसने उसे घेर लिया। जब उसकी सहायतार्थ क़ाज़ी बरा इसहाक़ पहुंचा तो बहाउद्दीन उलुग़ खां मुर्ग़ दर्रा के पर्वत में प्रविष्ट हो गया और वहां के हाकिम राय धावजी से शरण की याचना की। क़ाज़ी बरा ने तरकीरा क़स्बे तक उसका पीछा किया। धावजी ने बहाउद्दीन की सहायता के कारण क़ाज़ी का विरोध किया। इस युद्ध में मशायख़ बिन क़ाज़ी बरा तथा उसके साथ एक स [illegible] मारा गया। बहाउद्दीन इस

१ मुख्य व्यापारी।

युद्ध से बचकर निकल गया। तदुपरान्त उसने सुल्तान से क्षमा-याचना की। सुल्तान ने उसे क्षमा कर दिया और उसके साथ विशेष व्यवहार किया कारण कि उलुग़ ख़ां के पिता ने उसके भाई के साथ विशेष रूप से स्वामिभक्ति प्रदर्शित की थी। एक मास उपरान्त उसने साहिबे अर्ज़[1] की हत्या कर दी। इस पर सुल्तान ने उसे बन्दी बना लिया। फिर वह रुग्ण हो गया और ९०१ हि० (१४९५–९६ ई०) में उसकी मृत्यु हो गई।

## सुल्तान का आसीर की ओर प्रस्थान

९०४ हि० (१४९८–९९ ई०) में सुल्तान ने आसीर बुरहानपुर पर चढ़ाई की। उसका कारण यह था कि उसका स्वामी प्रत्येक वर्ष ख़राज अदा किया करता था। इस वर्ष ख़राज में विलम्ब हो गया। जब उसने ब्यास नदी पर पड़ाव किया तो वहां का वकील पहुंच गया। वहां से सुल्तान भांबीर और देरपाल की ओर मुड़ गया। यह दोनों निज़ामुलमुल्क ऐसन सुल्तानी ने विजय कर लिये थे।

## नासिरुद्दीन को दंड देने का संकल्प

९०६ हि० (१५०० ई०) में उसकी सेना का अग्रिम भाग मान्दू की ओर रवाना हुआ कारण कि यह प्रसिद्ध हो चुका था कि नासिरुद्दीन ख़लजी ने अपने पिता को विष दे दिया है। इस अभियान से सुल्तान का उद्देश्य यह था कि वह उसे दंड दे। वह उसके राज्य पर अधिकार जमाना नहीं चाहता था। जिस समय वह प्रस्थान करने की योजना बना रहा था, नासिरुद्दीन की ओर से निरन्तर राजदूत आने लगे और यह निवेदन करने लगे कि नासिरुद्दीन का कोई अपराध नहीं है। सुल्तान ने नासिरुद्दीन को दंड देने का विचार त्याग दिया।

## सैयिद मुहम्मद जौनपुरी

'मिरआते सिकन्दरी' में सैयिद मुहम्मद जौनपुरी के सम्बन्ध में जिनकी उपाधि महदी थी, यह लिखा है कि सुल्तान महमूद बिन मुहम्मद के राज्यकाल के अन्त में वह अहमदाबाद पहुंचे और ताज ख़ां बिन सालार की मस्जिद में, जो जमालपुर द्वार के समीप है, ठहरे। ज़िक्र[2] वाज़[3] तथा प्रभाव में उन्हें प्रसिद्धि प्राप्त हो गई। लोग उनके पास एकत्र होने लगे। उनके अनुयायियों की संख्या बहुत अधिक हो गई। उन्होंने अपने आगमन के प्रारम्भिक काल में महदी होने का दावा नहीं किया था। जब उनके विषय में, शाह शेख़ जियु बिन (पुत्र) सैयिद महमूद, बिन क़ुतुबुल आरेफ़ीन सैयिद बुरहानुद्दीन क़ुतुबुल आलम ने (३५) सुना तो वे उनसे भेंट करने के लिये गये और उनसे हाथ मिलाकर बैठ गये। तदुपरान्त जौनपुरी ने क़ुरान की एक आयत[4] पढ़ी। इसी प्रकार एक आयत जो उसी के अनुकूल थी, शेख़ जियु ने पढ़ी। फिर तीन बार दोनों ओर से इसी प्रकार आयतें पढ़ी गईं। इसके अतिरिक्त उन लोगों ने कोई वार्ता नहीं की। तदुपरान्त मौलाना (शेख़ जियु) उनसे विदा होकर चल दिये। उनके पास से जैसे ही वह बाहर आये तो उनके कुछ साथियों ने सैयिद के विषय में उनसे प्रश्न किया। उन्होंने उत्तर दिया कि "यह साहिबे

१ सम्भवतः आरिज़े ममालिक जो सेना की भरती तथा उसका निरीक्षण करता था।
२ ईश्वर के नाम का स्मरण, जाप।
३ धार्मिक प्रवचन।
४ वाक्य।

हाल[1] व्यक्ति हैं। साधारण लोगों से ऐसी वार्त्ता करते हैं जो विशेष लोगों के अनुकूल होती है। वे इस उदाहरण पर आचरण नहीं करते कि लोगों से उनकी बुद्धि के अनुसार वार्त्ता की जाय। उनको देखते हुए यह समझा जाता है कि उनके अनुयायी उनके उपरान्त कोई उपद्रव खड़ा करेंगे।"

मैं कहता हूं कि उन्होंने जैसा संकेत किया था वैसा ही हुआ क्योंकि उनके अनुयायियों ने उनके उपरान्त उनके महदी होने के सम्बन्ध में बड़ी अतिशयोक्ति से काम लिया। जो उन्हें महदी स्वीकार न करता था उसे वे काफ़िर कहते और उसकी हत्या को उचित समझते थे। हिन्दुस्तान का कोई भी भाग उनसे रिक्त न था। उन्होंने यहां के निवासियों में से बहुत से लोगों को अपनी ओर आकर्षित कर लिया था। मैंने यह नहीं कहा है कि उनके अनुयायी जाहिल ही थे अपितु उनका छल इस सीमा से भी बढ़ गया था और बुद्धिमान् लोग उसका शिकार हो गये थे।

जब उनका धर्म उन्नति कर गया और अमीरों तथा सेना वालों ने भी उसे स्वीकार कर लिया तो उनके ऐश्वर्य तथा वैभव में वृद्धि हो गई। वे लोग अपने धर्म के प्रचार में अद्वितीय थे। उनका साहस इस सीमा तक बढ़ गया था कि जो लोग उन्हें स्वीकार न करते थे उनकी वे हत्या करा देते थे, विशेष रूप से इस्लाम के आलिमों तथा शरीअत का साथ देने वालों पर तो वे हाथ साफ़ करते थे। उनमें का एक अकेला व्यक्ति अपने धर्म के प्रचार तथा उसकी सहायता में एक समूह का मुक़ाबला कर सकता था। वे प्राण त्याग देना ईश्वर के समीप पहुंच जाने का साधन समझते थे। वे बिना किसी संकोच के ऐसे स्थानों में प्रविष्ट हो जाते थे जहां विनाश उनके सामने होता था। वे लोग इस्माईली फ़िदाईयों की भांति थे।

सुल्तान मसऊद महमूद बिन लतीफ़ बिन मुज़फ़्फ़र के राज्यकाल में जब इस समूह का उपद्रव गुजरात में अत्यधिक बढ़ गया तो वह उन्हें निकाल बाहर करने की ओर ध्यान देने लगा और उसने उन्हें बड़ी कठोरता से कुचला। यहां तक कि उस क्षेत्र से उस समूह का अन्त हो जाने वाला ही था कि कुछ समय उपरान्त यह दुर्घटना हुई कि सुल्तान की हत्या कर दी गई। वे लोग इसे अपना चमत्कार समझते थे और वे इसका बराबर प्रचार करते रहे।

जिस समय शेर खां बिन ऐनुलमुल्क पौलादी अमीर तथा मुज़फ़्फ़र बिन महमूद सुल्तान था, उस समय उनके (महदवियों के) धर्म का एक शेख़[2] था जो नहरवाला पटन में निवास करता था। वह स्वयं मार्ग-भ्रष्ट था और अन्य लोगों को मार्ग-भ्रष्ट करता था। उसका नाम रशीद था। अकबर के राज्यकाल में जो दुर्घटनाएं हुईं उनके प्रारम्भ में उन लोगों के साथ जो वहां से भागकर निकल गये थे, यह भी गुजरात में किसी ओर चला गया। गुजरात में उस समय ख़ाने आज़म अज़ीज़ कोका की ओर से जो उस समय नायबुस्सल्तनत था, अमीर अमीन संजर नियुक्त था। उसे नायबुस्सल्तनत संजर खां की उपाधि प्राप्त थी। अमीर संजर ने उन लोगों को अपना साधन बनाया जो उसके पास पहुंच सकते थे और उसका संदेश पहुंचा सकते थे। संजर ने भी उसी धूर्तता से काम लिया जो महदवियों के शेख़ के स्वभाव में घुसी हुई थी और उसने यह प्रसिद्ध कर दिया कि वह उन लोगों के धर्म की ओर आकृष्ट है। उसने इस बात का पूर्ण प्रयत्न किया कि वह उनके शेख़ को अपने पास इस बहाने से बुलवा ले कि वह उसका मुरीद[3] होना चाहता है। बहुत प्रयत्न के उपरान्त उसने इसे स्वीकार कर लिया और अपने सहायकों

१ सन्त।
२ नेता।
३ चेला।

सहित संजर ख़ां के पास पहुंचा। संजर ख़ां ने उसकी दावत का प्रबन्ध किया। संसार में यह उसका (३६) अन्तिम भोजन था। जब दोनों एकत्र हुए तो संजर ख़ां ने उससे उसके धर्म तथा धर्म के संस्थापक के विषय में प्रश्न किये। (रशीद) क्योंकि उसकी ओर से संतुष्ट था अतः उसने अपने हृदय की सब बातें उसे बता दीं। संजर ख़ां ने जब तक कि वे लोग भोजन से निवृत्त हो न चुके, कुछ न कहा। तदुपरान्त उसने उसकी तथा उसके साथियों की हत्या करा दी। उसके पुत्र मुस्तफ़ा को छोड़ दिया और उसे बन्दी बनाकर नायब के पास भेज दिया। उसके उपरान्त अकबर के राज्यकाल में कोई भी व्यक्ति इस धर्म का शेख़[1] बनने के लिये तैयार न हुआ।

सैयिद मुहम्मद, जिनका उल्लेख ऊपर किया गया है, बराबर अहमदाबाद ही में रहे, यहां तक कि एक बार उन्होंने उन लोगों से जो उनके पास उपस्थित थे यह कहा कि, "यदि तुम ईश्वर के दर्शन करना चाहते हो तो मैं तुम्हें तुम्हारे मुख की इन्हीं आँखों से ईश्वर के दर्शन करा सकता हूं।" आलिमों को जब यह समाचार प्राप्त हुए तो वे इस समस्या पर वादविवाद करने लगे। उन्होंने सैयिद मुहम्मद की हत्या करा देने का आदेश दिया, केवल मुहम्मद ताज जो उस काल के बहुत बड़े आलिम तथा नगर के गुरु समझे जाते थे, इस बात से सहमत न हुए और अन्य आलिमों पर क्रोध करते हुए उन्होंने यह कहा कि, "क्या तुमने फ़तवा[2] देने का ज्ञान इस कारण प्राप्त किया है कि इस सैयिद की हत्या के विषय में फ़तवा दो?"

सुल्तान महमूद की उनसे भेंट करने की कई बार इच्छा हुई किन्तु राज्य के उच्च पदाधिकारियों ने निवेदन किया कि "सुल्तान उनसे भेंट न करें" और सुल्तान को उन्होंने उसके इस इरादे से रोके रक्खा। इसका कारण यह था कि सैयिद मुहम्मद में, जिन्होंने महदी होने का दावा किया था, कुछ ऐसा आकर्षण था कि उन लोगों को, जो उनसे भेंट करते थे अपनी ओर आकृष्ट कर लेते थे और वे इस बात पर तैयार हो जाते थे कि संसार का त्याग कर एकान्तवास ग्रहण कर लें।

एक बार एक व्यक्ति, जो किसी स्त्री पर आसक्त था और जिसने रात्रि में उससे भेंट की थी किन्तु वहां से बड़े ही क्रोध की दशा में तलवार की मूठ पर अपना हाथ रक्खे हुए बाहर निकला था, अपने घर की ओर जा रहा था। प्रातः हो चुकी थी। वह नदी की ओर रवाना हुआ। वहां उसने सैयिद मुहम्मद तथा उनके साथियों को जल पर पाया। उसने सैयिद से प्रश्न किया कि, "आपको जल की क्या आवश्यकता है?" सैयिद ने उत्तर दिया कि, "जो व्यक्ति अपनी प्रियतमा के कारण क्रोधित होकर निकला है वह इस बात पर विश्वास कर लेगा कि मैं वली[3] हूं और वह मेरे अनुयायियों के समूह में प्रविष्ट हो जायेगा।" यह सुनकर वह व्यक्ति मूर्च्छित हो गया और जब वह सावधान हुआ तो उसने तोबा[4] कर ली और संसार को त्याग दिया।

इसके उपरान्त सैयिद मुहम्मद अहमदाबाद से नहरवाला पटन पहुंचे और वहां से तीन फ़रसख़ पर पड़ाव किया। एक ग्राम में जिसे बज़ली[5] कहा जाता है, उन्होंने दावा किया कि वे "महदी मौऊद"[6]

१ नेता
२ किसी कर्म के उचित अथवा अनुचित होने के सम्बन्ध में मुफ़्ती द्वारा शास्त्र के अनुसार दी गई व्यवस्था।
३ सन्त।
४ घृणित अथवा निंद्य कर्म पुनः न करने के लिये पश्चत्ताप या शपथपूर्वक की गई दृढ़ प्रतिज्ञा।
५ बड़ली।
६ मौऊद।

हैं। सर्वसाधारण में से बहुत बड़े समूह ने उनकी बात स्वीकार कर ली और यह क्रम विशेष व्यक्तियों तक पहुंच गया। अब उनकी हत्या के विषय में फ़तवा लिया गया। तदुपरान्त वे हिन्दुस्तान छोड़कर खुरासान की ओर चले गये और क़ंधार के समीप एक स्थान पर, जो चरख़ के नाम से प्रसिद्ध है, वे लोग जिन्होंने उनकी हत्या की है, उन पर टूट पड़े किन्तु उनके अनुयायी उनकी हत्या के विषय में सहमत नहीं। यह घटना ९१० हि० (१५०४–५ ई०) में घटी। उनकी मृत्यु की तिथि के सम्बन्ध में जो वाक्य कहा गया है वह इस प्रकार है, "अपने दावे में वह झूठा है" और यह भी लिखा गया है कि वह महदी (३७) नहीं है।.......

## फ़िरंगियों से युद्ध

९१३ हि० में हिन्दुस्तान के तट पर फ़िरंगियों के कारण एक बहुत बड़ी दुर्घटना घटी। सुल्तान जिहाद के उद्देश्य से चाम्पानीर की ओर चल खड़ा हुआ और समुद्र तट पर होता हुआ दमन तक पहुंच गया और वहीं पड़ाव किया। उसने मलिक अयाज़ खास सुल्तानी को, जो जूनागढ़ तथा बन्दरदीव का हाकिम था, आदेश दिया कि वह समुद्र के मार्ग से फ़िरंगियों के विरुद्ध युद्ध के लिये तैयार रहे। हिन्दुस्तान वाले इस बन्दरगाह को दीब लिखते हैं किन्तु अरब वाले 'ब' से 'व' कर देते हैं। जब अयाज़ दीव से बाहर निकला तो अमीर हुसेन मिस्री तथा तीन जहाज़ बरश्तीन में पहुंच चुके थे। इन्हें मिस्र के बादशाह क़ानसूआ ग़ोरी ने फ़िरंगियों के विरुद्ध हिन्द सागर तथा हुरमुज़ में भेजा था। उसे भी फ़िरंगियों के विषय में यह समाचार प्राप्त हुए थे कि वे उन दोनों समुद्रों में अशान्ति उत्पन्न किये हुए हैं। अयाज़ ने संतुष्ट होकर उनका स्वागत किया और उनके आगमन के कारण बड़ा प्रसन्न हुआ। उसने उन्हें पूर्ण रूप से प्रोत्साहन दिया। जितनी वह उनकी सहायता कर सकता था उससे अधिक उसने उनकी सहायता की। फिर दोनों चियूल की ओर युद्ध के लिये साथ-साथ चले। अमीर हुसेन, अयाज़ के लिये तलीए[1] के रूप में था। चियूल के तटपर फ़िरंगी दृष्टिगत हुए। उनकी संख्या बहुत अधिक थी किन्तु ईश्वर ने इस्लाम के कलमे को सफलता प्रदान की। तलवार ने बहुत से फ़िरंगियों की हत्या कर दी और उनके कई जहाज़ टूट गये। बहुत से बन्दी बना लिये गये। जो जहाज़ ठीक थे उनमें से बहुत से तलवार से बचकर समुद्र तट पर उतर पड़े। मलिक अयाज़ भी उनके पीछे-पीछे उतर पड़ा। उनमें से सात हज़ार मनुष्यों की हत्या कर दी और इससे भी अधिक बन्दी बना लिये गये। लगभग कुल १०,००० व्यक्ति मारे गये। अमीर हुसेन (३८) के तुर्क सहायक शहीदों की संख्या ४०० थी। मलिक अयाज़ की ओर से ६०० व्यक्ति मारे गये। ईश्वर उनके सम्मान में वृद्धि करे।

अयाज़ ने सुल्तान को इस विजय की सूचना दी और इसे उसके प्रताप का कारण बताते हुए पत्र लिखा। महमूद ने ईश्वर के प्रति कृतज्ञता प्रकट की और बुसी बन्दरगाह की ओर प्रस्थान किया। वहां वह उसके तट पर ठहर गया। अयाज़ भी उसी ओर पहुंचा और अपने जहाज़ का लंगर डाल दिया। जब वह तथा अमीर हुसेन, समुद्र तट पर उतरे तो सुल्तान भी उनके स्वागतार्थ पहुंचा। यह सम्मान जिहाद के कारण प्रदर्शित किया गया था। वह उन दोनों को लेकर शिविर में पहुंचा और उन दोनों के प्रति विशेष कृपादृष्टि प्रदर्शित की। उसने अमीर हुसेन को पूर्ण प्रोत्साहन दिया और यह

१ सेना का अग्र भाग जो शत्रु के विषय में पता लगाने तथा रसद इत्यादि का प्रबन्ध करने के लिये आगे रहता है।

इच्छा प्रकट की कि अमीर हुसेन उसी के पास रहे और उसे महायम से सम्बन्धित स्थान प्रदान करने का वचन दिया। किन्तु उसने यह निवेदन किया कि, "सुल्तान ने मुझे हुरमुज़ के बन्दरगाह के तट की ओर फ़िरंगियों के विनाश हेतु भेजा है। उस कार्य को सम्पन्न कर लेने के उपरान्त मैं आपके आदेश का पालन करूंगा।" सुल्तान अमीर हुसेन के प्रति कृपादृष्टि प्रदर्शित करता रहा और उसे इनाम प्रदान करता रहा, यहां तक कि अमीर हुसेन ने हुरमुज़ की ओर प्रस्थान करने की अनुमति चाही। अमीर ने जो कुछ मांगा सुल्तान ने उसे देकर उसकी सहायता की। यह घटना इसी वर्ष में घटी।

## अबुन् नस्र शम्सुद्दीन, मुज़फ़्फ़र शाह बिन महमूद शाह

(९७) अबुन् नस्र शम्सुद्दीन मुज़फ़्फ़र शाह बिन महमूद ३ रमज़ान ९१७ हि० (२४ नवम्बर १५११ ई०) की रात्रि में सिंहासनारूढ़ हुआ। शुक्रवार के दिन वह राजधानी के द्वार की एक खिड़की में बैठा। समस्त श्रेष्ठ तथा साधारण व्यक्तियों ने अभिवादन किया। उसने अपने पूर्वजों की प्रथानुसार उनके सम्मान में वृद्धि की और उन्हें इनाम प्रदान किये। वह अपने दासों की ओर आकृष्ट हुआ और वे मुलूक हो गये। उन मुलूक के साथ उसने बड़ा ही उत्तम व्यवहार किया।

### ईरान के दूत का आगमन

इसी वर्ष शव्वाल मास[1] में उसने चाम्पानीर की ओर प्रस्थान किया। ईरान का राजदूत वहीं पहुंचा और उसके प्रति सुल्तान ने विशेष कृपादृष्टि प्रदर्शित की।

### ईरानियों तथा मुहम्मद बिन नासिरुद्दीन ख़लजी का युद्ध

इसी वर्ष अमीर ख़्वाजये जहां तवाशी, अपने स्वामी मुहम्मद बिन नासिरुद्दीन ख़लजी को लेकर पहुंचा। इसके विषय में सविस्तार उल्लेख सुल्तान बहादुर शाह के इतिहास में किया जायगा। कुछ अमीरों ने उसका स्वागत किया और मुज़फ़्फ़र ने उसकी सहायता का वचन दिया और जीविकोपार्जन की ओर से उसे निश्चिन्त कर दिया। एक दिन संयोग से मुहम्मद बिन नासिरुद्दीन अहाते में प्रविष्ट (९८) हो गया जहां ईरान का राजदूत ठहरा हुआ था। वह उस समय बड़ा ही रूपवान् युवक था। ईरानी लोग उस पर लट्टू हो गये। लोगों को इस बात का पता चल गया। मुहम्मद बिन नासिरुद्दीन इसे सहन न कर सका। उसने तलवार खींच ली और घोड़े को ठोकर लगाई। ईरानी ५०० की संख्या में थे। जब तलवार चली तो इस कारण कि सभी ईरानी आशिक़ नहीं होते उन्होंने इस रूपवान् का मुक़ाबला कठोरता से किया; इस पर सर्वसाधारण ने उन पर पत्थरों की वर्षा की। जो विशेष लोग वहां उपस्थित थे उन्होंने मुहम्मद बिन नासिरुद्दीन की सहायता की। मुहम्मद ने ईरानियों के एक समूह की हत्या कर दी। यदि नगर का हाकिम उचित रूप से हस्तक्षेप न करता तो वे सब के सब नष्ट हो जाते। तदुपरान्त उन्हें उस अहाते से दाजंकर स्थानान्तरित कर दिया गया किन्तु मुहम्मद बिन नासिरुद्दीन इस घटना की प्रसिद्धि से बड़ा ही लज्जित हुआ। वह इसके कारण सुल्तान की अनुमति बिना ख़्वाजये जहां तवाशी के साथ मन्दू वापस चला गया। उस समय देश वालों में मर्यादा की रक्षा के गुण अत्यधिक पाये

1 शव्वाल ९१७ हि० (दिसम्बर १५११-जनवरी १५१२ ई०)।

जाते थे। उस काल में यदि किसी बिना मूंछ तथा दाढ़ी वाले रूपवान् बालक पर इस प्रकार की दृष्टि पड़ती और उसे इस बात का अनुभव हो जाता कि लोग इसे समझ गये हैं तो वह बड़ी कठिनाई से उसे सहन कर पाता। इसी कारण उनका नियम यह था कि जब तक उनके दाढ़ी मूंछ न हो जातीं, वे संदेह तथा आरोप की घटनाओं से अपनी मर्यादा की रक्षा करते और शृंगार त्याग देते थे। यहां तक कि होंठों के रंगने के लिए पान का भी प्रयोग न करते थे और सुरमा भी न लगाते थे।

## गुजरात के निवासियों का चरित्र

मैं ९९१ हि० (१५८३ ई०) में अमीर कबीर सैफ़ुलमुल्क मिफ़्ताह उलुग़ख़ानी की सेवा में था। वह चांदूर में, जो दकिन के क्षेत्र में एक क़िला है, अमीरुल उमरा बकलर बेग क़ुतुबुद्दीन मुहम्मद ख़ां अल्का से युद्ध हेतु पड़ाव किये हुये था। मैं एक दिन सम्मानित शेख़ मुहम्मद अंबस अरब ख़ां याफ़ई के पास था। वह असद ख़ां इस्माईल चरकस, दक्षिण के सुल्तान मुरतज़ा निज़ाम शाह की ओर से वहां था। उस अवसर पर उस काल के युवकों की चर्चा होने लगी और इस प्रसंग में यह बात निकल आई कि, "गुजरात वाले कितने उत्तम चरित्र के स्वामी हैं।" फिर उसने यह कहा कि, "मैं आले मुज़फ़्फ़र शाह के राज्यकाल में उसके किसी अमीर के पास था। मैं एक युवक को निरन्तर दूसरे सेवकों के साथ घोड़ों की देखभाल करते तथा सवारों के पास जाने की सेवा संपन्न करते हुए देखता था। वह घास भी लाता था और लकड़ियां तथा जल भी। इसके अतिरिक्त अन्य कार्य भी करता था। फिर एक दिन मैंने उस बालक को देखा कि वह बड़े ही उत्तम वस्त्र धारण किये हुए एक सुन्दर घोड़े पर सवार जा रहा है। उसके साथ बहुत से आदमियों की एक सेना थी। उसके सामने बहुत से कोतल घोड़े थे। मुझे उसके विषय में बड़ा आश्चर्य हुआ। मैं अपने नेत्रों के निर्णय को अस्वीकार न कर सकता था। मैंने उसके विषय में लोगों से पूछा। मुझे यह बताया गया कि "यह उसी अमीर का पुत्र है जिसका तू सेवक है।" मैंने कहा कि "यह क्या बात है? कल वह उस वस्त्र में था और आज इस वस्त्र में है।" तो उसने उत्तर दिया कि "इस देश में बालकों के पालन-पोषण के विषय में यही प्रथा है। वे अपने संबंधियों तथा बालकों से हर प्रकार की सेवा लेते (९९) हैं, यहां तक कि जब उन में से कोई प्रौढ़ हो जाता है और वह समस्त प्रकार की सेवायें करता रहता है तो उसका पिता अथवा चाचा उसी के किसी सम्बन्धी की पुत्री से उसका विवाह कर देता है। तदुपरान्त उसकी वेश भूषा में परिवर्तन हो जाता है और उसका सम्मान बढ़ा दिया जाता है। यह वही बालक है। इसने कल अपने चाचा की पुत्री के साथ विवाह की प्रथम रात्रि व्यतीत की है। अब वह इस दशा में है जो तुम देख रहे हो।" फिर उसने उनके चरित्र के विषय में एक-एक बात बतानी प्रारम्भ कर दी और यहां तक कहा कि "बिना मूंछ दाढ़ी के युवक सुर्मा नहीं लगाते थे और यदि पान खाते भी थे तो अपने होठों को लाल नहीं होने देते थे और न किसी अनजान व्यक्ति के साथ मिलते जुलते और न किसी अधिक आयु वाले व्यक्ति के साथ रहते थे। वे पर्दे में रहने वाली स्त्रियों से भी सेवा नहीं कराते थे। इस प्रकार वे अपनी वासनाओं की रक्षा करते तथा अपनी मर्यादा को सुरक्षित रखते थे। पहले के युवकों की यही दशा थी किन्तु अब इस संस्कृति तथा सभ्यता का अन्त हो चुका है और वे लोग समाप्त हो चुके हैं।"

## राय भीम पर आक्रमण

९१८ हि० (१५१२-१३ ई०) में सुल्तान ने मन्दू के हाकिम खलजी की सहायतार्थ खोदरा पर उन काफ़िरों के विरुद्ध जिन्होंने उसे अपने अधिकार में कर लिया था चढ़ाई की। उसे इस दुर्घटना

के भी समाचार मिल गये जो ईदर के हाकिम राय भीम बिन राय भान द्वारा घटित हुई थी, अतः वह महरासा की ओर लौट गया और उसके विरुद्ध सेना भेज दी। राय, बीजानगर की ओर पराजित होकर चल दिया, उसके राज्य के विभिन्न स्थान नष्ट कर दिये गये।

## राय भीम द्वारा ऐनुलमुल्क फ़ौलादी की पराजय

इस दुर्घटना का सविस्तार उल्लेख इस प्रकार है कि ऐनुलमुल्क फ़ौलादी ने नहरवाला से निकल कर चाम्पानीर पर चढ़ाई की। उसे मार्ग में यह समाचार प्राप्त हुए कि राय भीम सहबर[1] नदी के आस-पास के स्थानों को नष्ट-भ्रष्ट कर रहा है। अतः वह उसकी ओर मुड़ पड़ा। ईदर के निकट महरका नामक एक ग्राम था। वह उसकी ओर बढ़ा और उसने उस प्रदेश को नष्ट-भ्रष्ट कर डाला। वहां के निवासियों की हत्या कर दी और घरों को जला डाला। राय भीम एक बहुत बड़ी सेना सहित उसके मुक़ाबले के लिए पहुंच गया। ऐनुलमुल्क मुक़ाबले के लिए संख्या की कमी के बावजूद डट गया और उससे युद्ध किया। उसके भाई अब्दुल मलिक तथा उसके साथियों में से एक बहुत बड़े समूह की हत्या हो गई। वह स्वयं शहीद होने की अभिलाषा कर रहा था और इसके लिए उसने प्रयत्न भी किया। (१००) उसके हाथों से मुशरिकों की बहुत ब़ड़ी संख्या नष्ट हो गई किन्तु जब मनुष्य की मृत्यु का समय आ जाता है तभी वह मरता है। फिर रात्रि में उन दोनों को पृथक् कर दिया। राय, ईदर की ओर वापस चला गया।

## सुल्तान की राय से संधि

९१९ हि० (१५१३–१४ ई०) में सुल्तान ईदर पर टूट पड़ा और उसने उसे जला डाला। उसने राय भीम को नष्ट-भ्रष्ट करने का संकल्प कर लिया। जब राय भीम ने दीनता प्रकट की और हाथी इत्यादि जो उस युद्ध में नष्ट हो गये थे उनका बदला चुकाने का वचन दे दिया तो सुल्तान, क्योंकि उसे ख़लजी की चिंता थी, उसे छोड़ कर खोदरा लौट गया और चाम्पानीर में अपने पुत्र सिकन्दर शाह को अपना उत्तराधिकारी बनाया। फिर क़ैसर खां, महेन्द्री नदी को पार करके देवला की ओर अग्रसर हुआ और सुल्तान उसके पीछे पीछे चला। सफ़दर खां ने घाटी पर, सेना के शिविर की रक्षा हेतु पड़ाव डाल दिया।

## सुल्तान का मालवा की ओर प्रस्थान

जब धार के मुक़द्दम पीर खोखारी[2] ने नदी पर सुल्तान के पड़ाव के समाचार सुने तो उसने अपने पुत्र खिज्र को आज्ञाकारिता प्रदर्शित करने के लिए भेजा। सुल्तान ने उसे अपने से निकट किया और उस पर कृपा-दृष्टि करके उसके सम्मान को बढ़ाया और उसे वापस चले जाने की अनुमति दे दी। अमीरों में उसके साथ क़िवामुलमुल्क सारंग, इख़्तियारुलमुल्क बिन एमादुलमुल्क बहा नेकबख़्त, और क़ुतुलुग़ खां थे। फिर उसे यह समाचार प्राप्त हुये कि मुहम्मद बिन नासिरुद्दीन देहली की सेना सहित चन्देरी पहुंच गया है और महमूद उसका मुक़ाबला करने के लिये चन्देरी तथा देवला के मध्य में थोड़े से दिनों की यात्रा की दूरी पर है। सुल्तान ने अपने अमीरों से कहा कि, "मैंने यह यात्रा महमूद की सहायतार्थ और काफ़िरों के विरुद्ध जिन्होंने महमूद पर प्रभुत्व प्राप्त कर लिया था प्रारम्भ की थी और मैंने वचन दिया था कि

१ सांभर।
२ यह नाम स्पष्ट नहीं है।

दोनों भाइयों में संधि करा दूँगा। क्योंकि देहली से उसने सहायता प्राप्त कर ली है अतः हमें इस विषय में कष्ट करने की आवश्यकता नहीं।" उसने उन समस्त अमीरों को जो ख़िज्र के साथ आये थे वापस जाने की अनुमति दे दी।

उसने स्वयं १२ हज़ार अश्वारोहियों तथा १०० हाथियों सहित मौलाना शेख अब्दुल्लाह तथा मालवा के मौलाना शेख कमाल के दर्शनार्थ प्रस्थान किया। ये दोनों बहुत बड़े संत थे और उनके दर्शन दोनों लोकों में समृद्धि के साधन थे। वह धार के हौज़ पर जुहर की नमाज के समय[1] पहुंच गया। वह वहां महल में उतरा और थोड़ी देर विश्राम किया। तदुपरान्त सवार होकर दोनों संतों के दर्शन किये। उनकी महान् (आध्यात्मिक) शक्ति से सहायता की याचना की और वहां न्योछावर प्रदान की और अपने महल में वापस आ गया और रात्रि वहीं व्यतीत की। तदुपरान्त वह प्रातःकाल उस आहूख़ाने में, जिसे ग़यासुद्दीन ख़लजी ने बनवाया था, गया और वहां जो नई नई चीज़ें बनवाई थीं, उन पर आश्चर्य करता रहा। तीसरे दिन वह अपनी सेना के शिविर में वापस चला आया और वहां से अपनी राजधानी को चल दिया।

इतिहासकार हुसाम ख़ां ने "तारीखे बहादुरशाही" में लिखा है कि "मैं उन लोगों में से था जो सुल्तान के साथ, जब वह धार पहुंचा, उपस्थित थे और वहां उसने रात्रि व्यतीत की।" उसने कहा कि, "जब सुबह हुई तो उसने निज़ामुलमुल्क सुल्तानी, रज़ी-उल-मुल्क सुल्तानी, इख़्तियारुलमुल्क, मलिक चमन, मुहाफ़िज़ुलमुल्क तथा सैफ़ ख़ां को आदेश दिया कि वे दिलावरा तथा आहूख़ाने की जो धार में है सैर हेतु चले जायं और उस भवन का निरीक्षण करें जिसे ख़लजी ने उन दोनों स्थानों पर बनवाया था। कोई भी (१०१) व्यक्ति ऐसे भवनों का बड़ी कठिनाई से ही पता दे सकता है जो उनके समान सुन्दर हों और उनका प्रबन्ध ठीक हो। उसकी जिस वस्तु की ओर दृष्टि पड़ती थी वह अत्यन्त ही पूर्ण दृष्टिगत होती थी। उसने फिर आदेश दिया कि 'तुम सब दिन के अंतिम भाग तक वहां अवश्य लौट आना।' जब वे सब दिलावरा की ओर रवाना हुए तो सुल्तान ने धार की ओर प्रस्थान किया और आहूख़ाने में प्रविष्ट हुआ। उसने वहां के सम्बन्ध में समस्त सूचनायें प्राप्त कर लीं और वापस चला गया। उन लोगों के वापस होने में जब देर हो गई तो वह उनके पीछे दिलावरा की ओर सवार होकर पहुंचा, वहां से उसे वे लोग न मिले। उसने उनके सम्बन्ध में समाचार प्राप्त कराये। उलुग़ ख़ां ने उसे उत्तर दिया कि 'निज़ामुल-मुल्क का भाई नालचा में है। उसका नाम राय सिंघ है। संभवतः निज़ामुलमुल्क ने उससे भेंट की इच्छा प्रकट की हो और सब लोग नालचा चले गये हों।' दिलावरा में भ्रमण के उपरान्त सुल्तान अपने निवास-स्थान पर धार वापस चला आया। सायंकाल सुल्तान को उस विजय के समाचार मिले जो निज़ामुलमुल्क तथा उसके साथियों को प्राप्त हुई थी और उसे सूचना दी गई कि वे सब आ गये हैं। जब वे सब उसकी सेवा में उपस्थित हुए तो सुल्तान ने उनसे सब हाल पूछा। निज़ामुलमुल्क ने निवेदन किया कि, 'जब मैं नालचा की ओर प्रस्थान करने के उद्देश्य से रवाना हुआ तो क़िले की सेना ने एक समूह मेरे लिए भेजा। वे सब मेरा पीछा करने के लिए क़िले से उतरे। जब वे सब मेरे पास पहुंच गये तो मैंने उनसे युद्ध किया और ४० से अधिक मनुष्यों की हत्या कर दी। वे सब भाग खड़े हुए और मुझे विजय प्राप्त हो गई।' सुल्तान ने उसके इस साहस पर उसको बुरा-भला कहा और यह कहा कि 'यह बात स्वाभाविक है कि अधिक संख्या को अल्प संख्या पर विजय प्राप्त हो जाती है किन्तु यदि अल्प संख्या को अधिक संख्या

१ मध्याह्नोत्तर में।

पर विजय प्राप्त हो जाय तो यह बात ईश्वर के आदेशानुसार होगी, अतः तुम अब ऐसी बात पुनः न कहना............।''

## सुल्तान द्वारा भारमल की सहायता

९२१ हि० (१५१५-१६ ई०) में राय भीम बिन राय भान की मृत्यु हो गई। उसका पुत्र भारमल बिन भीम उसके स्थान पर सिंहासनारूढ़ हुआ। उसके चाचा के पुत्र राय मल बिन सूरज मल ने चित्तौड़ तथा मेवाड़ के हाकिम राय सांगा की सहायता से उस पर आक्रमण किया। राय सांगा, राय मल का ससुर था। सुल्तान अहमदनगर की ओर रवाना हुआ। भारमल निज़ामुलमुल्क सुल्तानी के साथ (सुल्तान की सेवा में) उपस्थित हुआ। सुल्तान ने उसकी सहायता का आदेश दिया। सुल्तान नहरवाला की ओर थोड़े से सैनिकों के साथ रवाना हुआ और वहां से वापस हुआ। उसने निज़ामुलमुल्क को अहमदनगर की हुकूमत सौंप दी और राय भारमल की सहायता करने के लिए उसे आदेश दिया। वह स्वयं चाम्पानीर लौट आया। निज़ामुलमुल्क ने राय मल से युद्ध हेतु प्रस्थान किया और उसे राज्य के बाहर निकाल दिया तथा भारमल को राजधानी ईदर में नियुक्त कर दिया और उसके साथ वहां पर (१०२) पड़ाव किया, किन्तु जब वह फ़ालिज के रोग में ग्रस्त हो गया तो उसने सुल्तान को इस विषय में सूचना दी और अपने सम्बन्ध में उसने ईश्वर से प्रार्थना करने का आग्रह करते हुए यह निवेदन किया कि, ''मेरे स्थान पर कोई अन्य अमीर भेज दिया जाय।'' तदुपरान्त नुसरतुलमुल्क भीलम अहमदनगर पहुंचा और निज़ामुलमुल्क से मिल गया। उसने ईदर में ज़हीरुद्दीन को १०० अश्वारोहियों सहित नियुक्त कर दिया। इस पर राय मल ने सहस्रों अश्वारोहियों तथा पदातियों सहित वहां आक्रमण कर दिया। ज़हीर उससे युद्ध करने के लिये बीजानगर की ओर बढ़ा और पदातियों के केन्द्र पर दृढ़ रह कर उससे युद्ध किया। राय मल ने निरन्तर इस बात का प्रयत्न किया कि वह उनके पांव उखाड़ दे किन्तु उसे इसमें सफलता न हुई। ज़हीर दिन भर उससे युद्ध करता रहा। उसके दो चाचा तथा २० पदाती मारे गये। राय मल के समाचार अहमदनगर में प्रसारित हो गये। नुसरतुलमुल्क उससे युद्ध के लिए सवार हो गया और जैसा कि इस लोकोक्ति में कहा गया कि, ''जल्दी करने वाले को पक्षी के पंख मिल जाते हैं'' वही सिद्ध हुआ। वह सायंकाल ईदर में पहुंच गया। उसके उस ओर रवाना होने से ज़हीर तथा राय मल में दूरी हो गई। ज़हीर, ईदर लौट गया। निज़ामुलमुल्क चाम्पानीर के हाकिम राणा पताई का पुत्र था।

## मालवा के सुल्तान का गुजरात पहुंचना

उसी वर्ष में राय मेदिनी पुरबिया ने सुल्तान अलाउद्दीन महमूद खलजी पर प्रभुत्व प्राप्त कर लिया। अतः वह वहां से पलायन कर के भकूर पहुंचा। भकूर दहयूर के अधीन है और वहां से १० कोस पर स्थित है। बहादुर के इतिहास के सम्बन्ध में इसका उल्लेख किया जायेगा।

संक्षेप में यह घटना इस प्रकार है कि जब मन्दू के अमीर उसके तथा उसके भाई के मध्य में शत्रुता का कारण बन गये तो महमूद राय मेदिनी का आश्रय लेने लगा। प्रारम्भ में तो वह जो चाहता था वही हुआ, फिर राय ने प्रभुत्व प्राप्त कर लिया और उसका अधिकार यहां तक बढ़ गया कि उस प्रदेश को उसने इस्लामी सेना तथा उसके सरदारों से रिक्त करा दिया। महमूद बड़ी अल्प संख्या के साथ वहां र गया। उसे यह भय हुआ कि वह उसके साथ वहां नष्ट हो जायगा। तदुपरान्त उसने एक काफ़िर से जिस पर

उसे भरोसा था और जिसका नाम किश्ना[1] था गुप्त रूप से यह कहा कि "मेरे लिए दो घोड़े तैयार कर और जब मैं मांगूं तो तू उन्हें ले आना।" वह एक दिन शिकार के लिए सवार हुआ। राय की सेना बकलोना में थी। वह दूर तक चला गया और रात्रि में अपने शिविर में वापस आया। जब लोग सो गये तो किश्ना दोनों घोड़े ले आया। एक घोड़े पर वह स्वयं सवार हुआ और दूसरे पर उसकी पत्नी सवार हुई। किश्ना, जो मार्गदर्शक था, अपने घोड़े पर सवार हुआ और वे बड़ी तेज़ी से यात्रा करते हुए भकूर पहुंच गये और एक वृक्ष के नीचे उन्होंने पड़ाव किया। उस गांव के आमिल[2] को इसका पता चल गया। उसने इस विषय में अपने स्वामी क़ैसर खां को लिख भेजा। वह चाम्पानीर में था। वह स्वयं ख़लजी की सेवा में उपस्थित हुआ और उसे एक उचित स्थान पर उतारा। क़ैसर खां ने उसके समाचार सुल्तान को भेजे। सुल्तान ने उसे आदेश दिया कि, "सल्तनत के भण्डार[3] में से वह समस्त सामग्री जिसकी उसे आवश्यकता हो और जो उसके योग्य हो उसके पास पहुंचा दी जाय। और तू स्वयं ख़लजी के पास जा।" उसने ऐसा ही किया। सुल्तान ने पेशरव खा को आदेश दिया कि वह भकूर की ओर बढ़े और उसके लिए तथा ख़लजी के लिए बराबर से ख़ेमे लगवाये। उसने वज़ीर मज्दुद्दीन मुहम्मद मसनदे आली ख़ुदावन्द खां लायजी को (१०३) आदेश दिया कि "तुम उसकी ओर अमीर[4] सामान सहित जाओ और यह वस्तुयें ले जाओ। उसकी अश्वशाला के लिए एक हज़ार घोड़े, १०० हाथी, २०० ऊंट, चत्र, पताका, नक़्क़ारा, नक़द धन, बहुमूल्य वस्त्र, तांबे तथा चीनी के वस्त्र, अस्त्र-शस्त्र, गाड़ियां तथा समस्त आवश्यक वस्तुयें हों।"

## मालवा के सुल्तान से सुल्तान की भेंट

९२३ हि० (१५१७-१८ ई०) में सुल्तान चाम्पानीर की ओर रवाना हुआ। और एक पड़ाव से दूसरे पड़ाव को पार करता हुआ भकूर पहुंच गया। ख़लजी उससे भेंट करने के लिए सवार होकर गया। उसके साथ सल्तनत के अमीर तथा सरदार भी थे। दोनों ने घोड़ों पर बैठे बैठे ही आलिंगन किया और ख़लजी के शिविर की ओर चले। मुज़फ्फ़र ने भी उसी के पास पड़ाव किया और उसके आगमन पर कृतज्ञता प्रकट की और उसके हृदय को संतुष्ट किया।

## सुल्तान का ख़लजी के साथ मालवा की ओर प्रस्थान

ख़लजी के लिए भोजन आया। जब वह भोजन कर चुका तो सुल्तान उससे विदा हुआ और अपने शिविर की ओर सवार होकर गया। अपने अमीरों के एक समूह को उसकी सेवा में छोड़ गया। फिर दोनों पुनः एकत्र हुये और मन्दू के चारों ओर से कुफ़्र के समूलोच्छेदन का प्रयत्न करने लगे। वे पुनः तीसरी बार घोड़ों की पीठ पर सवार हुए और फिर दोनों साथ-साथ देवला चले। तदुपरान्त वे धार की ओर रवाना हुए। राय मेदिनी को जब यह समाचार प्राप्त हुए कि ख़लजी मुज़फ़्फ़र के पास चला गया है तो उसने अपने साथियों से कहा कि, "मुझे इसी का भय था। मैं तुम्हें उसको संतुष्ट रखने के लिए जो कहा करता था तो वह इसी दिन से बचने के लिए था। तुम अन्त में इसी में गिर पड़े। अब तुम्हारा क्या मत है? मुज़फ़्फ़र हमारे समीप आ गया है।" उन्होंने एक दूसरे के विरुद्ध मत प्रकट किये। राय ने

१ कृष्णा।
२ ग्राम में भूमि-कर वसूल करने वाला।
३ ज़ख़ीरे।
४ वह अधिकारी जो शाही असबाब का प्रबन्ध करता था।

उनसे कहा कि "अब तुम क़िले की रक्षा करो, मैं रणक्षेत्र की देखभाल करूंगा।" उसने १२,००० अश्वारोही छांट लिये और क़िले के समीप के स्थानों की ओर चल दिया। जब उसे यह समाचार प्राप्त हुए कि देवला में मुज़फ़्फ़र पड़ाव किये है तो उसके संकल्प में कमज़ोरी आ गई और वह नगर की ओर वापस चला गया। फिर उसने (अपने अधिकारियों से) यह कहा कि, "युद्ध करना संभव नहीं। अब केवल यही उपाय है कि चित्तौड़ का हाकिम राय सांगा आ जाय, अतः तुम लोग मेरी ओर से ४० दिन तक पर्वत के क़िले की रक्षा करो। मैं उसके पास जाता हूं और उसे लेकर आता हूं।" वह उन सब से विदा हुआ और उन सबने अपने उद्देश्य की पूर्ति हेतु प्रस्थान किया। तदुपरान्त सुल्तान ने धार से प्रस्थान किया और क़िले का अवरोध कर लिया। एमादुलमुल्क, खुशक़दम क़िले के द्वार के समक्ष उतर पड़ा। एक दिन एक सेना जिसमें केवल चुने हुए लोग थे (क़िले से) इस बात पर तैयार होकर निकली कि एमादुलमुल्क की हत्या कर दी जाय। वह बड़ा ही सावधान तथा सचेत रहने वाला व्यक्ति था। उसने सेना पर आक्रमण कर दिया और उसमें से बहुत बड़े समूह की हत्या कर दी। शेष लोग भाग गये।

## क़िले वालों द्वारा संधि का प्रयत्न

उनमें से कुछ लोगों ने तलवारें छोड़कर धूर्तता का आश्रय लिया और क़िले को सौंप देने के लिए अपनी सुरक्षा के विषय में प्रार्थना की। इस संबन्ध में कुछ दिनों तक लोग आते-जाते रहे फिर उन लोगों ने अपनी संपत्ति के लिए रक्षा की प्रार्थना की। जब उसे भी स्वीकार कर लिया गया तो फिर उससे भेंट करने के लिए अवकाश मांगा गया। तदुपरान्त उससे यह कहा गया कि "तुम क़िले से दूर हट जाओ ताकि हम उससे बाहर निकलने में सुरक्षित रहें।"

## राय मेदिनी तथा राणा सांगा का उज्जैन पहुंचना

जब उसने यह भी किया तो उसे यह समाचार प्राप्त हुए कि राय मेदिनी, राणा सांगा को लेकर (१०४) उज्जैन पहुंच गया है। इस पर उसे बड़ा क्रोध आया और वह एक ऊंचे टीले पर जो वहां था पहुंचा और उस पर बैठ गया, उसके समस्त सरदार उसकी पताका की छाया में उस टीले के नीचे पूर्ण रूप से सशस्त्र खड़े हुए थे। उसने उन सरदारों में से आसीर के हाकिम आदिल खां को बुलवाया। चित्तौड़ के हाकिम से युद्ध करने के लिए जो सेना भेजी जा रही थी उसका उसे सेनापति नियुक्त किया। उसे ख़िलअत, तलवार, ढाल, पेटी, ९ घोड़े और कुछ हाथी दिये। उसे कुछ परामर्श देकर विदा कर दिया। फिर उसने मजलिस ग्रामी फ़तह खां बहरू को बुलवाया और उसे भी यह सब वस्तुयें प्रदान कीं। इसी प्रकार उसने क़िवाम खां सारंग के साथ व्यवहार किया और आदिल खां के विषय में उसे कुछ आदेश दिये। फिर उन अमीरों के सैनिकों को बुलवाया और उन्हें अच्छे वचन दिये। सेना के बड़े-बड़े लोगों को क़बायें प्रदान कीं। समस्त सेना वालों को जैसा कि हिन्दुस्तानियों के विदा होने के समय प्रथा है, पान प्रदान करने का आदेश दिया।

## एमादुलमुल्क द्वारा क़िले का अवरोध

वह स्वयं क़िले के नीचे, पहले जिस स्थान पर था वहीं चला गया और विजय की सामग्री एकत्र करने का प्रयत्न प्रारम्भ कर दिया। जब वह वहां उतरा तो उसके दूसरे दिन उनके पास एक व्यक्ति आया। एमादुलमुल्क (उस समय) बघारा नामक द्वार पर पड़ाव किये हुए था। उसने उससे यह कहा कि, "विजय अमुक द्वार से प्राप्त हो जायेगी। आने वाली रात होली की रात है, पर्वत वाले क़िले की दृढ़ता पर विश्वास करते हुए अपने मनोरंजन में व्यस्त रहेंगे और तुम्हारी ओर से असावधान हो जायेंगे, अतः

विजय को उस द्वार से प्राप्त करो, वह बहुत निकट है।" मैं कहता हूं और मुझे इस बात पर कोई संदेह नहीं है कि वे खिज़्र[1] थे। अन्यथा ऐसे हरबी काफ़िर से जिसे न आंखों ने देखा और न किसी ने इस समाचार को पहुंचाने का आग्रह किया, यह बात संभव नहीं। जो कुछ हो, एमादुलमुल्क ने सुल्तान को यह समाचार पहुंचाये। सुल्तान ने एमादुलमुल्क से कहा कि, "तुम ईश्वर का नाम लेकर चल दो, ईश्वर के आदेशानुसार सफलता प्राप्त हो जायेगी।"

## एमादुलमुल्क का क़िले में प्रवेश

जब रात आ गई तो एमादुलमुल्क ने बर्छों की सीढ़ियां तैयार कराईं और जिस द्वार के विषय में सूचना दी गई थी उसकी ओर रवाना हुआ। जिस द्वार का पता बताया गया था उस पर सर्वप्रथम वह सीढ़ी पर चढ़कर ऊपर पहुंचा। जब वहां उसने क़िसी को न देखा, क्योंकि वे सब तो होली के समारोह के मनोरंजन में व्यस्त थे, तो वह सीढ़ी के पास वापस आया और उस रस्सी को हिलाया जिसे इस बात के संकेत के लिये रक्खा गया था कि उचित अवसर आ गया है। फिर लगभग १०० आदमी द्वार की ऊपरी सीमा पर चढ़ गये और वहां से द्वार के समीप नीचे उतर पड़े। एमादुलमुल्क उसके बाहर खड़ा हुआ था। उन्होंने फाटक का ताला तोड़ दिया और फाटक खोल दिया। जो लोग वहां मिले उनकी हत्या कर दी और बिगुल बजा दिया। एमादुलमुल्क स्वयं नगर के द्वार की ओर बढ़ा और उसने उस पर अधिकार प्राप्त कर लिया।

## सुल्तान मुज़फ़्फ़र की विजय

जब सुल्तान को यह समाचार प्राप्त हुआ तो वह समस्त सेना सहित सवार हुआ और उन लोगों को क़िले की ओर ले चला। वे सब एमादुलमुल्क से मिल गये और मशालें जला दीं। क़िले में दिन के समान प्रकाश हो गया। फिर तलवार ने अपना कार्य प्रारम्भ कर दिया। शादी खां पुरबिया युद्ध के लिए अग्रसर हुआ किन्तु जब उसने युद्ध में विघ्न पड़ते हुए देखा तो वह भाग खड़ा हुआ। इसी प्रकार पिथराय (१०५) तथा उग्रसेन पुरबिया भागे। तलवार उन पर अपना आदेश चला रही थी और वे बड़े ही कठिनाई में पड़े हुए थे। अन्त में विवश होकर वे अपने घरों में प्रविष्ट हो गये; द्वारों को बन्द करके घरों में आग लगा दी। वे स्वयं तथा उनके परिवार वाले भी उसमें जल गये। जब सुबह हुई तो सुल्तान अपने चत्र के नीचे था और इसी प्रकार महमूद तथा वह दोनों शनैः शनैः चल रहे थे। बहते हुए झरने के समान क़िले की गलियों में प्रत्येक दिशा से नालियों में रक्त बह रहा था। १९ हज़ार काफ़िर मारे गये। इस संख्या में वे लोग सम्मिलित नहीं हैं जिन्होंने द्वार बन्द कर लिया था और जल गये। जब मुज़फ़्फ़र, ख़लजी की राजधानी में पहुंचा तो उसने उसे विजय की बधाई दी और राज्य की सम्पन्नता के विषय में शुभकामनायें कीं। उसने अपने हाथ उठाकर द्वार की ओर संकेत करते हुए कहा कि, "ईश्वर का नाम लेकर आप इसमें शांतिपूर्वक प्रविष्ट हो जायं।" उसने अपने घोड़े की बाग मोड़ ली और क़िले से निकल कर अपने शिविर की ओर चल दिया। ख़लजी अपने घर में प्रविष्ट हुआ और अपने परिवार से मिला तथा ईश्वर के प्रति उसने कृतज्ञता प्रकट की।

१ ख़्वाजा खिज़्र एक पैग़म्बर थे। मुसलमानों का विश्वास है कि वे अब भी जीवित हैं और जो यात्री मार्ग भूल जाता है, उसे मार्ग दर्शाते हैं। वे पीड़ितों की सहायता भी करते हैं और उनकी सहायता से लोगों की मनोकामनायें सिद्ध हो जाती हैं।

इतिहासकार हुसाम ख़ां का कथन है कि क़िले के आदमियों में से हेम करण पुरबिया तथा बदन के अतिरिक्त कोई न बच सका। इन दोनों ने क़िले के एक कंगूरे में रस्सी एकत्र कर रखी थी। जब वे निराश हो गये तो वे रस्सी को पकड़ कर पर्वत के आंचल में उतर गये और उज्जैन की ओर चल दिये और राय मेदिनी से मिले। बदन ने अभी अपनी बात समाप्त भी न की थी कि वह इस भयानक दृश्य का विवरण देते हुए गिर पड़ा और मर गया। हेम करण की बुद्धि में फ़र्क़ पड़ गया। राय मेदिनी चीख़ मार कर मूर्च्छित हो गया। जब राय सांगा को यह समाचार प्राप्त हुए कि आदिल ख़ां उज्जैन के समीप पहुंच गया है तो वह परेशान हो गया और उसने राय मेदिनी से कहा कि "यह चीत्कार कैसा है ? समय आ गया है, यदि तुम्हारा उद्देश्य यह है कि अपने साथियों से मिल जाओ तो सचेत हो जाओ क्योंकि आदिल ख़ां समीप पहुंच गया है ; और नहीं तो अपने ऊपर अधिकार प्राप्त करो।" तदुपरान्त उसने उसके विषय में आदेश दिया और उसे हाथी पर सवार कर दिया गया। वह उज्जैन से निकल कर अपने राज्य की ओर चल दिया। यद्यपि उसका प्रयत्न असफल हो चुका था किन्तु आदिल ख़ां ने दीबालपुर तक उसका पीछा किया और वह वहीं ठहर गया। यहां तक कि सुल्तान ने उसे बुलवा लिया।

तदुपरान्त ख़लजी ने अपने भण्डार की तलाशी ली और आतिथ्य सत्कार का प्रबन्ध किया। वह मुज़फ़्फ़र की सेवा में उतर कर गया और उससे प्रार्थना की कि वह क़िले की ओर चलने का कष्ट करे। उसने यह प्रार्थना स्वीकार कर ली। आतिथ्य सत्कार से निवृत्त होने के उपरान्त ख़लजी सुल्तान को उन भवनों की ओर ले गया जिन्हें उसके पूर्वजों ने बनवाया था। मुज़फ़्फ़र को यह सब वस्तुयें बड़ी पसन्द आईं। उसने उनके लिए ईश्वर से शुभकामनायें कीं। तदुपरान्त वे दोनों एक कोने में बैठ गये। ख़लजी ने उसके प्रति अत्यधिक कृतज्ञता प्रकट की और यह कहा कि, "ईश्वर को धन्य है कि मैंने आपकी वीरता तथा साहस के कारण शत्रुओं को कष्ट में देख लिया जिसकी मुझे अभिलाषा थी। अब संसार की किसी वस्तु के संबन्ध में मेरी कोई इच्छा नहीं रही। सुल्तान मुझसे अधिक इस प्रदेश पर राज्य करने के पात्र हैं। इसमें जो (१०६) कुछ था वह मेरा है अतः मैं प्रार्थना करता हूं कि आप उसे मेरी ओर से स्वीकार करें और जिसे चाहिये यहां राज्य हेतु नियुक्त कर दें।"

इस पर सुल्तान ने ख़लजी से कहा कि, "मैंने इस दिशा में एक पग ईश्वर की प्रसन्नता प्राप्त करने के लिए तथा दूसरा पग तुम्हारी सहायता हेतु उठाया था। मुझे दोनों बातें प्राप्त हो गईं। ईश्वर तुम्हारा कल्याण करे और तुम्हारी सहायता करे।" ख़लजी ने कहा कि, "राज्य मनुष्यों से ख़ाली हो गया है। मुझे भय है कि यह फिर कहीं नष्ट न हो जाय।" सुल्तान मुज़फ़्फ़र ने उत्तर दिया कि, "मुझे यह बात स्वीकार है। सैयिद आसफ़ ख़ां १२ हज़ार अश्वारोहियों सहित उस समय तक तुम्हारे पास उपस्थित रहेगा जब तक तुम्हारे आदमी एकत्र न हो जायं।" ख़लजी ने तदुपरान्त यह आग्रह किया कि, "अपने पुत्र ताज ख़ां को भी आप यहीं छोड़ दीजिये।" मुज़फ़्फ़र ने यह प्रार्थना भी स्वीकार कर ली और आवश्यकता पड़ने पर सर्वदा उसे सहायता का आश्वासन देकर आसफ़ ख़ां से कहा कि, "तुम्हें तथा तुम्हारे साथियों को जो वेतन मेरे पास से मिलता था वह उसी प्रकार से मिलता रहेगा; जब तुम अपने घर को वापस आओगे तो वह सब तुम्हें प्राप्त हो जायगा। ख़लजी जो कुछ तुम्हें प्रदान करेगा वह उसके अतिरिक्त होगा ताकि तुम आगे निश्चिन्त होकर जीवन व्यतीत करो।" और ख़लजी के लिए उसने ख़ज़ाना प्रदान करने का आदेश दिया।

तदुपरान्त वह उससे विदा होकर क़िले से नीचे उतरा। जब मुज़फ़्फ़र अपनी राजधानी को जाने के लिए तैयार हुआ तो ख़लजी भी नीचे उतरा। उसके साथ आसफ़ ख़ां तथा ताज ख़ां थे। वे अपनी सीमा तक उनके साथ गये और फिर उन्होंने सुल्तान से ईश्वर से शुभकामनायें करने के लिए कहा।

सुल्तान ने आदिल ख़ां को विदा कर दिया और फिर वह आसीर को वापस चला गया। सुल्तान सफलता तथा यश प्राप्त करके चाम्पानीर पहुंचा। उसके पहुंचने का दिन भी विशेष महत्व का था। समस्त लोगों ने उसके लिए शुभकामनायें कीं। मन्दू की विजय १२ सफ़र ९२४ हि० (२३ फ़रवरी १५१८ ई०) को प्राप्त हुई।

इस विजय की तिथि के फ़ारसी पद्य इस प्रकार हैं :

**पद्य**

"मुज़फ़्फ़र शाह दिग्विजयी सुल्तान,
उसने दीन (इस्लाम) तथा शरा की नीव फिर से रक्खी।
मंदू का क़िला छः दिन में विजय किया,
इस जादू को पूरी तरह खोल दिया।
इस घटना की तिथि के लिये इतना कहना पर्याप्त है,
मन्दू देश विजय करके लौटा दिया।"

**अन्य पद्य**

"मुज़फ़्फ़र शाह दिग्विजयी सुल्तान, जिसकी तलवार ने,
कुफ़्र की नीव को नष्ट तथा दीन (इस्लाम) एवं शरा
को ताज़ा किया।
जब उसने अपने सौभाग्य से मन्दू का क़िला विजय किया,
उस शुभ वर्ष की तिथि इस प्रकार हुई कि,
'मन्दू विजय किया'।"

## ख़लजी का घायल होना

९२५ हि० (१५१९ ई०) में वह दुर्घटना घटी जिसमें ख़लजी आहत हुआ था। इसका सविस्तार उल्लेख इस प्रकार है कि राय हेम करण पुरबिया करन[1] में था। ख़लजी ने उस पर आक्रमण किया और (१०७) रणक्षेत्र में युद्ध के उपरान्त उसकी हत्या कर दी। उसके साथ राय सांगा की सेना थी और यह वही है जो पर्वत पर क़िले की विजय के दिन उतरा था। महमूद ने भागी हुई सेना का पीछा किया और उसकी खोज का अत्यधिक प्रयत्न करने लगा, यहां तक कि वह अपनी सीमा के बाहर निकल गया। इसी समय राय सांगा किसी ओर से ४० हज़ार अश्वारोहियों सहित निकल पड़ा। ख़लजी अपने स्थान पर डटा रहने वाला सवार था। वह हज़ार सशस्त्र आदमियों का मुक़ाबला अकेले कर सकता था।

## ख़लजी तथा राणा सांगा का युद्ध

जब पताकायें लहराने लगीं और बिजली की भांति चमकने वाली तलवारों ने म्यान छोड़ दीं तो ख़लजी उसके मुक़ाबले के लिए शक्तिशाली बाहुओं, वीर हृदय तथा दृढ़ संकल्प के साथ यमनी तलवार

१ अन्य स्थानों पर 'काकरून'।

हाथ में लेकर अरबी घोड़े पर सवार हुआ और युद्ध के लिए कटिबद्ध हो गया। उसने सेना के मध्य भाग पर आक्रमण कर दिया। वह कभी सीधी और कभी उत्तर की ओर घोड़े को दौड़ाता था। दोनों समूहों में सबसे अधिक वीर योद्धा वही था, किन्तु घोड़ा कभी न कभी फिसल पड़ता है और पंख काटने वाली तलवार की धार कभी न कभी मुड़ जाती है। राय सांगा की सेना की अधिकता उसकी सफलता के मध्य में आ गई और वह घोड़े की ज़ीन से फिसल कर घायल होकर नीचे भूमि पर गिर पड़ा।

## राणा सांगा की विजय तथा ख़लजी के प्रति सौजन्य

राय सांगा उसके पास पहुंच गया। अन्य लोगों को उसने उसके पास से हटा दिया। वह स्वयं उसके पास पहुंचा और उसके प्रति श्रद्धापूर्वक अभिवादन किया। यद्यपि ख़लजी वृद्धावस्था को प्राप्त हो चुका था किन्तु उसके भाला चलाने की तेज़ी तथा उसके आक्रमण की कठोरता ने उसे आश्चर्य में डाल दिया, फिर उसने उससे क्षमा-याचना की और जर्राह ने उसका उपचार किया। उसने उसे पालकी में बैठा कर मन्दू की ओर भेज दिया और वह स्वयं उसके साथ चला। जब वह सुल्तान अपने स्थान को पहुंच गया तो उसने (राणा ने) उससे विदा चाही। ख़लजी ने उसके पास अत्यधिक बहुमूल्य सामान भेजे और जो दुर्घटना हुई थी उसके लिये उसे क्षमा कर दिया और उसे जाने की अनुमति दे दी। राय सांगा ने उससे स्मृति चिह्न के रूप में किसी शस्त्र के प्रदान करने की प्रार्थना की। उसने उसे बर्छा प्रदान कर दिया। बर्छे का वज़न ३० रतल था और उस लोहे का वज़न भी जो मूठ में लगा था इतना ही था। उसे इस पर बड़ा आश्चर्य हुआ। उसके कवि ने इस पर कहा कि वह हाथ जो उसे उठाये हुए है इससे भी अधिक आश्चर्यजनक है। ख़लजी बड़ा ही वीर, साहसी तथा मर्यादाशील था।

## ख़लजी के गुजरात पहुंचने तथा सुल्तान मुज़फ़्फ़र द्वारा सहायता का पुनः उल्लेख

सुल्तान मुज़फ़्फ़र को जब इस घटना की सूचना मिली तो उसने राय सांगा को पत्र लिखा जिसमें उसे चेतावनी दी कि इस प्रकार की दुर्घटना पुनः न घटे।

महमूद ख़लजी का कथन है कि जब वह भकूर के समीप विवश होकर एक वृक्ष के नीचे उतरा, क्योंकि वह बड़ी तीव्र गति से दिन भर तथा आधी रात तक यात्रा करता रहा था और घोड़े में लेशमात्र भी हिलने की शक्ति न रह गई थी तो वह उसके नीचे रात्रि में ठहरा। प्रातःकाल यह समाचार धोद के आमिल[1] को प्राप्त हो गये। उन दोनों के मध्य में १० फ़रसख़[2] की दूरी थी। वह तत्काल सवार होकर उस ओर रवाना हुआ और उसके सम्मान को दृष्टि में रखते हुए उसने भेंट की। वह उसकी सेवा के लिए उपस्थित रहा, उसके लिए शिविर लगवा दिये जिसमें उसकी आवश्यकता की समस्त वस्तुयें एकत्र कर दीं। उसने अपना शिविर भी वहीं लगवा दिया और एक शुत्रसवार द्वारा उसके समाचार सुल्तान की सेवा में भेज दिये। सुल्तान ने तुरन्त उसी दिन समस्त आवश्यक वस्तुयें, जिनकी शाही ख़ेमों में (१०८) आवश्यकता होती है, भेज दीं, घोड़े, हाथी, दास, दासियां और धन। इसके अतिरिक्त भी अन्य वस्तुयें उसने अपने अमीरों के एक समूह के साथ भेजीं और उन्हें आदेश दे दिया कि वे उसके पास पड़ाव करें। जब ख़लजी ने यह सुना कि वे उसके समीप पड़ाव किये हुए हैं तो वह उनके स्वागतार्थ सवार हुआ।

१ हाकिम।
२ एक फ़रसख़ लगभग १८००० फ़ीट के बराबर होता था।

फिर वे अपने घोड़ों से उतर पड़े और उन्होंने उसकी रकाब चूमी। वे उसकी सेवा में उपस्थित रहते हुए शाही शिविर तक पहुंच गये। फिर वह वहीं पड़ाव किये रहा। ख़लजी के लिए ऐसी समस्त सामग्रियों की व्यवस्था कर दी कि उसे उस स्थान तथा अपने राज्य में कोई अन्तर न मिले।

जब सुल्तान मुज़फ़्फ़र कोधरा पहुंचा तो उसे देहली के सुल्तान सिकन्दर की मृत्यु के समाचार प्राप्त हुए। उसने ज़ियारत[1] का प्रबन्ध कराया फिर वहां से उसने देवला की ओर प्रस्थान किया। वहां उसने महमूद ख़लजी से भेंट की। उसने ख़लजी को जो परेशानी तथा व्याकुलता प्राप्त हो गई थी उसकी ओर से निश्चिन्त कर दिया और उसे लेकर मन्दू गया। मेदिनी राय ने क़िले को अत्यधिक दृढ़ बना दिया था और वह स्वयं चित्तौड़ के हाकिम राय सांगा के पास सहायता की याचना करने के लिए चला गया था। क़िले पर आक्रमण के उद्देश्य से मुज़फ़्फ़र वहां पहुंच गया। क़िले के निवासियों ने युद्ध में विलम्ब करने के लिए धूर्तता से कार्य किया। वे बराबर वहां से निकल जाने के लिए समय मांगते रहे। उनका उद्देश्य यह था कि राणा सांगा सहायता लेकर उनके पास पहुंच जाय। यही होता रहा, यहां तक कि सुल्तान को यह समाचार प्राप्त हो गया कि राणा सांगा सारंगपुर से, जो मन्दू के अधीन है और वहां से ५० कोस की दूरी पर है, पहुंच गया है। इस पर सुल्तान ने आसीर के हाकिम आदिल ख़ां को राणा से युद्ध करने के लिए भेजा। उसके साथ क़िवामुलमुल्क सारंग इत्यादि भी थे। वह स्वयं क़िले के अवरोध के लिए लौट आया। तदुपरान्त उसने क्रोध में एक बड़ा ही तीव्र आक्रमण किया, यहां तक कि उसके आगमन के दूसरे ही दिन विजय प्राप्त हो गई। यह घटना ९२४ हि० (१५१८ ई०) में घटी।

## कुछ विचित्र घटनायें

इस घटना का उल्लेख सैयिद जलाल बुख़ारी, मलिक महमूद प्यार[2] तथा उन लोगों द्वारा जिनकी बात पर विश्वास किया जा सकता है और जो उस विजय के समय उपस्थित थे उल्लेख हुआ है। उसने कहा कि, "मैं उन लोगों के साथ था जो विजय के उपरान्त क़िले में प्रविष्ट हुए। जिस समय हम वहां के निवासियों के सम्बन्ध में सूचना प्राप्त करने का प्रयत्न कर रहे थे और उनके घरों में आ जा रहे थे तो हम एक घर पर पहुंचे जिसके द्वार भीतर से बन्द थे। हमें संदेह हुआ कि इसके भीतर जो लोग हैं वे जीवित हैं अथवा नहीं। हमने द्वार तोड़ डाला और उसमें प्रविष्ट हो गये। वहां हमें ५० लाशें दृष्टिगत हुईं, उनके शरीर एक कोने में थे और सिर दूसरे कोने में, उन्हीं में एक ऐसा व्यक्ति था जिसकी कुछ सांसें शेष थीं। हम उसके पास गये और हमने उससे पूछताछ की तो उसने उत्तर दिया कि, "हमें इस बात का भय हुआ कि कहीं हम मार न डाले जायं इसलिए हम इस नीचे वाले घर में उतर गये ताकि अपनी खोज करने वालों की दृष्टि से छिपे रहें। अचानक एक हाथ प्रकट हुआ जो तलवार को दृढ़तापूर्वक पकड़े हुए था। वह हाथ तो दृष्टिगत था किन्तु जिसका हाथ था वह नहीं दिखाई दे रहा था। फिर हम सब की अचानक यह दशा हो गई जो तुम देख रहे हो।" इतना कह कर वह व्यक्ति भी मर गया।

मलिक महमूद ने तग़ाई नामक अपने समाचार पहुंचाने वाले द्वारा यह बात लिखी है कि "परोक्ष के आदमी इस युद्ध में आये थे और यह चिह्न इस बात का द्योतक है।"

१ उसकी आत्मा के सम्मान तथा मुक्ति हेतु ईश्वर से प्रार्थना।
२ अन्य स्थानों पर 'प्यारा'।

## मुज़फ़्फ़र का क़िले से नीचे उतरना

मुज़फ़्फ़र बादशाह के राज्य के उच्च पदाधिकारियों का कथन है कि, "विजय के उपरान्त उन्होंने उससे प्रार्थना की कि, "तू अब अपने राज्य की ओर भी ध्यान दे।" तब सुल्तान मुज़फ़्फ़र ने ख़लजी की ओर ध्यान दिया और क़िले से नीचे उतरने के लिए उससे विदा हुआ। उससे कहा कि, "क़िले के द्वार (१०९) की रक्षा उन लोगों को सिपुर्द करो जो मेरे यहां से नीचे उतर जाने के उपरांत किसी को इसमें प्रविष्ट होने की अनुमति न दें, चाहे वह मेरे संबन्धी ही क्यों न हों।" इस पर ख़लजी ने उससे प्रार्थना की कि, "आप कुछ दिन और ठहरें।" सुल्तान ने यह बात स्वीकार न की और क़िले से नीचे उतर आया। फिर ३ दिन के उपरान्त ख़लजी ने उसकी दावत की और उसे उन भवनों की सैर कराई जिनके समान भवन हिन्दुस्तान में नहीं मिलते। अन्त में वह उसे एक ऐसे भवन में ले गया जिसका द्वार बन्द था। फिर वह उसे जो वहां विभिन्न कोठरियां थीं उनमें ले गया और द्वारपालों को आदेश दिया कि वह उनको खोलें और जो लोग उनमें उपस्थित हों उनको बुलवायें। इस पर उनमें से ऐसी स्त्रियां आभूषणों तथा बहुमूल्य वस्त्रों से अपने आपको सजाये हुए निकलीं जिनके समान स्त्रियां आँखों से कम ही देखी होंगी। उनमें से ख़लजी की सेवा के लिए २ हज़ार थीं।

## ग़यासुद्दीन ख़लजी

ख़लजी सुल्तानों में ग़यासुद्दीन ख़लजी भोग-विलास के लिए बड़ा प्रसिद्ध था। वह ऐसी वस्तुओं से बचता था जो व्याकुलता तथा आकुलता का साधन हों। यदि उसके राज्य में कभी इस प्रकार की कोई घटना हो भी जाती थी तो उसे इसकी सूचना न दी जाती थी। कहा जाता है कि आजीवन उसके कानों तक कोई ऐसी बात नहीं पहुंची जो उसे दुखी बना सकती। यहां तक कि जब उसकी पुत्री के पति की मृत्यु हो गई तो उसके संबन्धियों ने इस समाचार को पहुंचाने के लिए यह उपाय सोचा कि पुत्री को हिन्दुस्तान की प्रथानुसार सफ़ेद वस्त्र धारण करा कर उसके सामने से निकाला जाय। जब ऐसा किया गया और ग़यासुद्दीन की दृष्टि उस पर पड़ी तो उसने कहा कि, "संभवतः इसके पति की मृत्यु हो गई है।"

इसी प्रकार जब देहली के सुल्तान बहलोल की सेना चन्देरी के क्षेत्र में पहुंची तो इस कारण कि चन्देरी ख़लजी के अधीन था, वज़ीर को यह आवश्यक प्रतीत हुआ कि वह उसे इसकी सूचना दे। स्पष्ट रूप से सूचना देना उसकी शक्ति के बाहर था। उसने उस समूह को बुलाया जिसको बहरूपिया[1] कहा जाता है। उनका नियम यह है कि वे नृत्य तथा गायन करते हुए विभिन्न प्रकार के स्वांग करते हैं। उस समूह को आदेश दिया कि, "कुछ लोग तलवारें बांधे हुए अफ़ग़ानियों का वस्त्र धारण करें और कुछ लोग चन्देरी के निवासियों का।" जब अफ़ग़ानी वेशभूषा में एक समूह प्रकट हुआ और उसने यह कहा कि, "हम देहली से आये हैं" और दूसरे समूह ने अपने आपको चन्देरी का बताया और लूट-मार शुरू हो गई तो ग़यासुद्दीन ने इसे देखकर कहा कि, "क्या चन्देरी का हाकिम मर गया जो वह अपने क्षेत्र से इन्हें हटा न सका।"

## सुल्तान मुज़फ़्फ़र तथा ख़लजी की स्त्रियां

संक्षेप में, स्त्रियां अपनी कोठरियों से निकल पड़ीं। उनके हाथों में नाना प्रकार के रत्नों से भरे हुए थाल थे। इन स्त्रियों में से कोई स्त्री ऐसी न थी जिसने मुज़फ़्फ़र को अभिवादन न किया हो और जो

१ बहुरूपिया।

कुछ उसके हाथों में था उसे सुल्तान मुज़फ़्फ़र के चरणों पर न्योछावर न किया हो। जब सुल्तान ने उन्हें देखा तो उसने संकेत किया कि, "यह सब पर्दे में चली जायं क्योंकि जो स्त्रियां महरम[1] न हों उनकी ओर दृष्टि डालना उचित नहीं हैं।" इस पर ख़लजी ने कहा कि, "ये सब की सब मेरी संपत्ति हैं और मैं उनका स्वामी हूं। दास तथा उसकी समस्त संपत्ति उसके स्वामी की संपत्ति होती है। मुज़फ़्फ़र ने उसे आशीर्वाद दिया और अपने शिविर की ओर चला गया।

## मेदिनी राय का ख़लजी की स्त्रियों के प्रति व्यवहार

मेदिनी राय का कथन है कि वह ख़लजी के चले जाने के उपरान्त नित्य प्रातःकाल दरबार में उपस्थित हुआ करता था और स्त्रियों को आशीर्वाद भिजवाते हुए उनकी आवश्यकताओं के विषय में पुछवाया करता था। ख़लजी की उपस्थिति में जो सुविधायें उन्हें प्राप्त थीं और जो वस्तुयें उन्हें मिलती थीं उनमें उसने लेशमात्र भी कमी न की। उसने उनसे प्रार्थना की कि, "तुम लोग उसे लिखो कि मैं (११०) उसका अब भी दास हूं और मैं किसी ऐसी वस्तु पर भरोसा नहीं रखता जो उसे संतुष्ट न करे।" जब सुल्तान अपने राज्य की ओर वापस होने के लिए सवार हुआ तो ख़लजी उसके साथ देवला तक गया। सैयिद आसफ़ ख़ां, अमीरों के एक समूह के साथ ख़लजी की सहायतार्थ वहीं उपस्थित रहा।

## राणा सांगा द्वारा ख़लजी की पराजय तथा राणा सांगा का सौजन्य

९२५ हि० (१५१९ ई०) में ख़लजी ने काकरून पर चढ़ाई की। वह हेम करण के अधीन था। वह युद्ध में मारा गया। उसके कारण राणा सांगा ने आक्रमण किया। राय उस समय पर्वत में पड़ाव किये हुए था। राणा सांगा के पास उस समय अत्यधिक सेना थी और ख़लजी की सेना की संख्या बड़ी कम थी। ख़लजी बन्दी बना लिया गया और घायल भी हुआ। उसकी सेना पलायन कर गई। उसके साथियों में से बहुत से लोग मारे गये। कहा जाता है कि ख़लजी जब घोड़े की ज़ीन से नीचे गिरा और काफ़िरों ने उसे घेर लिया तो इसकी सूचना राणा सांगा को भी मिल गई। वह उसके पास पहुंचा और नम्रतापूर्वक व्यवहार किया। उसने उसे पालकी में बैठाकर राजधानी की ओर भेजा। वहां एक जर्राह ने ख़लजी का उपचार किया। राणा ने फिर उसे मन्दू रवाना कर दिया और कई मंज़िलों तक उसके साथ रहा। मुज़फ़्फ़र को जब यह समाचार प्राप्त हुआ तो उसने राज्य की रक्षा हेतु एक सेना मन्दू की ओर भेजी। राणा इसी कारण चित्तौड़ वापस चला गया.......।

## ईदर में मुबारिज़ुलमुल्क की नियुक्ति

इसी वर्ष सुल्तान ने ईदर की ओर प्रस्थान किया और वहां की सुव्यवस्था का आदेश दिया। उसने नुसरतुलमुल्क को पदच्युत करके मुबारिज़ुलमुल्क हुसेन बिन खिज्र भट्टी को उसके स्थान पर नियुक्त किया और वापस चला आया।

## राणा सांगा का मलिक मुबारिज़ुलमुल्क को पराजित करना

९२६ हि० (१५१९-२० ई०) में राय सांगा तथा मुबारिज़ुलमुल्क की घटना घटी[2]। उसका

१ ऐसी सम्बन्धी स्त्रियां जिनसे विवाह हो सकता हो।
२ 'का युद्ध हुआ'।

सविस्तार उल्लेख इस प्रकार है कि एक बार मुबारिज़ुलमुल्क के दरबार में एक कवि आया और उसकी प्रशंसा की। तदुपरान्त उसने राय सांगा की प्रशंसा की। यह सुनकर मुबारिज़ुलमुल्क ने कहा कि, "तू जिसकी चर्चा कर रहा है वह इसके समान है", और उस कुत्ते की ओर संकेत किया जो तवेले के अंत में था। कवि ने सांगा को यह समाचार पहुंचा दिये। सांगा की मर्यादा को इससे धक्का लगा और उसने ४० हज़ार अश्वारोही तथा पदाती लेकर युद्ध करने के लिए चढ़ाई कर दी। उसके सहायकों में से युद्ध में उसके साथ वही लोग दृढ़ रहते थे जो उसी के समान वीर होते थे। इसी कारण जब राय सांगा निकट (१११) आ गया तो मुबारिज़ुलमुल्क के साथी उसके पास एकत्र हुए और यह कहा कि, "काफ़िरों के समूह की तुलना में हमारी दशा ऐसी ही है, जैसे कि एक काले बैल पर सफेदी का छोटा सा धब्बा हो, अतः राज्य के हित के लिये यही अधिक उचित है कि जब तक सहायता प्राप्त न हो अहमदनगर के क़िले में क़िलाबन्द हो जाना चाहिये। अपनी स्थिति को देखते हुए ऐसी वीरता जो हम सब को नष्ट कर दे अधिक निकट की वस्तु ज्ञात होती है।"[1] उसने उनकी बात स्वीकार कर ली और क़िले की ओर रवाना हुआ। अभी वह उसमें उतरा भी न था कि सफ़दरूलमुल्क बिन शुजाउलमुल्क वहां पहुंचा गया। उसे सांगा की सूचना मिल गई थी और वह अहमदाबाद के समीप था। वह जिहाद[2] के उद्देश्य से शीघ्रातिशीघ्र उस ओर रवाना हो गया। जब दोनों एक दूसरे से मिले तो उसने मुबारिज़ुलमुल्क पर इस विषय में क्रोध प्रकट किया कि उसने केन्द्र को छोड़ दिया है।" फिर उसने क़िले में उतरने का इरादा किया, हालांकि काफ़िर युद्ध के लिये पूर्ण प्रयत्न कर रहे थे। उसने (मुबारिज़ुलमुल्क ने) अपने साथियों के मत को अपनी बचत के लिए प्रस्तुत किया और क़िले से मैदान की ओर निकल खड़ा हुआ। वहां उन दोनों ने पड़ाव किया। रात्रि का तिहाई भाग व्यतीत हुआ था कि सैफ़ खां बिन सैफ़ खां उस समाचार के फैलने पर वहां पहुंच गया और वह भी उन्हीं के साथ वहां उतर पड़ा। समीप ही राणा सांगा भी पड़ाव किये हुए था। यह सब लोग एकत्र हुए। उन्होंने जब अपनी सेना पर दृष्टि डाली तो उसमें २,२०० अश्वारोही तथा १००० पदाती थे। तदुपरान्त उन्होंने क़िले में ५०० अश्वारोही तथा समस्त पदाती छोड़ दिये। जब नगर दृष्टिगत हुआ और सेना की धूल ऊपर उठी तो इस्लाम के नक़ीब ने यह ढिंढोरा पीटा कि, "हे ईश्वर के मार्ग के सवारों सवार हो जाओ।" तदुपरान्त उसकी पताका के नीचे ७०० अश्वारोही एकत्र हो गये, मानो वे प्रकाश प्राप्त करने वालों के लिए चिनगारी हो। आक्रमण के तीव्र हो जाने की दशा में उन्होंने एक दूसरे से धैर्य धारण करने के लिए कहा और तीव्रता से युद्ध की ओर अग्रसर हुये। युद्ध बड़े ज़ोर से प्रारम्भ हो चुका था। क्रोध से मुंह में फेन भरा हुआ था, आंखें लाल भभूका हो रही थीं और वे यह कह रहे थे कि, "ईश्वर की ओर तो एक दिन जाना ही है।" सबने मिल कर पूरी शक्ति से आक्रमण कर दिया, राणा की सेना के अग्र भाग की संख्या बहुत अधिक थी किन्तु उसे उन्होंने फाड़ डाला। फिर वे घोड़ों को दायें-बायें घुमाने लगे और कहा कि, "जब शत्रु की संख्या अधिक हो तो विभिन्न छोटे-छोटे दल बना कर आक्रमण करना चाहिये।" तदुपरान्त सांगा युद्ध के लिये बढ़ा। वह सेना के मध्य में था। यदि उसे अपनी सेना की अधिकता पर अभिमान न होता तो वह पीछे रहता। उसके पास सेना के अग्र भाग में से जो लोग भागे थे वे तथा सेना के दोनों बाहुओं में कुछ लोग एकत्र हो गये। ईश्वर के समूह ने दांत कटकटाये। वे उस धूल में जिससे वायुमण्डल में अंधकार छा रहा था प्रविष्ट हो गये। यह अंधकार उस समय क्षण

१ 'वीरता प्रदर्शित करने से विनाश की अधिक सम्भावना है'।
२ इस्लाम की रक्षा तथा प्रसार हेतु युद्ध।

भर के लिए दूर हो जाता जब कड़े पत्थरों पर घोड़े के खुर पड़ते। युद्ध बड़े ज़ोरों से हो रहा था, तलवारें टूट गई थीं और गदा टुकड़े-टुकड़े हो गये थे। धारों से रक्त प्रवाहित था। काफ़िरों की वह गर्दनें जिन पर सिर अधिकांश भार के समान था हल्की हो गई थीं, मुशिरकों की पंक्तियां टूट गई थीं। मुसलमानों का सम्मान शहादत के कारण बढ़ गया था। शहीद होने वालों में मुबारिज़ुलमुल्क का भाई हमीदुलमुल्क ग़ाज़ी खां, रावत पीर, रावत हुसाम, मलिक पीर, सुल्तान शाह तथा क़ाज़ी क़ुतुब पीर थे। रात हो गई (११२) और उपर्युक्त अमीरों के आदमियों में से ४० व्यक्तियों के अतिरिक्त कोई शेष न रहा। फिर वे क़िले की ओर यह देखने के लिये मुड़े कि किसी में सहायता की योग्यता भी है अथवा नहीं। उन्हें कोई भी ऐसा व्यक्ति न मिला। फिर उन्होंने नदी पार की और स्थल की एक ओर रात्रि व्यतीत की। अब राय सांगा ने क़िले को जला डालना निश्चय किया। परहनतीज को एक सेना सहित उन हाथियों पर अधिकार जमाने के लिये भेजा, जिनकी उसे सूचना मिली थी। अचानक उसकी मुठभेड़ असद ख़ां बिन असद खां से हो गई, उसके साथ ७ सवार और ३ हाथी थे। ये सब लोग अपने स्थान पर दृढ़ रहे। असद खां तथा उसके समस्त साथी बहुत बड़ी संख्या में लोगों की हत्या करने के उपरान्त मारे गये। जो तलवार से बच गये वे हाथियों को लेकर वापस चले गये।

## राणा सांगा का बिर नगर की ओर प्रस्थान

फिर राय सांगा बिर नगर चला गया। वहां ब्राह्मणों के अतिरिक्त कोई अन्य न था। उनके एक समूह ने राणा सांगा से भेंट की और उससे कहा कि, "तेरे पूर्वज इस ग्राम के निवासियों का सम्मान करते थे। तू भी उन्हीं की संतान है। फिर इस ग्राम को तू किस प्रकार नष्ट करेगा?"

## राणा द्वारा बेसलनगर पर आक्रमण तथा वापसी

तदुपरान्त राणा सांगा वहां से बेसलनगर चला गया। वहां का हाकिम मलिक हातिम सुल्तान शाह था। जब उसे इसकी सूचना मिली तो वह उससे युद्ध करने के लिए निकला और उसके साथ जो अल्प संख्या थी उसे साथ लेकर उसने युद्ध किया और उन सबके साथ मारा गया। जिस समय राय, बेसल नगर के समीप था उसे फ़तह खां एवं ऐनुलमुल्क के पहुंचने के समाचार मिल गये। ये दोनों नहरवाला में थे, राणा ने तुरन्त अपने शिविर उखाड़ डाले और अपनी राजधानी चित्तौड़ को वापस चला गया। उसे इस बात का भय था कि "कहीं युद्ध में उसी घटना की पुनरावृत्ति न हो जाय जो कल उसके साथियों द्वारा घटी थी।"

## राणा की चित्तौड़ को वापसी

इतिहासकार हुसाम का कथन है कि मैं उस समय बलाद नामक एक गांव में अमीरुस्सवाद क़िवामुलमुल्क बिन क़िवामुलमुल्क के साथ था। जब उसने अमीरों के विषय में यह सुना कि उन्हें कोई हानि नहीं पहुंची है और यह ज्ञात हुआ कि वे किसी ओर चले गये हैं तो उसने मुझे उनके पास भेजा। मैं उन्हें उनके पास लाया। तदुपरान्त उसने आतिथ्यसत्कार का प्रबन्ध किया और सहायता का वचन दिया। जब उसने अपने साथियों को अस्त्र-शस्त्र प्रदान किये तो उसे राणा सांगा के वापस चले जाने के समाचार प्राप्त हुये। फिर उसने उन्हें अहमदनगर जाने की आज्ञा दे दी और यह कहा कि, "मैं तुम्हारे पीछे वहां शीघ्र पहुंच जाऊंगा।" तदुपरान्त वे आगे चले गये और वह उनसे जाकर मिल गया। एमादुलमुल्क ख़ुशक़दम तथा क़ैसर खां उनकी सहायतार्थ सुल्तान की ओर से आ गये और जहां युद्ध हुआ था वहां

सब एकत्र हो गये। जो लोग मारे गये थे उनकी आत्मा की शांति के लिए ईश्वर से प्रार्थना की तथा अमीरों की प्रशंसा की। वे तदुपरान्त क़िले की ओर मुड़ गये और रणक्षेत्र में उतर पड़े।

## मलिक अयाज़ का आगमन

उसी वर्ष सुल्तान ने चाम्पानीर से चित्तौड़ पर चढ़ाई हेतु प्रस्थान किया और वहां से अहमदाबाद पहुंचने का संकल्प किया। उसने हरसौल के समीप पड़ाव किया और अपने राज्य के चारों ओर के अमीरों को लिख दिया कि, "तुम लोग युद्ध के लिये मेरे पास शीघ्रातिशीघ्र पहुंच जाओ।" उन्हीं अमीरों में अमीर कबीर रणक्षेत्र का स्वामी जनाबुलमुल्क अयाज़ तुर्की भी था। वह जूनागढ़ से, जहां का वह हाकिम था, (११३) १ लाख अश्वारोही तथा २०० हाथी लेकर आया था। प्रत्येक हाथी पर एक सन्दूक़[1] था। १०० मदफ़ा[2] थे जिन पर ६ हज़ार बहार[3] नियुक्त थे। ८ हज़ार बन्दूकें तथा ४ हज़ार धनुर्धारी थे। मलिक अयाज़ के पहुंचने का दिन बड़े महत्व का दिन था। समस्त सवार पूर्ण रूप से अस्त्र-शस्त्र धारण किये हुए थे और पदाती नाना प्रकार की वर्दियां पहने हुए थे। उन्होंने खालों की पखालें बहुत बड़ी संख्या में बनवाई थीं जो उनकी गाड़ियों में थीं जो सेना के आगे आगे चल रही थीं। उनमें शकर का शर्बत भरा हुआ था। आगे उद्‌घोषक घोषणा करता जाता था कि जो व्यक्ति यहां आये तथा शर्बत पिये, ईश्वर उसे अपनी कृपादृष्टि द्वारा सम्मानित करे।

## मलिक अयाज़ का सेनापति नियुक्त होना

तदुपरान्त सुल्तान ने सेना के अग्रभाग को चित्तौड़ की ओर प्रस्थान करने का आदेश दिया। चित्तौड़ पर्वत की चोटी पर एक दृढ़ क़िला है। राय सांगा का वह निवास-स्थान है। अयाज़ ने धरती चुम्बन करते हुए निवेदन किया कि, "सेवक की प्रार्थना है कि राय सांगा सरीखे व्यक्ति से युद्ध एवं चित्तौड़ की विजय हेतु अन्नदाता मुझे नियुक्त करें।" उसकी प्रार्थना स्वीकार कर ली गई। उसकी सहायतार्थ क़िवामुलमुल्क को साथ किया गया और उसे २० हज़ार अश्वारोहियों तथा २० हाथियों का सरदार बनाया गया। हुसाम खां ने 'तुहफ़ा' नामक पुस्तक में लिखा है कि सुल्तान ने उसके साथ १ लाख सवार तथा सौ हाथी किये।

## उदय सिंह की पराजय

९२७ हि० (१५२०-२१ ई०) में सुल्तान के आदेशानुसार मलिक अयाज़ ने उस ओर प्रस्थान किया तथा बाकर की विलायत[4] में शत्रुओं का संहार प्रारम्भ कर दिया तथा कालियाकोट तक लूटमार प्रारम्भ कर दी। इसी प्रकार दूनगरपुर तथा सागवारा में और फिर बांसवाला में लूट मार प्रारम्भ कर दी। वह राय उदय सिंह का निवास-स्थान था और वह बाकर का राज़ा था। क्योंकि वह बांसवाला में था अतः उसने उस पर चढ़ाई कर दी।

१ हौदज।
२ वह वस्तु जिससे शत्रुओं को पीछे हटाया जाता था।
३ इस शब्द का अर्थ स्पष्ट नहीं।
४ राज्य।

एक दिन मुजाहिद खां, अशजउलमुल्क तथा सफ़दरुलमुल्क तीनों भाई १०० अश्वारोहियों सहित शिकार हेतु रवाना हुए किन्तु वे पूरे हथियार लगाये हुये थे। उन्होंने सुना कि राय उदय सिंह तथा पुरबिया उग्रसेन एक पर्वत की घाटी में पड़ाव किये हुए हैं और यह चाहते हैं कि दिन में सेना पर आक्रमण कर दें अथवा रात में छापा मारें। इस पर उन लोगों ने कहा कि, "आज यह हमारा शिकार है" और बागों (११४) को उस ओर मोड़ दिया। राय उदय सिंह ने जब यह देखा कि उनकी संख्या बहुत थोड़ी है तो वह घाटी से निकल पड़ा। उस समय बहुत बड़ी आफ़त आ गई थी किन्तु मलिक अयाज़ की पताकाओं के उस ओर अग्रसर होने से इस विपत्ति का अन्त हो गया। उदय सिंह की सेना के बहुत से आदमी मारे गये और उदय सिंह भी आहत हुआ। इसी घाव के भय से उदय सिंह रणक्षेत्र से घाटी में चला गया। अयाज़ रणक्षेत्र में ठहरा रहा और उसने सरदारों को एकत्र किया। अनुचित स्थान पर उन्होंने जो वीरता प्रदर्शित की थी उसके लिये उसने उनके प्रति क्रोध प्रदर्शित किया किन्तु क्योंकि उदय सिंह राय सांगा के समूह के प्रभावशाली व्यक्तियों में से था अतः उसने उनकी प्रशंसा भी की और जो लोग इस युद्ध में मारे गये थे उनके लिए ईश्वर से शुभकामनायें भी कीं। उनके चारों ओर बहुत से मुशरिक मरे हुए पड़े थे।

## करज्हीन का अवरोध

तदुपरान्त अयाज़ सरक़ोब गया और वहां पड़ाव किया। फिर उसने कुरज्हीन की घाटी पर चढ़ाई की और वहां से दसूर पर, जो राय सांगा के अधीन था, छापा मारा। इस क़िले का निर्माण मन्दू के हाकिम होशंग ग़ोरी ने कराया था। यह दोनों नदियों के मध्य में पत्थर का बना हुआ है। उसकी दीवार की चौड़ाई ५ हाथ है। उसी दीवार से दूसरी दीवार मिली हुई है जो चूने की बनी हुई है। उन दोनों के मध्य में ६ हाथ की दूरी है। दूसरी दीवार पक्की ईंट से बनी हुई है। उसकी चौड़ाई १६ हाथ है। होशंग के उपरान्त यह क़िला ख़लजी के अधिकार में आया और जब राय मेदिनी ने प्रभुत्व प्राप्त कर लिया तो उसने उसे चित्तौड़ के हाकिम को दे दिया। यह पहले उसी के अधीन था। यह उसे इस कारण दे दिया कि सहायता की आवश्यकता पड़ने पर वह उसकी सहायता करे। राय सांगा की ओर से आसोक पुरबिया[1] उसका शासन-प्रबन्ध करता था। अयाज़ ने उसका अवरोध प्रारम्भ कर दिया और एक सुरंग खोदने का आदेश दे दिया जिसकी सूचना मज़दूरों के अतिरिक्त किसी अन्य को न थी।

राय सांगा चित्तौड़ से बदसर गया और वहां उसने पड़ाव किया। मलिक अयाज़ को उसने पत्र लिखा कि, "मैं अधीनता स्वीकार कर लूँगा तथा ख़राज अदा करूंगा।" अयाज़ ने उसे इन शर्तों के स्वीकार करने का प्रलोभन भी दिलाया था और सुरंग के पूरा होने की प्रतीक्षा करने के लिए मामले को आज कल पर टालता रहा। राय सांगा के पास मुशरिक सरदार दो बातों के लिए एकत्र हुए, "एक तो यह कि राय सांगा उन सबसे अधिक शक्तिशाली तथा प्रभावशाली है, दूसरे यह कि जो संधि के समाचार हैं उनके विषय में नरमी से काम लिया जाय और यह कि वे सब उसके साथ क़िले से नीचे उतरेंगे।" रायसिंह के क़िले के हाकिम सलादी पुरबिया के अतिरिक्त, सब इस बात से सहमत थे क्योंकि वह सुल्तान की ओर (११५) से वहां नियुक्त था। मलिक अयाज़ के पास जाने से राय मेदिनी ने उसे रोका था और राय सांगा की ओर उसे मोड़ दिया था। उसने उससे यह कहा था कि उसी के द्वारा संधि होगी। उसके कारण

१ अशोक पुरबिया।

उसने यह बात स्वीकार कर ली थी। १० हज़ार अश्वारोहियों तथा १० हज़ार पदातियों एवं सौ हाथियों सहित वह राणा सांगा के साथ पड़ाव किये हुए था।

## संधि की वार्ता तथा मलिक अयाज़ द्वारा सुरंग की तैयारी

मन्दू के सुल्तान अलाउद्दीन ख़लजी को जब यह समाचार प्राप्त हुए कि अयाज़ से युद्ध करने के लिए मुशरिक लोग एकत्र हुए हैं तो उसने तुरन्त तैयार होकर अपने राज्य से निकल कर मलिक अयाज़ के साथ पड़ाव किया। सांगा का राजदूत अधीनता स्वीकार करने के विषय में निरन्तर अयाज़ के पास आता-जाता रहता था। अयाज़ उसे निराश भी नहीं करता था। क़िवामुलमुल्क ने विजय करने का प्रयत्न उस समय से प्रारम्भ कर दिया था जिस समय से वह आक्रमण करने के उद्देश्य से वहां पहुंचा था। यह बात पूरी हो जाने वाली थी किन्तु अयाज़ यह चाहता था कि यह विजय उसके नाम पर तथा उसकी ओर से हो। इस कारण उसने क़िवामुलमुल्क को क़िले से रणक्षेत्र में अपनी एक ओर कर दिया। वह एक बहुत बड़ा सरदार था और बड़ा ही शक्तिशाली तथा प्रभुत्वशाली था। उसने उससे इस विषय में वाद-विवाद किया और वह ख़लजी से मिला और उससे कहा कि, "क़िले का हाकिम क़िले के समीप ही पड़ाव किये हुए है और वह आंखों के सामने है। अयाज़ उससे खेल कर रहा है। वह इस बात को जानता है कि संधि उसके हाथ में उसी प्रकार रहेगी जैसे कि अब है। जब वह क़िले को शक्ति द्वारा प्राप्त करने से निराश हो जायेगा अथवा जो लोग उसके भीतर हैं उनमें उसकी रक्षा की शक्ति न रहेगी तो फिर वे यथासम्भव संधि का प्रयत्न करेंगे। ऐसी अवस्था में युद्ध अनिवार्य हो जायेगा। यदि अयाज़ ने वहां प्रारम्भ ही से युद्ध किया होता तो क़िले पर भी उसका अधिकार हो जाता और क़िले के अतिरिक्त अन्य स्थानों पर भी। मेरी ओर जो भाग था उस पर मैं विजय पाने वाला ही था किन्तु उसने मुझे इसमें सफल न होने दिया और मुझे दूसरी ओर भेज दिया। मैंने इस पर क्रोध प्रदर्शित किया। अब मैं तेरे पास यह समाचार पहुंचाने आया हूं कि, "मैंने जिहाद का संकल्प कर लिया है। अब यदि तू इस पर तैयार है तो मैं तेरी पताका के नीचे तेरे समक्ष युद्ध करूंगा।" ख़लजी ने उसकी बात स्वीकार कर ली और नक़्क़ारा बजाने का आदेश दे दिया। वह तथा क़िवामुलमुल्क युद्ध के लिए अग्रसर होने पर तैयार हो गये। अयाज़ को इस विषय में समाचार मिल गये। वह सवार होकर ख़लजी के पास गया और उसे सुरंग के विषय में सूचना देते हुए कहा कि "सुरंग के पूरा होने में दो दिन शेष हैं, तीसरे दिन ईश्वर की जो इच्छा है वह होगा। इसी निश्चित दिन के लिए संधि के समाचार फैलाये गये थे।" ख़लजी ने उसकी प्रशंसा की। तदुपरान्त क़िवामुलमुल्क को बुलवाया और इस घटना की सूचना दी और उसे संतुष्ट कर दिया। वह अपने शिविर में वापस चला गया।

## सुरंग द्वारा क़िला विजय करने में असफलता एवं संधि

तीसरे दिन अयाज़ तैयार हुआ। ख़लजी तथा क़िवामुलमुल्क भी आये और सुरंग में आग लगा दी गई। पत्थर की दीवार १० हाथ की दूरी तक खुल गई इटोंन्तुकी दीवार शेष रही। अतः जब अया कि ने भीतर प्रविष्ट होने का संकल्प किया तो कोई मार्ग न मिला। उसे इतना दुःख हुआ कि वह लगभग मृत्यु को प्राप्त हो जाता। अब उसे साहस न रहा। उसने ख़राज की शर्त पर संधि स्वीकार कर ली। उसने एक शर्त यह भी की कि राणा अपने पुत्र को सुल्तान के दरबार में अपनी ओर से सेवा के लिए (११६) भेज दे और उन्हीं शर्तों में से एक यह भी थी कि वह अपने पुत्र के साथ इतने घोड़े तथा इतने हाथी भी भेजे।

जब अयाज़ तथा सांगा में संधि हो रही थी तो क़िवामुलमुल्क ख़लजी से भेंट कर रहा था और उससे यह कह रहा था कि, "पाप में अयाज़ की अधीनता नहीं की जा सकती, हममें इतनी शक्ति है कि हम शत्रु को नष्ट-भ्रष्ट कर सकते हैं। ऐसी अवस्था में उससे संधि कर लेने से अधिक कोई अन्य पाप न होगा। हमें युद्ध का आदेश दिया गया। आज हम तेरे समूह में से हैं। ईश्वर का नाम लेकर युद्ध के लिए तैयार हो जा।" ख़लजी ने कहा, "बहुत अच्छा।" फिर उसने अस्त्र-शस्त्र बांटे और युद्ध का नक़्क़ारा बजाने का आदेश दिया। अयाज़ तुरन्त उसके पास पहुंचा और कहा कि, "यदि तू सुल्तान के कार्य को पूरा करने आया है तो अपने नक़्क़ारे को लेकर अपने राज्य को चला जा।" उसने ऐसा ही किया। उसी समय अयाज़ ने भी नक़्क़ारा बजवाया और वापसी के लिए सवार हो गया। उसके साथ रहाएन[1] तथा राजदूत थे किन्तु जब शाही दरबार में पहुंचा तो सुल्तान ने उसकी ओर कोई ध्यान न दिया और उसे जूनागढ़ चले जाने का आदेश दे दिया। कहा जाता है कि जब वह अहमदाबाद पहुंचा तो उसे (सुल्तान का) एक पत्र प्राप्त हुआ, जिसमें उस पर क्रोध प्रकट किया गया था और उसे आदेश दिया गया था कि वह अपने राज्य को चला जाय।

## राणा सांगा के पुत्र की सुल्तान से भेंट

९२८ हि० (१५२१-२२ ई०) में सुल्तान ने चम्पानीर से अहमदाबाद की ओर चित्तौड़ पर आक्रमण करने के उद्देश्य से प्रस्थान किया और कंकरिया नामक तालाब पर उतरा। इसी बीच में राय सांगा का पुत्र, उस संधि के अनुसार जो अयाज़ से हुई थी, पहुंच गया। उसी कारण सुल्तान ने उसके पिता को क्षमा कर दिया।

## मलिक अयाज़ की मृत्यु तथा उसकी सुव्यवस्था

उसी वर्ष में मलिक अयाज़ सुल्तानी की जूनागढ़ में मृत्यु हो गई और उसकी लाश उस शुभ ग्राम में भेज दी गई जिसका नाम उन्ना है। उसे उसके स्वामी ग़यासुद्दुनिया वद्दीन, मौलाना क़ुतुबुल आरेफ़ीन, शाह शम्सुद्दीन के पड़ोस में दफ़न किया गया। सुल्तान को जब उसकी मृत्यु के समाचार प्राप्त हुए तो उसने कहा कि, "वह अपने जीवन-काल में सदाचारी रहा। जिस कार्य का उसने संकल्प किया था उसे करने में यदि वह धैर्य धारण करता तो शहादत का सम्मान प्राप्त कर लेता। उसने उसके लिए ईश्वर से शुभकामनायें कीं और उसकी मृत्यु पर खेद प्रकट किया। जो स्थान उसके अधीन थे वे अपनी उन्नति तथा समृद्धि के लिये बड़े प्रसिद्ध थे। उसके प्रयत्न के कारण उसके समुद्र का तट व्यापारियों से ख़ाली न रहता था, विशेषकर देव[2] नामक बन्दरगाह जिसकी प्रशंसा संभव नहीं। यहां से व्यापार की अधिकता के कारण अत्यधिक लाभ प्राप्त होता था। यहां से प्रत्येक वर्ष १०० जहाज़ से अधिक जाते थे। यात्रा संबन्धी नौकायें तो समुद्र-तट पर हज़ार से अधिक रहती थीं। इसी प्रकार युद्ध की नौकायें १०० से अधिक थीं। क्योंकि गुजरात का तट उस समय सिंध के समीप तक था और कौंकन के राज्य के अन्त तक था। यह दक्षिण के बन्दरगाह चियल के पड़ोस में था। फ़िरंगी[3] वहां आते-जाते थे। फ़िरंगियों का सबसे

१ यह शब्द स्पष्ट नहीं।
२ डीब।
३ पुर्तगाली।

(२२) बड़ा स्थान कूवा[1] था। चियूल तथा दाबूल उसके समीप थे, अतः दोनों ही स्थानों पर फ़िरंगी आते-जाते रहते थे। चियूल तथा दाबूल बीजापुर के तट से संबन्धित थे। बीजापुर कनरा की राजधानी था, किन्तु चियूल जनेर के तट से सम्बन्धित था। यहां के निवासी मरहट के नाम से प्रसिद्ध हैं। गुजरात के समुद्रीय तट पर मलिक अयाज़ के आदेशों का पालन किया जाता था और वह फ़िरंगियों की किसी नौका को भी यहां व्यापार के उद्देश्य के अतिरिक्त किसी अन्य कार्य से प्रविष्ट न होने देता था। इसी कारण अमीरुलबहर उसके समय में उस पर बड़ी कृपादृष्टि रखता था। अयाज़ का अमीरुलबहर उसके समय में निरन्तर फ़िरंगियों की नौकाओं की खोज में रहता था। राज्य के स्थल भाग में अयाज़ की न्यायकारिता की यह दशा थी कि उसके राजकोष में उसके निवासियों की कोई भी वस्तु कण भर भी नहीं पहुंचती थी। समुद्रीय भाग में उसका न्याय इस सीमा को पहुंचा हुआ था कि वह किसी जहाज़ को उस समय तक प्रविष्ट न होने देता था जब तक कि वह उसे हर प्रकार से पूर्ण न पाता था और उसकी देखरेख का पर्याप्त प्रबन्ध न होता था। इसी कारण समुद्रीय यात्रा बड़ी ही सुरक्षित थी और समुद्रीय व्यापार में बहुत बड़ा लाभ होता था। लोग उसके प्रति शुभकामनायें प्रकट किया करते थे। समुद्रीय मार्ग से जो वहां आता था उसके लिए यह कहना संभव था कि ईश्वर जिसको चाहता है बिना हिसाब के देता है। वह बहुत बड़ा दानी था और लोगों को अत्यधिक भोजन कराता था। कोई भी उसके दस्तरख्वान से निराश वापस न जाता था। विशेष तथा साधारण व्यक्ति सभी उससे लाभान्वित होते थे। उन लोगों ने भी उसके विषय में मर्सियों[2] की रचनायें कीं जिन्होंने उसके दर्शन नहीं किये थे अपितु केवल उसके विषय में सुना ही था। ऐसी अवस्था में उसके घर वाले जितना भी प्रभावित होते उतना ही कम था। उसने अपने उपरान्त दो पुत्रों को छोड़ा। एक का नाम इसहाक़ तथा दूसरे का नाम तुग़ान था। सुल्तान ने इसहाक़ के पास, जो कुछ उसके पिता का था, वह रहने दिया।......

(१२०) ९३० हि० (१५२३-२४ ई०) में सुल्तान मुज़फ़्फ़र शिकारी जानवर लेकर महरासा गया और वहां कुछ दिन तक भ्रमण करता रहा। उसने स्वयं बाज़ तथा चीते से शिकार किया। जो चिड़ियां, मृग तथा नीलगाय उसके समक्ष आ गये वे सुरक्षित न जा सके। लौटते समय उसकी पत्नी बीबी रानी की मृत्यु हो गई। वह दुर्बलता अनुभव किया करती थी। वह सिंध के सुल्तान की पुत्री थी और सुल्तान के पुत्र सिकन्दर की माता थी। उसकी मृत्यु से सुल्तान को अत्यधिक शोक हुआ। उसने उसके कफ़न-दफ़न का प्रबन्ध कराया और उसके माता-पिता के पास लुहानियां धूलोहर नामक स्थान में दफ़न कर दिया। बाद में उसकी संतान ने उसकी ज़ियारत के लिए एक रौज़े का निर्माण कराया। सुल्तान चाम्पानीर वापस हो गया।

## आलम खां का देहली की ओर प्रस्थान

इसी ९३० हि० (१५२३-२४ ई०) में देहली के किसी अमीर ने आलम खां बिन सुल्तान बहलोल को उसे राज्य प्राप्त करने के सम्बन्ध में लिखा और यह लिखा कि इबराहीम को राज्य से पृथक् कर दिया जायगा। वह उस समय गुजरात में था और उसके पास सुल्तान के प्रदान किये हुए जीतलपुर तथा बारीजा नामक दो ग्राम थे जो अहमदाबाद से ७ कोस की दूरी पर थे। क्योंकि जीतलपुर की जलवायु बड़ी अच्छी

१ गोआ।
२ शोक सम्बन्धी कवितायें।

थी, वृक्ष घने थे और शिकार पाया जाता था, अतः उसने वहीं घर बनवा लिए और वहीं निवास करने लगा। जब उसके पास पत्र आया तो उसने उसे सुल्तान की सेवा में प्रस्तुत किया और उससे अनुमति चाही। सुल्तान ने उसे ऐसा करने से रोका किन्तु उसने उसकी बात न मानी। सुल्तान ने उसे समस्त धन-संपत्ति के साथ जो उसकी स्थिति के अनुकूल थी प्रदान कर दी और अपने समस्त मलिकों को उसका सम्मान करने का आदेश दे दिया। उसके प्रति जो विशेष व्यवहार किया गया वह इस प्रकार था कि उसे २९० घोड़े, ५ हाथी तथा १०० ऊंट दिये गये। पताका, नक्क़ारा तथा ४० हज़ार मुज़फ़्फ़री सिक्के भी प्रदान किये गये। उस यात्रा में उसके साथ अफ़ीफ़ुद्दीन अब्दुल्लाह बंगाली भी था, जो प्रसिद्ध फ़क़ीह[1] सिराजुद्दीन उमर बिन जैद दोअती की पत्नी के पिता थे। मैं उनसे ९७७ हि० (१५६९-७० ई०) में अहमदाबाद में मिला था और उसके विषय में उनसे पूछा था। मुझसे उन्होंने वह चीज़ें बताईं जो उन्होंने स्वयं देखी थीं, सुनी न थीं।

## बहादुर का दूनगरपुर की ओर प्रस्थान

९३१ हि० (१५२४-२५ ई०) में सुल्तान ने चाम्पानीर से अहमदाबाद की ओर प्रस्थान किया और कंकरिया हौज़ पर उतरा। उन लोगों में से जो महमूदपुर में पड़ाव किये हुए थे सुल्तान का पुत्र बहादुर भी था, उसने अपने पिता से यह प्रार्थना की कि, "मेरे छोटे भाई सिकन्दर के पास जितनी विलायत है यदि उससे अधिक नहीं तो उसके बराबर ही मुझे प्रदान की जाय।" जब वह प्रार्थना स्वीकार न हुई (१२१) तो बहादुर ने यह निश्चय कर लिया कि वह उससे पृथक् हो जाय। जिन लोगों पर उसे भरोसा था उन्हें साथ लेकर वह रात्रि में दूँगरपुर की ओर चला गया। वहीं समीप ही उसका हाकिम राय उदय सिंह भी उपस्थित था। उसे जब इसकी सूचना मिली तो उसने उससे भेंट की और उसे 'स्वागतम्' कहा। उसे बड़े ही उत्तम घर में ठहराया और जितना आतिथ्य सत्कार होना चाहिये था उससे अधिक उसने किया। संयोग से उदय सिंह के पुत्र ने रात्रि में एक जश्न किया, उसमें बहादुर भी गया। इस जलसे में एक कनीज़ का नृत्य बहादुर को बहुत पसन्द आया और उसने उसकी प्रशंसा की। उदयसिंह के पुत्र ने कहा कि, "तुम पहचानते हो कि यह कौन है?" बहादुर ने कहा कि, "मैं नहीं पहचानता हूं।" उसने कहा कि, "यह उस घर की है जिसके तुम भक्त हो?" इस उत्तर से बहादुर की मर्यादा को ठेस लगी। उसके पास तलवार बराबर रहती थी। उससे बहादुर ने आक्रमण कर दिया और तलवार उसके सिर पर मारी। तदुपरान्त वह वहां से निकल कर उस स्थान पर आ गया जहां वह निवास किये हुए था। इस वात को उदयसिंह ने सुना और उसने बहादुर की हत्या का संकल्प कर लिया। इस पर उसके पुत्र की माता ने कहा कि, "मेरे पुत्र ने वास्तव में बड़ी भूल की जो इस प्रकार उससे संबोधित हुआ। अतः तुझे उससे युद्ध करने में सावधानी से कार्य करना चाहिये, कारण कि मुज़फ़्फ़र तुझसे एक पग की दूरी पर है।" फिर वह बहादुर के पास आई और उससे कहा कि, "यदि तू इस बात से संतुष्ट हो जाय कि मैं अपने पुत्र को घोड़े की दुम में बांध कर घुमाऊं तो मैं ऐसा करने पर उद्यत हूं, कारण कि उसने बहुत बड़ा अपराध किया है और वह दण्ड का पात्र है। हम तेरे हैं, और नगर भी तेरे ही आदेश के अधीन है। यदि तू चाहे तो यहीं ठहर और यदि यहां से जाना चाहे तो तेरी इच्छा।" बहादुर ने उससे क्षमा-याचना की और उदय सिंह से विदा हुआ तथा अजमेर की ओर रवाना हुआ। मौलाना ख़्वाजा मुईनुद्दीन सिजज़ी के रौज़े के दर्शन किये और उनकी आत्मा से सहायता की याचना की।

1 इस्लामी धर्म शास्त्रों के अनुसार इस्लामी नियमों का विद्वान्।

## बहादुर का देहली की ओर प्रस्थान

तदुपरान्त वह मेवात की ओर रवाना हुआ। जब वह मेवात के समीप पहुंचा तो उसके हाकिम अमीर एहसन ख़ां मेवाती ने उससे भेंट की और वह उसके घर अतिथि के रूप में रहा। संपत्ति तथा राज्य में से जो कुछ उसके अधिकार में था, वह सब उसने बहादुर की सेवा में उपस्थित कर दिया। बहादुर ने उसके साहस की प्रशंसा की और देहली की ओर प्रस्थान किया।

सुल्तान इबराहीम ने जब यह समाचार सुने तो उससे भेंट की और दरबार में आमंत्रित किया। जब वह मिला तो उसने बाह्य रूप से सौजन्य प्रदर्शित करके उसे संतुष्ट कर दिया। जिस समय वह देहली में था एक दिन यह समाचार प्रसारित हुए कि मुग़ुलों ने देहली के आसपास लूट-मार की है। इसका कारण यह हुआ कि काबुल के हाकिम बाबर बादशाह का देहली के हाकिम से कुछ मतभेद था, कारण कि बाबर अलाउद्दीन बिन बहलोल की सहायता करता था। दूसरे भाग में इसका उल्लेख किया जायेगा। जो व्यक्ति बन्दी होने से बच गये उन्हें भाग कर देहली के अतिरिक्त किसी अन्य स्थान पर जाने का कोई उपाय दिखाई न दिया। फाटक पर प्रजा की भीड़ लग गई। वहां के निवासियों में और जो उनके कार्यों के स्वामी थे उनमें यह समाचार फैल गये। मुग़ुलों के विरुद्ध कोई बाहर न निकला। जो लोग फाटक के रक्षक थे, वे भी आतंकित हो गये। इसका ज्ञान न इबराहीम को हुआ और न उसके अनुयायियों को हुआ। जब मुग़ुल लूट की धन-संपत्ति सहित मध्याह्न की गर्मी से बचने के लिए (१२२) विश्राम कर रहे थे, तो बहादुर उन पर टूट पड़ा और अत्याचार के अपराध में उनको बन्दी बना लिया। जो कुछ उनके सामने धन-संपत्ति थी उस सब पर पूर्ण रूप से अधिकार कर लिया। उसे लेकर वह देहली वापस लौट गया। देहली वालों के हृदय में इस प्रकार उसके प्रति स्नेह उत्पन्न हो गया और वे उससे सहानुभूति करने लगे। यह समाचार जौनपुर वालों को प्राप्त हुआ। उन्होंने भी उसे पत्र लिखा। यह हाल देखकर इबराहीम पर भी उसका बड़ा कुप्रभाव हुआ और उसकी ओर लोगों की सहानुभूति देखकर वह बड़ा भयभीत हुआ। इससे पूर्व जो उसका व्यवहार था, उसमें परिवर्तन हो गया। बहादुर उससे पृथक् होकर जौनपुर चल दिया। जब वह जौनपुर की सीमा में पहुंचा तो वहां के निवासियों का राजदूत उसके पास आया। इसी बीच में वज़ीर कबीर ताज ख़ां नरपाली का राजदूत भी गुजरात से पहुंचा। यहां पर बहादुर की यात्रा का अन्त हो गया। उसकी वापसी के समाचार अन्त में लिखे जायेंगे।

संक्षेप में, यह घटना इस प्रकार है कि जब सुल्तान को बहादुर के रुष्ट होकर चले जाने के समाचार मिले तो उसने ख़ुदावन्द ख़ां को बुलवाया और उससे यह कहा कि वह बहादुर के पास पहुंच जाय और उसे वापस लाये और यह सूचना दे दे कि उसकी प्रार्थना स्वीकार कर ली जायगी। किन्तु ख़ुदावन्द ख़ां बहादुर तक न पहुंच सका। वास्तव में मुज़फ़्फ़र, बहादुर को सब बालकों से अधिक, यहां तक कि सिकन्दर से भी अधिक प्रिय समझता था।

इसी वर्ष सुल्तान ईदगाह में वर्षा की प्रार्थना की नमाज़ हेतु नगर के बाहर निकला। उसने विभिन्न समूहों के आवश्यकताग्रस्त लोगों के प्रति कृपा प्रदर्शित की और उनको न्योछावर प्रदान की और उन्हें आदेश दिया कि वे (वर्षा हेतु) ईश्वर से प्रार्थना करें। तदुपरान्त वह नमाज़ के लिए आगे बढ़ा। कहा जाता है कि उसकी अंतिम प्रार्थना यह थी कि, "हे ईश्वर! मैं तेरा दास हूं। मैं अपनी निजी आवश्यकता के लिए किसी वस्तु का स्वामी नहीं हूं। यदि मेरे पापों के कारण तेरे दास वर्षा से वंचित हैं तो मैं उपस्थित हूं, मुझे जो चाहे दण्ड दे। हे कृपालु तथा दयालु! हमारी सहायता को पहुंच।" यह

कहकर वह सिज्दे में गिर पड़ा और "अरहमरहिमीन[1]-अरहमर्राहेमीन"—कहता रहा। फिर जैसे ही उसने सिर उठाया, हवा चलने लगी और चमक, गरज तथा वर्षा को लिए हुए एक बदली प्रकट हुई। तदुपरान्त उसने ईश्वर के प्रति कृतज्ञता प्रकट की और ईदगाह से ऐसी अवस्था में वापस आया कि समस्त प्रजा उसके प्रति शुभकामनायें प्रकट कर रही थी और वह दायें-बायें दान-पुण्य कर रहा था।....

## बहादुर के देहली प्रस्थान करने की घटना का पुनः उल्लेख

(१२८) ९३१ हि० (१५२४-२५ ई०) में बहादुर ने अपने पिता से यह निवेदन किया कि "मुझे भी मआश[2] के संबन्ध में उतनी ही वृत्ति मिलनी चाहिये जो मेरे भाई सिकन्दर को मिलती है, कारण कि मुझे इस समय जो कुछ मिल रहा है वह मेरी आवश्यकताओं से कम है।" मुज़फ़्फ़र यह सुनकर मौन हो गया और बहादुर उसी वर्ष के अन्त में रजब मास में दूँगरपुर चला गया। उसका हाकिम रावल उदय सिंह था। वहां से वह फिर चित्तौड़ चला गया। राय उदय सिंह के भतीजे ने जो दावत की थी उसमें उससे तथा बहादुर से बड़ा झगड़ा हो गया। इसका कारण वह कनीज़ थी जिसके नृत्य की बहादुर ने प्रशंसा की थी और जिसके विषय में उदय सिंह के भतीजे ने यह कहा था कि, "वह कनीज़ उस घराने की है जिसका तुम सब सम्मान करते हो।" इस पर बहादुर ने रुष्ट होकर उसके सिर पर तलवार मारी। यह कनीज़ अहमदनगर में राणा तथा मुबारिजुलमुल्क के युद्ध के समय बन्दी बनाई गई थी। राणा की माता को जब यह समाचार प्राप्त हुआ कि जिस व्यक्ति की हत्या कर दी गई है उसके साथी बहादुर की हत्या करने के लिये एकत्र हुए हैं तो वह शीघ्रातिशीघ्र उस मजमें में पहुंची। उसके हाथ में कटार थी। उसने कहा कि, "उसे छोड़ दो और कोई उसके पास न जाय अन्यथा मैं आत्महत्या कर लूँगी।" तदुपरान्त राणा वहां पहुंचा और लोगों को इससे रोका। बहादुर मेवात चला गया और वहां से सुल्तान इबराहीम के पास पहुंचा। वह पानीपत में मुग़ुल बाबर के मुक़ाबले में पड़ा हुआ था। इबराहीम ने उसका स्वागत किया। एक दिन ऐसी घटना घटी कि मुग़ुलों ने अफ़ग़ानों के एक समूह को सेना के शिविर के निकट बन्दी बना लिया और उस क्षेत्र में लूटमार भी की और बन्दियों को लेकर वापस चल दिये। किसी ने उसका पीछा न किया। इस दशा को देखकर बहादुर अपने विशेष व्यक्तियों सहित सवार हुआ और उनके पीछे बड़ी तीव्र गति से रवाना हुआ और उनके पास पहुंच गया। उसने उनमें से बहुत से लोगों की हत्या कर दी। जो लोग हत्या से बच गये वे भाग गये। बहादुर बन्दियों को लेकर लौट आया। मुग़ुल कोई बन्दी नहीं ले जा सके। अफ़ग़ानों के हृदय में उसके प्रति प्रेम में वृद्धि हो गई और उनकी दृष्टि में उसे बड़ा सम्मान प्राप्त हो गया। उन्होंने उसकी अत्यधिक प्रशंसा करनी प्रारम्भ कर दी। बहादुर की ओर लोगों को इस प्रकार आकृष्ट देखकर इबराहीम बड़ा प्रभावित हुआ और उसके हृदय में ईर्ष्या तथा द्वेष उत्पन्न हो गये। बहादुर इस बात को समझ गया और उससे पृथक् हो गया।

उसने जौनपुर की ओर प्रस्थान किया। उसका कारण यह था कि जौनपुर के अमीर इबराहीम के राज्य से संतुष्ट न थे। उन्होंने बहादुर के विषय में जब यह समाचार सुने तो इबराहीम की सेना में

१ 'परम कृपालु'।
२ जीविका सम्बन्धी आवश्यकताओं।

(१२९) उसे अत्यधिक प्रसिद्ध कर दिया। उन लोगों ने बहादुर से राज्य पर अधिकार जमाने के संम्बन्ध में पत्र-व्यवहार किया। जब वह उस स्थान पर पहुंचा जिसे बाग़पथ कहा जाता है तो उसे वहां हाजिब[1] पायन्दा ख़ां अफ़ग़ानी मिला जो जौनपुर के अमीरों की ओर से दूत बनकर आया था। उसने बहादुर से भेंट की और पत्र पहुंचाया। बहादुर पायन्दा ख़ां के साथ जौनपुर जाने वाला ही था कि इसी बीच में गुजरात की ओर से हरम ख़ां[2] का भेजा हुआ दूत पहुंचा गया। उसने सुल्तान मुज़फ़्फ़र की मृत्यु के समाचार पहुंचाये और सुल्तान सिकन्दर के राज्य के विषय में अमीरों में जो परस्पर मतभेद हो गया था उसकी चर्चा की। जब बहादुर को इस बात का ज्ञान हुआ तो उसने कुछ देर सोच विचार करके जौनपुर के हाजिब से यह कहकर क्षमा-याचना की कि स्वयं उसके राज्य ही में विघ्न पड़ गया है। वह फिर गुजरात की ओर रवाना हुआ। जब वह चित्तौड़ पहुंचा तो उसके पास अली शेर बिन मुईनुद्दीन अफ़ग़ान आया। वह सिकन्दर की मृत्यु के उपरान्त गुजरात से निकल खड़ा हुआ था।

## सुल्तान मुज़फ़्फ़र की मृत्यु

९३२ हि० (१५२५-२६ ई०) में जब वह (मुज़फ़्फ़र) चाम्पानीर से निकला तो उसे ऐसे चिह्न दृष्टिगत हुए जिससे उसके हृदय में यह विचार हुआ कि वह अब चाम्पानीर और उसके निवासियों से सदा के लिए विदा हो रहा है। उसने वहां भी अत्यधिक दानपुण्य किया और अहमदाबाद के मार्ग में भी। जब वह अहमदाबाद में ठहरा तो वहां के शुभ मज़ारों पर अत्यधिक आने-जाने लगा और वहां भी अत्यधिक दानपुण्य किया। अल्लामा ख़ुर्रम ख़ां के विषय में उसे बड़ी ही सद्भावनायें थीं। सुल्तान ने एक दिन उससे कहा कि, "मैं इस बात पर ध्यान दे रहा हूं कि अपने व्यय में जो लोग सहायता के पात्र हों उनकी ओर अधिक ध्यान रखूं। मैंने बैतुलमाल से अत्यधिक धन व्यय किया किन्तु जो उसके वास्तविक पात्र थे उनके विषय में मुझसे कमी हुई। यदि इस विषय में मुझसे प्रश्न किया जायगा तो मैं क्या उत्तर दूंगा? अब मैं संसार से विदा होने वाला हूं और मेरी अंतिम यात्रा प्रारम्भ होने वाली है। ऐसी अवस्था में यही उचित है कि ईश्वर से आशा रखी जाय, अतः मैं ईश्वर से आशा रखता हूं कि वह अपनी कृपा तथा दया से मेरी इन दोनों भूलों को क्षमा करेगा। अतः तुम बैतुलमाल जाओ और जितना तुमसे संभव हो वहां से ले लो और मेरे जीवन-काल ही में वास्तविक आवश्यकताग्रस्त लोगों को दे दो। आशा है कि ईश्वर उसे मेरी ओर से स्वीकार करेगा। वह बहुत बड़ा दयालु है।"

इसके उपरान्त मुज़फ़्फ़र ने अपने पुत्र सिकन्दर को बुलवाया और उसे अपना उत्तराधिकारी नियुक्त किया। उसने उससे उसके अन्य भाइयों के विषय में वसीयत की। सिकन्दर रोने लगा। मुज़फ़्फ़र ने उससे आलिंगन किया और उसकी आंखें भी डबडबा आईं। तदुपरान्त उसने उसके प्रति शुभकामनायें प्रकट कीं।

अपने अंतिम दिनों में से एक दिन शुक्रवार को उसने अपनी अश्वशाला के पशुओं का निरीक्षण (१३०) किया। फिर वह अपने महल में गया और वहां लेटा रहा, यहां तक कि सूर्य अस्त होने लगा। तदुपरान्त उसने जल मँगवा कर वज़ू किया और दो रकात नमाज़ पढ़कर अन्तःपुर में चला गया। वहां

१ देखिये पृ० ३०, नोट नं० ३।
२ 'कुर्रम ख़ां'।

स्त्रियां टूटे हुए हृदय के साथ बड़ी निराश अवस्था में विलाप करती हुई एकत्र हुईं। वे अपने विषय में विलाप कर रही थीं। इस प्रकार पृथक् होने पर वे दुखी थीं, कारण कि वह ऐसी विदा थी जिसके उपरान्त भेंट का प्रश्न ही उत्पन्न नहीं होता। उसने उनसे धैर्य धारण करने के लिए कहा, कारण कि इससे बड़ा लाभ होता है। उन्हें सान्त्वना देने के लिए उसने ख़ज़ाने में से धन-संपत्ति मंगवाई और उसे उन लोगों में बांट दिया। तदुपरान्त उन्हें विदा किया और ईश्वर को सौंप दिया।

फिर वह अपने राजसिंहासन के स्थान पर गया। जब वह वहां पहुंचा तो उसने उपस्थितगण से कहा कि, "राजसिंहासन पर मेरे पूर्वज उस समय से जब से कि उनके राज्य के लिए बैअत की जाती थी आसीन होते रहे हैं। जब मेरी बारी आई तो मैं भी उस पर आसीन हुआ। अब इस राजसिंहासन को मेरे पुत्र के लिए छोड़ दो। वह इस पर अपने पूर्वजों की आत्मा से आशीर्वाद प्राप्त करता हुआ बैठा करेगा। मेरे लिए दूसरा सिंहासन लाओ, मैं उस पर लेटूंगा।" उसके लिए दूसरा सिंहासन लाया गया, वह कुछ देर उस पर बैठा। तदुपरान्त उसने राजा मुहम्मद हुसेन को जिसे अशजउलमुल्क की उपाधि प्राप्त थी अपने पास बुलवाया और उससे कहा कि, "विद्वत्ता के कारण ईश्वर ने तुम्हें अत्यधिक सम्मानित किया है। मैं तुमसे अंतिम सेवा लेना चाहता हूं। मेरी यह इच्छा है कि तुम मेरी मृत्यु के समय मेरे पास रहो। उस समय सूरये यासीन[१] का पाठ करो। मुझे अपने हाथ से स्नान कराओ तथा मेरे दोषों को छिपाओ" इस सेवा के लिए चुने जाने के कारण अशजउलमुल्क ने अत्यधिक कृतज्ञता प्रकट की और उसके लिए ईश्वर से शुभकामनायें कीं। जब उसने अज़ान सुनी तो उस समय कहा कि "यह किस समय की अज़ान दी गई है?" असदुलमुल्क ने उत्तर दिया कि, "यह अज़ान जुमे की नमाज़ की तैयारी के लिए दी गई है और यह समय के पूर्व होती ही है।" इस पर मुज़फ़्फ़र ने कहा कि, "ज़ुहर[२] की नमाज़ के समय मैं तुम्हारे साथ रहूंगा किन्तु अस्र[३] की नमाज़ के समय मैं अपने ईश्वर के साथ स्वर्ग में रहूंगा।" तदुपरान्त उसने उपस्थितगण को शुक्रवार की नमाज़ के लिए प्रस्थान करने की अनुमति दे दी। उसने अपना मुसल्ला[४] मंगवाया और नमाज़ पढ़ी। उसने ईश्वर से बड़े ही पवित्र हृदय से तथा ध्यानपूर्वक प्रार्थना की। उसकी प्रार्थना ऐसे व्यक्ति की प्रार्थना थी जो महल छोड़ रहा हो और क़ब्र की ओर जा रहा हो। उसकी अंतिम प्रार्थना यह थी "हे ईश्वर! तू ने मुझे बहुत बड़ा राज्य प्रदान किया, हदीसों के भाष्य को समझने की शिक्षा दी, तू ने पृथ्वी तथा आकाश को जन्म दिया है, तू लोक तथा परलोक में मेरा स्वामी है, तू मुझे मुसलमान होने की अवस्था में मृत्यु प्रदान कर और सदाचारियों में मुझे सम्मिलित कर।" तदुपरान्त वह मुसल्ले से खड़ा हो गया और उसने ईश्वर से कहा कि, "हे ईश्वर! मैं अपने आपको तेरे सिपुर्द करता हूं।" फिर वह अपने सिंहासन पर जो उसके लिए ठीक किया गया था लेट गया और वह स्वयं क़िबले की ओर मुख किये हुए था। उसने कलमा पढ़ा और मृत्यु को प्राप्त हो गया। उस समय ख़तीब[५] मिम्बर[६], पर उसके लिये शुभ कामनायें प्रकट कर रहा था।

१ क़ुरान का एक सूरा जो मुसलमान लोगों की मृत्यु के समय के कष्टों के निवारण हेतु पढ़ा जाता है।
२ ज़ुहरः—मध्याह्नोपरान्त की नमाज़।
३ सायंकाल के पूर्व की तथा दिन की अन्तिम तीसरी अनिवार्य नमाज़।
४ वह चटाई अथवा कपड़ा जिसे बिछा कर नमाज़ पढ़ी जाती है।
५ दोनों ईदों तथा जुमे इत्यादि की नमाज़ के समय प्रवचन करने वाले जिसमें मुहम्मद साहब, उनकी संतान, मित्रों एवं समकालीन ख़लीफ़ा और उनके पूर्वजों के लिये ईश्वर से शुभकामनायें की जाती हैं।
६ मस्जिद का मंच।

यह घटना २ जमादि-उल-आख़िर ९३२ हि० (१६ मार्च १५२६ ई०) को घटी। उसने (१३१) १४ वर्ष तथा ९ मास तक राज्य किया। उसका जनाज़ा सरखीज ले जाया गया और गुम्बद में उसके पिता की क़ब्र के समीप दफ़न किया गया। उसकी क़ब्र पर भी प्रथानुसार चत्र लगाया गया। वह बड़ा ही बुद्धिमान् बादशाह था। वह लोगों का उपकार किया करता था। न्यायप्रिय, ज्ञानी, कर्मठ तथा बड़ा ही उत्तम घुड़सवार था। राज्य के समस्त कार्यों से अवगत था। वह बड़ा वीर तथा पराक्रमी था और ईश्वर के मार्ग में अपनी वासनाओं पर नियंत्रण रखता था। वह नम्रतापूर्वक व्यवहार करता था, लोग उसके आदेशों का पालन करते थे और उसका भय करते थे। वह बड़ा ही दानी था और शरीअत के आदेशों का पालन करता था।

उसके विषय में यह समाचार प्रसिद्ध है कि एक दिन चाम्पानीर के क़ाज़ी का एक दूत उसे बुलाने के लिए आया। घोड़ों के एक व्यापारी ने उसके प्रति न्याय की याचना की थी। जैसे ही उसे यह समाचार प्राप्त हुआ, उसने अन्तःपुर से जिस दशा में था उसी दशा में क़ाज़ी के दूत को उत्तर भिजवाया और पैदल ही उस स्थान पर जहां क़ाज़ी बैठता था, पहुंचा। वह वादी के साथ क़ाज़ी के समक्ष बैठ गया। व्यापारी ने कहा कि, "मुझे मेरे घोड़ों का मूल्य अभी तक प्राप्त नहीं हुआ है" और यह बात सिद्ध हो गई। व्यापारी ने उस समय तक न्यायालय छोड़ने से इनकार कर दिया जब तक कि उसे मूल्य प्राप्त न हो जाय। क़ाज़ी ने मूल्य अदा कर देने का आदेश दे दिया। सुल्तान वादी के साथ उस समय तक बैठा रहा जब तक कि व्यापारी ने मूल्य अपने अधिकार में न कर लिया। सुल्तान जब न्यायालय में उपस्थित हुआ तथा क़ाज़ी को अभिवादन किया तो क़ाज़ी अपने स्थान से न हिला। केवल इतना ही नहीं अपितु उसने सुल्तान को आदेश दिया कि वह अपने आपको वादी से किसी प्रकार अधिक सम्मानित न समझे और उसी के साथ बैठे। सुल्तान ने इस आदेश का पालन किया। जब व्यापारी को मूल्य मिल गया तो क़ाज़ी ने उससे प्रश्न किया कि, "सुल्तान पर अब तो तेरा कोई दावा नहीं है?" उसने कहा, "नहीं।" तदुपरान्त क़ाज़ी अपने स्थान से खड़ा हो गया और प्रथानुसार सुल्तान के प्रति अभिवादन किया और क्षमा-याचना करके अपने सिर को झुका लिया। सुल्तान वादी के साथ अपने स्थान से खड़ा हो गया और उसने क़ाज़ी का हाथ पकड़कर उसे उसके स्थान पर बैठा दिया और स्वयं उसके बराबर बैठ गया। उसने उसके प्रति इस कारण कृतज्ञता प्रकट की कि वह अभियोगों के सम्बन्ध में नरमी नहीं करता। उसने यह भी कहा कि, "यदि तू अपनी इस प्रथा का मेरे कारण पालन न करता तो मैं तुझसे यह पद ले लेता और तुझे सर्वसाधारण लोगों की श्रेणी तक पहुंचा देता ताकि तेरे पश्चात् अन्य लोग तेरा अनुसरण न करें। ईश्वर मेरी ओर से तेरा उपकार करे। तू सत्य का पालन करता है। तेरे ही समान व्यक्ति को क़ाज़ी होना चाहिये।" क़ाज़ी ने उसकी प्रशंसा की और कहा कि, "आप ही के समान व्यक्ति को सुल्तान होना चाहिये।"

वह मक्का मदीना वालों के प्रति बड़ी कृपा तथा दया प्रदर्शित करता था। उसने एक जहाज़ ठीक करवाया और उसे बहुमूल्य वस्त्रों से भर दिया तथा हिजाज़ के बन्दरगाह जद्दा से रवाना कर दिया। उस जहाज़ को उन समस्त वस्तुओं सहित जो जहाज़ में थीं हिजाज़ वालों को प्रदान कर दिया। उसने मक्का में एक सराय का निर्माण कराया जिसमें एक मदरसा, मुसाफ़िरखाना एवं अन्य भवन थे। उनके लिए उसने एक वक़्फ़ निश्चित किया जिसकी आय मक्का में मदरसे के अध्यापकों, विद्यार्थियों, वहां के निवासियों मुसाफ़िरखाने के सेवकों के लिए भेजी जाती थी। यह धन हज के समय भेजा जाता था। (१३२) इसके अतिरिक्त भी मक्का तथा मदीना के निवासियों के लिए अन्य सामान भी भेजे जाते थे। ये बातें उसके राज्यकाल में निरन्तर होती रहीं। मक्का मदीना में उसके हाथ के नक़ल किये हुये दो

क़ुरान हैं जिन्हें उसने सोने के जल से सुल्स लिपि[१] में लिखा है। हनफ़ियों[२] के इमाम[३] उसे विशेष रूप से पढ़ते हैं। दो रबय[४] भी इसी लिपि में लिखे हुए हैं। इन दोनों क़ुरानों तथा रबओं के लिए एक विशेष वक़्फ़ है। उसकी आय प्रत्येक वर्ष मक्का मदीना भेजी जाती है। इससे उस क़ुरान शरीफ़ तथा रबओं के पढ़ने वालों के लिए, शेख़ुर्रबआ[५] के लिए, उनके वितरण करने वालों के लिए, उनकी रक्षा करने वालों के लिए, ख़तम[६] के समय शुभकामना करने वालों के लिये, उस समय जल पिलाने वालों के लिए, नक़ीब तथा फ़र्राश के लिए उसमें से धन दिया जाता है। मैंने उसे स्वयं देखा है और सुल्तान महमूद की मृत्यु तक यह प्रथा चलती रही थी।

## बदरुल मआली ज़ियाउद्दीन सिकन्दर शाह बिन मुज़फ़्फ़र शाह

उसके पिता के विवरण में यह लिखा जा चुका है कि उसने सिकन्दर को अपना उत्तराधिकारी बनाया था। उसे वसीयत करते समय यह कहा था कि, "हे पुत्र! मैं अब तेरे साथ अंतिम बार उपस्थित हूं। इस समय तू उस अनुशासन तथा शिक्षा से लाभ प्राप्त कर जिससे मैंने तुझे सुशोभित किया है। जो साधारण कार्य हों उनमें तू मेरा अनुसरण कर और जो महत्वपूर्ण कार्य हों उनके विषय में ईश्वर से शुभकामनायें कर। संसार में से जो भाग तुझे मिलना है उसे न भूल। ईश्वर ने जिस प्रकार तेरा कल्याण किया है तू दूसरों का कल्याण कर। तू ऐसा पुरुष बन जिसके पांव भूमि के भीतर हों और उसका मस्तिष्क, जो साहस का भण्डार हो, सितारों के ऊपर हो। मुहम्मद साहब की हदीस में उल्लिखित है कि दुनियां बड़ी अच्छी सवारी है, इस पर यात्रा करो, यह तुम्हें परलोक में पहुंचा देगी। हज़रत अली ने कहा है कि, लोक, परलोक की खेती है। तू संसार में इस प्रकार जीवन व्यतीत कर जिसकी ओर हज़रत ईसा ने संकेत किया है अर्थात् संसार पुल है, उस पर नदी को पार करो किन्तु उसी में बस मत जाओ।" उसने उसे इसी प्रकार अन्य दो-एक परामर्श दिये और अन्त में यह कहा कि, "मुझे तुझसे यह आशा है कि तू मेरी उत्कृष्ट संतान में से होगा अतः शुभकामनाओं से मुझे कभी मत भुलाना।"

(१३३) जब सिकन्दर शाह ने राज-सिंहासन पर आसीन होना निश्चय किया उस समय उसका दायां हाथ उसकी फुफी के पुत्र मजलिसे ग्रामी फ़तह ख़ां बिन फ़तह ख़ां ने पकड़ा और बायां हाथ मसनदे आली मज्दुद्दीन मुहम्मद ख़ुदावन्द ख़ां ने पकड़ा और वह सिंहासनारूढ़ हुआ। सिंहासनारूढ़ होने के उपरान्त सर्वप्रथम मजलिसे आली, मसनदे आली तथा एमादुलमुल्क ख़ुशक़दम ने उसके प्रति अभिवादन किया।

यह घटना २ जमादि-उल-आख़िर ९३२ हि० (१६ मार्च १५२६ ई०) को घटी। उसी वर्ष ५ जमादि-उल-आख़िर (१९ मार्च १५२६ ई०) को वह अहमदाबाद से चाम्पानीर की ओर रवाना हो गया। जब वह क़ुतुब आलम बुरहानुद्दीन तथा शेख़ जिउ के शुभ मज़ार की ओर रवाना हुआ तो उसने यह कहा कि, "मेरे भाई से जिस राज्य का वचन दिया गया था उसका तो इस समय स्वामी मैं हूं। वह वचन

१ एक प्रकार की लिपि।
२ सच्चे धर्म के; सुन्नी मुसलमानों के।
३ नेता; वे लोग जो मुसलमानों को नमाज़ पढ़ाते हैं।
४ सम्भवतः सिपारे, क़ुरान के अध्याय।
५ सम्भवतः उसका प्रबन्धक।
६ जब क़ुरान शरीफ़ पूरा समाप्त हो जाता है।

क्या हो गया।" इस वाक्य के कहने के उपरान्त वह बड़ा लज्जित हुआ। लज्जा तोबा का काम करती है किन्तु उसने यह बात अभिमानवश कही थी, कारण कि वह राज्य के वैभव तथा लाव-लश्कर के साथ जा रहा था, अतः यह घटना घटी कि जब वह चाम्पानीर में उतरा तो इससे पूर्व कि वह अपना सुल्तान होना प्रकट करे उसकी जिह्वा पर व्यर्थ प्रकार की बातें आ गईं। उसने निम्न श्रेणी के सेवकों को उस जागीर तथा उपाधि का वचन दे दिया जो बड़े सम्मान वालों को ही प्रदान होती हैं।

कुछ लोगों का तो यह कथन है कि जब वह किसी तलवार की परीक्षा करता था तो उसे एक हार में बँधे हुए किसी मोज़े अथवा गन्ने की किसी पोर पर मारता था और कहता था कि, "यह अमुक व्यक्ति है।" तलवार की इस परीक्षा में जिन लोगों का नाम लिया जाता था उनमें से एक बहुत बड़े समूह ने उसे छोड़ दिया। वे सब इस बात से सहमत हो गये कि उसको राज्य से पृथक् कर दिया जाय, किन्तु उसके उत्तराधिकारी के विषय में मतभेद था। उनमें से एक समूह बहादुर के पक्ष में हो गया और उसको बुलाने के लिये लिखा। यह व्यक्ति वज़ीर कबीर ताज खां नरपाली था। वह बड़ा ही अधिकार-संपन्न था। उन्हीं में से एक व्यक्ति लतीफ़ खां बिन मुज़फ़्फ़र के पक्ष में हो गया। वह वज़ीर कबीर क़ैसर खां था। वह बड़ा अधिकार-सम्पन्न था किन्तु मसनदे आली ख़ुदावन्द खां इत्यादि पृथक् थे।

एमादुलमुल्क मध्याह्न के भोजन के उपरान्त विश्राम के समय सिकन्दर तक पहुंचा और उसने उसकी हत्या कर दी। उसने मुज़फ़्फ़र की संतान में से एक छोटे से बालक को सिंहासनारूढ़ कर दिया और उसकी बैअत[1] करानी चाही। उसके साथियों में से भी बहुत कम लोगों ने इस बात को स्वीकार (१३४) किया। जमादि-उल-आख़िर के अंतिम दिन में यह घटना घटी।[2] बीबी रानी के कारण उसे (एमादुलमुल्क को) बड़ा प्रिय रक्खा जाता था, दूसरा कारण उसकी अनुपम सुन्दरता तथा रूपरंग था। उसे यूसुफ़ द्वितीय कहा जाता था।

मुज़फ़्फ़र के इतिहास के विवरण में इस बात का उल्लेख हो चुका है कि बहादुर देहली से जौनपुर की ओर रवाना हो गया था और निकट पहुंच गया था कि वज़ीर का राजदूत पहुंचा। जौनपुर के दूत ने बड़ा प्रयत्न किया कि बहादुर जौनपुर ही चले, किन्तु बहादुर ने यह कहा कि "पिता की मृत्यु तथा भाई की हत्या के उपरान्त राज्य में बड़ा विघ्न पड़ गया है, वह मेरा पैतृक राज्य है अतः इस उपद्रव का निराकरण आवश्यक है।" बहादुर ने जौनपुर के हाजिब[3] से यह कहकर क्षमा-याचना की। यद्यपि जौनपुर का राज्य उसके लिए ठीक हो चुका था, तथापि वह गुजरात की ओर चल दिया।

१ अधीनता स्वीकार करने की शपथ।

२ १२ अप्रैल १५२६ ई०।

३ देखिये पृ० ३०, नोट नं० ३।

# सिन्ध

ख़्वाजा निज़ामुद्दीन अह्मद

तबक़ाते अकबरी

सैयिद मुहम्मद मासूम बक्करी

तारीख़े सिन्ध अथवा तारीख़े मासूमी

# तबक़ाते अकबरी

## भाग ३

(लेखक---ख़्वाजा निज़ामुद्दीन अहमद)

(प्रकाशन---कलकत्ता)

## जाम फ़तह ख़ां बिन सिकन्दर ख़ां

(५१५) उसने १५ वर्ष तथा कुछ मास तक राज्य किया। अन्त में वह अपनी मृत्यु से मर गया।

## जाम तुग़लुक़ बिन सिकन्दर ख़ां

(५१६) जाम फ़तह ख़ां की मृत्यु के उपरान्त उसका भाई जाम तुग़लुक़ हाकिम हुआ। २८ वर्ष उपरान्त उसकी मृत्यु हो गई।

## जाम मुबारक

जाम तुग़लुक़ की मृत्यु के उपरान्त जाम मुबारक जो उसका सम्बन्धी था और जिसे पर्दादारी[1] का पद प्राप्त था, अपने आप को उस उत्कृष्ट कार्य के योग्य समझ कर सिंहासनारूढ़ हुआ किन्तु तीन दिन से अधिक राज्य न कर सका।

## जाम इस्कन्दर बिन जाम फ़तह ख़ां बिन सिकन्दर ख़ां

जाम मुबारक के राज्य के अन्त के उपरान्त सिन्ध के सम्मानित व्यक्तियों ने जाम इस्कन्दर को, जो राज्य का उत्तराधिकारी होने के कारण राज्य का पात्र था, राज्य प्रदान किया। उसने एक वर्ष तथा छः मास तक राज्य किया।

## जाम संजर

जाम सिकन्दर की मृत्यु के उपरान्त सिन्ध के उच्च पदाधिकारियों ने जाम संजर को, जो उस समय राज्य के कार्य सम्पन्न करने के लिय नियुक्त था, राज्य प्रदान किया। उसने ८ वर्ष तथा कुछ मास तक राज्य किया।

१ सम्भवतः अन्तःपुर द्वार के रक्षक।

## निज़ामुद्दीन जाम नन्दा

(५१७) निज़ामुद्दीन, जो जाम नन्दा के नाम से प्रसिद्ध है, जाम संजर के उपरान्त सिंहासनारूढ़ हुआ। सिन्ध के राज्य को उसके राज्यकाल में रौनक़ प्राप्त हो गई। वह मुल्तान के सुल्तान हुसेन लंगाह का समकालीन था। उसके राज्यकाल में शाह बेग ने क़न्धार से पहुंच कर ८९९ हि० (१४९३–९४ ई०) में सीवी को, जो उसके गुमाश्ते[1] बहादुर ख़ां के अधीन था, विजय कर लिया और अपने छोटे भाई सुल्तान मुहम्मद को वहां छोड़ कर स्वयं क़न्धार चला गया। जाम नन्दा ने मुबारक ख़ां को सुल्तान मुहम्मद के विरुद्ध भेजा। सुल्तान मुहम्मद इस युद्ध में मारा गया। सीवी जाम के अधिकार में पुनः आ गया। शाह बेग ने यह समाचार पाकर मीर्ज़ा ईसा तर्ख़ान को अपने अनुज के प्रतिकार हेतु भेजा। मीर्ज़ा ईसा ने जाम की सेना से युद्ध किया। उसे विजय प्राप्त हो गई। उसके पीछे ही शाह बेग पहुंचा और उसने बेक्कर का क़िला जाम नन्दा के गुमाश्ते क़ाज़ी क़ादन के अधिकार से संधि द्वारा प्राप्त कर लिया। फ़ाज़िल बेग कोकिलताश को उस स्थान पर छोड़ दिया। बक्कर का क़िला उस समय इतना दृढ़ न था जितना कि आजकल है। उसने सहवान के क़िले पर भी अधिकार जमा कर ख़्वाजा बाक़ी बेग के सिपुर्द कर दिया और क़न्धार लौट गया। जाम नन्दा ने सीवी को मुक्त कराने के लिये पुनः सेना भेजी किन्तु उससे कुछ भी सम्भव न हो सका। जाम नन्दा की ६२ वर्ष राज्य करने के उपरान्त मृत्यु हो गई।

## जाम फ़ीरोज़

निज़ामुद्दीन का पुत्र जाम फ़ीरोज़ अपने पिता के स्थान पर सिंहासनारूढ़ हुआ। उसने विज़ारत का पद दरिया ख़ां को, जो उसका सम्बन्धी था, प्रदान किया। वह पूर्ण अधिकार-सम्पन्न हो गया। जाम (५१८) सलाहुद्दीन, जो जाम फ़ीरोज़ का सम्बन्धी था, अपने आप को राज्य का उत्तराधिकारी समझता था। उसने इसके लिये युद्ध प्रारम्भ कर दिया। जब उससे कुछ न हो सका तो वह भाग कर गुजरात पहुंचा और सुल्तान मुज़फ़्फ़र गुजराती से प्रार्थना की। क्योंकि सुल्तान मुज़फ़्फ़र की पत्नी जाम सलाहुद्दीन के चाचा की पुत्री थी, अतः सुल्तान मुज़फ़्फ़र ने उसे आश्रय तथा प्रोत्साहन प्रदान किया और उसे बहुत बड़ी सेना देकर थट्टा जाने की अनुमति दे दी। दरिया ख़ां, जिसे राज्य में समस्त अधिकार प्राप्त हो गये थे, जाम सलाहुद्दीन का सहायक बन गया था। अतः सिन्ध का राज्य युद्ध के बिना जाम सलाहुद्दीन को प्राप्त हो गया। जाम फ़ीरोज़ ने एकान्तवास ग्रहण कर लिया किन्तु अन्त में दरिया ख़ां ने, जिसके हाथ में सिन्ध के राज्य की बागडोर थी, जाम फ़ीरोज़ को बुलवाकर बादशाह बना दिया।

जाम सलाहुद्दीन गुद्दी खुजला कर पुनः गुजरात चला गया। सुल्तान मुज़फ़्फ़र ने जाम सलाहुद्दीन हेतु पुनः तैयारी की और ९२८ हि० (१५१६ ई०) में उसे सिन्ध भेजा। उसने जाम फ़ीरोज़ को सिन्ध से निकाल कर राज्य पर अधिकार जमा लिया। जाम फ़ीरोज़ ने विवश होकर शाही बेग अरग़ून से प्रार्थना की। अमीर शाही बेग ने अपने दास सुम्बुल को जाम की सहायतार्थ भेजा। जाम फ़ीरोज़ ने शाही बेग की सेना अपने साथ ले जाकर सिंहवान के आस-पास जाम सलाहुद्दीन से युद्ध किया। उस युद्ध (५१९) में जाम सलाहुद्दीन तथा उसका पुत्र हैबत ख़ां मारे गये। सिन्ध पूर्व की भांति पुनः जाम फ़ीरोज़ के अधिकार में आ गया।

१ प्रतिनिधि, एजेंट।

इस अशान्ति के काल में शाह बेग ने, जिसने सिन्ध विजय करने का संकल्प कर लिया था, अवसर पाकर क़न्धार से निकल कर ९२९ हि०[1] (१५२२–२३ ई०) में थट्टा को अपने अधिकार में कर लिया। दरिया ख़ां की, जो जाम फ़ीरोज़ का मुख्य पदाधिकारी था, हत्या कर दी गई। जाम फ़ीरोज़ ने विवश होकर सिन्ध छोड़कर सुल्तान मुज़फ़्फ़र गुजराती के पास शरण ली। इन्हीं दिनों में सुल्तान मुज़फ़्फ़र की मृत्यु हो जाने के कारण जाम फ़ीरोज़ पुनः सिन्ध पहुंचा किन्तु वहां कोई सफलता न देख कर गुजरात वापस चला गया और अपनी पुत्री को सुल्तान बहादुर गुजराती से विवाह करके उसके अमीरों में सम्मिलित हो गया। सुमा जामों के राज्य का अन्त हो गया और शाह बेग को राज्य प्राप्त हो गया।

## शाह बेग अरग़ून

शाह बेग मीर ज़ुन्नून का पुत्र था जो सुल्तान हुसेन मीर्ज़ा[2] का अमीरुल उमरा तथा सिपहसालार एवं सुल्तान हुसेन के पुत्र बदी-उज़्-ज़मां[3] मीर्ज़ा का अतालीक़ था। सुल्तान हुसेन मीर्ज़ा की ओर से उसे क़न्धार का राज्य प्राप्त हुआ था। जब मीर ज़ुन्नून बेग शाही बेग ऊज़बक के युद्ध में जो उसने सुल्तान हुसेन मीर्ज़ा के पुत्रों से किया था, मारा गया तो क़न्धार का राज्य उसके पुत्र शाह बेग को प्राप्त हो गया और वह अपने पिता का उत्तराधिकारी बना। उसने सिन्ध की अधिकांश विलायत अपने अधिकार में कर ली और पूर्ण प्रभुत्व प्राप्त कर लिया।

(५२०) वह बहुत बड़ा विद्वान् था। उसने 'अक़ायदे नफ़सी'[4] की शरह[5], काफ़िया की शरह तथा[5] मतालये मन्तक़' की शरह संकलित की। वह बड़ा ही सदाचारी था। युद्ध में वह सब से पहले आक्रमण 'करता था। यद्यपि लोग बहुत रोकते और कहते कि इस प्रकार वीरता का प्रदर्शन सरदार के लिये उचित नहीं किन्तु वह कहता कि "उस समय मुझे अपने ऊपर अधिकार नहीं रहता। मेरी इच्छा यही होती है कि मेरे समक्ष कोई भी खड़ा न रहे।"

## शाह हुसेन

शाह हुसेन अपने पिता के स्थान पर बादशाह हुआ। उसने अत्यधिक सेना तथा वैभव प्राप्त कर लिया। उसने सुल्तान के हाकिम सुल्तान महमूद पर अधिकार जमा कर समस्त सिन्ध में पूर्ण प्रभुत्व प्राप्त कर लिया। भक्कर के क़िले का नये सिरे से निर्माण कराया और उसे दृढ़ बनाया। उसने ३२ वर्ष तक राज्य किया। ९६२ हि० (१५२५–२६ ई०) में उसकी मृत्यु हो गई।

१ एक पोथी के अनुसार '६२७ हि० (१५२०-२१ ई०)'।
२ सुल्तान हुसेन मीर्ज़ा, अबुल ग़ाज़ी बहादुर बिन मीर्ज़ा बाईक़रा, बिन मीर्ज़ा उमर शेख़ बिन अमीर तैमूर, २४ मार्च १४६६ ई० को सिंहासनारूढ़ हुआ। उसकी मृत्यु १० मई १५०६ ई० को हुई।
३ बदी-उज़ ज़मान मीर्ज़ा सुल्तान हुसेन मीर्ज़ा का ज्येष्ठ पुत्र था और अपने पिता की मृत्यु के उपरान्त १५०६ ई० में सिंहासनारूढ़ हुआ। ऊज़बेक आक्रमणकारियों तथा अपने भाई के अपहरण के कारण उसे अपना ख़ुरासान का राज्य छोड़कर १५१४ ई० में टर्की के आटोमन सुल्तान सलीम प्रथम के पास शरण लेनी पड़ी। कुछ मास उपरान्त ताऊन के कारण उसकी वहीं मृत्यु हो गई।
४ नसफ़ी।
५ टीका।

# तारीख़े सिन्ध

अथवा

# तारीख़े मासूमी

(लेखक—सैयद मुहम्मद मासूम बक्करी)

(प्रकाशन—बम्बई १९३८ ई०)

## जाम फ़तह खां बिन सिकन्दर

(७०) समय व्यतीत होने पर देहली का राज्य अव्यवस्थित हो गया। मुल्तान की विलायत[1] लंगाहों के अधिकार में और सिन्ध की विलायत, सिन्ध के सुल्तानों के अधिकार में आ गई। संक्षेप में जाम फ़तह ख़ां वीरता एवं दान के गुणों से सुशोभित था। उसने १५ वर्ष तथा कुछ मास तक राज्य किया। तदुपरान्त उसकी मृत्यु हो गई।

## जाम तुग़लुक़ बिन सिकन्दर

जब जाम फ़तह ख़ाँ रुग्ण हो गया और उसे अपना मृत्युकाल निकट दृष्टिगत होने लगा तो उसने तीन दिन पूर्व अपने भाई तुग़लुक़ को सिंहासनारूढ़ किया और राज्य तथा शासन की बागडोर उसके हाथ में दे दी और उसकी उपाधि जाम तुग़लुक़ निश्चित की। जब वह सिंहासनारूढ़ हुआ तो उसने अपने भाइयों को सिविस्तान तथा भक्कर के क़िले का राज्य प्रदान कर दिया। वह अपना अधिकांश समय सैर तथा शिकार में व्यतीत किया करता था। जब बिल्लौच लोगों ने उपद्रव तथा विद्रोह प्रारम्भ कर दिया तो जाम सेना लेकर वहां पहुंचा और बिल्लौच सरदारों को दंड देकर लौट गया और प्रत्येक परगने में थाने निश्चित किये। उसने २८ वर्ष तक राज्य किया और तत्पश्चात् उसकी मृत्यु हो गई।

## जाम सिकन्दर

वह अपने पिता के स्थान पर सिंहासनारूढ़ हुआ। उसके अल्पावस्था में होने के कारण सिविस्तान तथा भक्कर के हाकिम अपने अपने महाल में यथेच्छाचार करने लगे। वे उसकी आज्ञाओं का पालन न करते थे तथा एक दूसरे का विरोध किया करते थे। जाम सिकन्दर ने थट्टा से निकल कर भक्कर (७१) की ओर प्रस्थान किया। वह नसरपुर क़स्बे तक पहुंचा था कि अचानक मुबारक नामक एक

1 राज्य।

व्यक्ति ने जो जाम तुग़लुक़ के जीवनकाल में पर्दादारी[1] के पद पर नियुक्त था, थट्टा पर आक्रमण करके स्वयं जाम मुबारक की उपाधि धारण कर ली और सिंहासनारूढ़ हो गया। क्योंकि प्रजा उसे न चाहती थी अतः तीन दिन से अधिक वह राज्य न कर सका। थट्टा नगर के उच्च पदाधिकारियों ने उसे भगा दिया और सिकन्दर को बुलाने के लिये आदमी भेजे। जब उसे यह सूचना प्राप्त हुई तो वह अन्य हाकिमों से संधि करके थट्टा पहुंचा। डेढ़ वर्ष उपरान्त उसकी मृत्यु हो गई।

## जाम रायदना

६ जमादि-उल-अव्वल ८५८ हि० (४ मई १४५४ ई०) को जाम रायदना ने चढ़ाई की। वह जाम रायदना, जाम तुग़लुक़ के राज्यकाल में कच[2] की सीमा पर था। उसका उन लोगों से सम्बन्ध हो गया और वह योग्य लोगों का बहुत बड़ा समूह एकत्र करके उनको अत्यधिक प्रोत्साहन देने लगा और उन लोगों को अत्यधिक बहुमूल्य वस्तुयें तथा उचित इनाम प्रदान किया करता था। वे लोग भी योग्यता एवं गौरव के चिह्न उसमें देख कर उसके बहुत बड़े हितैषी हो गये थे।

जब उसे सिकन्दर की मृत्यु के समाचार प्राप्त हुये तो वह बहुत बड़ी सेना लेकर थट्टा नगर में पहुंचा और लोगों को एकत्र किया और उनसे कहा, "मैं राज्य प्राप्त करने के उद्देश्य से नहीं आया हूं, अपितु मुसलमानों की धन-सम्पत्ति की रक्षा हेतु आया हूं। मैं अपने आप को राज्य के योग्य नहीं समझता। तुम लोग जिसे इस कार्य के योग्य समझो उसे राज्य प्रदान कर दो। मैं सर्वप्रथम उसकी बैअत[3] करूंगा। क्योंकि इस बीच में कोई भी राज्य के योग्य न मिला अतः सभी ने सर्वसम्मति से उसे सिंहासनारूढ़ कर दिया। उसने डेढ़ वर्ष में समस्त सिन्ध की विलायत, समुद्र से लेकर काजरीली तथा कन्धी ग्राम तक, जो
(७२) मातीला तथा औबारा ग्राम की सीमा है, अपने अधिकार में कर ली।

जब उसके राज्य को साढ़े आठ वर्ष हो गये तो जाम संजर को जो उसका एक विश्वासपात्र था, राज्य का लोभ हो गया। उसने उसके विश्वासपात्रों तथा नदीमों[4] को मिलाकर एक समय जब वह एकान्त में मदिरापान कर रहा था, मदिरा के पात्र में विष मिला कर नदीम द्वारा उसे विष दिला दिया। उसमें से एक घूंट पीते ही तीन दिन उपरान्त उसकी मृत्यु हो गई।

## जाम संजर

वह बड़ा रूपवान् था। बहुत बड़ी संख्या में लोग उसके रूप पर आसक्त थे। उससे कुछ प्राप्त किये हुये बिना ही वे अधिकांश समय उसकी सेवा में तल्लीन रहते थे। कहा जाता है कि, "जाम संजर के सिंहासनारूढ़ होने के पूर्व एक बहुत बड़ा दरवेश उसकी ओर, विशेष रूप से आकृष्ट था। एक रात्रि में संजर उसकी सेवा में पहुंचा और उससे कहा कि "मैं थट्टा का बादशाह बनना चाहता हूं चाहे वह आठ दिन के लिये ही हो।" दरवेश ने कहा, "तू बादशाह होगा और आठ वर्ष तक राज्य करेगा।"

१ अन्तःपुर का प्रबन्धक।
२ कच्छ।
३ अधीनता स्वीकार करने की शपथ लूँगा।
४ मुसाहिबों।

जाम रायदना की मृत्यु के उपरान्त राज्य के उच्च पदाधिकारियों नें सर्वसम्मति से जाम संजर को सिंहासनारूढ़ कर दिया और राज्य की बागडोर उसके हाथ में दे दी। क्योंकि वह दरवेश के आशीर्वाद से सिंहासनारूढ़ हुआ अतः युद्ध किये बिना ही चारों ओर के लोग उसके अधीन हो गये। सिन्ध के राज्य को उसके राज्यकाल में इतनी उन्नति प्राप्त हो गई कि भूतकाल में किसी राज्य को भी न हुई होगी।
(७३) सैनिक तथा प्रजाजन पूर्ण रूप से धन-धान्य सम्पन्न एवं निश्चिन्त होकर समय व्यतीत करने लगे। जाम संजर सर्वदा आलिमों, पवित्र लोगों तथा दरवेशों की रिआयत एवं उनका आदर सत्कार किया करता था। शुक्रवार को फ़क़ीरों तथा दरिद्रियों को दान-पुण्य किया करता था और सहायता के पात्रों को वृत्ति तथा अदरार[1] प्रदान किया करता था।

कहा जाता है कि संजर के राज्यकाल के पूर्व पदाधिकारियों को बड़ा ही अल्प वेतन मिलता था। संजर के राज्यकाल के प्रारम्भ में मारूफ़ नामक एक क़ाज़ी, जिसे इससे पूर्व अधिकारियों ने भक्कर का क़ाज़ी नियुक्त किया था, और जिसे बहुत थोड़ा सा वेतन मिलता था, वेतन के कम होने के कारण वादी तथा प्रतिवादी से कुछ[2] लिया करता था। जाम संजर को यह पता चला कि क़ाज़ी वादी तथा प्रतिवादी से कठोरतापूर्वक घूस लेता है। उसने क़ाज़ी को उपस्थित करने का आदेश दिया। क़ाज़ी उपस्थित हुआ। जाम नें कहा, "मुझे ज्ञात हुआ है कि तू वादी तथा प्रतिवादी से जबरदस्ती घूस लेता है।" उसने कहा, "जी हां, मेरी इच्छा तो यह है कि मैं साक्षियों से भी कुछ वसूल कर लूं किन्तु इससे पूर्व कि मैं उनसे कुछ ले सकूं गवाह चल देते हैं।" जाम हँसने लगा। क़ाज़ी ने कहा, "मैं दिन भर दारुल क़ज़ा[3] में बैठा रहता हूं और अपना समय खर्च करता हूं। मेरे पुत्र भूखे पड़े रहते हैं।" जाम ने क़ाज़ी को इनाम देकर उचित वेतन निश्चित किया और आदेश दिया कि समस्त राज्य में पदाधिकारियों को उचित वेतन प्रदान किया जाय ताकि वे निश्चिन्त होकर जीवन व्यतीत कर सकें।

८ वर्ष उपरान्त उसकी मृत्यु हो गई।

## जाम निज़ामुद्दीन जो जाम नन्दा के नाम से प्रसिद्ध है (बिन बाबनिया बिन उनर बिन सलाहुद्दीन बिन तमाची)

संजर की मृत्यु के उपरान्त २५ रबी-उल-अव्वल ८६६ हि० (२८ दिसम्बर १४६१ ई०) को वह सिंहासनारूढ़ हुआ। उसके सिंहासनारोहण से सभी आलिम, पवित्र लोग प्रजा तथा सैनिक सहमत
(७४) थे। उसने स्वतंत्र रूप से शासक बनकर अपने प्रभुत्व की पताका बुलन्द कर दी।

कहा जाता है कि जाम निज़ामुद्दीन प्रारम्भ में[4] विद्यार्थियों के समान जीवन व्यतीत करता था और मदरसों तथा खानक़ाहों में निवास किया करता था। वह बड़ा ही शिष्ट तथा सज्जन था और उसमें उत्तम गुण, नैतिकता, पवित्रता एवं धर्म निष्ठता बड़ी ही उच्च सीमा तक पाई जाती थी। उसकी श्रेष्ठता एवं उसका गौरव इतना अधिक था कि उसमें से थोड़े से का भी उल्लेख सम्भव नहीं।

वह अपने राज्यकाल के प्रारम्भ में थट्टा से बहुत बड़ी सेना लेकर भक्कर पहुंचा। वहां एक वर्ष ठहर कर उसने डाकुओं तथा लुटेरों को नष्ट-भ्रष्ट कर दिया और भक्कर के क़िले में हर प्रकार की सामग्री

१ आलिमों, धार्मिक व्यक्तियों तथा सूफ़ियों इत्यादि को दी जाने वाली वृत्ति।
२ घूस।
३ क़ाज़ी का कार्यालय (न्यायालय)।
४ 'अवायले हाल', सम्भवतः राज्य प्राप्त करने के पूर्व।

एकत्र कर दी। उसका एक सेवक दिलशाद नामक था। वह उसके साथ जब वह मदरसों में था तो सेवा किया करता था। उसने उसे भक्कर में नियुक्त कर दिया। उसने सिन्ध के आस-पास के स्थान इस प्रकार सुव्यवस्थित कर दिये कि खाते-पीते लोग मार्ग में चलने-फिरने लगे। वहां से निश्चिन्त होकर वह एक वर्ष उपरान्त लौट कर थट्टा पहुंचा और ४८ वर्ष तक वहां स्थायी रूप से राज्य करता रहा।

उसके राज्यकाल में आलिम, पवित्र लोग तथा फ़क़ीर सुख-शान्ति से जीवन व्यतीत करते थे। सैनिक तथा प्रजाजन सुखी तथा सम्पन्न थे।

जाम निज़ामुद्दीन मुल्तान के हाकिम सुल्तान हुसेन लंगाह का समकालीन था और उनमें अत्यधिक प्रेम तथा निष्ठा थी और वे एक दूसरे को उपहार प्रेषित किया करते थे।

जाम निज़ामुद्दीन प्रत्येक सप्ताह अपनी अश्वशाला में जाया करता था और घोड़ों के मत्थे पर हाथ फेरकर कहा करता था कि, "हे भाग्यवानो। मैं नहीं चाहता कि ग़ज़ा[1] के अतिरिक्त तुम्हारे ऊपर सवारी की जाय क्योंकि चारों ओर मुसलमानों का राज्य है। तुम प्रार्थना करो कि शरा की आवश्यकता के अति-
(७५) रिक्त कहीं न जाऊं और न कोई अन्य भी यहां आये। कहीं ऐसा न हो कि निर्दोष मुसलमानों का रक्तपात हो और मैं ईश्वर के समक्ष लज्जित हूं।"

उसके राज्यकाल में सुन्नत[2] को इतनी अधिक उन्नति प्राप्त हो गई थी कि इससे अधिक सम्भव नहीं। मस्जिदों में जुमे की नमाज़ इस प्रकार होती थी कि मुहल्ले के छोटे-बड़े मस्जिद में एकत्र होकर (सामूहिक) नमाज़ पढ़ते थे। कोई अकेला नमाज़ न पढ़ता था। यदि किसी से भी एक समय की जमाअत की नमाज छूट जाती तो वह अत्यधिक लज्जित होता और दो-तीन दिन तक तोबा किया करता था।

जाम निज़ामुद्दीन के राज्यकाल के अन्तिम दिनों में शाह बेग की सेना ने क़न्धार से पहुंच कर अकरी, तन्दूकह, तथा सैदीचह पर चढ़ाई की। जाम ने बहुत बड़ी सेना मुग़ुलों के विनाश हेतु भेजी। उस सेना ने वहां पहुंचकर घोर युद्ध किया। उस युद्ध में शाह बेग के भाई की हत्या हो गई और वह पराजित होकर क़न्धार लौट गया और जाम निज़ामुद्दीन के जीवनकाल में उसने पुनः सिन्ध पर आक्रमण न किया।

जाम निज़ामुद्दीन अपना अधिकांश समय अपने समकालीन आलिमों से इल्मी वाद-विवाद में व्यतीत किया करता था। मौलाना जलालुद्दीन मुहम्मद दवानी[3] ने शीराज़ से सिन्ध पहुंचने के विषय में निश्चय करके शम्सुद्दीन तथा मीर मुईन नामक अपने दो शिष्यों को थट्टा भेजा और उनके द्वारा अपने थट्टा में निवास करने के विषय में कहलवाया। जाम निज़ामुद्दीन ने मौलाना के लिये एक उचित स्थान निश्चित करके उनके जीवन निर्वाह की व्यवस्था कर दी और उनके द्वारा मार्गव्यय भेजा। दूतों के पहुंचने के पूर्व मौलाना की मृत्यु हो गई। क्योंकि मीर शम्स तथा मीर मुईन को जाम निज़ामुद्दीन की गोष्ठियों में आनन्द आने लगा था अतः वे लौटकर थट्टा में निवास करने लगे।

१ इस्लाम के प्रसार हेतु युद्ध।

२ इस्लाम के नियमों।

३ जलालुद्दीन मुहम्मद दवाना सादुद्दीन दवानी के पुत्र थे। हाजी ख़लीफ़ा के अनुसार उनकी मृत्यु ६०८ हि० (१५०२ ई०) में हुई। उन्होंने बहुत से ग्रन्थों की रचना की जिसमें 'अख़लाक़े जलाली' को अत्यधिक प्रसिद्धि प्राप्त है। 'अख़लाक़े जलाली' १०वीं शताब्दी ईसवी के अरब विद्वान् की किताबुत्तहारत का अनुवाद है।

(७६) कुछ समय उपरान्त जाम निज़ामुद्दीन की मृत्यु हो गई। उसकी मृत्यु के उपरान्त सिन्ध में बड़ी अशान्ति फैल गई।

## जाम फ़ीरोज़

जाम निज़ामुद्दीन की मृत्यु के उपरान्त उसका पुत्र जाम फ़ीरोज़ बालक था। जाम सलाहुद्दीन, जो जाम के सम्बन्धियों में से था तथा जाम संजर का पौत्र था, ने राज्य पर अधिकार जमाने का प्रयत्न किया। दरिया खां तथा सारंग खां ने, जो जाम के विश्वासपात्र दास थे और जिन्हें अत्यधिक अधिकार प्राप्त था, यह बात स्वीकार न की और थट्टा के प्रतिष्ठित लोगों तथा उच्च पदाधिकारियों ने जाम फ़ीरोज़ को सिंहासनारूढ़ कर दिया। जाम सलाहुद्दीन जो राज्य के लिये संघर्ष कर रहा था, निराश होकर गुजरात चला गया और सुल्तान मुज़फ़्फ़र से सहायता की प्रार्थना की। क्योंकि सुल्तान मुज़फ़्फ़र की पत्नी जाम सलाहुद्दीन के चाचा की पुत्री थी, अतः सुल्तान मुज़फ़्फ़र उसका विशेष ध्यान रखता था।

जब जाम फ़ीरोज़ अपनी युवावस्था में सिंहासनारूढ़ हो गया तो उसने भोग-विलास प्रारम्भ कर दिया और अपना अधिकांश समय अन्तःपुर में व्यतीत करता था। संयोगवश जब वह बाहर निकलता तो गायक एवं विदूषक उसके दरबार में उपस्थित रहते थे। वह परिहास एवं चाटुकारी किया करते थे। उसके राज्यकाल में सुम्मा लोग तथा ख़ासा ख़ेल[1] नगर वालों पर अत्यधिक कठोरता किया करते थे। जब दरिया खां उन्हें रोकता तो वे उसका अपमान करते थे। दरिया खां काहान ग्राम में जो उसकी जागीर में था, विदा होकर पहुंचा।

उन्हीं दिनों में मख़दूम अब्दुल अज़ीज़ अबहरी मुहद्दिस, मौलाना असीरुद्दीन अबहरी, मौलाना मुहम्मद तथा उसके पुत्र जिनमें से प्रत्येक बहुत बड़ा विद्वान् था, काहान ग्राम में निवास करके कुछ वर्ष तक विद्या-प्रचार तथा शिक्षा प्रदान करते रहे। वे हिरात से ९१८ हि० (१५१२-१३ ई०) में शाह इस्माईल के आक्रमण के कारण वहां पहुंचे। मौलाना समस्त नक़ली[2] तथा अक़ली[3] विद्याओं के आलिम[4] (७७) थे। प्रत्येक ज्ञान में उन्होंने अनेक ग्रन्थों की रचनायें की थीं। उन्होंने मिश्कात[5] की टीका भी तैयार की थी किन्तु वे उसे पूरा न कर सके। उसकी पांडुलिपि उनके पुस्तकालय में है। उन्होंने अधिकांश प्रयोग में आनेवाली पुस्तकों पर टीकायें लिखी थीं। काहान ही में उनका निधन हुआ। काहान के मक़बरों में उनका भी मज़ार है और लोग वहां दर्शनार्थ जाते हैं।

जब जाम फ़ीरोज़ भोग विलास में ग्रस्त रहने लगा और राज्य के कार्य अव्यवस्थित रहने लगे तो कुछ लोगों ने आदमी भेज कर जाम सलाहुद्दीन को इस बात की सूचना दी कि, "जाम फ़ीरोज़ अधिकांश मस्त तथा असावधान रहता है। उमदतुलमुल्क दरिया खां भी पृथक् होकर काहान चला गया है। अब समय है। शीघ्रातिशीघ्र पहुंच जाओ।" जाम सलाहुद्दीन ने थट्टावालों के पत्र सुल्तान मुज़फ़्फ़र की सेवा में प्रस्तुत कर दिये। सुल्तान मुज़फ़्फ़र ने जाम सलाहुद्दीन को अत्यधिक सेना देकर थट्टा की

१ राजधानी के सैनिक।
२ हदीस, तफ़सीर इत्यादि का ज्ञान।
३ दर्शन-शास्त्र इत्यादि।
४ पंडित।
५ मिश्कातुल मसाबीह सुन्नी हदीसों का बड़ा प्रसिद्ध ग्रन्थ है। इसका संकलन इमाम हुसेन अल-बग़ावी ने, जिनकी मृत्यु ५१० हि० (१११६-१७ ई०) अथवा ५१६ हि० (११२२-२३ ई० में हुई), किया।

ओर भेज दिया। उसने निरन्तर यात्रा करते हुये तुरन्त थट्टा नदी पार करनी प्रारम्भ कर दी। जाम फ़ीरोज़ के सहायक घबड़ा कर उसे दूसरी ओर से बाहर निकाल ले गये। जाम सलाहुद्दीन थट्टा में सिंहासनारूढ़ हो गया। जाम फ़ीरोज़ के विश्वासपात्रों को दंड देकर उनसे धन सम्पत्ति वसूल करने लगा।

जाम फ़ीरोज़ को उसकी माता दरिया ख़ां के पास काहान ग्राम में ले गई और विलाप करके पिछले अपराधों के लिये क्षमा-याचना की। दरिया ख़ां ने अपने कर्त्तव्य को ध्यान में रखते हुये सेना एकत्र करना प्रारम्भ कर दिया। जब भक्कर तथा सिविस्तान की सेनायें जाम फ़ीरोज़ की पताका के नीचे एकत्र हुईं और बिलोच लोग तथा अन्य सेनायें जमा हुईं तो दरिया ख़ाँ सेना सहित जाम सलाहुद्दीन को (७८) निकालने चला। जाम सलाहुद्दीन युद्ध के लिये प्रस्थान करना चाहता था। हाजी ने, जो उसका बड़ा योग्य वज़ीर था, यह उचित समझा कि जाम सलाहुद्दीन शहर में रहे और उसे युद्ध के हाथियों तथा सेना सहित युद्ध के लिये भेज दे। जाम सलाहुद्दीन शहर में ठहरा रहा और हाजी वज़ीर को युद्ध के लिये भेज दिया। जब दोनों सेनाओं में युद्ध प्रारम्भ हुआ तो दोनों ओर से योद्धाओं की हत्या होने लगी। अन्त में दरिया ख़ां की सेना पराजित होकर भाग गई।

हाजी वज़ीर ने जाम सलाहुद्दीन को पत्र लिखा कि, "आपकी पताकाओं को विजय प्राप्त हो गई है। आप निश्चिन्त रहें। रात्रि के कारण दरिया ख़ां का पीछा न किया जा सका।" दूत पत्र सहित दरिया ख़ां के आदमियों के हाथ में पड़ गये। दरिया ख़ां ने तुरन्त पत्र का विषय परिवर्तित करके दूसरा पत्र हाजी वज़ीर की ओर से लिख दिया कि, "आप की सेना पराजित हुई। शत्रु का बड़ा ज़ोर है। आप अपने परिवार को लेकर तुरन्त थट्टा के बाहर चले जायं और क्षण भर भी प्रतीक्षा न करें। हम लोग चाचकां ग्राम में एक दूसरे से मिलेंगे।" पत्र के पहुंचते ही जाम सलाहुद्दीन ९ रमज़ान की रात्रि में भोजन किये बिना नदी के उस पार चला गया और उसकी व्यवस्था छिन्न-भिन्न हो गई। उसने आठ मास तक राज्य किया।

जब हाजी वज़ीर की जाम सलाहुद्दीन से भेंट हुई तो वह उसकी भर्त्सना करने लगा कि उसके (राज्य से) चले आने का क्या कारण था? उसने हाजी का पत्र निकालकर दिखला दिया। हाजी ने कहा, "मैंने इसे नहीं लिखा है।" अन्त में दरिया ख़ां की धूर्तता से अवगत होकर वे अत्यधिक खेद एवं लज्जा प्रदर्शित करने लगे। दरिया ख़ां ने कुछ पड़ाव तक उनका पीछा किया। ईद फ़ित्र[1] के दिन जाम फ़ीरोज़ ने ईदगाह में पहुंचकर नमाज पढ़ी। जाम फ़ीरोज़ कुछ वर्षों तक स्वतंत्र रूप से शासन करता रहा।

(७९) ९१६ हि० (१५१०–११ ई०) के अन्त में शाह बेग अरग़ून ने सिन्ध पर आक्रमण किया।

शाह बेग के युद्ध का उल्लेख अपने स्थान पर किया जायगा। सूमरा तथा सुमा लोगों का वृत्तांत इससे अधिक न मिलने के कारण जो कुछ मिला लिख दिया गया। यदि किसी को इससे अधिक ज्ञात हो तो वह भी उसमें सम्मिलित कर ले।...

## शाह बेग

(११२)...दो वर्ष तक और भी शाह बेग ने शाल तथा सीवी के उपान्त में कठिनाई से जीवन व्यतीत किया। अन्त में उसने सिन्ध-विजय का संकल्प किया। एक बार पुनः उसने कूत माचियान ग्राम

१ रमज़ान के मास की ईद।

तथा चांदकह् के क्षेत्र पर आक्रमण किया। उस वर्ष दरिया ख़ां, जिसे थट्टा का हाकिम जाम नन्दा अपना पुत्र कहा करता था, बहुत बड़ी सेना लेकर सीवी के समीप पहुंचा। शाह बेग ज़रही तथा सीस्तान पर आक्रमण करने के उद्देश्य से गया था। सिन्ध वालों तथा मुग़ुलों में घोर युद्ध हुआ। अबुल हम्द मीर्ज़ा की उस युद्ध में हत्या हो गई। रोजी बेग तथा थोड़े से अरग़ूनों एवं हज़ारा लोगों ने जो बच गये थे, घोर परिश्रम किया। सिन्धी लौटकर थट्टा चले गये।

इसी वर्ष के अन्त में जाम नन्दा की मृत्यु हो गई और जाम फ़ीरोज़ उसके स्थान पर बादशाह हो गया। इससे पूर्व थोड़ा सा उल्लेख हो चुका है कि दौलतशाही तथा नूरगाही लोगों ने पराजित होकर थट्टा पहुंच कर जाम की सेवा कर ली थी। कीबक अरग़ून भी उस हत्या के कारण जो उसके कारण हुई थी, पृथक् होकर कुछ लोगों के साथ सिन्ध पहुंचा। जाम ने इन लोगों को मुग़ुलवारा मुहल्ले में थट्टा में स्थान दिया। मीर क़ासिम कीबकी भी कुछ समय तक थट्टा में रह चुका था। उसे वहां के विषय में सब कुछ ज्ञात हो गया। उसी वर्ष के अन्त में लौट कर वह अमीर शाह बेग की सेवा में पहुंचा और उसे थट्टा
(११३) को विजय करने की ओर प्रेरित किया। शाह बेग ने ९२४ हि० (१५१८ ई०) के अन्त में सेना एकत्र करके थट्टा पर चढ़ाई की।

कहा जाता है कि जब शाह बेग फ़तहपुर तथा गंजाबे के पड़ाव पर सेना तैयार कर रहा था, तो बहुत से लोग उससे आकर मिल गये। उसने बेग अली मीर्ज़ा, सुल्तान अली अरग़ून, ज़ैनकह् तर्ख़ान को सेना सहित क़िले तथा अपने परिवार की रक्षा हेतु शाल में नियुक्त कर दिया। शाह महमूद के भाई सुल्तान महमूद को सीवी में और कुछ अन्य लोगों को फ़तहपुर तथा गंजाबे में छोड़ दिया। अपनी सेना के वीरों में से २४० अश्वारोही मीर फ़ाज़िल कुकिलताश के अधीन आगे भेज कर, रवाना हो गया। उस समय सुम्मा की सेना ने तल्हती ग्राम में जो सिविस्तान से ३—४ कोस पर है महमूद ख़ां तथा भतन ख़ां वल्द दरिया ख़ां के अधीन एकत्र होकर युद्ध करना निश्चय किया। जब शाह बेग ने बाग़बानां नामक स्थान पर पड़ाव किया तो बाग़बानां के मलिकों ने उसकी सेवा में उपस्थित होकर तन, मन, धन से उसकी सेवा का प्रयत्न किया। शाह बेग का उद्देश्य यह था कि उस प्रदेश के शेष लोग बिना युद्ध किये उसका स्वागत करें और उसकी आज्ञाकारिता स्वीकार कर लें। उन लोगों ने विद्रोह किया और उसकी आज्ञाकारिता स्वीकार न की।

अन्त में शाह बेग ने लक्की पर्वत के मार्ग से थट्टा पर चढ़ाई की और ख़ानवाह के तट पर थट्टा क़स्बे से दक्षिण की ओर तीन कोस पर पड़ाव किया। उन दिनों में अधिकांश नदी थट्टा के उत्तर की ओर से बहती थी। इस कारण वह ठहर कर यह सोचता रहा कि यह नदी किस प्रकार पार की जाय। अचानक एक हरकारा छिछले जल को पार करके आता हुआ मिला। चौकी वालों ने उसे बन्दी बनाकर उसके प्रति कठोरता प्रदर्शित की। उसने मार्ग दर्शा दिया। अब्दुर्रहमान दौलतशाही अपने घोड़े को नदी में
(११४) डाल कर नदी के उस पार चला गया और पुनः लौट आया तथा शाह बेग को यह सूचना पहुंचाई।

संक्षेप में ११ मुहर्रम ९२६ हि० (२ जनवरी १५२० ई०) को शाह बेग ने एक सेना अपने शिविर की रक्षा हेतु नदी पर छोड़ कर अपने घोड़े को नदी में डाल दिया। सेना ने भी उसी के पीछे नदी पार कर ली और वह थट्टा क़स्बे के निकट पहुंच गयी। दरिया ख़ां, जिसे जाम नन्दा अपना पुत्र कहा करता था, जाम फ़ीरोज़ को थट्टा में छोड़ कर अत्यधिक सेना लेकर युद्ध करने पहुंचा। उनमें ऐसा घोर युद्ध हुआ कि उसका उल्लेख सम्भव नहीं। अन्त में अमीर को विजय प्राप्त हुई। जाम फ़ीरोज़ पलायन करके नदी की दूसरी ओर पहुंच गया। दरिया ख़ां तंगर बरदी क़िबताश द्वारा जिसे अरग़ूनों द्वारा क़िबताश की

उपाधि प्राप्त हुई थी, बन्दी बना लिया गया और सुम्मा सैनिकों के एक समूह के साथ उसकी हत्या कर दी गई। २० मुहर्रम ९२६ हि० (११ जनवरी १५२० ई०) तक थट्टा नगर लूटा जाता रहा और वहां के निवासियों का विनाश होता रहा। अधिकांश लोगों के परिवार बन्दी बना लिये गये। जाम फ़ीरोज़ के पुत्र भी नगर में घिरे थे। जब शाह बेग को इसकी सूचना मिली तो उसने योग्य लोगों को उन लोगों की रक्षा हेतु उनकी हवेली के द्वार पर भेजा और उनके सम्मान की रक्षा की। अन्त में क़ाज़ी क़ाज़न के, जो उस समय का बहुत बड़ा विद्वान् था, प्रयत्न के फलस्वरूप क्रोध की अग्नि शान्त हो गई कारण कि क़ाज़ी के परिवार वाले भी बन्दी बना लिये गये थे और वह व्याकुल होकर अपने बिछुड़े हुए लोगों को ढूंढ़ रहा था। अन्त में उसने एक पत्र में वहां के लोगों के विनाश का हाल लिखा। उस पत्र को हाफ़िज़ मुहम्मद शरीफ़ इमाम ने शाह बेग को दिखलाया। उस पत्र के पढ़ने से शाह बेग बड़ा प्रभावित हुआ। उसने ढिंढोरा पिटवा दिया कि कोई भी थट्टा के निवासियों की धन-सम्पत्ति तथा प्रजा के विषय में कोई हस्तक्षेप न करे। उसने अपने निषंग से एक बाण, क़ाज़ी को प्रदान करके एक आदमी को दे दिया कि जिस किसी (११५) का क़ाज़ी पता बतलाये, वह बाण उसे दे दिया जाय।

संक्षेप में, जाम फ़ीरोज़ कुछ लोगों सहित पीरिआर ग्राम में बड़ी दुःखमय अवस्था में ठहरा। कारण कि उसका परिवार तथा जाम निज़ामुद्दीन का परिवार थट्टा में था। उसने शाह बेग की अधीनता स्वीकार करने के अतिरिक्त कोई अन्य उपाय न देखकर वाक्पटु लोगों को निरन्तर भेज कर नम्रता एवं दीनता पूर्वक यह संदेश भेजा कि "दास में आपकी सेना से युद्ध करने की शक्ति नहीं; जो घटनायें घटीं वे प्राण के भय तथा दूसरों के बहकाने के कारण थीं। यदि इस दीन के अपराध क्षमा कर दिये जायँ तो वह आजीवन आज्ञाकारिता के क्षेत्र से बाहर न निकलेगा। शाही सवारी के थट्टा के बाहर चले जाने के उपरान्त मैं दरबार में उपस्थित होकर अपने नेत्रों को वहां की धूल से प्रकाश दूंगा।"

शाह बेग ने अपनी स्वाभाविक कृपा एवं दया के कारण उसकी दीनता के कारण दयापूर्वक उसके दूतों को ख़िलअत द्वारा सम्मानित किया और दयायुक्त वाक्य संदेश में भेजे। जाम फ़ीरोज़ अपने भाइयों सहित पीरआर नदी के तट पर उपस्थित हुआ और अपनी ग्रीवा में तलवार लटकाकर अत्यधिक दीनता प्रदर्शित की। शाह बेग ने अलाउद्दीन वल्द मुबारक ख़ां को, जाम फ़ीरोज़ के परिवार तथा परिजनों एवं सेवकों सहित आदेश दिया कि वे नदी पार करके उसके पास चले जायं।

सफ़र मास[1] के अन्त में शाह बेग थट्टा के पड़ाव के बाहर निकला। जाम फ़ीरोज़ ने उचित उपहार प्रेषित किये और प्रतिष्ठित अमीरों की सहायता से शाह बेग के हाथों के चुम्बन के सम्मान द्वारा सम्मानित हुआ और क्षमा-याचना करते हुए लज्जा प्रदर्शित की। शाह बेग ने ज़रदोज़ी का ख़िलअत (११६) जो सुल्तान हुसेन मीर्ज़ा ने मीर ज़ुन्नून को प्रदान किया था, उसे प्रदान करके सम्मानित किया और थट्टा की अमीरी उसे सौंप दी। यह निश्चय हुआ कि जाम फ़ीरोज़ नगर में चला जाय और अपने आदमियों को अपने पड़ाव पर लेता जाय। उसने (शाह बेग ने) अपने अमीरों तथा राज्य के उच्च पदाधिकारियों से परामर्श किया कि, "सिन्ध एक बड़ा विस्तृत राज्य है और यदि हम इसे अपने पुत्रों पर छोड़ कर चले जायं तो वे इसकी रक्षा न कर सकेंगे। यह उचित होगा कि आधी विलायत[2] हम जाम फ़ीरोज़ को सौंप दें और शेष आधी अपने विश्वासपात्रों को दे दें। सब लोगों ने मिलकर यही निश्चय

१ सफ़र ६२६ हि० (फ़रवरी १५२० ई०)।
२ राज्य।

किया कि लक्की पर्वत से जो सहवान के समीप है थट्टा तक जाम फ़ीरोज़ को प्रदान कर दिया जाय और लक्की के ऊपर का भाग शाह बेग के सेवकों के अधिकार में रहे।

शाह बेग वचन तथा प्रतिज्ञा के उपरान्त निरन्तर कूच करता हुआ सिविस्तान पहुंचा। जो सेना सिविस्तान में थी उसने शाह बेग की विजयी सेनाओं के पहुंचने के पूर्व, तलहटी ग्राम में पहुंच कर अपनी संख्या में अत्यधिक वृद्धि कर ली। साता एवं सूदा नामक समूह वालों ने वहां उपस्थित होकर प्रतिज्ञा की कि, "जब तक हम जीवित हैं, हम युद्ध करना न छोड़ेंगे।" शाह बेग ने सिविस्तान के क़िले को अधिकार में करके, मीर अलीकह अरग़ून, सुल्तान मुक़ीम बेग लार, कीबक अरग़ून तथा अहमद तर्ख़ान को सिविस्तान में छोड़कर, सुल्तान महमूद खां कोकिलताश को बक्कर के क़िले में नियुक्त कर दिया और स्वयं अपने पुत्रों को लाने के लिए शाल की ओर चल दिया। क़ाज़ी क़ाज़न को महमूद वल्द दरिया ख़ां के पास इस आशय से भेजा कि उचित परामर्श तथा शिक्षा-प्रदान करके उसे विरोध के क्षेत्र से आज्ञाकारिता के क्षेत्र में ले आये। क़ाज़ी के पहुंचने पर उन लोगों ने उससे भेंट करना स्वीकार न किया। अन्त में शाह बेग ने तलहटी के निकट पड़ाव किया। तीन दिन उपरान्त एक व्यक्ति तलहटी से शाह बेग की सेवा में पहुंचा और उन लोगों के विषय में समाचार पहुंचाये और कहा कि मियां महमूद, मतन ख़ां, जाम सारंग
(११७)तथा रणमल सूदह अधीनता स्वीकार करना चाहते हैं किन्तु मख़दूम बलाल जो वहां के मशायख[1]
के आलिमों में था, उन्हें ऐसा नहीं करने देता अपितु उन्हें युद्ध करने के लिए उकसाता रहता है। शाह बेग ने इसी कारण विजय के उपरान्त मख़दूल बलाल को दंड देना निश्चय किया।

संक्षेप में, शाह बेग ने उसी रात्रि में कुछ नौकायें प्राप्त करके प्रातःकाल मीर फ़ाज़िल कोकिलताश के साथ नदी पार कर ली। अन्त में तर्ख़ानों, अरग़ूनों तथा समस्त सेना ने भी नदी पार कर ली। शाह बेग ने स्वयं कलेवा के समय नदी पार की। तलहटी वालों ने क़िले से निकल कर जोध सूदा के भाई रणमल को आक्रमणकारियों के विषय में पता लगाने के लिये भेजा। मीर फ़ाज़िल ने जो शाह बेग की ओर से अग्र दल का सेनापति था, आगे बढ़ कर प्रथम आक्रमण में ही उस सेना को पराजित कर दिया। जब शाह बेग पहुंचा तो मुग़ुलों ने तलहटी के द्वार तक आक्रमण करके शीघ्रातिशीघ्र उसे अपने अधिकार में कर लिया। अन्त में सुम्मा लोगों की सेना में से कुछ की तो हत्या हो गई और कुछ लोग नदी में कूद कर मृत्यु को प्राप्त हो गये। कुछ लोग भाग कर सिविस्तान पहुंच गये। संक्षेप में तहलटी में तीन दिन तक पड़ाव करके उन लोगों ने उस ग्राम के निवासियों की हत्या करा दी। सूदा लोगों ने आश्चर्यजनक रूप से युद्ध किया और रणक्षेत्र में अत्यधिक पौरुष प्रदर्शित किया। अधिकांश लोग जोध सूदह के भाई रणमल के साथ मारे गये।

## अमीर शाह बेग का मीर्ज़ा शाह हसन को शाल तथा सीवी से जाम सलाहुद्दीन एवं अन्य विद्रोहियों के विनाश हेतु भेजना

जिस समय शाह बेग ने थट्टा विजय किया और वहां का राज्य जाम फ़ीरोज़ को सौंप दिया तो
(११८) वह शाल तथा सीवी की ओर लौट गया। कुछ समय उपरान्त जाम के सहायक जो कालचक्र
के कारण छिन्न-भिन्न हो गये थे, एकत्र हुए। क्योंकि जाम सलाहुद्दीन ने इससे पूर्व युद्ध तथा विरोध की

१ सूफ़ी सन्त।

पताका बलन्द की थी और जाम फ़ीरोज़ को उसके पिता की मृत्यु के उपरान्त पराजित कर दिया था, अतः वह कुछ समय तक थट्टा क़स्बे पर राज्य करता रहा। किन्तु दरिया खां तथा सिविस्तान की सेना के प्रभुत्व के कारण पराजित होकर गुजरात चला गया था और वहां हैरान तथा परेशान रहा करता था। थट्टा के राज्य पर अधिकार करने के विचार से उसने पुनः जारीजहा, सूदह, सुम्मा तथा खिंगार लोगों के १०,००० अश्वारोहियों सहित आक्रमण किया। शाह बेग, जाम फ़ीरोज़ की तसल्ली के लिये, मीर अलीकह अरग़ून, सुल्तान मुक़ीम बेग लार, कीबक अरग़ून तथा अहमद तर्ख़ान को सिविस्तान में छोड़ गया था। जाम सलाहुद्दीन थट्टा के उपान्त में पहुंचने के कारण जाम फ़ीरोज़ विवश होकर थट्टा से शाह बेग के अमीरों की सेवा में सिविस्तान पहुंच गया। उन लोगों ने शाह बेग की सेवा में एक दूत भेजा और वास्तविक स्थिति के विषय में निवेदन कराया। जाम फ़ीरोज़ ने भी अलाउद्दीन बिन मुबारक खां को शीघ्रातिशीघ्र उसके पास भेज कर सहायता की याचना की। शाह बेग ने यह समाचार सुन कर अपने अमीरों को बुलवाया और यह निश्चय किया कि क्योंकि सैनिक लोग पूर्ण रूप से तैयार हो गये हैं अतः उसका पुत्र मीर्ज़ा शाह हुसेन[1] योग्य लोगों की सेना लेकर शीघ्रातिशीघ्र जाम फ़ीरोज़ के पास पहुंच जाय।

संक्षेप में, १४ मुहर्रम ९२७ हि० (२५ दिसम्बर १५२० ई०) को मीर्ज़ा शाह हसन ने शाल से प्रस्थान किया और सिन्ध की ओर चल दिया। २० दिन में सिविस्तान के उपान्त में पहुंच गया। अमीर शाह बेग उसके पीछे सामग्री सहित सेनायें भेजने लगा और स्वयं उनके पीछे-पीछे प्रस्थान करने लगा। जब वह सिविस्तान के निकट पहुंचा तो जाम सलाहुद्दीन की सेना ने जो सारंग ख़ां, रणमल सूदह
(११९) इत्यादि के अधीन जाम फ़ीरोज़ा के पीछे-पीछे आ रही थी; मीर्ज़ा शाह हसन के पहुंचने के समाचार पाकर नदी पार की और तल्हती ग्राम में खाईं खोद कर युद्ध के लियें तैयार हो गई। इस घटना के कारण मीर्ज़ा शाह हसन उन लोगों को भगाने के विषय में सिविस्तान के अमीरों तथा जाम फ़ीरोज़ा से परामर्श करने लगा। इसी बीच में मीर शाह बेग पहुंच गया और उसे क़ाज़ी क़ाज़न को बुलाने के लिए भेजा गया। तत्पश्चात् पूर्व की भांति उसने मीर्ज़ा शाह हसन को एक भारी सेना देकर जाम फ़ीरोज़ा के साथ थट्टा भेजा। जब मीर्ज़ा शाह हसन के पहुंचने के समाचार जाम सलाहुद्दीन को प्राप्त हुये तो वह प्रतीक्षा किये बिना चल खड़ा हुआ और रैन नदी पार करके जौन ग्राम में पड़ाव किया। जाम फ़ीरोज़ ने मीर्ज़ा शाह हसन का स्वागत करके सेवा भाव प्रदर्शित किये और उचित पेशकश प्रस्तुत की। मीर्ज़ा शाह हसन ने अपने पिता के आदेशानुसार जाम फ़ीरोज़ के प्रति अत्यधिक कृपा प्रदर्शित की और उनका बड़ा आदर-सम्मान किया। उन लोगों ने थोड़े दिनों में मीर्ज़ा शाह हसन से मिलकर बहुत बड़ी सेना तैयार की और जाम सलाहुद्दीन से युद्ध करने के लिये बढ़े। कुछ पड़ाव पार करके उसके पास पहुंच गये। उसने भी युद्ध की पंक्ति ठीक करके अपने पुत्र हैबत खां को, जो सुल्तान मुज़फ़्फ़र गुजराती का जामाता था, अग्र दल की सेना सहित भेजा। मीर्ज़ा शाह हसन ने, मीर्ज़ा ईसा तर्ख़ान, सुल्तान क़ुली बेग तथा मीर अलीका को सेना का अग्रदल देकर नियुक्त किया। मीर सैयिद क़ासिम के भाई मीर अबुल क़ासिम को मिर्ज़ा के साथ सेना के शिविर[2] में छोड़ दिया। दोनों सेनाओं में घोर युद्ध हुआ। मुग़ुल सेना ने जाम सलाहुद्दीन के अधिकांश सैनिकों की हत्या कर दी। मीर्ज़ा शाह हसन ने इसी बीच में पीछे से पहुंचकर उस सेना के आधार का अन्त कर दिया। जाम सलाहुद्दीन का पुत्र भी उस युद्ध में मारा गया। जब जाम
(१२०) सलाहुद्दीन को अपने पुत्र की हत्या के समाचार प्राप्त हुये तो वह मुग़ुलों की सेना पर टूट पड़ा

१ अन्य स्थानों पर शाह हसन।

२ मूल पुस्तक में ग़ूल है जिसका अर्थ इस स्थान पर स्पष्ट नहीं है। सम्भवतः सेना के शिविर से तात्पर्य है।

और उसने बड़ा घोर युद्ध किया। अन्त में उसकी हत्या कर दी गई और जो लोग बच गये वे पलायन करके गुजरात चले गये। मीर्ज़ा शाह हसन ने विजय तथा सफलता प्राप्त करके उसी मैदान में तीन दिन तक पड़ाव किया। वहां से उसने जाम फ़ीरोज़ को इस आशय से विदा कर दिया कि वह लोगों का पता लगा कर लौट आये। (तदुपरान्त) उसने स्वयं जाम फ़ीरोज़ सहित प्रस्थान किया।

रबी-उस्-सानी मास[1] में शाह बेग, बाग़बानां के उपान्त में पहुंचा। मीर्ज़ा शाह हसन तथा प्रतिष्ठित अमीरों के पास उपस्थित होने के लिए फ़रमान भेजे। क्योंकि शाह बेग के सैनिकों के साथ उनके परिवार थे, अतः वे बाग़बानां के उपान्त में उतर पड़े। माचियान के लोगों की, जिन्होंने विद्रोह कर दिया था, हत्या करा दी और उनकी धन-सम्पत्ति तथा मवेशी नष्ट-भ्रष्ट करके उनके घर बार तथा क़िले को भूमि में मिला दिया।

## शाह बेग का बाग़बानां के उपान्त में पड़ाव तथा सिविस्तान पर आक्रमण

जिन दिनों में शाह बेग ने बाग़बानां क़स्बे में पड़ाव किया और मीर्ज़ा शाह हसन विजय तथा सफलता प्राप्त करके अपने पिता की सेवा में पहुंचा तो शाह बेग ने उसे नाना प्रकार की कृपाओं तथा सम्मान द्वारा सम्मानित किया। अमीरों तथा सैनिकों पर भी दया तथा कृपा प्रदर्शित की। वह कुछ समय तक वहां ठहरा और उस स्थान पर विश्राम किया। मीर्ज़ा शाह हसन को विजयी शिविर में छोड़ कर वह स्वयं बाग़बानां के अमीरों तथा मलिकों सहित सिविस्तान के क़िले में पहुंचा और क़िले की बाहरी तथा भीतरी दृढ़ता का निरीक्षण करके कुछ योग्य विश्वासपात्रों को उस क़िले में नियुक्त कर दिया और आदेश दिया कि कर के बदले में अनाज प्राप्त करके क़िले में एकत्र कर दिया जाय। उसने (१२१) अपने बड़े बड़े अमीरों में से प्रत्येक को आदेश दिया कि वे क़िले में अपने-अपने लिये हवेलियों तथा घरों का निर्माण कर लें। घरों के वितरण के उपरान्त वह पुनः सेना के शिविर में पहुंच गया और भक्कर की ओर प्रस्थान किया।

इसी बीच में क़ाज़ी क़ाज़न तीन पड़ावों को पार करके पहुंच गया। उसे नाना प्रकार के इनामों द्वारा सम्मानित किया गया। जब वह एक मंज़िल पार कर चुका तो जाम फ़ीरोज़ के दूत उसके पास पहुंचे और उन्होंने जाम के प्रार्थनापत्र प्रस्तुत किये और घोड़े तथा पेशकश जो उसने प्रेषित किये थे, पेश किये। जाम फ़ीरोज़ के दूतों को ख़िलअत एवं इनाम द्वारा सम्मानित किया और उन्हें विदा कर दिया। उसने (शाह बेग ने) उसके पास पत्र भेजा कि, "मेरी इच्छा गुजरात विजय करने की है। यदि उस विलायत पर विजय प्राप्त हो जाय तो पूर्व की भांति सिन्ध का राज्य तुम्हें प्रदान कर दिया जायगा।" वहां से शाह बेग ने भक्कर की ओर प्रस्थान किया।

## दारीजा लोगों का बन्दी बनाया जाना तथा उस समूह की हत्या

जब शाह बेग चाँदू क़स्बे में, जो भक्कर के पश्चिम में ३० कोस पर है, पहुंचा तो सुल्तान महमूद ख़ां ने बाबा चोचक को, जो उसका अतका था, अपने पिता की सेवा में भेजा और अपनी स्थिति के विषय में निवेदन कराया। उसके पिता मीर फ़ाज़िल ने उस पत्र को शाह बेग को दिखला दिया और विदा होकर

१ रबी-उस-सानी ९२७ हि० (मार्च-अप्रैल १५२१ ई०)।

चन्दूका के पास २०० अश्वारोहियों सहित नदी पार की। वहां के प्रतिष्ठित लोगों तथा मुक़द्दमों[1] को प्रोत्साहन देकर अपने साथ लेता गया। जब वह बरयालू के समीप पहुंचा तो सुल्तान महमूद ख़ां ने अपने पिता का स्वागत करना निश्चय किया। जब मीर फ़ाज़िल को यह पता चला तो उसने अपने पुत्र को सन्देश भेजा कि "क़िले के बाहर कदापि मत निकलना और यह वीरता होगी यदि तू उस समूह को (१२२) जिसने विरोध किया था, भक्कर के क़िले में बन्दी बना ले।"

जिन दिनों में सुल्तान महमूद ख़ां भक्कर पर राज्य करने के लिये नियुक्त हुआ था तो भक्कर के प्रतिष्ठित सैयिदों ने उसके कार्यों की व्यवस्था की थी। दारीजों के कुछ प्रतिष्ठित लोगों को भी शाह बेग ने आदेश दे दिया था कि वे क़िले ही में रहें। उन अल्पदर्शी लोगों ने अपने वचन का पालन न किया और भाग खड़े हुए और कुछ लोगों का विरोध करते हुए सुल्तान महमूद ख़ां को कष्ट पहुंचाने का प्रयत्न करने लगे। उन लोगों ने उसको निर्वासित करने का अत्यधिक प्रयत्न किया और उसे मालगुज़ारी देना बन्द कर दिया। उसके दूतों को अपमानित करके लौटा दिया और एकत्र होकर लहरी नामक रणक्षेत्र में युद्ध प्रारम्भ कर दिया। उस समय सुल्तान महमूद की अवस्था १५ वर्ष की थी। वह व्याकुल होकर उन लोगों से युद्ध प्रारम्भ कर देना चाहता था किन्तु सैयिदों ने उसे रोक लिया और युद्ध न करने दिया और वे उसे तसल्ली देते रहे। दो बार दारीजा[2] समूह वालों ने नदी पार करके क़िले में प्रविष्ट होने तथा सुल्तान महमूद ख़ां को बन्दी बनाने का प्रयत्न किया। भक्कर के सैयिद यह सूचना पाकर क़िले के बुर्ज इत्यादि को दृढ़ करके युद्ध के लिये तैयार हो गये। वे लोग सैयिद लोगों की सेना पर दृष्टि रखकर कुछ न कर सके।

संक्षेप में जब मीर फ़ाज़िल भक्कर के उपान्त में पहुंचा तो लाली मिहर, जो वहां के ज़मींदारों में सब से अधिक प्रतिष्ठित था, अपने भाइयों सहित उसकी सेवा में पहुंच कर सम्मानित हुआ। प्रतिष्ठित दारीजा लोग आवश्यकतावश प्रत्येक ग्राम से निकल कर उसकी सेवा में उपस्थित हुए। मीर फ़ाज़िल भक्कर पहुंच गया और दारीजा नेताओं में से ४७ व्यक्ति अपने साथ ले गया। सुल्तान महमूद ख़ां अपने पिता के चरण चूमने के सम्मान द्वारा सम्मानित हुआ। अपने कष्टों का उल्लेख करके उसने २७ दारीजा लोगों की हत्या करा दी।

(१२३) जब शाह बेग को सूचना मिली कि मीर फ़ाज़िल सुरक्षित भक्कर पहुंच गया तो वह जिस मन्ज़िल पर पहुंच गया था वहां से तेज़ी से भक्कर की ओर रवाना हुआ और भक्कर क़स्बे के मैदान में पड़ाव किया। सुल्तान महमूद ख़ां ने शाह बेग की सेवा में पहुंच कर उसके चरणों का चुम्बन किया और उसे नाना प्रकार की कृपाओं द्वारा सम्मानित किया। क़ाज़ी क़ाज़न ने भी जिसका इससे पूर्व कुछ उल्लेख हो चुका है, उसी समय अपने भाइयों तथा नगर के कुछ लोगों को सेवा में उपस्थित किया। सुल्तान महमूद ख़ां ने दारीजा लोगों का हाल शाह बेग की सेवा में प्रस्तुत किया। उसने क़ाज़ी क़ाज़न की ओर देखा। क़ाज़ी ने निवेदन किया कि इस विलायत की भूमि जलमग्न हो जाती है और इस भूमि में कांटे बहुत होते हैं। कांटा काटने वाला कुठार सर्वदा हाथ में रखना चाहिये। शाह बेग ने यह बात सुनते ही उन लोगों की हत्या का आदेश दे दिया। सुल्तान महमूद ख़ां तत्काल शहर में पहुंच गया और रातों-रात उन लोगों की गर्दनें कटवा कर उस बुर्ज से, जो ख़ूनी बुर्ज के नाम से प्रसिद्ध है, नीचे फेंक दिया। प्रातःकाल वह उन

१ मुक़द्दम : गाँव का मुखिया।
२ इस स्थान पर मूल पुस्तक में दारीचा छपा है।

सैयिदों को अपने पिता के साथ शाह बेग की सेवा में ले गया और उससे उनकी भेंट कराई। उसने सैयिदों की निष्ठा के विषय में निवेदन किया। शाह बेग उनसे आदरपूर्वक मिला और उनके विषय में बहुत कुछ पूछा। उस गोष्ठी की समाप्ति के उपरान्त सुल्तान महमूद ख़ां को एकान्त में बुलवाया और सैयिदों के विषय में पूछा। सुल्तान ने जो कुछ इससे पूर्व कहा था, उसकी पुनरावृत्ति की और गोष्ठी के अन्त में कहा, "यद्यपि ये लोग हितैषी हैं किन्तु इन लोगों का क़िले में संगठित रूप से रहना राज्य के हित में उचित नहीं।" शाह बेग ने मुस्करा कर कहा, "ख़ूब सिफ़ारिश की।" अन्त में उसने सैयिदों के पास यह सन्देश भेजा कि जब मुग़ुल पहुंचें तो सैयिद लोग दो-तीन बड़ी हवेलियों में चले जायं। सैयिदों ने क़िले में रहना उचित न देख कर बाहर चले जाने के विषय में निवेदन किया। उनकी प्रार्थना स्वीकार करके उनके निवास हेतु लहरी क़स्बा निश्चित कर दिया गया और वे आज तक वहीं निवास करते हैं।

(१२४) तत्पश्चात् शाह बेग क़िले में प्रविष्ट हुआ और क़िले को देख कर बड़ा प्रसन्न हुआ। नगर के घरों तथा महलों को देखकर उन्हें अमीरों एवं सैनिकों को बांट दिया। क़िले को नपवा कर उसको विभक्त करके इस आशय से अमीरों को प्रदान कर दिया कि वे उसका निर्माण करायें। अलवर का क़िला जो इसके पूर्व राजधानी था नष्ट करके वहां की पक्की ईंटें भक्कर में लाई गईं। तुर्क तथा सुम्मा लोगों के भवनों को, जो भक्कर के उपान्त में थे, नष्ट करवाकर उनकी सामग्री का क़िले में प्रयोग कराया। शाह बेग ने जब क़िले का निर्माण प्रारम्भ कराया तो मीर्ज़ा शाह हसन से कहा, "ये दो पर्वत जो दक्षिण में स्थित हैं, वे इस क़िले के सरकोब[1] के समान हैं। सर्वप्रथम इन दोनों पर्वतों की चिन्ता करूं, तत्पश्चात् क़िले का निर्माण कराऊं।" थोड़ी देर सोच कर कहा, "सर्वप्रथम क़िले के निर्माण का महत्व है। क्योंकि एक बहुत बड़ी नदी क़िले के चारों ओर है अतः इन पर्वतों से अधिक भय न होगा। कोई शक्तिशाली बादशाह इस छोटे से क़िले की विजय का प्रयत्न न करेगा और पराजित बादशाह तथा अमीर कुछ न कर सकेंगे।" अल्प समय में क़िले के निर्माण को पूरा करा लिया और क़िले के महल अपने तथा मीर्ज़ा शाह हसन के लिये निश्चित कर दिये और कुछ अमीरों को भी क़िले में स्थान दे दिया। उदाहरणार्थ मीर फ़ाज़िल तथा उसकी बहिन, अमान सुल्तान बेचा, मलिक मुहम्मद कोका, मीर मुहम्मद सारबान तथा सुल्तान मुहम्मद मुहरदार। इस समय तक अर्थात् १००९ हि० (१६००-१६०१ ई०) तक वह क़िला वर्तमान है।

## बिल्लोचियों की हत्या

एक वर्ष उपरान्त क़िले के निर्माण तथा प्रजा के कार्य सुव्यवस्थित कर लेने के पश्चात्, बिल्लोचियों के विषय में, जो उपद्रव तथा विद्रोह से बाज़ नहीं आते थे, परामर्श करके उसने यह निश्चय किया कि इस क़ौम की उद्दंडता की अग्नि को तलवार के जल से शान्त किया जाय। इसके लिये यह निश्चय हुआ कि (१२५) प्रत्येक ग्राम में योद्धाओं को नियुक्त कर दिया जाय कि वे कुछ समय तक उन लोगों के साथ रहें। अन्त में प्रत्येक ग्राम में विभिन्न दल नियुक्त कर दिये गये। वे प्रतीक्षा करते रहे। जब निश्चित समय आ गया तो सब लोगों ने तलवारें निकाल कर उस अल्पदर्शी समूह की हत्या कर दी। इस प्रकार क्षण भर में ५२ ग्रामों के बिल्लोचियों की हत्या कर दी।

## गुजरात के आक्रमण हेतु प्रस्थान

९२८ हि० (१५२१-२२ ई०) के शीत ऋतु के प्रारम्भ में उसने पायन्दह मुहम्मद तर्ख़ान को

१ वह स्थान जहां से सुगमतापूर्वक क़िलों को नष्ट करने के लिये पत्थर आदि फेंके जा सकते थे

भक्कर का राज्य प्रदान कर दिया और वह स्वयं एक भारी सेना लेकर गुजरात की विजय हेतु चल दिया। मंज़िलों पर मंज़िलें पार करता हुआ नदी के दोनों तट के आसपास के स्थानों को अपवित्र लोगों से पवित्र करता हुआ जब वह चन्दूका पहुंचा तो मीर फ़ाज़िल को ज्वर चढ़ आया। वह आज्ञा लेकर भक्कर लौट गया। शाह बेग ने मीर फ़ाज़िल के पुत्र अहमद को उसके पिता की सेवा हेतु भेज दिया। शाह बेग मीर फ़ाज़िल की रुग्णावस्था से बड़ा व्याकुल हुआ। यहां तक कि मीर फ़ाज़िल के स्वर्गवास होने के समाचार प्राप्त हो गये। शाह बेग तथा मीर्ज़ा शाह हसन को इस दुर्घटना के कारण बड़ा दुःख हुआ। उसी रात्रि में उसने सुल्तान महमूद खां, मीर अब्दुर्रज़्ज़ाक़, अब्दुल फ़त्ताह तथा उसके समस्त सम्बन्धियों को विदा कर दिया। वे लोग इस आशा से कि मीर फ़ाज़िल जीवित है, शीघ्रातिशीघ्र रवाना हुए और प्रातःकाल भक्कर पहुंच गये। उन्होंने देखा कि मीर फ़ाज़िल की मृत्यु हो चुकी है। उसको दफ़न कर दिया गया। शाह बेग तीन दिन उपरान्त शीघ्रातिशीघ्र प्रस्थान करके भक्कर पहुंचा और शोक सम्बन्धी प्रथाओं को पूरा किया। मीर फ़ाज़िल की सन्तान को शोक के वस्त्र से पृथक् कराया। तत्पश्चात् कहा कि, "मीर फ़ाज़िल की मृत्यु मेरी मृत्यु का प्रमाण है। हम भी उसी के पीछे चलें।" दरबार वालों ने इस बात पर अत्यधिक चिन्ता व्यक्त की और उसके दीर्घायु होने के लिये ईश्वर से शुभकामनायें कीं। वह वहां से उसी प्रकार शोक की अवस्था में अपने अन्तःपुर में पहुँचा। उसने अन्तःपुर के सेवकों से भी यही वाक्य कहे। उन लोगों ने कहा, "आप क्या कह रहे हैं?" अन्त में मीर्ज़ा शाह बेग, मीर्ज़ा शाह हुसेन तथा समस्त अमीरों ने वहां से प्रस्थान किया और नदी के तट के निवासियों को दंड देते हुए सिविस्तान पहुंचे। वहां १५ दिन तक ठहर कर उस ओर से निश्चिन्त हो गये और थट्टा के मार्ग से गुजरात की विजय हेतु प्रस्थान किया और अघम ग्राम के निकट पहुंचे। तवाचियों[1] को जाम फ़ीरोज़ को बुलवाने को भेजा और कुछ दिनों तक वहां ठहरे रहे।

## शाह बेग की मृत्यु

जब शाह बेग भक्कर तथा सिविस्तान के युद्ध से निश्चिन्त हो गया तो उसने गुजरात पर अपना पूरा ध्यान केन्द्रित कर दिया। जब भक्कर से निकल कर उसने प्रस्थान करना निश्चय किया तो सूचना प्राप्त हुई कि मुहम्मद बाबर बादशाह बहरह तथा खुशाब पहुंच गया है और वह हिन्दुस्तान पर विजय प्राप्त करना चाहता है। उसने उपस्थितगण से कहा, "बादशाह हमें सिन्ध में रहने न देगा और अन्त में इस राज्य के लिये हमसे तथा हमारी सन्तान से युद्ध करेगा। हमारे लिये यह आवश्यक है कि हम किसी अन्य ओर की राह लें।" इस चिन्ता में उसके हृदय में पीड़ा होने लगी। यद्यपि बहुत कुछ उपचार हुआ किन्तु उससे कुछ लाभ न हुआ। शाह बेग की गुजरात पहुंचने के पूर्व मृत्यु हो गई।......

(१२७) उसकी मृत्यु २२ शाबान ९२८ हि० (१७ जूलाई १५२२ ई०) में हुई। उसी रात्रि में समस्त अमीरों तथा उच्च पदाधिकारियों ने मीर्ज़ा शाह हुसेन[2] की आज्ञाकारिता स्वीकार कर ली। चंगेज़ी प्रथानुसार उसकी लाश भक्कर भेज दी गई। तीन वर्ष उपरान्त शाह बेग का ताबूत[3] मक्का भेज दिया गया और उसे जन्नतुल मुअल्ला में दफ़न किया गया। उस पर एक भव्य भवन का निर्माण कराया गया।

१ तवाची का अर्थ अधिनायक तथा सेनानायक होता है। यहां दूतों से तात्पर्य है।
२ इस स्थान पर मूल पुस्तक में शाह हसन नहीं है।
३ जनाज़ा।

शोक सम्बन्धी प्रथाओं के पूर्ण होने के उपरान्त समाचार प्राप्त हुए कि जाम फ़ीरोज़ तथा थट्टा वालों ने शाह् बेग की मृत्यु के समाचार पाकर प्रसन्नता प्रदर्शित की थी और नक़्क़ारे बजवाये थे। मीर्ज़ा शाह् हसन इस समाचार से बड़ा क्रोधित हुआ और अमीरों तथा मुख्य पदाधिकारियों ने गुजरात जाना उचित न समझ कर थट्टा की विजय तथा जाम फ़ीरोज़ के विनाश के उद्देश्य से प्रस्थान किया।

## शाह् बेग का संक्षिप्त विवरण

आरम्भ में वह ख़्वाजा अब्दुल्लाह् की सेवा में पहुंचा। युवावस्था इल्मी कमाल को प्राप्त करने में व्यतीत की। अपना अधिक समय एबादत तथा उपासना में लगाता था। आरम्भ में जब वह अपने (१२८) पिता की सेवा में हिरात में था तो सर्वदा आलिमों की गोष्ठी में रहा करता था। सप्ताह में दो बार आलिमों को अपने घर बुलवाता था। उसने "शरहे काफ़िया", "हाशियये शरहे मताले", "हाशियये शरहे फ़राइज़े", "मीर सैयिद शरीफ़" की रचना की और कुछ अन्य ग्रन्थों के हाशिये[1] भी प्रसिद्ध हैं।...

## मीर्ज़ा शाह् हुसेन[2] के थट्टा पर राज्य का प्रारम्भिक हाल तथा जाम फ़ीरोज़ का पलायन

(१४१) जब मीर्ज़ा शाह् हसन नसरपुर में अपने पिता के स्थान पर सिंहासनारूढ़ हुआ तो (१४२) सैयिद, क़ाज़ी, प्रतिष्ठित लोग एवं उच्च पदाधिकारी शोक सम्बन्धी प्रथाओं को सम्पन्न करने तथा शाह् हसन को बधाई देने हेतु एकत्र हुये। उसने सभी को इनाम इकराम प्रदान करके सम्मानित किया। क्योंकि यह घटना प्रथम शव्वाल[3] को घटी अतः समस्त अमीरों एवं उच्च पदाधिकारियों ने निवेदन किया कि "यह उचित होगा कि आपके नाम का ख़ुत्बा पढ़ा जाय।" उसने सुनते ही तोबा करते हुए कहा, "जब तक साहिब क़िरान[4] की सन्तान में कोई भी जीवित है हमारे लिये यह उचित नहीं। ख़ुत्बा मुहम्मद बाबर बादशाह के नाम से पढ़ा जाय।" ईद उस ओर व्यतीत करके उसने थट्टा की ओर प्रस्थान किया। जाम फ़ीरोज़ ने हाफ़िज़ रशीद ख़ुशनवीस[5] तथा क़ाज़ी हाजी मुफ़्ती को उपहार सहित शाह् हसन की सेवा में भेज कर शोक प्रकट किया और दीनतापूर्वक अपने अपराधों की क्षमा-याचना की किन्तु दूतों ने एकान्त में उससे कह दिया कि, "जाम फ़ीरोज़ बाह्य रूप से यह प्रार्थना कर रहा है किन्तु हृदय में उसका उद्देश्य दूसरा है। उसने युद्ध के लिये अस्त्र-शस्त्र एकत्र कर लिये हैं और उसका विचार युद्ध करने का है।"

मीर्ज़ा शाह् हसन ने दूतों को लौटा दिया और प्रस्थान करना प्रारम्भ कर दिया। जब जाम फ़ीरोज़ को विजयी सेनाओं के पहुंचने के समाचार प्राप्त हुये तो वह मुक़ाबला करने की शक्ति न देखकर भाग खड़ा हुआ और शीघ्र थट्टा को छोड़ कर नदी के उस पार चला गया। मीर्ज़ा शाह् हसन ने आदेश दिया कि, "सेना नदी को पार करके थट्टा नगर में पड़ाव करे।" पार करते समय मानक वज़ीर तथा जाम फ़ीरोज़ के जामाता शेख़ इबराहीम सेना लेकर पहुंच गये और तोपें चला दीं। वे कुछ नौकाओं को

१ टीका।
२ इस स्थान पर शाह हुसेन है।
३ १ शव्वाल ९२८ हि० (२४ अगस्त १५२२ ई०)।
४ अमीर तैमूर।
५ सुलेख लिखने वाला।

तोपचियों तथा धनुषधारियों से भर कर लाये और मार्ग रोक दिया। इसी बीच में मीर्ज़ा शाह हसन के कुछ योद्धाओं ने शत्रुओं पर आक्रमण करके सबकी हत्या कर दी। जाम फ़ीरोज़ पराजित होकर (१४३) कच्छ पहुंचा और बहुत समय तक वहां रहा तथा कच्छ निवासियों द्वारा सेना में वृद्धि करता रहा।

## मीर्ज़ा शाह हसन द्वारा आक्रमण तथा जाम फ़ीरोज़ की पराजय

जब जाम फ़ीरोज़ चाचकान तथा राहमान ग्राम के पड़ाव पर पहुंचा तो लगभग ५०,००० अश्वारोही तथा पदाती एकत्र होकर युद्ध के लिये तैयार हुये। थट्टा की विलायत में अत्यधिक अशान्ति उत्पन्न हो गई। उसी समय अमीर मुहम्मद मिस्कीन तर्ख़ान, मीर फ़र्रुख़, सुल्तान क़ुली बेग तथा बहुत से अमीर शाह हसन की सेवा में उपस्थित हुये और उन्होंने इस घटना का उल्लेख किया। मीर्ज़ा शाह हसन ने कुछ लोगों को थट्टा भेजकर नगर को दृढ़ कराया और स्वयं शत्रुओं को पराजित करने के लिये नदी पार की और निरन्तर प्रस्थान करता हुआ जाम फ़ीरोज़ से युद्ध करने के लिये रवाना हुआ। जब वह उस क्षेत्र में पहुंचा तो सेना सुव्यवस्थित करके उसने प्रस्थान किया। अचानक विरोधियों की सेना सामने से दृष्टिगत हुई। जब उन लोगों ने मुग़लों की सेना को देखा तो सभी घोड़ों से उतर पड़े और उन्होंने अपने सिरों पर से पगड़ियां उतार लीं और चादर के कोनों को एक दूसरे से बांध कर युद्ध के लिये तैयार हो गये। सिन्ध तथा हिन्द के लोगों की यह प्रथा है कि जब वह प्राण त्याग देना निश्चय कर लेते हैं तो घोड़ों से उतर कर नंगे सिर होकर चादरें तथा कमर बन्द एक दूसरे से बांध लेते हैं।

संक्षेप में मीर्ज़ा शाह हसन ने यह दशा देखकर अमीरों को विजय की बधाई दी और आदेश दिया कि सेना धनुष-बाण हाथ में ले ले। उसने स्वयं घोड़े से उतर कर वज़ू करके नमाज़ पढ़ी और ईश्वर से विजय की प्रार्थना की। तत्पश्चात् वह घोड़े पर सवार हुआ और अमीरों तथा सैनिकों ने तलवारें खींच लीं और उन लोगों पर टूट पड़े। वह समूह पर कम्पित हो उठा। संक्षेप में प्रातःकाल से संध्या समय तक (१४४) युद्ध होता रहा और लगभग २०,००० मनुष्य रणक्षेत्र में मारे गये। जाम फ़ीरोज़ पराजित होकर गुजरात चला गया और गुजरात में अपनी मृत्यु के समय तक निवास करता रहा।

मीर्ज़ा शाह हसन ने तीन दिन तक वहां पड़ाव किया। धन-सम्पत्ति तथा घोड़े इत्यादि जो लूट में प्राप्त हुये उन्हें अपने आदमियों में बांट दिया। बड़े-बड़े अमीरों को नाना प्रकार के इनाम इकराम द्वारा सम्मानित किया। वहां से प्रस्थान करके उसने थट्टा नगर में पड़ाव किया और विजय तथा सफलता प्राप्त करके तुग़लुक़ाबाद में निवास करने लगा। छः मास उपरान्त उसने भक्कर की ओर प्रस्थान किया और हालाकन्दी मार्ग से यात्रा करने लगा। जब वह सिविस्तान के निकट पहुंचा तो सिविस्तान के अमीर विजय की बधाई हेतु उपस्थित हुये और उन्होंने पेशकश प्रस्तुत की। सिविस्तान के अमीरों तथा अधिकारियों को भी विदा कर दिया गया। सेता तथा दरबेला के अमीरों ने भी सिविस्तान में उसका स्वागत करके अधीनता प्रदर्शित की। दरबेला उसी तिथि को मीर फ़र्रुख़ को प्रदान कर दिया गया। वहां शिकार खेलता हुआ बरलो ग्राम को जो भक्कर से तीन कोस पर है पहुंचा। अमीर, उच्च तथा प्रतिष्ठित पदाधिकारी मीर्ज़ा शाह हसन के स्वागतार्थ उसकी सेवा में पहुंचे। मीर्ज़ा ने भक्कर के लोगों को सम्मानित करके इनाम इकराम प्रदान किया। उसी वर्ष शेख़ मीरक पूरानी क़न्धार से सिन्ध पहुंचा। दूसरे वर्ष शाह क़ुतुबुद्दीन शाह तैयिब की सन्तान हिरात से भक्कर पहुंचे और मीर्ज़ा शाह हसन की सेवा में उपस्थित हुई।

## मीर्ज़ा शाह हसन तथा दहर वालों का बन्दी बनाया जाना

९२८ हि० (१५२१–२२ ई०) के प्रारम्भ में मीर्ज़ा शाह हसन को ज्ञात हुआ कि अवबारह, बहती तथा अहन के क्षेत्र में दहर व माची इत्यादि समूह सर्वदा मातीला परगने के लोगों एवं महर इत्यादि की प्रजा का विरोध करते रहते हैं। तदनुसार मीर फ़ाज़िल कोकिलताश के पुत्र बाबा अहमद को सेना सहित उस समूह को दंड देने के लिये नियुक्त किया गया। उसने सेना तैयार करके भट्टी, अहन तथा अवबारह के आस-पास के स्थानों पर आक्रमण किया। वहां से वापिस होकर मातीला क़िले में पहुंचा। (१४५) दहर लोगों ने बिल्लोचियों को जो सिवराय के क़िले में थे, यह कहकर बहकाया कि, "मुग़ूलों ने तुम पर आक्रमण करके तुम्हारी धन-सम्पत्ति एवं मवेशी अपने अधिकार में कर लिये हैं। जब तक तुम लोग आक्रमण न करोगे वे बाज़ न आयेंगे।" सिवराय के बिल्लोचियों ने एकत्र होकर महर वालों पर आक्रमण किया। बाबा अहमद ने सूचना पाकर उसका पीछा किया। अवबारह में दोनों की मुठभेड़ हुई और युद्ध प्रारम्भ हो गया। अन्त में बिल्लोचियों की पराजय हुई। अधिकांश लोगों की हत्या हो गई और दहर के निवासियों में से कुछ बन्दी बना लिये गये। मीर्ज़ा हसन ने बिल्लोचियों पर आक्रमण करने के लिये एक सेना कन्दी तथा वित्र ग्राम में भेजी। उन लोगों ने भी बिल्लोचियों को दंड देकर लौटते समय माची वालों में से बहुत से लोगों की, जिनका सम्बन्ध अवबारह से था, हत्या कर दी और कुछ को बन्दी बनाकर अत्यधिक दंड दिया। लोगों ने धन प्रस्तुत किया और एक पुत्री बाबा अहमद को दी। बाबा अहमद ने अवबारह अपने अधिकार में कर लिया।

उस स्थान से निश्चिन्त होकर कुछ सैनिकों को वहां नियुक्त करके वह भक्कर पहुंचा। सैलाब के कारण मीर्ज़ा की सरकार के ऊंट, जो दहर के लोगों तथा मिहर मुहम्मद फ़र्राश की देखरेख में मातीला के निकट थे, उसके विषय में सिवराय तथा जत के बिल्लोच जो दैरावर तथा फ़तहपुर एवं उस क्षेत्र में थे, सूचना पाकर ले गये। यह सूचना भक्कर पहुंची। बाबा अहमद ३००० अश्वारोहियों को भक्कर से लेकर शीघ्रातिशीघ्र दैरावर पहुंचा और उनके एक बड़े समूह की हत्या कर दी और ऊंटों को वापस ले गया। जब वह बहती तथा अहन पहुंचा तो सिवराय तथा दहर के बिल्लोचियों ने एकत्र होकर मार्ग रोक लिया। घोर युद्ध हुआ। बाबा अहमद के घातक घाव लगे और वह उस युद्ध से निकल आया। जब वह मातीला के निकट पहुंचा तो घोड़े से गिर पड़ा और मृत्यु को प्राप्त हो गया।

(१४६) मीर अब्दुल फ़त्ताह वल्द मीर फ़ाज़िल को भाई की मृत्यु के समाचार पाकर अपने ऊपर अधिकार न रहा। उसने मीर्ज़ा शाह हसन से आज्ञा ली। क्योंकि वह मीर क़ासिम कम्पक पोश का जामाता था अतः मीर्ज़ा शाह हसन ने मीर क़ासिम से कहा कि वह भी अपनी सेना लेकर जाय। कहीं ऐसा न हो कि अब्दुल फ़त्ताह अनुचित कार्य कर डाले। मीर अब्दुल फ़त्ताह मीर क़ासिम के साथ उस स्थान पर पहुंचा और अपने भाई की लाश भक्कर भेज दी। स्वयं वह कुछ समय तक वहां ठहर कर अपनी शक्ति बढ़ाने लगा। एक दिन उसने रहमू दहर के दल पर आक्रमण करके बिल्लोचियों की बहुत बड़ी संख्या की तथा अन्य लोगों की हत्या कर दी और मू के क्षेत्र में पहुंच कर घोर युद्ध किया। बिल्लोची पराजित हुये। अन्त में दहर के लोगों ने बीच में पड़ कर संधि करा दी और यह निश्चय हुआ कि बहती एवं अहन से सिन्ध की सीमा निश्चित रहे। मीर अब्दुल फ़त्त ह ने भत्ती तथा अहन में निवास किया और कुछ समय तक वहां रहा। वह अपने भतीजे मीर मुहम्मद क़ुली को अपने साथ रखता था। यहां तक कि एक रात्रि में सूचना प्राप्त हुई कि अवबारह के मवेशियों पर बिल्लोचियों ने छापा मारा। मीर अब्दुल फ़त्ताह अपने घर से सशस्त्र होकर निकला और कुछ दूर गया। वायु के अत्य-

धिक गरम होने के कारण उसमें विचित्र प्रकार की गरमी उत्पन्न हो गई यहां तक कि घर पहुंचते-पहुंचते उसकी मृत्यु हो गई।

इन दो घटनाओं के उपरान्त ९३० हि० (१५२३–२४ ई०) में मीर्ज़ा शाह हसन ने मुल्तान विजय करने का संकल्प किया और आदेश दिया कि अमीर तथा सैनिक सभी भक्कर पहुंच कर दो वर्ष तक सेना की व्यवस्था करते रहें।

## इस युद्ध के समय की कुछ घटनायें

जब मीर्ज़ा शाह हसन ने मुल्तान पर आक्रमण करने का संकल्प कर लिया तो उसने निश्चय किया कि सर्वप्रथम अरग़ून, तकदर तथा हज़ारा नामक समूह वालों के भय से जो सीवी की विलायत में कोच सहित थे, निश्चिन्त हो जाय। वह शीघ्रातिशीघ्र १००० अश्वारोहियों सहित एक सप्ताह में सीवी पहुंचा और सीवी के क़िले की मरम्मत कराई तथा उसे अपने विश्वासपात्रों को सौंप कर निश्चिन्त (१४७) हो गया। लौटते समय उसने चत्र तथा लहरी के मार्ग से प्रस्थान किया। रन्द तथा बगती के बिल्लोचियों पर आक्रमण करके उन्हें बन्दी बना लिया। अन्त में उसने जिन लोगों को बन्दी बनाया था उन्हें उनके समूह वालों को वचन लेकर सौंप दिया। वहां के बड़े लोगों तथा नेताओं को अपने साथ भक्कर में ले आया।

जब बाबर बादशाह के हिन्दुस्तान पर आक्रमण के समाचार प्रसिद्ध हुये तो मीर्ज़ा शाह हसन ने उचित उपहार राजदूतों के हाथ बादशाह की सेवा में भेजे। जब मीर्ज़ा शाह हसन बादशाह की सेवा में था तो बादशाह के वकील तथा दीवान बेगी मीर ख़लीफ़ा ने उससे विशेष सम्बन्ध स्थापित करने तथा जामाता बनने की बात प्रारम्भ करा दी थी और यह प्रार्थना (बादशाह द्वारा) स्वीकार कर ली गई थी। उसकी स्मृति दिलाने के लिये उसने अब्दुल बाक़ी की दादी शाह सुल्तान को भी, जो सैयिद जाफ़र की सन्तान थी, बाबर बादशाह की सेवा में भेजा। बाबर ने मीर ख़लीफ़ा की पुत्री गुलबर्ग बेगम का निकाह मीर्ज़ा शाह हसन से कर दिया और उसे मीर ख़लीफ़ा के लघु पुत्र हुसामुद्दीन मीरक के साथ भक्कर भेज दिया। मीर्ज़ा शाह हसन विवाह करके बेगम को अपने महल में ले गया। पातर तथा बाग़वान के परगने आतिथ्य सत्कार के रूप में हुसामुद्दीन मीरक को प्रदान कर दिये और मुल्तान पर चढ़ाई करने के लिये प्रस्थान करना निश्चय किया। बाबर बादशाह ने इसी प्रकार माह बेगम की पुत्री नाहीद बेगम, जिसे माहबेग अल्पावस्था में काबुल में छोड़ कर क़न्धार चली गई थी, मीर ख़लीफ़ा के पुत्र मुहिब अली खां को ब्याह दी ताकि दोनों ओर के सम्बन्ध दृढ़ हो जायं।.....

(१४८) जब ८४७ हि० (१४४३–४४ ई०) में सुल्तान अलाउद्दीन बिन (पुत्र) मुहम्मद शाह बिन (पुत्र) फ़रीद शाह बिन (पुत्र) मुबारक शाह बिन (पुत्र) ख़िज़्र खां बादशाह हुआ तो राज्य-व्यवस्था में विघ्न पड़ गया और हिन्दुस्तान के प्रदेश अव्यवस्थित हो गये। मुल्तान की विलायत में मुग़ुलों के निरन्तर आक्रमण के कारण कोई हाकिम न रहा। उस क्षेत्र के निवासियों, प्रतिष्ठित लोगों तथा सर्व-साधारण ने शेख़ यूसुफ़ क़ुरेशी को जो शेख़ बहाउद्दीन ज़करिया[1] के मज़ार का मुतवल्ली था,

१ बहाउद्दीन जकरिया : मुल्तान के प्रसिद्ध सूफी सन्त जिनका जन्म, कोटकरोर (मुल्तान) में ११७० में हुआ। शिक्षा समाप्त करने के उपरान्त वे बग़दाद पहुँचे और वहां शेख शिहाबुद्दीन सुहरवर्दी के मुरीद हो गये और वहां से फिर मुल्तान लौट आये। उनकी मृत्यु १२६६ ई० में हुई।

राज्य प्रदान कर दिया। मुल्तान तथा उच्छ के मिम्बरों पर तथा कुछ क़स्बों में उसके नाम का ख़ुत्बा पढ़ा गया। वह भी शासन-प्रबन्ध में व्यस्त हो गया और अपनी सेना की संख्या में वृद्धि करने लगा और ज़मींदारों के हृदय अपनी मुट्ठी में ले लिये और राज्यव्यवस्था में रौनक़ पैदा कर दी।

संयोग से एक दिन राय सेहरा ने जो लंगाहों के समूह का सरदार था तथा रपरी एवं उसके आस-पास के क़स्बों का अधिकारी था, शेख़ यूसुफ़ को सन्देश भेजा कि, "हमारे पूर्वज भी आपके सिलसिले[1] के (१४९) भक्त हैं और देहली का राज्य उपद्रव से ख़ाली नहीं और कहा जाता है कि मलिक बहलोल ने देहली पर अधिकार जमा लिया है और अपने नाम का ख़ुत्बा पढ़वा लिया है अतः यदि शेख़ लंगाहों के समूह की ओर अधिक से अधिक ध्यान देना प्रारम्भ कर दें और हमें अपने सैनिकों में से समझें तो जो भी कार्य तथा अभियान होगा उसमें हम अपने प्राण समर्पित करने में कोई कमी न करेंगे। इस समय अपने संकल्प की पुष्टि हेतु हम अपनी पुत्री शेख़ की सेवा में देते हैं और आपको अपना जामाता बनाते हैं।" शेख़ यह समाचार पाकर प्रसन्न हो गया और राय सेहरा की पुत्री से विवाह कर लिया। वह कभी कभी अपनी पुत्री से भेंट करने रपरी क़स्बे से मुल्तान जाया करता था और उचित उपहार शेख़ की सेवा में भेंट करता था। शेख़ सावधानी के कारण राय सेहरा को मुल्तान में निवास करने की अनुमति न देता था। वह भी नगर के बाहर ही ठहरता था और अपनी पुत्री से भेंट करने अकेला ही जाता था।

एक बार वह अपनी समस्त सेना को लेकर मुल्तान पहुंचा और उसने धूर्ततापूर्वक शेख़ यूसुफ़ पर अधिकार जमा लेना और मुल्तान का हाकिम बन जाना निश्चय किया। जब वह मुल्तान के निकट पहुंचा तो उसने शेख़ यूसुफ़ को सन्देश भेजा कि "इस बार मैं समस्त लंगाहों को अपने साथ लाया हूं कि मेरी सेना को देखकर उनके योग्य जो उचित सेवा हो उसे प्रदान कर दें।" शेख़ यूसुफ़ सीधा सादा मनुष्य था और काल के छल से अनभिज्ञ था अतः उसने उसके प्रति कृपादृष्टि प्रदर्शित की। राय सेहरा सैनिकों तथा असबाब को दिखाने के उपरान्त एक रात्रि में एक सेवक सहित अपनी पुत्री से भेंट करने पहुंचा।

उसने अपने सेवक से यह निश्चय कर लिया था कि वह घर के एक कोने में बकरी के बच्चे को ज़िबह करके उसका गरम गरम रक्त प्याले में डालकर ले आये। जब सेवक ने उपर्युक्त कार्य कर लिया तो राय सेहरा ने रक्त का प्याला ले लिया। थोड़ी देर उपरान्त वह चिल्लाने लगा कि मेरे पेट में पीड़ा हो रही है और क्षण क्षण पर अधिक विलाप करने लगा। आधी रात्रि के निकट शेख़ यूसुफ़ के वकीलों को वसीअत के उद्देश्य से बुलवा कर उन लोगों के समक्ष रक्त का वमन किया। वसीअत के मध्य में जो शोक (१५०) तथा विलाप से युक्त थी, अपने सम्बन्धियों को जो नगर के बाहर थे, विदा हेतु बुलवाया। जब यूसुफ़ के वकीलों ने राय सेहरा का अन्तिम समय देखा तो उन्होंने उसके सम्बन्धियों तथा सेवकों के आने के सम्बन्ध में कोई आपत्ति प्रकट न की। जब उसके अधिकांश आदमी क़िले में प्रविष्ट हो गये, तो उसने राज्य ग्रहण करने के लिये रुग्णावस्था के बिछौने से अपना सिर उठाया और अपने विश्वासपात्र सेवकों को चारों द्वारों पर नियुक्त कर दिया ताकि वे शेख़ यूसुफ़ के सेवकों को क़िले से महल में न प्रविष्ट होने दें। तत्पश्चात् उसने शेख़ के भवन में प्रविष्ट होकर शेख़ को बन्दी बना लिया। और उसे वहां से निकाल दिया। शेख़ देहली की ओर चल दिया। राय सेहरा ने सुल्तान क़ुतुबुद्दीन की उपाधि धारण करके अपने नाम का ख़ुत्बा पढ़वा दिया।

१ 'शेख़ बहाउद्दीन ज़करिया के उत्तराधिकारियों के भक्त हैं।'

## मीर्ज़ा शाह हसन का लंगाहों की पराजय हेतु प्रस्थान

९३१ हि० (१५२४-२५ ई०) में मीर्ज़ा शाह हसन ने मुल्तान की ओर प्रस्थान किया। जब वह सिवराय के क़िले के पास पहुंचा तो उसने उसे विध्वंस तथा नष्ट-भ्रष्ट करना प्रारम्भ कर दिया। उसने आक्रमण करके, जो कोई भी विरोधी मिला, उसकी हत्या कर दी। बिल्लोच, जो सिवराय के क़िले में थे, यह समाचार सुनकर उच्छ की ओर बढ़े। कुछ लोग क़िले में बन्द हो गये। वह क़िला समस्त क़िलों की अपेक्षा भव्य तथा दृढ़ था। मीर्ज़ा शाह हसन ने एक झील पर पड़ाव किया। सुल्तान महमूद ख़ां भक्करी क़िले की ओर, शीघ्रातिशीघ्र प्रस्थान करके बिल्लोचियों की एक सेना सहित जो क़िले के निकट थी, पहुंचा। युद्ध प्रारम्भ हो गया। उस दिन सुल्तान महमूद ख़ां के साथ ८० अश्वारोहियों से अधिक न थे। लेखक ने सुल्तान महमूद ख़ां से सुना है कि सिवराय के युद्ध के दिन ३० व्यक्ति उसकी तलवार (१५१) द्वारा मारे गये। उस युद्ध में समस्त वीरों ने भी वीरता प्रदर्शित की और २०० शत्रुओं को मिट्टी में मिला दिया। समस्त बिल्लोच लोग यह देख कर बाहर निकल गये। जब प्रातःकाल मीर्ज़ा शाह हसन को यह समाचार प्राप्त हुये तो उसने दीवानख़ाने में सुल्तान महमूद की अत्यधिक प्रशंसा करके उसे एकान्त में बुलवाया और अपने हाथ से तीन छड़ी मार कर कहा, "इस प्रकार की तेज़ी करना उचित नहीं।" दूसरे दिन प्रस्थान करके उसने सिवराय के क़िले के निकट पड़ाव किया और आदेश दिया कि क़िले को नष्ट कर दिया जाय। एक सप्ताह में इस प्रकार का क़िला नष्ट कर दिया गया।

वहां से उसने मव के क़िले की ओर प्रस्थान किया और मव के निकट जो झील है उस पर पड़ाव किया। शेख़ रुहुल्लाह वल्द शेख़ हम्माद क़ुरेशी ने जो उस स्थान के एक सुप्रसिद्ध सन्त थे मीर्ज़ा से भेंट की और क़िले वालों की व्याकुलता तथा दीनता के विषय में उल्लेख किया। मीर्ज़ा ने मिस्कीन तर्ख़ान को आदेश दिया कि वह एक सेना सहित क़िले में प्रविष्ट होकर जो अनाज हो उसका निरीक्षण करे। यदि क़िले में कोई लंगाह तथा बिल्लोच हो तो वह उसे क़िले के बाहर ले आये। जिस किसी ने भी शेख़ हम्माद की ख़ानक़ाह में शरण ले रक्खी हो उसे किसी प्रकार की हानि न पहुंचाई जाय। वे उन्हें क्षमा करके, अन्य सैनिकों को जो क़िले में थे, बन्दी बना कर मीर्ज़ा की सेवा में लाये। मीर्ज़ा शाह हसन दो-तीन दिन तक क़िले के निकट पड़ाव करके क़िले में घुसा। वहां के सूफ़ियों के दर्शन के उपरान्त मव के शेख़ों से प्रतिज्ञा कराई कि वे उसके आदमियों से उनके आने-जाने के समय कोई रोक-टोक न करेंगे और विरोधियों को अपने पास न फटकने देंगे। तत्पश्चात् शेख़ रूहुल्लाह ने रहमू दहर की क्षमा के विषय में प्रार्थना की। मीर्ज़ा ने कहा, "उन लोगों के विषय में सुल्तान महमूद ख़ां जानें। उनके कारण उसके (१५२) दो भाई नष्ट हो चुके हैं।" अन्त में उसका आना ही उचित देख कर उसे बुलवाया। वह ग्रीवा में तलवार लटकाये उपस्थित हुआ। सुल्तान महमूद ख़ां भक्करी ने उसके अपराध क्षमा कर दिये। तदुपरान्त उसने अपने भतीजे के क्षमा किये जाने के विषय में प्रार्थना की और यह प्रस्ताव रक्खा कि वह अन्तःपुर के सेवकों की श्रेणी में रहे। उसकी यह बात स्वीकार कर ली गई। जाम जीवन दहर की बहिन सुल्तान महमूद को सौंप दी गई।

मव के क़िले से उसने मुहिब्ब तर्ख़ान को सेना के अग्रभाग का सेनापति नियुक्त किया और ५०० अश्वारोहियों को आगे भेजकर स्वयं उसके पीछे प्रस्थान किया और लार वालों की सीमा पर पहुँचा। उस मंजिल पर दहरबन्दा नामक दहर, जो मुल्तान वालों में बहुत बड़ा शूरवीर समझा जाता था सेवा में उपस्थित हुआ और उसे ख़िलअत तथा इनाम द्वारा सम्मानित करके सुल्तान महमूद ख़ां को सौंप दिया गया। वहां से उसने उच्छ की ओर प्रस्थान किया।

## उच्छ की मंज़िल पर मीर्ज़ा शाह हसन का लंगाहों से युद्ध

दूसरे दिन प्रातःकाल मीर्ज़ा शाह हसन ने युद्ध हेतु प्रस्थान किया और सेना का अत्यधिक प्रबन्ध किया। दायें भाग की सेना की सरदारी मुहम्मद मिस्कीन तर्ख़ान, तथा मीर्ज़ा ईसा तर्ख़ान को प्रदान कर दी। बायां भाग मीर फ़र्रुख़ तथा मीर अलीका अरग़ून को जो महमूद बेगलार का जामाता था प्रदान किया। अग्रिम दल को सुल्तान महमूद ख़ां, सुल्तान मुक़ीम बेग लार को प्रदान किया। मीर फ़र्रुख़ अरग़ून तथा सुल्तान क़ुली बेगलार को अपने साथ ग़ोल में नियुक्त किया। मीर महमूद सारबान तथा मीर अबू मुस्लिम को क़रावली[1] के लिये नियुक्त किया। उस ओर से लंगाहों के रायज़ादे, बिल्लोच तथा समस्त मुल्तान की सेना युद्ध करने के लिये सामने आई। नाहर लोगों को हिरावली[2] पर नियुक्त किया गया। मुल्तान की सेना उस दिन इस सेना से कई सौ गुना अधिक थी। जब दोनों सेनायें एक दूसरे के मुक़ाबले में खड़ी हुईं तो मुग़ुल सेना ने हत्याकांड प्रारम्भ कर दिया और लंगाह तथा बिल्लोच सेना ने धनुष-बाण अपने हाथ में ले लिये और बाणों की वर्षा प्रारम्भ कर दी।

(१५३) इसी बीच में मीर्ज़ा की दायें भाग की सेना ने शत्रुओं को पराजित कर दिया। बायें भाग ने भी आक्रमण करके शत्रुओं की सेना को उखाड़ दिया। बहलोल रायज़ादा तथा बहुत बड़ी संख्या में लोग बन्दी बना लिये गये। मीर्ज़ा ने उन लोगों की हत्या का आदेश दे दिया। इसी प्रकार रणक्षेत्र से नगर की ओर पहुंच कर उन लोगों ने क़िले का द्वार तोड़ डाला और युद्ध प्रारम्भ कर दिया। लंगाह लोगों ने क़िले की चहारदीवारी पर एकत्र होकर बाण तथा पत्थर फेंकने प्रारम्भ कर दिये। अचानक उनके नेताओं के सिरों को भालों की नोक पर चढ़ा कर उन्हें दिखा दिया गया। वे तत्काल पराजित होकर बुर्जों पर से कूद कूद कर भागने लगे किन्तु मीर्ज़ा के आदेशानुसार उच्छ वालों में से जो भी पकड़ा जाता उसकी हत्या कर दी जाती थी और शहर के लोगों को नष्ट किया जाने लगा। इसी बीच में सैयिद ज़ैनुल आबेदीन बुख़ारी, शेख़ इबराहीम, शेख़ इस्माईल जमाली, क़ाज़ी अबुल ख़ैर तथा क़ाज़ी अब्दुर्रहमान मीर्ज़ा शाह हसन की सेवा में पहुंचे और स्थिति का उल्लेख किया। मीर्ज़ा ने अपने अधिकारियों को आदेश दे दिया कि वे तदुपरान्त किसी के प्रति कोई रोक-टोक न करें और बन्दियों को मुक्त कर दें। जो कोई भी आज्ञा का उल्लंघन करे उसका सिर भाले की नोक पर चढ़ाया जाय। उसने उच्छ के क़िले तथा भवनों को नष्ट करने का आदेश दे दिया। भवनों की लकड़ियां नौकाओं पर लाद कर भक्कर में लाई गईं।

जब मीर्ज़ा शाह हसन के प्रभुत्व के समाचार मुल्तान के हाकिम सुल्तान महमूद लंगाह को प्राप्त हुये तो उसने सीमा तथा चारों दिशाओं से लोगों को भेजकर बिल्लोच, जत, रन्द, दौदाई, कौराई, चांदिया तथा समस्त सैनिकों को एकत्र किया। एक मास में ८०,००० अश्वारोही तथा पदाती मुल्तान में एकत्र हो गये और बहुत बड़ी सेना इकट्ठा हो गई। सुल्तान महमूद लंगाह युद्ध के लिये तैयार होकर अभिमान से भरा हुआ मुल्तान से निकला। मीर्ज़ा शाह हसन ने सुल्तान महमूद लंगाह द्वारा सेना एकत्र करने का हाल सुनकर महरा नदी के तट पर पड़ाव किया और प्रतीक्षा करने लगा। सुल्तान महमूद लंगाह एक मास (१५४) तक मुल्तान के बाहर ठहरा रहा और युद्ध की सामग्री एकत्र करता रहा। सेना का सामान

१ स्काउट, सेना का वह भाग जो शत्रुओं आदि का पता लगाता है।
२ अग्रदल।

तैयार हो जाने के उपरान्त उसने मुल्तान से प्रस्थान किया। एक मंज़िल के पार करने के उपरान्त उसका अभिमान बढ़ गया।

शेख़ शुजा बुख़ारी ने जो सुल्तान हुसेन लंगाह का जामाता था, और जिसे शासन-प्रवन्ध में विशेष अधिकार प्राप्त था कुछ सेवकों तथा ख़ासा ख़ेलों से मिलकर धन का अपहरण किया। यह सुनकर सुल्तान महमूद के क्रोध की अग्नि प्रज्वलित हो उठी। वे लोग अपना जीवन सुल्तान महमूद की मृत्यु पर अवलम्बित देखकर अपने स्वामी की हत्या पर कटिबद्ध हो गये। उसके हक़ों पर ध्यान न देते हुये घातक विष, जो ख़ज़ाने में अन्य लोगों के लिये रक्खा हुआ था, सुल्तान को पिला दिया। वह आधे घूँट ही में इतना मस्त हो गया कि फिर न जागा।

जब सुल्तान महमूद की माता को इस घटना का पता चला तो उसने कहा, "यह उचित होगा कि हम इसी मंज़िल पर पड़ाव करें और सेना को अपनी ओर मिलायें।" दो-तीन दिन तक सेना वालों को वास्तविकता का पता न चल सका। अन्त में यह रहस्य खुल गया। सेना में अधिकांश लोग बिल्लोच थे। वे संगठित हो गये। लंगाहों ने सुल्तान महमूद के पुत्र सुल्तान हुसेन को सिंहासनारूढ़ करने के अतिरिक्त कोई अन्य उपाय न देखा, अतः उन लोगों ने मख़दूमज़ादा शेख़ बहाउद्दीन को संधि कराने के लिये मध्यस्थ बनाया। शेख़ ने गहारा नदी के तट पर नव्वाब मीर्ज़ा शाह हसन से भेंट की। मीर्ज़ा शाह हसन ने शेख़ के सम्मान को दृष्टि में रखते हुये संधि का प्रस्ताव स्वीकार कर लिया। इस विषय में प्रतिज्ञा-पत्र तैयार कराये गये।

(१५५) यह निश्चय हुआ कि "गहारा नदी मुल्तान तथा भक्कर की विलायत की सीमांत बने। दोनों ओर के हाकिम तदुपरान्त इसके आगे न बढ़ें।" विदा होते समय उसने शेख़ को ९ घोड़े, ऊंट, तथा धन प्रदान किया। शेख़ प्रसन्न होकर लौट गया। नव्वाब मीर्ज़ा ने आदेश दिया कि उच्छ में एक अन्य क़िले का निर्माण कराया जाय। अभी तक उस क़िले की इमारत वर्तमान है। उसने कुछ विश्वासपात्र तथा वीर पुरुष उच्छ के क़िले में नियुक्त किये और लौटने की तैयारी कर दी। इसी बीच में सुल्तान महमूद लंगाह का एक सेवक जिसका नाम इक़बाल था, मीर्ज़ा शाह हसन की सेवा में उपस्थित हुआ और उसने निष्ठा प्रदर्शित की। मीर्ज़ा ने उसके प्रति कृपा प्रदर्शित करते हुये उसकी प्रार्थनाओं को स्वीकार कर लिया।

## मीर्ज़ा शाह हसन का दिलावर की विजय हेतु प्रस्थान तथा ग़ाज़ी ख़ां की हत्या

जिस समय मीर्ज़ा शाह हसन ने उच्छ पर अधिकार जमा लिया तो इक़बाल ख़ां ने मीर्ज़ा की सेवा में उपस्थित होकर निष्ठा प्रदर्शित करते हुए निवेदन किया कि "दिलावर के क़िले में अत्यधिक धन-सम्पत्ति है और पिछले सुल्तानों का एकत्र किया हुआ धन वहां जमा है।" मीर्ज़ा ने ग़ाज़ी ख़ां को प्रोत्साहित करते हुये फ़रमान भेजा कि, "इस समय हमारा पड़ाव उच्छ में है अतः तुम्हारे लिये यह उचित होगा कि तुम अपने समस्त देशवासियों सहित अधीनता स्वीकार करके अविलम्ब सेवा में उपस्थित हो जाओ"; किन्तु ग़ाज़ी ख़ां ने इसे स्वीकार न किया और क़िले की दृढ़ता के भरोसे पर परामर्श पर ध्यान न दिया तथा सेवा में उपस्थित न हुआ। अतः मीर्ज़ा ने बृहस्पतिवार १ रजब को आदेश दिया कि "विजयी सेना जल तथा अनाज लेकर और एक मास की खाद्य-सामग्री का प्रबन्ध करके दिलावर की ओर प्रस्थान करे। सुम्बुल ख़ां अश्वारोहियों, ख़ासा ख़ेलों, तोपचियों तथा पदातियों सहित वहां शिविर लगा दे, तथा मोर्चे बांट कर क़िले के अवरोध तथा युद्ध की चेष्टा की जाय।"

(१५६) वास्तव में वह क़िला बलन्दी तथा दृढ़ता में सिकन्दर की दीवार के समान है और बयाबान में स्थित है और वहां जल का पूर्णतः अभाव रहता है। संक्षेप में, कुशल योद्धाओं ने, तीन दिन में ३०० कुंए खोदे और शिविर में पर्याप्त जल एकत्र हो गया। मीर्ज़ा ने चार दिन उपरान्त स्वयं वहां उपस्थित होकर क़िले को घेर लिया और क़िला विजय करने की सामग्री एकत्र करके वाण तथा पत्थर फेंकने में व्यस्त हो गया। जब कुछ समय इसी प्रकार व्यतीत हो गया तो क़िले वाले व्याकुल हो गये। उन्हें किसी ओर से सहायता न प्राप्त हुई। क़िले में अधिक समय तक बन्द रहने के कारण यह स्थिति हो गई कि उबली हुई खाल भी न प्राप्त होती थी। अन्त में सुम्बुल खां ने क़िले में दो ओर से सुरंग लगा कर द्वार के समक्ष के बुर्ज तथा बाड़ें उड़ा दिये। क़िले वाले अपनी मृत्यु निकट देखकर गोले तथा अग्नि फेंकने लगे। जब घोर युद्ध होने लगा तो योद्धा ढाल में अपने सिर छिपाये बुर्ज तथा बाड़े तक पहुंच गये। क़िले के बहुत से आदमी मारे गये तथा आहत हो गये। थोड़े से जो वच गये वे वन्दी बना लिये गये। नव्वाब मीर्ज़ा ने ख़ज़ाना तथा धन सम्पत्ति एकत्र करने के लिये अपने विश्वासपात्र नियुक्त कर दिये। प्रातःकाल उसने समस्त धन सेना को बांट दिया। उसमें से जो कुछ शाही हिस्से का था, उसे ख़ज़ाने में दाख़िल कर लिया। वहां से उसने उच्छ तथा भक्कर की ओर प्रस्थान किया। १५ दिन में भक्कर पहुंच कर भोग-विलास प्रारम्भ कर दिया।

## मीर्ज़ा शाह हसन का मुल्तान की ओर प्रस्थान तथा मुल्तान विजय करना

(१५७) ९३२ हि० (१५२५–२६ ई०) के अन्त में सुल्तान महमूद लंगाह की मृत्यु के उपरान्त उसके सम्बन्धियों तथा अमीरों के परस्पर विरोध एवं शत्रुता के कारण प्रत्येक ने एक-एक दिशा के स्थान को दृढ़ बना लिया। कोई भी दूसरे की आज्ञा का पालन न करता था। उसका पुत्र सुल्तान हुसेन, जो अल्पावस्था में था, शेख़ शुजा बुख़ारी एवं लंगाह स्त्रियों के अधिकार में आ गया था। वह कुछ न कर सकता था। इस कारण मुल्तान में उपद्रव, अशान्ति तथा अत्याचार एवं ज़ुल्म होने लगा। वहां के प्रतिष्ठित लोग एवं साधारण प्रजा दूसरे हाकिम की इच्छा करने लगी; यहां तक कि लंगर खां, मीर्ज़ा शाह हसन की सेवा में पहुंचा। मुल्तान तथा मुल्तान वालों के विषय में उसकी सेवा में निवेदन किया। मीर्ज़ा को इस बात के लिये तैयार किया कि वह मुल्तान को विजय करने के लिये उस पर आक्रमण करे। इस उद्देश्य से मीर्ज़ा हसन ने मिस्कीन तर्ख़ान को क़रावल बना कर आगे भेजा।

लंगाह लोगों ने अरग़ून सेना के आक्रमण के समाचार पाकर परामर्श के उपरान्त शेख़ इस्माईल क़ुरेशी को दूत बनाकर सन्धि हेतु भेजा। शेख़ ने मऊ के निकट मीर्ज़ा शाह हसन से भेंट की। नव्वाव मीर्ज़ा शाह हसन ने शेख़ का यथासम्भव सम्मान किया और कुछ धन शेख़ के सेवकों को आतिथ्य सत्कार के रूप में दिया। शेख़ ने सन्धि की वार्त्ता प्रारम्भ की किन्तु उससे कुछ लाभ न हुआ। शेख़ ने लंगर खां से कहा, "तो हमें थट्टा में हमारे सम्बन्धियों के पास भेज दिया जाय।" लंगर खां ने मीर्ज़ा से निवेदन किया कि, "क्योंकि शेख़ के सम्बन्धी थट्टा में हैं, अतः यदि आदेश हो तो शेख़ थट्टा की ओर प्रस्थान करें।" मीर्ज़ा ने लंगर खां की प्रार्थना स्वीकार करके शेख़ को सिन्ध जाने की आज्ञा प्रदान कर दी। थट्टा के पास का एक ग्राम उसे सयूरग़ाल[1] में प्रदान कर दिया। वहां से वह निरन्तर यात्रा करता हुआ

१ दान में दी जाने वाली भूमि।

मुल्तान की ओर रवाना हुआ। अरग़ूनों की सेना के निकट पहुंच जाने के कारण लंगाह लोग भयभीत होकर मुल्तान में प्रविष्ट हो गये। लंगर खां ने मीर्ज़ा की सेना द्वारा भत्ती कहलवान पर आक्रमण करके अनाज, मवेशी तथा समस्त वस्तुयें मीर्ज़ा की सेना के शिविर में पहुंचा दीं। विजयी सेनाओं ने अवरोध एवं युद्ध प्रारम्भ कर दिया।

(१५८) मुल्तान के वाली[1] ने अपने एक भाई को शेख़ शुजा बुख़ारी के भाई के साथ नव्वाव मीर्ज़ा की सेवा में भेजा और अधीनता एवं आज्ञाकारिता प्रदर्शित की। मीर्ज़ा ने उसके प्रति कृपा-दृष्टि प्रदर्शित करते हुए कहा कि, "अपने भाइयों से कहो कि क़िले से निकल कर हम से भेंट करें और आज्ञाकारिता स्वीकार करें ताकि कृपा प्रदर्शित करते हुये क़िला उन्हीं को प्रदान करके हम लौट जायं।" उन लोगों ने क़िले में जाकर जो कुछ सुना था, उन तक पहुंचा दिया। क़िन्तु लंगाह लोग अभिमानवश भेंट करने के लिये न निकले तथा अरग़ून सेना को हटाने में व्यस्त हो गये। और युद्ध की अग्नि प्रज्वलित कर दी। क़िले के द्वार खोलकर तलवारों तथा बाणों द्वारा आश्चर्यजनक रूप से युद्ध करने लगे। कुछ लोगों की उन्होंने हत्या कर दी। मीर्ज़ा शाह हसन के क्रोध की अग्नि भड़क उठी। उसने क़िले के पूर्व की ओर शम्स द्वार के निकट ख़ेमे लगा दिये और क़िले के आसपास मोर्चे (अपने सैनिकों में) बांट दिये और क़िले के अवरोध के विषय में प्रयत्न करने लगा। दोनों ओर से युद्ध की अग्नि प्रज्ज्वलित हो गई और बाण तथा तोप के गोले वर्षा के समान बरसने लगे। नित्यप्रति युद्ध होता था। मुल्तान नगर में अनाज का घोर अकाल पड़ गया। एक गाय के मुख का मूल्य १० तन्के और मुल्तान की तोल से एक मन अनाज का मूल्य १०० तन्के हो गया। अधिकांश लोग गाय की खाल को खाकर जो खाने योग्य न होती थी, जीवन-निर्वाह करते थे। यदि संयोगवश उन्हें कोई बिल्ली अथवा कुत्ता मिल जाता तो उसका मांस वे हलुवे तथा मेंमने के मांस के समान खा जाते थे। दुष्ट जारा माची को, जिसे शेख़ शुजा-बुख़ारी ने ३००० पदातियों का सरदार नियुक्त करके क़िले की रक्षा सिपुर्द कर दी थी, जिसके घर के विषय में यह सन्देह होता था कि उसके यहां अनाज होगा तों वह निःसंकोच घर में प्रविष्ट होकर उसके घर को नष्ट कर देता। इस दुष्कर्म के कारण लोग लंगाहों के पतन के विषय में प्रार्थना किया करते थे। अन्त में लोग आत्म-हत्या का संकल्प करके क़िले पर से खाई में कूदने लगे। मीर्ज़ा शाह हसन ने लोगों की परेशानी के विषय में सूचना पाकर मुल्तान वालों (१५९) की हत्या से अपने आप को रोक लिया। मुल्तान के अमीरों ने अनाज की कमी के कारण यह आदेश दे दिया था कि कोई भी रोटी न पकाये। जिन लोगों के पास भी अनाज था, वे ग़ुलूर[2] तथा शोरबे पर जीवन व्यतीत करते थे।

जब क़िले के अवरोध में एक वर्ष व्यतीत हो गया तो क़िले वाले तंग हो गये। ११ रबी-उस्-सानी ९३३ हि० (१५ जनवरी १५२७ ई०) को अरग़ून लोग बाणों द्वारा अधिकांश लोगों की हत्या करके प्रातःकाल लोहारी द्वार को तोड़ कर नगर में प्रविष्ट हो गये और लूट-मार तथा हत्याकांड प्रारम्भ कर दिया। ७ वर्ष से ७० वर्ष की अवस्था तक वाले नगर-निवासी बन्दी बना लिये गये। मुल्तान वालों पर घोर संकट पड़ गया। उसकी स्मृति उन्हें क़यामत तक रहेगी। लोग बड़े-बड़े सूफ़ियों की ख़ानक़ाह में घुस गये।

१ शासक।

२ सम्भवतः ग़ुलूल, वह भोजन जो मनुष्य के पेट में हो।

नगर को दस-बारह दिन तक नष्ट-भ्रष्ट करने के उपरान्त मुहिब्ब तर्ख़ान ने एक सेना सहित ख़ानक़ाह में पहुंच कर लोगों की हत्या कर दी और ख़ानक़ाह में आग लगा दी और उस मज़ार में अत्यधिक रक्तपात किया। उस लूट में मुग़ुलों को उत्तम जवाहरात तथा अपार नक़द धन प्राप्त हुआ। तत्पश्चात् मीर्ज़ा शाह हसन के क्रोध की अग्नि शान्त हुई और शेष लोग जो रह गये थे, उन्हें उसने क्षमा कर दिया और आदेश दिया कि "लाशों को मार्ग से हटा कर खाइयों में दफ़न कर दिया जाय। तत्पश्चात् कोई किसी भी मनुष्य को हानि न पहुंचाये।" मख़दूमज़ादा शेख़ बहाउद्दीन, सुल्तान महमूद लंगाह के पुत्र सुल्तान हुसेन तथा (महमूद लंगाह) की पुत्री को मीर्ज़ा शाह हसन की सेवा में लाया। मीर्ज़ा शाह हसन ने दोनों को मिस्कीन तर्ख़ान को दे दिया। मिस्कीन तर्ख़ान ने सुल्तान महमूद की पुत्री से शरा के अनुसार विवाह कर लिया और पुत्र को भी अपनी शरण में ले लिया।

दो मास वहां ठहरने के उपरान्त मीर्ज़ा शाह हसन ने भक्कर की ओर प्रस्थान किया और दोस्त (१६०) मीर आख़ुर तथा ख़्वाजा शम्सुद्दीन माहौनी को २०० अश्वारोहियों, १०० पदातियों तथा १०० तोपचियों सहित मुल्तान के राज्य के लिये नियुक्त कर दिया। शेख़ शुजा बुख़ारी तथा सुल्तान महमूद लंगाह के कुछ ख़ासा ख़ेलों को कठोर दंड देकर उनसे अत्यधिक धन प्राप्त किया। मीर्ज़ा शाह हसन लौटकर भक्कर पहुंचा ही था कि थट्टा के अमीरों के प्रार्थना-पत्र प्राप्त हुये कि खिंगार लोग थट्टा पर आक्रमण करने का विचार कर रहे हैं। मीर्ज़ा शाह हसन भक्कर से थट्टा की ओर चल दिया। और दोस्त मीर आख़ुर, ख़्वाजा शम्सुद्दीन तथा लंगर ख़ां को वहां नियुक्त कर दिया। ये लोग मुल्तान में लगभग ११ मास तक रहे। लंगर ख़ां पृथक् होकर बाबर बादशाह की सेवा में पहुंच गया। मीर्ज़ा शाह हसन ने यह सूचना पाकर मुल्तान बाबर बादशाह को भेंट कर दिया। दोस्त मीर आख़ुर तथा ख़्वाजा शम्सुद्दीन भक्कर लौट आये। बाबर ने मुल्तान मीर्ज़ा कामरान को प्रदान कर दिया।

# मुलतान

## ख़्वाजा निज़ामुद्दीन अहमद

### तबक़ाते अकबरी

# तबक़ाते अकबरी

## भाग ३

(लेखक---ख़्वाजा निज़ामुद्दीन अहमद)

(प्रकाशन---कलकत्ता)

## मुल्तान के सुल्तान

(५२१) मुल्तान का इतिहास इस्लाम के राज्य के प्रारम्भ से, जो हज्जाज[1] के समय में मुहम्मद (बिन) क़ासिम[2] के प्रयत्न के फलस्वरूप प्राप्त हुआ, इतिहासों में लिखा हुआ है। जब सुल्तान महमूद ग़ज़नवी ने इसे मलाहेदा[3] के अधिकार से निकाल लिया तो वह बहुत समय तक उसकी सन्तान के अधिकार में रहा। ग़ज़नी के सुल्तानों के शक्तिहीन हो जाने के कारण मुल्तान पुनः क़रामेता[4] के अधिकार में आ गया। जब से वह सुल्तान मुइज्जुद्दीन मुहम्मद साम के अधिकार में आया, उस समय से ८४७ हि० (१४४३-४४ ई०) तक वह देहली के सुल्तानों के अधीन रहा। ८४७ हि० (१४४३-४४ ई०) से जब (५२२) से हिन्दुस्तान का राज्य अव्यवस्थित हो गया, मुल्तान के हाकिम पूर्ण रूप से स्वतंत्र हो गये। मुल्तान देहली के सुल्तानों के अधिकार के बाहर निकल गया, और कुछ लोगों ने लगातार राज्य किया :

शेख़ यूसुफ़ः लगभग दो वर्ष

सुल्तान क़ुतुबुद्दीन : १६ वर्ष

सुल्तान हुसेन : कुछ लोगों के मतानुसार ३४ वर्ष तथा कुछ लोगों के मतानुसार ३६ वर्ष

सुल्तान फ़ीरोज़ : उसके राज्यकाल की अवधि ज्ञात नहीं

सुल्तान महमूद बिन सुल्तान फ़ीरोज़ : २७ वर्ष

सुल्तान हुसेन : उसके राज्यकाल की अवधि ज्ञात नहीं। कुछ लोगों के मतानुसार एक वर्ष तथा कुछ मास।

१ हज्जाज बिन यूसुफ़ अल-सक़फ़ी, उमय्या वंश के पाँचवें ख़लीफ़ा द्वारा अरब तथा अरबी एराक़ का हाकिम (गवर्नर) नियुक्त कर दिया गया था। वह अपनी निष्ठुरता के लिये बड़ा प्रसिद्ध है। उसकी मृत्यु ७१४ ई० में हुई।

२ मुहम्मद बिन क़ासिम उमय्या ख़लीफ़ा यज़ीद प्रथम का चचाज़ाद भाई तथा हज्जाज बिन यूसुफ़ सक़फ़ी का जामाता था। ख़लीफ़ा के आदेशानुसार ७१६ ई० में उसने सिन्ध पर आक्रमण करने के लिये एक भारी सेना लेकर प्रस्थान किया और २३ जून ७१२ ई० को सिन्ध पर अधिकार प्राप्त कर लिया।

३ इस्माईली शीआ मुसलमानों को मलाहेदा कहा जाता था।

४ इस्माईली शीआ मुसलमानों की एक शाख़ा

## शेख़ यूसुफ़

जब ८४७ हि० (१४४३-४४ ई०) में सुल्तान अलाउद्दीन बिन (पुत्र) मुहम्मद शाह बिन (पुत्र) फ़रीद शाह बिन (पुत्र) मुबारक शाह बिन (पुत्र) खिज़्र खां सिंहासनारूढ़ हुआ तो राज्य-व्यवस्था में विघ्न पड़ गया। हिन्दुस्तान में बड़ी ही अव्यवस्था फैल गई। मुल्तान की विलायत में मुग़ुलों के निरन्तर आक्रमण के कारण कोई भी हाकिम न रहा।

क्योंकि शेख़ बहाउद्दीन ज़करिया मुल्तानी का मुल्तान के निवासियों तथा उस ओर के समस्त ज़मींदारों के हृदय में अत्यधिक सम्मान आरूढ़ था, अतः वहां के समस्त निवासियों, सम्मानित व्यक्तियों एवं सर्वसाधारण ने शेख़ बहाउद्दीन ज़करिया के रौज़े के मुजाविर तथा ख़ानक़ाह के मुतवल्ली शेख़ यूसुफ़ क़ुरेशी को सिंहासनारूढ़ कर दिया तथा मुल्तान, उच्छ एवं कुछ अन्य क़स्बों में उसके नाम का ख़ुत्बा पढ़वा दिया। उसने भी शासन-प्रबन्ध अपने हाथ में लेकर अपनी सेना में वृद्धि करनी तथा ज़मींदारों के हृदय को अपनी मुट्ठी में लेकर राज्य को रौनक़ देनी प्रारम्भ कर दी।

(५२३) संयोगवश एक दिन लंगाहों के सरदार राय सेहरा ने जिसके अधीन सीवी तथा उस क्षेत्र के क़स्बे थे, शेख़ यूसुफ़ को सन्देश भेजा कि "हम लोग अपने पूर्वजों के समय से लेकर आज तक आपके सिलसिले के भक्त रह चुके हैं, और देहली का राज्य अव्यवस्थित हो चुका है और कहा जाता है कि मलिक बहलोल लोदी ने देहली पर अपना अधिकार जमा कर अपने नाम का ख़ुत्बा पढ़वा दिया है, ऐसी अवस्था में आप लंगाहों के समूह की ओर कृपादृष्टि प्रदर्शित करें और हमें भी अपने सैनिकों में सम्मिलित समझें तो प्रत्येक सेवा तथा प्रत्येक अभियान में हम प्राणों की बलि देने को उद्यत हैं। इस समय अपनी निष्ठा तथा भक्ति की पुष्टि के लिये मैं आपको अपनी पुत्री देता हूं और आपको अपना जामाता स्वीकार करता हूं।" शेख़ यह समाचार सुनकर प्रसन्न हो गया और राय सेहरा की पुत्री से विवाह कर लिया। वह कभी कभी अपनी पुत्री से भेंट करने सीवी क़स्बे से मुल्तान जाया करता था और उचित उपहार शेख़ की सेवा में भेजा करता था। शेख़ सावधानी की दृष्टि से राय सेहरा को मुल्तान में निवास करने की अनुमति न देता था। वह स्वयं शहर के बाहर पड़ाव करके पुत्री से भेंट करने जाया करता था।

एक बार वह अपने समस्त सैनिकों को एकत्र करके मुल्तान की ओर रवाना हुआ और छल, धूर्तता एवं धोखे से शेख़ यूसुफ़ को बन्दी बना लेने तथा मुल्तान का हाकिम बन जाने का उसने संकल्प किया। जब वह मुल्तान के समीप पहुंचा तो उसने शेख़ यूसुफ़ को सन्देश भेजा कि, "इस बार मैं समस्त लंगाहों को अपने साथ लाया हूं ताकि मेरे सैनिकों को देख कर आप उनकी योग्यता के अनुसार सेवा प्रदान कर दें।" शेख़ यूसुफ़ सरल स्वभाव का व्यक्ति था। वह समय के छल से अनभिज्ञ था। उसने उसके प्रति कृपा-दृष्टि प्रदर्शित की। राय सेहरा उन लोगों को दिखलाने के उपरान्त एक रात्रि में एक सेवक के साथ (५२४) अपनी पुत्री से भेंट करने गया। उसने अपने सेवक को समझा दिया था कि घर के एक कोने में एक बकरी के बच्चे को ज़िबह करके और उसका रक्त गरम करके[1] प्याले में डालकर ले आना। जब सेवक यह कार्य कर चुका तो राय सेहरा ने रक्त के प्याले को ले लिया। थोड़ी देर पश्चात् वह छल

१ एक पोथी के अनुसार 'उसका गरम रक्त प्याले में रख कर ले आना'।

करके चिल्लाने लगा कि, "मेरे पेट में पीड़ा होती है" और क्षण-क्षण पर वह अधिक विलाप करने लगा। आधी रात के निकट शेख़ यूसुफ़ के वकीलों को वसीयत के लिये बुलवाया और उन लोगों के समक्ष रक्त की क़ै की। वसीयत, जो शोक तथा विलाप से भरी थी, के समय अपने सम्बन्धियों तथा निकटवर्तियों को जो नगर के बाहर थे, विदा हेतु बुलवाया। जब शेख़ यूसुफ़ के वकीलों ने राय सेहरा की शोचनीय दशा देखी तो उन्होंने उसके सम्बन्धियों तथा निकटवर्तियों के बुलवाने में कोई आपत्ति प्रकट न की। जब उसके अधिकांश आदमी क़िले में आ गये तो उसने राज्य पर (अधिकार जमाने) के विचार से रुग्णावस्था के बिछौने से सिर उठाया और अपने सेवकों तथा विश्वासपात्रों को चारों द्वारों की रक्षा हेतु नियुक्त कर दिया ताकि शेख़ यूसुफ़ के सेवक बाहर के क़िले से महल में प्रविष्ट न हो सकें।

शेख़ यूसुफ़ ने लगभग दो वर्ष तक राज्य किया।

## सुल्तान क़ुतुबुद्दीन लंगाह

राय सेहरा ने शेख़ को बन्दी बना कर अपने नाम का ख़ुत्बा तथा सिक्का चलवा दिया। उसने अपनी उपाधि सुल्तान क़ुतुबुद्दीन रक्खी। जब मुल्तान वाले उसके राज्य से संतुष्ट हो गये और उन्होंने उससे बैअत कर ली तो शेख़ यूसुफ़ को उत्तर दिशा के द्वार से, जो शेख़ बहाउद्दीन ज़करिया के मज़ार के निकट है, देहली की ओर जाने की अनुमति दे दी। तत्पश्चात् उसने उस द्वार को पक्की ईंटों से चुनवा (५२५) दिया। कहा जाता है कि आज तक अर्थात् १००३ हि० (१५९४-९५ ई०) तक वह द्वार बन्द है।

उसने अपना राज्य प्रारम्भ कर दिया। कहा जाता है कि जब शेख़ यूसुफ़ देहली पहुंचा तो सुल्तान बहलोल ने उसका अत्यधिक आदर-सम्मान किया और अपनी पुत्री का विवाह शेख़ यूसुफ़ के पुत्र से, जिसका नाम शेख़ अब्दुल्लाह था और जो शाह अब्दुल्लाह के नाम से प्रसिद्ध है, कर दिया। वह सर्वदा शेख़ को वादों द्वारा प्रसन्न किया करता था। सुल्तान क़ुतुबुद्दीन मुल्तान में स्वतंत्र रूप से राज्य करता रहा।

उसकी मृत्यु ८६५ हि० (१४६०-६१ ई०) में हुई और उसने १६ वर्ष तक राज्य किया।

## सुल्तान हुसेन वल्द सुल्तान क़ुतुबुद्दीन लंगाह

सुल्तान क़ुतुबुद्दीन की मृत्यु के उपरान्त शोक सम्बन्धी प्रथाओं के समाप्त हो जाने के पश्चात् अमीरों तथा राज्य के उच्च पदाधिकारियों ने उसके ज्येष्ठ पुत्र को सुल्तान हुसेन की उपाधि प्रदान करके मुल्तान तथा उसके आसपास के क्षेत्र में उसके नाम का ख़ुत्बा पढ़वा दिया। वह बड़ा ही योग्य, तथा ईश्वर की कृपाओं का पात्र था। उसके राज्यकाल में शिक्षा तथा ज्ञान को उन्नति प्राप्त हुई और आलिमों तथा बुद्धिमानों को आश्रय प्राप्त हुआ।

अपने भाग्य की उन्नति के काल में उसने शोर के क़िले की विजय हेतु प्रस्थान किया। कहा जाता (५२६) है कि उस समय शोर का क़िला ग़ाज़ी सैयिद ख़ां के अधीन था। ग़ाज़ी ने जब यह सुना कि सुल्तान इस प्रदेश पर चढ़ाई कर रहा है तो उसने तैयारी करके क़िले से निकल कर १० कोस आगे बढ़ कर सुल्तान हुसेन से युद्ध किया। उसने अत्यधिक वीरता एवं पौरुष का प्रदर्शन किया किन्तु पराजित होकर रणक्षेत्र से भाग खड़ा हुआ और शोर पहुंचे बिना बहरा क़स्बे की ओर पहुंचा। ग़ाज़ी के परिवार वालों ने जो शोर के क़िले में थे विभिन्न भागों में विभक्त होकर क़िले को दृढ़ बना लिया और सर्वदा

बहरा, चुनौत तथा ख़ोशाब से जो सैयिद ख़ां के अधीन थे, सहायता की प्रतीक्षा किया करते थे। जब अवरोध कई दिनों तक चलता रहा और वे सहायता पहुंचने से निराश हो गये तो क्षमा-याचना करके क़िले को समर्पित कर दिया और बहरा चले गये।

सुल्तान हुसेन कुछ दिन तक शोर में शासन-व्यवस्था ठीक करने के लिए ठहरा रहा। तदुपरान्त उसने चुनौत क़स्बे की ओर प्रस्थान किया। मलिक माझी खुक्खर जो सैयिद ख़ां की ओर से उस स्थान का दारोग़ा था अपने सम्मान की रक्षा हेतु कुछ दिन तक क़िले में बन्द रहा। तत्पश्चात् क्षमा-याचना करके चुनौत के क़िले को समर्पित करके बहरा चला गया। सुल्तान हुसेन अपने राज्य की सीमा की व्यवस्था करके मुल्तान चला गया। मुल्तान में कुछ दिन तक ठहर कर विश्राम किया। तत्पश्चात् उसने (५२७) कोत करोर के क़िले की ओर प्रस्थान किया और उस क्षेत्र में धनकोत के क़िले की सीमा तक के स्थान अपने अधिकार में कर लिये।

शेख़ यूसुफ़ समय समय पर सुल्तान बहलोल से अपने ऊपर किये गये अत्याचारों के न्याय की याचना किया करता था। जिस समय सुल्तान हुसेन धनकोत की ओर गया हुआ था, तो सुल्तान बहलोल ने अवसर पाकर अपने पुत्र बारबक शाह को, जिसका विवरण देहली तथा जौनपुर के इतिहास के सम्बन्ध में दिया जा चुका है, मुल्तान पर आक्रमण करने का आदेश दिया। तातार ख़ां लोदी को पंजाब की सेना सहित बारबक शाह की सहायता करने का आदेश दिया। बारबक शाह तथा तातार ख़ां ने निरन्तर यात्रा करते हुए मुल्तान की ओर प्रस्थान किया।

संयोग से उसी समय सुल्तान हुसेन के सगे भाई ने जो कोत करोर के क़िले का हाकिम था, सुल्तान शिहाबुद्दीन की उपाधि धारण करके, विद्रोह कर दिया। सुल्तान हुसेन कोत करोर के क़िले के उपद्रव को शान्त करना परमावश्यक समझ कर शीघ्रातिशीघ्र उस स्थान पर पहुंच गया और सुल्तान शिहाबुद्दीन को जीवित बन्दी बना लिया और उसके पांव में लोहे की बेड़ियां डाल कर मुल्तान की ओर चल दिया।

इसी बीच में गुप्तचरों द्वारा ज्ञात हुआ कि बारबक शाह तथा तातार ख़ां मुल्तान के क्षेत्र में ईदगाह के निकट नगर के उत्तर में पड़ाव किये हुए हैं और क़िले पर आक्रमण करने तथा उसको विजय करने का प्रयत्न करने की व्यवस्था कर रहे हैं। सुल्तान हुसेन रातोंरात सिन्ध नदी को पार करके रात्रि के अन्त में मुल्तान के क़िले में प्रविष्ट हुआ और तत्काल अपनी समस्त सेना को एकत्र किया और कहा, "समस्त सेना से युद्ध की आशा नहीं की जाती। कुछ लोग अपने परिवार की अधिकता के कारण बचते रहते हैं। वे लोग यद्यपि युद्ध के योग्य नहीं होते फिर भी अन्य कार्यों के लिए उदाहरणार्थ क़िले की रक्षा तथा सेना की संख्या को बढ़ाने के काम आते हैं।" यह कह कर उसने घोषणा की "जो निःसंकोच युद्ध के लिए (५२८) उद्यत हो वह प्रातःकाल नगर के बाहर चला जाय और शेष सेना क़िले की रक्षा में व्यस्त रहे।" १०,००० अश्वारोही तथा पदाती युद्ध के लिये तैयार हुए।

प्रातःकाल वह युद्ध के ढोल बजवाता हुआ नगर के बाहर निकला। सेना को नदी के सामने करके आदेश दिया कि समस्त अश्वारोही घोड़ों पर से उतर पड़ें। सर्वप्रथम वह स्वयं घोड़े पर से उतरा और आदेश दिया कि समस्त सेना वाले तीन तीन बाण शत्रु की ओर फेंकें। प्रथम बार जब १२,००० बाण धनुष से निकले तो शत्रु की सेना में घबराहट व्यापक हो गई। दूसरी बार वे संगठित हुए और तीसरी बार जंगल की ओर भाग खड़े हुए। शत्रुओं के हृदय में आतंक इस सीमा तक आरूढ़ हो गया था कि पलायन करते हुए जब वे शोर के क़िले के पास पहुंचे तो उन्होंने क़िले की ओर कोई ध्यान न दिया और

जनोत क़स्बे तक घोड़े की बाग ज़रा भी न मोड़ी। इस विजय से मुल्तान की सेना की संख्या तथा समृद्धि में वृद्धि हो गई।

जब बारबक शाह तथा तातार खां जनोत क़स्बे में पहुंचे तो उन्होंने सुल्तान हुसेन के थानेदार को उसके ३०० व्यक्तियों सहित वचन देकर क़िले के बाहर निकाला और तलवार के घाट उतार दिया। सुल्तान हुसेन ने (बारबक शाह) की पराजय को बहुत बड़ी सफलता समझ कर जनोत को मुक्त कराने की ओर ध्यान न दिया।

उन्हीं दिनों में मलिक सोहराब दौदाई जो इस्माईल खां तथा फ़तह खां का पिता था, अपनी क़ौम तथा क़बीले सहित कीज तथा मकरान के निकट से सुल्तान हुसेन की सेवा में उपस्थित हुआ। सुल्तान ने मलिक सोहराब के चरणों को अपने लिये शुभ समझ कर कोत करोर के क़िले से धनकोत के क़िले तक (५२९) की समस्त विलायत[1] मलिक सोहराब तथा उसकी क़ौम वालों को प्रदान कर दी। यह समाचार पाकर बिलोचिस्तान से बिलोचियों की बहुत बड़ी संख्या सुल्तान हुसेन की सेवा में उपस्थित हुई। नित्य प्रति उनकी संख्या में वृद्धि होने लगी। सुल्तान हुसेन ने शेष विलायत, जिसमें सिन्ध तट के आबाद एवं समृद्ध स्थान सम्मिलित हैं, अन्य बिल्लोचियों को वेतन में दे दी। शनैः-शनैः सीतपुर से धन्कोत तक की समस्त विलायत बिल्लोचियों को प्राप्त हो गई।

उन्हीं दिनों में जाम बायज़ीद तथा जाम इबराहीम जो सहीता क़बीले के बुज़ुर्ग थे, सिन्ध की विलायत के हाकिम जाम नन्दा से रुष्ट होकर सुल्तान की सेवा में उपस्थित हुए। इसका सविस्तार उल्लेख इस प्रकार है कि भक्कर तथा थट्टा के मध्य की विलायत के अधिकांश महाल सहीता लोगों के, जो अपने आपको जमशेद[2] की सन्तान से समझते थे, अधीन थे। क्योंकि सहीता लोग वीरता एवं पौरुष में समस्त क़बीलों की अपेक्षा श्रेष्ठ थे, अतः जाम नन्दा जो सहीता क़ौम से सम्बिन्धत था और अपने आपको जमशेद की सन्तान समझता था, सर्वदा सहीता क़ौम से भयभीत रहा करता था। संयोगवश सहीता सरदारों में परस्पर शत्रुता उत्पन्न हो गई। जाम नन्दा ने यह बात अपने लिये बड़ी ही हितकर समझकर, जाम बायज़ीद तथा जाम इबराहीम के विरोधियों का साथ दिया। जाम बायज़ीद तथा जाम इबराहीम, जो दोनों सगे भाई थे, जाम नन्दा से रुष्ट होकर सुल्तान हुसेन से मिल गये। क्योंकि सुल्तान की माता जाम बायज़ीद की बहिन थी, अतः सुल्तान ने उनका आदरपूर्वक स्वागत किया और शोर की विलायत जाम बायज़ीद को तथा उच्छ की विलायत जाम इबराहीम को प्रदान कर दी और उन दोनों को उनकी जागीर में भेज दिया।

(५३०) क्योंकि जाम बायज़ीद स्वयं विद्वान् था, अतः वह सर्वदा विद्वानों की गोष्ठी में रहा करता था। उस क्षेत्र में जहां कहीं वह किसी विद्वान् के विषय में सुन पाता था तो वह उसके प्रति इतनी अधिक कृपादृष्टि प्रदर्शित करता था कि वह विवश होकर जाम बायज़ीद की सेवा में पहुंच जाता था और उससे पृथक् न होता था। कहा जाता है कि जाम बायज़ीद विद्वानों से इतना प्रेम करता था कि शेख़ जलालुद्दीन क़ुरेशी को, जो शेख़ हाकिम क़ुरेशी के पुत्रों में से था और ख़ुरासान में विद्याध्ययन किया करता था, नेत्रहीन होने के बावजूद विज़ारत का पद प्रदान कर दिया था औरराज्य की समस्त समस्याओं में उससे

१ राज्य

२ जमशेदः-ईरान के पेशदादी वंश का चौथा बादशाह। उसका राज्यकाल ईसा के ८०० वर्ष पूर्व बताया जाता है। उसके सम्बन्ध में बड़ी विचित्र कहानियां कही जाती हैं। कहा जाता है कि वह बड़ा प्रतापी बादशाह था।

परामर्श किया करता था। वह अपना समय विद्वानों की गोष्ठी में व्यतीत करता था और ईश्वर के आदेशों का इतना अधिक पालन करता था कि एक बार उसने शोर में एक भवन का निर्माण प्रारम्भ कराया। संयोगवश उसमें एक ख़ज़ाना मिल गया। उसने उसमें से कुछ व्यय न किया, और समस्त ख़ज़ाना सुल्तान हुसेन की सेवा में भेज दिया। सुल्तान को इससे उसके प्रति अत्यधिक श्रद्धा हो गई।

जब सुल्तान बहलोल की मृत्यु हो गई और सुल्तान सिकन्दर बादशाह हुआ तो सुल्तान ने संवेदना तथा बधाई के पत्र एवं उपहार राजदूतों के हाथ भेजे और संधि का प्रस्ताव रक्खा। क्योंकि सुल्तान शरीअत का बड़ा सम्मान करता था, तथा ईश्वर का बहुत बड़ा भक्त था अतः उसने संधि करना स्वीकार कर लिया। यह निश्चय हुआ कि "दोनों पक्ष संगठित तथा एक दूसरे के मित्र रहें। किसी की भी सेना अपने राज्य की सीमा के आगे न बढ़े। जिस किसी को भी सहायता की आवश्यकता हो वह उसकी सहायता करे।" प्रतिज्ञा-पत्र लिख जाने के उपरान्त अमीरों तथा राज्य के उच्च पदाधिकारियों ने उस पर साक्षी के रूप में अपने-अपने हस्ताक्षर कर दिये। सुल्तान सिकन्दर ने राजदूतों को ख़िलअत देकर लौटा दिया।

(५३१) कहा जाता है कि सुल्तान हुसेन का सुल्तान मुज़फ़्फ़र शाह से पत्र-व्यवहार हुआ करता था और दोनों ओर से राजदूत आते-जाते रहते थे। एक बार सुल्तान हुसेन ने क़ाज़ी मुहम्मद[1] नामक एक व्यक्ति को, जो बहुत बड़ा विद्वान् था, राजदूत बना कर सुल्तान मुज़फ़्फ़र गुजराती की सेवा में भेजा और क़ाज़ी से कहा कि "तू सुल्तान मुज़फ़्फ़र से विदा होते समय उससे यह प्रार्थना कर कि सुल्तान तेरे साथ एक सेवक कर दे जो तुझे शाही भवनों का निरीक्षण करा दे।" सुल्तान हुसेन का उद्देश्य यह था कि वह मुल्तान में गुजरात के सुल्तानों के महलों के समान महलों का निर्माण कराये। जब क़ाज़ी मुहम्मद अहमदाबाद पहुंचा तो उसने उपहार प्रस्तुत किये और विदा होते समय जिस प्रार्थना का उसे आदेश हुआ था, वह प्रार्थना की। सुल्तान मुज़फ़्फ़र ने क़ाज़ी मुहम्मद के साथ एक सेवक इस आशय से कर दिया कि वह उसे समस्त भवन विस्तार से दिखा दे।

जब क़ाज़ी मुहम्मद गुजरात से मुल्तान पहुंचा तो राजदूत के कर्त्तव्यों को सम्पन्न करने के उपरान्त उसने गुजरात के सुल्तानों के महलों की थोड़ी सी विशेषता का उल्लेख करना चाहा किन्तु उससे यह सम्भव न हो सका। उसने धृष्टता करते हुए कहा कि, "यदि मुल्तान के समस्त राज्य का कर एक महल के निर्माण पर व्यय कर दिया जाय तो भी यह नहीं कहा जा सकता कि वह पूरा हो सकेगा अथवा नहीं।" सुल्तान हुसेन यह बात सुनकर बड़ा दुखी हुआ। एमादुलमुल्क बोबक वज़ीर ने उससे उसके शोक का कारण पूछा। उसने उत्तर दिया, "मैं इस कारण दुखी हूं कि मुझे बादशाह कहा जाता है किन्तु बादशाही (५३२) के अर्थ से वंचित हूं। इसके बावजूद क़यामत में मुझसे बादशाहों के समान पूछ-ताछ होगी।" एमादुलमुल्क ने कहा कि, "बादशाह को इस बात से दुखी न होना चाहिये कारण कि ईश्वर ने प्रत्येक राज्य को कोई न कोई ऐसी विशेषता प्रदान की है जो अन्य राज्यों में नहीं। गुजरात, दक्षिण, मालवा तथा बंगाल के राज्य यद्यपि उपजाऊ हैं और वहां सुख-सम्पन्नता के अपार साधन हैं किन्तु मुल्तान के राज्य में योग्य लोग पाये जाते हैं कारण कि मुल्तान के बुज़ुर्ग जहां भी गये अत्यधिक सम्मानित हुए। शेख़ुल इस्लाम, शेख़ बहाउद्दीन ज़करिया के सिलसिले के न जाने कितने लोग मुल्तान में हैं, जो योग्यता में शेख़ यूसुफ़ क़ुरेशी से, जिसके पुत्र को सुल्तान बहलोल ने अपनी सुपुत्री दे दी थी, और जिसका वह इतना

१ एक पोथी में 'क़ाज़ी महमूद'।

आदर-सम्मान करता था श्रेष्ठ हैं। इसी प्रकार बुख़ारी सिलसिले के न जाने कितने लोग उच्छ तथा मुल्तान में वर्त्तमान हैं जो बाह्य तथा आन्तरिक श्रेष्ठता में हाजी अब्दुल वह्हाब से बढ़कर हैं। आलिमों में मौलाना फ़तहुल्लाह तथा उनके शिष्य मौलाना अज़ीज़ुल्लाह, मुल्तान में ऐसे हुए हैं कि यदि उनके विषय में यह कहा जायगा कि हिन्दुस्तान के राज्य को उन पर गर्व होगा तो अनुचित न होगा।" एमादुलमुल्क ने जब इसी प्रकार की अन्य बातें कहीं तो सुल्तान प्रसन्न हो गया।

## सुल्तान फ़ीरोज़

जब सुल्तान हुसेन वृद्ध हो गया तो उसने अपने समक्ष अपने ज्येष्ठ पुत्र फ़ीरोज़ ख़ां को फ़ीरोज़ शाह की उपाधि देकर उसके नाम का ख़ुत्बा पढ़वा दिया और स्वयं ख़ुदा की एबादत में लग गया और वज़ीर का पद पूर्व की भांति एमादुलमुल्क बोबक के अधीन रहा। सुल्तान फ़ीरोज़ ख़ां अनुभव-शून्य था, और उसमें क्रोध अत्यधिक था। दान-पुण्य से उसे कोई रुचि न थी। वह सर्वदा बलाल वल्द एमादुलमुल्क (५३३) से, जो विद्वत्ता, दान-पुण्य तथा अन्य गुणों से सुशोभित था, ईर्ष्या किया करता था। उसने एक बार अपने एक विश्वासपात्र दास से कहा, "बिलाल शाही धन पर अधिकार जमा कर विद्रोह करना चाहता है और वह लोगों को मिला कर स्वयं राज्य ग्रहण करना चाहता है। राज्य के लिये यही उचित होगा कि विद्रोह के पूर्व उसका प्रबन्ध कर लिया जाय।" वह अल्पदर्शी दास बलाल की हत्या पर कटिबद्ध हो गया और समय की प्रतीक्षा करने लगा। संयोगवश बलाल नौका पर भ्रमण करने गया था। सायंकाल की नमाज़ के उपरान्त वह नगर में प्रविष्ट होना चाहता था। उस दास ने एक गुप्त स्थान से निकल कर एक ऐसा बाण उसके सीने पर मारा कि उसकी तत्काल मृत्यु हो गई। एमादुलमुल्क ने थोड़े से समय में सुल्तान फ़ीरोज़ शाह को विष दे दिया और अपने पुत्र का प्रतिकार भली-भांति ले लिया।

सुल्तान हुसेन वृद्धावस्था में यह कष्ट पाने के कारण अत्यधिक विलाप किया करता था। उसने अपने राज्य की रक्षा तथा बदला लेने के लिए पुनः अपने नाम का ख़ुत्बा पढ़वा कर महमूद ख़ां बिन (पुत्र) सुल्तान फ़ीरोज़ को अपना वलीअह्द नियुक्त कर दिया। पूर्व की भांति शासन प्रबन्ध एमादुलमुल्क को सौंप दिया और उसके प्रति किसी क्रोध अथवा शत्रुता का प्रदर्शन न किया। कुछ दिन उपरान्त जाम बायज़ीद को एकान्त में बुला कर कहा, "तू मेरा मामा होता है और मेरे हार्दिक शोक से अवगत है। ऐसा उपाय कर कि हम इस नमकहराम से बदला ले लें।" जाम बायज़ीद ने इसे स्वीकार कर लिया और सुल्तान से विदा हो गया। रात्रि में उसने अपनी सेना में घोषणा करा दी कि "सुल्तान हुसेन सेना का निरीक्षण करना चाहता है। प्रातःकाल सभी लोग अस्त्र-शस्त्र लगा कर घर के बाहर उपस्थित हों।" प्रातःकाल जाम बायज़ीद अपने सैनिकों सहित सशस्त्र होकर निकला। जब सुल्तान को सूचना मिली तो उसने एमादुलमुल्क को आदेश दिया कि वह जाकर जाम तथा उसके सेवकों का उचित रूप से निरीक्षण (५३४) करे। जब एमादुलमुल्क निरीक्षण करने के लिये निकला तो जाम बायज़ीद के आदमियों ने तुरन्त एमादुलमुल्क को बन्दी बना लिया।

सुल्तान हुसेन ने विज़ारत का पद तत्काल जाम बायज़ीद को प्रदान कर दिया और विज़ारत के साथ साथ उसे महमूद ख़ां बिन फ़ीरोज़ ख़ां का अतालीक़ भी नियुक्त कर दिया। कुछ दिन उपरान्त सुल्तान हुसेन रुग्ण होकर मर गया। उसकी मृत्यु रविवार २६ सफ़र ९०८ हि० (३१ अगस्त १५०२

ई०) और कुछ लोगों के मतानुसार ९०४ हि० (१४९८-९९ ई०) में हुई[1] कुछ लोगों के मतानुसार उसने ३४ वर्ष और कुछ लोगों के मतानुसार ३६ वर्ष राज्य किया।

लेखक निज़ामुद्दीन अहमद निवेदन करता है कि 'तबक़ाते बहादुर शाही' के संकलनकर्त्ता ने अपने विवरण में दो तीन स्थानों पर भूल की है। एक यह कि सुल्तान महमूद को सुल्तान हुसेन का पुत्र कहा है, दूसरे यह कि सुल्तान फ़ीरोज़ का सिंहासनारोहण, सुल्तान महमूद के बाद लिखा है। इसके अतिरिक्त वह सुल्तान फ़ीरोज़ को सुल्तान महमूद का भाई कहता है। वास्तव में सुल्तान महमूद सुल्तान फ़ीरोज़ का पुत्र था और उसका सिंहासनारोहण सुल्तान फ़ीरोज़ तथा सुल्तान हुसेन के उपरान्त हुआ।

## सुल्तान महमूद बिन सुल्तान फ़ीरोज़

जब सुल्तान हुसेन की मृत्यु हो गई तो दूसरे दिन सोमवार २७ सफ़र[2] को जाम बायज़ीद ने अमीरों एवं प्रतिष्ठित लोगों की सहमति से सुल्तान हुसेन की वसीयत के अनुसार महमूद ख़ां को सिंहा-(५३५) सनारूढ़ करके दरबार कराया। अल्पावस्था के कारण वह नीच लोगों तथा कमीनों को प्रोत्साहन देने लगा। अपना समय हंसी-मज़ाक़ में व्यतीत किया करता था। इसी कारण प्रतिष्ठित एवं सम्मानित व्यक्ति उससे दूर रहने लगे। कमीनों ने उसके स्वभाव पर अधिकार प्राप्त कर लेने के कारण इस बात का प्रयत्न प्रारम्भ कर दिया कि सुल्तान महमूद को जाम बायज़ीद का विरोधी बना दें। इस उद्देश्य से वे मनगढ़ंत बातें कहने लगे। जाम बायज़ीद ने यह बात कई बार सुनी। वह अपने दायरे[3] से, जो उसने चनाब नदी के निकट मुल्तान से एक फ़रसख़ पर बसाया था, नगर में आता था और राज्य का प्रबन्ध उसी स्थान से सम्पन्न करता था तथा अपना समय किसी न किसी प्रकार व्यतीत करता था।

इसी दशा में एक दिन जाम बायज़ीद ने कुछ क़स्बों के मुक़द्दमों को कर वसूल करने के उद्देश्य से बुलवाया था। क्योंकि कुछ मुक़द्दमों ने विद्रोह कर दिया था अतः जाम बायज़ीद ने कहा कि, "उस समूह के बाल काट कर उन्हें नगर में घुमाया जाय।" अशुभचिन्तकों ने सुल्तान महमूद से जाकर कहा कि, "जाम बायज़ीद ने सुल्तान के कुछ विशेष दासों को अपमानित तथा दंड देना प्रारम्भ कर दिया है और वह स्वयं दीवान में नहीं उपस्थित होता और अपने पुत्र आलम ख़ां को भेज देता है। राज्य के लिये यह उचित होगा कि आलम ख़ां को दरबार में अपमानित किया जाय ताकि जाम बायज़ीद के गौरव को धक्का पहुंचे और वह लोगों की दृष्टि में अपमानित हो जाय।"

आलम ख़ां बड़ा ही योग्य युवक था और सुन्दरता एवं चरित्र में अद्वितीय था। संयोग से आलम ख़ां सुल्तान महमूद के अभिवादन हेतु पहुंचा। उसे इस बात का पता न था कि उससे ईर्ष्या रखने वालों ने इस प्रकार का षड्यंत्र रचा है। जब वह सुल्तान महमूद की सेवा में पहुंचा तो एक दरबारी ने (५३६) उससे पूछा कि, "अमुक मुक़द्दमों ने कौन-सा अपराध किया था कि जाम बायज़ीद ने उनके सिर के बाल मुंडवा दिये और उन्हें अपमानित किया ? न्याय यही है कि उसके बदले में तेरे बाल मुंडवा दिये जायं।" क्योंकि आलम ख़ां ने इस प्रकार की बात कभी न सुनी थी अतः उसने रुष्ट होकर कहा, "हे

१ एक पोथी में 'कुछ लोगों का मत है कि राज्य की अवधि ३० वर्ष थी'। एक पोथी के अनुसार, कुछ लोगों का मत है कि उसने २८ वर्ष राज्य किया।
२ २७ सफ़र ६०८ हि० (१ सितम्बर १५०२ ई०)
३ यहां 'मुहल्ले' से तात्पर्य है।

दुष्ट तेरा यह साहस कि सुल्तान के दरबार में मुझसे इस प्रकार की बात कहे।" अभी यह बात समाप्त भी न हुई थी कि बारह व्यक्ति इधर-उधर से आलम खां पर टूट पड़े। सर्वप्रथम उन्होंने आलम खां के सिर से पगड़ी उतार ली और उसे घूंसों तथा लातों से मारा। इसी बीच में आलम खां ने बड़ी कठिनाई से म्यान से कटार निकाल ली और अपना हाथ उठाया। संयोग से सुल्तान महमूद उस समूह के ऊपर जो एक दूसरे को ढूंढ़ रहे थे टहल रहा था। कटार की नोक सुल्तान महमूद के मत्थे में लगी। वह चिल्लाता हुआ भूमि पर गिर पड़ा। उसके घाव से अत्यधिक रक्त बहने लगा। वे लोग जो आलम ख़ां से चिमटे हुये थे उसे छोड़ कर सुल्तान की ओर बढ़े। आलम ख़ां मार खाकर अपने प्राण के भय से भाग खड़ा हुआ। जब वह द्वार पर पहुंचा तो उसने देखा कि द्वार बन्द है। उसने ज़ोर लगा कर द्वार को तोड़ डाला और वाहर निकल गया। अपने सेवक से कपड़ा लेकर अपने सिर पर बांध लिया और चल दिया।

जब वह जाम बायज़ीद की सेवा में पहुंचा तो उसने सब हाल बताया। जाम ने कहा, "हे पुत्र! तूने ऐसा कार्य किया जिससे लोक तथा परलोक में लज्जित होना पड़ेगा। क्योंकि इसका उपचार अब सम्भव नहीं। अतः शीघ्रातिशीघ्र शोर चला जा और समस्त सेना को सुल्तान महमूद के सेना एकत्र करने के पूर्व शोर पहुंचा दे।" जाम बायज़ीद ने तत्काल आलम खां को शोर की ओर विदा कर दिया। जब उसकी
(५३७) सेना शोर पहुंच गई तो जाम बायज़ीद कूच का नक़्क़ारा बजा कर शोर की ओर चल दिया।

सुल्तान महमूद ने यह समाचार पाकर एक सेना अमीरों सहित उसका पीछा करने के लिये भेजी। जब दोनों सेनायें एक दूसरे के निकट पहुंचीं तो जाम बायज़ीद पलट कर खड़ा हो गया। दोनों ओर से योग्य युवक पृथक् होकर पौरुष का प्रदर्शन करने लगे। अन्त में जाम बायज़ीद उस समूह को पराजित करके शोर की ओर रवाना हो गया। शोर पहुंच कर उसने सुल्तान सिकन्दर बिन बहलोल के नाम का ख़ुत्बा पढ़वा दिया और समस्त घटना का उल्लेख उसकी सेवा में भेज दिया। सुल्तान सिकन्दर ने जाम बायज़ीद को प्रोत्साहनयुक्त फ़रमान तथा ख़िलअत भेजा और दूसरा फ़रमान पंजाब के हाकिम दौलत खां लोदी को लिखा कि, "क्योंकि जाम बायज़ीद ने हमसे प्रार्थना की है और हमारे नाम का ख़ुत्बा पढ़वा दिया है अतः तुझे चाहिये कि तू उसके विषय में सावधान रहे और उसको सहायता प्रदान करने में कोई कमी न करे। जब कभी उसे सहायता की आवश्यकता हो तो सहायता के लिये पहुंच जाना।"

कुछ दिन उपरान्त सुल्तान महमूद ने समस्त सेना एकत्र की और शोर की ओर प्रस्थान किया। जाम बायज़ीद तथा आलम ख़ां ने अपनी सेना सहित शोर से निकल कर १० कोस पर उन लोगों से युद्ध किया और रावी नदी को अपने समक्ष रखते हुए पड़ाव किया। एक पत्र दौलत खां लोदी को लिखकर उसे पूरी घटना से अवगत कराया। अभी सुल्तान महमूद तथा जाम बायज़ीद में युद्ध ही हो रहा था कि दौलत खां लोदी पंजाब की सेना सहित जाम बायज़ीद की सहायतार्थ पहुंच गया। उसने अपने विश्वासपात्र सुल्तान महमूद की सेवा में भेज कर संधि की वार्ता प्रारम्भ कर दी। अन्त में दौलत खां के प्रयत्न से इस शर्त पर संधि हो गई कि रावी नदी के मध्य में सीमा बनी रहे और कोई भी अपनी सीमा से आगे न बढ़े। दौलत खां लोदी ने सुल्तान महमूद को मुल्तान भेजा और जाम बायज़ीद को शोर भेजकर स्वयं
(५३८) लाहौर पहुंच गया। यद्यपि दौलत ख़ां सरीखा व्यक्ति मध्यस्थ बना किन्तु फिर भी संधि का कार्य यथारूप सम्पन्न न हो सका था।

इसी बीच में मीर चाकरान्द अपने दो पुत्रों, मीर अलहदाद तथा मीर शहदाद सहित सीवी से मुल्तान पहुंचे। सर्वप्रथम मुल्तान में शीआ[1] मज़हब को जिस व्यक्ति ने प्रचलित कराया वह मीर शहदाद

१ सम्भवतः लेखक का तात्पर्य १२ इमामों को मानने वाले अ़सना अ़शअ़री शीओं से है।

था। क्योंकि मलिक सोहराब दौदाई को लंगाहों की सेवा में पूर्ण सम्मान प्राप्त था अतः मीर चाकरान्द वहां न ठहर सका और उसने जाम बायज़ीद से सहायता की प्रार्थना की। क्योंकि वह भी एक क़बीले का स्वामी था अतः जाम बायज़ीद ने उससे आदरपूर्वक व्यवहार किया। अपनी विलायत का थोड़ा-सा भाग जो उसके खालसे में था मीर चाकरान्द तथा उसके पुत्रों को दे दिया।

जाम बायज़ीद बड़ा ही दानी तथा सदाचारी था। वह प्रजा, पवित्र लोगों, तथा आलिमों के प्रति कृपादृष्टि प्रदर्शित किया करता था। कहा जाता है कि युद्ध के दिनों में आलिमों तथा पवित्र लोगों के वज़ीफ़े एवं अदरार[1] नौकाओं में रख कर शोर से मुल्तान पहुंचवाया करता था। मुल्तान के प्रतिष्ठित लोगों के प्रति निरन्तर उपकार के कारण बहुत से प्रतिष्ठित लोगों ने अपनी जन्मभूमि को त्याग कर शोर में निवास करना प्रारम्भ कर दिया था। कुछ लोगों को उसने आग्रह करके बुलवाया था। उनमें से मौलाना अज़ीज़ुल्लाह मौलाना फतहुल्लाह के चेले थे जिन्हें उसने बड़े आग्रह से बुलवाया। जब मौलाना अज़ीज़ुल्लाह शोर के निकट पहुंचे तो वह उन्हें बड़े सम्मान से नगर में लाया और बड़े शिष्टतापूर्वक अपने अन्तःपुर में स्थान प्रदान किया और अपने सेवकों को आदेश दिया कि वे मौलाना के हाथ धुलायें और कहा कि, "उस जल को आशीर्वाद हेतु घर के चारों कोनों में डाल दिया जाय।"

(५३९) जाम बायज़ीद का वकील शेख़ जलालुद्दीन क़ुरेशी एक विचित्र कथा का उल्लेख किया करता था। यद्यपि इस प्रसंग में इसका कोई स्थान नहीं है किन्तु शिक्षाप्रद होने के कारण उसका उल्लेख किया जाता है। कहा जाता है कि जब मौलाना अज़ीज़ुल्लाह शोर पहुंचे तो जाम बायज़ीद ने उनका अत्यधिक आदर-सम्मान किया। मौलाना को अपने अन्तःपुर में ले गया और स्त्रियों को आदेश दिया कि वे मौलाना की सेवा करती रहें। शेख़ जलालुद्दीन क़ुरेशी ने मौलाना की सेवा में एक व्यक्ति को भेज कर यह संदेश प्रेषित किया कि जाम बायज़ीद ने अभिवादन के उपरान्त कहलाया है कि मौलाना की सेवा में स्त्रियों को भेजने का यह उद्देश्य है कि क्योंकि वे अकेले पधारे हैं अतः जिसे वे पसन्द करें उसे मौलाना की सेवा में भेज दिया जाय। मौलाना ने उत्तर में कहलाया कि "ईश्वर न करे कि कोई मनुष्य अपने मित्रों की स्त्रियों की ओर बुरी दृष्टि डाले। इसके अतिरिक्त फ़क़ीर की अवस्था ऐसी नहीं है जो वह इस ओर प्रेरित हो।" जब मौलाना अज़ीज़ुल्लाह का सेवक जाम बायज़ीद के पास यह संदेश लेकर पहुंचा तो जाम ने कहा कि, "मुझे इस संदेश की सूचना नहीं।" मौलाना ने लज्जित होकर कहा कि, "जिसने यह कार्य किया हो उसकी गर्दन टूट जाय।" और जाम बायज़ीद से भेंट किये बिना वे अपने घर चले गये। जब तक जाम को सूचना हो उस समय तक मौलाना, जाम की सीमान्त को पार कर चुके थे। अन्त में जो कुछ मौलाना ने कहा था वही हुआ। शेख़ जलालुद्दीन सुल्तान सिकन्दर की सेवा से भाग कर शोर पहुंचा। रात्रि में उसका पांव कोठे से फिसल गया और वह सिर के बल गिर पड़ा तथा उसकी गर्दन टूट गई।

(५४०) जब बाबर बादशाह ने ९३३ हि० (१५२६ ई०) में पंजाब की विलायत[2] को अपने अधिकार में करके देहली की ओर प्रस्थान किया तो उसने थट्टा के हाकिम मीर्ज़ा शाह हुसेन अरग़ून को एक मन्शूर[3] इस आशय का भेजा कि मुल्तान तथा उस क्षेत्र का स्थान उसे दे दिया जाये। मीर्ज़ा शाह हुसेन अरग़ून ने भक्कर के क़िले के पास से नदी पार की। सुल्तान महमूद यह समाचार पाकर कांप उठा

१ धार्मिक लोगों को सहायतार्थ दी जाने वाली वृत्ति।
२ राज्य।
३ फ़रमान।

और सेना को एकत्र करके मुल्तान नगर से दो मंज़िल पर पड़ाव किया। शेख़ बहाउद्दीन ज़करिया के सज्जादा नशीन शेख़ बहाउद्दीन क़ुरेशी को मीर्ज़ा शाह हुसेन के पास दूत बनाकर भेजा। मौलाना बहलोल को भी, जो बड़ा वाक्पटु था और अपना उद्देश्य बड़े सुन्दर ढंग से प्रस्तुत करता था, शेख़ बहाउद्दीन के पीछे भेजा। जब शेख़ बहाउद्दीन तथा मौलाना बहलोल मीर्ज़ा शाह हुसेन की सेना में पहुंचे तो मीर्ज़ा ने उनका बड़ा आदर-सम्मान किया। मीर्ज़ा ने उत्तर दिया कि, "मैं सुल्तान महमूद को शिक्षा देने तथा शेख़ बहाउद्दीन ज़करिया के मज़ार के दर्शनार्थ आया हूं। मौलाना बहलोल ने कहा कि, "सुल्तान महमूद को यदि इसी प्रकार शिक्षा प्रदान की जाय जिस प्रकार मुहम्मद साहब ने ओवैस क़रनी को आध्यात्मिक शिक्षा प्रदान की थी तो अनुचित न होगा। इसके अतिरिक्त शेख़ बहाउद्दीन उपस्थित हो गया है, अब कष्ट करने की क्या आवश्यकता है?" जब शेख़ लौट कर सुल्तान महमूद की सेवा में पहुंचा तो रात्रि में सुल्तान महमूद की मृत्यु हो गई। कुछ लोगों का मत है कि इस वंश के दास लंगर खां ने अपने स्वामी की हत्या कर दी। उसकी मृत्यु ९३१ हि० (१५२४–२५ ई०) में हुई और उसने २७ वर्ष तक राज्य किया।

## सुल्तान हुसेन बिन सुल्तान महमूद

(५४१) जब सुल्तान महमूद की मृत्यु हो गई तो क़िवाम खां लंगाह तथा लंगर खां जो सुल्तान महमूद की सेना के अग्र भाग में थे भाग खड़े हुये और मीर्ज़ा शाह हुसेन से मिल गये। उन्हें अत्यधिक आश्रय प्रदान किया गया और उन्होंने मुल्तान के क़स्बे मीर्ज़ा को विजय करा दिये। शेष लंगाह अमीर निस्सहाय होकर मुल्तान चले गये। उन्होंने सुल्तान महमूद के पुत्र को जोकि अभी बाल्यावस्था में था, सुल्तान हुसेन की उपाधि देकर उसके नाम का ख़ुत्बा पढ़वा दिया। यद्यपि वह नाममात्र को बादशाह था किन्तु शेख़ शुजाउलमुल्क बुख़ारी, जो सुल्तान महमूद का जामाता था, विज़ारत के पद को अपने अधिकार में करके शासन-प्रबन्ध करने लगा। उसे कोई भी अनुभव न था और यद्यपि मुल्तान के क़िले में एक मास की भी खाद्य-सामग्री न थी किन्तु वह क़िला बन्द कर लेने पर उद्यत हो गया। मीर्ज़ा शाह हुसेन ने सुल्तान हुसेन की मृत्यु को मुल्तान की विलायत की विजय का बहाना बना कर लेशमात्र को भी समय नष्ट न किया और शीघ्रातिशीघ्र पहुंच कर क़िले को घेर लिया। जब अवरोध को कई दिन हो गये तो सैनिक भूख से व्याकुल होकर शेख़ शुजाउलमुल्क की सेवा में, जिसने मुल्तान की विलायत को नष्ट करना अपना उद्देश्य बना लिया था, पहुंचे और कहा कि, "अभी हमारे घोड़े ताज़ा हैं और उनमें युद्ध की शक्ति है। यह उचित होगा कि सेनाओं का वितरण करके युद्ध के लिए अग्रसर हों। संभव है कि हमें विजय प्राप्त हो जाय। इसके अतिरिक्त क़िले में बन्द होकर युद्ध करना सैनिक सहायता प्राप्त होने पर अवलम्बित होता है किन्तु आपको किसी स्थान से सहायता की आशा नहीं।" शेख़ शुजाउलमुल्क ने उस गोष्ठी में कोई उत्तर न दिया किन्तु एकान्त में अपने कुछ विश्वस्त सरदारों को बुलवा कर कहा कि, "अभी तक (५४२) सुल्तान हुसेन के राज्य को स्थायित्व नहीं प्राप्त हुआ है। यदि हम युद्ध के उद्देश्य से बाहर निकलेंगे तो सम्भव है कि अधिकांश लोग मीर्ज़ा से आश्रय की आशा में मिल जायंगे और कुछ लोग जिन्हें अपने सम्मान की रक्षा का ध्यान है रणक्षेत्र में प्राण त्याग देंगे।"

मौलाना सादुलाह लाहौरी, जो अपने समय के बहुत बड़े विद्वान् थे, कहा करते थे कि, "मैं उन दिनों में मुल्तान के क़िले में था। जब अवरोध की अवधि कई मास तक पहुंच गई तो मीर्ज़ा शाह हुसेन की सेना ने क़िले के आने-जाने के स्थानों को इस प्रकार दृढ़ बना लिया कि कोई भी व्यक्ति बाहर से क़िले वालों की सहायता को न पहुंच सकता था और न कोई व्यक्ति क़िले के बाहर जा सकता था और मुक्ति प्राप्त न कर सकता था। जो कोई आता-जाता हुआ पकड़ा जाता उसे तलवार के घाट उतार दिया जाता।

अन्त में क़िले वालों की यह दुर्दशा हो गई कि यदि संयोग से कुत्ता अथवा बिल्ली उन्हें मिल जाती तो उसका मांस हलुवे अथवा मेमने के मांस के समान खा जाते थे। शेख़ शुजाउलमुल्क ने जादू नामक पाजी को ३ हज़ार क़स्बे के पदातियों का सरदार बना कर क़िले की रक्षा उसे सौंप दी थी। उस दुष्ट को जिसके घर के विषय में यह सन्देह होता कि वहां अनाज होगा तो वह निःसंकोच उस असहाय के घर को नष्ट कर देता। उसके दुष्कर्मों के कारण लोग शुजाउलमुल्क के राज्य के पतन के लिए ईश्वर से प्रार्थना करने लगे। अन्त में लोगों ने आत्महत्या करना निश्चिय करके क़िले के ऊपर से खाई में फांदना प्रारम्भ कर दिया। मीर्ज़ा शाह हुसेन ने लोगों की परेशानी के विषय में अवगत होकर उनकी हत्या करानी बन्द कर दी। अवरोध के एक वर्ष तथा कुछ मास तक चलते रहने के उपरान्त एक रात्रि में प्रातःकाल मीर्ज़ा के सेवक क़िले में प्रविष्ट हो गये और संहार तथा ध्वंस प्रारम्भ कर दिया। ७ वर्ष से ७० वर्ष तक के
(५४३) नगर निवासी, जो हत्या से बच गये, वे बन्दी बना लिए गये। जिन लोगों के विषय में यह संदेह था कि उनके पास धन होगा उन्हें नाना प्रकार का कष्ट पहुंचाया गया तथा अपमानित किया गया। यह दुर्घटना ९३२ हि० (१५२५-२६ ई०) के अन्त में घटी।"

मौलाना सादुल्लाह अपने विषय में इस घटना का उल्लेख करते थे कि "जब अरगून की सेना ने क़िले को विजय कर लिया तो कुछ लोग हमारे घर में प्रविष्ट हो गये। सर्वप्रथम एक व्यक्ति ने मेरे पिता को, जिनका नाम मौलाना इबराहीम जामे था और जो ६५ वर्ष से पठन-पाठन का कार्य कर रहे थे और अंतिम अवस्था में अंधे हो गये थे, बन्दी बना लिया। भवन के स्वच्छ होने के कारण उन लोगों को इस बात का संदेह था कि मेरे पिता धनी होंगे अतः वे उनका अपमान करने लगे। एक व्यक्ति ने प्रविष्ट होकर मुझे बन्दी बना लिया और वज़ीर मीर्ज़ा की सेवा में उपहार-स्वरूप भेंट किया। संयोग से वज़ीर मीर्ज़ा घर के प्रांगण में लकड़ी के तख़्त पर बैठे थे। उन्होंने आदेश दिया कि मेरे पांव में एक ज़ंजीर डाल दी जाय और उसका एक छोर तख़्त के पाये से कस कर बांध दिया जाय। मेरी आंखों से आंसू न रुकते थे और मेरा विलाप अधिकांश अपने पिता के विषय में था। कुछ क्षण उपरान्त उसने दावात मंगवाई और क़लम को ठीक करके कुछ लिखना चाहा किन्तु उसके हृदय में आया कि वह वज़ू करके लिखे। वह वहां से उठ कर शौचगृह में गया। क्योंकि उस स्थान पर कोई न था अतः मैंने सिंहासन के निकट पहुंच कर क़सीदये बर्दा[1] का एक छन्द उस काग़ज़ पर जिसे वज़ीर ने लिखने के लिए मंगवाया था लिख दिया।

"छन्द लिखकर मैं अपने स्थान पर पहुंच गया और मेरी आंखों से आंसू बहते जाते थे। कुछ देर उपरान्त जब वज़ीर ने अपने स्थान पर पहुंच कर कुछ लिखना चाहा तो उस काग़ज़ पर वह छन्द लिखा
(५४४) हुआ मिला। उसने इधर-उधर घर में देखा किन्तु जब घर में कोई न मिला तो मुझसे पूछा, क्या तूने यह लिखा है? मैंने कहा, 'हां।' उसने मेरे विषय में पूछा। जब मैंने अपने पिता का नाम बताया तो उसने मेरे पांव की ज़ंजीर खोल दी और अपना पीराहन[2] मुझे पहना दिया। वह तत्काल सवार होकर मीर्ज़ा के दीवानख़ाने में पहुंचा और मुझे प्रस्तुत करके मेरे पिता के विषय में निवेदन किया। मीर्ज़ा ने आदेश दिया कि, 'मेरे पिता को ढूंढ़ कर लाया जाय।' संयोग से जब मेरे पिता को मीर्ज़ा के दरबार में बड़ी अनुचित दशा में प्रस्तुत किया गया तो उस समय फ़िक़ह की 'हिदाया' नामक पुस्तक की चर्चा हो रही थी। मीर्ज़ा ने आदेश दिया कि, 'मेरे पिता तथा मुझको एक एक ख़िलअत दी जाय।' मेरे पिता ने परेशान होने के बावजूद इस प्रकार वार्त्ता प्रारम्भ की कि उपस्थितगण बड़े प्रभावित हुए।

१ मुहम्मद साहब की प्रशंसा में एक प्रसिद्ध अरबी क़सीदा।
२ कुर्ता

मीर्ज़ा ने उसी दरबार में मेरे पिता से अपने साथ चलने के लिए कहा और अपने अधिकारियों से कहा कि, 'मौलाना का जो कुछ भी छीना गया हो, वह उन्हें वापस किया जाय और जो न मिल सके वह सरकार से दे दिया जाय।' मेरे पिता ने कहा कि, 'यह मेरी अंतिम अवस्था है और मुझे अंतिम यात्रा करनी है न कि मीर्ज़ा के साथ।' अन्त में वही हुआ जो मेरे पिता ने कहा था। दो मास उपरान्त मेरे पिता की मृत्यु हो गई।''

जब मुल्तान के क़िले पर विजय प्राप्त हो गई तो मीर्ज़ा शाह हुसेन ने सुल्तान हुसेन को एक मुअक्किल को सौंप दिया और शेख़ शुजाउलमुल्क बुख़ारी को नाना प्रकार से कष्ट पहुंचाने लगा। उससे अत्यधिक धन रोज़ाना वसूल किया जाता था। जब मुल्तान इस सीमा तक वीरान हो गया कि किसी के हृदय में भी यह बात न आती थी कि वह पुनः बस सकेगा तो मीर्ज़ा ने मुल्तान के कार्य को सरल समझ कर ख़्वाजा (५४५) शम्सुद्दीन नामक एक व्यक्ति को मुल्तान के क़िले की रक्षा के लिए नियुक्त कर दिया और लंगर खां को उसका पेश दस्त[1] बनाकर थट्टा की ओर लौट गया। लंगर खां ने प्रत्येक स्थान पर लोगों को प्रोत्साहन देकर मुल्तान को पुनः बसाया। उसने मुल्तान के निवासियों से मिल कर ख़्वाजा शम्सुद्दीन को वहां से निकाल दिया और स्वयं स्थायी रूप से शासन करने लगा।

१ सहायक

# कश्मीर

ख़्वाजा निज़ामुद्दीन अहमद

तबक़ाते अकबरी

# तबक़ाते अकबरी

## भाग ३

(लेखक—ख़्वाजा निज़ामुद्दीन अहमद)
(प्रकाशन—कलकत्ता)

## कश्मीर के सुल्तानों का इतिहास

७४७ हि० (१३४६–४७ ई०) से ९९५ हि० (१५८६–८७ ई०) तक अर्थात् २४९ वर्ष तक कश्मीर में मुसलमानों का राज्य रहा। उसका उल्लेख इस प्रकार है :

## सुल्तान शम्सुद्दीन आले ताहिर

(४२४) यह बात छिपी न रहनी चाहिये कि कश्मीर की विलायत[1] सर्वदा राजा लोगों के अधिकार में रही और एक के उपरान्त दूसरा राज्य करता रहा। ७१५ हि० (१३१५–१६ ई०) में राजा सरदेव[2] का राज्य था। उसी समय शाहमीर नामक एक व्यक्ति जो अपने आपको शाहमीर बिन ताहिर आल बिन आले शाशब बिन गर्शास्प बिन नेकरोज़ कहता था और अपने वंश को अर्जुन तक, जो पांडवों में से था, ले जाता था। पांडवों का हाल 'महाभारत' में लिखा हुआ है जिसका अनुवाद अकबर बादशाह के आदेशानुसार हुआ और उसका नाम "रज़्मनामा" रखा गया। कहा जाता है कि वह राजा का नौकर हो गया और बहुत समय तक उसका विश्वासपात्र बनकर सेवा करता रहा।

राजा सरदेव की मृत्यु के उपरान्त उसका पुत्र राजा रंजन सिंहासनारूढ़ हुआ। उसने शाहमीर को अपना वज़ीर नियुक्त करके अपने शासन-प्रबन्ध के समस्त कार्य उसे सौंप दिये और उसे अपने पुत्र (४२५) चन्द्र नामक का अतालीक़ बना दिया। जब राजा रंजन की मृत्यु हो गई तो उसका सम्बन्धी राजा ऊदन[3] क़ंधार से आकर सिंहासनारूढ़ हो गया और शाहमीर को जो चन्द्र बिन राजा रंजन का अतालीक़ था अपना वकील बना लिया। जब उसके दो पुत्रों को जिनमें से एक का नाम जमशेद तथा दूसरे का नाम अली शेर था,[4] अत्यधिक विश्वास प्राप्त हो गया तो उसने उन्हें अधिकार प्रदान कर दिये। शाह मीर के दो अन्य पुत्र भी थे। एक का नाम शेर अशामक और दूसरे का हिन्दाल था। वे लोग बहुत बड़े सूफ़ी थे।

१ राज्य।
२ एक पोथी के अनुसार 'शसह देव'।
३ एक पोथी के अनुसार 'अदवन'।
४ एक पोथी के अनुसार 'एक का नाम जमशेद तथा दूसरे का मुबश्शिर था'।

जब शाहमीर तथा उसके पुत्रों को अत्यधिक प्रभुत्व प्राप्त हो गया तो राजा ऊदन देव एक बात पर उनसे रुष्ट हो गया और उन्हें अपने घर में आने से रोक दिया। शाह मीर तथा उसके पुत्रों ने कश्मीर के समस्त परगनों को अपने अधिकार में कर लिया और राजा के अधिकांश नौकरों को मिला लिया। उनकी शक्ति तथा प्रभुत्व उन्नति पाने लगा और राजा की शक्ति घटने लगी। ७४७ हि० (१३४६-४७ ई०) में राजा ऊदन देव की मृत्यु हो गई और उसका स्थान उसकी पत्नी कोपा देवी ने ले लिया। वह दृढ़तापूर्वक राज्य करना चाहती थी। उसने शाहमीर के पास संदेश भेजा कि वह चन्द्र बिन राजा रंजन को सिंहासनारूढ़ कर दे। शाहमीर ने यह बात स्वीकार न की और उसकी आज्ञा का पालन न किया। रानी ने एक बहुत बड़ी सेना लेकर उस पर आक्रमण किया किन्तु वह बन्दी बना ली गई। तदुपरान्त उसने शाहमीर से विवाह कर लिया और इस्लाम स्वीकार कर लिया। एक दिन तथा एक रात्रि में वे साथ रहे। दूसरे दिन शाह मीर ने उसे बन्दी बना लिया और राज्य की पताका बलन्द कर दी (४२६) तथा ख़ुत्बा एवं सिक्का अपने नाम से चला दिया। उसने अपनी उपाधि सुल्तान शम्सुद्दीन रखी। कश्मीर में इस्लाम का प्रारम्भ उसी से हुआ।

## सुल्तान शम्सुद्दीन

जब सुल्तान शम्सुद्दीन बादशाह हुआ तो जो अत्याचार पिछले राजाओं के राज्यकाल में हुआ करते थे उनका उसने अन्त करा दिया और शत्रुओं से निश्चिन्त होकर समस्त कश्मीर की विलायत को, जो दिलजू के हत्याकांड तथा लूटमार के कारण नष्ट-भ्रष्ट हो चुकी थी, पुनः सुव्यवस्थित किया और प्रजा को लिखकर दे दिया कि छः में से १ से अधिक उनसे कर के रूप में न लिया जायगा।

कहा जाता है कि दिलजू, क़न्धार का मीर बख़्श था। उसने अत्यधिक सेना लेकर कश्मीर पर आक्रमण किया और उस विलायत को नष्ट-भ्रष्ट कर दिया। राजा सरदेव ने प्रजा से अत्यधिक धन लेकर दिलजू को पेशकश के रूप में भेजा और स्वयं एक ओर चला गया। इस कारण समस्त कश्मीर की विलायत नष्ट-भ्रष्ट हो गई और दिलजू शीत ऋतु की अधिकता के कारण क़न्धार लौट गया।

जब सुल्तान शम्सुद्दीन की वीरता तथा यश को प्रसिद्धि प्राप्त हो गई तो वह अपने अधिकार के (४२७) कारण राज्य-व्यवस्था में तल्लीन हो गया। लौन नामक समूह के बहुत से लोगों को जिन्होंने उसका विरोध किया था, किश्तवार की विलायत से बन्दी बनाकर उनकी हत्या करा दी।

राज्य के कार्य को पूर्ण रूप से सुव्यवस्थित तथा दृढ़ बनाकर उसने शासन-प्रबन्ध अपने पुत्रों, अर्थात् जमशेद तथा अली शेर को सौंप दिया और स्वयं निश्चिन्त होकर ईश्वर की उपासना करने लगा। तदुपरान्त उसकी मृत्यु हो गई। उसने ३ वर्ष तक राज्य किया।

## सुल्तान जमशेद बिन सुल्तान शम्सुद्दीन

सुल्तान शम्सुद्दीन की मृत्यु के उपरान्त सुल्तान जमशेद अपने राज्य के उच्च पदाधिकारियों की सहमति से अपने पिता के स्थान पर सिंहासनारूढ़ हुआ। उसने अली शेर को, जिससे उसे अपने पिता के राज्यकाल में पूर्ण रूप से सहयोग प्राप्त होता रहता था, नष्ट करने का प्रयत्न प्रारम्भ कर दिया। जब जमशेद के सैनिक अली शेर के पास पहुंचे तो उन्होंने उसे सिंहासनारूढ़ कर दिया और दनीपुर नामक स्थान पर जोकि एक प्रसिद्ध नगर है, उसे सिंहासनारूढ़ किया। जमशेद ने उन पर चढ़ाई की और सर्व-प्रथम उन सैनिकों को प्रोत्साहन देकर अपनी ओर मिलाने तथा संधि करने का प्रयत्न प्रारम्भ कर दिया। अली शेर ने संधि का विरोध करते हुए शीघ्रातिशीघ्र सुल्तान जमशेद की सेना पर रात्रि में छापा मारा

और उसे पराजित कर दिया। पराजय के उपरान्त सुल्तान जमशेद ने जब यह सुना कि दनीपुर खाली है तो वह उसे नष्ट करने के लिये रवाना हुआ और अली शेर के सैनिक जो उसकी रक्षा हेतु नियुक्त थे, युद्ध के लिये अग्रसर हुए और अधिकांश लोग मारे गये।

इसी बीच में जब अली शेर विजय प्राप्त करके उस क्षेत्र में पहुंचा तो सुल्तान जमशेद अपने आप में युद्ध की शक्ति न देखकर किमराज की विलायत की ओर भाग गया। सिराज नामक जमशेद के वज़ीर (४२८) ने जिसके सिपुर्द श्रीनगर की रक्षा थी, अली शेर को उच्छ नगर से बुलवाकर उसे सौंप दिया। जमशेद ने इस घटना के उपरान्त युद्ध न किया और १ वर्ष तथा २ मास राज्य करके मृत्यु को प्राप्त हो गया।

## सुल्तान अलाउद्दीन

जब सुल्तान जमशेद की मृत्यु हो गई तो उसका छोटा भाई, जिसका नाम अली शेर था, सुल्तान अलाउद्दीन की उपाधि धारण करके सिंहासनारूढ़ हुआ। उसने अपने छोटे भाई शेर अशामक को अत्यधिक अधिकार प्रदान कर दिये। उसके राज्यकाल के प्रारम्भ में अत्यन्त समृद्धि दृष्टिगत हुई किन्तु अन्त में घोर अकाल पड़ा और बहुत से लोग नष्ट हो गये। उसने रसतरी समूह को, जो विद्रोह करके किश्तवार चला गया था, किसी न किसी युक्ति से अपने अधिकार में कर लिया और कश्मीर में बन्दी बना लिया। याहियापुर के निकट उसने अपने नाम पर एक नगर बसाया। उसने यह अधिनियम बनाया था कि किसी भी व्यभिचारिणी को उसके पति की सम्पत्ति में से कुछ न दिया जाय।

उसने १२ वर्ष, ८ मास तथा १३ दिन तक राज्य किया।

## सुल्तान शिहाबुद्दीन बिन सुल्तान शम्सुद्दीन

सुल्तान अलाउद्दीन की मृत्यु के उपरान्त उसका छोटा भाई शेर अशामक सिंहासनारूढ़ हुआ। (४२९) वह बड़ा वीर तथा पराक्रमी था। जिस दिन किसी स्थान से कोई विजय-पत्र न प्राप्त होता था उस दिन को वह अपनी आयु में सम्मिलित न समझता था और खिन्न दृष्टिगत होता था। विजय प्राप्त करके वह उन विलायतों को उनके प्राचीन स्वामियों को सौंप देता था।

उसने सिन्ध नदी के तट पर चढ़ाई की। कहा जाता है कि जब उस प्रदेश के हाकिम ने उससे युद्ध किया तो वह पराजित हो गया। क़ंधार तथा ग़ज़नी के निवासी उससे सर्वदा भय किया करते थे। उसने आश्तनगर पर जोकि अभी तक आश नफ़र के नाम से प्रसिद्ध है तथा बरशावर[1] पर आक्रमण किया और विरोधियों के बहुत बड़े समूह की हत्या कर दी तथा हिन्दूकुश के पर्वत में प्रविष्ट हो गया। मार्ग की कठिनाइयों के कारण उसे बड़ा कष्ट भोगना पड़ा और कष्ट भोगकर वह लौट गया। सतलज नदी के तट पर उसने अपने शिविर लगाये। नगरकोटा का राजा, जो देहली से सम्बन्धित कुछ महालों को नष्ट करके लौट रहा था, मार्ग में सुल्तान की सेवा में उपस्थित हुआ और जो धन-सम्पत्ति उसने लूटी थी वह सब की सब सुल्तान को दे दी तथा उसका आज्ञाकारी बन गया। तिब्बत के हाकिम ने उसकी सेवा में उपस्थित होकर उससे निवेदन किया कि शाही सेनायें उसकी विलायत को हानि न पहुंचायें।

जब उसने आसपास की विलायतों को विजय कर लिया तो वह अपनी राजधानी को लौट गया और अपने छोटे भाई हिन्दाल को अपना वलीअहद नियुक्त कर दिया। उसके भाई हसन को, यद्यपि

१ एक पोथी के अनुसार 'यशावर' और एक के अनुसार 'बशावर'।

दोनों सगे भाई थे, दूसरी पत्नी के कहने से, जोकि उनकी माता की विरोधी थी, देहली की ओर निर्वासित कर दिया और लछमीनगर तथा शिहाबपुर बसवाया।

उसने २० वर्ष तक राज्य किया।

## सुल्तान क़ुतुबुद्दीन बिन सुल्तान शम्सुद्दीन

(४३०) जब सुल्तान शिहाबुद्दीन की मृत्यु हो गई तो उसका भाई हिन्दाल सिंहासनारूढ़ हुआ और उसने अपनी उपाधि सुल्तान क़ुतुबुद्दीन रक्खी। वह बड़ा ही सदाचारी था और अपने आदेशों के पालन कराने का बड़ा प्रयत्न किया करता था। उसने बुदाओ[1] नामक एक सरदार को लोहर कोट के क़िले की विजय हेतु, जो सुल्तान शिहाबुद्दीन के कुछ अमीरों के अधीन था, भेजा। दोनों पक्षों में घोर युद्ध हुआ और वह मारा गया। उसने अपने भतीजे हसन[2] बिन शिहाबुद्दीन को देहली से बुलवाया और वह उसे अपना वलीअहद बनवाना चाहता था किन्तु ईर्ष्यालुओं ने सुल्तान के इस संकल्प को पूरा न होने दिया और उसे उसकी हत्या कर देने की ओर प्रेरित किया। सुल्तान के एक अमीर ने जिसका नाम राय रावल था, हसन को इस बात की सूचना दे दी और वह हसन के साथ कश्मीर के मार्ग से भागकर लोहर कोट में पहुंच गया। तदुपरान्त ज़मींदारों ने इन दोनों को बन्दी बनाकर सुल्तान की सेवा में भेज दिया। राय रावल की हत्या कर दी गई और हसन को बन्दी बना लिया गया।

सुल्तान के उसकी अन्तिम अवस्था में दो पुत्र पैदा हुए। एक का नाम सीकार और दूसरे का नाम हैबत खां रक्खा गया। ये दोनों पुत्र अल्पावस्था ही में थे कि सुल्तान की मृत्यु हो गई।

उसने १५ वर्ष तथा ५ मास तक राज्य किया।

## सुल्तान सिक़न्दर बुतशिकन बिन क़ुतुबुद्दीन बिन शम्सुद्दीन जिसका नाम सीकार था

(४३१) वह वज़ीरों तथा अमीरों की सहमति से अपने पिता के स्थान पर सिंहासनारूढ़ हुआ और राज्य के कार्य को सुव्यवस्थित करके रवीनादरी वजीर को, जो उसका प्रभुत्वशाली वज़ीर था, तिब्बत की ओर भेजा। उसने उस विलायत को विजय किया। जब उसके पास सेना एकत्र हो गई तो उसने विद्रोह कर दिया और फनीर के समीप सुल्तान से युद्ध किया किन्तु पराजित हुआ। अन्त में बन्दी बना लिया गया और उसी बन्दीगृह में उसकी मृत्यु हो गई। बहुत बड़ी सेनायें सुल्तान के पास एकत्र हो गईं और आस-पास के समस्त स्थान उसके अधिकार में आ गये।

जिस समय साहिब क़िरान अमीर तैमूर हिन्दुस्तान की विजय हेतु पहुंचा तो उसने सुल्तान की सेवा में एक हाथी भेजा। सुल्तान ने इस बात पर गर्व करते हुए एक प्रार्थनापत्र अपनी निष्ठा तथा दासता प्रदर्शित करते हुए साहिब क़िरान की सेवा में भेजा और लिखा कि, "जहां कहीं भी आदेश हो, मैं आपकी सेवा में उपस्थित हो जाऊं।" उसने साहिब क़िरान के दूतों का अत्यधिक सम्मान करके उन्हें बिदा कर दिया। जब उसकी निष्ठा तथा दासता के समाचार साहिब क़िरान को प्राप्त हुए तो उसने उसके प्रति

१ एक पोथी के अनुसार 'लवार'।

२ एक पोथी में हुसेन।

कृपादृष्टि प्रदर्शित करते हुए ज़रदोज़ी की ख़िलअत तथा जड़ाऊ ज़ीन सहित घोड़ा भेजा और कहलाया कि, "जब शाही पताकाएं देहली से पंजाब की ओर पहुंचें तो वह उसकी सेवा में उपस्थित हो जाय।"

सुल्तान सिकन्दर ने आदेशानुसार, जब साहिब क़िरान सिवालिक पर्वत से पंजाब की ओर रवाना हुआ तो, अत्यधिक पेशकश लेकर उसकी सेवा में प्रस्थान किया। मार्ग में उसे ज्ञात हुआ कि साहिब क़िरान के कुछ अमीर लोग कह रहे हैं कि, "सुल्तान सिकन्दर एक हज़ार घोड़े पेशकश के रूप में लावे।"
(४३२) सुल्तान इस समाचार से बड़ा परेशान हुआ और उसने प्रार्थनापत्र भेजा कि उचित पेशकश के एकत्र न होने के कारण कुछ दिन तक ठहरना पड़ रहा है। जब साहिब क़िरान को इस बात का पता चला तो वह उन लोगों से जिन्होंने सुल्तान सिकन्दर से एक हज़ार घोड़े पेशकश के रूप में मांगे थे बड़ा रुष्ट हुआ और सुल्तान सिकन्दर के दूतों को सम्मानित करके कहा कि, "वज़ीरों ने अनुचित बात कही है। सुल्तान को चाहिये कि वह बिना किसी संकोच के सेवा में उपस्थित हो।" जब सुल्तान ने दूतों से यह समाचार सुने तो वह प्रसन्नतापूर्वक सुल्तान की सेवा में कश्मीर से आया। जब उसने बारामूला को पार किया तो उसे ज्ञात हुआ कि साहिब क़िरान सिन्ध नदी को पार करके समरक़न्द की ओर चला गया है। उसने दूतों को अत्यधिक पेशकश देकर साहिब क़िरान की सेवा में भेजा और कश्मीर लौट गया।

उसके अत्यधिक दान-पुण्य के कारण एराक़, ख़ुरासान तथा मावराउन्नहर के आलिम उसके दरबार में उपस्थित होने लगे और कश्मीर में इस्लाम प्रसारित हो गया। वह आलिमों में से सैयिद मुहम्मद का, जो, कि अपने समय के बहुत बड़े विद्वान् थे, बड़ा सम्मान करता था और मूर्तियों तथा काफ़िरों के मन्दिरों को नष्ट-भ्रष्ट करने का प्रयत्न किया करता था। उसने बहरारे के महादेव के प्रसिद्ध मन्दिर का खंडन करा दिया। और उसकी नीव खोकदर जल तक गहरा गड्ढा खुदवा दिया। अन्य जगदर के मन्दिर का खंडन करा दिया। वहां से बहुत बड़ी ज्वाला उठी जिसे सुल्तान ने देखा। राजा अलमादत
(४३३) ने एक बहुत बड़े देवहरे का सिनपुर में निर्माण कराया था। उसे ज्योतिषियों द्वारा ज्ञात हुआ था कि ११ सौ वर्ष उपरान्त सिकन्दर नामक एक बादशाह उसे नष्ट करायेगा और उतारिद की मूर्ति, जो उसमें है, का खंडन करायेगा। इस लेख को उसने ताम्रपत्र पर लिखवाकर बक्स में रखवा दिया था और उसे मन्दिर के नीचे गड़वा दिया था। मन्दिर के खंडन के समय वह लेख प्राप्त हुआ। सुल्तान ने कहा कि "यदि यह लेख मन्दिर पर प्रकट होता तो मैं उसके नष्ट कराने का आदेश न देता।' उसके राज्य में शराब तथा तमग़ा[1] का पूर्णतः निषेध था।

अन्तिम अवस्था में उसके ज्वर रहने लगा। उसने अपने तीनों पुत्रों, मीरान खां, शाही खां तथा मुहम्मद खां को बुलवाकर उन्हें परामर्श दिया और मीरान खां को उच्च उपाधि प्रदान करके राज्य का अधिकारी बना दिया।

उसने २२ वर्ष ९ मास तथा ६ दिन तक राज्य किया।

## सुल्तान अली शाह बिन सुल्तान सिकन्दर बुतशिकन

सुल्तान अली शाह का नाम मीरान खां था। यद्यपि वह अल्पावस्था में था किन्तु उसकी वीरता तथा आतंक लोगों के हृदय में आरूढ़ था, अतः चारों ओर के लोग उसके अधीन हो गये। उसने अपने
(४३४) राज्यकाल के प्रारम्भ में समस्त कार्य सियह भट्ट को, जो मुसलमान हो गया था और सुल्तान

१ एक पोथी के अनुसार "उसके राज्य में शराब, भंग तथा तोमा का पूर्णतः निषेध करा दिया गया था'।

सिकन्दर का वज़ीर था, सौंप दिये। ४ वर्ष तक, जब तक वह वज़ीर रहा, लोगों के ऊपर नाना प्रकार के अत्याचार करता रहा। उसने अधिकांश हिन्दुओं को निर्वासित कर दिया और कुछ लोगों ने आत्म-हत्या कर ली। जब सियह भट्ट की क्षय रोग से मृत्यु हो गई तो सुल्तान ने अपने छोटे भाई शाही खां को, जो वीरता तथा बुद्धिमत्ता के लिये प्रसिद्ध था, वज़ीर नियुक्त कर दिया। तदुपरान्त शाही खां को अपना वलीअहद बना दिया। अपने छोटे भाई मुहम्मद ख़ां को उसका आज्ञाकारी रहने के विषय में परामर्श देकर, वह कश्मीर की सैर के विचार से जम्मू के राजा के पास, जो उसका ससुर था, चला गया।

इसी बीच में कुछ स्वार्थियों ने उसे शाही ख़ां को वलीअहद बनाने के संबंध में लज्जित किया। अली शाह ने जम्मू के राजा तथा राजौरी के राजा की सहायता से प्रस्थान किया और कश्मीर को पुनः अपने अधिकार में कर लिया। शाही ख़ां कश्मीर से सियालकोट पहुंचा। उस समय जसरथ खोखर, जो साहिब क़िरान द्वारा बन्दी बना लिया गया था, उसकी मृत्यु के उपरान्त समरक़न्द से भागकर पंजाब पहुंचा और अत्यधिक प्रभुत्व प्राप्त कर लिया। शाही ख़ां जसरथ खोखर से मिल गया और उससे मिलकर अली शाह पर आक्रमण करने के लिये पहुंचा। अली शाह एक बहुत बड़ी सेना लेकर जसरथ के विरुद्ध रवाना हुआ। घोर युद्ध हुआ। दोनों ओर से अत्यधिक लोगों की हत्या हो गई। कहा जाता है कि रण-क्षेत्र में कुछ बिना सिर के शरीर खड़े होकर चलने लगे थे। हिन्दुस्तान में यह बात प्रसिद्ध है कि जिस युद्ध में १० हज़ार व्यक्ति मारे जाते हैं उसमें एक बिना सिर का शरीर जिसे हिन्दी में कंदह कहते हैं, उठकर चलने लगता है। अन्त में अली शाह मुक़ाबला न कर सका और भाग खड़ा हुआ। शाही खां उसका (४३५) पीछा करता हुआ कश्मीर पहुंचा और नगर के लोगों ने उसके पहुंच जाने के कारण अत्यधिक आनन्द-मंगल मनाया।

अली शाह ने ६ वर्ष तथा ९ मास तक राज्य किया।

## सुल्तान ज़ैनुल आबदीन बिन सुल्तान सिकन्दर बुतशिकन जोकि शाही ख़ां के नाम से प्रसिद्ध है

सुल्तान ज़ैनुल आबदीन अपने भाई के उपरान्त सिंहासनारूढ़ हुआ। जसरथ खोखर यद्यपि शाही सेना की शक्ति के कारण देहली को विजय न कर सका किन्तु उसने समस्त पंजाब को अपने अधि-कार में कर लिया और तिब्बत तथा वह समस्त विलायत, जो सिन्ध नदी के तटपर स्थित है, सुल्तान के अधिकार में आ गई। उसने अपने छोटे भाई मुहम्मद खां को अपना परामर्शदाता बनाकर समस्त प्रबन्ध उसे सौंप दिया और स्वयं न्याय के प्रबन्ध का प्रयत्न करने लगा। वह सभी समूहों से मिलता था और विद्योपार्जन तथा कला का ज्ञान प्राप्त करने का प्रयत्न किया करता था। उसकी गोष्ठियों में हिन्दू, मुसलमान विद्वान् हर समय उपस्थित रहते थे। संगीत का उसे बड़ा अच्छा ज्ञान था। कश्मीर के राज्य की उन्नति तथा कृषि की वृद्धि एवं नहरों के खुदवाने का जैसा उचित प्रबन्ध उसने कराया वैसा कश्मीर के किसी हाकिम द्वारा सम्भव न हो सका।

(४३६) उसकी विलायत[1] में जहां कहीं भी चोरी हो जाती उसका तावान वह उस स्थान के धनी लोगों से लेता था। इस कारण चोरी का पूर्णतः अन्त हो गया था। उसके राज्यकाल में चीज़ों के मूल्य के लिखने की प्रथा चलाई गई और उन्हें ताम्रपत्रों पर खुदवाकर प्रत्येक नगर में लगवा दिया

१ राज्य।

गया। इससे कश्मीर से अत्याचार का पूर्णतः अन्त हो गया। उसने इस सिद्धांत पर आचरण किया कि जो लोग हमारे उपरान्त इस विधान के अनुसार कार्य न करेंगे वे जानें तथा उनका भगवान् जाने।

श्री भट्ट की प्रार्थना पर, जोकि तबांबत[1] के ज्ञान में अद्वितीय था और जिसे सुल्तान द्वारा नाना प्रकार से आश्रय प्राप्त हुआ था, अन्य ब्राह्मण जोकि सुल्तान सिकन्दर के राज्यकाल में सियह भट्ट के प्रयत्न के कारण निर्वासित हो गये थे, लौट आये और मन्दिरों तथा अपने प्राचीन स्थानों पर पहुंच गये। उन्हें वृत्ति प्रदान की गई। सुल्तान ने ब्राह्मणों से इस बात की प्रतिज्ञा करा ली कि जो कुछ उनके ग्रन्थों में लिखा है उसके विरुद्ध वे कोई बात न कहें। तदुपरान्त उसने उनकी जितनी प्रथायें थीं, उदाहरणार्थ टीका लगाना तथा सती इत्यादि, जिन्हें सुल्तान सिकन्दर ने बन्द करा दिया था, उनका पुनरुद्धार किया।

प्रजा से जो जुर्माना, पेशकश तथा अन्य कर[2] लिये जाते थे, उन्हें उसने क्षमा कर दिया। उसने आदेश दे दिया कि जो व्यापारी इधर-उधर से धन लायें वे उसे गुप्त न रक्खें और अपहरण न करें, थोड़े से लाभ पर बेचें। जो लोग पिछले राज्यकाल में बन्दीगृह में थे, उन सबको उसने मुक्त कर दिया। जिस विलायत पर विजय प्राप्त करता वहां का ख़ज़ाना नष्ट करा देता और वहाँ अपनी राजधानी के समान ख़राज निश्चित करता और विद्रोहियों को दंड देकर उन्हें उचित स्थान पर बन्दी रखता।

वह फ़क़ीरों तथा शक्तिहीन लोगों को आश्रय देता था। वह किसी की स्त्री की ओर बुरी दृष्टि न डालता और न किसी अन्य के धन को अपहरण करता और न किसी अन्य के धन का लोभ करता था। प्रजा के प्रति कृपादृष्टि के कारण जो निश्चित जरीब थी उसमें वृद्धि करा दी। शाही व्यय ताम्बे की उस खान से पूरा होता था जो वहां प्राप्त हुई थी। वहां श्रमिक रहते थे और कार्य करते थे। क्योंकि सुल्तान
(४३७) सिकन्दर के राज्यकाल में सोने, चांदी तथा ताम्बे की मूर्तियों को तुड़वाकर उससे मुद्राएं बनवा दी गई थीं अतः उस धन का मूल्य घट गया था। उसने आदेश दिया कि खान से जो ख़ालिस ताम्बा निकलता है उसके सिक्के तैयार करके चलाये जायं।

उसका व्यवहार इतना सुन्दर था कि जिस किसी से वह रुष्ट हो जाता था उसे अपनी विलायत से इस प्रकार निर्वासित कर देता था कि उसे इस बात का पता न चल पाता था कि सुल्तान उससे किस कारण रुष्ट है। जिस किसी के विषय में वह किसी बुरी बात की घटना का संकेत कर देता वह बात उसी प्रकार हो जाती। उसके राज्यकाल में प्रत्येक धर्म तथा प्रत्येक प्रकार के लोग अपनी इच्छानुसार जीवन व्यतीत करते थे। सुल्तान सिकन्दर के राज्यकाल में जो ब्राह्मण मुसलमान हो गये थे उनमें से अधिकांश मुरतिद[3] हो गये, कोई भी आलिम उनसे किसी प्रकार की रोक-टोक न कर सकता था। मारान पर्वत के निकट से एक नहर निकलवाकर उसने एक नगर बसाया जिसकी आबादी पांच कोस तक थी। उसने अन्य नगरों को भी बसाया। कालपुर इत्यादि में दूर से नहरें निकलवाईं। उसने नहरें खुदवाईं तथा पुलों का निर्माण कराया। जिन स्थानों को वह आबाद करता था वहां आलिमों, विद्वानों तथा दरिद्रियों को बसा देता था और सर्वदा उनकी देख-रेख रखता था। ख़ज़ाना एकत्र करने का प्रयत्न न करता था अपितु जो कुछ भी उसे प्राप्त हो जाता था उसे वह व्यय कर देता था।

उसके राज्यकाल में सुल्तान मुहम्मद नामक एक कवि तथा विद्वान् हुआ है जो जिस बहर तथा

१ चिकित्सा।
२ 'जुर्माना व पेशकश व सायर हबूब'।
३ इस्लाम त्याग कर अपना प्राचीन धर्म स्वीकार कर लिया।

क़ाफ़िये में चाहता कविता कर लेता था। ज्ञान सम्बन्धी जिन कठिन समस्याओं को उसके समक्ष प्रस्तुत किया जाता, वह तुरन्त उनका समाधान कर देता। सुल्तान मुसलमान आलिमों का भी अत्यधिक आदर
(४३८) करता था और कहा करता था कि वे हमारे मुरशिद[1] हैं। वह योगियों का भी, उनकी उपासना तथा तपस्या के कारण सम्मान करता था। वह किसी भी समूह की बुराइयों की ओर दृष्टि न डालता था। वह इतना बड़ा बुद्धिमान् था कि कठिन से कठिन समस्या, जिसका लोग समाधान न कर पाते थे, का वह तुरन्त निर्णय कर देता था। एक स्त्री ने जो अपने पड़ोसी से ईर्ष्या रखती थी एक रात्रि में अपने शिशु की हत्या करके उसके घर में डाल दिया और प्रातःकाल उस पर अपने पुत्र की हत्या का आरोप लगाकर वह सुल्तान की सेवा में न्याय हेतु उपस्थित हुई। वज़ीर अत्यधिक जांच-पड़ताल करने पर भी उसका कोई निर्णय न कर सके। सुल्तान ने स्वयं इस अभियोग के निर्णय की ओर ध्यान दिया। सर्वप्रथम उसने जिस पर आरोप लगाया गया था उसे एकान्त में बुलवाकर बहुत डराया-धमकाया। क्योंकि उसने यह अपराध न किया था अतः उसने उसे किसी प्रकार स्वीकार न किया। अन्त में सुल्तान ने कहा, "यदि तू नग्न होकर लोगों के समक्ष अपने घर चली जाय तो मैं यह समझूंगा कि तू सच्ची है?" स्त्री ने लज्जावश सिर झुकाकर कहा कि, "मेरे निकट मृत्यु इस कार्य से कहीं अच्छी है अतः मैं यह कार्य नहीं कर सकती।"

सुल्तान ने उस स्त्री को छोड़कर दूसरी स्त्री को, जिसने आरोप लगाया था, बुलवाया और कहा कि, "यदि तू सच्ची है तो सब लोगों के सामने नंगी हो जा।" उस स्त्री ने निःसंकोच नंगा होना चाहा। सुल्तान ने रोका और कहा कि, "यह अपराध तूने किया है और तू उस पर आरोप लगाती है।" जब उसके कई कोड़े लगाये गये तो उसने अपना अपराध स्वीकार कर लिया।

सुल्तान चोरों की हत्या न कराता था अपितु उसने आदेश दे दिया था कि उनके पांवों में बेड़ियां डालकर उनसे भवन-निर्माण का कार्य कराया जाय और उन्हें भोजन प्रदान किया जाय। पशुओं की
(४३९) हत्या रोकने के लिये उसने शिकार का निषेध कर दिया था। रमज़ान के महीने में वह मांस नहीं खाता था। उसके दान-पुण्य के कारण गाने-बजाने वाले अन्य स्थानों से कश्मीर पहुंचे। उनमें से मुल्ला ऊदी जो ख़्वाजा अब्दुल क़ादिर का शिष्य था, ख़ुरासान से आया। वह इस प्रकार ऊद[2] बजाता था कि सुल्तान उससे अत्यधिक प्रसन्न होता था और उसने उसे नाना प्रकार की कृपाओं द्वारा सम्मानित किया। मुल्ला ज़मील हाफ़िज़ ने, जो कविता करने तथा कविता पढ़ने में अद्वितीय था, सुल्तान द्वारा अत्यधिक आश्रय प्राप्त किया था। उसके स्वर आज तक कश्मीर में प्रसिद्ध हैं। हबाब आतशबाज़, जिसने कश्मीर में बन्दूक़ का आविष्कार किया, सुल्तान के राज्यकाल में था और आतशबाज़ी की कला में अद्वितीय था। "सवाल व जवाब" नामक पुस्तक की, जिसमें बहुत सी लाभदायक बातें लिखी हुई हैं, सुल्तान ने उसके सहयोग से रचना की। उसके राज्यकाल में नृत्य करने वाले तथा नट बहुत बड़ी संख्या में पैदा हो गये थे और बहुत से ऐसे लोग थे जोकि एक स्वर को बारह प्रकार से बजा सकते थे।

कभी कभी जब सुल्तान प्रसन्न होता तो वह आदेश देता कि रबाब, वीणा तथा अन्य वादन यंत्र सोने के जड़ाऊ काम से तैयार किये जायं। उसके राज्यकाल में सुतूम नामक एक बुद्धिमान् था जो कश्मीरी भाषा में कविता करता था और हिन्दवी के ज्ञान में भी अद्वितीय था। उसने "ज़ैनहरब" नामक एक ग्रन्थ की रचना की जिसमें सुल्तान के राज्यकाल की समस्त घटनाएं विस्तार से लिखीं। लोदी भट्ट को पूरा

१ गुरू।
२ बरबत नामक एक बाजा।

शाहनामा कंठस्थ था। उसने संगीत सम्बन्धी "मामक" नामक एक पुस्तक की सुल्तान के नाम पर रचना की और इस कारण वह सुल्तान का कृपापात्र बना। सुल्तान को फ़ारसी, हिन्दवी तथा तिब्बती इत्यादि भाषाओं का ज्ञान था और उसके आदेशानुसार बहुत सी अरबी तथा फ़ारसी ग्रन्थों का हिन्दवी भाषा में (४४०) अनुवाद हुआ। 'महाभारत', जोकि एक प्रसिद्ध ग्रंथ है, 'राजतरंगिणी' जिसमें कश्मीर के बादशाहों का इतिहास है, उसके आदेशानुसार फ़ारसी में भाषान्तरित हुईं।

खुरासान के बादशाह, सुल्तान अबू सईद ने खुरासान से अरबी घोड़े तथा बख़्ती ऊंट उसके पास उपहार-स्वरूप भेजे। सुल्तान ने इस बात से प्रसन्न होकर ज़ाफ़रान, तिब्बती बैल, कस्तूरी, शाल, शीशे के प्याले तथा कश्मीर की अन्य अद्भुत वस्तुएं सुल्तान की सेवा में भेजीं। सुल्तान बहलोल लोदी तथा सुल्तान महमूद गुजराती ने भी अपने देश की उत्तम वस्तुएं सुल्तान की सेवा में भेजकर निष्ठाभाव को दृढ़ बनाया। मक्का, मिस्र, गीलान इत्यादि के हाकिमों ने भी उसके पास उपहार भेजे और वे उससे इसी प्रकार व्यवहार करते थे। सिन्ध के बादशाह ने सुल्तान के पास अपने एक सेवक के हाथ बहुत सी वस्तुएं तथा उसकी प्रशंसा में एक क़सीदे की रचना करवाकर उसके पास भेजा। सुल्तान उस क़सीदे को पढ़कर बड़ा प्रसन्न हुआ। ग्वालियर के राजा दूंगर सेन को जब यह ज्ञात हुआ कि सुल्तान को संगीत से अत्यधिक रुचि है तो उसने इस विषय के २–३ उत्तम ग्रन्थ उसकी सेवा में भेजे। उसका पुत्र राजा कोटसन[1] भी अपने पिता के उपरान्त सुल्तान के प्रति इसी प्रकार मित्रता तथा निष्ठा के भाव प्रदर्शित करता था। तिब्बत के राजा ने दो सुन्दर पक्षी जो हिन्दुस्तान की भाषा में हंस कहलाते हैं, मानसरोवर नामक स्थान से, जहां के जल में किसी प्रकार का परिवर्तन नहीं होता, सुल्तान की सेवा में भेजे। सुल्तान उन पक्षियों को देखकर बड़ा प्रसन्न हुआ। उन पक्षियों की एक यह विशेषता थी कि यदि जलमिश्रित दूध उनके सामने रक्खा जाता तो वे दूध तो अपनी चोंच से जल से पृथक् करके पी जाते थे और जल छोड़ देते थे।

(४४१) सुल्तान ने अपने राज्यकाल के प्रारम्भ में अपने छोटे भाई मुहम्मद ख़ां को वलीअहद बनाकर शासन-प्रबन्ध उसे सौंप दिया था। उसकी मृत्यु के उपरान्त उसने अपने पुत्र हैदर को उसके स्थान पर अपना विश्वासपात्र बनाया और समस्त शासन-प्रबन्ध उसे सौंप दिया। उसने अपने दो कोका को जिनका नाम मसऊद तथा शेर था अपना विश्वासपात्र बनाकर सम्मानित किया। अन्त में यह दोनों एक दूसरे के विरोधी हो गये और शेर ने मसऊद की, जोकि छोटा भाई था, हत्या करा दी और सुल्तान ने भी उसके बदले में शेर की हत्या करा दी।

सुल्तान के तीन पुत्र थे। आदम ख़ां सबसे बड़ा था किन्तु वह सर्वदा सुल्तान की दृष्टि में तुच्छ दृष्टिगत होता था। हाजी ख़ां तथा बहराम ख़ां दो लघु पुत्र थे, बहराम ख़ां सबसे छोटा था परन्तु उसके सेवकों की संख्या बहुत अधिक थी। एक अज्ञातवंशीय मुल्ला दरिया नामक को उसने दरिया ख़ां की उपाधि देकर अपने समस्त कार्यों को उसे सौंप दिया था और स्वयं भोगविलास में व्यस्त रहता था।

श्री भट्ट की, जो सुल्तान का वज़ीर था, मृत्यु के उपरान्त सुल्तान ने कश्मीर का एक करोड़ धन, जोकि ४०० अशर्फ़ियों के बराबर होता है, उसके पुत्रों में दान कर दिया।

सुल्तान योगियों के ज्ञान में भी बड़ा दक्ष था और लोगों ने उसे ख़लाबदन[2] का, जिसे सीमिया कहते हैं, प्रदर्शन करते हुए देखा था।

१ एक पोथी के अनुसार 'कोब नन्द'।
२ सम्भवतः आत्मा को शरीर से निकाल लेने का ज्ञान।

कहा जाता है कि एक बार सुल्तान रुग्ण हो गया और मृत्यु के निकट पहुंच गया। लोगों ने उसके स्वास्थ्य की ओर से हाथ धो लिये। इसी बीच में कश्मीर में एक योगी पहुंचा। उसने कहा कि, "मैं सीमिया का ज्ञान जानता हूं। सुल्तान के इस रोग का, जोकि बड़ा ही कठिन रोग है, इसके अतिरिक्त कोई अन्य उपचार नहीं कि मैं अपनी आत्मा को अपने शरीर से पृथक् करके सुल्तान के शरीर में डाल दूं। सुल्तान के निकटवर्तियों ने योगी तथा उसके एक शिष्य को सुल्तान के सिरहाने ले जाकर अकेले (४४२) छोड़ दिया। योगी ने उस समय जब कि सुल्तान की आत्मा उसके शरीर से निकल गई अपनी आत्मा को अपने शरीर से निकालकर अपने ज्ञान से, जोकि वह रखता था, उसे सुल्तान के शरीर में प्रविष्ट कर दिया और अपने शिष्य से कह दिया कि, "जब मेरा शरीर बेकार हो जाय तो आसन की अवस्था में ले जाकर उसकी रक्षा करना।" जिस समय शिष्य योगी का शरीर लेकर बाहर निकला तो उसके निकटवर्ती सुल्तान के पास पहुंचे और उन्होंने उसे स्वस्थ पाकर प्रसन्नता प्रकट की।

कुछ दिन उपरान्त सुल्तान के पुत्रों ने एक दूसरे के विरुद्ध झगड़ा करना प्रारम्भ कर दिया। आदम ख़ां जोकि सबसे बड़ा था, कश्मीर से अत्यधिक सेना लेकर तिब्बत की विलायत[1] की ओर चला गया और उस प्रदेश को विजय कर लिया तथा अत्यधिक धन-सम्पत्ति सुल्तान की सेवा में लाया। सुल्तान ने उसके प्रति कृपादृष्टि प्रदर्शित की। हाजी ख़ां उसके आदेशानुसार लोहर कोट पहुंचा। सुल्तान, आदम ख़ां को हाजी ख़ां के दुर्व्यवहार के कारण सर्वदा अपने पास रखता था। अन्त में हाजी ख़ां कुछ लोगों के बहकाने से लोहर कोट से कश्मीर पहुंचा। यद्यपि सुल्तान ने उसे बहुत लिखा और उसके पास संदेश भेजे कि वह न आये किन्तु इससे कोई लाभ न हुआ। विवश होकर सुल्तान युद्ध के लिये निकला और बिलहसल[2] के मैदान में शिविर लगा दिये। हाजी ख़ां यद्यपि जो कुछ उसने किया था, उससे लज्जित था किन्तु कुछ वीरों के प्रयत्न से सेनाओं की पंक्तियां ठीक करके रणक्षेत्र में पहुंचा और प्रातःकाल से सायंकाल तक युद्ध करता रहा। अन्त में हाजी ख़ां की सेना की पराजय हुई और आदम ख़ां ने इस युद्ध में अत्यधिक वीरता का प्रदर्शन किया। हाजी ख़ां भागकर हीरापुर की ओर चला गया। आदम ख़ां ने उसका पीछा किया और उसे बन्दी बना लेने का प्रयत्न किया किन्तु सुल्तान ने उसे इस बात की आज्ञा (४४३) न दी। हाजी ख़ां ने हीरापुर से नबर पहुंच कर घायलों का उपचार प्रारम्भ कर दिया। सुल्तान विजय के उपरान्त कश्मीर पहुंचा और उसने आदेश दिया कि, "शत्रुओं के सिर का मीनार तैयार किया जाय।" हाजी ख़ां की सेना के बन्दियों की हत्या कर दी गई और आदम ख़ां ने उन लोगों को, जिन्होंने हाजी ख़ां को मार्ग-भ्रष्ट किया था, बन्दी बनाकर क़त्ल करा दिया तथा उनके परिवारों को कष्ट पहुंचाया। इस कारण अधिकांश लोग हाजी ख़ां से पृथक् होकर आदम ख़ां के पास आ गये।

तदुपरान्त आदम ख़ां स्वतंत्रतापूर्वक छः वर्ष तक राज्य करता रहा। इसके उपरान्त कश्मीर में घोर अकाल पड़ा और अधिकांश लोग भूख के कारण मृत्यु को प्राप्त हो गये। इस कारण सुल्तान बड़ा दुखी हुआ और उसने अधिकांश अनाज तथा ख़ज़ाना लोगों को बांट दिया। कुछ स्थानों पर ख़राज चार में से एक और कुछ स्थानों पर सात में से एक निश्चित किया।

आदम ख़ां ने किमराज की विलायत पर अधिकार जमाकर नाना प्रकार से अत्याचार प्रारम्भ कर दिये और बहुत से लोग उसके अत्याचारों से पीड़ित होकर सुल्तान की सेवा में न्याय की याचना करने

१ राज्य।
२ एक पोथी में 'सहल' और एक में 'यलहल'।

पहुंचे। सुल्तान की ओर से जो फ़रमान उसके पास पहुंचते थे, वह उसे स्वीकार न करता था, यहां तक कि वह बहुत बड़ी सेना एकत्र करके सुल्तान पर आक्रमण करने के लिये पहुंचा और क़ुतुबुद्दीनपुर में पड़ाव किया। सुल्तान ने किसी न किसी युक्ति से उसको प्रोत्साहन देकर किमराज की विलायत की ओर पुनः भेज दिया और हाजी ख़ां को शीघ्रातिशीघ्र बुलवाया।

(४४४) आदम ख़ां किमराज पहुंच कर अविलम्ब वहां से निकला और सोयापुर[1] पर उसने चढ़ाई की। वहां के हाकिम ने सुल्तान मुईन के अधिकार से निकलकर युद्ध किया और मारा गया। समस्त नगर नष्ट-भ्रष्ट हो गया। सुल्तान ने यह समाचार पाकर बहुत बड़ी सेना आदम ख़ां के विरुद्ध भेजी और घोर युद्ध हुआ। दोनों सेनाओं के बहुत से लोग मारे गये और आदम ख़ां पराजित हो गया। जब सोयापुर पुल जो बहत नदी के ऊपर तैयार किया गया था टूट गया तो आदम ख़ां के लगभग ३०० आदमी भागते समय डूब गये।

आदम ख़ां ने नदी पार करके नदी के उस ओर पड़ाव किया और सुल्तान नगर से निकलकर सोयापुर पहुंचा तथा प्रजा को प्रोत्साहन प्रदान किया। इसी बीच में हाजी ख़ां उस फ़रमान के अनुसार, जो उसे प्राप्त हुआ था, पंजा के मार्ग से बारामूला के निकट पहुंचा। सुल्तान ने अपने छोटे पुत्र बहराम को उसके स्वागतार्थ भेजा। दोनों भाइयों में शत्रुता हो गई। आदम ख़ां उस स्थान से भागकर शाह मुंग के मार्ग से नीलाब चला गया और सुल्तान हाजी ख़ां को अपने साथ लेकर शहर आया और उसे अपना वलीअहद नियुक्त कर दिया। हाजी ख़ां ने निष्ठा हेतु कटिबद्ध होकर इस ओर कोई कसर उठा न रखी और अपने सेवकों की, जो हिन्दुस्तान की यात्रा में उसके सहायक थे, सिफ़ारिश करके उनके लिये बड़े बड़े पद सुल्तान से ले लिये तथा अच्छी-अच्छी जागीरें उनके लिये निश्चित कराईं। सुल्तान ने उसे सुनहरी पेटी प्रदान की और वह सर्वदा उससे संतुष्ट रहता था।

अन्त में हाजी ख़ां को मदिरापान की अधिकता के कारण आमातिसार रोग हो गया और शासन प्रबन्ध में विघ्न पड़ गया। अमीरों ने गुप्त रूप से आदम ख़ां को बुलवा लिया। आदम ख़ां ने अमीरों के संकेत पर उपस्थित होकर सुल्तान से भेंट की। सुल्तान उसके आगमन को पसन्द न करता था अतः वह अमीरों से रुष्ट हो गया। अन्त में भाइयों ने भी वचनबद्ध होकर आदम ख़ां के प्रति सम्मान प्रदर्शित किया। कुछ समय उपरान्त जब सुल्तान वृद्धावस्था के कारण निर्बल हो गया और उसके अतिरिक्त (४४५) रुग्ण रहने लगा तो अमीरों एवं वज़ीरों ने संगठित होकर निवेदन किया कि, "यदि राज्य को किसी एक शाहज़ादे को सौंप दिया जाय तो इससे राज्य तथा शासन प्रबन्ध में शान्ति रहेगी।" सुल्तान ने इस बात की ओर ध्यान न देते हुए अपने पुत्रों में से किसी को भी राज्य के लिये न चुना। ईर्ष्यालुओं ने बीच में पड़कर उन लोगों में (भाइयों में) शत्रुता उत्पन्न करा दी। बहराम ख़ां ने धूर्तता पूर्वक विरोध उत्पन्न करने वाली बातें कहीं और अपने दोनों बड़े भाइयों को अपना शत्रु बना लिया। आदम ख़ां शंकित होकर क़ुतुबुद्दीनपुर चला गया और उसने वहां पड़ाव किया। जब सुल्तान पूर्णतः शक्तिहीन हो गया तब भी अमीर लोग अशान्ति के भय से सुल्तान के पुत्रों को उसे देखने के लिये न आने देते थे। कभी कभी वे सुल्तान को उच्च स्थान पर बड़े कष्ट की अवस्था में बैठाते थे और नक़्क़ारे बजवाते थे कि सुल्तान स्वस्थ हो गया। इस प्रकार वे राज्य को सुव्यवस्थित रक्खे रहे। अन्त में जब सुल्तान का रोग बहुत बढ़ गया और एक दिन तथा एक रात्रि वह अचेत रहा तो एक रात्रि में आदम

१ एक पोथी के अनुसार 'सबापुर'।

ख़ां क़ुतुबुद्दीनपुर से अकेला सुल्तान को देखने के लिये आया और सेना को नगर के बाहर छोड़ दिया ताकि वह हाजी ख़ां तथा शत्रुओं से सचेत रहे। संयोग से उसी रात्रि में हसन कच्छी ने, जोकि प्रतिष्ठित अमीर था, सुल्तान के दीवानख़ाने में हाजी ख़ां के लिये अमीरों से बैअत ले ली थी। दूसरे दिन अमीरों ने आदम ख़ां को किसी बहाने से कश्मीर से निकाल कर हाजी ख़ां को शीघ्रातिशीघ्र बुलवाया। हाजी ख़ां अमीरों के बुलवाने पर आया और उसने सुल्तान की अश्वशाला के समस्त घोड़ों पर अधिकार जमा लिया और उसके पास बहुत बड़ी सेना एकत्र हो गई किन्तु वह उपद्रव के भय और विरोधियों के विश्वास-घात के कारण महल के भीतर न गया।

आदम ख़ां ने जब यह समाचार सुने तो वह भय के कारण मावेल के मार्ग से हिन्दुस्तान की ओर चल दिया। उसके बहुत से सेवक उससे पृथक् हो गये। ज़ैन बद्र, जो हाजी ख़ां का विश्वस्त अमीर था, (४४६) आदम ख़ां का पीछा करने के लिये गया। आदम ख़ां उससे वीरता से युद्ध करते हुए उसके बहुत से भाइयों तथा सम्बन्धियों की हत्या करके वहां से निकल गया। हाजी ख़ां का पुत्र हसन ख़ां, जो कि पंजे में था, अपने पिता के पास आया और उसके कार्यों को अत्यधिक रौनक़ प्राप्त हो गई।

सुल्तान की मृत्यु हो गई और उसने ५२ वर्ष तक राज्य किया।

## सुल्तान हैदर शाह बिन सुल्तान ज़ैनुल आबदीन, जिसका नाम हाजी ख़ां था

हाजी ख़ां अपने पिता के उपरान्त, तीन दिन में सुल्तान हैदरशाह की उपाधि धारण करके, अपने पिता का उत्तराधिकारी बना और सिकन्दरपुर में जो नोहता शहर के नाम से प्रसिद्ध है, अपने पिता की प्रथानुसार सिंहासनारूढ़ हुआ और सहायता के पात्रों को अत्यधिक धन बांटा। उसके भाई बहराम ख़ां तथा उसके पुत्र हसन ख़ां उसके सिर पर राजमुकुट रखकर उसकी सेवा करने लगे। किमराज की विलायत हसन ख़ां को जागीर में दे दी गई और उसे उसने अपना अमीरुल उमरा तथा वलीअहद नियुक्त कर दिया और बहराम ख़ां को नाकाम नामक जागीर प्रदान कर दी। विभिन्न स्थानों के राजाओं जो संवेदना तथा बधाई हेतु आये थे को घोड़े तथा ख़िलअतें देकर बिदा किया और अधिकांश अमीरों को पेटी तथा जड़ाऊ तलवारें एवं ख़िलअतें देकर सम्मानित किया।

वह स्वाभाविक रूप से दानी था। वह सर्वदा मदिरापान किया करता था। क्योंकि उसके हृदय में प्रतिकार की भावनायें आरूढ़ थीं, अतः उसके अधिकांश अमीर उससे रुष्ट होकर विभिन्न स्थानों को चले गये। क्योंकि उसे राज्य के कार्यों की कोई चिन्ता न थी अतः वज़ीर लोग प्रजा पर नाना प्रकार (४४७) के अत्याचार करते थे। उसने लूली नामक एक नाई को अपना विश्वासपात्र बना लिया था और जो कुछ भी वह कहता था उसके अनुसार वह आचरण करता था। लूली लोगों से घूस लेता था और जिसका वह विरोधी हो जाता था उससे वह सुल्तान को रुष्ट करा देता था। कच्छी की, जिसने सबसे अधिक उसकी बैअत के लिये प्रयत्न किया था, लूली नाई की चुग़ली के कारण हत्या करा दी।

इसके पूर्व आदम ख़ां अत्यधिक सेना एकत्र करके सुल्तान से युद्ध करने के लिये जम्मू की विलायत में पहुंच गया था। जब उसे अमीरों की हत्या के समाचार प्राप्त हुए तो वह लौटकर जम्मू चला गया और जम्मू के राजा मानिक देव के साथ मुग़लों से, जो उस क्षेत्र में आये हुए थे, युद्ध करने के लिये पहुंच गया। उसके मुख पर एक बाण लगा और उसी घाव से उसकी मृत्यु हो गई। सुल्तान उसकी मृत्यु के समाचार पाकर बड़ा प्रभावित हुआ और उसने आदेश दिया कि उसके शरीर को रणक्षेत्र से लाकर उसके पिता के मक़बरे के निकट दफ़न कर दिया जाय।

उन्हीं दिनों में सर्वदा मदिरापान के कारण सुल्तान बड़े कठिन रोग में ग्रस्त हो गया। अमीरों

ने गुप्त रूप से बहराम ख़ां से मिलकर उसे सिंहासनारूढ़ करना चाहा। जब यह समाचार फ़तह ख़ां को, जिसने हिन्दुस्तान में अत्यधिक क़िलों पर विजय प्राप्त की थी, और अपार धन-सम्पत्ति एकत्र की थी, पहुंचे तो वह एक भारी सेना लेकर शीघ्रातिशीघ्र कश्मीर पहुंचा किन्तु वह आज्ञा के बिना आया था अतः स्वार्थियों ने उसकी ओर से बातें बनाकर सुल्तान हैदर को उससे रुष्ट कर दिया। सुल्तान ने उसे अभिवादन की अनुमति न दी और उसकी किसी भी सेवा की ओर ध्यान न दिया। एक दिन सुल्तान एवान पर मदिरापान में व्यस्त था। उसी मस्ती की अवस्था में उसका पांव कांपा और वह गिर पड़ा और उसकी मृत्यु हो गई।

उसने एक वर्ष तथा दो मास तक राज्य किया।

## सुल्तान हसन बिन हाजी ख़ां हैदर शाह

(४४८) वह अपने पिता की मृत्यु के १६ दिन के उपरान्त अहमद[1] आसू के प्रयत्न से सिंहासनारूढ़ हुआ और दूसरे दिन ही उन लोगों को, जो उससे शंकित थे, बन्दी बना लिया और सिकन्दरपुर से नौशहर पहुंचा। वहां उसने पड़ाव किया और अपने पितामह, पिता तथा चाचा के कोष को लोगों को दान कर दिया। अहमद आसू को मलिक अहमद की उपाधि प्रदान की और शासन प्रबन्ध को उसके ऊपर छोड़ दिया। उसके पुत्र नौरोज़ आसू को हाजिबे दर बना दिया।

बहराम ख़ां अपने पुत्र सहित कश्मीर से निकलकर हिन्दुस्तान की ओर रवाना हुआ और समस्त सैनिक उससे पृथक् हो गये। उसका विवरण शीघ्र ही दिया जायगा। सुल्तान हसन ने सुल्तान ज़ैनुल आबदीन के वे समस्त अधिनियम जो हैदर शाह के राज्यकाल में बन्द हो गये थे पुनः चालू कराये और अपने कार्यों को तदनुसार सम्पन्न कराया। उस समय कुछ षड्यन्त्रकारियों ने बहराम ख़ां के पास जाकर उसे युद्ध की ओर प्रेरित किया और कुछ अमीरों ने भी पत्र लिखकर उसे बुलवाया। बहराम ख़ां किर्मा[2] की विलायत से लौटकर पर्वतों के मार्ग से किमराज की विलायत में पहुंचा। सुल्तान उस समय सैर के लिये दीनापुर गया हुआ था। यह समाचार पाकर वह अपने चाचा से युद्ध करने के लिये सोयापुर पहुंचा। कुछ लोगों ने सुल्तान को इस बात पर तैयार किया कि वह हिन्दुस्तान चला जाय किन्तु मलिक अहमद आसू ने उसे युद्ध के लिये प्रेरित करके हिन्दुस्तान की ओर न जाने दिया। सुल्तान ने मलिक अहमद के परामर्श को पसन्द किया। उसने मलिक ताज बेहता को एक भारी सेना देकर बहराम ख़ां से युद्ध करने के लिए भेजा। बहराम ख़ां को यह आशा थी कि सुल्तान के सैनिक उससे मिल जायेंगे किन्तु अन्त में (४४९) कार्य इसके विरुद्ध हुआ। लूलू[3] नामक ग्राम में घोर युद्ध हुआ और बहराम ख़ां पराजित होकर ज़ैनपुर नामक ग्राम में पहुंचा। शाही सेनाओं ने उसका पीछा करके उसे बन्दी बना लिया। उसके मुख पर एक बाण लगा और उसकी चीज़ें तथा सामग्री नष्ट-भ्रष्ट हो गईं और वह बड़ी शोचनीय दशा में सुल्तान के पास लाया गया। सुल्तान ने आदेश दिया कि उसके पिता तथा पुत्र को बन्दी बना दिया जाय। कुछ समय उपरान्त बहराम ख़ां की आंखों में सलाई फिरवा दी गई और वह तीन वर्ष तक बन्दी रहकर मृत्यु को प्राप्त हो गया।

१ एक पोथी के अनुसार 'मुहम्मद'।
२ एक पोथी के अनुसार 'किर्मा' तथा एक अन्य पोथी के अनुसार 'किर्मार'।
३ एक पोथी के अनुसार 'नोलापुर'।

ज़ैनबद्र[1] ने, जो सुल्तान ज़ैनुलआबदीन का वज़ीर तथा मलिक अहमद आसू से युद्ध कराने का साधन बना था, बहराम खां को अंधा करवाने का प्रयत्न किया। सुल्तान ज़ैनुलआबदीन को उससे बड़ा कष्ट पहुंचा था और वह उसकी हत्या कराना चाहता था किन्तु यह सम्भव न हो सका। सुल्तान हसन नें उसे बन्दी बना लिया और संयोग से जिस दिन बहराम खां को अन्धा बनाया गया उसी दिन उसकी आंखों में भी सलाई फिरवा दी गई। तीन वर्ष उपरान्त बन्दीगृह में उसकी भी मृत्यु हो गई।

मलिक अहमद स्थायी रूप से वज़ीर हो गया। उसने मलिक यारी भट्ट को आश्रय प्रदान करके मलिक अहमद को अत्यधिक सेना सहित राजौरी मार्ग से देहली की ओर भेजा। जम्मू के राजा अजब देव ने वहां पहुंचकर मलिक यारी से भेंट की। मलिक यारी बहुत बड़ी सेना लेकर उसकी सहायतार्थ पहुंचा और तातार खां से, जोकि देहली के बादशाह की ओर से पर्वत के आंचल तथा पंजाब की विलायत का हाकिम था, युद्ध किया और उसकी समस्त विलायत को नष्ट-भ्रष्ट कर दिया तथा स्यालकोट नगर को नष्ट कर दिया।

(४५०) सुल्तान के हयात ख़ातून, द्वारा, जो सैयिद वंश से थी, एक पुत्र का जन्म हुआ। सुल्तान ने उसका नाम मुहम्मद रक्खा और उसे मलिक यारी को शिक्षा हेतु सौंप दिया। उसने अपने दूसरे पुत्र का नाम हुसेन रखकर मलिक नूर बिन मलिक अहमद को दे दिया ताकि वह उसका पालन पोषण करे। मियां मलिक अहमद तथा मलिक बारी ने रुष्ट होकर एक दूसरे को नष्ट करने का प्रयत्न प्रारम्भ कर दिया और अमीरों ने भी एक दूसरे का विरोध प्रारम्भ कर दिया जिसके कारण घोर युद्ध हुआ। वे एक रात्रि में सेना एकत्र करके सुल्तान के दीवानख़ाने में पहुंचे और उन्होंने लूटमार प्रारम्भ कर दी और आग लगा दी। राज्य के कार्य में बड़ा विघ्न पड़ गया। सुल्तान ने मलिक अहमद आसू को उसके अन्य सैनिकों सहित बन्दी बना लिया और उसकी धन-सम्पत्ति को नष्ट करा दिया। उसकी बन्दीगृह में मृत्यु हो गई।

सुल्तान, सैयिद नासिर को, जोकि सुल्तान ज़ैनुल आबदीन का बड़ा विश्वासपात्र था, दरबार में अपने ऊपर प्राथमिकता देता था। उसे सुल्तान हसन के आदेशानुसार कश्मीर से निर्वासित कर दिया गया था और वह किसी स्थान को चला गया था; उसे बुलवाया गया। सैयिद नासिर जब पीर पंजाल दर्रे के समीप पहुंचा तो उसकी मृत्यु हो गई। तदुपरान्त उसने सैयिद हसन वल्द सैयिद नासिर को, जो हयात ख़ातून का पिता था, देहली से बुलवाया और अधिकारों की बागडोर उसके हाथ में दे दी। सैयिद हसन ने सुल्तान को कश्मीर के विरुद्ध कर दिया। उसके प्रयत्न से अत्यधिक मलिकों की हत्या कर दी गई और मलिक यारी को बन्दी बना लिया गया। अन्य लोग आतंकित होकर इधर-उधर भाग गये। जहांगीर बाकरी, जोकि प्रतिष्ठित अमीर था, भागकर लोहर कोट के क़िले में चला गया।

कुछ समय उपरान्त सुल्तान को आमातिसार हो गया और वह बड़ा दुर्बल हो गया। उसने
(४५१) मरते समय यह वसीयत की कि, "क्योंकि मेरा पुत्र अभी अल्पावस्था में है अतः यूसुफ़ ख़ां बिन बहराम खां को, जो बन्दीगृह में है, फ़तह खां पुत्र आदम ख़ाँ के साथ जो हसवास की विलायत में है सिंहासनारूढ़ कर दिया जाय और मुहम्मद खां को वलीहअद नियुक्त कर दिया जाय।" सैयिद हसन ने बाह्य रूप से इसे स्वीकार कर लिया। सुल्तान की उसी रोग के कारण मृत्यु हो गई।

उसके राज्य की अवधि का पता नहीं।

१ एक पोथी के अनुसार 'ऐनबद्र'।

# सुल्तान मुहम्मद शाह बिन सुल्तान हसन

मुहम्मद ख़ां ७ वर्ष की अवस्था में सैयिद हसन के प्रयत्न के फलस्वरूप सिंहासनारूढ़ हुआ। उस दिन समस्त सोना, चांदी, अस्त्र शस्त्र तथा वस्त्र इत्यादि उसके समक्ष प्रस्तुत किये गये। उसने किसी ओर भी दृष्टि न डाली और धनुष को अपने हाथ में ले लिया। उपस्थितगण ने उसके इस कार्य से उसके पौरुष तथा श्रेष्ठता के विषय में निष्कर्ष निकाला और वे कहते थे कि वह राज्य-व्यवस्था हेतु प्रयत्नशील होगा।

सैयिदों को इतना अधिक प्रभुत्व प्राप्त हो गया था कि वे किसी अमीर तथा वज़ीर को सुल्तान के पास न आने देते थे। कश्मीरियों ने इस बात से परेशान होकर, एक रात्रि में जम्मू के राजा परशराम से, जो तातार ख़ां के भय से कश्मीर में शरण हेतु चला गया था, मिलकर सैयिद हसन तथा ३० अन्य सैयिदों की नौराहरा उद्यान में विश्वासघात करके हत्या कर दी और बहत नदी पार कर ली तथा पुल को तोड़कर दूसरी ओर सेना एकत्र करके बैठ गये। सैयिद हसन का पुत्र सैयिद मुहम्मद जोकि सुल्तान का मामा था सेना एकत्र करके सुल्तान की रक्षा हेतु दीवानख़ाने में पहुंचा।

उस रात्रि में जब कि इतना बड़ा हाहाकार मचा हुआ था और प्रत्येक व्यक्ति परेशान था, ईदी[1] ज़ैना ने यह निश्चय किया कि यूसुफ़ ख़ां बिन बहराम ख़ां को, जो बन्दीगृह में था, बाहर निकाले। सैयिद
(४५२) अली ख़ां को, जो सैयिदों का अमीर था, इस विषय की सूचना मिल गई और उसने यूसुफ़ ख़ां की हत्या कर दी। माची भट्ट की भी, जो यूसुफ़ ख़ां की हत्या पर पश्चात्ताप करता था, हत्या कर दी। यूसुफ़ ख़ां की माता सानदेवी ने, जो उस समय विधवा हो गई थी, और तीन कौर रोटी से अधिक भोजन न करती थी, अपने पुत्र की लाश तीन दिन तक घर में रक्खी। तदुपरान्त उसे दफ़न कर दिया गया। उसके मक़बरे के निकट एक कोठरी बनवाकर वह उसमें निवास करने लगी। इसी अवस्था में उसकी मृत्यु हो गई।

संक्षेप में, सैयिद अली ख़ां तथा अन्य सैयिद विद्रोहियों से युद्ध के उद्देश्य से नदी तट पर एकत्र होकर बैठ गये और अत्यधिक धन व्यय करके बहुत बड़ी सेना एकत्र की। कश्मीर के लोग इधर उधर से बहुत बड़ी संख्या में एकत्र होकर शत्रुओं से मिलते जाते थे और दोनों ओर से बाण तथा बन्दूक़ का युद्ध होता था। नित्यप्रति दोनों ओर से बहुत से लोग मारे जाते थे। चोर खुल्लम खुल्ला नगर में प्रविष्ट होकर लूटमार करते थे। सैयिदों ने नगर के चारों ओर रक्षा हेतु खाईं खोद ली थी ताकि चोरों से रक्षा हो सके और नगर तथा अन्य स्थानों पर जहां कहीं भी शत्रुओं के घर थे, उन्हें धराशायी कर दिया। उनकी धन सम्पत्ति तथा मवेशी नष्ट कर दिये। अभिमानवश वे अपनी रक्षा न करते थे। उसी समय जहांगीर बाकरी, जोकि लोहरकोट में था, शत्रुओं के बुलाने पर पहुंचा। सैयिदों ने यद्यपि उसके पास संधि के संदेश भेजे किन्तु उसने स्वीकार न किया। एक दिन दाऊद बिन जहांगीर बाकरी तथा सैफ़ी दानकरी ने पुल पार करके सैयिदों से युद्ध किया। दाऊद अधिकांश विरोधियों सहित मारा गया। सैयिदों ने प्रसन्न होकर नक़्क़ारे बजाये और शत्रुओं के सिरों की मीनार तैयार करा दी। दूसरे दिन सैयिद अपनी
(४५३) शक्ति के बल पर पुल पार करना चाहते थे। शत्रु सामने आ गये और पुल के ऊपर युद्ध प्रारम्भ हो गया। जब पुल टूट गया तो दोनों ओर के बहुत से लोग जलमग्न हो गये।

१ एक पोथी के अनुसार 'अहदी'।

तदुपरान्त सैयिदों ने पंजाब के हाकिम तातार ख़ां को पत्र लिखकर उसे सहायतार्थ बुलवाया। उसने अत्यधिक सेना उनकी सहायतार्थ भेजी। जब उसकी सेना भनबर के समीप पहुंच गई तो उस स्थान के राजा हनश ने उन लोगों से युद्ध करके बहुत से लोगों की हत्या कर दी। विद्रोही यह समाचार पाकर बड़े प्रसन्न हुए। सैयिदों तथा कश्मीरियों में दो मास तक युद्ध होता रहा। अन्त में कश्मीरियों ने सेना को तीन भागों में विभाजित करके नदी पार कर ली और पर्वत के आसपास के स्थानों को अपने अधिकार में कर लिया। सैयिदों ने उनका मुक़ाबला करके वीरता तथा पौरुष प्रदर्शित किया। क्योंकि विरोधियों की संख्या बहुत अधिक थी, अतः अधिकांश सैयिदों की हत्या हो गई और शेष शहर की ओर भाग गये। कश्मीरियों ने उनका पीछा किया और वे नगर में प्रविष्ट हो गये और हत्याकांड तथा लूटमार प्रारम्भ कर दिया। नगर में आग लगा दी जिससे मीर सैयिद अली हमदानी की ख़ानक़ाह जल गई और उस स्थान पर अग्नि का अन्त हो गया। उस दिन दो हज़ार व्यक्ति मारे गये। यह घटना ८९२ हि० (१४८८-८९ ई०) में घटी। सैयिद मुहम्मद बिन सैयिद हसन गदाई नामक एक व्यक्ति के घर में, जो रावन समूह से था, शरण ग्रहण कर ली।

समस्त विद्रोही एकत्र होकर दीवानख़ाने में मुहम्मद शाह के अभिवादन हेतु पहुंचे और उसे अपनी ओर मिलाकर सैयिद अली ख़ां तथा अन्य सैयिदों को कश्मीर से निर्वासित करा दिया और परसराम को पर्याप्त धन देकर बिदा कर दिया। क्योंकि प्रत्येक कश्मीरी नेतृत्व का दावा करता था अतः अल्प समय में उनके मध्य में विरोध उत्पन्न हो गया और राज्य के कार्य अव्यवस्थित हो गये।

(४५४) फ़तह ख़ां बिन आदम ख़ां जो तातार ख़ां की मृत्यु के उपरान्त पंजाब का हाकिम हो गया था, जालन्धर से अपने पैतृक राज्य के लिये राजौरी पहुंचा और वहीं निवास करने लगा। क्योंकि वह ज़ैनुल आबदीन का पौत्र था अतः योग्य अमीरों एवं प्रजा की बहुत बड़ी संख्या उसके पास चली गई। उसने उनमें से प्रत्येक व्यक्ति को इनाम देकर प्रोत्साहित किया और इस बात की प्रतीक्षा किया करता था कि जहांगीर बाकरी सबसे पहले आकर उससे भेंट करेगा। जहांगीर बाकरी, इस भय से कि उसके विरोधियों ने सर्वप्रथम उससे भेंट की है, फ़तह ख़ां के पास न गया और उसको कश्मीर की विजय की इच्छा करने से मना किया।

सुल्तान मुहम्मद शाह, जहांगीर बाकरी के प्रोत्साहन से कश्मीर से निकला और करसवार[1] के रणक्षेत्र में अपने शिविर लगाये। फ़तह ख़ां भी हरपूर[2] के मार्ग से ऊदन[3] के समीप पहुंचा और जल के झरने को बीच में करके सुल्तान के बराबर पड़ाव कर दिया। सेना की पंक्तियां ठीक करके उसने युद्ध की अग्नि प्रज्वलित कर दी। सर्वप्रथम फ़तह ख़ां को सफलता प्राप्त हुई और सुल्तान की सेना छिन्न भिन्न होने ही वाली थी कि जहांगीर ने दृढ़तापूर्वक फ़तह ख़ां की सेना के लगभग ५० उत्तम व्यक्तियों की हत्या कर दी और फ़तह ख़ां की सेना पराजित हो गई। फ़तह ख़ां बन्दी बनाया जाने वाला ही था कि एक षड्यन्त्रकारी ने यह झूठा समाचार प्रसारित कर दिया कि सुल्तान मुहम्मद शाह विद्रोहियों द्वारा बन्दी बना लिया गया है। जहांगीर ने परेशान होकर उसका पीछा न किया।

सुल्तान विजय के उपरान्त कश्मीर पहुंचा। उसने मलिक यारी भट्ट को उन स्थानों को नष्ट करने के लिये, जहां फ़तह ख़ां को शरण प्राप्त हुई थी, भेजा। आदम ख़ां तथा फ़तह ख़ां बहुत समय तक

१ एक पोथी के अनुसार 'किश्तवार'।
२ एक पोथी के अनुसार 'हरिपुर'।
३ एक पोथी के अनुसार 'अदून'।

ग़ायब रहे और बैरम कल्ले[1] के समीप प्रकट हुए। दूसरी बार सेना एकत्र करके उन्होंने कश्मीर पर (४५५) चढ़ाई की। जहांगीर बाकरी ने बहुत बड़ी सेना सहित युद्ध किया और नाकाम परगने के खसवार नामक ग्राम में पड़ाव किया। फ़तह खां का सेवक ज़ीरक अवसर पाकर नगर में चला गया। बहुत से अमीर जो बन्दी थे, उन्हें निकाला। उनमें से सैफ़ी दानकरी भी थे। जहांगीर, सैफ़ी दानकरी के मुक्त हो जाने से दुखी हुआ और फ़तह खां से संधि करने का विचार करने लगा। उसने राजौरी के राजा को, जिसकी फ़तह खां सहायता करने आया था संदेश भेजा कि वह फ़तह खां की सेना में विरोध उत्पन्न करे। राजौरी का राजा तथा अन्य अमीर पृथक् होकर जहांगीर के पास चले गये। फ़तह खां परेशान होकर भाग गया। जहांगीर ने हीरापुर तक उसका पीछा किया। फ़तह खां ने जम्मू पहुंचकर उसे विजय कर लिया और वहां से बहुत बड़ी सेना लेकर दूसरी बार कश्मीर की विजय हेतु पहुंचा।

इसी बीच में जहांगीर ने सैयिदों को, जिन्हें उसने इससे पूर्व निर्वासित कर दिया था, प्रोत्साहन देकर बुलवाया और सुल्तान तथा फ़तह खां में घोर युद्ध हुआ। सैफ़ी दानकरी ने फ़तह खां की ओर से वीरतापूर्वक युद्ध किया और सुल्तान की ओर से सैयिदों ने घोर परिश्रम किया तथा वीरता प्रदर्शित की। उनकी बहुत बड़ी सेना शहीद हो गई और जो लोग बच गये वे सुल्तान तथा जहांगीर के विश्वासपात्र हो गये। इस बार फ़तह खां पराजित होकर भाग गया और पुनः सेना एकत्र करके कश्मीर पहुंचा और युद्ध करके विजय प्राप्त कर ली। यहां तक कि सुल्तान के साथ कोई न रहा और उसका समस्त ख़ज़ाना नष्ट हो गया। जहांगीर आहत होकर एक ओर भाग गया और मीर सैयिद मुहम्मद बिन सैयिद हसन फ़तह खां के पास पहुंचा। कुछ समय उपरान्त अमींदारों ने सुल्तान मुहम्मद शाह को बन्दी बनाकर फ़तह (४५६) खां को सौंप दिया। उस समय उसके राज्य को १० वर्ष तथा ७ मास व्यतीत हो चुके थे। फ़तह खां ने उसे तथा उसके भाइयों को दीवानख़ाने में बन्दी बना लिया और आदेश दे दिया कि उनके भोजन तथा अन्य आवश्यकताओं का पूरा प्रबन्ध रखा जाय। सैफ़ी दानकरी सर्वदा उसका सम्मान करता रहा और उसकी सेवा में उपस्थित रहा।

## फ़तह शाह

फ़तहशाह ८९४ हि० (१४८८–८९ ई०) में सिंहासनारूढ़ हुआ और उसने सैफ़ी दानकरी को राज्य के समस्त कार्य सौंप दिये। उन्हीं दिनों में शाह क़ासिम अनवार का एक चेला मीर शम्स एराक़ से कश्मीर पहुंचा और लोग उसके भक्त हो गये। समस्त वक़्फ़, इमलाक, पूजागृह तथा देवहरे उसके चेलों को प्रदान कर दिये गये। उसके सूफ़ी, मन्दिरों को नष्ट भ्रष्ट करने का प्रयत्न करते थे और कोई उन्हें रोक न सकता था। अल्प समय में अमीरों के मध्य में झगड़ा हो गया और दीवानख़ाने में पहुंचकर उन्होंने एक दूसरे की हत्या कर दी। मलिक अच्छी तथा रैना, जोकि फ़तह खां के अमीरों में से थे, ने कुछ लोगों से मिलकर यह निश्चय किया कि सुल्तान मुहम्मद शाह को बन्दीगृह से निकालकर बारामूला ले जाया जाय। क्योंकि उन्हें उसमें योग्यता के चिह्न न मिले अतः वे अपनी कृति से लज्जित होकर मुहम्मद शाह को बन्दी बनाकर फ़तह खां को दे देने की इच्छा करने लगे। मुहम्मद शाह इस बात की सूचना पाकर एक रात्रि में कहीं चला गया।

(४५७) तदुपरान्त सुल्तान फ़तह शाह ने कश्मीर की विलायत के तीन भाग कर दिये और

१ एक पोथी के अनुसार 'भरम कल्ला'।

अपने आप, मलिक अच्छी तथा शंकर में बराबर बराबर बांट दिया। मलिक अच्छी को वज़ीरे कुल तथा शंकर को दीवाने कुल नियुक्त कर दिया। मलिक अच्छी को मुक़दमों के निर्णय में बड़ी अच्छी योग्यता थी। दो व्यक्ति रेशम की पेचक के विषय में झगड़ा कर रहे थे और प्रत्येक यह कहता था कि यह पेचक मेरी है। दोनों तोल तथा रंग में समान थीं। जब यह झगड़ा मलिक अच्छी के समक्ष प्रस्तुत हुआ तो मलिक अच्छी ने पूछा कि, "इस पेचक को अंगुली पर लपेटा गया है अथवा लत्ते पर ?" पेचक के वास्तविक स्वामी ने कहा, "अंगुली पर" और झूठे ने कहा, "लत्ते पर।" जब उसे खोला गया तो पता चला कि उसे अंगुली पर लपेटा गया था।

जब सुल्तान फ़तह शाह को राज्य करते हुए कुछ समय हो गया तो जहांगीर बाकरी का पुत्र इबराहीम, जिसे अपने पिता का पद प्राप्त था, मुहम्मद शाह के पास पहुंचा और उसे हिन्दुस्तान से कश्मीर पर आक्रमण करने की ओर प्रेरित किया और उसे कश्मीर में लाया। उसमें तथा सुल्तान फ़तह शाह में खोहामोया के समीप घोर युद्ध हुआ और सुल्तान फ़तह शाह की सेना पराजित हो गई। फ़तह शाह की सेना हीरापुर मार्ग से हिन्दुस्तान चली गई। उसके राज्य के ९ वर्ष उपरान्त यह घटना घटी।

सुल्तान मुहम्मद दूसरी बार सिंहासनारूढ़ हुआ और उसने इबराहीम बाकरी को स्वतंत्र रूप से वज़ीर और सिकन्दर खां को जोकि सुल्तान शिहाबुद्दीन की सन्तान से था, अपना वलीअहद नियुक्त किया। इबराहीम के पुत्रों ने मलिक अच्छी की, जो उनकी बहिन का पति था, बन्दीगृह में जाकर हत्या कर दी और फ़तह ख़ां ने बहुत बड़ी सेना एकत्र करके पुनः कश्मीर पर आक्रमण किया। सुल्तान मुहम्मद (४५८) शाह युद्ध न कर सका और बिना युद्ध किये भाग खड़ा हुआ। इस बार उसने ९ मास तथा ९ दिन तक राज्य किया।

सुल्तान फ़तह शाह ने दूसरी बार कश्मीर पर अधिकार जमाकर जहांगीर को, जो बद्रा समूह से था, वज़ीर तथा शंकर रैना को दीवाने कुल नियुक्त कर दिया और न्यायपूर्वक राज्य करने लगा। मुहम्मद शाह पराजय के उपरान्त सिकन्दर कक्कर[1] के पास पहुंचा। सिकन्दर कक्कर ने बहुत बड़ी सेना उसकी सहायतार्थ भेजी। जहांगीर बद्रा भी सुल्तान फ़तह शाह से रुष्ट होकर मुहम्मद शाह से मिल गया और उसे राजौरी के मार्ग से कश्मीर लाया। सुल्तान फ़तह शाह ने जहांगीर बाकरी को अपनी सेना के अग्रभाग में नियुक्त करके मुहम्मद शाह से युद्ध के लिये भेजा। सुल्तान फ़तह शाह की सेना पराजित हुई। जहांगीर बाकरी अपने पुत्रों सहित उस युद्ध में मारा गया। उसके विश्वस्त अमीर उदाहरणार्थ अलीशाह बेगी तथा अन्य लोग मुहम्मद शाह के पास आये। सुल्तान फ़तह शाह विवश होकर हिन्दुस्तान की ओर भाग खड़ा हुआ और वहीं उसकी मृत्यु हो गई। इस बार उसने एक वर्ष तथा एक मास तक राज्य किया।

सुल्तान मुहम्मद शाह तीसरी बार सिंहासनारूढ़ हुआ और उसने नक़्क़ारे बजवाये। शंकर रैना को जो फ़तह शाह का विश्वस्त अमीर था बन्दी बनाकर काजी चक को, जो बुद्धिमत्ता तथा वीरता से सुसज्जित था, विज़ारत के लिये चुना। काजी चक को झगड़ों का निपटारा कराने में बड़ी योग्यता प्राप्त थी। उसका एक नवीसिन्दा[2] संयोग से कुछ समय के लिये अपनी पत्नी से दूर हो गया। पत्नी ने धैर्य धारण न

१ एक पोथी के अनुसार 'सिकन्दर काकी', फ़िरिश्ता के अनुसार 'सिकन्दर लोदी'।
२ कार्यालय में लिखने पढ़ने का कार्य करने वाले मुंशी।

कर सकने के कारण अन्य व्यक्ति से विवाह कर लिया। कुछ समय उपरान्त नवीसिन्दा भी आ गया। उसमें तथा दूसरे पति में झगड़ा होने लगा और वे काजी चक के पास पहुंचे। क्योंकि उनमें से (४५९) किसी के पास अपने दावे की पुष्टि के लिये कोई साक्षी न था अतः इस अभियोग का निर्णय कठिन हो गया। अन्त में मलिक काजी चक ने उस स्त्री से कहा कि, "तू सच कहती है और यह नवीसिन्दा झूठा है। आ और थोड़ा-सा जल मेरी दावात में डाल दे ताकि मैं तेरे लिये दस्तावेज़ लिख दूँ तदुपरान्त तेरा उससे कोई सम्बन्ध न रहेगा।" स्त्री ने जितना जल आवश्यक था, दावात में डाल दिया। मलिक ने कहा, "थोड़ा-सा और डाल।" उसने फिर थोड़ा सा जल इस सावधानी से डाला कि मसि नष्ट न हो। मलिक ने उपस्थितगण से कहा कि, "इसकी सावधानी से पता चलता है कि यह नवीसिन्दे की पत्नी है।" पत्नी ने भी अन्त में सच बात स्वीकार कर ली और झगड़े का अन्त हो गया।

जब सुल्तान मुहम्मद शाह को पूर्ण प्रभुत्व प्राप्त हो गया तो उसने फ़तह शाह के अधिकांश अमीरों उदाहरणार्थ सैफ़ी दानकरी इत्यादि की हत्या करा दी। शंकर रैना अपनी मृत्यु से मर गया। फ़तह शाह की लाश उसके सेवक हिन्दुस्तान से कश्मीर लाये और सुल्तान मुहम्मद शाह उसके स्वागतार्थ गया तथा सुल्तान ज़ैनल आबदीन के मज़ार के समीप दफ़न कर दिया। यह घटना ९२२ हि० (१५-१६-७ ई०) में घटी।

उसी वर्ष देहली के बादशाह सुल्तान सिकन्दर की मृत्यु हो गई और उसका पुत्र इबराहीम सिंहासनारूढ़ हुआ। उन्हीं दिनों में जब मलिक काजी ने इबराहीम बाकरी को बन्दीगृह में कर दिया तो उसका पुत्र अबदाल बाकरी हिन्दुस्तान के बहुत से लोगों की सहायता से सिकन्दर ख़ां बिन फ़तह शाह को सिंहासनारूढ़ करके कश्मीर लाया। सुल्तान मुहम्मद शाह तथा मलिक काजी मांकल[1] परगने के अधीन लौलपुर[2] ग्राम में शत्रुओं से युद्ध हेतु निकले। सिकन्दर ख़ां मुक़ाबला न कर सका और असफल होकर क़िले में चला गया। मलिक काजी ने उस क़िले को घेर लिया। कुछ दिन तक दोनों दलों में युद्ध होता रहा। इसी बीच में सुल्तान के कुछ अमीर जोकि विद्रोह की दृष्टि से आये थे, सिकन्दर ख़ां के पास जाते थे। मलिक काजी ने अपने पुत्र मसऊद को उनके विरुद्ध भेजा और उसने उनसे बड़ी वीरता से युद्ध किया (४६०) तथा मारा गया किन्तु मसऊद की सेना को विजय प्राप्त हो गई। सिकन्दर ख़ां नाकाम नामक क़िले को छोड़कर बाहर चला गया और मलिक क़िले में प्रविष्ट हो गया। बाकरी लोग परेशान होकर सिकन्दर के पीछे रवाना हुए। सुल्तान मुहम्मद शाह प्रसन्नतापूर्वक शहर में लौट आया। यह घटना ९३१ हि० (१५२४–२५ ई०) में घटी।

इसी वर्ष बाबर बादशाह ने इबराहीम लोदी पर आक्रमण किया और पानीपत के रणक्षेत्र में उसकी हत्या कर दी। इसी बीच में सुल्तान, शत्रुओं की चुग़ली के कारण, मलिक काजी का शत्रु हो गया। मलिक काजी शंकित होकर राजौरी पहुंचा और आसपास के राजाओं को अपने साथ मिला लिया। उसी समय सिकन्दर ख़ां, जोकि सुल्तान के द्वारा पराजित होकर चला गया था, बहुत से मुग़ुलों के साथ आया और उसने लोहर कोट पर अधिकार जमा लिया। मलिक काजी के भाई मलिक यारी ने सूचना पाकर उस पर आक्रमण किया और युद्ध करके उसे बन्दी बना लिया और उसे सुल्तान के पास भेज दिया। सुल्तान ने

१ एक पोथी के अनुसार 'बांकल', फ़िरिश्ता के अनुसार 'माहकल'।
२ एक पोथी के अनुसार 'लूलूपुर', फ़िरिश्ता के अनुसार 'निवलपुर'।

इस निष्ठा के कारण मलिक काजी से संतुष्ट होकर विज़ारत का पद उसे पुनः सौंप दिया। सिकन्दर को अन्धा करा दिया।

इसी बीच में सुल्तान मुहम्मद शाह का पुत्र इबराहीम खां अपने पिता के साथ सुल्तान इबराहीम लोदी के पास देहली गया हुआ था। सुल्तान इबराहीम लोदी ने सुल्तान मुहम्मद शाह को अत्यधिक सेना देकर विदा किया। इबराहीम खां को उसने अपनी सेवा में रख लिया। सुल्तान इबराहीम लोदी की दुर्घटना के कारण वह कश्मीर आया। मलिक काजी, सिकन्दर खां के अन्धा कर दिये जाने के कारण, सुल्तान से रुष्ट था। उसने सुल्तान के विश्वासपात्रों को, जिस बहाने से भी हो सका, बन्दी बना दिया। तदुपरान्त उसने सुल्तान को बन्दी बनाकर इबराहीम खां को सिंहासनारूढ़ कर दिया। मुहम्मद शाह ने इस बार ११ वर्ष ११ मास तथा ११ दिन तक राज्य किया।

# बंगाल

## ख़्वाजा निज़ामुद्दीन अहमद

### तबक़ाते अकबरी

## क़ासिम हिन्दू शाह फ़िरिश्ता

### गुलशने इबराहीमी या तारीख़े फ़िरिश्ता

## ग़ुलाम हुसेन सलीम

### रियाज़ुस्सलातीन

# तबक़ाते अकबरी

(लेखक—ख़्वाजा निज़ामुद्दीन अहमद)

(प्रकाशन—कलकत्ता १९३५ ई०)

## बंगाल के सुल्तान

(२६०) बंगाले में इस्लाम का राज्य मुहम्मद बख़्तियार के समय से, जो सुल्तान क़ुतुबुद्दीन ऐबक का बड़ा सम्मानित अमीर था, प्रारम्भ हुआ। उसके उपरान्त देहली के सुल्तानों के अमीर[1] वहां राज्य करते रहे। उनका इतिहास देहली के सुल्तानों के वृत्तांत के प्रसंग में लिखा जा चुका है।

(२६१) जब मलिक फ़ख़रुद्दीन ने, जो बंगाले के हाकिम क़दर खां का सिलाहदार[2] था, (सुल्तान की) हत्या कर दी तो स्वयं सुल्तान की उपाधि धारण कर ली। क़दर खां मुहम्मद तुग़लुक़ शाह का गुमाश्ता था। उसके उपरान्त बंगाले का पृथक् राज्य स्थापित हो गया और देहली के सुल्तानों का उन पर अधिकार न रहा। बंगाले के सुल्तानों का राज्य मलिक फ़ख़रुद्दीन से प्रारम्भ हुआ।

सुल्तान फ़ख़रुद्दीन : १२ वर्ष तथा कुछ मास
सुल्तान अलाउद्दीन : १ वर्ष तथा कुछ मास
सुल्तान शम्सुद्दीन : १६ वर्ष तथा कुछ मास
सुल्तान सिकन्दर बिन सुल्तान शम्सुद्दीन : ९ वर्ष तथा कुछ मास
सुल्तान ग़यासुद्दीन बिन सिकन्दर : ७ वर्ष
सुल्तानुस्सलातीन : १० वर्ष
सुल्तान शम्सुद्दीन बिन सुल्तानुस्सलातीन : ३ वर्ष
राजा कंस : ७ वर्ष
सुल्तान जलालुद्दीन बिन कंस : १७ वर्ष
सुल्तान अहमद बिन जलालुद्दीन : १६ वर्ष
सुल्तान नासिरुद्दीन बिन अहमद : ७ दिन
सुल्तान नासिर शाह : २ वर्ष
बारबक शाह : १७ वर्ष
यूसुफ़ शाह : ७ वर्ष, ६ मास
सिकन्दर शाह : आधा दिन
फ़तह शाह : ७ वर्ष तथा ५ मास

१ प्रकाशित ग्रन्थ में 'अमीर' नहीं है किन्तु एक हस्तलिखित पोथी में 'अमीर' है।
२ देखिये पृ० ३३, नोट नं० ३।

बारबक शाह ख्वाजासरा : २ मास तथा आधा दिन

फ़ीरोज शाह : ३ वर्ष

महमूद शाह बिन फ़ीरोज़ : १ वर्ष

मुज़फ़्फ़र हब्शी : ३ वर्ष तथा ५ मास

अलांउद्दीन : २७ वर्ष

नसीब शाह बिन अलाउद्दीन : ११ वर्ष

## सुल्तान फ़ख़रुद्दीन

मलिक फ़ख़रुद्दीन क़दर खां का सिलाहदार था। उसने अपने आश्रयदाता की विश्वासघात द्वारा हत्या करके राज्य अपने अधिकार में कर लिया और अपने दास मुख़लिस को सेना देकर बंगाले की सीमांत पर भेजा। मलिक अली मुबारक ने, जो क़दर खां की सेना का आरिज़[1] था, मुख़लिस खां से युद्ध किया और उसकी हत्या करके उसके समस्त घोड़ों और सेना को, जो उसके साथ थी, अपने अधिकार में कर लिया। सुल्तान फ़ख़रुद्दीन को क्योंकि राज्य पहली बार प्राप्त हुआ था अतः वह लोगों से संतुष्ट न रहता था। (२६२) वह अली मुबारक पर आक्रमण न कर सकता था। अन्त में मलिक अली मुबारक ने सुल्तान अलाउद्दीन की उपाधि धारण करके सुल्तान फ़ख़रुद्दीन पर आक्रमण किया। ७४१ हि० (१३४०-४१ ई०) में उससे युद्ध करके उसे उसने जीवित बन्दी बना लिया और उसकी हत्या करा दी। लखनौती में थाना निश्चित करके बंगाले[2] की ओर लौट गया।

सुल्तान फ़ख़रुद्दीन ने २ वर्ष[3] तथा कुछ मास तक राज्य किया।

## सुल्तान अलाउद्दीन

सुल्तान फ़ख़रुद्दीन की हत्या कर देने के उपरान्त उसने लखनौती में बड़े वैभव से थाना निश्चित करके बंगाले[4] की ओर रवाना हुआ। कुछ दिन उपरान्त मलिक हाजी इलियास अलाउद्दीन[5] ने जो लखनौती की सेना में नियुक्त हुआ था, सेना को मिला लिया और सुल्तान अलाउद्दीन की हत्या कर दी तथा लखनौती और बंगाले पर अधिकार जमा लिया।

सुल्तान अलाउद्दीन ने एक वर्ष तथा कुछ मास तक राज्य किया।

## हाजी इलियास

हाजी इलियास ने अपने आपको सुल्तान शम्सुद्दीन भंगरा की उपाधि देकर समस्त लखनौती तथा बंगाले पर अधिकार जमा लिया और प्रजा तथा सेना के प्रोत्साहन हेतु अत्यधिक प्रयत्नशील रहता था।

१ सेना का निरीक्षण एवं भरती करने वाला।
२ सम्भवतः सुनार गांव।
३ प्रकाशित पुस्तक में १० वर्ष है किन्तु दो हस्तलिखित पोथियों में 'दो वर्ष' है।
४ भट्टासनी के अनुसार 'पंडुवा' (Bhattasali, Coins and Chronology of the Early Independent Sultans of Bengal, 1922).
५ एक पोथी के अनुसार 'अलाई'।

(२६३) कुछ समय उपरान्त उसने सेना तैयार करके जाजनगर पर चढ़ाई की। वहां से वह बहुत बड़े-बड़े हाथी अपने अधिकार में करके अपनी राजधानी को लौट आया। १३ वर्ष तथा कुछ मास तक देहली के सुल्तानों ने उससे कोई रोकटोक न की और वह स्वतंत्र रूप से राज्य के कार्य सम्पन्न करता रहा। १० शव्वाल ७५४ हि० (८ नवम्बर १३५३ ई०) को सुल्तान फ़ीरोज़ शाह बिन रजब ने देहली से लखनौती पर आक्रमण किया। सुल्तान शम्सुद्दीन इकदला के क़िले में बन्द हो गया और समस्त बंगाले की विलायतों को खाली छोड़ दिया। सुल्तान फ़ीरोज़ ने जब यह सुना कि वह इकदला के क़िले में बन्द हो गया है तो वह मार्ग से इकदले की ओर रवाना हुआ। जब वह इकदले के समीप पहुंचा तो सुल्तान शम्सुद्दीन ने क़िले से निकलकर युद्ध प्रारम्भ कर दिया। दोनों ओर से अत्यधिक संख्या में लोग मारे गये। सुल्तान शम्सुद्दीन ने भागकर इकदले में शरण ग्रहण की और जाजनगर से जो बड़े-बड़े हाथी वह लाया था वे सुल्तान फ़ीरोज़ शाह के आदमियों को प्राप्त हो गये।

वर्षा ऋतु के आ जाने एवं अत्यधिक वर्षा प्रारम्भ हो जाने के कारण सुल्तान फ़ीरोज़ शाह ११ रबी-उल-अव्वल को देहली लौट गया। जब सुल्तान फ़ीरोज़ शाह देहली लौट गया तो ७५५ हि० (१३५४ ई०) में सुल्तान शम्सुद्दीन ने अत्यधिक पेशकश, जो कि सुल्तानों के योग्य थी, अपने दूतों के हाथ सुल्तान फ़ीरोज़ शाह की सेवा में भेजी और क्षमा-याचना की। सुल्तान फ़ीरोज़ शाह ने भी उसके प्रति कृपादृष्टि प्रदर्शित करके दूतों को खिलअतें प्रदान कीं और उन्हें विदा कर दिया।

सुल्तान शम्सुद्दीन ने ७५९ हि० (१३५७-५८ ई०) के अन्त में मलिक ताजुद्दीन को अत्यधिक पेशकश देकर पुनः देहली भेजा और सुल्तान फ़ीरोज़ शाह ने दूतों के प्रति अत्यधिक कृपादृष्टि प्रदर्शित की। कुछ दिन उपरान्त उसने तुर्की तथा अरबी घोड़े अन्य उपहारों सहित, मलिक सैफ़ुद्दीन शहनये फ़ील के हाथ सुल्तान शम्सुद्दीन की सेवा में भेजे। अभी मलिक सैफ़ुद्दीन तथा मलिक ताजुद्दीन बिहार को पार (२६४) भी न कर पाये थे कि सुल्तान शम्सुद्दीन की मृत्यु हो गयी। मलिक सैफ़ुद्दीन ने (शाही) आदेशानुसार घोड़ों को बिहार के अमीरों को दे दिया और ताजुद्दीन स्वयं देहली लौट आया।

सुल्तान शम्सुद्दीन ने १६ वर्ष तथा कुछ मास तक राज्य किया।

## सुल्तान सिकन्दर शाह बिन सुल्तान शम्सुद्दीन

सुल्तान शम्सुद्दीन की मृत्यु के उपरान्त अमीरों तथा विभिन्न समूहों के सरदारों ने तीसरे दिन उसके ज्येष्ठ पुत्र को सिकन्दर शाह की उपाधि देकर सिंहासनारूढ़ किया। उसने न्याय तथा परोपकार की घोषणा करते हुए राज्य के कार्य प्रारम्भ किये और सुल्तान फ़ीरोज़ शाह को संतुष्ट रखना अपने लिये परमावश्यक समझा। ५० हाथी तथा नाना प्रकार के वस्त्र पेशकश के रूप में सुल्तान फ़ीरोज़ शाह की सेवा में भेजे। इसी बीच में सुल्तान फ़ीरोज़ शाह ने बंगाले पर आक्रमण हेतु ७६० हि० (१३५८-५९ ई०) में लखनौती पर चढ़ाई की। जब वह पंडुवा के क्षेत्र में पहुंचा तो सुल्तान सिकन्दर अपने पिता की प्रथानुसार इकदला के क़िले में बन्द हो गया। क्योंकि उसमें युद्ध की शक्ति न थी, अतः वार्षिक पेशकश भेजने का वचन देकर सुल्तान को लौटा दिया। अभी सुल्तान पंडुवा के क्षेत्र ही में था कि उसने ३७ हाथी, अत्यधिक धन-सम्पत्ति एवं नाना प्रकार के वस्त्र सुल्तान की सेवा में भेजे और क्षमा-याचना की। अपने पिता की प्रथा पर आचरण करते हुए, वह आजीवन भोग-विलास में समय व्यतीत करता रहा।

उसने ९ वर्ष तथा कुछ मास तक राज्य किया।

## सुल्तान ग़यासुद्दीन

(२६५) सुल्तान सिकन्दर की मृत्यु के उपरान्त अमीरों तथा विभिन्न समूहों के सरदारों ने उसके पुत्र को सुल्तान ग़यासुद्दीन की उपाधि देकर उसके पिता के स्थान पर सिंहासनारूढ़ कर दिया। वह भी अपने पिता तथा पितामह की प्रथानुसार आजीवन भोग-विलास में तल्लीन रहा और ७७३ हि० (१३७३-४ ई०) में उसकी मृत्य हो गई।

उसने ७ वर्ष तथा कुछ मास तक राज्य किया।

## सुल्तानुस्सलातीन

सुल्तान ग़यासुद्दीन की मृत्यु के उपरान्त अमीरों ने उसके पुत्र को सुल्तानुस्सलातीन की उपाधि देकर सिंहासनारूढ़ किया। वह बहुत दानी, सहनशील तथा वीर था। ७८५ हि० (१३८३-८४ ई०) में उसकी मृत्यु हो गई।

उसने १० वर्ष तक राज्य किया।

## सुल्तान शम्सुद्दीन

सुल्तानुस्सलातीन की मृत्यु के उपरान्त अमीरों तथा राज्य के उच्च पदाधिकारियों ने उसके पुत्र को सुल्तान शम्सुद्दीन की उपाधि देकर सिंहासनारूढ़ कर दिया। वह भी अपने पूर्वजों की प्रथानुसार भोग-विलास में जीवन व्यतीत करता रहा और ७८८ हि० (१३८६-८७ ई०) में उसकी मृत्यु हो गयी।

उसने ३ वर्ष तथा कुछ मास तक राज्य किया।

## राजा कंस[1]

सुल्तान शम्सुद्दीन की मृत्यु के उपरान्त कंस नामक एक ज़मींदार ने बंगाले पर अधिकार जमा लिया। जब ईश्वर ने उसकी दुष्टता का अन्त कर दिया तो उसका पुत्र मुसलमान होकर सिंहासनारूढ़ हुआ।

कंस ने ७ वर्ष तक राज्य किया।

## सुल्तान जलालुद्दीन बिन कंस

(२६६) कंस की मृत्यु के उपरान्त उसका पुत्र, जो राज्य के लोभ से मुसलमान हो गया था, सुल्तान जलालुद्दीन के नाम से बादशाह हुआ। उसके राज्य में लोग सुखी तथा खुशहाल थे। ८१२ हि० (१४०९-१० ई०) में उसकी मृत्यु हो गई।

उसने १७ वर्ष तक राज्य किया।

## सुल्तान अहमद बिन सुल्तान जलालुद्दीन

सुल्तान जलालुद्दीन की मृत्यु के उपरान्त, अमीरों ने उसके पुत्र को सुल्तान अहमद की उपाधि देकर उसके पिता के स्थान पर सिंहासनारूढ़ कर दिया।

८३० हि० (१४२६-२७ ई०) में उसकी मृत्यु हो गई।

उसने १६ वर्ष तक राज्य किया।

1 एक पुस्तक में 'कांस' है।

## नासिर ग़ुलाम

जब सुल्तान अहमद की मृत्यु हो गई तो उसके दास नासिर ने साहस से कार्य लेकर सिंहासन पर अधिकार जमा लिया और राज्य-व्यवस्था करने लगा। सुल्तान अहमद के अमीरों तथा मलिकों ने, नासिर की हत्या कर दी और सुल्तान शम्सुद्दीन भंगरा के वंश के एक व्यक्ति को सिंहासनारूढ़ कर दिया।

उसने ७ दिन तक राज्य किया। कुछ लोगों के मतानुसार उसका राज्य आधे दिन तक रहा।

## नासिर शाह

नासिर ग़ुलाम की हत्या के उपरान्त, सुल्तान शम्सुद्दीन भंगरा की संतान में से एक व्यक्ति को सिंहासनारूढ़ किया गया और उसको नासिर शाह की उपाधि दी गई। सभी छोटे-बड़े, सर्वसाधारण (२६७) तथा सम्मानित व्यक्ति उसके राज्यकाल में सुख-सम्पन्नता से जीवन व्यतीत करते रहे। ८६२ हि० (१४५७-५८ ई०) में उसकी मृत्यु हो गई।

उसने २ वर्ष तक राज्य किया।

## बारबक शाह

नासिर शाह की मृत्यु के उपरान्त, उस प्रदेश के अमीरों तथा प्रतिष्ठित लोगों ने बारबक शाह को सिंहासनारूढ़ कर दिया। उसके राज्यकाल में नगर-निवासी तथा सैनिक आराम से जीवन व्यतीत करते रहे और वह भी भोग-विलास में जीवन व्यतीत करता रहता था। ८७९ हि० (१४७४-७५ ई०) में उसकी मृत्यु हो गई।

उसने १७ वर्ष तक राज्य किया।

## यूसुफ़ शाह

बारबक शाह की मृत्यु के उपरान्त राज्य के प्रतिष्ठित लोगों ने यूसुफ़ शाह को सिंहासनारूढ़ किया। वह बड़ा ही सहनशील तथा सदाचारी बादशाह था। ८८७ हि० (१४८२-८३ ई०) में उसकी मृत्यु हो गई।

उसने ७ वर्ष तथा ६ मास तक राज्य किया।

## सिकन्दर शाह

यूसुफ़ शाह की मृत्यु के उपरान्त अमीरों तथा वज़ीरों ने सिकन्दर शाह को सिंहासनारूढ़ किया। (२६८) क्योंकि उसे इस बड़े कार्य से कोई सम्बन्ध न था अतः उसे पदच्युत करके फ़तह शाह को सिंहासनारूढ़ किया गया।

उसने आधे दिन तक राज्य किया।

## फ़तह शाह

सिकन्दर शाह के पदच्युत कर देने के उपरान्त, अमीरों तथा सम्मानित व्यक्तियों ने, फ़तह शाह को सिंहासनारूढ़ किया। वह बड़ा ही बुद्धिमान् था और सुल्तानों की प्रथानुसार प्रत्येक को उसकी श्रेणी

के अनुसार, सम्मानित करता रहता था। उसके राज्यकाल में लोगों के ऊपर भोग-विलास के द्वार खुल गये।

बंगाले में यह प्रथा थी कि प्रत्येक रात्रि में पांच हज़ार पायक, बारी-बारी पहरे पर उपस्थित होते थे और प्रातःकाल बादशाह थोड़ी देर के लिये सिंहासन पर आसीन होकर उस समूह का अभिवादन स्वीकार करता था और उन्हें विदा कर देता था। तदुपरान्त अन्य लोग उपस्थित होते थे। एक बार फ़तह शाह के ख़्वाजासरा ने पायकों को धन का लोभ दिलाकर उसकी हत्या करा दी और प्रातःकाल सिंहासनारूढ़ हो गया तथा पायकों का अभिवादन स्वीकार किया। यह घटना ८९६ हि० (१४८७-८८ ई०) में घटी। फ़तह शाह ने ७ वर्ष तथा ५ मास तक राज्य किया।

कहा जाता है कि बंगाले में कई वर्ष से यही प्रथा हो गई थी कि जो कोई बादशाह की हत्या करके सिंहासनारूढ़ हो जाता था, सभी लोग उसके आज्ञाकारी हो जाते थे।

## बारबक शाह

जब अभागे ख़्वाजासरा ने अपने स्वामी की हत्या कर दी और स्वयं बादशाह हो गया तो जिन जिन स्थानों पर ख़्वाजासरा थे वे उसके द्वार पर एकत्र हुए और उसने पतित तथा साहसहीन लोगों को (२६९) धन का लोभ दिलाकर झूठे वचन द्वारा प्रसन्न किया और उन्हें अपने चारों ओर एकत्र कर लिया। नित्यप्रति उसकी शक्ति में वृद्धि होने लगी। अन्त में बड़े बड़े अमीरों ने एक दूसरे से मिलकर पायकों को अपनी और मिला लिया और उसकी हत्या कर दी।

उसका प्रभुत्व २ मास तथा आधे दिन तक रहा।

## फ़ीरोज़ शाह

जब ख़्वाजासरा की, जिसकी उपाधि बारबक शाह थी, हत्या कर दी गई तो अमीरों तथा प्रतिष्ठित लोगों ने फ़ीरोज़ शाह को सिंहासनारूढ़ किया। वह बड़ा ही दयावान् तथा कृपालु बादशाह था। ८९९ हि० (१४९३-९४ ई०) में उसकी मृत्यु हो गई। कुछ लोगों का मत है कि पहरे के पायकों ने विश्वासघात करके उसकी हत्या कर दी।

उसने ३ वर्ष तक राज्य किया।

## महमूद शाह

फ़ीरोज़ शाह की मृत्यु के उपरान्त अमीरों तथा अन्य लोगों ने उसके ज्येष्ठ पुत्र को सुल्तान महमूद शाह की उपाधि देकर सिंहासनारूढ़ किया। उसमें नाना प्रकार के गुण थे।

सीदी मुज़फ़्फ़र हब्शी नामक एक दास ने पायकों के सरदार को मिलाकर एक रात्रि में महमूद की हत्या कर दी और प्रातःकाल स्वयं सिंहासनारूढ़ होकर मुज़फ़्फ़र शाह की उपाधि धारण कर ली।

महमूद शाह ने १ वर्ष तक राज्य किया।

## मुज़फ़्फ़र शाह हब्शी

(२७०) जब मुज़फ़्फ़र शाह हब्शी ने राज्य का अपहरण कर लिया तो समस्त संसार में अन्धकार छा गया। वह बड़ा ही निष्ठुर तथा अत्याचारी था। उसने अत्यधिक आलिमों तथा पवित्र व्यक्तियों

की हत्या करा दी। अन्त में उसका अलाउद्दीन नामक एक सिपाही, पायकों के सरदार को अपनी ओर मिलाकर, एक रात्रि में १३ पायकों सहित उसके अन्तःपुर में प्रविष्ट हो गया और उसकी हत्या कर दी तथा प्रातःकाल सिंहासनारूढ़ हो गया। उसने अपनी उपाधि सुल्तान अलाउद्दीन रक्खी।

मुज़फ़्फ़र शाह हब्शी ने ३ वर्ष तथा ५ मास तक राज्य किया।

## सुल्तान अलाउद्दीन

सुल्तान अलाउद्दीन बड़ा ही बुद्धिमान् था। उसने उच्च वंश के अमीरों को प्रोत्साहन देकर एवं अपने विशेष सेवकों को भी उच्च श्रेणी पर आसीन करके उनके पदों में वृद्धि की। उसने पायकों द्वारा पहरा दिलाने की प्रथा का अन्त करा दिया ताकि उसे कोई हानि न पहुंचे। आलिमों, पवित्र तथा सम्मानित व्यक्तियों को राज्य के चारों ओर से बुलवाकर उनके प्रति कृपादृष्टि प्रदर्शित की और बंगाले की सुख-सम्पन्नता में वृद्धि करने का अत्यधिक प्रयत्न कराया। कई गांव उसने शख नूर क़ुतुब आलम के लंगर के लिये निश्चित किये और प्रत्येक वर्ष वह शेख नूर के मज़ार के दर्शनार्थ पंडुवा जाया (२७१) करता था। वह अपने सदाचरण एवं सच्चरित्रता के कारण आजीवन भोग-विलास में अपना जीवन व्यतीत करता रहा। अन्त में ९२९ हि० (१५२२-२३ ई०) में उसकी मृत्यु हो गई।

उसने २७ वर्ष तथा कुछ मास तक राज्य किया।

# गुलशने इबराहीमी या तारीखे फ़िरिश्ता ( भाग २ )

(लेखक—कासिम हिन्दू शाह फ़िरिश्ता)

(प्रकाशन—नवलकिशोर प्रेस लखनऊ)

## सुल्तान फ़ख़रुद्दीन

(२९५) मलिक फ़ख़रुद्दीन बंगाले के हाकिम क़दर खां का सिलाहदार था और उसकी तलवार अपने पास रखता था। जब सुनार गांव में उसकी मृत्यु हो गई तो ७३९ हि० ( १३३८-९ ई०) में मलिक फ़ख़रुद्दीन ने राज्य पर अधिकार जमा लिया और अपनी उपाधि फ़ख़रुद्दीन सुल्तान रख ली। उसने अपने नाम का खुत्बा पढ़वा दिया और सेनाओं एवं परिजनों के एकत्र करने का प्रयत्न करने लगा।

जब सुल्तान मुहम्मद (बिन) तुग़लुक़ को इस बात का पता चला तो उसने लखनौती के हाकिम क़दर खां को बहुत से अमीरों उदाहरणार्थ इज़्ज़ुद्दीन यहया तथा फ़ीरोज़ अमीर कोह[1] के साथ उसके विरुद्ध नियुक्त किया। जब उन लोगों में युद्ध हुआ तो फ़ख़रुद्दीन पराजित होकर दूर के जंगलों में भाग गया। उसके घोड़े तथा हाथी अन्य लोगों को प्राप्त हो गये। क़दर खां उसी स्थान पर रह गया। अमीर लोग अपनी अपनी अक़्ता को चले गये।

जब वर्षा ऋतु आ गई तो क़दर खां धन एकत्र करने में व्यस्त हो गया और सेना को संगठित रखने की ओर से असावधान हो गया। उसकी इच्छा थी कि वर्षा ऋतु उपरान्त सुल्तान (मुहम्मद बिन तुग़लुक़) की सेवा में पहुंच कर राजसिंहासन के समक्ष सोने चांदी के ढेर लगा दे। संयोग से फ़ख़रुद्दीन को इस बात का पता चल गया। उसने कुछ लोगों को गुप्त रूप से सेना वालों के पास भेजकर सबको मिला लिया और यह वचन दिया कि "यदि मैं क़दर खां पर विजय प्राप्त कर लूँगा तो ख़ज़ाना लोगों को बांट दूंगा।" जब फ़ख़रुद्दीन अपनी सेना सहित जंगल से निकलकर सुनार गांव की ओर रवाना हुआ तो अपराधी सैनिकों एवं विद्रोही अमीरों ने संगठित होकर क़दर खां की हत्या कर दी और ख़ज़ाना लेकर फ़ख़रुद्दीन से मिल गये। फ़ख़रुद्दीन ने अपने वचन का पालन करते हुए उन लोगों को धन बांट दिया और सुनार गांव को अपनी राजधानी बना लिया, तथा उस प्रदेश में राज्य करने लगा।

उसने मुखलिस नामक अपने एक दास को एक बहुत बड़ी सेना सहित लखनौती पर अधिकार जमाने के लिये नियुक्त किया। अली मुबारक, जोकि क़दर खां की सेना का आरिज़ था, ने साहस एवं पौरुष प्रदर्शित करते हुए बहुत से लोगों को मिला लिया और मुख़लिस से युद्ध करके उसे पराजित कर दिया। तदुपरान्त उसने मुहम्मद (बिन) तुग़लुक़ के पास विजय-पत्र भेजकर निवेदन किया कि यदि आदेश हो तो मैं लखनौती पर अधिकार जमा लूँ। सुल्तान को उसके

१ कृषि की देख-रेख करने वाला मुख्य अधिकारी।

विषय में कोई ज्ञान न था अतः उसे कोई उत्तर न भेजा। उसने देहली के शहना[1] यूसुफ़ को लखनौती का अधिकारी बना दिया और उसे उस ओर भेज दिया। वह वहां न पहुंच सका और मृत्यु को प्राप्त हो गया। लखनौती अली मुबारक शाह के अधीन रह गई। क्योंकि बादशाही के सामान एकत्र थे, अतः उसने अपनी उपाधि सुल्तान अलाउद्दीन निश्चित की किन्तु उन्हीं दिनों में मलिक इलियास ने, जोकि उस क्षेत्र में रहता था, सेना एकत्र करके लखनौती पर आक्रमण किया और सुल्तान अलाउद्दीन की हत्या कर दी। तदुपरान्त अपनी उपाधि सुल्तान शम्सुद्दीन रख ली। ७४१ हि० (१३४०-४१ ई०) में उसने सुनार गांव पर चढ़ाई की और फ़खरुद्दीन को जीवित बन्दी बनाकर लखनौती लाया और उसकी हत्या करा दी। अपने नाम का ख़ुत्बा तथा सिक्का चला दिया किन्तु निज़ामुद्दीन अहमद बख्शी ने अपने ग्रंथ[2] में लिखा है कि मलिक फ़खरुद्दीन क़दर ख़ां का सिलाहदार था। उसने अपने आश्रयदाता की विश्वास-घात द्वारा लखनौती में हत्या करके राज्य पर अधिकार जमा लिया और मुख़लिस नामक अपने दास को सेना देकर बंगाले की सीमा पर आक्रमण करने के लिये भेजा। क़दर ख़ां की सेना के आरिज़ अली मुबारक ने मुख़लिस से युद्ध किया और उसको पराजित कर दिया। जो धन-सम्पत्ति एवं सेना उसके पास थी, उस पर अधिकार जमा लिया। सुल्तान फ़खरुद्दीन को राज्य नया नया प्राप्त हुआ था अतः वह अपने आदमियों से संतुष्ट न रहता था। वह शंका के कारण अली मुबारक के विरुद्ध न गया, यहां तक कि अली मुबारक ने तैयारी करके सुल्तान अलाउद्दीन की उपाधि धारण कर ली। ७४१ हि० (१३४०-४१ ई०) में फ़खरुद्दीन लखनौती पहुंचा किन्तु युद्ध में अली मुबारक द्वारा मारा गया।

फ़खरुद्दीन ने दो वर्ष तथा कुछ मास तक राज्य किया।

## अली मुबारक "सुल्तान अलाउद्दीन"

(२९६) फ़खरुद्दीन की हत्या के उपरान्त उसने लखनौती में बड़े वैभव से थाना नियुक्त किया और बंगाले की ओर रवाना हुआ। कुछ दिनों के उपरान्त मलिक हाजी इलियास, जिसने हाजीपुर बसाया था, ने सुल्तान अलाउद्दीन की सेना को मिला लिया और लखनौती तथा बंगाले पर अधिकार जमा लिया। उसने अलाउद्दीन शाह की हत्या कर दी और अपनी उपाधि शाह शम्सुद्दीन रखी। अलाउद्दीन ने एक वर्ष तथा पांच मास तक राज्य किया।

## हाजी इलियास "सुल्तान शम्सुद्दीन भंगरा"

जब शाह अलाउद्दीन की हत्या हो गई तो समस्त लखनौती और बंगाला हाजी इलियास के अधीन हो गया। उसने अपने अमीरों की सहमति से अपनी उपाधि शाह शम्सुद्दीन भंगरा रक्खी और अपने नाम का ख़ुत्बा पढ़वा दिया। वह भंगरा कहलाता था किन्तु लेखक को इसका कारण ज्ञात नहीं। कुछ समय उपरान्त उसने अमीरों तथा सिपाहियों को प्रोत्साहन देकर जाजनगर पर, जोकि मुहम्मद बख़्तियार के उपरान्त मुसलमानों के हाथ से निकल चुका था, चढ़ाई की और उस क्षेत्र से बहुत बड़े-बड़े हाथी अपने अधिकार में करके अपनी राजधानी को लौट आया। १३ वर्ष तथा कुछ मास तक देहली के बादशाहों में से किसी ने उसके प्रति कोई रोकटोक न की और वह स्वतंत्रतापूर्वक राज्य करता रहा यहां तक कि

१ प्रबन्धक, अधीक्षक।
२ 'तबक़ाते अकबरी'।

१० शव्वाल ७५४ हि० (८ नवम्बर १३५३ ई०) में फ़ीरोज़ शाह ने एक बड़ी भारी सेना लेकर देहली से लखनौती पर चढ़ाई की। शाह शम्सुद्दीन एकदला के क़िले में बन्द हो गया और पूरे बंगाले की विलायत[1] को ख़ाली छोड़ दिया। सुल्तान फ़ीरोज़ शाह एकदला की ओर रवाना हुआ। जब वह एकदला के समीप पहुंचा तो शाह शम्सुद्दीन ने क़िले से निकलकर युद्ध किया। दोनों ओर से बहुत बड़ी संख्या में लोग मारे गये। शाह शम्सुद्दीन ने भागकर एकदला में शरण ली। जो बड़े-बड़े हाथी वह जाजनगर से लाया था, वह सुल्तान फ़ीरोज़ शाह के अधिकार में आ गये। जब वर्षा ऋतु आ गई और अत्यधिक वर्षा होने लगी तो सुल्तान फ़ीरोज़ शाह देहली चला गया। ७५५ हि० (१३५४ ई०) में शाह शम्सुद्दीन ने अत्यधिक पेशकश, जोकि बादशाहों के दरबार के योग्य थी, अपने वाक्पटु राजदूतों के हाथ भेजी। फ़ीरोज़ शाह बादशाह ने राजदूतों के प्रति कृपादृष्टि प्रदर्शित करते हुए उन्हें विदा कर दिया। शाह शम्सुद्दीन ने ७५९ हि० के अन्त में (१३५७-५८ ई०) मलिक ताजुद्दीन को अत्यधिक पेशकश देकर पुनः देहली भेजा। फ़ीरोज़ शाह ने राजदूतों के प्रति अत्यधिक कृपादृष्टि प्रदर्शित की। कुछ दिन उपरान्त उसने तुर्की तथा अरबी घोड़े एवं अन्य उपहार मलिक सैफ़ुद्दीन शहनये फ़ील के हाथ शाह शम्सुद्दीन के लिये भेजे किंतु मलिक सैफ़ुद्दीन शहनये फ़ील तथा मलिक ताजुद्दीन ने बिहार को पार भी न किया था कि शाह शम्सुद्दीन की मृत्यु हो गई और मलिक सैफ़ुद्दीन ने शाही आदेशानुसार बिहार के अमीरों को घोड़े दे दिये। मलिक ताजुद्दीन देहली चला गया।

शाह शम्सुद्दीन ने १६ वर्ष तथा कुछ मास तक राज्य किया।

## शाह सिकन्दर बिन शाह शम्सुद्दीन शाह

जब शाह शम्सुद्दीन की मृत्यु हो गई तो अमीरों एवं सरदारों के प्रस्ताव पर तीसरे दिन उसका ज्येष्ठ पुत्र सिकन्दर शाह की उपाधि धारण करके सिंहासनारूढ़ हुआ और न्याय तथा परोपकार की घोषणा करके शासन-प्रबन्ध करने लगा। उसने फ़ीरोज़ शाह को संतुष्ट रखने को अत्यधिक महत्व देते हुए ५० हाथी तथा नाना प्रकार के वस्त्र उपहार-स्वरूप भेजे। इस समय फ़ीरोज़ शाह बंगाले की विजय हेतु ७६० हि० (१३५८-५९ ई०) में लखनौती की ओर रवाना हो गया था। सुल्तान सिकन्दर ने अपनी शक्ति अनुसार उसका मुक़ाबिला किया और अपने क़िलों को दृढ़ बनाया। सुल्तान फ़ीरोज़ शाह ज़फ़राबाद पहुंचा। सुल्तान सिकन्दर भी अपने पिता की प्रथानुसार एकदला के क़िले में बन्द हो गया। क्योंकि उसमें युद्ध की शक्ति न थी अतः उसने वार्षिक पेशकश अदा करना स्वीकार करके बादशाह को वापिस लौटा दिया। बादशाह अभी पंडुवा के क्षेत्र ही में था कि उसने ३७ हाथी तथा अत्यधिक धन एवं वस्त्र उसकी सेवा में भेजे और क्षमा-याचना करके अपने पिता की प्रथानुसार कार्य करता रहा और अपना जीवन भोग-विलास में व्यतीत करता रहा।

उसने ९ वर्ष तथा कुछ मास तक राज्य किया।

## शाह ग़यासुद्दीन बिन सिकन्दर शाह

सिकन्दर शाह की मृत्यु के उपरान्त उसका पुत्र सुल्तान ग़यासुद्दीन सिंहासनारूढ़ हुआ। वह

1 राज्य।

(२९७) भी अपने पिता तथा पितामह की प्रथानुसार भोग-विलास में जीवन व्यतीत करता रहा और ७७५ हि० (१३७३-४ ई०) में मृत्यु को प्राप्त हुआ।

उसने ७ वर्ष तथा कुछ मास तक राज्य किया।

## सुल्तानुस्सलातीन शाह बिन ग़यासुद्दीन शाह

जब ग़यासुद्दीन शाह की मृत्यु हो गई तो अमीरों ने उसके पुत्र को सुल्तानुस्सलातीन की उपाधि देकर उसके पिता के स्थान पर सिंहासनारूढ़ किया। वह बड़ा ही वीर तथा सहनशील एवं दानी बादशाह था। अमीर तथा वज़ीर उसकी बुद्धिमत्ता एवं योग्यता से प्रभावित थे। उसने कभी उनका विरोध न किया और उन लोगों ने भी कभी उसकी आज्ञाओं की अवहेलना न की तथा आवश्यक राज्य-कर देने में कभी कमी न की। १० वर्ष राज्य करने के उपरान्त ७८५ हि० (१३८३-४ ई०) में उसकी मृत्यु हो गई।

उसने ७ वर्ष तथा कुछ मास तक राज्य किया।

## शम्सुद्दीन शाह द्वितीय बिन सुल्तानस्सलातीन

जब सुल्तानुस्सलातीन की मत्यु हो गई तो अमीरों तथा राज्य के उच्च पदाधिकारियों ने उसके पुत्र को शम्सुद्दीन शाह की उपाधि देकर सिंहासनारूढ़ किया। वह बाल्यावस्था में होने के कारण बड़ा ही बुद्धिहीन था। कंस[1] नामक एक काफ़िर को, जोकि उस वंश के अमीरों में से था, उस काल में बड़ा प्रभुत्व प्राप्त हो गया और वह बड़ा ही प्रभावशाली हो गया। उसने अत्यधिक धन एवं राज्य के क्षेत्र पर अधिकार जमा लिया। जब ७८७ हि० (१३८५-६ ई०) में सुल्तान शम्सुद्दीन की मृत्यु हुई तो कंस ने राजसिंहासन पर अधिकार जम लिया।

उसने तीन वर्ष तथा कुछ मास तक राज्य किया।

## राजा कंस, काफ़िर

राजा कंस यद्यपि मुसलमान न था किन्तु मुसलमानों के साथ अत्यधिक मिलता-जुलता रहता था और उनके प्रति स्नेह प्रदर्शित करता था यहां तक कि बहुत से मुसलमानों का यह मत था कि वह मुसलमान था और मुसलमानों के समान वे उसे दफ़न करना चाहते थे। उसने ७ वर्ष तक बड़े वैभव से राज्य किया। उसका पुत्र, जो मुसलमान था, उसकी मृत्यु के उपरान्त सिंहासनारूढ़ हुआ।

## जनमल वल्द कंस "सुल्तान जलालुद्दीन"

जनमल ने अपने पिता की मृत्यु के उपरान्त राज्य के उच्च पदाधिकारियों एवं प्रतिष्ठित लोगों को उपस्थित करके कहा कि "मुझे इस्लाम की सत्यता प्रकट हो चुकी है और मेरे पास अब इसे स्वीकार करने के अतिरिक्त कोई अन्य उपाय नहीं। यदि तुम लोग मुझे स्वीकार करो तो मैं राजसिंहासन पर आरूढ़ हूं अन्यथा मेरे भाई को सिंहासनारूढ़ कर दो और मुझे क्षमा करो।" समस्त उच्च पदाधिकारियों ने सह-

१ पुस्तक में 'कांस'।

मत होकर कहा कि "हम लोग आपके आज्ञाकारी रहेंगे; सांसारिक कार्यों के सम्बन्ध में धर्म का कोई हस्तक्षेप न होना चाहिये।" जनमल ने लखनौती के आलिमों एवं विद्वानों को बुलवाकर इस्लाम का कलमा[1] पढ़ा और सुल्तान जलालुद्दीन की उपाधि धारण करके सिंहासनारूढ़ हुआ। उसके न्याय के कारण उसे अपने समय का नौशेरवां कहा जाता था। वह १७ साल तथा कुछ मास तक स्थायी रूप से बंगाले तथा लखनौती पर राज्य करता रहा। ८१२ हि० (१४०९-१० ई०) में उसकी मृत्यु हो गई और उसका पुत्र अहमद सुल्तान उसके स्थान पर सिंहासनारूढ़ हुआ।

## सुल्तान अहमद बिन सुल्तान जलालुद्दीन

जब सुल्तान जलालुद्दीन की मृत्यु हो गई तो अमीरों ने उसके पुत्र को अहमद शाह की उपाधि देकर उसके पिता के स्थान पर सिंहासनारूढ़ किया। वह भी अपने पिता का अनुसरण करते हुए न्याय (२९८) करने का प्रयत्न करता रहा और अत्यधिक लोगों को इनाम तथा परोपकार से प्रसन्न करता रहा। ८३० हि० (१४२६-२७ ई०) में उसकी मृत्यु हो गई। उसने १६ वर्ष तक राज्य किया।

## नासिरुद्दीन ग़ुलाम

जब अहमद शाह बिन जलालुद्दीन की मृत्यु के उपरान्त राजसिंहासन खाली हो गया तो नासिरुद्दीन नामक उसका दास वीरता प्रदर्शित करते हुए राजसिंहासन पर आरूढ़ हुआ। वह अत्याचार की पताका बलन्द करते हुए सुल्तान के पुत्रों को, जोकि राज्य के अधिकारी थे, नष्ट करने का प्रयत्न करने लगा और इस प्रकार उसने इस लोक तथा परलोक का पाप अपने सिर पर ले लिया। ७ दिन उपरान्त तथा कुछ लोगों के कथनानुसार आधे दिन बाद भंगरा सुल्तानों के अमीरों ने उसकी हत्या कर दी और सुल्तान शम्सुद्दीन भंगरा की सन्तान नासिर शाह को सिंहासनारूढ़ कर दिया। वह अपने पूर्वजों के सिंहासन पर राज्य करने लगा।

## सुल्तान नासिर शाह भंगरा

यह एक बड़ी विचित्र बात है कि भंगरा सुल्तानों के वंश में इतने वर्ष उपरान्त राज्य पुनः लौट आया। नासिर शाह, जोकि उस राज्य के ग्रामीणों के साथ जीवन व्यतीत करने लगा था और कृषि किया करता था तथा जिसने राज्य प्राप्त करने की कभी कोई कल्पना भी न की थी, सिंहासनारूढ़ हो गया और एक बहुत बड़ा बादशाह बना। उसमें उत्तम प्रकार के गुण पाये जाते थे। भंगरा के सहायक जो राजा कंस, जलालुद्दीन तथा अहमद के राज्यकाल में छिन्न-भिन्न हो गये थे उसके सिंहासनारोहण के समाचार पाकर पुनः उसके दरबार में लौट आये। अल्प समय में उसके पास बहुत से लोग एकत्र हो गये। राज्य के सर्वसाधारण तथा सम्मानित व्यक्ति उसके व्यवहार से सर्वदा प्रसन्न रहते थे। इस कारण कि शर्क़ी सुल्तान पूर्व तथा देहली के सुल्तानों के बीच में आ गये थे, अतः वह ३२ वर्ष तक निश्चिन्त होकर राज्य करता रहा। ८६२ हि० (१४५७-५८ ई०) में उसकी मृत्यु हो गई।

१ ला इलाहा इल्लिल्लाह, मुहम्मदुर्रसूल्लाह :—"नहीं है कोई ईश्वर अल्लाह के अतिरिक्त और मुहम्मद उसका दूत है"।

## बारबक शाह बिन नासिर शाह

जब नासिर शाह की मृत्यु हो गई तो उस प्रदेश के अमीरों एवं सम्मानित व्यक्तियों ने बारबक शाह को सिंहासनारूढ़ किया। उसके राज्यकाल में सैनिक तथा नगर निवासी समृद्ध थे। वह हिन्दुस्तान का पहला बादशाह था जिसने हब्शी गुलामों को आश्रय तथा सम्मान प्रदान किया। उसने आठ हज़ार हब्शी एकत्र किये। उसने राज्य के महान् कार्य उदाहरणार्थ वकालत,[1] विज़ारत[2] तथा एमारत[3] इत्यादि उन्हें प्रदान किये। गुजरात एवं दकिन (दक्षिण) के सुल्तान भी उसका अनुसरण करते हुए उन लोगों को सम्मानित करने का प्रयत्न करने लगे। बारबक शाह ने १७ वर्ष तक राज्य किया। ८७९ हि० (१४७४-७५ ई०) में उसकी मृत्यु हो गई।

## यूसुफ़ शाह वल्द बारबक शाह

जब बारबक शाह की मृत्यु हो गई तो यूसुफ़ शाह ने राज्य पर अधिकार जमा लिया और न्याय-पूर्वक राज्य करने लगा। वह बड़ा ही योग्य, विद्वान् तथा अनुभवी था। शरा के आदेशों का पालन करने में वह अत्यधिक प्रयत्नशील रहता था। उसके राज्यकाल में कोई भी खुल्लमखुल्ला मदिरापान न कर सकता था और उसके आदेशों की अवहेलना न हो सकती थी। उसने सद्रों तथा आलिमों को कुछ दिन उपरान्त अपने दरबार में बुलवाकर कहा कि "शरा के सम्बन्ध में तुम लोग किसी का कोई पक्ष-पात मत करो अन्यथा हममें और तुममें सफ़ाई न रहेगी और मैं तुम्हें अत्यधिक कष्ट पहुंचाऊंगा।" क्योंकि वह स्वयं बहुत बड़ा विद्वान् था अतः न्याय-विभाग के बहुत से कार्य वह स्वयं सम्पन्न कर लेता था। ८८७ हि० (१४८२–८३ ई०) में उसकी मृत्यु हो गई। उसने ७ वर्ष तथा ६ मास तक राज्य किया।

## सिकन्दर शाह का राज्य तथा दो मास उपरांत पदच्युत होना

(२९९) शाह यूसुफ़ की मृत्यु के उपरान्त, अमीरों तथा वज़ीरों ने शाह सिकन्दर को सिंहा-सनारूढ़ कर दिया। क्योंकि उसमें इस महान् कार्य की योग्यता न थी अतः उसे पदच्युत करके उन्होंने फ़तह शाह को बादशाह बना लिया।

## फ़तह शाह

कहा जाता है कि फ़तह शाह बड़ा विद्वान् तथा बुद्धिमान् था। बादशाहों की प्रथानुसार उसने प्रत्येक अमीर को उसकी श्रेणी के अनुसार सम्मानित किया तथा आश्रय प्रदान किया। ख्वाजासराओं तथा हब्शी गुलामों के प्रति जोकि बारबक शाह तथा यूसुफ़ शाह के राज्यकाल में एकत्र हो गये थे और जिन्हें अत्यधिक विश्वास प्राप्त हो गया था, उसने न्याय किया और उन्हें ठीक किया। इस समय बंगाले में यह प्रथा थी कि हर रात्रि में पांच हज़ार पायक बारी-बारी पहरा देते थे। प्रातःकाल बादशाह सिंहासन पर पहुंचकर उन लोगों का अभिवादन स्वीकार करता था और विदा कर देता था। उसके बाद अन्य लोग एकत्र होते थे। संक्षेप में ख्वाजासरा लोग जोकि बहुत समय से पूर्ण अधिकार प्राप्त किये हुये थे और

१ वकीली, प्रधान मन्त्री का कार्य।
२ वज़ीरी।
३ अमीरी।

अब परेशान हो चुके थे, सुल्तान शाहज़ादा बंगाली नामक ख़्वाजासरा के पास पहुंचे। समस्त पहरे वाले उसी के अधीन थे। महलों की कुंजियां भी उसके अधिकार में थीं और वह बड़ा प्रभावशाली था। उन्होंने उसे राज्य स्वीकार करने के लिये प्रेरित किया। संयोग से उस समय ख़ानेजहां ख़्वाजासरा वज़ीर तथा मलिक अंदेल हब्शी, अमीरुल उमरा चुनी हुई सेना सहित सीमान्त के रायों के दमन हेतु गये हुए थे। सुल्तान शाहज़ादे ने अवसर पाकर ख़्वाजासराओं तथा पहरे वाले पायकों को मिलाकर फ़तह शाह की ८९६ हि० (१४९०–९१ ई०) में हत्या कर दी और प्रातःकाल सिंहासन पर पहुंचकर पायकों का अभिवादन स्वीकार किया।

फ़तह शाह ने ७ वर्ष तथा ५ मास तक राज्य किया।

## सुल्तान बारबक शाह

जब दुष्ट ख़्वाजासरा ने अपने स्वामी की हत्या करके स्वयं राज्य प्राप्त कर लिया तो जिस जिस स्थान पर ख़्वाजासरा थे वे उसके पास पहुंच गये। उसने कमीने तथा दुस्साहसी लोगों को धन का लोभ दिलाकर अपने पास एकत्र कर लिया। उसके प्रभुत्व में नित्यप्रति वृद्धि होने लगी। अन्त में वह उन अमीरों के, जोकि अधिक सेना के स्वामी थे, नष्ट करने का प्रयत्न करने लगा। इस समूह के सबसे बड़े सरदार मलिक अन्देल हब्शी को जब इस बात का पता चला तो वह यह सोचने लगा कि वह किस प्रकार अपने आप को राजधानी तक पहुंचा कर उसका (सुल्तान का) अन्त कर दे। इसी बीच में ख़्वाजासरा ने जिस पर ख़ून सवार था सोचा कि उसे बुलवाकर किसी न किसी बहाने से बन्दी बना दे, अतः उसने उसे बुलवाया। मलिक अन्देल हब्शी इसे ईश्वर का वरदान समझकर अपनी चुनी हुई सेना सहित उसके दरबार में उपस्थित हुआ। क्योंकि वह बड़ी सावधानी से दरबार में उपस्थित होता था अतः ख़्वाजासरा उसे नष्ट न कर पाता था।

एक दिन उसने एक दरबार किया और उसे ख़ूब सजवाया। १०–१२ हज़ार आदमी इधर-उधर से राजधानी में, जोकि बहुत बड़ी थे, एकत्र हुए। बड़े शान से दरबार का प्रबन्ध किया गया था। सर्वप्रथम उसने मलिक अन्देल को अपने समक्ष बुलवाकर उसके प्रति अत्यधिक कृपादृष्टि प्रदर्शित की और कहा कि "मैंने सुल्तान की अन्य लोगों सहित हत्या कर दी है और सिंहासनारूढ़ हो गया हूं। तू क्या कहता है?" मलिक अन्देल ने छन्द का यह भाग पढ़ा——

"जो बादशाह करे वह अच्छा है"

यह बात सुल्तान शाहज़ादे को बड़ी अच्छी लगी। उसने उसे तत्काल ख़िलअत, जड़ाऊ कटार पेटी सहित, कुछ हाथी तथा घोड़े प्रदान किये और क़ुरान शरीफ़ देकर कहा कि शपथ ले कि, "तू मुझे कोई हानि न पहुँचायगा।" मलिक अन्देल हब्शी ने शपथ ली कि, "जब तक तू राजसिंहासन पर रहेगा मैं तुझे कोई हानि न पहुंचाऊँगा।"

इस कारण कि समस्त लोग उस ख़्वाजासरा से रुष्ट थे और मलिक अन्देल हब्शी भी अपने आश्रयदाता का बदला लेने के लिए प्रयत्न कर रहा था अतः उसने द्वारपालों को अपनी ओर मिला लिया और समय की प्रतीक्षा करने लगा। एक रात्रि में वह कृतघ्न मदिरापान करके सिंहासन पर सोया हुआ था। मलिक अन्देल हब्शी द्वारपालों की सहायता से उसकी हत्या हेतु अन्तःपुर की ओर रवाना हुआ। जब उसने उसे सिंहासन पर सोता हुआ देखा तो उसे अपनी शपथ याद आ गई और वह संकोच में पड़ गया। इसी बीच में क्योंकि उसकी मृत्यु निकट आ गई थी और उसकी आयु तथा सौभाग्य का सूर्य अस्त

होने वाला था, वह लुढ़क कर सिंहासन के नीचे गिर पड़ा। मलिक अन्देल ने इस बात को अपने सौभाग्य का चिह्न समझकर बड़ी तेज़ी और चालाकी से उस पर तलवार चलाई। तलवार का वार अच्छा न लगा। बारबक शाह सावधान हो गया। अपने सामने नंगी तलवार देखकर वह मलिक अन्देल हब्शी से लिपट गया। क्योंकि वह बड़ा बली तथा लम्बे-चौड़े डीलडौल का था अतः उसने मलिक (३००) अन्देल हब्शी को मल्लयुद्ध में भूमि पर फेंक दिया और उसके ऊपर बैठ गया। मलिक अन्देल हब्शी ने उसके सिर के बाल जोर से पकड़ लिये और उन्हें न छोड़ा। यग़रश खां तुर्क को, जो कमरे के बाहर खड़ा हुआ था, चिल्लाकर बुलवाया और कहा कि, "शीघ्रातिशीघ्र मेरे पास पहुंच जा।" यग़रश खां शीघ्रातिशीघ्र हब्शियों के एक समूह को लेकर तत्काल प्रविष्ट हो गया। मलिक अन्देल को नीचे देखकर वह तलवार चलाने में संकोच करने लगा कारण कि एक दूसरे की खोज में मोमबत्ती नीचे गिरकर बुझ चुकी थी और अंधेरा था। मलिक अन्देल हब्शी चिल्लाया कि, "मैं उसके सिर के बाल पकड़े हुए हूं। उसका शरीर इतना लम्बा-चौड़ा है कि वह मेरे ऊपर ढाल बना हुआ है अतः मेरे ऊपर तलवार का कोई प्रभाव न होगा और यदि हो भी जाय तो होने दो, मैं तथा मेरे सरीखे हज़ार, यदि अपने आश्रयदाता के ख़ून का बदला लेने में नष्ट हो जायं तो कुछ नहीं।" यग़रश खां ने धीरे-धीरे बारबक शाह की पीठ पर कुछ घाव लगाये और उसे मृत्यु के निकट पहुंचा दिया। मलिक अन्देल उठकर यग़रश खां तथा हब्शियों सहित बाहर निकला। तवाचीपा पाशी[1] हब्शी ने, जो बाहर खड़ा था, उन लोगों से पूछा, "तुम लोगों ने क्या किया?" उन्होंने उत्तर दिया कि, "नमकहराम का कार्य परिणाम तक पहुंचा दिया।" तवाची पाशी हब्शी ने बारबक शाह के शयनागार में पहुंचकर दीपक जलाया। बारबक शाह उसे मलिक अन्देल समझकर दीपक जलने के पूर्व प्राण के भय से मख़ज़न[2] की ओर भाग गया। तवाची पाशी हब्शी जब उस मख़ज़न से होकर बाहर निकला तो बारबक शाह ने स्वयं अपनी हत्या बुला ली। तवाची चिल्लाने लगा कि, 'विश्वासघाती हमारे बादशाह की हत्या कर रहे हैं और राज्य को नष्ट कर रहे हैं। बारबक शाह ने उसे अपना हितैषी तथा निष्ठावान् समझकर आवाज़ दी कि, "हे अमुक व्यक्ति चुप रह, मैं जीवित हूं," और मलिक अन्देल हब्शी के विषय में पूछा कि "वह कहां है?" तवाची पाशी ने कहा, "वह यह सोचकर कि उसने बादशाह की हत्या कर दी है, निश्चिन्त होकर अपने घर चला गया है।" बारबक शाह ने उससे कहा कि, "बाहर जाकर अमुक अमीरों को एकत्र करो और कहो कि मलिक अन्देल हब्शी की हत्या करके उसका सिर ले आयें। द्वारों को पहरे वाले पदातियों के सिपुर्द करके आदेश दो कि सशस्त्र होकर सचेत रहें।" तवाची ने कहा, "सिर आंखों पर मैं अभी जाकर व्यवस्था करता हूं।" बाहर जाकर उसने दूर से मलिक अन्देल हब्शी के कान में यह बात कह दी। मलिक अन्देल हब्शी, तवाची के साथ पुनः भीतर पहुंचा और कटार के घाव द्वारा उसकी (सुल्तान बारबक) की हत्या कर दी और उसे उसी मख़ज़न में छोड़कर ताला लगा दिया। बाहर निकलकर उसने ख़ाने जहां वज़ीर को बुलवाने के लिये आदमी भेजे। जब वह उपस्थित हुआ तो वे किसी को बादशाह बनाने के विषय में परामर्श करने लगे। फ़तह शाह ने दो वर्ष के बालक के अतिरिक्त कोई सन्तान न छोड़ी थी। वे सोचने लगे कि "वह किस प्रकार राज्य कर सकेगा?" अतः वे प्रातःकाल फ़तह शाह की पत्नी के पास पहुंचे और रात्रि की घटना का उल्लेख करते हुए कहा कि, "आपका पुत्र बालक है। उसे किसी को सौंप दें ताकि वह बड़ा होने तक राज्य-व्यवस्था का संचालन

१ मुख्य द्वारपाल, रक्षक।
२ ख़ज़ाना; भंडार।

करता रहे।" फ़तह शाह की माता को इस बात का, जो उन लोगों ने सोची थी, पता चला। उसने उत्तर दिया कि, "मैंने ईश्वर से शपथ ली है कि जो कोई फ़तह शाह के हत्यारे की हत्या करेगा, राज्य मैं उसी को सौंपूंगी।" मलिक अन्देल हब्शी प्रारम्भ में इसे स्वीकार न करता था किन्तु जब समस्त अमीरों ने दरबार में उपस्थित होकर उससे आग्रह किया तो उसने स्वीकार कर लिया। मलिक अन्देल हब्शी ने सिंहासनारूढ़ होकर फ़ीरोज़ शाह की उपाधि धारण कर ली। कहा जाता है कि बारबक शाह आठ मास और कुछ लोगों के मतानुसार ढाई मास तक राज्य का अपहरण किये रहा। बारबक शाह की घटना के उपरान्त कई वर्ष तक बंगाले में यह प्रथा रही कि जो कोई अपने बादशाह के हत्यारे की हत्या कर लेता था वह उसके स्थान पर सिंहासनारूढ़ हो जाता था और सभी लोग उसके आज्ञाकारी हो जाते थे।

## मलिक अन्देल हब्शी "फ़ीरोज़ शाह"

फ़ीरोज़ शाह बंगाले के सिंहासन पर आरूढ़ होने के उपरान्त गौड़ नामक राजधानी में पहुंचा और वह न्याय तथा परोपकार के अनुसार राज्य करने लगा। उसने प्रजा को संतुष्ट किया। क्योंकि उसने अपनी अमीरी के समय महान् कार्य किये थे, अतः सेना एवं प्रजा ने उसके प्रति विद्रोह न किया और ३ वर्ष तक वह बड़े वैभव से राज्य करता रहा। ८९९ हि० (१४९३–९४ ई०) में वह रुग्ण हो गया और उसकी मृत्यु हो गई।

## महमूद शाह बिन फ़ीरोज़ शाह

फ़ीरोज़ शाह की मृत्यु के उपरान्त अमीरों तथा वज़ीरों ने उसके ज्येष्ठ पुत्र, सुल्तान महमूद शाह को सिंहासनारूढ़ किया। हब्श खां नामक एक हब्शी दास राज्य-व्यवस्था एवं शासन-प्रबन्ध के कार्य सम्पन्न करने लगा और महमूद शाह केवल नाम-मात्र का बादशाह रह गया। एक अन्य हब्शी, जिसे सीदी बद्र दीवाना कहते थे, परेशान होकर हब्श खां की हत्या कर दी और राज्य पर अधिकार जमा (३०१) लिया। कुछ समय उपरान्त उसने पायकों के सरदारों से मिलकर सुल्तान महमूद की भी हत्या कर दी और प्रातःकाल सिंहासनारूढ़ हो गया। दरबार के अमीरों की सहमति से मुज़फ़्फ़र शाह की उपाधि धारण कर ली तथा उस राज्य का हाकिम हो गया। सुल्तान महमूद एक साल तक राज्य करता रहा। हाजी महमूद क़ंधारी के इतिहास में लिखा हुआ है कि, "सुल्तान महमूद शाह फ़तह शाह का पुत्र था और हब्श ख़ां बारबक शाह का दास था। फ़ीरोज़ शाह के आदेशानुसार उसको आश्रय प्रदान किया करता था। शाह फ़ीरोज़ शाह की मृत्यु के उपरान्त शाह महमूद सिंहासनारूढ़ किया गया। ६ वर्ष उपरान्त हब्श खां को राज्य प्राप्त करने का लोभ हो गया। सीदी बद्र दीवाना ने हब्श ख़ां की, जैसा कि उल्लेख हो चुका है, हत्या कर दी।

## सीदी बद्र हब्शी जिसकी उपाधि मुज़फ़्फ़र शाह थी

मुज़फ़्फ़र शाह हब्शी बड़ा ही अत्याचारी तथा निष्ठुर बादशाह था। उसने उन आलिमों, पवित्र लोगों तथा सम्मानित व्यक्तियों की, जो उसके राज्य करने से सहमत न थे, हत्या करा दी और काफ़िर रायों के विरुद्ध, जोकि बंगाले के बादशाहों के विरोध हेतु कटिबद्ध थे, चढ़ाई की और उनकी हत्या कर दी। उसने शरीफ़ मक्की को विज़ारत का पद प्रदान किया और उसे राज्य में पूर्ण अधिकार प्रदान कर दिया। उसने उसके कहने से अश्वारोहियों तथा पदातियों के वेतन कम कर दिये और ख़ज़ाने को बढ़ाने का प्रयत्न

करने लगा। सभी लोग उससे घृणा करने लगे। यहां तक कि बहुत से बड़े-बड़े अमीरों ने विद्रोह कर दिया। सुल्तान मुज़फ़्फ़र शाह पांच हज़ार हब्शी तथा तीस हज़ार अफ़ग़ानों और बंगालियों सहित क़िले में बन्द हो गया। कुछ लोगों के मतानुसार चार मास तक भीतर तथा बाहर वालों में युद्ध होता रहा। नित्य-प्रति बहुत बड़ी संख्या में लोग मारे जाते थे। जिस किसी को भी बन्दी बनाकर सुल्तान मुज़फ़्फ़र शाह की सेवा में लाया जाता था वह कोप एवं आतंक प्रदर्शित करते हुए तलवार खींचकर अपने हाथ से उसकी हत्या कर दिया करता था, यहां तक कि उसने चार हज़ार व्यक्तियों की हत्या करा दी। अन्तिम दिन शाह मुज़फ़्फ़र शाह एक बहुत बड़ी सेना लेकर बाहर निकला और अमीरों से, जिनमें कि एक शरीफ़ मक्की था, युद्ध किया। दोनों ओर से बीस हज़ार आदमी मारे गये। मुज़फ़्फ़र शाह अत्यधिक अमीरों एवं विश्वासपात्रों सहित तलवार के घाट उतार दिया गया।

हाजी मुहम्मद क़ंधारी के अनुसार आद्योपान्त इन युद्धों में १२० हज़ार मुसलमान तथा काफ़िर मारे गये। सैयिद शरीफ़ मक्की को राज्य प्राप्त हो गया किन्तु निज़ामुद्दीन के इतिहास में लिखा हुआ है कि जब लोग मुज़फ़्फ़र शाह से घृणा करने लगे तो सैयिद शरीफ़ मक्की ने यह बात समझकर सरदारों और पायकों को मिला लिया और एक रात्रि में १३ पायकों सहित अन्तःपुर में प्रविष्ट हो गया। मुज़फ़्फ़र शाह की हत्या करके प्रातःकाल सिंहासनारूढ़ हो गया और अपनी उपाधि सुल्तान अलाउद्दीन रक्खी। मुज़फ़्फ़रशाह ने तीन वर्ष तथा पांच मास तक राज्य किया।

## शरीफ़ मक्की "सुल्तान अलाउद्दीन"

सैयिद शरीफ़ मक्की, जिस समय वज़ीर था, अपने आप को लोगों में सदाचारी प्रसिद्ध करने के लिये लोगों के कान तक यह बात पहुंचाया करता था कि "मुज़फ़्फ़र शाह बड़ा कृपण है और बादशाही के योग्य नहीं है। मैं उससे सेना तथा अमीरों के विषय में अत्यधिक परामर्श करता हूं किन्तु उससे कोई लाभ नहीं होता और वह धन एकत्र किया करता है।" इस पर अमीर लोग उसे अपने ऊपर कृपालु एवं दयालु समझते थे अतः जिस दिन शाह मुज़फ़्फ़र शाह की हत्या हुई तो बड़े बड़े अमीर बादशाह की नियुक्ति के विषय में परामर्श करने लगे और सैयिद शरीफ़ मक्की को राज्य प्रदान करने की ओर आकृष्ट होकर, उन्होंने उससे पूछा कि, "यदि तुझे बादशाह बना दिया जाय तो तू हमसे किस प्रकार व्यवहार करेगा?" उसने उत्तर दिया, "जो तुम्हारी इच्छा होगी उसी के अनुसार कार्य करूंगा। शीघ्रातिशीघ्र जो कुछ नगर में भूमि के ऊपर है, तुम्हें प्रदान कर दूंगा और जो कुछ भूमि के नीचे है उस पर मैं अधिकार जमा लूंगा।" संक्षेप में सर्वसाधारण एवं विशेष व्यक्तियों ने इस लोभ में उसकी बैअत[1] कर ली और गौड़ नामक नगर को जो कि मिस्र से भी बढ़कर था नष्ट-भ्रष्ट करने लगे। सैयिद शरीफ़ मक्की ने सुगमतापूर्वक चत्र प्राप्त करके अपने नाम का ख़ुत्बा पढ़वा लिया। कुछ दिन उपरान्त उसने ध्वंस कार्य का निषेध किया। जब वे लोग न माने तो उसने १२ हज़ार लोगों की हत्या करा दी ताकि वे यह कार्य त्याग दें और अत्यधिक पूछताछ एवं खोज के उपरान्त बहुत-सी धन-सम्पत्ति अपने अधिकार में कर ली। इसमें १३,००० सोने की कश्तियां[2] थीं कारण कि बंगाले तथा लखनौती की यह प्रथा थी कि जो कोई धन-धान्य सम्पन्न होता था वह सोने की कश्तियां बनाकर उसमें भोजन करता था। विवाह के अवसरों पर जो

१ अधीनता स्वीकार करना।

२ एक प्रकार की लम्बी ट्रे जिसमें चौड़ाई की ओर पकड़ने के लिये हैंडिल लगे रहते हैं।

कोई अधिक सोने की कश्तियां प्रस्तुत करता था वह श्रेष्ठ माना जाता था। अभी तक पूर्वी बंगाल के ज़मींदारों में यह प्रथा प्रचलित है।

शाह अलाउद्दीन क्योंकि बड़ा ही बुद्धिमान् था अतः उसने उच्च वंश के अमीरों को प्रोत्साहन देना एवं अपने विशेष दासों को सम्मानित करना प्रारम्भ कर दिया। पायकों को पहरे के कार्य से पृथक् कर दिया ताकि उसे कोई हानि न पहुंचा सके। हब्शियों का अपने राज्य से बहिष्कार करा दिया। (३०२) क्योंकि वे अपनी दुष्टता एवं स्वामी की हत्या करने के विषय में कुप्रसिद्ध थे अतः उन्हें जौनपुर एवं हिन्दुस्तान में स्थान न मिला और अधिकांश दक्षिण तथा गुजरात की ओर चल दिये। सुल्तान अलाउद्दीन ने मुग़ुलों तथा अफ़ग़ानों को प्रोत्साहन देकर, उत्कृष्ट पदाधिकारी विभिन्न स्थानों पर नियुक्त किये और राज्य सुव्यवस्थित हो गया। पिछले सुल्तानों के राज्यकाल में जो परिवर्तन एवं विनाश हो रहा था उसका अन्त हो गया; विद्रोहियों ने उसकी आज्ञाकारिता स्वीकार कर ली।

उसने बंगाले को समृद्ध बनाने का पूर्ण प्रयत्न करके अत्यधिक ग्राम शेख नूर क़ुतुब आलम के लंगर के व्यय हेतु प्रदान किये। वह प्रत्येक वर्ष अपनी राजधानी एकदला से शेख़ नूर के मज़ार के दर्शन हेतु पंडुवा क़स्बे में जाया करता था। उसने अपनी सदाचारिता, सच्चरित्रता, बुद्धिमत्ता एवं कार्यकुशलता के कारण वर्षों तक राज्य किया। अन्त में ९२७ हि० (१५२०–२१ ई०) में उसकी मृत्यु हो गई। उसने २७ वर्ष तक राज्य किया।

# रियाज़ुस्सलातीन

## (लेखक—गुलाम हुसेन सलीम)

## (प्रकाशन—कलकत्ता १८९० ई०)

## शम्सुद्दीन बिन सुल्तानुस्सलातीन

(१०९) सुल्तानुस्सलातीन की मृत्यु के उपरान्त उसका पुत्र शम्सुद्दीन राज्य के उच्च पदाधिकारियों के परामर्श से सिंहासनारूढ़ हुआ और अपने पूर्वजों के समान राज्य-व्यवस्था तथा शासन-प्रबन्ध करने लगा। उसने कुछ समय तक भोग-विलास में सफलतापूर्वक अपना जीवन व्यतीत किया। ७८८ हि० (१३८६–७ ई०) में रुग्ण होकर या राजा कंस की धूर्तता के कारण, जिसे उस समय पूर्ण प्रभुत्व प्राप्त था, मृत्यु को प्राप्त हो गया। कुछ लोगों ने लिखा है कि यह शम्सुद्दीन सुल्तानुस्सलातीन का पुत्र न था अपितु उसे गोद लिया गया था और उसका नाम शिहाबुद्दीन था। संक्षेप में, वह तीन वर्ष, ४ मास तथा ६ दिन तक राज्य करता रहा। यह बात प्रामाणिक है कि राजा कंस ने, जोकि बिठूरिया का ज़मींदार था, उस पर आक्रमण करके उसकी हत्या कर दी और स्वयं बादशाह बन गया।

## राजा कंस ज़मींदार

(११०) सुल्तान शम्सुद्दीन की मृत्यु के उपरान्त, राजा कंस हिन्दू ज़मींदार को समस्त बंगाले पर प्रभुत्व प्राप्त हो गया और वह सिंहासनारूढ़ हो गया। उसने अत्याचार तथा निष्ठुरता प्रारम्भ कर दी और मुसलमानों का हत्याकांड प्रारम्भ कर दिया। अधिकांश आलिम तथा सूफ़ी उसकी तलवार द्वारा मारे गये और वह इस्लाम का अपने राज्य से समूलोच्छेदन करना चाहता था।

कहा जाता है कि एक दिन शेख़ बदरुल इस्लाम वल्द शेख मुईनुद्दीन अब्बास, उस दुष्ट के पास बिना अभिवादन किये बैठ गये। उसने कहा, "हे शेख़, तूने अभिवादन क्यों नहीं किया?" शेख़ ने कहा, "आलिमों के लिये काफ़िरों के प्रति अभिवादन करना उचित नहीं, विशेषकर तुझ जैसे अत्याचारी तथा निष्ठुर काफ़िर को जो मुसलमानों का रक्तपात करा रहा है।" इस बात पर वह अपवित्र मुलहिद[1] चुप हो गया और सर्प के समान बल खाते हुए उनकी हत्या का प्रयत्न करने लगा। एक दिन वह एक ऐसे घर में जिसका द्वार सँकरा तथा छोटा था बैठ गया और शेख़ को बुलवाया। जब शेख़ पहुंचे तो वे उसका (१११) उद्देश्य समझ गये। सर्वप्रथम पांव को भीतर रखकर सिर को झुकाये बिना प्रविष्ट हो गये। वह दुष्ट क्रोधित हुआ और आदेश दिया कि शेख़ को उसके भाइयों की पंक्ति में बैठाया जाय। उसने तुरन्त शेख़ की हत्या करा दी और शेष आलिमों को उसी दिन नौका में बैठाकर नदी में डुबवा दिया।

१ काफ़िर।

नूर क़ुतुबुल आलम ने उस काफ़िर के प्रभुत्व तथा मुसलमानों की हत्या के कारण परेशान होकर सुल्तान इबराहीम शर्क़ी को, जिसके अधिकार में उस समय बिहार की सीमा तक के स्थान थे, पत्र लिखा कि, "इस देश का हाकिम कंस अधर्मी काफ़िर है और उसने अत्याचार तथा रक्तपात प्रारम्भ कर रखा है। उसने अधिकांश आलिमों तथा सूफ़ियों की हत्या करा दी है और इस समय शेष मुसलमानों की हत्या का प्रयत्न कर रहा है और इस देश से इस्लाम का अन्त कर देना चाहता है। इस्लाम के बादशाह के लिये मुसलमानों की रक्षा अत्यन्त आवश्यक है अतः आपको इस बात की सूचना कर दी गई। आप इस स्थान पर पधार कर हम लोगों को अनुग्रहीत करें और अत्याचारी के पंजे से मुसलमानों को मुक्त करायें।" जब यह पत्र सुल्तान इबराहीम के पास पहुंचा तो उसने उसके प्रति अत्यधिक सम्मान प्रदर्शित (११२) करते हुए उसे पढ़ा। क़ाज़ी शिहाबुद्दीन जौनपुरी ने, जो अपने युग के बहुत बड़े आलिम थे और जिनका सुल्तान अत्यधिक आदर-सम्मान करता था, और जो पवित्र दिनों में सुल्तान के दरबार में चांदी की कुर्सी पर बैठते थे, उसे प्रेरित करते हुए कहा कि, "शीघ्रातिशीघ्र उस ओर आक्रमण करना चाहिये कारण कि इस आक्रमण से धार्मिक तथा सांसारिक दोनों ही लाभ संभव हैं अर्थात् बंगाले का राज्य भी अधिकार में आ जायेगा और शेख़ के दर्शन भी हो जायेंगे। मुसलमानों की सहायता करने के कारण आपको बड़ा पुण्य होगा।"

सुल्तान इबराहीम ने शिविर बाहर लगवाकर कूच के ढोल बजवा दिये और निरन्तर यात्रा करता हुआ अल्प समय में बंगाले पहुंचा तथा सराय फ़ीरोज़पुर में अपने शिविर लगवाये। राजा कंस को जब यह पता चला तो वह व्याकुल होकर क़ुतुबुल आलम की सेवा में पहुंचा और दीनता तथा विनय प्रकट करने लगा और क्षमा-याचना करते हुए कहा कि, "सुल्तान इबराहीम के प्रभुत्व से इस राज्य को मुक्त रक्खा जाय।" मखदूम[1] ने कहा कि, "अत्याचारी काफ़िर की सिफ़ारिश करके मैं इस्लाम के बादशाह को नहीं रोक सकता, विशेष रूप से ऐसी दशा में जब कि वह मेरे बुलाने पर आया है।" कंस ने विवश होकर उसके चरणों पर सिर रखकर कहा कि, "जो कुछ भी आपकी इच्छा हो, मुझे स्वीकार है।" शेख ने कहा कि, "जब तक तू इस्लाम स्वीकार न करेगा मैं तेरी सिफ़ारिश न करूंगा।" कंस ने इस्लाम स्वीकार कर लिया किन्तु उसकी दुष्ट पत्नी ने उसे मार्गभ्रष्टता के गर्त में ढकेलकर उसे इस्लाम स्वीकार न करने दिया। अन्त में वह अपने १२ वर्षीय पुत्र को जिसका नाम जदू[2] था, क़ुतबुल आलम (११३) की सेवा में ले गया और कहा, "मैं वृद्ध हो गया हूं और संसार को त्याग देना चाहता हूं। इसी पुत्र को मुसलमान करके बंगाले का राज्य इसे सौंप दिया जाय।" क़ुतुबुल आलम ने अपने मुंह से पान का एक टुकड़ा निकाल कर जदू के मुंह में डाल दिया और उसे मुसलमान कर लिया। उसका नाम जलालुद्दीन रखा। सुल्तान के आदेशानुसार शहर में इसकी बात घोषणा कराई गई और राज्य का ख़ुत्बा उसके नाम से पढ़वाया गया। सम्मानित शरा के आदेश उस तिथि से प्रचलित हो गये।

तदुपरान्त क़ुतुबुल आलम, सुल्तान इबराहीम से भेंट करने पहुंचे और उससे उसके कष्ट की क्षमा-याचना करते हुए लौट जाने की प्रार्थना की। सुल्तान ने इस बात से रुष्ट होकर क़ाज़ी शिहाबुद्दीन की ओर देखा। क़ाज़ी ने कहा, "हे हज़रत! सुल्तान आपकी प्रार्थना पर इस स्थान पर आया

१ क़ुतुबुल आलम।
२ फ़िरिश्ता के अनुसार जनमल।

है। अब आप उसका[1] साथ दे रहे हैं और उसकी सिफ़ारिश कर रहे हैं। वह क्या सोचेगा ?" शेख़ ने कहा कि, "उस समय अत्याचारी हाकिम मुसलमानों पर शासन कर रहा था। इस समय सुल्तान के चरणों के आशीर्वाद से बादशाह मुसलमान हो गया है। जिहाद काफ़िरों के विरुद्ध अनिवार्य है न कि मुसलमानों के ऊपर।" क़ाज़ी की समझ में कोई उत्तर न आया और वह मौन रह गया किन्तु सुल्तान के रुष्ट होने के कारण वह सुल्तान की इच्छा को ध्यान में रखते हुए, शेख़ के ज्ञान तथा निपुणता की परीक्षा लेने (११४) लगा। अत्यधिक प्रश्नोत्तर के उपरान्त क़ुतुबुल आलम ने कहा कि, "दरवेशों की ओर हीन दृष्टि से देखने तथा उनकी परीक्षा लेने से हानि के अतिरिक्त कुछ नहीं प्राप्त हो सकता, शीघ्र ही बड़ी दुर्दशा में तेरी मृत्यु होगी।" उसने सुल्तान की ओर भी बड़ी कठोर दृष्टि से देखा। संक्षेप में सुल्तान अप्रसन्न तथा कुपित होकर जौनपुर चला गया। कहा जाता है कि शीघ्र ही सुल्तान इबराहीम तथा काज़ी शिहाबुद्दीन जौनपुरी की मृत्यु हो गई।

जब राजा कंस ने सुना कि सुल्तान इबराहीम की मृत्यु हो गई तो उसने सुल्तान जलालुद्दीन को सिंहासन से हटा दिया और स्वयं दुष्टता प्रारम्भ कर दी। अपने झूठे धर्म के अनुसार उसने कुछ सोने की गायें तैयार कराईं। जलालुद्दीन को गाय के मुंह में डालकर तिम्ब के मार्ग से बाहर निकाला और उस सोने को ब्राह्मणों को बांट दिया। उसने अपने पुत्र को अपने धर्म की शिक्षा देनी प्रारम्भ कर दी। इस कारण कि जलालुद्दीन को क़ुतुबुल आलम द्वारा शिक्षा प्राप्त हुई थी, वह अपने सच्चे धर्म से न फिरा और काफ़िरों की बातों का उसके हृदय पर कोई प्रभाव न हुआ। राजा कंस ने पुनः अत्याचार की पताका बलन्द कर दी और मुसलमानों के विनाश के विषय में सोचने लगा। जब उसके अत्याचार सीमा से अधिक बढ़ गये तो एक दिन क़ुतुबुल आलम के पुत्र शेख़ अनवर ने अपने पिता से उस अत्याचारी की (११५) शिकायत की और कहा कि, "बड़ा खेद है कि आप सरीखे क़ुतुब के होते हुये मुसलमानों को इस काफ़िर द्वारा कष्ट पहुंच रहे हैं।" शेख़ उस समय ईश्वर की उपासना कर रहे थे। यह बात सुनते ही वे बड़े क्रोधित हुए और कहा कि, "यह अत्याचार उसी समय समाप्त होगा जब कि तेरा रक्त भूमि पर गिरेगा।" शेख़ अनवर समझ गया कि जो कुछ उसके पिता ने कहा है वह अवश्य होकर रहेगा। कुछ क्षण उपरान्त उसने निवेदन किया कि, "फ़क़ीर के विषय में जो कुछ कहा गया वह बड़ा ही उचित है। मेरे भतीजे शेख़ ज़ाहिद के विषय में क्या आदेश होता है ?" क़ुतुबुल आलम ने कहा कि, "ज़ाहिद के यश का ढोल क़यामत तक बजता रहेगा।"

संक्षेप में, राजा कंस ने पहले से भी अधिक अत्याचार प्रारम्भ कर दिये और शनैः शनैः क़ुतुबुल आलम के सेवकों तथा उनसे सम्बन्धित लोगों पर भी अत्याचार करने लगा और उनकी धन-सम्पत्ति को नष्ट-भ्रष्ट कर दिया। शेख़ अनवर तथा शेख़ ज़ाहिद को बन्दी बना लिया। क्योंकि उसने शेख़ ज़ाहिद के सम्बन्ध में क़ुतुबुल आलम की भविष्यवाणी सुन रखी थी अतः उसने उसकी हत्या न कराई और उसे सुनार गाम भेज दिया और यह चेतावनी दे दी कि जो कुछ उसके पिता तथा दादा ने धन-सम्पत्ति गाड़ रखी है उसके विषय में पता लगाकर उसकी हत्या की जायगी। जब वह सुनार गाम पहुंचा तो उसके प्रति बड़ी ही कठोरता प्रदर्शित की गई किन्तु धन का जो कहीं गड़ा हुआ न था कोई पता न चला। सर्वप्रथम शेख़ अनवर की हत्या कर दी गई। जब उन लोगों ने शेख़ जाहिद की हत्या करना चाही तो उसने

१ जलालुद्दीन का।

कहा, "अमुक गांव में एक बहुत बड़ा देग दफ़न है।" जब वह स्थान खोदा गया तो एक बहुत बड़ा बरतन मिला किन्तु उसमें एक अशर्फ़ी के अतिरिक्त कुछ न था। ज़ब उससे पूछा गया कि अन्य धन क्या हुआ तो (११६) उसने कहा "सम्भवतः कोई चोर चुरा ले गया होगा।" यह शिक्षा उसे परोक्ष से प्राप्त हुई थी। कहा जाता है कि जिस दिन शेख़ अनवर की सुनार गाम में हत्या की गई और उसका शुभ रक्त भूमि पर गिरा तो तत्काल राजा कंस नरक को प्राप्त हो गया। कुछ लोगों का मत है कि उसके पुत्र जलालुद्दीन ने, जो बन्दीगृह में था, सेवकों से मिलकर उसकी हत्या करा दी। उस अत्याचारी के राज्य की अवधि ७ वर्ष बताई जाती है।

## सुल्तान जलालुद्दीन पुत्र राजा कंस

तदुपरान्त जलालुद्दीन स्थायी रूप से सिंहासनारूढ़ हुआ और उसने अधिकांश काफ़िरों को मुसलमान बनाया और ज़ुन्नारदारों[1] के प्रति जिन्होंने सोने की गाय खाई थी, अत्यधिक कठोरता एवं निष्ठुरता प्रदर्शित करते हुए उन्हें गोमांस खिलवाया। शेख़ ज़ाहिद को सुनार गाम से बुलवाकर उसका अत्यधिक आदर-सम्मान किया। वह अधिकांश उसकी सेवा में रहा करता था और राज्य-व्यवस्था तथा शासन-प्रबन्ध जैसा होना चाहिये वैसा ही करता था। उसके राज्यकाल में लोग बड़ी सुख-शान्ति से जीवन व्यतीत करते थे। कहा जाता है कि उसके राज्यकाल में पंडुवा नगर इतना अधिक आबाद हो गया था कि इसका उल्लेख नहीं हो सकता। उसने गौड़ में मस्जिद, हौज़, तालाब तथा सराय का निर्माण कराया। गौड़ (११७) उसके राज्यकाल में पुनः बसने लगा। उसने १७ वर्ष तक राज्य किया। ८१२ हि० (१४०९-१० ई०) में उसकी मृत्यु हो गई। अभी तक पंडुवा में उसका मक़बरा वर्तमान है जिसके ऊपर एक भव्य गुम्बद बना हुआ है। उसके पुत्र तथा पत्नी की क़ब्र भी, उसी के समीप उसी मक़बरे में है।

## सुल्तान अहमद शाह बिन जलालुद्दीन

जब सुल्तान जलालुद्दीन की मृत्यु हो गई तो उसका पुत्र अहमद शाह अमीरों तथा सेना के सरदारों की सम्मति से अपने पिता के स्थान पर सिंहासनारूढ़ हुआ। क्योंकि वह बड़ा कठोर, अत्याचारी तथा निष्ठुर था अतः वह व्यर्थ में रक्तपात किया करता था और गर्भवतियों के पेट फड़वा डालता था। जब उसका अत्याचार सीमा से अधिक बढ़ गया और छोटे-बड़े उसके अत्याचार के कारण परेशान हो गये तो शादी ख़ां तथा नासिर ख़ां ने, जो दोनों उसके दास थे और जिन्हें अमीरों की श्रेणी प्राप्त थी, संगठित होकर अहमद शाह की हत्या कर दी। यह घटना ८३० हि० (१४२६-२७ ई०) में घटी। उसने १६ वर्ष और कुछ लोगों के मतानुसार १८ वर्ष तक राज्य किया।

## नासिर ख़ां दास

अहमद शाह की मृत्यु के उपरान्त, शादी ख़ां, नासिर ख़ां को हटाकर स्वयं राज्य प्राप्त करने का प्रयत्न करने लगा। नासिर ख़ां ने उसके उद्देश्य का पता लगाकर, शादी ख़ां की हत्या कर दी और स्वयं साहस से कार्य लेकर सिंहासनारूढ़ हो गया तथा आज्ञायें प्रसारित करना प्रारम्भ कर दिया। सुल्तान अहमद

१ ब्राह्मणों।

(११८) के अमीर तथा मलिक उसके राज्य को सहन न कर सके और उन्होंने उसकी हत्या कर दी। उसने ७ दिन तक और कुछ लोगों के मतानुसार आधे दिन तक राज्य किया।

## नासिर शाह

जब नासिर खां गुलाम की हत्या हो गई तो अमीरों तथा मलिकों ने मिलकर सुल्तान शम्सुद्दीन भंगरा के एक पौत्र को, जिसमें इस पद की योग्यता थी, नासिर शाह की उपाधि देकर सिंहासनारूढ़ कर दिया। नासिर शाह ने न्याय तथा दान-पुण्य प्रारम्भ कर दिया और छोटे-बड़े सभी लोगों को सुख-शान्ति प्राप्त हो गई। अहमद शाह के अत्याचार के घाव भर गये। गौड़ के क़िले तथा भवनों का निर्माण उसके राज्यकाल में हुआ। उसने बंगाले में ३२ वर्ष तक राज्य किया। तदुपरान्त उसकी मृत्यु हो गई। कुछ लोगों के मतानुसार उसने २७ वर्ष से अधिक राज्य न किया।

## सुल्तान बारबक शाह बिन नासिरुद्दीन

नासिर शाह की मृत्यु के उपरान्त उसका पुत्र बारबक शाह सिंहासनारूढ़ हुआ। वह बड़ा बुद्धिमान् था और शरा के आदेशों का पालन किया करता था। उसके राज्यकाल में लोग सुख-शान्ति (११९) से थे और उसने बहुत समय तक भोग-विलास में अपना जीवन व्यतीत किया। ८७९ हि० (१४७४-७५ ई०) में उसकी मृत्यु हो गई। उसने १७ वर्ष अथवा १६ वर्ष तक राज्य किया।

## यूसुफ़ शाह

बारबक शाह की मृत्यु के उपरान्त उसका पुत्र यूसुफ़ शाह अमीरों तथा राज्य के प्रतिष्ठित लोगों की सहमति से सिंहासनारूढ़ हुआ। वह बड़ा ही सहनशील, प्रजा का हितैषी, सदाचारी तथा विद्वान् बादशाह था। उसने ७ वर्ष तथा ६ मास तक राज्य किया और ८८७ हि० (१४८२-३ ई०) में उसकी मृत्यु हो गई।

## फ़तह शाह बिन यूसुफ़ शाह

यूसुफ़ शाह की मृत्यु के उपरान्त उसका पुत्र सिकन्दर शाह सिंहासनारूढ़ हुआ। उसमें थोड़ा बहुत पागलपन था। क्योंकि वह इस उत्कृष्ट पद के योग्य न था अतः अमीरों तथा राज्य के उच्चाधिकारियों ने सोच-विचार करके उसे उसी दिन पदच्युत कर दिया और यूसुफ़ शाह के दूसरे पुत्र फ़तह शाह को सिंहासनारूढ़ किया। वह बड़ा बुद्धिमान् था और प्राचीन बादशाहों की प्रथानुसार कार्य करता था। अमीरों का उनकी श्रेणी के अनुसार सम्मान करता था और प्रजा के प्रति कृपादृष्टि प्रदर्शित करता था। उसके राज्यकाल में भोग-विलास के द्वार बंगाले के लोगों पर खुल गये। बंगाले में यह प्रथा थी कि प्रत्येक रात्रि में पांच हज़ार पायक बारी-बारी से पहरे के लिये उपस्थित रहते थे और प्रातःकाल बादशाह एक क्षण (१२०) के लिये बाहर निकलकर उन लोगों का अभिवादन स्वीकार करके उन्हें विदा कर देता था और फिर अन्य लोग उपस्थित हो जाते थे। एक दिन फ़तह शाह के ख़्वाजासरा ने जिसका नाम बारबक था पायकों से मिलकर फ़तह शाह की हत्या कर दी। यह घटना ८९६ हि० (१४९०-९१ ई०) में घटी। फ़तह शाह ने ७ वर्ष तथा ५ मास तक राज्य किया।

## बारबक ख़्वाजासरा, जिसकी उपाधि सुल्तान शाहज़ादा थी

बारबक ख़्वाजासरा ने अपने आश्रयदाता की हत्या करके अपनी उपाधि सुल्तान शाहज़ादा रक्खी और सिंहासनारूढ़ हो गया। जहां जहां ख़्वाजासरा थे वे सब उसके पास एकत्र हो गये। उसने कमीने लोगों को धन का लोभ देकर अपनी ओर मिला लिया और अपनी शक्ति की वृद्धि का प्रयत्न करने लगा। जब उसने अपना अधिकार बढ़ा लिया तो वह बड़े बड़े अमीरों के विनाश का प्रयत्न करने लगा। उन्हीं में सर्वश्रेष्ठ अमीर मलिक अन्देल हब्शी था, जोकि सीमान्त पर रहता था। जब उसे इस
(१२१) बात की सूचना मिली तो वह प्रयत्न करने लगा कि किसी प्रकार राजसिंहासन तक पहुंच कर उसकी हत्या कर दें। इसी बीच में उस ख़्वाजासरा के हृदय में यह आया कि उसे[1] बुलवाकर किसी न किसी युक्ति से उसे बन्दी बनवा लिया जाय, अतः उसने उसके बुलवाने के लिये फ़रमान भेजा। मलिक अन्देल इस फ़रमान को ईश्वर की देन समझकर एक उत्तम सेना लेकर उपस्थित हुआ। जब वह सावधानी से दरबार में आने-जाने लगा, तो ख़्वाजासरा उसे नष्ट करने में असमर्थ हो गया। एक दिन उसने दरबार करके मलिक अन्देल के प्रति अत्यधिक प्रेमभाव प्रदर्शित करते हुए उससे कहा कि "क़ुरान शरीफ़ की शपथ ले कि तू मुझे किसी प्रकार की हानि न पहुंचायगा।" मलिक अन्देल ने शपथ ली कि जब तक वह सिंहासन पर रहेगा उसे कोई हानि न पहुंचाई जायगी। इस कारण कि सभी लोग उस अभागे ख़्वाजासरा से रुष्ट थे, मलिक अन्देल भी अपने आश्रयदाता के रक्त का बदला लेने के लिये कटिबद्ध हो गया। उसने द्वारपालों को मिला लिया और समय की प्रतीक्षा करने लगा। एक दिन वह कृतघ्न अत्यधिक मदिरा पान करके राजसिंहासन पर सोया हुआ था। मलिक अन्देल द्वारपालों की सहायता से उसकी हत्या हेतु अन्तःपुर में चला गया। जब उसने उसे राजसिंहासन पर सोते हुए देखा तो उसे अपनी शपथ याद आ
(१२२) गई और वह असमंजस में पड़ गया। अचानक वह मदिरा के नशे में राजसिंहासन से लुढ़ककर भूमि पर गिर पड़ा। मलिक अन्देल ने प्रसन्न होकर उस पर तलवार का वार किया किन्तु उसका अधिक प्रभाव न हुआ। सुल्तान शाहज़ादा सचेत हो गया और अपने मुक़ाबले में नंगी तलवार देखकर मलिक अन्देल से लिपट गया। क्योंकि वह बड़ा बलवान् तथा बड़े डील-डौल का था अतः उसने मल्लयुद्ध में मलिक अन्देल को नीचे गिरा दिया और उसके सीने पर बैठ गया। मलिक अन्देल ने, जो उसके केशों को दृढ़तापूर्वक अपने हाथ में पकड़े हुए था, न छोड़ा। उसने युग़रिश ख़ां को, जोकि कोठरी के बाहर खड़ा हुआ था आवाज़ दी कि वह शीघ्र उसके पास आ जाय। युग़रिश ख़ां तुर्क तुरन्त हब्शियों के साथ प्रविष्ट हो गया और मलिक अन्देल को नीचे देखकर तलवार का वार करने के विषय में सोच-विचार करने लगा, कारण कि ढूंढ़ते समय मोमबत्तियां पैरों के नीचे आकर बुझ गई थीं और वहां अंधेरा था। मलिक अन्देल चिल्लाया कि, "मैं उसके केशों को पकड़े हुए हूं; वह इतने बड़े डील-डौल का है कि मेरे शरीर पर ढाल बना हुआ है। तू निःसंकोच तलवार चला, कारण कि तलवार उसे पार न कर सकेगी और यदि पार करके मुझ तक पहुंच भी जाय तो पहुंच जाने दे। मैं तथा मेरे सरीखे लाखों व्यक्ति यदि अपने आश्रयदाता के (१२३)
रक्त का बदला लेने के लिये मारे जायें तो कोई चिन्ता नहीं।" युग़रिश ख़ां ने धीरे धीरे तलवार के कुछ वार सुल्तान शाहज़ादे की पीठ पर लगाये और सुल्तान शाहज़ादा अपने आप को मुर्दा समझने लगा। मलिक अन्देल उठकर युग़रिश ख़ां तथा हब्शियों सहित बाहर चला गया। तवाची बाशी[2] ने सुल्तान शाहज़ादा

१ मलिक अन्देल हब्शी।
२ मुख्य द्वारपाल।

के शयनागार में पहुंचकर दीपक जलाया। सुल्तान शाहज़ादा उसे मलिक अन्देल समझकर दीपक के जलने के पूर्व प्राण के भय से राजसिंहासन पर न पहुंचा अपितु मख़ज़न[1] की ओर भाग गया। तवाची बाशी जब उस मख़ज़न से होता हुआ बाहर निकल गया तो सुल्तान शाहज़ादे ने अपने आपको मुर्दा बना लिया। तवाची बाशी चिल्लाने लगा कि, "खेद है कि विश्वासघातियों ने मेरे स्वामी की हत्या कर दी और राज्य को नष्ट कर दिया।" सुल्तान शाहज़ादे ने उसे अपना हितैषी समझकर आवाज़ दी कि, "हे अमुक व्यक्ति! चुप रह, मैं जीवित हूं" और पूछा कि, "मलिक अन्देल कहां है?" तवाची ने कहा कि "यह समझकर कि उसने बादशाह की हत्या कर दी है, निश्चिन्त होकर वह अपने घर चला गया है।" सुल्तान शाहज़ादे ने कहा कि, "बाहर जाकर अमुक अमीरों को एकत्र करके उनसे कह कि मलिक अन्देल की हत्या करके उसका सिर ले आयें। द्वारों को नौबत के प्यादों को सौंपकर कह कि वे सशस्त्र होकर (१२४) सचेत रहें।" तवाची हब्शी ने कहा, "मुझे सिर आंखों पर यह बात स्वीकार है, अभी जाता हूं और आवश्यक प्रबन्ध करता हूं।" उसने बाहर निकलकर मलिक अन्देल के कान में धीरे से यह बात कह दी। मलिक अन्देल तवाची के साथ पुनः भीतर गया और कटार द्वारा उसकी हत्या कर दी और उसे उसी मख़ज़न में छोड़कर उसके द्वार में ताला लगा दिया और बाहर निकलकर ख़ाने जहां वज़ीर को बुलवाने के लिये आदमी भेजा। उसके उपस्थित होने के उपरान्त, बादशाह नियुक्त करने के विषय में परामर्श होने लगा। क्योंकि फ़तह शाह के केवल दो वर्ष का एक बालक था, अतः यह सोचा गया कि वह राज्य के योग्य नहीं है। उसे किस प्रकार सिंहासनारूढ़ किया जाय? अतः प्रातःकाल सभी अमीर मिलकर फ़तह शाह की पत्नी के घर में पहुंचे और रात की कहानी की उससे चर्चा की और कहा कि, "क्योंकि शाहज़ादा बालक है अतः उसे किसी व्यक्ति के सिपुर्द कर दिया जाय जो उसके बड़ा होने तक राज्य के कार्य को सम्पन्न करता रहे।" शाहज़ादे की माता को जब इस बात का पता चला तो उसने समझ लिया कि उन लोगों का क्या उद्देश्य है। उसने उत्तर दिया कि, "मैंने शपथ ले रखी है कि जो व्यक्ति फ़तह शाह के हत्यारे की हत्या करेगा, मैं उसी को बादशाही दूंगी।" मलिक अन्देल ने प्रारम्भ में यह बात स्वीकार न की किन्तु अन्त में जब समस्त अमीरों ने उपस्थित होकर सर्वसम्मति से इस विषय में आग्रह किया तो वह सिंहासनारूढ़ (१२५) हुआ। सुल्तान शाहज़ादे के प्रभुत्व की अवधि कुछ लोगों के मतानुसार ८ मास और कुछ लोगों के मतानुसार ढाई मास थी। सुल्तान शाहज़ादे की हत्या के उपरान्त बंगाल में कुछ वर्षों तक यह प्रथा रही कि जो कोई अपने बादशाह के हत्यारे की हत्या कर देता था वह बादशाह हो जाता था। लोग उसकी आज्ञाकारिता स्वीकार कर लेते थे और कोई रोक-टोक न करते थे। सुल्तान शाहज़ादे के राज्यकाल की अवधि एक पुस्तक में ६ मास देखी गई है।

## मलिक अन्देल हब्शी फ़ीरोज़ शाह

जब मलिक अन्देल हब्शी अपने सौभाग्य से बंगाल के सिंहासन पर आरूढ़ हो गया तो उसने अपनी उपाधि फ़ीरोज़ शाह रक्खी और राजधानी गौड़ में पहुंचकर निवास करने लगा तथा न्याय एवं उपकार प्रारम्भ कर दिया। प्रजा को उसके राज्यकाल में बड़ी सुख-शान्ति प्राप्त थी। इस कारण कि उसने उस समय जब कि वह अमीर था, महान् कार्य सम्पन्न किये थे और सेना तथा प्रजा उससे संतुष्ट थी अतः उसके राज्यकाल में किसी ने उससे विद्रोह न किया। वह दान-पुण्य में अद्वितीय था। उसने ख़ज़ाना तथा

1 ख़ज़ाने।

गड़ी हुई धन-सम्पत्ति[1] को जिसे पिछले बादशाहों ने अत्यधिक परिश्रम से एकत्र किया था, अल्प समय में दीनों (१२६) तथा दरिद्रियों को प्रदान कर दिया। कहा जाता है कि एक बार उसने एक लाख रुपया दरिद्रियों को बांट दिया। राज्य के उच्च पदाधिकारियों को यह अपव्यय अच्छा न लगा। उन लोगों ने आपस में कहा कि "यह हब्शी धन का मूल्य, जो उसे परिश्रम से नहीं प्राप्त हुआ है, नहीं जानता। कोई ऐसा उपाय करना चाहिये कि वह धन का मूल्य समझने लगे और अपव्यय न करे"; अतः उन्होंने धन को इस आशय से प्रांगण में एकत्र कराया कि बादशाह अपनी आंखों से उसे देख ले। सम्भव है कि वह इस धन का मूल्य समझ ले और उसकी दृष्टि में वह महत्वपूर्ण हो जाय। जब सुल्तान ने धन को देखा तो उसने पूछा कि, "इस धन को इस स्थान पर क्यों एकत्र किया गया है ?" राज्य के उच्च पदाधिकारियों ने कहा कि, "यह वही धन है जोकि दरिद्रियों को बांटा जा चुका है।" उसने कहा कि, "इतने से क्या होगा? एक लाख की और वृद्धि कर दी जाय।" राज्य के उच्च पदाधिकारियों ने आश्चर्य प्रकट करते हुए धन को दरिद्रियों को बांट दिया। मलिक अन्देल ने तीन वर्ष तक राज्य किया। ८९९ हि० (१४९३-९४ ई०) में वह रुग्ण हो गया और उसकी मृत्यु हो गई किन्तु सबसे अधिक प्रामाणिक बात यह है कि फ़ीरोज़ शाह भी पायकों द्वारा मारा गया। गौड़ शहर के चारों ओर उसने मस्जिद, मीनार तथा हौज़ बनवाये।

## सुल्तान महमूद बिन फ़ीरोज़ शाह

जब फ़ीरोज़ शाह की मृत्यु हो गई तो अमीरों तथा वज़ीरों ने उसके ज्येष्ठ पुत्र को जिसका नाम महमूद था सिंहासनारूढ़ किया। हब्शी खां नामक एक हब्शी गुलाम को राज्य के समस्त कार्यों का (१२७) मुख्य प्रबन्धक नियुक्त कर दिया। उसे बादशाही के कार्यों में इतना अधिक अधिकार प्राप्त हो गया, कि महमूद शाह केवल नाममात्र को बादशाह रह गया और वह विवश अवस्था में जीवन व्यतीत करता था। यहां तक कि एक अन्य हब्शी ने, जिसे सीधी[2] बद्र दीवाना कहा जाता था, हब्श ख़ां से परेशान होकर, उसकी हत्या कर दी और स्वयं शासन-प्रबन्ध अपने हाथ में ले लिया। कुछ समय उपरान्त पायकों के सरदार को मिलाकर रात्रि में सुल्तान महमूद की भी हत्या कर दी और प्रातःकाल दरबार के अमीरों की सहमति से जोकि उससे मिले हुए थे सिंहासनारूढ़ हो गया और उसने अपनी उपाधि मुज़फ़्फ़र शाह रक्खी। महमूद शाह ने एक वर्ष तक राज्य किया।

हाजी मुहम्मद क़ंधारी के इतिहास में लिखा है कि सुल्तान महमूद शाह फ़तह शाह का पुत्र था। बारबक शाह का दास जश्न खां सुल्तान फ़ीरोज़ शाह के आदेशानुसार उसको शिक्षा प्रदान करता था। उसने सुल्तान फ़ीरोज़शाह की मृत्यु के उपरान्त सुल्तान महमूद को सिंहासनारूढ़ कर दिया। जब छः मास व्यतीत हो गये तो हब्श ख़ां को राज्य का लोभ हो गया। मलिक बद्र दीवाना ने, जैसा कि ऊपर उल्लेख हो चुका है, हब्श ख़ां की हत्या कर दी।

## सीधी बद्र "मुज़फ़्फ़र शाह"

जब मुज़फ़्फ़रशाह गौड़ नगर में सिंहासनारूढ़ हुआ तो उसने बड़ा ही अत्याचारी तथा निष्ठुर (१२८) होने के कारण अधिकांश आलिमों, पवित्र व्यक्तियों तथा सम्मानित लोगों की हत्या करा

१ दफ़ीना।
२ फ़िरिश्ता के अनुसार 'सीदी'।

दी। उसने काफ़िर रायों की, जोकि बंगाले के सुल्तानों के विरोध हेतु कटिवद्ध थे, आक्रमण करके हत्या कर दी। सैयिद हुसेन शरीफ़ मक्की को विज़ारत का पद प्रदान किया और उसे राज्य के कार्यों में अधिकार प्रदान कर दिया। ख़ज़ाना एकत्र करने की ओर प्रेरित होकर, सैयिद हुसेन के प्रस्ताव पर, अश्वारोहियों तथा पदातियों का वेतन कम कर दिया। ख़ज़ाने में वृद्धि करने के प्रयत्न में ख़राज[1] की वसूली में कठोरता करने लगा। इस कारण एक संसार मुज़फ़्फ़र शाह के हाथों से पीड़ित होकर उससे घृणा करने लगा। शनैः-शनैः सैयिद हुसेन भी उसका विरोधी हो गया यहां तक कि ९०३ हि० (१४९७-९८ ई०) में बहुत से बड़े बड़े अमीरों ने उसका विरोध करके उस पर चढ़ाई की। सुल्तान मुज़फ़्फ़र शाह पांच हज़ार हब्शियों, तीन हज़ार अफ़ग़ानों तथा बंगालियों सहित गौड़ के क़िले में बन्द हो गया। चार मास तक भीतर वालों और बाहर वालों में युद्ध होता रहा और रोज़ाना बहुत से लोगों की हत्या होती रही। कहा जाता है जिन दिनों सुल्तान मुज़फ़्फ़र शाह क़िले में बन्द था उस समय जिसको भी बन्दी बनाकर उसके समक्ष प्रस्तुत किया जाता, तो वह क्रोध एवं अत्याचार के कारण, जो हब्शी लोगों में स्वाभाविक रूप से पाये जाते हैं, अपने हाथों से तलवार निकाल कर हत्या कर देता था। इस प्रकार जिन लोगों की उसने अपने हाथ से हत्या की उनकी संख्या चार हज़ार तक पहुंच गई थी। अन्त में मुज़फ़्फ़र शाह अपनी सेना सहित शहर के बाहर निकला और उन अमीरों से, जिनका नेता सैयिद हुसेन शरीफ़ था, युद्ध किया। दोनों ओर के लगभग बीस हज़ार व्यक्तियों की तलवार तथा वाण द्वारा हत्या कर दी गई।

(१२९) अन्त में अमीरों को विजय प्राप्त हुई; मुज़फ़्फ़र शाह अपने विश्वासपात्रों सहित रणक्षेत्र में मारा गया। हाजी मुहम्मद क़ंधारी के मतानुसार उन दिनों में आद्योपान्त समस्त युद्धों में एक लाख बीस हज़ार मुसलमान तथा काफ़िर मारे गये। सैयिद हुसेन शरीफ़ मक्की सिंहासनारूढ़ होकर, शासन-प्रबन्ध करने लगा।

निज़ामुद्दीन अहमद के इतिहास[2] में लिखा है कि क्योंकि लोग मुज़फ़्फ़र शाह के दुर्व्यवहार के कारण उससे घृणा करने लगे थे, अतः सैयिद हुसेन शरीफ़ मक्की ने इस बात के महत्व पर ध्यान देते हुए, पायकों के सरदारों को मिलाकर एक रात्रि में १३ व्यक्तियों सहित अन्तःपुर में प्रविष्ट होकर मुज़फ़्फ़र शाह की हत्या कर दी; दूसरे दिन प्रातःकाल सिंहासनारूढ़ होकर अपनी उपाधि सुल्तान अलाउद्दीन रक्खी।

मुज़फ़्फ़र शाह ने तीन वर्ष तथा पांच मास तक राज्य किया। उसने गौड़ में एक मस्जिद का निर्माण कराया।

## सुल्तान अलाउद्दीन, सैयिद हुसेन शरीफ़ मक्की

क्योंकि सैयिद हुसेन शरीफ़ मक्की अपनी विज़ारत के समय, समस्त लोगों के प्रति उत्तम व्यवहार करता था और यह बात लोगों के कानों में पहुंचाता रहता था कि "मुज़फ़्फ़र शाह अत्यन्त कृपण (१३०) तथा दुष्ट है और मैं उसे सेना तथा अमीरों एवं दुराचार त्याग देने के विषय में परामर्श देता रहता हूँ किन्तु इसका कोई लाभ नहीं होता और वह धन एकत्र करने में व्यस्त रहता है।" इस कारण अमीर, उसके प्रति कृपा तथा दया किया करते थे। क्योंकि उसका सदाचरण तथा मुज़फ़्फ़र शाह का दुराचरण सर्वसाधारण तथा विशेष व्यक्तियों को ज्ञात हो चुका था। अतः जिस दिन मुज़फ़्फ़र शाह की हत्या हुई,

१ राज्य के कर, विशेष रूप से भूमि कर।
२ 'तबक़ाते अकबरी'।

उसी दिन समस्त अमीरों ने बादशाह की नियुक्ति के विषय में परामर्श किया और सैयिद हुसेन शरीफ़ मक्की को बादशाह बनाना स्वीकार किया। लोगों ने उससे पूछा कि, "यदि तुझे बादशाह बना दिया जाय तो तू हमसे कैसा व्यवहार करेगा?" उसने उत्तर दिया, "जैसी तुम्हारी इच्छा होगी वैसा ही करूंगा और शीघ्रातिशीघ्र नगर में जो कुछ भी भूमि पर होगा वह तुम्हें प्रदान कर दूँगा और जो भूमि के नीचे है उसको मैं अपने अधिकार में करूंगा।" सर्वसाधारण तथा विशेष व्यक्तियों ने धन-सम्पत्ति के लोभ में यह बात स्वीकार कर ली और गौड़ नगर का विनाश जो मिस्र से भी आगे बढ़ चुका था, प्रारम्भ कर दिया। सैयिद शरीफ़ मक्की ने बड़ी आसानी से बादशाही चत्र धारण कर लिया और अपने नाम का ख़ुत्बा पढ़वा दिया तथा सिक्का चला दिया।

(१३१) संकलनकर्ता का मत है कि इतिहासकार उसका नाम सैयिद शरीफ़ मक्की लिखते हैं। जब वह सिंहासनारूढ़ हुआ तो उसने अलाउद्दीन की उपाधि धारण की किन्तु समस्त बंगाले तथा गौड़ के आस-पास उसका नाम विशेष तथा सर्वसाधारण की जिह्वा पर हुसेन शाह प्रसिद्ध है। जब मुझे हुसेन शाह नाम इतिहास में न मिला तो मुझे बड़ा आश्चर्य हुआ। अत्यधिक खोज के उपरान्त गौड़ नगर के खंडहर के बड़े द्वार के एक पत्थर, क़दम रसूल, सोना मस्जिद तथा कुछ अन्य मज़ारों के शिला लेखों से जो अभी तक वर्तमान हैं और जिनका निर्माण सुल्तान हुसेन शाह, उसके पुत्र नुसरत शाह तथा उसके अन्य पुत्र महमूद शाह ने कराया था, उसका नाम सैयिदुस्सादात अलाउद्दीन अबुल मुज़फ़्फ़र शाह, हुसेन सुल्तान बिन सैयिद अशरफ़ हुसेनी ज्ञात हुआ। सैयिद शरीफ़ मक्की के राज्यकाल की तिथि तथा उपर्युक्त शिलालेखों की तिथियां एक ही हैं। इससे इस सन्देह का अन्त हो गया। मेरी समझ में आता है कि उसका पिता सैयिद अशरफ़ हुसेनी, मक्का का शरीफ़[1] था अतः वह भी शरीफ़ मक्की के नाम से प्रसिद्ध हो गया, अन्यथा उसका नाम सैयिद हुसेन था। एक पुस्तक में यह लिखा है कि हुसेन शाह तथा उसका भाई यूसुफ़ एवं उनके पिता सैयिद हुसेनी तिरमिज़ नगर के निवासी थे। संयोग से वे बंगाले पहुंचे और (१३२) राढ[2] ज़िले में चांदीपुर नामक स्थान पर ठहरे। दोनों भाई वहां के क़ाज़ी से शिक्षा प्राप्त करने लगे। इस बात का प्रमाण मिल जाने के उपरान्त कि वे उच्च वंश से सम्बन्धित हैं, क़ाज़ी ने अपनी पुत्री का विवाह हुसेन शाह से कर दिया। तदुपरान्त वह मुज़फ़्फ़र शाह के सेवकों में सम्मिलित हो गया और विज़ारत के पद तक पहुंच गया।

जब वह गौड़ के सिंहासन पर आरूढ़ हुआ तो कुछ दिन उपरान्त उसने लोगों को शहर को नष्ट-भ्रष्ट करने से रोका। जब वे न रुके तो उसने १२ हज़ार, शहर को नष्ट करने वालों की हत्या करा दी। यहां तक कि उन लोगों ने इस कार्य से हाथ खींच लिया। पूछताछ के उपरान्त उसने अत्यधिक धन-सम्पत्ति अपने अधिकार में कर ली। उसमें से १३०० सोने की कश्तियां[3] थीं कारण कि प्राचीन काल से लखनौती तथा बंगाले में यह प्रथा थी कि धनी लोग सोने की कश्तियां बनवाकर उनमें भोजन करते थे। जश्नों तथा विवाह के अवसरों पर जो कोई सोने की कश्तियां अधिक संख्या में प्रस्तुत करता था तो इससे यह बात उसके गौरव तथा उसके प्रति विश्वास में वृद्धि का साधन होती थी। यह प्रथा वहां के धनी तथा समृद्ध लोगों में अब भी प्रचलित है।

१ सरदार।
२ एक पोथी के अनुसार 'राढ़ा'।
३ ट्रे अथवा लम्बा थाल जिसमें चौड़ाई में बीच में पकड़ने के लिये हैंडिल लगे रहते हैं।

सुल्तान अलाउद्दीन हुसेन शाह क्योंकि बड़ा बुद्धिमान् न था अतः वह उच्च वंश के अमीरों को प्रोत्साहन देता था और अपने विशेष दासों को भी उच्च पद प्रदान करता था। उसने पायकों को जोकि नमकहरामी तथा अपने स्वामी की हत्या करते थे पहरा देने से रोक दिया और सबको पदच्युत कर दिया (१३३) ताकि उसे किसी प्रकार की कोई हानि न पहुंचे। पहरे तथा नौबत[1] के लिये पायकों के स्थान पर उसने सरहंगों[2] को नियुक्त किया। हब्शियों को भी उसने अपने राज्य से निकलवा दिया कारण कि यह लोग भी दुष्टता तथा अपने स्वामियों की हत्या करते रहते थे। इन लोगों को जौनपुर तथा हिन्दुस्तान में स्थान न मिला और इनमें से अधिकांश गुजरात तथा दकिन (दक्षिण) की ओर भाग गये।

सुल्तान अलाउद्दीन हुसेन शाह ने, न्याय हेतु कटिबद्ध होकर अपनी राजधानी एकदला, जोकि गौड़ नगर के समीप स्थित है, निश्चित की। हुसेन शाह के अतिरिक्त किसी भी बंगाले के सुल्तान ने पंडुवा तथा गौड़ नगर के अतिरिक्त किसी स्थान पर राजधानी न बनाई थी। क्योंकि वह स्वयं शरीफ़ तथा उच्च वंश से सम्बन्धित था अतः उसने सैयिदों मुग़ुलों तथा अफ़ग़ानों को बड़े उच्च पदों पर नियुक्त किया। इस कारण राज्य सुव्यवस्थित हो गया। हब्शी सुल्तान के समय में राज्य में जो उथल-पुथल हो गई थी, वह शान्त हो गई और विद्रोही आज्ञाकारी बन गये। उसने चारों ओर के रायों को अपना आज्ञाकारी बनाकर उड़ीसा तक के स्थान विजय कर लिये और उनसे मालगुज़ारी लेने लगा। तदुप-
(१३४) रान्त उसने आसाम के राज्य पर, जोकि बंगाल के उत्तर-पूर्व में है, विजय प्राप्त करने का प्रयत्न प्रारम्भ कर दिया। पदातियों की एक बहुत बड़ी सेना तथा अगणित नौकाओं को लेकर उस प्रदेश की ओर रवाना हुआ और उस राज्य को विजय कर लिया। एक बहुत बड़ी सेना सहित उस राज्य में प्रविष्ट हो गया। समस्त प्रदेश को, जो कामरूप से कामता तक फैला हुआ था, और बड़े-बड़े रायों उदाहरणार्थ रूप नारायण, माल कुंवर, कोसा लखन, लक्ष्मी नारायण इत्यादि, के अधीन था, विजय कर लिया और उन राज्यों से अत्यधिक धन-सम्पत्ति प्राप्त की। अफ़ग़ानों ने उनके घरों को नष्ट करके अपने घरों का निर्माण करा लिया[3]।

वहां का राजा युद्ध न कर सका और राज्य को ख़ाली छोड़ कर पर्वत की ओर भाग गया। सुल्तान अपने पुत्र को एक भारी सेना देकर उस क्षेत्र को विजय करने के लिये नियुक्त करके स्वयं विजय तथा सफलता प्राप्त करके बंगाले की ओर लौट गया। सुल्तान के लौट जाने के उपरान्त उसका पुत्र उस स्थान का शासन-प्रबन्ध करने लगा किन्तु वर्षा ऋतु के आ जाने के कारण जल की अधिकता से मार्ग बन्द हो गये। राजा ने अपने सहायकों तथा अधिकारियों सहित पर्वत से उतर कर उस स्थान को घेर लिया और युद्ध करने लगा तथा रसद पहुंचानी बन्द कर दी। अल्प समय में सब लोगों को तलवार के घाट उतार दिया।

सुल्तान ने बहता नदी के तट पर क़िले का निर्माण कराया और बंगाले के राज्यों की समृद्धि
(१३५) का प्रयत्न करने लगा। प्रत्येक सरकार में विभिन्न स्थानों पर मस्जिदों तथा लंगरख़ानों का निर्माण कराया। फ़क़ीरों तथा एकान्तवासियों को अत्यधिक इमलाक प्रदान कीं। शेख़ नूर क़ुतुब आलम के लंगरख़ाने के लिये बहुत से स्थान निश्चित किये। वह प्रत्येक वर्ष एकदला से जोकि उसकी राजधानी थी, शेख़ नूर क़ुतुब आलम के मज़ार के दर्शनार्थ पंडुवा क़स्बे जाया करता था। उसने अपनी बुद्धिमत्ता, योग्यता तथा सूझ-बूझ के कारण दीर्घ काल तक राज्य किया।

१ कुछ विशेष बाजे जो बादशाह के द्वार पर बजाये जाते थे।
२ सिपाहियों, सैनिकों।
३ यह वाक्य स्पष्ट नहीं, सम्भवतः कुछ छूट गया है।

९०० हि० में सुल्तान हुसेन शर्क़ी जोकि जौनपुर में राज्य करता था सुल्तान सिकन्दर द्वारा पराजित होकर, उसके पीछा करने पर भागकर कहलगांव[1] पहुंचा और उससे शरण प्रदान करने की याचना की। सुल्तान अलाउद्दीन ने उसके सम्मान पर दृष्टि रखते हुए उसके लिये भोगविलास की सामग्री की व्यवस्था कर दी ताकि वह राज्य की चिन्ता से मुक्त हो जाय। उसने अपना शेष जीवनकाल वहीं व्यतीत किया। उसके राज्यकाल के अन्त में मुहम्मद बाबर बादशाह ने हिन्दुस्तान को विजय कर लिया। सुल्तान हुसेन शाह ९२७ हि० में मृत्यु को प्राप्त हो गया। उसने २७ वर्ष और कुछ लोगों के मतानुसार २४ वर्ष तथा कुछ लोगों के मतानुसार २९ वर्ष तथा ५ मास तक राज्य किया। बंगाले के सुल्तानों में सुल्तान अलाउद्दीन हुसेन शाह के समान कोई अन्य बादशाह नहीं हुआ है और उसके उत्कृष्ट कार्य इस राज्य के सर्वसाधारण तथा विशेष व्यक्तियों में प्रसिद्ध हैं। उसके १८ पुत्र थे। नुसरत शाह अपने पिता के उपरान्त सिंहासनारूढ़ हुआ।

१ एक पोथी के अनुसार 'कहलगाम'।

# परिशिष्ट

## वाक़ेआते मुश्ताक़ी

(लेखक—शेख़ रिज़्क़ुल्लाह मुश्ताक़ी)
(ब्रिटिश म्युज़ियम मैनुस्क्रिप्ट, रियू, भाग २, ८०२ ब)

## सुल्तान इबराहीम शर्क़ी

(१६७) सुल्तान इबराहीम शर्क़ी के राज्यकाल में एक व्यापारी की एक विद्यार्थी से मित्रता हो गई। एक दिन वह विद्यार्थी जौनपुर नगर में एक मार्ग से जा रहा था। एक कोठे के एक कोने पर उसकी दृष्टि एक युवती पर पड़ी और वह उस पर आसक्त हो गया। जब वह अदृश्य हो गई तो वह परेशान होकर उस व्यापारी के पास पहुंचा। व्यापारी ने पूछा कि, "आज तेरी दशा बड़ी ख़राब हो रही है। इसका क्या कारण है?" उसने कहा कि, "अमुक मुहल्ले में एक रूपवती मैंने देखी है। जब तक मैं उसे पुनः न देख लूँगा मेरा जीवित रहना संभव नहीं।" उस व्यापारी ने कहा कि, "जो कुछ मेरे साधन हैं वे मैं तुझ पर न्योछावर कर दूँगा। तू इस बात से निश्चिन्त रह। मैं इसका उपाय कर सकता हूं।" वह विद्यार्थी थोड़ा बहुत संतुष्ट हो गया। व्यापारी इस बात का प्रयत्न करने लगा कि किसी न किसी प्रकार अपने मित्र को संतुष्ट करने के साधन एकत्र करे। एक दिन एक स्त्री नीले वस्त्र धारण किये हुए हाथ में तस्बीह[1] लपेटे और डण्डा लिए हुए तथा मक्का तथा मदीना का तूमार[2] लेकर भिक्षा मांगने पहुंची। व्यापारी द्वार पर बैठा हुआ था। उसने उसे अपने पास बुलाया और इस विषय में उससे वार्त्ता की। उसने कहा कि, "वह आकाश पर है अथवा पृथ्वी पर?" व्यापारी ने कहा कि, "पृथ्वी पर और इसी नगर में।" स्त्री ने कहा कि, "तू निश्चिन्त रह और यह समझ ले कि वह मेरे पास है। यदि वह आकाश
(१६८) पर होती तो कठिन था। क्योंकि वह भूमि पर है और इसी नगर में है अतः अत्यधिक सरल है किन्तु इसके बदले में सोने की मुहरें तैयार रख। जब मैं उसे लाकर तेरे सिपुर्द कर दूँगी तो इन्हें ले जाऊंगी। एक व्यक्ति मेरे साथ चल कर उसका घर मुझे दिखा दे।" उस विद्यार्थी ने जाकर उसका घर उसे दिखा दिया। वह धूर्त स्त्री दूर से देखती रही यहां तक कि घर का स्वामी पहुंच गया और उसने उसे देख लिया। स्त्री ने उसे देख कर उसे भली-भांति पहचान लिया। शुक्रवार के दिन वह व्यक्ति जुमा मस्जिद में उपस्थित था। वह धूर्ता नीले वस्त्र धारण करके हाथ में तस्बीह लिए हुए और नमाज़ पढ़ने की चटाई को कटि पर डाले हुए मस्जिद में पहुंची और उस व्यक्ति के निकट खड़े होकर उसकी ओर देखती जाती थी और रोती जाती थी। उस व्यक्ति ने उससे बैठने का अत्यधिक आग्रह किया किन्तु उसने कोई बात न कही। उसी की ओर देखती तथा रोती रही, यहां तक कि लोग मस्जिद से लौट गये।

१ सुमरनी।
२ लपेटा हुआ कागज़।

दूसरे जुमे को भी उसने यही कार्य किया। वह व्यक्ति वहां ठहर गया और जब लोग वापस चले गये तो उसने उससे इसका कारण पूछा और यह पूछा कि "तू मेरी ओर क्यों देखती है?" उसने कहा कि, "तू मेरी चिन्ता मत कर" और अपने ललाट पर हाथ मार कर वह और भी अधिक रोने लगी। वह व्यक्ति हैरान हो गया और उसने अत्यधिक आग्रह के उपरान्त पूछा कि, "जो कुछ तेरे हृदय में हो, मैं तुझे ईश्वर की शपथ देता हूं उसे कह डाल।" उसने फिर कहा कि, "मेरी चिन्ता मत कर।" जब उसने पुनः आग्रह-पूर्वक पूछा तो उसने उत्तर दिया कि, "मेरा पति व्यापारी था। उसने अत्यधिक संपत्ति तथा एक पुत्र छोड़ा था। वह पुत्र बड़ा बुद्धिमान् तथा अत्यधिक दानी था। वह तुझसे बहुत-कुछ मिलता जुलता था। जब से उस पुत्र की मृत्यु हो गई तब से उसके वियोग में मैंने अपनी समस्त धन-संपत्ति लुटा कर घर बार त्याग दिया और यह वस्त्र धारण कर जल तथा स्थल की यात्रा करने लगी। मुझे किसी स्थान पर भी संतोष न प्राप्त हुआ और उसके समान मुझे कोई व्यक्ति न मिला। अब मैं तुझे अपने पुत्र से थोड़ा-बहुत मिलता जुलता पाती हूं। मैं अपनी चिन्ता में व्यस्त रहती हूं।" उसने कहा कि, "यदि तेरा पुत्र मेरे समान था तो तू मुझको अपना पुत्र समझ।" स्त्री ने सिर हिला कर कहा कि, "किसी अन्य के पुत्र के घर में नहीं रह सकती। इतना ही पर्याप्त है कि एक सप्ताह उपरान्त तुझे मस्जिद में देख लेती हूं।" उसने कहा कि, "तू मेरे घर को अपना घर समझ और रोजाना अपने संतोष की सामग्री एकत्र कर।" स्त्री ने कहा कि, "मैं इसी बात से भागती हूं। मैं अपने पुत्र के वियोग में रात-दिन जला करती हूं। इसके उपरान्त मैंने (१६९) किसी व्यक्ति से कोई प्रेम नहीं किया। अब मेरा तुझसे स्नेह हो गया है। मुझे भय है कि कहीं कोई अन्य अग्नि न भड़क उठे।" दूसरे शुक्रवार को वह व्यक्ति आग्रह करके उसे अपने घर ले गया किन्तु उसके अत्यधिक प्रयत्न करने पर भी वह घर में प्रविष्ट न हुई। उसने अपने समस्त घर वालों को यह हाल बता रखा था। जब स्त्रियों ने सुना कि वह द्वार पर आ गई है तो उन्होंने इस बात का अत्यधिक प्रयत्न किया कि उसे किसी न किसी प्रकार घर के भीतर ले आयें किन्तु वह कुछ दिन तक आती रही और द्वार पर बैठती रही। एक दिन उस व्यक्ति ने कहा कि, "मेरी पत्नी तेरे चरणों का चुम्बन करना चाहती है। यदि तू कष्ट करे तो वह इस बात से सम्मानित हो", किन्तु उसने ३ बार मना किया। अन्त में उसने कहा कि 'यदि तू मुझे अपने घर के भीतर ले जाता है तो मैं इस शर्त पर प्रविष्ट हूंगी कि कोई भी मेरे पास न आये और मुझे कष्ट न दे। एक कोठरी ख़ाली करके मुझे दे दी जाय ताकि मैं उसमें बैठ कर नमाज़ पढ़ा करूं।" उसने कहा कि, "मैं ऐसा ही करूंगा।" जब वह घर में प्रविष्ट हुई तो स्त्रियों ने उसके चरणों का चुम्बन किया और घर की एक कोठरी ख़ाली कर दी।

वह वहां बैठी रहती थी। एक दिन वह व्यक्ति घर में न था। घर के प्रांगण में एक बिल्ली घूम रही थी। किसी ने उस बिल्ली को जूता फेंक कर मारा। वह धूर्ता बड़े जोर से चिल्ला कर मूर्च्छित हो गई। दांत बन्द करके आंखों को घुमाकर भूमि पर गिर पड़ी। उन स्त्रियों ने जब यह दशा देखी तो दौड़कर उसके पास पहुंचीं और उसके सिर को गोद में लेकर उसके मुंह में पानी डाला। कुछ देर बाद उसने आंखें खोलीं और उठ खड़ी हुई। लोगों ने उससे उसके मूर्च्छित होने का कारण पूछा। उसने उत्तर दिया कि, "मेरे एक पुत्री थी। उसने एक दरवेश से अशिष्टता का व्यवहार किया और उसे कुत्ता कहा। उस दरवेश ने कहा कि 'यदि मैं कुत्ता हूं तो तू बिल्ली हो जा।' उसने शीघ्र ही बिल्ली का रूप धारण कर लिया और घर से बाहर निकल गई। उस दिन से जब कभी मैं बिल्ली को देखती हूं तो बड़ा कष्ट होता है। आज जब कि किसी ने इस बिल्ली को घायल किया तो मुझे अपनी पुत्री का स्मरण हो आया कि वह भी कहीं इस प्रकार अपमानित हो रही होगी।" उन्हें आश्चर्य हुआ और उस दिन से वे कभी-कभी उसके पास जाकर बैठने लगीं किन्तु कोई बात न कहती थी। एक दिन वही स्त्री जो उस व्यक्ति को प्रिय

थी तथा इस पुरुष की पत्नी थी इस धूर्ता के चरणों में गिर पड़ी और उसने कहा कि, "मुझे पुत्र की इच्छा
है। मेरे विषय में प्रार्थना करो कि मुझे पुत्र प्राप्त हो जाय।" उसने कहा कि, "इस स्थान पर एक मश-
(१७०) हदी[1] है। शुक्रवार की रात्रि में वह ईश्वर से जो भी प्रार्थना करता है पूरी हो जाती है, किन्तु
शर्त यह है कि तू मेरे साथ अकेली चल और किसी को सूचना मत दे। मैं तुझे उस स्थान पर दर्शन करा
कर ले आऊंगी।" उस दिन वह व्यापारी के पास पहुंची और उससे पुनः वचन लेकर १०० मुहरों की
थैली पृथक् रखवा ली। जब शुक्रवार की रात्रि आ गई तो वह व्यापारी के पास पहुंची और कहा कि,
"मैं आज रात्रि में उसे ले आऊंगी। तू तैयारी कर।" व्यापारी ने एक स्थान ख़ाली कराया और पलंग,
सोने के समय के वस्त्र पान इत्यादि की व्यवस्था कराई और दोनों मित्र प्रतीक्षा करने लगे। वह धूर्ता
उसे लेकर उन लोगों के पास आई और उसका हाथ उन लोगों के हाथ में पकड़ा दिया तथा थैली लेकर
चल दी। उस स्त्री ने कभी किसी अन्य पुरुष को न देखा था। वह आश्चर्य चकित हो गई और कुछ न
कह सकी। उसने जिस बात की कभी शंका भी न की थी वह सामने आ गई। वे उसको प्रोत्साहन देते
थे और उसे संतुष्ट करते हुए कहते थे कि, "तुझे तेरे घर पहुंचा दिया जायगा।" उन्होंने उसे मदिरा
पीने के लिए कहा। उसने कभी मदिरापान न किया था। उन लोगों ने उसे ज़बरदस्ती मदिरा पिला दी।
जब वह नशे में हो गई तो उन्होंने उसे अपने हाथ से कबाब खिलाया। उसने उसी मूर्च्छित अवस्था में
चाक़ू से आत्महत्या कर ली। यह दुष्ट बड़े लज्जित हुए। अन्त में उन्होंने उसे कपड़े में लपेट कर एक
मटके में रखा और कोदी[2] नदी में डाल दिया। प्रातःकाल वहां कुछ बालक खेल रहे थे। एक बालक ने
जब डुबकी लगाई तो उसे किसी वस्तु का आभास हुआ। उसने कहा कि, "इस पानी में कोई वस्तु है।
पता नहीं चलता कि क्या है।" अन्य लोगों ने डुबकी लगाई तो पता चला कि एक मटका है। सब बालकों
ने मिलकर उसे नदी के बाहर निकाला। उन्होंने देखा कि उसका मुंह बन्द है। भय के कारण उन्होंने
उसे न खोला; यहां तक कि कोतवाल पहुंच गया। कोतवाल ने आकर मटके का मुंह खोला। उसने देखा
कि एक रूपवती वस्त्र धारण किये हुए उसमें है। कोतवाल ने मटके को बन्द करा दिया और उसे चार-
पाई पर रखवा कर बादशाह की सेवा में ले गया और बादशाह को इस विषय में सूचना भिजवाई। सुल्तान
(१७१) इबराहीम ने स्वयं आकर उसे देखा और कोतवाल को चेतावनी दी कि, "यदि इस रहस्य का
पता न चला तो मैं तुझे तेरी समस्त धन-संपत्ति सहित नष्ट करा दूंगा।" उसने उससे ४ दिन का अवकाश
मांगा। कोतवाल ने उस नगर के समस्त कल्लालों[3] को एक एकत्र किया और कुछ मदिरा तथा बकरे
उनके समक्ष प्रस्तुत करके कहा कि, "मेरे घर-बार को नष्ट होने तथा हत्या से मुझे बचा लो।" उन लोगों
ने पूछा कि, "क्या बात है?" तदुपरान्त उसने मटके को लाकर पूछा कि "यह मटका किसने बनाया है?"
उन्होंने मदिरापान करते हुए आपस में परामर्श किया। अचानक एक व्यक्ति ने कहा कि "यह मटका मेरा
बनाया हुआ है।" कोतवाल को सूचना दी गई। कोतवाल ने पूछा कि, "तू ने जिसके हाथ इसे बेचा था
उसे जानता है?" उसने कहा कि, "अमुक व्यक्ति की स्त्री उसके घर पहुंचा कर आई है। वह जानती
है।" स्त्री को उपस्थित किया गया। वह उसके घर गई और उस स्त्री ने वह घर दिखलाया। कोतवाल
भी उसके साथ गया और उस व्यापारी को बन्दी बनाकर सुल्तान के समक्ष ले गया। सुल्तान ने उसकी

१ मशहद का निवासी।
२ गोमती।
३ मिट्टी का बर्तन बनाने वालों।

हत्या का आदेश दे दिया। उसे क़स्सास गाह[1] ले जाने लगे। चारो ओर से लोग उसको देखने के लिए एकत्र होने लगे। विद्यार्थी वस्त्र धोने के लिए गया था। वहां उसने सुना कि अमुक व्यापारी की हत्या कराने के लिए ले जा रहे हैं। वह वहां से भाग कर कोतवाल के पास पहुंचा और उसने चिल्लाना प्रारम्भ किया और कहा कि, "जिसने अपराध किया है उसकी हत्या करोगे अथवा किसी निर्दोष की ?" कोतवाल ने पूछा कि, "अपराध किसने किया है ?" उसने उत्तर दिया कि, "मैंने किया है ?" व्यापारी ने कहा कि, "यह झूठ बोलता है। मैंने अपराध किया है।" व्यापारी कहता था कि, "मैंने अपराध किया है" और विद्यार्थी कहता था कि "मैंने।" कोतवाल दोनों को बादशाह की सेवा में ले गया और उसे सूचना दी कि, "एक दूसरा व्यक्ति आया है जो यह कहता है कि अपराध मैंने किया है। दोनों इस बात को स्वीकार करते हैं कि वे अपराधी हैं। जो कुछ आदेश हो वह किया जाय।" सुल्तान ने कहा कि, "इसे शरा[2] के सिपुर्द किया जाय।" शरा के अधिकारी ने कहा कि "शरा का आदेश है कि एक व्यक्ति की हत्या के कारण एक ही व्यक्ति का वध कराया जा सकता है, दो का नहीं। दोनों को बन्द रखा जाय और लोगों को इस रहस्य का गुप्त रूप से पता लगाने के लिए नियुक्त किया जाय। जब पता चल जाय तो एक ही की हत्या कराई जाय।" उन्हें बन्दी बना दिया गया और रात-दिन लोग इस बात का पता लगाने लगे कि वे आपस में क्या वार्त्तालाप करते हैं। जब भी वे कोई बात करते तो यही कहते कि 'तू ने मेरे अपराध को क्यों अपने ऊपर ले लिया है ?' जब बन्दीगृह में बहुत समय हो गया और कुछ पता न चला तो उन्हें (१७२) बन्दीगृह से निकाल कर बादशाह के समक्ष प्रस्तुत किया गया। बादशाह ने कहा कि, "मैं तुम्हें क्षमा करता हूं, किन्तु तुम लोग सच-सच बता दो।" जब बादशाह ने उन्हें क्षमा कर दिया तो उन्होंने अपना सब हाल बता दिया। बादशाह ने कहा कि, "उस स्त्री को ले आओ। हम उसे सम्मानित करेंगे और उसे एक सेवा प्रदान करेंगे।" वह युवक जाकर उस स्त्री को बादशाह के पास लाया। बादशाह ने उसे अपने समक्ष बुलाकर कहा कि, "तेरे जैसे व्यक्ति बादशाह के नगर में हैं और वे अपने आपको प्रकट नहीं करते। ऐसे व्यक्तियों के लिए बादशाहों के पास अनेक कार्य होते हैं। तू अकेली ही है या अन्य लोग भी हैं ? यदि तुझे अन्य लोगों की भी सूचना हो तो मेरे पास ले आ।" उसने कहा कि "मुझे स्वीकार है।" उस दिन उसने उसे अत्यधिक इनाम देकर विदा कर दिया। वह एक-दो व्यक्तियों की रोज़ बादशाह से भेंट कराती थी। बादशाह उन्हें इनाम प्रदान करके तथा उनके लिए वेतन निश्चित करके विदा कर देता था और उस धूर्ता के परामर्श से उन्हें उच्च पद प्रदान करता था। यहां तक कि १३०० व्यक्ति एकत्र हो गये। एक दिन कोदी नदी में बाढ़ आई हुई थी। उसने आदेश दिया कि "नदी के उस पार शाही शिविर लगाये जायं। अत्यधिक भोजन का प्रबन्ध कराया जाय।" नौकाओं पर लोगों को बैठाकर नदी के उस पार पहुंचाया जाता था। जब वे लोग मँझधार में पहुंचे तो मल्लाहों ने आदेशानुसार नावें डुबा दीं और नगर से उस उपद्रव का अन्त हो गया।

## सुल्तान मुज़फ़्फ़र

(१६५) वह गुजरात का बादशाह था और बड़ा ही धर्मनिष्ठ एवं ईमानदार था। उसमें दरवेशों के समान गुण पाये जाते थे। वह सर्वदा क़ुरान का आधा सिपारा लिखा करता था। जब वह

१ वह स्थान जहां हत्यारों को मृत्यु-दंड दिया जाता था।
२ क़ाज़ियों।

(क़ुरान) समाप्त हो जाता तो वह प्रीति-भोज कराता तथा आलिमों एवं प्रतिष्ठित लोगों को ख़िलअत प्रदान करता था। क़ुरान को वह मक्का भेज देता था। सुल्तान मुज़फ़्फ़र के हाथ के लिखे हुये कुछ क़ुरान शरीफ़ अब भी मक्का तथा मदीना में हैं। उसमें अत्यधिक सहनशीलता पाई जाती थी। वह कभी ऊपर की ओर दृष्टि न डालता था। उसने कभी शरा के विरुद्ध कोई बात न कही। एक बार जब मन्दू (१६६) के क़िले में कुफ़्र[1] हो गया था तो सुल्तान महमूद शिकार के बहाने से गुजरात पहुंचा। सुल्तान ने उसकी सहायतार्थ सेना तैयार की और वहां पहुंचकर २२ हज़ार काफ़िरों की हत्या कर दी। सुल्तान महमूद को पुनः मन्दू में नियुक्त कर दिया। एक बार सुल्तान मन्दू के क़िले को घेरे हुए था। इसी बीच में दुष्ट मेदिनी तथा पिशाच सलाहदी चित्तौड़ के राणा के पास पहुंचे और उसे अपनी सहायतार्थ लाये। सुल्तान मुज़फ़्फ़र को भी इस पिशाच के पहुंचने के समाचार ज्ञात हो गये। २४ हज़ार अश्वारोहियों को अपने साथ लेकर उसने उस पर शीघ्रातिशीघ्र आक्रमण करना निश्चय किया और मलिक अयाज़ सुल्तानी को शिविर में छोड़ गया। राणा यह समाचार पाकर मार्ग से भाग गया। सुल्तान महमूद जब क़िले में पहुंचा तो उसने सुल्तान मुज़फ़्फ़र से अत्यधिक आग्रह किया कि, "आप एक बार क़िले में पधार कर हमें सम्मानित करें" किन्तु उसने स्वीकार न किया। अन्त में उसने अतिथि बनना स्वीकार किया। वह कुछ लोगों को साथ लेकर क़िले के ऊपर पहुंचा। आदिल खां आसीरी ने, जो सुल्तान मुज़फ़्फ़र का जामाता था, सुल्तान के कान में कहा कि, "ऐसा क़िला सुल्तान को न दें। इसके बदले में दूसरा स्थान दे दें।" सुल्तान ने अपनी अंगुली दातों के नीचे रखकर उसे मना किया और कहा कि, "मेरे पास संसार की एक बादशाही है, मैंने इस बादशाही को धर्म के मार्ग में व्यय कर दिया है। तदुपरान्त तू ऐसी बात न सोचना।" विदा होते समय उसने सुल्तान महमूद को परामर्श दिया कि, "तू दो वर्ष तक क़िले के नीचे न उतरना और अपनी सेना की उन्नति करते रहना। आदिल खां आसीरी पर, जो कि तेरे राज्य की सीमा के निकट है, विश्वास न करना और उसकी दुष्टता से सावधान रहना। यह न समझना कि वह मेरा जामाता है।" उसने मलिक अयाज़ को ३० हज़ार अश्वारोहियों सहित क़िले के नीचे नियुक्त कर दिया और उन्हें दो वर्ष का वेतन अपने राजकोषें से प्रदान कर दिया ताकि जहां भी आवश्यकता हो यह सेना जाती रहे और वे अपने आदमियों को सुखी रखें। उसने अपने आदमियों को आदेश दिया कि कभी भी कोई क़िले के भीतर आमोद प्रमोद हेतु न जाय।

१ काफ़िरों का प्रभुत्व हो गया।

# मुख्य सहायक ग्रंथों की सूची

## फ़ारसी


| | |
|---|---|
| अफ़ीफ़, शम्स सिराज | **तारीख़े फ़ीरोजशाही** (कलकत्ता १८९० ई०) |
| अबुल फ़ज़ल | **आईने अकबरी** (नवल किशोर प्रेस १८९२ ई०) |
| अब्दुल हक़ मुहद्दिस देहलवी | **अख़बारुल अख़ियार** (देहली १३३२ हि०) |
| अब्दुल्लाह | **तारीख़े दाऊदी** (अलीगढ़ १९५४ ई०) |
| अमीर ख़ुर्द, सैयिद मुहम्मद मुबारक अलवी | **सियरुल औलिया** (देहली १८८५ ई०) |
| अमीर ख़ुसरो | **वस्तुल हयात** (अलीगढ़) |
| | **ख़ज़ाएनुल फ़ुतूह** (अलीगढ़ १९२७ ई०) |
| | **क़ेरानुस्सादैन** (अलीगढ़ १९१८ ई०) |
| | **विवल रानी तथा ख़िज़्र ख़ां** (अलीगढ़ १९१७ ई०) |
| | **मिफ़ताहुल फ़ुतूह** (अलीगढ़ १९२७ ई०) |
| | **नुह सिपेहर** (इस्लामिक रिसर्च एसोसियेशन १९५० ई०) |
| | **तुग़लुक़ नामा** (हैदराबाद १९३३ ई०) |
| अहमद यादगार | **तारीख़े शाही** (कलकत्ता १९३९ ई०) |
| एसामी | **फ़ुतुहुस्सलातीन** (मद्रास १९४८ ई०) |
| कबीर | **अफ़सानये शाहान** (ब्रिटिश म्युज़ियम, लन्दन) |
| ग़ुलाम हुसेन सलीम | **रियाज़ुस्सलातीन** (कलकत्ता १८९० ई०) |
| तैमूर, सुल्तान (?) | **मलफ़ूज़ाते तैमूरी** |
| निज़ामुद्दीन अहमद | **तबक़ाते अकबरी** (कलकत्ता १९२७ ई०) |
| फ़िरिश्ता, मुहम्मद क़ासिम हिन्दू शाह | **तारीख़े फ़िरिश्ता** (नवल किशोर प्रेस) |
| फ़ीरोज़ शाह तुग़लुक़ | **फ़ुतूहाते फ़ीरोज़शाही** (अलीगढ़) |
| बदायूनी, अब्दुल क़ादिर | **मुन्तख़बुत्तवारीख़** (कलकत्ता) |
| बरनी, ज़ियाउद्दीन | **तारीख़े फ़ीरोजशाही** (कलकत्ता १८६०-६२ ई०) |
| | **तारीख़े फ़ीरोजशाही** (रामपुर, हस्तलिखित) |
| | **फ़तावाये जहांदारी** (इण्डिया आफ़िस लन्दन, हस्तलिखित) |
| | **सहीफ़ये नाते मुहम्मदी** (रामपुर, हस्तलिखित) |
| माहरू | **इन्शाये माहरु** (अलीगढ़) |
| मुतहर कड़ा | **दीवान** (प्रोफ़ेसर मसऊद हसन रिज़वी अदीब, लखनऊ का हस्तलिखित पुस्तकों का संग्रह) |

मुश्ताक़ी, शेख रिज़क़ुल्लाह — **वाक़ेआते मुश्ताक़ी** (ब्रिटिश म्युज़ियम, लन्दन)

मुहम्मद बिहामद ख़ानी — **तारीख़े मुहम्मदी** (हस्तलिखित, ब्रिटिश म्युज़ियम, लन्दन)

मुहम्मद मासूम — **तारीख़े सिन्ध** (पूना १९३८ ई०)

यज़दी, शरफ़ुद्दीन अली — **ज़फ़र नामा भाग २** (कलकत्ता १८८५-८८ ई०)

यहया बिन अहमद सिहरिन्दी — **तारीख़े मुबारकशाही** (कलकत्ता १९३१ ई०)

सिकन्दर इब्ने मुहम्मद मारुफ़ उर्फ़ मंझू — **मिरआते सिकन्दरी** (बम्बई १३०८ हि०, १८९०-९१ ई०)

हमीद क़लन्दर — **ख़ैरुल मजालिस** (अलीगढ़)

हसन, अमीर, सिजज़ी — **फ़वाएदुल फ़ुआद** (देहली १२७२ हि०)

हाजी अब्दुल हमीद मुहर्रिर — **दस्तरुल अलबाब फ़ी इल्मिल हिसाब** (हस्तलिखित, रामपुर)

## अरबी

इब्ने बत्तूता — **यात्रा का विवरण** (पेरिस १९४९ ई०)

क़लक़शन्दी — **सुबहुल आशा फ़ी सिनअतिल इन्शा** (क़ाहिरा १९१५ ई०)

शिहाबुद्दीन अल उमरी — **मसालिकुल अबसार फ़ी ममालिकुल अमसार**

हाजी-उद्-दबीर — **ज़फ़रुल वालेह** (लन्दन १९१० ई०)

## उर्दू

सर सैयिद अहमद खां — **आसारुस्सनादीद** (कानपुर १९०४ ई०)

## हिन्दी

रिज़वी, सैयिद अतहर अब्बास — **आदि तुर्क कालीन भारत** (अलीगढ़ १९५६ ई०)
**ख़लजी कालीन भारत** (अलीगढ़ १९५४ ई०)
**तुग़लुक़ कालीन भारत भाग १** (अलीगढ़ १९५६ ई०)
**तुग़लुक़ कालीन भारत भाग २** (अलीगढ़ १९५७ ई०)
**उत्तर तैमूर कालीन भारत भाग १** (अलीगढ़ १९५८ ई०)

## ENGLISH

Blochmann, H. — Contributions to the Geography and History of Bengal (Muhammadan Period) *Journal Asiatic Society Bengal*, XLII, Part I, pp. 209-310 (1873).

Codrington, O. — Coins of the Bahmani Dynasty. *Numismatic Chronicle*, 3rd Series; Vol XVIII.

Dames, Mansel Longworth — *The Book of Duarte Barbosa*, Vols. I and II. Hakl. Society, 1918, 1921.

Elliot, H. M. — *History of India as told by its historians*, Edited by John Dowson, 8 Vols. (London 1867-77).

Ethe, H. — *Catalogue of the Persian Manuscripts in the Library of the India Office.*

Faridi — *English Translation of Mirat-i-Sikandari*

Forbes, A. K. — *Ras Mala, or Hindoo Annals of the Province of Goozerat in Western India*, 2 Vols. (London 1856).

Gibb, H. A. R. — *Ibn Battuta* (London 1929).

Haig, Sir, Wolseley — *The Cambridge History of India*, Vol. III (Cambridge 1928).

Haig, T. W. — The Chronology and the Genealogy of the Muhammadan Kings of Kashmir. *Journal Royal Asiatic Society, Bengal*, pp. 451-468 and a table (1918).

Haig, T. W. — Some Notes on the Bahmani Dynasty. *Journal Asiatic Society Bengal*, 1904, Part 1, Extra No., pp. 1-15.

Hodivala, S. H. — *Studies in Indo-Muslim History*, Vol. I (Bombay 1939).
Supplement—Volume II (Bombay 1957).

Ibbetson, Sir D. — *A Glossary of the Tribes and Castes of the Punjab and North-West Frontier Province* (Lahore 1919).

King, Major J. S. — History of the Bahmani Dynasty. *Indian Antiquary*, 1899.

Mirza, M. W. — *The Life and Works of Amir Khusrau* (Calcutta 1935).

Moreland, W. H. — *The Agrarian System of Moslem India* (Cambridge 1929).

*The Raja Tarangini;* A History of Cashmir; consisting of four separate compilations :—
(i) *The Raja Tarangini*, by Kalhana Pandita, 1148 A.D.,
(ii) *Rajavali*, by Jona Raja (defecture), to 1412 A.D.,

(iii) Continuation of Same, by Srivara Pandita, 1477 A.D.
(iv) *The Rajavali Pataka*, by Prajya Bhatta, brought up to the conquest of the valley by the Emperor Akbar. (Calcutta 1835).

Qureshi, I. H. — *The Administration of the Sultanate of Delhi* (Lahore 1944).

Raverty, H. G. — *The Mihran of Sind and its tributaries*, a Geographical and Historical study. *Journal Asiatic Society Bengal*, LXI, Pt. i; pp. 155-508, 9 plates. (1892-93).

Rieu, C. — *Catalogue of the Persian Manuscripts in the British Museum London.*

Rodgers, C. J. — The square silver coins of the Sultans of Kashmir. *Journal Asiatic Society, Bengal*, LIV, Pt. i, pp. 92-139, 3 pls. (1885).

Scott, J. — *Histoiy of Deccan* (London 1794).

Sewell, R. — *A Forgotten Empire* (Vijayanagar). (London 1900).

Sewell, Robert and Diksit, S. B. — *Indian Calendar* (London 1896).

Stein, Sir Aurel — *Kalhana's Rajatarangini*, Vols. I, II. (Westminster 1900).

Stewart, C. — *The History of Bengal* (London 1813).

Storey, C. A. — *Persian Literature*, A Bio-bibliographical Survey.

Thomas, È. — *The Chronicles of the Pathan Kings of Delhi* (London 1871).

# पारिभाषिक शब्दों की अनुक्रमणिका

# नामानुक्रमणिका